U0107264

全本全注全译丛书

中华
经典
名著

彭　华◎译注

华阳国志 上

中華書局

图书在版编目(CIP)数据

华阳国志/彭华译注. —北京:中华书局,2023.4
(中华经典名著全本全注全译丛书)
ISBN 978-7-101-16135-9

Ⅰ.华… Ⅱ.彭… Ⅲ.西南地区-地方志-东晋时代
Ⅳ.K297

中国国家版本馆 CIP 数据核字(2023)第 039967 号

书　　名	华阳国志(全二册)	
译　　注	彭 华	
丛 书 名	中华经典名著全本全注全译丛书	
责任编辑	张彩梅　　胡香玉	
责任印制	陈丽娜	
出版发行	中华书局	
	(北京市丰台区太平桥西里 38 号　100073)	
	http://www.zhbc.com.cn	
	E-mail:zhbc@zhbc.com.cn	
印　　刷	北京中科印刷有限公司	
版　　次	2023 年 4 月第 1 版	
	2023 年 4 月第 1 次印刷	
规　　格	开本/880×1230 毫米　1/32	
	印张 41¾　字数 900 千字	
印　　数	1-8000 册	
国际书号	ISBN 978-7-101-16135-9	
定　　价	108.00 元	

目录

上册

下册

前言

常璩（约291—361），字道将，蜀郡江原县小亭乡（今四川崇州三江镇）人。是东晋时期的著名史学家，也是四川本土彪炳青史的历史文化名人。其所著《华阳国志》，是我国现存较早且较完整的方志史书，为研究我国古代西南地方史和西南少数民族史以及巴蜀地区文明提供了重要史料，具有极高的史学价值。在方志编纂体例上，《华阳国志》将历史、地理、人物三者有机结合，比较完整地展示了古代西南地区的历史风貌与文化全貌，具有开创之功和典范作用。

如今，在四川崇州市城区中心广场上，立有一尊常璩的站立铜像。常璩一手握毛笔，一手执《华阳国志》，眼望远方，蹙额凝思。2020年，第二批四川十大历史名人出炉，常璩榜上有名。崇州市还建有常璩纪念馆、常璩文献馆、华阳国志馆，以表达故乡人民对这位历史名人的敬仰和纪念。

一、作者简介

因《晋书》无常璩传记，故后人对其生平事迹知之不详。钩稽相关史料，可约略勾勒出常璩的生平、著述：

（一）常璩生平

常氏为蜀郡江原县（今四川崇州）的世家大族、文化家族，"江原县，……东方常氏为大姓"（《华阳国志·蜀志》）。自后汉迄晋，常氏世代为官，兼而读书著述。这对常璩产生了重要影响。

根据《华阳国志·后贤志》记载，常璩的族曾祖常廓是饱学之士，"以明经著称"；常璩的族曾叔祖常勖，"治《毛诗》《尚书》，涉洽群籍，多所通览"；常璩的族祖常骞，"治《毛诗》《三礼》，以清尚知名"；常骞族弟、常璩族祖常宽，"治《毛诗》《三礼》《春秋》《尚书》，尤耽意大《易》，博涉《史》《汉》，强识多闻"，撰有《蜀后志》及《后贤传》，又续陈寿《益部耆旧传》作《梁益篇》。

常璩出身官宦之家，书香大族，幼时家道败落。四世纪初，因蜀地动乱，常氏以常宽为首领，从杜弢等东走荆湘。常璩"时尚幼，家较贫，未能远徙，随族结坞，附青城范长生以自存"（任乃强《华阳国志校补图注·前言》），并且很有可能跟随范长生读书学习（黄剑华《常璩传》）。

常璩少好学，遍读先世遗书，颇负才名。初仕成汉李雄，为文书小吏。成汉李势时，官至散骑常侍。据史书记载，成汉李雄时，尝"兴学校，置史官"（《晋书·李雄载记》）。常璩在成汉任史官时，有机会翻阅官中典籍和档案，并先后撰有《梁益二州志》《巴汉志》《蜀志》《南中志》《汉之书》等书多种，也为日后完成《华阳国志》创造了条件。

东晋永和三年、成汉嘉宁二年（347），桓温统率大军伐蜀，兵临成都城下，"（李）势众惶惧，无复固志"。常璩与中书监王嘏等劝李势降晋，后为李势接受。在桓温平蜀后，常璩随至建康（今江苏南京）。因"江左重中原故族，轻蜀人"（《华阳国志校补图注·前言》），常璩等人受到中原、江左士大夫的歧视，在东晋王朝得不到重用。因此，常璩不复仕进，心怀幽愤，勉力撰著《华阳国志》。

常璩的这种心境，尝流露于笔端，"流离困瘵，方资腐帛于颠墙之下，求余光于灰尘之中"（《华阳国志·序志并士女目录》）。今人任乃强认为，常璩之作《华阳国志》，"其主旨在于夸诩巴蜀文化悠远，记述其历史人物，以颉颃中原，压倒扬越，以反抗江左士流之诮藐"（《华阳国志校补图注·前言》),可谓"同情理解"。

(二)常璩著述

根据《隋书·经籍志二》《旧唐书·经籍志上》《新唐书·艺文志二》等史志目录记载,常璩的著作除《华阳国志》十二卷外,还有《汉之书》(又名《蜀李书》)十卷、《蜀平记》十卷、《蜀汉伪官故事》一卷等。

《蜀汉伪官故事》记述的是三国蜀汉政权的历史,《蜀平记》记述的是桓温平蜀之事。由《隋书》《旧唐书》《新唐书》的著录来看,《蜀平记》和《蜀汉伪官故事》亡佚得很早,到唐初修《隋书》时,就已经看不到了。

《汉之书》记述的是成汉政权的历史。《汉之书》后入晋秘阁,改名为《蜀李书》(《史通·外篇·古今正史》)。《汉之书》早已失传(大约亡佚于唐末、五代),仅存《经典释文》《艺文类聚》《太平御览》等书所引佚文数条,有清人汤球辑佚本。

二、作品介绍

(一)成书与内容

《华阳国志》写作于常璩归附东晋之后。其撰写时间,约在永和四年(348)秋至永和十年(354)间。初称《华阳国记》或《华阳记》,后定名为《华阳国志》。

常璩在《华阳国志》中对其记事的时间与空间范围有所界定。

就时间而言。《华阳国志·序志并士女目录》曰:"肇自开辟,终乎永和三年,凡十篇,号曰《华阳国记》。"《华阳国志·李特雄期寿势志》记载:"永和三年,从征西于山阳战死也。"也就是说,《华阳国志》所记载的时间下限是永和三年(347)。即上起巴、蜀二国的传说时期,下至东晋穆帝永和三年(347)成汉政权的灭亡。

就空间而言。《华阳国志·巴志》引《洛书》曰:"华阳之壤,梁岷之域,是其一囿,囿中之国则巴、蜀矣。"《尚书·禹贡》记载:"华阳、黑水惟梁州。"其地域属于《禹贡》九州之梁州,其地包括今四川、重庆、云南、贵州四省市以及甘肃、陕西、湖北部分地区。

《华阳国志》共十二卷,约十一万字。分为"巴志""汉中志""蜀志""南中志""公孙述刘二牧志""刘先主志""刘后主志""大同志""李特雄期寿势志""先贤士女总赞""后贤志""序志并士女目录"。卷一至卷四类似于"地理志",记述梁、益、宁三州地理与古史。卷五至卷九类似于"编年史",记述公孙述以来割据蜀地者的历史。卷十至卷十二则类似于"人物志",记述巴蜀人物。

一般认为,《华阳国志》一至四卷的四志(《巴志》《汉中志》《蜀志》《南中志》),是全书的精华部分,任乃强认为"其为历世所称道与引用者,大抵不出前四卷"(《华阳国志校补图注·前言》)。此四志不但内容翔实,而且体例严整,完全自成体系。其实,后八卷亦斐然成章、价值可观。

(二)价值与影响

1.价值

(1)宝贵的史料价值。

《华阳国志》取材广博、选材审慎,内容丰富、记载真实,具有极高的史料价值。它记载了西南地区的自然地理、经济地理、人文地理以及行政区划、地理沿革等,内容较正史的《地理志》更为详博。比如,关于李冰在蜀中兴修水利(都江堰、郫江、检江、文井江等),《华阳国志》的记载便远较《史记》和《汉书》详细而全面。《华阳国志》关于民族、风俗、神话、传说、歌谣以及物产、矿产、农业、科技、宗教等方面的记载,也是颇为可贵。如关于盐井、火井、道教的记载,便是弥足珍贵的资料。

即使是《华阳国志》所叙述的蜀汉史事,亦较《三国志》为详。比如,关于诸葛亮平定南中,《三国志·蜀书》仅有寥寥数语,裴松之注也是语焉不详,而《华阳国志》则有长篇论述。再比如,《华阳国志》关于两晋时期蜀中史事的记载,亦较他书更为详细、更为真实。因为常璩在写作两晋蜀事时,不仅利用了成汉的档案资料,而且结合了自己的亲身经历,而这些都是第一手资料。"可以说,后人之得以比较具体地了解成汉的历史,首先应当归功于常璩"(刘琳《华阳国志校注·前言》)。

范晔撰《后汉书》、李膺撰《益州记》、裴松之注《三国志》、郦道元注《水经》、李贤与刘昭注《后汉书》,以及唐修《晋书》、司马光撰《资治通鉴》,都大量取材于《华阳国志》。后人之研究西南历史文化、撰写云贵川地方史,在史料上都离不开《华阳国志》。今人王仲荦说:"(《华阳国志》)叙述有法,材料丰富,是研究西南地方史和西南少数兄弟族以及蜀汉、成汉政权的较好史书,有很高的史料价值。"(《魏晋南北朝史》)

(2)不朽的体例创新。

《华阳国志》以前的方志,往往将历史、地理、人物三者割裂开来,各写一面,结果只能反映地方历史文化的一个侧面,而不能反映其全貌,这无疑是一个明显的不足与缺陷。《华阳国志》将历史、地理、人物三者有机结合起来,比较完整地展示了古代西南地区的历史风貌与文化全貌。

《华阳国志》在方志编纂体例上的创新与实践,今人不吝笔墨、一再褒扬,"从内容来说,(《华阳国志》)是历史、地理、人物三结合;从体裁来说,(《华阳国志》)是地理志、编年史、人物传三结合。这两个三结合构成了《华阳国志》的一个显著的特点,这也是中国方志编纂史上的一个创举","这是常璩对中国方志编纂学的一个重要贡献"(刘琳《华阳国志校注·前言》);"常璩开创地方志新体例的功绩,是不可磨灭的"(徐适瑞、刘重来《〈华阳国志〉研究》)。

2.影响

《华阳国志》问世之后,历代好评不断。兹举几例:

唐人刘知幾云:"九州土宇,万国山川,物产殊宜,风化异俗,如各志其本国,足以明此一方,若盛弘之《荆州记》、常璩《华阳国志》、辛氏《三秦》、罗含《湘中》。此之谓地理书者也。……郡书者,矜其乡贤,美其邦族。施于本国,颇得流行;置于他方,罕闻爱异。其有如常璩之详审,刘昺之该博,而能传诸不朽,见美来裔者,盖无几焉。"(《史通·内篇·杂

述》）

宋人吕大防认为，"蜀记之可观，未有过于此者"（《华阳国志序》）。宋人李塈认为，《华阳国志》是"有补于史家者流"（《重刊华阳国志序》）。

近人梁启超说："晋常璩《华阳国志》为方志之祖，其书有义法，有条贯，卓然著作之林。惟通行明刻本缺两卷。他刻虽补足，而讹舛殊不可读。嘉庆间廖氏刻本，乃顾涧薲据宋元丰吕氏、嘉泰李氏两本精校，自此始有善本。"（《中国近三百年学术史》）

当代学者任乃强，更是将《华阳国志》与《史记》《资治通鉴》相媲美，"正史几十种，人莫不推司马迁《史记》为典型。编年史几十种，莫不推司马光《通鉴》为典型。地方志几百种，莫不推《华阳国志》为典型"。他还说，"一书而兼备各类，上下古今，纵横边腹，综名物，揆道度，存治要，彰法戒，极人事之变化，穷天地之所有，汇为一帙，使人览而知其方隅之全貌者，实自常璩此书创始。此其于地方史中开创造之局，亦如正史之有《史记》者"，盛赞《华阳国志》"为地方史一鸿篇巨制"（《华阳国志校补图注·前言》）。

笔者曾经指出，在史学方面，蜀学特别注重"文献之传"，尤其重视"通观明变"。毫无疑问，《华阳国志》就是"文献之传"，而常璩亦能"通观明变"。

（三）特点与缺点

1.特点

（1）秉笔直书，恪守实录精神。

"秉笔直书"，是中国史学的优良传统之一，并且是极其难能可贵的史学精神之一。《史通·外篇·惑经》："盖君子以博闻多识为工，良史以实录直书为贵。"如董狐、南史、司马迁，便是其中的辉煌表率。

"秉笔直书"，也是常璩所坚持的原则与精神。此中旨义，即《华阳国志·序志并士女目录》"撰曰"所说"以副直文，为实录矣"。《华阳国志·序志》又云："博考行故，总厥旧闻。班序州部，区别山川。宪章成败,旌昭仁贤。抑绌虚妄,纠正谬言。显善惩恶,以杜未然。"所谓"抑绌虚妄,纠正谬言",亦即贬废虚妄之文,纠正荒谬之言,坚持秉笔直书的实录精神。

（2）取材广博,坚持审慎批判。

常璩撰写《华阳国志》所使用的资料,大致可以一分为三:一部分是传世文献资料,一部分是宫廷档案资料,还有一部分来源于他的实地调查与采访资料。常璩使用的传世文献,有《尚书》《左传》《史记》《汉书》《东观汉记》《三国志》以及《蜀本纪》《蜀后志》《后贤传》《巴蜀耆旧传》《益部耆旧传》等。书中所说的"长老言"（《华阳国志·巴志》）、"长老传言"（《华阳国志·蜀志》《华阳国志·南中志》）,便是实地调查与采访资料。《华阳国志》所记载的两晋史事,部分内容实属常璩所亲闻、亲见、亲历者,此即《华阳国志·大同志》所说"第璩往在蜀梓沐艰难,备谙诸事"。

对于前人的著作,包括像司马迁《史记》、班固《汉书》、陈寿《三国志》这样的名家名作,常璩亦不迷信、不盲从,审慎批判,择善而从。对于广为流传的说法,如"苌弘之血变成碧珠""杜宇之魄化为子鹃"（《华阳国志·序志并士女目录》）,常璩也予以批驳纠正,并不盲目信从。正因如此,《华阳国志》获得了后人的好评。如明人李一公《重刻华阳国志序》就说:"其文古,其事核,其义例深严,足备劝惩,昭法戒,骎骎良史才也。"

（3）详今略古,重视当代史事。

"详今略古",是中国史学的优良传统之一。历代的史家与史官,多能恪遵这一传统。汉代史家司马迁、班固,便是个中显例。比如司马迁的《史记》,"虽叙三千年事,其间详备者,唯汉兴七十余载而已"（《史通·外篇·杂说上》）。

常璩在写作《华阳国志》时,自觉师法司马迁、班固,也遵守了"详今略古"这一传统。诚如《华阳国志·后贤志》所说:"是以史迁之记,详于秦、汉；班生之书，备乎哀、平。皆以世及事迹，可得而言也。"以篇幅而论，《华阳国志》总共十二卷，后八卷所记述的都是近代史和当代史，占了全书三分之二的篇幅，而前四卷虽然贯通古今，但所重视的仍然是近代史和当代史。

（4）经世致用，考稽存亡成败。

在常璩看来，撰写历史著作，并非"为写作而写作"，而应该"通古今之变"，应该有现实关怀，应该有道德关切，并且要识"古"而鉴"今"。此即《华阳国志·序志》所说："夫书契有五善：达道义，章法式，通古今，表功勋，而后旌贤能。"

另如，《华阳国志·序志并士女目录》所说："宪章成败，旌昭仁贤。……显善惩恶，以杜未然。"即注重从历史的成败与存亡中吸取经验教训，以为后世永远的借鉴。同时，褒扬历史上的仁贤之士，彰善惩恶，以杜绝于未然。常璩笔下的败亡例证，前有公孙述、刘焉、刘璋，后有成汉李氏。此即《华阳国志·序志并士女目录》所说："夫恃险凭危，不阶历数，而能传国垂世，所未有也。故公孙、刘氏以败于前，而诸李踵之，覆亡于后。天人之际，存亡之术，可以为永鉴也；干运犯历，破家丧国，可以为京观也。"

（5）尊重一统，拥护国家统一。

在《华阳国志》的《巴志》《蜀志》中，常璩将巴蜀的历史与黄帝、大禹挂钩，认为巴蜀古族源出黄帝，"五帝以来，黄帝、高阳之支庶世为侯伯。及禹治水，命州巴、蜀，以属梁州。禹娶于涂山"（《华阳国志·巴志》），"巴国远世则黄、炎之支封，在周则宗姬之戚亲"（《华阳国志·巴志》），"至黄帝，为其子昌意娶蜀山氏之女，生子高阳，是为帝颛顼；封其支庶于蜀，世为侯伯，历夏、商、周"（《华阳国志·蜀志》）。远古洪荒，无由稽考，姑且存疑。但常璩如此写作与表述，确实与其"大一统"思想不无关系。诚如任乃强所说："常璩此书，纯用中原文化之精神，驰骛于地方一隅之掌故，通其痞隔，畅其流灌，使中土不复以蜀士见轻，而蜀人亦不复以中土为远。唐宋以降，蜀与中原融为一体，此书盖有力焉。此就掌握地方特殊性与全国一致性相结合言，常氏实开其先河者。"（《华阳国志校补图注·前言》）

常璩鞭挞公孙述、赵廞居心叵测而图谋割据，暗讽成汉李氏割据一方而胡作非为，确实是其拥护国家统一的"大一统"思想的透露与展示。对于在分裂割据下的民不聊生、生灵涂炭，常璩曾目睹，且深恶痛绝。诚如《华阳国志·序志并士女目录》所说："李氏据蜀，兵连战结。三州倾坠，生民歼尽。府庭化为狐狸之窟，城郭蔚为熊罴之宿。宅游雉鹿，田栖虎豹。平原鲜麦黍之苗，千里蔑鸡狗之响。丘城芜邑，莫有名者。嗟乎三州，近为荒裔。桑梓之域，旷为长野。反侧惟之，心若焚灼。"

（6）重视女性，分传诸郡贤女。

常璩是第一个将一方妇女（"人女"）与同地士人（"人士"）并列而为她们作传的史家，开创了地方史志为妇女立传的体例，完善了地方志的结构，对后世的地方志写作产生了深远影响。

在《华阳国志·先贤士女总赞》中，常璩为蜀郡、巴郡、广汉郡、犍为郡、汉中郡、梓潼郡、江阳郡的53位普通妇女立传书写，歌颂她们的美德、贞节、家教、勤劳。常璩如此而为，自然有其深思熟虑，并且颇有"男女平等"的意味。套用常璩自己的话说，"忠臣孝子，烈士贤女，高劲足以振玄风，贞淑可以方蘋蘩者，奕世载美"（《华阳国志·先贤士女总赞》），意即"忠臣孝子"与"烈士贤女"可以"奕世载美"。并且，这些"人女"传记与"人士"传记一样，文字简洁，文辞典雅，语言华美。诚如刘知幾《史通·内篇·补注》所说："既而史传小书，人物杂记，若挚虞之《三辅决录》，陈寿之《季汉辅臣》，周处之《阳羡风土》，常璩之《华阳士女》，文言美辞列于章句，委曲叙事存于细书。"

2.缺点

如果按照后世的方志标准衡量，《华阳国志》存在着一些缺陷与不足。比如，全书没有图（如天文图、舆地图），许多门类（如赋役、职官、礼俗、艺文等）亦付阙如。

　　无须回避的是，出于主客观方面的诸多原因，《华阳国志》在内容记载上出现了诸多偏差，甚至是错误。关于这些方面的偏差与错误，我们不能苛求作为古人的常璩，谓之"瑕不掩瑜"可也。

　　通语云，"后之视今，亦犹今之视古"（《贞观政要·奢纵》），此诚颠扑不破之真理也。常璩不能脱离他那个时代，我们也不能脱离我们这个时代，此势之必然与理之当然。在笔者看来，对于常璩及其《华阳国志》，我们应该报以"了解之同情"（陈寅恪），应该加以"善意同情的理解"（贺麟）。如此，对于常璩及其《华阳国志》才能设身处地地感同身受。

　　（四）著录与版本

　　1.著录

　　《华阳国志》成书之后，历代的史志目录、公私目录均有著录。

　　（1）史志目录

　　《隋书·经籍志二》："《华阳国志》十二卷，常璩撰。"入史部霸史类。

　　《旧唐书·经籍志上》："《华阳国志》[十]三卷，常璩撰。"入史部杂伪国史类。

　　《新唐书·艺文志二》："常璩《华阳国志》十三卷。"入史部伪史类。

　　《宋史·艺文志二》："常璩《华阳国志》十卷。"入史部别史类。

　　《宋史·艺文志三》："常璩《华阳国志》十二卷。"入史部霸史类。

　　（2）公私目录

　　刘知幾《史通·外篇·古今正史》："（常）璩又撰《华阳国志》，具载李氏兴灭。"

　　郑樵《通志·艺文略》："《华阳国志》十二卷，晋常璩撰。以巴汉风俗及公孙以后据蜀者，各为之志。"入史部霸史类。

　　马端临《文献通考·经籍考二十七》："《华阳国志》十二卷（一云二十卷）。"入伪史霸史类。

王应麟《玉海》卷四十七："三曰伪史类……，《华阳国志》至《三十国春秋》，一十七家，二十七部，五百四十二卷。"入伪史类。

晁公武《郡斋读书志》卷七："《华阳国志》十二卷。"入伪史类。

陈振孙《直斋书录解题》卷五："《华阳国志》二十卷。"入杂史类。

高似孙《史略》卷五："《华阳国志》十二卷。晋常璩志巴、汉风俗，公孙以后据蜀事。"入霸史。

《四库全书总目提要》卷六十六："《华阳国志》十二卷、《附录》一卷。"入史部载记类。

2.版本

在北宋之时，《华阳国志》仍然是完本。到南宋之时，《华阳国志》已经残缺不全。现在所流传的《华阳国志》，是一部经历代人士校勘、校改、删补的残缺本。

目前所知的《华阳国志》的最早刻本，是北宋神宗元丰元年（1078）成都府尹吕大防的刻本，是为吕本。吕本所据非善本，亦未加校勘。此刻本早已失传，仅有吕序留存。

至南宋宁宗嘉泰四年（1204），邛州知州李𡋹（著名史学家李焘之子）因旧本"刊缺愈多，观者莫晓所谓"，于是"摭两汉史、陈寿《蜀书》《益部耆旧传》互相参订"（《重刊华阳国志序》），加以校正，重刊《华阳国志》，是为嘉泰本（李本）。这是《华阳国志》的最早刊行之整理本。嘉泰本（李本）行而吕本遂废。明清以来刊印的《华阳国志》，所使用的祖本都是嘉泰本（李本）。

明、清时期的重要刻本，有下列数种：

（1）嘉靖甲子（1564）成都刘大昌刻本（刘本）。因刘大昌无校订此书之力，故所保存宋刻原文最多，而此恰好形成该刻本的一大优点。

（2）嘉靖甲子蒲州张佳胤刻本（张本）。张本以吕本为蓝本，改动原文之处颇多。但传世极少，故可谓珍秘。

（3）嘉靖中钱毂手钞本（钱本）。钱本所钞为李𡋹刻本，"藉钱氏此钞,获于今日识见李刻形制,为益甚大"(《华阳国志校补图注·前言》)。

(4)乾隆通州李调元辑刻《函海》本(《函海》本)。《函海》本"校勘工作甚细致,态度矜慎",忠实著录各家批注,亦不妄改文字,多有"远胜宋明诸刻之处"(《华阳国志校补图注·前言》)。

(5)嘉庆甲戌(1814)廖寅南京刻本(廖本)。

(6)成都志古堂翻刻题襟馆本及顾观光《校勘记》(省称志古堂本)。

学界普遍认为,廖寅刻本出自顾广圻之手,最为精审。其实,顾广圻因"矜负意气"而与廖寅不合,中途辞去校勘工作,"终其业者实为顾槐三"。廖本的优胜之处在校勘,"其校勘态度之审慎,见解之精辟"见诸全书,但也存在"着力虽多,取信不足"的缺点,"较之《函海》,互有短长"(《华阳国志校补图注·前言》)。

另外,李勇先、高志刚主编的《华阳国志珍本汇刊》(成都时代出版社2014年版)、李勇先、高志刚主编的《华阳国志珍本汇刊续编》(国家图书馆出版社2018年版),收有明、清、民国刊本30种,便于读者查考。

(五)整理与研究

不无遗憾的是,作为经典方志、重要典籍的《华阳国志》,在其成书1600年之后,竟然没有一部完整的校注本。直至20世纪80年代以后,这一局面才被打破。今人整理研究《华阳国志》的重要著作,一为任乃强的《华阳国志校补图注》(上海古籍出版社1987年版),一为刘琳的《华阳国志校注》(巴蜀书社1984年版),被学者誉为《华阳国志》"划时代的两部整理研究专著",是20世纪《华阳国志》"整理研究的杰作",将《华阳国志》的"整理研究推向了一个新的阶段"(徐适瑞、刘重来《〈华阳国志〉研究》)。

除此之外,汪启明、赵静的《华阳国志译注》(四川大学出版社2007年版),也值得一提。与《华阳国志校补图注》和《华阳国志校注》不一样的是,《华阳国志译注》"意在尽量忠实于原文的笺释、疏通与译解,不注重于考释和引证""注重语词的笺释,即传统小学之训诂学意义的训释,不以考释史实、地理为主"(《华阳国志译注·后记》)。《华阳国志译注》是带有普及性质的一个读本。

三、本书凡例

(一)底本与校勘

本次校勘,以廖寅题襟馆本为底本,充分吸收任乃强、刘琳等人的校勘成果。对于一些散见的校勘成果,本书也留意借鉴和注意吸收,在注释中用"按"的形式。依据丛书体例,对底本中的一些明显错误径改,不出校记。引用他人学术成果处,在注释中予以说明。

比如,《华阳国志·巴志》的"弜头虎子",《蛮书》卷十引《华阳国志》作"一名弦头"。任乃强、刘琳于此均不取,仍保留原文"弜头虎子",本书亦如此。"弜"字读音,《华阳国志新校注》作qiǎng,《华阳国志译注》作jiàn,《华阳国志校补图注》作jiàng(同"强"姓发音),本书认为其读音当作jiàng。

再如,《华阳国志·南中志》的"孔雀常以二月来翔,月余而去",任乃强认为"二月"当作"六月"。任说于意为优,因二月天气尚凉,孔雀不可能"来翔"。但因任说无版本依据,故笔者仅在注释中予以说明。

又如,《华阳国志·后贤志》的"克复江阳",底本作"克复江陵",任乃强、刘琳认为当作"克复江阳"。笔者认为可从,故改作"克复江阳"。

为免烦琐,本书对于各本的异文没有一一罗列,仅择要注明重要的异文,尤其是影响理解的异文。比如,《华阳国志·巴志》的"刊山",廖本作"刊山",其他诸本或作"邗山"。因此山不可考,故本书标出异文,以便供读者参考。再如,《华阳国志·蜀志》说益州"户:夷、晋二十四万",廖本作"二十二万"。户口数字是重要数字,但因《蜀志》脱漏三郡,无法统计具体数字,故本书保留了异文。又如,《华阳国志·李特雄期寿势志》的"太史令韩约",诸本或作"韩豹",或作"韩约",《晋书·李班载记》亦作"韩豹"。因无法判断何者为正,故本书保留了异文。

（二）题解与分段

1.题解

本书的"题解",以卷次为单位,逐卷撰写"题解"。"题解"的内容,以内容概括为主,同时点明写作主旨,并做适当评价。

2.分段

《华阳国志》传世各本的正文均分段,但其分段不尽恰当。因此,任乃强、刘琳对原文均做了重新分段、标点。本书吸收了任乃强、刘琳的分段、标点成果,并且做了调整。又,为便于读者阅读,本书将一些过长的段落进行了细分。

（三）注释与译文

1.注释

本书的注释,以语文词汇的训诂解释、人物和著作的简单介绍、地名的渊源梳理、事件来龙去脉的简介为主。在进行注释时,适当引证相关文献依据和实物证据。同时,对于比较重要的具有参考价值的不同看法,本书也适当加以介绍,可谓"多闻阙疑""多见阙殆"。

笔者本次译注《华阳国志》,注意吸收已有的译注成果、研究成果以及已有的出土文献和考古资料,特别是已经公布的新资料及其研究成果,尤其是甲骨文、金文、简帛等出土文献资料和先秦、秦汉、三国、两晋等出土考古资料,如,两周铭文（利簋、秦公簋、楚公逆镈、楚公逆钟、叔尸钟、嬭加编钟等）、上海博物馆藏战国楚竹书《容成氏》、湖北江陵张家山汉简《二年律令》、四川出土的汉代官印、云南昆明晋宁区河泊所遗址新发现的汉代封泥等出土文献资料,以及重庆涪陵小田溪墓群、重庆忠县中坝遗址、重庆云阳旧县坪遗址"汉巴郡朐忍令广汉景云碑"、四川广汉三星堆遗址、四川成都金沙遗址、四川渠县城坝遗址、四川荥经铸钱遗址、四川蒲江县盐业遗址与冶铁遗址、四川凉山石棺葬与大石墓、四川出土的汉代画像砖、云南昆明晋宁区石寨山古墓群、贵州赫章可乐遗址等出土考古资料。这是对王国维"二重证据法"的自觉恪守。

在对《华阳国志》中所出现的地名进行注释时,力求对地名进行准确的古今对照,特别注意依据最新的行政区划进行对应,以方便当代读者查对和理解。

需要说明的是,为了便于读者阅读和使用,本书在对一些语文词汇进行注释时,前后有所重复。如此处理,其目的在于减免读者的翻检之劳。在对一些人名、地名、书名等进行注释时,则参考使用了"互见法",提示读者"参看某篇某注",如"参看《华阳国志·巴志》注""参看《华阳国志·蜀志》注""见本卷上文注"等。

2.译文

常璩在写作《华阳国志》时注意遣词炼句,全书以散文为主,不时间以骈文,"文词雅典"。因此,想要传情达意地翻译这部著作,传神地展现这部著作的韵味,确实很具有挑战性。这不但需要严复所说的"信达雅",而且需要贺麟所说的"艺术工力"。

本书的译文,以直译为主,力求做到"信"和"达"。同时,为了便于读者理解,适当增加了一些说明性的文字。在直译无法传达时,通过在译文中添加少量辅助性的说明文字,以帮助读者理解。在白话翻译时,尝试译出原文语言的韵味和情感等,此即金岳霖所说"译味"。

常语云,"后出转精",后人掌握有数量更多的史料、技术更精的图谱,这是常璩那个年代所不能同日而语的。本次所推出的"三全本"《华阳国志》,只是一个阶段性的读本。书中不足之处,欢迎读者朋友们批评指正。

彭　华

2023年1月

卷一　巴志

【题解】

《华阳国志》一至四卷的四志(《巴志》《汉中志》《蜀志》《南中志》),是全书的精华部分。此四志内容翔实,体例严整,完全自成体系。常璩在写作《华阳国志》前四志时,在体例上借鉴了《汉书·地理志》,但又做了适当的改造。

《巴志》是《华阳国志》的第一卷,其内容实则"一分为三"。

第一部分是"总叙",记述了梁州的地理沿革和巴地的历史、地理、民族、民风、物产、外交等。作者遵守"多闻阙疑"的精神主旨,"信以传信,疑以传疑"(《穀梁传·桓公五年》)。五帝以前,"其君上世未闻",故以阙疑待之。五帝以来,则历历可数,故备载五帝以至魏晋之事迹;而其所载,不少可与《尚书》《春秋》《左传》《史记》等互相印证,具有较高的史料价值。

第二部分是"分述",分别记述巴郡、巴东郡、涪陵郡、巴西郡、宕渠郡等区域的政治、经济、地理、文化以及沿革、名宦、家族、歌谣等。所记内容以秦汉与魏晋为主,尤以两汉为详。部分资料来源于作者的实地考察与田野采集,故其价值弥足珍贵。但因文字讹脱,部分郡之属县,已不得其详。

第三部分是"撰曰"。"撰曰"类似于《左传》的"君子曰"、《史记》

的"太史公曰"、《三国志》的"评曰"、《资治通鉴》的"臣光曰",是常璩对各志的总结与评论。《巴志》的"撰曰",重点叙述了巴国悠久的渊源("黄、炎之支封")、淳美的风俗("风淳俗厚")、山川的灵秀、人物的钟灵毓秀,特别渲染了"李雄承巴国之余烈,有长人之瑞应,当王蜀土"(任乃强语)。

昔在唐尧①,洪水滔天。鲧功无成②,圣禹嗣兴③,导江疏河,百川蠲修④,封殖天下⑤,因古九囿⑥,以置九州⑦。仰禀参伐⑧,俯壤华阳,黑水、江、汉为梁州⑨。厥土青黎,厥田惟下上,厥赋惟下中,厥贡璆、铁、银、镂、砮、磬、熊、罴、狐、狸、织皮⑩。于是四隩既宅⑪,九州攸同⑫,六府孔修⑬,庶土交正⑭,厎慎财赋⑮,成贡中国。盖时雍之化⑯,东被西渐矣⑰。

【注释】

①唐尧:上古帝王名。姓伊祁(亦作"伊耆"),名放勋。帝喾之子。初居于陶,又迁居唐,故号陶唐氏。相传,唐尧之时,曾经发生大洪水。《史记·夏本纪》:"当帝尧之时,鸿水滔天,浩浩怀山襄陵,下民其忧。"

②鲧(gǔn):上古部落酋长名。禹之父,居于崇,号崇伯。曾奉尧命治水。因筑堤堵水,九年而未成功,被舜杀于羽山。《史记·夏本纪》:"于是尧听四岳,用鲧治水。九年而水不息,功用不成。"

③禹:上古帝王名。姓姒,名文命。鲧之子。鲧治水无功,禹奉舜命继续治理洪水。禹亲历各地,疏通江河,平洪水,理山川,最终治水成功。据传禹治水十三年中,三过家门不入。后被选为舜的继承人。舜死后即位,建立夏代。

④蠲(juān)修:疏通,整治。

⑤封殖天下：《左传·昭公九年》："后稷封殖天下。"杜预注："后稷修封疆，殖五谷。"意为在天下划分疆界，种植庄稼。

⑥九囿（yòu）：上古指组成陆地的九个大区域。

⑦九州：古代分中国为九州，后以"九州"泛指天下、全中国。关于"九州"，古书说法不一，可列表如下（因上博简《容成氏》所记"九州"之名不好"对号入座"，故未列入）：

《尚书·禹贡》	冀	豫	青	徐	荆	扬	兖	雍	梁		
《尔雅·释地》	冀	豫		徐	荆	扬	兖	雍		幽	营
《周礼·职方氏》	冀	豫	青		荆	扬	兖	雍		幽	并
《吕氏春秋·有始》	冀	豫	青	徐	荆	扬	兖	雍		幽	

⑧参伐：参、伐皆星名。伐星属于参宿。二十八宿西方七宿之一。古人谓主斩伐之事。《晋书·天文志》："参十星，一曰参伐，一曰大辰，一曰天市，一曰铁钺。"古人认为，益州（即《禹贡》梁州）的分野是参伐。《晋书·地理志上》引《春秋元命包》云："参伐流为益州。"《三国志·蜀书·许麋孙简伊秦传》："天帝布治房心，决政参伐，参伐则益州分野。"《隋书·地理志上》："梁州于天官上应参之宿。"

⑨梁州：古九州之一。《尚书·禹贡》："华阳、黑水惟梁州。"孔传："东据华山之南，西距黑水。"华指华山，华阳即华山之南。至于黑水，则说法不一，有今澜沧江、金沙江、怒江、雅砻江、大通河、张掖河、疏勒河诸说。一般认为，梁州大致包括今四川、重庆、贵州、云南三省一市，以及甘南、陕南、鄂西等地。这就是《华阳国志》记述的地理范围。

⑩"厥土青黎"几句：其文字采自《尚书·禹贡》。青黎，青黑色。《尚书·禹贡》："厥土青黎。"孔传："色青黑而沃壤。"厥田惟下上，《禹贡》将田地、赋税分为九等，下上为第七等。下句"下中"

是第八等。璆（qiú），美玉。镂，硬铁。《尚书·禹贡》孔传："璆，玉名。镂，刚铁。"砮（nǔ），可以做箭镞的石头。磬（qìng），适宜制磬的美石。羆（pí），即棕熊，又叫马熊、人熊。织皮，用兽毛织成的呢毡之属。《尚书·禹贡》："厥贡……熊、羆、狐、狸、织皮。"孔传："贡四兽之皮，织金罽。"任乃强认为，织皮指的是连皮带毛之羊皮。

⑪四隩（yù）：四方的边远地区。隩，可以定居的地方。宅：安定。

⑫攸：于是。

⑬六府孔修：《尚书·禹贡》："四海会同，六府孔修。"孔传："四海之内会同京师，九州同风，万国共贯，水、火、金、木、土、谷甚修治。"六府，古代以水、火、金、木、土、谷为"六府"。《左传·文公七年》："六府、三事，谓之九功。水、火、金、木、土、谷，谓之六府。"孔，甚，很。

⑭庶土：众土，各地。泛言海内众多的土地。庶，众。交正：《孔传》说："交，俱也，众土俱得其正，谓壤、坟、垆。"大意是说通过考察，勘定各处土地质量的好坏。

⑮厎（dǐ）：一作"底"。恭敬。

⑯时：是，此，因此。雍：和谐。

⑰被：覆盖。渐：传布。

【译文】

往古唐尧之时，曾经洪水滔天。鲧治水未成，大禹继承父业，在疏通江河、整治川防之后，在天下划分疆界，种植庄稼，按照古代的九大地理区划，设置了九州。九州的一个地方，其上对应天空的参宿，其下位于华山之南而且处于黑水、江水、汉水之间，此地即梁州。梁州的土壤是青黑色的，梁州的土质属于第七等，梁州的田赋属于第八等，梁州进贡的是璆、铁、银、镂、砮、磬、熊、羆、狐、狸、织皮。于是四方安定，九州统一，六府整治，勘定各地土地质量的好坏，各地敬奉财赋税收，齐心供奉中央之国。

于是乎，全国上下肃穆和谐，教化东被西渐，及于天下。

历夏、殷、周，九州牧伯率职①。周文为伯②，西有九国③。及武王克商④，并徐合青，省梁合雍⑤，而职方氏犹掌其地⑥，辨其土壤，甄其贯利⑦，迄于秦帝。汉兴，高祖藉之成业⑧，乃改雍曰凉⑨，革梁曰益⑩，故巴、汉、庸、蜀属益州⑪。

【注释】

①牧伯：指九州的长官。率职：奉行职事，尽职。

②周文：周文王，姓姬，名昌。古公亶父孙，王季之子，武王之父，周族领袖。商纣王时为西伯，故又叫伯昌。在位期间，国势发展，"三分天下有其二，以服事殷"（《论语·泰伯》）。自周原迁都于丰，为伐商做准备。未能克商，赍志而殁。伯：诸侯之长。《孟子·离娄上》："吾闻西伯善养老者。"焦循正义："西伯，即文王也。纣命为西方诸侯之长，得专征伐，故称西伯。"

③九国：泛指西部众多诸侯国。《礼记·文王世子》："武王曰：'西方有九国焉，君王其终抚诸？'"任乃强认为，"九国"指的是《尚书·牧誓》所说庸、蜀、羌、髳、微、卢、彭、濮，合巴国为九国。

④武王：周武王，姓姬，名发。周文王之子。西周王朝建立者。遵文王灭商遗志，盟诸侯于孟津（在今河南孟州南、孟津东北），兴师伐纣。牧野之战，大胜，灭商，建立周朝，都镐，分封诸侯。灭商后二年而死。按：关于武王克商之年，自古以来便聚讼纷纭，有多达44种不同的说法。最早者为公元前1130年，最晚者为公元前1018年，早晚相差112年。夏商周断代工程结合文献资料、考古信息和天文条件的密合程度，选定公元前1046年为武王克商之年。参看《武王克商之年研究》《夏商周断代工程1996—2000年

阶段成果报告·简本》等。

⑤并徐合青，省梁合雍：相对于"禹贡九州"而言，"职方氏九州"合并徐州入青州、合并梁州入雍州，故有幽州、并州而无徐州、梁州。

⑥职方氏：古官名。《周礼·夏官》所属有"职方氏"。掌管天下地图，制定四方职贡；王出行，则先道而巡戒令。

⑦甄：辨别。贯利：指事功和利益。按："贯利"，底本作"宝利"，误。《周礼·夏官·职方》："职方氏掌天下之图，以掌天下之地，辨其邦国、都鄙、四夷、八蛮、七闽、九貉、五戎、六狄之人民，与其财用九谷、六畜之数要，周知其利害，乃辨九州之国，使同贯利。"

⑧高祖：指汉高祖刘邦。成业：成就帝业。《三国志·蜀书·诸葛亮传》："益州险塞，沃野千里，天府之土，高祖因之以成帝业。"

⑨改雍曰凉：凉，指凉州。西汉元封五年（前106）汉武帝所置十三刺史部时，改雍州称凉州。东汉时治所在陇县（今甘肃张家川回族自治县）。兴平元年（194）复设雍州，建安十八年（213）凉州并入雍州。三国魏黄初中分雍州重设凉州，移治姑臧县（今甘肃武威）。魏、晋以后辖境缩小，只限于今甘肃黄河以西地区。

⑩革梁曰益：汉武帝元封五年（前106）设十三刺史部，改梁州称益州。

⑪汉：指今陕西汉中一带。庸：指今湖北西北部一带（此地原为古庸国）。按：汉高祖时未设州。汉武帝元封五年，始分全国地区为十三州部（冀、青、兖、徐、扬、荆、豫、益、凉、幽、并、交趾、朔方），参看《汉书·武帝纪》及《地理志》。

【译文】

经历了夏、商、周三代，九州的长官都恪尽职责。周文王统领西方众多诸侯国，成为诸侯之长，是为"西伯"。到周武王克商之后，将徐州合并入青州，将梁州合并入雍州，而职方氏仍然掌管各自的土地，辨别其土壤优劣，甄别其事功和利益，一直到秦朝之时。汉兴起后，汉高祖刘邦凭借益州之地成就帝业，汉武帝之时改称雍州为凉州，改称梁州为益州，故而巴、汉、庸、蜀均属益州。

　　至魏咸熙元年平蜀①，始分益州巴汉七郡置梁州②，治汉中③。以相国参军中山耿黼为刺史④。元康六年⑤，广汉还益州⑥，更割雍州之武都、阴平、荆州之新城、上庸、魏兴以属焉⑦。凡统郡一十二⑧，县五十八。

【注释】

①咸熙元年：264年。咸熙，魏元帝年号（264—265）。按：据《三国志·魏书·三少帝纪》记载（《资治通鉴》相同），魏平蜀在魏元帝景元四年（263），不在咸熙元年（264）。《华阳国志》作"咸熙元年"，误。译文从之。

②巴汉七郡：指汉中、梓潼、广汉、涪陵、巴、巴西、巴东七郡。参看《资治通鉴》卷七十八胡三省注。

③治汉中：据《太平寰宇记》卷一百三十三引王隐《晋书》等记载，魏元帝景元四年（263），分益州置梁州，其治所在沔阳县（今陕西勉县东旧州铺）。西晋太康三年（282），移治南郑县（今陕西汉中东）。

④相国参军：官名。汉魏皆置。东汉王府、公府、军府皆置参军事，简称参军，掌参谋军事。东汉称丞相为司徒，东汉末年曹操改司徒曰丞相，魏丞相、相国并称。相国参军事，为相国府属官，掌参谋军事，分正参军和行参军。统称参军事。耿黼（fǔ）：河东（治今山西夏县）人。曾任梁州刺史。事迹不详。

⑤元康六年：296年。元康，晋惠帝年号（291—299）。

⑥还：底本脱，据《华阳国志新校注》补。还，归属。

⑦更割雍州之武都、阴平、荆州之新城、上庸、魏兴以属焉：《晋

书·地理志》："太康六年（285）九月，罢新都郡并广汉郡。惠帝复分巴西置宕渠郡，统宕渠、汉昌、宣汉三县，并以新城、魏兴、上庸合四郡以属梁州。"

⑧统郡一十二：指汉中、梓潼、涪陵、巴、巴西、巴东、宕渠、武都、阴平、新城、上庸、魏兴等郡。

【译文】

　　魏元帝景元四年，魏国平定蜀国，便将益州的汉中、梓潼、广汉、涪陵、巴、巴西、巴东七郡分割出来，设置为梁州，其治所在汉中。任命相国参军、中山人耿黼为梁州刺史。晋惠帝元康六年，广汉重新归属益州，并将雍州的武都、阴平以及荆州的新城、上庸、魏兴划归梁州。梁州共计统辖十二郡，五十八县。

　　《洛书》曰：人皇始出，继地皇之后，兄弟九人分理九州，为九圉。人皇居中州，制八辅①。华阳之壤，梁岷之域②，是其一圉，圉中之国则巴、蜀矣。其分野：舆鬼、东井③。其君上世未闻。五帝以来④，黄帝、高阳之支庶世为侯伯⑤。及禹治水，命州巴、蜀，以属梁州。禹娶于涂山⑥，辛壬癸甲而去。生子启，呱呱啼，不及视。三过其门而不入室，务在救时⑦。今江州涂山是也，帝禹之庙铭存焉⑧。会诸侯于会稽，执玉帛者万国⑨，巴、蜀往焉。周武王伐纣，实得巴、蜀之师，著乎《尚书》⑩。巴师勇锐，歌舞以凌殷人，前徒倒戈，故世称之曰"武王伐纣，前歌后舞"也⑪。武王既克殷，以其宗姬封于巴⑫，爵之以子⑬。古者远国虽大⑭，爵不过子⑮，故吴、楚及巴皆曰子。

【注释】

① "《洛书》曰"几句：《洛书》，纬书之一。儒家关于《尚书·洪范》"九畴"创作过程的传说。《尚书·洪范》："天乃锡禹洪范九畴，彝伦攸叙。"孔传："天与禹，洛出书。神龟负文而出，列于背，有数至于九。禹遂因而第之以成九类常道。"人皇，三皇之一。传说中远古部落的酋长，后将其神化，与天皇、地皇合称"三皇"。地皇，三皇之一。按：古代曾以天皇、地皇、泰皇或天皇、地皇、人皇为"三皇"。《史记·秦始皇本纪》："古有天皇、有地皇、有泰皇，泰皇最贵。"司马贞补《史记·三皇本纪》："人皇九头，乘云车，驾六羽，出谷口。兄弟九人，分长九州，各立城邑。"

② 梁岷：梁山、岷山的并称，代指巴、蜀之地。梁山，又名剑门山，在今四川剑阁县境。岷山，在四川北部，绵延四川、甘肃两省边境。

③ "其分野"二句：舆鬼，即二十八宿中的鬼宿。东井，即二十八宿中井宿。二宿皆属南方七宿。此指大地与星宿相对应的地域。古人将天上的星宿分别指配于地上的州国，使其互相对应，以便指称位置与预测吉凶。在天称分星，在地称分野。关于益州的分野，古代有不同说法，此处取其一。《汉书·地理志下》："秦地，于天官东井、舆鬼之分野也。其界自弘农故关以西，京兆、扶风、冯翊、北地、上郡、西河、安定、天水、陇西，南有巴、蜀、广汉、犍为、武都，西有金城、武威、张掖、酒泉、敦煌，又西南有牂柯、越巂、益州，皆宜属焉。"本书卷一《巴志》前文说益州（即《禹贡》梁州）的分野是参伐（"仰禀参伐"），与此不同。

④ 五帝：上古时代的五位帝王。关于五帝，说法不一。《世本》《大戴礼记》《史记·五帝本纪》等，以黄帝、颛顼、帝喾、唐尧、虞舜为五帝。此处所说黄帝（轩辕）、高阳（颛顼），乃五帝之二。

⑤ 支庶：嫡子以外的旁支。侯伯：侯爵与伯爵。泛指诸侯。

⑥ 涂山：古山名。相传，禹娶妻于涂山，又合诸侯于涂山。关于涂

山，其地说法不一。一说即会稽山，在今浙江绍兴西北。《越绝书·越绝外传记地传》："涂山者，禹所取妻之山也，去县五十里。"一说俗称真武山，在今重庆东。即此处所述："禹娶于涂山，……今江州涂山是也，帝禹之庙铭存焉。"《水经·江水注一》："江之北岸，有涂山。南有夏禹庙、涂君祠，庙铭存焉。"一说即当涂山，在今安徽寿县（原寿春）东南，淮河东岸。与荆山隔河对峙，俗称东山。《左传·哀公七年》："禹合诸侯于涂山，执玉帛者万国。"杜预注："涂山在寿春东北。"一说即今安徽蚌埠的涂山。蚌埠，古属濠州，治所即今安徽怀远。《史记·夏本纪》："予辛壬娶涂山，辛壬癸甲，生启予不子，以故能成水土功。"司马贞索隐："皇甫谧云'今九江当涂有禹庙'，则涂山在江南也。"参阅《太平寰宇记·濠州》。今人徐旭生、谭其骧、孟世凯、李先登、陈平等人认为，"禹合诸侯于涂山"的涂山就在今安徽怀远。该地禹会村遗址的发掘，为此说提供了考古学上的证据。

⑦"辛壬癸甲而去"几句：辛壬癸甲，四个天干名，指代四日。此四日与大禹娶妻有关，故民间相沿成俗，以为嫁娶之吉日。《尚书·益稷》："禹曰：'……予创若时，娶于涂山，辛、壬、癸、甲；启呱呱而泣，予弗子，惟荒度土功。'"《吴越春秋·越王无余外传》："禹三十未娶，行到涂山，恐时之暮，失其度制，乃辞云：'吾娶也，必有应矣。'乃有白狐九尾造于禹。禹曰：'白者，吾之服也。其九尾者，王之证也。'涂山之歌曰：'绥绥白狐，九尾痝痝。我家嘉夷，来宾为王。成家成室，我造彼昌。天人之际，于兹则行。'明矣哉！禹因娶涂山，谓之女娇。取辛、壬、癸、甲，禹行。禹行十月，女娇生子启。启生不见父，昼夕呱呱啼泣。"睡虎地秦简《日书》甲种："癸丑、戊午、己未，禹以娶梌山之女日也。"

⑧帝禹之庙铭存焉：据本书卷一《巴志》记载："（江州县）涂山有禹王祠及涂后祠。北水有铭书。"

⑨ "会诸侯于会稽"二句：《左传·哀公七年》："禹合诸侯于涂山，执玉帛者万国。"玉帛，圭璋和束帛，古代用于祭祀、会盟、朝聘等。

⑩ "周武王伐纣"几句：根据《尚书·牧誓》记载，参与武王伐纣行动的军队，除"西土之人"（周人的西方联盟）和"友邦冢君"（周人自己的军队）等外，还有庸、蜀、羌、髳、微、卢、彭、濮人等同盟军，但并没有提到巴人。学者们普遍认为，虽然《牧誓》没有提到巴人，但巴人参加武王伐纣行动则极有可能（任乃强、邓少琴、童恩正、汪宁生、李学勤、刘琳、段渝、张怀通等）。有的学者认为，巴人包含在"友邦冢君"等中（任乃强、段渝）；有的学者认为，彭人就是巴人（童恩正、邓少琴），或者说彭人可能就是巴人的一支（童恩正）；有的学者认为，濮人就是巴人（汪宁生）；有的学者认为，蜀人中包括了巴人（李学勤）；有的学者认为，巴人在牧野之战前就已经归顺了周人，故周武王在列举同盟者时没有提到巴人，而在牧野之战时巴人可能就是《逸周书·克殷解》所说的打头阵的"虎贲"，故本书卷一《巴志》说"巴师勇锐，歌舞以凌"（张怀通）。

⑪ "巴师勇锐"几句：《尚书大传》："惟丙午，王逮师。前师乃鼓鲅噪，师乃慆，前歌后舞。"汪宁生指出，"武王伐纣，前歌后舞"传说的产生，与巴人曾以"歌舞以凌"方法参加这次战役有关。所谓"歌"，就是高唱战歌或高声吼叫；所谓"舞"，就是先锋或先头部队做出冲杀和刺击的恐吓性动作，"大武舞"即是模拟这些动作而产生的。勇锐，勇悍。凌，侵犯。

⑫ 宗姬：指周王室宗亲。因其姬姓，故称"宗姬"。因周人"以其宗姬封于巴"，故宗姬为西周初巴国的第一代君主。

⑬ 子：子爵。周有五等爵（公、侯、伯、子、男），子属于第四等。周人分封巴国，于史有证。《左传·昭公九年》："及武王克商，蒲姑、商奄，吾东土也；巴、濮、楚、邓，吾南土也；肃慎、燕、亳，吾北土也。"

⑭远国:边远之国。

⑮爵不过子:《礼记·王制》:"王者之制禄爵,公、侯、伯、子、男,凡五等。"按:在《春秋》和《左传》中,吴、越、楚、巴等国国君确实称吴子、越子、楚子、巴子。但在西周铜器铭文中,则又不尽然。比如说,楚国国君又可称"楚公",参看楚公蒙钟(《殷周金文集成》00042—00045)、楚公蒙戈(《殷周金文集成》11064)、楚公逆镈(《殷周金文集成》00106)、楚公逆钟(山西曲沃北赵晋侯墓地64号墓出土)。

【译文】

《洛书》说:继地皇之后的是人皇,人皇兄弟九人分别管理九州,这就是九圃。人皇居住在中州,统制其他八州。华山之南、梁山和岷山之间的地方,是其中的一个地区,该地的国家有巴国、蜀国。该地的分野是鬼宿、井宿。该地五帝之前的君主,没有听说过。五帝以来,黄帝、高阳的子孙世世代代在此地为侯伯。到大禹治水之后,将巴、蜀之地划归梁州。大禹娶涂山氏女为妻,辛日成亲,甲日离去。涂山氏女后来产下儿子启,启呱呱啼哭,但大禹因忙于治水,都来不及看儿子一眼。大禹曾经三次路过家门,都没有进门探视妻、子,而是致力于治水以救时艰。涂山就是今天江州的涂山,山上还有大禹的庙宇与碑铭。大禹和诸侯在会稽会盟,手执玉帛前往会盟的国家有上万个,其中就有巴国和蜀国。周武王伐纣之时,确实得到了巴、蜀之师的帮助,这在《尚书》上都有记载。巴国军队很勇悍,商人被战前的巴蜀歌舞所震服,纷纷阵前倒戈,这就是后世所说的"武王伐纣,前歌后舞"。周武王克商之后,将其宗亲分封到巴地,其爵位是子爵。在古代,边远之地的国家即使是大国,其爵位也不过子爵,因此,和吴、楚国君一样,巴国国君也称"子"(巴子)。

其地东至鱼复①,西至僰道②,北接汉中③,南极黔、涪④。土植五谷⑤,牲具六畜⑥。桑、蚕、麻、纻、鱼、盐、铜、铁、丹、漆、茶、蜜、灵龟、巨犀、山鸡、白雉、黄润、鲜粉^⑦，皆纳贡之。其果实之珍者，树有荔芰^⑧，蔓有辛蒟^⑨，园有芳蒻、香茗、给客橙、葵^⑩；其药物之异者，有巴戟天、椒^⑪；竹木之瑰者^⑫，有桃支、灵寿^⑬。其名山有涂籍、灵台、石书、刊山^⑭。

【注释】

①鱼复：县名。战国秦置，属巴郡。治所在今重庆奉节东十里白帝城。西汉为江关都尉治。三国蜀汉刘备为吴将陆逊所败，退守白帝，章武二年（222）改永安县，为巴东郡治。咸熙初（或说西晋）平吴，复旧名。

②僰（bó）道：县名。战国秦置，属蜀郡。治所在今四川宜宾。一说在原四川宜宾县（今属叙州区）西安边场。西汉属犍为郡。始元元年（前86）移犍为郡治于此，后移治武阳城。王莽改为僰治县。东汉复改僰道县，属犍为郡。

③汉中：郡名。战国秦惠文王更元十三年（前312）置，治南郑县（今陕西汉中）。因在汉水中游得名。西汉移治西城县（今陕西安康西北），东汉复还旧治。东汉末改名汉宁郡，建安二十年（215）复名汉中郡。

④黔：郡名。战国楚置，后地入秦。治临沅县（今湖南常德）。西汉高祖五年（前202）改为武陵郡。涪（fú）：汉代有涪陵县，蜀汉有涪陵郡。涪陵，县名。西汉置，治今重庆彭水苗族土家族自治县。属巴郡。东汉先后为巴东属国、涪陵郡治。西晋永嘉后废。涪陵，郡名。东汉建安末刘备改巴东属国置，治涪陵县（今重庆彭水苗族土家族自治县）。属益州。西晋属梁州，移治汉复县（今重庆彭水苗族土家族自治县南）。永嘉后废。东晋复置，还旧治。

⑤五谷：五种谷物。所指不一，或指麻、黍、稷、麦、豆，或指稻、黍、

稷、麦、菽，或指稻、稷、麦、豆、麻。

⑥六畜：指马、牛、羊、鸡、狗、猪。

⑦纻（zhù）：苎麻，其原料可以织布。丹：丹砂。《史记·货殖列传》："而巴寡妇清，其先得丹穴。……巴蜀亦沃野，地饶卮、姜、丹沙、石、铜、铁、竹、木之器。"集解引徐广曰："涪陵出丹。"灵龟：用以占卜的大龟。巨犀：古哺乳动物。属奇蹄目，跑犀科。为已知最大的陆生兽类。任乃强疑"犀"当作"兕"，即水牛。按：兕（sì），古书上所说的雌犀牛。《说文解字》："兕，如野牛而青，象形。"山鸡：鸟名。形似雉。雄者羽毛红黄色，有黑斑，尾长；雌者黑色，微赤，尾短。古称鷩雉，今名锦鸡。白雉：白色羽毛的野鸡。古时以为瑞鸟。黄润：汉晋蜀中特产的一种细麻布，以雄麻纤维织成，轻细柔软，未经漂白，其色微黄，故名曰黄润。《古文苑·扬雄〈蜀都赋〉》："筒中黄润，一端数金。"章樵注引司马相如《凡将篇》："黄润纤美宜制禅。"

⑧荔芰：即荔枝。

⑨蒟（jǔ）：一种胡椒科藤本植物。其果实可以用来做酱，味辛香，即古书所说的"蒟酱"。李时珍《本草纲目·草三·蒟酱》（集解）引苏恭曰："蒟酱生巴蜀中，《蜀都赋》所谓'流味于番禺'者。蔓生，叶似王瓜而厚大光泽，味辛香，实似桑椹，而皮黑肉白。"又，任乃强认为辛蒟即扶留藤，亦有理。按：扶留，植物名。藤属。叶可用与槟榔并食。实如桑椹而长，名蒟，可为酱。《文选·左思〈吴都赋〉》："石帆水松，东风扶留。"刘逵注："扶留，藤也，缘木而生，味辛，可食槟榔者，断破之，长寸许，以合石贲灰，与槟榔并咀之，口中赤如血。始兴以南皆有之。"

⑩芳蒻（ruò）：即蒟蒻，又称"蛇六谷"，即魔芋。天南星科植物魔芋的块茎。性寒，味辛。李时珍《本草纲目·草六·蒟蒻》："蒟蒻出蜀中，施州亦有之，呼为鬼头，闽中人亦种之。"给客橙：又名

"卢橘""金橘"。贾思勰《齐民要术·橙》:"郭璞曰:蜀中有给客橙,似橘而非,若柚而芳香。夏秋华实相继。或如弹丸,或如手指。通岁食之。亦名卢橘。"李时珍《本草纲目·果二·金橘》:"给客橙者,其芳香如橙,可供给客也。"葵:一作"薮"(fà),一种草本植物,即冬葵,四川人称之为"冬寒菜"(从刘琳说)。任乃强认为,薮即荜拨。按:荜拨,一作"荜茇",胡椒科,多年生藤本。雌雄异株,穗状花序。浆果卵形。干燥果穗入药,性热、味辛,温中暖胃,主治胃寒腹痛、呕吐泄泻等症。

⑪巴戟天:省称"巴戟",或称"巴棘""不凋草""女本""三蔓草"。常绿灌木名。生山中,叶似茶。根茎可作中药。四川所产最佳。性微温,味辛甘。主治肾虚、腰膝酸软等。椒:花椒。种子黑色,可以做调味的香料,也可入药。中医上有散寒、燥湿、下气、温中、促进食欲的效果。

⑫瑰(guī):同"瑰",珍贵。

⑬桃支:指桃枝竹,一种赤皮竹,可以织席作杖。灵寿:一种木,似竹,可以做手杖、马鞭。

⑭涂籍:山名。当即江州涂山(任乃强、刘琳)。灵台:山名。或谓在今四川苍溪县东南(刘琳),或谓在四川阆中北(任乃强)。石书、刊山:刊山,也作"邢山"。二者皆为山名,其地不详。

【译文】

巴国的地界东到鱼复,西至僰道,北接汉中,南临黔中、涪陵。巴国的土地可以种植五谷,饲养六畜。桑、蚕、麻、纻、鱼、盐、铜、铁、丹、漆、茶、蜜、灵龟、巨犀、山鸡、白雉、黄润、鲜粉,都是巴国向中央进贡的物品。巴地出产的珍贵果实,果树有荔芰,蔓生植物有辛蒟,园子里有芳蒻、香茗、给客橙、葵;奇异药材有巴戟天、花椒;珍贵竹木,有桃支、灵寿。巴国境内的名山有涂籍山、灵台山、石书山、刊山。

其民质直好义①，土风敦厚②，有先民之流③。故其诗曰："川崖惟平，其稼多黍④。旨酒嘉谷⑤，可以养父。野惟阜丘⑥，彼稷多有⑦。嘉谷旨酒，可以养母⑧。"其祭祀之诗曰："惟月孟春⑨，獭祭彼崖⑩。永言孝思⑪，享祀孔嘉⑫。彼黍既洁，彼牺惟泽⑬。蒸命良辰，祖考来格⑭。"其好古乐道之诗曰⑮："日月明明，亦惟其夕⑯；谁能长生，不朽难获⑰。"又曰："惟德实宝⑱，富贵何常。我思古人，令问令望⑲。"而其失在于重迟鲁钝⑳，俗素朴㉑，无造次辨丽之气㉒。其属有濮、賨、苴、共、奴、獽、夷、蜑之蛮㉓。

【注释】

①质直：纯朴，正直。

②土风：当地的风俗。敦厚：诚朴宽厚。本处所说"土风敦厚"，与本卷"撰曰"所说"风淳俗厚"同义。

③流：流传下来的风气。

④黍：植物名。子实淡黄色者，去皮后北方通称"黄米"，性黏，可酿酒。其不黏者，别名"穄"，亦称"稷"，可作饭。

⑤旨酒：美酒。《诗经·小雅·鹿鸣》："我有旨酒，嘉宾式燕以敖。"

⑥阜丘：土丘。

⑦稷（jì）：一种食用作物，即粟。

⑧可以养母：此与上文"可以养父"相对为文，故均译作"可以供养父母"。

⑨孟春：春季的第一个月。农历正月。

⑩獭（tǎ）祭：谓獭常捕鱼陈列水边，如同陈列供品祭祀。《礼记·月令》："（孟春之月）东风解冻，蛰虫始振，鱼上冰，獭祭鱼，鸿雁来。"

⑪永言孝思：意谓永远孝敬祖宗而不忘。《诗经·大雅·下武》："成

王之孚,下土之式。永言孝思,孝思维则。"郑玄笺:"长我孝心之
所思。"朱熹集传:"长言孝思而不忘。"

⑫享祀:祭祀。孔嘉:非常美好。

⑬牺:用于祭祀的纯色牲畜。泽:(毛色)光亮。此指牺牲肥壮。

⑭来格:来临,到来。格,至。《尚书·益稷》:"戛击鸣球,搏拊琴瑟
以咏,祖考来格。"

⑮好古乐道:此指爱好修习神仙长生之术。

⑯夕:底本作"名",不通。《全蜀艺文志》卷三引作"夕",据改。

⑰不朽:永存。与"长生"相应。

⑱实:通"寔",相当于"是"。

⑲令:美好。问:名誉。望:声望。

⑳重迟:迟钝,不敏捷。

㉑素朴:朴实,质朴。

㉒造次:指应对敏捷,善于辩论。《三国志·蜀书·马良传》:"(其
人)鲜于造次之华,而有克终之美。"辨丽:指文辞华美绮丽。《巴
志》下文说巴东郡、涪陵郡"少文学",可对照参看。

㉓濮(pú):亦称"濮人""百濮""卜人"。我国南方少数民族之一。
曾经参加武王伐纣行动,参见《尚书·牧誓》。四川的濮人,多散
居盆地东部。战国至汉时,夜郎国人中有濮人成分。东汉永昌郡
(治所在今云南保山东北)有闽濮、裸濮,与鸠僚、僄越并称。三
国时,南中诸郡均有濮人。关于濮的演变有诸说:一说战国以后
演变为百越;一说与百越为两个不同的族体;一说前期的百濮与
百越有密切关系,后期的百濮指孟高棉语族各族。賨(cóng):古
代西南地区少数民族之一。巴人的一支。賨人勇悍,秦灭巴国
后,其族分布于渝水及其支流流域(即嘉陵江流域),即今四川渠
县一带。一说賨人即板楯蛮,见《华阳国志》和《后汉书·南蛮
西南夷列传》。后汉人称居巴西者为賨,称居巴东者为板楯(任

乃强）。苴（bāo）：我国古代少数民族之一。分布在今四川广元
一带。曾建立苴国。先服于巴，后为蜀王所夺，苴侯奔巴。因苴、
蜀相攻，苴求救于秦，秦遂灭蜀而取苴与巴。共：所指不详。任
乃强以为，"共"即"龚"之省写，系板楯蛮七姓之一。蒙默以为
"共"原为越系族群，东周时期沿江进入四川盆地，主要分布在今
重庆酉阳地区。奴：所指不详。任乃强以为，"奴"即《牧誓》之
卢。西周、春秋时期活动在汉水中游地区，其中的一支在春秋中
叶以后辗转迁徙至渠江流域。蒙默认为，奴人可能是戎人。獽
（ráng）：我国古代少数民族之一。多分布于今重庆奉节长江干流
和峡区，与巴人杂居。或以为獽人属于百濮，或以为獽人属于百
越。四川中江县塔梁子M3画像榜题有"襄人"，"襄人"即"獽
人"。《隋书·地理志上》："又有獽、狿、蛮、賨，其居处、风俗、衣
服、饮食，颇同于獠，而亦与蜀人相类。"《太平寰宇记》卷七十六：
"有獽人，言语与夏人不同，嫁娶但鼓笛而已。遭丧，乃立竿悬布，
置其门庭，殡于别所。至其体骸燥，以木函盛置于山穴中。李膺
《记》云：'此四郡獽也。'又有夷人，与獽类一同。又有獠人，与
獽夷一同，但名字有异而已。"夷：任乃强以为，夷为廪君族（廪
君蛮）之称。主要分布在长江干流和峡区一带。蜑（dàn）：或作
"诞""蜓""蛋"（任乃强以为系夷语异译）。我国南方少数民族
之一，主要分布在川东峡区以至清江流域。《隋书·地理志上》：
"梁州，……又有獽、狿、蛮、賨，其居处风俗，衣服饮食，颇同于
獠，而亦与蜀人相类。"

【译文】

巴地之民质朴、直率、重义气，民风敦厚，有先民的流风遗俗。所以
有诗说："山川很平坦，庄稼好茂盛，种植的多是黍子。美酒和嘉谷啊，可
以供养父母。郊野的土山，种植的多是稷子。嘉谷和美酒啊，可以供养
父母。"祭祀之诗说："孟春之月，獭在水崖边捕鱼陈列如同祭祀。永远

孝敬祖先,祭祀非常美好。用于祭祀的黍子很洁净,用于祭祀的牲畜很肥美。在良辰吉日进献祭品,供列位祖先前来享用。"修习神仙长生的诗歌说:"日月虽然光明,也有黑暗的夜晚;不朽难以获得,谁能长生不老?"诗歌又说:"德行是宝,富贵无常。我内心思念古人,向往美好的名誉与声望。"巴人的缺点在于迟钝愚笨,民风质朴无华,不擅长辩论,不讲究文辞华美。巴国统领的少数民族,有濮、賨、苴、共、奴、獽、夷、蜑等。

周之仲世①,虽奉王职,与秦、楚、邓为比②。春秋鲁桓公九年③,巴子使韩服告楚④,请与邓为好。楚子使道朔将巴客聘邓⑤,邓南鄙攻而夺其币⑥。巴子怒,伐邓,败之⑦。其后,巴师、楚师伐申⑧,楚子惊巴师⑨。鲁庄公十八年,巴伐楚,克之⑩。鲁文公十六年,巴与秦、楚共灭庸⑪。哀公十八年,巴人伐楚,败于鄾⑫。是后,楚主夏盟⑬,秦擅西土,巴国分远,故于盟会希⑭。战国时,尝与楚婚⑮。及七国称王,巴亦称王⑯。

【注释】

①仲世:中期。

②邓:古国名。曼姓。在今湖北襄阳西北。前678年为楚所灭。《国语·郑语》:"当成周者,南有荆蛮、申、吕、应、邓、陈、蔡、随、唐。"韦昭注:"邓,曼姓也。"比:等同,类同。

③鲁桓公九年:前703年。

④韩服:人名。巴国使者。

⑤楚子:指楚武王。姓芈,熊氏,名通。楚国国君。前704年自称武王。道朔:人名。楚国大夫。聘:聘问,访问。

⑥南鄙:南方边境地区。币:泛指车马、皮帛、玉器等礼物。

⑦败之：巴国打败邓国。按：此事见《左传·桓公九年》。

⑧申：古国名。姜姓。西周封国，春秋时灭于楚。故城在今河南南阳。

⑨楚子：指楚文王。姓芈，熊氏，名赀。楚国国君。《左传·庄公十八年》："及文王即位，与巴人伐申，而惊其师。"

⑩"鲁庄公十八年"几句：此事见《左传·庄公十八年》："巴人叛楚而伐那处，取之，遂门于楚。"鲁庄公十八年，前676年。

⑪"鲁文公十六年"几句：此事见《春秋》和《左传》。《春秋·文公十六年》："楚人、秦人、巴人灭庸。"《左传·文公十六年》："秦人、巴人从楚师。群蛮从楚子盟，遂灭庸。"鲁文公十六年，前609年。庸，古国名。在今湖北竹山县西南。《尚书·牧誓》所记庸为参与周武王伐纣的八国之一。前611年灭于楚，于此置上庸县。

⑫"哀公十八年"几句：此事见《左传·哀公十八年》："巴人伐楚，围鄾。……三月，楚公孙宁、吴由于、蒍固败巴师于鄾，故封子国于析。"依上文文例，"哀公"上当有"鲁"字。鄾（yōu），古地名。春秋邓地，后并于楚。在今湖北襄阳北，河南邓州邓城东南汉水北岸。

⑬楚主夏盟：楚国主持华夏诸侯国的会盟。夏盟，古代华夏诸侯国间的结盟。夏，华夏，指中原地区。盟，会盟。《左传·襄公二十四年》："晋主夏盟为范氏，其是之谓乎？"杜预注："晋为诸夏盟主。"按：春秋时晋楚争霸，楚国从未成为中原霸主，《华阳国志》说"楚主夏盟"有误。从本卷上下文推测，此处实指春秋末期，晋国衰落，楚国在东方诸国中国力最为强大。至进入战国初期，楚国成为东方合纵的盟主。但是，《华阳国志》所表述的时间线索不清。

⑭盟会：犹会盟，古代诸侯间的集会结盟。希：少。

⑮"战国时"二句：据《左传·昭公十三年》记载，楚共王曾经"与巴姬密埋璧于大室之庭"。任乃强引此为证，认为"春秋时巴与

楚已世婚矣"。

⑯ "及七国称王"二句：七国，指战国时期的秦、楚、燕、齐、韩、赵、魏七国。任乃强认为，蜀、楚、吴、越、徐诸国"皆早于春秋前即已称王"，而"巴国介于其间，又不尊周天子，何能待七国称王而后自王"？遂认为"此亦常氏谬文"。

【译文】

　　周朝中期，巴国虽然也尊奉周王恪尽职责，但在中原各国看来，巴国与秦国、楚国、邓国一样，都属于蛮夷之国。春秋时期的鲁桓公九年，巴国国君派遣韩服出使楚国，请求与邓国结为友好国家。楚国国君委派道朔率领巴国使者前往邓国聘问，邓国南部边鄙之人进攻使团，杀掉了巴国使者，并夺走了聘礼。巴国国君非常愤怒，出兵讨伐邓国，击败了邓国军队。后来，巴国和楚国的军队联合讨伐申国，楚国国君意外激怒了巴国军队，致使两国关系破裂。鲁庄公十八年，巴国出兵楚国，并战胜楚师。鲁文公十六年，巴国与秦国、楚国联手灭掉了庸国。鲁哀公十八年，巴人攻打楚国，不幸在鄾地战败。自此之后，楚国在东方诸国中国力最强成为纵主；秦国则向西发展，并独霸西土；而巴国因地处边远，故而很少参加盟会。战国之时，巴国曾经与楚国通婚。等到七国纷纷称王，巴国也随之称王。

　　周之季世①，巴国有乱②，将军有蔓子请师于楚③，许以三城④。楚王救巴。巴国既宁⑤，楚使请城。蔓子曰："藉楚之灵⑥，克弭祸难⑦。诚许楚王城，将吾头往谢之⑧，城不可得也！"乃自刎⑨，以头授楚使。王叹曰："使吾得臣若巴蔓子，用城何为⑩！"乃以上卿礼葬其头⑪；巴国葬其身，亦以上卿礼。

【注释】

①季世：末期。

②乱：动乱。按：巴国发生的这次动乱，应该是内乱。

③蔓子：又称巴蔓子。战国时巴国人。任将军。

④许：许诺。三城：或以为即靠近楚国的鱼复、朐忍、临江三地。

⑤既：已经。

⑥藉：凭借。灵：威灵。

⑦弭（mǐ）：平息，平定。

⑧将：取，拿。

⑨自刎（wěn）：自割其颈，即自杀。

⑩何为：干什么，做什么。

⑪上卿：周制天子及诸侯皆有卿，分上中下三等，最尊贵者谓"上卿"。按：关于巴蔓子墓，《明一统志·施州卫》《清一统志·施南府》谓楚葬其头于荆门山之阳（在今湖北宜都），巴国葬其身于今湖北恩施西北都亭山。今重庆渝中区七星岗东北民生路侧德兴里与莲花池交界处有"将军坟"，碑上有但懋辛题写的"东周巴将军蔓子之墓"，相传此墓即巴蔓子墓。据清《重庆府志》、民国《巴县志》记载，此墓为清雍正年间重修。其后，乾隆、道光时期又经再修。民国十一年（1922）修公路时，再经重修。1962年，重庆市政府公布此墓为市级文物保护单位。

【译文】

周朝末期，巴国发生动乱，将军蔓子到楚国请求援军，许诺说将以三座城池作为回报。楚王应邀出兵，平定了巴国动乱。巴国安定之后，楚国使者到巴国索讨许诺的三座城池。蔓子说："凭借楚王的威灵，消除了本国的灾难。我们确实许诺过楚王，要以三座城池作为回报，拿我的头去作为酬谢，而城池是不可能得到的！"蔓子于是自刎而死，巴人把蔓子的头交给楚国使者。楚王感叹道："如果我也能得到像巴蔓子这样的臣子，还要城池做什么呢！"于是，楚王下令以上卿之礼安葬了蔓子的头颅，而巴国也以上卿之礼安葬蔓子的身躯。

　　周显王时①，楚国衰弱，秦惠文王与巴、蜀为好。蜀王弟苴侯私亲于巴②，巴、蜀世战争。周慎王五年③，蜀王伐苴侯，苴侯奔巴，巴为求救于秦。秦惠文王遣张仪、司马错救苴、巴④，遂伐蜀，灭之。仪贪巴、苴之富，因取巴，执王以归。置巴、蜀及汉中郡⑤，分其地为三十一县⑥。仪城江州⑦。司马错自巴涪水取楚商於地为黔中郡⑧。

【注释】

①周显王（？—前321）：姓姬，名扁。周威烈王之孙。东周君主。五年，秦与晋战，胜，以黼黻贺秦献公，献公乃称伯。后秦孝公会诸侯于周，次年孝公称伯。三十五年，王又致胙于秦惠公，惠公乃称王。后诸侯皆称王。

②苴侯：名葭萌。蜀王开明之弟。被封于苴，后被灭。本书卷三《蜀志》："蜀王别封弟葭萌于汉中，号苴侯，命其邑曰葭萌焉。"私亲：私下交好。

③周慎王五年：前316年。周慎王（？—前315），即周慎靓王。姓姬，名定。周显王之子。在位期间，周王室微弱，诸侯均自称王。

④张仪（？—前310）：魏国人。纵横家。秦惠文王十年（前328）入秦为相，后封武信君。主张"连横"以瓦解反秦联盟，于蜀事颇多建树。秦惠文王更元九年（前316），与司马错等率兵伐灭蜀国，旋率秦军取巴。秦武王时去秦入魏为相，寻卒。著有《张子》，已佚。司马错：秦国人。战国时秦国名将。先后事秦惠文王、秦武王、秦昭王，功绩卓著。秦惠文王更元九年（前316），率兵伐灭蜀

国，被任命为蜀守。

⑤置巴、蜀及汉中郡：指秦设置巴郡、蜀郡、汉中郡三郡。按：秦惠文王更元九年（前316），秦灭蜀，以其地置蜀郡，治成都县（今四川成都青羊区）。贬蜀王为侯，命陈庄相之。秦惠文王更元十一年（前314），"公子通封于蜀"（《史记·秦本纪》），郡废。秦昭王二十二年（前285），废蜀国，复为郡。秦惠文王更元十一年（前314），秦置巴郡，治江州（今重庆江北）。秦惠文王更元十三年（前312），秦置汉中郡，治南郑县（今陕西汉中汉台区）。由此可知，秦置巴、蜀、汉中三郡的时间各自不同，《华阳国志》未做区分，实不准确。

⑥三十一县：底本作"一县"，据《华阳国志新校注》改。"三十一县"是秦末巴、蜀、汉中三郡所辖县数。《华阳国志新校注》指出，"三十一县"可考的有成都、郫、江原、什邡、蒲阳、临邛、武阳、南安、青衣、严道、僰道、湔氐、葭萌、江州、垫江、阆中、枳、朐忍、鱼复、宕渠、南郑、成固、西城、上庸、房陵等二十五县。

⑦仪城江州：张仪修筑了江州城。江州，巴国国都，即今重庆市区。三面环水，颇似江中之洲，故名。周慎王五年（前316）秦灭巴国后，改置江州县。

⑧涪水：又作"涪陵江"，即今四川、贵州境内之乌江。商於（wū）：又名"於中"。在今河南淅川西南。或说商於之地系指商（今陕西商洛商州区东南）、於（今河南内乡县东）两邑及两邑间的地区，即今丹江中、下游地区。黔中郡：郡名。战国时楚置，后入秦。秦代治所在临沅县（今湖南常德），一说治沅陵县（今湖南沅陵西南）。西汉高祖五年（前202）改为武陵郡。

【译文】

周显王的时候，楚国衰弱了，秦惠文王与巴国、蜀国通好。蜀王的弟弟苴侯私下交好巴国，巴国和蜀国世代都有战争。周慎王五年，蜀王讨伐苴侯，苴侯投奔巴国，巴国向秦国求救。秦惠文王派遣张仪、司马错率军救援苴侯、巴国，随之攻打蜀国，并灭亡了蜀国。张仪贪图巴、苴之地的富饶，于是又趁势攻取了巴国，将巴王拘押至秦国。其后，秦国设置了巴郡、蜀郡和汉中郡，将三郡之地分为三十一个县。张仪修筑了江州城。司马错沿着巴国的涪水进军，夺取了楚国的商於之地，将其设置为黔中郡。

　　秦昭襄王时[①]，白虎为害，自秦、蜀、巴、汉患之。秦王乃重募国中："有能煞虎者，邑万家，金帛称之[②]。"于是，夷胸忍廖仲药、何射虎、秦精等乃作白竹弩于高楼上[③]，射虎，中头三节[④]。白虎常从群虎，瞋恚[⑤]，尽搏煞群虎，大响而死[⑥]。秦王嘉之曰："虎历四郡，害千二百人。一朝患除，功莫大焉。"欲如约[⑦]，王嫌其夷人，乃刻石为盟要[⑧]，复夷人顷田不租[⑨]，十妻不算[⑩]，伤人者论[⑪]，煞人雇死倓钱[⑫]。盟曰："秦犯夷，输黄龙一双[⑬]；夷犯秦，输清酒一钟[⑭]。"夷人安之。汉兴，亦从高祖定乱有功。高祖因复之，专以射白虎为事，户岁出賨钱[⑮]，口四十。故世号"白虎复夷"，一曰"板楯蛮"，今所谓"弜头虎子"者也[⑯]。

【注释】

①秦昭襄王（？—前251）：即秦昭王。姓嬴，名稷。秦武王异母弟。秦国国君。在位期间，先后任用魏冉、范雎等为相，任命司马错、白起等为将，锐意东进，伐魏取河东之地，攻取楚都郢，建立南郡，大败韩、魏于伊阙，在长平大胜赵军，灭周，国势空前强盛，为秦统一奠定了基础。

②"秦王乃重募国中"几句：此事亦见《后汉书·南蛮西南夷列

传》："（秦）昭王乃重募国中有能杀虎者，赏邑万家，金百镒。"重
募，悬重赏招募。邑万家，《太平御览》卷三百四十八引作"赏邑
万家"，《蛮书》卷十作"封邑万家"，即封赏爵位、食邑万户。称，
相当。即赏赐的金帛与"邑万家"相当。

③朐忍：县名。秦置，属巴郡。治所在今重庆云阳东三坝乡。东汉、
三国属巴东郡，西晋改为朐䏖县。北周改为云安县。

④中头三节："节"，其义不可解。李一公本作"箭"，其义可通。《太
平广记》卷四百二十六引作"中头三矢"，可为旁证。

⑤瞋恚（chēn huì）：忿怒怨恨。

⑥呴（hǒu）：吼叫。

⑦约：盟约，约定。

⑧盟要：盟约，规定。按：此即《后汉书·南蛮西南夷列传》所说
"（秦）昭王嘉之，而以其夷人，不欲加封，乃刻石盟要"。

⑨复：免除租税徭役。下文"高祖因复之""白虎复夷"之"复"，意
同此。顷田不租：谓每户田地在一顷以下者不交租税，即免征一
顷田之税。这是政府给板楯蛮的优惠政策。

⑩十妻不算：即虽有十妻也免收人头税。这是政府给板楯蛮的优
惠政策。算，人头税。秦汉之时，每人每年交一百二十文钱为一
"算"。

⑪伤人者论：伤害人的，按情节轻重论罪。

⑫煞人雇死倓（tàn）钱：杀人者向死者家属赔偿一定的钱财，以赎
免死罪。倓钱，古代南方少数民族为赎罪所出的钱。按：此即
《后汉书·南蛮西南夷列传》所说"杀人者得以倓钱赎死"。

⑬黄龙一双：《太平广记》卷四百二十六引作"黄龙一两"。《华阳国
志新校注》认为，黄龙可能是以黄金铸成龙形。可备一说。

⑭清酒：一种酿制时间较长的清醇的酒。巴人善酿清酒。因酿制
于巴乡村，故名"巴乡清"，亦称巴乡村酒。《水经·江水注》："江

之左岸有巴乡村,村人善酿,故俗称巴乡清。"《周礼·天官·酒正》:"辨三酒之物,一曰事酒,二曰昔酒,三曰清酒。"郑玄注:"郑司农云:'事酒,有事而饮也;昔酒,无事而饮也;清酒,祭祀之酒。'玄谓……清酒,今中山冬酿接夏而成。"据此分析,清酒的酿造时间可能比昔酒更长,即头年冬天酿制,次年夏天成熟,味亦较昔酒醇厚而清亮。重庆涪陵区小田溪墓群M12出土的凤鸟纹错银铜壶,是一件制作精美的盛酒器。这是巴人善酿酒、好饮酒的物质表现。

⑮賨(cóng)钱:秦汉时西南一些少数民族作为赋税交纳的钱。按:此可参照出土文献与传世文献。张家山汉简《奏谳书》:"律蛮(蛮)男子岁出賨钱,以当徭赋,……毋忧曰:有君长,岁出賨钱以当徭赋,即复也。"《后汉书·南蛮西南夷列传》:"不输租赋,余户乃岁入賨钱,口四十。世号为板楯蛮夷。"

⑯弜(jiàng)头虎子:我国古代西南少数民族板楯蛮的别称。弜,本义为弓强劲有力,引申义为刚强、刚勇、倔强。按:"弜头虎子"这一称谓,当来源于板楯蛮以竹弩射虎故事。《蛮书》卷十:"夷人遂因号虎夷,一名弦头,刚勇颇有先人之风。"又,考古出土的巴人青铜錞于(如在重庆涪陵区小田溪墓群出土的錞于),多以虎为钮,也表明虎与板楯蛮的密切关系。

【译文】

秦昭襄王时,白虎为害,秦、蜀、巴、汉中各地都遭受虎患。秦王于是在国内以重赏招募勇士:"凡是能够杀死白虎者,封邑万户,或赏赐与万户相等的金银财帛。"于是,朐忍县的夷人廖仲药、何射虎、秦精等人用白竹制作弓弩,潜伏在高楼上,射中白虎头部三箭。白虎常常有群虎跟从,中箭的白虎忿怒怨恨,转而奋力搏杀群虎,大声吼叫而死。秦王嘉奖他们说:"白虎曾经为害四郡,前后伤害一千二百人。今朝消除祸患,再没有比这更大的功劳了。"秦王准备兑现约定的悬赏,但又嫌弃他们是夷人,于是改变主意,改为在石头上刻下盟约,免除夷人每户一项田的赋税徭役,即使娶妻十人也不用交人头税,伤人者按情节轻重论罪,杀人者可以通过赔偿钱财赎免死罪。并立下盟誓:"如果秦人冒犯夷人,赔偿一双黄龙;如果夷人冒犯秦人,赔偿一钟清酒。"夷人于是安居乐业。汉朝兴起之时,夷人跟随汉高祖平定战乱建功立业。因此,汉高祖也免除了夷人的赋税徭役,让他们专门以射杀白虎为业,每户每丁每年只出賨钱四十。世人因而称夷人为"白虎复夷",或者称之为"板楯蛮",他们就是今天所说的"弜头虎子"。

汉高帝灭秦①,为汉王,王巴、蜀②。阆中人范目有恩信方略③,知帝必定天下,说帝④,为募发賨民,要与共定秦。秦地既定⑤,封目为长安建章乡侯。帝将讨关东⑥,賨民皆思归。帝嘉其功而难伤其意⑦,遂听还巴。谓目曰:"富贵不归故乡,如衣绣夜行耳⑧。"徙封阆中慈乡侯⑨。目固辞⑩,乃封渡沔侯。故世谓"三秦亡⑪,范三侯"也。复除民罗、朴、昝、鄂、度、夕、龚七姓不供租赋⑫。阆中有渝水⑬,賨民多居水左右。天性劲勇⑭,初为汉前锋,陷阵,锐气喜舞。帝善之,曰:"此武王伐纣之歌也。"乃令乐人习学之⑮。今所谓"巴渝舞"也⑯。

【注释】

①汉高帝:即刘邦(前256或前247—前195),字季,沛(今江苏沛县)人。西汉建立者。秦末起兵,称沛公。初属项梁,后属项羽。前206年,率军攻入秦都咸阳,推翻秦朝统治,被项羽封为汉王。前202年,战胜项羽,称帝,建立汉朝。谥号高皇帝。《史记》《汉书》有传。

②为汉王,王巴、蜀:即刘邦被封为汉王,统治巴、蜀之地。《史记·高祖本纪》:"(项羽)更立沛公为汉王,王巴、蜀、汉中,都南郑。"

③恩信:恩德义。方略:方法与谋略。

④说(shuì):游说。

⑤秦地:指战国时秦国故地,相当于今陕西秦岭以北及甘肃东部地区。

⑥关东:函谷关以东的地区。

⑦难:感到困难,即不忍心。

⑧衣绣夜行:穿了锦绣衣裳,却在夜间出行。比喻虽居官位,却不能使人看到自己的荣耀显贵。《史记·项羽本纪》:"项王见秦宫室皆以烧残破,又心怀思欲东归,曰:'富贵不归故乡,如衣绣夜行,谁知之者!'"

⑨慈乡:《文选》卷四左思《蜀都赋》李善注引应劭《风俗通》作"慈凫乡"。

⑩固辞:坚决辞谢。

⑪三秦:秦亡以后,项羽三分秦之故地关中,封秦降将章邯为雍王,都废丘(今陕西兴平东南),领有今陕西中部咸阳以西和甘肃东部之地;司马欣为塞王,都栎阳(今陕西西安东北),领有今陕西咸阳以东地区;董翳为翟王,都高奴(今陕西延安东北),领有今陕西北部地区。合称"三秦"。后为关中地区的别称。

⑫复除:底本"复除"上有"目",衍文,当删。罗:一作"卢"。罗、卢古音同,可通假(任乃强)。朴:一作"林",误。昝(zǎn):姓。巴郡蛮(即板楯蛮)酋七姓之一。参看《姓苑》。度:即今庹(tuǒ)姓(任乃强)。

⑬渝水:今重庆合川区以下一段嘉陵江,因与渠江合流,亦通称渝水、宕渠水。隋开皇初在今重庆置渝州,因此水得名。

⑭劲勇:顽强勇敢。

⑮乐人：这里指宫中表演歌舞的艺人。

⑯巴渝舞：一作"巴俞舞"，亦名"俞儿舞"。古代巴渝地区的民间舞蹈。因巴人居巴郡渝水边，故名。《汉书·司马相如传上》作"巴俞"。颜师古注："巴俞之人刚勇好舞，初高祖用之，克平三秦，美其功力，后使乐府习之，因名《巴俞舞》也。"《后汉书·南蛮西南夷列传》："至高祖为汉王，发夷人还伐三秦。秦地既定，乃遣还巴中……俗喜歌舞，高祖观之，曰：'此武王伐纣之歌也。'乃命乐人习之，所谓《巴渝舞》也。"《汉书·礼乐志》："巴俞鼓员三十六人。"按：在川东地区发现的汉代画像上（如綦江二蹬岩崖墓、璧山汉代石棺），就有描绘巴人动作劲勇、刚健有力的舞蹈画面，这应当就是古书所说的"巴渝舞"。

【译文】

汉高祖刘邦灭掉秦朝，被项羽封为汉王，统治巴、蜀之地。阆中人范目讲诚信，有谋略，他知道刘邦必定能统一天下，于是去游说刘邦，说愿意为他招募賨民，并约定与刘邦一起平定秦地。秦地平定之后，刘邦封范目为长安建章乡侯。刘邦打算讨伐关东，而賨民都想回到故土。刘邦嘉奖了他们的功劳，且不忍心伤害他们的思乡之情，于是听凭賨民返回巴地。刘邦对范目说："富贵而不返归故乡，就像穿着华丽的衣服在夜间行走。"于是，刘邦改封范目为阆中慈乡侯。范目坚决推辞，刘邦于是封范目为渡沔侯。因此，世间有"三秦灭亡，范目三次封侯"的说法。免除了賨民中罗、朴、昝、鄂、度、夕、龚七姓的租税徭役。阆中有一条河叫渝水，賨民大多居住在渝水的两岸。賨民天性顽强勇敢，当初作为汉军的前锋，冲锋陷阵，锐气难挡，又喜好歌舞。刘邦也喜欢賨民的歌舞，赞赏道："这是周武王伐纣的歌舞啊。"于是，刘邦下令让宫中的乐人学习賨民的歌舞。这就是今天所说的"巴渝舞"。

天下既定，高帝乃分巴、蜀置广汉郡①。孝武帝又两割置犍为郡②。故世曰"分巴割蜀，以成犍、广"也。

【注释】

①蜀："蜀"字原脱，此据《华阳国志新校注》补。广汉郡：郡名。据《汉书·地理志》《华阳国志·蜀志》《水经·江水注》，西汉高祖六年（前201）分巴、蜀二郡置广汉郡，治雒县乘乡（一作"绳乡"，今四川德阳西北孝泉镇），属益州。汉武帝建元六年（前135）析南部地置犍为郡，元鼎六年（前111）分北部地置武都郡，东汉永初二年（108）分西北部地置广汉属国。东汉元初二年（115）广汉郡移治涪县（今四川绵阳东北），后又移治雒县（今四川广汉北）。建安二十二年（217）刘备又分置梓潼郡。西晋移治广汉县（今四川射洪南），属梁州。东晋复治雒县。南朝又属益州。隋开皇初废入益州。按：《汉书·地理志》《华阳国志·蜀志》《水经·江水注》说汉高祖六年（前201）置广汉郡，实属可疑。今人认为，汉置广汉郡在汉武帝元光三年（前133），与犍为郡的设置时间相当（马孟龙）。

②两割置犍为郡：据后文"分巴割蜀，以成犍、广"，本处意指从巴郡、蜀郡两地分割出部分地区，设置了犍为郡。按：《华阳国志》此说实则有误。犍为郡，郡名。汉武帝建元六年（前135）唐蒙通夜郎后分广汉郡南部及夜郎国地置，属益州。初治鳖县（今贵州遵义市西）。元光五年（前130）移治南广（今四川筠连县境），始元元年（前86）移治僰道县（今四川宜宾西南）。东汉永初元年（107）又移治武阳县（今四川眉山彭山区）。初时辖境较大，以后辖境逐渐缩小。初时辖境相当今四川简阳和成都新津区以南，重庆合川、大足和贵州绥阳以西，岷江下游、大渡河下游和金沙江下游以东，云南会泽、贵州水城以北地区。元鼎六年（前111）平且兰后，辖境缩小，以今广西西北部、云南东部部分地区

和贵州地区置牂柯郡。东汉永初元年（107），又分西南境置犍为属国。南朝齐复治僰道县。南朝梁废。隋大业时，又曾改戎州为犍为郡。按：关于犍为郡的设置时间，另有元光元年（前134）、元光三年（前132）、元光五年（前130）诸说。

【译文】

平定天下之后，汉高祖于是分割巴郡、蜀郡，设置了广汉郡。汉武帝之时，又从巴郡、蜀郡分割出部分地区，设置了犍为郡。因此，世人说"分割巴郡、蜀郡，成就了犍为郡、广汉郡"。

自时厥后[1]，五教雍和[2]，秀茂挺逸[3]。英伟既多[4]，而风谣旁作[5]。故朝廷有忠贞尽节之臣[6]，乡党有主文歌咏之音[7]。

【注释】

[1]自时厥后：从此以后。时，通"是"，此，这。厥，之。

[2]五教：五常之教，指父义、母慈、兄友、弟恭、子孝五种伦理道德的教育。雍和：融洽，和睦。

[3]秀茂：优异特出的人才。挺逸：俊逸。

[4]英伟：指才能卓越的人。

[5]风谣：泛指反映风土民情的歌谣。旁作：遍作。

[6]忠贞：指忠诚而坚定不移的人。尽节：尽心竭力，保全节操。多指赴义捐生。

[7]乡党：泛称家乡。此处与"朝廷"相对，指的是民间。

【译文】

从此以后，巴地五伦和谐，人才辈出。英伟俊逸之士越来越多，而反映风土民情的歌谣也到处流传。因此，朝廷有忠贞尽节的大臣，民间有吟诵传唱的歌谣。

　　巴郡谯君黄①,仕成、哀之世②,为谏议大夫③,数进忠言④。后违避王莽⑤,又不事公孙述⑥。述怒,遣使赍药酒以惧之⑦。君黄笑曰:“吾不省药乎⑧?”其子瑛纳钱八百万得免⑨。国人作诗曰:“肃肃清节士⑩,执德寔固贞⑪。违恶以授命⑫,没世遗令声⑬。”

【注释】

①谯君黄(?—35):谯玄,字君黄,巴郡阆中(今四川阆中)人。谯隆之子。少好学,能说《易》《春秋》。成帝时拜议郎,平帝时迁中散大夫。元始四年(4)为绣衣使者,分行天下,观风俗,行诛赏。王莽居摄,改姓换名,归家隐匿不仕,教诸子习经书。公孙述据蜀,亦不受公孙述官职。后卒于家。光武平蜀,玄已卒,诏本郡祠以中牢。《后汉书·独行列传》有传。

②成、哀之世:即汉成帝、汉哀帝之时(前32—前1)。

③谏议大夫:官名。汉置,掌规谏朝政得失,属光禄勋。

④数(shuò):多次,屡次。

⑤违避:背离,避开。王莽(前45—23):字巨君,魏郡元城(今河北大名东)人。新王朝的建立者。汉元帝王皇后之侄。西汉末,以外戚掌握朝政,成帝时封新都侯。哀帝死,与元帝后共立年仅九岁的平帝,专制朝政,称安汉公。元始五年(5),毒死平帝,另立年方二岁的刘婴为太子,号“孺子”,自称假皇帝。初始元年(8)称帝,改国号为新,年号始建国。不久,托古改制,造成混乱,阶级矛盾激化。更始元年(23),绿林军攻入长安。王莽被杀,新朝灭亡。《汉书》有传。

⑥公孙述(?—36):字子阳,扶风茂陵(今陕西兴平)人。新莽时,为导江卒正(蜀郡太守)。后起兵,攻克成都,据益州称帝,自称“金帝”,国号“成家”(取“起于成都”之意),改元“龙兴”。建武

十二年(36)为汉军所破,重伤死。《后汉书》有传。

⑦赍(jī):携带,持。药酒:毒酒。

⑧省:清楚,明白。

⑨瑛:谯瑛,巴郡阆中(今四川阆中)人。谯玄之子,为北宫卫士令。《后汉书·谯玄列传》:"(谯)瑛善说《易》,以授显宗,为北宫卫士令。"免:赦免。

⑩肃肃:严正貌。清节:高洁的节操。

⑪寔(shí):同"实",确实,的确。

⑫授命:献出生命。

⑬没世:死。令声:美好的名声。

【译文】

巴郡人谯君黄,汉成帝、汉哀帝时在朝廷做官,为谏议大夫,他多次向皇帝进谏忠言。后来,谯君黄设法躲避而不侍奉篡汉的王莽,也不为割据巴蜀的公孙述效力。公孙述发怒,派遣使者送毒酒给谯君黄,以此恐吓他。谯君黄笑着说:"我难道不知道这是毒药吗?"谯君黄的儿子谯瑛向公孙述交纳了八百万钱,才使其免于一死。郡人作诗称赞谯君黄道:"严正而高洁的士君子,恪守道德确实很坚贞。他反抗残暴不怕献出生命,他的美好名声必将万古流传。"

巴郡陈纪山①,为汉司隶校尉②,严明正直。西房献眩王庭③,试之,分公卿以为嬉④,纪山独不视⑤。京师称之。巴人歌曰:"筑室载直梁,国人以贞真。邪娱不扬目,枉行不动身。奸轨辟乎远⑥,理义协乎民⑦。"

【注释】

①陈纪山(? —127):名禅,巴郡安汉(今四川南充)人。仕郡功

曹，举善黜恶。举茂才，拜谏议大夫。北匈奴入辽东，拜辽东太守，单于怀服。顺帝即位，迁司隶校尉，卒官。子陈澄，有清名，官至汉中太守。曾孙陈宝，为人刚壮，有陈禅遗风，官至州别驾从事，显名州里。《后汉书》卷五十一有传。

②司隶校尉：官名。西汉武帝征和四年（前89）始置，秩二千石。掌纠察京师百官及所辖附近各郡，相当于州刺史。东汉仍名司隶校尉，秩比二千石，而威权尤重。凡宫廷内外，皇亲贵戚，京都百官，无所不纠，兼领兵，有检敕、捕杀罪犯之权，并为司隶州行政长官。三国魏沿置，三品。西晋沿魏制，三品。东晋罢，其职归扬州刺史。

③西虏献眩王庭：根据《后汉书·南蛮西南夷列传》记载，永宁元年（120），掸国（今缅甸）国王雍由调向汉安帝进献了一批幻人（杂技艺人）。幻人自称他们是"海西人"，海西就是大秦，而"掸国西南通大秦"。次年（121），幻人在宫中表演幻术，汉安帝与群臣观赏了表演。幻人表演的节目，有变化吐火、自缚自解、易牛马头、跳丸等。又据《后汉书·陈禅列传》记载，陈禅离席大声反对，认为"帝王之庭，不宜设夷狄之技"。西虏，西边的国家，指安息、大秦等国。眩，通"幻"，幻术，戏法，魔术。

④公卿：泛指高官，亦泛指百官。

⑤纪山独不视：《太平御览》卷四百二十八引《华阳国志》："陈禅……西域献幻伎，天子与公卿观之，禅独伏不视。"

⑥奸轨：亦作"奸宄"，违法作乱的事情。辟：躲避，躲开。

⑦理义：公理与正义。

【译文】

　　巴郡人陈纪山，是汉顺帝时的司隶校尉，为人严明正直。西边的国家曾经向东汉王庭进贡了一批杂技艺人，汉安帝让他们试身手，令公卿大臣分别观看取乐，唯独陈纪山目不斜视。京师之人都称赞陈纪山。巴人作歌赞扬陈纪山："盖房子要用直木做梁柱，国人要以正直的品格立身行事。邪僻的娱乐节目不正眼相看,违法作乱的事情不动身去做。远离奸邪与不轨,以公理与正义引导百姓。"

　　巴郡严王思①,为扬州刺史,惠爱在民。每当迁官②,吏民塞路攀辕③,诏遂留之。居官十八年卒,百姓若丧考妣④。义送者赍钱百万⑤,欲以赡王思家。其子徐州刺史不受⑥。送吏义崇不忍持还⑦,乃散以为食,食行客。巴郡太守汝南应季先善而美之⑧,乃作诗曰:"乘彼西汉⑨,潭潭其渊⑩。君子恺悌⑪,作民二亲⑫。没世遗爱⑬,式镜后人⑭。"

【注释】

① 严王思:名遵,巴郡阆中(今四川阆中)人。初为长安令,政治严明,迁扬州刺史,以德教化,民人怀恩。后当迁,吏民拦路止之。凡三迁,三留,卒于官。本书卷十二《序志并士女目录》评价严王思明于"政事"。

② 迁官:迁往他地做官。

③ 攀辕:"攀辕卧辙"的省称。拉住车辕,横卧车道予以挽留。为挽留良吏的典故。

④ 若丧考妣(bǐ):形容极度悲伤和着急。丧,失去。考妣,父母的别称。《尚书·尧典》:"帝乃殂落,百姓如丧考妣。"

⑤ 义送:意谓自发、自愿地护送(严王思的灵柩)。送,送葬,送丧。赍(jī)钱:赠送钱财。

⑥ 其子:指严羽。据本书卷十二《序志并士女目录》,严王思之子名羽,字子翼。

⑦ 义崇:人名。姓义,名崇。事迹不详。

⑧ 汝南:郡名。西汉高祖四年(前203)置,治上蔡县(今河南上蔡

西南）。东汉移治平舆县（今河南平舆北）。其后治所屡迁。东晋移治悬瓠城（今河南汝南），隋开皇初废。应季先：名承，汝南（治今河南平舆）人。汉冲帝、汉质帝时，为巴郡太守。参看《后汉书·种暠列传》。

⑨乘：由水路而行。西汉：即西汉水，一名"漾水"，即今嘉陵江（在今四川境内）。

⑩潭潭：深广貌。

⑪恺悌（kǎi tì）：和乐平易，平易近人。

⑫二亲：父母亲。

⑬没（mò）世：死亡，逝世。遗爱：遗留仁爱于后世。

⑭式镜后人：犹如明镜照耀后人，意谓为后人榜样。式，楷模，榜样。

【译文】

巴郡人严王思，为扬州刺史，他仁爱百姓，施惠郡民。每当他任期巴满而要迁往他地做官时，属吏和百姓就会堵塞道路，拉住车辕尽力挽留，于是皇帝下诏令严王思仍然留任扬州刺史。严王思在扬州做官十八年后去世，老百姓就像死了亲生父母一样哀伤。老百姓自发拿出百万钱财护送严王思灵柩回乡，准备用它来赡养严王思的家人。严王思的儿子、徐州刺史严羽，坚决不接受这笔钱财。护送灵柩的属吏义崇不忍心将钱财退还回去，于是将财物变卖成食物，送给过客食用。巴郡太守、汝南人应季先认为这是件好事，于是写诗称赞说："乘船行驶在西汉水啊，江水深不可测。君子平易近人啊，他是老百姓的父母官。他虽然已经逝世了，但其仁爱流传后世，将永远成为后人的榜样。"

汉安帝时，巴郡太守连失道①。国人风之曰②："明明上天，下土是观③。帝选元后④，求定民安。孰可不念？祸福由人。愿君奉诏，惟德日亲⑤。"

【注释】

①失道：违背道义。

②风：通"讽"，讽谏，劝谏。

③下土：大地。《诗经·小雅·小明》："明明上天，照临下土。"

④元后：古指天子，这里指地方长官。后，古代对长官、郡守或将领的敬称。

⑤惟德日亲：即"惟日亲德"。日，每天，一天一天地。

【译文】

汉安帝之时，巴郡太守接连违背道义。国人作诗讽刺道："苍天在上，洞察下界。皇帝任命地方官，是为了安邦定民。难道可以辜负皇恩？祸福都是由人确定的。希望使君能谨奉诏命，每天都亲近仁德。"

永初中①，广汉、汉中羌反，虐及巴郡。有马妙祈妻义、王元愦妻姬、赵蔓君妻华②，夙丧夫③，执共姜之节④，守一醮之礼⑤，号曰"三贞"⑥。遭乱兵迫匿，惧见拘辱，三人同时自沉于西汉水而没死⑦。有黄鸟鸣其亡处，徘徊焉。国人伤之，乃作诗曰："关关黄鸟⑧，爰集于树⑨。窈窕淑女⑩，是绣是黼⑪。惟彼绣黼，其心匪石⑫。嗟尔临川，邈不可获⑬。"

【注释】

①永初：汉安帝年号（107—113）。

②马妙祈妻义、王元愦妻姬、赵蔓君妻华：三人都是巴郡阆中（今四川阆中）人。本书卷十二《序志并士女目录》将三人列入"贞烈"类。

③夙（sù）：早年。

④执共姜之节：像共姜一样执守贞节。共姜，春秋时期卫国世子共伯之妻。共伯早死，共姜守义，誓不再嫁。《诗经·鄘风·柏舟》

即共姜所作。《诗序》:"《柏舟》,共姜自誓也。卫世子共伯蚤死,其妻守义,父母欲夺而嫁之,誓而弗许,故作是诗以绝之。"

⑤守一醮(jiào)之礼:意谓从一而终,不再改嫁。一醮,只嫁一次,不再改嫁。醮,古代婚娶时用酒祭神的礼,指妇女出嫁。

⑥号曰"三贞":《太平御览》卷四百四十一引陈寿《益部耆旧传》:"巴三贞者,阆中马眇新妻义、西充国王元愦妻姬,皆阆中人也;阆中赵蔓君妻华,西充国人也。姬早失夫,介然守操。中平五年,黄巾余类延益州,贼帅赵蕃据阆中城,拘迫衣冠,令人妇女为质,义、姬、华等随北入城。后贼类争势,攻破阆中,时人或死或奔,家室相失,义、姬、华随类出城走。传闻后贼,或拘略妇女,于是三人自度穷迫,恐不免于据逼,乃相与自沉水而死。乡党闻之,莫不感伤,号曰'三贞'。"

⑦自沉:投水自尽。西汉水:即今嘉陵江(在今四川境内)。

⑧关关:鸟类雌雄相和的鸣声,后亦泛指鸟鸣声。《诗经·周南·关雎》:"关关雎鸠,在河之洲。"毛传:"关关,和声也。"

⑨爰(yuán)集:集结。

⑩窈窕:娴静貌,美好貌。淑女:贤良美好的女子。《诗经·周南·关雎》:"窈窕淑女,君子好逑。"毛传:"窈窕,幽闲也。"

⑪绣、黼(fǔ):古代礼服上白黑相间的花纹叫黼,五采兼备叫绣。

⑫匪石:非石,不像石头那样可以转动。形容坚定不移。语出《诗经·邶风·柏舟》:"我心匪石,不可转也。"孔颖达疏:"言我心非如石然,石虽坚,尚可转,我心坚,不可转也。"

⑬邈(miǎo):遥远。

【译文】

汉安帝永初年间,广汉、汉中的羌人造反,危害到了巴郡。马妙祈的妻子义、王元愦的妻子姬、赵蔓君的妻子华,三人的丈夫很早就去世了,她们像共姜一样守护贞洁,遵守妇女只嫁一次的礼仪,号称"三贞"。三人遭遇乱兵逼迫而躲藏，因害怕被俘后遭受侮辱，于是一同自沉于西汉水而死。三人死后，有黄鸟在她们投河的地方鸣叫，徘徊不去。国人为她们而哀伤，于是作诗怀念说："黄鸟关关鸣叫，集结在树上。贤良美好的女子，有绣黼一样美丽的品格。品格像绣黼一样美丽，其人是那样坚贞不屈。可叹那一川江水啊，只见烟波浩渺，不知魂归何处。"

永建中①，泰山吴资元约为郡守②，屡获丰年。民歌之曰："习习晨风动③，澍雨润乎苗④。我后恤时务⑤，我民以优饶⑥。"及资迁去，民人思慕⑦，又曰："望远忽不见，惆怅尝徘徊⑧。恩泽实难忘，悠悠心永怀⑨。"

【注释】

①永建：汉顺帝年号（126—132）。

②泰山吴资元约：姓吴，名资，字元约，泰山（治今山东泰安）人。汉顺帝永建年间，任巴郡太守。

③习习：微风和煦貌。

④澍（shù）雨：及时雨。

⑤我后：与"我民"相对，这里指郡守吴资。恤：忧念，牵挂。时务：按时应做的事情，此处指农事。

⑥优饶：富裕，充裕。

⑦思慕：怀念。

⑧惆怅（chóu chàng）：因失意或失望而伤感、懊恼。

⑨悠悠：思念貌，忧思貌。《诗经·邶风·终风》："莫往莫来，悠悠我思。"郑玄笺："言我思其如是，心悠悠然。"

【译文】

汉顺帝永建年间，泰山人吴资（字元约）任巴郡太守，当地屡屡喜获丰年。老百姓歌颂道："晨风习习吹动，及时雨滋润了禾苗。太守时时忧念农事，我们老百姓得以生活富足。"等到吴资调职离开，老百姓都很怀念他，又歌颂道："遥望远方而不见使君，我们内心惆怅徘徊不前。他的恩德实难忘，我们长久地思念。"

孝桓帝时①，河南李盛仲和为郡守②，贪财重赋③。国人刺之曰④："狗吠何喧喧⑤，有吏来在门。披衣出门应，府记欲得钱⑥。语穷乞请期⑦，吏怒反见尤⑧。旋步顾家中，家中无可为⑨。思往从邻贷，邻人已言匮。钱钱何难得，令我独憔悴。"

【注释】

①孝桓帝：即汉桓帝刘志（132—167）。146—167年在位。在位期间，朝政混乱，出现"党锢之祸"。《后汉书》有传。

②李盛：字仲和，河南（治今河南洛阳）人。曾任巴郡太守。

③重赋：苛重的赋税。

④刺：讽刺。

⑤喧喧：形容声音喧闹。

⑥府记：官府宣示命令的文书。

⑦请期：约定日期。指延缓几天。

⑧尤：责备，怪罪。

⑨为：他本作"与"，刘琳认为从诗韵考，作"与"更恰切，可从。

【译文】

汉桓帝时，河南郡人李盛（字仲和）任巴郡太守，李盛贪图财富，对百姓征收很重的赋税。巴郡人作诗讽刺说："看门狗为何汪汪大叫，是因为有官吏在敲门。披上衣服出门应答，果然是官吏手持文书来收税。因为家穷央求官吏缓期交付，不料官吏怒声呵斥百般责怪。转身环顾家中,但见家徒四壁无财物可交付。欲往邻居家借贷钱财,邻人苦言一贫如洗。钱啊钱,为何如此难求,让我忧愁憔悴。"

汉末政衰,牧守自擅①。民人思治②,作诗曰:"混混浊沼鱼③,习习激清流④。温温乱国民⑤,业业仰前修⑥。"

【注释】

①牧守:州郡的长官。州官称牧,郡官称守。自擅:自作主张。意谓各自为政。

②治:与"乱"相对,指政治清明,社会安定。

③混混:浑浊。

④习习:频频飞动貌。本处指鱼儿频频游动冲进清流。

⑤温温:温和貌,柔和貌。

⑥业业:危惧貌。前修:前贤,前代的贤人。

【译文】

汉朝末年政治衰败,州郡长官各自为政。百姓渴望政治清明、社会安定,于是作诗说:"混浊池沼里的鱼儿呀,频频游动冲进清流。温和的身处乱世的百姓,在忧惧中盼望着贤能之士的出现。"

其德操仁义、文学政干若洛下闳、任文公、冯鸿卿、庞宣孟、玄文和、赵温柔、龚升侯、杨文义等①,播名立事、言行表世者②,不胜次载者也③。

【注释】

①龚升侯:或作"龚升侯",误。按:洛下闳等人,详见本书卷十二《序志并士女目录》。

②播名:传扬名声。立事:建功立业。表世:为世人的表率,垂范

　　后世。

　　③不胜：不能，无法。次载：依次记载。

【译文】

　　巴郡有德行操守、讲究仁义，具有文学、政事才干的人很多，比如洛下闳、任文公、冯鸿卿、庞宣孟、玄文和、赵温柔、龚升侯、杨文义等，他们的声名远播华夏，他们的立身行事、嘉言善行足以垂范后世，本处不能一一予以记录。

　　孝安帝永初二年，凉州羌反，入汉中，杀太守董炳①，扰动巴中。中郎将尹就讨之②，不克，益州诸郡皆起兵御之③。三府举广汉王堂为巴郡太守④。拨乱致治，进贤达士，贡孝子严永、隐士黄错、名儒陈髦、俊士张璊⑤，皆至大位⑥。益州刺史张乔表其尤异⑦，徙右扶风，民为立祠。

【注释】

　　①“孝安帝永初二年”几句：此事又见本书卷二《汉中志》和《后汉书·西羌列传》。《后汉书·西羌列传》：“（永初二年）十一月辛酉，拜邓骘为大将军，征还京师，留任尚屯陇右。先零羌滇零称天子于北地，遂寇三辅，东犯赵、魏，南入益州，杀汉中太守董炳。”孝安帝，即汉安帝刘祜（94—125）。汉章帝之孙，清河王刘庆之子。东汉皇帝。殇帝卒，邓太后迎入，立为和帝嗣，即帝位，年十三。太后临朝，权归邓氏。幸叶，卒于乘舆。死后谥安帝，庙号恭宗。《后汉书》有传。永初二年，108年。底本作“元初三年”，误。

　　②中郎将：官名。秦置，汉因之。西汉时皇帝的侍卫分五官、左、右三署，各置中郎将以统帅侍卫，皆秩二千石，位低于将军。平帝时又置虎贲中郎将。东汉沿置，又增置东西南北四中郎将、羽林中

郎将、使匈奴中郎将。建安以后，地方割据，自相署置，有多名中郎将。其后，魏、晋、宋、齐、梁、陈等皆沿置。尹就：东汉将领，安帝时为中郎将。元初二年（115），先零羌寇益州，就讨伐之，连年不克。

③益州诸郡皆起兵御之：根据《后汉书·西羌列传》记载，直至元初五年（118），才平定羌族叛乱。

④三府：汉制，三公皆可开府，因称三公为"三府"。三府，谓太尉、司徒、司空府。王堂：字敬伯，广汉郡郪（今四川三台）人。举茂才入仕，历任谷城县令、巴郡太守、右扶风、将作大匠、鲁相、汝南太守等职。居官多政绩，史称"政教严明"。喜奖拔贤达，世称"知人"。因得罪外戚梁商诸权贵，罢官家居。年八十八卒。《后汉书》和本书卷十《先贤士女总赞》有传。

⑤贡：举荐。孝子严永、隐士黄错、名儒陈髦（máo）、俊士张瑞（mén）：严永等人，详见本书卷十二《序志并士女目录》。

⑥大位：显贵的官位。

⑦张乔：南阳（治今河南南阳）人。安帝时，为益州刺史。时蜀郡夷人起事，乔破降之。顺帝永和三年（138）拜交阯刺史，诱日南蛮降。永和六年（141）以执金吾行车骑将军事，将兵屯三辅。汉安帝、汉顺帝时，任益州刺史。事见《后汉书》的《安帝纪》《南蛮传》《西羌传》。尤异：封建时代对官吏的考语，指政绩优异、卓异。

【译文】

汉安帝永初二年，凉州的羌人造反，攻入汉中，杀死太守董炳，袭扰震动了巴中。中郎将尹就率兵讨伐羌人，但没有取胜，于是益州各郡都起兵抵御羌人的进攻。太尉、司徒、司空三府推举广汉人王堂为巴郡太守。王堂拨乱反正加强治理，引荐贤达之士，举荐孝子严永、隐士黄错、名儒陈髦、俊士张瑞，这些人都官至高位。益州刺史张乔上表称赞王堂政绩卓异，王堂升迁为右扶风的长官，老百姓为他修建了祠堂。

孝桓帝以并州刺史、泰山但望字伯阖为巴郡太守①，勤恤民隐②。郡文学掾宕渠赵芬、掾弘农冯尤、垫江龚荣、王祈、李温、临江严就、胡良、文恺、安汉陈禧、阆中黄闻、江州毋成、阳誉、乔就、张绍、牟存、平直等③，诣望自讼曰④："郡境广远，千里给吏⑤，兼将人从⑥，冬往夏还，夏单冬复⑦。惟逾时之役⑧，怀怨旷之思⑨。其婚丧吉凶，不得相见解缓补绽⑩。下至薪菜之物，无不躬买于市⑪。富者财得自供⑫，贫者无以自支⑬。是以清俭夭枉不闻⑭。加以水陆艰难，山有猛兽，思迫期会⑮，陨身江河⑯，投死虎口。咨嗟之叹⑰，历世所苦。天之应感，乃遭明府⑱，欲为更新⑲。童儿匹妇，欢喜相贺，将去远就近，释危蒙安⑳。县无数十，民无远迩㉑。恩加未生㉒，泽及来世㉓。巍巍之功㉔，勒于金石㉕。乞以文书付计掾史㉖。人鬼同符㉗，必获嘉报㉘。芬等幸甚。"望深纳之。

【注释】

①但望：字伯阖，泰山（治今山东泰安）。曾任并州刺史、巴郡太守。

②民隐：民众的痛苦。

③"郡文学掾（yuàn）宕渠赵芬"几句：此处涉及人名较多，大多生平不详，故不逐一出注。郡文学掾，官名。汉置。又称"郡文学"，简称"文学"。汉朝州郡职司教育的学官。掌郡置学校，教授诸生等。东汉末，王国、丞相府亦置。西晋郡国皆置。宕渠：县名。西汉置，属巴郡。治所在今四川渠县东北七十四里土溪镇渠江南岸城坝古城。《读史方舆纪要》卷六十八引应劭曰："石过水为宕，水所蓄为渠，故县以是名。"东汉建安末为宕渠郡治。三国、西晋属巴西郡。十六国成汉又为宕渠郡治。南朝宋废。2005年，四川省文物考古研究所联合达州市文物管理所和渠县文物管

理所等单位对渠县城坝遗址进行了首次正式发掘;2014—2018年,四川省文物考古研究院联合渠县历史博物馆对城坝遗址进行系统性考古调查、勘探和发掘工作,发掘面积共4000平方米。城坝遗址由郭家台城址区、津关区、一般聚落区、窑址区、墓葬区、水井区等部分组成,构建了遗址自战国晚期至魏晋时期的年代序列。城坝遗址出土战国晚期至六朝时期器物1000余件,其中最为重要的是"宕渠"文字瓦当及竹木简牍的出土。10余件"宕渠"文字瓦当明确证实,郭家台城址区就是秦汉至魏晋时期的宕渠郡县所在地。赵芬,巴郡宕渠(今四川渠县)人。曾任巴郡户曹掾。本书卷十二《序志并士女目录》有名录。掾,官府中佐助官吏的统称。汉代三公府及其他重要官府皆置掾、史、属,分曹治事。掾为曹长,史、属为副贰。故掾史多冠以曹名,如户曹掾、户曹史等。冯尤,弘农(治今河南灵宝)人。曾任巴郡掾。龚荣,巴郡垫江(今重庆合江)人。官至荆州刺史。本书卷十二《序志并士女目录》有名录。

④诣望自讼:到但望那里申诉。诣,到,旧时特指到尊长那里去。自讼,为自己申诉疾苦。

⑤给吏:为官府办事。

⑥将:带领。人从:随从。

⑦复:夹衣。

⑧逾时:超过规定的时间。

⑨怨旷:长期别离。

⑩补绽:弥补。

⑪躬买:亲自购买。

⑫财:通"才",仅仅。自供:自己供给,指勉强维持。

⑬自支:自我支撑。

⑭清俭:贫穷困苦。夭枉:短命早死。

⑮迫：逼近，接近。期会：约期聚集，指回来交差。

⑯陨（yǔn）身：亡身，死亡。

⑰咨嗟之叹：叹息。

⑱遭：遇到。明府：汉魏以来对郡守、牧尹的尊称。

⑲更新：革新，除旧布新。此处特指分割巴郡。

⑳释危：免除危难。蒙安：意味得到庇护，所以很安全。

㉑远迩（ěr）：远近。迩，近。

㉒未生：未出生的人，意指未来。

㉓来世：后世，后代。

㉔巍巍：崇高伟大。

㉕勒：刻。金石：指古代镌刻文字、颂功纪事的钟鼎、碑碣之属。

㉖文书：公文，案牍。计掾史：古代州郡计吏。战国、秦、汉之时，地方官于年终将境内户口、赋税、盗贼、狱讼等项编造计簿，遣吏逐级上报，奏呈朝廷，借资考绩，谓之"上计"。地方派往中央上报的官吏，就是"上计吏"，又称"上计掾""计掾史"。

㉗人鬼同符：意谓以上所说符合生者（"人"）和死者（"鬼"）的心愿。

㉘嘉报：好的回报，意谓希望以上申诉得到批复。

【译文】

汉桓帝时，任命并州刺史、泰山人但望（字伯阖）为巴郡太守，但望很体恤老百姓的疾苦。巴郡文学掾宕渠人赵芬、佐吏弘农人冯尤、垫江人龚荣、王祈、李温、临江人严就、胡良、文恺、安汉人陈禧、阆中人黄阊、江州人毋成、阳誉、乔就、张绍、牟存、平直等，到但望那里申诉说："巴郡地域广大，奔走千里给官府当差，还带着随从人员，冬天出发，夏天返回；夏天穿单衣，冬天穿夹衣。想着超过时限的办差时间，内心怀有思念家室之情。家里有婚丧、吉凶之事，也不能相见以缓解或补救。像柴薪、蔬菜等物件，都要亲自到市场上去购买。家境富裕点的人仅仅能够勉强维持，家境贫穷的人就难以自我支撑了。因此，人们的贫穷困苦、短命早死都没人知道。加上水路、陆路都很艰险,而山上又有猛兽出没,因交差日期临近而加紧赶路,很可能丧命江河,也可能命丧虎口。令人叹息啊,这就是历代巴县人民经历的痛苦。上天也应该感受到了巴郡人民的痛苦,所以才遇到英明的太守,希望您能够除旧布新。儿童妇女,欢喜地互相庆贺,人民将不用去远方而就近服役,这样就能免除危难而安宁地生活。分割后的巴郡,其属县不过几十个,老百姓不再有远近之苦。您的恩泽将施加到还没有出生的人身上,并且将延续到后代。您崇高伟大的功德,将刻于金石永垂不朽。请求您将我们的诉求写入公文交付给计掾史,带往京师上报朝廷。这是符合生者与死者心愿的事情,必定能获得福报。若蒙采纳,赵芬等深感荣幸之至。"但望完全采纳了赵芬等人的建议。

　　郡户曹史枳白望曰[①]:"芬等前后百余人历政讼诉[②],未蒙感寤[③]。明府运机布政[④],稽当皇极[⑤],为民庶请命救患,德合天地,泽润河海。开辟以来[⑥],今遇慈父。经曰:'奕奕梁山,惟禹甸之;有倬其道,韩侯受命。'[⑦]比隆等盛[⑧],于斯为美[⑨]。"

【注释】

①户曹史:即户曹官吏之一。户曹,地方官府属曹。西汉郡县始置,诸郡、县府属曹之一,掌民户、祠祀、农桑等事务,以掾为长官。枳:县名。秦置,属巴郡。治今重庆涪陵区东北乌江口东岸,三国移治今涪陵区西长江畔,东晋移治今重庆巴南区。按:清末在巴县(今重庆巴南)木洞区清溪乡出土晋代《晋故巴郡察孝骑都尉枳杨府君之神道》,证明迁于巴县之枳在此。文中"枳"下有脱文,脱漏了人名。

②历政：犹历代。此处指历任巴郡太守。讼诉：申诉疾苦。

③感寤：同"感悟"，受感动而醒悟。

④运机：运用计谋。布政：施政。

⑤稽当皇极：此指巴郡太守治理巴郡有方。稽，考核。当，符合。皇极，帝王统治天下的准则，即所谓大中至正之道。皇，大。极，中。典出《尚书·洪范》："五，皇极，皇建其有极。"

⑥开辟以来：开天辟地以来。开辟，指宇宙的开始。按照古代神话的说法，是盘古氏开天辟地。

⑦"经曰"几句：出自《诗经·大雅·韩奕》。经，指《诗经》。奕奕，高大貌。梁山，山名，在今陕西韩城西，接合阳县界。甸，治理。倬（zhuō），高大，显著。韩侯，姬姓之国，后为晋所灭。受命，接受周王分封之命而为侯伯。

⑧比隆等盛：同等兴隆、兴盛。

⑨于斯为美：大意是所谓美事，恐怕莫过于分郡。

【译文】

巴郡户曹史、枳县的某人对但望说："赵芬等前后一百余人，屡次向历任巴郡太守申诉疾苦，但没有获得理解和支持。太守您运用计谋，处理政务，合乎'大中至正'之道，您为老百姓排忧解难，您的德行合乎天地大道，您的恩泽滋润大河大海。自开天辟地以来，今天终于遇到了仁慈的父母官。《诗经》曰：'高大的梁山啊，是大禹治理的；大道光明啊，是韩侯接受了分封的命令。'若能实行分郡而治，您的隆盛功绩将与古人媲美，所谓美事，恐怕莫过于此。"

永兴二年三月甲午①，望上疏曰："谨按《巴郡图经》境界②，南北四千，东西五千，周万余里。属县十四③，盐、铁五官各有丞、史④。户四十六万四千七百八十，口百八十七万五千五百三十五⑤。远县去郡千二百至千五百里，乡亭去县或三四百⑥，或及千里。土界遐远，令尉不能穷诘奸凶⑦。时有贼发，督邮追案⑧，十日乃到，贼已远逃踪迹，灭绝罪录。逮捕证验⑨，文书诘讯⑩，即从春至冬，不能究讫⑪。绳宪未加⑫，或遇德令⑬。是以贼盗公行，奸宄不绝⑭。荣等及陇西太守冯含、上谷太守陈弘说，往者至有劫阆中令杨殷、终津侯姜昊，伤尉苏鸿、彭亭侯孙鲁、雍亭侯陈已、殷侯乐普⑮。又有女服贼千有余人⑯，布散千里，不即发觉，谋成乃诛。其水陆覆害煞郡掾枳谢盛、蹇威、张御⑰，鱼复令尹寻、主簿胡直。若此非一。给吏休谒⑱，往还数千。闭囚须报⑲，或有弹劾，动便历年，吏坐逾科⑳。恐失冬节，侵疑先死；如当移传，不能待报，辄自刑戮㉑。或长吏忿怒，冤枉弱民，欲赴诉郡官，每惮还往。太守行桑农不到四县，刺史行部不到十县㉒。郡治江州，时有温风㉓，遥县客吏多有疾病㉔。地势侧险㉕，皆重屋累居，数有火害，又不相容。结舫水居五百余家㉖，承二江之会㉗，夏水涨盛，坏散颠溺，死者无数。而江州以东，滨江山险，其人半楚，姿态敦重㉘；垫江以西，土地平敞，精敏轻疾㉙。上下殊俗，情性不同。敢欲分为二郡，一治临江㉚，一治安汉㉛，各有桑麻、丹漆、布帛、鱼池、盐铁，足相供给，两近京师。荣等自欲义出财帛，造立府寺㉜，不费县官㉝，得百姓欢心。孝武以来，亦分吴、蜀诸郡㉞。圣德广被，民物滋繁㉟，增置郡土，释民之劳，诚圣主之盛业也。臣虽贪大郡以自优假㊱，不忍小民颙颙蔽隔㊲，谨具以闻。"朝议未许㊳，遂不分郡。分郡之议，始于是矣。

【注释】

①永兴二年:154年。永兴,汉桓帝年号(153—154)。

②《巴郡图经》:不详。图经,附有图画、地图的书籍或地理志。境界:疆界,土地的界限。

③属县十四:据《后汉书·郡国志五》记载,巴郡有江州、宕渠、胸忍、阆中、鱼复、临江、枳、涪陵、垫江、安汉、平都、充国、宣汉、汉昌十四县。

④盐、铁五官:五处设有盐官、铁官。据本书卷一《巴志》记载,巴郡临江县设有盐官,宕渠县设有铁官。另外三处盐官、铁官,刘琳认为是胸忍、涪陵、充国。

⑤户四十六万四千七百八十,口百八十七万五千五百三十五:据《后汉书·郡国志五》记载,永和五年(140),巴郡有户三十一万六百九十一,口百八万六千四十九。本书卷一《巴志》记载的户、口数,在十四年中增加了不少。

⑥乡亭:秦汉实行郡县制,县下有乡,乡下有亭。

⑦穷诘:追问,深究。奸凶:指奸诈凶恶的人。

⑧督邮:官名。全称"督邮书掾",省称"督邮""督邮掾"。汉置,郡府重要属吏,秩六百石。主要职掌除督送邮书外,又代表郡守督察县乡、宣达教令,兼司狱讼捕亡、点录囚徒、催缴租赋等。守相自辟,秩六百石,其权甚重,有"督邮功曹,郡之极位"之说。督邮分部,有二部、三部、四部、五部不等。其职名或冠以东、西、南、北、中,或称为五部督邮,每部置督邮一人掌其事。追案:追究查办。

⑨证验:验证。

⑩诘讯:追究讯问。

⑪究讫(qì):此指结案。

⑫绳宪:法律。

⑬德令:施恩德的政令,即赦令。

⑭奸宄（guǐ）：指犯法作乱的人。

⑮"荣等及陇西太守冯含"几句：按：以上诸人，生平事迹不详。任乃强推测，"冯含、陈弘，皆巴人之仕至太守者，不著郡、县籍贯者，盖已住居郡城之经营商业者也"，"所言'终津侯''彭亭侯''雍亭侯''殷侯'皆非巴郡人而为中原贵族之经营商业于巴郡者则可定"，"苏鸿称尉，可能是以捕盗被伤"。据《后汉书·顺帝纪》记载，阳嘉三年（134），"三月庚戌，益州盗贼劫质令长，杀列侯"。此当即本卷所说事项之一。

⑯女服贼：着衣如女装的盗贼。或以为，女服贼即"修饰男子为妇女，诈混入巨家、贵族中进行奸盗者"（任乃强）。或以为，"女服贼"是巴郡人服直（或作"服宜"）领导的起义队伍。《后汉书·种暠列传》："会巴郡人服直聚党数百人，自称'天王'，（种）暠与太守应承讨捕，不克，吏人多被伤害。"李贤注："'直'或作'宜'。"

⑰塞威：底本作"塞威"。《函海》本《华阳国志》李调元校语云，疑当作"塞威"。塞姓是巴郡大姓，李说可从。

⑱休谒：谓休假、谒见。休，谓轮值期满，当还家。谒，谓轮值初到。犹今云报到进谒之礼（任乃强）。

⑲闭囚须报：关闭拘押犯人，等待批复定罪。

⑳吏坐逾科：官吏因而违反法令。意谓官吏判刑"失入"（轻罪重判、判刑过重），则员吏主者亦当坐罪（任乃强）。

㉑"恐失冬节"几句：按照汉代的刑律，判处死罪、重罪的案件要上报中央，上报的时间是立秋以后、立春以前，执行死刑的时间则在冬季。此处是说判案的官员因为害怕错过了冬季，于是在涉及死罪的案件时，便不等上级批复而先行处死犯人。冬节，冬季。古代一般在冬季执行死刑。移传，将案件移交（上级或他处）。刑戮，处死。

㉒"太守行桑农不到四县"二句：两汉时期，郡太守往往要在春天巡

视属县，"劝民农桑"，是为"行农桑"。州刺史往往要在八月巡察所管辖的郡、国，审核案件，考核政绩，是为"行部"。桑农、蚕桑与农耕。行部，谓巡行所属部域，考核政绩。

㉓温风：热风。《礼记·月令》："（季夏之月）温风始至，蟋蟀居壁，鹰乃学习，腐草为萤。"《后汉书·张衡列传》："温风翕其增热兮，怒郁邑其难聊。"李贤注："温风，炎风也。"或谓医家温、瘟字通用，温风即瘟风（任乃强）。按：此说不可从。《灵枢·论勇》："少俞曰：春温风，夏阳风，秋凉风，冬寒风。凡此四时之风者，其所病各不同形。"

㉔客吏：外地来此为官者。因江州炎热，客吏水土不服，故多患疾病。

㉕侧险：底本作"刚险"，误。侧险，狭窄，险要。

㉖结舫水居五百余家：滨江结舫而居的五百余家居民。水居，指水上住户。任乃强认为，"水居五百余家"即所谓"蜑（dàn）户"，而水居之巴族亦被称为"巴蜑"。按：任乃强此说可从，惜乎未引古籍为证。《隋书·杨素传》："素遣巴蜑卒千人。"《资治通鉴》卷一百七十七："素遣巴蜑千人。"胡三省注："蜑亦蛮也。居巴中者曰巴蜑。"

㉗二江：底本作"三江"，误。据《水经·二江注》引文改。此二江指嘉陵江、长江。

㉘姿态：神情举止，容貌体态。敦重：敦厚庄重。

㉙精敏：精细敏捷。轻疾：轻佻躁急。

㉚临江：县名。西汉置，属巴郡。因临江水得名，治今重庆忠县。王莽改为监江县，东汉复为临江县。在张家山汉简《二年律令·金布律》中，已有"临江"县名。南北朝时曾为临江郡、临州治。

㉛安汉：县名。西汉置，属巴郡。治所在今四川南充北清泉坝。王莽改为安新县。东汉复为安汉县，初平元年（190）为巴郡治。建安六年（201）改为巴西郡治，寻迁郡治阆中县。

㉜府寺：官署，政府衙门。

㉝县官:官府。

㉞孝武以来,亦分吴、蜀诸郡:本处说孝武以来分蜀诸郡,指的是前
　　文所云"孝武帝又两割置犍为郡"(参看前文注)。又,汉顺帝时
　　分会稽郡置吴郡。

㉟民物:人民,财物。滋繁:滋生繁多。

㊱优假:优待照顾。

㊲颙颙(yóng):期待盼望貌。蔽隔:阻隔,遮蔽。

㊳朝议:指朝廷的评议、决议。

【译文】

汉桓帝永兴二年三月甲午,但望上疏说:"微臣谨按《巴郡图经》所
标明的疆界,巴郡南北四千里,东西五千里,周长一万余里。有十四个属
县,五处设有盐官、铁官及其僚佐丞、史。巴郡有四十六万四千七百八十
户,一百八十七万五千五百三十五口。偏远的县份距离郡治一千二百至
一千五百里,乡亭距离县治或三四百里,甚或上千里。郡县之间距离遥
远,县令、县尉不能对作奸犯科之人及时追究。不时有贼人犯案,督邮前
往追究查办案件,行走十日才到达,而贼人早已远逃他地,并且毁灭了罪
证。待查明贼人踪迹,发公文请他县协助逮捕犯人,他县又要验明文书
真伪,审查是否应当逮捕,文书来往,从春天拖至冬天,也不能结案。甚
而至于还没有对罪犯加以法律制裁,或许就遇到朝廷发布赦令。因此,
巴郡之地盗贼公然横行,作奸犯科屡禁不止。本郡龚荣等人及陇西太守
冯含、上谷太守陈弘都说,以前曾经出现过贼人劫持阆中令杨殷、终津侯
姜昊,击伤县尉苏鸿、彭亭侯孙鲁、雍亭侯陈已、殷侯乐普这样的事情。
还有巴郡人服直领导下的一千余人,他们男扮女装,流窜千里作案,他们
作案不易被发觉,等到东窗事发,才被官府诛杀。在巴郡的水陆码头,也
有奸人杀害郡府官吏,如枳县人谢盛、寒戚、张御,鱼复令尹寻、主簿胡
直。像这样的情况,并非只有一种。官吏休假返乡,到假期满回来报到,
一往一还就是数千里。在将犯人关闭拘押、等待批复定罪之时,如果遇

到弹劾，则往来文书诘问，动辄逾年而不能结案，如果量刑不当，官吏会因违反法令而被论罪。判案的官员因为害怕错过了行刑的冬季，于是在涉及死罪的案件时，便不等上级批复而先行处死犯人；或因地方长官忿怒，以致冤枉了弱小的百姓；而百姓想要到郡官处申诉，每每担心往返距离太远而作罢。因地域广大，太守劝民行农桑所及不到四个县；而刺史巡察郡县所及也不到十个县。郡治江州也不适合做治所，这里不时有高温、大风，外县来此做官者多罹患疾病。江州地势狭窄而险要，岸上居民的住房都是重屋累居，曾经多次出现火灾，以致无法容身。滨江结舫而居的五百余家居民，多居住在嘉陵江和长江的交会之处，夏天江水暴涨之时，船舶被冲坏、散架、倾覆，被淹死的人不计其数。江州以东的地方，濒临长江大山，地势险要，居民有一半是楚人，他们的神情举止敦厚庄重；垫江以西的地方，土地平坦而宽敞，居民精敏而又轻佻躁急。巴郡这上下两个地方的风俗不同，居民的性情也不相同。因此，微臣冒昧主张，将巴郡分为两个郡，一个郡的治所在临江，一个郡的治所在安汉，两地各有桑麻、丹漆、布帛、鱼池、盐铁，足够自相供给，而且两地也接近京师。龚荣等人打算自己捐献财帛，帮助修建官府衙门，不花费官府的财物，而且分郡也会得到老百姓的欢迎。自汉武帝以来，朝廷也曾有分割吴郡、蜀郡的先例。皇上圣德广被天下，人民物产滋生繁多，增加设置两个郡，减轻了老百姓的负担，这确实是圣明天子的伟大事业。微臣虽然贪图执掌大郡，自己得以优待照顾，但又不忍遮蔽老百姓的殷切期盼之情，故谨此如实禀报。"朝廷评议之后不同意，于是没有分郡。但是分郡的提议，则自此开始。

顺、桓之世，板楯数反，太守蜀郡赵温恩信降服[1]。于是宕渠出九穗之禾[2]，胸忍有连理之木[3]。光和二年[4]，板楯复叛，攻害三蜀、汉中[5]，州郡连年苦之。天子欲大出军。时征役疲弊，问益州计曹，考以方略。益州计曹掾程苞对曰[6]：

"板楯七姓以射白虎为业，立功先汉，本为义民，复除徭役，但出賨钱口岁四十。其人勇敢能战。昔羌数入汉中，郡县破坏，不绝若线。后得板楯，来虏殄尽⑦，号为神兵。羌人畏忌，传语种辈，勿复南行。后建和二年⑧，羌复入汉，牧守遑遑⑨，复赖板楯破之。若微板楯⑩，则蜀汉之民为左衽矣⑪。前车骑将军冯绲南征⑫，虽授丹阳精兵⑬，亦倚板楯。近益州之乱，朱龟以并、凉劲卒讨之⑭，无功。太守李颙以板楯平之⑮。忠功如此⑯，本无恶心⑰。长吏乡亭，更赋至重⑱，仆役过于奴婢，棰楚降于囚虏⑲，至乃嫁妻卖子，或自到割⑳。陈冤州郡，牧守不理；去阙廷遥远㉑，不能自闻。含怨呼天，叩心穷谷㉒，愁于赋役，困乎刑酷，邑域相聚，以致叛戾㉓。非有深谋至计，僭号不轨㉔。但选明能牧守㉕，益其资谷㉖，安便赏募，从其利㸌㉗，自然安集㉘，不烦征伐也。昔中郎将尹就伐羌，扰动益部㉙，百姓谚云：'虏来尚可，尹将杀我。'就征还后，羌自破退。如臣愚见，权之遣军㉚，不如任之州郡㉛。"天子从之，遣太守曹谦宣诏降赦㉜，一朝清戢㉝。

【注释】

①赵温（137—208）：字子柔，蜀郡成都（今四川成都）人。初为京兆丞，弃官去。岁大饥，散家粮以赈穷饿，所活万余人。献帝西迁，为侍中，封江南亭侯。位至司徒，录尚书事。李傕劫帝幸北坞，温与书切责。后从献帝都许，被曹操解职。《后汉书》、本书卷十《先贤士女总赞》有传。恩信：恩德信义。降服：使投降顺服。

②九穗之禾：一根禾茎长出九穗。相传，东汉光武帝刘秀出生当年，曾经出现这样的异象。后以"一禾九穗"比喻祥瑞的征兆。

③连理之木：不同根的树木而枝干连生在一起。古时认为，这是吉祥的征兆。

④光和二年：179年。光和，汉灵帝年号（178—184）。

⑤三蜀：地区名。指蜀郡、广汉郡、犍为郡三郡。秦惠王更元九年（前316），秦灭蜀置蜀郡。西汉高祖六年（前201）分蜀郡地置广汉郡，武帝建元六年（前135）分广汉郡置犍为郡。蜀、广汉、犍为三郡，合称"三蜀"。辖地相当今四川中部、云南昆明东川区、宣威以北及贵州西北地区。晋左思《蜀都赋》："三蜀之豪，时来时往。"刘逵注："三蜀，蜀郡、广汉、犍为也。"按：此事亦见《后汉书·南蛮西南夷列传》："灵帝光和二年，巴郡板楯复叛，寇掠三蜀及汉中诸郡。灵帝遣御史中丞萧瑗督益州兵讨之，连年不能克。"

⑥程苞：或作"程包"（《后汉书·南蛮西南夷列传》）。字元道，汉中郡南郑（今陕西汉中）人。尝为益州计曹掾。后卒于道。本书卷十《先贤士女总赞》有传，参看《后汉书·南蛮西南夷列传》。

⑦殄（tiǎn）尽：消灭。

⑧建和二年：148年。建和，汉桓帝年号（147—149）。

⑨遑遑（huáng）：惊恐匆忙，心神不定。

⑩微：无，没有。

⑪左衽：衣襟向左，异于中原一带的右衽，指我国古代某些少数民族的服装。后因以"左衽"指少数民族。《论语·宪问》："微管仲，吾其被发左衽矣。"

⑫车骑将军：官名。为重号将军。西汉置，掌领车骑士。东汉时位在大将军、骠骑将军下，在卫将军上，位比公，秩万石。冯绲（？—168）：字鸿卿，巴郡宕渠（今四川渠县）人。初举孝廉，累迁广汉属国都尉，征为御史中丞。顺帝、桓帝时历官辽东太守、京兆尹、司隶校尉、车骑将军等职，先后收降鲜卑，进击武陵蛮。后官至廷尉而卒。《后汉书》卷三十八《张法滕冯度杨列传》有传。

⑬丹阳：西周、春秋初楚国都城，在今湖北秭归东南。

⑭朱龟：字伯灵，籍贯不详。初察孝廉，后除郎中、尚书侍郎，官至幽州刺史、御史中丞。光和六年（183）卒于官。《隶释》卷十有《幽州刺史朱龟碑》。劲卒：精壮的士兵。

⑮李颙（yóng）：东汉官吏。巴郡（治今重庆北）人。灵帝时为太尉掾。熹平五年（176），益州郡蛮夷反叛，颙建策讨伐，乃拜颙益州太守。至郡，大破之。

⑯忠功：尽忠建功。

⑰恶心：坏念头。

⑱更赋：汉代以纳钱代更役的赋税。男子年二十三至五十六，按规定轮番戍边服兵役，称为更。不能行者，得出钱入官，雇役以代。

⑲棰楚：本指棍杖之类，引申为拷打。

⑳刭割：用刀割颈，意谓自杀。

㉑阙廷：朝廷，亦借指京城。

㉒叩心：捶胸，悲痛的样子。

㉓叛戾：背叛，叛离。

㉔僭（jiàn）号：冒用帝王的称号。

㉕明能：精明能干。

㉖资谷：钱财稻谷。

㉗利隙（xì）：利害的间隙，意谓对板楯蛮分化处理。隙，同"隙"。

㉘安集：安定和睦。

㉙益部：指益州。元封五年（106），汉武帝为加强中央集权，除京师附近七郡外，分境内为豫州、兖州、青州、徐州、冀州、幽州、并州、凉州、益州、荆州、扬州与交趾、朔方十三部，各置刺史一人，巡察境内地方官吏与强宗豪右，称十三刺史部，简称"十三部"，亦称"十三州"。益州刺史部，简称"益部"。

㉚权：衡量，比较。

㉛任：任凭。

㉜降赦：减罪和赦免。

㉝清戢（jí）：清静，安辑，和睦。

【译文】

汉顺帝、汉桓帝之时，板楯蛮数次造反，太守、蜀郡人赵温施以恩德信义，使其投降顺服。于是，宕渠长出了九穗之禾，胸忍生出了连理之树。光和二年，板楯蛮再次造反，攻打蜀、广汉、犍为、汉中诸郡，州郡连年深受其害。天子打算派遣大军平叛。当时因征收赋税与徭役，老百姓已经疲乏不已，朝廷向益州计曹了解情况，研究平叛计略。益州计曹掾程苞对答："板楯蛮七姓以射杀白虎为业，有功于大汉王朝，他们本来是义民，政府也免除了他们的徭役，每丁每年只缴纳人头税四十钱。他们为人勇敢，善于战斗。往年羌人数次攻入汉中，破坏郡县，不绝若线。后来得到板楯蛮的援助，才将前来进犯的羌人剿灭殆尽，板楯蛮因此号为'神兵'。羌人畏惧板楯蛮，在部族中代代传言，不要向南行军。至建和二年，羌人再次攻入汉中，牧守惊慌失措，最终还是依靠板楯蛮才将进犯的羌人击败。如果没有板楯蛮，蜀汉之民早就成为衣襟向左的蛮夷了。以前，车骑将军冯绲率军南征，虽然麾下有丹阳精兵，但也需要倚靠板楯蛮才能取胜。近年来益州动乱，朱龟率领并州、凉州的精兵进行讨伐，但也没有成功。太守李颙依靠板楯蛮平息了叛乱。板楯蛮对国家如此尽忠建功，这表明他们本来就没有坏心。只是因为地方乡亭的官吏强加给他们的更赋过于沉重，对他们的役使比奴婢还过分，对他们的殴打比囚房还过分，以致有不少人为了缴纳赋税而嫁妻卖子，甚至于因不堪重负而割颈自杀。板楯蛮到州郡陈述冤屈，但牧守置之不理；又因距离京城遥远，不能到京城自我申述。他们心含怨恨，向着苍天喊冤，对着山谷捶胸，他们因交不起赋役而发愁，因害怕酷刑而受困，于是相聚于地方，铤而走险，最终导致叛乱。他们并没有深沉的图谋不轨的用心，更没有险恶的改朝换代的野心。朝廷只要选派精明能干的牧守，多给他钱财、稻谷,让他能够在赏赐、招募等方面权宜处置,对板楯蛮进行分化、瓦解处理,叛乱自然平定,地方安睦,不用劳烦出动大军征伐。当年中郎将尹就讨伐羌人,骚扰整个益州,因此老百姓谚语说:'贼虏来了尚可忍受,尹就来了就要杀我。'尹就被撤换、大军撤退后,羌人也自动撤退,叛乱自然也没有了。依下臣愚见,与其派遣大军讨伐,还不如选一位好的郡守,让地方见机行事。"天子听从了程苞的进谏,派遣太守曹谦宣读皇帝的诏书,招降赦免板楯蛮,巴郡很快就清静下来,巴地一片太平。

　　献帝兴平元年,征东中郎将安汉赵韪建议分巴为二郡[①]。韪欲得巴旧名,故白益州牧刘璋:以垫江以上为巴郡,河南庞羲为太守[②],治安汉;以江州至临江为永宁郡,朐忍至鱼复为固陵郡[③]。巴遂分矣。建安六年[④],鱼复蹇胤白璋[⑤],争巴名。璋乃改永宁为巴郡,以固陵为巴东,徙羲为巴西太守,是为"三巴"[⑥]。于是涪陵谢本白璋[⑦],求以丹兴、汉发二县为郡[⑧]。初以为巴东属国,后遂为涪陵郡[⑨]。分后,属县七[⑩],户二万,去洛三千七百八十五里。东接朐忍,西接符县[⑪],南接涪陵,北接安汉、德阳[⑫]。

【注释】

①"献帝兴平元年"二句:兴平元年,底本为"初平元年"。据《三国志·蜀书·刘二牧传》《后汉书·刘焉列传》,汉献帝兴平元年(194),刘璋代其父刘焉为益州牧,以赵韪为征东中郎将。可知此处当为兴平元年,而非初平元年(190)。兴平,汉献帝年号(194—195)。赵韪,一作"赵颖"。或以为改名,"汉魏间人,每因改变生活环境,改名易姓"(任乃强)。赵韪(?—200),巴郡安汉(今四川南充)人。早年随刘焉入蜀。刘焉卒,拥立其子刘

璋为益州刺史。任征东中郎将,屯兵巴郡以备刘表。在巴中深得民心,阴结州中大姓,于汉献帝建安五年(200)起兵击刘璋,为璋所杀。事见《三国志·蜀书·刘二牧传》。

②庞羲:司隶河南(治今河南洛阳)人。初事刘焉,任议郎。后事刘璋,任巴西太守。刘备定成都,任为左将军府司马。其后事迹不详。

③固陵郡:东汉兴平元年(194)分巴郡置,属益州。治所在鱼复县(今重庆奉节东十里白帝城)。建安六年(201)改为巴东郡,建安二十一年(216)复为固陵郡,三国蜀汉章武元年(221)复改为巴东郡。

④建安六年:201年。建安,汉献帝年号(196—220)。

⑤赵胤:鱼复(今重庆奉节)人。当地大姓。建安六年(201),赵韪因起兵反刘璋被杀,赵胤于是建议刘璋改"三巴"(巴郡、巴西郡、巴东郡)名称。建议后被刘璋采纳。

⑥三巴:古地名。巴郡、巴东、巴西的合称。

⑦谢本:涪陵人。当地大姓。

⑧丹兴:县名。东汉建安六年(201)置,属巴东属国。治所在今重庆黔江区。三国蜀汉属涪陵郡。西晋初废。汉发:县名。东汉建安六年(201)刘璋置,属巴东属国。治所在今重庆彭水东北郁山镇。三国魏改为汉葭县。

⑨涪陵郡:郡名。东汉建安二十一年(216)刘备改巴东属国置,属益州。治所在涪陵县(今重庆彭水)。西晋移治汉复县(今重庆酉阳土家族苗族自治县西北龚滩镇,一说今贵州务川东北洪渡)。永嘉后废。东晋永和中复置,移治枳县,后又废。南朝齐复置,属楚州。治所在汉平县(今重庆武隆西北大溪河注入乌江处)。

⑩属县七:即江州、枳、临江、平都、垫江、乐城、常安七县。

⑪符县:西汉元鼎二年(前115)置,属犍为郡。治所在今四川合江

县。东汉时改符节县,西晋时复改符县。永嘉后废。

⑫德阳:县名。东汉分梓潼县置,属广汉郡。治今四川江油东北雁门坝一带。东汉末徙治今遂宁东南,旧县废为亭(德阳亭)。东晋属遂宁郡。南朝齐属东遂宁郡。北周废。

【译文】

汉献帝兴平元年,征东中郎将安汉人赵韪建议分巴郡为二郡。赵韪想让家乡得到巴郡这个旧名号,所以他向益州牧刘璋进言:以垫江以上为巴郡,河南人庞羲为太守,治所在安汉;以江州至临江为永宁郡,胸忍至鱼复为固陵郡。巴郡便一分为二。建安六年,鱼复人蹇胤向刘璋说情,为家乡争取巴郡这个旧名号。于是,刘璋改永宁为巴郡,以固陵为巴东郡,庞羲为巴西太守,这就是所谓的"三巴"。于是,涪陵人谢本向刘璋建言,请求以丹兴、汉发二县作为一个郡。最初,该郡是作为巴东郡的一个属国,后来改为涪陵郡。巴郡被分割后,仅有属县七个,二万户,距离洛阳三千七百八十五里。巴郡东接胸忍,西接符县,南接涪陵,北接安汉、德阳。

　　巴子时虽都江州,或治垫江①,或治平都②,后治阆中③。其先王陵墓多在枳④。其畜牧在沮,今东突峡下畜沮是也⑤。又立市于龟亭北岸⑥,今新市里是也⑦。其郡东枳有明月峡、广德峡⑧,故巴亦有三峡⑨。巴、楚数相攻伐,故置扞关、阳关及沔关⑩。

【注释】

①垫江:战国时巴国国都,在今重庆合川区南五里。

②平都:春秋战国时巴国别都,在今重庆丰都。

③阆中:战国时巴国别都,即今四川阆中。周赧王元年(前314),秦

置阆中县,属巴郡。

④枳:战国时巴国邑,在今重庆涪陵区东乌江东岸。按:本卷所说巴国"其先王陵墓多在枳",已经得到考古发掘的证实。三峡小田溪墓群位于重庆涪陵区白涛镇的乌江左岸山坡地上,墓群A区是具有显著巴文化特征的高规格墓葬。一般认为,这就是《华阳国志》所说"其先王陵墓多在枳"。

⑤"其畜牧在沮"二句:沮、畜沮,其地史志失载,或以为在今铜锣峡下游广阳坝一带(刘琳)。东突峡,即铜锣峡(任乃强),又名石洞峡(《太平寰宇记》卷一百三十六)、黄葛峡(《水经·江水注》)。在今重庆东。《读史方舆纪要》卷六十九重庆府巴县:铜锣峡在"府东三十里。悬崖临江,下有圆石,如铜锣之状"。畜沮,"今广阳坝大洲(飞机场)是也。……巴子时或曾养畜、养鱼于此,故曰'畜沮'"(任乃强)。

⑥龟亭:在巴县(今重庆巴南)铜罐驿、猫儿峡下游,土人呼为"小南海"(参看《巴县志》)。或谓其地当在今重庆奉节安坪乡(刘琳)。

⑦新市里:或谓其地当在今重庆奉节西三江乡境(刘琳)。

⑧明月峡:即今重庆东北长江明月沱。峡首西岸壁高百余米,其壁有圆孔,形若满月,故名。广德峡:在今重庆长寿区东南三十里。后世称之为"黄草峡"。杜甫《黄草》:"黄草峡西船不归,赤甲山下行人稀。"

⑨三峡:此处指东突峡、明月峡、广德峡。此三峡又称"巴三峡"。

⑩扞关:即瞿塘关,又作江关,在今重庆奉节东长江北岸赤甲山上。《续汉书·郡国志》:鱼复县,"扞水有扞关"。《后汉书·公孙述列传》:"将军任满从阆中下江州,东据扞关。"按:在张家山汉简《二年律令·津关律》中,已有"扞关"之名。阳关:在今重庆东北石洞关。沔关:或以为即《水经·江水注》之"弱关"(刘琳),在今

　　湖北秭归境内。

【译文】

　　古代巴国虽然以江州为都城,但有时或治垫江,或治平都,后又治阆中。巴人先王的陵墓多在枳县。巴人在沮地畜牧,其地即今东突峡下游的畜沮。巴国又在龟亭北岸设立市场,其地即今新市里。巴郡往东到枳县之间有明月峡、广德峡,因此巴郡也有三峡。巴国与楚国曾经多次互相攻伐,因此巴国设置了扞关、阳关和沔关。

　　汉世,郡治江州巴水北[1],有甘橘官[2],今北府城是也[3],后乃迁南城[4]。刘先主初以江夏费观为太守[5],领江州都督[6]。后都护李严更城大城[7],周回十六里。欲穿城后山,自汶江通水入巴江[8],使城为洲[9]。求以五郡置巴州[10],丞相诸葛亮不许。亮将北征,召严汉中,故穿山不逮[11];然造苍龙、白虎门[12],别郡县[13],仓皆有城。严子丰代为都督[14]。丰解后,梓潼李福为都督[15]。延熙中[16],车骑将军邓芝为都督[17],治阳关。十七年[18],省平都、乐城、常安[19]。咸熙元年[20],但四县[21],以镇西参军陇西怡思和为太守[22],二部守军[23]。

【注释】

①巴水:在今四川东北部。有东西两源:西源小通江,东源肖水河(大通江),均出陕西南郑、镇巴县境内米仓山,南流至四川通江县南汇流,称为通江,西南流至平昌县南与南江合流,称为巴河(南江),下游为渠江、嘉陵江。此处特指嘉陵江。

②甘橘官:即橘官。汉代所置官名,设于产橘地区,主贡御橘。《汉书·地理志上》:"朐忍,容毋水所出,南(入江)。有橘官、盐官。……鱼复,江关,都尉治。有橘官。"

③北府城：在今重庆渝中区江北刘家台街一带，俗称江北嘴。

④南城：即今重庆渝中区，在嘉陵江南岸。

⑤费观：字宾伯，江夏鄳（今河南罗山）人。刘璋妻以女。参李严军，拒刘备于绵竹，与李严俱降。刘备定益州，拜费观为裨将军，后为巴郡太守、江州都督。刘禅建兴初，封都亭侯，加振威将军。年三十七卒。《三国志·蜀书》有传。

⑥都督：地方军政长官。蜀汉在江州、永安、汉中等地设有都督。

⑦都护：官名。汉宣帝时置西域都护，都护南北道三十六国，为驻在西域地区的最高长官，本为加官，后废。东汉明帝永平年间复置。三国吴又别置左、右都护，蜀分置中、左、右，皆掌军事。李严（？—234）：字正方，后改名平，南阳（治今河南南阳）人。初依刘表，后入蜀依刘璋，任成都令。刘备入蜀，率军投降，任犍为太守、兴业将军，累官尚书令。刘备死，与诸葛亮同受遗诏辅政。为中都护，统内外军事。寻封都乡侯，假节，加光禄勋，转前将军。后诸葛亮出师祁山，主掌后勤，因失职免官，废为平民，徙梓潼郡。死于徙所。《三国志·蜀书》有传。

⑧汶江：一作"汶水"，即岷江。明代以前，世人以岷江为长江正源，故岷江即长江。而今人则以岷江与金沙江自宜宾汇合后始称长江，自与古人不同。巴江：又作"巴水"，指今重庆嘉陵江。

⑨洲：水中的陆地。

⑩五郡：即巴、巴东、巴西、宕渠、涪陵五郡。

⑪不逮：不及，意谓穿山工程没有继续下去。

⑫苍龙门：今重庆朝天门。白虎门：今重庆通远门。

⑬别郡县：意谓不同于一般郡县。

⑭严子丰：李严之子李丰，荆州南阳（今河南南阳）人。曾任江州都督，后官至朱提太守。

⑮李福（？—约238）：字孙德，梓潼郡涪（今四川绵阳）人。刘备定

益州后，累迁成都令。刘禅建兴初，徙巴西太守，为江州督、扬威将军。入为尚书仆射，封平阳亭侯。诸葛亮病笃于武功时，尝奉刘禅命谘亮以国家大计，并问亮后继之人。延熙初，蒋琬出征汉中，李福以前监军领司马。本书卷十《先贤士女总赞》有传。

⑯延熙：蜀汉后主刘禅年号（238—257）。

⑰邓芝（？—251）：字伯苗，义阳新野（今河南新野）人。东汉末入蜀，刘备时任邸阁督，迁广汉太守，有政声。入为尚书。刘禅建兴初，奉旨使吴，以吴蜀当唇齿相依说吴，修复关系。封阳武亭侯，官至车骑将军。延熙中涪陵人反，率军讨平之。为官清廉，善抚士卒。《三国志·蜀书》有传。

⑱十七年：此指延熙十七年（254）。

⑲乐城：县名。三国蜀汉置，属巴郡。治所在今重庆江津区油溪镇，一说在重庆东北洛碛镇。延熙十七年（254）废入江州县。常安：县名。三国蜀汉（一说东汉末）置，属巴郡。治所不详。任乃强《华阳国志校补图注》卷一：故城在今"重庆市东北洛碛附近，或即今长寿县治"。延熙十七年（254），废入江州县。

⑳咸熙元年：264年。

㉑但：只有。

㉒怡思和：此处有脱文，即"怡"字前脱姓。据嘉庆《四川通志》，此人即辛怡。辛怡，字思和，陇西狄道（今甘肃临洮）人。

㉓守军：执行守备任务的军队，即常备军。

【译文】

汉朝之时，巴郡的治所在江州巴水北岸，其地设有甘橘官，即今北府城，后来治所才迁回南城。至蜀汉先主刘备之初，以江夏人费观为巴郡太守，兼领江州都督。后来，都护李严重新修筑了大城，大城周长十六里。李严打算凿穿城中的后山，引导汶江水流入巴江，使江州城变为四面环水的"洲"。李严请求以巴、巴东、巴西、宕渠、涪陵五郡为巴州，但丞相诸葛亮不同意。诸葛亮行将北伐之时，召集李严到汉中，所以凿山之事未能持续开展；然而，李严建造了苍龙门、白虎门，并使江州与其他郡县有所区别，在粮仓外又建城墙加以保护。其后，李严之子李丰接替李严为江州都督。李丰解职后，梓潼人李福为江州都督。延熙年间，车骑将军邓芝为江州都督，治所在阳关。延熙十七年，在江州治下裁撤了平都、乐城、常安三县。咸熙元年，巴郡只有四县，以镇西参军陇西人辛怡（字思和）为太守，驻有两支常备军。

江州县[①]　郡治。涂山有禹王祠及涂后祠[②]。北水有铭书[③]，词云："汉初，犍为张君为太守[④]，忽得仙道[⑤]，从此升度[⑥]。"今民曰"张府君祠"[⑦]。县下有清水穴[⑧]，巴人以此水为粉[⑨]，则膏晖鲜芳[⑩]，贡粉京师，因名粉水。故世谓江州堕休粉也[⑪]。有荔芰园[⑫]，至熟，二千石常设厨膳[⑬]，命士大夫共会树下食之。县北有稻田，出御米[⑭]。陂池出蒲蒻、蔺席[⑮]。其冠族有波、铫、毋、谢、然、惉、杨、白、上官、程、常[⑯]，世有大官也。

【注释】

①江州县：县名。周慎王五年（前316）秦灭巴国后置，为巴郡治。治所在今重庆嘉陵江北岸，三国蜀汉迁治南岸。南齐永明五年（487）改为垫江县。

②涂山：俗称真武山，在今重庆东南南山风景区内。禹王祠：明代之时，真武山即建有禹庙（又称真武宫），庙内有禹王殿，殿内有大禹、涂山氏塑像。涂后祠：即禹所娶涂山氏女女娇。

③北水：即涂山北面临水之处。铭书：在金石等器物上铸造或镌刻文字。

④张君：三国时蜀官吏。曾为严道县长，官至太守。

⑤仙道：谓成仙之道。

⑥升度：升天超度，意谓成仙而去。

⑦府君：汉代对郡相、太守的尊称。后仍沿用。

⑧清水穴：即今重庆南岸区之清水溪。《水经·江水注》："（江州）县下又有清水穴，巴人以此水为粉，则皓曜鲜芳，贡粉京师，因名粉水，故世谓之为江州堕林粉。粉水亦谓之为粒水也。"明曹学佺《蜀中名胜记》卷十七重庆府巴县：粉水，"今（涂）山下有清水溪，即其处"。

⑨粉：化妆用的水粉。

⑩鲜芳：鲜艳芳香。

⑪堕休粉：或作"堕林粉"（《蜀中名胜记》卷十七），或作"随沐粉"（《舆地纪胜》卷一百五十九、《大元一统志》卷七百三十）。古代巴郡江州县所产粉名，是一种优质化妆品。以优质稻米为原材料（江州县"出御米"），加上清水穴之甘泉，调和制作而成。

⑫荔芰：即荔枝、荔支。果树名。亦指这种植物的果实。直至今日，四川泸州的合江县等地仍然盛产荔枝。

⑬二千石：汉制，郡守俸禄为二千石，即月俸百二十斛，世因称郡守为"二千石"。

⑭御米：供宫廷食用的优质稻米。

⑮陂池：池沼，池塘。蒲蒻（ruò）：用蒲草编的草席。蔺席：用灯心草编的草席。《急就篇》卷三："蒲蒻蔺席帐帷幢。"

⑯冠族：显贵的豪门世族。或谓"已服冠冕而弃椎髻的氏族"（任乃强），此说可疑。下文云，枳县"有章、常、连、黎、牟、阳，郡冠首也"，"冠首"与此"冠族"义近。铅：音qiān。懑：音ài。

【译文】

江州县　巴郡治所所在地。江州境内的涂山，其上建有禹王祠和涂后祠。涂山之北临水之处有碑刻铭文,铭文说:"汉朝初年,犍为人张君为巴郡太守,忽然得道成仙,从此处升天。"现在,老百姓称之为"张府君祠"。县城内有一眼泉水,名叫清水穴,巴人用这眼泉水制作的粉细腻、鲜亮、芳香,这是巴人进贡京师的贡品,故美其名曰"粉水"。因此,世人将江州所产粉称为"堕休粉"。江州有荔芰园,等到荔芰成熟之时,太守往往在那里设置厨膳,邀请州郡的士大夫会聚树下,共同品尝荔芰。县城北边有稻田,出产上贡的御米。江州的池沼出产蒲草、灯心草,可以用来制作草席。江州的世家大族有波、铙、毋、谢、然、憻、杨、白、上官、程、常等,这些家族世代都有人出任大官。

枳县^①　郡东四百里,治涪陵水会^②。土地确瘠^③。时多人士^④,有章、常、连、黎、牟、阳,郡冠首也^⑤。

【注释】

①枳县:县名。战国秦置,属巴郡。治所在今重庆涪陵区东北。三国蜀移治今涪陵区,东晋复移故治。北周废入巴县。

②涪陵水:即涪水。今重庆、贵州两省市境之乌江。乌江在今重庆涪陵区汇入长江。会:河流会合处。

③确瘠:石多土薄。枳县"县境当大背斜层之石灰岩地带,故土瘠薄,乏农产"(任乃强)。

④人士:有名望的人。

⑤冠首:首位。

【译文】

枳县　在巴郡东四百里,治所在乌江与长江的会合处。枳县的土地贫瘠,石多土薄。枳县有名望的人很多,章、常、连、黎、牟、阳等,都是巴郡一流的家族。

临江县　枳东四百里，接朐忍。有盐官①，在监、涂二溪②，一郡所仰；其豪门亦家有盐井③。又严、甘、文、杨、杜为大姓④。晋初，文立实作常伯⑤，纳言左右⑥；杨宗有称武陵⑦；甘宁亦县人⑧，在吴为孙氏虎臣也⑨。

【注释】

①盐官：官名。主管盐政的官署。亦可指主管盐务的官员。

②监、涂二溪：监溪，今井干河。涂溪，今汝溪河，又名涂井河。按：1997—2002年，文物考古工作者在重庆忠县中坝遗址展开系统考古发掘，最终证实这是一处远古巴人制盐产业的遗存。

③盐井：产盐的井。为汲取含盐质的地下水用以制盐而挖的井。我国四川、云南诸省甚多。

④大姓：世家，大族。指有势力的人家。

⑤文立（？—279）：字广休，巴郡临江（今重庆忠县）人。少游太学，专攻《毛诗》《三礼》。师事谯周，诸生比为颜回。蜀汉时，官至尚书。入晋，拜济阴太守，入为太子中庶子，迁散骑常侍，官终卫尉。上表请叙用诸葛亮、蒋琬、黄袆等子孙，以慰蜀人之心。有章奏十篇，诗、赋、论、颂数十篇。本书卷十一、《晋书》卷九十一有传。常伯：周官名。君主左右管理民事的大臣。因从诸伯中选拔，故名。后成为皇帝近臣的泛称，如侍中、散骑常侍等。

⑥纳言左右：指在帝王左右进谏议论。

⑦杨宗：巴郡临江（今重庆忠县）人。曾任武陵太守。有称：有好名声。武陵：郡名。汉高帝改黔中郡置，治所在义陵县（今湖南溆浦南）。东汉移治临沅县（今湖南常德）。

⑧甘宁：字兴霸，巴郡临江（今重庆忠县）人。三国时期孙吴名将。东汉末起兵，相继投奔刘表、黄祖。后归孙权，建议出击黄祖，被采纳，大获全胜。为将勇猛好杀，有谋略，多战功，为权所重。历

拜西陵太守、折冲将军。《三国志·吴书》有传。

⑨虎臣:勇武之臣。

【译文】

临江县 在枳县东四百里,与朐忍接壤。临江县设有盐官,管理在监溪、涂溪的盐场,巴郡百姓的吃盐问题,都倚靠这里的盐场;巴郡的豪门之家,也拥有盐井。又,严、甘、文、杨、杜等,也是临江县的世家大族。晋朝初年,文立曾经做过常伯,在帝王左右负责进谏议论;杨宗官至武陵太守,在武陵有好名声;甘宁也是临江县人,是三国时期孙吴的虎臣与名将。

平都县^① 蜀延熙时省^②。大姓殷、吕、蔡氏。

【注释】

①平都县:县名。东汉永元二年(90)置,属巴郡。治所在今重庆丰都。取界内平都山为名。三国蜀汉延熙十七年(254)废入临江县。

②延熙:蜀汉后主刘禅年号(238—257)。

【译文】

平都县 蜀汉延熙年间被撤销。平都县的大姓有殷、吕、蔡等。

垫江县^① 郡西北中水四百里。有桑蚕牛马。汉时龚荣以俊才为荆州刺史^②,后有龚扬、赵敏^③,以令德为巴郡太守^④。淳于长宁雅有美貌^⑤。黎、夏、杜皆大姓也。

【注释】

①垫江县:县名。战国秦置,属巴郡。治所即今重庆合川区。东汉建安六年(201)属巴西郡。三国蜀汉建兴十五年(237)复属巴

郡。南朝宋改为宕渠县。

②龚荣：巴郡垫江（今重庆合川）人。官至荆州刺史。本书卷十二
《序志并士女目录》有名录。俊才：卓越的才能。

③龚扬：巴郡垫江（今重庆合川）人。官至巴郡太守。本书卷十二
《序志并士女目录》有名录。赵敏：巴郡垫江（今重庆合川）人。
官至巴郡太守。本书卷十二《序志并士女目录》有名录。

④令德：美德。

⑤淳于长宁：复姓淳于，名长宁。一说淳于县长"某宁"（姓氏脱
漏）。任乃强认为，淳于长宁"盖蜀汉时人，费祎之师友"。美貌：
美丽的容貌，本处当兼指美好的风度。

【译文】

垫江县　在巴郡西北方向的涪江边，距离巴郡治所四百里。垫江县
出产桑、蚕、牛、马等。汉朝之时，龚荣以卓越的才能而任荆州刺史，后来
又有龚扬、赵敏，以美德而任巴郡太守。淳于长宁容貌美丽，而且风度很
好。黎、夏、杜是垫江县的大姓。

乐城县①　在江州西三百里。延熙十七年省。

【注释】

①乐城县：县名。三国蜀汉置，属巴郡。治所在今重庆江津区西油
溪镇，一说在今重庆东北洛碛镇。延熙十七年（254）废入江州县。

【译文】

乐城县　在江州西三百里。延熙十七年被撤销。

常安县①　亦省。

【注释】

①常安县：县名。三国蜀汉（一说东汉末）置，属巴郡。治所不详。
　　任乃强《华阳国志校补图注》卷一："故城在今洛碛附近，或即是
　　今长寿县治。"延熙十七年（254）废入江州县。

【译文】

常安县　也在延熙十七年被撤销。

　　巴东郡，先主入益州，改为江关都尉①。建安二十一
年，以朐忍、鱼复、汉丰、羊渠及宜都之巫、北井六县为固陵
郡②，武陵廖立为太守③。章武元年④，朐忍徐虑、鱼复塞机
以失巴名⑤，上表自讼⑥，先主听复为巴东，南郡辅匡为太
守⑦。先主征吴，于夷道还⑧，薨斯郡⑨。以尚书令李严为都
督，造设围戍⑩。严还江州，征西将军汝南陈到为都督⑪。到
卒官，以征北大将军南阳宗预为都督⑫。预还内，领军襄阳
罗宪为代⑬。

【注释】

①江关：即扞关。在今重庆奉节东赤甲山。都尉：官名。统兵武官。
　　战国赵、魏、秦等国已置，地位略低于将军。秦、两汉亦为高级武
　　官，稍低于校尉。魏、晋号名极繁，地位渐低，亦不常置。按：本处
　　所说的"江关都尉"，实为行政区划名，一如巴东郡。

②汉丰：县名。东汉建安二十一年（216）置，"以汉土丰盛为名"
　　（《太平寰宇记》卷一百三十七），属固陵郡。治所在今重庆开州
　　区南二里。三国蜀汉属巴东郡。西晋废，后复置，仍属巴东郡。
　　北周改名永宁县。羊渠：县名。东汉建安二十一年（216）置，属
　　固陵郡。治所在今重庆万州区长滩镇。蜀汉建兴八年（230）改

南浦县。宜都：郡名。东汉建安十四年（209）刘备改临江郡置，属荆州。治所在夷陵县（今湖北宜昌东南长江北岸）。巫：县名。战国秦置，属南郡。因巫山得名。治所在今重庆巫山县旧县城北。三国蜀汉属巴东郡。西晋为建平郡治。隋开皇初改为巫山县。北井：县名。东汉末置，属巴东郡。治所在今重庆巫山县北大昌镇东南二十五里。西晋、南朝属建平郡。北周天和中废入大昌县。固陵郡：郡名。东汉兴平元年（194）分巴郡置，属益州。治所在鱼复县（今重庆奉节东之白帝城）。建安六年（201）改为巴东郡，二十一年（216）复为固陵郡。三国蜀汉章武元年（221）复改为巴东郡。

③廖立：字公渊，武陵临沅（今湖南常德）人。刘备为荆州牧，擢为长沙太守。吴国吕蒙袭荆南三郡，廖立弃郡走归刘备，为巴郡太守。刘备称王，为侍中。刘禅时，徙长水校尉，不满。坐怨望，废为民，徙汶山郡，躬耕自守，终于徙所。《三国志·蜀书》有传。

④章武元年：221年。章武，蜀汉昭烈帝刘备年号（221—223）。

⑤徐虑：一作"徐惠"。巴东郡朐忍（今重庆云阳）人。蹇机：巴东郡鱼复（今重庆奉节）人。二人事迹不详。

⑥自讼：替自己申诉。

⑦辅匡：字元弼，襄阳郡襄阳（今湖北襄阳）人。随刘备入蜀，为巴郡太守。后随备征吴。刘禅建兴中，徙镇南，为右将军，封中乡侯。

⑧夷道：县名。西汉武帝置。治所在今湖北宜都西，属南郡。因用兵西南夷，路由此出，故名。东汉建安十五年（210）为宜都郡治。

⑨薨（hōng）：诸侯之死曰薨。

⑩造设：制作，修建。围戍：用于防守的军事设施。

⑪征西将军：官名。杂号将军名。东汉置，三国沿置，两晋南北朝亦置。掌征伐。陈到：字叔至，汝南（治今河南平舆）人。自豫州追随刘备，名亚赵云，以忠勇称。刘禅建兴初，官至永安都督、征西

将军，封亭侯。

⑫宗预：字德艳，南阳安众（今河南镇平）人。东汉末，随张飞入蜀。诸葛亮以为主簿，迁参军右中郎将。奉使东吴，应对称旨，孙权嘉其抗直。刘禅延熙十年（247），为屯骑校尉。迁后将军，督永安，就拜征西大将军，赐爵关内侯。景耀元年（258），以疾征还。后任镇军大将军，领兖州刺史。蜀亡，徙洛阳，道病卒。《三国志·蜀书》有传。

⑬领军：官名。东汉末曹操为丞相时所设，为相府属官，后更名中领军。魏晋时改称领军将军，均统率禁军。罗宪（？—270）：底本作"罗献"，误。罗宪，字令则，襄阳（今湖北襄阳）人。蜀广汉太守罗蒙子。仕蜀为太子舍人。以不附黄皓，左迁巴东太守。景元四年（263）魏攻蜀，罗宪西还守永安城。降魏，坚守拒吴军之攻，加凌江将军，封万年亭侯等。入晋，武帝称其忠烈果毅。卒谥烈。《三国志·蜀书·霍峻传》裴松之注引《襄阳记》、《晋书》卷五十七有传。

【译文】

巴东郡，先主刘备进入益州时，改名为江关都尉。汉献帝建安二十一年，以朐忍、鱼复、汉丰、羊渠以及宜都的巫、北井六县为固陵郡，任命武陵人廖立为太守。章武元年，朐忍人徐虑，鱼复人蹇机以固陵郡失去了"巴"的名称，向先主上表申诉，先主刘备听从了他的意见，恢复其旧名"巴东"，任命南郡人辅匡为巴东郡太守。先主征讨东吴，自夷道还师，死于巴东郡。刘备留下遗命，以尚书令李严为都督，在巴东郡修建用于防守的军事设施。李严调任江州后，以征西将军、汝南人陈到为都督。陈到死于任上，以征北大将军、南阳人宗预为都督。宗预调任成都后，以领军、襄阳人罗宪代为都督。

蜀平，宪仍其任，拜凌江将军①，领武陵太守。泰始二年②，吴大将步阐、唐咨攻宪③，宪保城。咨西侵至胸忍。故蜀尚书郎巴郡杨宗告急于洛。未还，宪出击阐，大破之，阐、咨退。宪迁监军、假节、安南将军④，封西鄂侯；入朝，加锡御盖、朝服⑤。吴武陵太守孙恢寇南浦⑥，安蛮护军杨宗讨之，退走。因表以宗为武陵太守，住南浦。诱恤武陵蛮夷⑦，得三县初附民⑧。宪卒，以犍为太守天水杨欣为监军⑨。欣迁凉州刺史，朝议以唐彬及宗为代⑩。晋武帝问散骑常侍文立曰⑪："彬、宗孰可用？"立对曰："彬、宗俱立事绩在西，不可失者。然宗才诚佳，有酒嗜；彬亦其人，性在财欲。惟陛下裁之。"帝曰："财欲可足，酒嗜难改。"遂用彬为监军，加广武将军⑫。

【注释】

①凌江将军：杂号将军名，三国蜀汉、魏皆置，掌帅军征伐或驻守。

②泰始二年：266年。泰始，晋武帝年号（265—274）。

③步阐（？—272）：三国吴临淮郡淮阴（今江苏淮安淮阴区）人。步骘之子。代父任西陵督，加号昭武将军。后降晋。不久被吴将陆抗击杀。唐咨：三国魏东海利城（今江苏赣榆）人。魏文帝时，利城郡反，众推为主。魏文帝遣将击破之，遂奔吴。后兵败降魏，拜安远将军。

④监军：地方军政长官。东汉末监军或兼掌军务，魏、晋、南北朝诸州或阙都督，则置监诸军事，简称监军，为该地区军政长官，位在都督诸军事下、督诸军事上，职掌略同。或有监数州诸军事者。其权任因所加"使持节""持节""假节"之号而有所不同。假节：假以节杖，授予符节。安南将军：官名。东汉建安三年（198）置。三国魏、蜀汉、吴沿置。多为出镇南方地区的军事长官，或作为刺史等地方官员兼理军务的加官。魏晋以后，与安东、安西、安北将

军合称"四安将军"。魏、晋、南朝宋皆定为三品。

⑤锡:赐予。御盖:黄罗伞盖。帝王仪仗之一。朝服:臣子上朝觐见君主时所穿的礼服。

⑥孙恢:吴宗室,见《三国志·吴书·宗室传》。南浦:县名。蜀汉建兴八年(230),省羊渠县置南浦县,属巴东郡。治所在今重庆万州区南岸。东晋时移治今重庆万州区东、长江之南。西魏时改鱼泉县,属安乡郡。北周时又改安乡县,属万川郡。后又改万川县。

⑦诱恤:诱导体恤。

⑧三县:此指靠近巴东郡的迁陵(今湖南保靖)、酉阳(今湖南永顺)、黔阳(今湖南黔阳)三县。

⑨杨欣:天水(治今陕西通渭西北)人。历任犍为太守、凉州刺史。杨欣,底本作"杨攸",核《三国志·蜀书·邓艾传》《资治通鉴》卷七九,皆作"杨欣",据改。

⑩唐彬(235—294):字儒宗,鲁国邹(今山东邹城南)人。泰山太守唐台之子。初仕魏为郡门下掾,转主簿。入晋,监巴东诸军事。随王濬伐吴,多所擒获,以功升右将军,封上庸县侯。转镇幽州,威抚鲜卑各族。督促农桑,为当地百姓所追慕。累至前将军、雍州刺史。卒谥襄。《晋书》有传。

⑪晋武帝(236—290):即司马炎,字安世,河内温县(今河南温县)人。司马昭长子。晋朝皇帝。初仕魏,封北平亭侯。历给事中。魏元帝咸熙二年(265)嗣昭为相国、晋王。不久代魏,即帝位,建晋王朝。咸宁六年(280)灭吴,统一全国。大封宗室,加强士族门阀制度,颁新修律令,制户调式,规定按官品等级占田数额等。晚年耽于佚乐,立痴呆之子司马衷为太子,酿成身后大乱。在位二十六年(265—290),庙号世祖。《晋书》有传。散骑常侍:官名。三国魏文帝黄初(220—226)初年置散骑,合于中常侍,谓之散骑常侍。西晋沿置,员四人,位比侍中,三品,秩比二千石,

为门下重职，散骑省长官。职掌侍从皇帝左右，谏诤得失，顾问应
对，与侍中等共平尚书奏事，有异议得驳奏。

⑫广武将军：官名。三国魏、西晋皆置，为名号将军中地位较高者。
三国魏、晋、南朝宋四品。

【译文】

蜀汉被平定后，罗宪仍然留任原职，官拜凌江将军，兼领武陵太守。
晋武帝泰始二年，吴国大将步阐、唐咨进攻罗宪，罗宪固守城池。唐咨向
西进兵，侵犯朐忍。罗宪派遣前蜀汉尚书郎、巴郡人杨宗突围，向洛阳汇
报紧急军情。还没有等到朝廷的答复，罗宪就出城反击步阐，大破吴军，
步阐、唐咨相继退兵。罗宪因军功升迁为监军、假节、安南将军，封西鄂
侯；到洛阳后，又被加赐御盖、朝服。吴国武陵太守孙恢侵犯南浦，安蛮
护军杨宗予以讨伐，孙恢退走。因此，罗宪上表请以杨宗为武陵太守，驻
扎在南浦。杨宗对武陵蛮夷进行诱导和抚恤，结果得到迁陵、酉阳、黔阳
三县百姓的归附。罗宪死后，朝廷任命犍为太守、天水人杨欣为监军。
杨欣升迁为凉州刺史后，朝议以唐彬或杨宗为接替人选。晋武帝问散骑
常侍文立道："唐彬和杨宗，究竟用谁呢？"文立回答说："唐彬、杨宗都是
在西线立有功绩的人，是不可或缺的人才。然而，杨宗才干确实很好，但
他嗜酒；唐彬也是有才干的人，但他贪财。就由陛下裁夺吧。"晋武帝说：
"钱财之欲可以满足，而嗜酒爱好却难改。"于是，朝廷任命唐彬为监军，
外加广武将军头衔。

　　迄吴平，巴东后省羊渠，置南浦。晋太康初①，将巫、北
井还建平②，但四县。去洛二千五百里。东接建平，南接武
陵，西接巴郡，北接房陵③。奴、獽、夷、蜑之蛮民。

【注释】

①太康：晋武帝年号（280—289）。

②将巫、北井还建平：巫、北井本属蜀汉巴东郡，后为东吴所夺。永
　安三年（260），分宜都立建平郡，属荆州。魏灭蜀后，置建平郡
　都尉于巫县（今重庆巫山）。西晋咸宁元年（275），改为建平郡。
　太康元年（280），魏灭吴，将两建平郡合并，治所在巫县。

③房陵：县名。秦置，属汉中郡。治所即今湖北房县。东汉末为房
　陵郡治。三国魏黄初中改为新城郡治。北周武帝改名光迁县。

【译文】

　　等到吴国被平定后，巴东郡撤销羊渠县，设置南浦县。西晋太康初
年，将巫县、北井县归还建平郡，巴东郡于是仅有四县。巴东郡距离洛阳
二千五百里。巴东郡东接建平郡，南接武陵郡，西接巴郡，北接房陵县。
巴东郡境内有奴、獽、夷、蜑等少数民族。

　　鱼复县　郡治。公孙述更名白帝①，章武二年改曰永
安②，咸熙初复③。有橘官④。又有泽水神，天旱鸣鼓于傍即
雨也。

【注释】

①白帝：即白帝城。在今重庆奉节县城东四公里处，扼瞿塘峡西口
　长江北岸。相传为公孙述所建，城垣遗址今尚依稀可见。山顶上
　有白帝庙（唐以前为公孙述祠，明称正义祠，清始改名白帝庙）。
　蜀汉章武二年（222），刘备为吴将陆逊所败，退居此城，改鱼复县
　为永安县，别置永安宫。次年，死于城西永安宫。

②章武二年：222年。章武，蜀汉昭烈帝刘备年号（221—223）。

③咸熙：魏元帝曹奂年号（264—265）。

④橘官：即前文所言“甘橘官”。

【译文】

　　鱼复县　是巴东郡的治所。公孙述更名为白帝城，章武二年改名为

永安,咸熙初年又恢复旧名鱼复。鱼复县设有橘官。相传,鱼复县有泽水神,天旱时在水畔击鼓就会下雨。

　　胸忍县^①　郡西二百九十里。水道有东阳、下瞿数滩^②,山有大小石城势^③。灵寿木、橘圃、盐井、灵龟^④。咸熙元年,献灵龟于相府^⑤。大姓扶、先、徐氏。汉时有扶徐^⑥,荆州著名。《楚记》有“弴头白虎复夷”者也^⑦。

【注释】

①胸忍县:县名。秦置,属巴郡。治所在今重庆云阳县东三坝乡。三国蜀属巴东郡。西晋改为胸朐县。在张家山二四七号汉墓所出竹简《二年律令·金布律》中,已有“胸忍”县名。2004年,在重庆云阳县旧县坪遗址发现“汉巴郡胸忍令广汉景云碑”(今藏重庆中国三峡博物馆),刊刻时间是东汉熹平二年(173)。由此可知,古胸忍县确实就在今重庆云阳。

②东阳:滩名。在今重庆云阳县城东三十里,汤溪河口下游。下瞿:滩名。又名瞿巫滩,在今重庆云阳县云阳镇东五里,以瞿村为名。

③大小石城:在今重庆云阳县云阳镇东二里,在长江北岸。

④灵龟:用以占卜的大龟。《尔雅·释鱼》:“一曰神龟,二曰灵龟。”郭璞注:“涪陵郡出大龟,甲可以卜,缘中文似玳瑁,俗呼为灵龟,即今觜蠵龟。”

⑤咸熙元年,献灵龟于相府:据《三国志·魏书·三少帝纪》记载,献灵龟于相府之事在咸熙二年(265),“(咸熙)二年春二月甲辰,胸朐县获灵龟以献,归之于相国府”。译文从之。

⑥扶徐:事迹不详。按:扶徐“荆州著名”,史书当有记载。疑姓名有误。

⑦《楚记》：当为楚的一种地方志。或为《荆州记》之别称（任乃强）。弜（jiàng）头白虎复夷：参看前文"弜头虎子"注。

【译文】

胊忍县　在巴东郡治所以西二百九十里。其水道有东阳滩、下瞿滩等，山上有形势险要的大小石城。物产有灵寿木、橘圃、盐井、灵龟。咸熙二年，胊忍县进献灵龟于相府。胊忍县的大姓有扶、先、徐氏。汉代之时的扶徐，在荆州一带很有名。根据楚地方志《楚记》记载，此地曾经发生过"弜头白虎复夷"的事件。

汉丰县①　建安二十一年置。在郡西北彭溪源②。

南浦县③　郡南三百里。晋初置，主夷④。

郡与楚接，人多劲勇⑤，少文学⑥，有将帅材⑦。

【注释】

①汉丰县：县名。东汉建安二十一年（216）刘备置，属固陵郡。治所在今重庆开州区南二里。《太平寰宇记》卷一百三十七开州开江县：蜀先主置汉丰县，"以汉土丰盛为名"。三国蜀汉属巴东郡。西晋废，后复置。北周武帝时改为永宁县。

②彭溪：即彭溪水，今重庆开州区、云阳县境之小江河（开江），为长江支流。《水经·江水注》："水出巴渠郡獠中，东南流径汉丰县东，清水注之。……（清水）至汉丰县东而西注彭溪，谓之清水口。彭溪水又南，径胊忍县西六十里，南流注于江，谓之彭溪口。"

③南浦县：县名。三国蜀汉建兴八年（230）改羊渠县置，属巴东郡。治所即今重庆万州区。东晋时移治今重庆万州区东、长江之南。《太平寰宇记》卷一百四十九万州南浦县："以浦为名。"

④夷：即前文所言"武陵蛮夷"。

⑤劲勇：顽强勇敢，意谓民风彪悍。

⑥文学:文才。

⑦将帅材:有军事统帅才能的人。相对于"文学"才能而言。

【译文】

汉丰县　建安二十一年设置。在巴东郡西北彭溪的源头。

南浦县　在巴东郡南三百里。西晋初年设置,主管武陵蛮夷事务。

巴东郡与楚地相接,百姓顽强勇敢,缺少文学之才,但有将帅之才。

涪陵郡,巴之南鄙①。从枳南入,溯舟涪水②。本与楚商於之地接,秦将司马错由之取楚商於地为黔中郡也。汉后恒有都尉守之。旧属县五③,去洛五千一百七十里。东接巴东,南接武陵,西接牂柯④,北接巴郡。土地山险水滩,人蟞勇⑤,多獽、蜑之民。县邑阿党⑥,斗讼必死⑦。无蚕桑,少文学⑧,惟出茶、丹、漆、蜜、蜡。汉时,赤甲军常取其民⑨。蜀丞相亮亦发其劲卒三千人为连弩士⑩,遂移家汉中。延熙十三年,大姓徐巨反⑪,车骑将军邓芝讨平之。见玄猿缘其山,芝性好弩,手自射猿,中之⑫。猿子拔其箭,卷木叶塞其创⑬。芝叹曰:"嘻! 吾伤物之性,其将死矣。"乃移其豪徐、蔺、谢、范五千家于蜀,为猎射官⑭。分羸弱配督将韩、蒋⑮,名为助郡军⑯,遂世掌部曲⑰,为大姓。晋初,移弩士于冯翊莲勺⑱。其人性质直⑲,虽徙他所,风俗不变,故迄今有蜀、汉、关中、涪陵,其为军在南方者犹存。山有大龟⑳,其甲可卜㉑,其缘可作叉㉒,世号"灵叉"㉓。

【注释】

①鄙:边远地区。

②溯舟：底本作"析丹"，据雍正《四川通志》卷二六改。溯，逆水而上。涪水：又作"涪陵江"，即今重庆、贵州境内之乌江。

③旧属县五：即下文所说涪陵、丹兴、汉平、万宁、汉发五县。

④牂柯（zāng kē）：郡名。西汉元鼎六年（前111）置，治所在故且兰县（今贵州黄平西南，一说在今贵州贵阳附近）。西晋时治所在万寿县（今贵州瓮安东北）。南齐改为南牂柯郡。

⑤戆（gàng）勇：憨厚勇敢。

⑥阿党：结党徇私。此处有抱团自护之意。

⑦斗讼：争讼。

⑧无蚕桑，少文学：此处文字恐系错简所致。原文当作"少文学，无蚕桑"，其下接"惟出茶、丹、漆、蜜、蜡"，如此则文气完足。以下译文，从此顺序。

⑨赤甲军：身穿红色铠甲的军队。按：重庆奉节东有赤甲山，即因赤甲军常驻其上而得名。

⑩连弩士：装备有连弩的军队。连弩，装有机括，可以同发数矢或连发数矢之弓。按：士兵装备的连弩，当即世所谓"诸葛亮连弩"（简称"诸葛弩"）。《三国志·蜀书·诸葛亮传》："（诸葛）亮性长于巧思，损益连弩，木牛流马，皆出其意。"裴松之注引《魏氏春秋》："（诸葛亮）又损益连弩，谓之元戎，以铁为矢，矢长八寸，一弩十矢俱发。"

⑪徐巨：其人不详。据上文"朐忍县，……大姓扶、先、徐氏"，徐巨疑为朐忍人。

⑫"见玄猿缘其山"几句：邓芝射玄猿之事，亦见《三国志·蜀书·邓芝传》裴松之注引《华阳国志》，而文字小异。又，裴松之注载录另一版本，"一曰：（邓）芝见猿抱子在树上，引弩射之，中猿母，其子为拔箭，以木叶塞创。芝乃叹息，投弩水中，自知当死"。玄猿，黑色的猿。

⑬创：伤口。

⑭猎射官：本义为打猎。这里当指连弩士。

⑮羸弱：瘦弱。督将：带兵戍守要地的军官。

⑯助郡军：协助常备军守护本地的军队。

⑰部曲：本指军队。此处指豪门大族的私人武装。

⑱冯（píng）翊：汉代以京城附近地区为"三辅"，其长官分别为左冯翊、右扶风、京兆尹。此处指的是冯翊郡。冯翊郡，三国魏改左冯翊置，治所在临晋县（今陕西大荔）。莲勺：县名。西汉置，属左冯翊。治所在今陕西渭南市东北来化镇村。三国魏属冯翊郡。隋大业初废入下邽县。

⑲质直：纯朴正直。

⑳大龟：即前文所说"灵龟"。

㉑甲：指大龟的背甲、腹甲。

㉒缘：指大龟背甲、腹甲的边缘。叉：同"钗"，妇女的一种首饰，形似叉。

㉓灵叉：《文选》卷四左思《蜀都赋》刘逵注引谯周《异物志》："涪陵多大龟。其甲可以卜，其缘中叉，似玳瑁，俗名曰灵叉。"

【译文】

涪陵郡，在巴郡的南边。从枳县南面进入，乘船沿涪水（乌江）逆流而上，即可到达。涪陵郡本与楚国的商於之地接壤，秦将司马错率军经由涪陵东进，夺取了楚国的商於之地，并在此设立了黔中郡。汉代以后，历代均有都尉镇守此地。涪陵郡原有涪陵、丹兴、汉平、万宁、汉发五个属县，距离洛阳五千一百七十里。涪陵郡东接巴东，南接武陵，西接牂柯，北接巴郡。涪陵郡的土地多险山与水滩，人民憨厚勇敢，境内居住的獳、蜑等少数民族较多。境内城乡的宗族与民众都很团结，如果发生争斗与诉讼，族党必定以死相助。涪陵郡少文学之士，没有蚕桑等产业，只出产茶、丹砂、漆、蜜、蜡。汉代之时，常常征发涪陵民众充实到赤甲军中。蜀汉丞相诸葛亮也曾经征发涪陵三千壮士,将他们组织为连弩士,并把他们迁徙到汉中。延熙十三年,大姓徐巨谋反,车骑将军邓芝率军平定了叛乱。邓芝喜好射箭,看见黑色的猿猴沿着山路攀援,于是引弓射箭,射中了猿猴。猿猴之子拔出箭杆,卷树叶塞住创口。邓芝叹息道:"唉!我伤害了生灵,恐将不久于人世。"于是,邓芝将参与反叛的豪族徐、蔺、谢、范五千家迁徙到蜀地,将他们组建为"猎射官"。而将年老体弱者分配给督将韩、蒋等,称之为"助郡军",于是韩、蒋等世世代代掌管部曲,因此成为大姓。晋朝初年,又迁徙连弩士到冯翊的莲勺。这些人性格质朴直率,虽然迁徙到其他地方,依然保持风俗不变,故而至今在蜀、汉、关中、涪陵以及在南方留戍者,仍然保存着原先的风俗。涪陵郡的山中产有大龟,龟甲可用于占卜,龟甲边缘可用来制作叉,世人称之为"灵叉"。

涪陵县[①]　郡治。

丹兴县[②]　蜀时省。山出名丹。

汉平县[③]　延熙十三年置。

万宁县[④]　孝灵帝时置,本名永宁。

汉发县[⑤]　有盐井。

诸县北有獽、蜑,又有蟾夷也[⑥]。

【注释】

①涪陵县:县名。西汉置,属巴郡。治所即今重庆彭水苗族土家族自治县。东汉建安六年(201)为巴东属国都尉治。三国蜀汉为涪陵郡治。西晋永嘉后废。在张家山汉简《二年律令·金布律》中,已有"涪陵"县名。

②丹兴县:县名。东汉建安六年(201)置,属巴东属国都尉。治所在

今重庆黔江区。丹兴县以"山出名丹"而得名。三国蜀汉后废。

③汉平县：县名。三国延熙十三年（250）置，属涪陵郡。治所在今
　　重庆武隆西北大溪河注入乌江处，一说今武隆西北白马场或鸭江
　　场。南朝宋废。南齐复置，为涪陵郡治。

④万宁县：县名。汉灵帝时置，属涪陵郡。治所在今贵州沿河土家
　　族自治县。

⑤汉发县：县名。东汉建安六年（201）刘璋置，属巴东属国。治所
　　在今重庆彭水苗族土家族自治县东北郁山镇。三国魏改为汉葭
　　县。西晋废。

⑥蟾夷："蟾"同"丹"，指以炼丹砂为业的冉氏族人。任乃强"疑即
　　《贵州通志》所谓'冉家蛮'"。

【译文】

涪陵县　是涪陵郡的治所。

丹兴县　蜀汉时撤销建制。以山中出产丹砂而得名。

汉平县　延熙十三年设置。

万宁县　汉灵帝时设置，本来名叫永宁。

汉发县　境内有盐井。

以上诸县的北部有獽人、蜑人，还有蟾夷人。

巴西郡①，属县七②，去洛二千八百一十五里。东接巴
郡，南接广汉，西接梓潼③，北接汉中、西城④。土地山原多
平⑤，有牛、马、桑、蚕。其人自先汉以来，傀伟俶傥⑥，冠冕
三巴⑦。及郡分后，叔布、荣始、周群父子、程公弘等⑧，或学
兼三才⑨，或精秀奇逸；其次马盛衡、承伯才藻清妙⑩，龚德
绪兄弟英气晔然⑪，黄公衡应权通变⑫，马德信、王子均、勾
孝兴、张伯岐建功立事⑬。刘二主之世，称美荆楚⑭。乃先

汉以来,冯车骑、范镇南皆植斯乡[15],故曰"巴有将,蜀有相"也。及晋,谯侯修文于前[16],陈君焕炳于后[17],并迁双固[18],倬群颖世[19],甄在传记[20]。缙绅之徒不胜次载焉[21]。

【注释】

①巴西郡:郡名。东汉建安六年(201)刘璋改巴郡置,属益州。治所在阆中县(今四川阆中)。三国蜀汉章武元年(221)改为巴郡,不久复为巴西郡。西晋属梁州。东晋末改为北巴西郡。

②属县七:巴西郡的七个属县是阆中、安汉、西充国、南充国、宕渠、汉昌、宣汉。

③梓潼:县名。西汉元鼎元年(前116)置,为广汉郡治。治所即今四川梓潼。《太平寰宇记》卷八十四梓潼县:"以县东倚梓林,西枕潼水,以此为名。"在张家山汉简《二年律令·金布律》中,已有"梓潼"县名。东汉属广汉郡。建安二十二年(217)为梓潼郡治。西晋永嘉后徙郡治涪县,以梓潼为属县,孝武时仍移郡来治。南朝宋属梓潼郡。西魏于此置潼川郡,移梓潼县于郡南三十里,改为安寿县。

④西城:县名。战国秦置,属汉中郡。治所在今陕西安康西北四里汉水之北。东汉为西城郡治。三国魏黄初二年(221)为魏兴郡治。晋属魏兴郡。北魏移治汉水之南,即今陕西安康。

⑤山原:山陵与原野。

⑥傀(guī)伟:指身材魁伟。俶傥(tì tǎng):豪爽洒脱,风流倜傥。

⑦冠冕:居于首位。

⑧叔布:周舒,字叔布,巴西郡阆中(今四川阆中)人。周群之父。少从杨厚学,善占验之术,有盛名。朝廷屡征不就。参看《三国志·蜀书·周群传》。荣始:谯岍,字荣始,巴西西充国(治今四川阆中)人。谯周之父。治《尚书》,兼通诸经及图、纬。州郡辟

请,皆不应。参看《三国志·蜀书·谯周传》。周群父子:指周群及其子周巨。周群,字仲直,巴西郡阆中(今四川阆中)人。周舒之子。精于气候之业,于家中作小楼,令家奴更值观天象。刘璋辟为师友从事。刘备定蜀,举茂才,署儒林校尉。时刘备欲争汉中,进言曰:"当得其地,不得其民。"后举茂才。子周巨颇传其术。《三国志·蜀书》有传,参看《后汉书》的《天文志下》《五行志五》。程公弘:程祁,字公弘,巴西郡阆中(今四川阆中)人。程畿之子。少与杨戏、杨汰、张表并知名。杨戏每推程祁为冠首。年二十卒。参看《三国志·蜀书·杨戏传》。

⑨ 学兼三才:即兼通天、地、人三才之道。三才,指天、地、人。

⑩ 马盛衡:马勋,字盛衡,巴西郡阆中(今四川阆中)人。初仕刘璋为州书佐。刘备定蜀,辟为左将军属,后转州别驾从事。以才干显。《三国志·蜀书》有传。承伯:马齐,字承伯,巴西郡阆中(今四川阆中)人。初为太守张飞功曹,飞荐之于刘备,为尚书郎。刘禅建兴中,从事丞相掾。复为张飞参军。累迁广汉太守。诸葛亮卒后,马齐为尚书。以才干显。《三国志·蜀书》有传。才藻:才思文采。清妙:清新美妙。

⑪ 龚德绪兄弟:指龚禄与龚皦(jiǎo)。龚禄(195—225),字德绪,巴西郡安汉(今四川南充)人。刘备定益州,为郡从事牙门将。刘禅建兴三年(225),为官至越嶲太守。从诸葛亮南征,为蛮夷所害。《三国志·蜀书》有传。龚皦,字德光,巴西郡安汉(今四川南充)人。龚禄之弟。官至镇军将军。见本书卷十二《序志并士女目录》。《三国志·蜀书》有传。晔(yè)然:光芒四射貌。

⑫ 黄公衡(?—240):黄权,字公衡,巴西郡阆中(今四川阆中)人。初为郡吏,刘璋时任主簿,曾反对张松迎刘备入蜀之议。刘备克蜀,任护军,建议夺取汉中,被采纳。随备东征孙吴。夷陵之战后,因退路已断,率部降魏,魏文帝拜为镇南将军,封育阳侯。为

司马懿所器重,官至车骑将军、仪同三司。卒后,谥景侯。《三国志·蜀书》有传。应权通变:指顺应机宜,采取变通的措施。

⑬马德信(?—234):马忠,字德信,巴西郡阆中(今四川阆中)人。初为郡吏,建安末举孝廉,除汉昌县长。蜀汉后期历任牂牁太守、丞相参军、镇南大将军等,进封彭乡侯。居官处事果断,恩威并立,曾屡平叛夷。《三国志·蜀书》有传。王子均(?—248):王平,字子均,巴西郡宕渠(今四川渠县)人。本养外家何氏,故又名"何平",后复姓王。从曹操征汉中,因降刘备,拜牙门将。诸葛亮征陇西,平属马谡。马谡背诸葛亮节度,大败,惟王平所部独全,受到诸葛亮器重。累功迁汉中太守,封安汉侯,拜镇北大将军。《三国志·蜀书》有传。勾孝兴:勾扶,字孝兴,巴西汉昌(今四川巴中)人。忠勇宽厚,数有战功。官至左将军,封宕渠侯。张伯岐(?—254):张嶷,字伯岐,巴郡南充国(今四川南部县)人。初为县功曹。蜀后主时,历官牙门将、越嶲太守、荡寇将军,封关内侯。在越嶲十余年,对夷族恩威并用,政绩显著,境内安宁。延熙十七年(254),从姜维攻魏,战死。越嶲民夷闻之,无不悲泣,为其立庙祭祀。《三国志·蜀书》有传。建功立事:建立功勋,成就大业。

⑭称美:被称赞,被赞美。荆楚:荆为楚之旧号,略当古荆州地区,在今湖北湖南一带。

⑮冯车骑:冯绲(?—168),字鸿卿,巴郡宕渠(今四川渠县)人。冯焕之子。官至车骑将军。参看本书卷一《巴志》注。范镇南:或为"马镇南"之误。马镇南,即马忠,巴西郡阆中(今四川阆中)人。官至镇南大将军。植:生长。

⑯谯侯:谯周(201—270),字允南,巴西西充国(今四川阆中)人。博通经史,尤善书札。蜀汉时,历任劝学从事、中散大夫、太中大夫、光禄大夫。景耀末魏军攻蜀,力劝刘禅降魏。入魏,拜骑

都尉、散骑常侍,封阳城亭侯。著有《法训》《五经论》《古史考》《仇国论》等,皆佚。《三国志·蜀书》有传。今四川南充市西山风景区谯公祠后面有谯周墓。修文:采取措施加强文治,主要指修治典章制度,提倡礼乐教化等。

⑰陈君:陈寿(233—297),字承祚,巴西安汉(今四川南充)人。少好学,师事同郡谯周。仕蜀汉为观阁令史,以不附宦官黄皓被黜。入晋,除著作郎,领本郡中正,累迁御史治书。著有《三国志》,时人谓有“良史”之才。另著有《古国志》《益部耆旧传》等,编有《诸葛亮集》。本书卷十一《后贤志》、《晋书》有传。焕炳:明亮,昭彰。

⑱并迁双固:可与司马迁、班固相媲美。并,并称。迁,司马迁(约前145—前87),字子长,左冯翊夏阳(今陕西韩城南)人。司马谈之子。史学家。早年游历,遍及南北。初任郎中。曾奉使巴、蜀、邛、筰、昆明等地,并随武帝巡游诸名山大川、重要都邑。元封三年(前108),继父任为太史令,得以博览皇室秘书。太初元年(前104),参与历法改革,与唐都、落下闳等制订《太初历》。又继父遗志,开始撰史。天汉二年(前99),李陵降匈奴,迁为之辩解,触怒武帝,下狱,受腐刑。出狱后,任中书令。发愤著书,写成《太史公书》(即《史记》)。《汉书》有传。双,成双。此处意谓与某某比肩、媲美。固,班固(32—92),字孟坚,扶风安陵(今陕西咸阳东北)人。班彪之子。博学能文,续父所著《史记后传》未竟之业,被诬私修国史,下狱。弟班超上书力辩,乃获释。明帝重其学,除兰台令史,迁为郎,典校秘书,奉诏续成其父书。潜心二十余年,至章帝建初中修成《汉书》,当世重之。迁玄武司马,撰《白虎通德论》。和帝永元元年(89),随窦宪征匈奴,为中护军。宪败,受牵连,死狱中。善辞赋,有《两都赋》《幽通赋》《典引》等。后人辑有《班兰台集》。《后汉书》有传。

⑲倬(zhuō)群颖世:意谓卓尔不群,即特立突出,超越众人。

⑳甄：昭显，表彰。传记：记载人物事迹的文字。

㉑缙绅：古时官吏插笏于绅带间，故称仕宦为"缙绅"。不胜：不能。

次载：依次记载。

【译文】

巴西郡，有七个属县，距离洛阳二千八百一十五里。东接巴郡，南接广汉，西接梓潼，北接汉中、西城。土地多山陵与原野，地势平坦，有牛、马、桑、蚕。自汉朝以来，巴西郡的人高大魁伟，风流倜傥，在三巴中最为出色。分郡以后，叔布、荣始、周群父子、程公弘等人，有的兼通天、地、人三才之道，有的俊秀奇逸；其次，有马盛衡、马承伯兄弟文采清新高妙，龚德绪兄弟英气勃勃，黄公衡随机应变，马德信、王子均、勾孝兴、张伯岐等建功立业。蜀汉之时，他们名扬荆楚。自汉朝以来，名将冯车骑、范镇南等都出生于此地，故而有"巴有将，蜀有相"的说法。到晋朝之时，又有谯周修文于前，陈寿闪亮于后，可与司马迁、班固相媲美，他们卓越不群，名扬天下，在史书中都有传记。至于其他仕宦之辈，则难以一一记载。

阆中县①　郡治。有彭池大泽②，名山灵台③，见文纬书谶④。大姓有三狐、五马、蒲、赵、任、黄、严也⑤。

【注释】

①阆中县：县名。战国秦惠文王于巴国别都阆中置，属巴郡。治所即今四川阆中。东汉建安六年（201）为巴西郡治。东晋末为北巴西郡治。

②彭池大泽：依后文"名山灵台"例，此当作"大泽彭池"，故译文作"境内有大泽彭池"。指四川阆中市境内的彭道将池、彭道鱼池。彭道将池，一名南池，在今四川阆中东南十五里七里镇。彭道鱼池，一名郭池，在今四川阆中西南十里。自汉以来，建堰引水溉田，唐末以后逐渐成平陆。《汉书·地理志上》阆中县："彭道将池

在南,彭道鱼池在西南。"

③灵台:山名。亦名"云台山""天柱山",在今四川阆中东北、苍溪县东南。《太平御览》卷四十四引《十道记》:"灵台山在县北。一名天柱山。高四百丈,即张道陵升真之所。"

④文纬书谶(chèn):即谶纬。"谶"是巫师或方士制作的一种隐语或预言,作为吉凶的符验或征兆。"纬"指方士化的儒生编集起来附会儒家经典的各种著作。《后汉书·郡国志五》"阆中"引《巴汉志》曰:"有彭池、大泽、名山、灵台,见《孔子内谶》。"

⑤三狐:或谓狐姓有三支(任乃强)。狐,即令狐。本书卷四《南中志》载有巴西令狐衷。五马:谓马姓有五支(任乃强)。

【译文】

阆中县　是巴西郡府所在地。境内有大泽彭池,有名山灵台,见于谶纬文献的记载。大姓有令狐三支、马姓五支以及蒲、赵、任、黄、严等。

南充国县①　和帝时置。有盐井②。大姓侯、谯氏。

安汉县③　号出人士④。大姓陈、范、阎、赵。

平州县⑤

其三县为郡⑥。

【注释】

①南充国县:县名。原为阆中县地。西汉置充国县,属巴郡。治所在今四川阆中西南六十里。东汉初,废入阆中县。汉和帝永元二年(90),分阆中县复置。汉献帝初平四年(193),分充国县置南充国县,属巴郡。三国蜀,属巴西郡。南充国县被分后,因充国在西,故后来称西充国县。蜀汉至晋,既有南充国县,也有西充国县。李氏据蜀时期,西充国并入南充国,故《华阳国志》只有南充

国,而无西充国。

②有盐井:南部县、阆中市历来是川北产盐区。《文选》卷四左思《蜀都赋》刘逵注:"巴西充国县有盐井数十。"《太平御览》卷一百六十七引《益州记》:"南充县西有大昆井,即古之盐井也。"

③安汉县:县名。西汉置,属巴郡。治所在今四川南充北清泉坝。两汉因之。在张家山汉简《二年律令·金布律》中,已有"安汉"县名。王莽改为安新县。东汉复为安汉县,初平元年(190)为巴郡治。建安六年(201)改为巴西郡治,寻迁郡治阆中县。南朝宋属北巴西郡,并于此侨置南宕渠郡(亦作"宕渠郡")。西魏废帝二年(553)移治石狗坝(今南充东北搬罾镇)。

④人士:有身份、名望或地位的人。

⑤平州县:县名。西晋太康元年(280)置,属巴西郡。治所即今四川平昌。《太平寰宇记》卷一百三十九巴州曾口:平州县"因县界平州水为名"。南朝宋改为平周县。梁普通六年(525)复改为平州县。北周改为同昌县。

⑥三县为郡:意谓另有三县(宕渠、汉昌、宣汉)别立为宕渠郡(刘琳)。

【译文】

南充国县　汉和帝时设置。境内有盐井。大姓有侯、谯。

安汉县　以出人才著称。大姓有陈、范、阎、赵。

平州县

其中,宕渠、汉昌、宣汉三县后来别立为宕渠郡。

宕渠郡①,延熙中置,以广汉王士为太守②。郡建九年省。永兴元年③,李雄复置④,今遂为郡。长老言⑤,宕渠盖为故賨国,今有賨城、卢城⑥。秦始皇时,有长人二十五丈见宕渠。秦史胡母敬曰⑦:"是后五百年外必有异人为大人者⑧。"及雄之王祖世⑨,出自宕渠,有识者皆以为应之。先汉以来,士女贤贞⑩。县民车骑将军冯绲、大司农玄贺、大鸿胪庞雄、桂阳太守李温等皆建功立事⑪,有补于世。绲、温各葬所在⑫。常以三月,二子之灵还乡里,水暴涨,郡县吏民莫不于水上祭之⑬。其列女节义在《先贤志》。

【注释】

①宕渠郡:郡名。东汉建安二十三年(218)刘备分巴西郡置,治所在宕渠县(今四川渠县东北七十四里土溪镇渠江南岸城坝古城)。九年后废。三国蜀汉延熙中又置,旋又废。西晋永兴元年(304)李雄复置。东晋末废。

②王士:字义强,广汉郡郪(今四川三台)人。王甫从兄。从刘备入蜀,举孝廉,为符节长,迁牙门将,出为宕渠太守,徙犍为太守。诸葛亮南征,转益州太守,将南行,为西南部族所害。

③永兴元年:304年。永兴,西晋惠帝年号(304—306)。

④李雄(274—334):字仲俊,巴西郡宕渠(今四川渠县)人,徙居略阳临渭(今甘肃秦安)。李特第三子。叔父李流(267—303)死后,被部众拥立为主,率军攻克成都。晋惠帝永兴元年(304),称成都王。建兴三年(306),于成都称帝,国号大成,史称成汉。晋成帝咸和九年(334)死,谥武帝,庙号太宗。在位的31年,是成汉政权的黄金时代。《晋书》《魏书》有传。

⑤长老:年长者的通称。

⑥賨城:故城在今四川渠县东北土溪镇南城坝古城。《水经·潜水注》:"县以延熙中分巴立宕渠郡,盖古賨国也,今有賨城。"杨守敬《水经注疏》卷二十九:"又云故賨国城在流江县东北七十四里,古賨国都也。"卢城:未详。或以为卢城是賨人中名"卢"或

"罗"的氏族所筑之城。

⑦胡母敬:一作"胡毋敬"。秦人。曾任栎阳狱吏,后任太史令。博识古今文字。秦统一后,奉命与李斯、赵高等省改大篆,作《博学篇》。

⑧异人:不寻常的人,有异才的人。大人:巨人。《史记·秦始皇本纪》集解引徐广曰:"巴郡出大人,长二十五丈六尺。"

⑨王祖:曾祖。

⑩贤贞:志节坚贞而有贤德。

⑪玄贺:字文和,巴郡宕渠(今四川渠县)人。魏明帝时为乡佐,后为九江、沛郡守,以清谨著闻,所在化行。累迁大司农,为当时明卿。参看《后汉书·第五伦列传》、《北堂书钞》卷七十三引《益部耆旧传》、《舆地纪胜》卷一百六十二引《华阳国志》。庞雄:字宣孟,巴郡宕渠(今四川渠县)人。有勇略,称名将。安帝永初(107—113)初任中郎将,与梁慬等大破南单于,位至大鸿胪。事见《后汉书·梁慬列传》等。李温:巴郡宕渠(今四川渠县)人。曾任桂阳太守。本书卷十二《序志并士女目录》有名录。

⑫所在:指故土所在地,意即家乡。《水经·潜水注》:"(宕渠)县有车骑将军冯绲、桂阳太守李温冢。"

⑬"常以三月"几句:又见《水经·潜水注》:"二子之灵,常以三月还乡,汉水暴长,郡县吏民,莫不于水上祭之,今所谓冯、李也。"

【译文】

宕渠郡,蜀汉延熙年间设置,以广汉人王士为太守。宕渠建郡九年后被撤销。永兴元年,李雄恢复宕渠郡,于是至今仍然为郡。当地的老人说,宕渠大概是古代的賨国,今天还有賨城、卢城古迹。秦始皇之时,有个身长二十五丈的巨人出现在宕渠郡。秦朝太史令胡母敬说:"此地五百年后必定有异人出现,成为统治一方的大人物。"等到李雄称王,他的曾祖父就出生在宕渠郡,有见识的人都认为应验了胡母敬的预言。自西汉以来，这里的士人与妇女都志节坚贞有贤德。县民如车骑将军冯绲、大司农玄贺、大鸿胪庞雄、桂阳太守李温等，都曾经建功立业，对社会有所贡献。冯绲、李温各自埋葬在其家乡。往往在每年的三月，冯绲、李温的灵魂都要返回故乡，那时江水便会暴涨，郡县的官员与百姓都到水上祭奠他们。其他列女节义的事迹，记载在《先贤志》中。

　宕渠县^①　郡治。有铁官^②。石蜜^③，山图所采也^④。

　汉昌县^⑤　和帝时置^⑥。大姓勾氏。

　宣汉县^⑦　今省。

　右巴国凡分为五郡二十三县。

【注释】

①宕渠县：县名。西汉置，属巴郡。治所在今四川渠县东北七十四里土溪镇渠江南岸城坝古城。应劭曰："石过水为宕，水所蓄为渠，故县以是名。"（《读史方舆纪要》卷六十八引）东汉末曾为宕渠郡治。三国、西晋属巴西郡。十六国成汉又为宕渠郡治。南朝宋废。按：在张家山汉简《二年律令·秩律》中，已有"宕渠"县名。

②铁官：官名。春秋时齐国置。战国时秦亦置，汉因之。汉武帝于三辅及四十郡国置铁官四十八处，主鼓铸，随事广狭，分别置令、长及丞，职如县道。又在不产铁处置小铁官，铸旧铁。西汉郡国铁官属大司农，东汉改隶郡县。

③石蜜：野蜂在岩石间所酿的蜜。李时珍《本草纲目·虫一·蜂蜜》集解引陶弘景曰："石蜜即崖蜜也，在高山岩石间作之，色青，味小酸，食之心烦。"

④山图：西汉陇西（治今甘肃临洮）人。少好乘马，为马所蹋，折

脚。相传遇道人，教令服药后，病愈身轻，遂随道人遍游名山采药。逾六十年，归家，正值母死，葬毕即离去，莫知所之。见《列仙传》卷下。

⑤汉昌县：县名。东汉永元中置，属巴郡。治所即今四川巴中。三国蜀汉属巴西郡。南朝宋初废。

⑥和帝（79—105）：名肇，章帝子，88—105年在位。即位后窦太后临朝，外戚窦氏父子兄弟把持朝政。宦官郑众被封为鄛乡侯，为宦官封侯之始。谥和，庙号穆宗。

⑦宣汉县：县名。东汉和帝时置，属巴郡。治所即今四川达州。建安六年（201）属巴西郡。三国蜀汉属宕渠郡，寻属巴西郡。西晋初废。惠帝时复置，属宕渠郡。南朝宋为巴渠郡治。西魏废帝二年（553）改为石城县。

【译文】

宕渠县　是宕渠郡府所在地。设置有铁官。出产石蜜，这就是传说的仙人山图所采摘的蜂蜜。

汉昌县　汉和帝时设置。大姓有勾。

宣汉县　今天已经撤销建制。

以上所列巴国之地，共计五郡二十三县。

撰曰①：巴国远世则黄、炎之支封②，在周则宗姬之戚亲③，故于《春秋》班侔秦、楚④，示侔、卫也⑤。若蔓子之忠烈⑥，范目之果毅⑦。风淳俗厚，世挺名将⑧，斯乃江、汉之含灵⑨，山岳之精爽乎⑩！观其俗足以知其敦壹矣⑪。昔沙麓崩⑫，卜偃言其后当有圣女兴⑬，元城建公谓王翁孺属当其时⑭，故有政君⑮。李雄，宕渠之厮伍、略阳之黔首耳⑯，起自流隶⑰，获君士民⑱。其长人之魄，良有以也⑲。

【注释】

① 撰曰:撰述者说。类似于《左传》的"君子曰"、《史记》的"太史公曰"、《资治通鉴》的"臣光曰",是常璩对各志的总结与评论。

② 支封:支系。

③ 戚亲:姻亲。按:所谓"在周则宗姬之戚亲",即本卷前文所说"武王既克殷,以其宗姬封于巴,爵之以子"。

④ 班侔(móu):相等,同列。

⑤ 甸、卫:即"九服"的甸服、卫服。九服,古代王畿以外的地域,每五百里划为一区,按距离的远近分为九等,有侯服、甸服、男服、采服、卫服、蛮服、夷服、镇服及藩服,称为"九服"。见《周礼·夏官·职方氏》)。

⑥ 忠烈:忠诚刚正。

⑦ 果毅:果敢坚毅。

⑧ 挺:生出,生长。

⑨ 含灵:内蕴灵性。

⑩ 精爽:精神,魂魄。

⑪ 敦壹:厚道专一。

⑫ 沙麓:亦作"沙鹿"。古山名,故址在今河北大名东。《春秋·僖公十四年》:"秋,八月辛卯,沙鹿崩。"杜预注:"沙鹿,山名。平阳元城县东有沙鹿土山。"《公羊传·僖公十四年》:"沙鹿崩。沙鹿者何?河上之邑也。"据《后汉书·元后传》载,春秋晋国有史官以为沙麓崩陷乃"阴为阳雄,土火相乘"之象,断言六百四十五年后宜有圣女兴。因以"沙鹿"作为颂扬皇太后、皇后之词。

⑬ 卜偃:春秋时晋国人。姓郭,名偃。掌卜大夫。

⑭ 元城:今河北大名。王翁孺:名贺,出生于东平陵(今山东章丘西)。汉元帝王皇后之祖父。

⑮ 政君:王政君(前71—13),东平陵(今山东章丘西)人。王翁孺

之孙女，汉元帝皇后。宣帝时入太子宫，生男（即成帝），立为妃。元帝即位，为皇后。成帝立，尊为皇太后。其兄王凤为大司马大将军领尚书事，其后，同母弟崇与庶母兄弟谭、商、立、根、逢时均封侯，王氏子弟官满朝廷。哀帝即位，外戚丁、傅执政，王氏暂抑。哀帝死，以太皇太后称制，其侄莽复执政，挟立平帝、孺子婴，终于代汉称帝。新莽五年病死。参看《汉书》。

⑯厮伍：服役士兵。黔首：指平民百姓。

⑰流隶：旧谓流亡他乡的微贱之民。

⑱君：统治。士民：士大夫和普通百姓的并称。

⑲良有以也：指某种事情的产生是很有些原因的。良，很，甚。以，所以，原因。

【译文】

撰述者说：巴国的远祖是黄帝、炎帝的支系，在周与王室有姻亲关系，因此在《春秋》的记载中，巴国与秦、楚同列，属于九服的甸、卫之服。巴国有像巴蔓子这样的忠烈之臣，有像范目这样的果毅之臣。巴地风俗淳厚，世代都有卓越的名将，这是江汉之水的灵气、山岳的精神所孕育的！观察这里的风俗，就可以知道此地民风的敦厚。从前沙麓山崩塌之时，卜偃曾经预言，"以后当有圣女出现"，元城人建公认为王翁孺正当其时，所以他的孙女王政君做了汉元帝的皇后。李雄，本来是宕渠郡的服役士兵，略阳县的平民百姓，但他从流民起家，最终成为君临巴蜀、统治人民的霸主。关于"长人"魂魄的传说，确实是有原因的。

卷二　汉中志

【题解】

依《巴志》体例,本卷内容亦当由三部分("总叙""分述""撰曰")组成。遗憾的是,今本卷二《汉中志》没有"总叙"。而"分述"部分汉中郡的序文,所述"大抵为山川、土产、民俗与古史之部",其文字"竟与《巴志》总序字量相当"(任乃强语)。与此相对,"撰曰"的文字又非常简略,大概是常璩有其苦衷而难以措辞(任乃强推测)。

在本卷的主体部分的"分述"中,作者详细叙述了汉中郡、魏兴郡、上庸郡、新城郡、梓潼郡、武都郡、阴平郡等七郡及其属县的变迁过程、历史人物、重大事件以及山川、物产、风俗、民族、人口、大姓等,大致勾勒了汉中之地的框架与线条。本卷关于五斗米道的记载,是早期道教比较原始的资料,有其特殊的价值和重要的意义。

在分述汉中郡时,常璩反复说明汉中地位的重要,"盖常(璩)撰《巴汉志》于李雄时,有讽李雄勿弃汉中之意"(任乃强语)。而在分述汉中、魏兴、上庸、新城、梓潼、武都、阴平七郡之属县时,文字颇为简略,而且内容多误。任乃强认为,这是因为李雄抛弃汉中,"失其版籍",而常璩又未能踏勘其地,仅据传闻、旧说排比文字,故所述简略而多误。

由于文本散佚,《汉中志》所述七郡的有些属县,仅有县名而无沿革等内容。如汉中郡的蒲池县、西乡县,魏兴郡的锡县、安康县,上庸郡的北巫县、武陵县、安富县、微阳县，新城郡沶乡县、昌魏县、绥阳县，武都郡上禄县、故道县、平乐县、修城县、嘉陵县等。

汉中郡^①，本附庸国^②，属蜀^③。周赧王三年，秦惠文王置郡，因水名也^④。汉有二源，东源出武都氐道漾山^⑤，因名漾^⑥，《禹贡》"导漾东流为汉"是也^⑦；西源出陇西西县嶓冢山^⑧，会白水^⑨，经葭萌入汉^⑩。始源曰沔^⑪，故曰"汉沔"。在《诗》曰："滔滔江汉，南国之纪。"^⑫其应上照于天，又曰："惟天有汉。"^⑬其分野与巴、蜀同占^⑭。其地东接南郡^⑮，南接广汉，西接陇西、阴平^⑯，北接秦川^⑰。厥壤沃美^⑱，赋贡所出，略侔三蜀^⑲。

【注释】

①汉中郡：郡名。战国秦惠王更元十三年（前312）置，治所在南郑县（今陕西汉中）。因在汉水中游得名。西汉移治西城县（今陕西安康西北）。东汉复还旧治。东汉末为张鲁所据，改为汉宁郡。建安二十年（215）复改汉中郡。

②附庸国：古代指附属于诸侯大国的小国。按：任乃强以为"附"字为衍文，于理甚佳。庸国，殷、周古国名。在今湖北竹山县西南。《尚书·牧誓》："庸、蜀、羌、髳、微、卢、彭、濮人。"孔传："庸在汉江之南。"前611年灭于楚，于此置上庸县。《左传·文公十六年》："楚子乘驲，会师于临品，分为二队，子越自石溪，子贝自仞，以伐庸。秦人、巴人从楚师，群蛮从楚子盟，遂灭庸。"

③属蜀："蜀"字原缺。汉中之地原属蜀，后秦灭蜀而属秦，故脱字当为"蜀"。

④"周赧王三年"几句：周赧王三年，前312年，即秦惠王更元十三

年。秦惠文王（前356—前311），姓嬴，名驷。秦孝公子。《史记·秦本纪》：“（更元）十三年，……又攻楚汉中，取地六百里，置汉中郡。”水，汉水。按：汉中郡因汉水而得名。

⑤武都：郡名。西汉元鼎六年（前111）置，治所在武都县（今甘肃西和南仇池山东麓）。东汉移治下辨县（今甘肃成县西三十里）。三国魏黄初中改置武都西部都尉，后入蜀。西晋复置武都郡，愍帝末没入杨氏。两汉属凉州，三国蜀汉属益州，西晋属秦州。氐道：西汉置，属陇西郡（后属武都郡），治所在今甘肃礼县西北。

⑥漾：即今汉水上源。按：汉水，一称“汉江”，源出今陕西西南部宁强县北之嶓冢山，是长江最大支流。东汉水，初名漾水。

⑦《禹贡》“导漾东流为汉”：底本作“《禹贡》‘流漾为汉’”。《尚书·禹贡》：“嶓冢导漾，东流为汉。”《山海经·西山经》：“又西三百二十里，曰嶓冢之山，汉水出焉，而东南流注于沔。”据改。

⑧陇西：郡名。战国秦昭襄王二十八年（前279）置，治所在狄道县（今甘肃临洮南）。以在陇山之西而得名。三国魏移治襄武县（今甘肃陇西县东南）。属雍州。西晋属秦州。西县：县名。战国秦置，属陇西郡。治所在今甘肃天水西南九十里。西汉属陇西郡，东汉属汉阴郡。西晋废。嶓（bō）冢山：一名“嶓山”。山名。在今甘肃天水南。

⑨白水：水名。在今陕西白水县南。《太平寰宇记》卷二十八：“盖其境东南谷多白土，因曰白水。”

⑩葭萌：县名。古苴侯国。蜀王封其弟葭萌为苴侯，命其邑曰葭萌。战国末，秦因于葭萌城置县，属蜀郡。治所在今四川广元西南昭化镇。西汉属广汉郡。东汉建安二十二年（217）刘备改为汉寿县。

⑪沔（miǎn）：古水名。即今汉水。《诗经·小雅·沔水》：“沔彼流水，朝宗于海。”《尚书·禹贡》：“（梁州）浮于潜，逾于沔。”

⑫滔滔江汉，南国之纪：出自《诗经·小雅·四月》。毛传：“滔滔，

大水貌。其神足以纲纪一方。"郑笺:"江也、汉也,南国之大水,纪理众川,使不雍滞。"

⑬惟天有汉:出自《诗经·小雅·大东》。按:今本《诗经》作"维天有汉"。毛传:"汉,天河也。"

⑭其分野与巴、蜀同占:本句意谓汉中郡的分野与巴、蜀相同,故可以"同占"。

⑮南郡:郡名。秦昭王二十九年(前278)置,治所在郢(今湖北荆州市荆州区故江陵县城西北纪南城),后徙治江陵县(今湖北荆州市荆州区故江陵县城)。

⑯阴平:郡名。三国魏置,治所在阴平县(今甘肃文县西五里)。后属蜀汉。西晋属秦州,永嘉后郡县皆废。

⑰秦川:古地区名。指今秦岭以北关中平原。以其地渭水流经,土壤肥沃,春秋战国时属于秦国,故名。

⑱沃美:肥美。

⑲略侔(móu):大致相等。三蜀:地区名。秦灭蜀国置蜀郡,汉初分蜀郡置广汉郡,武帝时又分置犍为郡,三郡合称"三蜀"。

【译文】

汉中郡,本来是附庸国,接受蜀国的保护。周赧王三年,秦惠文王设置汉中郡,汉中郡因汉水而得名。汉水有两个源头,东边的源头出自武都郡氐道的漾山,因而名叫漾水,这就是《禹贡》所说的"导漾东流为汉";西边的源头出自陇西郡西县的嶓冢山,与白水河会合后,再经过葭萌,最后流入汉水。因为初始的源头叫沔水,故而叫"汉沔"。《诗经》说:"流水滔滔的江水与汉水,是南国水系的纲纪。"地上的河流与天上的天河是相对应的,所以《诗经》说:"天上有条叫汉水的天河。"汉中郡的分野,与巴、蜀相同,故可以同占。汉中郡的地盘,东接南郡,南接广汉,西接陇西、阴平,北接秦川。汉中郡的土壤肥美,向国家上交的赋贡,大致与蜀郡、广汉郡、犍为郡"三蜀"相当。

六国时①,楚强盛,略有其地②,后为秦,恒成争地③。汉高帝既克秦,获子婴④,项羽封高帝为汉王⑤,王巴、蜀三十一县⑥。帝不悦。丞相萧何谋曰⑦:"虽王汉中之恶,不犹愈于死乎?且语曰'天汉',其称甚美。夫能屈于一人之下,则伸于万乘之上者⑧,汤、武是也⑨。愿大王王汉中,抚其民,以致贤人,收用巴蜀,还定三秦,天下可图也。"帝从之,都南郑⑩。及项籍弑义帝⑪,高帝东伐,萧何常居守汉中,足食足兵。既定三秦,萧何镇关中,资其众,卒平天下。以田叔为汉中守⑫。属县十二⑬,去洛一千九十一里。叔既馈以军饷,又致名材立宫室⑭,帝嘉之。后为鲁相。然以帝业所兴,不封藩王。

【注释】

①六国:指战国时位于函谷关以东的齐、楚、燕、韩、赵、魏六国。

②略:夺取。

③争地:指战争双方必然争夺的险要之地。

④子婴(? —前206):姓嬴,名婴。秦始皇之孙,扶苏之子。赵高杀二世,立子婴为王,去帝号,称秦王。既即位,设计杀赵高。前206年,刘邦兵至霸上,子婴白马素车,奉天子符玺以降。月余,为项羽所杀。在位四十六日。

⑤项羽(前232—前202):名籍,字羽,下相(今江苏宿迁)人。楚国贵族。秦末,从叔父项梁在吴起义。秦亡,自立为西楚霸王,封诸侯王。后与刘邦争夺天下,为汉军困于垓下(在今安徽灵璧东南),兵少粮尽,四面楚歌,乃突围至乌江(在今安徽和县东北四十里乌江镇附近),自刎死。《史记》《汉书》有传。

⑥王（wàng）：称王。《史记·高祖本纪》："故立沛公为汉王，王巴、蜀、汉中，都南郑。"

⑦萧何（？—前193）：泗水沛（今江苏沛县）人。汉初大臣。初为沛主吏掾。从刘邦入关，独收秦相府律令图书藏之，以是汉知天下关塞险要，郡县户口。刘邦王汉中，以何为丞相。又荐韩信为大将。楚汉相拒，留守关中，转输士卒粮饷，使军中给食不乏。刘邦称帝，论何功第一，封酂侯。后定律令制度，协助高祖消灭陈豨、韩信、黥布等，封相国。高祖死后，事惠帝，病危时荐曹参继相。卒谥文终侯。有《九章律》，今佚。《史记》《汉书》有传。

⑧伸：伸直。与上文"屈"相对，引申为进退。万乘：指天子。周制，天子地方千里，能出兵车万乘，后世因称天子为"万乘"。

⑨汤、武：商汤与周武王。

⑩南郑：县名。战国秦置，为汉中郡治。治所在今陕西汉中东二里。据《水经·沔水注》："《耆旧传》云，南郑之号始于郑桓公。桓公死于犬戎，其民南奔，故以南郑为称。"

⑪义帝（？—前206）：即楚怀王熊心，为楚怀王熊槐（？—前296）之孙。楚亡，在民间为人牧羊。秦二世元年（前209），项梁率军渡江西进，闻陈胜死讯，听从范增计，拥立熊心为楚怀王，建都盱台（今江苏盱眙东北）。项梁战死后，他乘机到彭城（今江苏徐州），夺取项羽、吕臣兵权，改用宋义为上将军。后项羽杀宋义，夺回兵权。前206年，项羽尊他为义帝，自立为西楚霸王，派人徙熊心往长沙，于途中杀之。事见《史记》《汉书》。

⑫田叔：赵陉城（今河北定州）人。为人廉直，任侠。汉高祖时为汉中郡守，汉景帝时为鲁相，有政绩。《史记》卷一百四、《汉书》卷三十七有传。

⑬属县十二：据《汉书·地理志上》记载，汉中郡的十二个属县是西城、旬阳、南郑、襄中、房陵、安阳、成固、沔阳、钖、武陵、上庸、

长利。

⑭名材:名贵的木材。汉桓宽《盐铁论·通有》:"南方火,而交趾有
大海之川;西方金,而蜀陇有名材之林。"按:汉朝初年,在汉中郡
砍伐树木,供修建长安之用。

【译文】

六国争霸时,楚国强大兴盛,便出兵夺取了汉中之地,后来又被秦国
占领,汉中往往成为被争夺的险要之地。汉高祖攻克秦都咸阳,俘获秦
王子婴,其后,项羽封汉高祖为汉王,让其统辖巴、蜀、汉中三十一县。汉
高祖很不高兴。丞相萧何为他出谋道:"虽然做汉中之王是让人嫌恶的
事情,但难道不是胜过被人灭亡吗? 更何况,该地上应'天汉',这是很
美的称谓。能够屈居于一人之下,却能晋身于万乘之上,其人就是商汤、
周武王。希望大王管理好汉中之地,安抚好汉中之民,尽心招纳贤人,利
用好巴蜀资源,再进而平定三秦之地,这样夺取天下是可以预期的。"汉
高祖听从了萧何的建议,定都于南郑。等到项羽弑杀义帝,汉高祖率兵
东征,而萧何则坐镇汉中,为大军提供充足的粮草和兵员。汉高祖平定
三秦之后,萧何镇守关中,为众将士提供资助,最终夺取了天下。任命田
叔为汉中太守。汉中郡有十二个属县,距离洛阳一千九十一里。田叔不
仅为军队提供粮饷,而且征集名贵木材用于修建宫室,得到了汉高祖的
嘉奖。后来,田叔转任鲁相。因为汉中郡是汉高祖的龙兴之地,所以这
个地方没有分封藩王。

自叔之后,世修文教①,有俶傥之士②,异人并挺③。邓
公抗言于孝景之朝④,以明忠枉之情⑤。张骞特以蒙险远⑥,
为孝武帝开缘边之地⑦,宾沙越之国⑧,致大宛之马⑨,入南
海之象⑩,而车渠、玛瑙、珊瑚、琳碧、罽宝、明珠、玳瑁、虎
魄、水晶、琉璃、火浣之布、蒲桃之酒、筇竹、蒟酱⑪,殊方奇

玩^⑫，盈于市朝^⑬，振扬威灵^⑭，被于幽裔^⑮。遂登九列^⑯，杖节绣衣^⑰，剖符博望^⑱。谷口子真秉箕颖之操^⑲，湛然岳立^⑳，不营不求^㉑，德声迈流^㉒。杨王孙应至人之概^㉓。

【注释】

①文教：文治教化。

②俶傥（tì tǎng）：卓异不凡。

③挺：突出，杰出。

④邓公：《汉书》一作“邓先”。汉中郡成固（今陕西城固）人。为人多奇计。汉景帝时，吴、楚等七国反叛，以谒者仆射为校尉，击吴、楚。返，上书言诛晁错为冤案。帝善之，拜为城阳中尉。武帝时，起为九卿，一年后谢病免。事见《史记》卷一百一《袁盎晁错列传》、《汉书》卷四十九《爰盎晁错传》，本书卷十《先贤士女总赞》有传。抗言：高声直言。

⑤忠枉：忠贞与冤枉。

⑥张骞（？—前114）：汉中郡成固（今陕西城固）人。武帝建元三年（前138），以郎应募出使月氏。经匈奴，被扣留前后达十一年。身历大宛、康居而抵月氏。元朔三年（前126）归汉，在外共十三年。拜大中大夫。元朔六年（前123），以校尉从大将军卫青出击匈奴，拜博望侯。元狩二年（前121），为卫尉，与李广出右北平击匈奴，失期当斩，赎为庶人。元狩四年（前119），又以中郎将出使乌孙，并分遣副使至大宛、康居等通好，西域始通。官至大行。《史记》卷一百一十一、《汉书》卷六十一、本书卷十《先贤士女总赞》有传。按：张骞墓在陕西城固县城以西2.3公里的博望镇饶家营村。1956年，张骞墓被列为陕西省首批重点文物保护单位。2006年5月，张骞墓被国务院公布为全国重点文物保护单位。

⑦缘边：沿边，指边境。

⑧沙越之国：指西域各国。因到西域要越过沙漠，故称"沙越"。

⑨大宛：国名。汉时为西域诸国，后为汉武帝所破，即今中亚细亚乌兹别克共和国的一邑。根据《史记·大宛列传》记载，大宛出产良马——"汗血马"。

⑩南海：郡名。秦始皇三十三年（前214）置，治所在番禺县（今广东广州）。秦、汉之际地入南越国，西汉元鼎六年（前111）灭南越国复置。

⑪车渠：一种海中生物。壳甚厚，略呈三角形，表面有渠垄如车轮之渠，故名。琳碧：玉石。罽（jì）宝：用毛做成的毡子一类的东西。玳瑁：动物名。热带和亚热带海洋里的一种食肉性海龟，龟鳖目海龟科。背甲呈黄褐色，有黑斑，光润美丽，可长达一公尺，前宽后尖，可作装饰品，是贸易上的优良龟甲。虎魄：即琥珀。一种很硬的、由微黄到微褐色半透明的树脂化石，产于冲积土、褐煤层或某些海滨，容易抛光，主要用于装饰品（如串珠及烟嘴）。火浣之布：用石棉织成的布，能耐火。蒲桃之酒：即葡萄酒。筇（qióng）竹：竹名。因高节实中，常用以为手杖，为杖中珍品。蒟（jǔ）酱：亦称"枸酱"。用蒌（lóu）叶果实做的酱，有辣味，供食用。按：蒟酱的原材料究竟是什么，学术界有不同的说法，至今没有定论。本处所说蒌叶，是其中的一种说法。另有拐枣等说。

⑫殊方：远方，异域。奇玩：供玩赏的珍品。

⑬市朝：市场和朝廷。

⑭振扬：显扬，兴起。威灵：显耀的声威。

⑮幽裔：远僻之地。

⑯九列：九卿的职位。

⑰杖节：执持旄节。古代帝王授予将帅兵权或遣使四方，给旄节以为凭信。《汉书·叙传下》："博望杖节，收功大夏。"绣衣：彩绣的丝绸衣服。古代贵者所服。

⑱剖符：古代帝王分封诸侯、功臣时，以竹符为信证，剖分为二，君臣各执其一，后因以"剖符""剖竹"为分封、授官之称。

⑲谷口子真：指郑子真。谷口，即褒谷，亦称"南谷"，在今陕西汉中西北。郑子真，名朴，字子真，汉中郡褒中（今陕西勉县）人。隐逸民间，修身自保，不屈其志。耕于岩石之下，名闻京师。成帝时，大将军王凤礼聘之，不应，家于谷口，世号"谷口郑子真"。本书卷十《先贤士女总赞》有传。箕颍：箕山和颍水。相传尧时，贤者许由曾隐居箕山之下、颍水之阳。后因以"箕颍"指隐居者或隐居之地。

⑳湛然：清澈貌。岳立：屹立。引申为特出，卓尔不群。

㉑不营不求：不钻营，不苟求。营、求，谋求，追求。

㉒德声：美好的声誉。迈流：流传很远。

㉓杨王孙：汉中郡成固（今陕西城固）人。学黄老之术，家业千金，善于自奉养生，无所不至。及病将死，先令其子毋具棺椁，死则裸葬。即以布囊盛尸，然后脱囊，倾埋土中。死后，其子遵命裸葬。著有《裸葬书》，反对厚葬，指出人死不为鬼，其尸块然独处而无知，意在矫正厚葬靡财之世风。《汉书》卷六十七有传。至人：道家指超凡脱俗，达到无我境界的人。《庄子·逍遥游》："至人无己，神人无功，圣人无名。"《庄子·齐物论》："至人神矣！大泽焚而不能热，河汉沍而不能寒，疾雷破山、风振海而不能惊。"

【译文】

自从田叔治理汉中以后，该地历代都注重文治教化，因而涌现了不少风流倜傥的人士，出现了非同寻常的异人。汉景帝之时，邓公在朝廷高声直言，陈述晁错为臣的忠贞，申述其被杀的冤屈。张骞不避危险与偏远出使异域，为汉武帝开拓边远之地的疆域，让西域诸国前来朝贺，汉王朝因而获得了大宛的良马，南海的大象，以及车渠、玛瑙、珊瑚、琳碧、蔺宝、明珠、玳瑁、虎魄、水晶、琉璃、火浣布、蒲桃酒、筇竹、蒟酱，远方的奇珍异宝，充斥于市场与朝廷，而国家的声威也随之显扬，传播到远僻之地。于是，张骞晋升至九卿之列，手持节杖，身着绣衣，腰佩符信，被封为博望侯。褒谷口的郑子真，秉持像贤者许由一样的节操，其人如颍水一般清激，似山岳一般屹立，洁身自好，不钻营，不苟求，美好的名声流传远方。还有像杨王孙这样的高人，已达"至人"境界。

　　自建武以后①，群儒修业②。开按图纬③，汉之宰相当出坤乡④。于是司徒李公屡登七政⑤，太尉子坚弈世论道⑥。其珪璋瑚琏之器⑦，则陈伯台、李季子、陈申伯之徒⑧，文秀昒昕⑨。其州牧郡守，冠盖相继⑩，于西州为盛⑪，盖济济焉⑫。

【注释】

①建武：汉光武帝年号（25—55）。

②修业：建立功业。

③图纬：图谶和纬书。

④坤乡：西南方。按：古人以八卦配八方（后天八卦），坤值西南。

⑤李公：即李郃，字孟节，汉中郡南郑（今陕西汉中）人。通五经，善占星术，能预知灾祸。汉和帝时为汉中户曹史，以谏郡守勿与大将军窦宪交通，知名当时。举孝廉，累迁尚书令、司空。永宁元年（120），以承大将军邓骘请托事，免官。安帝死，复起为司徒，以与谋立顺帝，封涉都侯，不受。《后汉书》有传。七政：古人以日、月和金、木、水、火、土五星为七政。因宰相辅翼天子，一如五星与月亮之辅翼太阳，故此谓李郃"屡登七政"。

⑥子坚：李郃之子李固（94—147），字子坚，汉中郡南郑（今陕西汉中）人。历官议郎、荆州刺史、泰山太守、将作大匠、大司农等职。冲帝时迁太尉，参录尚书事。冲帝、质帝相继卒，两次议立清河王

刘蒜为帝，遭权臣梁冀忌恨，被诬陷下狱死。《后汉书》有传。弈
世：累世，世世代代。论道：《周礼·冬官·考工记》：“坐而论道，
谓之王公。”郑玄注：“论道，谓谋虑治国之政令也。”李固在汉冲
帝、质帝、桓帝时为太尉，故可谓“弈世论道”。

⑦珪璋：玉制的礼器。古代用于朝聘、祭祀。比喻杰出的人材。瑚
琏：古代祭祀时盛黍稷的尊贵器皿。比喻人有杰出才能，可以担
当大任。

⑧陈伯台：陈雅，字伯台，汉中郡成固（今陕西城固）人。灵帝时，任
谏大夫。时宦官专权，上疏谏。帝不省，出为巴郡太守。李季子：
李历，字季子，汉中郡南郑（今陕西汉中）人。李郃从子，李固从
弟。清白有节，博学，好方术，广交游，与郑玄、陈纪等相善。为新
城长，无为以治。官至奉车都尉。《后汉书》有传。陈申伯：陈术，
字申伯，汉中（治今陕西汉中）人。博学多闻。历官新城、魏兴、
上庸三郡太守。著有《释问》《益部耆旧传》等。按：以上三人，
参看本书卷十《先贤士女总赞》）。

⑨文秀昈晔（wěi yè）：博学多才、声名显赫。昈晔，显赫貌，显耀貌。

⑩冠盖：古代官吏的帽子和车盖，借指官吏。

⑪西州：指巴蜀地区。

⑫济济：形容人才众多。

【译文】

自从东汉建武以后，众多士人都致力于建功立业。按照图谶和纬书
所说，汉代的宰相应当出于西南方。于是，司徒李郃多次执掌宰相之位，
太尉李子坚位至三公。有才能、当大任的人，还有陈伯台、李季子、陈申
伯等人，他们都是博学多才、声名显赫之人。州牧、郡守者，更是冠盖相
望、络绎不绝，在巴蜀地区最为兴盛，这真是人才济济啊。

莽时，公孙述据蜀，跨有汉中①，当秦、陇之径，每罹于

其害②。

【注释】

①跨有：据有。

②罹（lí）：遭受苦难或不幸。

【译文】

新莽时，公孙述占据蜀地，并据有汉中部分地区，这里处于通往秦、陇的要道，因此常常遭受战火之苦。

安帝永初二年①，阴平、武都羌反，入汉中，煞太守董炳②，没略吏民③。四年，羌复来。太守郑廑出屯褒中④，欲与羌战。主簿段崇陈谏⑤，以为但可坚守，来虏乘胜，其锋不可当。廑不从，战，败绩。崇与门下史王宗、原展及崇子勃、兄子伯生力战捍廑⑥，并命⑦。功曹程信素居守⑧，驰来赴难⑨，冒寇殡殓廑⑩。虏遂大盛。天子乃拜巴郡陈禅为汉中太守⑪。虏素惮禅，更来盘结⑫。禅知攻守未可卒下，而年荒民困，乃矫诏赦之⑬，大小咸服。既诛其乱首。天子善之，徙禅左冯翊太守。程信怨耻⑭，乃结故吏冠盖子弟严孳、李容、姜济、陈巴、曹廉、勾矩、刘旌等二十五人，誓志报羌⑮。各募壮士，豫结同死以待寇。太守邓成命信为五官⑯，孳等门下官属。元初二年⑰，羌复来，巴郡板楯救之。信等将其士卒力奋讨，大破之。信被八创，二十五人战死。自是后，羌不敢南向。五年，天子下诏褒叹信、崇等，赐其家谷各千斛，宗、展、孳等家谷各五百斛，列画东观⑱。每新太守到，必先存问其家⑲。以羌畏服陈禅，拜禅子澄汉中太守。

【注释】

① 安帝永初二年：115年。永初，南朝宋武帝刘裕年号（420—422）。

② 董炳：东汉官吏。安帝初为汉中太守。永初二年（108），先零羌滇零叛，称天子于北地，寇三辅，东犯赵、魏，南入益州，攻汉中，炳为所杀。

③ 没略：掠夺，掳掠。

④ 郑廑（qín）：河间（今河北献县）人。官至汉中太守。凉州羌反，攻入汉中，虏廑而杀之。襃中：县名。西汉置，属汉中郡。治所在今陕西勉县东襃城镇东。东汉末，移治今汉中西北打钟寺。东晋义熙中改名苞中县。南朝宋废。北魏永平四年（511）复置襃中县，为襃中郡治。

⑤ 段崇（？—110）：字礼高，汉中郡南郑（今陕西汉中）人。为汉中太守郑廑主簿，从屯襃中。安帝永初四年（110），羌攻襃中。谏廑坚守待之，廑不从，出战，大败。以身扞刃，与廑俱死。本书卷十《先贤士女总赞》有传。

⑥ 门下史：官名。郡县佐官，助掾录门下众事。晋朝无门下掾，只置门下史，总门下职事。

⑦ 并命：拼命，舍命。意谓力战而死。

⑧ 功曹：官名。汉朝州郡置功曹史，省称功曹，掌管考查记录功劳等人事工作，并参与一郡政务。程信（？—115）：字伯义，汉中郡南郑（今陕西汉中）人。汉中郡功曹。永初四年（110），羌攻襃中。时程信居守，驰来赴难，殡殓郑廑。结故吏冠盖子弟，誓共报羌，各募敢死士以待时。元初二年（115），羌复来。程信等率先奋讨，大破之，信被八创死。本书卷十《先贤士女总赞》有传。居守：留置守护。

⑨ 赴难：往救危难。

⑩ 殡殓（bìn liàn）：入殓和出殡。

⑪陈禅（？—127）：字纪山，巴郡安汉（治今四川南充北）人。初为郡功曹，举善黜恶。后察孝廉，州辟为治中从事。又举茂才。升汉中太守，平蛮夷，迁左冯翊，入拜谏议大夫。以谏安帝纵乐，谪为玄菟候城障尉。会北匈奴入辽东，帝追拜禅为辽东太守，退之。后为车骑将军阎显长史。顺帝立，迁司隶校尉。卒于官。

⑫盘结：回绕连结。意谓羌人加强了内部的联结。

⑬矫诏：假托皇帝诏书。

⑭怨耻：怨恨与耻辱。

⑮誓志：发誓立志。

⑯邓成：籍贯不详。曾任汉中太守。五官：官名。即五官掾。汉朝郡国属吏，地位仅次于功曹，祭祀居诸吏之首，无固定职掌，凡功曹及诸曹员吏出缺即代理其职务。晋至南北朝沿置。

⑰元初二年：115年。元初，汉安帝年号（114—120）。

⑱东观：东汉时皇家藏书楼，在洛阳南宫，也是宫中著述和修史的地方。东观壁上有功臣、烈士、学者的画像，以为表彰和学习。《后汉书·文苑列传下》："后迁外黄令，帝敕同僚临送，祖于上东门，诏东观画（高）彪像以劝学者。"

⑲存问：问候，慰问。

【译文】

汉安帝永初二年，阴平、武都一带的羌人造反，进入汉中地区，杀死太守董炳，抢劫官吏和百姓。永初四年，羌人再次进入汉中。汉中太守郑廑带领人马出城驻防于褒中一带，打算与羌人决一死战。主簿段崇进谏劝止，认为只可坚守汉中，因羌人乘胜而来，气势正盛，锐不可当。郑廑没有听从，坚持出战，结果大败。段崇与门下史王宗、原展及段崇的儿子段勃、侄子段伯生等奋战保护郑廑，结果都力战而死。功曹程信平素在家居守，这时也赶来增援，冒死从敌寇手中抢回郑廑遗体，加以入殓、埋葬。经此一战，羌人气焰大盛。于是，天子任命巴郡人陈禅为汉中太守。羌人向来害怕陈禅，于是加强了内部的联结。陈禅知道无论是攻还是守，都不可能马上平息羌人之乱，加上正逢荒年百姓饥困，于是陈禅假托皇帝诏书，赦免羌人造反之罪，结果大大小小的羌人部落都表示归顺臣服。不久，陈禅诛杀了造反的羌人首犯。天子认为他做得好，于是升迁陈禅为左冯翊太守。程信内心感到怨恨与耻辱，于是结交故吏与冠盖子弟严翥、李容、姜济、陈巴、曹廉、勾矩、刘莊等二十五人，立誓要报复羌人。他们分头招募壮士，预先盟誓同生同死，以待来寇。太守邓成任命程信为五官掾，任命严翥等人为门下官员的属吏。元初二年，羌人再次造反，巴郡的板楯蛮前来相救。程信等率领士卒奋力作战，大败羌人。程信身上八处负伤，其余二十五人全部战死。自此以后，羌人再也不敢南下侵犯。元初五年，天子下诏褒奖程信、段崇等人，赏赐他们的家人各一千斛粮谷，赏赐王宗、原展、严翥等人的家人各五百斛粮谷，并且把他们画在东观的墙壁上供人瞻仰。每逢新太守上任，都必定先去慰问他们的家人。因为羌人惧怕陈禅，朝廷任命陈禅之子陈澄为汉中太守。

　　汉末，沛国张陵学道于蜀鹤鸣山[①]，造作道书[②]，自称"太清玄元"[③]，以惑百姓。陵死，子衡传其业[④]。衡死，子鲁传其业[⑤]。鲁字公祺，以鬼道见信于益州牧刘焉[⑥]。鲁母有少容[⑦]，往来焉家。初平中[⑧]，以鲁为督义司马[⑨]，住汉中，断谷道[⑩]。鲁既至，行宽惠[⑪]，以鬼道教。立义舍[⑫]，置义米、义肉其中[⑬]，行者取之，量腹而已，不得过多，云鬼病之[⑭]。其市肆贾平亦然[⑮]。犯法者三原而后行刑[⑯]。学道未信者谓之"鬼卒"[⑰]，后乃为"祭酒"[⑱]。巴、汉夷民多便之[⑲]。其供道限出五斗米，故世谓之"米道"[⑳]。

【注释】

①沛国:东汉建武二十年(44)改沛郡置,治所在相县(今安徽淮北市西北相山区)。属豫州。三国魏移治沛县(今江苏沛县)。西晋还旧治,后复为郡。张陵(?—156):又名张道陵,字辅汉,沛国丰(今江苏丰县)人。本太学生,博通五经。曾任江州令。后以儒学无益于年命,乃弃儒习道。顺帝时入蜀,住鹤鸣山。得道后,作道书,以符水咒法为人治病,创立"五斗米道"。其徒尊称之为"天师"。后裔袭承道法,居江西龙虎山,世称"张天师"。事见《后汉书》《三国志》,《神仙传》有传。鹤鸣山:亦作"鹄鸣山"。在今四川大邑西北三十里鹤鸣乡境。为道教发源地。道观现存三官庙、解元亭等胜迹。《后汉书·刘焉列传》:张鲁"祖父陵,顺帝时客于蜀,学道鹤鸣山中,造作符书,以惑百姓"。

②造作:制造,制作。道书:道家典籍。早期道教经典《老子想尔注》,其作者或说即张道陵。

③太清:道家"三清"之一,为道德天尊所居,其境在玉清、上清之上。唯成仙方能入此,故亦泛指仙境。玄元:道家所称为天地万物本源的道。在道教经典中,上章往往冠以"太清玄元",如"太清玄元无极大道太上老君"(《云笈七签》卷四十一引《朝真仪》)、"太清玄元无上三天无极大道"(《三天内解经》)、"太清玄元无上三天无极大道"(《无上秘要》)。

④衡:即张衡,字灵真,沛国丰(今江苏丰县)人。张陵之子。第二代天师(称"嗣师")。

⑤鲁:即张鲁,字公祺,沛国丰(今江苏丰县)人。张衡之子,张陵之孙。第三代天师(称"系师")。为益州牧刘焉之督义司马。献帝初平二年(191)据汉中,以五斗米道教民,自号"师君"。以教中"祭酒"掌地方政权,雄踞巴、汉垂三十年,汉以为镇民中郎将,领汉宁太守。地区较安定,附者甚众。建安二十年(215),曹操

征之，张鲁奔巴中，寻出降。拜镇南将军，封阆中侯。卒谥原侯。《后汉书》有传。

⑥鬼道：鬼神道术，邪门法术。刘焉（？—194）：字君郎，江夏郡竟陵（今湖北潜江）人。汉宗室。初仕州郡，后举贤良方正，累迁冀州刺史、南阳太守、宗正、太常等职。灵帝时，任益州牧，割据益州。后因爱子被献帝诛杀，州治绵竹遭火灾，哀痛发病卒。《后汉书》《三国志·蜀书》有传。

⑦鲁母：张鲁之母。少容：犹童颜，谓虽年老而貌似少年。《后汉书·刘焉袁术吕布列传》："沛人张鲁，母有姿色，兼挟鬼道，往来焉家。"

⑧初平：汉献帝年号（190—193）。

⑨督义司马：官名。东汉末年刘焉置，位低于将军，掌领兵征战。《三国志·魏书·张鲁传》："益州牧刘焉以（张）鲁为督义司马，与别部司马张修将兵击汉中太守苏固。"

⑩谷道：即褒斜道、斜谷道，又作"斜谷"。褒斜道之斜谷段，在今陕西眉县西南。

⑪宽惠：宽厚慈惠。

⑫义舍：无偿供给行旅食宿的邸舍。

⑬义米、义肉：无偿提供的不收取费用的米、肉。

⑭鬼病之：鬼使之病。意谓若取用过度，鬼会惩罚他（使之病）。《三国志·魏书·张鲁传》："诸祭酒皆作义舍，如今之亭传。又置义米肉，县于义舍，行路者量腹取足；若过多，鬼道辄病之。"

⑮市肆：集市，市场。贾平：价格公平。贾，同"价"。

⑯原：原谅，赦免。

⑰鬼卒：五斗米道初级道徒的称谓。

⑱祭酒：官名。汉代有博士祭酒，为博士之首。本处为五斗米道入流道徒的称谓，尤其是其中的头目。《三国志·魏书·张鲁传》：

"其来学道者,初皆名'鬼卒'。受本道已信,号'祭酒'。各领部
　众,多者为'治头大祭酒'。"

⑲夷民:夷,指白虎夷,賨人或板楯蛮。民,指汉民。本书卷九《李
　特雄期寿势志》:"汉末,张鲁居汉中,以鬼道教百姓,賨人敬信。"
　《晋书·李特载记》:"汉末,张鲁居汉中,以鬼道教百姓,賨人敬
　信巫觋,多往奉之。"

⑳米道:"五斗米道"的简称。由此可知,"五斗米道"得名于"其供
　道限出五斗米"。卿希泰认为,"五斗米道"的名称可能与崇拜五
　方星斗有关,"斗米"乃"斗姆"之音转。可备一说。

【译文】

　东汉末年,沛国人张陵到蜀地的鹤鸣山修道,并创作道书,自称"太
清玄元",用来迷惑老百姓。张陵死后,他的儿子张衡继承了他的传道事
业。张衡死后,他的儿子张鲁又继承了传道事业。张鲁字公祺,凭借鬼
神道术,得到益州牧刘焉的信任。张鲁的母亲容貌年轻,经常在刘焉家
中出入。初平年间,刘焉任命张鲁为督义司马,驻守在汉中,截断斜谷
道。张鲁到汉中之后,推行宽厚慈惠的政策,用鬼道教导百姓。张鲁在
各处设立了义舍,在义舍内放置义米、义肉,路人都可取用,但要量腹而
取,不能过量,过量者将会被鬼惩罚。市场物品的价格,亦复如此,都很
公平。犯法者可以被原谅三次,三次以后继续犯法将被处罚。学道未入
流者称之为"鬼卒",学道程度高者可被任命为"祭酒"。巴地、汉中的大
多数夷人与汉民都认为这样学道很方便。学道者要向义舍贡献五斗米,
因而世人称之为"米道"。

　扶风苏固为汉中太守①,鲁遣其党张修攻固②。成固人
陈调素游侠③,学兵法,固以为门下掾。说固守捍御寇之术,
固不能用。逾墙走,投南郑赵嵩④,嵩将俱逃。贼盛,固遣嵩
求隐避处。嵩未还,固又令铃下侦贼⑤。贼得铃下,遂得煞

固。嵩痛愤，杖剑直入。调亦聚其宾客百余人攻修^⑥，战死。
鲁遂有汉中，数害汉使，焉上书言"米贼断道"^⑦。

【注释】

①苏固（？—191）：扶风（今陕西兴平）人。曾任汉中太守。死于
　　黄巾军张修之手。

②张修（？—200）：巴郡（一说"汉中"）人。五斗米道领袖之一。活
　　动于巴郡、汉中一带，曾经率徒起义。后被益州牧刘焉招降，被任
　　命为别部司马。后为张鲁所杀。裴松之认为"张修应是张衡"。

③陈调：字元化，汉中郡成固（今陕西城固）人。陈纲之孙。本书卷
　　十《先贤士女总赞》有传。游侠：古称豪爽好结交、轻生重义、勇
　　于排难解纷的人为"游侠"。本处意为任侠。

④赵嵩：字伯高，汉中郡南郑（今陕西汉中）人。本书卷十《先贤士
　　女总赞》有传。

⑤铃下：指侍卫、门卒或仆役。《资治通鉴·汉献帝建安元年》：
　　"（吕）布屯沛城西南，遣铃下请（纪）灵等。"胡三省注："铃下，
　　卒也，在铃阁之下，有警至则掣铃以呼之，因以为名。"

⑥宾客：古代豪门所养的食客。

⑦米贼：旧时对五斗米道的贬称。断道：截断道路，拦路抢劫。

【译文】

在扶风人苏固任汉中太守时，张鲁派遣他的教徒张修率众攻打苏
固。成固人陈调一向以豪爽任侠著称，而且学过兵法，苏固任命他为门
下掾。陈调向苏固陈述攻防御敌的战术，但苏固没有采纳。当张修的人
马到达时，苏固翻墙逃跑了，前往投奔南郑的赵嵩，赵嵩又和苏固一起逃
跑了。张修的攻势很猛，苏固让赵嵩去寻找隐蔽的地方。在赵嵩外出而
未返回之时，苏固又派侍卫出去侦察敌情。张修的部下抓住了侍卫，于
是抓住了苏固并将其杀死。赵嵩悲愤不已，手持宝剑，闯入张修营中，当

场壮烈牺牲。陈调也聚集了一百多名宾客进攻张修,结果众人都奋战而死。于是,张鲁占据了汉中,并多次杀死汉王朝派遣的使节,刘焉上书朝廷,说"米贼截断道路,拦路抢劫"。

至刘焉子璋为牧时①,鲁益骄恣。璋怒②,建安五年,杀鲁母、弟。鲁说巴夷杜濩、朴胡、袁约等叛为雠敌③。鲁时使使汉朝,亦慢骄④。帝室以乱,不能征,就拜镇民中郎将⑤,汉宁太守⑥。不置长吏,皆以祭酒为治。璋数遣庞羲、李异等讨之⑦,不能克。而巴夷日叛,乃以羲为巴西太守;又遣杨怀、高沛守关头⑧,请刘先主讨鲁。先主更袭取璋⑨。

【注释】

①刘璋(? —219):字季玉,江夏郡竟陵(今湖北潜江)人。刘焉之子。袭父为益州牧,继续割据益州地区。后从张松建议,迎刘备入蜀。建安十九年(214),刘备围成都,遂开城出降,被迁于南郡公安。孙权取荆州,以为益州牧,驻秭归。寻卒。《三国志·蜀书·刘二牧传》、本书卷五《公孙述刘二牧志》有传。

②璋怒:底本无,据他本补。

③杜濩(hù)、朴胡、袁约:三人是板楯蛮的首领。其后,曹操任命三人为三巴太守。雠(chóu)敌:仇人,敌人。

④慢骄:傲慢,骄傲。

⑤镇民中郎将:官名。汉献帝建安年间置。《三国志·魏书·张鲁传》:"汉末,力不能征,遂就宠(张)鲁为镇民中郎将,领汉宁太守,通贡献而已。"

⑥汉宁:郡名。东汉末张鲁改汉中郡置,治所在南郑县(今陕西汉中东)。建安二十年(215)复名汉中郡。

⑦李异：底本作"李思"，误。李异原为刘璋部下，后入吴国为将。《三国志·蜀书·刘二牧传》："后松复说璋曰：'今州中诸将庞羲、李异等皆恃功骄豪，欲有外意，不得豫州，则敌攻其外，民攻其内，必败之道也。'"

⑧杨怀、高沛：刘璋手下名将。二人镇守关头。刘备欲图益州，用庞统之计，诱二人至而杀之。关头：一名"白水关"，在今四川青川东北白水镇北。

⑨更：反而。

【译文】

到刘焉的儿子刘璋任益州牧时，张鲁更加傲慢任性。刘璋大怒，于建安五年杀掉张鲁的母亲、弟弟。张鲁游说巴地夷人首领杜濩、朴胡、袁约等人发动叛乱，与刘璋为敌。张鲁不时派遣使者到汉朝，这些使者也很傲慢骄傲。因朝廷内部混乱，又不能派军征伐，于是任命张鲁为镇民中郎将，兼领汉宁太守。张鲁在辖地内不设置长吏，而是倚靠祭酒来治理百姓。刘璋多次派遣庞羲、李异等人前往征讨，但都不能攻克。与此同时，巴地的夷人也不断叛乱，于是刘璋任命庞羲为巴西太守；又派遣杨怀、高沛镇守白水关，并邀请刘备出兵征讨张鲁。刘备入蜀后，反而对刘璋发起进攻，并取而代之。

二十年①，魏武帝西征鲁②，鲁走巴中③。先主将迎之，而鲁功曹巴西阎圃说鲁北降归魏武④："赞以大事⑤，宜附托⑥；不然，西结刘备以归之⑦。"鲁勃然曰："宁为曹公作奴，不为刘备上客！"遂委质魏武⑧。武帝拜鲁镇南将军⑨，封阆中侯⑩，又封其五子皆列侯。

【注释】

①二十年：即建安二十年（215）。

②魏武帝：曹操（155—220），字孟德，谯（今安徽亳州）人。初举孝
　廉为郎，后以镇压颍川黄巾迁为济南相。建安十三年（208），进
　位丞相，又相继进封魏公、魏王。谥号武王，追尊武帝，庙号太祖。
　通兵法，善诗文。今存《曹操集》。《三国志·魏书》有传。

③巴中：指今四川盆地。

④阎圃：巴西安汉人。张鲁部将，为功曹。曾劝止张鲁称王汉中。
　又献计张鲁归降曹操，曹操封为平乐乡侯。

⑤赞：辅佐，佐助。

⑥附托：依附寄托。

⑦结：结好。

⑧委质：向君主献礼，表示献身。引申为臣服、归附。

⑨镇南将军：官名。杂号将军名，东汉献帝时置，掌帅兵镇守一方。
　三国沿置，并与镇东、镇西、镇北三将军合称四镇将军。其后，晋
　和南北朝皆沿置。

⑩阆中侯：底本作"襄平侯"，误。《三国志·魏书·张鲁传》《后汉
　书·刘焉袁术吕布列传》均作"阆中侯"。

【译文】

建安二十年，魏武帝曹操西征张鲁，张鲁逃往巴中。先主刘备打算
迎接张鲁，但张鲁的功曹、巴西人阎圃劝说张鲁归降北方的魏武帝曹操，
他说："如果想干一番大事，应该依托于曹操；不然的话，就与西边的刘备
结好并归附他。"张鲁勃然大怒道："我宁愿做曹公的奴仆，也不愿意成
刘备的座上宾！"于是，张鲁向魏武帝曹操送上礼物，表示愿意归降。魏
武帝任命张鲁为镇南将军，封阆中侯，又封张鲁的五个儿子为列侯。

时先主东下公安①，巴、汉稽服②。魏武以巴夷王杜濩、
朴胡、袁约为三巴太守③；留征西将军夏侯渊及张郃、益州刺
史赵颙等守汉中④，迁其民于关陇⑤。

【注释】

①公安：底本为"江安"，误。《三国志·蜀书·先主传》记载，建安二十年"先主引兵五万下公安"。公安，县名。三国蜀汉置，属南郡。治所在油口（今湖北公安）。西晋太康元年（280）改江安县。陈光大二年（568）复为公安县，为荆州治。

②稽服：拜服，敬服。

③三巴太守：据《三国志·魏书·武帝纪》和《资治通鉴》卷六十七记载，杜濩为巴西太守、朴胡为巴东太守、袁约为巴郡太守。三巴，古地名。巴郡、巴东、巴西的合称。

④夏侯渊（？—219）：字妙才，沛国谯（今安徽亳州）人。从曹操起兵，拜别部司马、骑都尉，迁陈留、颍川太守。张鲁降曹，奉命以征西将军镇守汉中。建安二十四年（219），遭蜀军袭击，战亡。《三国志·魏书》有传。张郃（？—231）：字儁乂，河间鄚（今河北任丘）人。初从韩馥起兵，后归袁绍。官渡之战后，归降曹操。受命镇守汉中，抗拒蜀军，尝破马谡于街亭（在今甘肃张家川回族自治县西北），平定陇西诸郡。诸葛亮复出祁山，张郃追至木门，中流矢卒。《三国志·魏书》有传。赵颙（yóng）：三国时魏官吏。曹操任命为益州刺史，后在定军山之役为黄忠所杀。

⑤关陇：指陕西关中和甘肃东部一带地区。

【译文】

当时，先主刘备向东攻下公安，巴、汉地区表示归顺臣服。魏武帝曹操任命巴夷首领杜濩、朴胡、袁约为巴西、巴东、巴郡太守，并留下征西将军夏侯渊及张郃、益州刺史赵颙等镇守汉中，又迁徙汉中的老百姓到关陇地区。

二十四年春，先主进军攻汉中，至定军①。渊、郃、颙来战，大为先主所破，将军黄忠斩渊、颙首②。魏武帝复西征先主。先主曰："孟德虽来，无能为也，我必有汉川矣③。"先主遂为汉中王。将还成都，当得重将以镇汉中，众皆以必张飞④，张飞心亦自许⑤。先主乃以牙门义阳魏延为镇远将军、汉中太守⑥。先主大会群臣，问延曰："今委卿以汉中，卿居之若何？"对曰："若曹操举天下而来，请为大王拒之；若偏将十万而来，请为大王吞之。"众壮其言⑦。

【注释】

①定军：山名。在今陕西勉县南。后诸葛亮葬定军山，因山为坟。

②黄忠（？—220）：字汉升，南阳（治今河南南阳）人。初从刘表，为中郎将，守长沙。后归刘备，随入蜀，攻刘璋，勇冠三军。益州既定，拜讨虏将军。汉献帝建安末，于定军山击杀夏侯渊，迁征西将军。官至后将军，赐爵关内侯。卒后谥刚侯。《三国志·蜀书》有传。

③汉川：指汉中地。

④张飞（？—221）：字益德（俗作"翼德"），涿郡（治今河北涿州）人。东汉末，从刘备起兵，多有战功。历官宜都太守、巴西太守、征虏将军、右将军、车骑将军等，封西乡侯。雄壮威猛，与关羽同称"万人敌"，然爱敬君子而不恤小人。章武元年（221），从刘备攻吴，临发，为部将所杀。谥桓侯。《三国志·蜀书》有传。

⑤自许：自我期许，含有自负、自信之意。

⑥牙门："牙门将"的省称。将军名号，也称牙门将军，三国时魏、蜀、吴皆置，冠服与将军同。魏延（？—234）：字文长，义阳（今河南信阳）人。刘备旧部。善抚士卒，勇猛过人，以军功历迁牙门将军、汉中太守、凉州刺史、前军师、征西大将军等，封南郑侯。诸葛亮死，与杨仪争权，兵败被杀，夷三族。《三国志·蜀书》有传。

⑦壮：豪壮，豪迈。本处是使动用法，意谓以其言为壮。

【译文】

建安二十四年春，先主刘备率军进攻汉中，行军至定军山。夏侯渊、张郃、赵颙前来迎战，结果被刘备大败，将军黄忠斩了夏侯渊、赵颙首级。魏武帝曹操又亲自带兵西征先主刘备。先主刘备说："即使曹孟德亲自带兵而来，也不能有所作为，我一定要占领汉中之地。"果然，先主刘备占领了汉中，成为汉中王。刘备即将还师成都之时，认为应当委派一员重要将领镇守汉中，众人都以为必定是张飞，张飞内心也认定必属自己。先主刘备却任命牙门将军、义阳人魏延为镇远将军、汉中太守。先主刘备召集群臣议事，当众问魏延道："我现今委任阁下统辖汉中，阁下有何打算呢？"魏延回答说："如果曹操率领全魏国的军队前来进攻，我将会为大王拼力抵御他们；如果是偏将军带领十万兵马而来，我将为大王吞灭他们。"大家都认为魏延的回答很豪壮。

初，魏武之留渊、郃也，以鸡肋示外①，外人莫察，惟主簿杨修知之②，故曰："夫鸡肋，弃之如可惜，食之无所得，以比汉中也③。"

【注释】

①鸡肋：鸡的肋骨。食之无味，弃之可惜。比喻没甚价值，丢了却又觉得可惜的事物。杨修据此推测曹操将从汉中撤军。

②主簿：官名。战国始置，掌文书簿籍。自汉代起，中央和地方各官署多置此官，负责文书簿籍，掌管印鉴等事。其后，历代多相沿。丞相或三公府亦置主簿，录省众事，职权较重。杨修（175—219）：字德祖，弘农华阴（今陕西华阴）人。出身大族。好学能文，才思敏捷。初举孝廉，除郎中，后任曹操丞相主簿。与曹植相善，曾助其谋立太子，不成。遭曹操猜忌，被借故杀掉。《后汉书》

有传。

③以比汉中也：此事见《三国志·魏书·武帝纪》"备因险拒守"裴
松之注引晋司马彪《九州春秋》："时王欲还，出令曰'鸡肋'，官
属不知所谓。主簿杨修便自严装，人惊问修：'何以知之？'修曰：
'夫鸡肋，弃之如可惜，食之无所得，以比汉中，知王欲还也。'"

【译文】

当初，魏武帝留夏侯渊、张郃在汉中，以"鸡肋"名号向外传达信息，
外人对此没有察觉，只有主簿杨修知道曹操的心事，于是说："所谓鸡肋，
抛弃它觉得可惜，啃食它又没有肉，这比喻的是汉中啊。"

是后，处蜀、魏界，固险重守，自丞相、大司马、大将军
皆镇汉中①。

【注释】

①镇：镇守。按：先后镇守汉中的蜀汉统帅，有诸葛亮、魏延、吴懿、
　王平、蒋琬、胡济、费祎等人。

【译文】

自此以后，因汉中处于蜀、魏的边界，双方都加固工事，重兵把守，蜀
汉丞相、大司马、大将军等都先后镇守汉中。

蜀平，梁州治沔阳①。太康中，晋武帝孙汉王迪受封②，
更曰汉国③。郡但六县④。

【注释】

①梁州：州名。三国魏元帝景元四年（263）分益州置，治所在沔阳
　县（今陕西勉县东旧州铺）。西晋太康三年（282）移治南郑县
　（今陕西汉中东）。其后治所屡有迁徙，先后治西城县（今陕西安

康西北汉水北岸）、苞中县（今陕西汉中西北大钟寺）、城固县（今
陕西城固东八里）等。沔（miǎn）阳：县名。西汉置，属汉中郡。
治所在今陕西勉县东旧州铺。以在沔水之阳（北）而得名。三国
魏末和西晋初为梁州治所。北魏属华阳郡。东汉建安二十四年
（219），刘备在此自称汉中王。

②晋武帝孙汉王迪受封：《晋书·武帝纪》：“（太康十年十一月）立
濮阳王子迪为汉王。”濮阳王，即晋武帝司马炎之子司马允。

③汉国：郡名。置有太守。

④郡但六县：汉中郡原有南郑、沔阳、褒中、成固、蒲池、西乡、南乡等
七县。晋省南乡，故仅有六县。但，只有。

【译文】

蜀汉被平定后，分益州置梁州，梁州的治所在沔阳。太康年间，晋武
帝司马炎的孙子汉王司马迪受封为汉王，汉中郡因此被改为汉国。汉中
郡只有六县。

南郑县[1]　郡治[2]。周贞王十八年[3]，秦厉公城之[4]。有
池水[5]，从旱山来入沔[6]。大姓李、程、赵氏。

【注释】

①南郑县：县名。战国秦置，为汉中郡治。治所在今陕西汉中东二
里。西魏废帝三年（554）改名光义县。隋开皇三年（583）复名
南郑县，为梁州治。

②郡治：汉中郡治，战国、秦朝时在南郑县（今陕西汉中东），西汉移
治西城县（今陕西安康西北），东汉复还旧治。

③周贞王十八年：当秦厉公二十六年，即前451年。《史记·六国
年表》：“秦厉共公二十六年，左庶长城南郑。”《史记·秦本纪》：
“（秦厉共公）二十五年，智开与邑人来奔。”集解引徐广曰：“一本

二十六年城南郑也。”周贞王，即周贞定王（？—前441），名介。战国周国君。周元王之子。周贞定王十六年（前453），晋国魏、韩、赵三卿灭智氏，三分其地。自此，逐渐形成三家分晋之势。卒后诸子争立，王室益衰微。

④秦厉公：即秦厉共公（？—前443）。秦悼公子。即位后曾数次对西戎用兵。灭大荔，败义渠。筑城于南郑（今陕西汉中）。

⑤池水：即今陕西南郑县之冷水河。源出旱山。

⑥旱山：即米仓山之北峰（任乃强），在今陕西南郑县南。《汉书·地理志上》汉中郡南郑县：“旱山，池水所出，东北入海。”《水经·沔水注》：“汉水右合池水，水出旱山。”

【译文】

南郑县　是汉中郡的郡治。周贞王十八年，秦厉公在此地修筑城池。境内有池水，发源于旱山，流入沔水。南郑县的大姓有李、程、赵氏。

沔阳县①　州治②。有铁官。又有度水③，水有二源，一曰清检，二曰浊检。有鱼穴，清水出鳋④，浊水出鲋⑤，常以二月、八月取。蜀丞相诸葛亮葬定军山。

【注释】

①沔阳县：县名。西汉置，属汉中郡。治所在今陕西勉县东旧州铺。以在沔水之阳（北）得名。北魏属华阳郡。

②州治：旧时一州最高行政长官的官署，亦指它的所在地。本处指后者。

③度水：又名“铎水”，即今陕西勉县东旧州河。《水经·沔水注》：“汉水又左得度口水，出阳平北山。水有二源：一曰清检，出佳鳋；一曰浊检，出好鲋。常以二月、八月取之，美珍常味。”

④鳋（áo）：同“鳌”，泥鳅。刘琳认为，“鳋”当为“鲉”之误。

⑤鲋（fù）：鲫鱼。

【译文】

沔阳县　是州府所在地。设有铁官。境内有度水，度水有两个源头，一个是清检，一个是浊检。度水有鱼穴，清检水出产鳜鱼，浊检水出产鲋鱼，经常在二月、八月捕捞。蜀汉丞相诸葛亮埋葬在定军山。

褒中县①　孝昭帝元凤六年置②，本都尉治也③。山名扶木④。有唐公房祠也⑤。

成固县⑥　蜀时以沔阳为汉城⑦，成固为乐城⑧。

蒲池县⑨

西乡县⑩

【注释】

①褒中县：县名。西汉置，属汉中郡。治所在今陕西勉县东褒城镇东。东汉末移治今陕西汉中西北打钟寺。东晋义熙中改名苞中县。南朝宋废。北魏永平四年（511）复置褒中县，为褒中郡治。

②孝昭帝元凤六年：前75年。孝昭帝，汉武帝刘彻子。前87—前74年在位。在位期间移民屯田实边，并多次派兵击退匈奴、乌桓的侵扰。轻徭薄赋，与民休息，被誉为中兴之主。元凤，汉昭帝年号（前80—前75）。

③都尉：郡军事长官。秦、西汉初设郡尉，景帝中二年（前148）改名都尉，秩比二千石。协助太守典掌军事，维护治安，统率、训练本郡军队，职权颇重。自置府，有丞、主簿、诸曹掾史等属吏。

④扶木：扶桑，神话中的树名。参看《山海经·大荒东经》和《淮南子·墜形训》。按：此处当指一种高大的树木。任乃强认为，此处的扶木即扶老木，质地坚硬，适合做杖。

⑤唐公房：名或作"公昉"，西汉末汉中郡成固（今陕西城固）人。王莽居摄二年（7），为郡吏。相传，真人授以药服之，拔宅仙去。或云李八百居寒泉山时，公房曾师事之。

⑥成固县：县名。战国秦置，属汉中郡。治所在今陕西城固东汉江北岸。三国蜀汉改名乐城县。西晋复名成固县。南朝宋改名城固县。按：在张家山汉简《二年律令·秩律》中，已有"成固"县名。

⑦汉城：县名。在今陕西勉县东。西汉为沔阳县治。

⑧乐城：县名。三国蜀汉改成固县置，属汉中郡。治所在今陕西城固东八里。西晋复名成固县。

⑨蒲池县：县名。两汉无此县，晋置蒲池县。当是蜀汉立，西晋因之，东晋后期或刘宋初年省。所在地不详。依本处叙述顺序（自西而东）推测，疑在今陕西洋县附近（刘琳），或谓在今陕西宁强县（任乃强）。

⑩西乡县：县名。西晋太康二年（281）改南乡县置，属汉中郡。治所在今陕西西乡县南十五里。北魏正始间废。

【译文】

褒中县　汉昭帝元凤六年设立，本来是都尉的治所。境内有因产扶木而著名的山。山上有唐公房的祭祠。

成固县　蜀汉时在沔阳修筑汉城，在成固修筑乐城。

蒲池县

西乡县

魏兴郡①，本汉中西城县。哀、平之世②，县民锡光③，字长冲，为交州刺史④，徙交趾太守⑤。王莽篡位，据郡不附。莽方有事海内，未以为意。寻值所在兵起⑥，遂自守⑦。更始即位⑧，正其本官。世祖嘉其忠节⑨，征拜为大将军、朝侯祭酒⑩,封盐水侯。后汉中数寇乱,县土独存。汉季世别为郡。

【注释】

① 魏兴郡:郡名。三国魏改西城郡置,属荆州。治所在西城县(今陕西安康西北四里汉水北岸)。西晋太康二年(281)移治锡县(今陕西白河县东),次年移治平阳县(今陕西郧西县西),元康中复移治锡县,改属梁州。永嘉后还治西城县。东晋曾为梁州治。

② 哀、平之世:指汉哀帝、汉平帝在位期间(前5—5)。

③ 锡光:字长冲,汉中郡西城(今陕西安康)人。西汉末为交趾太守,以礼义教化各族民人。王莽时,据郡拒守不附。光武帝建武五年(29),遣使贡献,帝嘉其忠义,封盐水侯。事见《后汉书·循吏列传》等。

④ 交州:州名。东汉建安八年(203)改交州刺史部置,治所在广信县(今广西梧州)。建安十五年(210)移治番禺县(今广东广州)。

⑤ 交趾:又作“交阯”。郡名。秦亡后南越赵佗置。元鼎六年(前111)归汉。西汉时治所在嬴陵县(今越南河内西北)。三国吴属交州。

⑥ 寻:不久。值:正逢。

⑦ 自守:自保,自为守卫。

⑧ 更始:即更始帝刘玄(?—25),字圣公,南阳蔡阳(今湖北枣阳)人。光武帝刘秀族兄。地皇四年(23)号更始将军,不久称帝(更始帝)。建元更始,入都宛城。后派军攻克洛阳、长安,推翻新莽政权,遂迁都长安。更始三年(25),赤眉军攻入长安,玄降,后被缢杀。《后汉书》有传。

⑨ 世祖:即汉光武帝刘秀(前5—57),字文叔,南阳蔡阳(今湖北枣阳)人。汉高祖九世孙,东汉皇帝。25—57年在位,庙号世祖。《后汉书》有传。忠节:忠贞而有节操。

⑩征拜：征召授官。朝侯：爵名。汉朝官制，列侯对国家有功的赐有朝位，参国春秋祭祀。朝侯的朝位在九卿下，平冕文衣。

【译文】

魏兴郡，本来是汉中的西城县。汉哀帝、汉平帝之世，有位县民锡光，字长冲，担任过交州刺史，后来转任交趾太守。王莽篡位之时，锡光据守本郡，拒不归附王莽。当时，王莽正忙于应付海内大事，没将此事放在心上。不久，所任职的交趾出现兵乱，锡光于是组织人马守护本地。更始帝刘玄即位后，恢复了锡光原来的官职。其后，汉世祖刘秀嘉奖他的忠节，升迁他为大将军、朝侯祭酒，封盐水侯。后来，汉中地区多次发生动乱，唯独西城县保存完好。汉朝末年，该地升格为郡。

　　建安二十四年，刘先主命宜都太守孟达从姊归北伐房陵、上庸①，自汉中又遣副军中郎将刘封乘沔水会达上庸②。以申耽弟仪为建信将军、西城太守③。达、耽降魏。黄初二年④，文帝转仪为魏兴太守⑤，封郧乡侯⑥。蜀平，遂治西城⑦。属县六⑧，户万，去洛一千七百里。土地险隘⑨，其人半楚，风俗略与荆州、沔中郡同⑩。

【注释】

①宜都：郡名。东汉建安十四年（209）刘备改临江郡置，属荆州。治所在夷陵县（今湖北宜昌东南长江北岸）。孟达（？—228）：本字子敬，后改字子度，司隶扶风（今陕西兴平）人。少入蜀依刘璋，后归附刘备。刘备入蜀，以为宜都太守。后以不救关羽，惧罪，率部奔魏。为魏主曹丕器重，拜散骑常侍，封平阳亭侯，领新城太守。曹丕卒，不自安。诸葛亮欲引为外援，数招诱之。魏人疑之。后被申仪告发，惊惧而反，寻为司马懿攻杀。事见《三国

志·蜀书》的《刘封传》《法正传》《李严传》等。姊归：即秭归，西汉置，属南郡。治所即今湖北秭归西北归州镇。在张家山汉简《二年律令·金布律》中，已有"姊归"县名。上庸：郡名。东汉建安二十二年（217）析汉中郡置，属荆州。治所在上庸县（今湖北竹山县西南四十里堵水北岸）。其后三国魏屡次省入新城郡，复分新城郡置。晋惠帝时改属梁州。南朝梁废。

②刘封（？—220）：本罗侯寇氏之子，长沙刘氏之甥。后被刘备收为养子，改姓刘。有武艺，气力过人，能攻善战。赤壁之战后，从诸葛亮溯江西上攻刘璋，以军功任副军中郎将。建安二十一年（219），迁副军中郎将，驻上庸。关羽战樊城、襄阳，令刘封与孟达增兵救援，二人拒不发兵。刘备责封不救关羽，又恨其与孟达愤争不和，遂赐封死，使自裁。《三国志·蜀书》有传。沔水：古水名。即今汉水。据《水经·沔水注》，北源出自今陕西留坝西，一名沮水者为沔水；西源出自今陕西宁强北曰汉水，两水合流后通称沔水或汉水。又沔水入长江后，今湖北武汉以下长江，古代亦通称为沔水。

③申耽：字义举。东汉末，与弟申仪于西平、上庸间聚众数千家，与张鲁通，任上庸太守。后降蜀，官拜征北将军，封郧乡侯，仍主上庸。复降魏，官拜怀集将军，徙居南阳。弟仪：申耽之弟申仪。先归蜀，后降魏。拜魏兴太守，封员乡侯。

④黄初二年：221年。黄初，魏文帝年号（220—226）。

⑤文帝：魏文帝曹丕（187—226）。字子桓，沛国谯（今安徽亳州）人。曹操次子。魏国建立者，在位七年。卒谥文帝，庙号高祖。性好文学，著有《魏文帝集》。《三国志·魏书》有传。

⑥郧乡侯：《三国志·蜀书·刘封传》作"员乡侯"。

⑦遂治西城：申仪为魏兴郡太守时，郡治洵口（今陕西旬阳附近）。魏灭蜀后，移治西城。

⑧属县六：魏兴郡的属县前后有变动。晋惠帝时，魏兴郡有兴晋、安

康、西城、锡、长利、洵阳六个属县。

⑨险隘：狭窄险峻。

⑩沔中：不是郡名，而是地区名，泛指以今湖北襄阳为中心的沔水
（汉水）中游一带。

【译文】

建安二十四年，刘备命令宜都太守孟达从秭归北上攻打房陵、上庸，又安排副军中郎将刘封沿沔水行军，在上庸与孟达会合。又任命申耽的弟弟申仪为建信将军、西城太守。后来，孟达、申耽都投降了魏国。黄初二年，魏文帝调任申仪为魏兴太守，封为郧乡侯。蜀汉被平定后，魏兴郡治所迁至西城。魏兴郡有六个属县，有一万户，距离洛阳一千七百里。魏兴郡的土地狭窄险峻，居民有一半是楚人，风俗习惯大致与荆州、沔中相同。

　　西城县① 　郡治。元康元年②，封越骑校尉蜀郡何攀为公国也③。

　　锡县④

　　安康县⑤

　　兴晋县⑥ 　晋置。

　　郧乡县⑦ 　本名长利县⑧，县有郧乡⑨。

　　洵阳县⑩ 　洵水所出⑪。

【注释】

①西城县：县名。战国秦置，属汉中郡。治所在今陕西安康西北四里汉水之北。东汉为西城郡治。三国魏黄初二年（221）为魏兴郡治。晋属魏兴郡。北魏移治汉水之南，即今安康市。北周天和四年（569）废。

②元康元年：291年。元康，晋惠帝年号（291—299）。

③越骑校尉：官名。两汉皆置，为八校尉之一，掌越骑。三国沿置。魏、晋以来，隶中领军（领军将军）。迄至东晋，犹领营兵。何攀（244—301）：字惠兴，蜀郡郫（今四川成都郫都区）人。初仕为州主簿，历官别驾、荥阳令、扬州刺史，封西城侯。官至大司农，死于任上。在官整肃爱才，为梁、益二州中正，荐拔遗滞。本书卷十一《后贤志》、《晋书》有传。公国：政区名。三国魏在县与侯国之外，另增县王国与公国两种相当于县的政区。此种县王国和公国因其受封者的地位及身份低于与郡平行的王国的王，故其封国仅相当于县一级政区，受统于郡。

④锡县：县名。西汉置，属汉中郡。治所在今陕西白河县东南。三国魏为锡郡治，后属魏兴郡。南齐属齐兴郡。西魏废。在张家山汉简《二年律令·金布律》中，已有"锡"县名。产锡。《后汉书·郡国志五》："锡有锡，春秋时曰锡穴。"

⑤安康县：县名。西晋太康元年（280）改安阳县置，属魏兴郡。治所在今陕西石泉县东南池河入汉水口之北。南朝宋为安康郡治。

⑥兴晋县：县名。西晋太康元年（280）改平阳县置，属魏兴郡。治所在今湖北郧西县西北。太康三年（282）为魏兴郡治。西魏废。

⑦郧乡县：县名。西晋太康五年（284）改锡县置，属魏兴郡。治所即今湖北十堰郧阳区。

⑧长利县：县名。西汉置，属汉中郡。治所在今湖北郧西县西南。东汉废。西晋太康四年（283）复置，属魏兴郡。次年废。在张家山汉简《二年律令·金布律》中，已有"长利"县名。

⑨郧乡：亦作"员乡"，即今湖北十堰郧阳区。

⑩洵阳县：县名。西晋太康四年（283）改旬阳县置，属魏兴郡。治所在今陕西旬阳县北洵河北岸。南朝宋复改旬阳县。西魏又改洵阳县，为洵阳郡治。按：在张家山汉简《二年律令·金布律》

中,已有"旬阳"县名。

⑪洵水:水名。即今陕西旬阳西北旬河,汉江支流。源出宁陕县东北,东南流经镇安县,至旬阳县东注汉水。

【译文】

西城县　是魏兴郡的郡治。元康元年,封此地为越骑校尉、蜀郡人何攀的公国。

锡县

安康县

兴晋县　晋设立。

郧乡县　本名长利县,境内有郧乡。

洵阳县　是洵水的发源地。

上庸郡①,故庸国②,楚与巴、秦所共灭者也③。秦时属蜀,后属汉中。汉末为上庸郡。建安二十四年,孟达、刘封征上庸,上庸太守申耽稽服,遣子弟及宗族诣成都。先主拜耽征北将军,封郧乡侯,仍郡如故。黄初中降魏,文帝拜耽怀集将军,徙居南阳④。省上庸,并新城。孟达诛后复为郡。属县六⑤,户七千⑥,去洛一千七百里。

【注释】

①上庸郡:郡名。东汉建安二十二年(217)析汉中郡置,属荆州,治所在上庸县(今湖北竹山县西南)。三国魏黄初元年(220)并入新城郡,太和二年(228)复置,南朝梁废。

②庸国:古国名,在今湖北。尝参与武王伐纣,见《尚书·牧誓》。

③楚与巴、秦所共灭者:楚、巴、秦之灭庸,事在鲁文公十六年(前611)。《春秋·文公十六年》:"楚人、秦人、巴人灭庸。"《左

传·文公十六年》："秦人、巴人从楚师。群蛮从楚子盟,遂灭
庸。"本书卷一《巴志》:"鲁文公十六年,巴与秦、楚共灭庸。"

④"黄初中降魏"几句:《三国志·蜀书·刘封传》:"申耽降魏,魏假
耽怀集将军,徙居南阳。"

⑤属县六:底本作"属县五",误。上庸郡的六个属县,即下文所说
上庸、北巫、安乐、武陵、安富、微阳六县。

⑥户七千:《晋书·地理志下》:"上庸郡,魏置。统县六,户一万一千
四百四十八。"

【译文】

上庸郡,是古代的庸国,即春秋时被楚、巴、秦共同灭亡的古国。秦
朝时属于蜀郡,后来属于汉中郡。汉朝末年改为上庸郡。建安二十四
年,孟达、刘封征伐上庸,上庸太守申耽投降,申耽将子弟及宗族送到成
都。先主刘备任命申耽为征北将军,封为郧乡侯,仍然统管上庸郡。黄
初年间,申耽投降魏国,魏文帝曹丕任命申耽为怀集将军,将他迁徙到南
阳居住。上庸郡后被取消,并入新城郡。孟达被杀后,又恢复了上庸郡
的建制。上庸郡有六个属县,有人口七千户,距离洛阳一千七百里。

上庸县①　郡治。

北巫县②

安乐县③　咸熙元年为公国④,封刘后主也⑤。

武陵县⑥

安富县⑦

微阳县⑧

【注释】

①上庸县:县名。本为庸国故地,后为巴、秦、楚所灭,置为县,属

汉中郡。治所在今湖北竹山县西南。在张家山汉简《二年律令·金布律》中,已有"上庸"县名。东汉建安中为上庸郡治,西魏、北周又为罗州治。

②北巫县:县名。三国魏置,属新城郡。治所在今湖北竹溪县境。太和二年(228)属上庸郡。后废。西晋复置。南朝梁废。

③安乐县:县名。其地不详,或当在魏兴、上庸之间,即今陕西平利一带(刘琳)。

④咸熙元年:264年。咸熙,魏元帝曹奂年号(264—265)。

⑤刘后主:即蜀汉后主刘禅(207—271)。小名阿斗,字公嗣。刘备之子。刘备称汉王,被立为王太子;备称帝,又立为皇太子。年十七继位,年号建兴。初由诸葛亮辅政。事无巨细,均决于亮。亮卒,蒋琬、董允相继谢世,宠信宦官黄皓,朝政日非。炎兴元年(263),魏攻蜀,兵临成都,刘禅奉表出降。蜀亡,入洛阳,封安乐县公。《三国志·蜀书》有传。

⑥武陵县:县名。西汉置,属汉中郡。治所在今湖北竹山县西北。东汉初废。三国魏复置,属上庸郡。南朝梁废。在张家山汉简《二年律令·金布律》中,已有"武陵"县名。

⑦安富县:县名。三国魏置,属锡郡。治所在今湖北十堰郧阳区东南。景初元年(237)属上庸郡。南齐属齐兴郡。梁为安富郡治。

⑧微阳县:县名。西晋武帝改建始县置,属上庸郡。治所在今湖北竹山县西北。南朝梁废。

【译文】

上庸县　是上庸郡的郡治。

北巫县

安乐县　咸熙元年,封此地为后主刘禅的公国。

武陵县

安富县

微阳县

新城郡[①]，本汉中房陵县也。秦始皇徙吕不韦舍人万家于房陵[②]，以其隁地也。汉时宗族大臣有罪[③]，亦多徙此县。汉末以为房陵郡[④]。

【注释】

①新城郡：郡名。三国魏黄初元年（220）合房陵、上庸等郡置，治房陵县（今湖北房县），属荆州。南朝宋属梁州。南朝齐改为南新城郡。南朝梁复为新城郡，属岐州。西魏改为光迁国。北周改为光迁郡。

②秦始皇：即嬴政（前259—前210），秦庄襄王子。前246—前210年在位。即位后，委国事于相国吕不韦。前238年亲政，平息嫪毐叛乱，放逐吕不韦。前221年统一全国，建立秦朝，称始皇帝。数出巡视，第五次巡行途中病死沙丘。吕不韦（？—前235）：卫国濮阳（今河南濮阳西南）人。原为阳翟大商人，后任秦国丞相、相国，封文信侯，号称"仲父"。秦王政亲政后，被免职徙蜀，忧惧自杀。门下有宾客三千人，家僮万人。曾令宾客编书，名曰《吕氏春秋》。《史记》有传。舍人：古代豪门贵族家里的门客。按：本处说"秦始皇徙吕不韦舍人万家于房陵"，有误，当为徙嫪毐舍人于房陵。《史记·秦始皇本纪》："嫪毐封为长信侯。……及其舍人，轻者为鬼薪。及夺爵迁蜀四千余家，家房陵。"《史记正义》引《括地志》："房陵即今房州房陵县，古楚汉中郡地也。是巴蜀之境。《地理志》云房陵县属汉中郡，在益州部，接东南一千三百一十里也。"

③宗族：同宗同族之人。此处即汉王朝刘姓宗族。按：汉王朝宗族之徙房陵县者，有常山王刘勃、清河王刘年、广川王刘海阳、河间

王刘元、济川王刘明等。

④房陵郡：郡名。东汉建安末年置，治所在房陵县（今湖北房县）。三国魏改为新城郡。

【译文】

新城郡，本来是汉中郡的房陵县。秦始皇迁徙吕不韦的门客及其家人一万家到房陵，因为这里地段偏远而且狭隘。汉朝之时，宗族和大臣有犯罪者，也大多流放到房陵县。汉朝末年，将房陵县升格为房陵郡。

　　建安二十四年，孟达征房陵，煞太守蒯祺①，进平三郡。与刘封不和，封夺达鼓吹②。关羽围樊城③，求助于封、达，封、达以新据山郡、未可扰动为辞。羽为吴所破杀④。达既忿封，又惧先主见责⑤，遂拜书先主⑥，告叛降魏。魏文帝善达姿才容观⑦，以为散骑常侍、建武将军⑧。袭刘封，封败走，达据房陵。文帝合三郡为新城，以达为太守。后蜀丞相诸葛亮将北伐，招达为外援，故贻书曰⑨："嗟乎孟子度！迩者刘封侵凌足下⑩，以伤先帝待士之望，慨然永叹⑪。每存足下平素之志⑫，岂虚托名载策者哉⑬！"都护李严亦与书曰："吾与孔明并受遗诏⑭，思得良伴⑮。"吴主孙权亦招之⑯。达遂背魏通吴、蜀，表请马、弩于文帝⑰。抚军司马宣王以为不可许⑱。帝曰："吾为天下主，义不先负人⑲，当使吴、蜀知吾心。"乃多与之，过其所求⑳。

【注释】

①蒯祺（？—219）：南郡中卢（今湖北襄阳西南）人。刘表入襄阳，诏拜蒯越为章陵太守，封樊亭侯。后转任房陵太守，为孟达兵所杀。

②鼓吹：演奏乐曲的乐队。汉制，鼓吹列于殿庭，宴群臣及君上餐食时所用；大驾出游，有黄门前后部鼓吹，用于仪仗之间。又，鼓吹亦用于赏赐有功之臣，属于臣下受特赐之例。

③关羽（？—219）：字云长，本字长生，河东解县（今山西临猗）人。汉末，亡命奔涿郡，从刘备起兵。汉献帝建安五年（200），曹操东征，备奔袁绍，羽为操俘获，拜偏将军，礼遇优渥，为操斩袁绍部将颜良，封汉寿亭侯。后辞操，仍归刘备。建安十九年（214），镇守荆州。建安二十四年（219），大破于禁七军，威震一时。后遭孙权袭击，兵败被杀。谥壮缪侯。《三国志•蜀书》有传。樊城：即今湖北襄阳市樊城区，与襄阳城隔汉水相望。自古为兵家必争之地。东汉建安二十四年（219），关羽大败于禁七军于此。西魏置县。

④羽为吴所破杀：根据《三国志•蜀书•关羽传》记载，关羽退守之后，孙权遣吕蒙乘机袭取江陵，关羽败死。

⑤见责：被责备。

⑥拜书：写信给别人的敬辞。

⑦姿才：资质，禀赋。容观：容貌，仪表。

⑧建武将军：官名。东汉献帝兴平年间（194—195）曹操置。其后，三国魏、吴、晋，十六国前燕、前秦、后凉、后秦，南朝宋、齐，北魏及高昌沿置。

⑨贻（yí）书：赠给书信，意即致信。

⑩迩（ěr）：近来。侵凌：侵犯欺凌。

⑪慨然：感叹的样子。

⑫存：关心，想念。按：此书信又见《三国志•蜀书•费诗传》："亮欲诱达以为外援，竟与达书曰：'往年南征，岁末乃还，适与李鸿会于汉阳，承知消息，慨然永叹，以存足下平素之志，岂徒空托名荣，贵为乖离乎！呜呼孟子，斯实刘封侵陵足下，以伤先主待士之义。又鸿道王冲造作虚语，云足下量度吾心，不受冲说。寻表明之言，

追平生之好，依依东望，故遣有书。'"

⑬虚托名载策：在史书中留下虚名。策，古代用以记事的竹、木片，编在一起的叫"策"。

⑭遗诏：皇帝临终时颁发的诏书。此处指刘备在白帝城颁发的诏书。

⑮良伴：志同道合的伙伴。

⑯孙权（182—252）：字仲谋，吴郡富春（今浙江富阳）人。孙坚之子，孙策之弟。三国吴皇帝。黄龙元年（229）称帝，国号吴，迁都建业（今江苏南京）。卒谥大皇帝。《三国志·吴书》有传。招：招抚，招降。

⑰马、弩：战马、弓弩，本处指兵器和粮草。

⑱抚军：官名。将军称号。三国魏文帝封司马懿为抚军将军。其后，晋、南北朝皆有此称，省称抚军。司马宣王：即司马懿（179—251），字仲达，河内温县（今河南温县）人。出身士族。东汉末曹操为丞相，辟为文学掾，迁黄门侍郎，转主簿。从讨张鲁、孙权。每与大谋，辄有奇策。曹丕为太子时，任太子中庶子，得信重。曹丕即帝位，封河津亭侯，转丞相长史。魏明帝即位，改封舞阳侯，任大将军，镇宛，平孟达之叛，三次率军与蜀诸葛亮对抗。齐王曹芳即位，与曹爽同受遗诏辅政。嘉平元年（249），乘爽从帝谒高平陵之际，杀之，为丞相，专擅朝政。死后，子司马师、司马昭相继专权。孙司马炎代魏称帝，建晋朝，追尊为宣帝。《三国志·魏书》有传。

⑲义：信义，讲信义。

⑳过：超过。

【译文】

建安二十四年，孟达攻打房陵，杀死房陵太守蒯祺，攻占了房陵等三郡。孟达与刘封素来不和，而刘封曾经夺取过孟达的鼓吹乐队。关羽被围于樊城时，曾经求助于刘封、孟达，但刘封、孟达以刚刚占据山郡、不可轻举扰动为借口，婉拒项羽的请求。结果，项羽被吴国战败杀死。孟达既恨刘封，又害怕被先主刘备责罚，于是致信刘备，随后便对外宣布投降魏国。魏文帝曹丕很喜欢孟达的资质与仪表，任命他为散骑常侍、建武将军。孟达袭击刘封，刘封兵败逃走，孟达占据了房陵。于是，魏文帝合并房陵、上庸、西城三郡为新城郡，任命孟达为新城郡太守。后来，蜀汉丞相诸葛亮打算北伐，想招纳孟达作为外援，所以写信给孟达："哎呀，孟子度！近来刘封侵犯欺凌阁下，以致挫伤了先帝厚待有识之士的初衷，这真是令人感慨长叹啊！我常常想念足下平生所抱的志向，这难道是徒有虚名吗？"都护李严也致函孟达："我与诸葛孔明共同接受先帝的遗诏，一直希望与你成为志同道合的伙伴，共襄兴复汉室的大业。"吴主孙权也向孟达传递了愿意招纳的信息。于是，孟达背着魏国，暗地里沟通吴国和蜀国，他向魏文帝上书，请求拨给马匹和兵器。抚军、宣王司马懿认为不可答应孟达的请求。魏文帝说："我是天下的共主，应该讲究信义，不应该首先对不起别人，答应他的请求，是要让吴国和蜀国知道我们的立场。"于是魏文帝给了孟达很多马匹和兵器，超过了孟达所要求的数量。

　　明帝太和初①，达叛魏归蜀。时宣王屯宛②，知其情，乃以书喻之曰③："将军昔弃刘备，托身国家④。委将军以疆场之任⑤，任将军图蜀之事，可谓心贯白日⑥。蜀人愚智莫不切齿于将军。诸葛亮欲相破，惟苦无路耳。模之所言非小事也⑦，亮岂轻之而令宣露⑧，此殆易知耳⑨。"达乃以书与亮曰："宛去洛八百，去此千二百里。闻吾举事，当表上天子，比相反覆⑩，一月间也。则吾城已固，诸军足辨⑪。则吾所在深险⑫，司马公必不自来；诸将来，吾无患矣。"及兵到，达又告亮曰："吾起事八日而兵至城下，何其神速也！"亮以其数反覆，亦不救，遂为宣王所诛灭。宣王分为三郡⑬。新城属县四⑭，户二万，去洛一千六百里。

【注释】

①明帝：即魏明帝曹叡（205—239），字元仲，沛国谯（今安徽亳州）人。曹丕子。227—239年在位。即位后，用曹真、司马懿等，多次与蜀诸葛亮交战。孙权攻合肥，亲征救之，败吴军。又遣司马懿攻辽东杀公孙渊。好治宫室，夺百姓农时。能诗文，后人辑有散文及乐府诗。卒谥明帝，庙号烈祖。《三国志·魏书》有传。太和：魏明帝年号（227—232）。

②宛：县名。秦昭襄王置，治今河南南阳。西晋为南阳国治。南朝宋为南阳郡治。北周与上陌县合并改为上宛县。

③喻：晓喻，开导。

④托身：栖身，寄身。国家：此处指魏国。

⑤疆埸（yì）：国界，边境。

⑥心贯白日：谓心地与太阳一般光明。极喻坦诚、磊落。

⑦模：郭模，蜀国官吏。

⑧宣露：泄露，透露。按：蜀相诸葛亮恶孟达反复，又虑其为患。孟达与魏兴太守申仪有隙，诸葛亮欲促其事，乃遣郭模诈降，过申仪处，因漏泄其谋。

⑨殆（dài）：大概，几乎。

⑩反覆：来往，往还。特指书信往返。

⑪辨：同"办"，指完成准备工作。

⑫深险：偏僻险要。

⑬三郡：即新城、上庸、锡三郡。

⑭新城属县四：《晋书·地理志下》："新城郡魏置。统县四，户一万五千二百。"四个属县，即房陵、绥阳、昌魏、沶乡。

【译文】

魏明帝太和初年，孟达背叛魏国，归附蜀汉。当时，宣王司马懿屯兵于宛，得知这一情况后，便写了一封信给孟达晓之以理道："将军以前背弃了刘备，转而寄身魏国。魏国委托将军管理边界，安排将军负责谋取蜀国之事，这可以说是推诚布公、光明磊落的事情。蜀国的人，不管是愚者还是智者，没有不咬牙切齿痛恨将军的。诸葛亮一直试图破坏将军和魏国的关系，只是苦于没有门路。郭模所说并非小事，诸葛亮难道会轻易泄露此事吗？这大概是明眼人都容易看出来的啊！"孟达于是致书诸葛亮道："宛距离洛阳八百里，距离本地一千二百里。他们听说我举兵起事，定当上表天子，而双方书信往返，需要一个月的时间。到那时，我的城池已经修建牢固，我的军队也已经完成备战。我所处之地偏僻险要，司马懿必定不会亲自统兵而来；而其他将领率兵而来，我是不用担心的。"等到魏国大军压境，孟达又告诉诸葛亮说："我才起兵八天，而魏军就兵临城下，怎么如此神速啊！"诸葛亮因为孟达多次反复，所以并不派兵前往救援，结果孟达及其部属被宣王司马懿诛灭。司马懿将新城分为三个郡。新城郡有四个属县，有人口二万户，距离洛阳一千六百里。

房陵县① 　郡治。有维山②，维水所出③，东入沔④。

沶乡县⑤

昌魏县⑥

绥阳县⑦

【注释】

①房陵县：县名。秦置，属汉中郡。治所即今湖北房县。东汉末为房陵郡治。三国魏黄初中改为新城郡治。北周保定三年（563）改为光迁县。

②维山：亦作"淮山"，在今湖北南漳东北。

③维水：亦作"淮水"，即今湖北襄阳市襄城区西南之维水。

④沔：底本作"泸"，据《汉书·地理志上》房陵县"淮山，淮水所出，

东至中庐入沔",改。

⑤沶(yí)乡县:县名。一作"祁乡县",三国魏置,属新城郡。治所在今湖北南漳西南。南朝梁废。

⑥昌魏县:县名。三国魏置,属新城郡。治所在今湖北房县西南。西魏废。

⑦绥阳县:县名。三国魏置,属新城郡。治所在今湖北神农架林区东南。后改秭归县。西晋太康二年(281)复为绥阳县。西魏为绥州治。

【译文】

房陵县　是新城郡的郡治。境内有维山,是维水的发源地,维水东流汇入沔水。

沶乡县

昌魏县

绥阳县

右三郡①,汉中所分也。在汉中之东,故蜀汉谓之"东三郡"②。蜀时为魏,属荆州,晋元康六年始还梁州③。山水艰阻,有黄金、子午、马聪、建鼓之阻④。又有作道——九君抟土作人处⑤。而其记及《汉中记》不载⑥,又不为李雄所据,璩识其大梗概,未能详其小委曲也⑦。

【注释】

①右三郡:指上文所说魏兴、上庸、新城三郡。

②东三郡:因魏兴、上庸、新城三郡在蜀汉极东,深达荆州,故特称"东三郡"(任乃强)。

③元康六年:296年。元康,晋惠帝司马衷年号(291—299)。

④黄金：谷名。即今陕西洋县东的金水河河谷。子午：谷名。在今
　陕西秦岭山中，为川陕交通要道。据《长安志》载，谷长六百六
　十里，北口曰子，在西安府南百里；南口曰午，在汉中府洋县东一
　百六十里。马聪：又名"马鬣"，山名。在今湖北房县南。建鼓：
　山名。在今湖北房县东南。《元和郡县志》卷二十一房陵县：建鼓
　山"在县南一百十三里，与马鬣山连接，二山并高峻，冬夏积雪"。
　《太平寰宇记》卷一百四十三房陵县：建鼓山"袁山松记云：登句
　将山见马鬣、建鼓，巍然半天"。

⑤作道：在今陕西平利境内。抟（tuán）土作人：捏土造人。一般认
　为，这是指女娲捏土造人的传说。或以为，天、地、人三界各三君，
　共为九君，而女娲属其一，以部分代全体。许多史籍记载（如《新
　唐书·地理志》、《元丰九域志》卷一、《路史》卷十一等），平利县
　境内有女娲山。

⑥《汉中记》：地方志。《水经·沔水注》及《漾水注》尝引此书三条。

⑦委曲：细微，详细。

【译文】

以上三郡，是从汉中郡分割出来的。因三郡在汉中郡的东面，所以
蜀中、汉中的人都称之为"东三郡"。蜀汉时期，该地曾经是魏国的地
盘，归属荆州管辖，晋惠帝元康六年才再次还归梁州管辖。这一带的山
水艰险，有黄金谷、子午谷这样的天险，有马聪山、建鼓山这样的屏障。
又有作道——相传是九君捏土造人的地方。但当地的乡土志和《汉中
记》都没有记载，而这一带又没有被李雄占据过，因此我只知道大概情
况，不了解其中的细微之处。

　　梓潼郡①，本广汉属县也。建安十八年，刘先主自葭萌
南攻州牧刘璋，留中郎将南郡霍峻守葭萌城②。张鲁遣将杨
帛诱峻③，求共城守④。峻曰："小人头可得，城不可得也！"

帛退。刘璋将向存、扶禁由巴阆水攻峻[5]，岁余不能克。峻众才八百人，存众万计，更为峻所破败[6]，退走。成都既定，先主嘉峻功。二十二年，分广汉置梓潼郡，以峻为太守。属县五，户万，去洛二千八百三十八里。东接巴西，南接广汉，西接阴平，北接汉中。土地出金、银、丹、漆、药、蜜也。世有隽彦[7]，人侔于巴、蜀[8]。

【注释】

①梓潼郡：郡名。东汉建安二十二年（217）析广汉郡置，治梓潼县（今四川梓潼）。西晋永嘉后与巴西郡同城而治，治涪县（今四川绵阳东），合称巴西、梓潼郡。

②霍峻（约181—约220）：字仲邈，南郡枝江（今湖北枝江）人。初依刘表，后归刘备，为中郎将。备攻刘璋，峻留守葭萌。张鲁使人诱之，坚拒不从。后璋遣将围之，久攻不下，峻伺隙击破璋军。备既定蜀，拜为梓潼太守，裨将军。《三国志·蜀书》有传。

③杨帛：东汉末张鲁部将。曾劝霍峻降于张鲁，峻不从，投奔刘备。

④共城守：共同守卫城池。

⑤向存（？—约214）：刘璋部将。时刘璋迎刘备入蜀，欲使取汉中，刘备袭刘璋，以中郎将霍峻守葭萌。向存从刘璋围攻葭萌一年，不下，遭霍峻袭击而身亡。扶禁：刘璋部将。刘备入蜀后，与刘璋冲突，自葭萌南还袭刘璋，以中郎将霍峻留守。扶禁与向存等率众万余攻葭萌近一年，不能下，后反为霍峻伺隙击破。阆水：又称"阆江""阆中水"，今四川嘉陵江流至阆中一段的名称。

⑥更：反而。

⑦隽彦：才德特出之士。

⑧侔（móu）：相等，齐等。

【译文】

梓潼郡,本来是广汉郡的属县。建安十八年,先主刘备从葭萌关出发,向南进攻益州州牧刘璋,留中郎将、南郡人霍峻驻守葭萌城。张鲁派遣部将杨帛引诱霍峻,请求与霍峻共同守卫城池。霍峻说:"小人的头可以获得,但城池不能获得!"杨帛只好退回。刘璋的部将向存、扶禁由巴地的阆水出发攻打霍峻,但攻打一年多都不能攻克。霍峻统帅的人马仅有八百人,而向存统帅的部众有一万余人,但向存反被霍峻击败,不得不退兵。成都平定以后,先主刘备嘉奖霍峻的功劳。建安二十二年,自广汉郡分置梓潼郡,任命霍峻为太守。梓潼郡有五个属县,有人口一万户,距离洛阳二千八百三十八里。梓潼郡东接巴西,南接广汉,西接阴平,北接汉中。梓潼郡境内出产黄金、白银、丹砂、生漆、药材、蜂蜜等。梓潼郡历代都有才德特出人士涌现,所出人才与巴、蜀郡相等。

梓潼县[①]　郡治。有五妇山[②],故蜀五丁士所拽蛇崩山处也[③]。有善板祠[④],一曰恶子。民岁上雷杅十枚[⑤],岁尽不复见,云雷取去。四姓:文、景、雍、邓者也。

【注释】

①梓潼县:县名。西汉元鼎元年(前116)置,为广汉郡治,治所即今四川梓潼。《太平寰宇记》卷八十四梓潼县:"以县东倚梓林,西枕潼水,以此为名。"东汉属广汉郡。建安二十二年(217)为梓潼郡治。西晋永嘉后徙郡治涪县,以梓潼为属县,孝武时仍移郡来治。南朝宋属梓潼郡。

②五妇山:在今四川梓潼东北。《太平寰宇记》卷八十六梓潼县:五妇山"在县北一十二里。高四百二十丈"。

③五丁山:在今陕西宁强北四十里。其峡曰五丁峡,亦曰金牛峡。《读史方舆纪要》卷五十六宁羌州:五丁山"相传即秦作五石牛绐

蜀,蜀令开道引之处也"。

④善板祠:一名"恶(亚)子祠",即今四川梓潼东北二十里七曲山
　大庙。为祭祀晋人张恶子(张育)之庙宇。唐、宋统治者为宣扬
　天命论,遂封亚子为济顺王、英显王、文昌帝君,改建灵应庙。

⑤雷杼:传说中雷神用以发霹雳的工具。其形如梭,故名。

【译文】

　梓潼县　是梓潼郡的郡治。境内有五妇山,是当年古蜀国五丁力士
拽蛇而致山崩的地方。又有善板祠,一名恶子祠。老百姓每年都给雷神
进献十枚雷杼,到年终时这些雷杼都不见了,据说是给雷神取走了。梓
潼有四个大姓:文、景、雍、邓。

　涪县① 去成都三百五十里,水通于巴②。于蜀为东北
之要,蜀时大将军镇之③。有山原田④,本稻田。孱水出孱
山⑤,其源出金银矿,洗取,火融合之为金银。阳泉出石丹⑥。
大司马蒋琬葬此⑦。大姓杨、杜、李,人士多见《耆旧传》也⑧。

【注释】

①涪县:县名。西汉置,治今四川绵阳东。两汉属广汉郡。三国蜀
　属梓潼郡。西晋改为涪城县。南朝宋复改为涪县,为梓潼郡治。
　梁为巴西、梓潼郡治。西魏改为巴西县。

②水:涪水,又作"涪陵江",即今重庆、贵州境内之乌江。《元和郡县
　图志》卷三十黔州:"西有延江水,一名涪陵江。自牂柯北历播、
　费、思、黔等州北注岷江。"

③大将军:指蒋琬。《三国志·蜀书·蒋琬传》:"由是(蒋)琬遂还
　住涪。"

④山原田:底本作"岩田"。据《华阳国志新校注》改。指丘陵间平

缓的田地。类似于梯田。

⑤屏水：水名。今凯江。屏山：亦作"潺山"，山名。在今四川安县
西南，为古屏水（今凯江）发源处。

⑥阳泉：山名。在今四川德阳西北。石丹：指丹砂矿石。

⑦蒋琬（？—246）：字公琰，零陵湘乡（今湖南湘乡市）人。初随刘
备入蜀，任广都长。受到诸葛亮器重，历为丞相府东曹掾、参军、
长史。亮出征，常主持留守事务，供给粮饷。亮卒，代为执政，累
官尚书令、大将军、录尚书事，封安阳亭侯。延熙初屯军汉中，开
府，加大司马。不久病卒，谥曰恭侯。《三国志·蜀书》有传。蒋
琬墓，位于四川绵阳西山之巅。《元和郡县图志》卷三十三："蒋
琬墓，在（巴西）县西八里。"万历《四川通志》卷五："蒋琬墓，
在绵州西八里。"据《绵阳县志》记载，蒋琬墓于清道光二十九年
（1849）重修。墓前竖有"汉大司马蒋恭侯墓"石碑一通。1981
年6月25日，蒋琬墓被绵阳市人民政府公布为市重点文物保护
单位。

⑧《耆旧传》：陈术、陈寿等均撰有《益部耆旧传》。

【译文】

涪县　距离成都三百五十里，有涪水流往巴地。涪县是蜀地东北的
要冲，蜀汉时由大将军蒋琬镇守。涪县的丘陵间有平缓的田地，原本是
稻田。境内有条名叫屏水的河流，发源于屏山，屏水的源头出产金矿和
银矿，淘洗矿砂，再用火提炼，就可以得到金和银。境内有个名叫阳泉的
地方，出产丹砂。大司马蒋琬埋葬在涪县。涪县的大姓有杨、杜、李，有
名望的人士大多记载在《益部耆旧传》中。

晋寿县①　本葭萌城②，刘氏更曰汉寿③。水通于巴
西④，又入汉川⑤。有金银矿，民今岁岁洗取之。蜀亦大将军
镇之⑥。漆、药、蜜所出也。大将军费祎葬此山⑦，大姓葬此

者多。

【注释】

①晋寿县:县名。西晋太康元年(280)改汉寿县置,属梓潼郡。治
　所在今四川广元西南四十五里昭化镇(旧昭化县)。东晋太元十
　五年(390)为晋寿郡治。北魏为西晋寿郡治。北周废。

②葭萌城:战国末蜀王封其弟葭萌为苴侯,命其食邑为葭萌,即今四
　川广元西南昭化镇。秦灭蜀后置葭萌县。

③汉寿:县名。东汉建安二十二年(217)刘备改葭萌县置,属梓
　潼郡。治所在今四川广元西南四十五里昭化镇。西晋太康元年
　(280)改为晋寿县。

④水:指西汉水,即嘉陵江。

⑤汉川:即汉中平原。

⑥大将军:指费祎(? —253),字文伟,江夏鄳(今河南信阳)人。初
　依刘璋,后从刘备。历任太子舍人、黄门侍郎,代为执政,任大将
　军,录尚书事,封成乡侯。延熙十六年(253)岁首大会,为魏降人
　郭循所杀。谥敬侯。《三国志•蜀书》有传。

⑦大将军费祎葬此山:费祎墓在今四川广元昭化区昭化镇昭化古城
　东门外城管村四组。万历《四川通志》卷二十九上:"费祎墓,在
　昭化县西二里,有碑记。"

【译文】

　　晋寿县　原本是葭萌城,蜀汉时改名为汉寿。西汉水流经巴西,又
流入汉中平原。境内有金矿与银矿,老百姓至今仍然年年在此淘金、淘
银。蜀汉也委派大将军镇守此地。出产漆、药、蜜。大将军费祎埋葬在
县内的山上,县中的大姓埋葬在此山的很多。

　　　白水县①　　有关尉②,故州牧刘璋将杨怀、高沛守也。

汉德县③　有剑阁道三十里④，至险。有阁尉⑤，桑下兵民也⑥。

【注释】

①白水县：县名。西汉置，属广汉郡。治所在今四川青川东北沙州镇。三国蜀属梓潼郡。东晋属晋寿郡。

②关尉：武官名。掌守关隘。此处特指掌守白水关的武官。

③汉德县：县名。三国蜀汉置，属梓潼郡。治所在今四川剑阁县西南汉阳镇。南朝梁废。

④剑阁道：道路名。一称"栈道"。在今四川剑阁县东北大剑山与小剑山之间，为石牛道中一段。三国蜀汉诸葛亮重凿剑山，沿山隘凿孔，架木为梁，建为阁道。为川陕间重要通道，为蜀地北面门户，自古为戍守重地。唐于此设立剑门关。

⑤阁尉：武官名。掌守剑阁道的武官。

⑥桑下兵民：指在剑阁亦军亦农的士兵和民众。

【译文】

白水县　县内设有关尉，原益州牧刘璋将领杨怀、高沛曾经镇守此地。

汉德县　县内有剑阁栈道三十里，非常险要。县内设有阁尉，管理此地的军民。

武都郡①，本广汉西部都尉治也，元鼎六年别为郡②。属县九③，户万④，去洛一千八百七十八里。东接汉中，南接梓潼，北接天水，西接阴平⑤。土地险阻⑥，有麻田⑦，氐傁⑧，多羌戎之民⑨。其人半秦，多勇戆⑩。出名马、牛、羊、漆、蜜。有瞿堆百顷险势⑪，氐傁常依之为叛。汉世数征讨之，分徙其羌，远至酒泉、敦煌⑫。其攻战全戍处所亦多⑬。

【注释】

①武都郡：郡名。西汉元鼎六年（前111）置，治所在武都县（今甘肃西和南仇池山东麓）。东汉移治下辨县（今成县西三十里）。三国魏黄初中改置武都西部都尉，后入蜀。西晋复置武都郡，愍帝末没入杨氏。

②元鼎六年别为郡：《史记·西南夷列传》："广汉西白马为武都郡。"《汉书·地理志下》："武都郡，（汉）武帝元鼎六年置。莽曰乐平。"《后汉书·南蛮西南夷列传》："白马氏者，武帝元鼎六年时，分广汉西部，合以为武都。"元鼎六年，前111年。元鼎，汉武帝年号（前116—前111）。

③属县九：即下文所说下辨、武都、上禄、故道、河池、沮、平乐、修城、嘉陵九县。

④户万：《汉书·地理志下》："武都郡，……户五万一千三百七十六，口二十三万五千五百六十。"

⑤"东接汉中"几句：底本多有脱讹，今据《华阳国志新校注》补正。天水，郡名。西汉元鼎三年（前114）置，治所在平襄县（今甘肃通渭）。东汉永平十七年（74）改为汉阳郡，并移治冀县（今甘肃甘谷南）。三国魏仍改为天水郡。西晋移治上邽县（今天水）。泰始五年（269）置秦州治此。阴平，郡名。三国魏置，治所在阴平县（今甘肃文县西五里）。后属蜀汉。西晋属秦州，永嘉后郡县皆废。

⑥险阻：地势艰险阻塞，崎岖难行。

⑦麻田：种麻的田。《后汉书·南蛮西南夷列传》："（武都）土地险阻，有麻田，出名马、牛、羊、漆、蜜。"

⑧氐傁（sǒu）：氐人。傁，亦作"叟"，汉藏语系藏缅语族一些部族的自称，其意为"人"。本书卷四《南中志》："夷人大种曰'昆'，小种曰'叟'。"按：在汉至六朝之时，"叟"一度成为今甘肃东南部、

四川西部、云南东部、贵州西部等地区部分少数民族的泛称。也就是说,"叟"不是统一的单一民族,应该予以具体分析。今人认为,"氐叟"与"叟"不但分布区域不同,而且族系类别亦截然有异;"氐叟"属于"氐",而"叟"则属于"夷"或"夷种",二者属于不同的人群。

⑨羌戎:羌与戎均是古代分布于我国西北部的少数民族,泛指边疆蛮夷之邦。

⑩勇戆(gàng):勇猛而愚昧。《后汉书·南蛮西南夷列传》:"氐人勇戆抵冒,贪货死利。"

⑪瞿堆:一名"仇池山""百顷山",在今甘肃西和西南。

⑫酒泉:郡名。西汉元狩二年(前121)置,治所在禄福县(西晋改曰"福禄",今甘肃酒泉)。因郡治城下有泉,泉味如酒得名。一说初建郡于元鼎二、三年间(前115—前114)或六年(前111),辖有今河西走廊全境。其后分武威、酒泉地置张掖、敦煌郡。敦煌:郡名。西汉元鼎六年(前111)分酒泉郡置,治所在敦煌县(今甘肃敦煌西)。东汉属凉州。

⑬垒戍:戍堡,边防驻军的营垒。

【译文】

武都郡,原本是广汉西部都尉的治所,元鼎六年单列为郡。武都郡有九个属县,有人口一万户,距离洛阳一千八百七十八里。武都郡东接汉中,南接梓潼,北接天水,西接阴平。武都郡的土地险要崎岖,有麻田,有氐人,聚居着很多羌戎之民。武都郡的居民有一半是秦人,他们大多勇敢而愚昧。武都郡出产名马、牛、羊、漆、蜜。武都郡有瞿堆,广达百顷,地势险峻,氐人常常据之发动叛乱。汉朝之时,政府多次征讨氐人,并将其迁徙至羌人之地,甚至远至酒泉、敦煌。武都郡境内有很多用于攻防的工事、驻军营垒。

　　建安二十四年①，先主遣将军雷同、吴兰平之②，为魏将曹洪所破杀③。魏益州刺史天水杨阜治此郡④。阜以滨蜀境⑤，移其氐傁于汧、雍及天水略阳⑥。建兴七年⑦，丞相诸葛亮遣护军陈戒伐之⑧，遂平武都、阴平二郡，还属益州。魏将夏侯渊、张郃、徐晃征伐常由此郡⑨；而蜀丞相亮及魏延、姜维等多从此出秦川⑩，遂荒无留民。其氐傁杨濮属魏，魏遥置其郡⑪。蜀平，属雍州⑫。元康六年还梁州⑬。

【注释】

①建安二十四年：依《魏志·武帝纪》及《蜀志·先主传》，当在建安二十三年。译文从之。

②雷同、吴兰：刘璋旧部，后被曹洪击杀。

③曹洪（？—232）：字子廉，沛国谯（今安徽亳州）人。曹操从弟。从征吕布、刘表有功，历官鹰扬校尉、扬武中郎将、谏议大夫、都护将军等，先后封国明亭侯、都阳侯、乐城侯。卒后谥恭侯。《三国志·魏书》有传。

④杨阜：字义山，天水冀（今甘肃甘谷）人。初为州吏，后察孝廉，又任州参军。历任武都太守、将作大匠、少府等职，封关内侯。《三国志·魏书》有传。

⑤滨：临近，靠近。

⑥汧（qiān）：县名。秦置，治今陕西陇县东南。即秦襄公故都。北魏改为汧阴县。雍：县名。战国秦以旧都雍邑置，治所在今陕西凤翔西南七里南古城。秦属内史，汉属右扶风，三国魏属扶风郡。略阳：县名。东汉时改略阳道置，属天水郡。治所即今甘肃秦安东北陇城镇。西晋属略阳郡，东晋时废。西魏时改陇城县复置，为略阳郡治。

⑦建兴七年：229年。建兴，蜀汉后主刘禅年号（223—237）。

⑧陈戒：当作"陈式"。三国时期蜀汉将领。在诸葛亮第三次北伐期间，攻克魏国武都、阴平二郡。

⑨徐晃（？—227）：字公明，河东杨（今山西洪洞）人。初为郡吏，后归曹操。历官裨将军、平寇将军、右将军等，进封杨侯，徙封阳平侯。《三国志·魏书》有传。

⑩姜维（202—264）：字伯约，天水冀（今甘肃甘谷）人。初仕曹魏，任州郡吏。后降蜀，为诸葛亮所重。历任奉义将军、中监军、征西将军，官至大将军。屡伐魏，均无功。炎兴元年（263），刘禅出降，被迫降钟会。会谋叛魏，维伪与联结，以图复蜀。魏将士杀钟会，姜维亦遇害。《三国志·蜀书》有传。

⑪遥置其郡：类似"侨州郡县"，历史上以流亡人民原籍的州郡县旧名设置在所寄居之地的州郡县。汉、魏已有侨州郡县的记载，但大规模设置，却在东晋、南朝。西晋亡后，中原战乱，人民流徙，西起凉州，东至辽东，均有设置，尤以秦岭、江淮以南，东晋、南朝境内为最多。

⑫雍州：州名。东汉兴平元年（194）分凉州河西四郡置，治所在姑臧县（今甘肃武威），辖境相当今甘肃河西走廊地区。建安十八年（213）复《禹贡》九州，遂并三辅之地及凉州入雍州，治长安县（今陕西西安西北）。

⑬元康六年：296年。底本作"太康六年"，依《华阳国志新校注》改。

【译文】

建安二十三年，先主刘备派遣将军雷同、吴兰率兵平定武都郡，但被魏国将军曹洪打败而击杀。曹魏时期，益州刺史、天水人杨阜治理该郡。杨阜以该地临近蜀汉国境为借口，迁移氐人到汧县、雍县以及天水郡的略阳等地。建兴七年，丞相诸葛亮派遣护军陈式讨伐，结果攻取了武都郡、阴平郡，二郡又归属益州管辖。魏国将领夏侯渊、张郃、徐晃征伐蜀汉时,常常取道武都郡;而蜀汉丞相诸葛亮及将领魏延、姜维等北伐魏国时,也大多从此进入关中平原,因此该地土地荒芜、居民很少。武都郡的氐人杨濮率众归附魏国,魏国在此设置一郡,加以遥控管辖。蜀汉被平定后,该地归属雍州。元康六年,该地重归梁州。

八年①,氐傁齐万年反②,郡罹其寇③,晋民流徙入蜀及梁州④。永嘉初⑤,天水氐傁杨茂搜率种人为寇⑥,保据其郡,贡献长安⑦。愍帝以胡寇方盛,欲怀来戎翟⑧,拜骠骑将军、左贤王⑨。刘曜破长安⑩,丞相平昌公上陇据天水⑪。茂搜数馈平昌公⑫,拜茂搜长子难敌征南将军,少子坚头龙骧将军。种众强盛,东破梁州⑬,南连李雄,威服羌戎。时平昌公为刘曜所破,陈安作贼⑭,于时并氐傁如一国。茂搜死,敌、坚代为主。数岁,刘曜自攻武都,敌、坚南奔雄。至晋寿,遣子为质;又厚赂雄兄子晋寿守将稚⑮。曜不获敌、坚,引还,敌、坚还武都。恃险骄慢⑯,攻走雄阴平太守罗演⑰。演,稚舅也。稚忿恚⑱,白兄含与雄⑲,求征之。雄使含、稚将数千人攻之。时敌妻死,葬于阴平。含、稚径至下辨⑳,入武街城㉑,以深入无继,尽为氐傁所破煞。敌、坚死,子盘、毅复代为王。咸康四年㉒,敌从弟初杀盘、毅兄弟,代为主,迄今㉓。自茂搜父子之结据也㉔,通晋家及李雄、刘曜、石勒、石虎、张骏㉕,皆称臣奉贡,受其官号㉖,所向用其官及其年号。

【注释】

①八年:此为元康八年(298)。

②齐万年（？—约299）：西晋时人。氐族首领。晋惠帝元康六年（296），匈奴人郝度元起兵抗晋，关中氐、羌族之民纷纷响应。齐万年被推为帝，拥众数十万。元康七年（297），杀建威将军周处。此后，又屡破晋军。元康九年（299），被孟观击败遭俘。

③罹（lí）：遭受。

④流徙：流离失所，辗转迁徙。梁州：本处指梁州刺史所在的汉中。

⑤永嘉：晋怀帝年号（307—313）。

⑥杨茂搜（？—317）：西晋时略阳清水氐王，本姓令狐。杨飞龙甥，收为养子。晋惠帝元康六年（296），避齐万年乱，率部落还保仇池，自号辅国将军、右贤王，群氐推以为主。关中人士避乱者多依之。愍帝以为骠骑将军、左贤王。种人：同种族的人。

⑦贡献：进奉，意谓归顺。长安：指西晋王朝。

⑧怀来：亦作"怀徕"，招抚，怀柔归附者。戎翟：即戎狄。翟，通"狄"。古民族名。西方曰戎，北方曰狄。

⑨骠骑将军：官名。将军名号。西汉武帝置为重号将军，仅次于大将军，秩万石。东汉位比三公，地位尊崇。魏晋南北朝沿置，居诸名号将军之首，仅作为军府名号，加授大臣、重要州郡长官，无具体职掌。左贤王：匈奴王号名，为单于储副（常以太子担任此职），地位仅次国君单于。

⑩刘曜（？—328）：字永明，匈奴族。刘渊族子，十六国时前赵国君。后与石勒交战，兵败被杀。《晋书》《魏书》有传。

⑪平昌公：晋南阳王司马保（？—320）。上陇：上陇山，在今陕西陇县西。

⑫馈：赠送。此指贿赂。

⑬东破梁州：建兴元年（223），杨茂搜遣子难敌攻破梁州。

⑭陈安（？—323）：十六国时陇城（今甘肃秦安）人。初为南阳王司马模帐下都尉，后归模世子司马保。晋愍帝蒙尘，安自称秦州

刺史,降刘曜。晋元帝永昌元年(322)复版,西州氐羌悉从之,在上邽自称凉王。晋明帝太宁元年(323),为曜所攻,突围走,被杀。作贼:作内应。

⑮稚:李稚,巴西郡宕渠(今四川渠县)人。李雄兄李荡之子。

⑯恃险:倚仗险要,负险。

⑰罗演:李稚之舅。曾任阴平郡太守。

⑱忿恚(huì):怨恨发怒。

⑲白:禀告,报告。

⑳下辨:县名。秦置,属陇西郡。治所在今甘肃成县西北三十里。西汉改置下辨道,东汉复为下辨县,移武都郡治此。北周称下阪县,寻废。

㉑武街:亦作"武阶"。县名。西晋惠帝时置,属狄道郡。治所在今甘肃临洮东。北魏废。

㉒咸康四年:338年。咸康,晋成帝年号(335—342)。

㉓迄今:至今,直至现在。由此可知,《华阳国志》写作于咸康年间。

㉔结据:盘踞。

㉕晋家:即晋朝,一如汉朝之称"汉家"、公孙述之称"成家"。石勒(274—333):字世龙,上党武乡(今山西榆社北)人。羯族。十六国时后赵建立者。谥明皇帝,庙号高祖。《晋书》有传。石虎(295—349):字季龙,上党武乡(今山西榆社北)人。羯族。石勒养子。十六国时后赵国君。性残忍,好驰猎,游逸无度。善骑射,勇力冠当时。勒称帝,为太尉,封中山王。后废杀太子石弘,自立为大赵天王,迁都于邺。在位期间,穷兵黩武,大营宫室;刑苛政暴,酷虐荒淫,民人无以为生,戍卒梁犊等聚众起事于雍城,参加者数十万。死后诸子争权,互相残杀,后赵亡。《晋书》有传。张骏(307—346):字公庭,安定乌氏(今宁夏固原)人。十六国时前凉国君。谥忠成公。《晋书》《魏书》有传。

㉖官号：官职的名称。

【译文】

元康八年，氐人齐万年起兵反叛，武都郡深受战乱之害，晋朝百姓辗转迁徙至蜀地和梁州。永嘉初年，天水郡氐人杨茂搜率领本民族的居民落草为寇，占据并且自保天水郡，表示归顺建都长安的西晋王朝。晋愍帝因胡人作乱，气焰正盛，决定招抚这些前来归顺的少数民族，于是任命杨茂搜为骠骑将军，封为左贤王。刘曜攻破长安，丞相、平昌公司马保率兵到达上陇山，并占据天水郡。杨茂搜多次行贿平昌公，于是平昌公任命杨茂搜的长子杨难敌为征南将军，杨茂搜的少子杨坚头为龙骧将军。刘曜统帅的部族人数众多，兵势强盛，向东攻破了梁州，向南与李雄相呼应，其威力慑服了西北地区的羌戎等族。后来，平昌公被刘曜打败，而陈安就是刘曜的内应，此时，刘曜将广大氐人合并为一个政权。杨茂搜死后，其子杨难敌、杨坚头相继为王。几年后，刘曜亲自率兵攻打武都郡，杨难敌、杨坚头不敌，南逃投奔了李雄。到达晋寿时，派遣他们的儿子作为人质；又用厚礼贿赂李雄哥哥的儿子、晋寿守将李稚。刘曜没有抓获杨难敌、杨坚头，只好班师，杨难敌、杨坚头也回到了武都郡。杨难敌、杨坚头凭借险要的地势，态度骄横傲慢，攻打走李雄王朝的阴平太守罗演。罗演，就是李稚的舅舅。李稚对此愤恨不已，将此事报告给了哥哥李含与李雄，请求出兵征讨杨难敌与杨坚头。李雄派遣李含、李稚率领数千人前往攻打杨家兄弟。当时，杨难敌的妻子已死，就埋葬在阴平郡。李含、李稚直接进军下辨县，攻入武街城，但因孤军深入，没有后援，全军被氐人击败诛杀。杨难敌、杨坚头死后，其子杨盘、杨毅又继续称王。咸康四年，杨难敌的堂弟杨初杀死杨盘、杨毅兄弟，取代他们而为统治者，直至现在。自从杨茂搜父子盘踞武都郡，到后来通好晋朝，再到后来的李雄、刘曜、石勒、石虎、张骏等人，都向朝廷归顺称臣，并朝贡进奉，接受朝廷任命的官号，并且对外使用朝廷的官号与年号。

下辨县　郡治。一曰武街。

武都县①　东汉水所出②。有天池泽③。

上禄县④

故道县⑤

【注释】

①武都县:县名。战国秦置,属陇西郡。治所在今甘肃西和南仇池
　山东麓。西汉为武都郡治。东汉改为武都道。三国时复为武都
　县。西晋后废。在张家山汉简《二年律令·金布律》中,已有
　"武都"和"武都道"之名。

②东汉水:即今汉水。

③天池泽:在今甘肃文县城西北二百里天魏山上。

④上禄县:县名。西汉置,属武都郡。治所在今甘肃成县西南。后
　废。西晋太康三年(282)复置。东晋孝武帝后又废。

⑤故道县:县名。秦置,属陇西郡。治所在今陕西宝鸡西南大散关
　东南。汉属武都郡。晋永嘉后废。

【译文】

下辨县　是武都郡的郡治所在地。一名武街。

武都县　是东汉水的发源地。境内有天池泽。

上禄县

故道县

河池县①　泉街水入沮合汉也②。

沮县③　沮水所出东狼谷也④。

平乐县⑤

修城县⑥

嘉陵县[7]

【注释】

①河池县：县名。西汉置，属武都郡。治所即今甘肃徽县西北银杏树乡。西晋后废。北魏改置广化县。

②合汉：汇入汉水。

③沮县：县名。西汉置，属武都郡。治所在今陕西略阳东黑河东侧。县以沮水为名。西晋永嘉后废。在张家山汉简《二年律令·金布律》中，已有"菹"县名。

④沮水：在今陕西勉县西，即汉水别源。《汉书·地理志下》："沮水出东狼谷，南至沙羡南入江。"县以沮水为名。东狼谷：指今陕西凤县东南和留坝县西北紫柏山南坡、偏东的一条山前集水谷地，是为沮水上游黑河发源地的横向谷。

⑤平乐县：一说为汉"平舆县"之误。《宋书·州郡志》豫州汝南郡："平乐令，汉旧县。"清赵翼《廿二史考异》："疑是平舆之误。"平舆县，县名。战国楚置，后入秦，属陈郡。治所在今河南平舆北四十里。西汉为汝南郡治。三国魏属汝南郡。北魏皇兴中徙治今平舆西南。北齐废。一说即西汉平乐道。平乐道，西汉置，属武都郡。治所即今甘肃康县西北平洛镇。东汉永和五年（140）前废。相较而言，后说更可信。

⑥修城县：县名。即西汉修城道（亦作"循城道"）。西汉置，属武都郡。治所在今甘肃成县东南。东汉废。

⑦嘉陵县：县名。即西汉嘉陵道。西汉置，属武都郡。治所在今陕西略阳北境嘉陵江畔。东汉废。

【译文】

河池县　境内的泉街水流入沮县，汇入汉江。

沮县　境内的沮水流经东狼谷。

平乐县

修城县

嘉陵县

　　阴平郡^①,本广汉北部都尉。永平后^②,羌虏数反,遂置为郡。属县四^③,户万,去洛二千三百四十四里。东接汉中,南接梓潼,西接陇西,北接酒泉。土地山险,人民刚勇^④。多氐傁,有黑、白水羌、紫羌^⑤。胡虏风俗^⑥,所出与武都略同。

【注释】

①阴平郡:郡名。东汉建安末曹操改广汉属国置,蜀汉建兴七年(229)地入蜀汉,治阴平县(今甘肃文县西五里)。西晋属秦州,永嘉后郡县皆废。西魏复置,治曲水县(今甘肃文县西南),属文州。

②永平:汉明帝年号(58—75)。

③属县四:即下文所说阴平、甸氐、平武、刚氐四县。

④刚勇:刚强勇猛。

⑤黑、白水羌:即居住在黑水、白水的羌人。黑水,即今四川九寨沟县的黑河。白水,即今流经四川九寨沟县和甘肃文县的白水江。紫羌:大概是喜欢穿紫色衣服的羌人(刘琳)。

⑥胡虏:秦汉时称匈奴为胡虏,后世用为与中原敌对的北方部族之通称。

【译文】

　　阴平郡,原本是广汉北部都尉府所在地。永平以后,因羌人多次造反,于是将其设置为郡。阴平郡有四个属县,人口一万户,距离洛阳二千三百四十四里。阴平郡东接汉中,南接梓潼,西接陇西,北接酒泉。阴平郡多山地,山势险峻,居民刚强勇猛。阴平郡有很多氐人,有黑水羌、白水羌、紫羌。这些少数民族的风俗与武都郡大致相同，而物产也和武都郡差不多。

　　汉安帝永初二年，羌反，烧郡城^①，郡人退住白水。会汉阳诸羌反^②，溢入汉^③，煞太守。汉阳杜琦自称将军^④，叛乱广汉郡，屯葭萌^⑤。汉使侍御史唐喜讨琦^⑥，进讨羌。经年不下^⑦，诏赐死。更遣中郎将尹就讨羌，亦无功^⑧。诸郡太守皆屯涪^⑨。元初五年，巴郡板楯军救汉中，汉中大破羌，羌乃退^⑩。郡复治，置助郡都尉^⑪。

【注释】

①郡城：汉安帝时并未置郡，此指广汉属国督尉城，即阴平县城。

②汉阳：郡名。东汉永平十七年（74）改天水郡置，治所在冀县（今甘肃甘谷东）。属凉州。三国魏初复名天水郡。

③溢入汉：此处"汉"指汉中。

④杜琦（？—111）：汉阳（治今甘肃甘谷）人。杜季贡之兄。安帝永初五年（111），与弟杜季贡、王信联合羌人据上邽起兵，称安汉将军。旋为汉阳太守赵博遣刺客杜习刺杀。

⑤叛乱广汉郡，屯葭萌：杜琦事与广汉郡无涉，本处"广汉"或为"汉阳"之误。

⑥侍御史：官名。秦置，汉因之，在御史大夫之下，掌受公卿奏事，举劾非法，出讨奸猾，治大狱等。魏晋承汉制。其后，各朝多沿置。唐喜：官至侍御史。曾经讨伐汉阳贼首王信，并攻破斩杀王信。

⑦经年：经过一年或若干年。

⑧更遣中郎将尹就讨羌，亦无功：元初四年（117）夏，尹就因平叛不力，被朝廷征召罢免，其部众移交益州刺史张乔。

⑨涪：指涪县，西汉高帝六年（前201）置，属广汉郡。治所在今四
　　川绵阳涪江东岸。

⑩羌乃退：板楯蛮援救汉中之事，可参看本书卷一《巴志》。

⑪助郡都尉：协助郡都尉的武官。

【译文】

汉安帝永初二年，羌人造反，在郡城烧杀掳掠，郡民退至白水居住。
其时，适逢汉阳诸羌造反，漫延到汉中一带，造反者杀死了太守。汉阳人
杜琦自称将军，也在广汉郡发动叛乱，并屯兵于葭萌。汉王朝派遣侍御
史唐喜讨伐杜琦，并进而讨伐羌人。但是，唐喜经年累月都攻克不下，皇
帝下诏让其自尽。此后，朝廷改派中郎将尹就征讨羌人，但也没有成功。
当时，各郡太守都屯兵于涪城。元初五年，巴郡的板楯蛮出兵救援汉中，
并在汉中大破羌人，羌人于是退回其原居住地。阴平郡重新归朝廷管
辖，并在其地设置了助郡都尉。

刘先主之入汉中也，争二郡不得①。建兴七年②，诸葛
亮始命陈式平之。魏亦遥置其郡，属雍州。元康六年③，还
属梁州。

【注释】

①二郡：指武都郡与阴平郡。

②建兴七年：229年。

③元康六年：296年。

【译文】

先主刘备当初进入汉中时，想夺取武都、阴平二郡，但没有成功。建
兴七年，诸葛亮才派遣陈式平定了此地。远在中原的曹魏也在此地设置
了郡，其郡归属雍州管辖，算是遥控指挥。元康六年，阴平郡重新划归梁
州管辖。

永嘉末，太守王鉴粗暴，郡民毛深、左腾等逐出之，相率降李雄①。晋民尽出蜀，氐、羌为杨茂搜所占有。

【注释】

①"永嘉末"几句：此事见《晋书·怀帝纪》："（永嘉六年八月）辛亥，阴平都尉董冲逐太守王鉴，以郡叛降于李雄。"相率，相继，一个接一个。

【译文】

永嘉末年，阴平郡太守王鉴为政粗暴，郡民毛深、左腾等联手驱逐了太守，相继归降李雄。归顺晋朝的百姓纷纷逃离蜀地，故氐、羌之地全部被杨茂搜所占领。

阴平县①　郡治，汉曰阴平道也。

甸氐县②　有白水，出徼外③，入汉。

平武县④　有关尉。自景谷有步道径江油左儋出涪⑤，邓艾伐蜀道也⑥。刘主时，置义守⑦，号关尉。

刚氐县⑧　涪水所出，有金银矿。

右梁州。

【注释】

①阴平县：县名。东汉改阴平道置，属广汉属国。治所在今甘肃文县西白龙江北岸。后为阴平郡治。东晋末废。

②甸氐县：县名。两汉称甸氐道，西汉置，属广汉郡。治今四川九寨沟县境。东汉永初二年（108）属广汉属国都尉。建安二十年（215）属阴平郡。三国蜀废。

③徼（jiào）外：域外，边外。

④平武县：县名。三国蜀汉置广武县，治所在今四川平武东北，属阴平郡。西晋太康元年（280）改广武县为平武县，属阴平郡，治今四川平武东古城镇。取阴平郡与广武县各一字为名。南朝宋属北阴平郡。梁废。西魏复置，属江油郡。

⑤景谷：在今四川青川县东北白水镇西之青川河（古名西谷水）河谷。沿此河谷道路，称为景谷道。步道：只可步行不能通车的小路。左儋：儋，同"担"。所谓"左儋道"，因崖壁在右，道路极窄，只能左肩挑担，故名。本处特指自今甘肃文县东南至四川平武县东的一段道路。邓艾伐蜀之时，即取此道。

⑥邓艾（197—264）：字士载，义阳棘阳（今河南南阳）人。初为郡吏。后被司马懿辟为掾，迁尚书郎。曾建议在陈、蔡之间，淮南一带大兴屯田，大获成功。历官南安、城阳、汝南太守、兖州刺史，所至开荒垦田，农业发展。有谋略，善于用兵，镇守陇右多年，多次击退蜀将姜维进攻。景元四年（263），率军出阴平道伐蜀，迫使蜀后主刘禅投降，以功授太尉。后因独断专行，又遭锺会诬告，被杀。《三国志·魏书》有传。

⑦义守：协助守卫的地方武装。

⑧刚氐县：县名。三国蜀汉改刚氐道置，属阴平郡。治所在今四川平武东南三十里古城镇。西晋废。

【译文】

阴平县　是阴平郡的郡治所在地，汉朝叫阴平道。

甸氐县　境内有白水，白水流出境外，汇入汉水。

平武县　设有关尉。自景谷起，有一条步行小道，途经江油的左儋，可以到达涪地，这就是邓艾伐蜀所取之道。刘备主蜀时，设置有义守，号称关尉。

刚氐县　是涪水的发源地，有金矿与银矿。

右梁州。

撰曰①：汉沔彪炳②，灵光上照。在天鉴为云汉③，于地画为梁州。而皇刘应之④，洪祚悠长⑤。萧公之云⑥，不亦宜乎！

【注释】

①撰曰：与卷一《巴志》、卷三《蜀志》、卷四《南中志》的"撰曰"相比，卷二《汉中志》的"撰曰"实在是太简单、太简略了。任乃强推测个中原因，"盖以其为李氏与晋所争地。蜀臣降晋，难于措词也"。

②彪炳：文采焕发的样子。

③云汉：银河，天河。

④皇刘：指汉朝皇家刘氏。应：应验。

⑤洪祚（zuò）：隆盛的国运。祚，福运。

⑥萧公之云：萧公，指萧何。萧何所云，见本卷前文，"虽王汉中之恶，不犹愈于死乎？且语曰'天汉'，其称甚美。夫能屈于一人之下，则伸于万乘之上者，汤、武是也。愿大王王汉中，抚其民，以致贤人，收用巴蜀，还定三秦，天下可图也"。

【译文】

撰述者说：汉水与沔水，文采相焕发，灵光上冲霄汉，照耀大地。灵光在天，是为天河；灵光在地，是为梁州。皇家刘氏，顺天应地；吉人天相，福祚悠长。萧何所说，不也同样合乎情理吗？

卷三　蜀志

【题解】

与《巴志》《汉中志》一样,本卷的内容也是由三部分组成的。

第一部分是总叙,概要记述了蜀地的上古历史,重点叙述的是"蜀中五帝"(蚕丛、柏灌、鱼凫、杜宇、开明)、战国、秦汉的历史,涉及各个阶段的政治、经济、军事、外交、建筑、水利、教育等方面的内容。《华阳国志》认为,蜀地的历史肇始于人皇;在传说时代,与"五帝"的黄帝有姻亲关系,在夏商周三代时期,与中原地区有文化交流,"故多班彩文章""故有夏声"。但因蜀国"不得与春秋盟会,君长莫同书轨",以致书缺有间,故而春秋以前的历史仅能点到为止。进入战国以后,蜀国的历史逐渐明朗、清晰而详细。本部分的内容,其价值有弥足珍贵者。比如,蚕丛"其目纵""作石棺石椁",蜀守李冰开凿都江堰,蜀守文翁立学兴教,以及关于蜀地盐、铁产地的记录,等等。

第二部分是分述,分别记述了蜀郡、广汉郡、犍为郡、江阳郡、汶山郡、汉嘉郡、越嶲郡的沿革、属县、人口、四至、物产、人物、风俗、民族、交通等。非常遗憾的是,此卷已非完帙。汶山郡部分,亡佚了绵虒(汶山)、都安、升迁、广阳、兴乐、平康、蚕陵、广柔等县的文字;而汉嘉郡部分的内容,则全部亡佚。本部分关于"火井"的记载,是中国最早的火井史料之一。本部分关于蜀地大石文化、汉武帝开发南中、西南夷分布(冉驰、笮夷、邛都夷、白马羌等）的记述等，均为第一手原始资料。

第三部分是"撰曰"，其风格一如前面两卷的"撰曰"，仍然以褒美为主。《华阳国志》认为，蜀地不但物产丰饶，"开辟及汉，国富民殷"；而且风俗淳美，有"《雅》《颂》之声"，有"《中和》之咏"，可谓钟灵毓秀，"方之九区，于斯为盛"。

蜀之为国，肇于人皇①，与巴同囿。至黄帝，为其子昌意娶蜀山氏之女②，生子高阳③，是为帝颛顼；封其支庶于蜀，世为侯伯④，历夏、商、周。武王伐纣，蜀与焉⑤。其地东接于巴，南接于越，北与秦分，西奄峨嶓⑥。地称天府⑦，原曰华阳⑧。故其精灵则井络垂耀⑨，江汉遵流⑩。《河图括地象》曰⑪："岷山之精，上为井络，帝以会昌⑫，神以建福。"《夏书》曰："岷山导江，东别为沱⑬。"泉源深盛，为四渎之首⑭，而分为九江⑮。其宝则有璧玉、金、银、珠、碧、铜、铁、铅、锡、赭、垩、锦、绣、罽、牦、犀、象、毡、牦、丹黄、空青、桑、漆、麻、纻之饶⑯，滇、獠、賨、僰、僮、仆、六百之富⑰。其卦值坤⑱，故多班彩文章；其辰值未⑲，故尚滋味；德在少昊，故好辛香⑳；星应舆鬼㉑，故君子精敏，小人鬼黠㉒；与秦同分，故多悍勇。在《诗》，文王之化，被乎江汉之域㉓；秦豳同咏，故有夏声也㉔。其山林泽渔，园囿瓜果，四节代熟㉕，靡不有焉。

【注释】

①人皇：传说中远古部落的首长。后将其神化，与天皇、地皇合称"三皇"。参看本书卷一《巴志》注。

②昌意：传说中远古人名。黄帝之子。相传，黄帝娶西陵国之女为

正妃，生二子：其一曰玄嚣，其二曰昌意。昌意居若水，娶蜀山氏女昌仆（又作"昌濮""景仆"），生高阳氏，即颛顼。参看《史记·五帝本纪》。《大戴礼记·帝系》："昌意娶于蜀山氏，蜀山氏之子谓之昌濮氏，产颛顼。"蜀山氏：上古氏族。相传为蜀人先祖。考古学资料证明，蜀山氏主要活动在岷江上游地区，使用彩陶，文化面貌与马家窑文化相同，与川西平原古蜀人不相类。

③高阳：即颛顼（zhuān xū），传说中的远古帝王。黄帝之孙，昌意之子。相传十岁而佐少昊，二十而登帝位，称高阳氏。居于帝丘（一说在今河南商丘东南，一说在今河南濮阳西南）。其事迹类神话：少昊之时，九黎乱德，民神杂糅。颛顼继位，命重为南正，司天以属神，命黎为火正，司地以属民，使民神不相侵扰，是谓"绝地天通"。又传星与日辰之位皆在北维，颛顼之所建。参看《史记·五帝本纪》。

④"封其支庶于蜀"二句：可参看本书《巴志》："五帝以来，黄帝、高阳之支庶世为侯伯。"支庶，宗法制度谓嫡子以外的旁支。

⑤"武王伐纣"二句：意谓蜀国参加了武王伐纣的军事行动。于此，另可参看本书卷一《巴志》："周武王伐纣，实得巴、蜀之师，著乎《尚书》。"本书卷十二《序志并士女目录》："及武王伐纣，蜀亦从行。"

⑥奄：覆盖，包括。峨嶓：岷山与嶓山。嶓山，即嶓冢山。古人以西汉水所出为嶓冢山，在今甘肃天水和礼县之间。后人既知西汉水非汉水上源，故又指今陕西宁强北汉源所出之山为嶓冢，北魏并置嶓冢县于山侧。

⑦天府：谓土地肥沃、物产富饶之域。语本《战国策·秦策一》："苏秦始将连横，说秦惠王曰：'大王之国……田肥美，民殷富，战车万乘，奋击百万，沃野千里，蓄积饶多，地势形便，此所谓天府，天下之雄国也。'"《史记·刘敬叔孙通列传》："因秦之故，资甚美膏腴之地，此所谓天府者也。"此处特指蜀地。语本《三国志·蜀

书·诸葛亮传》：“益州险塞，沃野千里，天府之土，高祖因之以成帝业。”

⑧华阳：华山之南。此处特指蜀地。《尚书·禹贡》：“华阳、黑水惟梁州。”

⑨井络：天上的井宿区域。垂耀：光辉下照，照耀。左思《蜀都赋》：“岷山之精，上为井络。”

⑩江汉：长江（古称江水）和汉水。此处指长江与汉水之间及其附近的一些地区，古为巴蜀之地。

⑪《河图括地象》：古纬书《河图》的一种。内容以讲地理为主，但里面有很多神话传说的内容。左思《蜀都赋》：“岷山之精，上为井络。”刘逵注：“《河图括地象》曰：‘岷山之地，上为井络，帝以会昌，神以建福。’上为天井，言岷山之地，上为东井维络；岷山之精，上为天之井星也。”

⑫会昌：谓会当兴盛隆昌。

⑬“《夏书》曰”几句：引文出自《尚书·夏书·禹贡》。导，发源。沱，沱江，为岷江的支流。

⑭四渎：长江、黄河、淮河、济水的合称。《尔雅·释水》：“江、河、淮、济为四渎。四渎者，发原注海者也。”

⑮九江：泛指所有的江河。

⑯赭（zhě）：赭石，自然产生而混有黏土的赤铁矿。因含氧化铁或氧化锰等，一般呈棕色，间亦有呈土黄色或红色者，可做颜料。垩（è）：白色土，可用来粉饰墙壁。毦（ěr）：毡类毛织品。丹黄：丹砂和雌黄。空青：又名“杨梅青”。孔雀石的一种。产于川、赣等地。随铜矿生成，球形、中空，翠绿色。可作绘画颜料，亦可入药。

⑰滇、獠、賨、僰、僮、仆、六百之富：来自滇、獠、賨、僰等部族的僮、仆、六百等众多奴隶，此言秦汉世蜀地奴隶贩卖之盛。任乃强认为此处“僮、仆、六百”四字所表达者为奴隶市价之等级。调教慧

黠有才艺、能受主人嬖爱者,为上等,当时称之为"僮"。其驯顺谨厚、堪任使者为"仆",大都为年龄已大,历世已深者。"六百"二字,疑是当时谓一般粗笨劳动奴隶之售价,或是保证全年生产之价值。

⑱其卦值坤:古人将八经卦与八方位相配,有"先天八卦"与"后天八卦"两说。按照"后天八卦"说,坤卦对应的方位是西南方,即巴蜀大地。

⑲其辰值未:十二地支的未所对应的方位是西南方,即巴蜀大地。

⑳"德在少昊"二句:按照《礼记·月令》《吕氏春秋·孟秋纪》的说法,"孟秋之月,……其帝少皞,……其味辛"。少昊,即少皞。传说中古代东夷集团的首领,名挚(一作"质"),号金天氏。东夷集团曾以鸟为图腾,相传少皞曾以鸟名为官名。传说少皞死后为西方之神。参看《左传·昭公十七年》。

㉑舆鬼:即鬼宿,二十八宿中南方七宿之一。

㉒鬼黠:狡猾慧黠。

㉓"文王之化"二句:按照《诗》家的说法,周文王的教化,由泾渭而及于江汉流域。《毛诗正义·序》:"(《周南》《召南》)二风大意,皆自近及远,《周南·关雎》至《麟斯》皆后妃身事,《桃夭》《兔罝》《芣苢》后妃化之所及,《汉广》《汝坟》变言文王之化,见其化之又远也。"

㉔"秦豳(bīn)同咏"二句:《左传·襄公二十九年》:吴公子季札聘鲁、观乐,"(鲁)为之歌《豳》,曰:'美哉,荡乎!乐而不淫,其周公之东乎!'为之歌《秦》,曰:'此之谓夏声。夫能夏则大,大之至也,其周之旧乎!'"杜预注:"秦本在西戎汧陇之西,秦仲始有车马礼乐,去戎狄之音而有诸夏之声,故谓之夏声。"豳,同"邠"(bīn)。古都邑名。在今陕西旬邑西南。后稷的曾孙公刘居此。《诗经》有《豳风》,共有诗七篇,即产生于豳地。夏声,古代中原

地区的民间音乐。刘师培《南北文学不同论》："河济之间,古称中夏;故北音谓之夏声。"

㉕四节:指春、夏、秋、冬四季。

【译文】

蜀地国家的建立,开始于人皇之时,与巴国在同一个区域。到黄帝之时,黄帝为他的儿子昌意娶蜀山氏的女儿为妻,生下儿子高阳,他就是颛顼;他们的子孙被分封到蜀地,世世代代为侯伯,历经夏、商、周三代。周武王伐纣之时,蜀国参加了军事行动。蜀国的疆域东面与巴国接壤,南面与越国接壤,北面与秦国相邻,西面包括岷山与嶓山。蜀地被称为天府,平原被称为华阳。蜀地的精神与灵气,在天上是熠熠闪亮的井络之星,在地上是滚滚流淌的江汉之河。《河图括地象》说:"岷山之地有精气,它对应天上的井络之星,帝王会因此而昌盛,神灵会因此而降福。"《尚书·夏书》说:"岷山是岷江的发源地,岷江向东而流,其支流是沱江。"岷江源头的泉水深邃而丰沛,位居四渎之首,在中下游分化为众多江河。蜀地出产的宝物,有璧玉、金、银、珠、碧、铜、铁、铅、锡、赭、垩、锦、绣、罽、氂、犀、象、毡、毦、丹黄、空青、桑、漆、麻、纻等自然资源,有滇、僚、賨、僰等部族的僮、仆、六百等众多奴隶。就卦位而言,蜀国对应的是西南方的坤卦,故而蜀地产生了很多斑斓的文章;就时辰而言,蜀国对应的是十二地支的未,故而蜀地崇尚美味;就德行而言,蜀国对应的是以金德而王的少昊,故而蜀地喜好辛香之气;就分野而言,蜀国对应的是舆鬼之星,故而蜀地的君子精明敏捷,而小人则狡猾慧黠;蜀国与秦国属于同一分野,故而两地的民风多彪悍勇猛。《诗经》说,周文王的教化,遍及江汉流域;秦风与豳风的吟诵是相通的,故而都有"夏声"的特点。蜀地有山林与河泽,园林出产瓜果,一年四季成熟的瓜果,可谓应有俱有。

有周之世,限以秦、巴,虽奉王职,不得与春秋盟会,君长莫同书轨①。周失纲纪②,蜀先称王③。有蜀侯蚕丛④,其目纵⑤，始称王。死，作石棺石椁⑥，国人从之，故俗以石棺椁为纵目人冢也。次王曰柏灌⑦。次王曰鱼凫⑧。王田于湔山⑨，忽得仙道，蜀人思之，为立祠。

【注释】

①书轨：指国中所用文字与车轨，借指文字与制度。按：《太平御览》卷一百六十六引扬雄《蜀王本纪》："蜀之先，称王者有蚕丛、折灌、鱼易、俾明。是时，椎髻左衽，不晓文字，未有礼乐。"本书卷十二《序志并士女目录》："又言蜀椎髻左衽，未知书，文翁始知书学。"所谓"不晓文字""未知书"，一般认为是蜀国没有文字。笔者认为，所谓"不晓文字"，其意与"莫同书轨"相同，即蜀国所使用的是与中原不同的文字。巴蜀地区出土过数量众多的"巴蜀符号"（或称"巴蜀图语"），这应该是一种还没有破译的文字。又，2006年6月，成都金沙遗址出土过两件石磬（大石磬、小石磬）。2021年5月，三星堆遗址8号坑出土过石磬残片（大石磬）、大铜铃、大鼓（疑似）。可见，古蜀国并非"未有礼乐"。

②周失纲纪：指东周时期的"礼崩乐坏"。纲纪，社会的秩序和国家的法纪。

③称王：自封为王。按照周朝礼制，只有周天子可以称王，而地方诸侯不得称王。

④蚕丛：古蜀国王。曾治瞿上，在今四川成都双流区南。相传，蚕丛教民种桑养蚕，民间以为即蚕神，又称青衣神。《艺文类聚》卷六引汉扬雄《蜀本纪》："蜀始王曰蚕丛，次曰伯雍，次曰鱼凫。"清嘉庆《四川通志》卷四十九双流县："瞿上城在县南十八里。……按瞿上城即蚕丛城也。"清雍正《四川通志》卷二十八上："蚕丛祠在府西。蚕丛氏初为蜀侯，后为蜀王，教民桑蚕，俗呼为青衣神。今废。"《大清一统志》卷二百九十三："蚕丛祠在（成都）府治西

南。"或以为，蚕丛、柏灌、鱼凫皆"一代之名，而非一人之名"（蒙文通）。

⑤目纵：即纵目，竖生之目。所谓"其目纵"，大概是因为眼角上斜而貌似纵目。有学者猜测，"纵目"一词可能描述的就是三星堆面具上的柱状眼睛，而这些面具就代表了蚕丛。

⑥石棺石椁（guǒ）：即以石头制作的棺椁，考古学上称之为"石棺葬""大石墓"。根据本书卷三《蜀志》等文献记载，石棺葬的历史至少可以追溯到蚕丛时代。在四川的甘孜、阿坝、凉山等地，在岷江、大渡河、青衣江、金沙江、雅砻江、安宁河等流域，考古工作者曾经发现过石棺葬和大石墓。

⑦柏灌：又作"柏濩"。古蜀国王。治蜀数百岁，其事迹不详。按：蚕丛、柏灌、鱼凫治蜀"各数百岁"，故三者当为部落名或朝代名。《太平御览》卷八百八十八引扬雄《蜀王本纪》："蜀王之先名蚕丛，后代名曰柏濩，后者名鱼凫。此三代各数百岁，皆神化不死。"

⑧鱼凫：古蜀国王。后于湔山仙去，王位为杜宇所取。相传，鱼凫尝建鱼凫城，在今四川成都温江区北约八里。民国《温江县志》卷二：鱼凫城"其遗址犹在，乡人呼古城埂"。今古城遗址尚存。按：或以为，蚕丛、柏灌、鱼凫等名号都是音译，而且代表的是三个部族、三个时代。李白《蜀道难》："蚕丛及鱼凫，开国何茫然。"

⑨湔（jiān）山：又名"九峰山""玉垒山"。山名。在今四川都江堰市西北隅。因湔江之源出于此，故名湔山。《汉书·地理志上》蜀郡绵虒县："玉垒山，湔水所出。"西晋左思《蜀都赋》："包玉垒以为宇。"东晋郭璞《江赋》："玉垒作东别标。"《读史方舆纪要》卷六十七灌县：玉垒关"在县西玉垒山下"。

【译文】

　　周朝之时，蜀国局限于与秦国、巴国交往，虽然也恭奉王职，但不得参与春秋时期的盟会，而其文字与制度也与其他国家不同。东周时期，礼崩乐坏，蜀国先自称王。有蜀侯蚕丛，他的眼睛是竖着生的，他最早称王。蚕丛死后，用石头制作棺椁，国人纷纷效仿，故而民间认为，石棺椁都是纵目人的坟墓。蜀国的第二代国王叫柏灌。第三代国王叫鱼凫。鱼凫王在湔山打猎时，忽然得道成仙而去，蜀人思念他，为他建立了祠堂。

　　后有王曰杜宇①，教民务农，一号杜主②。时朱提有梁氏女利游江源③，宇悦之，纳以为妃。移治郫邑④，或治瞿上⑤。七国称王⑥，杜宇称帝⑦，号曰望帝，更名蒲卑⑧。自以功德高诸王，乃以褒斜为前门⑨，熊耳、灵关为后户⑩，玉垒、峨眉为城郭⑪，江、潜、绵、洛为池泽⑫，以汶山为畜牧⑬，南中为园苑⑭。会有水灾，其相开明决玉垒山以除水害⑮。帝遂委以政事，法尧、舜禅授之义⑯，遂禅位于开明，帝升西山隐焉⑰。时适二月⑱，子鹃鸟鸣⑲，故蜀人悲子鹃鸟鸣也。巴亦化其教而力农务，迄今巴、蜀民农时先祀杜主君。

【注释】

①杜宇：名蒲卑，一作"蒲泽"，号望帝，一号杜主。古蜀国王。治汶山下邑曰郫，别都瞿上。继三代蜀王之后治蜀，以鳖灵为相。时大水，鳖灵开三峡，治洪水。因禅位于鳖灵而隐去修道。时值二月，子规鸟啼，蜀人怀之而呼子规为杜宇、杜鹃。一说，通于其相之妻，惭而亡去，魂化为鹃。

②杜主：即杜宇。宋葛立方《韵语阳秋》卷十六引《成都记》："杜宇又曰杜主，自天而降，称望帝，好稼穑，治郫城。后望帝死，其魂化为鸟，名曰杜鹃。故老杜云：'昔日蜀天子，化为杜鹃似老乌。'又曰：'古时杜鹃称望帝，魂作杜鹃何微细。'"

③朱提：郡名。东汉建安十九年（214）刘备改犍为属国置，属庲降

都督。治所在朱提县（今云南昭通昭阳区）。西晋属益州。东晋属宁州。南朝齐改名南朱提郡。江源：即江原县。县名。西汉置，属蜀郡。治所在今四川崇州东南三十里江源镇东。十六国成汉李雄改为汉原县，治今崇州西北怀远镇，为汉原郡治。东晋复旧名。南朝齐先后为晋康郡、江原郡治。北周改名多融县，旋改为晋原县。

④郫：古邑名。古蜀国杜宇都城，俗传为杜鹃城，在今四川成都郫都区北一里。《文选》卷十五张衡《思玄赋》李善注引《蜀王本纪》："望帝治汶山下邑曰郫，积百余岁。"周慎王五年（前316）秦灭蜀国后置郫县。

⑤瞿上：古蜀国邑。在今四川成都双流区南十八里黄甲乡境与新津区交界之牧马山蚕丛祠九倒拐一带。相传为蚕丛氏所都。顾祖禹《读史方舆纪要·四川二·成都府》："瞿上城，在县东十八里。相传蚕丛氏所都，亦曰商瞿里，以孔子弟子商瞿所居也。"

⑥七国：或说乃"巴国"之误（任乃强）。

⑦称帝：自称皇帝。蜀国自蚕丛称王，到杜宇称帝，递有变化。

⑧蒲卑：当为记音文字，其义颇不易解。或以为"蒲卑"与彝语"普姎"音近，义为祖先。或以为"蒲卑"与彝语"笃米"音近，"笃米"又称"笃慕"；"笃慕"之"慕"，在彝语中义为天，是至高的意思；"笃米"是古蜀地的"至高"者，也是彝族先民心目中的"再造之主"，是人类的祖先。

⑨褒斜：指褒斜道，因取道褒水、斜水两河谷得名。自今陕西眉县沿斜水及其上源石头河，经今太白县，循褒水及其上源白云河至汉中。长四百七十余里。自秦汉以来，褒斜道为往来秦岭南北的重要通道。

⑩熊耳：即熊耳峡，岷江三峡之总称。在今四川乐山市北六十里。《水经·江水注》：江水"又东南径南安县西，有熊耳峡，连山竞

险,接岭争高"。灵关:亦名"零关""临关""重关"。山名。在今四川宝兴南灵关镇。为砾岩层大裂口,长数里,两岸壁立,中为通道。

⑪玉垒:山名。在今四川都江堰市西北隅。峨眉:山名。在今四川峨眉山市西南十三里。左思《蜀都赋》:"夫蜀都者,盖兆基于上世,开国于中古。廓灵关以为门,包玉垒而为宇。带二江之双流,抗峨眉之重阻。"

⑫江、潜、绵、洛:指岷江、潜水、绵水、洛水。

⑬汶山:山名。即今四川西北部之岷山。

⑭南中:地区名。相当今四川大渡河以南及云、贵两省。三国蜀汉以巴蜀为根据地,其地在巴蜀之南,故名。

⑮开明:人名。古书作"鳖灵""鳖令""鳖泠"。古蜀国国君。原为蜀王杜宇相,因治水有功,杜宇效尧舜禅让之义,禅位于他,号丛帝。《太平御览》卷八百八十八引扬雄《蜀王本纪》:"荆有一人,名鳖灵,其尸亡去,荆人求之不得。鳖灵尸至蜀,复生,蜀王以为相。时玉山出水,若尧之洪水,望帝不能治水,使鳖灵决玉山,民得陆处。鳖灵治水去后,望帝与其妻通。帝自以薄德,不如鳖灵,委国授鳖灵而去,如尧之禅舜。鳖灵即位,号曰开明。"

⑯禅授:犹禅让。以帝位让人。

⑰西山:山名。即今四川都江堰市西南青城山。

⑱适:正好,恰好。

⑲子鹃:又名"子规""杜宇"。即杜鹃鸟。

【译文】

后来的蜀国国王叫杜宇,又叫杜主,他教导老百姓务农。当时朱提郡梁姓人家有位叫利的女子到江源游玩,杜宇很喜欢她,将其纳为妃子。杜宇将国都迁移到郫邑,又在瞿上修建别都。到七国称王之时,杜宇称帝,自号望帝,改名为蒲卑。杜宇自以为功德高于其他诸侯王,于是以褒斜道为前门,以熊耳峡、灵关山为后门,以玉垒山、峨眉山为城郭,以岷江、潜水、绵水、洛水为池泽,以汶山为畜牧地,以南中为园苑。当时恰逢遇上水灾,蜀国丞相开明凿开玉垒山疏导洪水,解决了水害。杜宇于是将政事委托给开明,效法尧、舜禅让的先例,将王位禅让给开明,而自己则到西山隐居去了。当时正好是二月,到处都是杜鹃鸟鸣之声,故而蜀人后来每逢听到杜鹃鸟鸣之声,内心都很悲伤。巴国也遵从了杜宇的教化努力耕作,直至今日,巴、蜀的百姓在农耕季节都要先祭祀杜主君。

开明立,号曰丛帝[1]。丛帝生卢帝[2]。卢帝攻秦,至雍[3],生保子帝[4]。帝攻青衣[5],雄张獠、僰。九世有开明帝,始立宗庙[6],以酒曰醴,乐曰荆,人尚赤,帝称王。时蜀有五丁力士,能移山,举万钧。每王薨,辄立大石,长三丈,重千钧,为墓志,今石笋是也[7],号曰笋里。未有谥列[8],但以五色为主[9],故其庙称青、赤、黑、黄、白帝也。开明王自梦郭移[10],乃徙治成都[11]。

【注释】

①丛帝:或说古蜀王鳖灵即丛帝,见《蜀王本纪》。

②卢帝:开明氏子,蜀国开明氏第二世王。

③雍:都邑名。春秋秦国都。在今陕西凤翔西南七里南古城。后置雍县。

④保子帝:卢帝子,蜀国开明氏第三世王。

⑤青衣:指青衣羌。以青衣水为名。战国时,青衣羌居住在青衣(今四川芦山县,一说在四川雅安名山区北)。《水经·江水注》:"(青衣)县,故青衣羌国也。《竹书纪年》:梁惠成王十年,瑕阳人

自秦道岷山、青衣水来归。”西汉高帝六年（前201）于此置青衣县。高后六年（前182），在僰道筑城，重新设置青衣县。

⑥宗庙：古代帝王、诸侯祭祀祖宗的宫室。按：今四川成都郫都区县城南郊有望丛祠（全称“望帝丛帝祠”），是古代蜀人为纪念望帝杜宇、丛帝开明而修建的祀祠。《方舆胜览》卷五十一成都府：望帝祠“有墓在郫县南一里，与鳖灵墓相对”。祠始建于南朝齐明帝建武时，北宋康定二年（1041）、皇祐四年（1052）两次扩建。明末毁于战火。清道光间重建祠宇及培修二陵，护以城垣。今陵墓高数十米，状若丘山。祠墓内有听鹃楼、高低船坊、博浪轩等。楼亭池殿错落起伏，幽静典雅。

⑦石笋：挺直的大石，其状如笋，故名。按照杜光庭《石笋记》的记载，石笋在成都城西，“成都子城西曰兴义门，金容坊有通衢，几百五十步，有石二株，挺然耸峭，高丈余，围八九尺”。杜甫在成都之时，曾经亲眼见过石笋，“君不见益州城西门，陌上石笋双高蹲”（杜甫《石笋行》）。陆游也亲眼见过石笋，“成都石笋，其状与笋不类，乃累叠数石成之”（《老学庵笔记》卷五）。明人曹学佺在《蜀中名胜记》中仍将石笋列为成都西门名胜，可知当时石笋还在。大约在明清之际，石笋已被毁坏。按：石笋约在少城东门街之西南，在今成都红光中路石笋街一带，而“石笋街”即当因石笋而得名。

⑧谥列：谥号与牌位。

⑨五色：指青、赤、黄、白、黑五种颜色。按：以五色配五帝（青帝、赤帝、黄帝、白帝、黑帝），至少可以上溯至春秋初年；到前513年，五帝—五行图式已经甚为完整了，可参看彭华《阴阳五行研究（先秦篇）》。

⑩郭：外城。

⑪徙治成都：即由郫移治成都。

【译文】

开明即位后的名号是丛帝。丛帝生卢帝。卢帝曾经攻打秦，一度进军至雍，卢帝生保子帝。保子帝攻打青衣羌，称雄于獠人、僰人。到开明王朝第九世君王开明帝时，才开始建立宗庙，开明王朝称酒为醴，称乐为荆，崇尚赤色，由帝改称王。当时，蜀国有五个大力士，能移大山，能举万钧。每当蜀王驾崩，就要竖立一块大石头，石头长三丈，重千钧，以此作为墓碑，这就是今天所见的石笋，蜀王墓葬之地，称之为笋里。蜀王没有谥号与牌位，其称号以五色为主，因而其宗庙称青帝庙、赤帝庙、黑帝庙、黄帝庙、白帝庙。开明王曾经梦见城郭移动，于是迁都至成都。

周显王之世，蜀王有褒、汉之地。因猎谷中①，与秦惠王遇②。惠王以金一笥遗蜀王③，王报珍玩之物④，物化为土。惠王怒。群臣贺曰："天承我矣，王将得蜀土地。"惠王喜，乃作石牛五头，朝泻金其后，曰"牛便金"，有养卒百人。蜀人悦之，使使请石牛。惠王许之。乃遣五丁迎石牛⑤。既不便金。怒，遣还之，乃嘲秦人曰"东方牧犊儿"⑥。秦人笑之曰："吾虽牧犊，当得蜀也。"

【注释】

①谷：即褒谷，亦称"南谷"，在今陕西汉中西北。

②秦惠王（前356—前311）：全称秦惠文王。名驷，战国时秦国国君。秦孝公之子。即位初，以宗室多怨，诛杀商鞅。五年，以公孙衍为大良造，执政。十年，任张仪为相，推行"连横"之策。屡发兵攻魏，收复河西，魏纳上郡十五县。十三年自称为王，次年改元。后元七年，韩、赵、魏、燕、齐五国攻秦，不胜而回。九年灭蜀，十年伐取义渠二十五城，十三年攻取楚汉中地六百里。谥惠文。

③笥（sì）：盛饭或衣物的方形竹器。遗（wèi）：馈赠。

④珍玩：供玩赏的珍贵物品。

⑤乃遣五丁迎石牛：蜀王为了迎接石牛，下令修建了一条道路，此即后世所说"石牛道"（又名"金牛道"）。秦之灭蜀，即取石牛道。《水经·沔水注》引来敏《本蜀论》："秦惠王欲伐蜀，而不知道，作五石牛，以金置尾下，言能屎金。蜀王负力，令五丁引之成道。秦使张仪、司马错寻（循）路灭蜀，因曰石牛道。"

⑥牧犊儿：犹今人所呼"放牛娃"。牧犊，牧牛，放牛。

【译文】

周显王之时，蜀王拥有褒中、汉中之地。由于到山谷中打猎，蜀王与秦惠王相遇。秦惠王将一筐金子赠送给蜀王，蜀王以珍玩之物回赠秦王，但珍玩之物却化作了泥土。秦惠王大怒。群臣祝贺秦王："这是上天送礼物给我们啊！大王将得到蜀国的土地。"秦惠王转怒为喜，于是秦国制作了五头石牛，石牛在早晨排泄出了金子，美其名曰"牛便金"，供养石牛的吏卒有上百人。蜀人听说此事拍手称快，派遣使者到秦国去请石牛。秦惠王答应了。于是，蜀王派遣了五个大力士到秦国去迎接石牛。当石牛到达蜀国后，就不再排泄金子了。蜀王发怒了，派遣人员将石牛送还秦国，并讥讽秦人为"东方放牛娃"。秦人报之一笑，说："我们虽然说是放牛娃，但我们必定会得到蜀国。"

武都有一丈夫，化为女子，美而艳，盖山精也①。蜀王纳为妃。不习水土②，欲去。王必留之，乃为《东平之歌》以乐之。无几③，物故④。蜀王哀之，乃遣五丁之武都担土为妃作冢。盖地数亩，高七丈，上有石镜⑤，今成都北角武担是也⑥。后王悲悼，作《臾邪歌》《陇归之曲》。其亲埋作冢者，皆立方石以志其墓。成都县内有一方折石，围可六尺⑦，

长三丈许。去城北六十里曰毗桥，亦有一折石，亦如之。长
老传言，五丁士担土担也。公孙述时，武担石折，故治中从
事任文公叹曰[8]："噫，西方智士死，吾其应之[9]！"岁中卒。

【注释】

①山精：传说中的山间精怪。

②不习水土：不适应异地的气候、饮食习惯等。

③无几：不久。

④物故：亡故，去世。

⑤石镜：古代蜀地的大石遗迹之一，在武担山上。乐史《太平寰宇
记》卷七十二："蜀王乃遣五丁，于武都山担土为冢，盖地数亩，高
七丈，上有一石，厚五寸，径五尺，莹澈，号曰石镜。"石镜今已不
存，或谓沉没于丘土之中。

⑥武担：山名。又称"武都山"。在四川成都城内西北隅北较场内。
《太平寰宇记》卷七十二华阳县："武担山在府西北一百二十步。
一名武都山。"武都山为一高二十余米、长百余米、宽三四十米的
土丘，俗称武担山。东汉建安二十六年（221），刘备"即皇帝位
于成都武担之南"（《三国志·蜀书·先主传》）。裴松之注："武
担，山名，在成都西北，盖以乾位在西北，故就之以即阼。"

⑦围：四周，周边。即周长。

⑧治中从事：官名。汉置，也简称治中，为州佐吏。在司隶校尉则称
功曹从事，在其他十二州则称治中从事，掌州选署及文书案卷众
事。其后，晋和南朝梁沿置。任文公：巴西郡阆中（今四川阆中）
人。侍御史任文孙之子。以占术驰名。为治中从事。传能预占
水旱。辟司空掾，西汉平帝初称疾归家。王莽篡位，知当大乱，率
家人避入山中，幸得免。《后汉书》有传。

⑨应：回应，响应。

【译文】

武都县有一位男子，变化为女子，美丽而明艳，大概是山精的化身。蜀王将她纳为妃子。女子因为不服水土，想要离开。但蜀王执意要挽留她，并且特意制作了《东平之歌》来取悦她。但没过多久，妃子还是死了。蜀王非常哀伤，于是派遣五个大力士到武都县去担土，为妃子建造坟墓。坟墓占地数亩，高七丈，上面竖有石镜，这就是今天成都西北角的武担山。其后，蜀王悲悼妃子，又制作了《臾邪歌》与《陇归之曲》。那些亲自建墓、埋葬妃子的人，都要立一块方石作为墓地的标志。在成都县城内，有一块方形的已经折断的石头，其周长可达六尺，长约三丈。在距离城北六十里的毗桥，也有一块断的石头，其形状一如城内的方折石。听年长者说，这是当年五个大力士担土的担子。到公孙述占据蜀地之时，这个石担子被折断了，因此，治中从事任文公感叹说："哎呀，西方的智士死了，我也将追随他而去！"果然，任文公在这一年死了。

　　周显王三十二年①，蜀侯使朝秦。秦惠王数以美女进，蜀王感之，故朝焉。惠王知蜀王好色，许嫁五女于蜀，蜀遣五丁迎之。还到梓潼，见一大蛇入穴中。一人揽其尾掣之②，不禁③。至五人相助，大呼曳蛇④，山崩，时压杀五人，及秦五女并将从。而山分为五岭，直顶上有平石。蜀王痛伤，乃登之，因命曰"五妇冢山"⑤；于平石上为望妇堠⑥，作思妻台。今其山或名"五丁冢"。

【注释】

①周显王三十二年：前337年。

②掣（chè）：拉，拽。

③不禁：经受不住。本处意谓拉不住蛇。

④曳：拉，牵引。

⑤五妇冢山：即今四川梓潼县境内的五妇山。本书卷二《汉中志》：
　　梓潼县"有五妇山，故蜀五丁士所拽蛇崩山处也"。《太平寰宇
　　记》卷八十六梓潼县：五妇山"在县北一十二里。高四百二十
　　丈"。

⑥堠（hòu）：古代瞭望敌情的土堡。

【译文】

　　周显王三十二年，蜀侯派遣使者朝拜秦王。秦惠王多次赠送美女
给蜀王，蜀王很感激，故而派遣使者朝拜秦王。秦惠王知道蜀王好色，答
应嫁五个女子给蜀王，蜀王派遣五个大力士前往迎接。自秦返回到梓潼
时，看见一条大蛇钻入洞穴中。其中一人抓住蛇的尾巴，用力往外拉，但
没有拉动。于是，五个人都来助力拉蛇，大声呼喊着拽蛇，结果把山拉
崩了，压死了五个大力士和五个美女，随从也被压埋。山被分为五个山
岭，洞穴顶上有一块平石。蜀王很悲痛，于是登上山顶平石，将之命名为
"五妇冢山"；并在平石上修建了望妇堠，又建造了思妻台。今天，这座山
也称为"五丁冢"。

　　蜀王别封弟葭萌于汉中①，号苴侯，命其邑曰葭萌焉。
苴侯与巴王为好，巴与蜀仇，故蜀王怒，伐苴侯。苴侯奔巴，
求救于秦。秦惠王方欲谋楚，群臣议曰："夫蜀，西僻之国，
戎狄为邻，不如伐楚。"司马错、中尉田真黄曰②："蜀有桀、
纣之乱，其国富饶，得其布帛金银，足给军用。水通于楚，有
巴之劲卒，浮大舶船以东向楚③，楚地可得。得蜀则得楚，楚
亡则天下并矣。"惠王曰："善！"周慎王五年秋④，秦大夫张
仪、司马错、都尉墨等从石牛道伐蜀⑤。蜀王自于葭萌拒之，
败绩⑥。王遁走⑦，至武阳⑧，为秦军所害。其相、傅及太子

退至逢乡⑨，死于白鹿山⑩，开明氏遂亡。凡王蜀十二世。冬十月，蜀平，司马错等因取苴与巴。

【注释】

①别封：另外分封。葭萌：战国时苴（今四川昭化东南）侯。蜀王开明之弟。秦惠王更元九年（前316），他因同与蜀有仇的巴王友善，为蜀王所伐，出奔巴，求救于秦。秦惠王命张仪、司马错伐蜀，灭之，继灭苴与巴。

②司马错：战国时秦人。仕秦惠王。秦惠王更元九年（前316），率兵伐蜀。蜀灭，任蜀郡守。蜀属秦，秦益富强。中尉：统兵武官。秦汉皆置，俸中二千石，掌京城治安、巡逻捕盗。田真黄：秦国将军。仕秦惠王。秦惠王更元九年（前316），韩将侵秦，蜀又乱，孰先伐未决。田真黄主张先伐蜀，后伐楚。

③浮：行（船）。舶船：海船。亦泛指大船。

④周慎王五年：前316年。

⑤都尉墨：墨为名，其姓失。石牛道：古道路名。又名"金牛道""南栈道"。自今陕西勉县西南行，经青阳驿、金牛驿、柏林驿、宁强、黄坝驿，越七盘岭入四川境，复经朝天驿、广元，而至剑阁。石牛道是古代汉中盆地和巴蜀的交通要道，"所谓蜀之喉嗌也"（《读史方舆纪要》卷五十六）。今四川广元以北朝天驿附近清风峡和明月峡，尚有栈道遗迹。

⑥败绩：战败。

⑦遁：逃跑，逃走。

⑧武阳：古邑名。战国时蜀邑，后属秦。在今四川眉山彭山区东北十五里。秦灭蜀后，于此置武阳县。

⑨逢乡：地名。在今四川彭州境内。

⑩白鹿山：山名。在今四川彭州西北六十里。按：2020年3月底，

四川省文物考古研究院联合彭山区文物保护研究所对大坟包墓地进行了考古发掘。至2020年7月下旬，已清理完成各类遗迹192个，其中墓葬165座、灰坑13个、沟11条、陶窑3座，时代涵盖战国晚期、西汉、新莽、东汉、三国—两晋、唐、宋、明、清，出土陶、铜、铁、瓷、木等各类器物900多件（组）。初步推断，该墓葬群为古蜀遗民埋骨之地。

【译文】

蜀王另外分封弟弟葭萌于汉中，号称苴侯，将其邑命名为葭萌。苴侯与巴王关系很好，而巴国与蜀国有仇，故而蜀王迁怒于苴侯，出兵讨伐苴侯。苴侯逃奔巴国，并向秦国求救。秦惠王正打算攻打楚国，与群臣商议说："蜀国是西方偏僻的国家，而且与戎狄为邻，不如攻打楚国。"司马错、中尉田真黄说："现在蜀国有桀、纣之乱，而蜀国富饶，得到蜀国的布帛金银，足以供给军用。蜀国有水路通往楚国，而巴国又有精壮的士兵，用大船装载士兵，沿江东下攻打楚国，必然可以攻占楚地。得到蜀国就得到楚国，楚国灭亡则天下可以统一。"秦惠王说："好！"周慎王五年秋，秦国大夫张仪、司马错、都尉墨等取道石牛道攻打蜀国。蜀王亲自在葭萌迎敌，结果大败。蜀王逃跑了，一直逃到武阳，结果被追来的秦军杀害。蜀王的相、傅和太子撤退到逢乡，在白鹿山被杀死，开明氏于是灭亡。开明氏总共在蜀国称王十二世。冬十月，蜀国平定，司马错等因势夺取苴侯国与巴国。

周赧王元年[①]，秦惠王封子通国为蜀侯[②]，以陈壮为相[③]。置巴郡。以张若为蜀国守[④]。戎伯尚强[⑤]，乃移秦民万家实之。三年，分巴、蜀置汉中郡。六年，陈壮反，杀蜀侯通国。秦遣庶长甘茂、张仪、司马错复伐蜀[⑥]，诛陈壮。七年，封子恽为蜀侯[⑦]。司马错率巴、蜀众十万，大舶船万艘，米六百万斛，浮江伐楚，取商於之地为黔中郡。

【注释】

①周赧王元年：前314年。

②通国：秦惠王公子。被封为蜀侯，后为陈壮所杀。蒙文通则认为，通国为蜀王后裔。

③陈壮：《史记·秦本纪》索隐引《华阳国志》作"陈莊"。壮、莊，形近易讹。按：秦在蜀地同时设置蜀侯、蜀相与蜀国守，属于郡国并行制。

④张若：秦国将领。后任蜀国守、蜀郡太守，曾与张仪修筑成都城，又主持修筑郫城、临邛城。

⑤戎伯：本处指蜀地少数民族的首领。

⑥庶长：官名。春秋时秦国置，掌握军政大权，相当于其他各国的卿。按：秦国实行二十等爵制，其中十左庶长、十一右庶长、十七驷车庶长、十八大庶长。本处说"庶长甘茂"，当为大庶长。甘茂：楚国下蔡（今安徽凤台）人。秦国名将。学百家之术，有谋略。事秦惠文王，略汉中地。秦武王时为左相。武王欲窥周室，甘茂为之拔韩之宜阳。昭襄王时因避谗言，奔齐，任上卿。后由齐至楚，谋归秦。未成，卒于魏。《史记》有传。

⑦恽：或作"晖""辉"。

【译文】

　　周赧王元年，秦惠王分封儿子通国为蜀侯，以陈壮为相。设置了巴郡。任命张若为蜀郡太守。当时，蜀地的少数民族首领还比较强大，于是将秦人一万家移民到蜀地，以充实蜀地的人口。周赧王三年，分割巴郡、蜀郡，设置了汉中郡。周赧王六年，陈壮谋反，杀死了蜀侯通国。秦国派遣庶长甘茂、张仪、司马错再次攻伐蜀侯，诛杀了陈壮。周赧王七年，秦人封公子恽为蜀侯。司马错率领巴、蜀民众十万，大舶船上万艘,米六百万斛,沿江而下攻打楚国,夺取了商於之地,在其地设置了黔中郡。

赧王四年,惠王二十七年,仪与若城成都[①],周回十二里,高七丈;郫城周回七里[②],高六丈;临邛城周回六里[③],高五丈。造作下仓[④],上皆有屋,而置观楼射兰[⑤]。成都县本治赤里街[⑥],若徙置少城内[⑦]。城营广府舍[⑧],置盐、铁、市官并长、丞[⑨];修整里阓[⑩],市张列肆[⑪],与咸阳同制[⑫]。其筑城取土,去城十里,因以养鱼,今万岁池是也[⑬]。城北又有龙坝池[⑭],城东有千秋池[⑮],城西有柳池[⑯],西北有天井池[⑰],津流径通,冬夏不竭,其园囿因之[⑱]。平阳山亦有池泽[⑲],蜀之渔畋之地也[⑳]。

【注释】

①城:筑城,建城。按:张仪与张若建筑的成都城,分为大城和少城(小城),少城在大城之西。

②郫城:即郫县城。在今四川成都郫都区。张仪与张若主持修筑。

③临邛城:在今四川邛崃。张仪与张若主持修筑。

④下仓:在国都以外的居邑修建的粮仓。

⑤观楼:用于瞭望的楼阁。射兰:一种射箭设施,用于自卫。由此可见,成都城、郫城、临邛城均带有军事城堡性质,而且三城互成掎角之势,构成了川西的战略防御体系。

⑥赤里街:秦成都太城之街,在南门内,相当今四川成都旧城南大街。成都县本治赤里街。

⑦少城:又名"小城",东连太城,在今四川成都旧城西。少,小。言"少城",对成都"大城"而言。《文选·左思〈蜀都赋〉》:"亚以少

城,接於其西。"刘逵注:"少城,小城也,在大城西,市在其中也。"

⑧府舍:官舍,官邸。

⑨置盐、铁、市官并长、丞:设置盐官、铁官及市官,并为其设立正副官
　　长。其中,盐、铁官主收盐税、铁税,市官负责管理市场,收商业税。

⑩里:居民住宅区。阓(huì):古指市场的大门。

⑪列肆:谓成列的商铺。

⑫同制:同样的制度。按:"与咸阳同制",或谓"与长安同制",当系
　　后人妄改。《太平寰宇记》卷七十二引扬雄《蜀王本纪》:"秦惠王
　　遣张仪、司马错定蜀,因筑成都而县之。(成)都在赤里街,张若徙
　　置少城内。始造府县寺舍,令与长安同制。"

⑬万岁池:亦名"万顷池",在四川成都北十里凤凰山东南。《四川总
　　志·成都府》:"万岁池,在府治北一十里。张仪筑城取土于此,因
　　以成池。广袤数十里,溉三乡田,岁久淤塞。宋制置使王纲申疏
　　之。累土为防,植榆柳,表以石柱,人以为王公甘棠。"明代逐渐
　　淤涸。

⑭龙坝池:《水经·江水注》作"龙堤池",或谓即成都城西北之"九
　　里堤"(任乃强)。

⑮千秋池:在今四川成都东南五里牛市口一带,或谓即成都城东门
　　外之"大观堰"(任乃强)。《读史方舆纪要》卷六十七成都、华阳
　　县"万岁池"条下:"又千秋池,在华阳县治东五里。相传亦张仪
　　所凿。谚曰'东千秋,北万岁',谓此。"

⑯柳池:或谓当在今成都城西罗家碾、道士堰(任乃强)。

⑰天井池:或疑在成都城西北之"洞子口"(任乃强)。《水经·江
　　水注》:"城北又有龙堤池,城东有千秋池,西有柳池,西北有天井
　　池,津流径通,冬夏不竭。"

⑱园囿(yòu):泛指庭园、花园。

⑲平阳山:或谓即今成都城北将军碑与天回镇间之大黄土冈陵(任

乃强）。

⑳渔畋（tián）：捕鱼打猎。畋，打猎。

【译文】

周赧王四年，秦惠王二十七年，张仪与张若建筑成都城，城墙周长十二里，高七丈；郫城，周长七里，高六丈；临邛城，周长六里，高五丈。各县邑都建造了粮仓，上面都有屋顶，而且设置了观楼与射兰。成都县的治所本来在赤里街，张若将治所迁至少城内。在少城内修建县府的房舍，设置盐官、铁官、市官及其长、丞；修建住宅和市场，市场开设了商铺，实行与咸阳同样的制度。因为筑城取土，在距离成都城十里的地方，挖出了一个大坑，用它来养鱼，这就是今天所说的万岁池。城北又有龙坝池，城东有千秋池，城西有柳池，西北有天井池，各池水流相通，冬夏都不枯竭，在池子旁边，都建有园林。平阳山也有池泽，是蜀王渔猎的地方。

赧王十四年，蜀侯恽祭山川，献馈于秦昭襄王①。恽后母害其宠，加毒以进王。王将尝之，后母曰："馈从二千里来，当试之。"王与近臣②，近臣即毙。王大怒，遣司马错赐恽剑，使自裁③。恽惧，夫妇自杀。秦诛其臣郎中令婴等二十七人④。蜀人葬恽郭外。十五年，王封其子绾为蜀侯。十七年，闻恽无罪冤死，使使迎丧入葬之郭内。初则炎旱三月，后又霖雨七月⑤，车溺不得行⑥。丧车至城北门，忽陷入地中。蜀人因名北门曰咸阳门，为蜀侯恽立祠。其神有灵，能兴云致雨⑦，水旱祷之。

【注释】

①献馈：进奉食物。馈，食物。此处特指祭祀时用过的食物，比如胙肉（祭祀时供神的肉）。

②近臣:在君主左右侍从的臣子,君主左右亲近之臣。

③自裁:自尽,自杀。

④郎中令:官名。秦始置,为郎中长官,掌宫廷戍卫,侍从皇帝左右,
　参与谋议,职甚亲重。西汉沿置,秩中二千石,列位九卿,凡郎官
　皆属之。武帝太初元年(前104)更名光禄勋。

⑤霖雨:连绵大雨。

⑥溺:陷入泥水中。

⑦兴云致雨:兴起云气,引起降雨。

【译文】

　　周赧王十四年,蜀侯恽祭祀山川,将祭祀时用过的食物进献给秦昭襄王。恽的继母妒忌他被秦昭襄王宠信,偷偷地在食物中放了毒药进献给秦昭襄王。秦昭襄王将要品尝食物时,继母说:"食物是从二千里外的地方送来的,应当让人先尝一下。"秦昭襄王将食物给了近臣,近臣吃后马上死了。秦昭襄王大怒,派遣司马错赐给恽一把宝剑,让他自杀。恽很害怕,夫妇俩都自杀了。秦昭襄王又诛杀了郎中令婴等二十七人。蜀人将恽埋葬于成都城外。周赧王十五年,秦昭襄王分封他的儿子绾为蜀侯。周赧王十七年,蜀侯绾听说恽无罪而被冤死,派遣使者迎丧,准备将恽移葬于城郭之内。当时先是炎热干旱三个月,后来又是连绵大雨七个月,车子陷入泥水中不能行走。当丧车到达成都城的北门时,忽然陷入地中。蜀人因此称北门为咸阳门,并为蜀侯恽修建了祠堂。恽的神主很灵验,能够兴云致雨,每逢水灾、旱灾,老百姓都要向他祷告。

　　三十年①,疑蜀侯绾反,王复诛之,但置蜀守。张若因取笮及楚江南地也②。

【注释】

①三十年:周赧王三十年,前285年。

②张若因取笮（zuó）及楚江南地也：底本"楚"作"其"，刘琳认为
笮人从未占有"江南"之地，认为"其"当作"楚"，可从。笮，又
作"筰"（zuó）、"莋"，指古代生活在四川汉源、甘孜、石棉、西昌、
盐源等地的一个古老部落。《史记·西南夷列传》："西南夷君长
以什数，夜郎最大；其西靡莫之属以什数，滇最大；自滇以北君长
以什数，邛都最大。……其外西自同师以东，北至楪榆，名为嶲、
昆明，……自嶲以东北，君长以什数，徙、筰都最大；自筰以东北，
君长以什数，冉駹最大。……此皆巴蜀西南外蛮夷也。"在四川
的甘孜、阿坝、凉山等地，在岷江、大渡河、青衣江、金沙江、雅砻
江等流域，考古工作者曾经发现过石棺葬。有的研究者认为，石
棺墓的主人就是筰人。

【译文】

周赧王三十年，秦昭襄王怀疑蜀侯绾谋反，又诛杀了绾，之后，只在蜀
地设置太守。其后，张若凭借蜀地夺取了筰人的土地和楚国的江南地。

周灭后①，秦孝文王以李冰为蜀守②。冰能知天文、地
理，谓汶山为天彭门③；乃至湔氐县④，见两山对如阙，因号
天彭阙⑤。仿佛若见神⑥，遂从水上立祀三所，祭用三牲⑦，
珪璧沉濆⑧。汉兴，数使使者祭之。

【注释】

①周灭后：前256年，秦灭西周公国，周赧王病逝，西周灭亡。前249
年，秦灭东周公国，迁其君。

②李冰：战国时人。秦昭王时，任蜀郡守。在任期间，发动民工，分
岷江为内、外二支，修堤作堰，即今之都江堰；又开凿離崖，疏通
沫水，治文井江，使蜀地沃野千里而无水患。又曾在广都开凿井

盐。被尊为"川主"，各地建"川主祠"以祀之。事见《汉书·沟洫志》。

③天彭门：即彭门山，今四川彭州西北三十里寿阳山。《方舆胜览》卷五十四彭州：彭门山"两峰如阙，相去四十步，名天彭门，因以名州"。《读史方舆纪要》卷六十七彭州：彭门山"两峰对立，其高如阙，名天彭门，亦曰天彭阙"。

④湔（jiān）氏县：县名。本湔氏地。秦始皇时置县，属蜀郡。治所在今四川松潘西北。西汉改置为湔氏道。三国蜀属汶山郡。西晋改为升迁县。

⑤天彭阙：在今四川松潘西北。《水经·江水注》："至白马岭，而历天彭阙，亦谓之为天彭谷也。秦昭王以李冰为蜀守。冰见氏道县有天彭山，两山相对，其形如阙，谓之天彭门，亦曰天彭阙。"

⑥神：江神。

⑦三牲：古代祭祀用的牛、羊、豕三种牺牲。

⑧珪璧：古书亦作"圭璧"。古代祭祀、朝聘等所用的玉器。濆（fén）：水边，岸边。

【译文】

周朝灭亡后，秦孝文王任命李冰为蜀守。李冰精通天文、地理，称汶山为天彭门；到湔氏县考察时，看见两山相对，形状如阙，因而称之为天彭阙。李冰仿佛看到了江神，于是在水上设立了三座神祠，并用牛、羊、猪三牲祭祀江神，又在江边沉入珪璧。汉朝兴起后，也多次派遣使者祭祀江神。

冰乃壅江作堋①，穿郫江、检江②，别支流，双过郡下，以行舟船。岷山多梓、柏、大竹，颓随水流③，坐致材木，功省用饶；又溉灌三郡④，开稻田。于是蜀沃野千里，号为"陆海"⑤。旱则引水浸润，雨则杜塞水门。故记曰："水旱从人，不知饥馑⑥，时无荒年⑦，天下谓之'天府'也⑧。"外作石犀五头以厌水精⑨；穿石犀溪于江南⑩，命曰犀牛里。后转置犀牛二头：一在府市市桥门⑪，今所谓石牛门是也；一在渊中。乃自湔堰上分穿羊摩江⑫，灌江西。于玉女房下白沙邮作三石人⑬，立三水中。与江神要：水竭不至足，盛不没肩。

【注释】

① 雍江作堋（péng）：谓作堤雍江，提高水位，以便兴工（任乃强）。堋，分水堤。《太平寰宇记》卷七十三永康军："都安堰，一名湔堰。李冰雍江作堋。蜀人谓堰为堋。"

② 郫江：战国秦蜀守李冰开凿的河流，相当今四川成都平原之柏条河。唐乾符中，高骈建成都城，使郫江改道，由绕城南改为绕城北郭，折东南流与检江（流江、锦江）合，是今府河，城西及南之郫江不复存在。郫江东接连今毗河，至今四川金堂（赵镇）入沱江。检江：一名汶江、笮桥水、流江、外水江，相当今四川成都平原之走马河。《太平寰宇记》卷七十三："郫江、检江即下成都县二江，谓之北江、南江者也。"按：2005年3月，都江堰渠首鱼嘴外江河床新出文物78件，内有《郭择赵汜碑》，碑文有"择汜受任监作北江堰"诸语。由此可知，郭择、赵汜是东汉时期监守都江堰的堰官。

③ 颓：下坠。

④ 三郡：指蜀郡、广汉郡、犍为郡。

⑤ 陆海：物产富饶之地。《汉书·地理志下》："（秦地）有鄠、杜竹林，南山檀柘，号称陆海，为九州膏腴。"

⑥ 饥馑（jǐn）：饥荒。

⑦ 荒年：农业歉收之年。

⑧ 天府：谓土地肥沃、物产富饶之域。此处特指蜀地。《三国志·蜀

书·诸葛亮传》："益州险塞，沃野千里，天府之土，高祖因之以成
帝业。"《晋书·袁乔传》："蜀土富实，号称'天府'，昔诸葛武侯
欲以抗衡中国。"

⑨厌：厌伏，镇服。用巫术镇伏邪祟。水精：水中的精灵、妖怪。

⑩石犀溪：战国秦蜀守李冰开凿，沟通成都城南郫江与检江、市桥与
笮桥之间的溪流，在今四川成都旧城西南。

⑪市桥门：少城南面西头第一门，约在今成都金河街一带，当下同仁
路口之东不远。因其前有市桥，故名市桥门。

⑫湔堰：即都江堰，在今四川都江堰市西岷江中。羊摩江：相当今
四川都江堰市南之羊马河。《水经·江水注》："江水又历都安
县。……李冰作大堰于此，壅江作堋，堋有左右口，谓之湔堋，江
入郫江、检江以行舟。《益州记》曰：江至都安，堰其右，检其左，其
正流遂东，郫江之右也。……又穿羊摩江、灌江，西于玉女房下白
沙邮，作三石人，立水中。刻要江神，水竭不至足，盛不没肩。是
以蜀人旱则藉以为溉，雨则不遏其流。故《记》曰：水旱从人，不
知饥馑，沃野千里，世号陆海，谓之天府也。邮在堰上，俗谓之都
安大堰，亦曰湔堰，又谓之金堤。"《太平寰宇记》卷七十三永康
军："都安堰一名湔堰。李冰壅江作堋。蜀人谓堰为堋。"

⑬玉女房：当在白沙街西龙溪山崖上（刘琳）。白沙邮：即原灌县
（今都江堰市）西八里的白沙街。石人：石雕人像。按：制作三尊
石人的目的，主要是用于镇水（即下文所说的"珍水"）。1974年
3月，在修建都江堰枢纽工程渠首鱼嘴附近的外江时，发现了一
座李冰石像。石像高2.9米，肩宽0.96米，厚0.46米，重约4.5吨。
在石像的两袖和衣襟上，有浅刻隶书题记三行。中行（胸部）为
"故蜀郡李府君讳冰"，左袖为"建宁元年闰月戊申朔廿五日都水
掾"，右袖为"尹龙长陈壹造三神石人珍水万世焉"。此像应为李
冰石像，可能就是三神石人之一。刻造石像的时间是东汉灵帝建

宁元年,即168年。

【译文】

李冰于是修建堤堰以堵塞江水,又疏导郫江、检江,使其支流都经过郡府成都,而且河流都可以行驶舟船。岷山上有很多梓树、柏树、大竹,将其砍伐后随着水流而下,可以坐收材木之利,功力节省而且用处多多;又可引水灌溉三个郡,开垦稻田。于是,蜀沃野千里,号称"陆海"。天旱时就引水灌溉,下雨时就关闭水门。因此,古书说:"下雨或天旱都听从人的安排,因生活富足而不知道饥荒,而且往往不会出现荒年,所以天下称之为'天府'。"李冰在外江制作了五头石犀牛,用来镇服水精;引导石犀溪到锦江以南,将其地命名为犀牛里。后来,将两头石犀牛进行转置:一头在府市市桥门,就是今天所说的石牛门;一头在深渊中。李冰又从湔堰分出羊摩江,用以灌溉岷江以西的农田。李冰在玉女房下的白沙邮制作了三个石人,立在三条江水之中。李冰与江神约定:枯水季节时不会浅到脚背,丰水季节时不会淹没双肩。

时青衣有沫水出蒙山下^①,伏行地中,会江南安^②。触山胁溷崖^③,水脉漂疾^④,破害舟船,历代患之。冰发卒凿平溷崖,通正水道。或曰:冰凿崖时,水神怒,冰乃操刀入水中与神斗。迄今蒙福^⑤。

【注释】

①青衣:县名。西汉高帝六年(前201)置,属蜀郡。治所在今四川芦山县,一说在今四川雅安名山区北。以青衣羌国为名。天汉四年(前97)为西部都尉治。沫水:一名渽水、涐水,即今四川西部的大渡河或青衣江。蒙山:古称名山,即今四川雅安名山区西与雅安交界之蒙山。

②南安：县名。秦置，属蜀郡。治所即今四川乐山市。西汉属犍为
　　郡。南朝梁属齐通郡。南齐以后废。
③溷（hùn）崖：即今四川乐山市东二里凌云山大佛岩。
④水脉：水流。漂疾：迅疾。
⑤蒙福：得福，受益。

【译文】

　　当时，青衣县有一条河叫沫水，它发源于蒙山下，在山谷中潜伏而
行，在南安县与青衣江会合。江水冲击溷崖山腰的崖石，水流湍急，破坏
舟船，历代都引以为患。李冰派遣士卒开凿溷崖，疏通水道，消减水患。
有人说：李冰开凿溷崖时，水神发怒了，于是李冰手持大刀跳入水中与水
神搏斗。时至今日，老百姓还为此受益。

　　僰道有故蜀王兵兰①，亦有神作大滩江中。其崖崭峻不
可凿②，乃积薪烧之③，故其处悬崖有赤白五色。

【注释】

①兵兰：亦作"兵阑""兵栏"，放置兵器的栏架。或说即驻兵的营
　　寨（徐中舒）。按：任乃强、刘琳认为"蜀王兵兰"即赤崖山。赤
　　崖山，又名朝阳山、朝阳崖，在今四川宜宾西北。《明一统志》卷
　　六十九："赤崖山，在（叙州）府治西北。崖岸壁立，瞰大江，色若
　　绮霞。"《大清一统志》卷三百一："《旧志》亦名朝阳崖，在县西北
　　二十里。"《读史方舆纪要》卷七十："仙侣山，在（叙州）府治西
　　北。……其北曰翠屏山，以山色常青也。又西北曰赤崖山，崖岸
　　壁立，下瞰大江，色若绮霞。"
②崭峻：险峻。崭，高峻，突出。
③乃积薪烧之：烧石使热而骤沃以水，利用其膨胀率之骤变，以摧破
　　崖石，为古人摧毁巨石障碍之一种方法（任乃强）。

【译文】

僰道县有原先蜀王放置兵器的禁地，也有江神在大滩江中。僰道县的山崖险峻无法开凿，李冰下令堆积柴草焚烧山崖，使之崩裂，因此这里的悬崖有赤、白等五种颜色。

冰又通筰道文井江①，径临邛②。与蒙溪分水、白木江会武阳天社山下③，合江。又导洛通山洛水④，或出瀑口，经什邡⑤，与郫别江会新都大渡⑥。又有绵水⑦，出紫岩山⑧，经绵竹入洛，东流过资中，会江阳⑨。皆溉灌稻田，膏润稼穑⑩。是以蜀川人称郫、繁曰膏腴⑪，绵、洛为浸沃也⑫。又识察水脉⑬，穿广都盐井、诸陂池，蜀于是盛有养生之饶焉⑭。

【注释】

① 筰（zuó）：指竹索桥。文井江：即今四川崇州西河，为岷江西支流。本书卷三《蜀志》："江原县，郡西，渡大江，滨文井江，去郡一百二十里。"

② 临邛：县名。战国秦置，属蜀郡。治所即今四川邛崃。秦惠王二十七年（前311）建城。十六国成汉后废，西魏废帝二年（553）复置。属邛州，为临邛郡治。《旧唐书·地理志四》："临邛：汉县，属蜀郡。邛水，出严道邛崃山，入青衣江，故云临邛。"按：在张家山汉简《二年律令·秩律》中，已有"临邛"县名。

③ 白木江：亦作"白木水""白术江"，即今四川邛崃西南之夹关河及南河（邛崃河）。《元和郡县志》卷三十一临邛县：白术水"经县南二里"。天社山：即修觉山，在今四川新津南，当邛崃水（南河）注入岷江处。《元和郡县志》卷三十一新津县："天社山在县南三里，在成都南百里。北枕大江，南接连岭，每益土有难，人多

依焉。"

④洛通山：又名"章山""章洛山""九岭山""杨林山"。在今四川
什邡西北六十里。《元和郡县志》卷三十一什邡县："洛通山在县
西三十九里。李冰导洛通山，谓此也。"洛水：一作"雒水"。即
今四川成都平原东北之石亭江。为今四川沱江诸源之一。源于
九顶山东南麓，流经绵竹、什邡等市，至广汉易家河坝福兴渡纳鸭
子河后汇入沱江。

⑤什邡：县名。东汉改汁方县置，属广汉郡。治所即今四川什邡方
亭镇。

⑥新都：县名。本战国时蜀国之新都。西汉置县，属广汉郡。治所
在今四川成都新都区新都镇东。西晋泰始二年（266）属新都郡。
太康六年（285）复属广汉郡。

⑦绵水：明、清称绵阳河。即今绵远河。为沱江正源。在四川中北
部。源于四川盆地西北缘九顶山南麓老鹰窝梁子，向东南流经金
堂县，至广汉易家河坝始称沱江。

⑧紫岩山：又名"绵竹山"。在今四川绵竹西北三十里。《汉书·地
理志上》绵竹县："有紫岩山，绵水所出。"《读史方舆纪要》卷六
十七绵竹县：紫岩山在"县西北三十里。绵水出于此。《志》云：
紫岩山极高大，亦谓之绵竹山，相接者曰武都山"。

⑨江阳：县名。西汉置，属犍为郡。治所即今四川泸州。以县在大
江（长江）之阳（水之北），故名。东汉为枝江都尉治。建安十八
年（213）为江阳郡治。东晋安帝时为獠族所据，废。南朝梁大同
中复置，为东江阳郡（江阳郡）和泸州治。按：在张家山汉简《二
年律令·秩律》中，已有"江阳"县名。

⑩膏润：本指使草木滋润生长的雨露和养料。本处用为动词，意谓
滋润。稼穑：播种与收谷。本处指庄稼。

⑪郫：县名。秦于周慎王五年（前316）灭蜀国后在郫邑置，属蜀郡。

治所在今四川成都郫都区北一里。繁：县名。西汉置，属蜀郡。治所在今四川彭州西北。“因繁江以为名”（《元和郡县志》卷三十一）。蜀汉延熙十年（247），移治于今成都新都区西北新繁镇，迁繁县民居于此，俗称新繁。北周正式改名新繁。膏腴：形容土地肥美。

⑫绵：县名。指今四川绵阳。其源头可追溯至涪县。西汉置涪县，属广汉郡。以城临涪水得名。三国蜀属梓潼郡。西晋改名涪城县，永嘉后为梓潼郡治。南朝宋复名涪县，为梓潼郡治。梁为巴西、梓潼二郡治。西魏废帝二年（553）改为巴西县，为巴西郡治，并置潼州。洛：县名。指今四川广汉。西汉置雒县，治今四川广汉北，属广汉郡。以雒水而得名。《元和郡县志》卷三十一雒县：“县南有雒水，因以为名。”王莽改为吾雒。东汉复名雒县，为广汉郡治。西晋泰始二年（266）为新都郡治，太康六年（285）复为广汉郡治。东晋或南朝宋移治今四川广汉雒城镇。浸沃：形容土地肥沃。

⑬水脉：水流。指江流、河流等。

⑭穿广都盐井、诸陂池，蜀于是盛有养生之饶焉：这与李冰综合开发天府之国有关。李冰所做盐井为大坑，工人负牛皮囊下坑取水煮盐。盐尽，则蓄水为陂池，在池中养鱼、菱、茭蒲。穿，挖掘，开凿。广都，县名。本为战国蜀之别都。西汉于此置广都县，属蜀都。治所在今四川成都双流区东中和镇。西晋移治今四川成都双流区东南文星镇附近。东晋永和中又移治今双流区，属宁蜀郡，梁、齐为郡治。养生，保养生命。按：双流区境内的盐井遗址较多，以“十八口”遗址最为明显，其址在今双流区华阳街道境内长顺村的杏花山下。

【译文】

李冰又修建竹索渡桥，沟通文井江，直接通往临邛。文井江与蒙溪水、白木江会合，流至武阳天社山下，与岷江合流。李冰又疏导洛通山下的洛水，在瀑口分出一条支流，支流流经什邡，与郫江的支流在新都县的大渡亭会合。又有绵水，源出紫岩山，流经绵竹汇入洛水，向东流过资中，在江阳汇入岷江。这里河流都可以灌溉稻田，滋润庄稼。因此，蜀地的人称郫县、繁县为膏腴，绵县、洛县为浸沃。李冰又识别、考察了水流，开凿了广都盐井，以及众多池塘，于是，蜀地拥有丰富的保养生命的资源。

汉祖自汉中出三秦伐楚，萧何发蜀、汉米万船而给助军粮，收其精锐以补伤疾[1]。虽王有巴、蜀，南中不宾也[2]。高祖六年，始分置广汉郡。高后六年[3]，城僰道，开青衣。

【注释】

①伤疾：因受创伤而造成的疾病。本处指作战受伤或生病的人员。

②不宾：不臣服，不归顺。《国语·楚语上》："蛮、夷、戎、狄其不宾也久矣。"《三国志·蜀书·后主传》："益州郡有大姓雍闿反，流太守张裔于吴，据郡不宾。"

③高后六年：前182年。高后（？—前180），名雉，字娥姁，秦末汉初单父（今山东单县）人。汉高祖皇后，故称高后。楚汉战争初，为项羽所俘，后释还。刘邦称帝，立为皇后。有谋略，助高祖杀韩信、彭越等异姓王。子惠帝即位，又虐杀戚夫人，毒死赵王如意。惠帝卒，临朝称制，排斥刘邦旧臣，立诸吕为王，使掌南北军。死后，诸吕欲作乱，为周勃、陈平诛灭。称制九年，掌握汉政权十六年。《史记》《汉书》有传。

【译文】

汉高祖自汉中出兵，经三秦攻打楚军，萧何派发蜀、汉上万船米，作为军粮供给军队，又收编精锐部队，以补充因伤疾而出现的缺员。虽然说汉高祖拥有巴、蜀之地，但南中一带并没有归顺。汉高祖六年，才分割巴、蜀之地设置广汉郡。高后六年,在僰道筑城,又重新设置了青衣县。

孝文帝末年①,以庐江文翁为蜀守②。穿湔江口③,溉灌繁田千七百顷。是时世平道治,民物阜康④。承秦之后,学校陵夷⑤,俗好文刻⑥。翁乃立学,选吏子弟就学;遣隽士张叔等十八人东诣博士受七经⑦,还以教授。学徒鳞萃⑧,蜀学比于齐、鲁⑨。巴、汉亦立文学。孝景帝嘉之⑩,令天下郡国皆立文学,因翁倡其教,蜀为之始也。孝武帝皆征入叔为博士。叔明天文、灾异,始作《春秋章句》⑪,官至侍中、扬州刺史。

【注释】

①孝文帝:即汉文帝刘恒(前202—前157)。高祖中子。西汉皇帝。初封代王。吕后死,大臣诛诸吕,迎立为帝。在位期间,轻徭薄赋,与民休息,提倡农耕,经济渐次恢复,社会日趋安定。景帝因之,史称"文景之治"。《史记》《汉书》有传。按:此处所说"孝文帝末年"有误,当作"孝景帝末年"。译文从之。

②庐江:王国名。西汉文帝十六年(前164)分淮南王国置,都舒县(今安徽庐江县西南)。景帝四年(前153),徙庐江王为衡山王。武帝元狩初,衡山国除,以旧名改衡山王国为庐江郡。文翁:庐江舒县(今安徽庐江县西南)人。或说文翁名党,字翁仲,不可信。少好学,通《春秋》。景帝末,为蜀郡守。崇尚教化,以变风俗。以蜀地僻陋,乃选遣郡县小吏十余人诣京师,受业博士,或学律令。学成还归,皆署以要职,后有官至郡守、刺史者。又在成都兴办学校,招邻近各县子弟为学官弟子,免除更徭,成绩优良者补郡县吏,次为孝弟、力田(郡县掌管教民务之乡官)。数年,风气大变,蜀地大化。吏民争欲为学官弟子,富人至出钱以求之。汉

代郡国之立学校官,自文翁始。卒后,蜀人祀之。《汉书》有传。

③湔江:即今四川都江堰市东之蒲阳河。为西汉蜀郡太守文翁所开,为湔堰(都江堰)三大干渠之一。《水经·江水注》:"江北则左对繁田,文翁又穿湔浍以溉灌繁田千七百顷。"

④民物:泛指人民、万物。阜康:富足康乐。

⑤陵夷:渐趋于衰微。

⑥俗好:流俗之所喜好。文刻:文辞苛刻。意谓像秦人一样"以吏为师",援用法律条文苛细严峻。

⑦隽士:才智出众的人。张叔:张宽,字叔文(《汉书·循吏列传·文翁传》作"张叔"),蜀郡成都(今四川成都)人。文翁兴学,遣张宽诣京师博士受七经,还以教授。汉武帝时,征为博士,官至侍中、扬州刺史。著有《春秋章句》十五万言。本书卷十《先贤士女总赞》有传。博士:学官名。战国时已有博士,秦因之。汉初,诸子、儒经、诗赋、术数、方伎皆立博士。汉文帝置一经博士,武帝时置五经博士,职责是教授经学、课试人才,或奉命出使、参政议政。东汉以降,议政职能逐渐削弱。七经:汉以来历代封建王朝所推崇的七部儒家经典。七经名目,历来说法不一。东汉《一字石经》作《易》《诗》《书》《仪礼》《春秋》《公羊》《论语》;《后汉书·张纯列传》唐李贤注作《诗》《书》《礼》《乐》《易》《春秋》《论语》。按:由于《乐经》不传,后一说不可信。又,张宽等人所学并非尽为儒家经典,还有律令等。《汉书·循吏列传·文翁传》:"景帝末,(文翁)为蜀郡守,仁爱好教化。见蜀地辟陋有蛮夷风,文翁欲诱进之,乃选郡县小吏开敏有材者张叔等十余人亲自饬厉,遣诣京师,受业博士,或学律令。"

⑧鳞萃:比喻聚集众多。

⑨蜀学:蜀郡的学校。

⑩孝景帝:即汉景帝刘启(前188—前141)。汉文帝中子,西汉皇

帝。用晁错计，削诸侯王封地，巩固中央集权。继承文帝"与民休息"政策，重农抑商，改田赋十五税一为三十税一，国家安定富庶，史称"文景之治"。《史记》《汉书》有传。按：文翁的这一办学试点，后被汉武帝推广到全国。《汉书·循吏列传·文翁传》："至武帝时，乃令天下郡国皆立学校官，自文翁为之始云。"

⑪始作《春秋章句》：本书卷十《先贤士女总赞》说，张宽"作《春秋章句》十五万言"。

【译文】

孝景帝末年，任命庐江人文翁为蜀郡太守。文翁分流湔江水，灌溉繁县的一千七百顷田地。当时，世道太平，社会安定，物品充足，人民康乐。但因继秦之后，学校衰微，民间以吏为师，世俗偏好苛刻周密地援用法律条文以陷人于罪。于是，文翁在蜀郡创办学校，挑选官吏的子弟入学接受教育；又派遣隽士张叔等十八人东上京城，跟博士学习七经，学成之后回来教授蜀中子弟。蜀地学子众多，学校可以比肩于齐、鲁。巴郡、广汉郡也设立了学习儒家经典的学校。汉景帝嘉奖了文翁，并下令在全国的州郡、王国都设立学校，这是因为文翁的倡导，率先在蜀郡设立学校，而在全国予以推行。汉武帝征召张叔等人为博士。张叔通晓天文、灾异，著有《春秋章句》，后官至侍中、扬州刺史。

元光四年，置蜀四部都尉①。元鼎二年，立成都郭、十八门，于是郡县多城观矣②。

【注释】

①"元光四年"二句：本处所说时间和事项均与正史记载有出入。按照《史记》和《汉书》等记载，至元光六年（前129）时，始在蜀郡设置西部都尉。四部都尉，即东、西、南、北四部都尉。译文从之。

②城观：犹城阙。

【译文】

　　元光六年，在蜀郡设置西部都尉。元鼎二年，修建了成都城的外郭、十八个城门，于是各个郡县纷纷效仿，修建了许多城阙。

　　六年①，分巴、蜀置犍为郡②。元封元年③，分犍为置牂柯郡④。二年，分牂柯置益州郡⑤。

【注释】

①六年：指建元六年，前135年。建元，汉武帝年号（前140—前135）。

②分巴、蜀置犍为郡：底本作"分广汉置犍为郡"，误。本书卷一《巴志》载，"天下既定，高帝乃分巴、蜀置广汉郡。孝武帝又两割置犍为郡"。

③元封元年：前110年。元封，汉武帝年号（前110—前105）。按：本处所说"元封元年"有误，当为"元鼎六年"。译文从之。

④牂柯郡：亦作"牂牁郡"。郡名。西汉元鼎六年（前111）平且兰，以其地与犍为郡南部置。治所在故且兰县（今贵州黄平、贵定二县间）。

⑤益州郡：郡名。西汉元封二年（前109）汉武帝开滇置，属益州。治所在滇池县（今云南昆明晋宁区东北三十二里晋城镇）。三国蜀建兴三年（225）改建宁郡。西晋太安二年（303）析建宁郡西部复置，属宁州，仍治滇池县（今云南昆明晋宁区东北晋城镇）。东晋改晋宁郡。

【译文】

　　建元六年，分割巴郡、蜀郡，设置了犍为郡。元鼎六年，分割犍为，设置了牂柯郡。元封二年，分割牂柯郡，设置了益州郡。

元鼎六年，以广汉西部白马为武都郡①，蜀南部邛都为越巂郡②，北部冉駹为汶山郡③，西部筰都为沈黎郡④，合置二十余县。天汉四年⑤，罢沈黎，置两部都尉：一治旄牛⑥，主外羌；一治青衣，主汉民。孝宣帝地节三年⑦，罢汶山郡，置北部都尉⑧。时又穿临邛、蒲江盐井二十所⑨，增置盐、铁官。

【注释】

①白马：古族名。亦称武都氐、白氐、故氐，氐的一支。秦汉时活动在今四川北部、甘肃东南部，首领自称氐王。汉元鼎六年（前111），武帝以其地置武都郡（治今甘肃西和西南）。元封三年（前108），武都氐人起兵反汉，被击败，一部徙于酒泉（今属甘肃）。东汉顺帝永和二年（137），白马氐起义，为广汉属国都尉所败。东汉末，首领杨驹迁居仇池，曹魏封其裔杨千万为百顷氐王。晋武帝时，又迁其一部于略阳清水一带。唐时介于唐、吐蕃之间，聚众自守，未被双方同化。明清时有"白马番"，今有"白马藏人"，或为其后裔。

②邛都：部族名。即邛人、邛都夷，分布在今四川西昌一带。西汉元光间置邛都县，治所在今四川西昌东南，属蜀郡。寻罢。元鼎六年（前111）复置，为越巂郡治。南朝齐废。越巂郡：郡名。西汉元鼎六年（前111）以邛都国地置，治邛都县（今四川西昌东南）。元封二年（前109）分数县入益州郡。南朝齐为僚郡，梁复开置。汉至南朝齐属益州，梁属巂州，北周属西宁州。

③冉駹（máng）：古族名，古国名。汉代西南的两个少数民族，属于古羌族系统，分布在今四川阿坝藏族自治州。亦指其国名。汉武帝时，于其地置汶山郡。《史记·西南夷列传》："自筰以东北，君

长以什数,冉駹最大。"张守节正义引《括地志》:"蜀西徼外羌,
茂州、冉州本冉駹国地也。"汶山郡:郡名。因汶山(岷山)得名。
西汉元鼎六年(前111)置,治所在汶江县(今四川茂县北)。地
节三年(前67)并入蜀郡。东汉建安末刘备复置,治所在绵虒县
(今四川汶川西南绵虒镇)。西晋移治汶山县(今四川茂县北)。
东晋时废。

④筰都:部族名。即筰人、筰都夷。属于古羌族系统,分布在今四川
汉源、石棉、冕宁、盐源、盐边等地。沈黎郡:郡名。西汉元鼎六年
(前111)置,治所在筰都县(今四川汉源东北)。天汉四年(前
97)废。十六国成汉复置,属益州。东晋永和三年(347)废。

⑤天汉四年:前97年。天汉,汉武帝刘彻年号(前100—前97)。

⑥旄牛:县名。以地接旄牛(一作"犛牛")种羌族得名。西汉元鼎
六年(前111)置,属沈黎郡。治所在今四川汉源南大渡河南岸。
天汉四年(前97)为蜀郡都尉治。东汉延光元年(122)属蜀郡
蜀国都尉。三国蜀汉属汉嘉郡。十六国成汉时属沈黎郡。东晋
永和中废。南朝宋复置。南齐废。

⑦孝宣帝地节三年:前67年。孝宣帝,汉宣帝刘询(前91—前49),
初名病已,字次卿。戾太子刘据之孙。西汉皇帝。昭帝死,霍光
迎立昌邑王贺,旋以荒淫而废之,乃迎立病已为帝。在位期间,励
精图治,任用贤能,重视吏治,平理刑狱,减轻徭役租税,使社会
矛盾相对缓和。又置西域都护,加强边防,有利于发展西域生产。
甘露二年(前52),南匈奴呼韩邪单于降汉,接见于长安。《汉书》
有传。地节,汉宣帝年号(前69—前66)。

⑧北部都尉:即蜀郡北部都尉,治所在汶江县(今四川茂县北)。

⑨蒲江:亦名"蒲水""蒲江水"。水名。在今四川蒲江县南。源出
名山县(今雅安名山区)东北,流经蒲江县城,东北流合临溪河,
于邛崃县(今邛崃市)东南注入南河(邛崃河),东流注入岷江。

⑩临邛、蒲江盐井二十所：中华人民共和国成立前,在邛崃县（今邛崃市）曾收集到一方"盐井"画像砖。1975年,在成都西郊曾家包东汉墓也出土过"盐井"画像砖。这些"盐井"画像砖,是研究盐业史的珍贵资料。

【译文】

元鼎六年,以广汉郡西部的白马为武都郡,蜀郡南部的邛都为越巂郡,北部的冉駹为汶山郡,西部的筰都为沈黎郡,总共设置了二十余县。天汉四年,废除沈黎郡,设置两部都尉：一个都尉治旄牛县,主管外部的羌族；一个都尉治青衣县,主管汉民。汉宣帝地节三年,废除汶山郡,设置北部都尉。当时,又开凿了临邛、蒲江的盐井二十个,增设了盐官、铁官。

蜀自汉兴至乎哀、平,皇德隆熙①,牧守仁明②,宣德立教,风雅英伟之士命世挺生③,感于帝思。于是玺书交驰于斜谷之南④,玉帛戈戈乎梁、益之乡⑤。而西秀彦盛,或龙飞紫闼⑥,允陟璇玑⑦；或盘桓利居⑧,经纶皓素⑨。故司马相如耀文上京⑩,杨子云齐圣广渊⑪,严君平经德秉哲⑫,王子渊才高名隽⑬,李仲元湛然岳立⑭,林公孺训诂玄远⑮,何君公谟明弼谐⑯,王延世著勋河平⑰。其次,杨壮、何显、得意之徒恂恂焉⑱。斯盖华、岷之灵标⑲,江、汉之精华也⑳。故益州刺史王襄悦之㉑,命王褒作《中和颂》,令胄子作《鹿鸣》声歌之㉒,以上孝宣帝。帝曰："此盛德之事,朕何以堪之㉓！"即拜为郎㉔。

【注释】

①隆熙：兴盛。

②仁明：仁爱明察。

③命世：顺应天命而降世。挺生：挺拔生长。

④玺书：皇帝下达的诏书。交驰：交相奔走，往来不断。

⑤玉帛：用于征聘贤士的玉器和丝织品。戋戋（jiān）：形容堆积得很多的样子。《易·贲》："贲于丘园，束帛戋戋。"李鼎祚《周易集解》引虞翻曰："束帛戋戋，委积之貌。"

⑥龙飞：比喻升官提职，仕途得意。紫闼（tà）：指宫廷。闼，宫中小门。

⑦陟（zhì）：升，登。璇玑（xuán jī）：北斗星的第一星至第四星，比喻宰相之位。

⑧盘桓：徘徊。利居：宜于居家。意谓隐居不仕。《易·屯》初九："盘桓，利居贞，利建侯。"

⑨经纶：整理蚕丝。引申为规划、治理。皓素：洁白纯真。此处指品德与人格。

⑩司马相如（前179—前117）：小名犬子，字长卿，蜀郡成都（今四川成都）人。为人口吃而善著书。初事景帝为武骑常侍，后称病免官。去梁，从枚乘等游。后于临邛遇新寡家居之卓文君，携以同奔成都。武帝读相如所作《子虚赋》而善之，召为郎。后为中郎将，奉使通西南夷，有功。拜孝文园令，病免。工辞赋，"为汉辞宗"（常璩），"赋之圣者"（林艾轩）。著有《子虚赋》《上林赋》《大人赋》等。《史记》《汉书》、本书卷十《先贤士女总赞》有传。上京：京师，首都。此处指西汉国都长安。

⑪杨子云：扬雄（前53—18），字子云，蜀郡成都（今四川成都）人。少好学，为人口吃，博览群书，长于辞赋。年四十余，始游京师，以文见召。成帝时，任给事黄门郎。后仕于王莽，为大夫。校书天禄阁，因事被牵连，投阁几死。作《反离骚》《甘泉赋》《长杨赋》《羽猎赋》等赋，著有《太玄》《法言》《方言》《训纂》《蜀王本纪》等书。博学多识，在文学、哲学、语言文字学上都有重要成

就。《汉书》、本书卷十《先贤士女总赞》有传。按:本书或作"扬雄""杨雄",或作"杨子云""扬子云"。本次注译不求统一,请读者注意。齐圣广渊:四种美好的德性。《左传·文公十八年》:"昔高阳氏有才子八人……齐圣广渊,明允笃诚,天下之民谓之八恺。"杜预注:"齐,中也。渊,深也。"孔颖达疏:"齐者,中也,率心由道,举措皆中也。圣者,通也,博达众务,庶事尽通也。广也,宽也,器宇宏大,度量宽弘也。渊者,深也,知能周备,思虑深远也。"

⑫严君平:严遵,字君平,蜀郡成都(今四川成都)人。扬雄之师。严遵本姓庄,为避汉明帝刘庄之讳而改姓严。成帝时,卖卜于成都,依蓍龟,与人言利害,得百钱足自养,则闭肆下帘读《老子》。终生不仕。扬雄少时曾从游学,常称其贤。著有《老子注》《老子指归》等。本书卷十《先贤士女总赞》有传。经德:修养品德。秉哲:秉赋有才智。

⑬王子渊:王褒,字子渊,蜀郡资中(今四川资阳)人。以辞赋著称。宣帝时,益州刺史王襄召见,使作《中和》《乐职》《宣布》三诗以颂汉德。后传之于京师,为宣帝所闻。被征召,擢为谏大夫。又侍太子,作《甘泉颂》《洞箫颂》。宣帝使往益州祭祀,死于道。本书卷十《先贤士女总赞》有传。

⑭李仲元:李弘,字仲元,蜀郡成都(今四川成都)人。人品高尚,乡人咸敬之。以德行被召为令,任事一月即辞去。后为州从事,为人公正,敢于直谏。未几,称病辞去。深为扬雄所称道,美誉之为"世之师也"。后卒于家。本书卷十《先贤士女总赞》有传。

⑮林公孺:林闾,字公孺,蜀郡临邛(今四川邛崃)人。善古学,长于训诂之学。扬雄师之。本书卷十《先贤士女总赞》有传。训诂:对字句(主要是对古书字句)作解释,亦指对古书字句所作的解释。玄远:玄妙幽远。

⑯何君公：何武（？—3），字君公，蜀郡郫（今四川成都郫都区）人。治《易》，以射策甲科为郎。历任谏大夫、御史大夫、大司空等官。为人仁厚正直，好推贤进士，奖称人之善。成帝时，封氾乡侯。平帝时，王莽专权，阴诛不附己者，何武被诬，自杀。《汉书》、本书卷十《先贤士女总赞》有传。

⑰王延世：字长叔，犍为郡资中（今四川资阳）人。成帝初年，黄河决口于馆陶及东郡金堤一带，泛滥四郡三十二县。被任为河堤使者，征调民工以大竹笼盛石用两船夹载投于决口，历时三十六日，塞决成堤，因功升光禄大夫，封关内侯。后二岁，黄河决口平原郡，与杨焉、许商等再次治河，六月即成。参看《汉书》的《成帝纪》《沟洫志》。河平：汉成帝年号（前28—前25）。因黄河水灾平定而改元河平。

⑱杨壮：《法言》作"杨庄"。按：其本名当作"庄"，因避汉明帝刘庄之讳而改为"壮"。蜀郡成都（今四川成都）人。汉成帝时为郎。扬雄始能为文，作县邸铭等，庄为诵之于帝。帝好之，以为似司马相如，雄遂以此得见帝，并因此出名。何显：蜀郡郫（今四川成都郫都区）人。何武之弟。官至颍川太守。得意：杨得意，蜀郡成都（今四川成都）人。汉武帝时为狗监（职掌皇帝田猎之犬的官吏）。因汉武帝读《子虚赋》而曰"吾独不得与此人同世"，杨得意遂向汉武帝推荐《子虚赋》作者司马相如。参看《史记·司马相如列传》和《汉书·司马相如传》。恂恂（xún）：温和恭敬的样子。

⑲灵标：灵性。

⑳精华：精神。

㉑王襄：西汉人。宣帝时，为益州刺史。欲宣风化于百姓，闻王褒有俊才，令作《中和》《乐职》《宣布》诗，选知音善歌者令依《鹿鸣》之声，习而歌之。见《汉书·王褒传》。

㉒胄子：国子学生员。《鹿鸣》：古代宴群臣嘉宾所用的乐歌。源于

《诗经·小雅·鹿鸣》。据清代学者研究,《鹿鸣》的乐曲至两汉、魏、晋间尚存,后即失传。

㉓堪:承受,担当。按:此事又见《汉书·王褒传》:"于是益州刺史王襄欲宣风化于众庶,闻王褒有俊材,请与相见,使褒作《中和》《乐职》《宣布》诗,选好事者令依《鹿鸣》之声习而歌之。时氾乡侯何武为僮子,选在歌中。久之,武等学长安,歌太学下,转而上闻。宣帝召见武等观之,皆赐帛,谓曰:'此盛德之事,吾何足以当之!'"

㉔郎:官名。为诸郎官之总称。战国时始置,秦汉沿置,主宿卫,掌守宫殿门户,出充车骑扈从,并备顾问应对。有郎中、中郎、议郎、侍郎、外郎等,皆无定员,多至千人。按:据《汉书·王褒传》记载,当时提拔为郎的有何武等人。

【译文】

蜀郡自从汉朝建立以来,一直到汉哀帝、汉平帝之时,都蒙受浩荡皇恩,而地方长官仁慈贤明,宣扬德行,树立教化,风雅英伟之士顺应天命,应世而生,这是有感于皇帝的恩德。于是皇帝征召士子的诏书,来来往往穿梭于斜谷之南;朝廷征聘贤士的玉帛,层层叠叠堆积于梁、益之乡。而蜀地的俊彦成群结队涌现,他们或者飞黄腾达,进入宫廷,位至宰相;或者徘徊故里,隐居不仕,修养高洁的品德与人格。因此,司马相如以文采闪耀京城,杨子云正直通达、宏大渊博,严君平修养品德英明贤哲,王子渊才华高超、名气响亮,李仲元淡泊名利、岸然独立,林公孤明于训诂、思虑玄远,何君公谋略高明、辅政和谐,王延世善于治河、丰功伟绩闪亮于河平年间。其次,杨壮、何显、杨得意等人温和恭敬。这大概是受惠于华山、岷山的灵性以及江水、汉水的精神。因此,益州刺史王襄为之欣喜,安排王褒创作歌颂圣上贤德的《中和颂》,并下令国子学生员依照《鹿鸣》曲调谱成乐曲,进献给汉宣帝。汉宣帝说:"这是盛德之事,朕如何承受得起啊!"随即任命生员何武等人为郎。

降及建武以后，爰迄灵、献①，文化弥纯，道德弥臻②。赵志伯三迁台衡③，子柔兄弟相继元辅④，司空张公宣融皇极⑤，太常仲经为"天下材英"⑥，广陵太守张文纪号"天下整理"⑦，武陵太守杜伯持能决天下所疑⑧，王稚子震名华夏⑨，常茂尼流芳京尹⑩。其次，张俊、秦宓英辨博通⑪，董扶、杨厚究知天文⑫，任定祖训徒⑬，同风洙泗⑭。其孝悌，则有姜诗感物寤灵⑮，禽坚精动殊俗⑯，隗通石横中流⑰，吴顺赤乌来巢⑱。其忠贞，则王皓陨身不倾⑲，朱遵绊马必死⑳，王累悬颈州门㉑，张任守节故主㉒。其淑媛㉓，则有元常、靡常、程珙及吴儿、先络、郫之二姚、殷氏两女、赵公夫人㉔。

【注释】

① 爰（yuán）：及，到。灵、献：指汉灵帝、汉献帝之时（168—220）。

② 臻（zhēn）：完备，完善。

③ 赵志伯：赵戒，字志伯，蜀郡成都（今四川成都）人。赵定之子。博学明经，举孝廉，迁荆州刺史。顺帝永和六年（141），累官至太尉。质帝卒，慑于梁冀权势，定策立桓帝，封厨亭侯。死谥文侯。事见《后汉书》，本书卷十《先贤士女总赞》有传。台衡：喻宰辅大臣。

④ 子柔兄弟：指赵戒之孙赵温及其兄赵谦。赵温（137—208），字子柔，蜀郡成都（今四川成都）人。初为京兆丞，弃官去。岁大饥，散家粮以赈穷饿，所活万余人。献帝西迁，为侍中，封江南亭侯。位至司徒，录尚书事。李傕劫帝幸北坞，温与书切责。《后汉书》、本书卷十《先贤士女总赞》有传。赵谦（？—192），字彦信，蜀郡成都（今四川成都）人。赵戒之孙。献帝时为司隶校尉。转前将军，以功封郫侯。位至司徒、太尉、太仆。谥忠侯。《后汉书》、

本书卷十《先贤士女总赞》有传。元辅:重臣。尤指位至宰相的重臣。

⑤张公:张皓(50—132),字叔明,犍为郡武阳(今四川眉山彭山区)人。少游学京师,后归仕州郡。历官尚书仆射、彭城相、廷尉、司空等职。留心刑狱,数断疑案。顺帝即位,拜司空,在事多所荐举,天下称其推士。《后汉书》和本书卷十《先贤士女总赞》有传。

⑥仲经:赵典,字仲经,蜀郡成都(今四川成都)人。赵戒之子。少笃行,博学经书,弟子成群,与李膺等并号"八俊"。桓帝建和初,征拜议郎,侍讲禁内。再迁侍中。嗣爵为侯,历弘农太守,转将作大匠、少府,迁大鸿胪。又转太仆,迁太常。以谏争违旨,免官就国。再迁卫尉。公卿复表典笃学博闻,宜备国师,会病卒。谥献侯。《后汉书》、本书卷十《先贤士女总赞》有传。

⑦张文纪:张纲,字文纪,犍为郡武阳(今四川眉山彭山区)人。张皓之子。少明经学,为侍御史。顺帝汉安元年(142),奉使考察州郡,行前埋车轮于洛阳都亭,认为"豺狼当路,安问狐狸",遂参劾大将军梁冀等奸恶十五事,京师震动。帝知其言直,终不能用。时广陵人张婴聚众数万起义,纲为广陵太守,单骑往喻,婴遂归降。在郡一年卒,年四十六。张婴等五百人自愿送丧,直至犍为。《后汉书》、本书卷十《先贤士女总赞》有传。

⑧杜伯持:生平不详。《隶续》卷十四《高朕石室六题名》有"武陵太守杜伯持"。

⑨王稚子:王涣(? —105),字稚子,广汉郡郪(今四川三台)人。初任侠尚气,后折节尊儒读经,习律令。举茂才,历任温县令、雒阳令、兖州刺史、侍御史等职。在任不避豪强,革除弊政,宽猛相济,政绩显著,京师称叹。《后汉书》《后汉纪》《东观汉纪》有传。按:汉和帝时,立有王稚子阙,阙有二石,石刻文字分别是"汉故

兖州刺史雒阳令王君稚子之阙""汉故先零侍御史河内缊（温）县令王君稚子之阙"。王稚子阙在今四川成都新都区东北五公里路旁，原阙毁于清代，仅有铭文拓片传世。

⑩常茂尼：常洽，字茂尼，蜀郡江原（今四川崇州）人。自荆州刺史迁京兆尹、侍中、长水校尉，以兵卫大驾西幸。李傕等作难，常侍卫天子左右，为傕所杀。其女常纪为赵谦之妻。本书卷十《先贤士女总赞》有传。

⑪张俊：蜀郡人。有才能，任尚书郎。曾拟劾奏郎官朱济、丁盛，反被诬告下狱，几乎被杀。邓太后赦其一死，遂上书致谢，文辞极为哀婉。《后汉书》有传。秦宓（？—226）：字子敕，广汉郡绵竹（今四川德阳北）人。初隐居，州郡屡辟，皆不就。蜀汉时出仕，历任益州从事、祭酒、左中郎将、长水校尉、大司农等。博学多识，应对敏捷，知名当时，有才士之称。谯周曾录其言为《春秋然否论》。《三国志·蜀书》有传。

⑫董扶：字茂安，广汉郡绵竹（今四川德阳北）人。少入太学，从杨厚学图谶，还家讲授。征辟皆不就。灵帝时征拜侍中，劝太常刘焉求为益州牧，谓京师将乱，益州有天子气。董扶亦入蜀为蜀郡属国都尉。后去官还家，卒年八十二。本书卷十《先贤士女总赞》和《后汉书》有传。杨厚（72—153）：字仲桓，广汉郡新都（今四川成都新都区）人。杨统之子。少传父业，善图谶之学、天文推步之术。顺帝时特征至京，官拜议郎，迁侍中。史称每言灾异多中，并有消救之法。后退职归家，修习黄老之学，教授门生三千余人。死后，乡民私谥文父。本书卷十《先贤士女总赞》和《后汉书》有传。

⑬任定祖：任安（124—202），字定祖，广汉郡绵竹（今四川德阳北）人。少入太学，受《孟氏易》，兼通数经，又从同郡杨厚学图谶，穷极其术。后回乡讲学，诸生自远而至。初仕州郡，后太尉再征辟，

皆称疾不就，以布衣卒。与乡人董扶齐名。本书卷十《先贤士女总赞》和《后汉书》《高士传》有传。

⑭洙泗：洙水和泗水。古时二水自今山东泗水县北合流而下，至鲁国都城曲阜（今山东曲阜）北，又分为二水，洙水在北，泗水在南。春秋时，孔子在洙泗之间聚徒讲学。《礼记·檀弓上》："吾与女事夫子于洙泗之间。"后世因以"洙泗"代称鲁国的文化及孔子的教泽。

⑮姜诗：字士游，广汉郡雒（原属四川广汉，今属四川德阳）人。事母至孝，"二十四孝"之一"涌泉跃鲤"的主人公。明帝永平三年（60），察孝廉，拜郎中，寻除江阳令，转任符县长。卒于官。本书卷十《先贤士女总赞》有传，参看《后汉书·列女传》。按：姜诗出生地曾名姜诗，后取名孝泉，即今四川德阳旌阳区西北孝泉镇。《蜀中名胜记》卷九绵竹县引宋郑少微《记》："汉州德阳县西北四十里有镇，东汉姜诗故宅在焉。故号姜诗镇。治平中，知绵竹县事郭震谓士游行甚高，宜讳其名，白部刺史易之，镇遂号孝泉，然庙犹因俗为呼。"感物：感动或感化他物。寤灵：唤醒精灵。

⑯禽坚：字孟由，蜀郡成都（今四川成都）人。生而失父。成人后外出寻找，一至汉嘉，三出徼外，周旋万里，经六年而卒见其父。州郡嘉其孝，召功曹，辟从事，列上东观。后王商为蜀郡太守，追赠孝廉，追表其墓。本书卷十《先贤士女总赞》有传。

⑰隗通：隗相，字叔通，犍为郡僰道（今四川宜宾）人。事母至孝。母欲食江心水，隗相冬夏汲之，一朝有石生江中，舟得以依，人以为孝感所致。汉哀帝时为孝廉，汉平帝时为郎。本书卷十《先贤士女总赞》有传。

⑱吴顺：字叔和，犍为郡僰道（今四川宜宾）人。事母至孝，赤乌巢其门，甘露降其户。察孝廉，任永昌太守。本书卷十《先贤士女总赞》有传。

⑲王皓：字子离，蜀郡江原（今四川崇州）人。汉平帝时，为美阳令。王莽篡位，弃官归蜀。公孙述称帝，使使聘之。皓乃自刭，以头付使者。公孙述惭怒，诛其妻子。本书卷十《先贤士女总赞》有传。

⑳朱遵：字孝仲，蜀郡武阳（今四川眉山彭山区）人。公孙述僭号，朱遵为犍为郡功曹，领军拒战于六水门，众少不敌，乃埋车轮，绊马必死，为述所杀。光武嘉之，追赠复汉将军，郡县为立祠。本书卷十《先贤士女总赞》有传。

㉑王累：蜀郡新都（今四川成都新都区）人。州牧刘璋从别驾张松计，遣法正迎先主，主簿黄权谏，不纳。累为从事，以谏不入，乃自刭州门，以明不可。事见本书卷五《公孙述刘二牧志》。本书卷十《先贤士女总赞》有传。

㉒张任：蜀郡人。刘璋部将，拒不降刘备，被杀。守节：坚守节操。

㉓淑媛：泛指贤惠妇女。

㉔元常：江原（今四川崇州）人。广都令常良女，适广汉便敬宾，早亡。元常无子，养宾族子。父母欲嫁，于是截断刀子，发下誓言，随即而死。靡常：底本作"纪常"，误。靡常，江原（今四川崇州）人。常仲山之女，适成都殷仲孙。家遭疫气死亡，惟靡常在。十八，收葬诸丧，养遗生子，立美成家。本书卷十《先贤士女总赞》有传。程玦：即程贞玦，字琼玉，犍为郡牛鞞（今四川简阳）人。程氏之女，张惟之妻。本书卷十《先贤士女总赞》有传。吴几：生平不详。先络：江阳郡符县（今四川合江）人。郫之二姚：即姚妣、姚饶，蜀郡郫（今四川成都郫都区）人。姚超之女。殷氏两女：《华阳国志》仅见其一，即纪配，广汉殷氏女，廖伯妻。本书卷十《先贤士女总赞》有传。赵公夫人：即赵谦妻。

【译文】

往后到建武年间以后，一直到汉灵帝、汉献帝时，文治教化更加纯粹，道德伦理日趋完善。赵志伯三次升迁至三公之位，赵谦、赵温兄弟相继担任宰辅，司空张皓发扬光大了至上的治国理念，太常赵典被推为"天下材英"，广陵太守张纲号称"天下整理"，武陵太守杜伯持能决断天下疑难案件，王涣名震华夏，常洽流芳于京师。其次，张俊、秦宓英才善辩、博学通达，董扶、杨厚精通天文，任安教授门徒，堪与洙泗相媲美。其中的孝悌典型，有姜诗感动外物、唤醒精灵，禽坚的精诚感化异俗，隗通引得石横中流，吴顺招来赤乌筑巢。其中的忠贞典型，有王皓自刎而身不倒，朱遵设计绊马必死而被杀，王累刎颈自杀于州门，张任守节旧主而被杀。其中的淑媛典型，有元常、靡常、程珗以及吴几、先络、郫县的二姚、殷氏两女和赵公夫人。

自时厥后，龙宗有鳞①，凤集有翼，搢绅邵右之畴②，比肩而进，世载其美，是以四方述作③。有志者莫不仰其高风，范其遗则④，擅名八区⑤，为世师表矣⑥。其忠臣孝子、烈士贞女，不胜咏述，虽鲁之咏洙泗，齐之礼稷下⑦，未足尚也⑧。故汉征八士，蜀有四焉⑨。

【注释】

①龙宗有鳞：意谓龙要聚集，有鳞生物便会成群结队而来。下文所说"凤集有翼"，意类此。

②搢（jìn）绅：插笏于绅。转用为官宦的代称。搢，插。绅，古代仕宦者和儒者围于腰际的大带。邵（shào）：品德美好。右：地位尊贵。畴（chóu）：种类，同类。

③述作：《礼记·乐记》："作者之谓圣，述者之谓明。明圣者，述作之谓也。"述，传承。作，创新。本处指撰写著作，记载事迹。

④范其遗则：遵循前代留下的法则。范，遵循。遗则，指前代留传下来的法则。

⑤八区：八方，天下。

⑥师表：可以效法的表率，可以学习的榜样。

⑦稷下：地名。在今山东淄博临淄区北，为春秋战国时齐国都城临淄（在今山东淄博东北）的稷门。齐国曾在此设稷下学官，招揽文学游士数千人，成为战国时期的学术中心。《史记·田敬仲完世家》："（齐）宣王喜文学游说之士，自如驺衍、淳于髡、田骈、接予、慎到、环渊之徒七十六人，皆赐列第，为上大夫，不治而议论。是以齐稷下学士复盛，且数百千人。"《集解》："刘向《别录》曰：'齐有稷门，城门也。谈说之士期会于稷下也。'"《索隐》又引虞喜（《志林》）曰："齐有稷山，立馆其下，以待游士。"

⑧尚：崇尚。

⑨汉征八士，蜀有四焉：按：汉代多次征士，本处所说"汉征八士"，不详确切所指。又，所谓"蜀有四焉"，亦不详确切所指。或以为大概指的是杨厚、王稚、董扶、任安，亦不甚安（刘琳）。

【译文】

自此以后，就像龙、凤要聚集，有鳞、有羽的生物便会成群结队而来一样，蜀地的缙绅、高士、显贵也是成群而出、比肩而进，世世代代都流传着他们的美名，因此四方各地之人都在撰写著作、记载其事。有志之士，无不仰慕他们的高风亮节，遵循他们留传下来的法则，可谓名扬全国，为世师表。蜀地的忠臣孝子、烈士贞女，数不胜数，吟诵不绝，即使是鲁地的吟咏洙泗、齐地的礼敬稷下，也不足以崇尚了。故而汉朝征召八士，蜀地就有四人。

然秦惠文、始皇克定六国①，辄徙其豪侠于蜀②。资我丰土，家有盐铜之利，户专山川之材，居给人足，以富相尚③。故工商致结驷连骑，豪族服王侯美衣，娶嫁设太牢之厨膳④，归女有百两之从车⑤，送葬必高坟瓦椁⑥，祭奠而羊豕夕牲⑦，赠襚兼加⑧，赗赙过礼⑨，此其所失。原其由来⑩，染秦化故也⑪。若卓王孙家僮千数⑫，程郑亦八百人⑬；而郪公从禽⑭，巷无行人⑮。箫鼓歌吹⑯，击钟肆悬⑰。富侔公室⑱，豪过田文⑲。汉家食货⑳，以为称首㉑。盖亦地沃土丰，奢侈不期而至也。

【注释】

①克定：平定。

②豪侠：豪强任侠的人。按：秦人"徙其豪侠于蜀"，是向蜀地移民。四川历史上有过六次大移民，而第一次大移民即发生在秦灭巴蜀之后到秦灭六国之后。前314年，"移秦民万家实之"（本书卷三《蜀志》）。秦灭六国之后，秦始皇又迁六国豪富入蜀，如徙赵国卓氏、齐国程郑。前238年，秦始皇平息嫪毐之乱后，其舍人"夺爵迁蜀者四千余家"（《史记·秦始皇本纪》）。

③以富相尚：即本段末尾所说"奢侈不期而至"。尚，崇尚，推崇。

④太牢：古代祭祀，牛、羊、豕三牲具备谓之"太牢"。

⑤归女：嫁女。

⑥瓦椁：瓦制的外棺。

⑦夕牲：祭祀前夕，查看牺牲。《汉书·丙吉传》："从祠高庙，至夕牲日，乃使出取斋衣。"颜师古注："未祭一日，其夕展视牲具，谓之夕牲。"《后汉书·礼仪志上》："正月，天郊，夕牲。"刘昭注："《周礼》'展牲'，干宝曰'若今夕牲'。又郊仪，先郊日未晡五刻夕牲。"

⑧赠襚（suì）：赠死者以衣衾。后泛指赠送财物以助治丧。《荀子·大略》："赗赙所以佐生也，赠襚所以送死也。"

⑨赗赙（fèng fù）：因助办丧事而以财物相赠。泛指送给死者的布帛、车马等财物。

⑩由来：来由，原因。

⑪染：熏染，影响。

⑫卓王孙：蜀郡临邛（今四川邛崃）人。家富，有家僮八百人。有女曰文君，新寡，好音，闻司马相如鼓琴，夜奔相如。王孙大怒，不予一文。后相如至临邛卖酒，文君当垆。王孙耻之，不得已，分与财物、家僮。相如乃与文君归成都，买田宅，为富人。参看《史记·司马相如列传》和《汉书·司马相如传》。家僮千数：《史记·司马相如列传》说"卓王孙家僮八百人"，《汉书·司马相如传》说"卓王孙僮客八百人"，唯《史记·货殖列传》说"（卓氏）富至僮千人"。

⑬程郑：西汉初大工商业主。祖先本关东人。秦灭关东六国，自山东迁蜀郡临邛。以冶铸为业，获巨利，家富有，僮客数百人，其富与卓王孙相等。参看《史记·货殖列传》。亦：底本作"各"，误。

⑭郪公：西汉后期蜀中富豪、豪侠。扬雄《蜀都赋》："郪公之徒，相与如平阳。"《文选·左思〈蜀都赋〉》："若夫王孙之属，郪公之伦，从禽于外，巷无居人。"李善注："郪公，豪侠也。"从禽：追踪禽兽，指打猎。

⑮巷无行人：意谓万人空巷，前往观看郪公打猎。

⑯箫鼓：吹箫与击鼓。泛指乐奏。歌吹：歌声和乐声。

⑰击钟：打钟奏乐。形容生活奢华。肆悬：四面悬挂乐器。按：此即"宫悬"（又作"宫县"）。古代钟磬等乐器悬挂在架上，其形制因用乐者身份地位不同而有别。帝王悬挂四面，象征宫室四面的墙壁，故名"宫县"。县，"悬"的古字。《周礼·春官·小胥》："正乐县之位：王宫县，诸侯轩县，卿大夫判县，士特县。"郑玄注引郑司农云："宫县，四面县，轩县去其一面，判县又去其一面，特县又去其一面。四面象宫室，四面有墙，故谓之宫县。"

⑱侔（móu）：齐等，相当。

⑲田文：战国时期齐国公族。田婴之子。袭父封爵，称薛公，号孟尝君。喜养士，门下食客数千人，为战国"四公子"之一。齐湣王任以为相，曾联合韩、魏先后打败楚、秦、燕三国。尝入秦为昭王相，昭王嫉而欲杀之，赖客有鸡鸣狗盗者排险阻，乃得脱身归。齐灭宋，出奔至魏，任魏相。齐襄王立，复归齐。卒，诸子争立。齐、魏共灭薛。《史记》有传。

⑳食货：古代用以称国家财政经济。语出《尚书·洪范》："八政：一曰食，二曰货。"

㉑称首：第一。

【译文】

然而，自秦惠文王、秦始皇平定六国后，就不断迁徙豪强大族到蜀地。上天赐予蜀地富饶的土地，每家都有盐铜之利，每户都有山川之材，生活富足，人们崇尚富裕。因此，工商业者驾驶四马大车前后相随，富豪大族身着王侯所穿的美衣，娶嫁宴席设有牛、羊、猪齐全的膳食，嫁女队伍有上百辆婚车相从，送葬所修建的必定是高坟瓦椁，祭奠前夕要查看用于祭祀的羊、猪等牲口的成色，而赠送财物给别人以助治丧，所赠与的衣衾、礼物等都很丰富以致超过了礼数，这都是蜀地人士的过失。考察其原因，这是受秦人风俗影响的结果。像卓王孙这样的富豪之家，有家僮上千人，程郑的家僮也有八百人；而富豪郐公外出打猎，万人空巷前往观看。宴饮行乐之时，有吹箫的和击鼓的，有歌声和乐声，打钟演奏的乐器悬挂四面。其富贵堪与王公贵族相比，而其豪侠义气甚至超过孟尝君田文。汉朝的财政经济，以蜀郡为第一。大概也是因为蜀郡土地肥沃丰饶，而奢侈之风便不期然而至。

蜀郡，州治，属县六①。户：汉廿七万，晋六万五千②。去洛三千一百二十里。东接广汉，北接汶山，西接汉嘉③，南接犍为。州治太城，郡治少城④。西南两江有七桥⑤：直西门郫江中曰冲里桥⑥,西南石牛门曰市桥⑦,下,石犀所潜渊也;城南曰江桥⑧;南渡流曰万里桥⑨;西上曰夷里桥⑩,亦曰笮桥;从冲里桥西北折曰长昇桥⑪;郫江上西有永平桥⑫。长老传言:李冰造七桥,上应七星⑬。故世祖谓吴汉曰⑭:"安军宜在七星间。"城北十里有升仙桥⑮,有送客观。司马相如初入长安,题其门曰:"不乘赤车驷马,不过汝下也。"⑯于是江上多作桥⑰,故蜀立里⑱,多以桥为名。

【注释】

①属县六:即下文所说的成都县、郫县、繁县、江原县、临邛县、广都县六个县。

②"户"几句:《汉书·地理志上》:"蜀郡,户二十六万八千二百七十九,口百二十四万五千九百二十九。"《晋书·地理志上》:"蜀郡,秦置。统县六,户五万。"

③汉嘉:郡名。三国蜀汉章武元年(221)改蜀郡属国都尉置,属益州。治所在汉嘉县(今四川芦山县,一说在今四川雅安名山区北)。西晋永嘉以后废。

④州治太城,郡治少城:太城,战国秦惠王二十七年(前311)张仪、张若建,在今四川成都市区东城。太城之西为二人所建之少城。晋代,益州治太城,蜀郡治少城。少城,秦代为工商业及其官署所在地。晋代为蜀郡治所。

⑤两江:即检江(流江)、郫江。七桥:指冲里桥、市桥、江桥、万里桥、夷里桥(笮桥)、长昇桥、永平桥。关于七桥,任乃强、刘琳有专门考证,任乃强并有图示。

⑥冲里桥:或作"冲治桥"。当在今成都西门城外、老西门与通惠门之间(刘琳)。

⑦市桥：亦名"冲星桥"。战国时秦建，在今四川成都西南文庙西街附近。桥在石牛门外郫江上，与笮桥相对。

⑧江桥：战国秦建于郫江上，在今四川成都旧城文庙前街一带。南朝宋孝武时，以桥对安乐寺，改为安乐桥。

⑨万里桥：亦名"笃泉桥"。战国秦建于检江上，即今四川成都南跨南河之南门大桥。今桥为清康熙五年（1666）重建。

⑩夷里桥：又名"夷星桥"，即笮桥。战国时秦建，在今四川成都西南南河上。因桥用竹索编成，故名笮桥。

⑪长昇桥：按地势推测，当在今老西门外（刘琳），约在今洞子口附近（任乃强）。

⑫永平桥：当在长昇桥之西北，大约在今城西北通锦桥以西、马家花园一带（刘琳）。

⑬七星：即北斗七星。二十八宿之一。南方朱鸟七宿的第四宿，有星七颗——天枢、天璇、天玑、天权、玉衡、开阳、摇光。李冰造七桥，"其四在城南，分跨两江，如北斗之勺；其三在西北，俱跨郫江，如斗柄。故蜀人谓其'上应七星'"（任乃强）。

⑭世祖：即汉光武帝刘秀。刘秀（前6—57），字文叔，南阳蔡阳（今湖北枣阳）人。汉高祖九世孙。东汉王朝建立者，庙号世祖。吴汉（？—44）：字子颜，南阳宛（今河南南阳）人。刘秀部将，东汉名将，"云台二十八将"之一。初为本县亭长，后亡命渔阳，以贩马为业。更始时，任为安乐令。归附刘秀后，从平河北，官拜大司马，封舞阳侯。先后镇压铜马、青犊等起义军，肃清中原流散武装。建武十一年（35），率军伐蜀。次年（36），大败公孙述，平定蜀地。谥忠侯。《后汉书》有传。

⑮升仙桥：在城北，跨升仙水。

⑯"题其门曰"几句：《史记·司马相如列传》索隐引《华阳国志》："蜀大城北十里有升仙桥，有送客观也。相如初入长安，题其门

云：'不乘赤车驷马，不过汝下也。'"赤车，古代显贵者所乘的红
色的车。驷马，指显贵者所乘的驾四匹马的高车。

⑰江上：底本作"江众"，误。据刘琳说改。

⑱里：古代一种居民组织。故蜀立里，多以桥为名，如本段所说的
"冲里""夷里"。

【译文】

蜀郡，是益州州治所在地，有成都、郫、繁、江原、临邛、广都六个属
县。人口：汉代有二十七万户，晋代有六万五千户。距离洛阳三千一百
二十里。东接广汉郡，北接汶山郡，西接汉嘉郡，南接犍为郡。州府在太
城，郡府在少城。西南的郫江、检江上有七座桥：在正西门郫江中的是冲
里桥；在西南石牛门外的是市桥，桥下深水处是石犀牛潜伏的地方；在城
南的是江桥；自江桥向南渡检江的是万里桥；从万里桥沿江西上的是夷
里桥，又叫笮桥；从冲里桥西北折而上的是长昇桥；在郫江上的西面有永
平桥。听老人说：李冰所建造的七桥，对应的是天上的北斗七星。因此，
汉光武帝刘秀对吴汉说："驻扎军队，应当在七星桥之间。"城北十里有
昇仙桥，有送客的楼观。司马相如当初北上长安时，曾经在楼观门上题
词："如果不能乘坐驷马赤车，就不从此地经过。"当时，江上修建了很多
桥，故而蜀郡所设之里，大多以桥命名。

其大江自湔堰下至犍为有五津①：始曰白华津②；二曰
里津③；三曰江首津④；四曰沙头津⑤；刘璋时，召东州民居此⑥，改
曰东州头。五曰江南津⑦。入犍为有汉安桥、玉津、东沮津⑧，
津亦七。

【注释】

①大江：岷江。明代以前，世人以岷江为长江正源，故称岷江为大

江。五津：指今四川都江堰市至眉山彭山区之间、在岷江上所设的五个渡口。津，渡口。

②白华津：或疑即今温江三渡水，此为成都至江源大路之渡口（刘琳）。

③里津：或作"皂里津"，在今四川新津境。

④江首津：或疑即新津东南之白果渡（刘琳）。

⑤沙头津：或作"涉头津""步头津"，当即今眉山彭山区观音镇东之双江渡（刘琳）。

⑥东州民：指东汉末年流寓益州的中原人。因其主要来自蜀郡东面的南阳、三辅（京兆尹、左冯翊、右扶风）等地，故称"东州民""东州人"。《三国志·蜀书·刘璋传》引《英雄记》："先是，南阳、三辅人流入益州数万家，收以为兵，名曰东州兵。璋性宽柔，无威略，东州人侵暴旧民，璋不能禁，政令多阙，益州颇怨。"按："刘璋时，召东州民居此，改曰东州头"当为注文，不是正文。其体例，一如《水经注》。故本处作小字区分。

⑦江南津：在沙头津南，在今眉山彭山区北（刘琳）。

⑧汉安桥：当在今眉山彭山区北岷江上（刘琳）。玉津：即碧玉津，在今四川眉山东坡区东、眉山彭山区北之岷江上。《清一统志·眉州》：玉津"在州东四里。宋陆游有诗"。东沮津：或疑即今眉山彭山区东之平盖渡（刘琳）。

【译文】

在岷江水系，自都江堰以下至犍为郡，有五个渡口：第一个是白华津；第二个是里津；第三个是江首津；第四个是沙头津；刘璋之时，曾经召集东州百姓来此居住，因此改名为东州头。第五个是江南津。进入犍为郡后，又有汉安桥、玉津、东沮津，所以共有七个渡口。

始，文翁立文学精舍、讲堂①，作石室②，一名玉室③，在城南④。永初后⑤，堂遇火，太守陈留高眹更修立⑥，又增造二石室。州夺郡文学为州学，郡更于夷里桥南岸道东边起文学，有女墙⑦。其道西城，故锦官也⑧。锦工织锦濯其中则鲜明，濯他江则不好⑨，故命曰"锦里"也⑩。西又有车官城⑪，其城东西南北皆有军营垒城⑫。其郡四出大道，道实二十里，有衢⑬。今言十八里者，昔蜀王女未嫁，年二十亡，王哀悼，不忍言二十，故言十八也。王女墓在城北，今王女陌是也⑭。

【注释】

①文学：学校，习儒之所。精舍：学舍，书斋。讲堂：讲习经术的地方。

②石室：以石为室，古代收藏图书之所。

③玉室：玉为石之美者，故石室"一名玉室"。

④在城南：文翁石室在成都大城南，今成都市文庙前街石室中学（曾用名"成都第四中学"）内。《元和郡县图志》卷三十一成都县："南外城中有文翁学堂，一名周公礼殿。"

⑤永初：汉安帝年号（107—113）。

⑥高眹（shùn）：或作"高瞬"（元丰本），古书又讹作"高眹"（如《集古录》卷二），陈留（今河南开封）人。曾任蜀郡太守。按：高眹所修石室在文翁石室稍东，又其东为周公礼殿，此即所谓"又增造二石室"。二石室及周公礼殿，毁于明代。清代重修，为成都府学、锦江书院所在地。《隶释》卷一收录有《益州太守高眹修周公礼殿记》，所说"高眹"即"高眹"。

⑦女墙：也称"女儿墙"，城墙上呈凹凸形的小墙。《释名·释宫室》："城上垣曰睥睨，……亦曰女墙，言其卑小，比之于城，若女子之于丈夫也。"

⑧锦官：又名"锦城""锦里""锦官城"。三国蜀汉建，原为管理织锦官署驻地，故名。在今四川成都西南郊南河（锦江）南岸。徐坚《初学记》卷二十七引任豫《益州记》："锦城在益州南笮桥东流江南岸，蜀时故锦官也。其处号锦里，城墉犹存。"后人又用作成都的别称。唐杜甫《蜀相》："丞相祠堂何处寻？锦官城外柏森森。"南宋陆游《自合江亭涉江至赵园》："政为梅花忆两京，海棠又满锦官城。"

⑨"锦工织锦濯（zhuó）其中则鲜明"二句：江，即锦江，古称濯锦江，即今四川成都南之南河。濯锦江之得名，即因此。《元和郡县志》卷三十一成都县："蜀人又谓流江为悬笮桥水，此水濯锦，鲜于他水。"《太平寰宇记》卷七十二华阳县：濯锦江"即蜀江，水至此濯锦，锦彩鲜润于他水，故曰濯锦江"。唐杜甫《萧八明府实处觅桃栽》："河阳县里虽无数，濯锦江边未满园。"此水系从今都江堰市都江堰分出之岷江支流走马河，东南流经成都市南，与府河（郫江）合流后统称府河，西南流至眉山市彭山区江口镇与岷江正流会合。

⑩锦里：即锦官城，在今四川成都西南郊南河（锦江）南岸。后人用作成都之别称。

⑪车官城：三国蜀建，在今四川成都西南百花潭公园以西。车官，督造车辆的官署。

⑫垒城：在大城附近的堡寨。

⑬衢：大路，四通八达的道路。

⑭陌：田间东西方向的道路，泛指田间小路。

【译文】

当初，文翁在蜀郡创办学校，在成都城南修建精舍、讲堂，修筑石室，一名玉室。永初之后，石室遭遇火灾，蜀郡太守、陈留人高朕重新修建学校，又增建了两个石室。后来，益州将蜀郡办的学校作为州所办学校，蜀郡便转而在夷里桥南岸道路东边兴办学校,并且修建了女墙。在该道路西边,就是当年主管织锦的官署所在的锦官城。锦工将织好的锦在锦江中漂洗,锦则色泽鲜明,而在其他江水中漂洗则效果不好,因此将这里命名为"锦里"。锦官城的西边是车官城,车官城的东、西、南、北四个方位都设有军营和堡寨。蜀郡有四条出行的大道,在大道距城二十里的地方,修建有通往四面八方的道路。今天所说的十八里之地,从前蜀王的女儿未出嫁,可惜在二十岁时死了,蜀王很哀伤,因不忍心说二十,所以改称十八,这就是十八里得名的由来。蜀王女儿的墓在城北,就是今天的王女陌。

　　其太守著德垂绩者,前汉莫闻。建武以来,有第五伦、廉范叔度特垂惠爱①。百姓歌之曰:"廉叔度,来何暮。来时我单衣,去时重五袴②。"其后,汉中赵瑶自扶风太守来之郡③,司空张温谓曰④:"第五伯鱼从蜀郡为司空,今扫吾第以待足下。"瑶换广汉。陈留高朕亦播文教。太尉赵公初为九卿⑤,适子甯还蜀⑥,朕命为文学⑦,撰《乡俗记》,亦能屈士如此⑧。广汉王商、犍为杨洪皆见咏怀⑨。及晋建西夷府⑩,太守多迁为西夷校尉⑪,亦迁益州刺史。

【注释】

①第五伦:字伯鱼,京兆长陵(今陕西咸阳)人。少耿介有义行。光武建武二十九年(53)举孝廉,历任会稽太守、蜀郡太守等。章帝时,官至司空,曾上书建议抑制外戚。为人质朴清俭,奉公无私,以贞白称。后老病乞归,年八十余卒。《后汉书》有传。廉范:字叔度,京兆杜陵(今陕西西安)人。明帝时举茂才,迁云中太守,破匈奴,境内安定。后历官武威、武都、蜀郡等太守,所在称治,百姓歌

之。因犯法免官，居家治田，赈恤亲友，世称其义。《后汉书》有传。

② "百姓歌之曰" 几句：百姓之所歌，即《五绔歌》。《后汉书·廉范列传》："建初中，（廉范）迁蜀郡太守……旧制禁民夜作，以防火灾，而更相隐蔽，烧者日属。范乃毁削先令，但严使储水而已。百姓为便，乃歌之曰：'廉叔度，来何暮？不禁火，民安作。平生无襦今五绔。'" 后以 "五绔" 作为称颂地方官吏施行善政之词。绔（kù），左右各一、分裹两胫的套裤。唐储光羲《晚次东亭献郑州宋使君文》："籍籍歌五绔，祁祁颂千箱。" 宋辛弃疾《水调歌头·送郑厚卿赵衡州》："莫信君门万里，但使民歌五绔，归诏凤凰街。" 按：本处的 "重五绔"，疑当作 "我五绔"。

③ 赵瑶：字元珪，汉中郡南郑（今陕西汉中）人。赵宣之子。兄弟七人，皆以令德著闻。赵瑶历任缑氏县令、扶风太守、蜀郡太守、广汉太守。本书卷十《先贤士女总赞》有传。

④ 张温（？—191）：字伯慎，南阳穰（今河南邓州）人。汉灵帝时官司空。边章、韩遂兵起，拜为车骑将军，屯美阳。时董卓以破虏将军从征，无功而辞对不逊，因卓有威名而不问。后历任太尉、卫尉，封互乡侯。董卓专权时，与司徒王允共谋诛卓，未发。董卓使人诬与袁术交通，笞杀于市。《后汉书》有传。

⑤ 赵公：赵谦（？—192），字彦信，蜀郡成都（今四川成都）人。赵戒之孙。献帝时为司隶校尉。转前将军，以功封郫侯。位至司徒、太尉、太仆。谥忠侯。《后汉书》、本书卷十《先贤士女总赞》有传。

⑥ 适（dí）子：适，同 "嫡"。嫡子，正室所生的儿子。

⑦ 文学：官名。亦称郡文学掾，省称文学。汉朝州郡职司教育的学官。

⑧ 屈士：礼贤下士。

⑨ 王商：字文表，广汉郡郪（今四川三台）人。王堂曾孙。益州牧刘璋辟为治中，试守蜀郡太守，有治声。本书卷十《先贤士女总赞》有传。杨洪（？—228）：字季休，犍为郡武阳（今四川眉山彭山区）

人。初为刘璋部属,历部诸郡。刘备时,拜蜀郡太守,有政绩。曾协助太子刘禅平定汉嘉太守黄元叛乱,赐爵关内侯。后为越骑校尉,仍领蜀郡。《三国志·蜀书》、本书卷十《先贤士女总赞》有传。

⑩西夷府:即西夷校尉府。

⑪西夷校尉:官名。西晋太康三年(282)置,治宁州;宁州并入益州后,以益州刺史兼领。四品。东晋太元(376—396)中平蜀后复置,治益州涪城。持节、领兵,掌益州少数民族事务。立府,置长史、司马,可与刺史一样举秀才、廉吏、良吏。

【译文】

蜀郡太守中功德卓著、功绩流传的,在西汉以前没有听说过。自建武以来,有第五伦、廉范(字叔度),他们对老百姓施加恩惠与慈爱。老百姓歌颂他们道:“廉叔度啊,你来何其晚也!你来之时我身着单衣,你走之时我已有五袴。”其后,汉中人赵瑶自扶风太守任上来蜀郡,司空张温对他说:“第五伦从蜀郡太守升为司空,我今洒扫我的宅第以等待足下。”后来,赵瑶转任广汉郡太守。陈留人高眹在任上也传播文教。太尉赵谦最初为九卿,恰逢他的嫡子赵宵回到蜀郡,高眹任命他为蜀郡文学掾,并撰写了《乡俗记》,高眹也能如此礼贤下士。广汉人王商、犍为人杨洪,都曾被老百姓歌颂怀念。到晋朝建立西夷府时,蜀郡太守大多升迁为西夷校尉,也有的升迁为益州刺史。

　　成都县① 　郡治。有十二乡、五部尉②。汉户七万③,晋三万七千。名难治。时广汉冯颢为令④,而太守京兆刘宣不奉法⑤,颢奏免之。立文学,学徒八百人。实户口万八千⑥,开稻田百顷,治有尤异⑦。后有广汉刘宠为令⑧。大姓恣纵⑨,诸赵倚公⑩,故多犯法。濮阳太守赵子真父子强横⑪,宠治其罪,莫不震肃⑫。郫民杨伯侯奢侈⑬,大起冢营⑭。因宠为郫令,伯侯遂徙占成都。宠复为成都,豪右敬服[15]。有蜀侯祠[16]。大姓有柳、杜、张、赵、郭、杨氏。豪富:先有程郑、郤公,后有郭子平[17]。奢豪:杨伯侯兄弟。

【注释】

①成都县:县名。战国秦惠文王二十七年(前311)置,属蜀郡。治所即今四川成都。东汉时兼为益州治。三国蜀汉建都于此。西晋为蜀郡及益州治。成汉都于此。东晋为蜀郡及益州治。隋开皇初郡废,大业初州废,复为蜀郡治。

②乡:行政机构名,属于县以下的行政机构。五部尉:官名。汉末洛阳分东西南北中五部,每部置尉一人,掌治安。按:本书卷三《蜀志》说成都县有“五部尉”,当如汉末洛阳分东西南北中五部,每部置尉一人。

③汉户七万:《汉书·地理志上》:“成都,户七万六千二百五十六。”

④冯颢:字叔宰,广汉郡郪(今四川三台)人。初为谒者,后为成都令,迁越巂太守,所在著称。后因与梁冀不和,退而隐居,恬然终日。著有《易章句》及《刺奢说》。本书卷十《先贤士女总赞》有传。

⑤刘宣:京兆(治今陕西西安西北)人。曾任蜀郡太守。

⑥实户口:即查出隐瞒户口。

⑦尤异:指政绩优异、卓异。

⑧刘宠:字世信,广汉郡绵竹(今四川德阳北)人。任成都令,政教明肃。后任郫、郪、安汉令,皆有治绩。后迁牂柯郡太守,居郡九年而还,吏人为之立铭。本书卷十《先贤士女总赞》有传。

⑨恣纵:惟意所欲,不加敛束。

⑩诸赵:指赵戒、赵谦、赵温之族,是当时成都县著名的豪强世族。

⑪赵子真:籍贯不详。曾任濮阳太守。

⑫震肃:因慑于威猛之政而风气肃然。

⑬杨伯侯:蜀郡郫县(今四川成都郫都区)人。地方富豪。生平不详。

⑭冢茔:即冢茔。茔,通"茔",墓地。

⑮豪右:封建社会的富豪家族、世家大族。

⑯蜀侯祠:即蜀侯恽祠。

⑰郭子平:蜀郡富豪。生平不详。

【译文】

　　成都县　是蜀郡的郡治所在地。成都县有十二个乡,有五个部尉。汉代人口有七万户,晋代人口有三万七千户。成都县号称难以治理。汉朝时,广汉人冯颢为成都县令,而太守、京兆人刘宣不遵守法纪,冯颢上奏朝廷罢免了刘宣。冯颢在成都修建学校,有学徒八百人。冯颢查出隐瞒户口一万八千户,开垦稻田上百顷,其政绩特别优异。其后,广汉人刘宠任成都县令。当时,大姓肆意放纵,赵氏家族依仗祖父、兄弟曾为朝中三公,因而经常犯法。濮阳太守赵子真父子都很强横,刘宠惩治了他们的罪行,豪强无不震慑收敛,因而县内风气肃然。郫县人杨伯侯作风奢侈,大肆修建坟墓。因为刘宠其时已经转任郫县令,杨伯侯于是迁居成都。刘宠再任成都县令,豪门大族敬服。成都县建有蜀侯祠。成都县的大姓有柳、杜、张、赵、郭、杨氏。豪强富族:先有程郑、郏公,后有郭子平。奢侈阔绰的家族:有杨伯侯兄弟。

　　郫县①　郡西北六十里。冠冕大姓:何、罗、郭氏。

　　繁县②　郡北九十里。有泉水稻田。三张为甲族③。

【注释】

①郫县:县名。秦于周慎王五年(前316)灭蜀国后在郫邑置,属蜀郡。治所在今四川成都郫都区北一里。以蜀王杜宇名蒲卑,都于此,或谓以郫江(今柏条河)经县境而名。

②繁县:县名。西汉置,属蜀郡。治所在今四川彭州西北。"因繁江

以为名"(《元和郡县志》卷三十一)。蜀汉延熙十年(247),移治于今成都新都区西北新繁镇,迁繁县民居于此,俗称新繁。北周正式改名新繁。《太平寰宇记》卷七十二新繁县:"刘禅延熙十年凉州胡率众降,禅居之繁县,以繁县移户于此,俗间谓之新繁。至是县名因俗而改。"

③甲族:指世家大族。

【译文】

郫县　在蜀郡西北六十里。居首位的大姓,有何、罗、郭氏。

繁县　在蜀郡北九十里。有泉水灌溉的稻田。三张是当地的世家大族。

江原县①　郡西,渡大江,滨文井江,去郡一百二十里。有青城山、称江祠②。安汉、上下朱邑出好麻、黄润细布③,有羌筒盛④。小亭有好稻田⑤。东方常氏为大姓⑥。文井江上有常堤三十里⑦,上有天马祠⑧。

【注释】

①江原县:县名。西汉置,属蜀郡。治所在今四川崇州东南三十里江源场东。西晋末废。十六国成汉李雄改为汉原县。东晋永和中改汉原县复置,为晋原郡治,治所在今四川崇州西北六十里怀远镇。北周改为多融县,旋改为晋原县。

②青城山:亦名赤城山,因山形状如城郭得名,在今四川都江堰市西南三十里。有"青城天下幽"之赞誉,为蜀中名山。为著名道教圣地,道教称为"第五洞天"。道教创始人张道陵在此结茅传道,晋代范长生、隋代赵昱、唐代杜光庭等皆曾隐居于此。今存常道观(天师洞)、上清宫、祖师殿、建福宫等庙观十余处,均系清朝所建。为世界文化和自然遗产,已列入《世界遗产名录》。称江祠:

建筑名。具体不详。或以为,"称江祠"当是"渎山祠"之误,是青城山上的祠庙。

③安汉:乡名。具体不详。朱邑:乡名。具体不详。黄润细布:蜀中生产的一种细布,即世所谓"蜀布"。《古文苑·扬雄〈蜀都赋〉》:"筒中黄润,一端数金。"章樵注引司马相如《凡将篇》:"黄润纤美宜制禅。"《文选·左思〈蜀都赋〉》:"黄润比筒,籝金所过。"刘逵注:"黄润,谓筒中细布也。"《史记·大宛列传》:"(张)骞曰:'臣在大夏时,见邛竹杖、蜀布。'"

④羌筒:一种大竹筒。

⑤小亭:当即朱亭,在今都江堰市玉堂镇,位于青城山以北。《水经·江水注》:"有朱亭,亭南有青城山,山上有嘉谷,山下有蹲鸱,即芋也。"

⑥东方:可能是复姓,亦可理解为江原县之东方(刘琳)。也可以理解为基层社区名,即东方里(汪启明等)。按:在《华阳国志》全书中,没有复姓"东方"的人物,故本处的"东方"不可能是复姓。又,《华阳国志》全书所记某县大姓,基本上都不是一姓独大。而《华阳国志》全书所记江原县的重要人物,有治中从事张充、美阳令王皓、尚书郎王嘉。因此,笔者怀疑此处的"东方"二字有误,或当作"张、王",系形近而误。常氏:本书作者常璩,即出于江原县常氏。

⑦常堤:即常氏堤。《水经·江水注》:"文井水又东径江原县,县滨文井江,江上有常氏堤,跨四十里。"

⑧天马祠:在江原县,为日行千里的天马而建。本卷越嶲郡会无县说:"(会无县)有天马河,马日千里,后死于蜀,葬江原小亭,今天马冢是也。县有天马祠。"

【译文】

江原县　在蜀郡以西,有大江流过县内,濒临文井江,距离蜀郡一百二十里。有青城山,有称江祠。安汉乡、上下朱邑都出产好麻、黄润细布,细麻布可卷起来装入大竹筒。小亭乡有产稻的优质水田。东方里的常氏是江原县的大姓。文井江上有常堤三十里,上面有天马祠。

临邛县[①] 郡西南二百里。本有邛民[②]。秦始皇徙上郡实之[③]。有布濮水[④],从布濮来合文井江。有火井[⑤],夜时光映上昭。民欲其火,先以家火投之。顷许,如雷声,火焰出,通耀数十里。以竹筒盛其光藏之,可拽行终日不灭也。井有二,一燥一水[⑥]。取井火煮之,一斛水得五斗盐;家火煮之,得无几也[⑦]。有古石山[⑧],有石矿,大如蒜子,火烧合之,成流支铁,甚刚。因置铁官[⑨],有铁祖庙祠[⑩]。汉文帝时,以铁铜赐侍郎邓通[⑪],通假民卓王孙,岁取千匹。故王孙赀累巨万亿[⑫],邓通钱亦尽天下。王孙女文君能鼓琴[⑬]。时有司马长卿者,临邛令王吉与之游王孙家[⑭],文君因奔长卿。汉世,县民陈立历巴郡、牂柯、天水太守[⑮],有异政[⑯]。陈氏、刘氏为大姓冠盖也。

【注释】

①临邛县:县名。战国时秦置,属蜀郡。治所在今四川邛崃。西汉置盐、铁官。王莽改蜀郡太守为导江卒正,治临邛,公孙述以此起家称帝。十六国成汉后废。西魏废帝二年(553)复置,属邛州,为临邛郡治。

②邛民:即邛人、邛都夷。古代西南少数民族名。主要分布在今四川西昌东南安宁河流域。元鼎六年(前111),汉通西南夷,于其地置越巂郡。

③上郡:郡名。战国魏文侯置,秦代治所在肤施县(今陕西榆林东

南七十五里鱼河堡附近）。东汉建安二十年（215）废。

④布濮水：即仆千水，今四川邛崃南之火井河及南河（邛崃河）。《汉书·地理志上》："临邛，仆千水东至武阳入江，过郡二，行五百一十里。"

⑤火井：又称火泉。产可燃天然气的井。因火自地下出，故称"火井"。古代多用以煮盐，故又有"盐井"之称。按：本处关于"火井"的记载，是中国最早的火井（天然气井）史料之一，具有重要价值。除此之外，关于"火井"的早期史料还有以下几则。扬雄《蜀都赋》："东有巴賨，绵亘百濮。铜梁金堂，火井龙湫。"张华《博物志》卷二："临邛火井一所，从广五尺，深二三丈。井在县南百里。昔时人以竹木投以取火，诸葛丞相往视之，后火转盛热。盆盖井上，煮水得盐。"《文选·左思〈蜀都赋〉》："火井沉荧于幽泉，高焰飞煽于天垂。"刘逵注："蜀郡有火井，在临邛县西南。火井，盐井也。"《水经·江水注》："江水又径临邛县，王莽之监邛也。县有火井、盐水，昏夜之时，光兴上照。"这些记载表明，四川就是中国最早使用火井的地区。自汉至明，四川邛州（今邛崃）、富顺、蓬溪等处火井屡见史书。汉代四川的火井煮盐，主要集中在蜀郡临邛县。北周于邛崃县置火井镇，治所在今四川邛崃西南六十里火井镇（一说在今油榨乡）。隋大业十二年（616），升火井镇为火井县，属临邛郡。也有研究者认为，邛崃火井不是天然气井，而是石油井。

⑥"井有二"二句："一燥一"三字底本无，据《读史方舆纪要》卷七一补。

⑦"家火煮之"二句：临邛县出产盐，故西汉在该县设有盐官。临邛县开采的天然气，主要用于煮盐。古代文献的记载显示，使用天然气煮盐，盐的产出率比较高，远远高出家火。《后汉书·郡国志五》"临邛"李贤注引《博物记》："有火井，深二三丈，在县南百

里。以竹木投取火,后人以火烛投井中,火即灭绝,不复然。"又引《蜀都赋》注:"火井欲出其火,先以家火投之,须臾许隆隆如雷声,烂然通天,光耀十里,以竹筒盛之,接其光而无炭也。取井火还,煮井水,一斛水得四五斗盐,家火煮之,不过二三斗盐耳。"今四川邛崃有火井乡,曾发现引天然气煮盐的遗迹。四川蒲江县古盐业遗址出土过不少文物,尤其是汉化"牢盆"的出土,更加证明了蒲江在中国井盐生产发展史上的突出地位。

⑧古石山:亦名"古城山""五面山""古铁山"。在今四川邛崃南十里。或说即孤石山,在唐临溪县东十九里,今为四川蒲江西来镇马湖村地(任乃强、刘琳)。按:后说更可信,因在马湖村发现了冶铁遗址。详见成都文物考古研究所、蒲江县文物管理所:《2007年四川蒲江冶铁遗址试掘简报》,《四川文物》,2008年第4期。

⑨因置铁官:临邛县出产铁,故西汉在该县设有铁官。

⑩铁祖庙祠:在蒲江古石山上。《大清一统志》卷三百一十:"古城山,在州南十里。山有五面,亦名五面山。对拱州治,上有铁祖庙,鼓铸家祀之。盖即古铁山也。"

⑪邓通:蜀郡南安(今四川乐山)人。汉文帝时,初为黄头郎,后得宠,官至上大夫。前后所得赏赐,以十巨万计。文帝并赐给蜀郡严道(治所在今四川荥经县严道镇)铜山,使其自行铸钱,邓氏钱遍天下,而富冠一时。景帝即位,被免官。旋为人告发,尽没其家,不名一钱,寄食人家,困饿而死。

⑫赀:通"资",货物,钱财。巨万亿:极言数目之多。按:《史记·佞幸列传》和《汉书·佞幸传》有邓通传,但与《华阳国志》所载有出入。又,在荥经县发现有秦汉铸钱遗址。

⑬文君:卓文君,蜀郡临邛(今四川邛崃)人。卓王孙女。善鼓琴,通音律。司马相如饮宴于卓氏,时文君新寡,乃以琴心挑之,遂与相如私奔成都。又返临邛,当垆卖酒。王孙耻之,分与财物,遂成

富人。相传后因相如将纳妾,作《白头吟》以自绝,相如遂止。参看《史记·司马相如列传》和《汉书·司马相如传》。按:今四川邛崃城内里仁街有文君井,相传即文君当垆处。《明一统志》卷七十二嘉定州:文君井"在邛崃县南二里,郡卓文君当垆,司马相如涤器处"。嘉庆《四川通志》卷五十六邛州:文君井"在州南街左琴台侧。相传即文君当垆处"。

⑭王吉:籍贯不详。曾任临邛县令。

⑮陈立:字少迁,蜀郡临邛(今四川邛崃)人。成帝时,历任连然、不韦县令,迁金城司马。河平中,任牂牁太守,平定夜郎王兴叛乱。后为巴郡、天水太守,均有治绩。入为左曹、卫将军、护军都尉。卒于官。本书卷十《先贤士女总赞》有传。

⑯异政:优异的政绩。

【译文】

临邛县　在蜀郡西南二百里。本来有邛民在此居住。秦始皇时,迁徙上郡来充实本地的人口。有布濮水,从布濮流来,汇入文井江。有产天然气的火井,夜晚时火光上映闪耀。居民想取井火,先用家中的炭火投进去。过了一会儿,传出雷鸣般的声音,火焰就窜了出来,井火联通,可以照耀数十里。用竹筒灌装天然气并将其密闭,然后开孔点燃,可以拿着行走一整天而火光不熄灭。井有二眼,一眼性燥,一眼性温。取井火来煮盐,一斛水可以得到五斗盐;用家火来煮盐,得到的盐就没有多少。有古石山,山上有石矿,大小如蒜子,用火烧炼合制,可制作成流支铁,非常坚硬。因此,此地设有铁官,山上有铁祖庙祠。汉文帝时,将此地的铁、铜开采权赏赐给侍郎邓通,邓通又租借给卓王孙,每年收取布帛千匹。因此,卓王孙的家财累计上亿万,而邓通铸造的钱币也遍布天下。卓王孙有个女儿叫卓文君,擅长弹琴。当时,有个人叫司马长卿,临邛令王吉和他一起到卓王孙家造访,卓文君就和司马长卿私奔了。在汉代之时,临邛县人陈立历任巴郡、牂柯、天水太守,在每个任地都有优异的政绩。陈氏、刘氏是临邛县数一数二的大姓。

广都县^①　郡西三十里,元朔二年置^②。有盐井、渔田之饶。大豪冯氏有鱼池、盐井,县凡有小井十数所。江有鱼漕梁^③,山有铁矿。江西有好稻田。穿山崖过水二十里。汉时县民朱辰字元燕为巴郡太守^④,甚著德惠^⑤。辰卒官,郡獠、民北送及墓^⑥。獠蛮鼓刀辟踊^⑦,感动路人,于是葬所草木顷许皆仿之曲折^⑧。迄今蜀人莫不叹辰之德,灵为之感应。今朱氏为首族也^⑨。

【注释】

①广都县:县名。西汉元朔二年(前127)置,属蜀都,治所在今四川成都双流区东中和镇。西晋移治今成都双流区东南文星镇附近。东晋移治今成都双流区东北十里。后又移今双流区。隋仁寿元年(601)改为双流县。

②元朔二年:前127年。元朔,汉武帝年号(前128—前123)。

③鱼漕梁:即鱼梁、渔梁,筑堰拦水捕鱼的一种设施。用木桩、柴枝或编网等制成篱笆或栅栏,置于河流、潮水河中或出海口处,拦捕游鱼。按:诚如下文所云,新都县"有枣、鱼梁",江阳县有"伯涂鱼梁"。

④朱辰:字元燕,蜀郡广都(今四川成都双流区)人。曾任巴郡太守,颇有政绩,深得民心。

⑤德惠:德泽恩惠。

⑥民:指汉民。

⑦鼓刀:操刀。谓摆弄刀子发出响声。本处实为执刀而舞。这是一种武舞,犹如本书卷一《巴志》所说"巴渝舞"。辟踊:捶胸顿足,

形容哀痛至极。辟,通"擗",拍胸,捶胸。

⑧曲折:弯曲。意谓墓地附近的草木都弯曲了,仿佛受到感动弯腰
　　一样。

⑨首族:首屈一指的大族。

【译文】

广都县　在郡西三十里。元朔二年设置。有盐井、渔田等富饶的
资源。大姓富豪冯氏有鱼池、盐井,县内共有小盐井十多处。江中有鱼
漕梁,山上有铁矿。检江以西有优质稻田。开凿山崖,修建了二十里长
的引水渠。汉朝之时,广都县人朱辰(字元燕)任巴郡太守,有贤德与恩
惠,很是著名。朱辰在任上去世,蜀郡的獽人和汉人北上为他送葬,一直
护送到墓地。獽人、蜑人执刀而舞,捶胸顿足,感动了路上围观的人,结
果,朱辰墓地的草木很快都开始模仿,纷纷弯曲。直到今日,蜀人没有不
赞叹朱辰德行的,还能感应到朱辰之灵的存在。今天,朱氏是当地的第
一大族。

成都市官本有长①,建武十八年省②。

蜀郡,太康初属王国,改号曰成都内史③;王改封,乃
复旧④。

【注释】

①市官:管理市场的官员。本书卷三《蜀志》说,秦灭蜀后,"营广府
　　舍,置盐、铁、市官并长丞"。

②建武十八年省:东汉光武帝建武十八年(42)裁撤成都市官,当与
　　史歆反汉有关。此年,蜀郡守将史歆(?—44)怨汉兵残虐蜀地,
　　起兵叛据成都,自称大司马。光武帝遣大司马吴汉将万余人讨
　　伐,围城百余日破之,诛杀史歆等。

③"太康初属王国"二句:据本书卷八《大同志》记载,蜀郡改属王

国在太康八年（287），"八年，武帝子成都王颖受封，以蜀郡、广汉、犍为、汶山十万户为王国，易蜀郡太守号为成都内史"。而据《晋书·武帝纪》和《资治通鉴》卷八十三，司马颖受封在太康十年（289）。内史，官名。战国时秦置，掌治京师之官。秦至西汉初沿置。西汉诸侯王国亦置，掌民政，成帝绥和元年（前8）省，更令相治民，如郡太守。西晋武帝太康十年（289）又改诸王国相为内史，掌管民政。东晋、南北朝沿之。

④复旧：恢复蜀郡原先的建制。按：永嘉中（307—312），废除成都王国，恢复蜀郡。

【译文】

成都有市官，并且本来有市官长，在建武十八年被裁撤。

蜀郡，太康初年属成都王国，蜀郡太守因此改称成都内史；后来，成都王改封，于是恢复了蜀郡的建制。

广汉郡，高帝六年置。属县八①。汉户十七万，晋四万②。去洛三千里③，南去成都百二十里。西接汶山，北接梓潼，东接巴郡。本治绳乡④，安帝永初中，阴平、汉中羌反，元初二年移涪，后治雒城⑤。王莽改曰就都⑥，公孙述名曰子同。

【注释】

①属县八：广汉郡西汉时有属县十三，东汉时有属县十一，蜀汉时有属县九，在晋代仅有属县八。这八个属县，即下文所说的雒县、绵竹县、什邡县、新都县、五城县、郪县、广汉县、德阳县。

②"汉户十七万"二句：广汉郡的户口，《汉书·地理志上》："广汉郡，户十六万七千四百九十九，口六十六万二千二百四十九。"

《后汉书·郡国志五》:"广汉郡,十一城,户十三万九千八百六十五,口五十万九千四百三十八。"西晋初,广汉郡与新分出的新都郡合计户二万九千六百,即广汉郡户五千一百,新都郡户二万四千五百。见《晋书·地理志上》。

③去洛三千里:《后汉书·郡国志五》:"广汉郡,雒阳西三千里。"

④绳乡:即乘乡,在今四川广汉城北。

⑤雒城:在四川广汉中部的雒城镇。《水经·江水注》:"(汉高祖)六年,乃分巴蜀,置广汉郡于乘乡。王莽之就都,县曰吾雒也。"在广汉雒城镇,发现了篆隶"雒城"铭文砖砌筑的墙基,还出土有铜瓦、云纹瓦当、陶豆和东汉五铢钱等文物,说明该遗址是东汉所筑。

⑥就都:《汉书·地理志上》:"广汉郡,高帝置。莽曰就都。"

【译文】

广汉郡,汉高祖六年设置。有八个属县。汉代有人口十七万户,晋代有人口四万户。距离洛阳三千里,南距成都一百二十里。西接汶山郡,北接梓潼郡,东接巴郡。郡府本来在绳乡,汉安帝永初年间,阴平郡、汉中郡的羌人造反,元初二年,广汉郡府移到涪县,后来又迁到雒城。王莽改广汉郡为就都郡,公孙述又改为子同郡。

　　益州以蜀郡、广汉、犍为为"三蜀"①。土地沃美,人士俊乂②,一州称望③。然汉选蜀郡、广汉太守,每重德高俊④。故前有赵护、第五伯鱼⑤,后有蔡、陈⑥,表章礼物,殊于诸郡。其太守著功德者,有刘咸、孙宝、蔡茂、陈宠⑦。伯鱼自郡径迁司徒,宠亦至三公。而祋讽、尹睦、鲜于定、赵瑶⑧,皆公望也⑨;薛鸿辈⑩,卿佐也⑪;而许靖亦为上公⑫,及何祗、常闳皆有称⑬。以处州中,益州恒治此郡。

【注释】

①三蜀:地区名。秦灭蜀国置蜀郡,汉初分蜀郡置广汉郡,武帝时又分置犍为郡,三郡本一蜀国,故合称"三蜀"。《文选·左思〈蜀都赋〉》:"三蜀之豪,时来时往。"李善注:"三蜀,蜀郡、广汉、犍为也。"

②俊乂(yì):才德出众的人。

③称望:名望。

④高俊:高超俊逸,不同凡响。亦指才智过人者。

⑤赵护:字子夏,汉成帝时人。曾任河东都尉,后因功而升广汉太守,又迁执金吾。《汉书·成帝纪》:"(鸿嘉四年)冬,广汉郑躬等党与寖广,犯历四县,众且万人。拜河东都尉赵护为广汉太守,发郡中及蜀郡合三万人击之。或相捕斩,除罪。旬月平,迁护为执金吾,赐黄金百斤。"第五伯鱼:即第五伦。见本卷前文注。

⑥蔡、陈:指蔡茂、陈宠。蔡茂(前25—47),字子礼,河内怀(今河南武陟)人。哀帝、平帝时以儒学知名,征试博士,以高第擢拜议郎,迁侍中。新莽时免官不仕。光武帝时曾为广汉太守,抑制权贵,无所顾忌。建武二十年(44)为司徒,居官清俭。卒于官。《后汉书》有传。陈宠(?—106),字昭公,沛国洨(今安徽固镇)人。明习法律,兼通经书。少为州郡吏,辟司徒府,掌狱讼,断案公平。章帝初,为尚书,奏请废除前世烦苛之法,帝纳之。性慎密,在任谢绝门人知友。为大将军窦宪所忌,出为泰山、广汉太守。和帝永元六年(94)任廷尉,数议疑狱,务从宽恕,济活甚众。位终司空。著有《辞讼比》七卷。《后汉书》有传。

⑦刘咸:籍贯不详。汉平帝时,任广汉太守。孙宝:字子严,颍川鄢陵(今河南鄢陵北)人。以明经为郡吏,荐为议郎,迁谏大夫。成帝鸿嘉中,历任益州、冀州刺史,拜广汉太守。不畏权势,颇有政绩,吏民称颂。征为京兆尹。哀帝时,征为谏大夫,迁司隶。尚书

仆射郑崇下狱，孙宝上书为之申冤，帝不悦，免为庶人。平帝时，起为大司农。后以直言忤王莽，免为庶人。《汉书》有传。

⑧役（duì）讽：籍贯不详。汉安帝时为广汉太守、尚书令、光禄勋。延光三年（124），废太子刘保为济阴王。役讽与太仆来历等十余人俱诣鸿都门证太子无过。及刘保即位为顺帝，讽已卒，拜其子为郎。尹睦（？—93）：字伯师，河南巩（今河南巩义）人。和帝时任大司农，后迁太尉，录尚书事。卒于位。鲜于定：事迹不详。赵瑶：字元珪，汉中郡南郑（今陕西汉中）人。见前文注。

⑨公望：可与三公的重要职位相称的名望。

⑩薛鸿：籍贯与事迹不详。据本书卷十《先贤士女总赞》，薛鸿曾任广汉郡太守。

⑪卿佐：指辅佐国君的执政大臣。

⑫许靖（？—222）：字文休，汝南平舆（今河南平舆北）人。少与许邵知名。初为郡吏，后察孝廉，除尚书郎。董卓秉政，避难于交阯。后应刘璋之邀入蜀，历巴郡、广汉太守。刘备得益州，任太傅、司徒等。善于品评人物，奖掖后进。丞相诸葛亮亦敬事之。《三国志·蜀书》有传。上公：汉制，仅以太傅为上公。因其位在三公之上，故称上公。西汉以丞相（大司徒）、太尉（大司马）、御史大夫（大司空）为三公，东汉以太尉、司徒、司空为三公。

⑬何祗：字君肃，蜀郡郫（今四川成都郫都区）人。何宗族人。历任汶山、广汉、犍为太守。本书卷十《先贤士女总赞》有传。常闳：蜀郡江原（今四川崇州）人。历任汉中、广汉太守。本书卷十《先贤士女总赞》有传。

【译文】

益州以蜀郡、广汉郡、犍为郡为"三蜀"。广汉郡土地肥美，英才辈出，闻名于益州。汉朝遴选蜀郡、广汉郡太守，每每重视德与才，要求德行高尚、才智过人。因此，前面有赵护、第五伦，后面有蔡茂、陈宠，他们被朝廷表彰赏赐，不同于其他各郡。其中功德卓著的太守，有刘成、孙宝、蔡茂、陈宠。第五伦自广汉郡太守直接升迁至司徒，陈宠也位至三公。而役讽、尹睦、鲜于定、赵瑶，都有堪比三公的声望；薛鸿之辈，也是辅佐国君的执政大臣；而许靖也位至上公，以及何祗、常闳都有声望。因为广汉郡地处益州中心，所以益州州府一直都在广汉郡。

　　初平中，益州牧刘焉自绵竹移雒县城，筑阙门①。云其地不王，乃留孙循据之②。建安十八年，刘先主自涪攻围且一年，军师庞统中流矢死③。先主痛惜，言则涕泣。广汉太守南阳张存曰④：“统虽可惜，违大雅之体⑤。”先主怒曰：“统杀身成仁⑥，非仁乎？”即免存官。十九年夏，雒城拔。襄阳马良书诒诸葛亮曰⑦：“承雒城已下⑧，尊兄配业光国⑨，魄兆见矣⑩。”时州或治成都，时复治雒，为蜀渊府⑪。

【注释】

① 阙门：古代宫殿、官府、祠庙、陵墓前由双阙组成的出入口。《易·说卦》：“为小石，为门阙。”高亨注：“门之两旁筑台，其台谓之阙，亦谓之观。艮为山。门阙高崇，似两山对峙，故艮为门阙。”

② 循：刘循，江夏郡竟陵（今湖北潜江）人。刘璋长子，刘焉之孙。建安十八年（213），刘备进围雒城，刘循率军抵抗，坚守近一年，城破被俘。刘备灭刘璋后，任命刘循为奉车中郎将。

③ 庞统（179—214）：字士元，襄阳（今湖北襄阳）人。与诸葛亮齐名，号“凤雏”。初为郡功曹，后任南郡太守。归事刘备，历为耒阳令、治中从事、军师中郎将，是刘备主要谋士之一。建安十九年（214），随刘备入蜀，建议攻成都，进至雒县（今四川广汉北），中流矢卒（其地遂称“落凤坡”）。追赐关内侯，谥靖侯。《三国

志·蜀书》有传。庞统墓在今四川罗江县西南白马关侧（古名鹿
头关，俗名白马关），是全国重点文物保护单位。《方舆胜览》卷五
十四绵州：白马山"在魏城县西，山势高峻，上有庞统墓"。《明一
统志》卷六十七成都府："庞统墓在鹿头关。"明末祠、墓被毁。清
康熙四十八年（1709）重建。流矢：乱飞的或无端飞来的箭。

④张存：字处仁，南阳（今河南南阳）人。以荆州从事随刘备入蜀，
　为广汉太守。庞统卒，刘备嘉叹之，而张存以为庞统违大雅之义，
　触怒刘备，被免官。顷之，病卒。参看《季汉辅臣赞注》。

⑤违大雅之体：大意是说庞统心术不够雅正。《季汉辅臣赞注》：
　"（张）存素不服庞统，统中矢卒，先主发言嘉叹，存曰：'统虽尽忠
　可惜，然违大雅之义。'"（《三国志·蜀书·杨戏传》）大雅，《诗
　经》的组成部分之一。旧训雅为正，谓诗歌之正声。《诗大序》：
　"雅者，正也，言王政之所由废兴也。政有小大，故有《小雅》焉，
　有《大雅》焉。"本处意谓高尚雅正。

⑥杀身成仁：语本《论语·卫灵公》："志士仁人，无求生以害仁，有
　杀身以成仁。"意思是为了成就"仁"德而不惜牺牲自己的生命。
　这是儒家道德的最高标准。

⑦马良（187—222）：字季常，襄阳宜城（今湖北宜城）人。兄弟五
　人，并有才名。因马良眉中有白毛，乡里为之谚曰："马氏五常，白
　眉最良。"刘备得荆州，辟为从事。刘备称帝，拜为侍中。后卒于
　夷陵之战。《三国志·蜀书》有传。书诒（yí）：致信，致函。

⑧承：得知。

⑨尊兄：对同辈年长者或己兄的敬称。《三国志·蜀书·马良传》裴
　松之注："臣松之以为良盖与亮结为兄弟，或相与有亲；亮年长，良
　故呼亮为尊兄耳。"光国：即国光。本指国家的礼乐文物。后多
　指国家的威望和荣誉。配业光国意谓诸葛亮的业绩配得上国家
　辅佐之位。典出《易·观》："观国之光，利用宾于王。"

⑩魄兆：征兆，先兆。《国语·晋语三》："公子重耳其入乎，其魄兆于民矣。"韦昭注："魄，形也。兆，见也。"

⑪渊府：指财物或文书等集聚的地方。本处意谓广汉郡物产富饶。

【译文】

初平年间，益州牧刘焉自绵竹移驻雒县城，修筑了阙门。刘璋说这个地方不适合称王，于是留下孙子刘循据守此地。建安十八年，刘备自涪县出兵攻打雒县城，围攻了将近一年而未能攻克，军师庞统中流矢而死。刘备为此非常悲痛惋惜，每次提到庞统时都要落泪。广汉太守、南阳人张存说："庞统虽然可惜，但其人有违高尚雅正的体统。"刘备发怒道："庞统杀身成仁，难道不合乎仁？"随即罢免了张存的官职。建安十九年夏，雒城被攻陷。襄阳人马良写信给诸葛亮说："得知雒城已被攻克，仁兄的业绩配得上国家辅佐之位，征兆已经看得见了。"当时，益州的州府有时在成都，有时又在雒县，广汉郡是蜀地物产富饶的地方。

　　雒县①　　郡治。汜乡有孝子姜诗田地宅②。姓族有镡、李、郭、翟氏③。

【注释】

①雒县：县名。西汉高帝时置，属广汉郡。治所在今四川广汉。因县南有雒水而得名。王莽改为吾雒。东汉复名雒县，为广汉郡治。初平中，徙益州治此（后徙治成都）。西晋泰始二年（266）为新都郡治，太康六年（285）复为广汉郡治。考古发掘显示，汉州旧城平面呈不规则长方形，西南城角呈圆状。1983—1984年间，四川省文物管理委员会考古队等先后于南门和西门附近城墙下发现汉代城墙及城砖等遗迹，砖上多印有"雒城"和"雒宫城墼"等铭文。字体系篆书，各砖上铭文字体大小风格均同，显系翻模成批制作。

②汜（fàn）乡：或作"沈乡"。汉置，属雒县，在今四川德阳旌阳区
　　西北孝泉镇。曾名姜诗镇，后改名孝泉镇。明曹学佺《蜀中名胜
　　记》卷九绵竹县引宋郑少微《记》："汉州德阳县西北四十里有镇，
　　东汉姜诗故宅在焉。故号姜诗里。治平中，知绵竹县事郭震者，
　　谓诗行甚高，宜讳其名，白部刺史易之，镇遂号孝泉，然庙犹因俗
　　为呼。"
③姓族：大族，望族，即有名望的大族。镡：古读 tán，今读 xín。姓
　　氏。《通志·氏族略》："镡氏，……望出广汉，今蜀中有此姓。"按：
　　《华阳国志》所记录的广汉郡镡姓人氏有镡承、镡显等。

【译文】

　　雒县　是广汉郡郡府所在地。汜乡有孝子姜诗的田地、住宅。名门
大族有镡、李、郭、翟氏。

　　绵竹县① 刘焉初所治。绵与雒各出稻稼②，亩收三十
斛③，有至五十斛。汉时任定祖以儒学教④，号侔洙泗⑤。有
多士⑥，秦、杜为首族也。

【注释】

①绵竹县：县名。西汉置，属广汉郡，治今四川德阳北黄许镇。西晋
　　属新都郡，东晋属南阴平郡。北周省。因处绵水（今绵远河），多
　　竹，故名。《寰宇通志》绵竹县："以其地竹性柔韧，可以绚缏，因以
　　名县。"
②稻稼：指稻子等庄稼。
③斛：古代计量单位。其大小依时代不同而有所区别，汉代有大斛、
　　小斛二种，大斛一斛约当今2市升，小斛约当今1.2市升。
④任定祖：任安（124—202），字定祖，广汉郡绵竹（今四川德阳北）
　　人。见本卷前文注。

⑤号侔(móu)：齐名，名望相等。

⑥多士：古指众多的贤士。《诗经·大雅·文王》："济济多士，文王
　以宁。"

【译文】

绵竹县　益州刘焉最初将州治设于此地。绵竹县和雒县都出产稻子等庄稼，一亩收成三十斛，有的高达五十斛。汉朝时，任定祖在绵竹县教授儒学，其名望与孔子执教洙泗相等。绵竹县贤士众多，秦、杜是领衔的大族。

什邡县①　山出好茶②。杨氏为大姓。美田，有盐井。

【注释】

①什邡县：县名。东汉改汁方县置，属广汉郡。治所在今四川什邡方亭镇。西晋改为什方县，属新都郡。南朝宋改为什邡县。齐又改为什方县。北周闵帝改为方亭县，武帝省入雒县。山区产茶、生漆及中药材。

②山出好茶：直至今日，什邡西山区仍然产茶。

【译文】

什邡县　山上出产好茶。杨氏是什邡县的大姓。土地肥美，有盐井。

新都县①　蜀以成都、广都、新都为三都②，号名城。有金堂山③，水通于巴④。汉时五仓⑤，名万安仓⑥。有枣、鱼梁。多名士，有杨厚、董扶⑦。又有四姓：马、史、汝、郑者也。

【注释】

①新都县：县名。本战国时蜀国之新都。后置县。秦属蜀郡。治所

在今四川成都新都区新都镇东。西汉属广汉郡。西晋泰始二年
（266）属新都郡。太康六年（285）复属广汉郡。

②三都：相传，古蜀国有三都，即成都（今四川成都）、广都（今四
川成都双流区东南中和镇）、新都（今四川成都新都区）。《水
经·江水注》："洛水又南径新都县，蜀有三都，谓成都、广都，此
其一焉。"

③金堂山：亦名"金台山""金堂峡山"，在今四川金堂南二十里。
《元和郡县志》卷三十一金堂县："以县界连金堂山，故以为名。"

④水：指沱江。又称"外江"，古名湔水、雒江、牛鞞水，长江上游支
流，在四川东南部。上源绵远河、石亭江、湔江均出茂县与什邡市
交界处的九顶山老鹰窝梁子南麓，南流到金堂县纳岷江分支青白
江、毗河，至广汉市易家河坝始称沱江。河流穿行于平原与丘陵
之间，经简阳、资阳、资中、内江等市县，在泸州入长江。支流有阳
化河、球溪河、蒙溪河、釜溪河、濑溪河、胡布河等。

⑤五仓：五个粮仓。按：五仓分别建于雒、绵竹、新都、涪、郪五县。

⑥万安仓：据正德《四川通志》卷二十三载，金堂县北十五里有万安
山，或与万安仓有关（刘琳）。

⑦杨厚、董扶：见前文注。

【译文】

　　新都县　古蜀国以成都、广都、新都为三都，号称名城。有金堂山，
有沱江通达巴郡。汉朝时，修建了五个粮仓，最有名的是万安仓。出产枣
子，江中有鱼梁。名士众多，诸如杨厚、董扶。又有四姓：马、史、汝、郑。

　　五城县①　郡东南。有水通于巴②。汉时置五仓，发五
县民③，尉部主之④，后因以为县。出龙骨⑤。云龙升其山，
值天门闭，不达，堕死于此，后没地中⑥，故掘取得龙骨。

【注释】

①五城县：县名。三国蜀汉置，属广汉郡。治所在今四川中江县东南。魏灭蜀后废。西晋咸宁四年（278）复置，太康六年（285）废，次年（286）又置，仍属广汉郡。南朝宋改为伍城县。

②水：今中江，又称凯江，即古屏水。为涪江支流，在四川东北部。源于安县西北与茂县、绵竹市交界处的龙门山东南麓，流经德阳、中江、三台等市县，在三台县城南注入涪江。

③五县：即雒、绵竹、新都、涪、郪五县。

④尉：县尉。部：分区，分部。主：主管（修建）。

⑤龙骨：龙的骨骼。按：实际上是古代某些哺乳动物骨骼的化石，如剑齿象、犀牛、三趾马等。可入药。《太平御览》卷一百六十六引《华阳国志》："玄武山一名三嵎山，山出龙骨，传云龙升不达坠此，民取以入药用。"

【译文】

五城县　在郡治雒县的东南面。有江水通达巴郡。汉朝时，设置了五个粮仓，派发五县民众到此修建粮仓，由五县县尉分别督造修建，后来便在此地设立了五城县。山上出产龙骨。相传，龙自此山升天时，恰逢天门关闭，不能到达天庭，坠落死于此地，后来沉没到地中，因而在此地挖掘可以得到龙骨。

郪县① 有山原田、富国盐井②。濮出好枣③。宜君山出麈尾④，特好，入贡。大姓王、李氏。又有高、马家，世掌部曲⑤。蜀时高胜、马秦皆叛，伏诛⑥。

【注释】

①郪县：县名。西汉置，属广汉郡。治所在今四川三台南九十里郪江镇。因郪江水为名。三国蜀汉为东广汉郡治，西晋复属广汉

郡。南朝梁废。

②富国盐井：在今四川三台南。唐代为富国镇新井盐场。宋置富国监主盐务。《太平寰宇记》卷八十二："富国监者，本梓州郪县富国镇新井煎盐之场也。皇朝置监以董其事，兼领通泉、飞乌等盐井地。去梓州九十里。"

③濮：地名。在郪县境内。其地不详。

④宜君山：在今四川三台西南。《太平御览》卷一百六十六引《九州要记》："玄武山，一名赤雀山，一名宜君山。山有鹿尾入贡。"麈（zhǔ）尾：古人闲谈时执以驱虫、掸尘的一种工具。在细长的木条两边及上端插设兽毛，或直接让兽毛垂露外面，类似马尾松。因古代传说麈迁徙时，以前麈之尾为方向标志，故称。后古人清谈时必执麈尾，相沿成习，为名流雅器，不谈时，亦常执在手。麈，古书上指鹿一类的动物，其尾可做拂尘。《世说新语·容止》："王夷甫（衍）容貌整丽，妙于谈玄，恒捉白玉柄麈尾，与手都无分别。"

⑤部曲：古代豪门大族的私人军队，带有人身依附性质。《三国志·魏书·邓艾传》："孙权已没，大臣未附，吴名宗大族，皆有部曲。"

⑥"蜀时高胜、马秦皆叛"二句：《三国志·蜀书·李严传》："（建安）二十三年，盗贼马秦、高胜等起事于郪，合聚部伍数万人，到资中县。时先主在汉中，严不更发兵，但率将郡士五千人讨之，斩秦、胜等首。枝党星散，悉复民籍。"

【译文】

郪县　丘陵上有梯田，有富国盐井。濮地出产优良的枣子。宜君山出产可作拂尘的麈尾，品质特别好，可作贡品。大姓有王、李氏。又有高、马家，世世代代都掌管着部曲。蜀汉时，高胜、马秦皆叛乱，后伏法，被处死。

广汉县^①　有山原田。蜀时彭羕有俊才^②，晋世段容号令德^③，故二姓为甲族也。

【注释】

①广汉县：县名。西汉高帝六年（前201）置，属广汉郡。治所在今四川射洪南六十里柳树镇。三国蜀为东广汉郡治。西晋为广汉郡治。南朝梁属遂宁郡。齐改为小汉县。梁于广汉县故址复置，属西宕渠郡。西魏改为广魏县，后又改为广汉县。

②彭羕（yàng）：字永年，广汉郡广汉（今四川射洪）人。性骄傲，轻率随便。初仕刘璋为州书佐，后被谤，髡钳为徒隶。刘备入蜀，因庞统、法正荐，擢治中从事。有自得之色，为诸葛亮所不喜，左迁江阳太守。口出怨言，语涉谋反，被人告发，下狱诛死。《三国志·蜀书》和本书卷十《先贤士女总赞》有传。

③晋世：晋朝时期。段容：字宗仲，广汉郡广汉（今四川射洪）人。曾任建宁太守。

【译文】

广汉县　丘陵上有梯田。蜀汉时，彭羕有出众的才智；晋朝时，段容有美好的品德。因此，彭、段二姓是当地的世家大族。

德阳县^①　有青石祠^②。山原肥沃，有泽渔之利。士女贞孝，望山乐水，土地易为生事^③。车骑将军邓芝雅有终焉之思^④，后遂葬其山^⑤。太守夏侯慕时^⑥，古濮为功曹^⑦。康、古、袁氏为四姓^⑧，大族之甲者也。

【注释】

①德阳县：县名。东汉分梓潼县置，属广汉郡。治所在今四川江油

东北雁门坝一带。东汉末徙治今四川遂宁东南十八里龙凤场,改旧县为德阳亭。东晋属遂宁郡。南朝齐属东遂宁郡。北周废。

②青石祠:青石山上的神祠。据《元和郡县志》卷三十三、《太平寰宇记》卷八十七等记载,青石山在今重庆潼南区西北,自古为巴、蜀分界。按:此说于地理位置不合。青石山当在四川德阳某处。

③生事:指生计、产业。

④邓芝(?—251):字伯苗,义阳新野(今河南新野)人。雅:平素,素来。终焉:终老此地。

⑤后遂葬其山:邓芝墓,一说在四川蓬溪县,一说在四川梓潼。清《四川通志》卷二十九:"汉邓芝墓,在蓬溪县南一百里。又,《舆地纪胜》:在梓潼县西南二里有二石阙。"《大清一统志》卷三百八:"三国汉邓芝墓,在蓬溪县。《太平寰宇记》:在青石山。《旧志》:在蓬溪县南一百里,或曰在遂宁县北二十里凤台山。"

⑥夏侯慕:当作"夏侯纂"。籍贯不详。蜀汉时为广汉太守。

⑦古濮:或作"古朴"。籍贯不详。三国时蜀广汉太守夏侯纂部下功曹。

⑧康、古、袁氏为四姓:此处仅有康、古、袁三姓,脱漏一姓。

【译文】

德阳县　有青石祠。丘陵上有梯田,土地肥沃,有养鱼捕捞的便利。士人和女性坚贞孝悌,守望清山,乐享绿水,耕耘土地,便有生计。车骑将军邓芝一向有终老此地的想法,死后就埋葬在山上。太守夏侯慕时,古濮为功曹。康、古、袁氏为四姓,在世家大族中居于首位。

刘氏延熙中①,分广汉四县置东广汉郡②,咸熙初省③。泰始末又分置新都郡④,太康省⑤。末年又置,属王国,蜀郡常骞为内史⑥。永嘉末省⑦。

【注释】

①延熙：蜀后主刘禅年号（238—257）。

②广汉四县：即郪县、广汉、德阳、五城县四县。东广汉郡：郡名。三国蜀建兴二年（224）分广汉郡置，属益州。治所在广汉县（今四川射洪南柳树镇），一说治所在郪县（今四川三台东南）。西晋初改置广汉郡。《晋书·地理志上》："刘禅建兴二年，……分广汉立东广汉郡。魏景元中，蜀平，省东广汉郡。"关于东广汉郡的设置时间，《华阳国志》的说法与《晋书·地理志上》不一样。

③咸熙：三国魏元帝曹奂的年号（264—265）。

④泰始：晋武帝司马炎的年号（265—274）。新都郡：郡名。西晋泰始二年（266）改广汉郡置，属梁州。治所在雒县（今四川广汉北）。咸宁二年（276）改为新都国。太康六年（285）复为广汉郡。

⑤太康：晋武帝司马炎的年号（280—289）。

⑥常骞：字季慎，蜀郡江原（今四川崇州）人。治《毛诗》《三礼》，以清尚知名。州辟部从事，郡请功曹。为萍乡、绵竹令，入为郎中令。预讨赵王司马伦有功，封关内侯。迁魏郡太守，加材官将军。以中原丧乱，固辞。拜新都内史，徙湘东太守，以疾未拜。年六十八卒。本书卷十一《后贤志》有传。

⑦永嘉：晋怀帝司马炽年号（307—313）。

【译文】

后主刘禅延熙年间，分割广汉郡的四县，设置东广汉郡，咸熙初年废除。泰始末年，又分割广汉郡设置新都郡，太康年间废除。太康末年，又设置新都王国，蜀郡人常骞为新都王国内史。永嘉末年废除。

犍为郡，孝武建元六年置①。时治鳖②。县十二，汉户十万。鳖，故夜郎地是也③。鳖有犍山④，见《保乾图》⑤。

【注释】

① 孝武建元六年：前135年。建元，汉武帝年号（前140—前135）。

② 鳖（bì）：县名。西汉置，为牂柯郡治。治所在今贵州遵义西。因鳖水为名。元鼎间属牂柯郡。东晋属平夷郡。南朝宋属平蛮郡。梁、陈间废。

③ 夜郎：古族名和古国名。战国至汉时，主要分布在今贵州西部、北部及云南东北部、四川南部、广西北部部分地区，而以今贵州为中心。国都旧址迄无定论。经营农业。汉武帝时，大臣唐蒙上书武帝修治夜郎道路，用夜郎精兵征服南越。元鼎六年（前111），汉武帝破南越，于其地置牂柯郡，封夜郎侯为王，授王印。《史记·西南夷列传》："西南夷君长以什数，夜郎最大。……夜郎者，临牂柯江，江广百余步，足以行船。"近年来，在今贵州赫章县西北可乐民族乡古遗址中发现大量珍贵文物，品位甚高，已引起人们的极大关注。夜郎，底本作"犍为"，误。

④ 犍山：即犍为山，一名大鹿山，在今四川犍为县东南岷江东。《旧唐书·地理志》犍为县："以（犍为）山为名。"嘉庆《犍为县志》卷一：犍为山"在县南十五里，形如伏犀。昔人以犍名县，盖象此山从健牛之义。旧云：西南立石如牛，故为犍为"。

⑤ 《保乾图》：即《春秋保乾图》，《春秋纬》之一。乾为天，言君承天命。应运受图，于时宝之，故曰《保乾图》。

【译文】

犍为郡，汉武帝建元六年设置。当时的郡治在鳖县。有十二个属县，汉代人口十万户。鳖县，原先是夜郎的领地。鳖县有犍山，见于《春秋保乾图》。

武帝初欲开南中，令蜀通僰、青衣道①。建元中，僰道令通之，费功无成，百姓愁怨。司马相如讽谕之②。使者唐蒙将南人③,以道不通,执令,将斩之。叹曰:"忝官益土④,恨不见成都市!"蒙即令送成都市而杀之。蒙乃斩石通阁道⑤。故世为谚曰"思都邮⑥,斩令头"云。后蒙为都尉⑦,治南夷道⑧。

【注释】

①棘:即棘道,县名。战国秦置,属蜀郡。治所在今四川宜宾,一说在今四川宜宾西南安边场。西汉属犍为郡。始元元年(前86)移犍为郡治于此,后移治武阳城。东汉属犍为郡。王莽改为棘治县。东汉复改棘道县。南朝齐复为犍为郡治。梁为戎州治。北周改为外江县。隋大业三年(607)复为棘道县,为犍为郡治。青衣道:指原青衣羌国所在地,即青衣县。西汉高帝六年(前201)置,属蜀郡。治所在今四川芦山县,一说在今四川雅安名山区北。以青衣羌国为名。东汉阳嘉二年(133)改为汉嘉县。

②讽谕:亦作"讽喻",讽谏告谕。《史记·司马相如列传》:"相如使时,蜀长老多言通西南夷不为用,唯大臣亦以为然。相如欲谏,业已建之,不敢,乃著书,籍以蜀父老为辞,而己诘难之,以风天子,且因宣其使指,令百姓知天子之意。"按:司马相如所作讽谕之文,即《难蜀父老文》(或作《谕难蜀父老书》《谕巴蜀父老檄》)。文载《史记·司马相如列传》。

③唐蒙:西汉人。武帝时为番阳令。建元六年(前135),奉命出使南粤,获悉蜀产枸酱多出自夜郎,遂上书议开通夜郎道,武帝许之。以郎中将往,以厚礼招致夜郎侯多同归汉。还报,汉以其地置犍为郡,并发巴蜀卒开辟道路,自棘道指牂柯江。参看《史记·西南夷列传》《史记·司马相如列传》。

④忝:辱,有愧于,常用作谦辞。益土:益州之土。指益州。

⑤斩石:开凿岩石。阁道:栈道。

⑥都邮：古指邮驿总站。此指成都。都，总。邮，驿站。

⑦都尉：即犍为南部都尉。

⑧南夷道：道路名。为四川盆地通往云贵高原道路之一。西汉开。自四川宜宾南行，经高县、筠连入云南，东行经镇雄至贵州毕节。《汉书·武帝纪》：元光五年（前130），"夏，发巴蜀治南夷道"，沿途设置邮亭。本书卷四《南中志》："南秦县，自僰道、南广有八亭，道通平夷。"即此道。

【译文】

汉武帝初年，打算开发南中，命令蜀郡开通僰道、青衣道。建元年间，僰道令疏通僰道，白费工夫而没有成功，百姓忧愁怨恨。司马相如撰文讽喻。使者唐蒙将要出使南方，因为道路不通，于是手拿令牌，准备问斩僰道县令。僰道县令感叹道："很惭愧在益州的地盘上做官，抱恨的是还没有见过成都市！"唐蒙随即下令将僰道县令送到成都市，然后再处决。于是，唐蒙凿山开石，修建了栈道。因此，世上流传一句谚语："想开通成都往南的驿站，结果斩了县令的头。"后来，唐蒙为犍为南部都尉，治所就设在南夷道。

　　元光五年①，郡移治南广②。太初四年③，益州刺史任安城武阳④。孝昭元年⑤，郡治僰道，后遂徙武阳。至晋，属县五，户二万，去洛三千二百七十里。东接江阳，南接朱提，北接蜀郡，西接汉嘉。王桥升其北山⑥，彭祖家其彭蒙⑦。白虎仁于广德⑧，宝鼎见于江溉⑨。绥和元年⑩，又上宝磬十六⑪。刘向以为美化所降⑫，用立辟雍⑬。而士多仁孝⑭，女性贞专⑮。王莽改曰西顺，郡人不服。会更始都南阳⑯，远奉贡职⑰。及公孙述有蜀，郡拒守，述伐之。郡功曹朱遵逆战⑱，众寡不敌⑲，遵绊马死战⑳，遂为述所并。而任君业闭户㉑，费贻素隐^㉒。光武帝嘉之，曰："士大夫之郡也！"

【注释】

①元光五年：前130年。元光，汉武帝年号（前134—前129）。

②南广：县名。西汉太初元年（前104）置，属犍为郡。治所在今四川筠连西南。元光五年（前130）为犍为郡治。始元元年（前86）郡治移僰道，仍属犍为郡。三国蜀汉属朱提郡。延熙中及西晋怀帝时，两度为南广郡治。后废郡，县属朱提郡。东晋元帝时，曾移朱提郡治南广，太宁三年（325）后移还朱提县。成汉时为南广郡治。南齐后废。

③太初四年：前110年。太初，汉武帝年号（前104—前101）。

④任安（？—前91）：字少卿，荥阳（治今河南郑州西北古荥镇）人。少孤贫。初为大将军卫青属吏，与司马迁相友善。曾任益州刺史、北军使者。迁被处腐刑后，武帝任为中书令，他与迁书，劝以推贤进士为务，后迁作《报任安书》相答。巫蛊之祸中，纵太子刘据矫命发兵。坐怀二心，被腰斩。

⑤孝昭元年：前86年。孝昭，即汉昭帝刘弗陵（前94—前74），汉武帝少子，西汉皇帝。年仅八岁即位，由霍光辅政。承武帝政策，移民屯田，多次出兵击败匈奴、乌桓。始元六年（前81），召开盐铁会议，问民疾苦。《汉书》有传。元年，上脱年号。所脱年号，当为汉昭帝的第一个年号"始元"。

⑥王桥：一作"王乔"。《淮南子·齐俗训》："今夫王乔、赤诵子，吹呕呼吸，吐故内新，遗形去智，抱素反真，以游玄眇，上通云天。"高诱注："王乔，蜀武阳人也。为柏人令，得道而仙。"《后汉书·郡国志五》刘昭注引《益州记》曰："县有王乔仙处。王乔祠今在县。"相传，四川眉山彭山区北四十里的北平山即王乔升仙处。《水经·江水注》："（武阳县）北山，昔者王乔所升之山也。"

⑦彭祖：即篯铿。传说中远古时人。陆终氏第三子。因封于彭城，故称"彭祖"。相传尧时举用，历夏至殷末，约八百余岁。常食桂芝，善导引行气。后世用以比喻长寿。一说彭祖为武阳县（今四川眉山彭山区）彭亡聚人，县有彭祖祠。参看《世本》与《列仙传》。彭蒙：山名，即彭亡山、彭望山，今四川眉山彭山区东北十里仙女山。《后汉书·郡国志五》："武阳有彭亡聚。"刘昭注引《益州记》曰："县有王乔仙处。王乔祠今在县，下有彭祖冢，上有彭祖祠。"

⑧广德：地名。其地不详，当在今四川眉山一带。

⑨江溾：江中滩碛。道光《重庆府志》"方言"云：蜀人谓江中滩碛为溾。本处所说"宝鼎见于江溾"，即历史文献所记载的宝鼎出现于鼎鼻山。《元和郡县图志》卷三十二："鼎鼻山，亦曰打鼻山，在（彭山）县南十五里。宋谯纵据蜀，朱龄石伐之，命臧熹外出奇兵，谯纵遣将谯小苟引兵塞打鼻以御之，即此也。山形孤起，东临江水，昔周鼎沦于此水，或见其鼻，遂以名山。"

⑩绥和元年：前8年。绥和，汉成帝年号（前8—前7）。

⑪宝磬：磬的美称。按：此事见《汉书·礼乐志》："至成帝时，犍为郡于水滨得古磬十六枚，议者以为善祥。刘向因是说上：'宜兴辟雍，设庠序，陈礼乐，隆雅颂之声，盛揖攘之容，以风化天下。如此而不治者，未之有也。……'"

⑫刘向（约前77—前6）：本名更生，字子政，西汉沛县（今江苏沛县）人。楚元王四世孙，刘德之子，刘歆之父。好儒学，能诗赋。宣帝时，初为郎，旋升谏大夫，治《春秋穀梁传》，讲论五经于石渠阁。元帝时，任宗正。曾以阴阳灾异情况附会时政得失，上书弹劾外戚宦官专权，被贬为庶人。成帝即位，任光禄大夫、中垒校尉。曾校阅群书，撰成《别录》，为我国目录学之祖。另撰有《新序》《说苑》《列女传》《洪范五行传》等。《汉书》有传。

⑬辟雍：本为西周天子所设大学，校址圆形，围以水池，前门外有便桥。东汉以后，历代皆有辟雍，除北宋末年为太学之预备学校（亦称"外学"）外，均为行乡饮、大射或祭祀之礼的地方。

⑭仁孝：仁爱孝顺。

⑮贞专：坚贞专一。

⑯更始：即更始帝刘玄（？—25），字圣公，南阳蔡阳（今湖北枣阳）人。光武帝刘秀族兄。地皇四年（23）号更始将军，不久称帝（更始帝）。建元更始，入都宛城。后派军攻克洛阳、长安，推翻新莽政权，遂迁都长安。更始三年（25），赤眉军攻入长安，刘玄降，后被缢杀。《后汉书》有传。

⑰贡职：贡赋，贡品。

⑱逆战：迎战。

⑲众寡不敌：人少抵挡不过人多。意即寡不敌众。

⑳绊马死战：朱遵迎战公孙述，因寡不敌众，乃埋车轮，绊马必死，终为公孙述所杀。

㉑任君业：任永，字君业，犍为郡僰道（今四川宜宾）人。长于历数。公孙述时，托以目疾，累征不诣。光武征之，以年老不诣。《后汉书》、本书卷十《先贤士女总赞》有传。

㉒费贻：字奉君，犍为郡南安（今四川乐山）人。公孙述时，漆身为厉，伴狂避世。述亡，出仕，官至合浦太守。《后汉书》、本书卷十《先贤士女总赞》有传。素隐：指隐居不仕。意同"隐遁"。本书卷十二《序志并士女目录》："隐遁：合浦太守费贻，字奉君。"

【译文】

元光五年，犍为郡府迁移到南广县。太初四年，益州刺史任安在武阳筑城。汉昭帝始元元年，犍为郡府迁徙至僰道，后来又迁移到武阳。到晋朝之时，犍为郡有五个属县，有人口二万户，距离洛阳三千二百七十里。东接江阳郡，南接朱提郡，北接蜀郡，西接汉嘉郡。王桥在北山得道成仙,彭祖家在彭蒙。广德县的白虎很仁慈,宝鼎出现在江中滩碛。绥和元年,犍为郡进献宝磬十六枚。刘向认为,这是美好教化感动上天降下的祥瑞,应当将其悬挂于太学辟雍。犍为郡的士人大多仁爱孝顺,女性坚贞专一。王莽将郡名改为西顺,但郡人并不臣服。恰逢更始帝刘玄在南阳建都,犍为郡不远千里奉上贡品,表示归顺臣服。到公孙述占据蜀地,犍为郡人据守本土,拒不归顺,公孙述进兵讨伐。犍为郡功曹朱遵出兵迎战,但寡不敌众,朱遵设计绊马,拼死决战,犍为郡最终被公孙述吞并。任君业关闭门户拒不出仕,费贻洁身自好隐居不仕。汉光武帝嘉奖他们,说:"这是出士大夫的郡啊!"

　　郡去成都百五十里,渡大江①。昔人作大桥曰汉安桥,广一里半②,每秋夏水盛,断绝,岁岁修理,百姓苦之。建安二十一年③,太守南阳李严乃凿天社山④,寻江通车道,省桥,梁三津⑤,吏民悦之。严因更造起府寺⑥,观壮丽,为一州胜宇⑦。二十四年,黄龙见武阳赤水九日⑧,蜀以刘氏瑞应⑨。其太守,汉兴以来,鲜有显者⑩。

【注释】

①渡大江:此大江指岷江。因犍为郡治所在今四川眉山彭山区西北,位于岷江以西,故自彭山区到成都要横渡岷江。

②昔人作大桥曰汉安桥,广一里半:汉安桥,《水经注》作"安汉桥"。当在四川眉山彭山区北岷江与府河汇流处之上游,跨于岷江之上(刘琳)。广,宽。按:本处说汉安桥"广一里半",疑有误,当作"长一里半"。译文从之。

③建安二十一年:216年。建安,刘献帝刘协年号(196—220)。

④天社山:即修觉山,在今四川成都新津区南,当邛崃水(南河)注

入岷江处。《元和郡县志》卷三十一新津县：“天社山在县南三里，在成都南百里。北枕大江，南接连岭，每益土有难，人多依焉。”

⑤梁：大概是造舟为梁，即架浮桥（刘琳）。三津：即南河、西河、金马河。

⑥府寺：官署，官府机构的房屋。

⑦胜宇：优美的屋宇。此指名胜之地。

⑧黄龙：古代传说中的动物名。谶纬家以为是帝王之瑞征。《吕氏春秋·知分》：“禹南省，方济乎江，黄龙负舟。”《史记·封禅书》：“黄帝得土德，黄龙地螾见。”赤水：今四川成都双流区东南黄龙溪。《三国志·蜀书·先主传》：建安二十五年（220），太傅许靖等上言，“间黄龙见武阳赤水，九日乃去”。

⑨瑞应：古代以为帝王修德，时世清平，天就降祥瑞以应之，谓之瑞应。按：李严后借此“瑞应”做文章，上表恳请刘备称帝。

⑩鲜：少。显：显赫。

【译文】

犍为郡距离成都一百五十里，到成都要横渡岷江。往年，有人修建了大桥，叫汉安桥，桥长一里半，每到秋天和夏天丰水季节时，桥就被洪水冲断，因此需要年年修理，老百姓为此苦不堪言。建安二十一年，犍为太守、南阳人李严凿通天社山，不久沿江即可通车道，省却了架桥之苦，又架设浮桥，沟通了南河、西河、金马河，吏民为之喜悦不已。李严因此又开始建造官署房舍，又修建壮丽的城楼，郡府成为一州的名胜。建安二十四年，黄龙出现在武阳的赤水河，九天后才消失，蜀地之人认为这是刘氏的瑞应。犍为郡的太守，自从汉朝建立以来，很少有声名显赫的。

武阳县① 郡治。有王桥、彭祖祠。藉江为大堰，灌郡下，六门②。有朱遵祠③。山出铁及白玉④。特多大姓，有七杨、五李，诸姓十二也⑤。

【注释】

①武阳县：县名。战国末秦置，属蜀郡。治所在今四川眉山彭山区东北江口镇。西汉太初四年（前101）为犍为郡治。南朝梁改为犍为县。在张家山汉简《二年律令·金布律》中，已有"武阳"县名。

②"藉江为大堰"几句：藉江，原作"蒲江"，误。《水经·江水注》："此县藉江为大堰，开六水门，用灌郡下。"《元和郡县志》卷三十二："馨堰，在县西南二十五里。拥江水为大堰，开六水门，用灌郡下。公孙述僭号，犍为不属，述攻之，功曹朱遵拒战于六水门是也。"

③朱遵祠：在今四川成都新津区。

④山出铁：武阳县有铁山，出产铁矿。《汉书·地理志上》："武阳，有铁官。"《元和郡县志》卷三十三："始建县，……本汉武阳县地，……铁山，在县东南七十里。出铁，诸葛亮取为兵器。其铁刚利，堪充贡焉。"白玉：疑当作"白土"（任乃强）。白土，即白垩，石灰岩的一种，俗称白土子。

⑤诸姓十二：即七杨、五李，共计十二个大姓。

【译文】

武阳县　是犍为郡郡府所在地。有王桥祠、彭祖祠。县里在江上修建了大堰，灌溉犍为郡诸县，大堰开有六个水门。有朱遵祠。山上出产铁及白玉。县内的大姓特别多，有杨姓七族、李姓五族，共计有十二大姓。

南安县①　郡东四百里，治青衣江会②。县溉有名滩，一曰雷坻③，二曰盐溉④，李冰所平也。有柑橘官社⑤。汉有盐井⑥。南安、武阳皆出名茶⑦。多陂池。西有熊耳峡⑧，南有峨眉山⑨。山去县八十里。《孔子地图》言有仙药⑩,汉武帝遣使者祭之,欲致其药,不能得。有四姓:能、宣、谢、审;五大族:杨、费⑪。又有信士吕孟⑫,莫纪至行也⑬。

【注释】

①南安县:县名。秦置,属蜀郡。治所即今四川乐山。西汉属犍为郡。南朝梁属齐通郡。北周废。

②青衣江:古名大渡水、沫水、平羌江、平乡江、雅河。因流经古代青衣羌国和青衣县(今四川雅安名山区和四川芦山县境),故名。在今四川中部,为大渡河最大支流。《水经·青衣水注》:"青衣水出青衣县西蒙山,东与沫水合也。……至犍为南安县入于江。"源出四川宝兴北夹金山南麓,曰宝兴河,西南流经灵鹫山,形成灵关峡,南流纳芦山河,至飞仙关西侧纳荥经河(天全河)后始称青衣江。东南流经雅安、洪雅、夹江,于乐山西水口镇草鞋渡注入大渡河。再东流注入岷江,全长281公里。支流有芦山河、老场河、陇西河、雅安河、花溪河、雅川河、安溪河等。

③雷坻:当指今乐山城东凌云山大佛岩(刘琳)。

④盐溉:顾炎武《天下郡国利病书》谓即乐山红崖子,在乐山东南十五里,今乐山市五通桥区牛华溪北(刘琳)。《水经·江水注》:"悬(县)溉有滩,名垒坻,亦曰盐溉,李冰所平也。"

⑤柑橘:南安县所产柑橘为黄柑,即今广柑。左思《蜀都赋》:"家有盐泉之井,户有橘柚之园。"李善注:"犍为南安县,出黄甘橘。"柑橘官社,"社"字疑衍。

⑥汉有盐井:南安县在汉代时产盐,并且设有盐官。《汉书·地理志上》:"南安,有盐官、铁官。"

⑦出名茶:今四川洪雅、丹棱、名山、彭山、峨眉等地仍然产茶。在西汉王褒《僮约》中,已有"武阳买茶"的记载。

⑧熊耳峡：即岷江三峡之总称，在今四川乐山北六十里。《水经·江
水注》：江水"又东南径南安县西，有熊耳峡，连山竞险，接岭争
高"。《元和郡县志》卷三十一平羌县：熊耳峡"在县东北三十一
里"。《舆地纪胜》卷一百四十六嘉定府：熊耳峡"在龙游县北六
十里涌沸山之上，诸葛武侯凿山开道。盖今湖瀼峡"。

⑨峨眉山：在今四川峨眉山市西南十三里。《太平御览》卷一百六
十六引《益州记》："峨眉山，两山相对，望之如峨眉。"左思《蜀都
赋》："抗峨眉之重阻。"唐、宋以来成为佛教圣地，与浙江普陀山、
安徽九华山、山西五台山并称为佛教四大名山。巍峨秀丽，素有
"峨眉天下秀"之美誉。为国家重点风景名胜区、世界文化和自
然遗产，已列入《世界遗产名录》。

⑩《孔子地图》：古书名，已佚。可能是神仙家书，后来有可能收入
道藏。陶弘景《真诰》卷十一引《孔子福地记》："岗山之间有伏
龙之乡，可以避水，辟病长生，本所以名为岗者，亦金坛之质也。"
《孔子地图》，或即《孔子福地记》一类图书。

⑪五大族：杨、费：此指杨、费二姓有五大族。

⑫信士：诚实不欺、诚实可信的人。吕孟：犍为郡南安（今四川乐
山）人。事迹不详。本书卷十《先贤士女总赞》："吕孟，南安人，
不详其事。"

⑬莫纪：原文作"真纪"，误。至行：卓绝的品行。

【译文】

　　南安县　在郡治武阳县东四百里，县治在青衣江与岷江的汇合处。
县境内有两个著名的滩碛，一个是雷坻，一个是盐溉，都是李冰开凿的。
设有柑橘官社。汉代的时候有盐井。南安、武阳都出产名茶。有很多池
塘。西面有熊耳峡，南面有峨眉山。峨眉山距离县城八十里。《孔子地
图》说山上有仙药，汉武帝曾经派遣使者到峨眉山祭祀，想得到仙药，但
未能获得。有能、宣、谢、审四姓，有杨、费二姓五个大家族。又有诚实守

信之士吕孟,遗憾未能记录下他卓绝的品行。

　　僰道县^①　在南安东四百里,距郡八百里^②,高后六年城之^③。治马湖江会^④,水通越嶲^⑤。本有僰人^⑥,故《秦纪》言僰童之富^⑦,汉民多,渐斥徙之。有荔芰、姜、蒟^⑧。滨江有兵兰——李冰所烧之崖,有五色,赤白,映水玄黄。鱼从楚来,至此而止,畏崖映水也。有韩原素祠^⑨。又有孝子隗通^⑩,为母汲江裔水^⑪,天为出平石,生江中,今石在马湖江。而孝子吴顺奉母^⑫,赤乌巢其门^⑬。崩容江出好磨石^⑭,江多鱼害^⑮。民失在于征巫^⑯,好鬼妖^⑰。大姓吴、隗,又有楚、石、薛、相者。

【注释】

①僰道县:县名。战国秦置,属蜀郡。治所在今四川宜宾,一说在今四川宜宾西安边场。西汉属犍为郡。始元元年(前86)移犍为郡治于此,后移治武阳城。东汉属犍为郡。王莽改为僰治县。东汉复改僰道县。南朝齐复为犍为郡治。

②八百里:底本作“百里”,误。兹据任乃强说补正。

③高后六年:前182年。

④马湖江:水名。即今金沙江下游自四川雷波至宜宾一段。因流经古马湖县境得名。《水经·若水注》:“绳水又径越嶲郡之马湖县,谓之马湖江。”《明一统志》卷六十九叙州府:马湖江“在府城南,……亦名泸水,一名金沙江”。

⑤越嶲:郡名。西汉元鼎六年(前111)以邛都国地置,因越嶲水(亦名嶲水)而得名。《元和郡县志》卷三十二邛部县:“嶲山,在县西南九里。嶲水出嶲山下,州郡得名,因此水也。”治邛都县

（今四川西昌东南）。元封二年（前109）分数县入益州郡。

⑥僰人：古族名。又称僰人子、僰耳子。一说属濮僚系统；一说为氐羌之别种，即今之白族；一说为摆夷，即今之傣族。秦汉时活动于犍为郡僰道县（今四川宜宾），曾建立"僰国"或"僰侯国"。东汉末迁往朱提郡、宁州建宁郡（今云南曲靖）。从事农业、畜牧业与矿冶业、玉石制造业。俗行悬棺葬。

⑦《秦纪》：《史记·秦始皇本纪》《六国年表》等作"秦记"，记载秦国史事的图书。僰童：即僰僮。秦末汉初的一种僮奴。巴、蜀民至滇贸易，往往略卖僰人至内地为奴，故名。《史记·西南夷列传》："巴蜀民或窃出商贾，取其筰马、僰僮、髦牛，以此巴蜀殷富。"

⑧荔芰：即荔枝。直至今日，四川宜宾仍然出产荔枝。《元和郡县志》卷三十一："僰道县，……出荔枝，一树可收一百五十斗。"姜：多年生草本植物。根茎肥大，呈不规则块状，有辛辣味，可作蔬菜、调料，并供药用。蒟（jǔ）：一种胡椒科藤本植物。见本书卷一《巴志》注。

⑨韩原素：人名。事迹不详。任乃强认为，应即本卷十《先贤士女总赞》之韩姜可备一说。

⑩隗通：即隗相，字叔通，犍为郡僰道（今四川宜宾）人。汉哀帝世为孝廉，平帝时为郎。事母至孝。母欲食江心水，隗相冬夏汲之。一朝有石生江中，舟得以依，人以为孝感所致。本书卷十《先贤士女总赞》有传。

⑪江裔：江边。

⑫吴顺：字叔和，犍为郡僰道（今四川宜宾）人。事母至孝，赤乌巢其门，甘露降其户。察孝廉，为永昌太守。本书卷十《先贤士女总赞》有传。

⑬赤乌：古代传说中的瑞鸟。

⑭崩容江：水名。古名羊官水、朱提江、石门江，又名横江，即今四川

宜宾西南与云南交界之关河。《明史·地理志》宜宾县:"西南有石门江,俗呼横江,北入马湖江。"

⑮鱼害:或以为因夏秋水涨,水流漫入农田,而鱼随水蹦入农田食禾稼,或有成大灾者(任乃强、刘琳)。

⑯征:信。

⑰好:迷信。

【译文】

僰道县　在南安县以东四百里,距离犍为郡八百里,高后六年在此筑城。县治在马湖江与岷江的汇合处,江水直通越巂郡。原本有僰人在此居住,因而《秦纪》说此地僰童很多,因当地汉人多,僰人被排斥而逐渐往外迁徙。出产荔芰、姜、蒟。沿江一带设有兵栏——李冰所焚烧过的山崖,有五种颜色,其中的赤色与白色,倒映在水中呈现为玄黄色。鱼从楚地上游而来,到此即止步不前,因为害怕山崖倒映在水中的玄黄色。有韩原素祠。又有孝子隗通,常常到江边为母亲取水,上天为他生出一块平石,平石生于江中,这块平石今天在马湖江。孝子吴顺因为尽心奉养母亲,赤乌在他家门楣上筑巢。崩容江出产优质磨刀石,但因江水暴涨也给禾稼带来鱼害。老百姓的过失在于信巫,迷信鬼神妖怪。大姓有吴、隗,又有楚、石、薛、相。

牛鞞县①　受新都江②,去郡三百里,元鼎二年置③。有阳明盐井④。程、韩氏为冠盖之族。

【注释】

①牛鞞(bēi)县:县名。西汉元鼎二年(前115)置,属犍为郡。治所在今四川简阳西北石桥镇(在绛溪河北岸)。《元和郡县志》卷三十一清溪县:牛鞞县"因牛鞞水为名"。东晋永和中改属蜀郡。南朝宋改为鞞县。齐复为牛鞞县。西魏恭帝二年(555)改名阳

安县。

②新都江:即沱江。因自新都县界流来,故称新都江。

③元鼎二年:前115年。元鼎,汉武帝年号(前116—前111)。

④阳明盐井:《元和郡县志》卷三十一:"阳明盐井,在(阳安)县北十四里。又有牛鞞等四井,公私仰给。"阳安县,县名。西魏恭帝二年(555)改牛鞞县置,为武康郡治,治所在今四川简阳西北石桥镇。

【译文】

牛鞞县　境内有新都江流过,距离犍为郡三百里,元鼎二年设置。有阳明盐井。程、韩氏是数一数二的大族。

资中县①　受牛鞞江也②。先有王延世著勋河平③,后有董钧为汉定礼④。王、董、张、赵为四族。二县在中⑤,多山田,少种稻之地。

【注释】

①资中县:县名。西汉置,属犍为郡。治所即今四川资阳。南朝梁废。

②牛鞞江:即自牛鞞县流来的沱江。

③河平:汉成帝刘骜年号(前28—前25)。

④董钧:字文伯,犍为郡资中(今四川资阳)人。受业于大鸿胪王临,习《庆氏礼》。学问渊博,世称通儒。永平初,议天地宗庙郊祀仪礼,与太常定其制;又定诸侯王丧礼。以儒学贵,常教授门生百余人。举明经,为博士,累迁五官中郎将。《后汉书》、本书卷十《先贤士女总赞》有传。

⑤二县:指牛鞞县与资中县。在中:在益州的中部。

【译文】

资中县　境内有牛鞞江流过。早先有王延世在河平年间建下显赫功勋,其后有董钧为汉朝制定礼仪。王、董、张、赵为四族。牛鞞县与资中县位于益州的中部,多数是山田,可种植水稻的田地很少。

江阳郡[1],本犍为枝江都尉[2],建安十八年置郡。汉安程徵、石谦白州牧刘璋[3],求立郡。璋听之,以都尉广汉成存为太守[4]。属县四,户五千,去洛四千八百里[5]。东接巴郡,南接牂柯,西接犍为,北接广汉。有荔芰、巴菽、桃枝、蒟、给客橙[6]。俗好文刻[7],少儒学[8],多朴野[9],盖天性也。

【注释】

①江阳郡:郡名。东汉建安十八年(213)改枝江都尉置,属益州。治所在江阳县(今四川泸州)。东晋安帝时废。

②枝江都尉:地名。东汉置,属犍为郡。治所在江阳县(今四川泸州)。建安十八年(213)改置江阳郡。

③程徵、石谦:犍为郡汉安(今四川内江西)人。事迹不详。

④成存:广汉郡广汉(今四川射洪)人。曾任枝江都尉,后任江阳太守。

⑤四千八百里:他本作"四千八十里"。

⑥巴菽:即巴豆。《文选·左思〈蜀都赋〉》:"其中则有巴菽巴戟。"刘逵注:"巴菽,巴豆也。"巴豆,植物名。产于巴蜀,其形如豆,故名。中医药上以果实入药,性热,味辛,功能破积、逐水、涌吐痰涎,主治寒结便秘、腹水肿胀等。有大毒,须慎用。给客橙:果木名。金橘的别称。

⑦文刻:谓用律文法例中伤人,深刻无礼让,不温厚(任乃强)。

⑧儒学:谓儒士之学(任乃强)。

⑨朴野:朴质无华,质朴而不懂礼节。

【译文】

江阳郡,本来是犍为枝江都尉,建安十八年设置江阳郡。汉安人程徵、石谦向益州牧刘璋汇报,请求设立江阳郡。刘璋采纳了建议,任命枝江都尉、广汉人成存为江阳郡太守。江阳郡四个属县,有人口五千户,距离洛阳四千八百里。东接巴郡,南接牂柯郡,西接犍为郡,北接广汉郡。出产荔芰、巴菽、桃枝、蒟、给客橙。世俗偏好苛刻周密地援用法律条文以陷人于罪,缺少儒学的温文尔雅,世人多质朴而不懂礼节,大概天性如此。

江阳县^①　郡治,治江、洛会^②。有方山、兰祠^③。江中有大阙、小阙,季春黄龙堆没,阙即平^④。昔云世祖微时^⑤,过江阳,有一子,望气者曰^⑥:"江阳有贵儿气。"王莽求之,县人杀之。后世祖为子立祠,谪江阳民不使冠带者数世^⑦。有富义盐井^⑧。又郡下百二十里者曰伯涂鱼梁,云伯氏女为涂氏妇,造此梁。四姓:王、孙、程、郑;八族^⑨:又有赵、魏、先、周也。

【注释】

①江阳县:县名。西汉置,属犍为郡。治所即今四川泸州。以县在大江(长江)之阳,故名。东汉为枝江都尉治。建安十八年(213)为江阳郡治。东晋安帝时废。南朝梁大同中复置,为东江阳郡(江阳郡)和泸州治。

②江、洛:即长江、沱江。

③方山:山名。又名回峰山、云峰山。在今四川泸县西南四十里。《太平寰宇记》卷八十八江安县:方山"唐天宝六年敕改为回峰山,在县东二十里,山形八角"。《永乐大典》卷二千二百一十八

《泸州志》：方山"泸州之西南山也，去州二十里。青翠耸拔，高方而平，因名方山"。兰祠：其地不详。

④"江中有大阙、小阙"几句：大阙、小阙，当是江中石耸立如阙，故名（刘琳）。按：此又见《水经·江水注》："故犍为枝江都尉，建安十八年刘璋立。江中有大阙、小阙焉。季春之月，则黄龙堆没，阙乃平也。"

⑤世祖：即汉光武帝刘秀。刘秀（前6—57），字文叔，南阳蔡阳（今湖北枣阳）人。微：（地位）低下，卑微。

⑥望气：古代方士的一种占候术。观察云气以预测吉凶。

⑦冠带：本指戴帽子、束腰带。比喻封爵，官职。按：此事又见《水经·江水注》："昔世祖微时，过江阳县，有一子。望气者言江阳有贵儿象，王莽求之，而獠杀之。后世祖怨，为子立祠于县，谪其民罚布数世。"

⑧富义盐井：又名富世盐井。四川著名盐井。在今四川富顺县城内西南。东汉开凿，称富义盐井。北周武帝在其地置富世县，改名富世盐井。《旧唐书·地理志四》："富义隋富世县。贞观二十三年，改为富义县。界有富世盐井，井深二百五十尺，以达盐泉，俗呼玉女泉。以其井出盐最多，人获厚利，故云富世。"《元和郡县志》卷三十三富义县："富义盐井在县西南五十步。月出盐三千六百六十石。剑南盐井，唯此为大。"唐贞观二十三年（649）改为富义县，盐井亦更名为富义。北宋于此置富义监，专掌盐务。至明代，富义盐井因井泉枯竭，遂废。

⑨八族：即王、孙、程、郑、赵、魏、先、周八族。

【译文】

　　江阳县　是江阳郡郡府所在地，治所在长江、沱江的汇合处。有方山、兰祠。江中有矗立的大阙、小阙，季春时节，洪水高涨，黄龙堆被淹没，阙即淹没在水面之下。相传，当年汉光武帝卑贱之时，路过江阳县，生有一子,望气者说:"江阳县有富贵儿之气。"王莽派人到江阳县寻找富贵子,县人将富贵子杀了。后来,世祖为此子修建了祠堂,并贬谪江阳士民,让他们几代人都不能做官。有富义盐井。在郡府以下一百二十里处,有伯涂鱼梁,据说是伯氏女儿嫁为涂氏妇,修建这个鱼梁。有四姓:王、孙、程、郑;有八族:即外加赵、魏、先、周四族。

汉安县①　郡东五百里。土地虽迫②,山水特美好,宜蚕桑③。有盐井、鱼池以百数④,家家有焉,一郡丰沃⑤。四姓:程、姚、郭、石;八族⑥:张、季、李、赵辈。而程、石杰立⑦,郡常秉议论选之⑧。

【注释】

①汉安县:县名。有二处,一个是东汉置,属犍为郡。治所在今四川内江西二里。建安十八年(213)属江阳郡。西晋永嘉后废。辖今内江、威远等县市。一个是东晋永和三年(347)置,属东江阳郡。治所在今四川泸州纳溪区西南。隋开皇十八年(598)改为江安县。按:两个汉安县,治所相隔太远。揆诸地理方位,以后者为近。今江安县在四川泸州以南,属于四川宜宾。因此,笔者疑《华阳国志》此处文本有误。《通典》卷一百七十五:"江安:汉江阳县地。晋置汉安县。隋改为今县。"

②迫:狭窄。

③宜蚕桑:直至今日,内江仍然盛产蚕丝。

④有盐井:《文选》卷四左思《蜀都赋》刘逵注:"蜀都临邛县、江阳汉安县皆有盐井。"

⑤丰沃:犹殷富、富庶。

⑥八族:即程、姚、郭、石、张、季、李、赵八族。

⑦杰立:卓立,杰出。亦指有势力。

⑧秉:随顺,依据。议论:对人或事物所发表的评论性意见或言论。本处包括建议和舆论。

【译文】

汉安县　在郡东五百里。土地虽然狭窄,但山水特别美好,适宜种桑、养蚕。有盐井、鱼池上百个,家家户户都有,整个郡都很富庶。有四姓:程、姚、郭、石;有八族,即外加张、季、李、赵。程、石两家特别有势力,郡府常常根据他们的建议和民间舆论选拔官吏、处理政事。

符县①　郡东二百里,元鼎二年置,治安乐水会②。东接巴乐城③;南,水通平夷鳖县④。永建元年十二月⑤,县长赵祉遣吏先尼和拜檄巴郡守⑥,过成瑞滩⑦,死。子贤求丧不得。女络年二十五,乃分金珠作二锦囊,系儿头下。至二年二月十五日,女络乃乘小船至父没所,哀哭自沉。见梦告贤曰:“至二十一日与父尸俱出。”至日,父子浮出。县言郡,太守萧登高之⑧,上尚书,遣户曹掾为之立碑⑨。人为语曰:“符有先络,僰道张帛求其夫⑩,天下无有其偶者矣。”

【注释】

①符县:县名。西汉元鼎二年(前115)置,属犍为郡。治所在今四川合江。东汉时改符节县,西晋时复改符县。永嘉后废。

②安乐水:赤水河的古称。在今贵州西北部,为长江上游支流。源出云南镇雄县东境,东北流经川、黔边境,至贵州习水县西南折而西北流,经赤水市西,东北至四川合江县入长江。《读史方舆纪要》卷一百二十三:“赤水河:卫城南。源自四川镇雄府,经城西五十里之红土川。东流经此,每遇雨涨,水色深赤。下流至永宁界,入永宁河,一名赤虺河。”明曹学佺《蜀中名胜志》:赤水

河"旧名赤虺。唐武后征云南檄文有赤虺河,即此。虺与水声相
近耳。源出芒部,经红土川,东流入川江。每雨涨,水色深赤,故
名"。主要支流有桐梓河、二道河、大同河、古蔺河、习水河。

③乐城:县名。三国蜀汉置,属巴郡。治所在今重庆江津区油溪
镇,一说在重庆东北洛碛镇。三国蜀汉延熙十七年(254)废入
江州县。

④平夷:郡名。西晋永嘉五年(311)分牂柯郡置,属益州。治所在
平夷县(今贵州毕节市境)。东晋改为平蛮郡。鳖(bì)县:县名。
西汉置,为牂为郡治。治所在今贵州遵义西。因鳖水为名。元鼎
间属牂柯郡。东晋属平夷郡。南朝宋属平蛮郡。梁、陈间废。《水
经·江水注》:"(符)县治安乐水会,(安乐)水源南通宁州平夷郡
鳖县。"

⑤永建元年:126年。永建,汉顺帝年号(126—132)。

⑥赵祉:籍贯、事迹不详。曾任符县长。先尼和:本书卷十二《序志
并士女目录》作"先泥和"。先尼和,江阳郡符(今四川合江)人。
符县县吏,后因公殉职。拜檄(xí):送交文书。

⑦成瑞滩:《水经·江水注》作"成湍滩"。《太平广记》卷三百九十
九引《渝州图经》:"渝州城滩,在州西南三十里。江津县东北沿
流八十里,岷江水中,波浪沸腾,乍停乍发,多覆舟之患。古老传,
昔有仙(先)居和来为巴州刺史,过此滩舟翻,溺水而死。和女与
兄途行,女有两儿,方稚齿,乃分金珠作二锦囊,缨致儿颈。然后
乘船至父没处,叫声投水。凡六日。与兄梦云:'二十一日,与父
俱出。'兄令人守之。至期,果然俱浮江水而出,今碑在城滩侧。"
据此可知,成湍滩即城滩,当在今重庆西南大渡口一带(刘琳)。
按:此事除见于上引《渝州图经》外,亦见于《后汉书·列女传》
和干宝《搜神记》卷十一。父、女之姓名,《搜神记》分别作"叔先
泥和""先雄"。

⑧萧登：江阳太守。事迹不详。高：高尚，以……为高尚。

⑨户曹掾：官名。户曹长官。汉朝三公府及郡府置，主户曹事。三国、西晋沿之。东晋、南北朝仅置于州郡县户曹，公府、将军府所置改以参军主之。

⑩张帛：即张贞妻黄帛，犍为郡僰道（今四川宜宾）人。张贞乘船外出求学，不慎船覆而死。张贞之弟求尸经月不得，黄帛乃往沉没处访求，亦不得，遂自投水中。十四天后，黄帛持夫手浮出。其事与先络类似。本书卷十《先贤士女总赞》有传。

【译文】

符县　在郡东二百里，元鼎二年置，县城在安乐水与长江的汇合处。东接巴郡的乐城县；往南，水道直通平夷郡的鳖县。永建元年十二月，县令赵祉遣属吏先尼和送交文书给巴郡太守，在经过成瑞滩时，先尼和不幸因翻船而死。其子先贤前往搜求，没有获得尸体。其女先络，年方二十五岁，于是分割金珠，分别制作了两个锦囊，系在两子的头下。到了第二年的二月十五日，先络便乘坐小船到父亲淹没的地方，痛哭着自沉于江。她托梦给先贤说：“等到二十一日这一天，我将和父亲的尸体一起浮上来。”等到了当天，父女的尸体都浮出了水面。符县县长将此事报告给了江阳郡太守，太守萧登认为此事很高尚，又上报尚书，派遣户曹掾为先络立碑。当时有人说：“符县有先络投水求父尸，僰道有张帛投水求夫尸，天下没有能和她们相比的了。”

　　新乐县①　郡西二百八十里，元康五年置②。西接僰道③。有盐井④。大姓魏、吕氏。

【注释】

①新乐县：县名。西晋元康五年（295）置，属江阳郡。治所在今四川江安西。后废。

②元康五年：295年。元康，晋惠帝年号（291—299）。

③接：原作"楚"，误。

④有盐井：历史上长宁、江安等地皆有盐井，都出产盐。比如，长宁有清井，江安有南井。清井，亦名雌雄水，唐名清井，为盐井，在今四川长宁南七十里双河镇。《舆地纪胜》卷一百六十六长宁军：盐井"在监城北。井之咸脉有二：一自对溪报恩山趾度溪而入，尝夜有光如虹，乱流而济，直至井所。一自宝屏随山而入，谓之雌雄水"。《读史方舆纪要》卷七十长宁县：清井"在县治北，泉有二脉，一咸一淡，取以煎盐，塞其一，则皆不流，又谓之雌雄井"。五代前蜀置清井镇、清井刺史。北宋置清井监，以收盐利。《宋史·高定子传》："长宁地近夷獠，公家百需皆仰清井盐利。"元设长宁场。明、清以后，盐业稍衰。南井，在今四川江安县东北南井乡。因盛产井盐，北宋置南井监于此。《舆地纪胜》卷一百五十三泸州：盐井"南井监岁计四十一万斤，陀鲁井岁计二万八千斤"。元设南井戍。明设南井铺。今场西北有旧盐井。

【译文】

新乐县　在郡西二百八十里，元康五年设置。西接僰道县。有盐井。大姓有魏、吕氏。

汶山郡①，本蜀郡北部冉駹都尉，孝武元鼎六年置②。旧属县八③，户二十五万，去洛三千四百六十三里。东接蜀郡，南接汉嘉，西接凉州酒泉，北接阴平。有六夷、羌胡、羌虏、白兰峒、九种之戎④，牛马、旄毡、班罽、青顿、毞毲、羊羖之属⑤。特多杂药名香。土地刚卤，不宜五谷，惟种麦⑥。而多冰寒，盛夏凝冻不释。故夷人冬则避寒入蜀，庸赁自食⑦，夏则避暑反落⑧，岁以为常，故蜀人谓之作氏、白石子也⑨。

【注释】

① 汶山郡：见本卷上文注。

② 元鼎六年：前111年。底本作"元封四年"，误。

③ 旧属县八：蜀汉汶山郡辖绵虒（sī）、汶江、湔氐、蚕陵、广柔、都安、白马、平康八县。西晋因之，但绵虒改名汶山、汶江改名广阳、湔氐改名升迁、白马改名兴乐。或以为，此处所说"旧属县八"，当指西晋之时（刘琳）。

④ 六夷：晋代六个少数民族之统称。所指不定，有谓胡、羯、鲜卑、氐、羌、巴蛮；有谓胡、羯、鲜卑、氐、羌、乌丸；有谓胡、羯、氐、羌、段氏及巴蛮。羌胡：指我国古代的羌族和匈奴族，亦用以泛称我国古代西北部的少数民族。本处指居于西北的卢水羌胡及川北的羌人。羌虏：本处指居于川北的鲜卑人。白兰峒：我国古代少数民族羌族的一支，分布于今青海南部及四川西部地区。九种之戎：当即本书卷十《先贤士女总赞》所载广柔一带的"九种夷"，为居住于青海、川北的羌人。《后汉书·西羌列传》："自爰剑后，子孙支分凡百五十种。其九种在赐支河首以西，及在蜀、汉徼北，前史不载口数。"

⑤ 旄（máo）毡：用牦牛毛制成的毛织品。班罽（jì）：一种有彩色花纹的毛毯。班，通"斑"。青顿：其义不详。疑为毛织品之一。毞㲩（pí duō）：我国古代少数民族所织的一种兽毛布。羊羖（gǔ）：古时冉駹族的羊毛织品。《后汉书·南蛮西南夷列传》："冉駹夷者，武帝所开。……其人能作旄毡、班罽、青顿、毞㲩、羊羖之属。"

⑥ "土地刚卤"几句：刚卤，谓土地坚硬而含盐卤。《后汉书·南蛮西南夷列传》："冉駹夷者，……又土地刚卤，不生谷粟麻菽，唯以麦为资，而宜畜牧。"

⑦ 庸赁：犹庸作。庸作，受雇而为人劳作。

⑧ 落：聚落，村落，部落。

⑨作氐：因岷江上游氐人、羌人多以竹索为桥，谓之"笮"（笮桥），故称"笮氐"或"筰氐"（参考刘琳之说）。白石子：底本作"百石子"，误。汉代居住在汶山郡的氐羌等少数民族。在羌族史诗《羌戈大战》中，羌人曾经与"戈基"人作战。因得到神的启示，以坚硬的白石为武器，最终战胜了敌人。因此，羌人奉白石为天神（白石神），至今仍然流行白石崇拜。白石神，羌语称"哦许"，是一种乳白色的石英石，羌族以之置于房顶、屋角、门窗、塔上或地里，视为天神（阿爸木比）的象征。外族人因见羌人奉白石为神，故称其为"白石子"。

【译文】

　　汶山郡，本来由蜀郡北部冉駹都尉管辖，汉武帝元鼎六年设置。旧时有八个属县，有人口二十五万户，距离洛阳三千四百六十三里。东接蜀郡，南接汉嘉郡，西接凉州酒泉，北接阴平郡。有六夷、羌胡、羌虏、白兰峒、九种夷等少数民族，出产牛马、旄毡、班罽、青顿、毞毲、羊羖等。各类药材、名香特别多。土地坚硬而含盐卤，不适合种植五谷，只适合种植麦子。冰寒天气很多，冰块甚至在盛夏季节都不融化。因此，夷人在冬天就为避寒而进入蜀地，靠为人劳作而谋生，夏天就为避暑而返回部落，年年岁岁以此为常，因而蜀人称他们为作氐、白石子。

　　宣帝地节三年①，武都白马羌反②，使者骆武平之，因慰劳。汶山吏及百姓诣武自讼③："一岁再度，更赋至重④，边人贫苦，无以供给，求省郡。"郡建以来四十五年矣⑤。武以状上⑥，遂省汶山郡，复置都尉⑦。

【注释】

　　①地节三年：底本作"地节元年"，误。地节，汉宣帝年号（前69—前66）。

②白马羌：古族名。古代羌人的一支，又称广汉白马羌。原居河湟
　地区，后迁居汉代的广汉郡，即今四川绵阳北部与甘肃南部武都
　之间的白龙江流域。东汉建武十三年（37），其首领楼登等率5千
　余户内属，汉封其为归义君长。安帝初年（107），西羌大起义时，
　其部遥相呼应，攻破官军。永和二年（137），为广汉属国都尉与
　护羌校尉镇压。建和二年（148），起兵攻广汉属国都尉，杀长吏，
　被益州刺史率板楯蛮平息。魏晋以后，役属于别部。今甘肃文
　县、四川南坪等地的白马人为其后裔。《后汉书·西羌列传》：“至
　爰剑曾孙忍时，……忍季父卬畏秦之威，将其种人附落而南，出
　赐支河曲西数千里，与众羌绝远，不复交通。其后子孙分别，各自
　为种，任随所之。或为牦牛种，越巂羌是也；或为白马种，广汉羌
　是也；或为参狼种，武都羌是也。……牦牛、白马羌在蜀、汉，其种
　别名号，皆不可纪知也。”

③诣（yì）：前往，到。

④更赋：汉代以纳钱代更役的一种赋税。男子年二十三至五十六，
　按规定轮番戍边服兵役，称为更。不能行者，得出钱入官，雇役
　以代。《汉书·昭帝纪》：“三年以前逋更赋未入者，皆勿收。”《后
　汉书·明帝纪》：“又所发天水三千人，亦复是岁更赋。”李贤注：
　“更，谓戍卒更相代也；赋，谓雇更之钱也。”

⑤四十五年：自元鼎六年（前111）建汶山郡，至地节三年（前67）
　罢汶山郡，正好是四十五年。

⑥状：公文的一种，下级向上级陈述意见或事实的文书。

⑦复置都尉：即上文所说的“置北部都尉”。按：此段文字“因”后
　文字底本无，为顾广圻考《太平寰宇记》卷七八引《华阳国志》之
　文补足。

【译文】

汉宣帝地节三年，武都县的白马羌造反，朝廷派使者骆武前往平定

叛乱,并因而慰劳汶山郡的羌民。汶山郡的官吏和老百姓到骆武处申诉疾苦道:"一年两度征税,赋税太过繁重,边地之人贫穷且辛苦,没有办法提供赋税,请求废除汶山郡。"汶山郡自从建立以来,至此刚好四十五年。骆武向朝廷递上奏章,于是撤销了汶山郡,重新设置了北部都尉。

下缺[①]

【注释】

①下缺:据今人考证,以下所缺的文字,涉及汶山郡的绵虒(汶山)、都安、升迁、广阳、兴乐、平康、蚕陵、广柔等县(任乃强、刘琳)。兹谨简注如下:

绵虒(sī):县名。西汉元鼎六年(前111)置,属汶山郡。治所在今四川汶川西南绵虒镇。地节二年(前67)属蜀郡。东汉时改绵虒道。西晋时废。都安:县名。三国蜀汉置,属汶山郡。治所在今四川都江堰市东南二十里导江铺。北周天和三年(568)废。升迁:县名。西晋改湔氐道置,属汶山郡。治所在今四川松潘西北。南朝宋废。广阳:县名。西晋改汶江道置,属汶山郡。治所在今四川茂县西北。东晋末废。南朝梁复置,为绳州及北部郡治。治所即今茂县。兴乐:县名。西晋太康元年(280)改白马县置,属汶山郡。治所在今四川松潘北岷江源附近。南朝宋废。平康:县名。三国蜀汉置,属汶山郡。治所在今四川黑水县东北。南朝宋废,北周复置,唐后又废。蚕陵:县名。西汉元鼎六年(前111)置,属汶川郡。治所在今四川茂县北叠溪。因蚕陵山为名。《后汉书·孝安帝纪》:"秋七月,蜀郡夷寇蚕陵,杀县令。"李贤注:"蚕陵,县,属蜀郡,故城在今翼州翼水县西。有蚕陵山,因以为名焉。"广柔:县名。西汉元鼎六年(前111)置,属汶山郡。治所在今四川理县东北。地节二年(前68)属蜀郡。三国蜀汉属汶山郡。晋元康八年（298）后废。

【译文】

下缺。

汉嘉郡[①] 缺[②]。

【注释】

①汉嘉郡：郡名。三国蜀汉章武元年（221）改蜀郡属国都尉置，属
益州。治所在汉嘉县（今四川芦山县，一说在今四川雅安名山区
北）。西晋永嘉以后废。

②缺：据今人考证，以下所缺的文字，涉及汉嘉郡所属的汉嘉、徙阳、
严道、旄牛四县（刘琳）。兹谨简注如下：

汉嘉：县名。东汉阳嘉二年（133）改青衣县置，为蜀郡属国都尉
治。治所在今四川芦山县（一说在今四川雅安名山区北）。三
国蜀汉为汉嘉郡治。西晋永嘉后废。《水经注·青衣水》："青衣
王子心慕汉制，上求内附，顺帝阳嘉二年改曰汉嘉，嘉得此良臣
也。"徙阳：县名。西晋时改徙县置，属汉嘉郡。治所在今四川雅
安雨城区多营镇境内（一说在今四川天全东南始阳镇）。永嘉后
废。严道：县名。秦置，属蜀郡。治所在今四川荥经严道镇。《太
平寰宇记》卷七十七严道县："秦始皇二十五年灭楚，徙严王之族
以实于此地，故曰严道。"汉初属蜀郡。西晋属汉嘉郡。永嘉后
废。县境有铜山，西汉文帝时邓通铸钱于此。按：在张家山汉简
《二年律令·秩律》中，已有"严道"县名。旄牛：县名。西汉元
鼎六年（前111）置，属沈黎郡。治所在今四川汉源县西北九襄
镇。以地接旄牛（一作"氂牛"）种羌族（旄牛羌）得名。天汉四
年（前97）为蜀郡都尉治。东汉延光元年（122）属蜀郡蜀国都
尉。三国蜀汉属汉嘉郡。十六国成汉时属沈黎郡。东晋永和中

废。南朝宋复置。南朝齐废。

【译文】

汉嘉郡　缺。

越嶲郡① 拜越嶲太守,迎者如云②。后蜀郡赵温亦著治绩③。故王莽遣任贵为镇戎大尹守之④,自建武后数叛⑤。

【注释】

①越嶲郡:郡名。元鼎六年(前111)以邛都国地置,治所在邛都县(今四川西昌东南)。南朝齐废,北周改置越嶲。元封二年(前109)分数县入益州郡。南朝齐为僚郡,梁复开置。汉至南朝齐属益州,梁属嶲州,北周属西宁州。隋开皇初废。

②“拜越嶲太守”二句:“拜越嶲太守”上脱人名。《太平御览》卷二百六十二引《华阳国志》:“张翁,字子阳,巴郡人。为阴平郡守,布衣蔬食,俭以化民。自乘二马之官,久之,一马死,一马病。翁曰:‘吾将步行矣。’夷、汉甚安其惠爱,在官十九年卒,百姓号慕,送葬者以千数。天子嗟叹,赐钱十万为立祠堂。后太守数烦扰,夷人叛乱。翁子端方举孝廉,天子起家拜越嶲太守,迎者如云。”据此可知,本处所缺人名是张端。张端之名,《后汉书·南蛮西南夷列传》作“湍”,本书卷十二《序志并士女目录》作“璊”(mén)。

③蜀郡赵温:赵温,蜀郡(治今四川成都)人。桓帝时,任郡太守。板楯蛮多次反叛,赵温以恩信降服。刘琳认为此处当作“广汉冯颢”。因本书所载东汉越嶲太守除张翁、张璊外,只有冯颢一人。

④任贵(?—43):《汉书》作“任贵”,《后汉书》作“长贵”。东汉时期越嶲地区的少数民族首领。更始二年(24)杀太守枚根,自立为邛縠王,领太守事。后降公孙述,又归光武帝。建武十四年(38)授太守印绶。建武十九年(43)袭击路过之武威将军刘尚,

被诛。参看《汉书·西南夷两粤朝鲜传》和《后汉书·南蛮西南夷列传》。镇戎大尹：也作"领戎大尹"。

⑤建武：东汉光武帝年号（25—26）。

【译文】

越嶲郡　张璍被任命为越嶲太守，迎接他上任的百姓密密麻麻如云。后来，蜀郡人赵温在越嶲郡也很有政绩。因此，王莽派遣任贵为镇戎大尹，镇守越嶲郡，自建武之后，越嶲郡数次反叛。

章武三年①，越嶲叟大帅高定元称王②，恣睢③，遣斯都耆帅李承之煞将军梓潼焦璜④，破没郡土。丞相亮遣越嶲太守龚禄住安上县⑤，遥领太守⑥。安上去郡八百里，有名而已。延熙三年⑦，蜀安南将军马忠讨越嶲郡夷⑧，郡夷刚很⑨，皆鸱视⑩。忠率越嶲太守张嶷将所领之郡⑪，诱杀苏祁邑君冬逢及其弟隗渠等，怀集种落⑫，威信允著⑬，诸种渐服。又斩斯都耆帅李承之首，乃手煞焦璜、龚禄者也。又讨叛鄙，降夷人，安种落，蛮夷率服⑭。嶷始以郡郛宇颓⑮，更筑小坞居之⑯。延熙五年，乃还旧郡，更城郡城。夷人男女，莫不致力。兴复七县⑰。嶷迁后，复颇奸轨。虽有四部斯臾及七营军⑱，不足固守，乃置赤甲、北军二牙门及斯臾督军中坚⑲，卫夷徼⑳。

【注释】

①章武三年：223年。章武，昭烈帝年号（221—223）。

②越嶲叟：古代西南少数民族之一。叟人的一支。居住在越嶲郡的叟人。有的研究者认为，越嶲叟最可能属旄牛夷（蒙默）。高定

元:《三国志·蜀书》作"高定"。

③恣睢(suī):放纵暴戾。

④斯都耆帅:底本作"都督",此据刘琳说改。李承之:《三国志·蜀书》作"李求承"。

⑤丞相亮:即诸葛亮(181—234)。字孔明,琅邪阳都(今山东沂南县)人。幼随叔父诸葛玄至荆州,隐居南阳邓县之隆中(在今湖北襄阳襄州区西),自比管仲、乐毅,人称"卧龙"。建安十二年(207)出山,辅佐刘备建立蜀汉政权。刘备称帝后,拜丞相,录尚书事。蜀后主时期,封武乡侯,领益州牧,主持全部政务。当政期间,赏罚分明,推行屯田,改善和西南各族关系,并五次出兵北伐,争夺中原。建兴十二年(234),病卒于北伐军中。谥忠武侯。有《诸葛亮集》存世。《三国志·蜀书》有传。龚禄(195—225):字德绪,巴西郡安汉(今四川南充)人。官至越巂太守。《三国志·蜀书》有传。安上县:县名。三国蜀汉置,属越巂郡。治所即今四川屏山西南新市镇。西晋废。

⑥遥领:官制用语。谓只担任职名,不亲往任职。

⑦延熙三年:240年。

⑧马忠(?—234):字德信,巴西郡阆中(今四川阆中)人。初为郡吏。建安末举孝廉,除汉昌长。蜀汉后期,历任牂牁太守、丞相参军、安南将军、镇南大将军、平尚书事等。居官处事果断,威恩并立,曾屡平叛夷。封博阳亭侯,进封彭乡侯。《三国志·蜀书》有传。

⑨刚很:亦作"刚狠"。凶狠。

⑩鸱(chī)视:如鸱鸟昂首举视。形容凶狠贪戾的眼光。

⑪张嶷(?—254):字伯岐,巴郡南充国(今四川南部县)人。官至越巂太守、荡寇将军,封关内侯。《三国志·蜀书》有传。

⑫怀集:怀柔安集。种落:种族部落。

⑬允著：犹昭著。

⑭率服：相率而服从，亦指顺服。

⑮郛（fú）宇：城郭屋宇。颓：坍塌，崩坏，破败。

⑯小坞：防守用的小城堡。

⑰兴复：犹恢复。七县：指定笮、台登、卑水、苏祁、会无、阐、灵道七县（刘琳）。

⑱斯臾：汉代西南地区部落名。又称"斯榆""叶榆""楪榆"，即古书所说的"斯榆蛮""楪榆蛮""叶榆蛮"，大致分布在今云南洱海地区。洱海地区发现的考古学文化遗存（如祥云大波那、弥渡合家山、永平仁德村等），极可能是斯榆遗留下来的。《史记·司马相如列传》："司马长卿便略定西夷，邛、笮、冉、駹、斯榆之君皆请为内臣。"七营军：招募邛人七个部落的士兵组成的军队，即下文所说的"七部营军"。

⑲赤甲：由巴郡少数民族组成的军队。北军：当是北来汉人组成的军队（关于七营军、赤甲、北军的解释，采用的是刘琳之说）。中坚：古时指军队中最精锐的部分。

⑳徼（jiào）：边界。

【译文】

章武三年，越巂叟大帅高定元称王，他放纵暴庚，派遣斯都耆帅李承之杀死将军、梓潼人焦璜，越巂郡土地沉沦敌手。丞相诸葛亮派遣越巂太守龚禄驻扎在安上县，算是遥领越巂太守之职。安上县距离越巂郡八百里，越巂郡至此仅有一个名分而已。延熙三年，蜀安南将军马忠讨伐越巂郡的夷人，夷人刚强凶狠，都像鸱枭一样凶狠贪庚。马忠率领越巂太守张嶷统领麾下郡县的军队，诱杀了苏祁邑君冬逢和他的弟弟隗渠等，怀柔安抚各种族部落，因此威信昭著，各种族部落逐渐归顺。马忠又将斯都耆帅李承之斩首，此人就是亲手杀死焦璜、龚禄的凶手。马忠又讨伐发动叛乱的边鄙之人，降服了夷人，安抚了各种族部落，蛮夷于是纷纷臣服。当初，张嶷因越巂郡的城郭、官舍破败，便修建了一个小城堡，用于居住与办公。延熙五年，张嶷才返回旧郡，并重新修建了越巂郡的城池。建城之时，夷人的男男女女没有不尽力的。这次平叛，共计收复了七个县。张嶷因升迁调走之后，越巂郡又出现了奸邪不轨之事。虽然设有四部斯臾和七营军，但还是不足以固守越巂郡，于是又设置赤甲、北军两个牙门和斯臾督军的精锐部队，用于守卫夷地的边界。

邛都县^①　郡治，因邛邑名也。邛之初有七部，后为七部营军。又有四部斯臾。南山出铜^②。有温泉穴^③，冬夏热。其源可汤鸡豚，下流治疾病。余多恶水，水神护之，不可污秽及沉乱发，照面则使人被恶疾^④，一郡通云然。

【注释】

①邛都县：县名。西汉元鼎六年（前111）于邛都国置，为越巂郡治。治所在今四川西昌东南五里。西晋属越巂郡。南朝宋复为越巂郡治。南朝齐废。北周复置，属越巂郡，治所在今西昌南。

②南山：山名。即今四川凉山彝族自治州西昌市东南螺髻山。《汉书·地理志上》："邛都，南山出铜。"1976年，曾在螺髻山东部河谷石嘉乡发现铜器窖藏。至今，石嘉东北山上仍有摆摆顶、鹿马铜矿。除西昌外，冕宁、会理等县亦产铜。

③温泉穴：又名"温水"，即今四川西昌北七十里的热水河。《水经·若水注》："又有温水，冬夏常热，其源可焠鸡豚，下汤沐洗，能治宿疾。昔李骧败李流于温水是也。"《初学记》卷七引常璩《华阳国志》："斯臾入南山洞温水穴，冬夏常热，其源可以汤鸡豚。下汤澡洗，疗宿疾。"《元和郡县志》卷三十二苏祁县：温水"出县东平地二十一里"。

④照面：指以水为镜，像照镜子一样。恶疾：谓难以医治的疾病。

【译文】

邛都县　越巂郡郡府所在地，因邛人所居之邑而命名。邛人最初有七个部落，后被收编为七部营军。又有四部斯史。南山出产铜矿。有温泉穴，泉水冬夏往往都是热的。源头的水可用来炖鸡、猪，下流的水可以治疾病。其余的多半是恶水，有水神保护着，不可以污染，不可以沉入乱发，用水照面，则会使人染上恶疾，一郡的人都这样说。

台登县①　有孙水②，一曰白沙江，入马湖水③。山有砮石④，火烧成铁，刚利，《禹贡》"厥赋砮"是也⑤。又有漆。汉末夷皆有之，张嶷取焉⑥。

【注释】

①台登县：县名。西汉元鼎六年（前111）置，属越巂郡。治所在今四川冕宁南泸沽镇。南齐废。北周武帝时复置，为白沙郡治。

②孙水：即今四川西昌西南之安宁河。汉武帝时，司马相如定西南夷，桥孙水以通邛筰。《读史方舆纪要》卷七十四建昌卫军民指挥使司：孙水"在司北。一名长河。源出西番界，南流径宁番卫，东流入境，会于泸水"。魏晋南北朝时，孙水又名白沙江。

③马湖水：即若水（雅砻江）。《汉书·地理志上》："孙水南至会无入若，行七百五十里。"

④砮（nǔ）石：可做箭镞的石头。《后汉书·郡国志五》："台登出铁。"

⑤厥赋砮：《尚书·禹贡》："华阳、黑水惟梁州：……厥贡璆、铁、银、镂、砮、磬、熊、罴、狐、狸、织皮。"孔传："砮，石，中矢镞。"

⑥张嶷取焉：《三国志·蜀书·黄李吕马王张传》："定笮、台登、卑水三县去郡三百余里，旧出盐、铁及漆，而夷徼久自固食。（张）嶷率所领夺取，署长吏焉。"张嶷（？—254），字伯岐，巴郡南充国（今

四川南部县)人。参看本书卷一《巴志》注。

【译文】

台登县　有孙水,一名白沙江,汇入马湖水。山上有砮石,用火烧炼成铁,刚硬锋利,这就是《尚书·禹贡》所说的"厥赋砮"。又产漆。汉朝末年,这些资源都为夷人所占有,后来,张嶷率兵夺取了这些资源。

阑县①　故邛人邑,治邛部城②,接寒关③。今省。

零道县④　缺。

【注释】

①阑县:亦作"阐县"。县名。西汉元鼎六年(前111)置,属越嶲郡。治所在今四川越西县北新民镇古城。西晋废。南朝宋复置。南朝齐时又废。

②邛部城:即邛人部落首领所居住的城池,也就是后来的邛部县县城。邛部县,县名。北周天和三年(568)置,为邛部郡治。治所在今四川越西县北新民镇古城。《元和郡县志》卷三十二邛部县:"周武帝于此邛部城置县,仍以旧城为名。"

③寒关:当作"零关"(任乃强、刘琳)。即零关道,亦作"灵关道""灵山道"。古道路名。西汉武帝时开。自今四川汉源大渡河南岸,沿小相岭山脉东麓南行,经孙水河西转入安宁河,南至今西昌。《史记·司马相如列传》:"通零关道,桥孙水,以通邛都。"

④零道县:即灵道县。县名。治所在今四川甘洛东北。《水经·沫水注》:"东南过旄牛县北,又东至越嶲灵道县。"郦道元注:"灵道县一名灵关道,汉制夷狄曰道。县有铜山,又有利慈渚。"

【译文】

阑县　原先是邛人的都邑,县治在邛部城,与零关道相连。现在已经被撤销了。

零道县　缺。

苏示县①　汉末,夷王及弟隗渠数偝叛②。以服诸种,张嶷先杀王,弟隗渠又叛遁入西徼,遣亲信二人使嶷。嶷知奸计,以重赂使使杀渠③。渠死,夷徼肃清④。县晋省。

【注释】

①苏示(qí)县:亦作"苏祁县"。县名。西汉置,属越巂郡。治所在今四川西昌西北六十里礼州镇。三国时改为苏祁县。西晋废。

②夷王:即前文所说的"苏祁邑君冬逢"。偝(bèi):古同"背"。

③"以服诸种"几句:此事详见《三国志·蜀书·张嶷传》。

④肃清:削平乱事,整饬纲纪。

【译文】

苏示县　汉朝末年,夷王冬逢及其弟隗渠多次反叛。为了降服各种姓部落,张嶷先杀掉了夷王冬逢。冬逢之弟隗渠又发动叛乱,逃入西部边界,派遣两个亲信出使张嶷。张嶷知道这是隗渠的奸计,用重金收买使者,让他们回去行刺隗渠。隗渠被杀死后,夷地边界之乱随即肃清。晋朝时,苏示县被撤销。

会无县①　路通宁州②,渡泸得堂狼县③。故濮人邑也。今有濮人冢④,冢不闭户,其穴多有碧珠,人不可取,取之不祥。有天马河⑤。马日千里,后死于蜀,葬江原小亭,今天马冢是也。县有天马祠。初,民家马牧山下,或产骏驹,云天马子也。今有天马径,厥迹存焉⑥。河中有铜胎⑦,今以羊祀之,可取,河中见存⑧。土地特产犀牛⑨。东山出青碧⑩。

【注释】

①会无县：县名。西汉元鼎六年（前111）置，属越嶲郡。治所在今四川会理西。西晋为越嶲郡治。南朝宋属越嶲郡。南朝齐废。

②宁州：州名。西晋泰始七年（271）分益州置，治所在滇池县（今云南昆明晋宁区东北三十二里晋城）。太康三年（282）废入益州，立南夷校尉以护之。太安二年（303）复置。南朝宋移治味县（今云南曲靖西北十四里三岔）。南齐移治同乐县（今云南陆良南三里旧城）。西魏改名南宁州。

③泸：水名。即今雅砻江下流及与雅砻江合流后至云南巧家县一段金沙江。在四川、云南二省间。汉至唐称泸水。诸葛亮《出师表》："五月渡泸，深入不毛。"即指此水。堂狼县：又作"堂琅""堂螂""螗蜋"。县名。西汉建元六年（前135）置，属犍为郡。治所在今云南巧家县东七十里老店子。因堂狼山得名。东汉废入朱提县。三国蜀建兴三年（225）复置，属朱提郡。南朝齐属南朱提郡。南朝梁末废。

④濮人冢：应该就是考古学上所说的"大石墓"。大石墓主要分布在今四川凉山彝族自治州和攀枝花市境内，集中分布在西昌、德昌、冕宁、喜德、米易等县市。彝族老乡说，大石墓是彝族的祖先进入凉山前就居住在这里的一种矮人"濮苏乌乌"留下的石头房子。安宁河流域的大石墓自1974年发现之后，考古工作者对其进行了多次发掘，可参看《安宁河流域大石墓》（文物出版社，2006年）。关于大石墓的族属，学术界大体有邛人说、笮人说、夷人说、濮族系统邛人说、氐羌系统邛人说等诸说。结合《华阳国志》等文献考察，濮族系统邛人说的可能性比较大。

⑤天马河：又作"骏马河"，即今四川会理县境之会川河、城河。《水经·若水注》："（会无）县有骏马河，水出县东高山。"即此水。

⑥"民家马牧山下"几句：越嶲郡是古代著名的产马地之一。汉代

所说的"筰马",即产自越巂郡。汉安帝永初六年（112），在越巂郡置长利、高望、始昌三苑，以为皇家养马之地。长利、高望、始昌三苑，在今四川会理、会东二县境。

⑦铜胎：张、吴、何本作"铜船"，《水经·江水注》作"贝子"。所谓"铜胎"，朱谋㙔以为即铜璞（铜矿石），比较可信。因会理一带历来产铜，至今仍然是四川重要的产铜区。

⑧见存：现存。见，同"现"。

⑨土地特产犀牛：到宋代之时，越巂依然出产犀牛。比如，"端拱二年（989），（邛部川蛮都鬼主诺驱）遣弟少盖等三百五十人来贺籍田，贡御马十四匹、马二百八十四、犀角二、象牙二、莎罗毯一、合金银饰蛮刀二、金饰马鞍勒一具、羖羊十、牦牛六。……真宗咸平二年（999），遣王子部的等来贡文犀、名马。……大中祥符元年（1009），遣将军赵勿娑等献名马、犀角、象齿、娑罗毯。"《宋史·蛮夷列传四》记载。

⑩青碧：即石青、石绿等铜矿石。因其呈现为青碧色，故名。

【译文】

会无县　有道路通达宁州，渡过泸水可以到达堂狼县。该县原本是濮人的都邑。今天还有濮人墓，墓门不关闭，墓穴内有很多碧珠，而人不能取珠，取了会招致不祥。有天马河。传说马日行千里，后来死在蜀地，葬在江原小亭，就是今天的马冢。县内建有天马祠。当初，濮民在山下放牧家马，有的家马产下良驹，就叫作天马子。今天还有天马路，依然保留着天马的遗迹。天马河中有铜胎，今天用羊来祭祀它，便可取到铜胎，铜胎现存河中。当地的特产是犀牛。东山出产石青、石绿等铜矿石。

大筰县[①]　汉末省也。

【注释】

①大莋县:县名。即大莋县。西汉元鼎六年(前111)置,属越巂郡。治所在今四川盐边北鳡鱼乡南。东汉末废。

【译文】

大莋县　汉朝末年时被撤销。

定莋县① 莋,筰夷也②。汶山曰夷,南中曰昆明③,汉嘉、越巂曰莋,蜀曰邛,皆夷种也。县在郡西,渡泸水④。宾刚徼⑤,曰摩沙夷⑥。有盐池⑦。积薪,以齐水灌,而后焚之,成盐⑧。汉末,夷皆锢之,张嶷往争。夷帅狼岑,槃木王舅⑨,不肯服。嶷禽,挞杀之⑩,厚赏赐余类⑪,皆安。官迄有之。北沙河是⑫。

【注释】

①定莋县:县名。即定莋县。西汉置,属越巂郡。为都尉治。治所在今四川盐源东北卫城。西晋改为定莋县。南朝宋又改为定莋县。南朝齐废。

②莋(zuó),筰夷也:莋,又作"筰""莋"。古代生活在今四川甘孜藏族自治州夹金山以西、雅安大相岭以南、凉山彝族自治州雅砻江以西一带的一个古老部落。其称谓"莋",当是其部族自称的译音(刘琳)。光绪《盐源县志》:"莋为夷之自名,今夷谓九所(指盐源的九所土司)曰阿莋,丽江人至今自称为莋。"

③昆明:古代西南部族名。汉代西南夷的一支。出自古氐羌系统。主要分布在今云南西部及滇池周围与滇东北一带,贵州西部、四川西南部亦有之。近代的彝、纳西、哈尼、傈僳、拉祜、阿昌等民族,均与昆明人有密切的渊源关系。

④泸水:即今雅砻江下流及与雅砻江合流后至云南巧家县一段金沙江。在四川、云南二省间。汉至唐称泸水。

⑤宾:通"滨",靠近。刚徼:指越巂郡的西部边界。西方,在五行图示中为金,为秋,为肃杀之气,故曰"刚徼"。

⑥摩沙夷:即"磨些蛮"(《蛮书》)、"麽些蛮"(《元史》《云南通志》)。今纳西族及摩梭人的先民。相较而言,摩梭人可能比麽些人更接近于古代的摩沙夷(方国瑜、刘琳)。

⑦有盐池:四川盐源县自古以产盐著称。《汉书·地理志上》:"定莋,出盐。"盐源县至今仍然产盐。

⑧"积薪"几句:这是比较原始的煮盐法。至唐代之时,当地依然采用此法。《元和郡县志》卷三十二:"昆明县(今四川盐源县)……盐井,在县城中。今按取盐先积柴烧之,以水洒土,即成黑盐。"齐水,卤水(用来熬盐的咸水)。

⑨桀木:古国名。居住在今四川甘孜藏族自治州境内。《后汉书·南蛮西南夷列传》:"自汶山以西,前世所不至,正朔所未加。白狼、桀木、唐菆等百余国,户百三十余万,口六百万以上,举种奉贡,称为臣仆。"

⑩挞(tà):鞭打。

⑪余类:犹余党。按:张嶷取越巂之事,详见《三国志·蜀书·张嶷传》。

⑫北沙河:具体不详。《汉书·地理志上》:"定莋,……步北泽在南。"北沙河疑即步北泽(刘琳)。又,或疑"北沙河是"为衍文(任乃强)。按:笔者疑"北沙河是"下有脱文,故未做白话翻译。

【译文】

　　定莋县　莋,就是笮夷。汶山叫夷,南中叫昆明,汉嘉、越巂叫莋,蜀叫邛,都是夷人种族。定莋县在越巂郡的西部,到定莋县要渡过泸水。临近西部的边界,居住的是摩沙夷。有盐池。堆积柴薪,用盐池中的卤水浇灌柴薪,然后点火焚烧,就会在炭上得到盐。汉朝末年,夷人垄断了地方资源,而张嶷则前往争夺。夷帅狼岑,槃木王舅,都不肯向朝廷降服。张嶷擒获了夷帅狼岑和槃木王舅,将他们鞭打致死,但对于其他部族则予以重赏,于是平定夷人部落。直至今日,在定筰县还设有官府。北沙河是。

　　三缝县^①　一曰小会无,音三播^②。道通宁州。渡泸得靖蛉县^③。有长谷,石猪坪中有石猪^④,子母数千头。长老传言:夷昔牧猪于此,一朝猪化为石。迄今夷不敢牧于此。

【注释】

①三缝县:县名。东汉改三绛县置,属越巂郡。治所在今云南元谋北八十二里金沙江北姜驿。西晋废。东晋复置,仍属越巂郡。南朝宋废。

②音三播:意即"三缝"发音作"三播"。旧本此下皆有小注云"音三播字疑误",唯刘本多注"缝音播"三字。

③靖蛉（qīng líng）县:《汉书》《后汉书》《晋书》《宋书》《南齐书》等作"青蛉"。县名。西汉元鼎六年（前111）置,属越巂郡。治所在今云南大姚。因青蛉水而得名。《水经·若水注》:"（青蛉）水出青蛉县西,东径其县下,县以氏焉。"三国蜀汉、西晋属云南郡。东晋成帝时属兴宁郡。南朝齐为兴宁郡治。隋废。

④石猪坪:在三缝县境内,具体地点不详。《水经·若水注》:"有石猪圻,长谷中有石猪,子母数千头。长老传言,夷昔牧此,一朝化为石,迄今夷人不敢往牧。"石猪坪,底本作"石时坪",误。

【译文】

　　三缝县　一名小会无,其发音是"三播"。有道路通达宁州。渡过泸水,可到达靖蛉县。境内有个很长的山谷,石猪坪中有石猪,有母子石猪数千头。长老传说：当年夷人曾经在石猪坪放牧猪群，忽然有一天，猪变化为石头。因此，夷人至今仍不敢在此放牧。

卑水县^①　去郡三百里，水流通马湖。

【注释】

①卑（bān）水县：县名。西汉元鼎六年（前111）置，属越巂郡。治所在今四川美姑西南，一说在今四川昭觉东北。《三国志·蜀书·张嶷传》："定筰、台登、卑水三县去郡三百余里，旧出盐、铁及漆。"南朝齐废。

【译文】

卑水县　距离邛都县三百里，卑水流入马湖。

潜街县^①　汉末置，晋初省。

【注释】

①潜街县：县名。西汉元鼎六年（前111）置，属越巂郡。东汉初废，东汉末复置，作"潚街"。治所在今四川雷波东。晋初废。

【译文】

潜街县　汉朝末年设置，晋朝初年被撤销。

安上县^①
马湖县^②　水通僰道，入江^③。晋初省。

【注释】

①安上县：县名。三国蜀汉置，属越巂郡。治所即今四川屏山西北一百二十五里新市镇。西晋废。

②马湖县：县名。三国蜀汉置，属越嶲郡。治所在今四川雷波东北黄琅镇。《水经·若水注》："绳水（金沙江）又径越嶲郡之马湖县，谓之马湖江。"西晋初废。

③江：岷江。古人以岷江为长江正流，故谓马湖江汇入长江。

【译文】

安上县

马湖县　有水道直通僰道，马湖江汇入岷江。在晋朝初年被撤销。

右益州①。汉初统郡五②。后渐分建：蜀郡及巴郡又分为七郡③；广汉、汉中、犍为为九郡④；又开益州五郡⑤，合二十六郡⑥。及宁州、梁州建，复增七郡⑦。蜀于是有三州三十三郡⑧，一百八十二县⑨。州分后，益州凡新旧郡七⑩，县四十八⑪。户：夷、晋二十四万⑫。

【注释】

①益州：州名。西汉元封五年（前106）置，为十三刺史部之一。王莽改为庸部。公孙述改为司隶校尉。东汉复为益州，治所在雒县（今四川广汉北）。中平中移治绵竹（今四川德阳东北黄浒镇），初平中复移治雒县，兴平中移治成都（今四川成都）。东汉以后辖境缩小。按：在云南昆明晋宁区河泊所遗址新发现的汉代封泥中，有"益州太守章"。

②统郡五：即秦设的巴、蜀、汉中三郡，汉高祖分置的广汉郡，汉武帝分置的犍为郡。

③七郡：即自蜀郡分出的越嶲、汶山、汉嘉三郡，自巴郡分出的巴东、巴西、涪陵、宕渠四郡。

④九郡：即广汉郡分出的武都、阴平、梓潼三郡，自汉中郡分出的魏

兴、上庸、新城三郡，自犍为郡分出的江阳、朱提、南广三郡。

⑤益州五郡：即开南中后所置的益州、牂柯、永昌、云南、兴古五郡。

⑥二十六郡：即以上所说的七郡、九郡、五郡，加上巴郡、蜀郡、广汉郡、汉中郡、犍为郡，共计二十六郡。

⑦复增七郡：即自南中五郡增置的晋宁、平乐、平夷、夜郎、河阳、梁水、西平七郡。

⑧三州：即益州、宁州、梁州三州。三十三郡：即前所说二十六郡，加复增七郡，共计三十三郡。

⑨一百八十二县：今本《华阳国志》存县一百六十九个，加上越巂郡脱落的灵道县以及汶山郡、汉嘉郡脱落的十二县，共计一百八十二县。

⑩益州凡新旧郡七：即蜀、广汉、犍为、江阳、汶山、汉嘉、越巂七郡。

⑪县四十八：今本《华阳国志》存县三十五个，加上越巂郡脱落的灵道县以及汶山郡、汉嘉郡脱落的十二县，共计四十八县。

⑫夷、晋：指夷人、汉人。二十四万：一本作"二十二万"。《晋书·地理志上》所载益州七郡的人口是十七万五千一百户，这是太康初年的数字。《华阳国志》所载为元康户数，故较多（刘琳）。

【译文】

以上为益州。汉朝初年，益州统辖五个郡。后来，渐次分割建郡：自蜀郡和巴郡分割出七郡；自广汉郡、汉中郡、犍为郡分割出九郡；开南中后，益州又增加五郡，合计有二十六郡。到宁州、梁州建立时，又增设了七个郡。于是，蜀地共有三州三十三郡，一百八十二县。州分置后，益州共计有新旧郡七个，县四十八个。户数：夷人、汉人共计二十四万户。

撰曰：蜀之为邦：天文，井络辉其上①；地理，岷嶓镇其域②；五岳③，则华山表其阳④；四渎，则汶江出其徼⑤。故上圣则大禹生其乡，媾姻则黄帝婚其族⑥，大贤彭祖育其山，列仙王乔升其冈。而宝鼎辉光于中流⑦，离龙仁虎跃乎渊陵⑧。开辟及汉，国富民殷。府腐谷帛，家蕴畜积。《雅》《颂》之声，充塞天衢⑨；《中和》之咏⑩，侔乎二《南》⑪。蕃衍三州⑫，土广万里。方之九区⑬，于斯为盛。固乾坤之灵囿⑭，先王之所经纬也⑮。

【注释】

①井络：井宿区域。

②岷嶓：岷山与嶓冢山。

③五岳：我国五大名山的总称。古书中记述略有不同。一般指东岳泰山、西岳华山、南岳衡山、北岳恒山和中岳嵩山。

④阳：山之南，水之北。因蜀地位于华山之南，故名"华阳"。

⑤汶江：岷江。徼（jiào）：边界，边塞。

⑥媾（gòu）姻：缔结婚约。

⑦宝鼎辉光于中流：即本书卷三《蜀志》所说"宝鼎见于江溉"。辉光，光辉，光芒。

⑧离龙仁虎跃乎渊陵：即本书卷三《蜀志》所说"黄龙见武阳""白虎仁于广德"。离龙，螭龙，亦即黄龙。

⑨天衢：天街，指京都的大路。

⑩《中和》之咏：王褒曾经受命作《中和颂》。

⑪二《南》：指《诗经》的《周南》与《召南》。

⑫蕃衍：逐渐增多或增广。三州：指益州、宁州、梁州。

⑬方：比。九区：九州。

⑭乾坤：天地。灵囿：对苑囿的美称。比喻精粹汇集之所。

⑮经纬：规划，治理。

【译文】

撰述者说：作为邦国的蜀：天文，有井络星宿照耀于其上空；地理，有岷山、嶓山镇守其地域；五岳，以华山为界而位居其南；四渎，有汶江出其边界。因此，上圣有大禹出生于其乡间，缔结婚约有黄帝联姻其宗族，大贤有彭祖生育于其山间，列仙有王乔升仙于其山冈。宝鼎在河流中央熠熠发光，黄龙、仁虎在深渊、丘陵间跳跃。自从开天辟地以来，一直到汉代，都是国家富裕、人民殷实。官府堆积的谷物、布帛都腐烂了，家家户户都有积累储备。《雅》《颂》之声，充塞于京师天街；《中和》之咏，媲美于《诗经》之《周南》《召南》。蜀国兴盛，开拓益州、宁州、梁州三州，地广万里。与九州相比，此地最为繁盛。蜀地，固然是天地间神奇的区域，又是先王苦心经营的地域。

卷四　南中志

【题解】

与《巴志》《汉中志》《蜀志》一样,本卷的内容也是由三部分组成的,即"总叙""分述""撰曰"。

本卷卷名中的"南中",实为地区名。历史上的"南中",相当今四川南部大渡河以南及云南、贵州两省的大部分。三国时期,蜀汉以巴蜀为根据地,因其地在巴蜀之南,故名"南中"。《华阳国志》的《南中志》,所记载的就是这一地区的历史与文化。

《巴志》《汉中志》《蜀志》所概述的是益州、梁州(巴郡、汉中郡、蜀郡)的历史与文化,而《南中志》所概述的是宁州的历史与文化。东汉建安十九年(214),在其域内南昌县(今云南镇雄)置庲降都督。建兴三年(225)诸葛亮南征后,此地区郡县均由庲降都督统摄,辖建宁、牂柯、朱提、越嶲、云南、永昌、兴古等七郡。西晋泰始七年(271),析其中四郡置宁州。其后,宁州所统郡县屡有变动。直至东晋时,仍称宁州之地为南中。

在"总叙"部分,《南中志》概述了宁州的建置与沿革。在"分述"部分,《南中志》概述了牂柯郡、平夷郡、夜郎郡、晋宁郡、建宁郡、平乐郡、朱提郡、南广郡、永昌郡、云南郡、河阳郡、梁水郡、兴古郡、西平郡的历史大事。在"附录"部分,《南中志》概述了交趾的历史大事。诚如常璩"撰曰"所说，"交趾虽异州部，事连南中，故并志焉"。

　　宁州①，晋泰始六年初置②，蜀之南中诸郡③，庲降都督治也④。

【注释】

①宁州：州名。见本书卷三注。

②泰始六年：270年。按：关于设置宁州的时间，《晋书》的记载与此不同。《晋书·武帝纪》："（泰始七年八月）分益州之南中四郡置宁州。"《晋书·地理志上》："（泰始）七年，又分益州置宁州。"

③南中：地区名。相当今四川大渡河以南及云南、贵州两省的大部分。三国蜀汉以巴蜀为根据地，其地在巴蜀之南，故名。《三国志·蜀书·诸葛亮传》：建兴元年（223），"南中诸郡，并皆叛乱"。本处的《南中志》，所记载的就是这一地区的历史。

④庲（lái）降都督：亦称南中都督。官名，亦为地名。东汉献帝建安十九年（214）刘备定益州后置，三国蜀汉沿置。西晋泰始七年（271）罢，改设宁州。为南中诸郡（今四川大渡河以南和云南、贵州二省的大部分）最高军政长官，多带将军名号，如邓方为安远将军、马忠为安南将军等，统兵，以管理境内少数民族事务。初治南昌县（今云南镇雄），移治平夷县（今贵州毕节），后治味县（今云南曲靖）。辖境相当于今四川南部大渡河以南地区及云南、贵州的大部分。

【译文】

　　宁州，是西晋泰始六年初次设置的，管辖蜀地南中诸郡，是庲降都督府的所在地。

　　南中在昔盖夷越之地①，滇濮、句町、夜郎、叶榆、桐师、雟唐侯王国以十数②。编发左衽③,随畜迁徙,莫能相雄长④。

【注释】

①夷越:汉朝之时,对分布在今甘肃南部、四川西部、南部和云南、贵州一带的少数民族,统称为"西南夷"。就族属与语系而言,西南夷主要包括三大系统:一是"夷",为氐羌系统,属藏缅语族;一是"越",为百越系统(包括濮或僚),属壮侗语族;一是"蛮",主要是苗瑶语族的各民族。这里所说的"夷越",属于泛称(刘琳),泛指《史记》《汉书》所说的"西南夷"与"南夷"(任乃强)。关于西南夷,司马迁的梳理如下:"西南夷君长以什数,夜郎最大;其西靡莫之属以什数,滇最大;自滇以北君长以什数,邛都最大:此皆魋结,耕田,有邑聚。其外西自同师以东,北至楪榆,名为嶲、昆明,皆编发,随畜迁徙,毋常处,毋君长,地方可数千里。自嶲以东北,君长以什数,徙、筰都最大;自筰以东北,君长以什数,冉駹最大。其俗或士箸,或移徙,在蜀之西。自冉駹以东北,君长以什数,白马最大,皆氐类也。此皆巴蜀西南外蛮夷也。"(《史记·西南夷列传》)

②滇濮:分布在以滇池为中心区域的"滇人",因其族系属濮(百濮),故称"滇濮"。《史记·西南夷列传》:"滇王者,其众数万人。……元封二年(前109),天子发巴蜀兵击灭劳浸、靡莫,以兵临滇。滇王始首善,以故弗诛。滇王离难西南夷,举国降,请置吏入朝。于是以为益州郡,赐滇王王印,复长其民。"句町:濮人的一支,主要分布在今云南东南部、贵州西南部和广西西北部一带。夜郎:战国至秦汉时,主要在今贵州西部、北部,云南东北部及四川南部与贵州交接地区。居民有夷、濮、羌、僰等,统称夜郎。今彝、布依、仡(gē)佬等族与之有渊源关系。汉武帝时,大臣唐蒙上书武帝修治夜郎道路,用夜郎精兵征服南越。元鼎六年

（前111），汉武帝破南越后置牂柯郡，封夜郎侯为王，授王印。叶榆：羌人的一支，主要分布在今云南西部洱海一带（汉、晋、南朝时期，称今云南西洱河为叶榆水）。桐师：又写作"同师"，在今云南西南部保山、德宏一带，其民族主要为哀牢人。嶲唐：羌人的一支，主要分布在今云南洱海苍山以西澜沧江两岸（以上注释，重点参考了任乃强、刘琳的说法）。

③编发：结发为辫。古代某些少数民族（如西南夷）有此发式。因亦以"编发"借指蛮夷。《史记·西南夷列传》："其外西自同师以东，北至楪榆，名为嶲、昆明，皆编发，随畜迁徙，毋常处，毋君长，地方可数千里。"

④雄长：称霸，称雄。

【译文】

以前，南中大概是夷越人居住的地方，有滇濮、句町、夜郎、叶榆、桐师、嶲唐等诸侯王国十多个。他们的装束是编发、左衽，经济生活是放牧牲畜，并跟随牲畜而迁徙，没有能够称雄一方的王国。

周之季世，楚顷襄王遣将军庄跷溯沅水①，出且兰②，以伐夜郎，植牂柯③，系舡于且兰④。既克夜郎，而秦夺楚黔中地，无路得归，遂留王之，号为庄王。以且兰有椓舡牂柯处⑤，乃改其名为牂柯。分侯支党⑥，传数百年。秦并蜀，通五尺道⑦，置吏主之。汉兴，遂不宾⑧。

【注释】

①楚顷襄王（？—前263）：芈姓，熊氏，名横。楚怀王之子。战国时楚国国君。初在齐为质，怀王扣于秦，因被大臣迎归即位。在位期间，秦屡败楚军，夺去黔中郡，破楚都郢，烧夷陵，遂割地求和，

迁都陈城。二十三年（前276），始招集东地兵，收复江旁十五邑，建郡以拒秦。谥顷襄。庄跻（qiāo）：一作"庄豪"。战国末年楚将。前279年，率军通过黔中向西南地区进攻，攻占夜郎，直入滇池。后因黔中郡为秦攻占，与楚本土联系断绝，无法东归，遂变服从俗，就滇地称王。关于"庄跻王滇"诸问题的研究，目前学术界尚未取得统一看法。有兴趣的读者，可以参看任乃强《华阳国志校补图注》卷四附一《庄跻入滇考》、附录二《庄跻考》以及张增祺《滇国与滇文化》、黄懿陆《滇国史》等。又，古书中另有同名者庄跻，亦战国时期楚国人，曾在楚怀王时起兵反楚。后世常以"庄跻"与"盗跖"相提并论。见《荀子·议兵》《商君书·弱民》《吕氏春秋·介立》等。沅水：即沅江。河川名。湖南巨川，有南北二源，北源出自贵州瓮安县，即沅（wǔ）水，亦称为"镇阳江"。南源为平越的猪梁江、都匀的马尾河，合流为清水江。二水东流入湖南境，合于洪江市西，总称为"沅江"，分数道入洞庭湖。

②且（jū）兰：本为秦至汉代西南地区小国之名。在今贵州都匀、福泉、黄平、贵定等市县一带。战国楚顷襄王遣庄跻入滇，攻克其地。西汉元鼎六年（前111）伐南越，发南夷兵，诛隔滇道者且兰，平西南夷为牂柯郡，于且兰地置故且兰县（为牂柯郡治）。

③植：或作"𣙙"，立，树立。牂柯：船只停泊时用以系缆绳的木桩。

④舡（chuán）：船。《集韵·钟韵》："船，俗作舡。"

⑤椓（zhuó）：敲打，捶击。

⑥支党：党羽。

⑦五尺道：秦始皇统一全国后，为加强中原地区与西南各族间的联系而开筑的一条从蜀地通往云贵高原的重要道路。因道宽五尺而得名。北起自今四川宜宾西南，经高县、筠连、云南盐津、昭通、宣威，南抵云南曲靖。由此东通当时的夜郎，往西可达滇、昆明。此道为汉武帝时唐蒙所修治的通西南夷道和隋唐时代石门路的

前身。

⑧宾：服从，归顺。

【译文】

　　周朝末年，楚顷襄王派遣将军庄蹻沿沅水逆流而上，在且兰集结军队讨伐夜郎，大军在到达且兰时，在岸边植入木桩，将船系在木桩上。庄蹻在攻克夜郎之后，恰逢秦军出兵占领了楚国的黔中地，因归路被阻断而无法回到楚国，于是便留在滇地称王，号称庄王。因为当初在且兰有以木桩系船的地方，于是将且兰改名为牂柯。庄蹻将其党羽分封于各地，在滇地传国数百年。秦国吞并蜀国后，开通了五尺道，并设置官吏进行管理。汉朝建立后，此地并未归顺朝廷。

　　有竹王者①，兴于遯水②。有一女子浣于水滨，有三节大竹流入女子足间，推之不肯去。闻有儿声，取持归破之，得一男儿。长养，有才武，遂雄夷狄③。氏以竹为姓。捐所破竹于野④，成竹林，今竹王祠竹林是也⑤。王与从人尝止大石上⑥，命作羹。从者曰："无水。"王以剑击石，水出，今竹王水是也，破石存焉。后渐骄恣⑦。

【注释】

①竹王：汉时夜郎国王。传说生于大竹中，故名。

②遯水：《水经·存水注》和《异苑》作"豚水"。一般以为即今云南、贵州两省境内的北盘江。源于云南宣威北部，流经贵州西境。汉至南朝称豚水。

③雄：称雄。夷狄：此处泛指"西南夷"与"南夷"。

④捐：抛弃。

⑤竹王祠：亦名竹三郎庙。在今贵州福泉东南三十里凤山镇。清陈

鼎《黔游记》："竹王祠在杨老驿,去清平县三十里。三月间香火极盛。相传,汉时夜郎女浣於遯水,忽有巨竹三节上流浮下,中有儿啼声,剖得一男,育之。及长,有材武,自立为夜郎侯,以竹为姓,能以威德抚诸蛮,蛮皆归之。武帝平西南夷,侯迎降,封夜郎王。后乃杀之,盖猜其欲叛也。群蛮思之不置,请立后。牂牁太守吴君以闻,乃封其三子皆为侯,俱能以德抚众。既卒,群蛮立祠祀之。黄丝驿亦有其庙,香火亦盛。"按:黔、滇、川境内有竹王城、竹王墓、竹王庙、竹王祠古迹,而竹王城在贵州福泉杨老驿,距市区23千米。此处河水潆洄,竹树畅茂,相传有竹王城坐落在东半里小山上。据实地考察,山上确有古城遗址,时代不明。附志于此,以备参考。

⑥从人:侍从,随从。

⑦骄恣:骄傲放纵。按:除本书卷四《南中志》外,《后汉书·南蛮西南夷列传》《异苑》等亦载有竹王故事。

【译文】

有一位叫竹王的首领,兴起于遯水。相传,有一位女子在遯水边洗衣服,有一根三节长的大竹漂流到女子两足之间,女子用力推却推不开。女子听到有小儿的声音,于是把竹子带回家,劈开竹子,得到一个男孩。女子将男孩抚养成人后,男子英武,有才能,称雄于夷人和濮人。男子所在的部落以竹作为姓氏。女子将所劈开的竹子抛弃在野外,结果长成了一片竹林,这就是今天竹王祠的竹林。有一次,竹王与随从在一块大石头上休息,叫仆人为他煮羹。仆人说:"没有水。"竹王用宝剑砍击石头,水就冒出来了,这就是今天的竹王水,而被砍破的石头仍然还在那里。后来,竹王就渐渐地骄纵起来。

武帝使张骞至大夏国①,见邛竹、蜀布②,问所从来,曰:"吾贾人从身毒国得之。"③身毒国,蜀之西国,今永昌是也④。骞以白帝。东越攻南越⑤，大行王恢救之⑥。恢使番阳令唐蒙晓喻南越⑦。南越人食有蒟酱⑧，蒙问所从，曰："牂柯来。"蒙亦以白帝，因上书曰："南越地东西万里，名为外臣⑨，实一州主⑩。今以长沙、豫章往⑪，水道多绝，难行。窃闻夜郎精兵可得十万，若从牂柯浮船番禺⑫，出其不意，此制越之一奇也。可通夜郎道，为置吏主之。"帝乃拜蒙中郎将，发巴、蜀兵千人，奉币帛见夜郎侯，喻以威德⑬，为置吏。旁小邑皆贪汉缯帛⑭，以为道远，汉终不能有也，故皆且听命。司马相如亦言："西戎邛、筰，蜀之后园，可置为郡。"帝既感邛竹，又甘蒟酱，乃拜为中郎将，往喻意⑮，皆听命。

【注释】

①大夏国：中亚古国名。其名始见于《史记·大宛列传》。古希腊人称之为"巴克特里亚"（Bactria），我国汉代称之为"大夏"。原始居民为伊朗人。在古波斯帝国、马其顿亚历山大帝国及塞琉古帝国时代，大夏都是其所属的一个省。前255年，郡守狄奥多德（Diodotus）宣告独立，建都蓝市城（今阿富汗巴里黑），最盛时领有北起阿姆河上游，南达印度河流域的广大地区。后国土分裂，势衰。约前140年—前130年之间，大月氏渡过阿姆河，征服了大夏。先是以大夏为臣属，后灭大夏，占领了大夏的全部国土。西方记载称此后的大月氏为吐火罗人，他们居住的地区通称为吐火罗（Tokhara），但中国却长期仍称之为大月氏。参看《史记·大宛列传》《汉书·西域传》《后汉书·西域列传》等。

②邛竹：竹名。邛山（在今四川邛崃西南）所出，中实而节高，可作手杖。《史记·大宛列传》："（张）骞曰：'臣在大夏时，见邛竹杖、蜀布。'"张守节正义："邛都邛山出此竹，因名'邛竹'。节高实

中，或寄生，可为杖。"蜀布：蜀地出的一种细麻布。或以为，本书卷三《蜀志》所说"黄润细布"即蜀布。

③身毒国：古代对天竺（梵文Sindhu）的音译。始见于《史记》，为中国对印度的最早译名。《史记·大宛列传》："其（大夏）东南有身毒国。……身毒在大夏东南可数千里。"司马贞索隐引孟康曰："即天竺也，所谓浮图胡也。"玄奘《大唐西域记·印度总述》："详夫天竺之称，异议纠纷，旧云身毒，或曰贤豆，今从正音，宜云印度。"

④永昌：郡名。东汉永平十二年（69）哀牢内属，以其地并析益州郡西部六县（不韦、嶲唐、比苏、楪榆、邪龙、云南）合置。治所在嶲唐县（今云南云龙西南七十里漕涧镇）。建初元年（76）后，治所在不韦县（今云南保山东北二十二里金鸡村）。三国蜀属庲降都督。西晋泰始七年（271）属宁州。元康九年（299）迁治永寿县（今云南耿马傣族佤族自治县境）。按：《华阳国志》以永昌为身毒国，属于记载错误。任乃强在"永昌"后径补"徼外"二字，可谓文从字顺。

⑤东越：古族名。百越的一支，包括东瓯与闽越。东瓯（亦称瓯越）分布在今浙江南部瓯江、灵江流域一带，闽越主要分布在今福建地区。秦末，东越族佐诸侯灭秦，后逐渐融入华夏族中。南越：亦作"南粤"。古族名、国名。百越的一支。分布在今湖南南部、两广及越南北部一带，秦于其地置南海、象、桂林三郡。秦末，龙川令赵佗兼并三郡，建立南越国。汉初，高祖封佗为南越王。武帝元鼎六年（前111）置南海、苍梧、合浦、儋耳、珠崖、郁林、交趾、九真、日南等九郡。

⑥大行：官名。为大行令的省称。汉武帝改典客为大行令，后又更名大鸿胪。掌少数民族君长、诸侯王、列侯的迎送、接待、安排朝会、封授、袭爵及夺爵削土之典礼；诸侯王死，则奉诏护理丧事，宣读诔策谥号；百官朝会，掌赞襄引导；兼管京师之郡国邸舍及郡国

上计吏之接待。王恢（？—前133）：西汉燕（今河北、北京一带）人。数为边吏，习知胡事。武帝时，任大行。前135年，闽越与南越相攻，与大农令韩安国（？—前127）率兵赴救，未至越，越杀其王降汉。元光二年（前133），王恢设计诱匈奴入马邑，将击之。匈奴得知汉有伏兵，引军还。武帝下恢廷尉，恢自杀死。事见《史记》《汉书》。

⑦番（pó）阳：县名。西汉改番县置，属豫章郡。治所在今江西鄱阳县东北古县渡镇。《汉书·地理志》作"番阳"，《后汉书·郡国志》作"鄱阳"。晓喻：明白劝导，告知。多用于上对下。

⑧蒟（jǔ）酱：以蒟子制成的酱，可用来调食，有辣味。出产于蜀中。

⑨外臣：犹藩臣。汉代对有朝请贡纳关系的周边少数民族国家的称呼。

⑩州主：占据一州者，意谓一方诸侯。

⑪长沙：郡名。战国秦置，治所在临湘县（今湖南长沙）。西汉高帝五年（前202）改为长沙国。东汉复为郡。豫章：郡名。西汉高帝六年（前201）分九江郡置，治所在南昌县（今江西南昌东）。

⑫从牂柯浮船番禺：底本作"从番禺浮船牂柯"，方位不对，疑传写致误，据改。

⑬威德：威权与恩德。

⑭旁小邑：指夜郎国旁边的小部落。

⑮喻意：表明意思。

【译文】

汉武帝派遣张骞出使西域，在西域的大夏国，张骞看见有邛竹、蜀布，询问它的来源，当地人说："这是我们的商人从身毒国得到的。"身毒国是蜀地西边的一个国家，在今天的永昌界外。出使西域归来后，张骞向汉武帝汇报了这一情况。东越进攻南越，大行令王恢率兵前往救援。王恢派遣番阳令唐蒙把朝廷的旨意传达给南越。南越人的食物中有蒟酱，唐蒙询问它的来源，南越人说："来自牂柯。"唐蒙也把这一情况汇报给了汉武帝,并且由此上书汉武帝:"南越的地盘东西长约万里,名义上是藩臣,实际上是一方诸侯。现在从长沙、豫章前往南越,水道非常困难,而且道路时断时续。我私下听说,夜郎国的精兵有十万之众,如果派遣夜郎精兵取道水路,从牂柯出发,乘船直下番禺,出其不意攻击南越,这是制服越人的奇计。可以修治夜郎道路,设置官吏进行管理。"于是,汉武帝任命唐蒙为中郎将,征调巴、蜀之地的士兵一千人,带上货币、丝绸等财物,拜见了夜郎国王,向他传达了汉王朝的威权与恩德,并为他们设置了官吏。夜郎国旁边的小部落都贪图汉朝的缯、帛等财物,以为道路遥远,汉军终不可能来到本地,所以都纷纷表示归顺、愿意听命。司马相如也说:"西南夷的邛、筰等地,是蜀地的后花园,可以设置为郡。"汉武帝既感念邛竹,又嗜好蒟酱,于是任命司马相如为中郎将,前往西南夷地区传达旨意,所到之地都表示愿意归顺。

后西南夷数反,发运兴役,费甚多。相如知其不易也,乃假巴、蜀之论以讽帝,且以宣使指于百姓[1]。卒开僰门,通南中。相如持节开越嶲[2],按道侯韩说开益州[3]。武帝转拜唐蒙为都尉,开牂柯,以重币喻告诸种侯王[4],侯王服从。因斩竹王,置牂柯郡,以吴霸为太守[5];及置越嶲、朱提、益州,四郡。后夷濮阻城,咸怨诉竹王非血气所生,求立后嗣[6]。霸表封其三子列侯。死,配食父祠[7],今竹王三郎神是也[8]。

【注释】

①使指:底本作"指便",误。使指,谓天子、朝廷的意旨命令。《史记·司马相如列传》:"相如使时,蜀长老多言通西南夷不为用,唯大臣亦以为然。相如欲谏,业已建之,不敢,乃著书,籍以蜀父老为辞,而已诘难之,以风天子,且因宣其使指,令百姓知天子之意。"

②持节：古代使臣奉命出行，执符节以为凭证，故称出使为"持节"。

③韩说（？—前91）：西汉韩人。韩嫣之弟，韩穨当之孙。武帝元朔五年（前124），以都尉从卫青击匈奴，大胜，封龙额侯。后坐酎金不如法失侯。元封元年（前110），以横海将军击东越有功，封按道侯。太初三年（前102）为游击将军，屯兵五原外列城，还为光禄勋。征和二年（前91），从江充治巫蛊，为戾太子刘据所杀。

④重币：重金，厚礼。

⑤吴霸：字子公，西汉阳山（今广东阳山）人。任广郁都尉，威震夜郎。迁牂柯太守，为夜郎竹王立后，由是边民感服。昭帝时，罢象郡，霸族在桂阳者，欲往广郁耕种肥田，霸不许，惟令垦近土，民赞服其不私。《百越先贤志》有传。

⑥后嗣：后代，子孙。

⑦配食：祔祭，配享。

⑧今竹王三郎神是也：今四川、贵州、云南、广西、湖南、湖北等省有竹王祠、竹王庙、竹三郎祠。

【译文】

后来西南夷多次造反，为了平息叛乱而发动运漕劳役，耗费很多。司马相如知道此事的艰难，于是假托巴、蜀父老之口，向汉武帝微言进谏，同时也向西南地区的老百姓宣传朝廷的意旨。最终还是打开了僰道之门，疏通了南中之路。司马相如持节出使开通了越巂，按道侯韩说开通了益州。汉武帝转而任命唐蒙为都尉主持开通牂柯，唐蒙用重金、厚礼开路，并对各部落首领晓之以理，各部落首领纷纷表示归顺朝廷。于是，斩杀了竹王，设置了牂柯郡，任命吴霸为牂柯太守；又设置了越巂、朱提、益州，连同牂柯郡，共计是四郡。后来，夷人、濮人阻断了牂柯城，都诉说竹王不是血气所生，请求册立竹王的后嗣。吴霸上表朝廷请封竹王的三个儿子为列侯。三子死后，配享于父亲的祠堂，他们就是今天所说的竹王三郎神。

昭帝始元元年^①，益州廉头、姑缯等二十四县民反^②，水衡都尉吕破胡募吏民及发犍为、蜀郡奔命击破之^③。后三岁，姑缯复反，都尉吕辟胡击之，败绩^④。明年，遣大鸿胪田广明等大破之，斩首捕虏五万人，获畜产十余万头，富埒中国^⑤。封其渠帅亡波为钩町王，以助击反者故也^⑥。广明赐爵邑^⑦。

【注释】

①始元元年：前86年。始元，汉昭帝年号（前86—前80）。

②廉头、姑缯：西南夷别种名。《汉书·昭帝纪》："益州廉头、姑缯，牂柯谈指、同并二十四邑皆反。"颜师古注引苏林曰："皆西南夷别种名也。"或以为滇西昆明族的一部分，约分布在今云南永胜至鹤庆一带。

③水衡都尉：官名。汉武帝元鼎二年（前115）初置，俸比二千石，主掌上林苑，兼管皇室园囿、器物、铸钱、船只、马匹、税收、仓库等事。古山林之官曰衡，其主苑池，故曰水衡。王莽改水衡都尉曰予虞。东汉省之，并其职于少府。吕破胡：底本作"吕破奴"，误。奔命：应急出战的部队。《汉书·昭帝纪》："遣水衡都尉吕破胡募吏民及发犍为、蜀郡奔命击益州，大破之。"颜师古注引应劭曰："旧时郡国皆有材官骑士以赴急难，今夷反，常兵不足以讨之，故权选取精勇。闻命奔走，故谓之奔命。"

④"后三岁"几句：《汉书·西南夷两粤朝鲜传》："后三岁，姑缯、叶榆复反，遣水衡都尉吕辟胡将郡兵击之。辟胡不进，蛮夷遂杀益州太守，乘胜与辟胡战，士战及溺死者四千余人。"吕辟胡，应当就是吕破胡。

⑤"明年"几句：《汉书·西南夷两粤朝鲜传》："明年，复遣军正王平

与大鸿胪田广明等并进，大破益州，斩首捕虏五万余级，获畜产十余万。"田广明（？—前71），字子公，西汉京兆郑县（今陕西渭南华州区）人。为天水司马时，以杀伐为治，有能名。累迁淮阳太守，连捕大奸，入为大鸿胪。昭帝时，将兵击益州，赐爵关内侯，徙卫尉，出为左冯翊。宣帝立，为御史大夫，以迎立有功封昌水侯。后以祁连将军率兵出击匈奴，以罪下狱自杀。《汉书》有传。埒（liè），相等。中国，中原。

⑥ "封其渠帅亡波为钩町王"二句：《汉书·西南夷两粤朝鲜传》："上曰：'钩町侯亡波率其邑君长人民击反者，斩首捕虏有功，其立亡波为钩町王。'"渠帅，首领。旧时统治阶级称武装反抗者的首领或部落酋长。古书或作"渠率"。钩町，即本卷前文所说的"句町"。

⑦ 广明赐爵邑：据《汉书·西南夷两粤朝鲜传》："大鸿胪广明赐爵关内侯，食邑三百户。"爵邑，爵位和封邑。

【译文】

汉昭帝始元元年，益州治下的廉头、姑缯等二十四个县的百姓造反，水衡都尉吕破胡招募各地的官吏和百姓，并征调犍为郡、蜀郡的应急军队前往平叛，最终击破了叛乱队伍。其后三年，姑缯百姓再次造反，都尉吕辟胡前往镇压，结果战败。第二年，朝廷派遣大鸿胪田广明等率军平叛，结果大败叛军，斩首、俘虏叛军五万人，缴获牲畜十余万头，其富饶可以和中原相比。朝廷封其渠帅亡波为钩町王，因为他协助朝廷击败了造反者。朝廷赏赐给田广明封爵和封邑。

成帝时，夜郎王兴与钩町王禹、漏卧侯愈更相攻击①。帝使太中大夫张匡持节和解之②。钩町、夜郎王不服，乃刻木作汉使，射之③。大将军王凤荐金城司马蜀郡陈立为牂柯太守④，何霸为中郎将⑤，出益州。立既到郡，单至夜郎召兴。兴与邑君数十人来见立⑥，立责数⑦，斩兴。邑君皆悦服⑧。兴妻父翁指与兴子豺⑨，复反。立讨之，威震南裔⑩。

【注释】

①漏卧：部落名。在漏卧县一带。漏卧县，县名。西汉元鼎六年（前111）置，属牂柯郡。治所在今云南罗平县境。《汉书·西南夷两粤朝鲜传》注引孟康说："漏卧，夷邑名，后为县。"三国蜀建兴三年（225）属兴古郡。南朝宋为兴古郡治。南齐属兴古郡。南朝梁末废。更相：相互。

②太中大夫：官名。秦、西汉初位居诸大夫之首，武帝太初元年（前104）以后次于光禄大夫，秩比千石，无员额。侍从皇帝左右，掌顾问应对，参谋议政，奉诏出使，多以宠臣贵戚充任。名义上隶属郎中令（光禄勋）。东汉秩千石，后期权任渐轻。魏、晋、南朝宋七品，品秩虽不高，禄赐与卿相当。张匡：蜀郡人。官至太中大夫。为人佞巧。见《汉书·王商史丹傅喜传》。和解：平息纷争，重归于好。

③"乃刻木作汉使"二句：即制作像汉朝使节一样的木偶，放箭射击木偶。按：这其实是一种巫蛊术，即人类学上所说的"黑巫术"（black magic）。汉武帝晚年的巫蛊之祸，所施巫蛊与此相类。

④王凤（？—前22）：字孝卿，西汉魏郡元城（今河北大名东）人，原籍东平陵（今山东章丘西）人。王禁子。妹王政君为元帝皇后。初为卫尉，袭父爵阳平侯。成帝即位，以外戚为大司马、大将军，领尚书事。弟崇封安成侯。从此专断朝政，内外官吏皆出其门下。河平二年（前27），其弟谭、商、立、根、逢时五人同日封侯。兄弟贵倾朝廷，争为奢侈，姬妾各数十人，僮奴以千百数。辅政十一年，病死。事见《汉书》。金城：郡名。西汉始元六年（前81）置，治所在允吾县（今青海民和南古鄯镇北古城）。西晋初迁治

榆中县（今甘肃兰州城关区东岗镇一带）。陈立：西汉蜀郡临邛
（今四川邛崃）人。成帝时历任连然、不韦县令，迁金城司马、巴
郡太守。官至护军都尉，卒于官。

⑤何霸：字翁君，蜀郡郫（今四川成都郫都区）人。司空何武之兄。
貌美才秀。历官户曹、别驾、属国、中郎将。本书卷十《先贤士女
总赞》有传。

⑥邑君：地方官。本处特指同郡（牂柯郡）的地方官。数十人：底本
作"数千人"，误。《汉书·西南夷两粤朝鲜传》："（陈立）及至牂
柯，谕告夜郎王兴，兴不从命，立请诛之。未报，乃从吏数十人出
行县，至兴国且同亭，召兴。兴将数千人往至亭，从邑君数十人入
见立。立数责，因断头。"

⑦责数：责备数落。

⑧悦服：心悦诚服。

⑨妻父：岳父。

⑩南裔：南方边境地区。

【译文】

汉成帝时，夜郎王兴与钩町王禹、漏卧侯愈互相攻击。汉成帝派遣
太中大夫张匡手持符节前往平息纷争。钩町、夜郎王不服，并且制作了
像汉朝使节一样的木偶，再放箭射击木偶。大将军王凤推荐金城司马、
蜀郡人陈立担任牂柯太守，又推荐何霸为中郎将，从益州出兵。陈立到
郡上任之后，独自一人到夜郎召见夜郎王兴。王兴与牂柯郡的地方官数
十人来拜见陈立，陈立责备数落王兴的罪过，随即斩杀了他。地方官们
都心悦诚服。王兴的岳父翁指与王兴的儿子感到耻辱，又起兵反叛。陈
立又讨平了叛乱，由此威震南部边境地区。

平帝末①，梓潼文齐为益州太守②。公孙述时，据郡不
服。光武称帝，以南中有义③。益州西部④，金、银、宝货之

地,居其官者,皆富及十世。孝明帝初,广汉郑纯独尚清廉⑤,毫毛不犯。夷汉歌咏,表荐无数⑥。上自三司⑦,下及卿士⑧,莫不叹赏。明帝嘉之,因以为永昌郡,拜纯太守。章帝时,蜀郡王阜为益州太守⑨,治化尤异⑩。神马四匹出滇池河中,甘露降,白乌见⑪。始兴文学,渐迁其俗。

【注释】

①平帝:汉平帝刘衎(前9—5)。本名箕子。元帝孙。西汉皇帝。三岁嗣立为中山王。哀帝死,太皇太后王氏以王莽为大司马,立为帝,时年九岁。太皇太后临朝,莽秉政。及帝壮,以莽隔绝母卫太后,不悦,为莽毒死。《汉书》有传。

②文齐:字子奇,广汉郡梓潼(今四川梓潼)人。平帝末,以城门校尉为犍为属国,迁益州太守,群夷畏服。公孙述时,据郡不服。述平,世祖嘉之,征拜镇远将军,封成义侯。南中咸为立祠。本书卷十《先贤士女总赞》有传,事见《后汉书·南蛮西南夷列传》。

③以南中有义:下有脱文,任乃强补"封齐成义侯"五字。

④益州西部:指益州西部都尉。官名。掌地方驻军,主治安,防侵略。永平十年(67)置,永平十二年(69)废。《后汉书·南蛮西南夷列传》引《古今注》曰:"永平十年,置益州西部都尉,居嶲唐。"《后汉书·显宗孝明帝纪》:"(永平)十二年春正月,益州徼外夷哀牢王相率内属,于是置永昌郡,罢益州西部都尉。"

⑤郑纯:字长伯,广汉郡郪(今四川三台)人。汉明帝时,任益州西部都尉。地产金、银、宝货,而为政清廉,秋毫不犯。明帝嘉之,以为永昌太守。在官十年卒。本书卷十《先贤士女总赞》有传。

⑥表荐:上书推荐。

⑦三司:也称为"三公"。三种官职的合称,各代所指不同。东汉称

太尉、司空、司徒为三司。

⑧卿士：指九卿，与"三公"相对，指古代中央政府的九个高级官职。汉以太常、光禄勋、卫尉、太仆、廷尉、大鸿胪、宗正、司农、少府为九寺大卿（即九卿）。

⑨王阜：字世公，蜀郡成都（今四川成都）人。官至益州太守。有政绩。本书卷十《先贤士女总赞》有传。

⑩治化：治理教化。尤异：特别优异。

⑪白乌：白羽之乌。古时以为祥瑞之物。见：同"现"，出现。

【译文】

汉平帝末年，梓潼文齐任益州太守。公孙述称帝时期，文齐据守全郡，没有臣服于公孙述。汉光武称帝后，认为南中人讲究道义，封文齐为成义侯。益州西部是出产金、银、珠宝的地方，在那里做官的人都会致富，甚至富及十代。汉明帝初年，广汉人郑纯任益州西部都尉，唯独能够坚守清廉之风，对老百姓秋毫无犯。当地的夷人、汉人都歌咏赞美郑纯，上书推荐者不计其数。上自三公，下至九卿，没有不赞叹称赏的。汉明帝嘉奖郑纯，因而设置了永昌郡，并任命郑纯为太守。汉章帝时，蜀郡人王阜任益州太守，治理教化特别优异。有四匹神马出现在滇池河中，有甘露从天而降，有白羽之乌现身。从王阜开始，在地方兴建了学校，逐渐改变了当地的风俗。

安帝永初中①，汉中、阴平、广汉羌反，征战连年。元初四年②，益州、永昌、越巂诸夷封离等反，众十余万，多所残破。益州刺史张乔遣从事蜀郡杨竦将兵讨之③。竦先以诏书告谕；告谕不从，方略渐讨④。凡杀虏三万余人，获生口千五百人⑤，财物四千余万，降赦夷三十六种；举劾奸贪长吏九十人⑥，黄绶六十人⑦。诸郡皆平。竦以伤死⑧，故功不录。

自是后⑨,少宁五十余年⑩。

【注释】

①安帝永初:107—113年。

②元初四年:117年。元初,汉安帝刘祜年号(114—120)。

③从事:官名。州部属吏。东汉称从事史,为州部长官自辟。三国、晋、南北朝沿置,名目不一。如别驾从事、治中从事、都官从事、功曹从事、簿曹从事、郡国从事、文学从事、祭酒从事等,各掌一方面的事务。杨竦(?—119):字子恭,蜀郡成都(今四川成都)人。安帝元初六年(119)为益州刺史张乔从事,受命安抚境内少数部族,恩威并用,众皆来归。因伤病卒。张乔为刻石勒铭,图其像。事见《后汉书·南蛮西南夷列传》,本书卷十《先贤士女总赞》有传。

④涤讨:涤荡讨伐。

⑤生口:俘虏。也称"活口"。

⑥举劾:列举罪状,加以弹劾。奸贪:邪恶贪贿。长吏:指州县长官的辅佐。

⑦黄绶:古代官员系官印的黄色丝带。借指官吏。《汉书·百官公卿表上》:"比二百石以上,皆铜印黄绶。"

⑧以伤死:因伤创发病而死。按:这段历史,可参看《后汉书·南蛮西南夷列传》:"(元初)五年,卷夷大牛种封离等反畔,杀遂久令。明年,永昌、益州及蜀郡夷皆叛应之,众遂十余万,破坏二十余县,杀长吏,燔烧邑郭,剽略百姓,骸骨委积,千里无人。诏益州刺史张乔选堪能从事讨之。乔乃遣从事杨竦将兵至楪榆击之,贼盛未敢进,先以诏书告示三郡,密征求武士,重其购赏。乃进军与封离等战,大破之,斩首三万余级,获生口千五百人,资财四千余万,悉以赏军士。封离等惶怖,斩其同谋渠帅,诣竦乞降,竦厚加慰纳。

其余三十六种皆来降服。竦因奏长吏奸猾侵犯蛮夷者九十人,皆减死。州中论功未及上,会竦病创卒,张乔深痛惜之,乃刻石勒铭,图画其像。"

⑨自是:从此。

⑩少宁:稍稍安宁。少,稍稍,稍微。

【译文】

汉安帝永初年间,汉中郡、阴平郡、广汉郡的羌人造反,为此连年征战。元初四年,益州、永昌郡、越巂郡的夷人在封离等的带领下造反,造反人数达到十余万,许多地方都因战火而残缺破败。益州刺史张乔派遣从事、蜀郡人杨竦带兵前去讨伐。杨竦首先用诏书明白告示地方;如果不听从劝告,拒不归顺,才予以涤荡讨伐。这次平叛,共计屠杀造反者三万余人,擒获俘虏一千五百人,缴获财物四千余万钱,降服、赦免三十六个夷人部落;检举、弹劾贪官污吏九十人,其中有二百石以上的官员六十人。各个郡县都平定下来。杨竦因伤创发病而死,因而没有记录提到功劳。从此以后,该地稍微安宁了五十多年。

　　迄灵帝熹平中①,蛮夷复反,拥没益州太守雍陟②。遣御史中丞朱龟将并、凉劲兵讨之③,不克。朝议不能征,欲依朱崖故事弃之④。太尉掾巴郡李颙献陈方策⑤,以为可讨。帝乃拜颙益州太守,与刺史庞芝伐之⑥,征龟还。颙将巴郡板楯军讨之,皆破,陟得生出。后复更叛。梓潼景毅为益州太守⑦,讨定之。承丧乱后⑧,民夷困饿,米一斗千钱,皆离散。毅至,安集⑨,后米一斗八钱。

【注释】

①熹平:汉灵帝年号(172—178)。

②拥没：劫持，拘押。益州太守雍陟：《隶释》卷十《幽州刺史朱龟碑》作"蜀郡太守雍陟"。

③御史中丞：官名。秦汉皆置，俸千石。西汉以御史中丞为御史大夫副贰。简称中丞、中执法。外督部刺史，内领侍御史，受公卿章奏，纠察百僚，其权颇重。东汉以后不设御史大夫时，即以御史中丞为御史之长。劲兵：精锐的部队。

④朱崖故事：朱崖郡设置之后，结果是"率数岁壹反"。为此，朝廷意见各异，"或言可击，或言可守，或欲弃之"。儒生贾捐之以为"弃之不足惜，不击不损威"，主张放弃朱崖郡。汉元帝最终采纳了贾捐之的建议，于初元三年（前46）罢弃了朱崖郡。此事后被誉为"朱崖故事"，成为汉中央王朝解决南方边疆郡地矛盾可供仿效的成例。参看《汉书·严朱吾丘主父徐严终王贾传下》。朱崖，郡名。即珠崖郡。西汉元鼎六年（前111）置，治所在瞫都县（今海南琼山南）。因崖边出真珠得名。初元三年（前46）废。故事，先例，成例。

⑤李颙（yóng）：字德卬，巴郡垫江（今重庆合川）人。官至益州太守。曾率板楯蛮镇压少数民族起义。事见《后汉书·南蛮西南夷列传》和本书卷一《巴志》《南中志》。方策：方法，计策。

⑥庞芝：字号、籍贯不详。曾任益州刺史。《后汉书·党锢列传》说他"清亮在公"。

⑦景毅：字文坚，广汉郡梓潼（今四川梓潼）人。为人廉正，仁义为福。桓帝时，为侍御史。李膺遭党禁死，门生故吏并被禁锢。毅子景顾为膺门徒，以未入名籍而不及于难。毅不为苟安，自表免归。后拜武都令，迁益州太守。本书卷十《先贤士女总赞》有传。按：底本"梓潼景毅为益州太守"下有脱文，任乃强依《滇传》补"讨定之"三字。

⑧丧乱：死亡祸乱。后多以形容时势或政局动乱。

⑨安集：安定和睦。

【译文】

到汉灵帝熹平年间，夷人又开始造反，劫持、拘押了益州太守雍陟。朝廷派遣御史中丞朱龟带领并州、凉州的精兵前往讨伐，但没有取胜。在朝廷议论时，有人认为不能用征伐的办法解决问题，而应该依照"朱崖故事"处理，即放弃这些地方。太尉掾、巴郡人李颙进献策略，认为可以讨伐。于是，汉灵帝任命李颙为益州太守，与刺史庞芝一起讨伐夷人，而调朱龟回朝。李颙率领由巴郡的板楯蛮组成的军队讨伐夷人，结果打败了夷人，并将雍陟解救出来。后来，夷人又发动叛乱。梓潼人景毅为益州太守，平定了叛乱。在经历了死亡和祸乱之后，汉人与夷人都处于贫困饥饿之中，一斗米价值一千钱，老百姓也妻离子散了。景毅上任之后，对老百姓进行了安抚，形势开始变得安定和睦，后来物价也稳定下来，一斗米价值八钱。

建安十九年①，刘先主定蜀，遣安远将军南郡邓方以朱提太守、庲降都督治南昌县②。轻财果毅，夷汉敬其威信。方亡，先主问代于治中从事建宁李恢③，对曰："西零之役④，赵充国有言⑤：'莫若老臣。'"先主遂用恢为都督，治平夷县⑥。

【注释】

①建安十九年：214年。

②邓方（？—222）：字孔山，三国蜀南郡（今湖北荆州）人。以荆州从事随刘备入蜀。蜀既定，为犍为属国都尉。因易郡名，为朱提太守。累迁安远将军、庲降都督。《季汉辅臣赞注》有传。南昌县：县名。三国蜀置，属朱提郡，为庲降都督驻地。治所在今云南镇雄县境。西晋太康元年（280）改名南秦县。

③代：替代。此处指接任、接替。李恢（？—231）：字德昂，建宁郡

俞元（今云南澄江）人。刘璋时为郡督邮，坐事免官。后投奔刘备，任功曹书佐主簿。章武元年（221），自荐任庲降都督。蜀后主时期，从诸葛亮南征，率军以计破建宁夷，封汉兴亭侯，加汉安将军。官至建宁太守。《三国志·蜀书》有传。

④西零：亦作"先零"。古族名。汉时西羌的一支。西汉初分布于湟水及浩门水流域。武帝开金城、令居（今甘肃永登），西逐诸羌。先零羌与封养羌、牢姐羌合兵十余万攻令居、安故（今甘肃临洮南），围枹罕（今甘肃临夏境），被汉击败，其部落遂徙居湟水上游、青海湖周围和贵德等地。宣帝时，赵充国再击之，遂继续向西迁徙至于青海湖西盐池等地。王莽末，先零复据湟水流域，并占领金城（今甘肃兰州）。东汉初，被马援等击平，徙于陇西（治今甘肃临洮）、天水（治今陕西通渭西北）、右扶风（治今陕西兴平东南）等地，余部迁往塞外。永初元年（107）别部首领滇零领导诸羌起义，建立政权，在北地郡称天子。汉以后，先零羌渐与汉族及西北其他民族相融合。

⑤赵充国（前137—前52）：字翁孙，陇西上邽（今甘肃天水）人。善骑射，习兵法，有谋略，熟知边情。武帝时，以六郡良家子补羽林，以假司马从李广利击匈奴，以功拜中郎，迁车骑将军长史。昭帝时，以大将军护军都尉率兵平定武都氐人起兵，迁中郎将、水衡都尉。又击匈奴，擢后将军。昭帝死，与霍光迎立宣帝，封营平侯。将兵屯边，匈奴不敢犯。神爵元年（前61），先零羌叛，年七十六而率军破羌。复为后将军、卫尉。其子有罪自杀，因罢官。《汉书》有传。

⑥平夷县：县名。西汉置，属牂牁郡。治所在今贵州毕节东。西晋永嘉五年（311）为平夷郡治。东晋改为平蛮县。

【译文】

建安十九年，先主刘备平定蜀地，派遣安远将军、南郡人邓方担任朱提太守、庲降都督,治所在南昌县。邓方不贪图财货,办事果敢坚毅,夷人和汉人敬佩他的威严与信用。邓方亡故之后,先主刘备询问治中从事、建宁郡人李恢谁能接替邓方,李恢回答说:"当年西零之战时,赵充国曾经说:'不如使用老臣。'"于是,刘备任命李恢为庲降都督,治所在平夷县。

先主薨后,越巂叟帅高定元杀郡将军焦璜[1],举郡称王以叛。益州大姓雍闿亦杀太守正昂[2],更以蜀郡张裔为太守[3]。闿假鬼教曰[4]:"张裔府君如瓠壶[5],外虽泽而内实粗,杀之不可,缚与吴。"于是执送裔于吴。吴主孙权遥用闿为永昌太守,遣故刘璋子阐为益州刺史[6],处交、益州际。牂柯郡丞朱提朱褒领太守[7],恣睢[8]。丞相诸葛亮以初遭大丧[9],未便加兵,遣越巂太守巴西龚禄住安上县[10],遥领郡。从事蜀郡常颀行部南入[11],以都护李严书晓喻闿[12]。闿答曰:"愚闻天无二日,土无二王[13]。今天下派分[14],正朔有三[15]。远人惶惑,不知所归。"其傲慢如此。颀至牂柯,收郡主簿考讯奸[16]。褒因煞颀为乱。益州夷复不从闿,闿使建宁孟获说夷叟曰[17]:"官欲得乌狗三百头,膺前尽黑[18],螨脑三斗[19],斫木构三丈者三千枚[20],汝能得不?"夷以为然,皆从闿。斫木坚刚,性委曲[21],高不至二丈,故获以欺夷。

【注释】

①焦璜:三国时蜀官吏。为越巂郡太守,遭叟夷杀害。

②雍闿:三国时地方豪族。初,闿投刘备。刘备死后,闿杀蜀所署太守正昂,降于吴。吴遥署闿为永昌太守。

③张裔（？—230）：字君嗣，蜀郡成都（今四川成都）人。初从刘
璋，察孝廉，为鱼复长。刘备定益州，以为巴郡太守，寻迁益州太
守。豪强雍闿反，缚裔送孙吴。刘禅建兴初，诸葛亮遣使请归裔，
以为参军，署府事。累加辅汉将军。《三国志·蜀书》、本书卷十
《先贤士女总赞》有传。

④鬼教：鬼神的指示。

⑤瓠（hú）壶：一种盛液体的大腹容器。喻虚有其表。

⑥刘璋子阐：刘阐，一名纬，江夏郡竟陵（今湖北潜江）人。刘璋子。
为人恭谨，轻财重义。孙权杀关羽、取荆州后，以璋为益州牧。璋
卒，以阐为益州刺史。后还吴为御史中丞。

⑦朱褒：三国时蜀官吏，任牂柯太守。素有异志。益州从事常房巡
视牂柯，被朱褒攻杀并诬以谋反。建兴元年（223），益州郡大姓
雍闿叛，朱褒拥郡响应。三年，诸葛亮至南中，平定反叛。

⑧恣睢（suī）：肆意横行。

⑨大丧：指帝王、皇后、世子之丧。本处特指刘备之丧。

⑩龚禄（195—225）：字德绪，巴西安汉（今四川南充）人。刘备定
益州，为郡从事牙门将。建兴三年（225），为越巂太守。随诸葛亮
南征，为蛮夷所害。安上县：县名。三国蜀汉置。治所即今四川
屏山西南新市镇。

⑪常颀：《三国志·蜀书·后主传》作"常房"。行部：谓巡行所属部
域，考核政绩。

⑫李严（？—234）：一名平，字正方，南阳（治今河南南阳）人。初
为荆州牧刘表郡县官吏，曹操占荆州，李严入蜀，刘璋委以成都
令。建安十八年（213），以护军拒刘备于绵竹，后率众降，刘备以
为裨将军。刘备取成都，被任以犍为太守，兴业将军，以军功加辅
汉将军。章武中，任尚书令，与诸葛亮同受遗诏辅后主，位在诸葛
亮之次。建兴九年（231），诸葛亮北伐，屯祁山，李严负责督运军

资。时逢雨季，运粮不继，李严假传朝廷之命，让诸葛亮退军。军退，李严又声称军粮充足，不当退兵，以塞督运不力之责，并诿过于诸葛亮，亮遂出示其前后亲笔书奏，表请朝廷将他罢免，流放梓潼后病死。

⑬ 天无二日，土无二王：见于《礼记》的《曾子问》《坊记》《丧服四制》。天上不能同时有两个太阳，老百姓不能同时有两个君主。比喻事物统于一，不能两大并存。

⑭ 派分：区分，分别。这里指天下三分为魏、蜀、吴。

⑮ 正朔：本指农历正月初一，此谓帝王新颁的历法。古代帝王易姓受命，必改正朔；故夏、殷、周、秦及汉初的正朔各不相同。自汉武帝后，直至现今的农历，都用夏制，即以建寅之月为岁首。所谓"正朔"，所牵涉的实际上是正统性问题。

⑯ 考讯：刑拷审讯。

⑰ 孟获：三国蜀建宁（治今云南曲靖）人。当地豪强。为夷、汉所服。刘备死后，与建宁豪强雍闿起兵反蜀，数为诸葛亮所败。经七擒七纵，终于心服，不再反蜀。与南中俊杰爨习、孟琰等为蜀所用，官至御史中丞。参看《三国志·蜀书·诸葛亮传》。

⑱ 膺：胸。

⑲ 螨（mǎn）：节肢动物的一类，体形微小，寄居在人或动物体上，吸血液，能染疾病。

⑳ 斫木：当即柞木，西南俗称"青枫"（刘琳），通名橡树。

㉑ 委曲：弯曲。

【译文】

先主刘备去世后，越嶲叟帅高定元杀死郡将军焦璜，率领全郡发动叛乱，高氏自己也称王。益州的大姓雍闿也杀死太守正昂，转而拥戴蜀郡人张裔为太守。雍闿假托鬼神的指示说："张裔府君就像一个瓠壶，虽然外表光泽，而内里实际很粗疏，杀了他还不行，还是把他捆绑起来送给东吴。"于是，他们抓住了张裔，并把他送给东吴。吴主孙权遥控指挥，任命雍闿为永昌太守，又派遣已故刘璋的儿子刘阐为益州刺史，驻扎在交州、益州之间。牂柯郡丞、朱提人朱褒领有太守之位，放纵暴戾。蜀汉丞相诸葛亮因为国家刚刚遭遇刘备之死的大丧，不便立即出兵，于是安排越巂太守、巴西人龚禄驻守在安上县，远远地监控越巂郡的形势。又派从事、蜀郡人常颀前往南边巡视，并让都护李严致书雍闿，晓之以利害关系。雍闿回答说："我听说，天上没有两个太阳，地上没有两个君王。当今天下一分为三，而三个朝廷均颁有历法。我们这些边远之人内心惶恐疑惑，不知道该归附哪一方。"雍闿的傲慢态度就是这样的。常颀到达牂柯后，对主簿进行刑拷审讯，拷问太守作奸犯科的事实。朱褒于是杀死常颀发动叛乱。益州的夷人也不再听从雍闿，雍闿派建宁人孟获去游说夷人，说："官府想得到三百头黑狗，要求狗胸前的毛都是黑色的，又要三斗螨虫的脑汁，以及三千根三丈长的柞木，你们能做到吗？"夷人认为孟获说得对，都听命于雍闿。柞木很坚硬，但生得弯曲，而且高不过二丈，所以孟获用这个说辞来欺骗夷人。

建兴三年春①，亮南征，自安上由水路入越巂。别遣马忠伐牂柯②，李恢向益州③，以犍为太守广汉王士为益州太守④。高定元自旄牛、定筰、卑水多为垒守⑤。亮欲俟定元军众集合⑥，并讨之，军卑水⑦。定元部曲杀雍闿及士庶等，孟获代闿为主。亮既斩定元，而马忠破牂柯，李恢败于南中⑧。夏五月，亮渡泸，进征益州。生虏孟获⑨，置军中，问曰："我军如何？"获对曰："恨不相知⑩，公易胜耳。"亮以方务在北，而南中好叛乱，宜穷其诈，乃赦获使还，合军更战⑪。凡七虏七赦。获等心服，夷汉亦思反善。亮复问获，获对曰："明公⑫，天威也，边民长不为恶矣。"

【注释】

①建兴三年：225年。

②马忠（？—234）：字德信，巴西阆中（今四川阆中）人。少养外家，姓狐，名笃，后乃复姓，改名忠。建安末举孝廉，任汉昌县长。刘备败于猇亭，巴西太守阎芝发兵五千补缺，遣马忠送往，受到刘备称赞。后主建兴元年（222）丞相诸葛亮开府治事，以马忠为门下督。后历任牂牁太守、丞相参军、州治中从事、庲降都督、监军奋威将军、安南将军、镇南大将军，初封博阳亭侯，进封彭乡侯。七年春，大将军费祎北御魏敌，留忠成都，平尚书事。十二年卒于南方。马忠之在南，数次平定叛乱，处事能断，威恩并立，及忠卒，莫不流涕尽哀，为之立庙祭祀。

③向：去，前往。

④王士：字义强，广汉郡郪（今四川三台）人。从刘备入蜀，举孝廉，为符节长，迁牙门将，出为宕渠太守，徙犍为太守。诸葛亮南征，转益州太守，将南行，为蛮夷所害。本书卷十《先贤士女总赞》有传。

⑤定筰：即定筰。县名。西汉置，属越嶲郡。为都尉治。治所在今四川盐源。西晋改为定筰县。南朝宋又改为定筰县。南朝齐废。

⑥俟（sì）：等待。

⑦卑水：县名。西汉元鼎六年（前111）置，属越嶲郡。故治所在今四川昭觉东北的卑水河（今美姑河）西岸。三国蜀同。

⑧李恢败于南中："败"后当脱"夷"字（刘琳）。

⑨生虏：生擒，俘虏。

⑩相知：了解你们。

⑪合军：集结军队。

⑫明公：旧时对有名位者的尊称。本处指诸葛亮。

【译文】

建兴三年春，诸葛亮率军南征，经水路由安上县进入越嶲。诸葛亮另外派遣马忠征伐牂柯，李恢则进军益州，任命犍为太守、广汉人王士为益州太守。高定元在旄牛、定筰、卑水一带构筑了许多防御工事。诸葛亮打算等高定元的军队集合在一起时，再进军攻打，于是大军驻扎在卑水。高定元的部属杀死了雍闿及其部下和随从，孟获代替雍闿成为统领。诸葛亮斩杀了高定元，而马忠也攻破牂柯，李恢又在南中大败夷人。这年夏天五月，诸葛亮渡过泸水，进军征讨益州。诸葛亮生擒孟获，将其安置在军营中，问孟获："我军如何？"孟获回答说："只恨事先不了解你们，才让你轻而易举取胜。"诸葛亮考虑到国家的事务主要在北方，而南中地区喜好叛乱，应该让他们穷尽欺诈，以使其心服口服，于是赦免了孟获，让他回去集合队伍再来交战。孟获共计七次被擒，诸葛亮七次赦免孟获。至此，孟获等人心悦诚服，而夷人、汉人也都思心归善。诸葛亮又问孟获，孟获回答说："明公有上天一样的神威，我们边民将永远不再作恶叛乱。"

秋，遂平四郡①。改益州为建宁②，以李恢为太守，加安汉将军③，领交州刺史，移治味县④。分建宁、越嶲置云南郡⑤，以吕凯为太守⑥。又分建宁、牂柯置兴古郡⑦，以马忠为牂柯太守。移南中劲卒、青羌万余家于蜀⑧，为五部，所当无前，军号"飞"⑨。分其羸弱配大姓焦、雍、娄、爨、孟、量、毛、李为部曲⑩；置五部都尉，号"五子"，故南人言"四姓五子"也。以夷多刚很⑪，不宾大姓富豪，乃劝令出金帛，聘策恶夷为家部曲，得多者奕世袭官⑫。于是夷人贪货物，以渐服属于汉，成夷、汉部曲。亮收其俊杰建宁爨习、朱提孟琰及获为官属⑬，习官至领军，琰辅汉将军，获御史中丞。出其金、银、丹、漆、耕牛、战马，给军国之用。都督常用重人⑭。

【注释】

①四郡：即越巂、益州、永昌、牂柯四郡。

②建宁：郡名。三国蜀建兴三年（225）改益州郡置，属庲降都督。治所在味县（今云南曲靖西北）。西晋属宁州。南齐移治同乐县（今云南陆良县南三里旧城）。南朝梁末废。

③安汉将军：将军名号，东汉末年刘备置，班在军师将军之上。三国蜀沿置。

④味县：县名。西汉元封二年（前109）置，属益州郡。治所在今云南曲靖西北。三国蜀建兴三年（225）为建宁郡治，十一年（233）又为庲降都督驻地。西晋为建宁郡治。南齐属建宁郡。

⑤云南郡：郡名。三国蜀建兴三年（225）析永昌、益州、越巂三郡地置，属庲降都督。治所在弄栋县（今云南姚安西北十七里旧城）。西晋属宁州，治云平县（今云南宾川县境）。东晋治云南县（今云南祥云东南三十四里，云南驿附近果城）。南齐治所在东古复（今云南永胜县境）。梁末废。

⑥吕凯：字季平，永昌郡不韦（今云南保山）人。初为五官掾功曹。刘备卒，与府丞王伉抗击雍闿进攻，被诸葛亮举为云南太守，封阳迁亭侯。后为叛夷所杀。《三国志·蜀书》有传。

⑦兴古郡：郡名。三国蜀建兴三年（225）析牂柯郡西南部、益州郡南部置，属庲降都督。治所在宛温县（今云南砚山西北四十六里维摩彝族乡）。西晋属宁州。武帝时治胜休县（今云南江川北二十六里龙街），后治律高县（今云南弥勒南一百里朋普）。东晋复治宛温县。

⑧青羌：古代西南地区羌族的一支。服饰尚青色，故称。后为蜀地方兵之一。诸葛亮《后出师表》："賨叟、青羌、散骑、武骑一千余人，此皆数十年之内所纠合四方之精锐。"

⑨军号"飞"：一作"号为飞军"。

⑩赢（léi）弱：瘦弱。部曲：古代豪门大族的私人军队，带有人身依附性质。

⑪刚很：亦作"刚狠"。刚强，强硬。

⑫奕世：累世，世代。

⑬爨（cuàn）习：三国蜀建宁（治今云南曲靖）人。李恢之姑夫。世为大姓。东汉末，仕建伶（治今云南昆明晋宁区一带）令。建兴元年（223），与本郡豪帅雍闿等反，杀太守正昂，又执郡守张裔附吴。建兴三年（225），蜀相诸葛亮南征，与孟琰、孟获俱降，仍以为属官，寻升领军。建兴九年（231），授行参军偏将军，出征汉中，以街亭兵败请自劾。习为爨氏之初显者。孟琰：字休明，三国蜀朱提（治今云南昭通昭阳区）人。孟获族人。尝与本郡豪帅雍闿等反，后归顺蜀汉，官至辅汉将军。

⑭重人：谨慎而持重的人。

【译文】

建兴三年秋，诸葛亮平定越巂、益州、永昌、牂柯四郡。于是，改益州郡为建宁郡，任命李恢为太守，加安汉将军衔，兼领交州刺史，移治所至味县。分割建宁郡、越巂郡，设置云南郡，任命吕凯为太守。又分割建宁郡、牂柯郡，设置兴古郡，任命马忠为牂柯太守。迁徙南中的精兵、青羌万余家到蜀地，为五部，因其所向无敌，军号为"飞"。将贫苦、瘦弱的老百姓分配给焦、雍、娄、爨、孟、量、毛、李等大姓，作为他们的部曲；设置了五部都尉，号称"五子"，这就是南中人士所说的"四姓五子"。因为夷人大多刚强凶狠，不服从大姓富豪的管理，于是官府劝勉大姓富豪拿出金钱、布帛，聘请那些带头干坏事的夷人为私家部曲，如果聘用得多，则可世世代代传袭官位。这样一来，夷人因贪图财货和宝物，渐渐地便服从汉人的管理，成为夷人和汉人的部曲。诸葛亮招收夷人中的俊杰，如建宁人爨习、朱提人孟琰和孟获作为自己的属官，爨习后来官至领军，孟琰后来官至辅汉将军，孟获后来官至御史中丞。夷人将当地的金、银、丹、漆、耕牛、战马等贡献出来，供给军队、国家备用。都督经常任用的是谨慎而持重的人。

李恢卒后[1]，以蜀郡太守犍为张翼为都督[2]。翼持法严[3]，不得殊俗和[4]。夷帅刘胄反[5]，征翼，以马忠为代。忠未至，翼修攻战方略资储[6]，群下惧。翼曰："吾方临战场，岂可以绌退之故废公家之务乎[7]？"忠至，承以灭胄。蜀赐翼爵关内侯[8]。忠在南，柔远能迩[9]，甚垂惠爱[10]，官至镇南大将军[11]。卒后，南人为之立祠，水旱祷之。以蜀郡张表为代[12]，加安南将军[13]；又以犍为杨羲为参军[14]，副贰之。表后，以南郡阎宇为都督[15]，南郡霍弋为参军[16]。弋甚善参毗之礼[17]，遂代宇为监军、安南将军。抚和异俗[18]，为之立法施教，轻重允当，夷晋安之[19]。及晋世，因仍其任[20]。

【注释】

①李恢卒后：李恢卒于建兴九年（231）。

②张翼（？—264）：字伯恭，犍为郡武阳（今四川眉山彭山区）人。初为刘备书佐，后举孝廉，历任江阳长、蜀郡太守、车骑将军、征西大将军、镇南大将军，领冀州刺史，赐爵关内侯，进封都亭侯。蜀亡，为锺会乱兵所杀。《三国志·蜀书》、本书卷十《先贤士女总赞》有传。

③持法：执法。

④殊俗：指风俗不同的边远地区。

⑤刘胄：三国时蜀南中（今川南滇东北一带）豪帅。后主建兴十一年（233），率众反。未几，为马忠击斩。

⑥资储：积蓄，贮备。这里指作战物资。

⑦绌退：罢免官职。这里指调离职务。

⑧蜀赐翼爵关内侯：任乃强以为此七字属衍文。按：此当为常璩的自注之文，故译文将其置于括号内。关内侯，爵名。战国秦置，秦汉沿置。为秦汉二十等爵的第十九级，位在彻（通）侯之下。无封地，依封户多少，享受征收租税之权。三国魏文帝定爵制，为第十等，位在亭侯之下。仅为爵位的一种品级，多系虚封，无食邑，以赏军功。其后，晋、十六国之后赵、前秦、后秦、南凉、前燕皆置。

⑨柔远能迩：怀柔远方，优抚近地。谓安抚笼络远近之人而使归附。《尚书·舜典》："柔远能迩，惇德允元。"《诗经·大雅·民劳》："柔远能迩，以定我王。"

⑩惠爱：犹仁爱。

⑪镇南大将军：官名。三国蜀置，职掌与镇南将军同，掌征伐或镇守。唯资历深者得任此职，不常置。后主延熙五年（242），加拜安南将军马忠为镇南大将军。参看《三国志·蜀书·马忠传》。

⑫张表（？—约258）：字伯达，蜀郡成都（今四川成都）人。张松之子。素有清望，与杨戏、程祁、杨汰等知名于时。仕至尚书、庲降都督、后将军。《三国志·蜀书》有传。

⑬安南将军：官名。东汉建安三年（198）置。三国魏、蜀、吴沿置。多为出镇南方地区的军事长官，或作为刺史等地方官员兼理军务的加官。魏晋以后，与安东、安西、安北将军合称"四安将军"。魏、晋、南朝宋皆定为三品。

⑭杨羲：即杨戏、杨义。杨戏（？—261），字文然，犍为郡武阳（今四川眉山彭山区）人。初为州吏，后历任丞相主簿、尚书右选部郎、建宁太守、梓潼太守、射声校尉等。随姜维出征，遭嫌忌，被免官。著有《季汉辅臣赞》。《三国志·蜀书》、本书卷十《先贤士女总赞》有传。

⑮阎宇：字文平，南郡（治今湖北江陵）人。蜀汉末年，阿附黄皓，官

巴东都督、右大将军。

⑯霍弋：字绍先，南郡枝江（今湖北枝江）人。霍峻之子。蜀汉时，历任太子舍人、永昌太守、建宁太守、安南将军等。蜀亡，率六郡降魏，拜南中都督。后领军平交阯、日南、九真三郡，封列侯。

⑰参毗之礼：指参拜毗罗佛的密法仪式（任乃强），或佛教丧葬之礼（王海涛、屈大成）。刘琳认为，此处"礼"当作"体"。

⑱抚和：安抚使之和睦相处。异俗：外族。

⑲晋：晋人。指中国人、中原人。按：此处实指汉人。《函海》注云："按，西南夷以中国为晋。"

⑳因仍：犹因袭，沿袭。

【译文】

李恢去世后，任命蜀郡太守、犍为人张翼为都督。张翼执法很严格，治下风俗不同的边远地区关系很紧张。夷人首领刘胄造反，朝廷将张翼调离南中，任命马忠接替张翼的职务。马忠还没有到任，张翼开始制订作战计划，准备作战物资，张翼手下的人感到恐惧。张翼说："我们前方面临的就是战场，难道可以因为我个人要调离而荒废公家的事务吗？"马忠到任后，接续张翼工作消灭了刘胄。张翼后被蜀汉政府赐爵关内侯。马忠在南中时，怀柔远方，优抚近地，对老百姓甚是仁爱，后官至镇南大将军。马忠死后，南中之人为他修建了祠堂，每逢水灾、旱灾，都要到祠堂祈祷。马忠之后，朝廷任命蜀郡人张表接替马忠的职务，并加安南将军衔；又任命犍为人杨羲为参军，作为张表的副手。张表之后，任命南郡人阎宇为都督，任命南郡人霍弋为参军。作为副手，霍弋善于参毗之礼，于是接替阎宇担任监军、安南将军。霍弋安抚南中的各少数民族，并为他们制定法律、施行教化，而且处罚轻重适当，夷人、汉人都安然相处。到晋朝时，霍弋继续留任南中。

时交阯来附①，假弋节②，遥领交州刺史，得以便宜选用长吏^③。今官和解夷人,及適罚之^④,皆依弋故事。弋卒,子在袭领其兵,和诸姓^⑤。晋以巴西太守吴静^⑥。在官数年,抚恤失和^⑦。军司鲜于婴表征静还^⑧,婴因代之。

【注释】

①来附:底本作"不附",实当作"来附"(刘琳)。

②假弋节:假以符节。汉末与魏晋南北朝时,掌地方军政的官往往加"使持节""持节",或"假节"的称号。"使持节"得诛杀中级以下官吏,"持节"得杀无官职的人,"假节"得杀犯军令者。

③便(biàn)宜:谓斟酌事宜,不拘陈规,自行决断处理。

④適罚:惩罚,处罚。適,通"谪",罚罪。

⑤和诸姓:自霍弋任职南中之后,霍氏世为南中大姓。

⑥晋以巴西太守吴静:此下或脱"代弋"二字(刘琳),可参。吴静,其人事迹不详。

⑦抚恤:体恤爱护。失和:不再和睦相处。本处指南中的关系不和谐。

⑧军司:官名。西晋因避讳改军师置,东晋、南朝、北魏、北齐沿置。为诸军府主要僚属,佐主帅统带军队,负有匡正监察主帅之责,地位很高,常继任主帅。鲜于婴:籍贯不详。太康中,任平州刺史、护东夷校尉。

【译文】

当时,交趾国来归附晋朝,朝廷授予霍弋符节,让他遥领交州刺史,并且可以根据实际情况自行选用长吏等。现在的地方官在调解夷人矛盾、处理犯罪案件时,所依照的都是当年霍弋的成例。霍弋去世后,他的儿子霍在继承了他的职位,统领他的原有兵马,与地方各大姓和谐相处。后来,晋朝任命巴西太守吴静为南中都督。吴静在南中任官多年,没有安抚好百姓,以致民族关系不和谐。军司鲜于婴上表朝廷,要求征调吴静回去,鲜于婴因而接替了吴静的职务。

　　泰始六年①，以益州大，分南中四郡为宁州②，婴为刺史。咸宁五年③，尚书令卫瓘奏兼并州郡④。太康五年，罢宁州，置南夷⑤，以天水李毅为校尉⑥，持节，统兵镇南中，统五十八部夷族都监行事。每夷供贡南夷府⑦，入牛、金、旃、马⑧，动以万计，皆豫作怠恚致校尉官属⑨；其供郡县亦然。南人以为饶。自四姓子弟仕进⑩，必先经都监。

【注释】

①泰始六年：270年。泰始，晋武帝司马炎年号（265—274）。

②南中四郡：即建宁、兴古、云南、永昌四郡。

③咸宁五年：279年。咸宁，晋武帝年号（275—280）。

④卫瓘（220—291）：字伯玉，河东安邑（今山西夏县西北）人。魏尚书卫觊子。初仕魏为尚书郎，平蜀有功，进升镇西将军。司马炎代魏，授征东将军，封公，累官司空、侍中、录尚书事。永平元年（291），为贾后所杀。追封兰陵郡公，增邑三千户，谥成。《晋书》卷三十六有传。

⑤"太康五年"几句：此处史实错误。"罢宁州，置南夷"在太康三年（282）。太康，晋武帝司马炎年号（280—289）。宁州，州名。西晋泰始七年（271）置，治所在滇池县（今云南昆明晋宁区东北）。太康三年（282）废。太安二年（303）复置。南夷，即南夷校尉。官名。西晋太康五年（284）罢宁州置。以李毅为校尉，持节，统兵镇南中，统五十八部夷族都监行事。立府，设有长史、司马、参军等僚佐。可举秀才、廉良，职掌与刺史同。秩四品。东晋初，改称"镇蛮校尉"。

⑥天水李毅："天水"二字疑误。据本书卷十一《后贤志》载，广汉郪人李毅曾任南夷校尉。

⑦供贡：向中央朝廷或地方政府缴纳赋税或进献物品。

⑧旃（zhān）：通"毡"，毛织品。

⑨忿恚（huì）：任乃强以为当作"念羡"。羡，富余，足够而多余。念羡，意谓在常规之外多收取的财物。任乃强说，这是"浮派若干以作贿赂"，反映的是"南中官吏对少数民族公开贪污情形"。

⑩四姓子弟：与"大姓子弟"有别。四姓不必为大姓，多是新起推行郡县政务之氏族，故先令其作部曲都监，以试其能否（任乃强）。

【译文】

泰始六年，因为益州管辖范围太大，于是将南中四郡分出来，作为宁州，任命鲜于婴为宁州刺史。咸宁五年，尚书令卫瓘上奏朝廷，建议兼并州郡。太康五年，取消宁州建制，设置南夷校尉府，任命天水人李毅为校尉，持节，统领兵马镇守南中，统辖五十八个夷人部族，兼都监行事职务。夷人每年都要向南夷府进贡物品，进贡的物品有牛、金、旃、马，动辄上万计。夷人进贡时，都预先准备了额外的财物，将其送给校尉府的官员；进贡地方郡、县时，也是这样。南方人认为，这是因为南中富饶。四姓子弟要进入仕途，必须先经过都监的考察。

夷人大种曰"昆"，小种曰"叟"①。皆曲头木耳②，环铁裹结③，无大侯王，如汶山、汉嘉夷也④。夷中有桀黠能言议屈服种人者⑤，谓之"耆老"，便为主⑥。论议好譬喻物，谓之"夷经"⑦。今南人言论，虽学者亦半引"夷经"。与夷为姓曰"遑耶"⑧，诸姓为"自有耶"⑨。世乱犯法，辄依之藏匿。或曰：有为官所法，夷或为报仇。与夷至厚者谓之"百世遑耶"，恩若骨肉，为其逋逃之薮⑩。故南人轻为祸变，恃此也。其俗征巫鬼⑪，好诅盟⑫，投石结草⑬，官常以盟诅要之⑭。诸葛亮乃为夷作图谱，先画天地、日月、君长、城府；

次画神龙,龙生夷^⑮,及牛、马、羊;后画部主吏乘马幡盖^⑯,巡行安恤^⑰;又画牵牛负酒、赍金宝诣之之象,以赐夷。夷甚重之,许致生口直^⑱。又与瑞锦、铁券^⑲,今皆存。每刺史、校尉至,赍以呈诣,动亦如之。

【注释】

①夷人大种曰"昆",小种曰"叟":夷人大种曰"昆",意谓这些夷人部落总称为"昆"。所谓"昆",即"昆明",隋唐以后又译作"昆弥"。"昆"为族名,"明"或"弥"是"人"的意思。小种曰"叟","昆明"人中的一些自称为"叟"。叟,也是"人"的意思(以上说法,采自刘琳)。按:在笔者看来,所谓"昆明"实即种概念,所谓"昆"实即属概念,故常璩谓之"大种""小种"。

②曲头:谓将头发卷起、盘于头上,然后用头箍束发。夷人之"曲头",与蜀人之"椎髻"有别。在云南剑川沙溪区鳌凤山墓地出土过四件铜头箍(用来束发),在云南昆明晋宁区石寨山青铜贮贝器上的"纳贡"图像中也出现了"曲头"。而仔细观察滇人的贵族服饰,滇人也有类似曲头的习俗,不过所用是布带而非铜头箍。木耳:应该是一种首饰,估计就是木耳环。古书称"昆明夷"为"木耳夷"(《水经·温水注》、《酉阳杂俎》卷四),大概就是因其首饰而得名。

③环铁:"铁"一作"银",指项圈、手镯、耳环等环形状的首饰。本处应当指的是项圈。裹结:意谓用布包裹头发,以区别于"曲头"。

④汶山:汶山夷,居住在汶山郡的夷人。《通典》卷一百八十七:"汶山夷在蜀郡西北,即冉駹也,今通化郡。"汉嘉夷:居住在汉嘉郡的夷人。按:四川芦山县(古称汉嘉)出土过五方汉代官印,其中有"汉夷土部之章"铜质方印、"汉叟仟长"铜质方印,是汉王朝授予汉嘉夷、汉嘉叟的官印。

⑤桀黠(xiá):凶悍狡黠。言议:议论,言论。

⑥主:头人。

⑦夷经:世代相传的一些格言、譬喻等,不一定是文字记录(刘琳)。

⑧与夷为姓:"姓"当作"婚"。遑耶:指汉人与夷人通婚。

⑨诸姓:"姓"下脱"婚"字。自有耶:指夷人诸姓之间通婚。

⑩逋(bū)逃:逃亡的罪人。薮(sǒu):人或物聚集之所。

⑪巫鬼:犹巫祝。

⑫诅盟:谓歃血结盟。

⑬投石结草:夷人占卜或盟誓的方式(刘琳)。按:根据本处前后所言,应当是两种盟誓方式。

⑭盟诅:对神立誓诅咒。要:约束。

⑮龙生夷:古代藏缅语族的一些部族以龙为图腾,如古代的哀牢。又,后世的白族等民族有感龙而生的传说(刘琳)。

⑯部主吏:指主管各部的汉族官吏(刘琳)。

⑰安恤:安抚体恤。

⑱生口直:指赎买俘虏的价钱。生口,指俘虏。直,价值。

⑲铁券:即铁契。古代颁赐功臣之物,以铁制成,形如瓦,为其记功免罪的依据。

【译文】

夷人的大种名叫"昆",小种名叫"叟"。夷人都盘卷头发,用木耳绾住发髻,脖子上戴着铁项圈,没有大头领,与汶山夷、汉嘉夷一样。夷人中凶悍、狡黠、能言善辩、能够以理服人者,被人称为"耆老",可以成为一族的头人。夷人在论议时喜欢打比方,这就是所谓的"夷经"。现在的南中人在发表议论时,即使是学者,也多半要引用"夷经"。汉人与夷人通婚叫"遑耶",夷人诸姓之间通婚叫"自有耶"。在世道混乱或有人犯法时,便依照姻亲关系为人提供藏身之所。有人说:人若被官府处罚,就有夷人为其报仇。与夷人交情最深厚的被称为"百世遑耶",他们之间的恩情有如骨肉，即使是逃犯也要为其庇护。因此，南中夷人轻易发动叛乱，依仗的就是这样的关系。夷人的风俗是相信巫鬼，喜好诅盟，采用投石、结草等方式盟誓，官府往往也依据誓言与诅咒来约束他们。诸葛亮于是为夷人制作了图谱，首先是绘画天地、日月、君长、城府；其次是绘画神龙，神龙生出夷人，以及牛、马、羊；其后是绘画本地官吏乘马出行，幡盖相望，巡行各地，抚恤百姓；又绘画了夷人牵着牛、背着酒、带着金银财宝拜见官吏的图像，诸葛亮把这些图谱赏赐给夷人。夷人很看重这些图谱，同意用钱与汉人赎买停房。诸葛亮又赠送瑞锦、铁券给夷人，这些东西现在都还保存着。每逢刺史、校尉来到之时，夷人就会呈览铁券等物品，在有所行动时也会如此。

　　毅后，永昌吕祥为校尉[①]。祥后数人[②]，李广汉从云南、犍为郡守为校尉[③]。久之[④]，建宁太守巴西杜俊、朱提太守梓潼雍约懦钝无治[⑤]，政以贿成。俊夺大姓铁官令毛诜、中郎李叡部曲[⑥]，致诜弟耐罪[⑦]。朱提大姓、太中大夫李猛有才干[⑧]，弟为功曹[⑨]，分当察举[⑩]；而俊约受都尉雷逢赂[⑪]，举逢子炤孝廉[⑫]，不礼猛[⑬]。猛等怨之。太安元年秋[⑭]，诜、叡逐俊以叛。猛贻之书曰："昔鲁侯失道，季氏出之[⑮]。天之爱民，君师所治。知足下追踵古人[⑯]，见贤思齐[⑰]。足下箕帚[⑱]，枉惭吾郡。"亦逐约应之作乱，众数万。毅讨破之[⑲]，斩诜首。叡走依遑耶五茶夷帅于陵承[⑳]。猛笺降曰："生长遐荒[㉑]，不达礼教，徒与李雄和光合势[㉒]。虽不能营师五丈，略地渭滨，冀北断褒斜，东据永安[㉓]。退考灵符[㉔]，晋德长久[㉕]，诚非狂夫所能干[㉖]。辄表革面[㉗]，归罪有司[㉘]。"毅恶其言，遂诱杀之。

【注释】

① 吕祥：永昌郡不韦（今云南保山）人。吕凯之子。太康中，任南夷校尉。

② 祥后数人：当作"祥后数年"（任乃强）。

③ 李广汉：任乃强校改为"广汉李毅"，可从。李毅（？—306），字允刚，广汉郡郪（今四川三台）人。历任州主簿、别驾、参军。吴平，封关内侯。累迁宁州刺史，封成都县侯。夷人起事，攻没郡县，攻围州城。值李雄攻蜀，救援不至，病卒于城中。追赠少府，谥曰威侯。本书卷十一《后贤志》有传。

④ 久之：指多时以后。很久，许久。

⑤ 杜俊：《资治通鉴》卷八十四作"许俊"。雍约：梓潼（今四川梓潼）人。曾任朱提太守。懦钝：庸弱无骨力。此指为人懦弱迟钝。

⑥ 铁官令：官名。汉置，凡出铁多的郡县皆置，掌铸造。随事广狭，分别置铁官令、铁官长、铁官丞。毛诜（shēn）：建宁（治今云南曲靖）人。曾任铁官令。后叛乱，被斩首。参看本书卷十一《后贤志》。中郎：官名。"从事中郎"的简称。东汉大将军、车骑将军属官。职参谋议，大将军府所属员二人，秩六百石。魏晋南北朝皆置。晋制，领兵之公府及阶位从公以上加兵者，设从事中郎二人，后增至四人。李毅：建宁（治今云南曲靖）人。曾任从事中郎。后叛乱。参看本书卷十一《后贤志》。

⑦ 耐罪：古代剃去鬓须的刑罚。

⑧ 太中大夫：官名。秦始置，汉、魏沿置，掌议论。魏、晋、南朝宋七品，品秩虽不高，禄赐与卿相当。李猛：建宁（治今云南曲靖）人。后叛乱，被斩首。参看本书卷十一《后贤志》。

⑨ 功曹：官署名，汉朝始置，为地方官署的职事部门，掌选举，并兼参与诸曹事务。其长官，司隶校尉府称功曹从事，州府称治中从事，郡称功曹史，县称功曹掾。

⑩察举：选官制度。汉朝规定由公卿、列侯、刺史及郡国守相等推举人才，由朝廷考核后任以官职。始于汉文帝，至武帝时形成较为完备的制度，主要有岁举和诏举。岁举一年一次，由刺史、郡国守相察举孝廉及秀（茂）才等。诏举则时间、对象、员额等均由诏令规定，科目有贤良方正、文学、明经等，对策合格者授以官职。

⑪俊约：任乃强、刘琳以为"俊"衍，似非。下文说"逐俊以叛"，又说"亦逐约应之作乱"，可知既有杜俊，亦有雍约。

⑫孝廉：选拔官吏科目。孝指孝子，廉指廉洁之士。原为二科，汉武帝采纳董仲舒建议，于元光元年（前134）初令郡国举孝、廉各一人。其后多混同连称而为一科，所举也不限于孝者和廉吏。

⑬不礼：不以礼相待。

⑭太安元年：302年。太安，晋惠帝年号（302—303）。

⑮昔鲁侯失道，季氏出之：鲁侯，指鲁昭公（？—前510）。季氏，指季平子（？—前505），三桓后人。前517年，鲁昭公利用郈氏、臧氏和季氏的矛盾，想除掉季氏，结果为季孙氏、叔孙氏、孟孙氏三家举兵击败，奔齐。次年，齐伐鲁取郓（在今山东郓城县东），遂居于郓。前514年，奔晋求入晋，晋君不许，迁居于乾侯（在今河北成安东南），后病死于此。见《左传·昭公二十五年》。

⑯追踵：追随。

⑰见贤思齐：看到德才兼备的人，就想向他学习，和他一样。《论语·里仁》："子曰：'见贤思齐焉，见不贤而内自省也。'"

⑱箕帚：畚箕与扫帚。二者为扫除尘土的器具。本处指扫除雍约等贪官。

⑲讨破：攻破，击败。

⑳五茶夷：或作"五荼夷""五蔡夷""五苓夷"。《资治通鉴》卷八十五胡三省注："五苓夷，宁州附塞部落之名。"

㉑退荒：边远荒僻之地。

㉒和光：共同照耀。意谓联合。合势：犹合力，协力。

㉓"虽不能营师五丈"几句："营师五丈，略地渭滨"，用诸葛亮屯兵五丈原、北伐中原故事。"北断褒斜，东据永安"，用公孙述割据故事。冀，希望，期望。任乃强以为"冀"上当脱"犹"字，可从。

㉔灵符：上天的符命。

㉕德：德运，王朝的气运。

㉖狂夫：无知妄为的人。

㉗革面：比喻彻底悔改。

㉘归罪有司："投降"的委婉说法。有司，官吏。古代设官分职，各有专司，故称"有司"。

【译文】

在天水人李毅之后，永昌人吕祥继任校尉。在吕祥之后数年，广汉人李毅从云南郡守、犍为郡守改任南夷校尉。好多年之后，建宁太守、巴西人杜俊和朱提太守、梓潼人雍约担任南夷校尉，他们资质懦弱迟钝，不善治理，官府贿赂成风。杜俊剥夺了南中大姓、铁官令毛诜和中郎李叡的队伍，并将毛诜之弟处以耐罪之刑。朱提郡的大姓、太中大夫李猛有才干，他的弟弟是功曹署人员，按资历和才能应当被举荐；但杜俊、雍约接受了都尉雷逢的贿赂，举荐雷逢之子雷炤为孝廉，对李猛也没有以礼相待。李猛等人心存怨恨。太安元年秋天，毛诜、李叡驱逐杜俊，发动叛乱。李猛给毛诜、李叡写了一封信，信中说："当年鲁昭公行事违背道义，季平子赶走了鲁昭公。上天关爱老百姓，天子应依道治理百姓。我知道阁下追随古人，见贤思齐。阁下清除污吏，让我们感到惭愧。"李猛也驱逐了雍约发动叛乱以响应，队伍有数万人之众。李毅率军讨伐击破义军，斩首毛诜。李叡逃跑后依附于遑耶五茶夷的首领于陵承。李猛给李毅写了一封投降书，投降书说："我们生长在边远荒僻之地，不懂礼仪教化，只知道与李雄里应外合、同心协力。我们虽然不能像诸葛亮那样驻军五丈原，进军渭水攻城略地，但还是希望在北面切断褒斜道，在东面占据永安城。我们退而考察上天的符命,发现晋朝的德运还很长久,确实不是无知妄为者所能干犯的。因此,我们向你表示洗心革面,向你的手下认罪。”李毅厌恶李猛的这些话语,于是将他引诱出来,并将其杀害。

部永昌从事江阳孙辨上南中形势[①]:“七郡斗绝[②],晋弱夷强。加其土人屈塞,应复宁州,以相镇慰[③]。”冬十一月丙戌,诏书复置宁州,增统牂柯、益州、朱提,合七郡[④];以毅为刺史[⑤],加龙骧将军[⑥],进封成都县侯。

【注释】

①部永昌从事:即益州刺史下属永昌郡的部从事。部从事,官名。“部郡国从事”“部郡从事”的省称。两汉司隶校尉与部刺史所属有部郡国从事史,魏晋沿置,称为“部郡从事”,为州刺史所属,职在检察一郡行政,即藩王之在境内者亦兼察之,其权甚重,不得用本郡人充任。另外,还有治中从事(功曹从事)掌州选署及众事;簿曹从事,掌财谷簿书;兵曹从事,掌兵事。

②斗绝:孤悬边远之地,僻处边远之地。

③镇慰:安抚慰问。

④七郡:即建宁、云南、兴古、永昌、牂柯、越巂、朱提七郡。

⑤以毅:二字底本无,据本书卷十一《李毅传》和《资治通鉴》卷八四补。

⑥龙骧将军:武官名。龙骧,意谓矫健如龙之腾骧。三国魏置(一说西晋置),地位较高,三国魏、晋、南朝宋皆三品。十六国前凉、后赵、前秦、西秦亦置。南朝后期地位渐低。

【译文】

驻守永昌郡的部从事、江阳人孙辨,上书朝廷陈述南中的局势:“南中七郡孤悬边远之地，朝廷的势力弱而夷人的势力强。再加上该地的土人受到压制而且闭塞，下臣以为应该恢复宁州的建制，以便安抚慰问。"冬十一月丙戌，朝廷下达诏书，重新设置宁州，并且将牂柯、益州、朱提三郡纳入宁州统辖范围，所辖共计七郡；任命李毅为宁州刺史，外加龙骧将军衔，进封成都县侯。

　　二年①，于陵承诣毅，请恕叡罪。毅许之。叡至，群下以为诜、叡破乱州土，必杀之。毅不得已，许诺。及叡死，于陵承及诜、猛遑耶怒，扇动谋反，奉建宁太守巴西马恢为刺史②，烧郡。伪发③，毅方疾作，力出军。初以救恢，及闻其情④，乃杀恢⑤。夷愈强盛，破坏郡县，没吏民。会毅疾甚，军连不利。晋民或入交州，或入永昌、牂柯，半亦为夷所困虏。夷因攻围州城。毅但疾力固孤城，病笃，不能战讨。时李特、李雄作乱益州，而所在有事⑥，救援莫至。毅上疏陈谢："不能式遏寇虐⑦，疾与事遇，使虏游魂⑧。兵谷既单⑨，器械穷尽，而求救无望，坐待殄毙⑩。若必不垂矜忧，乞请大使。及臣尚存，加臣重罪；若臣已死，陈尸为戮。"

【注释】

①二年：即太安二年（303）。

②马恢：巴西郡阆中（今四川阆中）人。马忠之子。其子马义，曾任建宁太守。按：本处的"马恢"，当作"马义"。《三国志·蜀书·马忠传》："子脩嗣。"裴松之注："脩弟恢。恢子义，晋建宁太守。"

③伪发：假报军情被发觉。

④情：实情。即马义被叛军拥立为宁州刺史这一实情。

⑤乃杀恢："恢"当作"义"。

⑥所在：到处，处处。有事：出现变故。

⑦式遏寇虐：阻止坏人为虐作恶。遏，阻止。虐，残暴，狠毒。典出《诗经·大雅·民劳》："式遏寇虐，无俾民忧。"郑玄笺："式，用。遏，止也。"

⑧游魂：游散的精气。古人认为，人或其他动物的生命是由精气凝聚而成的。精气游散，则趋于死亡。语出《易·系辞上》："精气为物，游魂为变。"

⑨兵谷：兵马和粮草。

⑩殄（tiǎn）毙：灭亡。

【译文】

太安二年，于陵承前往宁州府拜见李毅，请求宽恕李叡的罪行。李毅同意宽恕李叡。李叡到来后，李毅的部下认为毛诜、李叡发动叛乱，破坏州郡，一定要杀掉他。李毅见事不得已，只好答应了。等到李叡被处死，于陵承和毛诜、李猛等遑耶发怒了，便煽动夷人谋反，他们推举建宁太守、巴西人马义为刺史，焚烧了州府衙门。假报军情被发觉时，李毅正在生病，但仍然勉力出军平叛。起初，李毅打算营救马义，但当他听闻实情后，便杀掉了马义。叛乱的夷人更加强盛，他们破坏郡县，抢掠官吏和百姓。此时，正逢李毅的病情加剧，官军作战接连失利。老百姓有的逃入交州，有的逃入永昌、牂柯，有一半人都被俘虏和困围。于是，夷人开始围攻州城。李毅只能尽力固守孤城，但因病势沉重而不能率军出战讨伐叛敌。其时，李特、李雄也在益州发动叛乱，以致到处都有战火，救援队伍不能来到。李毅上疏朝廷，谢罪道："下臣不能阻止夷人为虐作恶，而疾病与叛乱不幸相逢，以致俘虏变成无家可归的游魂。兵马和粮草已经很单薄了，武器和工具也已耗尽，而求救也没有希望，只能坐以待毙。如果所说忧虑不能得到垂怜与关心，请求派遣重要使臣来此接任。使臣到来之时，如果下臣还活着，请以重罪处罚下臣；如果下臣已经死亡，请将下臣的尸体陈放于大庭广众之下，并对尸体进行屠戮。"

　　积四年，光熙元年春三月①，毅薨。子钊任洛②，还赴③。到牂柯，路塞，停住交州。文武以毅女秀明达有父才④，遂奉领州事。秀初适汉嘉太守广汉王载⑤，载将家避地在南⑥，故共推之，又以载领南夷、龙骧参军⑦。秀奖励战讨。食粮已尽，人但樵草炙鼠为命。秀伺夷怠缓⑧，辄出军掩破。首尾三年⑨，钊乃得达丁丧。文武复逼钊领州府事⑩。毅故吏毛孟等诣洛求救，至欲自刿⑪。怀帝乃下交州使救助之；以钊为平寇将军，领南夷护军；遣御史赵涛赠毅少府，谥曰威侯。交州刺史吾彦⑫，遣子威远将军咨以援之。

【注释】

①光熙元年：306年。光熙，晋惠帝司马衷年号（306）。

②子钊：即李毅之子李钊。字世康，广汉郡郪（今四川三台）人。李毅之子。世秉儒学，以父任为谒者，拜尚书外兵郎。父为夷所围，自表赴难，至牂柯，道不通，历时三年，乃得至奔丧。领州府事，官至朱提太守、越嶲太守、西夷校尉。附见于本书卷十一《后贤志》的李毅传，《十六国春秋》卷八十《蜀录四》亦有传。

③赴：奔向，奔赴。多指奔向危险的地方。

④明达：明理通达。

⑤王载：广汉人。明帝时，曾任汉嘉太守。李雄遣李骧等来攻，其与越嶲太守李钊共拒之，战于温水。钊败绩，他遂以二郡降雄。

⑥将：带领。

⑦参军：官名。"参军事"的省称，为王府、公府、军府、州府的佐吏。东汉将军等统兵出征时，则置参军事，掌佐主帅参谋军事。三国魏置正参军、行参军。西晋诸军府置为属官。

⑧怠缓：松懈，松弛。

⑨首尾：事情从开始到结束。

⑩领……事：统领……事务。州府：指宁州府、南夷校尉府。

⑪至欲自刎：据《晋书·王逊传》载，"永嘉四年，治中毛孟诣京师求刺史，不见省。孟固陈曰：'君亡亲丧，幽闭穷城，万里诉哀，不垂愍救。既惭包胥无哭秦之感，又愧梁妻无崩城之验，存不若亡，乞赐臣死。'朝廷怜之，乃以逊为南夷校尉、宁州刺史，使于郡便之镇。与孟俱行，道遇寇贼，逾年乃至"。

⑫吾彦：字士则，吴郡吴（今江苏苏州）人。初仕吴为通江吏，迁建平太守。王濬（206—285）伐吴，诸将溃败，唯彦坚守。吴亡入晋，为金城太守、顺阳内史。正身率下，威刑严肃。转交州刺史，镇压叛乱，在镇二十余年，南土宁静。死于任上。《晋书》卷五十七有传。

【译文】

过了四年，光熙元年春三月，李毅去世。当时，李毅之子李钊在洛阳任职，于是赶赴南中奔丧。李钊走到牂柯时，因道路被阻塞，便滞留于交州。文武官员因为李毅之女李秀明白事理、通达事务，有她父亲一样的才能，于是推举她统领宁州府的事务。李秀起初嫁给汉嘉太守、广汉人王载，王载带领家属避难于南中，故而文武官员也共同推举王载出山任事，举荐王载担任南夷校尉、龙骧将军府参军。李秀奖励征战沙场的将士。其时，粮食已经没有了，人们只能依靠挖取草木、烧烤老鼠活命。李秀趁夷人懈怠之时，便出兵反攻，结果大败敌军。前后历时三年，叛乱终被平息，李钊才得以到达宁州吊丧。文武官员又逼迫李钊统领宁州府、南夷校尉府的事务。当时李毅的旧下属毛孟等人到洛阳求救，甚至打算自杀。晋怀帝于是下达圣旨，诏令交州派兵前往救助南中；任命李钊为平寇将军，兼领南夷护军；派遣御史赵涛前往宣诏，赠予李毅少府衔，赐谥威侯。交州刺史吾彦，派遣他的儿子威远将军吾咨前去增援。

　　朝廷以广汉太守魏兴王逊为南夷校尉、宁州刺史[1]，代毅。自永嘉元年受除[2]，四年乃至。遥举建宁董敏为秀才[3]。郡久无太守，功曹周悦行郡事，轻敏，不下其板[4]。逊至，怒，杀悦。悦弟秦臧长周喁合夷叟谋[5]，以赵涛父混昔为建宁[6]，有德惠[7]，欲杀逊树涛。逊诛之，并杀涛。夷晋莫不惶惧。表钊为朱提太守，治南广，御雄。时荒乱后，仓无斗粟，众无一旅[8]，官民虚竭[9]，绳纪弛废[10]。逊恶衣菜食[11]，招集夷民。夷徼厌乱，渐亦返善。劳来不怠[12]，数年克复。以五茶夷昔为乱首，图讨之，未有致罪。会夷发夜郎庄王墓[13]，逊因此遂讨灭之。及讨恶獠刚夷数千落[14]，威震南方。官至平西、安南将军，又兼益州刺史，加散骑常侍，封褒中伯[15]。而严猛太过[16]，多所诛锄[17]。平夷太守朱提雷炤、流民阴贡、平乐太守董霸破牂柯、平夷、南广[18]，北降李雄。建宁爨量与益州太守李逿、梁水太守董慬保兴古盘南以叛[19]。雄遣叔父骧破越嶲[20]，伐宁州。逊使督护云南姚岳距骧于堂螂县[21]，违逊指授[22]，虽大破之，骧不获。太兴四年[23]，逊发病薨，州人推中子坚领州事[24]。

【注释】

①王逊（？—323）：字邵伯，魏兴（今湖北郧西县西）人。察孝廉，历任上洛、魏兴两郡太守。西晋末，为南夷校尉、宁州刺史。在宁州刺史任上，收聚离散，打击豪强，征伐诸夷，威行宁土。遣子奉表劝司马睿即帝位，加散骑常侍、安南将军，封褒中县公。于宁州境内新立平夷、南广、夜郎和梁水四郡。在州十四年，卒官，谥壮。

《晋书》卷八十一有传。

②受除：接受任命。除，任命官职。

③董敏：《晋书·王逊传》作"董联"。秀才：本意指优秀人才。汉武帝始定为选举科目。东汉时避光武帝刘秀讳，改称茂才。三国魏州举秀才，郡举孝廉。晋代沿之。东晋时以学校陵迟，秀才、孝廉一度不策试。

④不下其板：板指任命书。此指周悦扣留王逊举董敏为秀才的证书，不交给董敏（刘琳）。

⑤秦臧：县名。西汉元封二年（前109）置，属益州郡。治所即今云南禄丰。三国蜀建兴三年（225）属建宁郡。西晋太安二年（303）属益州郡。东晋属晋宁郡。南朝梁废。

⑥赵涛父混："混"，一作"浑"。

⑦德惠：德泽恩惠。

⑧旅：军队编制单位，五百人为一旅。

⑨虚竭：空乏。

⑩弛废：败坏，荒废。

⑪恶衣：穿破旧或粗劣之衣。菜食：谓吃蔬菜等素食，不吃肉鱼等。

⑫劳来：亦作"劳徕"。慰劳，招徕。

⑬夜郎庄王：即庄跻。

⑭刚夷数千落：魏晋南北朝时期对少数民族常以"落"计，有时指部落、邑落，有时指户。此处说"刚夷数千落"，指的是户（刘琳）。

⑮封褒中伯：《晋书·王逊传》作"赐爵褒中县公"，与此不同。

⑯严猛：严厉。

⑰诛锄：诛灭，杀戮。

⑱平夷太守朱提雷炤：底本"平夷"作"犍为"，据《晋书·愍帝纪》，雷炤当时为"平夷太守"，据改。

⑲爨（cuàn）量：建宁（治今云南曲靖）人。南中大族。李逷（tì）：

建宁郡俞元（今云南澄江）人。李恢之孙。明帝时为益州太守，太宁三年（325）叛降于成汉李雄。盘南：盘江之南。盘江，即今南盘江云南弥勒市东南皈依底山以下部分，在云南东部及贵州、广西间。三国至唐称盘江。

⑳叔父骧：即李骧。字玄龙，巴西郡宕渠（今四川渠县）人。巴氏族。李特之弟。李特承制，拜李骧为骁骑将军，屡立战功。李特之子李雄即位，为太傅。西晋怀帝永嘉间，谯登据涪城，李骧攻而擒之，巴西、梓潼遂尽为李雄所有。进大将军，录尚书，总统国事。卒谥汉献王。《十六国春秋》有传。

㉑姚岳：东晋时人。为宁州刺史王逊部将。晋明帝太宁元年（323），李骧攻宁州，王逊遣姚岳拒战于堂狼，大破之，追至泸水，投水死者千余人，以道远不追，为王逊怒鞭。后为刺史尹奉裨将。

㉒指授：犹指示。

㉓太兴四年：321年。太兴，晋元帝年号（318—322）。

㉔中子坚：即王坚。魏兴（今湖北郧西县西）人。王逊之子。王逊死，部众拥立行州府事，后诏授南夷校尉、宁州刺史。晋明帝太宁末，陶侃表尹奉为宁州刺史，卸职还建康。

【译文】

朝廷任命广汉太守、魏兴人王逊为南夷校尉、宁州刺史，接替李毅的职务。王逊从永嘉元年接受任命，四年后才到任。王逊远距离举荐建宁人董敏为秀才。因郡里长时间没有太守，而由功曹周悦代行郡里事务。周悦看不起董敏，故迟迟不下达任命书。王逊到任后怒杀周悦。周悦的弟弟、秦臧县长周鼂与夷人合谋商量，因为赵涛的父亲周混原先担任建宁太守，有德泽恩惠，所以周鼂等人想杀掉王逊另立赵涛。王逊诛杀了周鼂，一并诛杀了赵涛。夷人和汉人没有不恐惧惊慌的。王逊上表举荐李钊为朱提太守，其治所在南广，以便抵御李雄军队。当时正值兵荒马乱之后，粮仓里没有一斗粮食，官府没有一旅队伍，官府与百姓都很空乏,法纪败坏荒废。王逊穿着破旧的衣服,吃着粗疏的菜食,仍然在积极招集夷人和汉民。夷人等边民也厌倦了战乱,逐渐归心向善。王逊慰劳百姓毫不懈怠,经过数年努力,终于平定了叛乱,收复了失地。因为五茶夷曾经发动叛乱,故首先征讨五茶夷,但没有治他们的罪。适逢夷人挖掘夜郎庄王的坟墓,王逊于是以此为由出兵讨伐,并消灭了他们。到后来,又讨伐那些作恶的獠人和刚烈的夷人,共计讨伐数千户之巨,王逊因此威震南方。王逊后来官至平西将军、安南将军,又兼任益州刺史,加散骑常侍,封爵褒中伯。但王逊又过于严厉,杀戮过多。平夷太守、朱提人雷炤和流民阴贡、平乐太守董霸等起兵反叛,攻破牂柯、平夷、南广,北上投降李雄。建宁人爨量和益州太守李逿、梁水太守董懂据守兴古郡和盘江以南地区,也起兵反叛。李雄派遣叔父李骧攻破越嶲,进伐宁州。王逊下令督护、云南人姚岳在堂螂县抵御李骧,但姚岳违背了王逊的指示,虽然大破敌军,可是没有抓住李骧。太兴四年,王逊发病而死,州人推举王逊的儿子王坚统领州里事务。

永昌元年①,晋朝更用零陵太守南阳尹奉为宁州刺史、南夷校尉②,加安西将军③。奉威刑缓钝④,政治不理⑤。咸和八年⑥,遂为雄弟寿所破获⑦,南中尽为雄所有。惟牂柯谢恕不为寿所用⑧,遂保郡,独为晋,官至抚夷中郎将、宁州刺史、冠军⑨。

【注释】

①永昌元年:322年。永昌,晋元帝年号(322—323)。

②尹奉:南阳(治今河南南阳)人。曾任零陵太守、宁州刺史、南夷校尉。李期即位,拜尹奉为右丞相、骠骑将军、尚书令。

③安西将军:官名。东汉献帝建安十六年(211),曹操讨马超于关

中，以曹仁行此职，督诸将拒潼关。魏、晋以后，为出镇某一地区的军事长官，或作为刺史等地方官员兼理军务的加官，权任很重。与安东、安南、安北将军合称四安将军。三国魏、晋皆定为三品。

④威刑：权威与刑法。

⑤政治：政事的治理。不理：谓不治理公务。

⑥咸和八年：333年。咸和，晋成帝年号（326—334）。

⑦雄弟寿：即李雄堂弟李寿（300—343）。字武考，巴西郡宕渠（今四川渠县）人。李骧少子，李特侄子。聪敏好学，雅量豁达。初为前将军，领兵攻宁州有功，封建宁王。李雄死，受遗诏辅政。李期继立，封汉王，授梁州刺史。晋成帝咸康四年（338），领兵攻占成都，废李期自立，改国号为汉。及称帝，初期尚循宽俭，后期大修宫殿，百姓疲于使役，以致民不堪命。又滥肆刑杀，大臣直谏者皆被诛。晋康帝建元元年（343）死，谥昭文帝，庙号中宗。《晋书》《魏书》有传。

⑧谢恕：字茂理，牂柯郡毋敛（今贵州独山）人。永昌中，为牂柯太守。晋成帝咸和（326—334）中，成国李雄尽有南中之地。惟谢恕举郡为晋，为李寿所破。后复取牂柯属晋。官至抚夷中郎将、宁州刺史、冠军将军。《滇略》卷六有传。

⑨冠军：即冠军将军。官名。东汉末年始置，三国魏、吴沿置，掌领兵征伐。其后，历代多沿置。晋朝冠军将军领营兵，三品。

【译文】

永昌元年，晋朝改派零陵太守、南阳人尹奉为宁州刺史、南夷校尉，加授安西将军。尹奉权威涣散，刑法松弛，公务废弛。咸和八年，尹奉被李雄之弟李寿打败而被俘，南中之地全部被李雄占有。只有牂柯郡的谢恕没有归顺李寿，因而保有牂柯郡，这是唯一的归属晋朝管辖的南中地盘，谢恕后来官至抚夷中郎将、宁州刺史、冠军将军。

　　牂柯郡，汉武帝元鼎六年开。属县：汉十七，户二万^①；及晋，县八，户五千^②。去洛五千六百一十里。郡上值天井^③，故多雨潦^④。俗好鬼巫^⑤，多禁忌^⑥。畬山为田^⑦，无蚕桑。颇尚学书，少威棱^⑧，多懦怯^⑨。寡畜产，虽有僮仆，方诸郡为贫^⑩。王莽更名牂柯曰同亭^⑪，郡不服。会公孙述据三蜀，大姓龙、傅、尹、董氏与功曹谢暹保郡^⑫。闻汉世祖在河北^⑬，乃远使使由番禺江出^⑭，奉贡汉朝^⑮。世祖嘉之，号为"义郎"。

【注释】

①汉十七，户二万：汉成帝时，牂柯郡领十七县：故且兰、镡封、鳖、漏卧、平夷、同并、谈指、宛温、毋敛、夜郎、毋单、漏江、西随、都梦、谈稿、进桑、句町。牂柯郡的户数，西汉为二万四千二百一十九，东汉为三万一千五百二十三。

②"及晋"几句：据《晋书·地理志上》载，八县即万寿、且兰、谈指、夜郎、毋敛、并渠、鳖、平夷。户五千，《晋书·地理志上》："牂柯郡汉置。统县八，户一千二百。"

③天井：星名。即井宿。二十八宿中朱鸟七宿的第一宿，也称"东井""鹑首"。《史记·天官书》："东井为水事。"索隐引《元命包》："东井八星，主水衡也。"

④雨潦：大雨积水。

⑤鬼巫：鬼神与巫术。

⑥禁忌：忌讳，避忌的事物。

⑦畬（shē）山：即放火焚烧田地里的草木，然后翻土种植庄稼，并用草木灰做肥料。这是一种比较原始的工作方法，即所谓"刀耕火种"。

⑧威棱：威力，威势。

⑨懦怯：软弱胆小。

⑩方：比，与……相比。

⑪同亭：夜郎国有且同亭（见《汉书·西南夷两粤朝鲜传》），故王莽将牂柯改名为同亭。

⑫谢暹：牂柯（治今贵州黄平）人。为郡功曹。时公孙述据蜀，与大姓龙、傅、尹、董氏保境为汉，遣使从番禺江奉贡。光武帝嘉之，并加褒赏。

⑬汉世祖：汉光武帝刘秀。

⑭番禺江：即广东省内的西江。《舆地纪胜》卷九十九：西江"发源于九龙山南二百里，抵郡城，会龙江入番禺"。

⑮奉贡：纳贡。

【译文】

牂柯郡，是汉武帝元鼎六年设置的。牂柯郡在汉代有十七个属县，人口二万户；到晋代时，有八个属县，人口五千户。距离洛阳五千六百一十里。牂柯郡与天上的天井星宿相对应，所以雨水多。民间喜好鬼神与巫术，禁忌较多。地方采用的是刀耕火种，没有养蚕、种桑。世人很喜欢读书，也较少威严，为人多胆小。养殖的牲畜很少，虽然也有僮仆，但与其他各郡相比，算是贫穷的了。王莽时期，将牂柯改名为同亭，但郡人不服从。适逢公孙述占据巴蜀之地，牂柯郡的大姓龙、傅、尹、董氏与功曹谢暹联合起来保护本郡。他们听说汉光武帝在河北，于是远远地派遣使者，从番禺江出发，向汉朝纳贡。汉光武帝嘉奖了他们，称他们为"义郎"。

明、章之世，毋敛人尹珍①，字道真，以生遐裔②，未渐庠序③，乃远从汝南许叔重受五经④，又师事应世叔学图纬⑤，通三材⑥；还以教授，于是南域始有学焉。珍以经术选用⑦，历尚书丞、郎，荆州刺史；而世叔为司隶校尉，师生并显。平夷傅宝、夜郎尹贡亦有名德⑧。历尚书郎、长安令、巴郡太守,彭城相,号南州人士⑨。

【注释】

①毋敛:县名。西汉置,属牂柯郡。治所在今贵州独山县附近。尹珍:字道真,牂柯郡毋敛(今贵州独山)人。桓帝时,自以生于荒裔,不知礼义,乃从许慎、应奉受经书图纬。学成,还乡里教授,南域知学自珍始。官至荆州刺史。参看《后汉书·南蛮西南夷列传》。

②遐裔:远方,边远之地。

③庠(xiáng)序:古代的地方学校。后也泛称学校或教育事业。

④许叔重:许慎(约58—约147),字叔重,汝南召陵(今河南郾城东)人。少博学经籍。曾仕郡功曹,举孝廉,历任洨长、太尉南阁祭酒。师事贾逵,受古文经,为马融所重,时称"五经无双许叔重"。著有《说文解字》,为我国最早文字学专著。又著《五经异义》,已佚,有辑本。五经:五部儒家经典,即《诗》《书》《易》《礼》《春秋》。

⑤师事:谓拜某人为师,或以师礼相待。应世叔:应奉,字世叔,汝南南顿(今河南项城)人。少聪明,自幼至长,凡所经履,莫不暗记。举茂才,桓帝时为武陵太守、司隶校尉。纠举奸违,不避豪戚,以严厉为名。及党事起,慨然以疾自退。诸公多荐举,会病卒。著有《汉书后序》《感骚》。《后汉书》卷七十八有传。

⑥三材:又作"三才",指天、地、人。

⑦经术:犹经学,以经书为主要研究对象的学术。

⑧平夷:县名。西汉置,属牂柯郡。治所在今贵州毕节东。西晋永嘉五年(311)为平夷郡治。东晋改为平蛮县。傅宝:字纪图,牂柯郡平夷(今贵州毕节)人。官至巴郡太守。见本书卷十二《序志并士女目录》。夜郎:县名。西汉置,属牂柯郡。为都尉治。

治所在今贵州关岭布依族苗族自治县西南。东晋南朝时为夜郎
郡治。梁大宝后废。尹贡：牂柯郡夜郎（今贵州关岭）人。官至
彭城相。名德：名望与德行。

⑨"历尚书郎"几句：依据傅宝、尹贡二人任职履历，"历尚书郎"等
职的为"傅宝"，任"彭城相"者为"尹贡"。

【译文】

汉明帝、汉章帝的时候，毋敛有个叫尹珍的人，字道真，因为生长在
边远之地，没有接受学校教育的机会，于是不远千里到中原，跟随汝南人
许慎学习五经，又拜应奉为师学习图谶和纬书，精通天、地、人三才之道；
尹珍后来回到南中从事教学工作，南中自此才开始有学校。尹珍因精通
经学而被选拔任用，历任尚书丞、郎，荆州刺史；尹珍的老师应奉官至司
隶校尉，可谓师生并世而有显名。平夷人傅宝、夜郎人尹贡，也是有名望
与德行的人。傅宝历任尚书郎、长安令、巴郡太守，尹贡官至彭城相，他
们号称"南州人士"。

郡特多阻险①，有延江、雾赤、煎水为池卫②。少有乱，
惟朱褒见诛。其郡守垂功名者，前有吴霸、陈立，后有汉中
张亮则、广汉刘宠、犍为费诗、巴西马忠③，皆著勋烈④。晋
愍帝世，太守建宁孟才以骄暴无恩⑤，郡民王清、范朗逐出
之。刺史王逊怒，分牂半为平夷郡，夜郎以南为夜郎郡，但
四县。

【注释】

①阻险：阻隔而艰险的地方。

②延江：即今四川、贵州两省境之乌江。《大定府志》："乌江古称延
江。"雾赤、煎水：水名。具体不详。

③张亮则：字元修，汉中郡南郑（今陕西汉中）人。任牂柯太守时，威著南疆，民受其惠。永昌、越巂有人欲叛，畏之而止。时称"卧虎"。累迁护羌校尉、梁州刺史、魏郡太守。灵帝卒后，袁绍表为长史，不就。建安中丞相曹操拜为度辽将军。本书卷十《先贤士女总赞》有传。刘宠：字世信，广汉郡绵竹（今四川德阳北）人。历任成都、郫、鄨、安汉令，皆垂政绩。后还成都，迁牂柯太守。居郡九年而还，吏人为之立铭。本书卷十《先贤士女总赞》有传。费诗：字公举，犍为郡南安（今四川乐山）人。初为刘璋绵竹令，后降刘备，历任督军从事、牂柯太守、州前部司马、谏议大夫等。刘备将称帝，上疏谏阻，忤旨，左迁部永昌从事。蒋琬秉政，为谏议大夫。终刘氏之世，官位不尽其才。《三国志·蜀书》、本书卷十《先贤士女总赞》有传。

④勋烈：功业，功勋。

⑤骄暴：骄横暴戾。

【译文】

牂柯郡境内有很多阻隔而艰险的地方，有延江、雾赤、煎水等江河作为天然的屏障。历来很少有动乱，只有朱褒因叛乱而被诛杀。在历史上留下功名的牂柯郡太守，先有吴霸、陈立，后有汉中人张亮则、广汉人刘宠、犍为人费诗、巴西人马忠，他们都有显著的功勋。晋愍帝时，牂柯太守、建宁人孟才因骄横暴戾，对老百姓没有恩惠，被郡民王清、范朗等驱逐走了。刺史王逊生气了，分割鳖县的一半为平夷郡，夜郎以南设为夜郎郡，只有四个县。

万寿县① 郡治。有万寿山②。本有盐井，汉末时夷民共诅盟不开③，今三郡皆无盐④。

【注释】

①万寿县:县名。西晋置,为牂牁郡治,治所在今贵州瓮安东北。南
　朝齐属南牂牁郡。梁大宝后废。

②万寿山:山名。具体不详。或即石阡县与余庆县之间的佛顶山
　(刘琳)。

③诅盟:誓约。

④三郡:指牂柯、平夷、夜郎三郡。

【译文】

万寿县　郡府所在地。境内有万寿山。万寿县本来有盐井,但在汉
朝末年时,夷人和汉人共立誓约,相约不开采盐井,故牂柯、平夷、夜郎三
郡至今都不产盐。

且兰县① 音沮②。汉曰故且兰③。有柱蒲关也④。

【注释】

①且(jū)兰县:县名。西晋改故且兰县置,属牂柯郡。治所在今贵
　州黄平。南朝齐为南牂柯郡治。南朝梁以后废。

②音沮:这是常璩为"沮"字注音。本书卷三《蜀志》"三缝县,……
　音三播",亦犹此。《华阳国志》此注音体例,一如《汉书》班固之
　自注。

③故且兰:县名。西汉元鼎六年(前111)以故且兰国地置,为牂柯
　郡治。治所在今贵州黄平。西晋改为且兰县。

④柱蒲关:关名。具体地址不详。《汉书·地理志上》:"牂柯郡,武
　帝元鼎六年开。莽曰同亭。有柱蒲关。属益州。"

【译文】

且兰县　"且"发音是"沮"。在汉代叫故且兰。境内有柱蒲关。

广谈县^①

毋敛县^②　有刚水也^③。

【注释】

①广谈县：县名。具体不详。《宋书·州郡志四》："广谈长，《晋太康地志》属牂柯。"《南齐书·州郡志下》："夜郎郡：夜郎、谈柏、谈乐、广谈。"

②毋敛县：县名。西汉置，属牂柯郡。治所在今贵州独山附近。南朝齐属南牂柯郡。梁废。

③刚水：水名。流经毋敛县，后流入今广西融江。《汉书·地理志上》："刚水东至潭中入潭。"

【译文】

广谈县

毋敛县　境内有刚水。

平夷郡^①，晋愍帝建兴元年置^②。属县二，户千。

平夷县^③　郡治。有硎津、安乐水^④。山出茶、蜜。

鳖县^⑤　故犍为郡城也。不狼山出鳖水^⑥，入沅。有野生薛^⑦，可食。大姓王氏。

【注释】

①平夷郡：郡名。西晋永嘉五年（311）分牂柯郡置，属益州。治所在平夷县（今贵州毕节市境）。东晋改名平蛮郡。按：平夷郡的设置时间，《晋书·地理志上》以为在永嘉二年（308），《宋书·地理志》以为在永嘉五年（311），《华阳国志》认为在建兴元年（313）。

②建兴元年:313年。建兴,晋愍帝年号(313—317)。

③平夷县:县名。西汉置,属牂柯郡。治所在今贵州毕节东。西晋永嘉五年(311)为平夷郡治。东晋改为平蛮县。

④硙(qiǎo)津:其地不详。或疑即贵州毕节西南七星山下的七星渡(刘琳)。安乐水:赤水河的古称。参看本书卷三《蜀志》注。

⑤鳖(bì)县:县名。西汉置,为犍为郡治。治所在今贵州遵义西。因鳖水为名。元鼎间属牂柯郡。东晋属平夷郡。南朝宋属平蛮郡。梁、陈间废。

⑥不狼山:即今贵州遵义北龙岩山。鳖水:即今贵州遵义东湘江。《汉书·地理志上》牂柯郡鳖县:"不狼山,鳖水所出,东入沅。"《水经·延江水注》:"(鳖)县有鳖水,出鳖邑西不狼山,东与温水合。"

⑦薜(bì):薜荔,又称木莲。常绿藤本,茎蔓生,果实球形,可做淀粉,捣汁可做饮料,有解暑作用。

【译文】

平夷郡,晋愍帝建兴元年设置。有两个属县,有人口一千户。

平夷县　平夷郡府所在地。境内有硙津、安乐水。山上出产茶叶、蜂蜜。

鳖县　以前的犍为郡府所在地。鳖水发源于不狼山,流入沅江。出产野生的薜荔,可以食用。大姓有王氏。

夜郎郡①,夜郎国也②。属县二③,户千。

夜郎县④　郡治。有遯水,通郁林⑤。有竹王三郎祠,甚有灵响也⑥。

谈指县⑦

【注释】

①夜郎郡：郡名。西晋永嘉五年（311）分牂柯、朱提、建宁三郡置，属宁州。治所在夜郎县（今贵州关岭布依族苗族自治县西南）。南朝梁大宝以后废。

②夜郎国：战国至西汉时国名。主要在今贵州西部及北部，并包括云南东北、四川南部及广西北部部分地区。国都旧址迄无定论。近年来在今贵州赫章县西北可乐民族乡古遗址中发现大量珍贵文物，品位甚高。可乐在彝文古籍中称为"柯洛保姆"，意为"中央大城"，这里究竟与夜郎都邑有何关系，已引起人们的极大关注。《史记·西南夷列传》："西南夷君长以什数，夜郎最大。"又称："夜郎者，临牂柯江，江广百余步，足以行船。"汉武帝元鼎六年（前111），于其地置牂柯郡。

③属县二：即夜郎县与谈指县。

④夜郎县：县名。西汉置，始属犍为郡，后属牂柯郡。为都尉治。治所在今贵州关岭布依族苗族自治县西南。东晋、南朝时为夜郎郡治。梁大宝后废。

⑤郁林：郡名。西汉元鼎六年（前111）置，治所在布山县（今广西桂平西南古城）。

⑥灵响：犹灵应、灵验。

⑦谈指县：县名。西汉置，属牂柯郡。治所在今贵州贞丰西北。南朝宋以后废。《后汉书·郡国志》说谈指县"出丹"（出产丹砂）。

【译文】

夜郎郡，就是以前的夜郎国。有两个属县，有人口一千户。

夜郎县　夜郎郡府所在地。有遾水，流往郁林郡。有竹王三郎祠，非常灵验。

谈指县

晋宁郡[1]，本益州也。元鼎初属牂柯、越嶲[2]。汉武帝元封二年，叟反，遣将军郭昌讨平之[3]，因开为郡，治滇池上，号曰益州。汉属县二十四，户八万[4]；晋县七，户万[5]。去洛五千六百里。司马相如、韩说初开[6]，得牛、马、羊属三十万。汉乃募徙死罪及奸豪实之。郡土平敞，原田，多长松，皋有鹦鹉、孔雀[7]，盐池田渔之饶，金银畜产之富。俗奢豪，难抚御[8]，惟文齐、王阜、景毅、李颙及南郡董和为之防检[9]，后遂为善。蜀建兴三年丞相亮之南征，以郡民李恢为太守，改曰建宁[10]，治味县。宁州别建，为益州郡[11]。后太守李遏，恢孙也，与前太守董懂、建宁爨量共叛[12]，宁州刺史王逊表改益州为晋宁郡。

【注释】

①晋宁郡：郡名。东晋元帝时改益州郡置，属宁州。治所在滇池县（今云南昆明晋宁区东北三十二里晋城镇）。南朝宋治所在建伶县（今云南昆明晋宁区昆阳坝子南缘）。南朝梁末废。

②元鼎初属牂柯、越嶲：牂柯郡、越嶲郡设于元鼎六年（前111），并非"元鼎初"。

③郭昌：云中（治今内蒙古托克托东北）人。武帝时初为校尉，从大将军卫青击匈奴贵族，有功升为将军。元封二年（前109），奉命与中郎将卫广发巴蜀兵平西南夷，以其地为益州郡。同年，与汲仁调发兵民数万人塞黄河瓠子口决口，武帝亲临督视，塞决成功。元封四年（前107），以太中大夫为拔胡将军，屯守朔方。两年后，益州、昆明反汉，奉命敕京师亡命令从军，率其击昆明叛者，无功，被夺印。宣帝时任光禄大夫，奉命巡视黄河，于东郡修渠，泄洪灌溉，百姓安之。事见《汉书》。

④"汉属县二十四"二句:《汉书·地理志上》:"益州郡,户八万一千
九百四十六,口五十八万四百六十三。县二十四:滇池,双柏,同
劳,铜濑,连然,俞元,收靡,谷昌,秦臧,邪龙,味,昆泽,叶榆,律
高,不韦,云南,嶲唐,弄栋,比苏,贲古,毋棳,胜休,健伶,来唯。"

⑤"晋县七"二句:《晋书·地理志上》:"建宁郡:蜀置。统县十七,
户二万九千。味,昆泽,存䣖,新定,谈槁,母单,同濑,漏江,牧
麻,谷昌,连然,秦臧,双柏,俞元,修云,泠丘,滇池。"

⑥司马相如、韩说初开:即本卷前文所说"相如持节开越嶲,按道侯
韩说开益州"。

⑦皋:水边的高地。

⑧抚御:犹抚驭,安辑控驭,安抚控制。

⑨文齐:字子奇,广汉郡梓潼(今四川梓潼)人。平帝时为益州太
守,群夷畏服。公孙述据蜀,固拒之。述拘其妻子,许以封侯,仍
不降。后闻光武帝即位,乃间道遣使自闻。蜀平,征拜镇远将军,
封成义侯。本书卷十《先贤士女总赞》有传。王阜:字世公,蜀郡
成都(今四川成都)人。太守第五伦察举孝廉,为重泉令,后迁益
州太守。本书卷十《先贤士女总赞》有传。景毅:字文坚,蜀郡梓
潼(今四川梓潼)人。历任沈阳侯相、高陵令、侍御史、武都令、
益州太守。本书卷十《先贤士女总赞》有传。李颙(yóng):字德
印,垫江人。曾任益州太守。事见《后汉书·南蛮西南夷列传》
和本书《巴志》《南中志》。董和:字幼宰,南郡枝江(今湖北枝
江)人。东汉末,率宗族西迁入蜀。刘璋时历任江原长、成都令、
益州太守等,有政绩。刘备据蜀,任掌军中郎将,与诸葛亮同掌军
政。不久病卒。居官清廉,家无余财。《三国志·蜀书》有传。防
检:防范和检束。

⑩建宁:郡名。三国蜀建兴三年(225)改益州郡置,属庲降都督。
治所在味县(今云南曲靖西北十五里三岔)。西晋属宁州。南朝

齐移治同乐县（今云南陆良南三里旧城）。南朝梁末废。

⑪"宁州别建"二句：此事发生在晋惠帝时。《晋书·地理志上》："太安二年（303），惠帝复置宁州，又分建宁以西七县别立为益州郡。"

⑫"后太守李遏"几句：此即本卷前文所说"建宁爨量与益州太守李遏、梁水太守董懂保兴古盘南以叛"。

【译文】

晋宁郡，本来是益州郡。元鼎初年纳入管辖范围，分属牂柯郡、越嶲郡。汉武帝元封二年，夷人造反，朝廷派遣将军郭昌前往征讨，在平定叛乱之后，朝廷于是将此地开辟为一个郡，治所在滇池，郡名叫益州。汉代有二十四个属县，有人口八万户；晋代有七个属县，有人口一万户。距离洛阳五千六百里。司马相如、韩说初开西南夷时，获得牛、马、羊等牲畜三十万头。于是，朝廷招募、迁徙判处死罪的囚犯以及不法豪强等人到晋宁郡，以充实该地的人口。晋宁郡的土地平坦、宽敞，原野间有宽阔的田地，山上有许多高大的松树，水边的高地栖息着鹦鹉、孔雀，有富饶的盐池、田猎、渔产，有富足的金、银、畜产。民间的风俗很奢侈阔绰，老百姓很难安抚控制，只有文齐、王阜、景毅、李颙以及南郡人董和在当地加以防范和检束，后来民俗也逐渐趋于美好。蜀建兴三年，丞相诸葛亮率军南征，任命本郡人李恢为太守，改名为建宁，郡府设在味县。宁州另外设置后，又分割建宁以西的七县设立了益州郡。后来，李恢的孙子、太守李遏与前任太守董懂、建宁人爨量一起发动叛乱，宁州刺史王逊平定了叛乱，并上表朝廷，将益州郡改为晋宁郡。

滇池县①　郡治，故滇国也②。有泽水③，周回二百里④。所出深广，下流浅狭，如倒流，故曰滇池⑤。长老传言，池中有神马，或交焉，即生骏驹⑥，俗称之曰"滇池驹"⑦，日行五百里。有黑水神祠祀⑧。亦有温泉⑨，如越嶲温水。又有白猏山⑩,山无石,惟有猏也。

【注释】

①滇池县:县名。西汉元封二年（前109）置,为益州郡治。治所即今云南昆明晋宁区东北三十二里晋城镇。《汉书·地理志上》益州郡滇池县:"大泽在西,滇池泽在西北。"因湖名为县名。三国蜀属建宁郡。西晋泰始七年（271）为宁州治,太安二年（303）兼为益州郡治。东晋为晋宁郡治。南朝宋属晋宁郡。南朝梁末废。

②故滇国:《史记·西南夷列传》:"滇王者,其众数万人,……于是以为益州郡,赐滇王王印,复长其民。"（参看《汉书·西南夷两粤朝鲜传》）1955—1960年,考古工作者先后对云南昆明晋宁区的石寨山墓地进行了四次发掘,共计发掘了战国至西汉时期的滇王家族墓葬50座。在进行第二次发掘的过程中,在其中的六号墓（M6）发现了一枚"滇王之印"（现藏中国国家博物馆）。"滇王之印"是金质方印,蛇形纽,边长2.3厘米,高1.8厘米,重89.5克,印文篆书。由此可证,滇国故都即在滇池县治,即今云南昆明晋宁区晋城镇。

③泽水:即滇池。古称大泽、滇池泽。"滇"与"甸"同音,系古代彝民所指"坝子",意谓"坝子中的湖泊"。又称昆明湖、昆明池。在云南昆明西南郊。滇池为断层陷落而成。湖水在西南海口泄出称螳螂川,为金沙江支流普渡河上源。主要入湖河流有盘龙江、东白沙河、宝象河、洛龙河、大河等。

④周回:周围。

⑤"所出深广"几句:此处解释滇池得名来由。深广,指水、山谷等深邃而广阔。浅狭,狭窄,宽度小。关于滇池之得名来于倒流,除《华阳国志》外,亦见于其他古书。《文选·左思〈蜀都赋〉》刘逵注引谯周《异物志》:"水乍深广乍浅狭,似如倒池,故俗云滇

池。"《后汉书·南蛮西南夷列传》:"有池,周回二百余里,水源深广,而末更浅狭,有似倒流,故谓之滇池。"王先谦《汉书补注》:"颠与滇同,以颠主义,顶也,皆因滇池居地高颠之故。"近人于希贤在《滇池地区的历史地理》中,解释为滇池水系的奇河倒流现象。近年,人们对传统说法提出了怀疑。任乃强《华阳国志校补图注》认为:"其为夷语旧称可知,安得有取于颠倒之义哉。"刘琳《华阳国志新校注》认为:"盖'滇'(音)本当地少数民族对此湖的称呼,汉人译其音加水旁作'滇'耳。"

⑥骏驹:良马。

⑦滇池驹:滇池古产善马,体小而雄峻,尤善山行,有似巴地之马,故又称"巴滇马"。《水经·沔水注》:"山有石穴出马,谓之马穴山。汉时有数百匹马出其中,马形小似巴滇马。"

⑧黑水神祠祀:祭祀黑水神的祠堂。《汉书·地理志上》:"益州郡,……县二十四:滇池,大泽在西,滇池泽在西北。有黑水祠。"《后汉书·郡国志五》:"滇池出铁。有池泽。北有黑水祠。"道光《云南通志稿》谓黑水即昆明盘龙江,上有黑龙潭,在昆明城东北二十五里,旁有龙祠,即古黑水祠(刘琳)。

⑨温泉:云南温泉,所在多有。《读史方舆纪要》卷一百十四:"汤池驿在县西北八十里,有汤池,水如百沸汤。汤池巡司亦置于此。西去府城七十里。"

⑩白猬山:山名。具体不详。向达《蛮书校注》谓即昆明城内的圆通山,可备一说。

【译文】

滇池县　是晋宁郡府所在地,以前是滇国的都城。有大泽滇池,滇池周长二百里。大泽的源头深邃而且广阔,而下游则浅薄而且狭窄,河水如同倒流,故而叫作滇池。当地的长老传说,滇池中有神马,如果与其他马杂交,就会生产骏驹,俗称"滇池驹",一日可行五百里。有祭祀黑水神的祠堂。也有温泉，一如越巂郡的温水。又有白猬山，山上没有石头，只有刺猬。

　　同劳县^①
　　同安县^②
　　连然县^③　　有盐泉^④，南中共仰之^⑤。

【注释】

①同劳县：县名。西汉元封二年（前109）置，属益州郡。治所在今云南陆良西。三国蜀建兴三年（225）属建宁郡。东晋后废。按：在云南昆明晋宁区河泊所遗址新发现的汉代封泥中，有"同劳丞印"。

②同安县：县名。《汉书》《后汉书》《晋书》均无此县，当是晋武帝末与同乐县同置。其地应在今云南陆良县西（刘琳）。

③连然县：县名。西汉元封二年（前109）置，属益州郡。治所即今云南安宁。三国蜀建兴三年（225）属建宁郡。西晋太安二年（303）属益州郡。东晋属晋宁郡。南朝齐改安宁县。有盐官。

④盐泉：含有多量盐质的泉水，亦指含盐分甚多的矿泉。

⑤仰：仰仗，依靠。

【译文】

　　同劳县
　　同安县
　　连然县　　境内有盐泉，南中地区的食盐都仰仗于此。

　　建伶县^①
　　毋单县^②

秦臧县③

【注释】

①建伶县：县名。西汉元封二年（前109）置，属益州郡。治所在今云南昆明晋宁区昆阳坝子南缘。三国蜀建兴三年（225）属建宁郡。西晋太安二年（303）属益州郡。东晋属晋宁郡。南朝宋为晋宁郡治。南朝梁末废。按：在云南昆明晋宁区河泊所遗址新发现的汉代封泥中，有"建伶令印"。

②毋单县：县名。西汉元鼎六年（前111）置，属牂柯郡。治所在今云南宜良南。三国蜀建兴三年（225）属建宁郡。南朝梁末废。

③秦臧县：县名。西汉元封二年（前109）置，属益州郡。治所即今云南禄丰。三国蜀建兴三年（225）属建宁郡。西晋太安二年（303）属益州郡。东晋属晋宁郡。南朝梁废。

【译文】

建伶县

毋单县

秦臧县

　　建宁郡①，治故庲降都督屯也，南人谓之"屯下"。属县十七②。后分为益州、平乐二郡。分后属县十三，户万③。去洛五千六百三十九里。有五部都尉、四姓及霍家部曲④。

【注释】

①建宁郡：郡名。三国蜀建兴三年（225）改益州郡置，属庲降都督。治所在味县（今云南曲靖西北十五里三岔）。南朝齐移治同乐县（今云南陆良南三里旧城）。南朝梁末废。

②属县十七：根据《晋书·地理志上》记载，建宁郡的十七个属县是
　　味、昆泽、存䣖、新定、谈槁、毋单、同瀬、漏江、牧麻、谷昌、连然、
　　秦臧、双柏、俞元、修云、泠丘、滇池。

③"分后属县十三"二句：根据《晋书·地理志上》记载，建宁郡"统
　　县十七"时，有"户二万九千"。

④五部都尉：即本卷前文所说"置五部都尉，号'五子'，故南人言
　　'四姓五子'也。"霍家部曲：即生活在南中的霍弋后人执掌的私
　　人武装。1963年春，在云南昭通县城西北后海子中寨发现霍承
　　嗣墓，系晋代壁画墓。从墓志等考察，霍承嗣就是霍弋后人。

【译文】

　　建宁郡府，是原来的庲降都督驻防的地方，南中人称之为"屯下"。
建宁郡有十七个属县。后来，建宁郡被分割为益州郡、平乐郡。分割之
后，有十三个属县，有人口一万户。距离洛阳五千六百三十九里。建宁
郡曾经设置过五部都尉，有四个大姓，有霍家的私人武装。

　　味县①　　郡治。有明月社②，夷晋不奉官③，则官与共盟
于此社也。

　　牧麻县④　　山出好升麻⑤。有涂水⑥。

　　同乐县⑦　　大姓爨氏⑧。

【注释】

①味县：县名。西汉元封二年（前109）置，属益州郡。治所在今云
　　南曲靖西北十五里三岔。三国蜀建兴三年（225）为建宁郡治，十
　　一年（233）又为庲降都督驻地。西晋为建宁郡治。

②社：神祠。

③夷晋：夷人与晋民（汉人）。奉：拥戴。

④牧麻县：县名。三国蜀改牧靡县置，属建宁郡。治所在今云南寻
　甸回族彝族自治县境。《续汉书·郡国志》注引李奇曰："靡音麻，
　出升麻。"南朝梁末废。

⑤升麻：毛茛科。多年生草本。根状茎粗壮。产于我国北部和中部
　以及南部。可作农业杀虫剂。根状茎入药，性微寒、味甘辛，功能
　解表透疹、解毒、升阳，主治风热头痛、咽喉肿痛、斑疹不透、牙龈
　肿痛、口舌生疮、泻痢脱肛等症。《神农本草经》中卷："升麻，味
　甘平。主解百毒，杀百精老物殃鬼，辟温疫瘴邪蛊毒。久服不夭，
　轻身长年，一名周升麻。生山谷。"《蜀中广记》卷六十四引《本
　草》："升麻生益州山谷。"

⑥涂水：即今云南东北部之牛栏江。《汉书·地理志上》益州郡牧
　靡县："南山腊谷，涂水所出，西北至越嶲入绳，过郡二，行千二十
　里。"

⑦同乐县：县名。又作"铜乐"。西晋太康末年置，属建宁郡。治所
　在卤昌城（今云南陆良南三里旧城）。南齐为建宁郡治。

⑧大姓爨（cuàn）氏：爨氏是魏晋至隋唐时期南中最著名的大姓。
　《爨龙颜碑》自述家世，"其先世本高阳颛顼之玄胄，才子祝融之
　渺胤也"，而南中爨氏出自楚国令尹子文，本为汉族。西晋所立
　《爨宝子碑》与南朝宋所立《爨龙颜碑》，合称"二爨"，是研究南
　中爨氏的重要资料。

【译文】

　　味县　建宁郡府所在地。有神祠明月社，如果夷人与汉人都不拥戴
官家，那么官家与百姓就在明月社共同盟誓缔约。

　　牧麻县　境内的山上出产优质升麻。有涂水流过境内。

　　同乐县　县内的大姓是爨氏。

　　谷昌县①　汉武帝将军郭昌讨夷，平之，因名郭昌以威

夷^②。孝章时改为谷昌也。

同濑县^③

双柏县^④

【注释】

①谷昌县：县名。西汉元封二年（前109）置，属益州郡。治所在今云南昆明东十余里。三国蜀建兴三年（225）属建宁郡。西晋太安二年（303）属益州郡。东晋属晋宁郡。南朝梁末废。按：在云南晋宁河泊所遗址新发现的汉代封泥中，有"谷昌丞印"。

②郭昌：县名。西汉元封二年（前109）置，属益州郡。治所在今云南昆明东北。武帝时遣将军郭昌平定滇中，县因此得名。章帝时改为郭昌县。威：威慑。

③同濑县：县名。东汉改铜濑县置，属益州郡。治所在今云南马龙县境。三国蜀属建宁郡。南朝梁末废。

④双柏县：县名。西汉元封二年（前109）置，属益州郡。治所在今云南双柏县境。三国蜀建兴三年（225）属建宁郡。西晋太安二年（303）属益州郡。东晋属晋宁郡。南朝梁末废。

【译文】

谷昌县 因汉武帝时将军郭昌征讨夷人，平定该地，因而取名为郭昌，以威慑夷人。汉章帝时，改名为谷昌。

同濑县

双柏县

存䣖县^① 雍闿反，结垒于县山，系马柳柱生成林^②，今夷言"雍无梁林"^③。无梁^④，夷言马也。

昆泽县^⑤

漏江县^⑥　九十里出蟳口^⑦。

【注释】

①存駞县:县名。或写作"郁郿"。三国蜀诸葛亮南征置存郿戍,后改为县,属建宁郡。治所在今云南宣威市境。南朝梁末废。

②柳(àng):拴马的桩子。

③夷言:古指黄河流域华夏族以外的各种语言,后亦泛指少数民族或外国的言语。

④无梁:夷言的汉字记音。闻宥认为,"无梁"的原语是mrŋa或mlang之类,和缅语最相近。

⑤昆泽县:县名。西汉元封二年(前109)置,属益州郡。治所在今云南宜良县北古城镇附近。三国蜀属建宁郡。南朝梁末废。

⑥漏江县:县名。西汉元鼎六年(前111)置,属牂柯郡。治所在今云南泸西县境。左思《蜀都赋》刘逵注:"漏江在建宁,有水道伏流数里复出,故曰漏江。"三国蜀废。西晋武帝时复置,属建宁郡。南朝梁末废。

⑦蟳(pín)口:即蝮口。榆水出蝮口后,始称漏江。《水经·叶榆水注》:"榆水自泽,又东北径滇池县南,又东径同并县南,又东径漏江县,伏流山下,复出蝮口,谓之漏江。"

【译文】

　　存駞县　雍阎造反时,在存郿县的山上安营扎寨,拴马的树桩子生长成一片树林,这就是今天夷人所说的"雍无梁林"。"无梁",在夷人语言中说的是"马"。

　　昆泽县

　　漏江县　漏江流经县内九十里,在蟳口出县。

谈槀县^①　有濮、獠。

伶丘县^②　　主獠。

修云县^③

俞元县^④

【注释】

①谈槀县：县名。即《汉书·地理志上》所说"谈稾县"。谈稾县，
西汉元鼎六年（前111）置，属牂柯郡。治所在今云南富源与贵
州盘州间。三国蜀省，西晋复置，属建宁郡。南朝齐改属建平郡。
梁废。《汉书·地理志上》："谈虏山，迷水所出，东至谈稾入温。"

②伶丘县：县名。即《晋书·地理志上》所说"泠丘"县。泠丘县，
县名。西晋置，属建宁郡。治所在今云南富源县南。南朝宋废。

③修云县：县名。三国蜀置，属建宁郡。治所在今云南弥勒南新哨
附近。南朝宋时废。

④俞（shù）元县：县名。西汉元封二年（前109）置，属益州郡。治
所在今云南澄江东南旧城。三国蜀建兴三年（225）属建宁郡。
南朝宋属晋宁郡。南朝梁末废。

【译文】

谈槀县　　县内有濮人、獠人。

伶丘县　　县内居民以獠人为主。

修云县

俞元县

　　平乐郡^①，愍帝建兴元年，刺史王逊割建宁之新定、兴
迁二县^②，新立平乐、三沮二县^③，合四县为一郡^④。后太守
建宁董霸叛降李雄，郡县遂省。宁州北属雄，复为郡，以朱
提李壮为太守^⑤。

【注释】

①平乐郡：郡名。晋愍帝建兴元年（313）置，属宁州，有新定、兴迁、平乐、三沮四县。后废。

②新定：县名。疑是诸葛亮平南中时割夜郎县西部置，故名"新定"（刘琳）。兴迁：《晋书·地理志》无，当是晋武帝或晋惠帝时置（刘琳）。

③平乐：县名。具体不详。三沮：县名。具体不详。

④四县：即新定、兴迁、平乐、三沮四县。一郡：即平乐郡。

⑤按：此下有脱文，即脱漏新定、兴迁、平乐、三沮四县的文字。

【译文】

平乐郡，晋愍帝建兴元年，刺史王逊分割建宁郡的新定、兴迁二县，加上重新设立的平乐、三沮二县，将此四县组合成为一个郡。后来，太守、建宁人董霸叛变，投降李雄，郡、县于是被撤销。宁州在归属北面的李雄后，又恢复了郡的建置，任命朱提人李壮为太守。

朱提郡①，本犍为南部②，孝武帝元封二年置，属县四③。建武后，省为犍为属国④。至建安二十年，邓方为都尉⑤，先主因易名太守。属县五，户八千⑥，去洛五千三百里。先有梓潼文齐，初为属国，穿龙池⑦，溉稻田，为民兴利，亦为立祠。大姓朱、鲁、雷、兴、仇、递、高、李，亦有部曲。其民好学，滨犍为，号多人士⑧，为宁州冠冕。

【注释】

①朱提郡：郡名。东汉建安十九年（214）刘备定蜀，改犍为属国置，属庲降都督。治所在朱提县（今云南昭通昭阳区）。西晋属益州。东晋属宁州。南朝齐改南朱提郡。

②犍为南部：即犍为郡南部都尉。南部都尉，官名。汉朝每郡都置
　都尉。有的分南北，有的分东西，有的有中部都尉。为掌管地方
　驻军的武官，主地方治安，或防御外族侵掠。俸比二千石。

③属县四：指犍为郡南部都尉所辖四县，即汉阳、朱提、堂狼（堂螂）、
　存䰅。

④犍为属国：东汉永初元年（107）析犍为郡南部置，治所在朱提县
　（今云南昭通市境）。建安十九年（214）刘备定蜀，改为朱提郡。

⑤邓方（？—222）：字孔山，三国蜀南郡（治今湖北江陵）人。以荆
　州从事随刘备入蜀。蜀既定，为犍为属国都尉，郡易名，为朱提太
　守。累迁安远将军、庲降都督。

⑥"属县五"二句：属县五，即朱提、南广、汉阳、南秦、堂狼（堂螂）
　五个属县。《晋书·地理志上》："朱提郡：蜀置。统县五，户二千
　六百。"

⑦龙池：在今云南昭通南。《文选》卷四《蜀都赋》刘逵注："龙池在
　朱堤南十里，地周四十七里。"《太平御览》卷七百九十一引《永
　昌郡传》："朱提，在犍南千八百里，治朱提县。……有大泉，池水
　千顷，名千顷池。又有龙池，以灌溉种稻。"

⑧人士：底本作"士人"，误。本书卷一《巴志》枳县"特多人士"，文
　例与此相同。

【译文】

　　朱提郡，本来是犍为郡南部都尉所辖，孝武帝元封二年设置，南部都
尉有四个属县。建武后，取消朱提郡，改为犍为属国。到建安二十年，邓
方担任都尉，先主刘备于是将都尉改名为太守。朱提郡有五个属县，有
人口八千户，距离洛阳五千三百里。起先，是梓潼人文齐担任属国都尉，
他疏导龙池之水，灌溉稻田，为百姓谋福利，而百姓也为他修建了祠堂。
大姓有朱、鲁、雷、兴、仇、递、高、李，他们也有私人武装。朱提郡的百姓
很好学，朱提郡与犍为郡相邻，号称济济多士，在宁州首屈一指。

朱提县^①　郡治。

堂螂县^②　因山名也^③。出银、铅、白铜、杂药^④,有堂螂附子^⑤。

【注释】

①朱提县:县名。西汉建元六年(前135)置,属犍为郡。治所在今云南昭通昭阳区。《水经·若水注》:"朱提,山名也。应劭曰,在县西南,县以氏焉。"东汉永初元年(107)为犍为属国都尉治,建安十九年(214)为朱提郡治,南朝齐为南朱提郡治,北周为恭州治。境内有朱提山,产银多而美,后世因以"朱提银"为高品质银的代称。《汉书·地理志上》:"朱提,山出银。"《汉书·食货志下》:"朱提银重八两为一流,直一千五百八十,它银一流直千,是为银货二品。"

②堂螂县:又作"堂狼""堂琅""螗蜋"。县名。西汉建元六年(前135)置,属犍为郡。治所在今云南巧家县东七十里老店子。因县内有堂螂山而得名。

③因山名也:即因堂螂山而得名。堂螂山,山名。在今云南巧家县东部。《后汉书·郡国五》注引《南中志》:朱提县"西南二里有堂狼山,多毒草,盛夏之月,飞鸟过之,不能得去"。按:据《水经·若水注》,堂狼山当在朱提西南二百里。

④出银、铅、白铜、杂药:堂螂县所出以上物产,古书有记载。《后汉书·郡国志五》:朱提县"山出银、铜"。刘昭注:"案前书,朱提银重以八两为一流,直一千五百八十,他银一流直一千。《南中志》曰:'旧有银窟数处。'诸葛亮书云:'汉嘉金,朱提银,采之不足以自食。'"又,朱提县、堂狼县出产的一种铜洗,行销于全国各地。这种铜洗,内底有铭文,大致分别作"建初元年(76)朱提造""延平元年(106)朱提造""永建元年(126)朱提造""汉安

三年（144）朱提造""永兴元年（153）朱提造"字样等，"建初元年（76）堂狼造""元和三年（86）堂狼造""章和元年（87）堂狼造""永元二年（90）堂狼造""永初元年（107）堂狼造""永建六年（131）堂狼造""永和元年（136）堂狼造""建宁元年（168）堂狼造"字样等。

⑤附子：植物名。多年生草本，株高三四尺，茎作四棱，叶掌状，如艾。秋月开花，若僧鞋，俗称僧鞋菊。叶茎有毒，根尤剧，含乌头碱，性大热，味辛，可入药。对虚脱、水肿、霍乱等有疗效。

【译文】

朱提县　　是郡府所在地。

堂螂县　　因堂螂山而得名。出产银、铅、白铜、杂药，有一种叫堂螂附子的药材。

南秦县①　　自僰道、南广，有八亭道②，通平夷。

汉阳县③　　有汉水，入延江④。

南昌县⑤　　故都督治。有邓安远城也⑥。

【注释】

①南秦县：县名。西晋太康元年（280）改南昌县置，属朱提郡。治所在今云南镇雄县境。南朝齐属南朱提郡。南朝梁末废。

②八亭道：郑珍《牂柯十六县问答》："（八亭道）今由叙州（四川宜宾）出永宁（四川叙永）至贵州大定（大方）路也。"

③汉阳县：县名。西汉置，属犍为郡，为都尉治。治所在今贵州威宁彝族回族苗族自治县东南。东汉属犍为属国。三国蜀汉属朱提郡。南朝梁废。

④延江：即今四川、贵州两省境之乌江。

⑤南昌县：县名。三国蜀于东汉建安十九年（214）置，属朱提郡，为

庲降都督驻地。治所在今云南镇雄县境。西晋太康元年（280）
改名南秦县。

⑥邓安远城：即邓方修筑的安远城。

【译文】

南秦县　自僰道、南广可入境，境内有八亭道，通往平夷县。

汉阳县　有汉水，流入延江。

南昌县　是原先的都督府所在地。有邓方修筑的安远城。

南广郡①，蜀延熙中置，以蜀郡常竺为太守②。蜀朝召
竺入为侍中，巴西令狐衷代之③。郡建九年省④。元帝世，
刺史王逊移朱提治郡南广⑤。太守李钊数破雄，杀贼大将乐
初。后刺史尹奉却郡还旧治。及雄定宁州，复置郡，以兴古
太守朱提李播为太守⑥。属县四，户千⑦。

【注释】

①南广郡：郡名。三国蜀汉延熙中置，属益州。治所在南广县（今
四川筠连西南）。后省。东晋李汉成汉时复置，领四县。南朝宋
属宁州。梁以后废。

②常竺：字代文，蜀郡江原（今四川崇州）人。常骞祖父。官至南广
太守、侍中。见本书卷十一《后贤志》、卷十二《序志并士女目录》。

③令狐衷：生平不详。本书卷一《巴志》说阆中县“大姓有三狐”，
则令狐衷当为阆中人（刘琳）。

④郡建九年省：底本作“建武九年省”。蜀无建武年号，晋惠帝、晋元
帝有建武年号，但仅一二年，故此处当作“郡建九年省”（刘琳）。

⑤治郡南广：或疑当作“郡治南广”（刘琳）。

⑥李播：朱提（治今云南昭通）人。官至南广太守。

⑦"属县四"二句：这应是李氏据蜀或桓温平蜀后的属县与户数
　　（刘琳）。

【译文】

　　南广郡，是蜀延熙年间设置的，朝廷任命蜀郡人常竺为太守。后来，
蜀汉朝廷召回常竺，任命他为侍中，安排巴西令狐衷接替常竺的职务。
在设立九年之后，南广郡被撤销。晋元帝之时，宁州刺史王逊将朱提郡
治移到南广。太守李钊多次击败李雄，杀死贼人的大将乐初。后来，刺
史尹奉又将郡治迁回原先的府城。到李雄攻克宁州之后，又设置了南
广郡，任命兴古太守、朱提人李播为太守。南广郡有四个属县，有人口
一千户。

　　自僰道至朱提有水、步道。水道有黑水及羊官水①，至
险，难行。步道度三津②，亦艰阻。故行人为语曰："犹溪、
赤木③，盘蛇七曲；盘羊、乌栊④，气与天通。看都濩泚，住柱
呼伊⑤。庲降贾子⑥，左儋七里⑦。"又有牛叩头、马搏颊坂⑧，
其险如此。土地无稻田蚕桑，多蛇蛭虎狼⑨。俗妖巫，惑禁
忌，多神祠。

【注释】

①黑水：水名。即古符黑水。符黑水，即今四川宜宾和高县、珙县境
　　之南广河，为长江支流。《汉书·地理志上》犍为郡南广县："汾
　　关山，符黑水所出，北至僰道入江。"《水经·江水注》："江水又与
　　符黑水合，水出宁州南广郡南广县。……导源汾关山，北流有大
　　涉水注之，水出南广县，北流注符黑水，又北径僰道入江。"大涉
　　水，即今川、黔境内之赤水河。《太平寰宇记》卷七十九僰道县：
　　黑水"从胡监生僚界出，东北流入蜀江。天宝六年改为皂江"。

《明史·地理志》宜宾县:"又东南有黑水,一名南广溪,北入江。"
羊官水:即今四川宜宾西南与云南交界之横江河(关河)。《水
经·沫水注》:泸水"自朱提至僰道有水步道,有黑水、羊官水,至
险难,三津之阻,行者苦之"。

②三津:指今筠连河、横江和洒渔河。

③犹溪、赤木:河流之名。具体不详。按:二名均当为音译。

④盘羊、乌枕:山岭之名。具体不详。按:二名均当为音译。

⑤看都濮泚,住柱呼伊:都濮泚、柱呼伊,二名均当为音译。

⑥贾子:商贩,商人。

⑦左儋:"儋"同"担"。左担,古山道名。自今甘肃文县东南至四川
平武东。

⑧牛叩头、马搏颊:地名。具体不详。坂(bǎn):山坡,斜坡。

⑨蛭(zhì):蚂蟥。

【译文】

从僰道到朱提,有水路和陆路。水路要经过黑水、羊官水,特别危
险,难以通行。陆路要渡过三条河流,也很艰险。因此,过往行人这样评
说:"犹溪、赤木,像盘桓的蛇一样弯弯曲曲;盘羊、乌枕,山气上与天通。
看着都濮泚,住在柱呼伊。庲降的商贩们,来来往往于七里左儋道。"还
有牛叩头、马搏颊等山坡,其险要也依然如此。土地贫瘠,没有稻田,不
能养蚕、种桑,到处都有蛇、蛭、虎、狼。民间的风俗是信奉巫术,迷惑于
种种禁忌,祭祀鬼神的祠堂很多。

南广县①　　郡治。汉武帝太初元年置。有盐官。

临利县②

常迁县③

新兴县④

【注释】

①南广县:县名。西汉太初元年（前104）置,属犍为郡。治所在今四川筠连西南至云南盐津一带。元光五年（前130）为犍为郡治。始元元年（前86）郡治移僰道,仍属犍为郡。三国蜀属朱提郡。延熙中及西晋怀帝时,两度为南广郡治。后废郡,县属朱提郡。东晋元帝时,曾移朱提郡治南广,太宁三年（325）后移还朱提县。成汉时为南广郡治。南齐后废。

②临利县:县名。李雄复置南广郡时分南广县立,当在今云南盐津一带（刘琳）。

③常迁县:县名。东晋李氏成汉时置,属南广郡。当在今四川珙县境。南齐以后废。

④新兴县:县名。东晋成汉时置,属南广郡。治所当在今四川兴文县境。南齐以后废。

【译文】

南广县　　是郡府所在地。汉武帝太初元年设置。设有盐官。

临利县

常迁县

新兴县

　　永昌郡①,古哀牢国②。哀牢,山名也③。其先有一妇人,名曰沙壹④,依哀牢山下居,以捕鱼自给。忽于水中触有一沉木,遂感而有娠。度十月,产子男十人。后沉木化为龙,出谓沙壹曰:"若为我生子,今在乎?"而九子惊走,惟一小子不能去,陪龙坐⑤,龙就而舐之。沙壹与言语,以龙与陪坐,因名曰元隆⑥,犹汉言陪坐也。沙壹将元隆居龙山下。元隆长大,才武。后九兄曰:"元隆能与龙言,而黠有智⑦,

天所贵也⑧。"共推以为王。时哀牢山下复有一夫一妇,产十女,元隆兄弟妻之。由是始有人民,皆象之,衣后著尾⑨,臂胫刻文⑩。元隆死,世世相继,分置小王,往往邑居,散在溪谷。绝域荒外⑪,山川阻深,生民以来⑫,未尝通中国也⑬。南中昆明祖之,故诸葛亮为其国谱也⑭。

【注释】

① 永昌郡:郡名。东汉永平十二年(69)哀牢内属,以其地并析益州郡西部六县(不韦、嶲唐、比苏、楪榆、邪龙、云南)合置。治所在嶲唐县(今云南云龙西南七十里漕涧镇)。建初元年(76)后,治所在不韦县(今云南保山东北二十二里金鸡村)。三国蜀属庲降都督。西晋泰始七年(271)属宁州。元康九年(299)迁治永寿县(今云南耿马傣族佤族自治县境)。南朝齐治所迁永安县(今地不详)。南朝梁末废。按:在云南晋宁河泊所遗址新发现的汉代封泥中,有"永昌长史"。

② 古哀牢国:古国名。在今云南西部。《后汉书·南蛮西南夷列传》:哀牢"九隆死,世世相继,乃分置小王,往往邑居,散在溪谷,绝域荒外,山川阻深"。战国、秦、汉时期,哀牢的范围约东起礼社江边的哀牢山,西至印、缅交界的巴特开山,北抵今我国西藏与缅甸交界处,南达今云南西双版纳。东西三千里,南北四千六百里。东汉建武二十七年(51)国王贤栗(一作"扈栗")始和东汉交通,受汉封号,建立朝贡关系,分七十七王。土地肥沃,物产丰富,人口众多,族系繁杂。东汉永平十二年(69)内属,置永昌郡。

③ "哀牢"二句:哀牢,即哀牢山,在云南中部和南部、元江和把边江间。因中、北段为古代部族哀牢部所在地而得名。为云岭南延分支之一。《明一统志》卷八十七金齿军民指挥使司:哀牢山"在司

城东二十里。本名安乐,夷语讹为哀牢"。

④沙壹:或作"沙壶"。传说中古代少数民族哀牢夷的祖先。

⑤陪龙坐:《后汉书·南蛮西南夷列传》和《水经·叶榆水注》作"背龙而坐"。

⑥元隆:《后汉书·南蛮西南夷列传》和《水经·叶榆水注》作"九隆"。按:以作"九隆"为是。《水经·叶榆水注》:"其母鸟语,谓背为九,谓坐为隆,因名为九隆。"(《后汉书·南蛮西南夷列传》作"因名子曰九隆",余皆相同)

⑦黠:聪明而狡猾。

⑧天所贵也:或作"天之贵也"。

⑨衣后著尾:底本作"衣后著十尾","十"字衍。所谓"衣后著尾",指的是衣服后有尾巴状的饰物,并不是说哀牢夷人长有尾巴。在云南昆明晋宁区石寨山青铜器图像上,有诸多背后拖有长尾状衣饰的人像。按:《太平御览》卷七百九十一引《永昌郡传》:"郡西南千五百里徼外有尾濮。尾若龟形,长四五寸。欲坐,辄先穿地空,以安其尾。若邂逅误折尾,便死。"《永昌郡传》所说"尾濮",其义即"衣后著尾"。

⑩臂胫刻文:说的是哀牢夷人有文身的习俗。

⑪绝域:极其遥远的地方。荒外:远在八荒之外。比喻荒远偏僻的地方。

⑫生民:指人类。本处特指哀牢夷。

⑬中国:中原。

⑭国谱:当作"图谱"。本卷前文说"诸葛亮乃为夷作图谱",意即本处所说"诸葛亮为其国(图)谱"。

【译文】

永昌郡的所在地,是古代的哀牢国。哀牢,是山的名称。相传,最初有一位名叫沙壹的妇女,居住在哀牢山下,靠打鱼维持生计。有一天,忽然在水中触摸到一根沉木,于是有了感应而怀孕。过了十个月后,沙壹生下十个男孩。后来,沉木变化为一条龙,从水中出来对沙壹说:"你为我生的孩子,现在还在吗?"听闻此话,九个孩子都因惊吓而逃走了,只有一个小孩没有离去,留下陪着龙,坐在他的身边,龙便用舌头舔这个小孩。沙壹也跟他一起说话,因为小孩与龙陪坐,故而取名为元隆,犹如汉语所说的"陪坐"。沙壹带着元隆,迁居到龙山下。元隆长大之后,不但有才能,而且很英武。后来,元隆的九个兄弟说:"元隆能和龙说话,而且人聪明,有智慧,这是上天看重他。"于是,大家一起推举他为首领。当时,哀牢山下又有一对夫妇,生了十个女儿,元隆的十个兄弟便和这十个女子结婚。自此以后,这里才有人民,而且装束都很相像:衣服后面都有尾巴状的饰物,臂膀和腿上都刻有花纹。元隆死后,其王位世世代代相传,又分别设立了小王,大家往往聚族而居,这些部族散居在河边和山谷。这里是极其遥远偏僻的地方,加上高山、大川的阻隔,因而自从有了哀牢人以来,他们便没有和中原的人民交通往来。南中、昆明的人都把他们作为自己的祖先,因而诸葛亮为此事画了图谱。

　　孝武时通博南山①,度兰沧水、渚溪②,置巂唐、不韦二县③。徙南越相吕嘉子孙宗族实之④,因名不韦,以彰其先人恶⑤。行人歌之曰:"汉德广,开不宾。渡博南,越兰津。渡兰沧,为他人。"⑥渡兰沧水以取哀牢地,哀牢转衰。

【注释】

①博南山:山名。又称金浪巅山。在今云南永平西南花桥以西,澜沧江东岸。为西陲要路,是著名的西南"丝绸之路"的重要孔道。汉武帝通博南山道即此,俗称"博南古道",今遗迹尚存。山上有唐博南山碑、博南庙、叮当关、杨慎祠、永国寺等古迹。

②兰沧水：水名。即今云南西部之澜沧江。唐代称兰沧江，明代以来通称澜沧江。渚（chí）溪：即怒江支流枯柯河。在云南中西部。因流经枯柯坝子，故名。源于保山东北猴子石卡山，南流经昌宁、施甸等县，在施甸县长汪塘水库南入怒江。沧、渚，底本为"仓""耆"，据他本改。

③嶲唐：县名。西汉元封二年（前109）置，属益州郡。治所在今云南云龙西南七十里漕涧镇。东汉永平十年（67）为益州郡西部都尉治。永平十二年（69）为永昌郡治。建初元年（76）后郡治他移，仍属永昌郡。南朝宋废入不韦县。不韦：县名。西汉元封二年（前109）置，属益州郡。治所在今云南保山东北二十二里金鸡村。东汉永平十二年（69）属永昌郡。建初元年（76）后为永昌郡治。西晋元康九年（299）郡治迁永寿县，仍属永昌郡。南朝梁末废县，但直至唐代仍称不韦。

④吕嘉（？—前111）：西汉南粤（今广东、广西一带）人。南粤望族，自南粤文王时任丞相，历相三王，宗族为长吏者七十余人，势力极大。武帝元鼎五年（前112），粤王赵兴及太后上书，请求完全归属汉朝，内比诸侯，吕嘉举兵叛汉，杀王、太后及汉使者，立术阳侯建德为王。次年，武帝发大兵进讨，吕嘉坚守抵抗，后兵败被杀。事见《汉书·西南夷两粤朝鲜传》。

⑤先人：指吕不韦。

⑥"行人歌之曰"几句：此歌又见于《后汉书·南蛮西南夷列传》："永平十二年（69），哀牢王柳貌遣子率种人内属，其称邑王者七十七人，户五万一千八百九十，口五十五万三千七百一十一。西南去洛阳七千里，显宗以其地置哀牢、博南二县，割益州郡西部都尉所领六县，合为永昌郡。始通博南山，度兰仓水，行者苦之。歌曰：'汉德广，开不宾。度博南，越兰津。度兰仓，为它人。'"因为"行者苦之"，故歌谣有"为他人"语。不宾，不臣服，不归顺。

【译文】

汉武帝时,朝廷打通了博南山,渡过兰沧水、潏溪,设置了嶲唐、不韦二县。朝廷又迁徙南越相吕嘉的子孙和族人来充实此地,因而命名此地为"不韦",以此彰显吕氏先人吕不韦的恶迹。行人有首歌唱道:"大汉朝廷的恩德广大,不归顺的地方也被开发。越过博南山,渡过兰津水。渡过兰沧水,这是为了他人。"渡过兰沧水,是为了夺取哀牢人的地盘,而哀牢地区由此走向衰落。

至世祖建武二十三年,王扈栗遣兵乘箄船南攻鹿茤①。鹿茤民弱小,将为所擒,会天大震雷,疾风暴雨,水为逆流,箄船沉没,溺死者数千人。后扈栗复遣六王攻鹿茤。鹿茤王迎战,大破哀牢军,杀其六王。哀牢人埋六王。夜,虎掘而食之。哀牢人惊怖,引去。扈栗惧,谓耆老曰:"哀牢略徼②,自古以来,初不如此③。今攻鹿茤,辄被天诛,中国有受命之王乎,是何天祐之明也?汉威甚神!"即遣使诣越嶲太守,愿率种人归义奉贡④。世祖纳之,以为西部属国⑤。其地东西三千里,南北四千六百里。有穿胸、儋耳种⑥,闽越濮、鸠獠⑦。其渠帅皆曰王。

【注释】

①扈栗:《后汉书·南蛮西南夷列传》作"贤栗"。箄(pái)船:当船用的竹筏或木桴。鹿茤(duō):古代西南地区少数民族名。即东汉初住在不韦(今云南保山东北)、嶲唐(今云南云龙西南)二县边地的所谓"附塞夷"。建武二十三年(47)遭哀牢王贤栗攻击,被并。后无闻。

②略徼:侵犯边境。

③初：从来。

④归义：归附正义。奉贡：纳贡。

⑤西部属国：常璩此说有误，大概是误以益州西部都尉为益州西部属国。益州西部都尉，官名。掌地方驻军，主治安，防侵略。《后汉书·显宗孝明帝纪》："十二年春正月，益州徼外夷哀牢王相率内属，于是置永昌郡，罢益州西部都尉。"

⑥穿胸：《山海经·海外南经》："贯匈国在其东，其为人匈有窍。"《淮南子·墬形训》记载，自"自西南至东南方"，有"穿胸民"等。高诱注："穿胸，胸前穿孔达背。"按：此系道听途说，并且是误解。所谓"穿胸"，是古代西南地区的少数民族胸前插装的某种饰品。饰品本来是插装在衣服上的，因外人不解其意，误以为是插在胸口上的，故称之为"穿胸民"。儋耳：底本作"襜耳"，误。《后汉书·南蛮西南夷列传》："哀牢人皆穿鼻、儋耳，其渠帅自谓王者，耳皆下肩三寸，庶人则至肩而已。"《后汉书·明帝纪》李贤注引杨浮《异物志》："儋耳，南方夷，生则镂其颊，皮连耳匡，分为数支，状如鸡肠，累累下垂至肩。"按：此亦系道听途说，并且是误解。所谓"儋耳"，古代西南地区的少数民族喜欢戴大耳环，耳环或下垂至肩，故称之为"儋耳"。

⑦闽越濮：下文作"闽濮"。闽越是古代越人的一支，秦汉时分布在今福建北部、浙江南部的部分地区。闽越濮，应当是分布在西南地区的一支越人。鸠獠：又称葛僚、犵僚，西南少数民族仡佬族的古称，近现代仡佬族的前身。

【译文】

到汉世祖光武帝建武二十三年，王扈栗派遣兵马乘坐箄船往南进攻鹿茤。鹿茤民少而国弱，就在首领即将被擒获时，恰逢天上响起了巨大的震雷声，而且刮起了狂风，下起了暴雨，河水暴涨，形成倒流，箄船沉没，淹死了数千人。后来，扈栗又派遣六王进攻鹿茤。鹿茤王出兵迎战，大败哀牢人的军队，击杀了六王。哀牢人埋葬了六王。当晚，老虎掘开坟墓，吃掉了六王的尸体。哀牢人感到惊慌恐怖，于是退兵而去。扈栗很害怕，跟本族的耆老说："自古以来，哀牢人攻占边境，从来就不是这样的。现在攻打鹿茤，就遭到了上天的惩罚，中国难道有受命之王吗？为什么上天的祐助是如此分明呢？汉朝的威仪，真是太神武了！"随即，扈栗派遣使者前往拜谒越巂太守，表示愿意率领族人归附朝廷，并尽忠纳贡。汉光武帝接受了他们，以他们为益州郡的西部属国。所管辖的地盘，东西三千里，南北四千六百里。境内有穿胸、儋耳等种族，有闽越濮、鸠獠等族群。他们的首领也都称王。

　　孝明帝永平十二年①，哀牢抑狼遣子奉献②。明帝乃置郡，以蜀郡郑纯为太守③。属县八，户六万④，去洛六千九百里，宁州之极西南也。有闽濮、鸠獠、僄越、裸濮、身毒之民⑤。土地沃腴⑥，有黄金、光珠、虎魄、翡翠、孔雀、犀、象、蚕桑、绵、绢、采帛、文绣⑦。又有貊兽食铁⑧，猩猩兽能言⑨，其血可以染朱罽⑩。有大竹名濮竹⑪，节相去一丈，受一斛许⑫。有梧桐木，其华柔如丝，民绩以为布⑬，幅广五尺以还，洁白不受污，俗名曰桐华布⑭。以覆亡人，然后服之及卖与人。有兰干细布——兰干⑮，獠言纻也⑯，织成文如绫锦。又有罽旄、帛叠、水精、琉璃、轲虫、蚌珠⑰。宜五谷，出铜、锡⑱。太守著名绩者⑲，自郑纯后，有蜀郡张化、常员⑳，巴郡沈稚、黎彪㉑，然显者犹鲜㉒。

【注释】

①孝明帝永平十二年：69年。

②抑狼：一本作"柳狼"，《后汉书·南蛮西南夷列传》作"柳貌"。

③郑纯：字长伯，广汉郡郪（今四川三台）人。任益州西部都尉。为政清廉，明帝嘉之，以为永昌太守。在官十年卒，列画颂东观。本书卷十《先贤士女总赞》有传。

④属县八，户六万：这是晋惠帝元康年间的版籍（刘琳）。

⑤僄（piào）越：古族名。东汉时居住在永昌郡（治今云南保山）。僄，亦作"剽"，缅甸古国名。此处的僄越，当为僄国境内越人之流入永昌郡内者。裸濮：濮人的一支。因当地天气炎热，民众皆赤体而得名。身（juān）毒：古代汉文典籍对印度、印度人的旧称。

⑥沃腴：肥沃。

⑦虎魄：亦作"虎珀"，今写作"琥珀"。按：黄金、光珠、虎魄，均产自博南县。本卷下文说，博南县"有金沙，以火融之为黄金。有光珠穴，出光珠。有虎魄，能吸芥"。翡翠：鸟名。嘴长而直，生活在水边，吃鱼虾之类。羽毛有蓝、绿、赤、棕等色，可做装饰品。按：翡翠、孔雀，均产自南涪县，见本卷下文。犀：犀牛。象：大象。据《蛮书》卷七记载，越赕（今云南腾冲一带）产犀，开南（今云南景东彝族自治县北）产象。采帛：彩色丝绸。文绣：刺绣华美的丝织品或衣服。

⑧貊（mò）：亦作"獏"（mò），古书上说的一种野兽。可能就是大熊猫或小熊猫。

⑨猩猩：哺乳动物。树栖，主食果实。根据古书记载，在古代的云南地区有貊和猩猩。《后汉书·南蛮西南夷列传》李贤注引《南中志》："猩猩在山谷中，行无常路，百数为群。土人以酒若糟设于路；……（猩猩）去而又还，相呼试共尝酒。初尝少许，又取屩子着之，若进两三升，便大醉，人出收之，屩子相连不得去，执还内牢中。"引《南中八郡志》："貊大如驴，状颇似熊，多力，食铁，所触无不拉。"

⑩罽(jì)：用毛做成的毡子一类的东西。

⑪濮竹：大竹名。《后汉书·南蛮西南夷列传》："其竹节相去一丈，名曰濮竹。"

⑫斛：旧量器名，亦是容量单位。一斛本为十斗，后来改为五斗。

⑬绩：把麻纤维披开接续起来搓成线。

⑭桐华布：《后汉书·南蛮西南夷列传》李贤注引《广志》："梧桐有白者，剽国有桐木，其华有白毳，取其毳淹渍，缉织以为布。"后因以称梧桐花细毛织成的布为"桐华布"或"桐木布"。

⑮兰干：织品名。

⑯纻(zhù)：苎麻纤维织成的布。

⑰罽旄：毛织物。帛叠：又作"白叠"，用棉纱织成的布。《后汉书·南蛮西南夷列传》李贤注引《外国传》："诸薄国女子织作白叠花布。"水精：水晶。无色透明的结晶石英，是一种贵重矿石。轲虫：海贝。蚌珠：亦作"蟀珠"，蚌所产之珍珠。

⑱出铜、锡：《后汉书·南蛮西南夷列传》："(哀牢)出铜、铁、铅、锡、金、银。"按：此处有错简。"宜五谷，出铜、锡"六字，当在本段上文"土地沃腴"之后（任乃强）。

⑲名绩：名声与功绩。

⑳张化：人名。事迹不详。常员：即本书卷十一《后贤志》所说常原。常原，蜀郡江原（今四川崇州）人。常勖之父。历任牂柯太守、永昌太守。

㉑巴郡：底本作"巴部"，误。沈稚、黎彪：二人事迹不详。

㉒鲜：少。

【译文】

汉明帝永平十二年，哀牢夷首领抑狼派遣他的儿子向朝廷进贡。于是，汉明帝设置了永昌郡，任命蜀郡人郑纯为太守。永昌郡有八个属县，有人口六万户，距离洛阳六千九百里，位于宁州的最西南处。永昌郡境内有闽濮、鸠獠、僄越、裸濮、身毒等民族。永昌郡土地肥沃，出产黄金、光珠、虎魄、翡翠、孔雀、犀、象、蚕桑、绵、绢、采帛、文绣等物产。又有貊兽，能够吃铁；有猩猩兽，能够说话，它的血可以用来染红毛织品。有一种名叫濮竹的大竹，竹节之间相距一丈，竹筒大约可以盛装十斗水。有一种梧桐木，它的花柔软如丝，老百姓用它们来织布，布幅的宽度可以达到五尺以上，布匹洁白而且不易被污染，俗称"桐华布"。桐华布可用来覆盖死人，然后再裁制成衣服，或者卖给他人。有一种兰干细布——"兰干"，来源于獠语，意思是布，即将布织成花纹，犹如绫罗锦缎一般。又出产劚筎、帛叠、水精、琉璃、轲虫、蚌珠。适宜种植五谷，出产铜、锡。自从郑纯以后，有显著名声与功绩的太守有蜀郡人张化、常员，巴郡人沈稚、黎彪，但声望真正显赫的还是很少。

　　章武初，郡无太守。值诸郡叛乱[1]，功曹吕凯奉郡丞蜀郡王伉保境六年[2]。丞相亮南征，高其义[3]，表曰："不意永昌风俗敦直乃尔[4]！"以凯为云南太守，伉为永昌太守，皆封亭侯。李恢迁濮民数千落于云南、建宁界，以实二郡。凯子祥太康中献光珠五百斤[5]，还临本郡，迁南夷校尉。祥子元康末为永昌太守。值南夷作乱，闽濮反，乃南移永寿[6]，去故郡千里，遂与州隔绝。吕氏世官领郡，于今三世矣。大姓陈、赵、杨氏[7]。

【注释】

①诸郡叛乱：指益州雍闿、越巂高定、牂柯朱褒等人叛乱。

②吕凯：字季平，永昌郡不韦（今云南保山）人。见本卷上文注。郡丞：官名。秦始置，为郡守（太守）副贰，佐郡守掌众事。边郡别有长史，掌兵马。秩六百石，由朝廷任命。东汉建武六年（30），

令郡太守病，丞、长史代行其事。王伉：蜀郡成都（今四川成都）人。后主建兴中为永昌郡府丞，与吕凯力拒雍闿。封亭侯，为永昌太守。

③高：意动用法，以……为高。

④不意：不料，没有想到。敦直：敦厚正直。《三国志·蜀书·黄李吕马王传》："（诸葛）亮至南，上表曰：'永昌郡吏吕凯、府丞王伉等，执忠绝域，十有余年，雍闿、高定逼其东北，而凯等守义不与交通。臣不意永昌风俗敦直乃尔！'"

⑤太康：晋武帝年号（280—289）。

⑥永寿：在今云南耿马傣族佤族自治县境。详见下文。

⑦大姓陈、赵、杨氏：他本作"大姓陈、赵、谢、杨氏"。

【译文】

章武初年，永昌郡没有太守。恰好遇到各郡发动叛乱，功曹吕凯推举郡丞、蜀郡人王伉主事，保卫边境六年。后来，蜀汉丞相诸葛亮南征，认为他们的节义高尚，于是上表朝廷说："没有想到永昌的风俗是这样的敦厚正直！"朝廷任命吕凯为云南太守，王伉为永昌太守，二人都被封为亭侯。李恢曾经迁徙数千家濮人到云南、建宁交界地带居住，以此充实两个郡的人口。太康年间，吕凯之子吕祥献给朝廷五百斤光珠，当他回到本郡的时候，被升迁为南夷校尉。元康末年，吕祥之子任永昌太守。适逢南夷作乱，闽濮造反，郡府于是南移至永寿，距离原先的郡有上千里之遥，因而与州府便隔绝了。吕氏世世代代统领永昌郡，至今已历三代。永昌郡的大姓有陈、赵、杨氏。

不韦县　　故郡治。

比苏县①

哀牢县②

【注释】

①比苏县：又作"芘苏"。县名。西汉元封二年（前109）置，属益州郡。治所在今云南云龙县境。东汉永平十二年（69）属永昌郡。西晋永嘉五年（311）属河阳郡。东晋成帝时为西河郡治。南朝梁末废。

②哀牢县：县名。东汉永平十二年（69）哀牢内属，以其地置，属永昌郡。治所在今云南盈江县东。《续汉书·郡国志》："哀牢，永平中置，故牢王国。"南朝齐改西城县。

【译文】

不韦县 是原先的郡府所在地。

比苏县

哀牢县

永寿县① 今郡治。

嶲唐县 有周水从徼外来②。

雍乡县③

南涪县④ 有翡翠、孔雀。

【注释】

①永寿县：县名。三国蜀置，属永昌郡。治所在今云南耿马傣族佤族自治县境。西晋元康末（299）为永昌郡治。南朝齐属永昌郡。梁末废。

②周水：即怒江。在今云南西部。怒江源出青海、西藏边界唐古拉山南麓，斜贯西藏自治区东部，入云南省境折向南流，经怒江傈僳族自治州、保山市和德宏傣族景颇族自治州出国境入缅甸，称萨尔温江，在毛淡棉附近入印度洋的莫塔马湾。

③雍乡县：县名。三国蜀置，属永昌郡。治所在今云南澜沧拉祜族
　自治县北一百一十里上允镇。南朝梁末废。

④南涪县：县名。三国蜀置，属永昌郡。治所在今云南景洪市境。
　南朝宋废。

【译文】

永寿县　　现在的郡府所在地。

巂唐县　　有周水河从县界外流入本县。

雍乡县

南涪县　　出产翡翠、孔雀。

　　博南县①　　西山高三十里②，越之得兰沧水。有金沙③，以火融之为黄金。有光珠穴，出光珠④。有虎魄⑤，能吸芥⑥。又有珊瑚⑦。

【注释】

①博南县：县名。东汉永平十二年（69）置，属永昌郡。治所在今云
　南永平西南二十四里花桥。因博南山而得名。《水经·若水注》：
　"博南，山名也，县以氏之。"东晋咸康末废。南朝齐复置，梁末废。

②西山：即博南山。见本卷前文注。

③金沙：含有金子的沙砾。《后汉书·郡国志》："博南，永平中置。
　南界出金。"

④光珠：或以为即江珠，或以为即琥珀。此处云"光珠穴，出光珠"，
　则此光珠当为宝石（刘琳）。

⑤虎魄：亦作"虎珀"，今写作"琥珀"。

⑥芥：小草，喻轻微纤细的事物。琥珀之所以"能吸芥"，是因为摩
　擦产生静电，故而能吸附微细之物。于此，古人早有认识。如
　梅尧臣《送韩钦圣学士京西提刑》："其易谓何如，拾芥由琥珀。"

《本草纲目》卷三十七："时珍曰：琥珀拾芥，乃草芥，即禾草也。"

⑦珊瑚：由珊瑚虫分泌的石灰质骨骼聚结而成的东西，状如树枝。色彩鲜艳，外形美观，常用作装饰品。按：珊瑚产于大海，而博南县不临海。此处说博南县"又有珊瑚"，当是古代缅甸、印度以至西亚、欧洲的商人运至此地销售，再由此转运内地销售。内地人士不明白内情，误以为博南县出产珊瑚（刘琳）。

【译文】

博南县　境内的西山高达三十里，越过西山，就能到达兰沧江。有金矿沙砾，用火融化，就可以得到黄金。有光珠穴，出产光珠。有虎魄，能吸附微细之物。又有珊瑚。

云南郡，蜀建兴三年置①。属县七，户万②，去洛六千三百四十三里。本云川地③。有熊仓山④。上有神鹿，一身两头，食毒草⑤。有上方、下方夷⑥。亦出桐华布。孔雀常以二月来翔⑦，月余而去。土地有稻田蓄牧，但不蚕桑。

【注释】

①建兴三年：225年。

②"属县七"二句：属县七，即蜀汉时期的云南、叶榆、遂久、弄栋、蜻蛉、邪龙、姑复七县。西晋初增置云平、永宁二县，共计九县。户万，《晋书·地理志上》："户九千二百。"

③云川：任乃强认为当作"云山"，"云山谓今之鸡脚山也，汉云南县因以为名，原称云山县也"。任乃强所说"鸡脚山"，又称鸡山。在今云南宾川西北部。自明代后期通称鸡足山。刘琳认为，云川当是指今云南祥云县东云南驿至普棚镇一带坝子。刘说更可信。

④熊仓山：即点苍山，又作"玷苍山"。又称灵鹫山，简称苍山。唐

代以来称点苍山。南诏封为中岳。在今云南大理白族自治州中
部、漾濞江与洱海之间。

⑤食毒草：关于神鹿"食毒草"，古书有不少记载。《后汉书·南蛮西
南夷列传》："云南县有神鹿，两头，能食毒草。"《文选》卷四左思
《蜀都赋》李善注："有神鹿两头，主食毒草，名之食毒鹿，出云南
郡。"《初学记》卷二十九引《汉西夷传》："云南县有神鹿，两头，
食毒草。"

⑥上方、下方夷：或谓指山上、山下（刘琳）。按：刘说可参。所谓
"上方夷""下方夷"，大概指的是居于山上、山下的夷人。

⑦二月：任乃强认为当作"六月"。其意为优，因二月天气尚凉。

【译文】

云南郡，是蜀建兴三年设置的。有七个属县，有人口一万户，距离洛
阳六千三百四十三里。本来是平坝之地。有熊仓山。山上有神鹿，一个
身子，两个头，能吃有毒的草。有上方夷、下方夷。也出产桐华布。孔雀
常常在二月飞来，停留一个月后飞走。土地可以种稻，也可以放牧牲畜，
但不能养蚕、栽桑。

云南县①	郡治。
叶榆县②	有河洲③。
遂久县④	有绳水也⑤。
弄栋县⑥	有无血水，水出连山⑦。

【注释】

①云南县：县名。西汉元封二年（前109）置，属益州郡。治所在今
云南祥云东南三十四里云南驿镇东北果城。东汉属永昌郡。三
国蜀建兴三年（225）属云南郡。东晋为云南郡治。南朝齐废入
云平县。

②叶榆县：县名。西汉元封二年（前109）置，属益州郡。治所在今
云南大理西北六十里喜洲。东汉永平十二年（69）属永昌郡。三
国蜀建兴三年（225）属云南郡，西晋永嘉五年（311）属河阳郡。
南朝宋为西河阳郡治。南朝梁末废。

③河：指叶榆河，又作"叶榆水"。即今云南洱海源的弥苴佉江和洱
海出口的西洱河、黑惠江。三国至南朝称叶榆河。洱海西岸至点
苍山脚呈一狭长的冲积地带，土地肥沃，即本处所说的"河洲"。

④遂久县：县名。西汉元鼎六年（前111）置，属越巂郡。治所在今
云南丽江玉龙纳西族自治县境。三国蜀建兴三年（225）属云南
郡。南朝宋初改遂段县。

⑤绳水：指今四川、云南间之金沙江。先秦至南朝称绳水。

⑥弄栋县：县名。又作"梇栋县"。西汉元封二年（前109）置，属益
州郡。治所在今云南姚安西北十七里光禄镇南旧城。三国蜀建
兴三年（225）为云南郡治。西晋属云南郡。东晋成帝时为兴宁
郡治。南朝齐属兴宁郡。梁末废。

⑦"有无血水"二句：无血水，又作"毋血水"。即今云南楚雄彝族
自治州境内之龙川江。汉至南朝称毋血水。《汉书·地理志上》
益州郡弄栋县："东农山，毋血水出，北至三绛南入绳，行五百一十
里。"连山，山名。在今云南姚安东南。《续汉书·郡国志》弄栋
县注引《地道记》："连山，无血水所出。"

【译文】

云南县　是郡府所在地。

叶榆县　境内有河洲。

遂久县　境内有绳水。

弄栋县　境内有无血水，其发源于连山。

蜻蛉县①　有盐官②。濮水出③。禺同山有碧鸡、金

马④,光影倏忽⑤,民多见之,有山神。汉宣帝遣谏议大夫蜀
郡王褒祭之⑥,欲致鸡、马⑦。褒道病卒,故不宜著⑧。

其县二,别为郡⑨。

【注释】

①蜻蛉县:县名。即青蛉县,西汉元鼎六年(前111)置,属越嶲郡。
治所在今云南大姚。三国蜀汉、西晋属云南郡。东晋成帝时属兴
宁郡。

②有盐官:云南大姚白盐井以产盐著称,盐井在大姚西北七十里石
羊镇。

③濮水:即仆水。今云南南部之红河。汉至南朝称仆水。《汉
书·地理志上》越嶲郡青蛉:"仆水出徼外,东南至来唯入劳,过
郡二,行千八百八十里。"

④禺同山:即今云南大姚东北紫丘山。碧鸡、金马:形状像鸡的碧
玉,形状像马的黄金,皆为宝物,亦指神名。《汉书·地理志上》
越嶲郡青蛉县:"禺同山,有金马、碧鸡。"《水经·淹水注》:蜻
蛉"县有禺同山,其山神有金马碧鸡,光景倏息,民多见之"。《汉
书·郊祀志下》:"或言益州有金马碧鸡之神,可醮祭而致。"颜师
古注引如淳曰:"金形似马,碧形似鸡。"《后汉书·郡国志五》:
"越嶲郡十四城:青蛉有禺同山,俗谓有金马碧鸡。"后以"金马碧
鸡"作为祥瑞之物。

⑤倏忽:形容行动急速,一闪即过。

⑥谏议大夫:当作"谏大夫"。官名。秦置。汉初不置。元狩五年
(前118),汉武帝因秦而置之。掌顾问、应对,参预谋议,多以名
儒宿德为之。初属郎中令,太初元年(前104)郎中令更名光禄
勋后改隶之。秩比八百石,无定员,多至数十人。东汉光武帝
时,改名为谏议大夫,秩六百石,员额为三十人。掌侍从顾问、参

谋讽议。

⑦欲致鸡、马：此事亦见《汉书·王褒传》："后方士言益州有金马、碧
　鸡之宝，可祭祀致也。宣帝使褒往祀焉。褒于道病死，上闵惜之。"

⑧宣著：显著，外露。此处指公开宣读祭文。

⑨别为郡：即下文所说河阳郡。

【译文】

靖岭县　设有盐官。境内有濮水，发源于境外。巂同山上有碧鸡、
金马，其光影一闪即过，许多老百姓都看见过，还有山神。汉宣帝派遣谏
议大夫、蜀郡人王褒前往祭祀，想招来碧鸡、金马。王褒在路上病逝了，
故而没有宣读祭文。

此郡另有二县，别立为郡。

河阳郡①　刺史王逊分云南置。属县四，户千。

河阳县②　郡治。在河源洲上也③。

下阙④

【注释】

①河阳郡：郡名。西晋永嘉五年（311）析云南、永昌两郡置，属宁
　州。治所在河阳县（今云南大理东南凤仪镇）。辖境约比今云南
　洱海周围大，北到丽江、永胜，西到云龙。东晋析置西河阳郡后，
　辖境仅包有今洱海周围，北抵金沙江。南朝宋析为东河阳与西河
　阳两郡。

②河阳县：县名。西汉置，属河内郡。治所在今河南孟州西三十五
　里冶戍镇。西晋末废。北魏孝昌中复置，北齐废。

③河源洲上：应在今云南洱源县邓川镇附近（刘琳）。

④下阙：上文说河阳郡有"属县四"，本处仅有河阳一县，缺失三县。
　所缺三县，即姑复县（治所在今云南永胜县境）、永宁县（治所在

今云南宁蒗彝族自治县西北永宁）、邪龙县（治所在今云南巍山彝族回族自治县北）。

【译文】

河阳郡　刺史王逊分割云南郡而设置的。有四个属县，有人口一千户。

河阳县　郡府所在地。郡府在河源的绿洲上。

下阙

梁水郡[①]，刺史王逊分置[②]，在兴古之盘南[③]。

梁水县[④]　郡治。有振山[⑤]，出铜。

贲古县[⑥]　山出铜、铅、铁[⑦]。

西随县[⑧]

【注释】

①梁水郡：郡名。三国蜀析兴古郡盘南置，属庲降都督，旋废。西晋永嘉五年（311）复置，属宁州。治所在梁水县（今云南开远）。南朝梁末废。

②分置：即分兴古郡而置。

③盘南：盘江之南。

④梁水县：县名。三国蜀置，为梁水郡治，旋废。西晋永嘉五年（311）复置，仍为梁水郡治。治所即今云南开远。南朝梁末废。

⑤振山：山名。具体不详。

⑥贲古县：县名。西汉元封二年（前109）置，属益州郡。治所在今云南蒙自东南十四里新安所镇。三国蜀建兴三年（225）属兴古郡。西晋永嘉五年（311）属梁水郡。南朝宋改名新丰县。

⑦铜、铅、铁：一作“银、铅、铜、铁”。

⑧西随县：县名。西汉元鼎六年（前111）置，属牂柯郡。治所在今

云南金平苗族瑶族傣族自治县境。三国蜀建兴三年（225）属兴
古郡。西晋永嘉五年（311）属梁水郡。南朝梁末废。

【译文】

梁水郡，刺史王逊分兴古郡设置的，在兴古郡盘江以南。

梁水县　郡府所在地。境内有振山，出产铜。

贲古县　境内的山上出产铜、铅、铁。

西随县

兴古郡①，建兴三年置。属县七②，户四万，去洛五千八
百九十里。多鸠獠、濮③。特有瘴气④。自梁水、兴古、西平
三郡少谷。有桄榔木⑤，可以作面，以牛酥酪食之⑥，人民资
以为粮。欲取其木，先当祠祀⑦。

【注释】

①兴古郡：郡名。三国蜀建兴三年（225）析牂柯郡西南部、益州郡
　　南部置，属庲降都督。治所在宛温县（今云南砚山西北四十六里
　　维摩彝族乡）。西晋属宁州。武帝时治胜休县（今云南江川北
　　二十六里江城镇龙街），后治律高县（今云南弥勒南一百里朋普
　　村）。东晋复治宛温县。南朝宋治漏卧县（今云南罗平县境），南
　　齐移治西中县（今云南文山市境）。南朝梁末废。

②属县七：底本作“属县十一”，系后人据《晋书·地理志》妄改。
　　参看《华阳国志校补图志》和《华阳国志新校注》。

③鸠獠：今仡佬族的前身。

④瘴气：指我国南部、西南部地区山林间湿热蒸发能致病之气。《后
　　汉书·南蛮西南夷列传》：“南州水土温暑，加有瘴气，致死者十必
　　四五。”《太平御览》卷七百九十一引《永昌郡传》：“兴古郡，在建
　　宁南八百里。郡领九县，纵经千里，皆有瘴气。”

⑤桄榔（guāng láng）：亦作"桄桹"。木名，俗称砂糖椰子、糖树。常绿乔木，羽状复叶，小叶狭而长，肉穗花序的汁可制糖，茎中的髓可制淀粉，叶柄基部的棕毛可编绳或制刷子。《后汉书·南蛮西南夷列传》："句町县有桄桹木，可以为面，百姓资之。"

⑥牛酥酪（lào）：牛乳制食品名。酪由乳汁煮沸而成，酥，指酪之上层的凝固物。

⑦祠祀：祭祀，立祠祭神或祭祖。

【译文】

兴古郡，建兴三年设置。有七个属县，有人口四万户，距离洛阳五千八百九十里。境内居民有许多鸠獠人、濮人。境内有一种特殊的瘴气。梁水、兴古、西平三郡很少种植稻谷。境内植物有桄榔木，茎中的髓可以制作成面粉，混合牛酥酪可以食用，当地老百姓用它们作为口粮。如果想砍伐桄榔木，要先对它们进行祭祀。

宛温县①　　郡治。元鼎六年置。

律高县②　　西有石空山③，出锡；东南有监町山④，出银。

镡封县⑤　　有温水。

【注释】

①宛温县：县名。西汉元鼎六年（前111）置，属牂柯郡。治所在今云南砚山西北四十六里维摩彝族乡。三国蜀建兴三年（225）为兴古郡治。西晋郡治他移，仍属兴古郡。东晋复为郡治。永和三年（347）后改宛暖县。

②律高县：县名。西汉元封二年（前109）置，属益州郡。治所在今云南弥勒南一百里朋普村。三国蜀废。西晋咸宁元年（275）析修云、俞元二县复置，为兴古郡治。东晋郡治他移，仍属兴古郡。南朝梁末废。

③石空山：山名。即今云南弥勒西南石洞山。汉至南朝称石空山。《汉书·地理志上》益州郡律高县："西石空山出锡。"《续汉书·郡国志》作"石室山"。

④盝町（xù dīng）山：即今皈依底山。在云南弥勒东南隅。汉至南朝称盝町山。

⑤镡（xín）封县：县名。西汉元鼎六年（前111）置，属牂柯郡。治所在今云南砚山西北一百二十里平远镇。三国蜀建兴三年（225）属兴古郡。西晋永嘉五年（311）属梁水郡。南朝梁末废。

【译文】

宛温县　是郡府所在地。元鼎六年设置。

律高县　境内西部有石空山，出产锡；东南部有盝町山，出产银。

镡封县　有温水河流过县境。

句町县①　故句町王国名也②。其置自濮王，姓毋，汉时受封迄今。

汉兴县③

【注释】

①句町县：县名。西汉元鼎六年（前111）置，属牂柯郡。治所在今云南广南县南。三国蜀建兴三年（225）属兴古郡。南朝梁末废。

②句町王国：战国、秦时国名。在今云南广南一带。西汉置为县。

③汉兴县：县名。三国蜀置，应在今黄泥河与南盘江会合处之西，亦即云南罗平县一带（刘琳）。

【译文】

句町县　县名是原先的句町王国名。它的设置来自濮王，濮王姓毋，在汉朝时受到封赐，一直到现在。

汉兴县

胜休县^①　有河水也^②。

都唐县^③　故名都梦县^④。

【注释】

①胜休县：县名。西汉元封二年（前109）置，属益州郡。治所在今
云南江川北二十六里江城镇龙街。王莽时改名胜僰。三国蜀复
名胜休，属建宁郡。西晋武帝时属兴古郡，永嘉五年（311）属梁
永郡。南朝梁末废。

②河水：水名。即今云南江川东北星云湖。汉至南朝称河水。

③都唐县：县名。又作"都簹"。西晋太康二年（281）在原都梦县
地置，属兴古郡。治所在今云南文山市境。东晋永和三年（347）
后改西安县。

④都梦县：县名。西汉元鼎六年（前111）置，属牂柯郡。治所在今
云南文山市境。东汉废。

【译文】

胜休县　境内有河水。

都唐县　就是以前的都梦县。

西平郡^①，刺史王逊时，爨量保盘南，逊出军攻讨，不能
克。及逊薨后，寇掠州下，吏民患之。刺史尹奉重募徼外夷
刺杀量^②，而诱降李遏，盘南平。奉以功进安西将军，封迁陵
伯^③。乃割兴古盘南之盘江、来如、南零三县为郡^④。以下阙

右宁州。统郡十四，县六十八^⑤。

【注释】

①西平郡：郡名。西晋永嘉五年（311）置，治西平县（今广西西林

东南西平）。南朝梁废。

②重募：悬重赏招募。

③迁陵：县名。战国秦置，属黔中郡。治所在今湖南保靖东北十里
　　乳香岩。西汉属武陵郡。南朝齐改名零陵县，迁治今保靖县。梁
　　复名迁陵县。迁陵，底本误作"前陵"。

④兴古盘南：底本作"兴古云南"，依刘琳《华阳国志新校注》改。
　　盘江、来如、南零三县：《晋书》等无三县之名。又因《华阳国志》
　　此下文字脱落，故不得其详。

⑤"统郡十四"二句：据今本《华阳国志》统计，宁州实有十四郡、七
　　十一县。此处说"县六十八"，当有误。

【译文】

西平郡，在宁州刺史王逊管辖此地时，爨量盘踞在盘江以南，王逊出
军攻打讨伐，没有攻克。到王逊去世之后，爨量的人马不时到州里抢掠，
官民都深以为害。后来，刺史尹奉悬重赏招募边界外的夷人刺杀了爨
量，又诱降了李遏，盘江以南才平定下来。尹奉因功而进官安西将军，被
封为迁陵伯。于是，分割兴古郡盘江以南的盘江、来如、南零三县，新设
为一郡。以下阙

右宁州。统郡十四，县六十八。

咸熙元年①，吴交趾郡吏吕兴杀太守孙谞②，内附魏③。
魏拜兴安南将军。时南中监军霍弋表遣建宁爨谷为交趾太
守④，率牙门将军建宁董元、毛炅、孟幹、孟通、爨熊、李松、
王素等领部曲以讨之⑤。谷未至，兴已为功曹李统所杀⑥。

【注释】

①咸熙元年：264年。咸熙，三国魏元帝年号（264—265）。

②交趾郡：郡名。秦亡后南越赵佗置。元鼎六年（前111）归汉。

西汉时治所在赢陵县（今越南河内西北）。东汉移治龙编县（今
越南北宁省仙游东）。三国吴属交州。孙谞：底本作"孙靖"，误。
孙谞（？—263），三国时吴官吏。吴景帝孙休时曾任交阯郡太
守。永安六年（263）送本郡手工工人千余人至建业，郡吏吕兴号
召军民反，杀孙谞。

③内附：归附朝廷。

④霍弋：字绍先，南郡枝江（今湖北枝江）人。详见本卷前文注。爨
谷：建宁（治今云南曲靖）人。南中大姓。

⑤毛炅（？—271）：建宁（治今云南曲靖）人。与杨稷共守交阯，粮
尽而救不至，城破被囚，不屈而死。爨熊、王素：《晋书》卷五十七
作"爨能""王业"，《资治通鉴》卷七十八作"爨能""王素"。

⑥自此以下五段，所叙述的是交阯事，属于附录性质。套用本卷
"撰曰"的话说，"交阯虽异州部，事连南中，故并志焉"。

【译文】

咸熙元年，吴国交阯郡官吏吕兴杀死太守孙谞，归附魏国。魏国任
命吕兴为安南将军。当时，南中监军霍弋上表朝廷，希望调遣建宁人爨
谷为交阯太守，并率牙门将军建宁人董元、毛炅、孟幹、孟通、爨熊、李松、
王素等带领部曲前去救援。爨谷还没有到达交阯郡，吕兴已经被功曹李
统杀死。

　　泰始元年①，谷等径至郡，抚和初附②。无几，谷卒，晋
更用马忠子融代谷。融卒，遣犍为杨稷代之③，加绥远将
军④；又进诸牙门，皆杂号将军⑤，封侯。吴交州刺史刘峻、
前部督修则领军三攻稷⑥，皆为稷所败，郁林、九真皆附
稷⑦。稷表遣将军毛炅、董元等攻合浦⑧，战于古城⑨，大破
吴军，杀峻、则。稷因表炅为郁林太守，元为九真太守。元

病亡，更以益州王素代之，数攻交州诸郡。

【注释】

①泰始元年：265年。

②初附：刚刚归附的人民。

③杨稷（？—271）：字文曹，犍为（治今四川眉山彭山区）人。与霍
弋、毛炅共守交趾拒吴。霍弋死，粮尽而救兵不至，将军王约又降
吴，吴兵得入城，俘稷。遣送途中，呕血死于合浦。武帝追赠为交
州刺史。事见《晋书·陶璜传》等。

④绥远将军：官名。东汉献帝建安（196—220）中置，掌征伐或驻
守。三国吴沿置。两晋、南朝宋省置无常。

⑤杂号将军：地位较低、置废无常、无固定职掌的诸名号将军的泛
称。汉朝除大将军、骠骑将军、车骑将军、卫将军及前、后、左、右
将军等重号将军外，皆为杂号将军。魏、晋以后将军名号骤增，除
上述将军外，领军、护军、四征、四镇、四安、四平、中、镇、抚三号
及征虏、伏波等将军亦列为重号将军，唯宣威将军以下至偏、裨将
军仍称杂号将军。

⑥前部督：底本作"大都督"，依《华阳国志新校注》改。

⑦郁林：郡名。西汉元鼎六年（前111）置。治所在布山县（今广
西桂平）。九真：郡名。西汉初南越赵佗置。西汉元鼎六年（前
111）归汉。治所在胥浦县（在今越南清化省东山县杨舍村）。
东汉属交州。南朝宋移治移风县（今越南清化省清化北马江南
岸）。梁属爱州。

⑧合浦：郡名。西汉元鼎六年（前111）置，治所在合浦县（今广西
浦北县南泉水镇旧州村）。三国吴黄武七年（228）改为珠官郡，
孙亮时复为合浦郡。南朝宋属越州，南朝齐移治徐闻县（今广东
徐闻南），梁复移治合浦县。

⑨古城：在今广西合浦西南。

【译文】

　　泰始元年，爨谷等人直接到达交趾郡，安抚刚刚归附的百姓，让他们和睦相处。过了不久，爨谷去世，晋朝改派马忠之子马融替代爨谷的职务。马融死后，朝廷派遣犍为人杨稷代替马融的职务，并加封绥远将军衔；又提拔了诸多牙门将领，都是杂号将军，也封了侯爵。吴国交州刺史刘俊、前部督修则率领军队三次进攻杨稷，结果都被杨稷打败，郁林郡、九真郡都归了杨稷。杨稷上表朝廷，请求朝廷派遣将军毛炅、董元等一起进攻合浦郡，两军交战于古城，吴军大败，刘俊、修则被杀死。杨稷于是上表朝廷，推荐毛炅为郁林太守，董元为九真太守。董元病逝之后，朝廷改任益州人王素替代董元的职务，他们多次攻打交州的几个郡。

　　泰始七年春①，吴主孙皓遣大都督薛珝、交州刺史陶璜帅二十万军②，兴扶严恶夷合十万伐交趾③。稷遣炅及将军建宁孟岳等御之，战于封溪④。众寡不敌，炅等败绩，仅以身还。交趾固城自守。破败之后，众才千人，并新附可有四千⑤，男女万余口。陶璜围之，杜塞蹊径⑥，救援不至，虽班粮约食⑦，犹不供继。至秋七月，城中食尽，病饿死者大半。交趾人广野将军王约反应陶璜⑧，以梯援外，吴人遂得入城。得稷等，皆囚之，即斩稷长史张登、将军孟通及炅，并交趾人邵晖等二千余人。受皓诏，传稷秣陵⑨，故梏稷及孟干、爨熊、李松四人于吴，通四远消息⑩。稷至合浦，发病欧血死⑪，传首秣陵，弃其尸丧于海⑫。干、松、熊至吴，将加斩刑。或说皓：宥免干等⑬，可以劝边将。皓原之，欲徙付临海郡⑭。初，稷等私誓：不能死节⑮，困辱虏手，若蒙未死，必当思求北归。稷既路死，干等恐北路转远，以吴人爱蜀侧竹弓弩，言能作之，皓转付作部为弓工。九年，幹自吴逃返洛阳，松、熊为皓所杀。初，晋武帝以稷为交州刺史，大封；半道，稷城陷，或传降，故不录⑯。幹至表状⑰，乃追赠交州刺史，封松、熊后嗣侯焉。

【注释】

①泰始七年：271年。

②孙皓（242—284）：一名彭祖，字元宗，又字皓宗，吴郡富春（今浙江富阳）人。孙权之孙，孙和之子。孙休时，封乌程侯。休卒，被群臣迎立为帝。在位期间，残暴专横，骄奢淫逸，朝政腐败。天纪四年（280），晋武帝出兵六路伐吴，王濬一路顺江东下，攻至建业，孙皓出城请降。北迁洛阳，封归命侯。《三国志》有传。大都督：官名。高级军事长官。三国吴、魏初于战争时临时设置，不开府。一般作为加官，位高于都督。薛珝（xǔ）：沛郡竹邑（今安徽宿州）人。孙休时为五官中郎将，曾出使蜀汉求马。官至威南将军。征交阯，还，道病死。陶璜：字世英，丹阳秣陵（今江苏南京南）人。吴交州刺史陶基之子。仕吴为将帅。入晋，授冠军将军、交州刺史，封宛陵侯，出镇江南。在江南三十余年，为政清廉，威恩著于南土，为州郡所称颂。《晋书》有传。

③兴：疑当作"与"。興、與，因形近而误。扶严：在今越南河内西北。后吴于此置武平郡。

④封溪：县名。东汉建武十九年（43）置，属交趾郡。治所在今越南永福省安朗东。三国吴属武平郡。南朝梁、陈间废。

⑤可：大约。

⑥蹊径：小路。

⑦班粮：分配粮食。

⑧广野将军：杂号将军名，东汉末三国初置，掌征伐。南朝宋、北魏、

隋初皆置,但品位比以前低,为九品。

⑨秣陵:县名。秦始皇三十七年(前210)改金陵邑置,属会稽郡。治所即今江苏南京江宁区南五十里秣陵镇。西汉属丹杨郡。东汉建安十七年(212)孙权自京口(今镇江市)徙治于此,改名建业,移治今南京。西晋太康元年(280)灭吴,复名秣陵;三年(282)分淮水(今秦淮河)南为秣陵县,北为建邺县。东晋义熙九年(413)移治京邑,在斗场柏社(今南京武定桥东南)。元熙元年(419)移治扬州府禁防参军署(今南京中华门外故报恩寺附近)。

⑩四远:四方,四方边远之地。

⑪欧:同"呕",吐。

⑫尸丧:尸体,遗体。

⑬宥(yòu)免:赦免,宽恕。

⑭临海郡:郡名。三国吴太平二年(257)分会稽郡置,属扬州。治所在临海县(今浙江临海)。寻徙治章安县(今浙江台州椒江区章安镇)。东晋太宁元年(323)后辖境渐小。南朝梁尝改赤城郡,寻复旧。陈又改章安郡,寻又改临海郡。

⑮死节:为保全节操而死。

⑯不录:不任用,不委任。

⑰表状:上表说明实际情况。

【译文】

泰始七年春,吴主孙皓派遣大都督薛珝、交州刺史陶璜率领二十万大军,以及扶严一带作恶的十万夷人,联合进攻交趾郡。杨稷派遣毛炅和将军、建宁人孟岳等前往抵御,两军交战于封溪。因吴军兵马众多,而毛炅、孟岳等人马不足,结果毛炅等被打败,仅毛炅只身一人回到交趾。毛炅固守交趾城池,自保自守。战败之后,毛炅的队伍才不过一千人,加上新来依附的人马,也就大约四千人,而城中男女人口不过一万余人。

陶璜率军前来围困交趾城，并堵塞了进出城池的大小道路，而救援又迟迟不至，虽然分配粮食、省减饮食，但还是供给不上。到了秋天的七月，城中粮食已被吃光，病死、饿死的人员有一大半。交趾人、广野将军王约策应陶璜，用梯子支援城外的吴军，吴军于是得以进入交趾城。吴军抓获了杨稷等人，将他们都关押起来，立马斩杀了杨稷的长史张登、将军孟通及毛炅，并屠杀了交趾人邵晖等二千余人。其后，接到孙皓的诏书，诏令吴军押送杨稷到秣陵，因此，吴军用囚车将杨稷以及孟幹、爨熊、李松四人押送到吴国，并向四方边远之地散播这一消息。到合浦之时，杨稷因发病吐血而死，吴军将其头颅送至秣陵，而将其尸体抛入大海。孟幹、李松、爨熊被押送到了吴国，即将被处以斩刑。有人劝告孙皓：赦免孟幹等人，可以起到劝降边将的作用。孙皓宽恕了孟幹等人的罪过，打算把他们流放到临海郡。起初，杨稷等人私下发誓：如果不能为保全节操战死沙场，而不幸成为俘虏落入敌手，又侥幸没有被处死，一定要设法回到北方的朝廷。杨稷已经在路上死掉了，孟幹等人担心返回北方的路途遥远，于是借口吴人喜爱蜀地侧竹所制的弓弩，声言他们能制作竹弓弩，孙皓下令将他们转交制作弓弩的部门，让他们成为制作弓弩的匠人。泰始九年，孟幹从吴国逃回洛阳，而李松、爨熊被孙皓杀害。当初，晋武帝任命杨稷为交州刺史，并举行了隆重的仪式；使者行至半路，杨稷驻守的城池被攻陷，有人说杨稷已经投降了，故而没有委任。孟幹上表说明实际情况，朝廷于是追赠杨稷为交州刺史，并封李松、爨熊的后人为侯爵。

　　古城之战，毛炅手杀修则。则子允随陶璜。璜以炅壮勇①，欲赦之；而允必欲求杀炅，炅亦不屈于璜。璜怒，乃裸身囚结面缚②，呵曰："晋兵贼！"炅亦烈声呵曰："吴狗，何等为贼！"吴人生割其腹，允割其肝，骂曰："庸复作贼③！"炅骂不断，曰："尚欲斩汝孙皓，汝父何死狗也！"吴人斩之。

武帝闻而矜哀④，即诏炅子袭爵，封诸子三人关内侯。

【注释】

①壮勇：强健而勇敢，刚勇。

②囚结：囚系。面缚：双手反绑在背后而面向前。古代用以表示投降。

③庸：岂，难道。

④矜哀：哀怜，怜悯。

【译文】

在古城之战中，毛炅亲手杀死了修则。修则的儿子修允跟随了陶璜。陶璜因为毛炅刚烈而勇敢，便想赦免他；但修允要求一定要处死毛炅，而毛炅也不屈服于陶璜。陶璜发怒了，于是脱光毛炅的衣服，把他装入囚车，将其双手反绑于背后，大声呵斥道："你个晋朝的兵贼！"毛炅也大声回骂道："吴狗，你等才是贼！"吴人活生生地剖开了毛炅的肚子，修允亲手割下了毛炅的肝，骂道："你难道还能作贼！"毛炅的骂声仍然不断道："我还想斩杀你们的孙皓，你的父亲为什么要为狗而死！"吴人斩杀了毛炅。晋武帝听说之后深表哀怜，随即下诏让毛炅之子继承爵位，又封他的三个儿子为关内侯。

　　九真太守王素以交趾败，与董元、牙门王承等欲还南中，为陶璜别将卫濮所获。功曹李祚见交趾民残害，还，遂率吏民保郡为晋。祚舅黎晃为吴将，攻伐祚不下，数遣人解喻降之①。祚答曰："舅自吴将，祚自晋臣，惟力是视矣②。"邵晖子胤先为父使诣洛，拜奉车都尉③。比还④，晖败亡，胤依祚固守，求救南中，南中遥为之援。诸姓得世有部曲，弋遣之南征，因以功相承也。

【注释】

①解喻：解释晓喻。

②惟力是视：即"惟视力"。力，武力。

③奉车都尉：官名。西汉武帝始置，职掌皇帝车舆，入侍左右，多由皇帝亲信充任，秩比二千石。东汉名义上隶光禄勋。三国因之，地位渐低。蜀参用宦者。魏、晋用作加官，与驸马都尉、骑都尉并号"三都尉"，多任宗室、外戚，并奉朝请，六品，名义上隶散骑省。西晋末司马睿为晋王时，其府参军悉加此官，后罢其奉朝请。

④比：等到。

【译文】

九真太守王素因为在交趾打了败仗，想与董元、牙门王承等人回到南中地区，结果被陶璜的别将卫濮抓获。功曹李祚眼见交趾百姓被残杀、迫害，也返回来了，于是率领官军和百姓，为晋朝保护本郡。李祚的舅舅黎晃是吴军将领，黎晃派兵攻打李祚，但攻打不下来，于是多次派人前往解释晓喻，想招降李祚。李祚回答说："舅舅，您是吴国将领，我是晋朝的臣子，我们各自为主，只看谁的武力更大。"此前，邵晖之子邵胤为他的父亲出使洛阳，被任命为奉车都尉。等到邵胤返回时，邵晖已经兵败而亡，邵胤于是依附李祚固守城池，并向南中诸郡求救，南中诸郡的人马远远地为其呼应。南中地区的大姓，世代都有部曲，霍弋曾经派遣这些大姓的部曲南征，因为对朝廷有功，所以其部曲世代相承。

撰曰：南域处邛、筰、五夷之表①，不毛闽濮之乡，固九服之外也②。而能开土列郡③，爰建方州④，逾博南，越兰沧，远抚西垂⑤，汉武之迹，可谓大业。然要荒之俗⑥，不与华同，安边抚远，务在得才。故高祖思猛士作歌⑦，孝文想颇、牧咨嗟⑧。斯静御之将⑨，信王者所详择也⑩。马、霍、王、尹⑪,得失之际,足以观矣。交趾虽异州部⑫,事连南中,故并志焉。

【注释】

①五夷:五方之夷,泛指夷人。《北堂书钞》卷三十五引《续汉书》:"种暠为益州刺史,迁汉阳太守,吏民五夷,男女号泣。"

②九服:古代王畿以外的地域,每五百里划为一区,按距离的远近和关系的亲疏分为九等,有侯服、甸服、男服、采服、卫服、蛮服、夷服、镇服、藩服,称为"九服"。《周礼·夏官·职方氏》:"乃辨九服之邦国:方千里曰王畿,其外方五百里曰侯服,又其外方五百里曰甸服,又其外方五百里曰男服,又其外方五百里曰采服,又其外方五百里曰卫服,又其外方五百里曰蛮服,又其外方五百里曰夷服,又其外方五百里曰镇服,又其外方五百里曰藩服。"

③开土:开拓疆域。列郡:建置郡治。

④方州:指州郡。

⑤西垂:亦作"西陲",西面边疆。

⑥要荒:古代"五服"之二,即要服与荒服。古称王畿外极远之地,亦泛指远方之国。五服,古代王畿外围,以五百里为一区划,由近及远分为侯服、甸服、绥服(或宾服)、要服、荒服,合称"五服"。服,服事天子之意。《国语·周语上》:"夫先王之制:邦内甸服,邦外侯服,侯、卫宾服,蛮、夷要服,戎、狄荒服。"

⑦高祖思猛士作歌:即汉高祖刘邦之作《大风歌》。《史记·高祖本纪》:"高祖还归,过沛,留。置酒沛宫,悉召故人父老子弟纵酒,发沛中儿得百二十人,教之歌。酒酣,高祖击筑,自为歌诗曰:'大风起兮云飞扬,威加海内兮归故乡,安得猛士兮守四方!'"

⑧颇、牧:指廉颇、李牧。廉颇,战国时赵国名将。屡败齐、魏军,以勇猛闻名诸侯。秦、赵长平之战,他坚壁固守三年,秦军不能取

胜,后因赵中秦反间计,改用赵括为将,致遭惨败。前251年,燕举兵击赵,他大败燕军,因功封信平君,为假相国(代相国)。赵悼襄王时,使乐乘代之。奔魏居大梁,魏不能用。后入楚,老死于楚都寿春(今安徽寿县)。李牧(?—前228),战国时赵国大将。常居代、雁门,防守赵国北境。爱士卒,善用兵。多次打败匈奴、东胡、林胡,使匈奴十余年不敢近赵边城。后代廉颇为将,攻燕拔数城。赵王迁二年,秦大举攻赵。次年,牧大破秦军于肥,以功封武安君。秦使赵王嬖臣郭开诬牧欲反,被斩。秦遂灭赵。容嗟:叹息。按:汉文帝在与冯唐问答时曾有此叹。《史记·张释之冯唐列传》:"上(汉文帝)既闻廉颇、李牧为人,良说,而搏髀曰:'嗟乎!吾独不得廉颇、李牧时为吾将,吾岂忧匈奴哉!'"

⑨静御:"静"通"靖",意为靖乱御侮(平定叛乱、抵御外侮)。

⑩详择:审慎选择。

⑪马、霍、王、尹:指马忠、霍弋、王逊、尹奉。

⑫州部:指州一级的地方行政单位。

【译文】

撰述者说:南中之域,地处邛、筰、五夷之外,在闽濮人所居不毛之地,这一带本来就是九服之外的荒远地域。在这一带能够开拓疆域、建置郡治、设立州郡,而且地域跨过博南山,越过兰沧水,安抚遥远的西陲边地,这是汉武帝的功绩,并且可以说是伟大的功绩。但是,这一带毕竟处于要服、荒服之地,其风俗与中原地区不同,而安抚边远之地,其要务在于得到有用的人才。因此,汉高祖有因思念猛士而作的《大风歌》,汉文帝有未得到廉颇、李牧而发的叹息。他们所想得到的是平定叛乱、抵御外侮的将帅,这确实是帝王们应该审慎选择的。马忠、霍弋、王逊、尹奉,他们在南中之地的得与失,足以供人借鉴。交趾虽然是异域的州部,但因为其事与南中相关连,故而将其一并写入本书。

卷五　公孙述刘二牧志

【题解】

《华阳国志》的前四志（《巴志》《汉中志》《蜀志》《南中志》），以四个地理单元（地区）为记述对象，类似于"地理志"。而卷五至卷九则以编年体的形式，叙述了四个割据政权的历史（公孙述、刘焉刘璋父子、蜀汉、成汉），类似于"编年史"。

本卷所说的"公孙述刘二牧志"，指的是公孙述、刘焉、刘璋。所记述的是"易代"之际发生在巴蜀大地的历史，而以两个割据政权的三个人物相贯串，即新莽末、东汉初的公孙述与东汉末年、三国前夕的刘焉、刘璋。

公孙述与刘焉、刘璋父子，三人均非英雄豪杰。引用常璩"撰曰"的话说，公孙述"欺天罔物"，"刘焉器非英杰"，"（刘）璋才非人雄"，只因在乱世之际得其因缘，最终成为割据一方的枭雄。

在《公孙述刘二牧志》中，常璩重点记述的是公孙述的迷信天命、性好符命、妄引谶记，结果"妖梦告终"而"自取灭亡"。而刘焉、刘璋父子，前后相继为益州牧，虽然拥有富饶之地，但素无宏图大志、深谋远虑，而是懦弱无能、优柔寡断。在法正、张松等人的怂恿之下，刘璋引刘备入川，结果"家国覆亡"、客死异乡。与公孙述有所不同的是，刘璋在败亡之际、投降之前，尚有一些"自我反省"的意味，"父子在州二十余年，无恩德以加百姓；攻战三年，肌膏草野，以璋故也，何以能安"。

早知如此，何必当初？诚如常璩"撰曰"所说，"量才怀远，诚君子之先略也"，"古人一馈十起，辍沐挥洗，良有以也"。

　　先王命史，立典建则①，经纪人伦②，三材炳焕③，品物章矣④。然而有志之士犹敢议论于乡校之下⑤，刍荛之人加之谣诵于林野之中⑥。管窥瞽言⑦，君子有采，所以综核群善，休风惟照也⑧。公孙述、刘牧、二主之废兴存亡⑨，《汉书》《国志》固以详矣⑩。统之州部，物有条贯⑪，必申斯篇者，格之前宪⑫；《左氏》素臣之功⑬，王侯之载籍也，而八国之《语》作焉⑭；五《传》渊邃⑮，大义洋洋⑯，圣人之微言也⑰，而八《览》之书兴焉⑱。苟在宜称⑲，虽道同世出，一事身见⑳，游精博志㉑，无嫌其繁矣。

【注释】

①立典建则：建立典章法则。典、则，法则。

②经纪：管理。

③三材：古书亦作"三才"。指天、地、人。《易·系辞下》："《易》之为书也，广大悉备，有天道焉，有人道焉，有地道焉，兼三材而两之，故六。六者非它也，三材之道也。"炳焕：光彩耀眼的样子。

④品物：万物。章：明显，显著。

⑤乡校：古代地方学校。也是国人议论政治的地方。《左传·襄公三十一年》："郑人游于乡校，以论执政。"杜预注："乡校，乡之学校。……郑国谓学为校。"

⑥刍荛（chú ráo）之人：割草采薪之人。

⑦管窥：从管中看物。比喻所见者小。瞽（gǔ）言：本指瞽人（盲

人）采集的言论。后指不合情理、不明事理的话。

⑧休风：美好的风气。

⑨刘牧：指汉末益州牧刘焉及其子刘璋。二主：指蜀汉先主刘备、后主刘禅。

⑩《国志》：指陈寿《三国志》。

⑪条贯：条理，系统。

⑫前宪：前人的规矩、法则。

⑬素臣：指左丘明。汉代研究《春秋》的儒者，以为孔子作《春秋》，立王者之法，故称孔子为"素王"；左丘明作《左传》，述孔子之道，阐明《春秋》之法，为"素王"之佐，故称左丘明为"素臣"。杜预《春秋经传集解序》："说者以为仲尼自卫反鲁，修《春秋》，立素王，丘明为素臣。"

⑭八国之《语》：指《国语》。春秋时期的国别史。相传为春秋末年鲁国史官左丘明作。二十一卷。分《周语》三卷，《晋语》九卷，《鲁语》《楚语》《越语》各二卷、《齐语》《郑语》《吴语》各一卷，共为八国之《语》。由于《国语》和《左传》相传都是左氏所作，汉儒称《左传》为"内传"，称《国语》为"外传"。

⑮五《传》：指解释《春秋》的五传（"传"是辅翼"经"的著作），即《左氏传》《穀梁传》《公羊传》《邹氏传》《夹氏传》。《邹氏传》与《夹氏传》"有录无书"，后世无传。渊邃：精深。

⑯大义：指精微语言中所包含的深奥意义。《汉书·艺文志》："昔仲尼没而微言绝，七十子丧而大义乖。"洋洋：形容众多或丰盛。

⑰微言：精深微妙的言辞。

⑱八《览》之书：指《吕氏春秋》。《史记·吕不韦列传》："吕不韦乃使其客人人著所闻，集论以为八览、六论、十二纪，二十余万言。"司马贞索隐："八览者，《有始》《孝行》《慎大》《先识》《审分》《审应》《离俗》《时君》也。"

⑲宜称：适当（的状态），相宜。

⑳身见：或以为当作"再见"（任乃强、刘琳）。

㉑游精：陶冶精神。

【译文】

先王命令史官，建立典章法则，管理社会人伦，于是天、地、人三才焕然彰显，而万事万物井然有序。然而有志之士仍然敢于在乡校之中议论国事，割草打柴之人依然可以在林野之中吟咏讽诵。观察盲人乐官采集的言论，君子也应该有所采纳，目的在于综合考察各种德行，以使美好的风气广为传扬。公孙述、益州牧刘焉与刘璋、蜀汉刘备与刘禅的兴废存亡，《后汉书》《三国志》本来就记载得已经很详细了。他们所占据的地方都在汉代的益州刺史部，人物事迹也条理贯通了，但我还一定要在本篇中加以陈述的原因是，参照前人的法则，《左氏春秋》是左丘明阐释《春秋》的著作，是记载王侯的史籍，后来又产生了与之相辅相成的《国语》；《春秋》五传，意义深邃，要义丰富，所阐发的是圣人的微言大义，后来又产生了《吕氏春秋》。因此，只要合乎时宜，即使是同样的道理同时阐述，同样的事情一再书写，都可以陶冶精神、博大心志，都不嫌弃其繁复。

汉十二世孝平皇帝①，帝祚短促②，国统三绝③，孝元后兄子、安汉公、新都侯、魏郡王莽篡盗称天子④。改天下郡守为卒正⑤，又改蜀郡为导江⑥；迁故中散大夫、茂陵公孙述字子阳为导江卒正⑦，治临邛。而刘辟起兵广汉⑧，更始刘圣公在南阳⑨，蜀欲应之。会宗成、垣副、王岑等作乱⑩，述率吏民拒御之，所在讨破，作围守防遏逸越⑪，斩首万计，遂据成都，威有巴、汉。政治严刻，民不为非。更始诛王莽，都关中⑫，为赤眉贼所败。

【注释】

①汉十二世：西汉王朝第十二任皇帝。"十二任皇帝"具体指汉高
祖、汉惠帝、高后、汉文帝、汉景帝、汉武帝、汉昭帝、汉宣帝、汉元
帝、汉成帝、汉哀帝、汉平帝。

②帝祚：犹帝位、皇位。

③国统三绝：谓汉成帝、汉哀帝、汉平帝皆早崩，又无继嗣。国统，君
主一脉相承的统绪，犹正统。

④孝元后：指汉元帝刘奭的皇后王政君（前71—13），魏郡元城县
（今河北大名）人。汉成帝刘骜的生母，新朝皇帝王莽的姑姑。
汉成帝立，尊为皇太后。汉哀帝死，以太皇太后称制，其侄王莽复
执政，挟立平帝、孺子婴，代汉称帝。参看《汉书·元后传》。

⑤卒正：官名。西汉末年王莽置，职责如郡太守，掌治其郡。爵为
侯，世袭其官。东汉废。

⑥导江：西汉末年王莽置。因《尚书·禹贡》有"岷山导江，东别为
沱"之文，故王莽改蜀郡为导江。

⑦导江卒正：相当于蜀郡太守。《后汉书·公孙述列传》："王莽天凤
中，（公孙述）为导江卒正，居临邛。"颜师古注："王莽改蜀郡曰
导江，太守曰卒正。"

⑧刘辟起兵广汉：此事具体不详。

⑨刘圣公：刘玄（？—25），字圣公，南阳蔡阳（今湖北枣阳）人。光
武帝刘秀族兄。地皇四年（23）号更始将军，不久称帝（更始
帝）。建元更始，入都宛城。后派军攻克洛阳、长安，推翻新莽政
权。更始三年（25），赤眉军攻入长安，刘玄投降，后被缢杀。《后
汉书》有传。

⑩宗成（？—23）：南阳（治今河南南阳）人。刘玄初立，宗成起事
应之，自称虎牙将军，入略汉中。与商（治今陕西商县东南）人
王岑合兵聚众数万。公孙述迎入成都。掳掠横暴，后为其将垣副

所杀。垣副:东汉人。初以汉中亭长聚众起事,降宗成,自称辅汉将军。宗成入成都,掳掠暴横。公孙述引兵击宗成。垣副遂杀宗成,以其众降。王岑:东汉初商人。更始立,起兵于雒县,自称"定汉将军",杀王莽庸部牧以应成,众合数万人。

⑪防遏:防备、遏止。逸越:犹逃散。

⑫关中:地名。指故秦函谷关以西即今河南灵宝以西与陕西关中盆地。更始帝所都宛城、长安,均在关中。

【译文】

汉朝第十二世皇帝汉平帝,在位时间短暂,没有子嗣,汉朝国统第三次断绝,汉元帝皇后哥哥的儿子、安汉公、新都侯、魏郡人王莽篡位,自称天子。王莽改天下郡守为卒正,又改蜀郡为导江;改派原中散大夫、茂陵人公孙述(字子阳)为导江卒正,治所在临邛。而刘辟在广汉起兵,更始将军刘玄在南阳称帝,蜀地准备响应他们。恰逢宗成、垣副、王岑等起兵,公孙述率领官军百姓抵御他们,所到之处将宗成等人的军队击破,又修建防守工事遏止他们逃散,被斩首的数以万计,于是,公孙述占据成都,威震巴、汉。公孙述的治理措施严厉苛刻,老百姓不敢做违法的事。更始将军诛杀王莽,建都关中,后被赤眉贼打败。

建武元年①,世祖光武皇帝即位河北。述梦人谓己曰:"八厶子系,十二为期②。"述以语妇,妇曰:"朝闻道,夕死尚可③,何况十二乎!"会夏四月,龙出府殿前,以为瑞应,述遂称皇帝,号大成,建元龙兴④。以莽尚黄,乃服色尚白⑤,自以兴西方,为金行也⑥。以功曹李熊为大司徒⑦,巴郡任满为大司空⑧,弟恢为太尉,具置百官。造十层赤楼射兰⑨。改益州为司隶⑩,蜀郡为成都尹⑪。时世祖方平河北,而荆邯、延牙并归述⑫,尽有益州。置铁钱官,废铜钱,百姓货卖不行。

蜀中童谣曰："黄牛白腹[13]，五铢当复。"谓莽黄牛，述为白腹；五铢，汉钱，言汉当复也。故主簿李隆、常少数谏述归帝称藩[14]，述不纳。天水隗嚣亦据陇连述[15]。蜀土清晏[16]，述乃移檄中国[17]，称引图纬以惑众[18]。

【注释】

①建武元年：25年。

②"八厶子系"二句：这是公孙述捏造的谶语，以此作为称帝的根据。下文说公孙述"称引图纬以惑众"，即此类。八厶子系，"八厶"合为"公"，"子系"合为"孙"。公孙述以为，"八厶子系"指的是自己。十二为期，指为帝十二年。《后汉书·公孙述列传》："述梦有人语之曰：……觉，谓其妻曰：'虽贵而祚短，若何？'"。

③"朝闻道"二句：早晨听闻道理，晚上可死去。形容对真理或某种信仰追求的迫切。典出《论语·里仁》："朝闻道，夕死可矣。"

④龙兴：公孙述年号（25—36）。

⑤服色：车马、祭牲、衣服的颜色。

⑥金行：指古代五行学说中"金"这一行。按照五行学说，"金行"对应的方位是西方、颜色是白色。按照五行相生原则，土生金，故公孙述自以为当取代"土行"（王莽）而王，故"服色尚白，自以兴西方"。

⑦李熊：公孙述下属。西汉灭亡后，公孙述占据蜀中，假辅汉将军、蜀郡太守兼益州牧，自立为蜀王。当时李熊正担任公孙述的功曹，力劝公孙述自立为帝。公孙述称帝后，李熊拜大司徒。

⑧任满（？—35）：巴郡人。公孙述部将。建武十一年（35），岑彭率军与任满战于荆门，大破之。公孙述部将王政斩任满首，降于岑彭。按：《后汉书·公孙述列传》说"以李熊为大司徒，以其弟光

为大司马,恢为大司空",与此略异。

⑨造十层赤楼射兰:文字有误。《后汉书·公孙述列传》作"造十层赤楼帛兰船",可信。按:即建造有楼的大船,楼涂为赤色,而以帛装饰船上栏杆(刘琳)。

⑩司隶:西汉征和四年(前89)置司隶校尉部,简称司隶。掌京畿士郡捕督奸滑,察举百官以下犯法者。有固定辖区,类似一种行政区划。公孙述改益州为司隶,是仿汉朝以职官名为政区名,将益州作为自己的势力范围。

⑪郡:《后汉书·公孙述列传》作"都"。成都尹:公孙述仿汉朝在京畿地区设尹,并以职官名为政区名(如京兆尹),将蜀郡改名为成都尹。

⑫荆邯:右扶风平陵县(治今陕西咸阳秦都区西北)人。公孙述的谋士、部将。见东方将平,兵且西向,遂劝公孙述征发国内精兵,以图进取,但不为公孙述所用。延岑(?—36):延岑,字叔牙,南阳(今属河南)人。光武帝建武初据汉中,自称武安王。为冯异击败,投秦丰。后降公孙述,为大司马,封汝宁王。建武十二年(36),劝公孙述出兵,袭击汉将吴汉。公孙述败死,延岑降汉,被杀,族诛。

⑬黄牛白腹:按照五行学说,王莽当"土行",对应的颜色是黄色;公孙述当"金行",对应的颜色是白色,故下文说"谓莽黄牛,述为白腹"。

⑭李隆:《后汉书·公孙述列传》作"张隆"。常少:公孙述下属。《后汉书·公孙述列传》:"初,常少、张隆劝述降,不从,并以忧死。帝下诏追赠少为太常,隆为光禄勋,以礼改葬之。"

⑮隗嚣(?—33):字季孟,天水成纪(今甘肃秦安)人。少仕州郡,曾被刘歆引为士。王莽末年,隗崔、杨广起兵,推隗嚣为主,号上将军,割据陇右地区。初曾佐助刘秀出击赤眉军,后与公孙述同

拒东汉军,公孙述封以朔宁王。建武九年(33),以兵败忧愤而
死。其子隗纯继立,不久归降朝廷。《后汉书》有传。连:联合。

⑯清晏:清平安宁。

⑰移檄:发布文告晓示。中国:中原。

⑱称引:援引,引证。

【译文】

　　建武元年,汉世祖光武帝刘秀在河北即位。公孙述梦见有人对自
己说:"八厶子系,以十二年为期限。"公孙述把梦语告诉了妻子,妻子
说:"早晨闻道,晚上死去都可以,更何况十二年呢?"这一年夏天四月,
恰好有龙出现在公孙述官府殿前,公孙述以为这是祥瑞,于是称皇帝,
以"大成"作国号,年号"龙兴",此年为龙兴元年。因为王莽崇尚黄色,
服色便崇尚白色,自以为兴起于西方,属于金行。公孙述任命功曹李熊
为大司徒,巴郡人任满为大司空,李熊之弟李恢为太尉,完备地设置了
文武百官。公孙述又建造了有十层赤色楼的大船,以布帛装饰船上栏
杆。改益州为司隶,改蜀郡为成都尹。当时汉世祖刘秀刚刚平定河北,
而荆邯、延牙都归顺了公孙述,公孙述完全占有了益州。公孙述设置了
铁钱官,废除铜钱,以致百姓都不能正常做生意了。蜀中的童谣说:"黄
牛白腹,五铢钱应当恢复。"称王莽是黄牛,公孙述是白腹;五铢钱是汉
钱,是说汉家应当光复。前任主簿李隆、常少多次劝谏公孙述放弃帝
位、自称藩臣,公孙述没有采纳。天水人隗嚣也占据了陇西,并且与公
孙述联合。蜀地平定后,公孙述就向中原发布文告,援引图纬之说,试
图迷惑世人。

　　世祖报曰:"《西狩获麟谶》曰'乙子卯金',即乙未岁
授刘氏,非西方之守也①。'光废昌帝,立子公孙'②,即霍光
废昌邑王③,立孝宣帝也④。黄帝姓公孙⑤,自以土德,君所

知也。'汉家九百二十岁以蒙孙亡⑥,受以丞相,其名当涂
高'⑦,'高'岂君身耶?吾自继祖而兴,不称受命⑧。求汉
之断⑨,莫过王莽。近张满作恶,兵围得之,叹曰:'为天文
所误!'⑩恐君复误也。"又使述旧交马援喻述⑪,述不从。

【注释】

①"《西狩获麟谶》曰"几句:指汉光武帝刘秀引用谶纬《西狩获麟
谶》驳斥公孙述,认为"乙子卯金"指的是"乙未岁授刘氏",不是
"西方之守"。乙子卯金,《后汉书·公孙述列传》:"《援神契》曰:
'西太守,乙卯金。'谓西方太守而乙绝卯金也。"李贤注:"乙,轧
也。述言西方太守能轧绝卯金也。""卯金",指的是"劉"字,即
刘邦建立的刘姓汉朝。《汉书·王莽传中》:"夫'劉'之为字,卯、
金、刀也。"《后汉书·光武帝纪上》:"谶记曰:'刘秀发兵捕不
道,卯金修德为天子。'"李贤注:"卯金,'劉'字也。"按:公孙述
引此纬书,自以为"西太守"指的是自己,而"西太守"将轧绝刘
姓王朝。

②"光废昌帝"二句:公孙述认为,"昌帝"指的是汉朝皇帝,而"公
孙"指的是自己。《后汉书·公孙述列传》:"(公孙述)又引《录运
法》曰:'废昌帝,立公孙。'"刘秀驳斥,认为"光废昌帝,立子公
孙"说的是"霍光废昌邑王,立孝宣帝"。

③霍光(?—前68):字子孟,河东平阳(今山西临汾西南)人。霍
去病异母弟。武帝时,为奉车都尉,甚见亲信。后元二年(前
87),为大司马大将军。昭帝年幼,霍光与桑弘羊等同受武帝遗
诏辅政,封博陆侯。昭帝即位,霍光与上官桀、桑弘羊等争权有
隙,后以结交燕王旦谋反罪名,杀上官桀等,专朝政。昭帝死,迎
立昌邑王刘贺,旋废之而迎立宣帝。前后秉政达二十年。卒谥宣

成。《汉书》有传。**昌邑王**（？—前59）：刘贺，西汉宗室。武帝之孙，刘髆之子。昭帝始元元年（前86）嗣昌邑王。昭帝崩，霍光迎立为帝。即位二十七日，因淫乱被废黜。宣帝时，封为海昏侯。2011年在江西南昌新建区发现海昏侯刘贺的墓葬，随后进行了历时五年多的发掘工作。海昏侯墓是目前发现的面积最大、保存最好、内涵最丰富的汉代侯国聚落遗址，2015年入选中国十大考古新发现。

④**孝宣帝**：即汉宣帝刘询（前91—前49）。初名病已，字次卿。其祖父戾太子刘据遭巫蛊事自杀，父母皆遇害，被养于民间。昭帝死，霍光先立昌邑王刘贺，不久以荒淫废之，乃迎立病已为帝。在位二十五年。《汉书》有传。

⑤**黄帝**：远古帝王。传说为少典之子，姓公孙。居轩辕之丘，故号轩辕氏。国于有熊，故亦称有熊氏。因有土德之瑞，故号黄帝。《后汉书·公孙述列传》："（公孙述引）《括地象》曰：'帝轩辕受命，公孙氏握。'"公孙述认为，"公孙氏"指的是自己。刘秀驳斥，"公孙氏"说的是"黄帝姓公孙"。

⑥**蒙孙**：童蒙之孙也。即年龄很小的继位者。

⑦**当涂高**：汉代谶书中的隐语。当时，谶纬有"代汉者当涂高"的说法。公孙述认为，"当涂高"指的是自己。刘秀驳斥了公孙述的说法。《后汉书·公孙述列传》："帝（刘秀）患之，乃与述书曰：'图谶言"公孙"，即宣帝也。代汉者当涂高，君岂高之身邪？'"又，后来的袁术、曹操，都利用过谶文"代汉者当涂高"。《后汉书·袁术列传》："（袁术）又少见谶书，言'代汉者当涂高'，自云名字应之。"《三国志·魏书·文帝纪》"肃承天命"南朝宋裴松之注："太史丞许芝条魏代汉见谶纬于魏王曰：'……故白马令李云上事曰："许昌气见于当涂高，当涂高者当昌于许。"当涂高者，'魏'也；象魏者，两观阙是也；当道而高大者'魏'。魏当'代

汉'。"

⑧受命：受天之命。古帝王自称受命于天以巩固其统治。按：刘秀说"吾自继祖而兴，不称受命"，是为了驳斥公孙述的"一姓不得再受命"说（见《后汉书·袁术列传》）。

⑨求汉之断：即依据谶纬等推求汉朝历数已经断绝。按：王莽曾经制作大量图谶，说明汉朝气数已尽，当由他取而代之。

⑩"近张满作恶"几句：张满，中山（治今河北定州）人。王莽末年活动于新城县（今河南伊川西南）的贼寇。《后汉书·祭遵列传》："时新城蛮中山贼张满，屯结险隘为人害，诏遵攻之。遵绝其粮道，满数挑战，遵坚壁不出。而厌新、柏华余贼复与满合，遂攻得霍阳聚，遵乃分兵击破降之。明年春，张满饥困，城拔，生获之。初，满祭祀天地，自云当王，既执，叹曰：'谶文误我！'乃斩之，夷其妻子。"按：《后汉书》说"谶文误我"，较《华阳国志》所说"为天文所误"为胜，故译文取"谶文"。

⑪马援（前13—49）：字文渊，右扶风茂陵（今陕西兴平）人。初在北地放牧以致富。新莽末为新成大尹，后避地凉州，与隗嚣友善。劝隗嚣归附刘秀，并屡次出使洛阳。又为光武帝刘秀平定陇右出谋献策。以功拜太中大夫，陇西太守，平定、安抚凉州诸羌。拜伏波将军，率军平定交阯。后出击武陵五溪蛮夷，病卒军中。后追谥忠成侯。《后汉书》有传。

【译文】

汉世祖刘秀答复公孙述说："《西狩获麟谶》说'乙子卯金'，意即乙未年授予帝位给刘氏，说的并不是西方的太守（指公孙述）。'光废昌帝，立子公孙'，意即霍光废除昌邑王，迎立武帝曾孙汉宣帝。黄帝姓公孙，自有土德之瑞，这是你知道的。'汉家传国九百二十年，到一个小孩子继位时灭亡，传位给丞相，其名为当涂高'，谶语所说的'高'，怎么会是你呢？我是继承祖业而兴起的，不是说再次接受天命而立的。希望汉家气数巳尽的人，莫过于王莽了。近来张满聚众作恶，军兵围困活捉了他，张满感叹说：'我这是被谶文所害啊！'我担心阁下又要被谶文所误。"刘秀又派遣公孙述的旧交马援去劝告公孙述，但公孙述没有听从。

荆邯说述曰："昔汤以七十里王天下，文王方百里臣诸侯①。其次，汉祖败而复征，伤瘳复战②，故能禽秦亡楚，以弱为强。况今地方数千，杖戟百万③，天下之心，未有所归。不东出荆门④，北陵关陇，与之进取，则王业不全⑤，子孙不久安也。"述悦之，乃出军荆门、陈仓⑥，欲震荡秦、楚⑦。多改易郡县⑧，分封子弟⑨，淫恣过度⑩。然国富民殷，户百余万，世祖未遑加兵⑪，与述及隗嚣书，辄署"公孙皇帝"。

【注释】

① "昔汤以七十里王天下"二句：典出《孟子·公孙丑上》："以力假仁者霸，霸必有大国，以德行仁者王，王不待大。汤以七十里，文王以百里。"《史记·平原君虞卿列传》："且(毛)遂闻汤以七十里之地王天下，文王以百里之壤而臣诸侯。"

② 瘳(chōu)：病愈，伤愈。

③ 杖戟：皆为近距离冲杀时所用的武器。本处以杖戟代指军队。杖，棍棒。戟，由矛与戈组合而成的武器。

④ 荆门：山名。在湖北宜都与宜昌交界处。北临长江，隔江与虎牙山相对。

⑤ 王业：帝王之事业。谓统一天下，建立王朝。

⑥ 陈仓：古邑名。春秋秦邑。在今陕西宝鸡东渭水北岸。后于此置陈仓县。

⑦震荡：动摇，摇荡。此指征服。按：据《后汉书·公孙述列传》记载，公孙述并未接受荆邯的建议，与此异。

⑧改易郡县：据《后汉书·公孙述列传》载，公孙述"好改易郡县官名"。如，改广汉郡为梓潼郡（《水经·梓潼水注》）。

⑨分封子弟：据《后汉书·公孙述列传》载，公孙述"立其两子为王，食犍为、广汉各数县"。

⑩淫恣：放荡，不知拘检。

⑪未遑：没有时间顾及，来不及。

【译文】

荆邯劝说公孙述："从前商汤以七十里之地而称王天下，周文王以方圆百里之地而使诸侯臣服。其次，汉高祖失败后又重新出征，伤愈后又重新作战，因此才能擒获秦王、灭亡西楚，以弱为强。何况您现在占领的地盘纵横数千里，统帅的军队有百万之众，而天下百姓之心，还无所归依。您如果不向东出兵荆门，向北进攻关陇，与天下豪杰共同进取，就不能保全王业，子孙也不能长期安定。"公孙述听到这话很高兴，于是出军荆门、陈仓，想征服秦、楚之地。公孙述多次改变郡县名称，大肆分封子弟，过度放纵欲望。然而，由于国家富裕、百姓殷实，人口有一百余万户，因而汉世祖也没有来得及进兵征讨，在写给公孙述和隗嚣的书信中，总是称其为"公孙皇帝"。

七年，嚣背汉降述，述封为王^①，厚资给之。十年，世祖命大司马吴汉与大司徒邓禹讨嚣^②，平陇右。述闻而恶之。城东素有秦时空仓，述更名白帝仓^③，使人宣言白帝仓暴出米巨万。公卿以下及国人就视之，无米。述曰："仓去此数里，虚妄如此^④；隗王在数千里外，言破坏，真不然矣。"

【注释】

①述封为王:《后汉书·光武帝纪》:建武七年(31)三月,"公孙述立
　　隗嚣为朔宁王"。

②邓禹(2—58):字仲华,南阳新野(今河南新野)人。少与刘秀为
　　友。更始年间投奔刘秀,为其大将之一,佐助平定河北。建武元
　　年(25),率军攻取河东,以军功封酂侯。后经营关中,为赤眉军
　　所败。光武帝后期封高密侯。明帝时拜为太傅。死后谥元侯。
　　《后汉书》有传。

③述更名白帝仓:《后汉书·公孙述列传》:"成都郭外有秦时旧仓,
　　述改名白帝仓。"李贤注:"(公孙)述以色尚白,故改之。"白帝仓,
　　古粮仓名。在蜀郡成都城郭外。

④虚妄:荒诞无稽。

【译文】

　　建武七年,隗嚣背叛汉朝投降公孙述,公孙述封隗嚣为朔宁王,并给
了他丰厚的资财。建武十年,汉世祖命令大司马吴汉与大司徒邓禹讨伐
隗嚣,平定了陇右地区。公孙述听说后非常讨厌这一消息。成都城东原
来有一座秦朝时的空粮仓,公孙述将其改名为白帝仓,派人宣扬说白帝
仓突然涌出大量白米。公卿以下的官员和国民都前往察看,发现并没有
米。公孙述说:"白帝仓距离这里只有几里地,传闻尚且如此荒诞无稽;
而朔宁王远在数千里之外,传言说他被打败,真不是这样啊。"

　　十一年,世祖命征南大将军岑彭自荆门溯江征述①,又
遣中郎将来歙及述旧交马援奉诏喻述②。隆、少谏,令服从。
述怒曰:"自古来有降天子乎!"尚书解文卿、大夫郑文伯初
亦谏,述系之暴室六年③,二子幽死④。自是,莫有言者。

【注释】

①岑彭（？—35）：字君然，南阳棘阳（今河南新野）人。王莽时为本县县长，后降义军，属刘伯升部下，更始帝封为归德侯。归附刘秀后，官拜廷尉，为东汉名将。从平河北，收洛阳，定荆州，立下战功。建武十一年（35），率军六万余人伐蜀，屡破公孙述军，直至成都城下，后被蜀刺客所杀。谥壮侯。《后汉书》有传。

②来歙（？—35）：字君叔，南阳新野（今河南新野）人。刘秀外亲。更始时不被重用，后归附刘秀，为东汉名将。建武八年（32），率军袭取隗嚣所据略阳，功在诸将之上。又率军攻取蜀地，被公孙述派人刺死。谥节侯。《后汉书》有传。

③暴室：古代宫中织染布匹的官署。因其需暴晒，故称为"暴室"。后亦作为囚禁宫女或后妃的场所。

④幽死：囚禁而死。

【译文】

建武十一年，汉世祖命令征南大将军岑彭从荆门出发，沿长江逆流而上征讨公孙述，又派遣中郎将来歙和公孙述的旧交马援奉诏前往劝降公孙述。李隆、常少也劝谏公孙述，劝他服从汉世祖。公孙述发怒说："自古以来，有天子投降的吗！"起初，尚书解文卿、大夫郑文伯也劝谏公孙述，公孙述将他们投入囚室六年，二人被囚禁至死。从此以后，就没有敢劝谏的人了。

彭破述荆门关及沔关①，径至彭亡②。述使刺客刺杀彭。由是改彭亡曰平无，言无贼也。又使刺客刺杀歙于武都。世祖重遣吴汉与刘尚征述③，又遣臧宫从斜谷道入④。述使妹婿延牙拒宫，大司徒谢丰拒汉，连战辄北。汉到城下，军其江桥⑤，及其少城。丰在广都，牙引还成都。述谓曰："事当奈何？"牙对曰："男儿贵死中求生，败中求成，无爱财物也⑥。"述乃大发金帛，开门募兵，得五千余人，以配牙。牙告汉战，因伪遣鼓角麾帜渡市桥⑦，汉兵争观。牙因放奇兵击汉，大破之。汉溺水，缘马尾至盎底得出⑧。后宫兵已至北门，述复城守。

【注释】

①沔关：在秭归界（刘琳）。

②彭亡：即彭亡聚，在今四川眉山彭山区东北十里江口镇。

③刘尚：籍贯不详。武威将军，吴汉副将。

④臧宫（？—58）：字君翁，颍川郏县（今河南郏县）人。少为县亭长，后率宾客参加下江兵，随刘秀征战。数次陷阵却敌，诸将称其勇。历官骑都尉、辅威将军等，为东汉名将。建武十一年（35），率军攻蜀，大破蜀将延岑，与吴汉并灭公孙述。以功拜广汉太守，更封鄷侯。为人质朴谨慎，为刘秀所信用。死后谥愍侯。《后汉书》有传。

⑤江桥：在成都大城南门外，跨郫江上。

⑥爱：吝惜，舍不得。

⑦鼓角：战鼓和号角。军中用以报时、警众或发号施令的两种乐器。

　麾帜：旌旗，军中用之指挥行进。市桥：在成都少城南门外郫江上。

⑧盎底：渡名，在成都西北郫江（今府河）边。

【译文】

岑彭攻破公孙述的荆门关和沔关，一直进军至彭亡聚。公孙述派遣刺客刺杀了岑彭。因此改彭亡为平无，意为没有贼寇。又派遣刺客在武都刺杀了来歙。汉世祖重新派遣吴汉与刘尚征讨公孙述，又派遣臧宫从斜谷道入蜀。公孙述派遣妹婿延牙抵御臧宫，大司徒谢丰抵御吴汉，两人与敌军连连交战都失败了。吴汉攻到成都城下,军队驻扎在江桥和少城。谢丰驻扎在广都,延牙引兵回到成都。公孙述对延牙说:"事到如今,该怎么办啊?"延牙答道:"男子汉贵在死中求生,败中求成,不要吝惜财物。"公孙述于是大量散发金银布帛,广开城门招募士兵,结果招募到五千多人,将其分配给延牙。延牙便向吴汉宣战,假装击战鼓、吹号角,举着旗帜渡过市桥,吴汉的士兵争相观看。延牙趁机发动奇兵攻击吴汉,大败吴军。吴汉落入水中,拉着马尾潜行,到盘底渡口才得以上岸。后来臧宫的军队攻打到成都北门,公孙述又退回城中据守。

占书曰①:"虏死城下。"述以为汉等是"虏",乃自出战。述当汉,牙当宫,大战。牙杀宫兵数百,三合三胜②,士卒气骄。汉益鼓之③,自旦至日中,饥不得食,倦不得息。日昃后④,述兵败。汉骑士高午以戟刺述⑤,中头,即坠马,叩心者数十⑥。人都知是述,前取其首⑦。牙等怅然还城⑧。吏民穷急⑨,即夜开门出降。汉尽诛公孙氏及牙等诸将帅二十余人,放兵大掠,多所残害⑩。是岁,十二年也⑪。

【注释】

①占书:关于占卜的书。

②合:交锋,交战。

③鼓:击鼓进攻。

④日昃(zè):太阳偏西,约下午二时左右。

⑤高午:或作"高平"。廖本作"高午",与《后汉书》同。

⑥叩心:捶胸。悔恨、悲痛的样子。

⑦前取其首:据《后汉书·公孙述列传》《光武帝纪》《天文志》载,公孙述被救护入城,当夜因伤重而死。与《华阳国志》所载不同。

⑧怅然:失意不乐貌。

440 华阳国志

⑨穷急：困窘急迫。

⑩多所残害：据《后汉书·天文志》载，"明日，（吴）汉入屠蜀城，诛述大将公孙晃、延岑等，所杀数万人，夷灭述妻宗族万余人以上"。

⑪十二年：公孙述自建武元年（25）四月称帝，至建武十二年（36）十一月败亡，前后共计十二年。

【译文】

占卜书上说："虏死于城下。"公孙述以为吴汉等人是"虏"，于是亲自率军出战。公孙述抵御吴汉，延牙抵御臧宫，双方陷入大战。延牙杀死臧宫的士兵数百人，三战三胜，士兵开始骄傲起来。吴汉为了鼓舞士气，更加用力击打战鼓，公孙述的军队自早晨战斗到中午，士兵饥饿不能进食，疲倦不能休息。太阳落山后，公孙述兵败。吴汉骑士高午用戟刺杀公孙述，刺中他的头部，公孙述随即坠落马下，捶胸数十下。众人都知道他是公孙述，上前割下他的首级。延牙等人怅然失意，退还城中。城内的官吏百姓困窘急迫，连夜打开城门，出城投降。吴汉将公孙氏及延牙等诸将帅二十多人全部杀害，又放兵大肆掳掠，百姓多被残害。这一年，是公孙述称帝的第十二年。

汉搜求隐逸①，旌表忠义②。以述臣常少、李隆忠谏③，发愤病死④，表更迁葬，赠以汉卿官；蜀郡王皓、王嘉、广汉李业刿首死节⑤，表其门闾；犍为朱遵绊马死战⑥，赠以将军，为之立祠；费贻、任永、冯信等闭门素隐⑦，公车特征⑧；文齐守义益州⑨，封为列侯；董钧习礼明经⑩，贡为博士；程乌、李育本有才干⑪，擢而用之⑫。于是西土宅心⑬，莫不凫藻⑭。

【注释】

①隐逸：指隐居之士。

②旌表：表彰。

③常少：东汉初人。劝公孙述降光武帝，公孙述不从，常少忧惧而死。后光武帝追赠为太常。李隆：东汉初人。后光武帝追赠为光禄勋。按：太常、光禄勋均位列九卿，故下文说"赠以汉卿官"。忠谏：忠心规劝。

④发愤：犹含恨。

⑤王皓：字子离，蜀郡江原（今四川崇州）人。西汉平帝时为美阳令。及王莽篡位，弃官西归。公孙述称帝，遣使征，自刎死。本书卷十《先贤士女总赞》有传。王嘉：字公卿，蜀郡江原人。西汉平帝时为郎。王莽篡位，弃官西归。公孙述称帝，遣使征王嘉。王嘉对使者伏剑死。本书卷十《先贤士女总赞》有传。李业：字巨游，广汉郡梓潼（今四川梓潼）人。有志操。曾拜博士许晃为师，精通《鲁诗》。汉平帝元始年间举明经，除为郎。王莽专政，辞官归隐。公孙述据蜀，欲征为博士，皆不应，使人持毒酒逼之。矢志不屈，遂饮毒死。本书卷十《先贤士女总赞》和《后汉书》有传。刎首：刎颈而死。

⑥朱遵：字孝仲，蜀郡武阳（今四川眉山彭山区）人。参看本书卷三《蜀志》注。

⑦费贻：字奉君，犍为郡南安（今四川乐山）人。参看本书卷三《蜀志》注。任永：字君业，犍为郡僰道（今四川宜宾）人。参看本书卷三《蜀志》注。冯信：字季诚，广汉郡郪（今四川三台）人。好学博古，隐居不仕。公孙述征之，托目疾不就。及闻公孙述被诛，盥洗更视曰："世适平，目即清。"光武征之，会病卒。《后汉书》和本书卷十《先贤士女总赞》有传。素隐：指隐居不仕。

⑧公车特征：汉代以公家车马递送应征的人到京城，称"公车特征"。公车，官车。

⑨文齐：字子奇，广汉郡梓潼（今四川梓潼）人。参看本书卷四《南

中志》注。

⑩董钧:字文伯,犍为郡资中(今四川资阳)人。参看本书卷三《蜀志》注。

⑪程乌:巴郡人。后仕东汉,官至司隶校尉。有才干。参看《后汉书·公孙述列传》和本书卷十二《序志并士女目录》。李育:参看《后汉书·公孙述列传》。

⑫擢:提拔。

⑬宅心:归心。心悦诚服而归附。

⑭凫藻:谓凫戏于水藻。比喻欢悦。

【译文】

汉光武帝搜求隐逸之士,表彰忠义之人。因公孙述的大臣常少、李隆忠心规劝,含恨病死,汉光武帝表彰他们,下令将其坟墓迁葬,并赠以汉代九卿之官;蜀郡人王皓、王嘉和广汉人李业,拒绝在公孙述手下做官,相继自刭,以死表达对汉室的忠节,光武帝下令表彰他们的家族;犍为人朱遵埋下车轮,绊住马腿,决一死战,光武帝下令封赠将军,并为他修建祠堂;费贻、任永、冯信等闭门隐居,拒绝在公孙述手下做官,光武帝下令用公车将他们征聘至京城;文齐在益州坚守道义,不归附,光武帝下令封他为列侯;董钧熟悉礼学,通晓经义,被征召为博士;程乌、李育本来就有才干,也被提拔加以任用。因此,西方巴蜀之地心悦诚服地归附,士人无不欢欣鼓舞。

建武十八年,刺史、郡守抚恤失和①,蜀郡史歆怨吴汉之残掠蜀也②,拥郡自保。世祖以天下始平,民未忘兵,而歆唱之③,事宜必克,复遣汉平蜀,多行诛戮。世祖诮让于汉④,汉深陈谢⑤。自是守藩供职⑥,自建武至乎中平⑦,垂二百载⑧,府盈西南之货,朝多华岷之士矣⑨。

【注释】

①抚恤：抚慰救助。

②史歆（？—44）：蜀郡守将。东汉建武十二年（36），吴汉灭公孙述，屠戮蜀城，残杀数万人，并纵兵大掠。建武十八年（42），史歆怨吴汉兵残虐蜀地，起兵叛据成都，自称大司马。光武帝遣大司马吴汉率万余人讨伐，围城百余日破之，诛杀史歆等人。参看《后汉书》的《光武帝纪》《吴汉列传》。

③唱：通"倡"，倡导，发起。

④诮让：责问，谴责。

⑤陈谢：表示谢罪。

⑥供职：任职，尽责。

⑦中平：东汉灵帝年号（184—189），共六年。汉献帝沿用不改（189）。

⑧垂：将近。

⑨华岷：华山和岷山。指巴蜀、汉中。

【译文】

建武十八年，刺史、郡守因抚慰救助吏民不和，蜀郡守将史歆埋怨吴汉对蜀郡掳掠的残忍，占据蜀郡自保。汉世祖因天下刚刚太平，老百姓还没有忘记战争之苦，而史歆便发起战争，此事一定要予以制服，于是又派遣吴汉平定蜀郡，吴汉又大肆诛杀与屠戮。汉世祖责备吴汉，吴汉真诚地表示谢罪。从此以后，蜀郡王侯尽职尽责，从建武至中平，将近二百年，官府中充盈着西南地区供奉的财货，朝廷也多有来自巴蜀、汉中的人士。

　　汉二十二世孝灵皇帝政治衰缺，王室多故。太常竟陵刘焉字君郎建议言：刺史、太守货赂为官①，割剥百姓②，以致离叛③。可选清名重臣以为牧伯④，镇安方夏⑤。焉内求州牧，以避世难。侍中广汉董扶私于焉曰："京都将乱，益州分野有天子气。"焉惑之,意在益州。会刺史河南郤俭赋敛繁扰⑥,流言远闻,而并州杀刺史张壹⑦,凉州杀刺史耿鄙⑧,焉议得行。汉帝将征俭加刑,以焉为监军使⑨,寻领益州牧⑩。董扶亦求为蜀郡属国都尉⑪。太仓令巴郡赵韪去官⑫,从焉来西。

【注释】

① 货赂:犹贿赂。

② 割剥:盘剥,搜刮。

③ 离叛:离心,背叛。

④ 清名:清廉的声誉。

⑤ 镇安:安定。方夏:指中国,华夏。与"四夷"相对。

⑥ 郤俭(? —188):河南偃师(治今河南偃师)人。东汉末年益州刺史。郤俭昏庸无能,以贿赂而得益州刺史职位。到任后,横征暴敛,大肆收税,烦扰百姓。后被盗贼杀害。赋敛:征收赋税。繁扰:繁杂纷扰。

⑦ 张壹(? —188):《三国志》作"张益",《后汉书》作"张懿"。当以"张懿"为是,晋人因避司马懿讳而改作"张壹""张益"(刘琳)。曾任并州刺史,后被杀。据《后汉书·傅燮列传》记载,中平五年(188),"三月,休屠各胡攻杀并州刺史张懿"。

⑧ 耿鄙(? —188):东汉末年凉州刺史。中平四年(187),耿鄙为了平定韩遂等人叛乱,征调六郡兵马讨伐,因军队发生内讧而被杀。

⑨ 监军使:全称"监军使者",简称"监军",亦称"监军事"。临时差遣监督军务的使职。西汉置。汉灵帝时,刘焉、刘璋皆以监军使者领益州牧。

⑩ 领:代理。

⑪属国都尉：官名。即管理属国事务的行政长官。西汉武帝元狩三
　年（前120）置。三国蜀亦置，后废。

⑫太仓令：官名。秦朝属治粟内史。西汉初隶大农令，汉武帝太初
　元年（前104）以后隶大司农。东汉置一员，六百石。主受郡国
　漕谷，管理国家粮仓（太仓）。赵韪：巴郡安汉（今四川南充）人。
　参看本书卷一《巴志》注。

【译文】

汉朝第二十二世汉灵帝时，政治衰败，王室常有变乱事故。太常、竟
陵人刘焉（字君郎）建议说：刺史、太守靠钱财贿赂得官，上任后便盘剥
百姓，以致百姓离心背叛。可挑选声誉清廉的重臣担任州郡的长官，以
安定中国。刘焉内心谋求担任地方州牧，以躲避乱世之难。侍中广汉人
董扶私下对刘焉说："京都将有动乱，而益州的分野有天子之气。"刘焉
被迷惑了，想到益州任职。恰逢益州刺史、河南人郗俭征收赋税大肆敛
财，以致流言远播，而并州义军杀死刺史张壹，凉州义军杀死刺史耿鄙，
刘焉的提议得以实行。汉灵帝将郗俭拘捕治罪、行刑，任命刘焉为监军
使，不久刘焉又代理益州牧。董扶也请求担任蜀郡属国都尉。太仓令巴
郡人赵韪也辞去官职，跟从刘焉来到西部。

　　中平五年，益州黄巾逆贼马相、赵祗等聚众绵竹①，杀
县令李升②，募疲役之民，一二日中得数千人。遣王饶、赵
播等进攻雒城③，杀刺史俭，并下蜀郡、犍为，旬月之间④，破
坏三郡⑤。相自称天子，众以万数。又别破巴郡，杀太守赵
部⑥。州从事贾龙素领家兵⑦，在犍为之青衣，率吏民攻相，
破灭之，州界清净。龙乃选吏卒迎焉。焉既到州，移治绵
竹，抚纳离叛，务行小惠。时南阳、三辅民数万家避地入蜀，
焉恣饶之，引为党与⑧，号"东州士"⑨。遣张鲁断北道⑩。

枉诛大姓巴郡太守王咸、李权等十余人^⑪，以立威刑。前后
左右部司马拟四军，统兵，位皆二千石^⑫。

【注释】

①黄巾：东汉末年张角所领导的农民起义军，因头包黄巾而得名。
马相（？—188）：益州人。汉灵帝中平五年（188）起事于绵竹，
以黄巾名义号召，聚众数千，进攻蜀郡、犍为，旬月间有十余万众，
自称天子。后为益州从事贾龙镇压，被杀。赵祇：东汉末年人。
黄巾起义军首领。中平五年，与马相起事于绵竹（今四川绵竹东
南）。后为益州从事贾龙所破。

②李升（？—188）：里籍不详。曾任绵竹令。中平五年，死于黄巾
义军马相、赵祇等人之手。

③王饶、赵播：益州黄巾军渠帅。与马相、赵祇等人起兵。后率军攻
克蜀郡、犍为，杀益州刺史郄俭。

④旬月：十天至一个月。指较短的时日。

⑤三郡：指广汉、蜀郡、犍为。

⑥赵部（？—188）：生年、里籍不详。汉灵帝时官员，官至巴郡太守。

⑦贾龙：蜀郡（治今四川成都）人。历官益州从事、校尉。曾统率家
兵镇压州内马相、赵祇起义军，派吏卒迎刘焉入州。后与犍为太
守任岐起兵反对刘焉，兵败被杀。参看本书卷五《公孙述刘二牧
志》和本书卷十《先贤士女总赞》的韩揆传。

⑧党与：同党之人，党羽。

⑨东州士：亦称“东州人”，即史书所说的“东州兵”。东汉末流寓
益州的中原人。建安初，从南阳、三辅（长安、冯翊、扶风）一带流
入益州者数万家，时称东州人。益州牧刘焉收以为兵，名曰“东
州兵”。《三国志·蜀书·刘璋传》引《英雄记》：“先是，南阳、三
辅人流入益州数万家，收以为兵，名曰东州兵。”

⑩北道：特指蜀郡北面的斜谷道。这是秦、汉以来往来秦岭南北的交通要道。本书卷二《汉中志》："初平中，以（张）鲁为督义司马，住汉中，断谷道。"《后汉书·刘焉列传》：刘焉据益州，"任（张）鲁以为督义司马，分别部司马张修将兵掩杀汉中太守苏固，断绝斜谷"。

⑪王咸：里籍不详。后被益州牧刘焉所杀。李权：字伯豫，梓潼郡涪陵（今重庆彭水）人。官至临邛长。为益州豪强，后为益州牧刘焉所杀。

⑫二千石：官俸等级名。汉朝的官俸以谷为准，故以"石"名。按照汉朝制度，只有皇帝才有权任命二千石官员。刘焉如此而为，是自拟于皇帝。

【译文】

中平五年，益州的黄巾军首领马相、赵祗等在绵竹聚众起义，杀死县令李升，招募疲于劳役的民众，一两天中就得到数千人。黄巾军派遣王饶、赵播等进攻雒城，杀死刺史郤俭，并南下攻克蜀郡、犍为，一个月之间，攻破广汉、蜀郡、犍为三郡。马相自称天子，部众数以万计。黄巾军又另外攻破巴郡，杀死太守赵部。益州从事贾龙一向拥有私人军队，在犍为郡的青衣江，率领官民攻打马相，消灭了马相所部，益州安定下来。贾龙于是选派吏卒迎接刘焉入蜀。刘焉到益州之后，将官署迁移到绵竹，安抚接纳离叛军，实行小恩小惠。当时南阳、三辅的百姓数万家避难逃入蜀地，刘焉肆意厚待他们，引以为党羽，号称"东州士"。刘焉派遣张鲁阻断北面的斜谷道。又枉杀大姓巴郡太守王咸、李权等十余人，以此树立严厉的刑罚。刘焉比照汉朝的四军，设置了前、后、左、右部司马，统领军队，其职位都是俸禄二千石。

汉献帝初平二年，犍为太守任岐与贾龙恶焉之阴图异计也①，举兵攻焉，烧成都邑下。焉御之。东州人多为致力，遂克岐、龙。焉意盛,乃造乘舆车服千余,僭拟至尊②。焉长子范为左中郎将③,仲子诞治书御史④,季子璋奉车都尉⑤,皆从献帝在长安,惟叔子别部司马瑁随焉⑥。焉闻相者相陈留吴懿妹当大贵⑦,为瑁聘之⑧。荆州牧山阳刘表上焉有"子夏在西河疑圣人"论⑨。帝遣璋晓谕焉⑩,焉留璋,不遣反。四年,征西将军马腾自郿与焉、范通⑪,谋袭长安,治中从事广汉王商亟谏不从⑫。谋泄,范、诞受诛。议郎河南庞羲以通家将范、诞诸子入蜀⑬。而天火烧焉车乘荡尽,延及民家。

【注释】

①阴图异计:暗中图谋阴谋诡计。

②僭(jiàn):超越本分,古代指地位在下的冒用在上的名义或礼仪、器物。至尊:最尊贵,最崇高。用为皇帝的代称。

③左中郎将:官名。两汉皆置,秩比二千石,掌左署郎持戟值班,宿卫诸殿门,出充车骑。三国、魏、晋、南北朝皆沿置。

④仲子:第二子。治书御史:官名。全称"治书侍御史"。东汉为御史台属官,置二员,秩六百石。职掌依据法律审理疑狱,与符节郎共平廷尉奏事,选御史考试高第、明习法律者充任。

⑤季子:第四子。奉车都尉:官名。西汉武帝始置,职掌皇帝车舆,入侍左右,多由皇帝亲信充任,秩比二千石。三国因之,地位渐低。蜀参用宦者。魏、晋用作加官。

⑥叔子:第三子。别部司马:官名。汉置,掌领兵征伐。大将军领兵五部(营),每部置校尉一人,军司马一人。其别营领属为别部司马,其兵多少随时宜。

⑦相者:旧指以相术供职或为业的人。吴懿(?—237):《三国志》

作"吴壹"。字子远，陈留（今河南开封）人。随刘焉入蜀。刘璋
时为中郎将。刘备主蜀，吴壹为护军讨逆将军。其妹原为刘瑁之
妻，后为刘备夫人。诸葛亮卒，吴壹督汉中，任车骑将军，假节，领
雍州刺史，进封济阳侯。参看《三国志·蜀书·二主妃子传》。

⑧聘：聘娶正妻。《礼记·内则》："聘则为妻。"

⑨刘表（142—208）：字景升，山阳高平（今山东邹城西南）人。皇
族远支。初，以大将军掾为北军中候。汉献帝初平元年（190）为
荆州刺史，得当地豪族支持，据今湖北、湖南地方。李傕、郭汜入
长安，以刘表为镇南将军、荆州牧，封成武侯。爱民养士，从容自
保。及曹操与袁绍相持于官渡（在今河南中牟东北），袁绍求助
于刘表，刘表许而不至，亦不援曹操，欲观时变。曹操败绍后征刘
表，未至，刘表病卒。其子刘琮降曹。《后汉书》《三国志》有传。
子夏在西河疑圣人：《礼记·檀弓上》："子夏丧其子而丧其明。曾
子吊之曰：'吾闻之也：朋友丧明则哭之。'曾子哭，子夏亦哭，曰：
'天乎！予之无罪也。'曾子怒曰：'商，女何无罪也？吾与女事夫
子于洙泗之间，退而老于西河之上，使西河之民疑女于夫子，尔罪
一也。'"子夏（前507—？），卜商，字子夏。春秋末卫国人，一说
晋国温（今河南温县）人。孔子弟子，以文学见称。为鲁国莒父
宰。孔子死后，讲学于西河，李克、吴起、田子方、段干木皆从受
业，魏文侯曾师事之，受经艺。参看《史记·仲尼弟子列传》。西
河，战国魏地。一说在今山西、陕西间黄河左右，一说在今河南安
阳。其时黄河流经安阳之东，西河意即河西。疑，通"拟"，比拟。
圣人，指孔子。

⑩晓谕：同"晓喻"，明白劝导，告知。多用于上对下。

⑪马腾（？—212）：字寿成，右扶风茂陵（今陕西兴平）人。马超
之父。初为凉州刺史耿鄙军司马，曾镇压氐羌起事。后迁征西
将军。汉献帝建安十三年（208），入朝为卫尉，封槐里侯。后其

子马超举兵背曹操,曹操击破之,遂杀马腾。参看《三国志·蜀书·马超传》。郿:县名。战国秦置,属内史。治所在今陕西眉县东十五里渭河北岸。西汉属右扶风,右辅都尉驻此。三国魏属扶风郡。

⑫ 王商:字文表,广汉郡郪(今四川三台)人。参看本书卷三《蜀志》注。

⑬ 庞羲:河南(治今河南洛阳)人。初事刘焉,任议郎。后事刘璋,嫁女于刘璋长子刘循为妻,为刘璋亲厚。数与张鲁战,任巴西太守,遂专权势。汉献帝建安十九年(214),刘备定成都,任为左将军府司马。其后事迹不详。通家:世交。

【译文】

汉献帝初平二年,犍为太守任岐与贾龙怨恨刘焉暗地里图谋不轨,举兵攻打刘焉,纵火焚烧成都城邑。刘焉出兵抵御他们。刘焉优待过的东州人大多尽心竭力,于是打败了任岐、贾龙。刘焉称帝的意图愈发强烈,于是制造上千的乘舆、车服,其规制僭越本分,比照的是九五至尊的皇帝。刘焉的长子刘范为左中郎将,次子刘诞为治书御史,四儿子刘璋为奉车都尉,都跟从汉献帝在长安任职,只有三儿子别部司马刘瑁跟随刘焉。刘焉听相面的人说,陈留人吴懿妹妹会大富大贵,于是为儿子刘瑁聘娶她。荆州牧山阳人刘表上奏朝廷说刘焉有"子夏在西河被人比作圣人孔子"的论调,意指刘焉在蜀郡被人比拟为天子。汉献帝派遣刘璋前往劝导刘焉,刘焉扣留了刘璋,不让他返回京城。初平四年,征西将军马腾在郿县与刘焉、刘范暗通,阴谋袭击长安,治中从事广汉人王商急切进谏,但刘焉等人拒不听从。其后阴谋泄露,刘范、刘诞被处以死刑。议郎河南人庞羲因为和刘焉是世交,将刘范、刘诞的子女送入蜀地。而天火将刘焉的车乘烧毁殆尽,火势蔓延到民宅。

兴平元年,焉徙治成都。既痛二子①,又感祅灾②,疽发背卒③。州帐下司马赵韪、治中从事王商等贪璋温仁④，共表代父。京师大乱，不能更遣，天子除璋监军使者⑤，领益州牧；以韪为征东中郎将⑥，率众征刘表。

【注释】

①二子：指刘焉之子刘范、刘诞。

②祆（yāo）灾：妖异的灾难。古指天时、物类的反常现象。

③疽（jū）：一种毒疮。多生于肩、背、臀等处。

④帐下司马：官名。汉献帝兴平元年（194）置，赵韪曾任益州帐下司马，后迁征东中郎将。掌有关军旅事务。温仁：温厚仁爱。

⑤除：任命官职。

⑥征东中郎将：官名。东汉末年益州牧刘璋置，掌帅军征伐或驻守。

【译文】

兴平元年，刘焉将官署迁移到成都。刘焉既伤痛失去二子，又感到妖灾横行，结果背上毒疮发作而死。益州帐下司马赵韪、治中从事王商等人贪恋刘璋温厚仁爱，共同上表朝廷，请求朝廷恩准刘璋接替其父为刺史。当时京师大乱，不能重新派遣新的官员，于是天子任命刘璋为监军使者，代理益州牧；任命赵韪为征东中郎将，率兵征讨刘表。

璋字季玉，既袭位，懦弱少断①。张鲁稍骄于汉中，巴夷杜濩、朴胡、袁约等叛诣鲁②。璋怒，杀鲁母、弟，遣和德中郎将庞羲讨鲁③，不克。巴人日叛，乃以羲为巴郡太守，屯阆中御鲁。羲以宜须兵卫，辄召汉昌賨民为兵④。或构羲于璋⑤，璋与之情好携隙⑥。赵韪数进谏，不从，亦恚恨也⑦。

【注释】

①少断：缺少决断，优柔寡断。

②诣：到……去。

③和德中郎将：官名。东汉献帝兴平（194—195）、建安（196—220）之际益州牧刘璋置，以庞羲为之，领兵讨张鲁。

④汉昌：县名。东汉永元中置，属巴郡。治所即今四川巴中市。三国蜀汉、西晋属巴西郡。南朝梁废。賨（cóng）民：賨人，古代西南少数民族的一支。

⑤构：诬陷，陷害。

⑥情好：交谊，友情。携隙：犹嫌隙。指有了隔阂。

⑦恚（huì）恨：愤恨，怨恨。

【译文】

刘璋字季玉，在继承益州牧职位后，为人软弱而缺少决断。张鲁在汉中逐渐骄横起来，巴郡夷人杜濩、朴胡、袁约等背叛刘璋，投奔到张鲁那里去了。刘璋发怒，杀死了张鲁的母亲、弟弟，派遣和德中郎将庞羲讨伐张鲁，没有成功。巴人经常叛乱，刘璋于是任命庞羲为巴郡太守，驻扎在阆中抵御张鲁。庞羲因为需要士兵防卫，就招募汉昌县的賨民为士兵。有人在刘璋面前陷害庞羲，刘璋和庞羲的友情有了隔阂。赵韪多次向刘璋进谏，刘璋都没有听从，赵韪因此也怀恨在心。

建安五年，赵韪起兵数万，将以攻璋，璋逆击之①。明年，韪破败。羲惧，遣吏程郁宣旨于郁父汉昌令畿②，索益賨兵。畿曰："郡合部曲，本不为乱。纵有谗谀③，要在尽诚。遂怀异志④，非所闻也。"羲令郁重往，畿曰："我受牧恩，当为尽节，汝自郡吏，宜念效力，不义之事，莫有二意。"羲恨之，使人告曰："不从太守，家将及祸！"畿曰："昔乐羊食

子⑤，非无父子之恩，大义然也。今虽羹子，畿饮之矣！"羲
乃厚谢于璋⑥。璋善畿，迁为江阳太守。

【注释】

①逆击：犹迎击。

②程郁：巴西郡阆中（今四川阆中）人。程畿之子。畿：程畿（？—
222），字季然，巴西郡阆中人。初仕刘璋，为江阳太守。后归刘
备，辟为从事祭酒。随刘备征吴，军败，溯江而还，追兵至，战死。
本书卷十二《序志并士女目录》有名录。宣旨：宣布旨令、诏书。

③谗谀：谗毁和阿谀。

④异志：二心，叛离之心。

⑤乐羊食子：战国时，魏国大将乐羊为表示忠于魏国，竟然吃了中山
国烹其子而做的羹。《韩非子·说林上》："乐羊为魏将而攻中山。
其子在中山，中山之君烹其子而遗之羹，乐羊坐于幕下而啜之，尽
一杯。文侯谓诸师赞曰：'乐羊以我故而食其子之肉。'答曰：'其
子而食之，且谁不食？'乐羊罢中山，文侯赏其功而疑其心。"乐
羊，一作乐阳。战国时魏国人。魏文侯将。文侯欲伐取中山国，
遂于前408年率兵越过赵国进攻中山。经过三年苦战，攻灭中
山。因功被封于灵寿，其后子孙世代家居于此。后来的燕、赵名
将乐毅，即其后代。

⑥谢：认错，道歉。

【译文】

建安五年，赵韪发兵数万人，将要攻打刘璋，刘璋出兵迎击。第二
年，赵韪兵败。庞羲很害怕，派遣属吏程郁向其父、汉昌令程畿宣读旨
令，索要增加賨人士兵。程畿说："巴郡人和张鲁的军队和谐相处，本就
不该发生动乱。即使有人进谗陷害你庞羲，关键还在于你竭尽忠诚。你
却怀有二心，这不是我愿意听到的。"庞羲命令程郁再次前往，程畿说：

"我接受益州牧的恩惠，理当为其尽心竭力、保全节操，你是巴郡的官吏，也应当想到为其效力，不做不义之事，不要有二心。"庞羲怨恨程畿，派人传话给他："如果不听从太守的话，你的家庭将有灾祸降临！"程畿说："从前乐羊服食其子之羹，这并不是表示他不念父子之恩，而是出于大义。现在即使你把我的儿子做成羹，程畿也会一饮而尽！"庞羲于是向刘璋深深谢罪。刘璋赞许程畿的品行，升迁他为江阳太守。

十年，璋闻曹公将征荆州①，遣中郎将河内阴溥致敬②。公表加璋振威将军③，兄瑁平寇将军④。十二年，璋复遣别驾从事蜀郡张肃送叟兵三百人⑤，并杂御物。公辟肃为掾，拜广汉太守。十三年，仍遣肃弟松为别驾诣公⑥。公时已定荆州，追刘主⑦，不存礼松⑧；加表望不足⑨，但拜越巂苏示令，松以是怨公。会公军不利，兼以疫病，而刘主寻取荆州。松还，疵毁曹公⑩，劝璋自绝⑪，因说璋曰："刘豫州⑫，使君之肺腑⑬，更可与通。"时扶风法正⑭，字孝直，留客在蜀，不见礼，恨望⑮。松亦以身抱利器⑯，忖璋不足与有为，常与正窃叹息。松举正可使交好刘主，璋从之，使正将命⑰。正佯为不得已，行。又遣正同郡孟达将兵助刘主守御⑱，前后赂遗无限⑲。

【注释】

①曹公：指曹操。

②阴溥：河内（治今河南武陟）人。刘璋部将。

③振威将军：官名。东汉置，为杂号将军，统兵出征。其后，三国魏、吴、蜀皆置。

④平寇将军：官名。东汉献帝建安年间（196—220）曹操置，三国魏

定为三品。为杂号将军，掌征伐。

⑤别驾从事：官名。汉置，属司隶校尉，校尉行部时掌奉引，录众事。秩百石。后世多沿置。张肃：字君矫，蜀郡成都（今四川成都）人。张松之兄，张表之父。历官别驾从事、广汉太守。叟兵：东汉、三国时叟人（氐羌等少数民族）被征募为兵者，作战英勇，称"叟兵"。

⑥松：张松（？—212），字子乔，蜀郡成都人。身材短小，为人机敏，放荡不羁，然有才干，为刘璋别驾。刘璋遣其诣曹操，杨修深器之，推荐张松于曹操，不纳。张松劝说刘璋迎刘备，刘备至涪城，张松又劝刘备袭刘璋。张松兄广汉太守张肃惧祸及己，以张松之谋告诉刘璋，张松遂被斩。参看《三国志·蜀书·先主传》。

⑦刘主：指刘备（161—223），字玄德，涿郡涿县（今河北涿州）人。蜀汉昭烈帝。三国蜀皇帝，亦称先主。东汉远支皇族。少孤，贩履织席为生。东汉末，起兵镇压黄巾军。先后依公孙瓒、陶谦、曹操、袁绍、刘表等。赤壁之战中，联合孙权，大破曹操，据荆州。不久攻取益州、汉中。汉献帝建安二十四年（219），自立为汉中王。221年称帝，国号汉，建都成都。章武初，率师伐吴，在夷陵之战中大败，卒于白帝城。在位三年。谥昭烈皇帝。《三国志·蜀书》有传。

⑧存礼：以礼相待。

⑨表望：仪表，声望。

⑩疵毁：非议诋毁。

⑪自绝：自行断绝关系。

⑫刘豫州：指刘备。刘备曾为豫州牧，故有此称。

⑬使君：汉时称刺史为使君。后用作对州郡长官的尊称。肺腑：同"肺附"，比喻帝王的宗室近亲，意谓刘璋与刘备同为汉室宗亲。下文说"刘豫州，使君之宗室"，意同此。

⑭法正(176—220):字孝直,扶风郿(今陕西眉县)人。建安初,天
　下饥,与同郡孟达俱入蜀依益州牧刘璋,久为新都令,不受重用。
　后奉命迎刘备入蜀,遂献策劝备乘机取蜀。刘备得益州,历任蜀
　郡太守、扬武将军、尚书令、护军将军等。善出奇谋,曾建议刘备
　攻取汉中,被采纳,获得成功。但睚眦必报,擅杀毁伤己者。卒后
　谥翼侯。《三国志·蜀书》有传。

⑮恨望:怨望,怨恨。

⑯利器:本指锋利的武器,比喻杰出的才能。

⑰将命:奉命。

⑱守御:防守,防御。

⑲赂遗:赠送财物。

【译文】

　　建安十年,刘璋听说曹操将攻打荆州,便派遣中郎将、河内人阴溥向
曹操致敬。曹操上表加封刘璋为振威将军,其兄刘瑁为平寇将军。建安
十二年,刘璋又派遣别驾从事、蜀郡人张肃,送给曹操叟兵三百人,还杂
有一些军事防御物品。曹操征召张肃为掾,任命他为广汉太守。建安十
三年,刘璋又派遣张肃的弟弟张松为别驾前去拜见曹操。当时曹操已经
平定荆州,正在追讨刘备,对张松没有以礼相待;加上张松仪表、声望都
有所不足,只授予张松越嶲郡苏示县令之职,张松因此怨恨曹操。恰逢
曹操出师不利,加之军中疫病流行,而刘备又寻机夺取了荆州。张松回
来后,在刘璋面前诋毁曹操,想劝说刘璋自行断绝与曹操的关系,便趁机
对刘璋说:"刘备和使君您同为汉室宗亲,您更可以和他交往结盟。"当
时扶风人法正,字孝直,客居在蜀郡,没有得到刘璋的礼遇,因而怨恨刘
璋。张松也因自己怀才不遇,揣度刘璋不可能有所作为,经常与法正在
私下里叹息。张松推举法正可出使刘备与他交好,刘璋同意了,派遣法
正奉命出使刘备。法正假装不得已而出行。刘璋又派遣法正同郡人孟
达领兵协助刘备防守抵御,前后赠送刘备无数财物。

　　十六年，璋闻曹公将遣司隶校尉锺繇伐张鲁[①]，有惧心[②]。松进曰："曹公兵强，无敌天下。若因张鲁之资以向蜀土，谁能御之者乎？"璋曰："吾固忧之，而未有计。"松对曰："刘豫州，使君之宗室，而曹公之深仇也[③]，善用兵，使之伐鲁，鲁必破；破鲁则益州强，曹公虽来，无为也。且州中诸将庞羲、李异等[④]，皆恃功骄豪[⑤]，欲有外意[⑥]。不得豫州，则敌攻其外，民叛于内，必败之道也。"璋然之，复遣法正迎刘主。主簿巴西黄权谏曰[⑦]："左将军有骁名[⑧]，今请到，欲以部曲遇之，则不满其心；欲以宾客待之，则一国不容二君。客有太山之安[⑨]，则主有累卵之危[⑩]。"璋不听。从事广汉王累倒悬于州门[⑪]，以死谏璋，璋一无所纳。正既宣旨，阴献策曰："以明将军之英才，乘刘牧之懦弱。张松，州之股肱[⑫]，以响应于内。然后资益州之富，凭天设之险，以此成帝业，犹反手也[⑬]。"刘主大悦，乃留军师中郎将诸葛亮、将军关羽、张飞镇荆州[⑭]，率万人溯江西上。璋初敕所在供奉，入境如归。

【注释】

①锺繇（151—230）：字元常，颍川长社（今河南长葛）人。东汉末，举孝廉，除尚书郎、阳陵令，以疾去官。后为廷尉正、黄门侍郎。曹操执政，表为御史中丞，迁侍中、尚书仆射，封东武亭侯。又以侍中守司隶校尉，持节督关中诸军。召集流散，恢复生产。魏文帝立，为廷尉，进封崇高乡侯。明帝时，进封定陵侯，迁太傅。工书。兼善各体，尤精隶楷，与张芝、王羲之齐名，并称锺张、锺王。卒谥成侯。《三国志·魏书》有传。

②惧心:恐惧、畏惧之心。

③深仇:积怨甚深的仇敌。

④李异:原为赵䶮部将。赵䶮攻刘璋,李异反杀赵䶮。

⑤骄豪:骄矜纵恣。

⑥外意:二心,异志。

⑦黄权(?—240):字公衡,巴西郡阆中(今四川阆中)人。参看本书卷一《巴志》注。

⑧左将军:官名。汉朝为重号将军之一,与前、右、后将军并位上卿,位次大将军及骠骑、车骑、卫将军。此处特指刘备。因曹操曾上表汉献帝,任命刘备为左将军(见本书卷六)。骁(xiāo)名:勇武的声誉。

⑨太山之安:像泰山一样稳固。形容稳固、安定。

⑩累卵之危:就像堆叠起来的蛋,极容易打碎。比喻情况、处境极其危险。

⑪王累:蜀郡新都(今四川成都新都区)人。参看本书卷三《蜀志》注。

⑫股肱(gōng):大腿和胳膊。比喻左右辅佐之臣。底本脱"州"字,据《三国志·蜀书·法正传》增补。

⑬反手:翻转手掌。比喻事情极容易办。

⑭军师中郎将:官名。东汉末年刘备置,以诸葛亮为之,总管军政。后庞统亦受此职,位在诸葛亮下。建安末,诸葛亮迁军师将军后,未再置。

【译文】

建安十六年,刘璋听说曹操将要派遣司隶校尉锺繇讨伐张鲁,心有恐惧。张松进言说:"曹操兵强马壮,无敌于天下。如果曹操在攻下张鲁后,再凭借张鲁的资财南下攻打蜀地,谁能够抵御他呢?"刘璋说:"我本来就担忧这件事,但还没有对策。"张松回答说:"刘备是您的宗室同胞,又是曹操的深仇大敌,并且善于用兵,如果让他攻打张鲁,张鲁必然失败；打败了张鲁，则益州强大，曹操即使来攻打益州，也将无所作为。况且益州将领庞羲、李异等人，都仗恃有功而骄矜纵恣，暗地里都怀有二心。如果不结交刘备，则外有敌人的进攻，内有军民的背叛，这是必败之路。"刘璋认为张松说得对，又派遣法正迎接刘备。主簿、巴西人黄权进谏说："刘备有骁勇善战的名声，现在把他请到，如果像对待部将一样对待他，则不能满足他的野心；如果像对待宾客一样对待他，则一国不能容下两个君主。客人有像泰山一样的安定，则主人有像累卵一样的危险。"刘璋没有听从进谏。从事、广汉人王累倒挂于州门自尽，以死劝谏刘璋，刘璋仍然没有采纳进谏。法正在向刘备宣达刘璋的旨意后，偷偷为刘备出谋划策说："凭借将军的英明才干，可以乘机利用刘璋的懦弱。张松，是辅佐您的益州的得力大臣，在益州内响应于您。然后借助益州的富庶，凭借天险，因此成就帝业，犹如翻转手掌一样容易。"刘备心中大喜，于是留下军师中郎将诸葛亮、将军关羽、张飞镇守荆州，自己率领一万人沿江西上。刘璋当初就下令，凡刘备所到之处，地方都要予以供给，故而刘备入境后感到宾至如归。

　　刘主至巴郡，巴郡严颜抚心叹曰[1]："此所谓独坐穷山，放虎自卫者也[2]！"刘主由巴水达涪[3]，璋往见之。松复令正白刘主曰："今因此会，便可执璋[4]，则将军无用兵之劳，坐定一州也。"军师中郎将襄阳庞统亦言之。刘主曰："此大事也。初入他国，恩信未著，不可仓卒。"欢饮百余日[5]。璋推刘主行大司马、司隶校尉[6]；刘主推璋行镇西大将军，领牧如故。益刘主兵，使伐张鲁；又令督白水军[7]，并三万军，车甲精实。璋还州。刘主次葭萌[8]，厚树恩德，以收众心。

【注释】

①严颜:蜀郡临江(今重庆忠县)人。刘璋部将,守巴郡。刘备入川,张飞攻江州,擒之。张飞叱使降,严颜以"但有断头将军、无降将军"对。张飞故令牵去斫头,严颜神色不变,张飞壮而释之,引为宾客。参看《三国志·蜀书·张飞传》。拊(fǔ)心:捶胸,表示哀痛或悲愤。

②独坐穷山,放虎自卫:独自坐在没有出路的山里,放出老虎来保卫自己。比喻寻求保护不当,反而自招祸害。

③巴水:即涪江。嘉陵江支流,在四川东部和重庆西北部。涪:涪城,在今四川绵阳东涪江东岸。

④执:拘捕,捉拿。

⑤欢饮:欢乐宴饮。按:刘璋与刘备欢饮之处即富乐山,在今四川绵阳东。据《三国志·蜀书》记载,建安十六年(211),刘备应益州牧刘璋之请由荆州入益至涪(今四川绵阳),刘璋从成都赶来亲迎,设宴于此山宝盖峰,望见全蜀之富庶,二人欢乐畅饮,故得此名。《方舆胜览》卷五十四绵州:富乐山"在巴西县东五里。刘备自蛮荆入蜀,刘璋延之于此山,望见蜀之全盛,饮酒乐甚,故得富乐之名"。

⑥行:代理。

⑦白水军:即刘璋部将杨怀、高沛所领驻守白水关(在今四川青川县东北白水镇北)的军队。

⑧次:临时驻扎和住宿。

【译文】

刘备到了巴郡,巴郡守将严颜捶胸叹息说:"这就好比独自坐在没有出路的山里,放出老虎来保卫自己啊!"刘备经由巴水到达涪城,刘璋前往迎接他。张松又让法正对刘备说:"现在借助这次会面,就可以捉拿刘璋,如此,将军不用劳烦一兵一卒,便可坐等平定益州了。"军师中郎将、襄阳人庞统也这样对刘备说。刘备说："这是大事。我们刚刚进入别人的国家,恩德与诚信都还没彰显,不可以仓猝行事。"刘璋和刘备二人欢乐宴饮一百余日。刘璋推举刘备代理大司马、司隶校尉;刘备推举刘璋代理镇西大将军,像从前一样代理益州牧。刘璋扩充了刘备的军队,让他讨伐张鲁;又让刘备督统白水军,共计有三万人,兵车、铠甲都精致坚实。刘璋告别刘备,回到益州。刘备驻扎在葭萌,广泛地树立恩德,以收买民心。

十七年,曹公征吴。吴主孙权呼刘主自救。刘主贻璋书曰:"孙氏与孤,本为唇齿[①]。今乐进在清泥与关羽相拒[②],不往赴救,进必大克,转侵州界,其忧有甚于鲁。鲁自守之贼,不足虑也。"求益万兵及资实[③]。璋但许四千,他物半给。张松书与刘主及法正曰:"今大事垂可立,如何释此去乎!"松兄广汉太守肃惧祸及己,白璋,露松谋[④],璋杀松。刘主叹曰:"君矫杀吾内主乎!"嫌隙始构[⑤]。璋敕诸关守不内刘主[⑥]。

【注释】

①唇齿:比喻关系密切,互相依靠。

②乐进(? —218):字文谦,阳平郡卫国(今河南清丰)人。初为曹操帐下吏,从征吕布、张绣、刘备、袁绍、袁尚、袁谭,多立战功,迁官至折冲将军,为曹操部下主要将领。相继镇守襄阳、合肥,进官右将军,封广昌亭侯。卒后谥威侯。《三国志·魏书》有传。清泥:指清泥河,亦作青泥河,即今湖北襄阳市襄州区北之清河。东流入汉水。

③资实:军需物资。

④矫杀：谓假托君命以杀人。

⑤构：产生。

⑥内：同"纳"，接纳。

【译文】

建安十七年，曹操征讨吴国。吴主孙权呼叫刘备救援自己。刘备写信给刘璋说："孙权和我，本来是唇齿相依。如今乐进的大军在清泥河与关羽作战，如果不前往救助，乐进必定大胜，转而入侵益州地界，其忧患超过张鲁。张鲁是自保自守的奸贼，不足以忧虑。"刘备请求刘璋增派万名士兵和军需物资。刘璋只答应增派士兵四千，其他军需物资只给一半。张松写信给刘备和法正说："如今大事马上就要成功，为什么要放手不干呢？"张松之兄、广汉太守张肃，担心灾祸连累到自己，把此事给刘璋说了，泄露了张松的计谋，刘璋杀掉了张松。刘备叹息道："你刘璋矫杀了我的内臣啊！"刘璋和刘备之间开始有了仇怨。刘璋下令各关口守将不要接纳刘备。

庞统说曰："阴选精兵，昼夜兼行，径袭成都。璋既不武，又无素豫，一举而定，此上计也。杨怀、高沛，璋之名将，各仗强兵，据守关头①，数有笺谏璋遣将军还。将军遣与相闻，说当东归，并使速装。二子既服将军名，又嘉将军去，必乘轻骑来见。将军因此执之，进取其兵，乃向成都，此中计也。退还之白帝，连引荆州，徐还图之，此下计也。"刘主然其中计，即斩怀等。遣将黄忠、卓膺、魏延等勒兵前行②。梓潼令南阳王连固城坚守③，刘主义之，不逼攻也。进据涪城，置酒作乐，谓庞统曰："今日之会，可谓乐矣！"统对曰："伐人之国，而以为欢，非仁者也。"刘主曰："武王伐纣，前歌后舞④，岂非仁也？"统退出。刘主寻请还，谓曰："向者之谈⑤，阿谁为失^⑥？"统曰："君臣俱失。"

【注释】

①关头：即白水关。东汉置，属白水县。在今四川青川东北沙州
　镇北。

②卓膺：汝南郡汝阳（今河南商水）人。蜀将。初仕刘璋，后投降刘
　备。勒：统率，率领。

③王连：字文仪，南阳（今河南南阳）人。初仕刘璋，为梓潼令。刘
　备据蜀，历任什邡令、广都令、司盐校尉、蜀郡太守、屯骑校尉、丞
　相府长史等，封平阳亭侯。主持盐政期间，收入大增，政绩显著。
　《三国志·蜀书》有传。

④武王伐纣，前歌后舞：参看本书卷一《巴志》注。

⑤向者：刚才，适才。

⑥阿谁：疑问代词。犹言谁、何人。古诗十九首《十五从军征》："家
　中有阿谁？"

【译文】

庞统劝说刘备道："您暗地里挑选精兵，军队昼夜兼行，直接袭击成
都。刘璋既不擅长作战，又一向没有准备，如此一举而平定成都，这是
上计。杨怀、高沛是刘璋的名将，二人各依仗强兵，据守白水关，曾经多
次致信劝谏刘璋让将军您退回白帝城。将军派人告知二人，说您将要东
归，并赶快准备行装。二人既佩服将军的名声，又赞赏将军的离开，必定
乘轻骑前来拜见。将军趁此机会捉拿他们，进而夺取他们的军队，由此
再向成都进军，这是中计。将军退回到白帝城，接着退避荆州，慢慢再
图计谋，这是下计。"刘备同意了他的中计，随即斩杀了杨怀等人。派遣
将领黄忠、卓膺、魏延等率领军队往前行进。梓潼令、南阳人王连固守
城池，坚决抵抗，刘备认为他是义士，不逼迫进攻。刘备进军占据涪城，
置酒作乐，对庞统曰："今日的聚会，真是快乐啊！"庞统回答说："攻打别

人的国家,而又感到快乐,这不是仁者。"刘备说:"当年周武王讨伐商纣王,军队前面唱歌后面跳舞,这难道不仁吗?"庞统退出了酒席。不一会儿,刘备派人将庞统请回到酒席,对庞统说:"刚才的谈话,是谁的过错呢?"庞统说:"君臣都有过错。"

十八年,璋遣将刘璝、冷苞、张任、邓贤、吴懿等拒刘主于涪①,皆破败,还保绵竹。懿诣军降,拜讨逆将军②。初,刘主之南伐也,广汉郑度说璋曰③:"左将军县军袭我④,众不满万,百姓未附,野谷是资⑤。计莫若驱巴西、梓潼民内涪川以南⑥,其仓廪野谷,一皆烧除,高垒深沟,静以待之。彼请战不许,久无所资,不过百日,必禽矣。"先主闻而恶之。法正曰:"璋终不能用,无所忧也。"璋果谓群下曰:"吾闻拒敌以安民,未闻动民以避敌。"绌度不用⑦,故刘主所至有资。进攻绵竹。璋复遣护军南阳李严、江夏费观等督绵竹军⑧。严、观率众降,同拜裨将军⑨。进围璋子循于雒城⑩。

【注释】

①张任:蜀郡人。刘璋部将。出身寒门。年少有胆略,初仕州从事。奉命于涪拒刘备,失利后退守雒城,兵败被俘,不屈而死。吴懿:字子远,陈留(今河南开封)人。见本卷上文注。刘璝、冷苞、邓贤:里籍、事迹不详。

②讨逆将军:官名。杂号将军名。东汉末年置,掌征伐。后曹操亦置,曾以文聘为讨逆将军。

③郑度:广汉郡绵竹(今四川德阳北)人。任益州牧刘璋从事。为人有智谋。刘备自葭萌关攻刘璋,郑度劝说刘璋烧尽涪水以西粮,断备军食,固垒以待。刘璋未采纳,乃败。本书卷十《先贤士女总

　　　　赞》有传。

④县军：深入敌方、缺乏后援的孤军。县，同"悬"。

⑤野谷：田野中未及收割的稻谷。或说野菜杂粮，亦通。

⑥内：同"纳"，移入，迁移。

⑦绌（chù）：通"黜"，罢免，革除。

⑧李严：字正方，南阳（今属河南）人。费观：字宾伯，江夏鄳（今河南罗山）人。俱见本书卷一《巴志》注。

⑨裨将军：简称裨将，属大将军，位在偏将军下、校尉上。初为副将，后成为低级将军名号。

⑩循：刘循，江夏郡竟陵（今湖北潜江）人。刘璋之子。率军驻守雒城，坚守近一年。城破被俘，刘备以为奉车中郎将。

【译文】

　　建安十八年，刘璋派遣将领刘璝、冷苞、张任、邓贤、吴懿等在涪城抵御刘备，都被打败，退兵入绵竹自保。吴懿率军投降刘备，被封为讨逆将军。起初，刘备南伐时，广汉人郑度劝说刘璋道："刘备统率孤军袭击我们，人数不到一万，而且百姓也没有归附，军队靠野菜杂粮为食。我们不如考虑将巴西、梓潼之民内迁至涪川以南，而将粮仓及野谷等全部烧毁，筑高垒、挖深沟，静等刘备前来。即使他们挑战，我们也不搭理，他们因长期没有物资供给，支撑不会超过一百天，我们必定能擒获刘备。"刘备后来听说了此事，心中憎恶郑度。法正说："刘璋最终肯定不会采用郑度的计谋，我们不用担心。"刘璋果然对群臣说："我只听说过抵抗敌人以安抚百姓，没有听说过驱动百姓以躲避敌人。"刘璋罢免了郑度的官职，不再任用他，因此刘备所到之处都有军需物资的供给。刘备下令进攻绵竹。刘璋又派遣护军、南阳人李严和江夏人费观等统率绵竹军队。李严、费观率领军队投降刘备，一同被拜为裨将军。刘备继续进军，在雒城围困刘璋之子刘循。

十九年，关羽统荆州事，诸葛亮、张飞、赵云等溯江降下巴东[1]，入巴郡。巴郡太守巴西赵筰拒守[2]，飞攻破之，获将军严颜，谓曰："大军至，何以不降，敢逆战？"颜对曰："卿等无状[3]，侵夺我州。我州但有断头将军，无降将军也！"飞怒曰："牵去斫头！"颜正色曰："斫头便斫，何为怒也！"飞义之，引为宾客。赵云自江州分定江阳、犍为，飞攻巴西，亮定德阳[4]。巴西功曹龚谌迎飞[5]。璋帐下司马蜀郡张裔拒亮[6]，败于陌下[7]，裔退还。

【注释】

① 赵云（？—229）：字子龙，常山真定（今河北正定）人。初为公孙瓒部将，后归刘备。历官牙门将军、翊军将军、中护军、征南将军、镇东将军等，封永昌亭侯。曾于当阳长坂（今湖北当阳北）怀抱刘禅，保护甘夫人脱险。蜀汉建兴六年（228），从诸葛亮攻祁山，失利，贬为镇军将军。卒谥顺平侯。《三国志·蜀书》有传。

② 赵筰：巴西（治今四川阆中）人。刘璋部将。后降刘备，任益州别驾。

③ 无状：不像样，不像话。

④ 德阳：县名。东汉分梓潼县置，属广汉郡。治所在今四川江油东北雁门坝一带。东汉末，徙治今遂宁东南十八里龙凤场，改旧县为德阳亭。

⑤ 龚谌：巴西郡安汉（今四川南充）人。龚禄之父。原为刘璋巴西功曹，后向张飞投降。蜀汉时，任犍为太守。

⑥ 张裔：字君嗣，蜀郡成都（今四川成都）人。参看本书卷四《南中志》注。

⑦ 陌下：底本作"柏下"，误。陌下，在今四川遂宁东南十八里。

【译文】

建安十九年，关羽统领荆州事务，诸葛亮、张飞、赵云等溯江而上，攻下巴东，进入巴郡。巴郡太守、巴西人赵筰抵抗坚守，张飞攻破巴郡，活捉了将军严颜，张飞对严颜说："大军已经到达，为何不投降，还敢迎战？"严颜回答说："你们太不像话，侵犯夺取我们的州郡。我州只有断头将军，没有投降将军！"张飞大怒道："拉出去砍头！"严颜神色严肃道："砍头便砍，为何要发怒！"张飞认为严颜讲义气，将其召为宾客。赵云自江州进军，分别平定了江阳、犍为郡，张飞攻打巴西郡，诸葛亮平定德阳郡。巴西功曹龚谌迎接张飞。刘璋帐下司马、蜀郡人张裔抵抗诸葛亮，在陌下被击败，张裔退回。

夏，刘主克雒城，与飞等合围成都。而偏将军扶风马超率众自汉中请降①，刘主遣建宁督邮李恢迎超②，超径至③。璋震恐。所署蜀郡太守汝南许靖将逾城出降④，璋知，不敢诛。被围数十日，城中有精兵三万，谷支二年，众咸欲力战。璋曰："父子在州二十余年，无恩德以加百姓。攻战三年，肌膏草野⑤，以璋故也，何以能安！"遂遣张裔奉使诣刘主。刘主许裔礼其君而安其民。刘主又遣从事中郎涿郡简雍说璋⑥。璋素雅敬雍⑦，遂与同舆而出降。吏民莫不歔欷涕泣⑧。刘主复其所佩振威将军印绶⑨，还其财物，迁璋于南郡之公安。吴主孙权之取荆州也，以璋为益州刺史。刘主东征，璋于吴卒也。

【注释】

①偏将军：官名。西汉置，为主将之下的副将、小将。新莽时曾普赐诸郡卒正、连帅、大尹此号。东汉、三国时为杂号将军中地位较低

者,仅高于裨将军。马超(176—222):字孟起,右扶风茂陵(今陕西兴平)人。征西将军马腾之子。初代父统领部众,与韩遂等联兵攻曹操,兵败后逃入诸戎。又率诸戎攻取凉州,不久被魏将杨阜击败,奔汉中。时刘备攻益州,超请降,将兵至城下,刘璋即出降。蜀汉立,累迁骠骑将军,领凉州牧,封斄乡侯。卒谥威侯。《三国志·蜀书》有传。

②李恢:字德昂,建宁郡俞元(今云南澄江)人。参看本书卷四《南中志》注。

③径:直接。《三国志·蜀书·马超传》裴松之注引《典略》:"(刘)备闻(马)超至,喜曰:'我得益州矣。'乃使人止超,而潜以兵资之。超到,令引军屯城北,超至未一旬而成都溃。"

④许靖(?—222):字文休,汝南平舆(今河南平舆北)人。参看本书卷三《蜀志》注。将:底本无。《三国志·蜀书·法正传》:"(建安)十九年,(刘备)进围成都,璋蜀郡太守许靖将逾城降,事觉,不果。(刘)璋以危亡在近,故不诛靖。"据此增补。

⑤肌膏草野:指尸体血肉滋润野草,意谓死人很多。膏,润泽,滋润。

⑥从事中郎:官名。汉置,属将军,为参谋议事的散职官员,有时也领兵征战。汉末称雄的诸州也置此官。简雍:字宪和,涿郡(治今河北涿州)人。与刘备有旧交,随从左右。刘备得荆州,任为从事中郎,常奉命出使。后随刘备入蜀,曾入城说降刘璋,以功拜昭德将军。优游风议,滑稽多智。《三国志·蜀书》有传。

⑦素雅:指平素有交谊。

⑧歔欷(xū xī):悲泣,抽噎,叹息。

⑨印绶:印信和系印信的丝带。

【译文】

　　夏天,刘备攻克雒城,与张飞等合兵围攻成都。而偏将军、扶风人马超率领众人在汉中请求投降,刘备派遣建宁督邮李恢迎接马超,马超直接进军成都。刘璋感到震惊与恐惧。刘璋麾下蜀郡太守、汝南人许靖想要出城投降,刘璋知道后,也不敢杀他。刘璋被围困数十天,成都城中有精兵三万,谷物可以支撑两年,众人都希望奋力一战。刘璋说:"我们父子在益州二十多年,没有什么恩德施加给百姓。打了三年仗,尸横草野,都是因为我刘璋的缘故,我怎么能安心呢!"于是,刘璋派遣张裔奉命前去拜见刘备。刘备向张裔许诺,答应礼待其君、安抚其民。刘备又派遣从事中郎、涿郡人简雍去劝说刘璋。刘璋平素一向敬重简雍,于是与简雍同乘车舆出城投降。官吏和百姓无不悲泣叹息。刘备归还刘璋所佩戴的振威将军的印章、绶带,又归还其财物,将刘璋迁徙到南郡的公安县。吴主孙权夺取荆州之后,任命刘璋为益州刺史。后来,刘备东征吴国,刘璋死在吴国。

撰曰:公孙述藉导江之资,值王莽之虐,民莫援者,得跨巴、蜀;而欺天罔物[1],自取灭亡者也。然妖梦告终[2],期数有极[3],奉身归顺[4],犹可以免;而矜愚遂非[5],何其顽哉!刘焉器非英杰,图射徼幸;璋才非人雄,据土乱世,其见夺取,陈子以为非不幸也[6]。昔齐侯嗤晋、鲁之使[7],旋蒙易乘之困;魏君贱公叔之侍人[8],亦受割地之辱。量才怀远[9],诚君子之先略也。观刘璋、曹公之侮慢法正、张松,二憾既征,同怨相济,或家国覆亡,或三分天下。古人一馈十起,辍沐挥洗[10],良有以也。

【注释】

①罔:欺骗,蒙蔽。

②妖梦:反常之梦,妖妄之梦。本处所说"妖梦",特指上文所述"述梦人谓己曰:'八厶子系,十二为期。'"告终:宣告结束。

③期数：气数，命运。

④奉身：献身。

⑤矜愚：在无知者面前夸耀，装作有智慧。遂非：坚持错误，掩饰错误。

⑥陈子：指陈寿。按：陈寿的评价，见《三国志·蜀书·刘二牧传》："(刘)璋才非人雄，而据土乱世，负乘致寇，自然之理，其见夺取，非不幸也。"

⑦齐侯：指齐顷公（？—前582），名无野，春秋时齐国国君。齐惠公之子，齐桓公之孙。齐顷公七年（前592），因其母萧同叔子耻笑晋使郤克足跛，与晋结怨。十年（前589），齐攻鲁、卫，晋往救，战于鞍，齐大败。悉反鲁、卫侵地。后顷公开放苑囿，减轻赋敛，振孤问疾，百姓悦附，诸侯不犯。在位十七年。谥顷。晋、鲁之使：指郤克。郤克，亦称郤伯、郤献子。春秋时晋国人。郤克有残疾，跛足。据《左传·宣公十七年》记载，"十七年，春，晋侯使郤克征会于齐。齐顷公帷妇人，使观之。郤子登，妇人笑于房。献子怒，出而誓曰：'所不此报，无能涉河！'献子先归，使栾京庐待命于齐，曰：'不得齐事，无复命矣。'"鲁成公二年（前589），齐伐鲁、卫，晋派郤克率兵伐齐，战于鞌（在今山东济南），齐大败，被迫退返所占鲁、卫国土。鞌之战时，齐顷公因与其车右逢丑父交换位置（"易乘"），才免于被俘。

⑧魏君：指魏惠王，亦称梁惠王，名罃。战国时魏国国君。魏武侯子。即位后迁都大梁。与赵、韩构恶，被齐军大败于马陵（今河北大名东南）。又屡败于秦。召集逢泽（在今河南开封东南）之会，改侯称王。卑礼厚币以招贤者，邹衍、淳于髡、孟轲等至大梁。轲尝劝王行仁义而不能用。国势渐衰。公叔：指公叔痤。战国时魏国人。事武侯、惠王，为相。惠王八年（前362），曾率军战胜韩、赵联军，虏赵将乐祚。侍人：指商鞅（约前390—前338），战国时卫国人。即公孙鞅，亦称卫鞅。在秦国实行变法，以战功封

于商,亦称商鞅、商君。变法十年,乡邑大治,国势日强。秦孝公死,被贵族诬害,车裂而死。按:公叔痤病将死,惠王问以国事,痤荐中庶子公孙鞅(商鞅)于魏惠王,王不听。痤劝王如不用鞅,必杀之。王又不听,鞅遂入秦。其后,商鞅入秦掌权,带兵伐魏,打败魏军,魏惠王不得不割河西之地以求和。见《史记·商君列传》。

⑨怀远:安抚远方之人。

⑩"一馈十起"二句:形容求贤殷切或事务繁劳,指的是大禹、文王、周公等人。《吕氏春秋·有始览·谨听》:"昔者禹一沐而三捉发,一食而三起,以礼有道之士,通乎己之不足也。"《淮南子·氾论训》:"当此之时,一馈而十起,一沐而三捉发,以劳天下之民。"《史记·鲁周公世家》:"周公戒伯禽曰:'然我一沐三捉发,一饭三吐哺,起以待士,犹恐失天下之贤人。'"《论衡·书解》:"文王日昃不暇食,此谓演《易》而益卦;周公一沐三握发,为周改法制而周道不弊。"馈,进食,吃饭。沐,洗发。

【译文】

撰述者说:公孙述凭借任导江卒正之职的资本,恰逢王莽暴虐无道,得不到老百姓的支持,公孙述于是得以占据巴、蜀;而他欺骗上天、蒙蔽人民,最终自取灭亡。然而妖梦宣告结束,气数到了尽头,公孙述如果归顺刘秀,还可以免除杀身之祸;而他假装有智慧、掩饰错误,多么顽固啊!刘焉本非英雄豪杰,只是图谋凭借一时的侥幸而生存;刘璋亦非雄才俊杰,只求在乱世中占据地盘、割据一方,最终地盘和官职均被夺走,陈寿认为这并不是什么不幸的事情。从前齐顷公因为嗤笑晋国、鲁国的使者,旋即蒙受与将士在战车上交换位置,方才得以免于被俘的困境;魏惠王因为看不起公叔痤的侍人商鞅,也遭受了割地求和的屈辱。根据才能而加以任用,招抚远方之人,确实是执政君子应该首先考虑的计略。看刘璋、曹操轻慢侮辱法正、张松,以致二人怀恨在心;而二人在被刘备征召后,便齐心协力共助刘备,结果有的国破家亡(刘璋),有的不能统一全国而落得天下三分(曹操)。古人吃一顿饭站起来十次,洗一次头发多次停止,这是因为求贤殷切而害怕失去贤才,如此而为确实是有原因的。

卷六　刘先主志

【题解】

　　本卷所说的"刘先主",指的是刘备,即蜀汉开国君主昭烈帝。与卷五《公孙述刘二牧志》一样,本卷也属于"家国一体"(家族与国家合为一体)的"编年史",是刘备个人的"大事纪年"与蜀汉国家的"开国纪年"。

　　《刘先主志》以时间先后为序,择要记述了刘备的生平大事——曾经显赫的家世("汉景帝子中山靖王胜后也")与其时微贱的出身("与母贩履织席自业")、少年时期的教育与交游、青年时期的征战与创业、中年时期的入蜀与称帝、晚年时期的伐吴与托孤。《刘先主志》重点记述的是刘备中青年以后的事迹,如三顾茅庐、隆中对、占荆州、入西川、即帝位、伐东吴、托幼孤等。

　　《刘先主志》通过对刘备生平事迹的记述,意在描述东汉末年到蜀汉初年与巴蜀地区有关的历史风云、政治风貌、人物风姿等,勾勒其时与其地的线条与脉络。相对而言,《刘先主志》对该时期巴蜀本地的民风民俗、民心民情等记述不多。与此前的《三国志》、此后的《资治通鉴》相较而言,《刘先主志》对有些大事的记载,明显有其详略与取舍的标准,而其最典型者为"赤壁之战"。对于"赤壁之战",《刘先主志》仅有"大破公军于赤壁,焚其舫舟"寥寥数语。于此,读者不妨结合参看《三国志》与《资治通鉴》。

在"撰曰"部分,常璩引述了陈寿《三国志》对刘备的评价,"君臣之至公,古今之盛轨"。但仔细体会"撰曰",常璩仅有引述,而未做引申,似乎是持"保留意见",而且有其"微言大义"。

先主讳备[1],字玄德,涿郡涿县人,汉景帝子中山靖王胜后也[2]。胜子贞,元朔二年封涿郡陆成侯[3],因家焉。祖父雄,察孝廉,为东郡范令[4]。父弘[5]。

【注释】

[1]先主讳备:指刘备(161—223),字玄德,涿郡涿县(今河北涿州)人。参看本书卷五《公孙述刘二牧志》注。

[2]中山靖王胜:刘胜(? —前113),西汉宗室。汉景帝第九子,母贾夫人。汉武帝刘彻异母兄。汉景帝前元三年(前154)立为中山王。为人乐酒好色,有子百二十余人。卒谥靖王。《史记》《汉书》有传。死后葬于今河北保定满城区(满城汉墓),在墓中发现的随葬品有金缕玉衣等。

[3]陆成:县名。西汉置,属中山国。治所在今河北蠡县南十五里。西汉元朔二年(前127),封中山靖王之子刘贞为陆成侯,属涿郡。

[4]范令:范县县令。范县,西汉置,属东郡。治所在今河南范县东南张庄乡旧城村。东汉末属东平国。北魏属兖州东平郡。北齐废。

[5]父弘:《三国志·蜀书·先主传》说"先主祖雄,父弘,世仕州郡",则刘弘亦曾为州郡小官。

【译文】

先主名备,字玄德,涿郡涿县人,是汉景帝之子中山靖王刘胜的后代。刘胜之子刘贞,元朔二年被封为涿郡陆成侯,于是在此地安家。祖父刘雄,察举为孝廉,任东郡范县县令。父亲刘弘,很早就去世了。

先主幼孤,与母贩履织席自业①。舍东南角篱上有桑树生,高五丈余,遥望童童如车盖②,人皆异之,或谓当出贵人。先主少时与宗中诸儿戏于树下,言:"吾必乘此羽葆盖车③!"叔父子敬谓曰④:"汝勿妄言,灭吾门也!"年十五,母遣行学,与宗人刘德然、辽西公孙瓒俱事故九江太守同郡卢子幹⑤。德然父元起常资给先主,与德然等。元起妻曰:"各自一家,何能常尔!"元起曰:"宗中有此儿,非常人也。"而瓒深与先主善,瓒年长,先主兄事之。喜狗马、音乐、美衣服。长七尺五寸,垂臂下膝,顾自见耳⑥。能下人⑦,喜怒不形于色。善交结豪侠,年少争附之。中山大商张世平、苏双等见而奇之,多与之金,先主由是得合徒众。河东关羽云长、同郡张飞益德,并以壮烈为御侮⑧。先主与二子寝则同床,食则共器,恩若弟兄,然于稠人广众中侍立终日⑨。

【注释】

①自业:作为自谋生计的事业。

②童童:茂盛重叠貌。树叶浓密而下垂的样子。车盖:古代车上遮雨蔽日的篷。状如伞,有柄。

③羽葆盖车:用翠羽装饰帷盖的车子。这是古代天子所乘坐的车。

④叔父子敬:刘珖,字子敬,涿郡涿县人。中山靖王刘胜之后,刘备的叔父。

⑤公孙瓒(? —199):字伯珪,辽西令支(治今河北迁安)人。曾从卢植读经。初为郡吏,后以孝廉为郎,任辽东属国长史。击乌桓有功,迁骑都尉。以镇压黄巾军,拜奋武将军,封蓟侯。据冀州与袁绍相争,连年交兵,互掠百姓,至野无青草。自恃才力,睚

眦必报,所在贪暴,百姓怨之,谋臣将士离散。汉献帝建安四年(199),为袁绍所败,自焚而死。《三国志》与《后汉书》有传。卢子干:卢植(？—192),字子干,涿郡涿(今河北涿州)人。东汉经学家。少与郑玄俱师事马融,博通古今文经学。汉灵帝建宁中(168—171),征为博士,校书于东观。历官九江太守、尚书、北中郎将,曾率军镇压黄巾起义。董卓专权,不肯屈节,被免官,遂隐居于上谷而卒。著有《尚书章句》《三礼解诂》,俱佚。《后汉书》有传。

⑥顾自见耳:意谓回头能看见自己的耳朵。刘备因耳朵长大,吕布骂其为“大耳儿”,曹操称其为“大耳翁”(见本卷下文)。

⑦下人:居于人之后,对人谦让。意谓能谦虚待人。

⑧御侮:谓抵御外侮。

⑨稠人广众:指人群众多。

【译文】

先主年幼时失去了父亲,与母亲靠贩卖鞋子、编织席子维持生计。屋舍东南角篱笆边上生长有一棵桑树,高五丈多,远远望去,枝繁叶茂像是一顶车盖,人们都认为这棵桑树很奇特,有人说这家要出现贵人。先主年少之时,与同宗族的小孩们在树下嬉戏,说:“我一定要乘坐像桑树这样大的用翠羽装饰帷盖的车子!”叔父刘子敬对他说:“你不要乱说话,小心招来灭门之灾!”先主十五岁时,母亲安排他出去读书,与同宗族的刘德然、辽西人公孙瓒一起求学于原九江太守、同郡人卢植(字子干)的门下。刘德然的父亲刘元起经常资助先主,对他与德然同等对待。刘元起的妻子说:“各自是一家人,怎么能经常这样呢!”刘元起说:“宗族中有这样的孩儿,他不是寻常之辈。”而公孙瓒与先主交往密切,公孙瓒年长,先主视其为兄长。先主喜欢狗马、音乐、美丽的衣服。身长七尺五寸,手臂下垂可至膝盖,回头能看见自己的耳朵。先主能够谦虚待人,喜怒不形于色。善于结交豪侠,少年们都争相归附他。中山大商人张世平、苏双等见到先主都很称奇,送给他很多金子,先主因此得以聚集众人。河东人关羽字云长、同郡人张飞字益德,都以果敢忠烈一同为先主抵御外侮。先主与关羽、张飞二人睡则同床而眠,吃则共器而食,恩情好比弟兄,但在大庭广众之中,两人整天都恭顺地站立在先主旁边。

中平元年①,从校尉邹靖讨黄巾贼,有功②,除安喜尉③。求谒督邮,不得,乃入,缚执之,杖二百,以绶系督邮头颈著马柳柱④,委官亡命⑤。顷之,应大将军何进募⑥,有功,除下密丞⑦。后为高唐尉⑧,迁为令⑨。瓒为中郎将,表先主为别部司马,拒冀州牧袁绍⑩。数有战功,守平原令⑪,进领平原相⑫。郡民刘平耻为之下,使客刺之。客服其德,告之而去。北海相鲁国孔融为黄巾贼所围⑬,使太史慈求救于先主⑭。先主曰:"孔文举闻天下有刘备乎!"以兵救之。广陵太守下邳陈登元龙⑮,太尉球孙也⑯,有隽才⑰,轻天下士,谓功曹陈矫曰⑱:"闺门雍穆⑲,有德有行,吾敬陈元方父子⑳;冰清玉洁㉑,有德有言,吾敬华子鱼㉒;博闻强志㉓,奇伟卓荦㉔,吾敬孔文举;雄姿杰出㉕,有王霸之略㉖,吾敬刘玄德。名器尽此㉗。"

【注释】

①中平元年:189年。

②邹靖:东汉末年担任破虏校尉、北军中候,曾率军讨伐胡人和黄巾军。

③安喜:县名。东汉元和中改安险县置,治所在今河北定州东南。

汉灵帝末,刘备除安喜尉。喜,古书又作憙(《续汉书·郡国志》)。

④马柳(àng)柱:拴马的柱子。

⑤委官:弃官。亡命:逃亡。《三国志·蜀书·先主传》:"督邮以公事到县,先主求谒,不通,直入缚督邮,杖二百,解绶系其颈著马柳,弃官亡命。"

⑥何进(?—189):字遂高,南阳宛(今河南南阳)人。出身屠户。汉灵帝时以其妹选入宫为贵人,又为皇后,先后任郎中、颍川太守、河南尹、大将军等职。曾镇压黄巾起义,封慎侯。汉灵帝卒,立刘辩为少帝,掌握朝政。后与袁绍谋诛宦官,事泄被杀。《后汉书》有传。

⑦下密:县名。战国秦置,属胶东郡。治所在今山东昌邑东南十五里密城。西汉属胶东国。东汉初废,安帝复置,属北海国。丞:县丞。官名。为县的副贰长官,辅佐县令掌县政。

⑧高唐:县名。战国齐置,后入秦,属济北郡。治所在今山东禹城西南四十里。汉属平原郡。西晋废。尉:县尉。官名。秦汉县皆置尉,掌捕盗贼,按察奸宄。

⑨令:县令。官名。为一县的长官,掌全县的政令。秦汉时,万户以上的称"令",不足万户的称"长"。

⑩袁绍(?—202):字本初,汝南汝阳(今河南商水)人。出身大族,好交结养士。初为郎,曾任濮阳长。汉灵帝时,为侍御史、虎贲中郎将。汉灵帝死,袁绍劝何进召董卓诛宦官,事泄,何进被杀,袁绍引兵入宫,尽诛宦官。董卓至京师,欲废少帝另立,袁绍奔冀州,起兵讨董卓,自为盟主,号车骑将军,领司隶校尉。后据冀、青、幽、并四州,割据一方。汉献帝建安二年(197),称大将军,兼督四州。建安五年(200),与曹操争雄,战于官渡,兵败,病发而死。《后汉书》《三国志》有传。

⑪守:试守,试用。即正式任命前试行代理某一职务。平原:王国

名。东汉延平元年（106）改平原郡为平原国,治所在平原县（今
山东平原县西南）。建安十一年（206）改为郡,三国魏黄初三年
（222）又改为国。黄初七年（226）复改为郡。西晋又改为国。
南朝宋复改为郡。

⑫领:类似兼任。平原相:平原国相。汉制,王国置相,职如太守。

⑬北海:郡国名。西汉景帝二年（前155）分齐郡置,治所在营陵县
（今山东昌乐东南）。东汉改为国,移治剧县（今山东昌乐西）。
孔融（153—208）:字文举,鲁国（治今山东曲阜）人。孔子二十世
孙。东汉末,历官北海相、少府、太中大夫等职,名重天下。喜交
士人,时常宾客盈门。为人恃才负气,多次轻慢曹操,被曹操借故
杀掉。有文名,为“建安七子”之一。有《孔北海集》。《后汉书》
有传。

⑭太史慈（166—206）:字子义,东莱黄（今山东龙口）人。善射,弦
不虚发。少为郡吏。汉末,避祸辽东,北海相孔融奇之。后,孔融
为黄巾所围,太史慈突围,劝说刘备以援兵解围。又从刘繇,称丹
阳太守,为山越所附。后归孙策,拜折冲中郎将、建昌都尉。《三
国志·吴书》有传。

⑮下邳:县名。秦置,属东海郡。治所在今江苏睢宁西北古邳镇东
三里。东汉为下邳国治。陈登:字元龙,徐州下邳（今江苏睢宁）
人。陈珪之子。初举孝廉,除东阳长。初从吕布,后归曹操,为广
陵太守。赏罚严明,治有纲纪。劝曹操攻吕布,诛之,以功加伏波
将军。后为东城太守。在江淮有声望,屡破孙吴军队的进攻。年
三十九卒。《三国志·魏书》有传。

⑯球:陈球（118—179）,字伯真,下邳淮浦（今江苏涟水西）人。少
习儒学,善律令。汉顺帝时,举孝廉,后历繁阳令、将作大匠、南阳
太守等职。汉桓帝时,官至司空、太尉。与司徒刘郃、尚书刘纳谋
诛宦官,事泄被杀。《后汉书》有传。

⑰隽才：出众的才智。隽，通"俊"。

⑱陈矫（？—237）：字季弼，广陵东阳（今安徽天长）人。初为郡功曹，后任曹操司空掾属，除相令，征南长史，彭城、乐陵太守，迁魏郡太守，官至尚书。曹操卒，他建议曹丕早即王位，免致生变，被采纳，因迁尚书令。明帝时，历官侍中、光禄大夫、司徒，进封东乡侯。卒后谥贞侯。《三国志·魏书》有传。

⑲闺门：内室的门，借指家庭。雍穆：和睦，融洽。

⑳陈元方父子：指陈寔及其子陈纪、陈谌。陈寔（104—187），字仲弓，颍川许（今河南许昌）人。出身卑微，有志好学。少为县吏，后为郡功曹。汉桓帝时，征拜尚书，又出任闻喜、太丘县长。党锢祸起，自请入狱，遇赦出。从此隐居不仕，在士大夫中享有盛誉。与子陈纪、陈谌并著高名，时号"三君"。卒后，私谥文范先生。《后汉书》有传。陈纪，字元方，颍川许人。陈寔之子。东汉名士。与弟陈谌并有德行。遭党锢之祸，发愤著书数万言，名为《陈子》。党禁解，四府并辟，无所屈就。董卓入洛阳，不得已到京师，累迁尚书令。汉献帝建安初，拜大鸿胪。《后汉书》有传。陈谌，字季方，颍川许人。陈寔之子。东汉名士。早卒。《后汉书》有传。

㉑冰清玉洁：像冰一样清明，像玉一样纯洁。比喻德行高洁。

㉒华子鱼：华歆（157—231），字子鱼，平原高唐（今山东禹城）人。初举孝廉，后为郎中，以病去官。曹魏时期，历官议郎、尚书令、司徒、太尉等职，封安乐乡侯、博平侯。卒谥敬侯。《三国志·魏书》有传。

㉓博闻强志：见闻广博，记忆力强。

㉔奇伟：奇异不凡。卓荦（luò）：超绝出众。

㉕雄姿：雄壮威武的姿态。

㉖王霸：指能成就王霸之业的人。

㉗名器：犹大器。比喻国家的栋梁。

【译文】

中平元年，刘备跟从校尉邹靖讨伐黄巾军，因为有功，被任命为安喜县尉。刘备请求拜见督邮，没有被允许，于是径直闯入，用绳子将督邮捆绑起来，杖打督邮二百下，又用绶带系在督邮头颈上，将其拴在马桩上，然后抛弃官职亡命江湖。不久，刘备响应大将军何进的招募，并立下战功，被任命为下密县丞。后来刘备被封为高唐县尉，接着升迁为高唐县令。公孙瓒为中郎将，上表荐举刘备为别部司马，对抗冀州牧袁绍。刘备多次立有战功，升为平原县令，进而代理平原国相。平原郡民刘平以职位在刘备之下而感到耻辱，派遣刺客刺杀刘备。刺客被刘备的德行所折服，在告诉刘备之后便扬长而去。北海相、鲁国人孔融被黄巾军围困，派遣太史慈向刘备求救。刘备说："孔融也知道天下有我刘备啊！"于是派兵解救了孔融。广陵太守、下邳人陈登（字元龙），是太尉陈球的孙子，才智出众，轻视天下之士，他对功曹陈矫说："家庭和睦，而又有德有行，我敬佩陈元方父子；德行高洁，而又有德有言，我敬佩华子鱼；博闻强志，而又奇特超群，我敬佩孔文举；雄姿杰出，而又有王霸谋略，我敬佩刘玄德。国家栋梁，就是这些。"

徐州牧陶谦表先主为豫州刺史①。徐州牧陶谦病笃，谓别驾东海麋竺曰②："非刘备不能安此州也。"谦卒，竺率州迎先主，先主未许。广陵太守下邳陈登进曰："今汉室陵迟③，海内倾覆，立功立事在今日。鄙州殷富④，户口百万，欲屈使君抚临州事。"先主曰："袁公路近在寿春⑤，此君四世五公⑥，海内所归，可以州与之。"登曰："公路骄豪，非治乱之主。今欲为使君合步骑十万，上可以匡济生民⑦，成五霸之业⑧；下可以割地守境，书功于竹帛⑨。若使君不见听许,登亦未敢听使君也。"北海相孔融谓先主曰:"袁术岂忧国忘家者耶? 冢中枯骨,何足介意! 今日之事,百姓与能⑩。天与不取,悔不可追。"先主遂领徐州牧。

【注释】

①陶谦(132—194):字恭祖,丹阳(治今安徽当涂东北)人。少仕州郡,察孝廉,拜尚书郎,后累迁徐州刺史,镇压黄巾起义。李傕、郭汜作乱关中,四方断绝,陶谦每遣使间行,奉贡西京。迁徐州牧,加安东将军,封溧阳侯。时徐州谷食较丰,流民多归之。在郡不理政务,亲信谗佞,大起佛寺,拜佛施食,多所靡费。汉献帝初平间,为曹操所击,退守郯城,不久病卒。《后汉书》《三国志》有传。

②麋竺:字子仲,东海朐(今江苏连云港)人。出身大商贾。初为徐州牧陶谦别驾从事。陶谦死,奉命迎刘备。汉献帝建安元年(196),刘备败于吕布,妻子被虏,遂进妹于刘备为夫人,并献金银货币以为军资,刘备赖以复振。后弃官从刘备。刘备将至荆州,麋竺为之先。从入益州,拜为安汉将军。后其弟麋芳叛投孙权,麋竺惭恨,发病卒。《三国志·蜀书》有传。

③陵迟:败坏,衰败。

④鄙州:指徐州。因陈登是徐州下邳人,故谓徐州为"鄙州"。

⑤袁公路:袁术(? —199),字公路,汝南汝阳(今河南商水)人。袁逢之子,袁绍从弟。少以侠气闻,举孝廉,历官郎中、折冲都尉、河南尹、虎贲中郎将。董卓专权,出奔南阳,得长沙太守孙坚之助,据有其地。与袁绍交恶,为绍及曹操所败,退据扬州。汉献帝建安二年(197),称帝于寿春,自号仲家。不久为曹操所败,病死。《后汉书》《三国志》有传。寿春:县名。秦置,治所即今安徽

寿县。

⑥四世五公：袁绍高祖袁安为司徒，儿子袁敞为司空，孙子袁汤为太
　　尉，曾孙袁逢为司空，袁隗为太傅，四世五人皆居三公位，故人称
　　"四世五公"。

⑦匡济生民：即匡正君主，救助百姓。

⑧五霸：春秋时先后称霸的五个诸侯。所谓春秋五霸，一说齐桓公、
　　晋文公、宋襄公、秦穆公、楚庄王，一说齐桓公、晋文公、楚庄王、
　　吴王阖闾、越王勾践。

⑨竹帛：竹简和绢帛，古时用来写字，因借指典籍、史册。

⑩与能：荐举有才能的人。与，通"举"，荐举。《礼记·礼运》："大
　　道之行也，天下为公，选贤与能。"王引之《经义述闻·礼记中》：
　　"与，当读为举。《大戴礼·王言篇》：'选贤举能。'是也。举、与
　　古字通。"

【译文】

　　徐州牧陶谦曾经上表举荐刘备为豫州刺史。徐州牧陶谦病重时，对别驾、东海人麋竺说："没有刘备，就不能安定本州。"陶谦死后，麋竺率领徐州百姓迎请刘备，刘备没有同意。广陵太守、下邳人陈登进言说："现在汉朝王室衰败，海内颠覆，立功立业，就在今日。徐州殷实富足，人口上百万，想委屈您治理徐州事务。"刘备说："袁术就在附近的寿春，此君出身四世五公之家，是海内之士所归心之人，可以将徐州交给他治理。"陈登说："袁术骄矜纵恣，不是能治理乱世的人主。现在打算为您配备步兵、骑兵十万人，上可以匡正君主救助百姓，成就五霸的功业；下可以割据土地守护国境，建功立业，名垂青史。如果您不答应我，陈登也不敢听从您。"北海相孔融对刘备说："袁术难道是忧国忘家之辈吗？他好比坟墓中的枯骨，何足挂齿！今天的事情，是百姓荐举有才能的人。上天给予您而您不接受，您将追悔不及。"刘备于是代理徐州牧。

建安元年，曹公表为镇东将军[1]，封宜城亭侯[2]。先主与袁术相拒，而下邳守将曹豹叛[3]，为吕布所取[4]。先主失妻子，转军海西[5]。麋竺进妹为夫人，及客奴二千[6]，金银宝货资之。先主因而获振。连和于布[7]，布还其妻子。先主众万余，移军小沛[8]。布恶之，自攻先主，先主归曹公。公以为豫州牧，益其军，使伐布。失利，布将高顺复虏先主妻子送布[9]。公使夏侯惇助先主[10]，不能克。

【注释】

[1]镇东将军：杂号将军名，掌征伐。东汉献帝时，张济、曹操、刘备都曾任此将军。三国魏时，与镇西、镇南、镇北三将军合称四镇将军，各出镇一方。蜀、吴也置四镇将军。其后，南北朝等多沿置。

[2]宜城：县名。西汉惠帝三年（前192）改鄢县置，属南郡。治所在今湖北宜城东南十五里楚皇城遗址。东汉改为宜城侯国。三国魏复为宜城县，属襄阳郡。西晋初为襄阳郡治。

[3]曹豹（？—196）：初为陶谦部将，后归刘备，为下邳相。后反刘备，招吕布入下邳，为张飞所杀。

[4]吕布（？—198）：字奉先，五原郡九原（今内蒙古包头）人。善骑射，号飞将。初为并州刺史丁原部将，任主簿。后为董卓所诱，杀丁原归董卓。初平三年（192），与司徒王允合谋，诛杀董卓，封温侯。为避免李傕等凉州军报复，出逃山东，相继投奔袁术、袁绍、曹操，占据徐州一带。建安三年（198）被曹操击败，投降后被杀。《后汉书》《三国志·魏书》有传。所取：底本误为"所败"。

[5]海西：县名。西汉置，属东海郡。治所在今江苏灌南县东南。东汉属广陵郡。西晋废。东魏武定七年（549）复置，属海西郡。北齐又废。

⑥客奴：家奴。据《三国志·蜀书·糜竺传》记载，糜竺"祖世货殖，僮客万人，赀产巨亿"。

⑦连和：交好，讲和。

⑧小沛：地名。即今江苏沛县。两汉时为沛郡或沛国的属县，而郡、国的守、相均治相县（治所在今安徽淮北市西北相山区），故称沛县为小沛。

⑨高顺（？—198）：为吕布督将。所率七百余兵，名"陷阵营"，每战必克。每谏吕布，吕布知其忠而不能从。后与吕布降曹操，被杀。

⑩夏侯惇（？—220）：字元让，沛国谯（今安徽亳州）人。少以烈气闻。初随曹操起兵，常以裨将从征伐。历官司马、折冲校尉、东郡太守、河南尹、伏波将军、大将军，封高安乡侯。吕布部下曾劫他为人质，被韩浩救免。深受曹操信任，常出入卧内，同车而乘。卒谥忠侯。《三国志·魏书》有传。

【译文】

建安元年，曹操上表举荐刘备为镇东将军，封为宜城亭侯。刘备与袁术在前线对抗作战，而下邳守将曹豹叛变了，下邳便被吕布夺取。刘备失去了妻子和儿女，军队转移到海西县。糜竺进献他的妹妹为刘备夫人，并献出家奴二千人，又资助刘备大量金银宝物。刘备因此得以重振雄风。刘备与吕布讲和，吕布归还了刘备的妻子和儿女。刘备率领军队上万人，移驻于沛县。吕布忌恨刘备，亲自率军攻打刘备，刘备归顺了曹操。曹操任命刘备为豫州牧，并壮大了刘备的军队，让他攻打吕布。刘备出师不利，吕布的部将高顺又掳获了刘备的妻子和儿女，将其送给吕布。曹操派遣夏侯惇援助刘备，也不能取胜。

三年，公自征布，生禽之。布曰："使布为明公将骑，天下不足定也①。"公有疑色②。先主曰："公待布能如丁建阳、董太师乎③？"公额之④。布目先主曰："大耳儿最叵信者也⑤！"遂杀布。先主还得妻子，从公还许，为左将军。公礼之甚重，出则同舆，坐则同席。又拜关羽、张飞，皆中郎将。公谋臣程昱、郭嘉劝公杀先主⑥，公虑失英豪望，不许。

【注释】

①不足：不难。

②疑色：犹疑之色，即面露犹豫不决之色。

③丁建阳：指丁原（？—189），字建阳，泰山郡南城县（治所在今山东平邑郑城镇）人。为并州刺史。汉灵帝崩，受何进召，将兵诣洛阳，谋诛宦官，为执金吾。何进败，为董卓亲信吕布所杀。《汉末英雄记》有传。董太师：指董卓（？—192），字仲颖，陇西临洮（今甘肃岷县）人。少游羌中，尽与豪帅相结，为凉州豪强。汉灵帝中平初，拜东中郎将，击黄巾军，军败抵罪，后拜并州牧。少帝昭宁元年（189），将兵入洛阳，废少帝，立汉献帝，专擅朝政。初平元年（190），袁绍等起兵讨董卓，董卓焚洛阳官庙官府及周围百里内居家，挟献帝西入长安，自为太师，为人凶暴滋甚。后为司徒王允、部将吕布所杀。《后汉书》有传。

④颔（hàn）：点头。

⑤大耳儿：指刘备。刘备耳大，能"顾自见耳"（见本卷上文），故吕布骂其为"大耳儿"。叵（pǒ）：难以，不可。

⑥程昱：字仲德，东郡东阿（今山东阳谷）人。为人勇而有谋。东汉末，与县中大姓抗黄巾，后从曹操。曹魏时期，历官寿张令、尚书、济阴太守、东中郎将、振威将军、奋武将军、卫尉等，封安乡侯。年八十而卒，谥肃侯。《三国志·魏书》有传。郭嘉（170—207）：字奉孝，颍川阳翟（治今河南禹县）人。初见袁绍，以为袁绍好谋无决，难成大事，遂去绍而归曹操。深受曹操倚重。为司空军祭酒，

数从征伐，多谋善断，屡立谋功。封洧阳亭侯，卒谥贞侯。《三国志·魏书》有传。

【译文】

建安三年，曹操亲自征讨吕布，并活捉吕布。吕布说："如果让吕布为明公您统率骑兵，天下其实不难平定。"曹操面露犹豫不决之色。刘备说："曹公待吕布能像丁建阳、董太师那样亲信吗？"曹操点头表示同意。吕布盯着刘备说："你这个大耳朵的家伙，最不值得信任！"于是，曹操处死了吕布。刘备又得到了他的妻子和儿女，跟从曹操回到许县，被封为左将军。曹操对刘备礼遇有加，出门则同车，入坐则同席。曹操又任命关羽、张飞都为中郎将。曹操的谋臣程昱、郭嘉都劝说曹操杀掉刘备，但曹操担心失去英雄豪杰的信任，没有同意。

袁术自淮南欲经徐州北就袁绍①，公遣先主要击术②。未至，术病死③。先主未出时，献帝舅车骑将军董承受帝衣带中密诏④，当杀公。承先与先主及长水校尉种辑、将军吴子兰、王子服等同谋⑤，以将行⑥，未发。公从容谓先主曰："天下英雄，惟使君与操。本初之徒，不足数也。"先主方食，失匕箸⑦。会天震雷，先主曰："圣人言'迅雷风烈必变'⑧，良有以也。一震之威，乃至于此也！"公亦悔失言。先主还解⑨，公使觇之⑩，见其方披葱⑪，使厮人为之⑫，不端正，举杖击之。公曰："大耳翁未之觉也。"其夜，先主急东行。昱、嘉复言之，公驰使追之，不及。先主遂杀徐州刺史车胄以叛⑬，留关羽行下邳太守事，身还小沛。而承等谋泄受诛。

【注释】

①淮南:即东汉九江郡。九江郡,战国秦置,治所在寿春县(今安徽寿县)。以境内有九江得名。汉献帝建安二年(197),袁术在寿春称帝。建安四年(199),袁术被曹操打败,欲往青州(治所在今山东淄博临淄北)投靠袁绍长子、青州刺史袁谭。

②要击:拦击,截击,在中途拦阻袭击。要,同"邀",阻拦,截击。

③术病死:袁术病死于建安四年六月。

④舅:此指丈人、岳父。董承(? —200):冀州河间(今河北献县)人。女为汉献帝贵人。历任安集将军、卫将军、车骑将军。建安五年(200)受密诏以谋诛曹操,事泄被杀,夷三族。事见《后汉书》。衣带中密诏:即"衣带诏",藏在衣带里面的密诏。《三国志·蜀书·先主传》:"先主未出时,献帝舅车骑将军董承辞受帝衣带中密诏,当诛曹公。先主未发。"

⑤长水校尉:官名。汉置,为汉武帝所置八校尉之一,掌京师宿卫,兼任征伐。东汉、三国沿置。种辑(? —200):汉献帝建安四年为长水校尉,五年(200)为越骑校尉。与董承等受密诏诛曹操,事泄,为曹操所杀。吴子兰(? —200):汉献帝时为昭信将军。参与董承暗杀曹操计划,事泄,为曹操所杀。王子服(? —200):汉献帝时为偏将军。参与董承暗杀曹操计划,事泄,为曹操所杀。

⑥将行:谓刘备为截击袁术而将要出发。

⑦失匕箸:谓因受惊而失落手中的餐具。匕箸,羹匙和筷子。按:此事亦见《三国志·蜀书·先主传》。

⑧迅雷风烈:犹言迅雷烈风。典出《论语·乡党》:"(孔子)迅雷风烈必变。"邢昺疏:"迅,急疾也。风疾雷为烈。"郑玄曰:"敬天之怒,风疾雷为烈。"

⑨还解:底本作"还沛解","沛"字当衍。解,同"廨"(xiè),官署,古代官吏办公的地方。

⑩觇（chān）：暗中察看。

⑪披葱：将葱与杂草分开，并将杂草拔除。披，分开。

⑫厮人：仆役，仆人。

⑬车胄（？—199）：字公鳌，东汉末年武将。曹操任命为徐州刺史，后被刘备袭杀。

【译文】

袁术自淮南出发，打算取道徐州，北上投靠袁绍，曹操派遣刘备率军拦击袁术。刘备的军队尚未到达，袁术就病死了。刘备还没有出发之时，汉献帝的岳父、车骑将军董承接受汉献帝衣带中的密诏，说应当诛杀曹操。董承先和刘备以及长水校尉种辑、将军吴子兰、王子服等共同谋划此事，因为刘备将要率军出行，故而指令没有发出。曹操从容对刘备说："天下的英雄，只有使君你和我曹操。袁绍之流，都不足以算什么数。"当时刘备正在吃饭，听到此话，吓得羹匙和筷子都掉在地上。刚好天上响起雷声，刘备说："圣人说'遇到迅雷烈风必定会震惊变色'，确实是这样啊。一个震雷的威力，竟然大到如此地步！"曹操也后悔失言了。刘备回到官署之后，曹操派人去暗中察看，看见刘备正在将葱和杂草分开，让仆役来做这件事，仆人没有将葱扶端正，刘备举起棍子打他。曹操说："大耳翁没有察觉有人窥探啊。"当天晚上，刘备急忙向东逃走。程昱、郭嘉又劝曹操杀掉刘备，曹操派人骑马去追赶刘备，没有追上。刘备于是杀掉徐州刺史车胄发动叛乱，留下关羽代行下邳太守职务，而自己则回到小沛。而董承等人因为阴谋泄露被诛杀。

先主众数万，遣从事北海孙乾自结于袁绍①。公遣将军刘岱、王忠击之②，不克。五年，公东征先主。先主败绩，妻子及关羽见获。先主奔青州，刺史袁谭奉迎道路③，驰以白父绍，绍身出邺二百里与先主相见④。公壮羽勇锐，拜偏将军。初，羽随先主从公围吕布于濮阳⑤。时秦宜禄为布求救于张杨⑥，羽启公："妻无子，下城，乞纳宜禄妻。"公许之。及至城门，复白。公疑其有色，自纳之。后先主与公猎，羽欲于猎中杀公。先主为天下惜，不听。故羽常怀惧。公察其神不安，使将军张辽以情问之⑦。羽叹曰："吾极知曹公待我厚，然吾受刘将军恩，誓以共死，不可背之。要当立效以报曹公。"公闻而义之。是岁，绍征官渡⑧，遣枭将颜良攻东郡太守刘延于白马⑨。公使辽、羽为先锋。羽望见良麾盖⑩，策马刺良于万众中，斩其首还。绍将莫敌，遂解延围。公即表封羽汉寿亭侯⑪，重加赏赐。羽尽封其物，拜书告辞而归先主。左右欲追之，公曰："彼各有主。"

【注释】

①孙乾：字公祐，北海（治今山东昌乐）人。刘备为徐州牧时，辟为从事。后为刘备出使袁绍、刘表，奉使称职。刘备定益州，以孙乾为秉忠将军，礼遇仅次于麋竺。不久卒。《三国志·蜀书》有传。自结：主动攀附、缔交。

②刘岱（？—192）：字公山，东莱牟平（今山东烟台）人。汉灵帝时为侍中，董卓入洛阳，出为兖州刺史。虚己爱物，为士人所附。汉献帝初平三年（192），被青州黄巾军所杀。王忠：扶风（今陕西兴平）人。少为亭长。三辅乱，以饥乏食人，后夺荆州娄子伯兵，聚众千余投曹操。曹操以之为中郎将，从征讨。《三国志·吴书》有传。

③袁谭（？—205）：字显思，汝南汝阳（今河南商水）人。袁绍长子。袁绍信后妻言，偏爱少子袁尚（？—207），令袁谭出为青州刺史。袁绍卒，袁谭攻袁尚，败还南皮。袁尚复攻袁谭，袁谭请救

于曹操。后袁谭背曹操,军败被杀。《后汉书》《三国志》有传。

④邺:县名。战国魏置,后入秦,属邯郸郡。治所在今河北临漳西南
邺镇。西汉为魏郡治。东汉末相继为冀州、相州治。建安十八年
(213)曹操为魏王,定都于此。三国魏都洛阳,邺仍为五都之一。

⑤濮阳:县名。战国秦置,为东郡治。治所在今河南濮阳东南高城村。

⑥秦宜禄(?—199):新兴云中(治今山西原平)人。早年为洛阳
守城士兵,后转为铚县长。后归吕布,为部将。吕布战败后归降
曹操,后为张飞所杀。张杨(?—198):字稚叔,云中人。汉献帝
时,为西园军司马、建义将军、河内太守、大司马。素与吕布善,
曹操围吕布,张杨出兵东市,遥为之势,为其将杨丑所杀。《三国
志·魏书》有传。

⑦张辽(169—222):字文远,雁门马邑(今山西朔县)人。本聂壹
之后,避怨改姓。少为郡吏。并州刺史丁原召为从事,使将兵至
京。初属董卓、吕布。后归曹操,拜中郎将,屡有战功,迁裨将军,
荡寇将军,封都亭侯。汉献帝建安二十年(215),孙权攻合肥,张
辽募敢死士,力战退敌,几获权,拜征东将军。迁前将军。魏文帝
即位,封晋阳侯。黄初三年(222),从攻孙权,病死于江都,谥刚
侯。《三国志·魏书》有传。情:实情。

⑧官渡:地名。在今河南中牟东北。著名的官渡之战,即发生在
此地。

⑨枭将:勇猛的将领。颜良(?—200):安平郡堂阳县(今河北新
河)人。袁绍部将,以勇闻名。建安四年(199),袁绍以颜良、
文丑为将,率精卒十万,准备攻许(今河南许昌)。建安五年
(200),兵进黎阳(今河南浚县),遣颜良攻白马(今河南滑县东
北)。曹操北救,以荀攸计分兵渡河,引袁绍西应,自率轻兵掩袭
白马,颜良仓猝逆战,被关羽击斩。刘延:曹操部将。为东郡太
守。官渡之战时为别将,驻守于白马。白马:县名。秦置,属东

⑩麾盖:将帅用的旌旗伞盖。

⑪汉寿:县名。东汉阳嘉三年(134)改索县置,属武陵郡。治所在今湖南常德东北四十里崆蚁城。三国吴改为吴寿县。西晋复为汉寿县。

【译文】

刘备率领数万人,派遣从事、北海人孙乾主动依附于袁绍。曹操派遣将军刘岱、王忠攻打刘备,没有取胜。建安五年,曹操东征刘备。刘备战败,妻子、儿女以及关羽都被曹操擒获。刘备投奔青州,青州刺史袁谭在道路上迎接,并骑马飞驰告诉父亲袁绍,袁绍亲自出邺城二百里和刘备相见。曹操欣赏关羽的勇猛锐气,拜关羽为偏将军。当初,关羽跟随刘备投靠曹操,在濮阳围攻吕布。当时秦宜禄为解吕布之围而求救于张杨,关羽启奏曹操:"我的妻子没有生育子女,攻下濮阳城后,我请求纳秦宜禄之妻为妻。"曹操答应了。等到了濮阳城门,关羽又再次说起此事。曹操怀疑秦宜禄之妻有姿色,就自己将其收纳了。后来刘备与曹操外出打猎,关羽想在打猎时杀掉曹操。刘备为天下人惋惜,没有听从关羽的建议。因此关羽经常心怀忧惧。曹操观察关羽神色不安,便派将军张辽去询问实情。关羽叹息道:"我深知曹公待我很深厚,但我接受了刘将军的恩惠,发誓同生共死,不能背叛他。我希望能够立功以报答曹公。"曹操听说后,认为关羽很忠义。这一年,袁绍征战官渡,派遣猛将颜良在白马攻打东郡太守刘延。曹操派遣张辽、关羽为先锋,前往白马救援。关羽远远望见颜良的旌旗车盖,纵马奔驰,刺杀颜良于万众之中,砍下他的头返回。袁绍的将领没有谁能抵挡关羽,关羽于是解救了被围困的刘延。曹操随即上表,封关羽为汉寿亭侯,重重地加以赏赐。关羽将赏赐的财物全部封存起来,又留下书信告别曹操而归附刘备。曹操手下的人想去追赶关羽。曹操说:"人各有主。"

先主说绍南连荆州牧刘表，绍遣将其本兵至汝南^①。公使将蔡杨击之^②。先主谓曰："吾势虽不便^③，汝等百万来，未如吾何^④；曹孟德单车来，吾自去。"杨等必战，为先主所杀。

【注释】

①本兵：本部军队。

②蔡杨（？—201）：又作蔡扬。曹操部下武将，汝南太守。建安六年（201），奉曹操之命攻击与刘备联合的汝南贼龚都等人，兵败，为刘备所杀。

③不便：不利。

④未如吾何：不能奈我何，意谓不能把我怎么样。

【译文】

刘备劝说袁绍向南联合荆州牧刘表，袁绍派遣刘备统率本部人马到了汝南。曹操派将领蔡杨攻打刘备。刘备对蔡杨说："我现在所处的形势虽然不利，但你们百万人马赶来，也不能把我怎么样；如果曹孟德单车匹马赶来，我就自己主动离开。"蔡杨等坚持交战，结果被刘备杀死。

公既破绍^①，自南征汝南^②。先主遣麋竺、孙乾诣刘表。表郊迎之^③，待以上宾，使屯新野^④。颍川徐元直致琅琊诸葛亮^⑤，曰："孔明，卧龙也^⑥。将军愿见之乎？"先主曰："君与俱来。"庶曰："此人可就见^⑦，不可屈致也^⑧。"先主遂造亮^⑨，凡三^⑩。因屏人曰^⑪："汉室倾颓^⑫，奸臣窃命^⑬，主上蒙尘^⑭。孤不度德量力，欲信大义于天下^⑮；而智术浅短^⑯，遂用猖蹶^⑰。至于今日，志犹未已。君谓计将安出？"

【注释】

①公既破绍：建安五年（200）十月，曹操在官渡之战中击溃袁绍。

②自南征汝南：建安六年（201），曹操亲自南征刘备。

③郊迎：古代出郊迎宾，以示隆重、尊敬。

④新野：县名。西汉置，属南阳郡。治所在今河南新野。

⑤徐元直：徐庶，初名福，字元直，颍川（治今河南禹县）人。少好任侠击剑，后折节学问。汉末，避乱荆州，与诸葛亮相善。刘备屯兵新野，往见之，为刘备所重，及母为曹操所获，即荐举诸葛亮，遂辞刘备归曹操。魏文帝黄初中，官至右中郎将、御史中丞。魏明帝时，以病卒。事见《三国志·蜀书·诸葛亮传》等。琅琊：亦作琅邪。县名。战国秦置，为琅邪郡治。治所在今山东胶南西南琅邪镇（夏河城）。

⑥卧龙：比喻隐居或尚未崭露头角的杰出人才。

⑦就见：意谓前往拜见。就，靠近。

⑧屈致：委屈招致。意谓委屈（对方）前来。

⑨造：到某地去，造访，意谓前往拜见。

⑩凡三：共计三次。按：此即后世所称的刘备"三顾茅庐"。时间是建安十二年（207）。

⑪屏（bǐng）：屏退，斥退。

⑫倾颓：倾覆，衰败。

⑬窃命：篡夺国柄。

⑭蒙尘：古代多指帝王失位逃亡在外，蒙受风尘。

⑮信：同"伸"，伸张。

⑯智术：才智与计谋。

⑰猖蹶：颠覆，失败。蹶，意为跌倒。

【译文】

曹操在打败袁绍之后，亲自率军南下征伐汝南郡。刘备派遣麋竺、孙乾前去拜见刘表。刘表出郊迎接他们，以上宾之礼接待他们，让他们驻守在新野。颍川人徐庶向刘备推荐琅琊人诸葛亮，说："孔明，是卧龙。将军愿意见他吗？"刘备说："您和他一起来吧。"徐庶说："此人可以前往拜见，不能委屈他前来。"刘备于是前去拜访诸葛亮，一共去了三次。刘备屏退众人，对诸葛亮说："汉朝王室倾覆，奸臣篡夺国柄，君主逃亡在外。我不考量自己的德行和能力，想在天下伸张大义；但因才智浅薄、计谋短浅，故而招致挫折、失败。直到今天，我的志向仍然没有泯灭。您认为应该如何制定计谋？"

亮对曰："自董卓以来，豪杰并起，跨州连郡，不可胜数。曹操比于袁绍，则名微而众寡，然遂能克绍，以弱为强，虽云天时，抑人谋也①。今操已拥百万之众，挟天子而令诸侯②，此诚不可与争也。孙权据有江东，已历三世③，国险而民附，贤能为之用，此可以为援，而不可图也。荆州北据汉沔，利尽南海④，东连吴、会⑤，西通巴、蜀。此用武之国，而其主不能，殆天所以资将军也。益州险塞，沃野千里，天府之土，高祖因之以成帝业。刘璋暗弱⑥，张鲁在北，国富民殷而不知恤，贤能之士思得明君。将军既帝室之胄⑦，信义著于四海，总揽英雄⑧，思贤如渴。若跨有荆、益，保其险阻，西和诸戎，南抚夷、越，结好孙权，内修政理；天下有变，命一上将将荆州之军以向宛、洛，将军身率益州之众出于秦川，天下孰不箪食壶浆以迎将军者乎⑨？如此，则霸业可成⑩，汉室可兴矣。"先主曰："善。"与亮情好日密，自以为犹鱼得水也。

【注释】

①人谋：指人的谋略，人为的努力。

②挟天子而令诸侯：挟制天子，并用其名义号令诸侯。

③三世：此指孙权之父孙坚、兄孙策以及孙权三位主人。

④南海：郡名。秦始皇三十三年（前214）置，治所在番禺县（今广东广州）。

⑤吴、会：指吴郡、会稽郡。吴郡，郡名。东汉永建四年（129）分会稽郡置，治所在吴县（今江苏苏州）。会稽郡，郡名。秦始皇二十五年（前222）置，治所在吴县。东汉永建四年徙治山阴县（今浙江绍兴）。

⑥暗弱：昏庸懦弱，不明事理。

⑦胄（zhòu）：古代称帝王或贵族的后代。

⑧总揽：谓广为延揽。

⑨箪（dān）食壶浆：用箪装着饭食，用壶盛着浆汤。《孟子·梁惠王下》："以万乘之国伐万乘之国，箪食壶浆以迎王师，岂有他哉！避水火也。"后用为犒师拥军的典故。箪，古代用来盛饭食的盛器。以竹或苇编成，圆形，有盖。

⑩霸业：指称霸诸侯或维持霸权的事业。按：以上所记，即史称"隆中对"。

【译文】

诸葛亮答道："自从董卓以来，各地豪杰并起，跨州连郡者不可胜数。曹操和袁绍相比，不但声名低微而且兵马很少，然而最终能够打败袁绍，由弱变强，虽然说也有天时之利，但也和人的谋略有关。如今曹操已经拥有百万将士，挟制天子号令诸侯，这确实是不能与他争锋的。孙权占据江东，已经历三位主人，不但国土险要而且百姓归附，贤能之士又为其所用，这是可以作为外援的，但不可以图谋占领。荆州之地，北据汉水、沔水，南有沟通南海诸郡的便利，东面连接吴郡、会稽郡，西面通向巴郡、蜀郡。这是可以施展雄才武略的地方，而它现在的主人却不能守住它，这大概是上天对将军的资助。益州四周都是地势险阻的要塞，而且沃野千里，这是天府之国，汉高祖凭借此地成就帝王之业。刘璋昏庸懦弱，而张鲁又在北面威胁着他，虽然说国家富裕、百姓富足，但他不知道加以体恤，以致贤能之士都渴望得到英明的君主。将军既是皇帝宗室的后代，而且诚信道义著称于四海，又广泛延揽英雄，并且思贤如渴。如果能够占有荆州、益州，依靠其险阻自保，西面与各少数民族和谐相处，南面安抚夷人、越人，对外结好孙权，对内修明政治；一旦天下发生变故，便命令一位上将统领荆州军队进军宛县、洛阳，将军亲自率领益州将士出兵秦川，天下之人哪个不用箪装着饭食、用壶盛着浆汤迎接将军呢？这样一来，不但霸业可以成就，而且汉室也可以兴复。"刘备说："好。"与诸葛亮的感情一天天加深，自认为就像鱼得到了水一样。

十三年，表卒[①]，少子琮袭位[②]。曹公南征，琮遣使请降。先主屯樊，不知曹公卒至[③]；至宛，先主乃知，遂将其众去。比到当阳[④]，众十余万人，车数千辆，日行十余里。别遣关羽乘船会江陵[⑤]。或谓先主曰："宜速行。虽拥大众，被甲者少，曹公军至，何以御之？"先主曰："夫济大事，以人为本。今人归吾，何忍弃之！"公以江陵有军实[⑥]，恐先主据之，乃释辎重[⑦]，以轻骑五千追先主[⑧]，一日一夜行三百里，及于当阳之长坂[⑨]。先主弃妻子，与诸葛亮、张飞等数十骑走。公尽获其民众，急追先主。张飞据水断桥，横马按矛曰："我，张益德也，可来决死！"公徒乃止。先主斜趣汉津[⑩]，适与羽船会；而赵云身抱先主弱子后主，及拥先主甘夫人，相及济沔。亮曰："事急矣！请奉命求救于孙将军。"时权军柴桑⑪,既服先主大名,又悦亮奇雅⑫,即遣周瑜、程普水军三万助先主拒曹公,大破公军于赤壁⑬,焚其舫舟⑭。公引军北归。

【注释】

①表卒:刘表卒于建安十三年(208)八月。

②少子琮:即刘琮。少子,指最小的儿子。刘琮,山阳高平(今山东邹城西南)人。刘表少子。受到父母宠爱。刘表死,在蔡瑁、张允等人支持下继位,与其兄刘琦势同水火。曹操攻荆州,率部迎降,被授为青州刺史,封列侯。后迁谏议大夫,参同军事。参看《三国志·魏书·刘表传》。

③卒:同"猝",突然。

④当阳:县名。西汉置,属南郡。治所在今湖北荆门西南。东汉建安十三年,曹操追刘备至当阳,即此。东晋移治今湖北当阳。

⑤江陵:县名。秦置,治所即今湖北荆州市荆州区旧江陵县。秦汉为南郡治。晋兼为荆州治。

⑥军实:军用器械和粮饷。

⑦辎重:指随军运载的军用器械、粮草等物资。

⑧轻骑:装备轻便而行动快速的骑兵。

⑨当阳之长坂:地名。即当阳坂、长坂坡。在今湖北当阳北。北隔沮水与锦屏山相望。三国时著名战场。《太平寰宇记》卷一百四十六当阳县:当阳坂"即曹操追先主之所"。《读史方舆纪要》卷七十七当阳县:当阳坂"在县北六十里。相传曹操追先主于此"。今建有长坂坡公园,公园内有"赵子龙单骑救主"塑像。

⑩汉津:汉水渡口。在今湖北荆门东九十里汉水津渡。趣:趋。

⑪柴桑:县名。西汉置,属豫章郡。治所在今江西九江西南。因柴桑山得名。东汉仍属豫章郡,三国吴属江夏郡。晋以后历为寻阳

郡、江州治所。东汉末曹操自江陵顺江东下,诸葛亮至柴桑与孙
权共谋抵抗,即此。

⑫奇雅:美妙优雅。

⑬赤壁:山名。即今湖北蒲圻西北赤壁镇北赤壁山,北对洪湖市东
北乌林矶。建安十三年(208),孙权与刘备联军大败曹操于赤壁。
一说赤壁即今湖北武汉江夏区西赤矶山,与纱帽山隔江相对。

⑭舫(fǎng)舟:即方舟。两船相并之称。泛指船。

【译文】

建安十三年,刘表去世,小儿子刘琮继位。曹操南征,刘琮派遣使者
请求投降。当时刘备驻守在樊城,不知道曹操突然到来;等曹军到了宛
城后,刘备才知道,于是带领众人离开。等到了当阳,跟随的徒众已有十
多万人,车辆已有数千辆,每天只能行走十多里。刘备另外派遣关羽乘
船走水道,相约在江陵会合。有人对刘备说:"队伍应该加速行进。我们
虽然人多势众,但身披铠甲能打仗的人很少,一旦曹操大军赶到,我们用
什么抵御他们呢?"刘备说:"要成就大事,应该以人为本。如今众人归
附我,我怎么忍心抛弃他们啊!"曹操因为江陵有军需物资,担心它们被
刘备占据,于是放下辎重,率领五千轻骑兵追赶刘备,一日一夜行军三百
里,在当阳县的长坂追赶上了刘备。刘备抛下妻子、儿女,与诸葛亮、张
飞等数十人骑马逃走。曹操将其民众全部捕获,又紧急追赶刘备。张飞
据守在水边的断桥头,横着马按着矛说:"我是张益德,你们可以上来决
一死战!"曹操和手下这才止步。刘备顺着小路到了汉水渡口,刚好与
关羽的船队相会;而赵云亲自抱着刘备的幼儿刘后主,还簇拥着刘备的
甘夫人,一并渡过了沔水。诸葛亮说:"事情紧急! 我请求奉命求救于孙
将军。"当时孙权的军队驻扎在柴桑,既佩服刘备的大名,又欣赏诸葛亮
的奇雅,即派遣周瑜、程普率领三万水军协助刘备抵抗曹操,在赤壁打败曹
操的军队,烧毁曹军的船只。曹操统率军队回归北方。

先主以刘表长子江夏太守琦为荆州刺史①。先主南平四郡②，武陵太守金旋、长沙太守韩玄、桂阳太守赵范、零陵太守刘度皆降③。庐江雷绪率部曲数万口稽颡④。琦病死，先主领荆州牧，治公安⑤。孙权进妹，恩好绸缪⑥。以亮为军师中郎将，督南三郡事⑦；以关羽为荡寇将军⑧，领襄阳太守，住江北；张飞为征虏将军、宜都太守⑨。初，先主之败东走也，径往鄂⑩，无土地。关羽责之曰："早从猎中言⑪，无今日。"先主曰："安知此不为福也？"及得荆州，复有人众。

【注释】

① 琦：刘琦，山阳高平（今山东邹城西南）人。刘表长子。刘表惑于后妻蔡氏之言，厌恶刘琦。刘琦尝与诸葛亮谋自安之术，诸葛亮谓居外而安。刘琦乃求出为江夏太守。刘表卒，次子刘琮举州降曹操。曹操败于赤壁，刘备表琦为荆州刺史，不久卒。参看《三国志·魏书·刘表传》。

② 四郡：即下文所说武陵（治今湖南常德）、长沙（治今湖南长沙）、桂阳（治今湖南郴州）、零陵四郡。

③ 金旋：字元机，京兆（今陕西西安）人。历黄门郎、汉阳太守，迁中郎将，领武陵太守。韩玄：长沙郡临湘县人。东汉末年担任长沙太守。赵范：桂阳郡郴县人。零陵：郡名。西汉元鼎六年（前111），分桂阳郡置，治所在零陵县（今广西全州西南）。刘度：零陵郡泉陵县（今湖南永州）人。

④ 庐江：郡名。楚汉之际分秦九江郡置。汉武帝后治舒（今安徽庐江县西南）。东汉末废。雷绪：庐江（治今安徽庐江县）人。原在淮南与陈兰等人拥兵数万，被夏侯渊击败。后刘备攻取江南四郡，雷绪率领部曲投奔刘备。刘备任命为偏将军。稽颡（qǐ sǎng）：古代一种跪拜礼，屈膝下拜，以额触地，表示极度虔诚。

⑤公安：今湖北公安县。按：荆州治所，东汉时在汉寿县（今湖南常德东北），初平元年（190）刘表徙治襄阳（今湖北襄阳汉水南岸襄阳城），刘备为荆州牧时又徙治公安县。后治所屡徙，东晋时定治江陵县（今湖北荆州市荆州区）。

⑥绸缪：亲密，缠绵，情意深厚。

⑦南三郡：指零陵、桂阳、长沙三郡。诸葛亮督南三郡事时，驻于临烝（今湖南衡阳）。

⑧荡寇将军：官名。东汉末置，为杂号将军，掌统兵出征。

⑨征虏将军：官名。东汉置，为杂号将军，掌统兵出征。其后，三国魏晋南北朝等皆置。

⑩鄂：县名。秦置，属江夏郡。治所即今湖北鄂州。三国魏黄初二年（221）孙权自公安迁都于此，改名武昌县。

⑪猎中言：即前文所说"后先主与公猎，羽欲于猎中杀公"。

【译文】

刘备上表荐举刘表长子、江夏太守刘琦为荆州刺史。刘备向南进军，平定荆州四郡，武陵太守金旋、长沙太守韩玄、桂阳太守赵范、零陵太守刘度都投降归附。庐江人雷绪率领部队数万人，向刘备跪拜归降。刘琦病死之后，刘备代理荆州牧，州府设在公安县。孙权将妹妹进献给刘备，以加强两国的恩情，而二人亦情意深厚。刘备任命诸葛亮为军师中郎将，负责治理南方三郡的事务；任命关羽为荡寇将军，代理襄阳太守，驻扎在江北；任命张飞为征虏将军、宜都太守。当初，刘备被打败后向东逃亡，一直逃到鄂县，因为自己没有地盘。关羽责怪刘备说："如果早听从我的建议，在狩猎时杀掉曹操，就不会有今天的窘迫了。"刘备说："怎么知道这就不是福分呢？"等得到荆州之后，刘备又重新拥有了民众。

孙权遣使求共伐蜀，又曰："雅愿以隆，成为一家。诸葛孔明母、兄在吴①，可令相并②。"主簿殷观曰③："若为吴先驱④，大事去矣。今但可赞之，言新据诸郡，未可以动，彼必不越我而有蜀也。"先主乃报曰："益州不明⑤，得罪左右。庶几将军高义⑥，上匡汉朝，下辅宗室。若必寻干戈⑦，备将放发于山林⑧，未敢闻命⑨。"权果辍计⑩。迁观别驾⑪。

【注释】

①诸葛孔明母、兄在吴：诸葛亮有继母，随其兄诸葛瑾在东吴。诸葛瑾（174—241），字子瑜，琅邪阳都（今山东沂南）人。汉末避乱江东，孙权重之，擢为长史。汉献帝建安中出使蜀地，与弟诸葛亮公会相见，退无私面。从讨关羽，封宣城侯，领南郡太守，驻公安。权称帝，拜大将军、左都护，领豫州牧。《三国志·吴书》有传。

②相并：合并，在一起。

③殷观：字孔休，宜城（今湖北宜城）人。三国时蜀汉官员。汉献帝建安十三年（208），任荆州牧刘备主簿。后升别驾从事，随刘备入蜀。

④先驱：先锋，前导。

⑤益州：指益州牧刘璋。不明：不贤明。本处说"益州不明"，与本书前文说刘璋"懦弱少断"（《公孙述刘二牧志》）、"暗弱"（《刘先主志》），意思相同、相近。

⑥庶几：表示希望的语气词，或许，也许。

⑦寻干戈：指动用刀兵，发动战争。干戈，古代常用兵器，比喻战争。

⑧放发：披散头发，意谓隐退。

⑨闻命：接受命令或教导。

⑩辍计：中止计划。

⑪别驾：官名。即别驾从事、别驾从事史，汉朝州部佐吏，秩百石。因从刺史行部，别乘传车，故谓之别驾。秩轻而职重，有"其任居刺史之半"之说，位居州吏之右，与治中从事史同为州之上佐，事无不统。三国魏、蜀、吴皆置。晋朝亦置。

【译文】

孙权派遣使者请求能和刘备共同攻伐蜀地，又说："我一向希望我们的事业日益兴隆，能够成为一家人。诸葛孔明的母亲、兄长都在吴地，我们可以合并在一起。"主簿殷观说："如果作为吴国的先锋去攻打蜀地，国家大计必将无法挽回。如今只可以赞成其议，说刚刚占领诸郡，不可以贸然行动，孙权必然不敢越过我们而占领蜀地。"刘备于是回答孙权说："益州牧刘璋确实不够贤明，得罪了左右之人。希望将军能够深明大义，在上匡扶汉朝，在下辅助宗室。如果一定要发动战争，刘备将披散头发退隐山林，不敢接受阁下的命令。"孙权果然中止了计划。刘备升迁殷观为别驾。

十六年①，益州牧刘璋遣法正迎，遂西入益州。

【注释】

①十六年：此指建安十六年（211）。

【译文】

建安十六年，益州牧刘璋派遣法正迎接刘备，刘备于是向西进入益州。

建安十九年，先主克蜀。蜀中丰富盛乐，置酒大会，飨食三军①。取蜀城中民金银颁赐将士，还其谷帛②。赐诸葛亮、法正、关羽、张飞金五百斤、银千斤、钱五千万、锦段万匹，其余各有差。以亮为军师将军③，署左将军府事④，正扬武将军、蜀郡太守[5]，关羽督荆州事，张飞为巴西太守，马超平西将军[6]，不用许靖。法正说曰："有获虚誉而无实者[7]，靖也。然其浮名称播海内，人将谓公轻士。"乃以为长史[8]。庞羲为司马，李严为犍为太守，费观为巴郡太守。征益州太守南郡董和为掌军中郎将[9]，巴郡太守汉嘉王谋为别驾[10]，广汉彭羕为治中。辟零陵刘巴为西曹掾[11]，广汉长黄权为偏将军。于是亮为股肱，正为谋主，羽、飞、超为爪牙，靖、羲及麋竺、简雍、孙乾、山阳伊籍为宾友[12]。和、严、权，本刘璋所授用也[13]；吴懿、费观，璋之婚亲也[14]；彭羕，璋所排摈也[15]；刘巴，所宿恨也[16]。皆处之显位，尽其器能[17]。有志之士，无不竞劝。

【注释】

①飨（xiǎng）食：举行飨礼和食礼。谓以酒食隆重宴请宾客。飨礼，古代一种隆重的宴饮宾客之礼。食礼，古代宴请之礼的一种。

②"取蜀城中"二句：《三国志·蜀书·先主传》无"民"字。

③军师将军：官名。东汉初曾置。东汉末、三国蜀诸葛亮为之，权势极重。

④左将军：官名。汉朝为重号将军之一，与前、右、后将军并位上卿，位次大将军及骠骑、车骑、卫将军。有兵事则典掌禁兵，戍卫京师，或任征伐。设长史、司马等僚属。平时无具体职务，一般兼任他官，常加诸吏、散骑、给事中等号，成为中朝官，宿卫皇帝左右，参与朝议。如加领尚书事衔，则负责实际政务。不常置。建安三年（208），汉朝任命刘备为左将军。

⑤扬武将军：官名。东汉光武帝始置，东汉末曹操亦置。统兵出征。魏、晋、南朝置，皆为四品。

⑥平西将军:官名。东汉献帝建安(196—220)末刘备置,以马超任之。建安二十四年(219),群臣奉刘备为汉中王,上表于汉献帝时,马超以此职列名首位。三国魏时,与平东、平南、平北将军合称四平将军。多持节都督或监某一地区的军事,有时亦作为刺史等地方官员兼理军务的加官。两晋沿置,魏、晋皆三品。

⑦虚誉:不实的称誉,虚假的名声。

⑧长史:官名。战国秦置,掌顾问参谋。秦、汉因之。西汉丞相、太尉、御史大夫、大将军、车骑将军、前后左右将军皆置,为所在官署掾属之长,秩皆千石。东汉太傅、太尉、司徒、司空、诸将军沿置,秩千石。三国时三公府、诸将沿置。本处说"以(许靖)为长史",即以许靖为左将军府之长史,谓以许靖为最高幕僚。

⑨掌军中郎将:官名。东汉献帝建安末刘备置。以益州太守董和任之,与军师将军诸葛亮并署左将军大司马府事,成为主要辅政官员。

⑩王谋:字元泰,汉嘉郡汉嘉(今四川芦山)人。有容止操行。初事刘璋为巴郡太守。刘备定益州,以为别驾,后为少府。曾上书刘备请即帝位。刘禅建兴初,赐爵关内侯。《季汉辅臣赞注》有传。

⑪辟:辟除,征召来授予官职。刘巴(?—222):字子初,零陵烝阳(今湖南邵东)人。少知名,刘表连辟不就。北依曹操,辟为掾。奉使长沙等地,因战乱未能复命,遂辗转入蜀。刘备据益州,刘巴从交阯归刘备。诸葛亮数称荐之,历官左将军西曹掾、尚书、尚书令等。刘备称帝时之文诰策命,皆出自刘巴之手。居官清廉,不治产业。退无私交,恭默守静。《三国志·蜀书》有传。西曹掾:官名。东汉、三国魏、晋朝诸公,位从公府僚属,为西曹长官,掌府吏署用事。

⑫伊籍:字机伯,山阳郡(治今山东金乡)人。初依刘表,后归刘备。随入益州,历任左将军从事中郎、昭文将军等。有才辩,曾奉使孙吴,为孙权所服。参与制定《蜀科》。《三国志·蜀书》有传。宾

友：宾客幕友。

⑬授用：任用。按：刘璋之时，任命董和为益州太守、治中，任命李严
　　为护军，任命黄权为主簿、广汉长。

⑭婚亲：有婚姻关系的亲戚。按：刘璋之兄刘瑁娶吴懿之妹，费观为
　　刘璋女婿。

⑮排摈：排斥，排挤。按：彭羕初仕刘璋，为州书佐，后被谤，钳为徒隶。

⑯宿恨：犹旧恨。按：刘备南征时，荆州士大夫多随刘备南奔，而刘
　　巴却北归曹操，后投奔刘璋，又劝刘璋拒刘备，因此为刘备所恨。

⑰器能：犹才能。

【译文】

建安十九年，刘备攻克蜀地。蜀中物产丰饶，刘备张灯设乐，大摆酒
席，用飨食之礼犒赏三军将士。刘备取出蜀城中的金银，颁发赏赐给三
军将士，而将谷物布帛归还。刘备赏赐诸葛亮、法正、关羽、张飞每人黄
金五百斤、白银一千斤、铜钱五千万、锦缎一万匹，其余之人赏赐各不相
同。刘备任命诸葛亮为军师将军，代理左将军府中事务，法正为扬武将
军、蜀郡太守，关羽督管荆州事务，张飞为巴西太守，马超为平西将军，但
没有任用许靖。法正劝说道："有些人徒有虚名而没有实际的本领，许靖
就是这样的人。然而他的浮名已经远播海内，如果不任用他，人们会说
您轻视士人。"于是任命许靖为长史。庞羲为司马，李严为犍为太守，费
观为巴郡太守。刘备又征召益州太守、南郡人董和为掌军中郎将，巴郡
太守、汉嘉人王谋为别驾，广汉人彭羕为治中。征辟零陵人刘巴为西曹
掾，广汉长黄权为偏将军。于是诸葛亮为辅佐国政的股肱大臣，法正为
出谋划策的主要人物，关羽、张飞、马超为战将，许靖、庞羲及麋竺、简雍、
孙乾、山阳人伊籍为宾客幕僚。董和、李严、黄权，本来是刘璋授职任用
的大臣；吴懿、费观，是刘璋的姻亲；彭羕，是刘璋所排斥的人；刘巴，是刘
备一直忌恨的人。刘备都将这些人置于显赫的高位，以各尽其才能。有
志之士，无不争相劝勉。

群下劝先主纳刘瑁妻①，先主嫌其同族②。法正曰："论其亲疏，何与晋文之于子圉乎③！"从之。正既临郡，睚眦之怨④，一餐之惠⑤，无不报复。或谓诸葛亮曰："法正于蜀郡太纵横⑥，将军宜启主公。"亮曰："主公之在公安也，北畏曹操之强，东惮孙权之逼，内虑孙夫人兴变于肘腋之下⑦。孝直为辅翼⑧，遂翻飞翱翔⑨，不可复制。如何禁正，使不得行其志也？"孙夫人才捷刚猛⑩，有诸兄风。侍婢百人，皆仗剑侍立。先主每下车，心常凛凛⑪。正劝先主还之。

【注释】

①刘瑁妻：刘瑁之妻，为吴懿之妹。

②同族：同一宗族，亦指同族之人。按：刘备认为自己与刘璋、刘瑁为同族之人，故不愿娶刘瑁之妻。

③晋文：即晋文公（前697—前628），名重耳。晋献公次子，晋国国君，"春秋五霸"之一。晋国内乱，重耳出奔，在外十九年，历经狄、卫、齐、曹、宋、郑、楚、秦诸国，后由秦穆公送回即位。选任贤能，整顿内政，国势日益强盛。城濮之战，晋文公大败楚、陈、蔡三国军，会诸侯于践土，遂成霸主。子圉（gǔ）：即晋怀公（？—前636），名圉。晋惠公之子。前643年，入秦为质。前638年，闻晋惠公病，逃归。次年，晋惠公死，继位，是为晋怀公。秦怨其亡归，以兵护送公子重耳入晋，立为晋君，圉遂被杀。按：晋文公为晋怀公叔父。晋怀公在秦国为人质之时，秦人嫁怀嬴为晋怀公妻。在晋怀公逃离秦国、晋文公至秦之时，秦人又嫁怀嬴为晋文公妻。

④睚眦（yá zì）之怨：指极小的怨恨。睚眦，怒目而视。

⑤一餐之惠：一餐饭的恩惠，指小恩。《史记·范雎蔡泽列传》："一

饭之德必偿,睚眦之怨必报。"

⑥纵横:肆意横行,无所顾忌。

⑦孙夫人:三国时吴郡富春(今浙江富阳)人。孙权之妹,刘备夫人。赤壁之战后,刘备为荆州牧,孙权畏之,进妹结好。才捷刚猛,侍婢皆执刀侍立,刘备常惧其有变,特任赵云掌内事。欲乘刘备入蜀带刘禅归吴,诸葛亮使赵云、张飞截江留刘禅。后还吴。肘腋:胳膊肘与胳肢窝,比喻切近之地。

⑧辅翼:辅佐,辅助。

⑨翻飞翱翔:上下回旋飞翔。指纵横驰骋于此,可参看本卷"撰曰"所说"翻飞梁、益之地"。

⑩才捷:才智敏捷。刚猛:刚强勇猛。

⑪凛凛:惊恐畏惧貌。

【译文】

群臣劝刘备收纳刘瑁之妻为妻,刘备嫌她是同族之人的妻子。法正说:"如果要论关系的亲疏,哪里比得上晋文公重耳是晋怀公子圉的叔叔,却娶了子圉的妻子啊?"于是刘备听从了这个建议。法正做了蜀郡太守之后,一点点的怨恨都要报复,一餐饭的恩惠也要报答。有人对诸葛亮说:"法正在蜀郡太放纵霸道了,将军应该向主公刘备汇报。"诸葛亮说:"主公在公安时,北边畏惧曹操的强大,东边忌惮孙权的逼迫,在内担心孙夫人于身边发生变故。因为有法正的辅佐,于是才能纵横驰骋,没有重新受制于人。为什么要禁止法正,使他不能实现他的志向呢?"孙夫人才智敏捷,刚强勇猛,有她几位哥哥的风采。孙夫人有侍婢上百人,都拿着剑侍立在旁边。刘备每每下车,心中常怀惊恐畏惧。法正劝刘备将孙夫人送回吴国。

　　二十年,孙权使报先主,欲得荆州①。先主报曰:"吾方图凉州,凉州定,以荆州相与。"孙权怒,遣吕蒙袭夺长沙、零陵、桂阳三郡②。先主下公安，令关羽下益阳③。会曹公入汉中，张鲁走巴西，黄权进曰："若失汉中，则三巴不振，此割蜀人股臂也。"于是先主与吴连和，分荆州④：江夏、长沙、桂阳东属；南郡、零陵、武陵西属。引军还江州⑤。以权为护军迎鲁，鲁已北降曹公。权破公所署三巴太守杜濩、朴胡、袁约等。公留征西将军夏侯渊、益州刺史赵颙及张郃守汉中，公东还⑥。郃数犯掠巴界，先主令张飞等进军宕渠之蒙头拒郃⑦，相持五十余日。飞从他道邀郃战于阳石⑧，遂大破郃军。郃失马，缘山，独与麾下十余人从间道还南郑也⑨。

【注释】

①欲得荆州：起初，刘备部分依靠了孙权的力量，才得以打败曹操，占有荆州数郡，故吴人以为荆州是借给刘备的。当时，刘备因势单力薄，权且承认"借荆州"。因此，孙权在建安二十年"欲得荆州"。

②吕蒙（178—219）：字子明，汝南富陂（今安徽阜南）人。受孙权赏识。多次征战有功，历拜平北都尉、横野中郎将、偏将军、虎威将军等。鲁肃死，代领其军，乘关羽围樊城之际，袭占江陵，孙吴自此据有荆州之地。官至南郡太守，封屏陵侯。不久病卒。《三国志·吴书》有传。

③益阳：县名。西汉置，属长沙国。治所在今湖南益阳东。因在"益水之阳"而得名。东汉属长沙郡。

④分荆州：荆州原有七郡（南阳、江夏、长沙、桂阳、南郡、零陵、武陵）。赤壁之战后，曹操占有南阳郡，孙权占有南郡、江夏郡，刘备占有长沙、桂阳、零陵、武陵四郡以及由南郡分出的宜都郡。这次分割，刘备将长沙、桂阳二郡割让给孙权。

⑤引军还江州：底本作"引军还江夏"，误。此据《三国志·蜀

书·先主传》改。

⑥公东还：事见本书卷二《汉中志》。

⑦蒙头：地名。在今四川渠县东北七里八濛山。《三国志·蜀书·张飞传》：魏将张郃"别督诸军下巴西，欲徙其民于汉中，进军宕渠蒙头荡石，与飞相拒五十余日，飞率精卒万余人，从他道邀郃军交战，山道迮狭，前后不得相救，飞遂破郃"。

⑧阳石：即荡石。地名。在今四川渠县东北七里八濛山一带。

⑨间道：偏僻的或抄近的小路。

【译文】

建安二十年，孙权派遣使者报告刘备，想讨还荆州。刘备回答说："我正在图谋凉州，待凉州平定之后，我就把荆州归还给您。"孙权大怒，派遣吕蒙率军袭击，夺取了长沙、零陵、桂阳三郡。刘备南下公安县，下令关羽进驻益阳。此时恰逢曹操攻入汉中，张鲁逃跑到巴西，黄权进谏说："如果失掉汉中，则三巴（巴西、巴东、巴郡）将一蹶不振，这就好比割掉了蜀人的腿和臂。"于是刘备与吴国讲和，约定分割荆州：江夏、长沙、桂阳东属孙权，南郡、零陵、武陵西属刘备。刘备统率军队退回江州。任命黄权为护军迎接张鲁，但是张鲁已经向北投降了曹操。黄权打败了曹操任命的三巴太守杜濩、朴胡、袁约等人。曹操留下征西将军夏侯渊、益州刺史赵颙及张郃驻守汉中，自己向东回到中原。张郃多次进犯、劫掠巴郡边界，刘备下令张飞等人进军至宕渠郡的蒙头抵抗张郃，双方相持五十多天。张飞从另外一条道路截击张郃，在阳石与张郃交战，结果大败张郃的军队。张郃丢失了战马，沿着山路，单独与手下十多人从小路逃走，回到了南郑。

二十一年，先主还成都。二十二年，蜀郡太守法正进曰："曹操一举降张鲁，定汉中，不因此势以图巴、蜀，而留渊、郃，身遽北还①，非智不逮，力不足，将内有忧逼耳②。今算渊、郃才略，不胜吾将率③，举众往讨，则必可擒。天以与我，时不可失也。"先主从之，以问儒林校尉巴西周群④。群对曰："当得其地，不得其民；若出偏军，必不利。"先主遂行。诸葛亮居守，足食足兵也⑤。

【注释】

①遽（jù）：仓猝。

②忧逼：忧患侵迫。

③将率：同"将帅"。

④儒林校尉：官名。东汉末刘备置，为州牧属官，掌谋议。

⑤足食足兵：粮食、军备充足。

【译文】

建安二十一年，刘备回到成都。建安二十二年，蜀郡太守法正进谏说："曹操一举降服张鲁，平定汉中，却没有趁此形势以图谋巴、蜀，而只留下夏侯渊、张郃驻守汉中，自己仓猝北归，这不是因为智力不够、兵力不足，而是国内有忧患侵迫。如今比较夏侯渊、张郃的才识与胆略，都比不上我们的将帅，我们率领众人前往讨伐，一定可以擒获他们。这是上天给我们的机会，可谓机不可失。"刘备听从了法正的建议，并询问儒林校尉、巴西人周群。周群回答说："可以得到其土地，但不能得到其民众；如果只出偏军，必然不利。"刘备于是率军出征汉中。诸葛亮居守后方，保障有充足的粮食和士兵。

二十三年，先主急书发兵。军师亮以问从事犍为杨洪①，洪对曰："汉中，蜀之咽喉，存亡之机。若无汉中，则无蜀矣。此家门之祸，男子当战，女子当运，发兵何疑！"亮以法正从行②，白先主，以洪领蜀郡太守③，后遂即真④。初，洪为犍为太守李严功曹，去郡数年，已为蜀郡，严故在职；而蜀郡何祗为洪门下书佐⑤，去郡数年，已为广汉太守，洪故在官。是以西土咸服亮之能揽拔英秀也⑥。后洪、祗俱会亮门下，洪谓祗曰："君马何驶？"祗对曰："故吏马不为驶，明府马不进耳⑦。"

【注释】

①杨洪（？—228）：字季休，犍为郡武阳（今四川眉山彭山区）人。刘璋时，历部诸郡。刘备定蜀，为功曹，迁蜀郡太守，有政绩。刘备征吴，败还永安。汉嘉太守黄元反。当时成都空虚，杨洪以计擒之，赐爵关内侯。官至越骑校尉。《三国志·蜀书》、本书卷十有传。

②以：因为。法正从行：当时法正已经随刘备北征汉中。

③领：代理。

④即真：官职由代理而转为正职。

⑤何祗：字君肃，蜀郡郫（今四川成都郫都区）人。初为杨洪门下书佐，后为督军从事。有才干，诸葛亮察而异之，补为成都令，兼郫县令，有治绩。汶山夷骚动不安，以为汶山太守，民夷服信。数年，迁广汉太守，转犍为太守。性宽厚。卒年四十八。本书卷十有传。门下书佐：官名。汉朝置，为郡县长官亲近属吏，故冠以门下之名，掌文书。三国沿置。

⑥揽拔：延揽、选拔。英秀：才能卓越的人。

⑦"故吏马"二句：《益部耆旧传·杂记》记载：祗曰："故吏马不敢驶，但明府未著鞭耳。"明府，汉魏以来对郡守、牧尹的尊称。

【译文】

建安二十三年，刘备紧急发出书信，要求发兵。军师诸葛亮询问从事、犍为人杨洪，杨洪回答说："汉中，是蜀地的咽喉，事关存亡的要地。如果没有汉中，就没有蜀地。这是家门口的战祸，男子应当上阵作战，女子应当负责运输，发兵还有什么迟疑呢？"诸葛亮因为法正随从刘备征战，于是上表刘备，请求任命杨洪代理蜀郡太守，后来便正式接任。当初，杨洪是犍为太守李严的功曹，但离开犍为郡好多年了，现在已经成为蜀郡太守了，而李严仍然还在原职；蜀郡人何祗是杨洪门下掌文书的小吏，但离开蜀郡好多年了，已经成为广汉太守了，而杨洪仍然还在原职。因此西土都佩服诸葛亮能招揽、选拔英才。后来杨洪、何祗都聚于诸葛亮门下，杨洪对何祗说："阁下的马将驶往何方？"何祗回答说："老部下的马不敢行驶，如果太守大人的马不前进的话。"

二十四年，先主定汉中，斩夏侯渊①。张郃率吏民内徙②。先主遣将吴兰、雷同入武都，皆没③。乃举群茂才④。时州后部司马张裕亦知占术⑤，坐漏言⑥。言先主得蜀，寅卯之间当失⑦，汉凶年在庚子⑧，诛。曹公为魏王⑨。王西征⑩，闻法正策⑪，曰："固知玄德不辨此⑫。"又曰："吾收奸雄略尽⑬，独不得正邪！"

【注释】

①斩夏侯渊：建安二十四年（219）正月，夏侯渊战败身亡。

②张郃率吏民内徙：建安二十四年三月，曹操亲至汉中，救出张郃等人。《三国志》未载张郃率吏民内徙之事，此为《华阳国志》所载。

③没：同"殁"，死。本书卷二《汉中志》载："建安二十四年，先主遣将军雷同、吴兰平之，为魏将曹洪所破杀。"

④群：周群，字仲直，巴西郡阆中（今四川阆中）人。参看本书卷一《巴志》注。茂才：即"秀才"。东汉时，为避光武帝刘秀之讳，将

"秀才"改为"茂才"。明清时,入府州县学的生员叫秀才,也沿称茂才。

⑤张裕:字南和,蜀郡(治今四川成都)人。刘璋据蜀,辟为从事。蜀汉时,任州后部司马。通晓占候,尝谏刘备勿争汉中,不听。又作预言,谓刘备得蜀九年后当失之。刘备以其谏争汉中事不验为罪名,下之于狱。诸葛亮表请其罪,刘备以"芳兰生门,不得不锄"为答,杀之。参看《三国志·蜀书·周群传》。占术:占卜之术。

⑥坐:因……而获罪。漏言:失言。

⑦寅卯之间:指壬寅年与癸卯年之间,即222年与223年之间。222年,刘备率军东征孙吴,大败。223年,刘备病死白帝城。

⑧庚子:即220年。曹丕称帝,汉朝灭亡,是为汉之"凶年"。《三国志·蜀书·周群传》:"(张)裕又私语人曰:'岁在庚子,天下当易代,刘氏祚尽矣。主公得益州,九年之后,寅卯之间当失之。'人密白其言。"

⑨曹公为魏王:建安二十一年五月,曹操进爵为魏王。

⑩王西征:建安二十四年(219),曹操率军征汉中。

⑪闻法正策:指听说刘备在汉中用法正计策斩杀夏侯渊。

⑫不辨此:意谓不能办成此事。辨,同"办",完成某事。

⑬奸雄:有才智而狡诈欺世的人。后多以"奸雄"指弄权欺世、窃取高位的人。略尽:将尽。

【译文】

建安二十四年,刘备平定汉中,斩杀夏侯渊。张郃率领官民向内地迁徙。刘备派遣将领吴兰、雷同攻打武都,结果都兵败身亡。于是举荐周群为秀才。当时益州后部司马张裕也通晓占卜之术,因失言而获罪。张裕预言刘备得到蜀地后,将会在壬寅、癸卯之间失去,汉朝的凶年在庚子之年,结果被杀。曹操进爵为魏王。魏王率军西征汉中,听说刘备斩杀夏侯渊是法正出的计策,说:"我本来就知道刘备办不成此事的。"又说："我把天下的奸雄基本上都收揽尽了，唯独没有得到法正啊！"

群下上先主为汉中王、大司马①。以许靖为太傅，法正为尚书令，零陵赖恭为太常②，南阳黄柱为光禄勋③，王谋为少府，武陵廖立为侍中，关羽为前将军，张飞为右将军，马超为左将军，皆假节钺④。又以黄忠为后将军⑤，赵云翊军将军⑥。其余各进官号。军师诸葛亮曰："黄忠名望，本非关、张、马超之伦也⑦。今张、马在近，亲见其功，犹可喻指⑧；关遥闻之，恐必不悦。"先主曰："吾自解之⑨。"

【注释】

①汉中王：建安二十四年（219），群臣奉刘备为汉中王，上表于汉献帝。

②赖恭：零陵（治今广西全州）人。东汉末年，从荆州刺史刘表，任交州刺史。后投奔刘备，任镇远将军。与诸葛亮竭诚扶持刘备。

③黄柱：南阳（治今河南南阳）人。刘备为汉中王时，黄柱任光禄勋。

④假：授予，给予。节钺：符节和斧钺。古代授予将帅，作为加重权力的标志。按：据《三国志·蜀书》记载，关羽为"假节钺"，张飞、马超为"假节"。

⑤后将军：官名。将军名。掌征伐，位上卿。

⑥翊军将军：官名。杂号将军名。东汉末年刘备置，掌征伐或驻守。

⑦名望：名声，威望。伦：辈，类。

⑧喻指：知晓旨意。指，同"旨"。

⑨自解：自作解说，自会解释。

【译文】

群臣上表朝廷，请求封刘备为汉中王、大司马。任命许靖为太傅，法正为尚书令,零陵人赖恭为太常,南阳人黄柱为光禄勋,王谋为少府,武陵人廖立为侍中,关羽为前将军,张飞为右将军,马超为左将军,都被授予符节和斧钺。刘备又任命黄忠为后将军,赵云为翊军将军。其余的人都各被授予了官职。军师诸葛亮说:"黄忠的名望,本来就是不能与关羽、张飞、马超这些人相比的。如今张飞、马超离黄忠近,而且亲眼见到黄忠的功绩,还可以明白旨意;关羽在遥远的外地听说此事,恐怕一定不会高兴。"先主说:"我自会解释。"

　　时关羽自江陵围曹仁于樊城①,遣前部司马犍为费诗拜假节②。羽怒曰:"大丈夫终不与老兵同列③!"不肯受拜。诗谓曰:"昔萧、曹与高祖幼旧④,陈、韩亡命后至⑤,论其班爵⑥,韩最居上;未闻萧、曹以此为怨。今王以一时之功隆崇于汉升⑦,意之轻重宁当与君侯齐乎⑧?王与君侯譬犹一体,祸福同之。愚谓君侯不宜计官号之高下,爵禄之多少也⑨。"羽即受拜。

【注释】

①曹仁(168—223):字子孝,沛国谯(今安徽亳州)人。曹操从弟。初从曹操起兵,为别部司马。随征袁术、陶谦、吕布、袁绍等,以军功封都亭侯。历迁征南将军、安西将军、车骑将军,都督荆、扬、益州诸军事。长年镇守樊城、合肥,阻遏吴、蜀,多有军功。汉献帝建安末,关羽围樊城,力战固守。魏文帝立,拜大将军,累迁大司马,封陈侯。卒谥忠侯。《三国志·魏书》有传。

②前部司马:官名。东汉末年刘备置,掌领镇守或征伐。

③老兵:本处指的是黄忠。

④萧、曹:指萧何、曹参。曹参(?—前190),沛县(今属江苏)人。

秦时，为沛县狱掾，萧何为主吏。秦末，与萧何同随刘邦起事，屡立战功。高祖六年（前201），封平阳侯。萧何死，继任丞相，为惠帝丞相三年，一遵萧何旧规，有"萧规曹随"之称。卒谥懿侯。《史记》《汉书》有传。幼旧：幼年的旧友。萧何、曹参都是沛县人，与刘邦是老朋友。

⑤陈、韩：指陈平、韩信。陈平（？—前178），西汉河南阳武（今河南原阳）人。家贫，好学，有大志。秦末，陈胜起事，事魏王咎为太仆。后从项羽入关，任都尉。旋归刘邦，任护军中尉，为谋士。建离间项羽、范增，笼络韩信之计，均为采纳。刘邦为匈奴困于平城，陈平以计贿赂单于的阏氏，得出。高祖六年（前201），封曲逆侯。惠帝、吕后、文帝时，历任丞相。吕后死，陈平与太尉周勃等合谋，诛诸吕，迎立文帝。任丞相。卒谥献侯。《史记》《汉书》有传。韩信（？—前196），淮阴（今属江苏）人。初从项羽，为郎中，不受重用。亡归刘邦。经萧何力荐，任大将军。建议刘邦东向以图天下。汉四年任相国，次年为齐王。继与刘邦围歼项羽于垓下。西汉立，改封楚王，都下邳。被告谋反，高祖伪游云梦而执之，贬其为淮阴侯。高祖十年（前197），陈豨反，与韩信暗通声气。其舍人举报韩信谋划发兵袭吕后、太子。为吕后与相国萧何以计诱入长乐宫，被斩。著有《兵法》三篇，已佚。《史记》《汉书》有传。

⑥班爵：爵位，官阶。

⑦隆崇：推崇，器重。汉升：黄忠之字。

⑧君侯：秦汉时称列侯而为丞相者，汉以后用为对达官贵人的敬称。关羽封汉寿亭侯，故费诗称其为"君侯"。

⑨爵禄：底本作"爵位"，误。今从《三国志·蜀书·费诗传》改。官爵和俸禄。

【译文】

当时关羽自江陵围攻曹仁于樊城，刘备派遣前部司马、犍为人费诗授予关羽符节。关羽发怒道："大丈夫终究不能和老兵在同一个列位！"
关羽不肯接受节位。费诗对他说："当年萧何、曹参和汉高祖刘邦是幼年
的旧友，而陈平、韩信是后来亡命归附刘邦的，论功排定爵位、官阶时，
韩信居于最上等阶，并没有听说萧何、曹参因此而抱怨。如今大王因一
时的功劳而推崇黄忠，情意的轻重难道能和君侯您相比吗？大王与君侯
譬如一体，祸福同享。鄙人认为君侯不应该计较官号的高下、爵禄的多
少。"关羽随即接受了封赐。

　　初，羽闻马超来降，素非知故①，书与诸葛亮问其人材。
亮知羽忌前②，答曰："孟起，黥、彭之徒③，一世之杰，当与益
德并驱争先，犹不如髯之绝伦也④。"羽省书忻悦⑤，以示宾
客。羽美鬓髯⑥，故亮称云"髯"也。羽臂尝中流矢，每天阴
疼痛，医言矢锋有毒，须破臂刮毒⑦，患乃可除。羽即伸臂
使治。时适会客，臂血流离，盈于盘器，而羽引酒割炙，言
笑自若⑧。

【注释】

①知故：旧交好友。

②忌前：忌妒他人的才能或声望超过自己，居于自己前面。

③黥、彭：指英布、彭越。英布（？—前195），六县（今安徽六安东
　北）人。坐法黥面（在脸上刺字、涂墨的刑罚），亦称黥布。作战
　骁勇，常为先锋。每战，常以少胜多。从项羽入关，封九江王。曾
　奉项羽命，与衡山王吴芮击杀义帝。楚汉战争中，汉遣随何说英
　布归汉，封淮南王，从刘邦击灭项羽于垓下。后以韩信、彭越见
　诛，惧祸及身，遂举兵反。高祖讨破之。兵败逃江南，为长沙王诱
　杀。《史记》《汉书》有传。彭越（？—前196），秦末汉初昌邑（今

山东金乡西北)人。常渔钜野泽中。秦末,聚众起兵。楚汉战争时,将兵三万余人归汉,拜为魏相国,略定梁地。助汉攻楚,屡断楚粮道。后率兵从刘邦击灭项羽于垓下。封梁王。汉朝建立后,被告谋反,为刘邦所杀。《史记》《汉书》有传。

④髯:多须的人。本处特指美髯公关羽。

⑤忻悦:欣喜,高兴。

⑥鬓髭(bìn zī):须发。

⑦破臂刮毒:割开臂膀肌肉,用刀刮除骨上的药毒以治创伤。

⑧言笑自若:谈笑如常,十分镇定。按:此事又见《三国志·蜀书·关羽传》:"羽尝为流矢所中,贯其左臂,后创虽愈,每至阴雨,骨常疼痛,医曰:'矢镞有毒,毒入于骨,当破臂作创,刮骨去毒,然后此患乃除耳。'羽便伸臂令医劈之。时羽适请诸将饮食相对,臂血流离,盈于盘器,而羽割炙引酒,言笑自若。"按:《华阳国志》和《三国志》均未明言为关羽刮骨疗毒者的姓名,《三国演义》将其确定为华佗,聊备一说。

【译文】

当初,关羽听说马超前来投降,因为与马超本不是旧交好友,便写信给诸葛亮,询问马超这个人怎么样。诸葛亮知道这是关羽忌恨马超位居其前,答道:"马超,是英布、彭越之流,是一世之杰,应当与张飞并驾齐驱,但还是不如美髯公无与伦比。"关羽看完书信非常高兴,将书信给各位宾客看。关羽两颊的须发很美,故而诸葛亮称其为"髯公"。关羽的手臂曾经被流箭射中,每到天阴之时便会疼痛,医生说箭头有毒,必须刺破手臂刮骨去毒,病患才可以去除。关羽随即伸出手臂让医生治疗。当时关羽正在会见宾客,手臂鲜血淋漓,流满了盘子,而关羽仍旧喝酒割烤肉吃,谈笑如常,十分镇定。

魏王遣左将军于禁督七军三万人救樊①,汉水暴长,皆为羽所获。又杀魏将庞德②,威震华夏。魏王议徙许都以避其锐。而孙权袭江陵,将军傅士仁、南郡太守麋芳降吴③。羽久不拔城,魏右将军徐晃救樊,羽退还,遂为孙权所杀④。吴尽取荆州,以刘璋为益州牧,住姊归⑤。是岁,尚书令法正卒⑥,谥曰翼侯。以尚书刘巴为尚书令。

【注释】

①于禁(? —221):字文则,泰山巨平(今山东泰安)人。东汉末从济北相鲍信起兵,后归附曹操,拜军司马。从击黄巾军,讨吕布、张绣、袁绍等,以军功拜虎威将军、左将军等。治军严整,所得财物不入私囊。与张辽、乐进、张郃、徐晃号为名将,封益寿亭侯。建安二十四年(219)被蜀军击败,降关羽,辗转至孙吴。魏文帝时遣还,拜安远将军。不久惭恨而死,谥厉侯。《三国志·魏书》有传。

②庞德:字令明,南安狟道(今甘肃陇西)人。少为郡吏,后历事马腾、马超、张鲁。归降曹操,拜立义将军。与曹仁屯守樊城,所部遭蜀军关羽进攻,失利被俘,至死不降。魏文帝时,谥壮侯。《三国志·蜀书》有传。

③傅士仁:字君义,广阳(治今北京房山区)人。随刘备入蜀,为将军。居公安,受关羽统属。与关羽有隙,叛蜀投吴。《三国志·蜀书》有传。麋芳:字子方,东海郡朐县(今江苏连云港市)人。麋竺(刘备麋夫人之兄)之弟。本为徐州牧陶谦部下,后为曹操表为彭城相。辞官,随刘备征战奔波。刘备任其为南郡太守,但为关羽轻慢。后降吴,导致关羽兵败被杀。此后,在吴国担任将军,并且为吴征伐。《三国志·蜀书》有传。

④遂为孙权所杀:建安二十四年(219),关羽死于吴军之手。

⑤住：通"驻"，驻扎。姊归：即秭归。县名。西汉置，属南郡。治所
　　即今湖北秭归西北归州镇。《水经·江水注》："袁山松曰：屈原有
　　贤姊，闻原放逐，亦来归，喻令自宽全。乡人冀其见从，因名曰秭
　　归，即《离骚》所谓'女婆婵媛以詈余'也。"
⑥尚书令法正卒：据《三国志·蜀书·法正传》记载，法正死于建安
　　二十五年（220）。

【译文】

　　魏王曹操派遣左将军于禁督统七军三万人援救樊城，当时汉水暴
涨，于禁所统军队都被关羽擒获。关羽又杀死魏将庞德，一时威震华夏。
魏王曹操商议迁徙到许都，以避开关羽的锋芒。孙权袭击江陵，关羽的
将军傅士仁、南郡太守糜芳投降了吴国。关羽很久没有攻下樊城，魏国
右将军徐晃前来救援樊城，关羽败退而回，结果被孙权所杀。吴国于是
全部占有荆州，任命刘璋为益州牧，驻扎在姊归。这一年，尚书令法正去
世，谥号为翼侯。刘备任命尚书刘巴为尚书令。

　　二十五年春正月，魏武王薨，嗣王丕即位①，改元延
康②。蜀传闻汉帝见害③，先主乃发丧制服④，追谥曰孝愍
皇帝⑤。所在并言众瑞。故议郎阳泉亭侯刘豹⑥，青衣侯向
举⑦，偏将军张裔、黄权，大司马属阴纯⑧，别驾赵筰⑨，治中
杨洪，从事祭酒何宗⑩，议曹从事杜琼⑪，劝学从事张爽、尹
默、谯周等上言⑫："《河》《洛》符验⑬，孔子所甄⑭。《洛书甄
耀度》曰：'赤三日，德昌九世，会备合为帝际⑮。'《洛书宝
号命》曰：'天度帝道备称皇⑯。'"又言："周群父未亡时，数
言西南有黄气⑰，立数十丈，而景云祥风从璇玑下来应之⑱。
如《图》《书》⑲，必有天子出⑳。方今大王应际而生㉑，与神
合契，愿速即洪业㉒，以宁海内。"先主未许。冬，魏王丕即

皇帝位,改元黄初㉓。汉献帝逊位为山阳公㉔。

【注释】

①嗣王:继位之王。

②延康:汉献帝年号(220)。

③见害:被害。

④发丧:举办丧事。制服:制作丧服。

⑤追谥:死后追加谥号。

⑥阳泉亭侯:《三国志·蜀书·先主传》无"亭"字。阳泉,县名。三国蜀置,属广汉郡。治所在今四川德阳旌阳区西北孝泉镇。西晋废,后复置。北周移晋熙郡治此。隋初郡还治晋熙,此城遂废。刘豹:生平不详。

⑦青衣:县名。西汉高帝六年(前201)置,属蜀郡。治所在今四川芦山县,一说在今四川雅安名山区北。向举:生平不详。

⑧大司马:即刘备。阴纯:一本作"殷纯"。

⑨赵筰:益州巴西郡人。刘璋部下,任巴郡太守。后与部将严颜降于张飞,被刘备任命为益州别部从事。

⑩从事祭酒:官名。东汉末年置,为州府属吏,散职,无固定人数,地位尊显,多以年高博学者为之。汉末蜀益州、荆州也置。何宗:字彦英,蜀郡郫(今四川成都郫都区)人。从任安学,有盛名。刘璋时,为犍为太守。刘备定蜀,辟为从事祭酒。后援引图谶,劝刘备称帝,迁大鸿胪。刘禅建兴中卒。本书卷十有传。

⑪议曹从事:官名。又称"议曹从事史"。东汉为刺史(州牧)属吏。东汉末,刘备为益州牧,以杜琼为议曹从事,职参谋议。杜琼(? —250):字伯瑜,蜀郡成都(今四川成都)人。少受学于任安。初事刘璋,辟从事。蜀汉时,历任谏议大夫、左中郎将、大鸿胪、太常等职。与群臣援图谶上书劝进。为人静默少言,不与世事。蒋

琬、费祎等皆器重之。学问渊深，著有《韩诗章句》十余万言。年八十余卒。《三国志·蜀书》、本书卷十有传。

⑫劝学从事：官名。东汉末年置。州属官，掌文教，不常设。张爽：生平不详。尹默：字思潜，梓潼郡涪（今四川绵阳）人。曾游学荆州，从司马德操、宋忠等学习古文经学。通晓经史，尤精《左氏春秋》。刘备定益州，以为劝学从事。后为太子令仆，以《左传》授刘禅。及刘禅即位，拜谏议大夫。诸葛亮居汉中，随军任军祭酒。诸葛亮卒，还成都，拜太中大夫。《三国志·蜀书》、本书卷十有传。谯周：清人以为当作"周群"，今人以为当作"周巨"（刘琳）。

⑬《河》《洛》：《河图》与《洛书》的简称。古代儒家关于《周易》卦象来源及《尚书·洪范》"九畴"创作过程的传说。《易·系辞上》："河出图，洛出书，圣人则之。"河，黄河。洛，洛水。《尚书·顾命》："大玉、夷玉、天球、河图在东序。"据汉儒孔安国、刘歆等解说：伏羲时有龙马出于黄河，马背有旋毛如星点，称作"龙图"。伏羲取法以画八卦生蓍法。夏禹治水时有神龟出于洛水，背上有裂纹，纹如文字，禹取法而作《尚书·洪范》"九畴"。见《尚书·顾命》、《洪范》之孔传、《汉书·五行志上》。古代认为，出现"河图洛书"是帝王圣者受命之祥瑞。符验：应验，符合。

⑭甄：甄别，鉴别。

⑮"《洛书甄耀度》曰"几句：《后汉书·郊祀志》引《洛书甄曜度》："赤三德，昌九世，会修符，合帝际，勉刻封。"《洛书甄耀度》，又作《洛书甄曜度》，纬书之一。作于西汉末。

⑯"《洛书宝号命》曰"几句：《三国志·蜀书·先主传》引《洛书宝号命》："天度帝道备称皇，以统握契，百成不败。"《洛书宝号命》，又作《洛书宝予命》，纬书之一。作于西汉末。

⑰黄气：黄色云气。古代迷信以为天子之气。

⑱景云：祥云，瑞云。祥风：预兆吉祥的风。璇玑：北斗前四星，也叫魁。

⑲《图》《书》：指《河图》《洛书》。

⑳必有天子出：《晋书·天文志中》："天子气，内赤外黄，四方：所发之处当有王者。若天子欲有游外处，其地亦先发此气。"

㉑应际而生：指顺应时运而生。际，际遇，指时运。

㉒洪业：大业。古时多指帝王之业。

㉓黄初：三国魏文帝年号（220—226）。凡七年。山阳公：封爵名。三国魏黄初元年（220）汉献帝刘协逊位后，被奉为山阳公，邑河内山阳（今河南焦作东北）一万户。虽名位在诸侯王之上，实为魏所置督军禁制。刘协死后，孙刘康嗣位。晋泰始二年（266），始解除禁制。其后由刘瑾、刘秋先后继立。永嘉中刘秋死后，国除。

㉔逊位：让位。

【译文】

建安二十五年春正月，魏武王曹操驾崩，曹丕继承王位，改年号为延康。蜀国传闻汉献帝被害，刘备于是举办丧事、制作丧服，追谥汉献帝为孝愍皇帝。所到之处，大家都说有祥瑞出现。因此议郎、阳泉亭侯刘豹，青衣侯向举，偏将军张裔、黄权，大司马属阴纯，别驾赵筰，治中杨洪，从事祭酒何宗，议曹从事杜琼，劝学从事张爽、尹默、谯周等上书说："《河图》《洛书》中表明圣者有受命的祥瑞，这是经孔子甄别出的。《洛书甄耀度》说：'天赤三日，德运昌盛九世，到刘备合当为皇帝。'《洛书宝号命》说：'上天揣度皇帝之道，刘备称皇帝。'"又说："周群父亲未死时，多次说到西南地区有天子之气，高耸数十丈，而瑞云、祥风从璇玑下来应和它。诚如《河图》《洛书》所说，这预示着必定有天子出现。如今大王应运而生，与天神契合，希望您赶紧继位成就大业，以安定海内。"刘备没有同意。冬天，魏王曹丕即皇帝位，改年号为黄初。汉献帝让位，被封为山阳公。

　　章武元年，魏黄初二年也①。春，太傅许靖、安汉将军糜竺、军师将军诸葛亮、太常赖恭、光禄勋黄柱、少府王谋等乃劝先主绍汉绝统②,即帝号。先主不许。亮进曰:"昔吴汉、耿弇等劝世祖即帝位③,世祖辞让。耿纯进曰④:'天下英雄喁喁⑤,冀有所望。若不从议者,士大夫各归其主,无从公也。'世祖感之。今曹氏篡汉,天下无主,大王绍世而起⑥,乃其宜也。士大夫随大王久勤苦者,亦欲望尺寸之功如纯言耳。"先主乃从之。亮与博士许慈、议郎孟光建立礼仪⑦,择令辰⑧。费诗上疏曰:"殿下以曹操父子逼主篡位,故乃羁旅万里⑨,纠合士众,将以讨贼。今大敌未克,而先自立,恐人疑惑。昔高祖与楚约,先破秦者王。及屠咸阳,获子婴,犹推让⑩。况今殿下未出门,便欲自立。愚臣诚不为殿下取也。"朝廷左迁诗部永昌从事⑪。

【注释】

①章武元年,魏黄初二年:221年。

②绍汉绝统:接续汉朝已经断绝的统绪。绍,继续,接续。

③耿弇(3—58):字伯昭,扶风茂陵(今陕西兴平)人。东汉开国元勋,一代名将。少好学。更始时归附刘秀,劝其父耿况发兵援刘秀军,击败王郎,平定河北。刘秀称帝,拜建威大将军,封好畤侯。建武时先后屡败彭宠、张步、隗嚣等,多立军功。谥愍侯。《后汉书》有传。

④耿纯(?—37):字伯山,巨鹿宋子(今河北赵县)人。光武初起,率宗族宾客二千余人归之,拜前将军,从平王郎,镇压赤眉、铜马诸部。光武即位,封东光侯,拜东郡太守、太中大夫。卒谥成侯。《后汉书》有传。

⑤喁喁(yóng):仰望期待貌。喁,本义为鱼口向上露出水面。

⑥绍世:继承世系。按:《三国志·蜀书·诸葛亮传》:"大王刘氏苗

族,绍世而起,今即帝位,乃其宜也。"

⑦许慈:字仁笃,南阳(今属河南)人。汉献帝建安中,与许靖等俱
  入蜀,为博士。蜀后主时,官至大长秋。通经学,善郑氏学,治
  《易》《尚书》《三礼》《毛诗》《论语》。《三国志·蜀书》有传。孟
  光:字孝裕,河南洛阳(今属河南)人。汉灵帝末为讲部吏。汉
  献帝迁都长安,入蜀。博物识古,书无不读,精《公羊春秋》。刘
  备定益州,拜议郎。刘禅立,迁大司农。每直言无所回避,故爵
  位不登。后坐事免官。年九十余卒。《三国志·蜀书》有传。建
  立:制定。

⑧令辰:指吉日。

⑨羁旅:寄居异乡。

⑩推让:推辞。

⑪左迁:降官,贬职。

【译文】

汉章武元年,即魏国的黄初二年。这年春天,太傅许靖、安汉将军麋
竺、军师将军诸葛亮、太常赖恭、光禄勋黄柱、少府王谋等才劝说刘备接
续汉朝已经断绝的统绪,即位称帝。刘备不同意。诸葛亮进谏说:"从前
吴汉、耿弇等劝说汉世祖即位称帝,汉世祖推辞谦让。耿纯进言说:'天
下的英雄仰慕您,是希望能跟您一起建功立业。如果您不听从建议,士
大夫各求其主,将不再跟从您了。'汉世祖为之感动。如今曹氏篡夺汉
室,天下没有君主,大王继承世绪而起,是正合其宜的。士大夫追随大
王,长期吃苦耐劳,也希望能够建立尺寸之功,就像耿纯所说的那样。"
刘备于是听从了他的建议。诸葛亮与博士许慈、议郎孟光定立继位礼
仪,并选择吉日。费诗上疏说:"殿下因为曹操父子逼迫皇帝,篡夺皇位,
故而才万里奔波,纠集士兵,聚合民众,讨伐奸贼。如今大敌尚未攻克,
而您便先自立为帝,恐怕世人会不理解。从前汉高祖与楚人约定,先攻
破秦国的人便称王。等到攻下咸阳,俘获子婴,还推辞即帝位。何况如

今殿下还没有出门，便想自立为王。愚臣确实以为殿下此举不可取。"朝廷将费诗降职为部永昌从事。

夏四月丙午，先主即帝位，大赦，改元章武。以诸葛亮为丞相，假节，录尚书事①；许靖为右司徒②；张飞车骑将军，领司隶校尉，进封西乡侯③；马超骠骑将军，领凉州刺史④，封氂乡侯，北督临沮⑤；偏将军吴懿为关中都督⑥；进魏延镇北将军⑦；李严辅汉将军⑧，襄阳马良为侍中，杨仪为尚书⑨，蜀郡何宗为鸿胪⑩。立宗庙，袷祭高皇帝、世祖光武皇帝⑪。五月辛巳，立皇后吴氏——吴懿妹，刘璋兄瑁妻也。子禅为皇太子。六月，立子永为鲁王⑫，理为梁王⑬。

【注释】

①录尚书事：官名。初为职衔名，始于东汉。当时政务总于尚书台，太傅、太尉、大将军等加此名义始得综理国事政务，成为真宰相。魏晋南北朝多以公卿权重者居之，总领尚书省政务，位在三公上。录，总领。

②右司徒：官名。春秋战国置。掌民众百姓教化。

③西乡侯：张飞原封新亭侯。

④凉州刺史：其时，凉州尚属魏国，此凉州刺史属于遥领。

⑤临沮：县名。西汉置，属南郡。治所在今湖北远安西北。以临沮水为名。东汉改为临沮侯国，后复为临沮县。

⑥关中都督：其时，关中尚属魏国，此关中都督属于遥领。

⑦镇北将军：杂号将军名。三国蜀置，掌征伐。

⑧辅汉将军：杂号将军名。东汉置，掌征伐。其后，三国蜀亦置。李严、张裔都曾任此将军。

⑨杨仪：字威公，襄阳（今湖北襄阳）人。初为荆州刺史傅群主簿，后投奔襄阳太守关羽，任功曹。蜀后主时，历官丞相府参军、长史、中军师等。有才干，受到诸葛亮赏识。诸葛亮卒，攻灭魏延。以为功大当代诸葛亮秉政，而蒋琬为尚书令，还拜中军师。坐怨望，诏废为民。至徙所，又上书诽谤，遂被逮，自杀。《三国志·蜀书》有传。

⑩何宗：字彦英，蜀郡郫（今四川成都郫都区）人。从任安学，有盛名。刘璋时，为犍为太守。刘备定蜀，辟为从事祭酒。后援引图谶，劝备称帝，迁大鸿胪。刘禅建兴中卒。本书卷十《先贤士女总赞》有传。鸿胪：上当脱"大"字。大鸿胪，官名。秦朝和西汉初称典客，掌管归降的少数民族。

⑪祫（xiá）祭：古代天子诸侯所举行的集合远近祖先神主于太祖庙的大合祭。

⑫子永：即刘永，字公寿，涿郡涿县（今河北涿州）人。刘备次子，刘禅庶兄。章武元年（221），立为鲁王。建兴八年（230），改封甘陵王。因憎恶宦官黄皓，被谮，不得朝见后主十余年。蜀亡，于魏咸熙元年（264）迁洛阳，拜奉车都尉，封乡侯。《三国志·蜀书》有传。

⑬理：即刘理（？—244），字奉孝，涿郡涿县人。刘备庶子，刘禅庶兄。章武元年，立为梁王。建兴八年，改封安平王。延熙七年（244）逝世，时年不满三十岁，谥曰悼王。《三国志·蜀书》有传。

【译文】

夏四月丙午日，刘备即皇帝位，大赦天下，改年号为章武。任命诸葛亮为丞相，授予符节，总领尚书事务；许靖为右司徒；张飞为车骑将军，代理司隶校尉，进而封为西乡侯；马超为骠骑将军，代理凉州刺史，封为斄乡侯，向北督管临沮；偏将军吴懿为关中都督；进封魏延为镇北将军；李严为辅汉将军，襄阳人马良为侍中，杨仪为尚书，蜀郡人何宗为鸿胪。

刘备又建立宗庙，合祭高皇帝、世祖光武皇帝。五月辛巳，册立皇后吴氏——即吴懿之妹，刘璋之兄刘瑁的妻子。册封儿子刘禅为皇太子。六月，册立儿子刘永为鲁王，刘理为梁王。

先主将东征以复关羽之耻，命张飞率巴西万兵，将会江州。飞帐下将张达、范彊杀飞[1]，持其首奔吴。初，飞、羽勇冠三军，俱称万人之敌[2]。羽善待小人，而骄士大夫；飞爱敬君子而不恤小人，是以皆败。先主常戒之曰："卿刑杀过差[3]，鞭挞健儿，令在左右，此取祸之道。"飞不悟，故败。先主闻飞营军都督之有表也，曰："噫，飞死矣！"命丞相亮领司隶校尉。

【注释】

①张达、范彊：张飞部将。章武元年（221），二人杀张飞，持其首而奔东吴。

②万人之敌：谓勇武善战，可与万人匹敌。按：关羽、张飞在当时有"万人之敌"的美誉。《三国志·魏书·程昱传》："（程）昱料之曰：'……刘备有英名，关羽、张飞皆万人敌也，权必资之以御我。'"《三国志·魏书·先主传》裴松之注引《傅子》："张飞、关羽勇而有义，皆万人之敌。"

③过差：过分，过度。

【译文】

刘备将要东征以报复关羽被杀的耻辱，命令张飞率领巴西的上万士兵，在江州会合。张飞帐下的将领张达、范彊杀害了张飞，手持张飞首级投奔东吴去了。当初，张飞、关羽勇冠三军，都有"万人之敌"的美称。关羽能善待弱小之人，但对士大夫很骄慢；张飞爱惜敬重君子，但不能体恤弱小之人，因此都遭遇失败。刘备经常告诫张飞说："爱卿刑罚杀戮过度，鞭挞勇健之人，令他们随侍在左右，这是杀身取祸之道。"张飞没有醒悟，所以招致杀身之祸。刘备一听到张飞手下的都督有上表，就说："唉，张飞死了！"随即命令丞相诸葛亮代理司隶校尉事务。

　　秋七月，先主东伐。群臣多谏，不纳。广汉秦宓上陈天时必无其利。先主怒，絷之于理①。孙权送书请和，先主不听。吴将陆议、李异、刘阿等军至姊归②，左右领军南郡冯习、陈留吴班自建平攻破异等③，军次姊归。武陵五溪蛮夷遣使请兵④。

【注释】

①絷（zhí）：拘捕，拘禁。理：古代指狱官、法官。这里指监狱。

②陆议：即陆逊（183—245），本名议，字伯言，吴郡吴县（今江苏苏州）人。孙策婿。初仕孙权幕府，累迁偏将军、右部督。与吕蒙计克公安，南郡，擒杀关羽。孙权黄武初，任大都督，领兵拒刘备。固守不战，待蜀军疲惫，方以火攻，大破之。领荆州牧。后任丞相。因反对孙权废太子，受责，愤恚卒。谥昭侯。《三国志·吴书》有传。刘阿：吴国将领。孙权黄武元年（222），率兵抵御刘备东征大军，在夷陵（今湖北宜昌）大破蜀军。后曾率兵伐魏，败归。

③冯习（？—222）：字休元，南郡（治今湖北江陵）人。随刘备入蜀。刘备征吴，为领军。轻敌，败于猇亭，为吴军所杀。吴班：字元雄，陈留（今河南开封）人。吴懿族弟。以豪侠称于时。入蜀，为领军。刘禅时，迁骠骑将军，假节，封绵竹侯。建平：郡名。三国吴永安三年（260）置，属荆州。治所在信陵县（今湖北秭归南）。魏灭蜀后，置建平郡都尉于巫县（今四川巫山县）。西晋咸

宁元年（275）改为建平郡。太康元年（280）灭吴，将两建平郡合并，治所在巫县。

④五溪蛮夷：即“五溪蛮”。东汉至宋时对分布在沅水上游少数民族的总称。因其地在西汉属武陵郡，故又名“武陵蛮”。与今土家、苗、瑶、侗及仡佬等族有渊源关系。其地包括今湖南西部、贵州东部、湖北西部一带，因有雄溪、朗溪（又作㵲溪）、辰溪、酉溪、午溪（又作武溪、无溪）等五条溪流纵贯其间，故名。笔者按：所谓“五溪”，一说指雄溪、蒲溪、酉溪、沅溪、辰溪。《水经·沅水注》：“武陵有五溪，谓雄溪、㵲溪、无溪、酉溪、辰溪其一焉。”

【译文】

秋七月，刘备东伐吴国。群臣大都劝谏，但刘备没有采纳。广汉人秦宓上书说天时必定不利。刘备大怒，将他拘禁在监狱。孙权送来书信请求讲和，但刘备不接受。吴国将领陆议、李异、刘阿等率领军队驻扎在姊归。刘备的左、右领军南郡人冯习、陈留人吴班从建平进军，攻破李异等，军队进驻姊归。武陵郡五溪一带的少数民族派遣使者请求出兵。

二年春正月，先主军姊归，吴班、陈式等水军屯夷陵①，夹江东西岸。二月，将进，黄权谏曰：“吴人悍战②，而水军顺流，进易退难。臣请为先驱以尝寇③，陛下宜为后镇④。”先主不从，以权为镇北将军，督江北军。先主连营稍前，军于夷道猇亭⑤。遣侍中马良经佷山安慰五溪蛮夷⑥。

【注释】

①夷陵：县名。秦置，属南郡。因县北有夷山得名。西汉治今湖北宜昌东南，为南郡都尉治。东汉改属宜都郡。三国吴黄武元年

　　（222）改名西陵县。西晋太康元年（280）复名夷陵县。黄武元

　　年，陆逊败刘备于此。

②悍战：勇猛善战。

③尝寇：试探敌人的强弱。

④后镇：居后镇守的人。

⑤猇（xiāo）亭：在今湖北宜昌东南长江北岸猇亭镇。蜀汉章武二年

　　（222），刘备率诸将伐吴，"军于夷道猇亭"，后为吴将陆逊所破，

　　即此。

⑥佷（hěn）山：山名。在今湖北长阳土家族自治县西南八十里。

【译文】

　　蜀汉章武二年春正月，刘备驻军于姊归，吴班、陈式等统率水军驻军于夷陵，在长江东西两岸安营扎寨。二月，刘备准备进攻吴军。黄权进谏说："吴人勇猛善战，水军顺流而下，前进容易后退难。下臣请求作为先驱以试探敌人的强弱，而陛下应居后镇守。"刘备没有听从，任命黄权为镇北将军，督领江北军队。刘备的连营稍稍前移，驻扎于夷道县的猇亭。派遣侍中马良经过佷山，安抚五溪一带的少数民族。

　　夏六月，黄气见，自姊归十余里中，广十余丈。后十数日，与吴人战，先主败绩，冯习及将张南皆死①。先主叹曰："吾之败，天也！"委舟舫由步道还鱼复②。将军义阳傅肜为后殿③，兵众死尽，肜气益烈。吴将喻令降，肜骂曰："吴狗，何有汉将军降者！"遂战死。从事祭酒程畿独溯江退④，众曰："后追以至，宜解舫轻行。"畿曰："吾在军，未习为敌之走，况从天子乎！"亦见杀。黄权偏军孤绝⑤，遂北降魏。李异、刘阿等蹑踱先主⑥，屯南山。先主改鱼复曰永安⑦。丞相亮闻而叹曰："法孝直若在，则能制主上使不东行；既复东

行,必不颠危矣^⑧!"

【注释】

①张南(?—222):字文进,蜀人。自荆州随刘备入蜀。刘备征东
　吴,与冯习俱战死于猇亭。

②鱼复:县名。秦置,治今重庆奉节东白帝城,属巴郡。西汉置江
　关都尉。三国蜀汉刘备为吴将陆逊所败,退守白帝。章武二年
　(222)改永安县,为巴东郡治。

③傅彤(?—222):南阳义阳(今河南信阳)人。为将军。从刘备
　征吴,为别督,军次猇亭,为陆逊所破。刘备退军,为断后。士卒
　死尽,吴将劝降,不从,力战而死。后殿:行军时居于尾部者。

④程畿(?—222):字季然,巴西郡阆中(今四川阆中)人。初仕刘
　璋,为江阳太守。后归刘备,辟为从事祭酒。随刘备征吴,军败,
　溯江而还,追兵至,战死。

⑤孤绝:谓孤立无助。

⑥踵蹑:接踵,跟随。

⑦永安:县名。三国蜀汉章武二年(222)改鱼复县置,为巴东郡治。
　治所在今重庆奉节东十里白帝城。西晋复为鱼复县。

⑧颠危:倾覆危险。

【译文】

　　夏六月,天子之气出现,自姊归绵延十余里,宽十余丈。此后十多
天,蜀军与吴人作战,刘备战败,冯习和将领张南都战死了。刘备感叹
说:"我的失败,是天意啊!"于是抛弃船只,由步道回到鱼复。将军、义
阳人傅彤殿后,士兵全部战死,而傅彤气势更加壮烈。吴军将领命令他
投降,傅彤骂道:"吴狗,哪里有汉将军向你们投降的!"于是傅彤悲壮
战死。从事祭酒程畿独自逆流而上退军,众人说:"后面的追兵将要赶到
了,应该解开并联的船只,以轻舟而行。"程畿说:"我在军营服役,没有练

习过做敌人的逃兵,何况是跟从天子呢!"也被杀死。黄权偏师作战,孤立无助,于是向北投降魏国。李异、刘阿等跟随刘备,驻扎在南山。刘备将鱼复改名为永安。丞相诸葛亮听说战况后感叹道:"如果法正还健在,就能制止主上,使他不向东用兵吴国;已经东行的话,也必定不会陷于危难啊!"

八月,司徒靖卒。是岁,骠骑将军马超亦卒。临没上疏曰:"臣宗门二百余口,为孟德所诛略尽,唯从弟岱当为微宗血食之系①,深托陛下。"岱官至平北将军②。拜彤子佥左中郎将③。

【注释】

①从弟:堂弟。岱:马岱,右扶风茂陵(今陕西兴平)人。马腾侄子,马超从弟。随马超先投张鲁,后归刘备。刘禅建兴十二年(234),魏延、杨仪相攻,马岱阵斩魏延之首。官至平北将军,封陈仓侯。血食:谓受享祭品。古代杀牲取血以祭,故称。

②平北将军:杂号将军名。东汉末年曹操置,掌帅军征伐。其后,魏晋沿置,且多兼刺史,总管军政事务。

③彤子佥:傅彤之子傅佥(?—263),南阳义阳(今河南信阳)人。初为左中郎,后拜关中都督。后主景耀末,魏军攻蜀,与蒋舒共守阳安关口,蒋舒开城出降,魏军乘虚袭城,傅佥格斗而死。

【译文】

八月,司徒许靖去世。这一年,骠骑将军马超也去世。马超临死前上疏刘备说:"下臣宗门二百多人,都被曹操诛杀殆尽,只有堂弟马岱可为本宗血脉,下臣将他托付给陛下。"马岱官至平北将军。刘备任命傅彤之子傅佥为左中郎将。

　　冬十月,诏丞相亮营南北郊于成都①。孙权闻先主在白帝,甚惧,遣使请和②。先主使太中大夫南阳宗玮报命③。十有一月,先主寝疾④。十有二月,汉嘉太守黄元⑤,素亮所不善,闻先主疾病⑥,虑有后患,举郡拒守。

【注释】

①南北郊:南郊与北郊。分别为古代王朝祭天、祭地之处。

②遣使请和:当时,曹丕出兵攻吴,孙权担心两面受敌,故遣使与蜀讲和。

③宗玮:三国时蜀汉官吏。任太中大夫。报命:一种外交礼节。为答谢邻国的来访,前往该国访问。

④寝疾:生病,多指重病。寝,病卧。

⑤黄元:里籍不详。曾任汉嘉太守。章武二年(222)末,闻先主疾不豫,举兵拒守,进兵攻临邛。遣将军陈曶讨黄元,黄元军败,顺流下江,为其亲兵所缚,生致成都,斩之。

⑥疾病:身患重病。

【译文】

　　冬十月,刘备诏令丞相诸葛亮在成都南北营建祭祀天地的祭坛。孙权听说刘备在白帝城,非常害怕,派遣使者请求讲和。刘备派太中大夫、南阳人宗玮回访吴国。十一月,刘备身患重病。十二月,诸葛亮一向不喜欢的汉嘉太守黄元,听说刘备患病,担心有后患,带领全郡拒守反叛。

　　三年春正月,召丞相亮于成都,诏亮省疾于永安①。元烧临邛城,治中从事杨洪启太子遣将军陈曶、郑绰由青衣水伐元②,灭之。二月,亮至永安。先主谓曰:"君才十倍曹丕,必能安国,终定大事。若嗣子可辅③,辅之;如其不才,君可自取。"亮涕泣对曰:"臣敢竭股肱之力,效忠贞之节,继之以死。"先主又为诏敕太子曰:"汝与丞相从事,事之如父。"亮与尚书令李严并受寄托④。

【注释】

①省疾:探病。

②陈智(hū)、郑绰:三国蜀汉将领。章武三年(223)三月,汉嘉太守黄元反叛。将军陈智、郑绰奉命讨伐,生擒之。

③嗣子:承继王位的嫡长子。本处特指刘禅。

④寄托:委托,付托。

【译文】

蜀汉章武三年春正月,刘备在成都召见丞相诸葛亮,诏令诸葛亮到永安探病。黄元火烧临邛城,治中从事杨洪启禀太子刘禅,派遣将军陈智、郑绰,由青衣水讨伐黄元,将其消灭。二月,诸葛亮到了永安。刘备对诸葛亮说:"阁下的才能比曹丕强十倍,必定能安邦治国,最终一定能成就大事。如果我的儿子可以辅佐,你就辅佐他;如果他确实不成才,阁下可以取而代之。"诸葛亮流泪回答说:"下臣愿意竭尽股肱之力,报效忠贞之节,继续辅佐嗣子直至到死。"刘备又颁赐诏书告诫太子说:"你和丞相处事,要像父亲一样侍奉他。"诸葛亮和尚书令李严一起接受了刘备的托付。

夏四月,先主殂于永安宫①,时年六十三。亮表后主曰:"大行皇帝迈仁树德②,覆育无疆③。昊天不吊④,今月二十四日奄忽升遐⑤。臣妾号咷⑥,如丧考妣⑦。乃顾遗诏,事惟太宗⑧。百寮发哀⑨,三日除服,到葬复服。其郡国守、相、令、长、丞、尉三日除服。"五月,梓宫至成都⑩,谥曰昭烈皇帝。秋八月，葬惠陵^⑪。

【注释】

①殂（cú）：死亡。永安宫：宫殿名。在今重庆奉节东。三国蜀汉章武二年（222），刘备征吴败还，驻白帝城（即今奉节城），改鱼复县为永安县，别置永安宫，次年死于此。《太平寰宇记》卷一百四十八奉节县：永安宫"汉末公孙述所筑。蜀先主崩于此城中，故曰永安宫"。遗址在今奉节师范学校内。今有永安宫故址碑二通。

②大行皇帝：中国封建时代对刚去世的、谥号尚未确立的皇帝的称呼。迈仁：勉力实行仁政。

③覆育：润育。

④昊天不吊：谓苍天不怜悯保佑。后以之为哀悼死者之辞。蔡邕《济北相崔君夫人诔》："昊天不吊，降此残殃。"

⑤奄忽：忽然，突然。升退：帝王去世的婉辞。

⑥号咷（táo）：放声大哭。

⑦考妣：对死去父母之称。

⑧太宗：汉文帝庙号。本处所说"乃顾遗诏，事惟太宗"，即刘备的遗诏指示，丧事按照当年汉文帝的"故事"（先例）操办。汉文帝遗诏曰："其令天下吏民，令到，出临三日，皆释服。"（《汉书·文帝纪》）

⑨百寮：同"百僚"，百官。发哀：举行哀悼仪式。

⑩梓宫：皇帝的灵柩。《汉书·霍光传》："赐金钱、缯絮、绣被百领，衣五十箧，璧珠玑玉衣，梓宫……皆如乘舆制度。"颜师古注："服虔曰：'棺也。'以梓木为之，亲身之棺也。为天子制，故亦称梓宫。"

⑪惠陵：陵墓名。三国蜀先主刘备墓。在今四川成都南郊武侯祠内。《蜀中广记》卷一引《太平寰宇记》云："惠陵，蜀先主陵也。今有祠存，号曰惠陵祠。"有清乾隆五十三年（1788）所立"汉昭

烈皇帝之陵"石碑。陵东为昭烈庙。

【译文】

夏四月,刘备在永安宫驾崩,享年六十三岁。诸葛亮上表后主说:"大行皇帝勉力实行仁政,树立美德,润育无疆。上天不怜悯他,于本月二十四日忽然升天。臣妾号啕痛哭,如同死去了父母。按照先主的遗诏指示,丧事按照当年汉文帝的先例操办。治丧百官举行哀悼仪式,三日后除去丧服,到下葬时再穿上丧服。郡国的守、相、令、长、丞、尉不临丧,三天后除去丧服。"五月,灵柩运到成都,谥号为昭烈皇帝。秋八月,葬在惠陵。

撰曰:汉末大乱,雄杰并起。若董卓、吕布、二袁、韩、马、张杨、刘表之徒①,兼州连郡,众逾万计,叱咤之间,皆自谓汉祖可踵,桓、文易迈②。而魏武神武干略③,戡屠荡尽。于时先主名微人鲜,而能龙兴凤举④,伯豫君徐⑤,假翼荆楚,翻飞梁、益之地,克胤汉祚⑥,而吴、魏与之鼎峙⑦。非英才命世,孰克如之!然必以曹氏替汉⑧,宜扶信顺⑨,以明至公⑩,还乎名号⑪,为义士所非⑫。及其寄死托孤于诸葛亮⑬,而心神无贰,陈子以为"君臣之至公,古今之盛轨"也⑭。

【注释】

①二袁:指袁绍、袁术。韩:指韩遂(?—215):字文约,金城(今甘肃兰州)人。本西凉豪强。尝说何进诛诸宦官,进未从。灵帝中平元年(184),北宫伯玉等起事,奉边章、韩遂为军主攻杀金城太守,割据一方。边章卒,推遂为主。献帝兴平元年(194),与马腾率军与郭汜、樊稠战于长平观,败绩。献帝建安时,其军力扩展至关中。建安七年(202),曹操方用兵河北,乃表遂为征西将军以缓

其进。建安十六年(211),与马超合军战操于渭南,败走西凉。未
几,为部将所杀。参看《三国志·蜀书·马超传》等。马:指马腾。

②桓、文:指齐桓公、晋文公。迈:超过。

③神武:神明而威武。干略:指治事的才能与谋略。

④龙兴凤举:比喻王者兴起。

⑤伯豫:做豫州牧。君徐:做徐州牧。

⑥克胤汉祚:谓刘备继承汉朝的皇位和国统。

⑦鼎峙:谓如鼎足并峙,即魏、蜀、吴三国鼎立。

⑧曹氏替汉:即本卷上文所说的"曹氏篡汉"。替,废弃,废除。

⑨宜扶信顺:意谓刘备应该扶持天之所助之人。信顺,谓诚信不欺,
顺应物理。语出《易·系辞上》:"天之所助者,顺也;人之所助
者,信也。"《后汉书·袁术列传》:"论曰:天命符验,可得而见,未
可得而言也。然大致受大福者,归于信顺乎!"

⑩至公:大公无私,天下为公。

⑪还乎名号:指刘备推辞帝号。

⑫为义士所非:指费诗上疏谏刘备称帝之事。

⑬寄死:即客死他乡。托孤:谓以遗孤相托。多指君主把遗孤托付
给大臣。

⑭"陈子以为"句:本处所引陈寿对刘备的评价,见于《三国志·蜀
书·先主传》:"评曰:先主之弘毅宽厚,知人待士,盖有高祖之
风,英雄之器焉。及其举国托孤于诸葛亮,而心神无贰,诚君臣之
至公,古今之盛轨也。机权干略,不逮魏武,是以基宇亦狭。然折
而不挠,终不为下者,抑揆彼之量必不容已,非唯竞利,且以避害
云尔。"陈子,陈寿。盛轨,美好的典范。

【译文】

撰述者说:汉朝末年天下大乱,豪杰并起。像董卓、吕布、袁绍、袁
术、韩遂、马腾、张杨、刘表这样的人,兼并州郡,统率人马以上万计,他们

在叱咤风云之际，都自认为可以赶上汉高祖，轻易超过齐桓公、晋文公。而魏武帝神明威武，以其才能与谋略，将天下群豪扫荡殆尽。当时先主名声小人马少，而后来能像龙凤一样腾飞兴起，成为豫州牧、徐州牧，借力于荆楚之地作辅翼，纵横驰骋于梁、益之地，终能继承汉朝国统，并与吴国、魏国三足鼎立。如果不是英才出世，谁能如此！然而上天一定要以曹氏代替汉室，先主应该扶持天之所助之人，以表明他的大公无私，把名号还给天助之人，但先主一定要称帝，还是为义士所责备。等到他客死他乡，将儿子托付给诸葛亮，而诸葛亮忠心耿耿、没有二心。陈寿认为是"君臣的大公无私，古今的美好典范"。

卷七　刘后主志

【题解】

本卷所说的"刘后主",指的是刘禅,即蜀汉末代君主刘阿斗。刘禅在位时间长达四十一年(223—263),而其在位期间的历史基本上就是整个蜀汉的历史。如果说卷六《刘先主志》是蜀汉国家的"开国纪年",而卷七《刘后主志》则是蜀汉国家的"存亡纪年"。

《刘后主志》从建兴元年(223)刘禅继位之时开始写起("袭位时年十七"),一直写到景耀六年(263)蜀汉的灭亡;又附带记述了咸熙元年(264)的蜀中变乱,刘禅居家迁徙洛阳而封安乐县公,可谓"有始有终"(于蜀汉政权而言),亦可谓"善始善终"(于刘禅个人而言)。

《刘后主志》重点记述的历史大事,有诸葛亮征抚南中、诸葛亮屡次北伐、蒋琬与费祎的继任与守成、姜维的劳力北征、黄皓的昏庸专权以及刘禅投降之后邓艾与锺会的倾轧争斗、姜维与锺会的一厢情愿,直至咸熙元年"军众抄掠,数日乃定"。

在本卷的结尾部分,常璩引述了蜀郡太守王崇对后主刘禅的评论以及对邓艾、锺会、姜维的看法,而常璩对姜维的评价也实在不高。在本卷的"撰曰"部分,常璩直接表达了对诸葛亮、刘禅、蒋琬、费祎、姜维和蜀汉政权的评价,认为蜀汉政权的存在实属"勉为其难"的"自保",而姜维的作为则属"胡作妄为","姜维才非亮匹,志继洪轨,民嫌其劳,家国亦丧矣"。

后主讳禅，字公嗣，先主太子，甘夫人所生也①。袭位时年十七②。

【注释】

①甘夫人：《夔州府志》谓其名为"甘梅"。生卒年不详，沛国（治所在今安徽淮北相山区）人。刘备侧室，刘禅生母。刘备为豫州牧时，纳甘夫人为妾。甘夫人后随刘备到荆州，生刘禅。赤壁之战后，甘夫人去世，葬于南郡（治所在今湖北江陵北），后迁葬于惠陵（在今四川成都）。刘备称帝后，追谥甘氏为"皇思夫人"。刘禅即位后，追谥生母甘夫人为"昭烈皇后"。《三国志·蜀书》有传。

②年十七：刘禅生于207年，223年嗣位，时年十七（虚岁）。

【译文】

刘后主名禅，字公嗣，是刘先主的太子，为甘夫人所生。刘禅继位之时，十七虚岁。

建兴元年夏五月①，后主即位。尊皇后吴氏曰皇太后②。大赦，改元。于魏黄初四年，吴黄武二年也。立皇后张氏，车骑将军飞女也。封丞相亮武乡侯③；中都护李严假节④，加光禄勋⑤，封都乡侯⑥，督永安事；中军师、卫尉鲁国刘琰亦都乡侯⑦；中护军赵云，江州都督费观，屯骑校尉、丞相长史王连，中部督襄阳向宠⑧，及魏延、吴懿，皆封都亭侯⑨；杨洪、王谋等关内侯⑩。

【注释】

①建兴元年：223年。这一年同时也是魏黄初四年、吴黄武二年。黄初，魏文帝曹丕的年号（220—226）。黄武，吴大帝孙权的年号

（222—229）。

②吴氏：吴懿之妹。原为刘璋之兄刘瑁的妻子，后被刘备收纳。刘备即位后，封吴氏为皇后。

③武乡侯：官爵名。

④中都护：官名。三国蜀昭烈帝章武三年（223）置，统内外军事，为军事长官。

⑤光禄勋：官名。秦称郎中令，汉因之。汉武帝太初元年（前104）更名光禄勋，掌官殿掖门户。王莽改光禄勋曰司中。东汉光禄勋，掌宿卫官殿门户。

⑥都乡侯：爵名。东汉置。凡封邑位于都乡（靠近城郊之乡）者，称都乡侯。《三国志·蜀书·李严传》：“以（李）严为中都护，统内外军事，留镇永安。”

⑦刘琰（？—234）：字威硕，鲁国（治今山东曲阜）人。初为刘备豫州从事。蜀汉时，历任固陵太守、车骑将军，封都乡侯。不预国政，随诸葛亮谋议而已。建兴十二年（234），其妻胡氏入贺太后，留经月乃出，刘琰疑妻与刘禅有私，因遣卒挝妻，下狱弃市。《三国志·蜀书》有传。

⑧向宠（？—240）：襄阳宜城（今湖北宜城）人。刘备时为牙门将，刘备征吴失败，向宠之营独全。刘禅立，封都亭侯，迁中部督，典宿卫兵。为诸葛亮所重。诸葛亮将北行，表称向宠晓畅军事，迁中领军。延熙三年（240），征汉嘉蛮夷，遇害。

⑨都亭侯：爵名。东汉置，位在乡侯下。初封都亭，后无封地。查阅《三国志》正文及裴松之注，知费观、向宠、魏延曾封都亭侯；赵云曾封永昌亭侯，后追谥顺平侯；王连曾封平阳亭侯；吴懿曾封高阳乡侯，后封县侯。也就是说，《华阳国志》说赵云、费观、王连、向宠、魏延、吴懿“皆封都亭侯”，大致不错。因此，译文作“中护军赵云”等封为都亭侯云云。

⑩关内侯：爵名。战国秦置，汉沿置。无封地，依封户多少，享受征
　　收租税之权。三国魏文帝定爵制，为第十等，位在亭侯之下。多
　　系虚封，无食邑，以赏军功。

【译文】

　　建兴元年夏五月，刘后主即位。尊皇后吴氏为皇太后。大赦天下，
并改年号。这一年，是魏国的黄初四年，吴国的黄武二年。刘禅立皇后
张氏，张氏是车骑将军张飞的女儿。封丞相亮为武乡侯；授予中都护李
严假节，外加光禄勋，封为都乡侯，督管永安事务；中军师、卫尉鲁国刘琰
也封为都乡侯；中护军赵云，江州都督费观，屯骑校尉、丞相长史王连，中
部督、襄阳人向宠，以及魏延、吴懿，都封为都亭侯；杨洪、王谋等封为关
内侯。

　　南中诸郡并叛乱。亮以新遭大丧，未便加兵。遣尚书
南阳邓芝固好于吴。吴主孙权曰："吾诚愿与蜀和亲，但主
幼国小，虑不自存。"芝对曰："吴、蜀二国之地，吴有三江之
阻①，蜀有重险之固。大王命世之英②，诸葛一时之杰。合
此二长，共为唇齿，进可兼并天下，退可鼎足而峙。大王如
臣服于魏，魏则上望大王入朝，其次求太子入侍；若其不从，
则奉辞伐叛，蜀必顺流，见可而进。如此，江南之地非复大
王之有也。"吴主大悦，与蜀和报，使聘岁通。芝后累往，权
曰："若灭魏之后，二主分治，不亦乐乎！"芝对曰："灭魏之
后，大王未深识天命者，战争方始耳。"权曰："君之诚恳，乃
至于此！"书与亮曰："丁宏掞张③，阴化不实④。和合二国，
惟有邓芝。"

【注释】

①三江：古代各地众多水道的总称。历来各家说法不一。刘琳认为，邓芝所说"吴有三江之阻"，大概是长江、淮河、汉水，可参。重险：层层险阻的地势。

②命世之英：原指顺应天命而降生的人才。后多指名望才能为世人所重的杰出人才。

③丁宏：生平不详。掞（shàn）张：浮夸，谓言辞铺张浮艳。

④阴化：生平不详。不实：《三国志·蜀书·邓芝传》作"不尽"，意谓不诚实，多隐匿。

【译文】

南中各郡都发动了叛乱。诸葛亮认为刚刚遭遇了国君去世的大丧，不便加兵讨伐。派遣尚书南阳人邓芝结好于吴国。吴主孙权说："我诚心愿意与蜀国和亲结好，但蜀国国君年幼，国家弱小，担心连自己都不能保全。"邓芝回答说："吴国与蜀国两个国家，都有很好的地盘，吴国有长江、淮河、汉水等江河的险阻，蜀国有层层险阻地势的坚固。大王您是顺应天命而降生的人才，诸葛亮也是一时的俊杰。联合这两大优势与长处，共同结为唇齿相依的关系，进可以兼并天下，退可以鼎足对峙。大王如果臣服于魏国，魏国则最希望大王能入朝称臣，其次要求太子入朝侍候；如果你不听从，魏国就会奉严正之辞，将你作为叛敌讨伐，而蜀国必然顺流而下，见形势有利便进军。如果这样，江南之地就不再被大王拥有了。"吴主大为喜悦，和蜀国联合结盟，派使者每年都互相聘问。邓芝后来多次出使吴国，孙权说："如果在灭掉魏国之后，我们两国二主分治天下，不亦乐乎！"邓芝回答说："消灭魏国之后，大王如果是没有深知天命的人，战争才刚刚开始。"孙权说："阁下的诚恳，竟到了如此地步！"孙权写信给诸葛亮说："丁宏言辞浮夸，阴化说话不诚实。要使两国交好，只有邓芝。"

　　二年,丞相亮开府①,领益州牧,事无巨细,咸决于亮②。亮乃抚百姓,示仪轨③,约官职④,从权制⑤。尽忠益时者虽仇必赏,犯法怠慢者虽亲必罚,服罪输情者虽重必释⑥,游辞巧饰者虽轻必戮⑦;善无微而不赏,恶无纤而不贬。庶事精练⑧,物究其本,循名责实⑨,虚伪不齿⑩。终乎封域之内⑪,畏而爱之。刑政虽峻而无怨者,以其用心平、劝戒明也。辟尚书郎蒋琬及广汉李邵、巴西马勋为掾⑫,南阳宗预为主簿⑬,皆德举也⑭;秦宓为别驾⑮,犍为五梁为功曹⑯,梓潼杜微为主簿⑰,皆州俊彦也⑱。而江夏费祎⑲、南郡董允⑳、郭攸之始为侍郎㉑,赞扬日月㉒。

【注释】

①开府:古代指高级官员(如三公、大将军、将军等)成立府署,选置僚属。

②咸:都。

③仪轨:礼仪规矩。

④约:简省。

⑤权制:权宜之制,临时制订的措施。

⑥输情:表达真情,表示真心,即坦白交代(罪情)。

⑦游辞:虚浮不实的言辞。巧饰:诈伪粉饰。

⑧庶事:众事。精练:精研熟悉。

⑨循名责实:按其名而求其实,要求名实相符。

⑩不齿:不收录,不录用。

⑪封域:疆域,国土。

⑫李邵(?—225):字永南,广汉郡郪(今四川三台)人。李朝之弟。刘备入蜀,以李邵为州书佐部从事。刘禅建兴元年(223),

诸葛亮辟为丞相府西曹掾。诸葛亮南征，留李邵为治中从事，卒于任上。马勋：字盛衡，巴西郡阆中（今四川阆中）人。初仕刘璋为州书佐。刘备定蜀，辟为左将军属，后转州别驾从事。以才干显。

⑬宗预：字德艳，南阳安众（今河南镇平）人。参看本书卷一《巴志》注。

⑭德举：有德行，美善的措施。谓以贤德为标准荐举人才。

⑮秦宓（？—226）：字子敕，广汉郡绵竹（今四川德阳北）人。参看本书卷三《蜀志》注。

⑯五梁：本书卷十《先贤士女总赞》作"伍梁"。五梁，字德山，犍为郡南安（今四川乐山）人。以儒学节操称，号称"益州俊彦"。刘禅建兴二年（224），诸葛亮领益州牧，选为功曹。累迁谏议大夫、五官中郎将。《三国志·蜀书》、本书卷十《先贤士女总赞》有传。

⑰杜微：字国辅，梓潼郡涪（今四川绵阳）人。少从任安学。刘璋辟为从事，以疾去官。刘备定蜀，称聋不出。刘禅建兴中，诸葛亮征为主簿，坚决推辞。拜为谏议大夫，以从其志。《三国志·蜀书》、本书卷十《先贤士女总赞》有传。

⑱俊彦：才智出众的人。

⑲费祎（？—253）：字文伟，江夏鄳（今河南信阳）人。参看本书卷二《汉中志》注。

⑳董允（？—246）：字休昭，南郡枝江（今湖北枝江）人。刘备时为太子舍人。刘禅立，迁黄门侍郎。诸葛亮将北征，以董允秉心公亮，迁侍中，领虎贲中郎将，统宿卫亲兵。为人正直，尽忠献纳，刘禅惮之。与诸葛亮、蒋琬、费祎为时人称为"四相"。《三国志·蜀书》有传。

㉑郭攸之：字演长，南阳（治今河南南阳）人。性和顺，以器识才学知名于时。建兴二年（224）任黄门侍郎，后迁侍中。诸葛亮北伐时，

荐之于后主。笔者按:《华阳国志》本处所说"江夏费祎、南郡董允、郭攸之始为侍郎",文字有错误,或者说有歧义,或者说有脱文。因郭攸之为南阳人,并非南郡人。笔者怀疑,"郭攸之"前当脱漏"南阳"二字。故译文在"郭攸之"前补"南阳人"三字。

㉒赞扬:辅佐。日月:比喻皇帝、皇后。本处偏指皇帝。

【译文】

建兴二年,丞相诸葛亮开置丞相府,代理益州牧,事无大小,都决断于他。诸葛亮于是安抚百姓,明示礼仪规矩,精简官僚机构,顺从权宜之制。对于效忠于国家、有益于社会的人,即使是仇人也必定赏赐;对于触犯法律、工作怠慢的人,即使是亲属也必定处罚;对于认罪服法、坦白交代的人,即使是重罪也必定释放;对于言辞虚浮、诈伪粉饰的人,即使是轻罪也必定杀戮;善行不因为细微而不赏赐,恶行不因为细小而不贬斥。众事讲求精研熟悉,事物务必穷究本源,依据名声而考查实际内容,以使名实相符,而虚伪不实的人则不予录用。整个疆域内的人,对诸葛亮既敬畏又爱戴。刑法政治虽然严峻而没有抱怨的人,因为他用心公平、赏罚严明。诸葛亮任命尚书郎蒋琬以及广汉人李邵、巴西人马勋为掾属,南阳人宗预为主簿,他们都是以贤德为标准荐举的人才。任命秦宓为别驾,犍为人五梁为功曹,梓潼人杜微为主簿,他们都是益州才智出众的人。江夏人费祎、南郡人董允、南阳人郭攸之被任命为侍郎,以辅佐皇帝。

吴遣中郎将张温来聘①,报邓芝也。将返命,百官饯焉②。惟秦宓未往,亮累催之。温问曰:"彼何人也?"亮曰:"益州学士也。"及至,温问宓曰:"君学乎?"答曰:"五尺童子皆学,何况小人!"温曰:"天有头乎? 在何方也?"宓曰:"《诗》云,'乃眷西顾'③,知其在西。"又曰:"天有耳乎?"

宓曰："《诗》不云乎:'鹤鸣九皋,声闻于天④。'若无其耳,何以听之?"又曰:"天有足乎?"曰:"《诗》不云乎:'天步艰难,之子不犹⑤。'若其无足,何以步之?"又曰:"天有姓乎?"曰:"姓刘。""何以知之?"曰:"其子姓刘⑥。"又曰:"日生于东乎?"曰:"虽生于东,终没于西。"答问如响之应声⑦,温大敬服。宓亦寻迁右中郎将、长水校尉、大司农⑧。

【注释】

①张温(193—230):字惠恕,吴郡吴(今江苏苏州)人。孙权时,历任议郎、选曹尚书、太子太傅、辅义中郎将。以节操、论议、文章知名当时。以辅义中郎将出使蜀国,为蜀国所重。归而称美蜀政,为孙权所忌。后因艳事,被下狱治罪。六年后病卒。《三国志·吴书》有传。

②饯:设酒食送行。

③乃眷西顾:典出《诗经·大雅·皇矣》:"上帝耆之,憎其式廓。乃眷西顾,此维与宅。"眷、顾,回头看。郑玄笺:"顾,顾西土也。……乃眷然运视西顾,见文王之德,而与之居。言天意常在文王所。"按:秦宓引《诗经》"乃眷西顾"语,谓上帝认为天之头在西方("知其在西"),暗喻"天命"在蜀汉(西方)。

④鹤鸣九皋,声闻于天:典出《诗经·小雅·鹤鸣》:"鹤鸣于九皋,声闻于天。鱼在于渚,或潜在渊。"九皋,深泽,曲折深远的沼泽。鹤鸣于湖泽的深处,它的声音很远都能听见。比喻贤士身隐名著。郑玄笺:"皋,泽中水溢出所为坎,自外数至九,喻深远也。鹤在中鸣焉,而野闻其鸣声。……喻贤者虽隐居,人咸知之。"

⑤天步艰难,之子不犹:典出《诗经·小雅·白华》:"英英白云,露彼菅茅。天步艰难,之子不犹。"天步,指时运、国运等。之子,这

个人。不犹，不可，不以为然。

⑥其子姓刘：天之子姓刘。秦宓以此对答，意谓刘备建立的蜀汉，所继承的是汉朝的正统。此可与上文"乃眷西顾"相呼应。

⑦如响之应声：犹如回音一样应声而出。比喻对答迅速，反应极快。响，回音。

⑧右中郎将：官名。汉置，属光禄勋，秩比二千石，掌值班护卫。三国沿置。《三国志·蜀书·秦宓传》作"左中郎将"。大司农：官名。在秦朝和西汉初称治粟都尉，掌钱谷金帛货币。三国沿置。

【译文】

吴国派遣中郎将张温来蜀国访问，以回应邓芝对吴国的访问。张温将返回吴国复命，文武百官为他设宴饯行。只有秦宓没有到，诸葛亮多次催促他。张温问道："他是什么人？"诸葛亮说："他是益州有学问的人。"等秦宓到了后，张温问秦宓说："阁下在读书吗？"秦宓回答："五尺童子都在读书，何况小人我！"张温问："天有头吗？头在何方？"秦宓答："《诗经》说，'乃眷西顾'，因此知道天之头在西方。"张温又问："天有耳朵吗？"秦宓答："《诗经》不是说：'鹤鸣九皋，声闻于天。'如果天没有耳朵，用什么来听呢？"张温又问："天有脚吗？"秦宓答："《诗经》不是说：'天步艰难，之子不犹。'如果天没有脚，用什么来行步呢？"张温又问："天有姓吗？"秦宓答："天姓刘。"张温问："阁下凭什么知道呢？"秦宓答："因为它的儿子姓刘。"张温又问："太阳生于东方吗？"秦宓答："太阳虽然生于东方，终究落于西方。"秦宓回答问题犹如回音一样应声而出，张温大为敬重佩服。不久，秦宓升迁为右中郎将、长水校尉、大司农。

三年春，长水校尉廖立坐谤讪朝廷，废徙汶山①。立自荆州与庞统并见知②，而性傲侮③，后更冗散④，怨望⑤，故致黜废⑥。三月，亮南征四郡⑦，以弘农太守杨仪为参军从行，步兵校尉襄阳向朗为长史⑧,统留府事⑨。秋,南中平,军资所出⑩,国以富饶。冬,亮还至汉阳⑪,与魏降人李鸿相见⑫,说新城太守孟达委仰于亮无已⑬。亮方北图,欲招达为外援,谓参军蒋琬、从事费诗曰:"归当有书与子度相闻。"对曰:"孟达小子⑭,昔事振威不忠⑮,后奉先帝,背叛,反覆之人,何足与书!"亮不答。诗数率意而言⑯,故凌迟于世⑰。十有二月,亮至。群官皆道迎⑱,而亮命侍郎费祎参乘⑲。祎官小年幼,众士于是莫不易观⑳。

【注释】

①废:底本作"改",误。《华阳国志新校注》改作"废",可从。

②见知:受到知遇,受到赏识。

③傲侮:傲慢轻侮。

④冗散:闲散。本处意指闲散之官。

⑤怨望:怨恨,心怀不满。

⑥黜废:废免罢黜。

⑦四郡:即越巂、牂柯、益州、永昌四郡。

⑧步兵校尉:官名。西汉置,为北军八校尉之一,秩二千石,掌上林苑屯兵,戍卫京师,兼任征伐。东汉为北军五校尉之一,秩比二千石,掌宿卫禁兵。西汉时有丞,有司马,东汉时有司马,无丞。其后,魏晋沿置。向朗(约167—247):字巨达,襄阳宜城(今湖北宜城)人。初从刘表,后归刘备。为巴西太守。刘禅时迁步兵校尉,领丞相长史。随诸葛亮出屯汉中,因马谡事免官。累官左将军,封显明亭侯。及免官,潜心典籍,讲论古义,为时所称。《三国志·蜀书》有传。

⑨留府:职官和官署名。犹留台、留任。指古代帝王、丞相因故离

京,奉命留守京师的职官和官署。

⑩军资:军需,军队所需的物资和器材。

⑪汉阳:县名。西汉置,治所在今贵州威宁彝族回族苗族自治县东部一带,属犍为郡。三国蜀属朱提郡。南朝齐改属南朱提郡。南朝梁废。

⑫李鸿:生平事迹不详。

⑬委仰:谓归心而敬仰。

⑭小子:犹言小人,特指无德的人。

⑮振威:指振威将军刘璋。孟达原为刘璋部将,后归刘备。

⑯率意:直率,按照本意。

⑰凌迟:衰退,衰败。本处意为失势。

⑱道迎:夹道欢迎。

⑲参乘:陪乘的人。古代乘车,尊者在左,御者在中,一人在右陪坐,称“参乘”或“车右”。

⑳易观:另眼相看。

【译文】

建兴三年春天,长水校尉廖立因犯诽谤朝廷之罪,被免官流放到汶山。廖立在荆州和庞统一起受到刘备的赏识,然而性格傲慢,后来被任命为闲散之官,心怀不满,因此招致废黜。三月,诸葛亮南征越嶲、牂柯、益州、永昌四郡,以弘农太守杨仪为参军,跟从行军作战,以步兵校尉、襄阳人向朗为长史,统管成都的丞相留府事务。秋天,南中平定,军需物资有所供给,国家更加富饶。冬天,诸葛亮回到汉阳,与魏国投降者李鸿相见,李鸿说新城太守孟达对诸葛亮无比仰慕。诸葛亮正准备北伐,想招募孟达作为外援,对参军蒋琬、从事费诗说:“我们回来后,应当写信给孟达,告诉他相关情况。”费诗回答说:“孟达这个小人,从前侍奉振威将军刘璋就不忠心,后来侍奉先帝,结果又背叛了,这种反复无常的人,哪里值得给他写信!”诸葛亮没有回答。费诗多次直率进言,因此在当时逐渐失势。十二月，诸葛亮回到成都。文武百官都夹道欢迎，而诸葛亮命令侍郎费祎为陪乘。费祎官小年幼，众人于是对费祎无不另眼相看。

四年，永安都督李严还督江州①，城巴郡大城②。以征西将军汝南陈到督永安，封亭侯。是岁，魏文帝崩，明帝立。

【注释】

①永安都督：底本作"永安都护"，误。《华阳国志新校注》改作"永安都督"，可从。

②巴郡大城：或作"巴都大城""巴部大城"，误。

【译文】

建兴四年，永安都督李严重新督管江州，修建巴郡大城。朝廷以征西将军、汝南人陈到督管永安，封为亭侯。这一年，魏文帝曹丕驾崩，魏明帝曹叡继位。

五年，魏太和元年也。春，丞相亮将北伐，上疏曰①："今天下三分②，益州疲弊③，此诚危急存亡之秋也④。然侍卫之臣不懈于内，忠志之士忘身于外者⑤，咸追先帝之遇⑥，欲报之陛下也。先帝以臣谨慎，故临崩寄臣以大事。受命以来，夙夜忧叹⑦。故五月渡泸⑧，深入不毛⑨。今南方已定，兵甲已足，当帅奖三军，北平中原。庶竭驽钝⑩，攘除奸凶⑪，克复汉室，还于旧都。此臣所以报先帝而忠于陛下。愿陛下托臣以讨贼兴复；不效，则治臣之罪，以告先帝之灵。陛下亦宜自谋，谘诹善道⑫，察纳雅言⑬，不宜引喻失谊⑭，以塞忠谏之路也。"又曰："亲贤臣，远小人，先汉所以兴隆⑮；

昵小人⑯，疏君子，后汉所以倾覆。侍中郭攸之、费祎，侍郎董允，先帝简拔以遗陛下⑰，斟酌规益⑱，进尽忠言，则其任也。宫省之事⑲，悉以谘之，必能裨补阙漏⑳，有所广益也㉑。”以尚书南阳陈震为尚书令㉒，治中张裔为留府长史㉓，与参军蒋公琰知居府事㉔。二月，亮出屯汉中，营沔北阳平、石马㉕。以镇北将军魏延为司马。

【注释】

①上疏曰：以下为诸葛亮的上疏之文，即《出师表》。《华阳国志》所载为节略之文，全文见《三国志·蜀书·诸葛亮传》。

②天下三分：指天下三分为魏、蜀、吴三国。

③疲弊：人力、物力受到消耗而困乏不足。

④秋：指某一时期、某一时刻。

⑤忠志：忠心有志。

⑥追：追念。

⑦夙（sù）夜：朝夕，日夜。忧叹：忧虑叹息。

⑧泸：即今雅砻江下流及与雅砻江合流后至云南巧家县一段金沙江。在四川、云南二省间。汉至唐称泸水。

⑨不毛：不生植物，指荒瘠之地。本处特指南中之地。

⑩驽钝：才能低下愚钝，常用为自谦之辞。

⑪攘除：除掉，清除。奸凶：奸诈凶恶之人。

⑫谘诹（zī zōu）：征询，访问。善道：犹正道。

⑬察纳：考察采纳。雅言：指正确合理的言论。

⑭引喻：称引比喻。

⑮先汉：指前汉。兴隆：兴旺隆盛。

⑯昵：亲近。

⑰简拔：挑选录取。

⑱规益：规劝补益。

⑲官省：设于禁官中的官署，如门下省、中书省等。

⑳裨补：增加补益。阙漏：缺失遗漏。

㉑广益：增添益处。

㉒陈震（？—235）：字孝起，南阳（治今河南南阳）人。刘备领荆州牧，辟为从事，随刘备入蜀。蜀既定，为蜀郡北部都尉。蜀汉后主建兴中，迁尚书令。建兴七年（229），孙权称尊号，以卫尉出使，贺孙权登基，与孙权升坛歃盟，交分天下。还，封城阳亭侯。《三国志·蜀书》有传。

㉓留府长史：官名。亦称居府长史。三国两晋诸公、军府皆置长史，为幕僚之长。府主出征，则权置留府长史，掌留守府事。

㉔知居府事：主管居（留）府事务。

㉕沔北：沔水以北。阳平：关名。在今陕西勉县西十里老城乡。石马：城名。在今陕西勉县东十里。

【译文】

建兴五年，是魏国的太和元年。这一年的春天，丞相诸葛亮即将北伐，上疏后主刘禅说："如今天下一分为三，而益州困乏不足，这确实是危急存亡的时候。然而侍卫之臣在国内不懈怠，忠志之士在外面舍生忘死，都是追念先帝的恩遇，希望报答给陛下。先帝因为下臣处事谨慎，所以在临终前将国家大事托付给我。我接受先帝遗命以来，日夜忧虑叹息。因此在五月渡过泸水南征，深入不毛之地南中。如今南方已经平定，军需物质已经充足，应当率领三军，向北平定中原。众人竭尽愚钝之力，清除奸诈凶恶之人，以期能够光复汉室，重新回到旧都。这是下臣所以用来报答先帝、忠于陛下的事业。希望陛下托付下臣以讨伐奸贼、兴复汉室的任务；如果不能成功，就依法惩处下臣之罪，以告慰先帝的亡灵。陛下也应当自己谋划，向正道之人咨询，考察采纳正确合理的言论，

不应谈话时引用的比喻失当,从而堵塞忠臣进谏的道路。"诸葛亮又说:
"亲近贤臣,疏远小人,这是前汉之所以能够兴隆的原因;亲近小人,疏远
君子,这是后汉之所以衰落的原因。侍中郭攸之、费祎,侍郎董允,都是
先帝选拔出来辅佐陛下的人,仔细斟酌,规劝补益,进谏忠言,是他们的
责任。宫廷里的事情,都尽量向他们咨询,必定能够弥补缺失遗漏,于益
处有所增添。"诸葛亮任命尚书、南阳人陈震为尚书令,治中张裔为留府
长史,和参军蒋琬一起主管留府事务。二月,诸葛亮率军出征,驻扎在汉
中,扎营在沔水以北的阳平、石马。任命镇北将军魏延为司马。

　　六年春,丞相亮扬声由斜谷道取郿,使镇东将军赵云、
中监军邓芝据箕谷为疑军①。魏大将军曹真举众当之②。亮
身率大众攻祁山③,赏罚肃而号令明。天水、南安、安定三郡
叛魏应亮④,关中响震⑤。魏明帝西镇长安,命张郃拒亮。亮
使参军襄阳马谡、裨将军巴西王平及张休、李盛、黄袭等在
前⑥,违亮节度⑦,为郃所破,平独敛众为殿⑧。而云、芝亦不
利。亮拔将西县千余家还汉中⑨,戮谡及休、盛以谢众,夺袭
兵,贬云秩,长史向朗以不时臧否免罢⑩。超迁平参军⑪,进
位讨寇将军⑫,封亭侯,统五部⑬。

【注释】

①中监军:官名。三国蜀置,掌统兵,位在前、后、左、右护军上。地
　　位很重要。箕谷:山谷名。在今陕西汉中市西北。
②曹真(?—231):字子丹,沛国谯(今安徽亳州)人。本姓秦,曹
　　操哀其少孤,收养与诸子同。数从征伐,以偏将军击刘备别将,拜
　　中坚将军。夏侯渊没于阳平,曹操以曹真为征蜀护军。曹丕即王
　　位,以为镇西将军,假节都督雍、凉州诸军事,进封东乡侯。黄初

三年（222），迁上军大将军。都督中外诸军事，假节钺。魏明帝太和二年（228），诸葛亮围祁山，南安、天水、安定三郡反魏响应诸葛亮，曹真督军讨平之。官至大司马，赐剑履上朝，入朝不趋，进封邵陵侯。卒谥元侯。《三国志・魏书》有传。

③大众：古代对夫役、军卒人等的总称。祁山：山名。在今甘肃礼县东。其地盛产粮食。三国时为军事必争之地。山上筑城，极为严固。相传，诸葛亮曾六出祁山攻魏（见《三国演义》等），但据《三国志・蜀书・诸葛亮传》，诸葛亮出祁山仅两次（建兴六年、建兴九年）。

④天水：郡名。参看本书卷二《汉中志》注。南安：郡名。东汉中平五年（188）分汉阳郡置，治所在獂道县（今甘肃陇西县东南）。安定：郡名。西汉元鼎三年（前114）置，治所在高平县（今宁夏固原）。东汉属凉州，移治临泾县（今甘肃镇原东南）。东晋又徙治安定县（今甘肃泾川北）。

⑤响震：惊惧，震惊。

⑥马谡（190—228）：字幼常，襄阳宜城（今属湖北）人。马良之弟。以荆州从事随刘备入蜀，除绵竹、成都令，越嶲太守。才器过人，好论军计。诸葛亮以为参军。刘禅建兴三年（225），诸葛亮征南中，马谡献"攻心为上，攻城为下，心战为上，兵战为下"之策，诸葛亮纳之，赦孟获而服南方。建兴六年（228），诸葛亮军出祁山，拔为先锋。与魏将张郃战于街亭（在今甘肃张家川回族自治县西北），违反诸葛亮节度，为张郃所破。为诸葛亮所杀。一说下狱死。《三国志・蜀书》有传。王平（？—248）：字子均，巴西郡宕渠（今四川渠县）人。参看本书卷一《巴志》注。张休：汉嘉郡汉嘉（今四川芦山）人。曾任云南太守。李盛、黄袭：二人事迹不详。李盛（？—228）：三国时蜀将领。建兴六年，因兵败街亭，与参军马谡、将军张休俱被诸葛亮处死。黄袭：三国时蜀将领。因

街亭之败,被夺兵权。

⑦节度:节制,调度,部署。

⑧敛众:聚集众人。

⑨西县:县名。战国秦置,治所在今甘肃天水西南。西汉属陇西郡,东汉属汉阴郡。西晋废。

⑩不时:不及时。臧否:褒贬,评论。此处意为批评。

⑪超迁:越级升迁。

⑫进位:进升爵位、封号。讨寇将军:官名。杂号将军名。三国魏、蜀皆置,或领兵出征,或作为太守等地方长官的加官。后世也有沿置。

⑬五部:或作"五年",或作"五月",误。此指由南中劲卒、青羌组成的五部人马。《三国志·蜀书·王平传》:"丞相(诸葛)亮既诛马谡及将军张休、李盛,夺将军黄袭等兵,(王)平特见崇显,加拜参军,统五部,兼当营事,进位讨寇将军,封亭侯。"本书卷四《南中志》:"移南中劲卒、青羌万余家于蜀,为五部,所当无前,号为飞军。"

【译文】

建兴六年春,丞相诸葛亮扬言要由斜谷道夺取郿县,派镇东将军赵云、中监军邓芝占据箕谷,作为迷惑敌人的疑兵。魏国大将军曹真率众前来抵挡。诸葛亮亲自率领大军攻打祁山,赏罚严厉,号令严明。天水、南安、安定三郡都叛离魏国响应诸葛亮,一时关中震惊。魏明帝西进镇守长安,命令张郃抵御诸葛亮。诸葛亮派遣参军、襄阳人马谡和裨将军、巴西人王平以及张休、李盛、黄袭等作为前锋,但他们因为违背诸葛亮的部署,被张郃击破,王平独自聚集众人,在后面御敌。而赵云、邓芝也都出师不利。诸葛亮带领西县千余户人家回到汉中,将马谡和张休、李盛处以死刑,以向众人谢罪;又剥夺了黄袭的兵权,削减了赵云的俸禄,长史向朗因为没有及时批评阻止马谡,被免除了官职。越级升迁王平为参军,又晋升为讨寇将军,封为亭侯,统领五部人马。

亮上疏曰："臣以弱才①，叨窃非据②，亲秉旄钺③，以厉三军④，不能训章明法，临事而惧⑤，至有街亭违令之阙⑥，箕谷不戒之失⑦，咎皆在臣。臣授任无方⑧，《春秋》责帅⑨，职臣是当⑩。请自贬三等⑪，以督厥咎。"于是以亮为右将军，行丞相事。辟天水姜维为仓曹掾⑫，加奉义将军⑬，封当阳亭侯。亮书与长史张裔、参军蒋琬，称维曰："姜伯约西州上士⑭，马季常、李永南不如也⑮。"

【注释】

①弱才：才能平庸低下。

②叨窃：自谦无才而据有其位。非据：谓非分占据的职位。用为才不称职的谦辞。

③旄钺：旄与钺。为将帅领统权柄的代表，借指军权。

④厉：激励，勉励。

⑤临事而惧：谓遇事谨慎忧惧。

⑥街亭：地名。又称街泉亭。在今甘肃张家川回族自治县西北。《三国志·蜀书·诸葛亮传》：建兴六年（228），"魏明帝西镇长安。命张郃拒亮，亮使马谡督诸军在前，与郃战于街亭。谡违亮节度，举动失宜，大为郃所破"。即此。

⑦箕谷不戒之失：指诸葛亮第一次北伐时赵云据守箕谷战败之事。

⑧授任：授官任命。

⑨《春秋》责帅：谓下属有罪，要处分统帅。《左传·宣公十二年》："韩献子谓桓子曰：'彘子以偏师陷，子罪大矣。子为元帅，师不用命，谁之罪也？失属亡师，为罪已重，不如进也。'"

⑩职臣是当：职责在我，由我担当。

⑪自贬三等：按照汉末、魏晋官制，丞相为上公（开府），其次为车

骑、骠骑等不开府的将军,其次为前、后、左、右将军等(参考刘琳
之说)。诸葛亮由丞相降为右将军,确属"自贬三等"。

⑫仓曹掾:官名。汉置,为仓曹长官,掌管仓库粮食。

⑬奉义将军:官名。杂号将军名。掌征伐。三国蜀置,姜维曾任此
将军。

⑭上士:第一流的贤能之士。

⑮马季常:底本作"马季长",误。此据《三国志·蜀书·马良传》
改。马良(187—222),字季常,襄阳宜城(今湖北宜城)人。参
看本书卷三《蜀志》注。李永南:李邵(?—225),字永南,广汉
郡郪(今四川三台)人。见本卷前文注。

【译文】

诸葛亮上疏后主说:"臣下才能平庸低下,却窃取了不应该占据的职
位,亲自执掌军权,以图激励三军,但不能严明章法,遇事谨慎忧惧,以至
有街亭违背军令的错误,有箕谷驻军戒备不严的过失,这些过错责任都
在臣下。臣下授官任命不得法,按照《春秋》兵败处分统帅的惯例,臣下
要担当责任。请求自贬三级,以督察过失。"于是以诸葛亮为右将军,代
行丞相事务。征召天水人姜维为仓曹掾,加任为奉义将军,又封为当阳
亭侯。诸葛亮写信给长史张裔、参军蒋琬,称赞姜维:"姜维是西州第一
流的贤能之士,马良、李邵都不如他。"

　　冬,亮复出散关①,围陈仓②。粮尽,还。魏将王双追
亮③。亮合战,斩双。

【注释】

①散关:关名。在今陕西宝鸡西南大散岭上。当秦岭孔道,扼川、陕
交通咽喉,为古代军事要地。

②陈仓:古邑名。在今陕西宝鸡东渭水北岸。

③王双（？—228）：三国时期曹魏将领。蜀汉建兴六年（228）冬，诸葛亮出散关，攻陈仓，后粮尽而退，王双率领骑兵追击蜀军。在与蜀军的交战中被击败。

【译文】

冬天，诸葛亮又出兵散关，围攻陈仓。因粮草用尽而还师。魏国将领王双追赶诸葛亮。诸葛亮与王双交战，斩杀了王双。

七年春，丞相亮遣护军陈式攻武都、阴平①。魏雍州刺史郭淮出②，将击式。亮自至建威③，淮退，遂平二郡④。后主诏策亮曰："街亭之败，咎由马谡，而君引愆⑤，深自抑损⑥。重违君意⑦，听顺所守。前年耀师，馘斩王双⑧；今岁爰征，郭淮遁走。降集氐羌⑨，兴复二郡。威震凶暴，功勋赫然⑩。复君丞相，君其无辞。"夏四月，吴主孙权称尊⑪，遣卫尉陈震庆问⑫。吴与蜀约分天下⑬。冬，城汉、乐⑭。

【注释】

①陈式：三国时期蜀汉将领。参看本书卷二《汉中志》注。

②郭淮（？—255）：字伯济，太原阳曲（今山西定襄）人。汉献帝建安中，举孝廉，除平原府丞。转丞相兵曹议令史，从征汉中。曹丕即王位，赐爵关内侯，转镇西长史。又行征羌护军，护张郃、杨秋定关中。黄初元年（220），领雍州刺史，封射阳亭侯。魏明帝太和、青龙间，率军抗蜀诸葛亮。齐王芳正始中，击破叛羌，拜前将军，又抗蜀姜维来攻，破廖化。嘉平元年（249），迁征西将军，都督雍、凉诸军事。又为车骑将军、仪同三司，进封阳曲侯。卒谥贞侯。《三国志·魏书》有传。

③建威：城名。在今甘肃成县西北。东汉末所置戍守处。

④二郡：指武都、阴平二郡。

⑤引愆（qiān）：承担罪过。

⑥抑损：贬低，贬损。

⑦重违：犹难违。

⑧馘（guó）斩：斩敌首割下左耳计功，亦泛指战场杀敌。

⑨降集：降伏并收容。

⑩赫然：盛大显著貌。

⑪称尊：犹言称帝。建兴七年（229）四月，孙权称帝，改元黄龙。

⑫庆问：庆贺聘问。

⑬吴与蜀约分天下：建兴七年，吴与蜀结盟，约分魏国所占之地：豫、青、徐、幽四州属吴；兖、冀、并、凉属蜀；司州之地，以函谷关为界，东蜀吴，西属蜀。见《三国志·吴书·孙权传》及《三国志·蜀书·陈震传》（参考刘琳之说）。

⑭汉、乐：指汉城、乐城。汉城，地名。在今陕西勉县东。西汉为沔阳县治。乐城，地名。在今陕西城固东。三国蜀汉时为成固县治。

【译文】

建兴七年春天，丞相诸葛亮派遣护军陈式攻打武都、阴平。魏国的雍州刺史郭淮出兵，将迎击陈式。诸葛亮亲自率军进驻建威，郭淮兵败而退，于是平定了武都、阴平二郡。后主下诏策封诸葛亮说："街亭之败，过错在于马谡，而阁下承担罪过，深深自责贬损。我不便违背阁下的意愿，所以就顺从了您。去年出师，斩杀王双；今年出征，郭淮逃走。您降伏并收容了氐羌之人，光复了武都、阴平二郡。威震天下凶暴，功勋赫赫在目。恢复您的丞相之位，阁下请勿推辞。"这一年夏天四月，吴主孙权称帝，蜀国派遣卫尉陈震到吴国庆贺聘问。吴国与蜀国约定平分天下。冬天，修筑汉城、乐城。

八年春，丞相亮以参军杨仪为长史，加绥军将军①。迁姜维护军、征西将军。秋，魏大将军司马宣王由西城[2]，征西车骑将军张郃由子午，大司马曹真由斜谷，三道将攻汉中。丞相亮军成固，表进江州都督李严骠骑将军[3]，将二万人赴汉中。严初求以五郡为巴州[4]，书告亮，言魏大臣陈群、司马懿并开府[5]，亮乃加严中都护，以严子丰为江州都督[6]。大雨道绝，真等还。丞相亮以当西征，因留严汉中，署留府事[7]。严改名平。

【注释】

①绥军将军：底本作"绥远将军"，误。据《三国志·蜀书·杨仪传》和《李严传》改。官名。杂号将军名。三国蜀置。掌征伐、驻守或后勤工作。

②司马宣王：即司马懿（179—251），字仲达，河内温县（今河南温县）人，见本书卷二《汉中志》注。

③江州都督：底本作"江州都护"，误。

④以五郡为巴州：参看本书卷一《巴志》。五郡，即巴、巴东、巴西、宕渠、涪陵五郡。

⑤陈群（？—236）：字长文，颍川许昌（今河南许昌）人。陈纪之子。与孔融相交，少有显名。刘备辟为别驾。后归曹操，累迁御史中丞。魏建国，为尚书，制九品官人之法。曹丕即帝位，迁尚书仆射，加侍中。魏明帝时官至司空、录尚书事。封颍阴侯。劝谏皇帝当爱惜民力，不宜营治宫室。卒谥靖侯。《三国志·魏书》有传。

⑥严子丰：指李严之子李丰，荆州南阳（今河南南阳）人。

⑦留府：指留在汉中的丞相府（与成都所设留府不同）。

【译文】

建安八年春天，丞相诸葛亮任命参军杨仪为长史，加封为绥军将军。

升任姜维为护军、征西将军。秋天，魏国大将军司马懿由西城，征西车骑将军张郃由子午，大司马曹真由斜谷，从三路将围攻汉中。丞相诸葛亮驻军于成固，上表进封江州都督李严为骠骑将军，率领二万人赶赴汉中。李严起初曾经请求以巴、巴东、巴西、宕渠、涪陵五郡设置为巴州，写信告诉诸葛亮，说魏国大臣陈群、司马懿都已开府征召贤才，诸葛亮于是加封李严为中都护，任命李严之子李丰为江州都督。天降大雨道路断绝，曹真等人退兵。丞相诸葛亮因为要准备西征，因而留下李严在汉中，代理汉中丞相府的事务。李严改名为李平。

丞相司马魏延、将军吴懿西入羌中，大破魏后将军费曜、雍州刺史郭淮于阳溪[1]。延迁前军师、征西大将军[2]，封南郑侯。懿左将军、高阳乡侯。徙鲁王永为甘陵王，梁王理为安平王[3]，皆以鲁、梁在吴分故也[4]。

【注释】

[1] 费曜：生卒年与里籍不详。三国时魏国将领，官至后将军。阳溪：地名。在今甘肃武山县。

[2] 前军师：官名。东汉末年曹操置，为丞相府主要属员，位在中军师下，掌参议军国大事。三国蜀置，前中后军师，皆掌参议谋划。征西大将军：底本作"镇西将军"，误。据《三国志·蜀书·魏延传》和《李严传》改。官名。杂号将军名。东汉置，掌征伐。魏晋南北朝时，多授统兵出镇在外、都督数州诸军事者。在武职中地位很高，历代皆不常置。

[3] 鲁王永：即刘永，刘禅庶兄。章武元年（221）六月，刘备立子刘永为鲁王。参看《华阳国志·先主志》。甘陵：县名。东汉安帝改厝县置，为清河国治。治所在今山东临清东北。西晋废。按：

甘陵、安平均属冀州，其时属魏。按照吴、蜀瓜分天下的盟约，冀
州属蜀。这属于遥封。梁王理：即刘理，刘禅庶兄。章武元年六
月，刘备立子刘理为梁王。参看《华阳国志·先主志》。安平：
县名。战国赵置，治所即今河北安平县。东汉属安平国。三国
魏属博陵郡。

④鲁、梁在吴分：意谓鲁王、梁王原先遥封之地属于吴国，故徙封鲁
王为甘陵王、梁王为安平王。笔者按：鲁国为西汉侯国名，辖境约
有今山东省泗河流域及滕州、邹城、曲阜三市部分地。梁国亦为
两汉侯国名，东汉时期的辖境相当今河南省商丘、虞城，安徽省砀
山及河南省民权、永城，山东省曹县等部分地。鲁国与梁国，在东
汉均属豫州。按照吴、蜀瓜分天下的盟约，豫州属吴。所谓"鲁、
梁在吴分"。

【译文】

丞相司马魏延、将军吴懿西征进入羌中，在阳溪大败魏国后将军费
曜、雍州刺史郭淮。魏延升迁为前军师、征西大将军，受封为南郑侯。吴
懿受封为左将军，高阳乡侯。改鲁王刘永为甘陵王，梁王刘理为安平王，
都是鲁王、梁王原先遥封之地属于吴国的缘故。

九年春，丞相亮复出围祁山，始以木牛运①。参军王平
守南围②。司马宣王拒亮，张郃拒平。亮虑粮运不继，设三
策告都护李平曰："上计断其后道，中计与之持久，下计还
住黄土③。"时宣王等粮亦尽。盛夏雨水，平恐漕运不给④，
书白亮宜振旅⑤。夏六月，亮承平旨引退⑥。张郃至青封
交战⑦，为亮所杀。秋八月，亮还汉中。平惧亮以运不辨见
责⑧，欲杀督运岑述⑨，惊问亮何故来还，又表后主，言亮"伪
退"。亮怒，表废平为民，徙梓潼；夺平子丰兵，以为从事中

郎。与长史蒋琬共知居府事⑩,时费祎为司马也。

【注释】

①木牛:运载工具名。常与"流马"连称。相传为三国蜀汉诸葛亮创制,一说乃西曹掾蒲元为诸葛亮设计。《三国志·蜀书·诸葛亮传》:"九年,亮复出祁山,以木牛运。……十二年春,亮悉大众由斜谷出,以流马运。……亮性长于巧思,损益连弩,木牛、流马,皆出其意。"裴松之注引《诸葛亮集》载《作木牛流马法》,虽有尺寸模式,但后人无法仿制。唯《南齐书·祖冲之传》谓冲之"以诸葛亮有木牛、流马,乃造一器,不因风水,施机自运,不劳人力"。然其器亦失传。宋高承《事物纪原》:"木牛,即今小车之有前辕者;流马,即今独推者是,而民间谓之'江州车子'。"宋陈师道《谈丛》:"蜀中有小车,独推,载八石,前如牛头。又有大车,用四人推,载十石,盖木牛流马也。"也就是说,木牛为独轮车,流马为四轮车。

②围:围子,用土、石、荆棘等围成的防御设施。

③黄土:指祁山以南的黄土地区,在今甘肃甘谷一带。

④漕运:旧指从水路运输粮食,供应京城或军需。这里说的漕运,即东汉虞诩所开的从沮县到下辨的漕运河道(刘琳)。

⑤振旅:谓整队班师。

⑥承平旨引退:本处意谓诸葛亮受李平意旨的影响而退兵。

⑦青封:据刘琳考证,青封盖为乡亭之名,其地有木门谷。在今天水西南,天水镇之西北,其地当祁山之东北。《三国志·魏书·张郃传》:"诸葛亮复出祁山,诏郃督诸将西至略阳,亮还保祁山,郃追至木门,与亮军交战,飞矢中郃右膝,薨。"

⑧不辨:不能备办,办事不力。辨,通"办"。

⑨督运:官名。掌督漕运。岑述:字元俭,里籍不详。三国时蜀官

吏。建兴中,任司盐校尉。

⑩长史:即留府长史。官名。也称居府长史。汉魏皆置,掌所留府事。居府:留府。《三国志·蜀书·后主传》:"(建兴)十二年春二月,(诸葛)亮由斜谷出,始以流马运。秋八月,亮卒于渭滨。……以丞相留府长史蒋琬为尚书令,总统国事。"

【译文】

建兴九年春天,丞相诸葛亮又出兵围攻祁山,并开始以木牛运输粮草。参军王平驻守南面的围子。司马懿抵御诸葛亮,张郃抵御王平。诸葛亮担心粮草运输跟不上,设计了三个计策,告诉都护李平说:"上计是断其后道,中计是与之持久,下计是返回祁山以南的黄土地区。"当时司马懿等人的粮草也将耗尽。适逢盛夏多雨之时,李平担心漕运粮草接济不上,于是写信给诸葛亮,认为应该班师回朝。夏天六月,诸葛亮受李平意旨的影响,决定引兵退师。张郃追至青封,与诸葛亮交战,被诸葛亮斩杀。秋天八月,诸葛亮回到汉中。李平害怕诸葛亮因备办粮草运输不力责备自己,准备杀死督运官岑述来替罪,而惊讶地问诸葛亮为什么班师而回,李平又上表后主,说诸葛亮是"假装退兵"。诸葛亮发怒,上表废李平为平民,流放到梓潼;又剥夺了李平之子李丰的兵权,任命他为从事中郎。诸葛亮与长史蒋琬共同管理留府事务,当时费祎是司马。

十年春,丞相亮休士劝农①。车骑将军刘琰与军师魏延不和,还成都。秋,旱,亮练兵讲武。

【注释】

①休士:谓使士卒休息。劝农:鼓励农耕。《三国志·蜀书·诸葛亮传》:"(建兴)十年,亮休士劝农于黄沙,作流马木牛毕,教兵讲武。"

【译文】

建兴十年春天,丞相诸葛亮休养士卒,鼓励农耕。车骑将军刘琰和军师魏延不和，回到成都。秋天，大旱，诸葛亮训练士兵，讲习武事。

十一年，魏青龙元年也①。丞相亮治斜谷邸阁②，运粮谷口③。

【注释】

①青龙元年：233年。青龙，三国魏明帝年号（233—237），共五年。

②邸阁：三国时已出现，当时有邸舍、邸阁之名目，即仓储之所。《三国志·蜀书·后主传》："（诸葛）亮使诸军运米，集于斜谷口，治斜谷邸阁。"

③谷口：斜谷口，即褒斜道之东口。在今陕西眉县西南三十里。

【译文】

建兴十一年，即魏国青龙元年。丞相诸葛亮修建斜谷粮仓，运粮到斜谷口。

十二年春，丞相亮以流马运①，从斜谷道出武功②，据五丈原③，与司马宣王对于渭南。亮每患粮不继，使志不伸，乃分兵屯田，为久住之基。耕者杂于渭滨居民之间，百姓安堵④，军无私焉。秋八月，亮疾病，卒于军，时年五十四⑤。还葬汉中定军山⑥，冢足容棺，敛以时服⑦。谥曰忠武侯⑧。

【注释】

①流马：即四轮车。见上文注。

②武功：县名。战国秦孝公置，治所在今陕西眉县东四十里渭水南岸。秦属内史。西汉属右扶风。东汉永平八年（65）移治故斄城（今陕西咸阳西南杨陵区永安村）。晋属始平郡。

③五丈原:地名。在今陕西岐山县南渭河南,东与眉县接界。今设
　有五丈原镇。《三国志·蜀书·诸葛亮传》:建兴十二年(234)
　春,"(诸葛)亮悉大众由斜谷出,以流马运,据武功五丈原,与司
　马宣王对于渭南。……是以分兵屯田,为久驻之基"。其年八月,
　诸葛亮卒于五丈原军中。今五丈原上有诸葛武侯祠。

④安堵:安居。

⑤时年五十四:诸葛亮生于光和四年(181),卒于建兴十二年
　(234),享年五十四岁(虚岁)。

⑥定军山:在今陕西勉县南。诸葛亮葬定军山,因山为坟。今定军
　山下有诸葛武侯墓园,园内有正殿、庑房等古建筑,多为明、清时
　期所修。为全国重点文物保护单位。

⑦时服:与时令相应的平常服装。

⑧忠武侯:诸葛亮死后谥为忠武侯,后世称之为武侯。《三国志·蜀
　书·诸葛亮传》:"诏策曰:'……今使使持节左中郎将杜琼,赠君
　丞相武乡侯印绶,谥君为忠武侯。'"

【译文】

　　建兴十二年春天,丞相诸葛亮用木制流马运输粮草,从斜谷道出兵武功县,占据五丈原,和司马懿对峙于渭水南岸。诸葛亮经常担心粮草接济不上,使其志向不能伸展,于是分兵屯田,作为持久驻军的基础。耕种的士兵混杂于渭水边的居民中间,百姓安居乐业,军队没有私产。秋八月,诸葛亮患病,逝世于军中,时年五十四岁。安葬于汉中的定军山,墓穴的大小仅仅容得下一口棺材,而入殓时所穿的是与时令相应的平常服装。诸葛亮的谥号是忠武侯。

　　征西大将军魏延与长史杨仪素不和。亮既恃延勇猛,又惜仪筹画,不能偏有所废,常恨恨之①,为作《甘戚论》②,二子不感。延常举刀拟仪③,仪涕泪交流④。惟护军费祎和

解中间,终亮之世,尽其器用。仪欲案亮成规⑤,将丧引退,使延断后,姜维次之。延怒,举军先归南郑,各相表反⑥。留府长史蒋琬、侍中董允保仪疑延。延欲逆击仪,仪遣平北将军马岱讨灭延。初,延自以武干⑦,常求将数万别行,依韩信故事⑧。亮不许,以亮为怯。及仪将退,使费祎造延,延曰:"公虽亡,吾见在⑨。当率众击贼,岂可以一人亡废国家大事乎!"使祎报,仪不可,故欲讨仪。

【注释】

①恨恨:抱恨不已。

②《甘戚论》:诸葛亮所作,今已失传。甘,喜悦。戚,忧苦。甘戚,意谓和则甘,仇则戚(刘琳)。

③拟:比划,作砍的样子。

④涕泪交流:眼泪、鼻涕一起流下。形容痛哭的样子。

⑤成规:既定的计划。《三国志·蜀书·魏延传》:"秋,(诸葛)亮病困,密与长史杨仪、司马费祎、护军姜维等作身殁之后退军节度,令(魏)延断后,姜维次之;若延或不从命,军便自发。"此即所谓"亮成规"。

⑥各相表反:指魏延、杨仪各自上表说对方谋反。

⑦武干:军事才干。

⑧韩信故事:指楚汉战争中,韩信使人请于刘邦,"愿益兵三万人,臣请以北举燕、赵,东击齐,南绝楚之粮道,西与大王会于荥阳"。结果,"汉王与兵三万人,遣张耳与俱,进击赵、代。破代,禽夏说阏与"。事见《汉书·韩信传》。

⑨见在:尚存,还在。

【译文】

征西大将军魏延与长史杨仪一向不和。诸葛亮既要依靠魏延的作战勇猛，又爱惜杨仪的擅长筹划，对二人不能偏爱而有所废弃，经常为他们的关系抱恨不已，为二人写了一篇《甘戚论》，但二人不为所动。魏延经常举刀在杨仪面前比划，杨仪涕泪横流。只有护军费祎在他们中间调解，直到诸葛亮去世，都能竭尽二人的才能。杨仪打算按照诸葛亮的成规办事，因为丧事而引兵后退，命令魏延断后，姜维在魏延的前面。魏延大怒，率领军队先行返回南郑，二人各自上表说对方谋反。留府长史蒋琬、侍中董允袒护杨仪而怀疑魏延。魏延准备袭击杨仪，杨仪派遣平北将军马岱讨伐魏延。当初，魏延自以为有军事才干，常常请求率领数万人马另外行动，想效仿韩信将兵的先例。诸葛亮没有同意，魏延认为诸葛亮胆怯。等到杨仪要退兵，便派费祎造访魏延，魏延说："诸葛亮虽然去世了，但我还在。应当率领众人讨伐敌人，怎么可以因为一人的去世而荒废国家大事呢！"魏延让费祎回去报告，但杨仪不同意，因此魏延想讨伐杨仪。

仪帅诸军还成都。大赦。以吴懿为车骑将军，假节，督汉中事。初，亮密表后主，以仪性狷狭①，"若臣不幸，可以蒋琬代臣"。于是以琬为尚书令，总统国事②，以仪为中军师，司马费祎为后军师，征西姜维为右监军、辅汉将军③，邓芝前军师、领兖州刺史，张翼前领军，并典军政。

【注释】

①狷狭：褊急而狭隘，胸襟气度狭隘。
②总统：总揽，总管。
③征西：下当脱"大将军"三字。见上文。

【译文】

杨仪率领各军回到成都。后主大赦天下。任命吴懿为车骑将军，授予假节，督管汉中事务。当初，诸葛亮秘密上表后主，认为杨仪胸襟气度狭隘，"如果臣下遭遇不幸，可以让蒋琬代理臣下的事务"。于是后主任命蒋琬为尚书令，总揽国家大事，任命杨仪为中军师，司马费祎为后军师，征西大将军姜维为右监军、辅汉将军，邓芝为前军师，代理兖州刺史，张翼为前领军，并主管军政。

廖立在汶山闻亮卒，垂泣曰："吾终为左衽矣^①！"李平亦发病死^②。初，立、平为亮所废，安奄没齿^③，常冀亮当自补复^④，策后人不能^⑤，故感愤焉。

【注释】

①左衽：衣襟向左，指我国古代某些少数民族的服装。汶山为氐羌族聚居地区，故廖立以为自己将终老于此地。

②李平亦发病死：李平病逝于建兴十二年（234）。

③奄：古同"淹"，停留，久留。没齿：终身。意谓至死。

④补复：补偿，起复。意谓得到重新起用。

⑤策：谋划，估计。

【译文】

廖立在汶山听说诸葛亮去世，流着泪说："我将终老于此地了！"李平也发病而死。当初，廖立、李平被诸葛亮免官，废为平民，自以为会终身停留于流放之地，但还是常常寄希望于诸葛亮应该能重新起用自己，又估计后来人不能重新起用自己，故而感慨愤激。

十三年，拜尚书令蒋琬为大将军，领益州刺史；以费祎为尚书令。时新丧元帅，远近危悚^①，琬超登大位，既无戚容②，又无喜色③，众望渐服。侍中董允兼虎贲中郎将④，统宿卫兵。军师杨仪自以年宦在琬前⑤，虽同为参军、长史，已常征伐勤苦，更处琬下，怨望，谓费祎曰："公亡际，吾当举众降魏，处世宁当落度如此耶⑥！"祎表其言，废徙汉嘉⑦。仪又上书激切⑧，遂行仪重辟⑨。

【注释】

①危悚（sǒng）：危惧。

②戚容：哀伤的神情。

③喜色：欣喜的神色。

④虎贲中郎将：官名。汉置，为光禄勋属官，俸比二千石，掌虎贲宿卫，战时领兵征伐。三国魏、蜀、吴沿之，属光禄勋，统率宿卫兵。

⑤年宦：年龄和官职。

⑥落度：落拓，潦倒失意。

⑦废徙：废弃贬谪。

⑧激切：（言语）激烈而直率。

⑨重辟：极刑，死罪。《三国志·蜀书·杨仪传》："（建兴）十三年，废（杨）仪为民，徙汉嘉郡。仪至徙所，复上书诽谤，辞指激切，遂下郡收仪。仪自杀，其妻子还蜀。"

【译文】

建兴十三年，后主任命尚书令蒋琬为大将军，代理益州刺史；任命费祎为尚书令。当时元帅诸葛亮刚刚去世，远近之人都感到危惧，蒋琬登上大官高位，既没有哀伤的神情，也没有欣喜的神色，众人逐渐归服。侍中董允兼领虎贲中郎将，统管宿卫兵。军师杨仪自认为年龄和官职都在蒋琬之前，虽然同样为参军、长史，但自己常常在外征伐，辛勤劳苦，现在反而位居蒋琬之下，内心非常怨恨，对费祎说："诸葛亮去世之时，我应当率领众人投降魏国,活在世上怎么能落拓失意到这种地步!"费祎上表后主,汇报了杨仪的言论,杨仪被罢官,贬谪到汉嘉。杨仪又上书,言辞激烈直率,于是,杨仪被判处死刑。

吴以亮之卒也,增巴丘守万人①,蜀亦益白帝军。右中郎宗预使吴②,吴主曰:"东之与西③,共为一家,何以益白帝守?"预对曰:"东增巴丘之戍,蜀益白帝之兵,俱事势宜然,不足以相问也。"

【注释】

①巴丘:地名。即巴丘邸阁城。在今湖南岳阳。三国吴筑,因巴丘山得名。"城跨冈岭,滨阻三江"(《水经·湘水注》),为长江上游重镇。吴常以重兵屯守。

②宗预:字德艳,南阳安众(今河南镇平)人。参看本书卷一《巴志》注。

③东之与西:指东吴与西蜀。

【译文】

吴国因为诸葛亮去世,增加了巴丘城的守兵上万人,蜀国也增加了白帝城的守军。右中郎宗预出使吴国,吴国国君说:"东吴和西蜀,同为一家人,为什么要增加白帝城的守军呢?"宗预回答说:"东吴增加了巴丘城的守兵,蜀国也就增加了白帝城的守军,都是因为形势需要这样,用不着互相质问。"

十四年夏四月,后主西巡至湔山①,登坂观汶川之流②。武都氐王符健请降③,将军张尉迎之④,过期不至,大将军琬忧之。牙门将巴西张嶷曰⑤:"健求附款至⑥,必无返滞。闻健弟狡,不能同功⑦,各将乖离⑧,是以稽耳⑨。"健弟果叛就魏。健率四百家随尉,居广都县⑩。

【注释】

①湔(jiān)山:山名。又名九峰山、玉垒山。在今四川都江堰西北隅。

②坂:指观坂,即都江堰市西门外墙下紧邻江岸的一扇悬崖,俗称斗鸡台。崖顶有小坪,可俯视都江堰全景(借鉴自刘琳)。汶川:又称汶江、汶水,即今岷江。《水经·江水注》:"江水又径汶江道,汶出徼外崌山西,玉轮坂下而南行。"

③武都氏:古族名。亦称白马、白氏、白马氏,氏的一支。秦汉时活动在今四川北部、甘肃东南部,首领自称氏王。符健:《三国志·蜀书·后主传》《张嶷传》作"苻健"。

④张尉:三国蜀汉将领。生平不详。

⑤张嶷(? —254):字伯岐,巴郡南充国(今四川南部县)人。参看本书卷一《巴志》注。

⑥款至:真诚恳切。

⑦同功:同心建功。

⑧乖离:抵触,背离。

⑨稽:延迟,稽留。

⑩居广都县:此事又见《三国志·蜀书·后主传》《张嶷传》。

【译文】

建兴十四年夏四月,后主西巡到了湔山,登上观坂,俯瞰汶江的流水。武都氏王符健请求投降蜀国,将军张尉前去迎接,但符健过期不到,大将军蒋琬为此担忧。牙门将、巴西人张嶷说:"符健请求归附,非常诚恳,必定不会返回滞留。听说符健的弟弟狡猾,不能同心建功,各自互相背离,因此有延误。"符健的弟弟果然叛变,归附了魏国。符健率领四百家氏人跟随张尉入蜀,居住在广都县。

十五年,魏景初元年也①。夏六月,皇后张氏薨②,谥曰敬哀。是岁,车骑将军吴懿卒,以后典军、安汉将军王平领汉中太守③,代懿督汉中事。懿从弟班,汉大将军何进官属吴匡之子也④,名常亚懿,官至骠骑将军,假节,绵竹侯⑤。时南郡辅匡元弼、刘邕南和⑥,官亦至镇南将军;颍川袁綝、南郡高翔至大将军⑦,綝征西将军。

【注释】

①景初元年:237年。景初,三国魏明帝年号(237—239)。

②皇后张氏:张飞之女。章武元年(221),纳为太子妃。建兴元年(223),立为皇后。建兴十五年(237)薨,葬南陵。《三国志·蜀书》有传。

③后典军:官名。三国蜀置,掌统兵作战或驻守。《三国志·蜀书·王平传》:"(王平)迁后典军、安汉将军。"

④吴匡:字伯康,东汉河内(治今河南武陟)人。供职惟勤,号称敏达。与黄琼共佐清河王,黄琼为司空,举吴匡拜尚书。后迁弘农太守。汉桓帝延熹七年(164)黄琼卒后,吴匡即告病弃职,为黄琼发丧制服,载枢还府。后人讥其衍礼违制。参看《风俗通义·愆礼》。

⑤绵竹侯:底本作"乡侯",误。《三国志·蜀书·杨戏传》:"后主世,(吴班)稍迁至骠骑将军,假节,封绵竹侯。"

⑥辅匡:字元弼,三国蜀襄阳(今湖北襄阳)人。随刘备入蜀,为巴郡太守。随刘备征吴。刘禅建兴中,徙镇南将军、右将军,封中乡侯。刘邕:字南和,荆州义阳郡(治今湖北枣阳)人。三国时期蜀汉将领。随刘备入蜀,历任江阳郡太守、监军、镇南将军、后将军,赐爵关内侯。事见《三国志·蜀书·杜周杜许孟来尹李谯郤传》。

⑦袁綝：生卒年不详，豫州颍川郡（治今河南禹州）人。三国时期蜀
　　汉将领。历官前将军、征西大将军，封都亭侯。高翔：生卒年不
　　详，荆州南郡（治今湖北公安）人。三国时期蜀汉将领。历官前
　　将军、征西大将军，封玄乡侯。

【译文】

　　建兴十五年，即魏明帝景初元年。夏六月，皇后张氏去世，谥号敬
哀。这一年，车骑将军吴懿死亡，后主任命后典军、安汉将军王平为汉中
太守，代替吴懿督管汉中事务。吴懿的堂弟吴班，是汉王朝大将军何进
的属官吴匡的儿子，其名望往往比不上吴懿，官至骠骑将军，暂授以符
节，封绵竹侯。当时，南郡人辅匡（字元弼）、刘邕（字南和），也官至镇南
将军；颍川人袁綝、南郡人高翔官至大将军，袁綝为征西将军。

　　延熙元年春正月①，立皇后张氏，敬哀皇后妹也。大
赦，改元②。立子璿为太子③，瑶为安定王④。以典学从事巴
西谯周为太子家令⑤，梓潼李撰为仆⑥，皆名儒也。冬十二
月，大将军琬出屯汉中，更拜王平以前护军署大将军府事⑦，
尚书仆射李福为前监军⑧，领大将军司马。

【注释】

①延熙元年：238年。延熙，三国蜀汉后主年号（238—257）。

②改元：君主改用新年号纪年。

③璿：刘璿（225—264），字文衡，蜀汉后主刘禅之子。延熙元年立
　　为太子。蜀亡，钟会作乱，为乱兵所杀。《三国志·蜀书·二主妃
　　子传》有传。

④瑶：刘瑶，蜀汉后主刘禅之子。刘璿之弟。《三国志·蜀书·二主
　　妃子传》裴松之注引孙盛《蜀世谱》："（刘）璿弟瑶、琮、瓒、谌、

恂、璩六人。蜀败，谌自杀，余皆内徙。"

⑤典学从事：官名。三国魏、蜀皆置，属州刺史，管理州内诸郡学校、时节祭祀等事。晋朝沿置。太子家令：官名。为东宫属官，掌东宫刑狱（东汉不掌刑狱）、仓谷、饮食等。晋代家令兼管奴婢。

⑥李譔：字钦仲，梓潼郡涪（今四川绵阳）人。李仁之子。少受父业，具传其学，又从尹默讲论义理。蜀汉后主时，任太子庶子，迁为仆，不久转中散大夫、右中郎将。博学多艺，通晓五经及诸子，兼善技艺、算术、卜数、医药、弓弩等。著有《太玄指归》等。《三国志·蜀书》本书卷十《先贤士女总赞》有传。仆：太子仆，官名。秦置，汉因之，三国承之。太子属官，主东宫车马。职如太仆，秩千石。

⑦前护军：官名。三国蜀置，掌护诸将军。

⑧尚书仆射：官名。秦置，汉因之，为尚书令之副，辅佐尚书令掌章奏文书，属少府。魏、晋置为尚书省次官，三品。或单置，或并置左、右，有时单置左或右仆射。李福：字孙德，梓潼郡涪（今四川绵阳）人。参看本书卷一《巴志》注。前监军：官名。三国蜀置，掌监督军事。

【译文】

延熙元年春天正月，后主册立张氏为皇后，她是敬哀皇后的妹妹。大赦天下，改年号。立儿子刘璿为太子，封刘瑶为安定王。任命典学从事、巴西人谯周为太子家令，梓潼李譔为太子仆，他们都是有名的儒者。冬十二月，大将军蒋琬出兵进驻汉中，更拜王平以前护军身份主管大将军府事务，尚书仆射李福为前监军，代理大将军司马。

二年春三月，进大将军琬大司马，开府，辟治中从事犍为杨羲为东曹掾①。羲性简，琬与言，时不应答，群吏以为慢②。琬曰："夫人心不同，各如其面③；面从后言④，古人所戒。羲欲赞吾是耶，则非本心；欲反吾言也，则显吾之非，是以嘿然⑤。此羲之快也⑥。"督农杨敏常毁琬⑦："作事愦愦⑧，诚非及前人也⑨。"或以白琬，琬曰："吾信不如前人⑩。"主者白："乞问'愦愦'状？"琬曰："苟其不如，则愦愦矣，复何问也。"后敏坐事下狱⑪，人以为必死，琬心无适莫⑫。是以上下辑睦⑬，归仰于琬⑭，蜀犹称治。辅汉将军姜维领大司马司马⑮，西征入羌中。是岁，魏明帝崩，齐王即位⑯。

【注释】

①杨羲：即杨戏（？—261），字文然，犍为郡武阳（今四川眉山彭山区）人。参看本书卷四《南中志》注。东曹掾：官名。西汉丞相府、东汉三公府属吏，主东曹，职掌二千石长吏及军吏的迁除。东汉秩比四百石。三国两晋公府沿置。

②慢：傲慢。

③人心不同，各如其面：谓人心如同人面，各人自不相同。典出《左传·襄公三十一年》："子产曰：'人心之不同，如其面焉。吾岂敢谓子面如吾面乎？'"

④面从后言：当面顺从，背后乱说。从，听从，顺从。典出《尚书·益稷》："予违汝弼，汝无面从，退有后言。"

⑤嘿（mò）然：沉默无言的样子。

⑥快：爽快，直爽。

⑦督农：官名。三国蜀置，掌监督农业生产，征收粮食以供军用。杨敏：生平不详。

⑧愦愦（kuì kuì）：昏庸，糊涂。

⑨前人：本处特指前任诸葛亮。

⑩信：确实，的确。

⑪坐事:因事获罪。下狱:关进牢狱。

⑫无适莫:谓一视同仁。适莫,指用情的偏颇厚薄。语出《论语·里仁》:"君子之于天下也,无适也,无莫也,义之与比。"

⑬辑睦:和睦。

⑭归仰:归附仰仗。

⑮大司马司马:即大司马府的司马。《三国志·蜀书·姜维传》:"(蒋)琬既迁大司马,以(姜)维为司马,数率偏军西入。"

⑯齐王:曹芳(232—274),字兰卿,沛国谯(今安徽亳州)人。魏明帝养子。三国魏皇帝。青龙三年(235)立为齐王。景初三年(239)立为皇太子。八岁即位,以曹爽、司马懿辅政。嘉平元年(249),司马懿发动兵变,杀曹爽等,专国政。嘉平末,司马师废之为齐王。入晋,封邵陵县公。卒谥厉公。《三国志·魏书》有传。

【译文】

延熙二年春天三月,进封大将军蒋琬为大司马,建立府署,征召治中从事、犍为人杨羲为东曹掾。杨羲性格朴实少言,蒋琬和他说话,杨羲经常不回答,群臣都认为杨羲太傲慢。蒋琬说:"人心各自不同,一如人面各自不同;当面顺从而背后议论,这是古人的告诫。杨羲想赞同我是对的,就不是出自他的本心;想反对我的言论,则彰显了我的过错,因此只好沉默不言。这是杨羲的直爽。"督农杨敏常常诋毁蒋琬:"他做事糊里糊涂,真是比不上前任诸葛亮。"有人把这话告诉了蒋琬,蒋琬说:"我的确比不上前任诸葛亮。"主事者说:"请问是如何'糊里糊涂'的?"蒋琬说:"如果做事不如前任,就糊里糊涂了,又何必问这些呢?"后来,杨敏因事获罪,被牵连下狱,世人都认为杨敏必死无疑,但蒋琬用心公正,一视同仁。因此朝廷上下和睦,都归附仰仗于蒋琬,蜀国仍然治理得很好。辅汉将军姜维代理大司马府的司马,率军西征进入羌中。这一年,魏明帝驾崩,齐王曹芳即位。

三年，魏正始元年也①。安南将军马忠率越嶲太守张嶷平越嶲郡②。

【注释】

①正始元年：240年。正始，三国魏齐王曹芳年号（240—249），共十年。

②马忠（？—249）：字德信，巴西郡阆中（今四川阆中）人。参看本书卷一《巴志》注。马忠、张嶷之平越嶲郡，参看本书卷三《蜀志》。

【译文】

延熙三年，即魏国正始元年。安南将军马忠率领越嶲太守张嶷平定了越嶲郡。

四年冬十月，尚书令费祎至汉中，与大司马琬谘论事计①，岁尽还。

【注释】

①谘论：询问斟酌。事计：处事的计划、谋略。

【译文】

延熙四年冬十月，尚书令费祎到了汉中，与大司马蒋琬商议国家大事与计策，岁末返回成都。

五年，春正月，姜维还屯涪县①。大司马琬以丞相亮数入秦川，不克，欲顺沔东下征三郡②，朝臣咸以为不可。安南将军马忠自建宁还朝，因至汉中宣诏旨于琬③，琬亦连疾动④，辍计。迁忠镇南大将军，封彭乡侯。

【注释】

①还屯涪县：姜维自延熙元年（238）随蒋琬驻扎汉中，建兴五年（242）率偏师还屯涪。

②三郡：即魏兴、上庸、新城三郡。参看本书卷二《汉中志》。按：蒋琬下令造船，谋袭魏兴、上庸、新城三郡，结果未能成行。

③诏旨：诏书，圣旨。

④疾动：疾病发作。

【译文】

延熙五年，春天正月，姜维从汉中还军驻扎在涪县。大司马蒋琬因为丞相诸葛亮多次进军秦川，都没有成功，准备顺着沔水东下征伐魏兴、上庸、新城三郡，朝中大臣认为不可行。安南将军马忠从建宁返回朝廷，便到汉中向蒋琬宣读皇帝的诏书，蒋琬也接连生病，便放弃了计划。升迁马忠为镇南大将军，封为彭乡侯。

六年，大司马琬上疏曰："臣既暗弱，加婴疾疹①，奉辞六年②，规方无成③，夙夜忧惨④。今魏跨带九州⑤，除之未易。如东西掎角⑥，但当蚕食⑦；然吴期二三⑧，连不克果⑨。辄与费祎、马忠议，以为凉州胡塞之要，宜以姜维为凉州刺史，衔持河右⑩。今涪水陆四通，惟急是赴；东北之便⑪，应之不难。"冬十月，琬还镇涪。以王平为镇北大将军⑫，督汉中事；姜维镇西大将军、凉州刺史⑬。十有一月，大赦。迁尚书令费祎大将军、录尚书事；就迁江州都督邓芝车骑将军。

【注释】

①婴：遭受、患（病）。疾疹：泛指疾病。

②奉辞：意指奉后主刘禅之命，率兵北伐。

③规方：规划方略。

④忧惨：忧愁痛苦。

⑤魏跨带九州：东汉时期，全国共有十三州，即司隶校尉、豫州、兖州、青州、徐州、冀州、幽州、并州、凉州、益州、荆州、扬州、交州。蜀有益州，吴有荆州、扬州、交州，其余九州属魏。

⑥东西：指东面的吴国与西面的蜀国。掎（jǐ）角：指从两方面夹攻敌人。掎，指拉住腿。角，指抓住角。典出《左传·襄公十四年》："譬如捕鹿，晋人角之，诸戎掎之，与晋踣之。"

⑦蚕食：蚕食桑叶。比喻逐渐侵占。

⑧期：约定。二三：谓三心二意，不专一。

⑨不克果：不能成功，不能实现。

⑩衔持：相持，对持。本处意为控制。河右：古地区名。又称河西。指今甘肃、青海两省黄河以西的河西走廊和河、湟流域一带。

⑪东北：指汉中。因汉中位于涪县东北。

⑫镇北大将军：官名。三国蜀、吴置，职掌与镇北将军同，掌征伐或镇守，唯资历深者得任此职。历代皆不常置。

⑬镇西大将军：官名。三国蜀置，职掌与镇西将军同，掌征伐或镇守，唯资历深者得任此职。历代皆不常置。

【译文】

延熙六年，大司马蒋琬上疏说："下臣本就昏庸懦弱，加上身患疾病，六年来奉君上之令北伐，虽然做了规划方略，但最终一事无成，所以日夜忧愁痛苦。如今魏国疆域横跨九州，除掉它不容易。如果吴蜀联合，东西夹击，还可以蚕食魏国；然而吴国对约定三心二意，联盟不能实现。我就与费祎、马忠商议，认为凉州是胡地边塞的要道，应该任命姜维为凉州刺史，控制黄河以西之地。如今涪县水陆四通，只要出现紧急情况即可赶赴；汉中交通便利，应急救援也不难。"冬天十月，蒋琬回师镇守涪县。后主任命王平为镇北大将军，督管汉中事务；姜维为镇西大将军、凉州刺史。十一月,后主大赦天下。升迁尚书令费祎为大将军、录尚书事,随即升迁江州都督邓芝为车骑将军。

　　七年闰月①,魏大将军曹爽、征西将军夏侯玄征蜀②。王平白与护军零陵刘敏距兴势围③。以大司马琬疾病,假大将军祎节,率军自成都赴汉中。旌旗启路④,马人擐甲⑤,羽檄交驰⑥。严鼓将发⑦,光禄大夫义阳来敏求共围棋⑧。祎留意博弈⑨,色守自若。敏曰:"聊试君耳。君信可人⑩,必能辨贼者也⑪。"比至⑫,爽等退。命镇南将军马忠平尚书事⑬。夏四月,安平王卒⑭,子胤嗣。秋九月,祎还。

【注释】

①七年闰月:即蜀汉延熙七年(244)闰二月。

②曹爽(?—249):字昭伯,沛国谯(今安徽亳州)人。曹真之子。魏明帝时,以宗室受到亲重。初为散骑侍郎,后迁至武卫将军。魏明帝病重,拜大将军、都督中外诸军事、录尚书事,与司马懿同受遗诏辅政。任用弟弟曹羲及何晏、邓飏、丁谧等人,排斥司马懿势力。魏正始五年(244),企图伐蜀以提高声望,结果失败。正始十年(249),从皇帝朝高平陵,司马懿趁机发动政变,被迫免官让权,随即被杀,灭族。《三国志·魏书》有传。夏侯玄(209—254):字太初,沛国谯(今安徽亳州)人。夏侯尚之子,曹爽姑姑之子。少知名,弱冠为散骑黄门侍郎。齐王曹芳时,曹爽辅政,累迁散骑常侍、中护军。又为征西将军,假节,都督雍、凉州诸军事。曹爽为司马懿所杀,夏侯玄累迁大鸿胪、太常。中书令李丰与光禄大夫张缉谋诛司马师,拟以夏侯玄辅政,夺司马氏之权。事泄,被诛。善谈名理,为正始名士,为早期玄学领袖,开一时风气。

《三国志·魏书》有传。

③白：禀告，报告。刘敏：零陵泉陵（今湖南永州）人。蒋琬表弟。为左护军、扬威将军，与王平俱镇汉中。延熙七年（244），魏曹爽率师十万袭蜀，与王平并力阻魏。大将军费祎军至，魏军退，以功封云亭侯。附见《三国志·蜀书·蒋琬传》。兴势：山名。又称兴势坂。在今陕西洋县北。因山形如盆，外险而内有大谷，为盘道上数里，方及四门，故名。围：围子，用土、石、荆棘等围成的防御设施。

④启路：开路，开道。

⑤摄（huàn）甲：穿上甲胄。摄，贯穿，穿着。

⑥羽檄：古代军事文书，插鸟羽以示紧急，必须迅速传递。

⑦严鼓：指战鼓。

⑧光禄大夫：官名。汉置，汉武帝太初元年（前104）更名中大夫为光禄大夫，秩比二千石，掌论议。无常事，仅备顾问、应对诏命。来敏：字敬达，义阳新野（今河南新野）人。出身大族。东汉末，随姊夫黄琬入益州。初为刘璋宾客。蜀汉时，历任典学校尉、虎贲中郎将、辅军将军、光禄大夫。因言语不慎，累遭贬削。博学多识，善《左氏春秋》。年九十七卒。《三国志·蜀书》有传。

⑨博弈：局戏和围棋。本处指下棋。

⑩可人：有才德的人。

⑪辨贼：完成讨贼任务。辨，同"办"，完成某事。

⑫比至：及至，等到。

⑬平尚书事：加官名。汉代官吏任用，本职作为尚书者，更依天子之命，评核审决尚书令奏呈天子之文书，称为平尚书事，地位次于领、录尚书事者。

⑭安平王：刘理，刘禅庶兄。章武元年（221）被封为梁王，后改封为安平王。

【译文】

延熙七年闰二月，魏国大将军曹爽、征西将军夏侯玄征伐蜀国。王平上书请求与护军零陵人刘敏据守兴势围。因为大司马蒋琬生病，后主赐予大将军费祎假节，率领军队从成都赶赴汉中。旌旗挥舞在前开路，马和人都穿上甲胄，军事文书加急传送。战鼓擂响，即将开拔时，光禄大夫、义阳人来敏却请求与费祎一起下围棋。费祎专心下棋，神色镇静自如。来敏说："我只是姑且试探一下您。您确实是有才德的人，必定能完成讨贼任务。"等到了汉中，曹爽等人就退兵了。后主任命镇南将军马忠为平尚书事。夏四月，安平王去世，其子刘胤继位。秋九月，费祎还师。

大司马琬以病故，让州职于费祎、董允①。于是祎加大将军，领益州刺史，允加辅国将军②，守尚书令③。允立朝，正色处中④，上则匡主，下帅群司。于时，蜀人以诸葛亮、蒋、费及允为"四相"，一号"四英"。宦人黄皓⑤，便僻佞慧⑥，畏允，不敢为非。后主欲采择⑦，允曰："妃后之数，不可过十二。"允尝与典军义阳胡济、大将军祎共期游宴⑧，命驾将出⑨。郎中襄阳董恢造允修敬⑩，自以官卑年少，求去。允曰："本所以出者，欲与同好游谈耳⑪。君以自屈⑫，方展阔积⑬。舍此就彼，非所谓也。"命解骖止驾⑭。允之下士接物⑮，皆此类也。君子以为有周公之德⑯。

【注释】

①州职：即蒋琬所"领益州刺史"之职。

②辅国将军：官名。将军名号。东汉献帝建安元年（196）置，拜伏完任此职，仪比三司。三国、两晋沿之，魏、晋皆三品。

③守：试守，试用。

④正色：谓神色庄重、态度严肃。处中：执持中正之道。

⑤黄皓：三国蜀人。刘禅时宦官。善逢迎，深受刘禅宠信。初为黄门丞，后为中常侍、奉车都尉。景耀初，始干预政事，窃弄权柄，直至蜀亡。为人以奸险著称。景耀五年（262）与右大将军阎宇谋，欲废大将军姜维而立阎宇。蜀亡，邓艾将杀之，厚贿邓艾左右得免。

⑥便僻：谄媚逢迎。佞慧：善于阿谀奉承而又狡黠。

⑦采择：选取，选用。即挑选美女入宫为妃嫔。

⑧胡济：三国蜀官吏。字伟度，南阳义阳（今河南信阳）人。先为诸葛亮主簿，屡受褒扬。诸葛亮卒，任中典军，统诸军，封成阳亭侯。迁中监军、前将军，督汉中，假节，领兖州刺史，官至右骠骑将军。
游宴：游乐宴饮。

⑨命驾：命人驾车马，谓立即动身。

⑩董恢：字休绪，襄阳（今湖北襄阳襄城区）人。蜀汉时，历任宣信中郎、丞相府属、巴郡太守等。曾随费祎出使孙吴，以应答机敏、应对得体知名。事见《三国志·蜀书·董刘马陈董吕传》引《襄阳记》。造：造访。修敬：表示敬意。

⑪同好：指志趣相同的人。游谈：闲谈，清谈。

⑫以：通"已"，已经。自屈：委屈自己。意谓（董恢）屈身前来造访。

⑬展：畅叙。阔积：指久别以来蕴积的思念之情。

⑭解骖（cān）：将驾车的马解开松套，不再乘车出行。

⑮下士：屈身交接贤士。下，礼让。接物：谓与人交往。

⑯周公之德：指周公礼贤下士的品德与作风。《史记·鲁周公世家》："周公戒伯禽曰：'我文王之子，武王之弟，成王之叔父，我于天下亦不贱矣。然我一沐三捉发，一饭三吐哺，起以待士，犹恐失天下之贤人。子之鲁，慎无以国骄人。'"周公，姬姓，名旦，亦称叔旦。周文王之子，周武王之弟。因采邑在周，称为周公。辅政

武王，伐纣灭商。武王卒，成王年幼，周公摄政。平管叔、蔡叔之变，定东夷之乱。成王长，还政于王。

【译文】

大司马蒋琬因为生病的缘故，辞让益州刺史之职给费祎、董允。于是费祎加封大将军，代理益州刺史，董允加封辅国将军，试用尚书令。董允在朝廷，神色庄重，处事中正，上则匡扶国君，下则统帅群臣。当时，蜀人以诸葛亮、蒋琬、费祎及董允为"四相"，也称"四英"。宦官黄皓，谄媚逢迎，畏惧董允，不敢胡作非为。后主想挑选美女入宫为嫔妃，董允说："后妃的人数，不能超过十二个。"董允曾经跟典军、义阳人胡济和大将军费祎共同约定外出游宴，车马已备，即将出发。这时郎中、襄阳人董恢前来造访董允以表示敬意，但自认为官卑年少，请求离开。董允说："我之所以外出，就是想和志趣相同的人郊游闲谈。阁下已经屈尊前来，我们正好畅叙阔别之情。放弃这次交谈赶赴那个游宴，不是合适的做法。"董允命令解开驾车的马放弃出行。董允礼贤下士和待人接物，都是这样的。君子认为董允具有周公礼贤下士的美德。

八年秋，皇太后吴氏薨[①]，谥曰穆。冬，十有一月，大将军祎行军汉中[②]。

【注释】

①皇太后吴氏：吴懿之妹，刘备之皇后。
②行军：巡视军队。

【译文】

延熙八年秋天，皇太后吴氏去世，谥号为穆。冬天十一月，大将军费祎到汉中巡视军队。

九年，夏六月，祎还成都。秋，大赦。司农孟光众责祎曰①："夫赦者,偏枯之物②,非明世之所宜有也③。今主上贤仁④,百寮称职,有何旦夕之急? 数施非常之恩,以惠奸轨之恶,上犯天时⑤,下违人理,岂具瞻之高美⑥,所望于明德哉⑦!"祎但顾谢焉⑧。

【注释】

①孟光:字孝裕,洛阳(今河南洛阳)人。刘备定益州,拜议郎。刘禅立,迁大司农。每直言无所回避,故爵位不登。后因事免官。博物识古,熟悉汉朝旧典,精于《公羊春秋》。《三国志·蜀书》有传。

②偏枯:偏瘫,半身不遂。

③明世:政治清明的时代。

④贤仁:贤良仁爱。

⑤天时:自然运行的时序。古人在思想上信奉"天人合一",在行事上奉行"春生秋杀",故秋冬行刑。今于秋天大赦,故孟光说这是"上犯天时"。

⑥具瞻:谓为众人所瞻望。语出《诗经·小雅·节南山》:"赫赫师尹,民具尔瞻。"毛传:"具,俱。瞻,视。"郑玄笺:"此言尹氏汝居三公之位,天下之民俱视汝之所为也。"高美:谓功大德善。

⑦明德:指才德兼备的人。本处特指费祎。

⑧顾谢:道歉。

【译文】

延熙九年夏六月,费祎回到成都。秋天,大赦天下。司农孟光当众责备费祎说:"大赦,犹如半身不遂的疾病,不是政治清明时代所应该有的。如今国君贤良仁爱,百官称职,哪里有旦夕之间的危急? 多次施行非同寻常的恩惠,惠及犯法作乱的恶人,上违背天时,下违背人理,这难道是众人所瞻望的大功善德,所期待的明德吗!"费祎只好道歉。

初，丞相亮时，有言"公惜赦"者①。亮答曰："治世以大德，不以小惠，故匡衡、吴汉不愿为赦②。先帝亦言：'吾周旋陈元方、郑康成间③，每见启告治乱之道备矣④，曾不语赦也⑤。'若景升、季玉父子⑥，岁岁赦宥⑦，何益于治！"故亮时军旅屡兴，赦不妄下也。自亮没后，兹制遂亏。

【注释】

①惜：吝惜。

②匡衡：字稚圭，西汉东海承县（今山东枣庄南）人。少好学，家贫，佣作以供资用。能文学，善说《诗》。汉宣帝时，任太常掌故。汉元帝时，历迁博士、太子少傅、御史大夫，官至丞相，封乐安侯。曾多次上疏，引经义议论政治得失。汉成帝时，因被人告发多收封国田租，免为庶人。汉元帝时，匡衡上疏曰："陛下躬圣德，开太平之路，闵愚吏民触法抵禁，比年大赦，使百姓得改行自新，天下幸甚。臣窃见大赦之后，奸邪不为衰止。今日大赦，明日犯法，相随入狱，此殆导之未得其务也。"（《汉书·匡衡传》）吴汉（？—44）：字子颜，南阳宛（今河南南阳）人。参看本书卷三《蜀志》注。《后汉书·吴汉传》："（建武）二十年，（吴）汉病笃。车驾亲临，问所欲言。对曰：'臣愚无所知识，唯愿陛下慎无赦而已。'"

③周旋：交往，交际。陈纪：字元方，颍川许县（今河南许昌）人。参看本书卷六《刘先主志》注。郑康成：郑玄（127—200），字康成，北海高密（今山东高密）人。著名经学大家。少为乡啬夫，后受业太学。先后师第五元先、张恭祖、马融，研习经学。既归，聚徒讲学，弟子千人。汉桓帝时，党祸起，被禁锢，杜门修业。北海相孔融深敬之，命高密县特立"郑公乡"，广开门衢，号"通德门"。建安中，征拜大司农，寻卒。尝遍注群经，著有《天文七政论》《鲁

礼禘祫义》《六艺论》《驳许慎五经异义》等。郑玄之注以古文经学为主，兼采今文经说，自成一家，号称"郑学"。《后汉书》有传。

④见：被。启告：告知，告诉。

⑤曾不：未曾，没有。

⑥景升：刘表之字。山阳高平（今山东邹城西南）人。季玉：刘璋之字。江夏郡竟陵（今湖北潜江）人。刘焉之子。本处说"景升、季玉父子"，明显有误，当作"君郎、季玉父子"。

⑦赦宥（yòu）：赦免，宽恕。

【译文】

当初，丞相诸葛亮执政时，有人说他吝惜施行大赦。诸葛亮回答说："治理国家依靠的是大功大德，而不是小恩小惠，因此匡衡、吴汉不愿意施行大赦。先帝也说：'我交往于陈纪、郑玄之间，每每被他们告知完备的治乱之道，但没有说到过大赦。'像刘焉、刘璋父子，年年都施行大赦，但对治理国家有什么益处呢？"因此在诸葛亮执政时，虽然屡次兴兵作战，但并不妄下大赦之令。自从诸葛亮去世之后，这种制度就欠缺了。

蜀初阙三司之位①，以待天下贤人。其卿士皆勋德融茂②：太常杜琼学通行修③，卫尉陈震忠惇笃粹④，孟光亮直著闻⑤，皆良干也⑥。但光好指摘利病⑦，大长秋南阳许慈普记性⑧，光禄来敏举措不慎⑨，失执事者指⑩。当世美名不及特进⑪，太常广汉镡承、光禄勋河东裴隽也⑫。其朝臣：尚书巴西马齐，义阳胡博，仆射巴西姚伷，侍中汝南陈祗⑬，并赞事业⑭。以故丞相长史向朗为左将军⑮。朗自去长史，优游无事⑯，乃鸠合经籍⑰，开门诱士，讲论古义，不预世务。是以上自执事，下及童冠⑱，莫不宗敬焉⑲。

【注释】

①三司：官名合称。指"三公"或"三公"的官署。东汉之时，以称太尉、司空、司徒为三公。

②卿士：卿、大夫。后用以泛指官吏。勋德：功勋与德行。

③太常：官名。两汉皆置，三国沿置。汉初名奉常，汉景帝中六年（前144）改名太常。新莽时改名秩宗，东汉复旧，魏晋沿置。掌宗庙、祭祀、礼仪等。杜琼（？—250）：字伯瑜，蜀郡成都（今四川成都）人。见本卷前文注。行修：品行端正。

④卫尉：官名。战国秦始置。秦汉两朝皆有此官，掌宫门警卫。汉景帝初，更名中大夫令。东汉卫尉，掌宫门卫士和宫内巡察。三国因之，西晋沿置，三品。陈震（？—235）：字孝起，南阳（治今河南南阳）人。见本卷前文注。忠惇（dūn）笃粹：忠诚敦厚，笃实纯粹。《三国志·蜀书·陈震传》："诸葛亮与兄瑾书曰：'孝起忠纯之性，老而益笃，及其赞述东西，欢乐和合，有可贵者。'"

⑤亮直：诚实正直。

⑥良干：坚实的茎干。比喻能胜重任的贤臣。

⑦指擿（tī）：指出、挑出缺点错误。擿，揭发。利病：犹利弊，利害。

⑧大长秋：官名。专为皇后设置，掌宣中宣命等事。秦朝和西汉初期称将行，由宦者担任，汉景帝中六年（前144），改称大长秋，或用宦者，或用士人。东汉用宦者，官俸二千石。皇后出，则跟随。三国两晋南北朝沿置。许慈：字仁笃，南阳（治今河南南阳）人。参看本书卷六《刘先主志》注。普记性：该处有缺文。《三国志·蜀书·许慈传》说诸人喜欢自夸、性喜嫉妒，"（许）慈、（胡）潜更相克伐，谤讟忿争，形于声色；书籍有无，不相通借，时寻楚挞，以相震捇。其矜己妒彼，乃至于此。"

⑨来敏：字敬达，义阳新野（今河南新野）人。见本卷前文注。

⑩失……指：不合……意旨。关于"光禄来敏举措不慎，失执事者

指”，古书有相关记载。《三国志·蜀书·来敏传》："（来敏）前后数贬削，皆以语言不节，举动违常也。"

⑪特进：官名。始设于西汉末期。授予列侯中有特殊地位的人，位在三公之下。东汉至魏晋南北朝仅为加官，无实职。

⑫镡（xín）承：字公文，广汉郡郪（今四川三台）人。历仕郡守、少府、太常，封关内侯。时费祎、姜维秉政，孟光、来敏均以直言而为执政重臣所不悦，故爵位不登，而镡承年资在孟光之后，以和介而得特进。本书卷十《先贤士女总赞》有传。裴隽：即裴俊。字奉先，河东（治今山西夏县）人。魏国尚书令裴潜之弟。官至光禄勋。《三国志·蜀书·孟光传》："太常广汉镡承、光禄勋河东裴俊等，年资皆在（孟）光后，而登据上列，处光之右。"

⑬马齐：底本作"司学"，误。此从《华阳国志新校注》改。马齐，字承伯，巴西郡阆中（今四川阆中）人。参看本书卷一《巴志》注。胡博：南阳义阳（今河南信阳）人。胡济之弟。历官长水校尉、尚书。姚伷（zhòu，？—242）：字子绪，巴西郡阆中（今四川阆中）人。刘备定益州，擢为功曹书佐。刘禅建兴元年（223），为广汉太守。诸葛亮驻汉中，辟为掾，称其并存刚柔，可谓博雅。累迁参军、尚书仆射。时人服其真诚笃粹。《季汉辅臣赞注》有传。陈祗（？—258）：字奉宗，汝南（治今河南平舆）人。名士许靖外孙。少孤，长于许靖之家。多才多艺，精于数术，知名当时。内倚宦官黄皓，受到蜀后主信任，历任选曹郎、侍中、守尚书令等。蜀汉后期，权重一时，一度掌握朝政。卒谥忠侯。《三国志·蜀书》有传。

⑭赞：辅佐。

⑮向朗为左将军：街亭之战后，向朗被免官。向朗后被启用，为光禄勋、左将军。《三国志·蜀书·向朗传》："数年，（向朗）为光禄勋。亮卒后徙左将军，追论旧功，封显明亭侯，位特进。"

⑯优游：悠闲自得。

⑰鸠合：聚集，纠合。

⑱童冠：年将二十岁的童子。

⑲宗敬：尊敬。

【译文】

蜀国最初空缺三司之位，虚位以待天下贤人。朝廷的卿士都是功勋卓著、品德高尚的人：太常杜琼学问通达、品行端正，卫尉陈震忠诚敦厚、笃实纯粹，孟光诚实正直、远近闻名，他们都是能胜重任的贤臣。但是孟光喜欢指摘利弊，大长秋、南阳人许慈性喜嫉妒，光禄大夫来敏举止不当，不合执政者的意旨。即使当世有美名还是比不上特进，如太常、广汉人镡承和光禄勋、河东人裴隽。蜀国的朝廷大臣：尚书、巴西人马齐，义阳人胡博，仆射、巴西人姚伷，侍中、汝南人陈祗，一起辅佐国家事业。任命原丞相长史向朗为左将军。向朗自从辞去长史职务，优游而无所事事，于是搜集经籍，开门设教，引导士人，讲论古今义理，不再干预时务。因此上自执事者，下到青少年，无不对他表示尊敬。

冬，十有一月，大司马琬卒，谥曰恭侯①。尚书令董允亦卒②。超迁蜀郡太守南阳吕乂为尚书令③，进姜维为卫将军④，与大将军祎并录尚书事。维出陇西，与魏将郭淮、夏侯霸战⑤，克之。

【注释】

①谥曰恭侯：蒋琬墓，位于四川绵阳西山之巅。

②董允亦卒：董允墓，在今四川泸州江阳区分水岭乡董允坝。相传，此为董允衣冠墓。道光《直隶泸州志》卷二："董允墓在州东四十里分水岭，今名董允坝。"

③吕乂（？—251）：字季阳，南阳（治今河南南阳）人。刘备入蜀，任典曹都尉，擢新都、绵竹令，有政声，迁巴西、汉中太守。诸葛亮连年出军，吕乂为募兵。蜀后主时，累迁广汉、蜀郡太守，防禁奸巧，有政绩。官至尚书令。为政简约，持法深刻。撰有《格论》。《三国志·蜀书》有传。

④进姜维为卫将军：《三国志·蜀书·姜维传》说姜维为卫将军在延熙十年（247），与此不同。卫将军，官名。西汉初为将军名号之一，统兵征战，事完即罢。汉文帝即位，拜宋昌为之，总领南、北军，始成为重要武职，其后屡典京城、皇宫禁卫军队。东汉位次大将军、骠骑将军、车骑将军，秩万石，位亚三公。开府置官属。魏晋南北朝沿置，位在诸名号大将军之上，多作为军府名号，以加大臣、重要州郡长官，无具体职掌。东晋南朝甚重之，常以中书监、尚书令等权臣兼任，统兵出征。

⑤与魏将郭淮、夏侯霸战：《三国志·蜀书·姜维传》说姜维与郭淮、夏侯霸战于洮西（甘肃洮水以西），当时在延熙十年，与此不同。夏侯霸，字仲权，沛国谯（今安徽亳州）人。夏侯渊次子。魏文帝黄初中，为偏将军。齐王曹芳正始中为讨蜀护军右将军，统属征西，素为曹爽所厚。司马懿诛曹爽，乃奔蜀。其从妹乃张飞妻，张飞之女为蜀后主刘禅后。夏侯霸入蜀，刘禅厚加爵宠。官至征蜀护军、右将军，进封博昌亭侯。

【译文】

冬十一月，大司马蒋琬去世，谥号为恭侯。尚书令董允也去世了。越级升迁蜀郡太守、南阳人吕乂为尚书令，晋升姜维为卫将军，和大将军费祎一起总领尚书府事务。姜维出兵陇西，与魏国大将郭淮、夏侯霸交战，打败了他们。

十年，凉州胡王白虎文、治无戴等率众降，卫将军维徙之繁县①。汶山平康夷反②,维复讨平之。过见廖立,意气自若③。维还,假节。

【注释】

①繁县:县名。西汉置,属蜀郡。治所在今四川彭州西北。"因繁江以为名"(《元和郡县志》卷三十一)。蜀汉延熙十年(247),移治于今成都新都区西北新繁镇,迁繁县民居于此,俗称新繁。北周正式改名新繁。

②平康:县名。三国蜀汉置,属汶山郡。治所在今四川黑水县东北。南朝宋废。北周复置,属广年郡。隋大业初属汶山郡。

③意气自若:神情自然如常。按:本处意谓廖立还和以前一样,没有反省,没有改变。《三国志·蜀书·廖立传》:"后监军姜维率偏军经汶山、诣立,称立意气不衰,言论自若。立遂终徙所。妻子还蜀。"

【译文】

延熙十年,凉州胡王白虎文、治无戴等率众投降,卫将军姜维将其迁徙到繁县。汶山郡平康县的夷人造反,姜维又讨伐平定了叛乱。姜维在汶山郡见到了廖立,廖立的神情自然如常。姜维还师,被暂时授予符节。

十一年,镇北将军王平卒。以中监军胡济为骠骑将军,假节,领兖州刺史,代平督汉中事。平始出军武,不大知书,性警朗,有思理①,与马忠并垂事绩。平同郡勾扶亦果壮②,亚平,官至右将军,封宕渠侯。后张翼与襄阳廖化并为大将③,故时人为语曰:"前有何、勾④,后有张、廖。"平本养外家何氏⑤,后复姓。夏五月,大将军祎出屯汉中。

【注释】

① 警朗：机警开朗。思理：思辨力。《三国志·蜀书·王平传》："（王）平生长戎旅，手不能书，其所识不过十字，而口授作书，皆有意理。使人读《史》《汉》诸纪传，听之，备知其大义，往往论说不失其指。"

② 勾扶：也作"句扶"。字孝兴，巴西汉昌（今四川巴中）人。忠勇宽厚，数有战功。官至右将军（《三国志·蜀书·王平传》作"左将军"），封宕渠侯。参看本书卷一《巴志》注。果壮：果敢勇猛。

③ 张翼（？—264）：字伯恭，犍为郡武阳（今四川眉山彭山区）人。参看本书卷四《南中志》注。廖化（？—264）：本名淳，字元俭，襄阳（今湖北襄阳）人。初为关羽主簿。关羽败，入吴。后奔归蜀，为宜都太守。累官丞相参军、并州刺史、右车骑将军，封中乡侯。刘禅炎兴元年（263），魏锺会攻蜀，廖化与诸将拒守剑阁。后徙洛阳，道病卒。附见于《三国志·蜀书·宗预传》。

④ 何：何平，即王平。因其寄养于母亲娘家何氏，故随其姓，后恢复本姓。

⑤ 外家：外祖父母家，母亲的娘家。

【译文】

延熙十一年，镇北将军王平去世。任命中监军胡济为骠骑将军，暂时授予符节，代理兖州刺史，代替王平督管汉中事务。王平本来出身戎武，不太知书识字，但性情机警开朗，有思辨力，与马忠一起建功立业而名垂后世。王平同郡之人勾扶也果敢勇猛，仅次于王平，官至右将军，封为宕渠侯。后来张翼与襄阳人廖化同为大将，因此当时人有谚语说："前有何平、勾扶，后有张翼、廖化。"王平本来寄养于母亲娘家何氏家里，后来恢复王姓。夏五月，大将军费祎出兵屯驻于汉中。

十二年，魏嘉平元年也①。魏诛大将军曹爽，右将军夏侯霸来降,渊子也②,拜车骑将军。四月,大赦。秋,卫将军维出雍州,不克。将军勾安、李韶降魏③。

【注释】

①魏嘉平元年也:即249年。此六字当为注文。嘉平,三国魏齐王曹芳年号(249—254)。

②渊子也:此三字非正文,当为注文。按:判断此两句为注文,据《三国志·蜀书·后主传》:"十二年春正月,魏诛大将军曹爽等,右将军夏侯霸来降。夏四月,大赦。秋,卫将军姜维出攻雍州,不克而还。将军勾安、李韶降魏。"

③将军勾安、李韶降魏:勾安,姜维部将。李韶,当作"李歆",姜维部将。据《三国志·魏书·陈泰传》载,"嘉平初,(陈泰)代郭淮为雍州刺史,加奋威将军。蜀大将军姜维率众依麹山筑二城,使牙门将勾安、李歆等守之,聚羌胡质任等寇逼诸郡。征西将军郭淮与泰谋所以御之,……淮善其策,进率诸军军洮水。维惧,遁走,安等孤县,遂皆降"。

【译文】

延熙十二年,即魏国嘉平元年。魏国诛杀大将军曹爽,右将军夏侯霸前来投降,夏侯霸就是夏侯渊之子,被蜀国拜为车骑将军。四月,大赦天下。秋天,卫将军姜维出兵攻打雍州,没有成功。将军勾安、李歆投降魏国。

十三年,卫将军维复出西平①,不克而还。

【注释】

①西平:郡名。东汉建安中分金城郡置,治所在西都县(今青海西宁)。十六国南凉太初元年(396)秃发乌孤建都于此。北魏废。

【译文】

延熙十三年，卫将军姜维再次出兵攻打西平郡，没有取胜，退兵而回。

十五年①，吴主孙权薨，子亮立②，来告赴③，如古义也④。立子琮为西河王⑤。命大将军祎开府。尚书令吕乂卒，以侍中陈祗守尚书令，加镇军将军⑥。

【注释】

①十五年：上缺十四年事，疑有脱文。《三国志·蜀书·后主传》："（延熙）十四年夏，大将军费祎还成都。冬，复北驻汉寿。大赦。"

②子亮：孙亮（243—260），字子明，孙权少子。三国吴皇帝，在位七年。在位初期，相继由大将军诸葛恪、丞相孙峻、孙綝执政。十五岁始亲政，谋诛权臣孙綝。兵败，废为会稽王。后被迫自杀。或云被鸩杀。《三国志·吴书》有传。

③告赴：赴告，春秋时各国以崩薨及祸福之事相告。前者称"赴"，后者称"告"。《左传·文公十四年》："凡崩、薨，不赴则不书。祸、福，不告亦不书。惩不敬也。"本处专指报丧。

④如古义也：吴国以孙权死讯来告，犹有古人风尚，故曰"如古义也"。古义，古人立身行事的道理。

⑤子琮：刘琮（？—262），刘禅之子。被封为西河王。

⑥镇军将军：官名。杂号将军名，三国魏、蜀、吴皆置，掌征伐。按：《三国志·蜀书·吕乂传》云吕乂"延熙十四年卒"，与此不同。

【译文】

延熙十五年，吴国君主孙权驾崩，儿子孙亮即位，派人来告知死讯，遵循的是古风。刘禅立儿子刘琮为西河王。命令大将军费祎设立署府征召贤士。尚书令吕乂去世，以侍中陈祗代理尚书令，加封为镇军将军。

十六年春正月朔①，魏降人郭循因贺会手刃杀大将军费祎于汉寿②，谥曰敬侯。祎当国名略与蒋琬比，而任业相继，虽典戎于外③，庆赏刑威④，咸咨于己。承诸葛之成规，因循不革，故能邦家和壹⑤。自祎殁后，阉宦秉权⑥。卫将军维自负才兼文武⑦，加练西方风俗⑧，谓自陇以西可制而有，祎常裁制⑨；至是无惮，屡出师旅，功绩不立，政刑失错矣。四月，维将数万攻南安，魏雍州刺史陈泰救之⑩，维粮尽，还。

【注释】

①朔：朔日，农历每月初一。

②郭循（？—253）：字孝先，凉州西平（治今青海西宁）人。三国时代曹魏官员，官至中郎将。被姜维征西平时俘虏，后降蜀汉，刘禅任为左将军。后于酒会之时暗杀蜀汉大将军费祎。《三国志·蜀书·后主传》《费祎传》作"郭循"，而《三国志·魏书·三少帝纪》作"郭修"。《三国志·蜀书·费祎传》："（延熙）十六年岁首大会，魏降人郭循在坐。（费）祎欢饮沉醉，为（郭）循手刃所害。"

③典戎：统率军队。

④庆赏：赏赐。刑威：刑罚。

⑤和壹：亦作"和一"。和合一致，和睦同心。

⑥阉宦：宦官。其著名者，如黄皓。秉权：执掌政权。

⑦才兼文武：指人具有文武两方面的才能，即文武全才。

⑧练：熟悉。姜维是天水人，熟悉"西方风俗"。

⑨裁制：制止，抑止。《三国志·蜀书·费祎传》："（姜维）每欲兴军大举，费祎常裁制不从，与其兵不过万人。"

⑩陈泰（？—260）：字玄伯，颍川许（今河南许昌）人。陈群之子。曹魏时期，历任并州刺史、护匈奴中郎将、征西将军、都督雍凉诸

军事、镇东将军、都督淮北诸军事,多次击败蜀军进攻。与司马师、司马昭友善,深得信任。被刺身亡。卒后谥穆侯。《三国志·魏书》有传。

【译文】

延熙十六年春天正月初一,魏国的投降者郭循在汉寿的庆贺集会上,亲自用刀刺杀了大将军费祎,费祎的谥号为敬侯。费祎执掌国政的名声,大致可与蒋琬相比,任职与功业继承前人,即使是率军在外征战,朝廷的赏赐与刑罚,都要向自己咨询,然后才付诸实施。费祎继承诸葛亮的成规,因循守旧不加变革,因此国家能够和睦同心。自从费祎死后,宦官执掌政权。卫将军姜维自负文武全才,加上熟悉西部地区的风俗,认为自陇山以西的地盘都可以据为己有,费祎在世时常常制止他;到费祎死后,姜维便无所忌惮,他多次出师征战,没有建立功绩,政治和刑罚却出现了差错。四月,姜维率领数万人攻打南安,魏国的雍州刺史陈泰出兵救援南安,姜维因粮草用尽而还师。

十七年,魏正元元年也①。春,卫将军维督中外军事。大赦。夏六月,维复出陇西,魏狄道长李简举县降②。维围襄武③,魏大将徐质救之④。维拔狄道、河关、临洮三县民入蜀⑤,居于绵竹及繁⑥。是岁,魏帝齐王废⑦,高贵乡公即位⑧。

【注释】

①魏正元元年:254年。正元,三国魏高贵乡公曹髦年号(254—256)。凡三年。

②狄道:县名。战国秦置,为陇西郡治。治所即今甘肃临洮。东汉改为狄道县。西晋为狄道郡治。在张家山汉简《二年律令·秩律》中,有"狄道"县名。李简:三国时魏国官吏。嘉平时,任曹

魏狄道长。正元元年,举城降蜀。

③襄武:县名。西汉置,属陇西郡。治所在今甘肃陇西县东南五里。东汉末移陇西郡治此。

④徐质(?—254):魏国将领。曾任讨蜀护军,颇有战功。多次随魏雍州刺史陈泰出征,拒蜀汉将领姜维。在襄武,被敌军斩杀。

⑤河关:县名。西汉神爵二年(前60)置,属金城郡。治所在今青海贵德县河阴镇一带。东汉、三国魏属陇西郡。西晋属秦州陇西国。后废。临洮:县名。秦置,属陇西郡。治所即今甘肃岷县。以临洮水得名。西汉为陇西郡南部都尉治。晋惠帝时分属狄道郡。北魏废。

⑥绵竹:县名。西汉置,属广汉郡。治所在今四川德阳北黄许镇。北周废。

⑦魏帝齐王:即曹芳(232—274),字兰卿,沛国谯(今安徽亳州)人。魏明帝曹睿养子,三国魏皇帝。见本卷前文注。

⑧高贵乡公:即曹髦(241—260),字彦士,沛国谯人。曹丕之孙。三国魏皇帝。齐王曹芳正始中封高贵乡公。嘉平六年(254),司马师废齐王,立曹髦为帝。尝幸太学,与诸儒论《书》《易》《礼》。甘露五年(260),因不能忍受司马昭专权,率殿中宿卫讨昭,为司马昭所杀。在位七年。《三国志·魏书》有传。

【译文】

延熙十七年,即魏国正元元年。春天,卫将军姜维督管内外军事。大赦天下。夏天六月,姜维再次出兵陇西,魏国狄道县长李简带领全县投降。姜维围攻襄武县,魏国大将徐质发兵救援。姜维攻克狄道、河关、临洮三县,将其居民迁至蜀,居住在绵竹县和繁县。这一年,魏帝齐王曹芳被废,高贵乡公曹髦即位。

十八年春,卫将军维复议出征,征西大将军张翼廷争^①,以小国不宜黩武^②,维不听。夏,率车骑将军夏侯霸及翼出狄道,大破魏雍州刺史王经于洮西^③,经众死数万。经退保狄道城。翼曰:"可矣,不宜进。或毁此成功,为蛇画足^④。"维必进。魏征西将军陈泰救狄道,维退驻锺题^⑤。

【注释】

①张翼(?—264):字伯恭,犍为郡武阳(今四川眉山彭山区)人。参看本书卷四《南中志》注。廷争:在朝廷上向皇帝极力谏诤,据理力争。

②黩(dú)武:滥用武力,好战。

③王经(?—260):字彦纬,冀州清河(治今山东临清)人。与许允俱为冀州名士。初为江夏郡守,后历任雍州刺史、司隶校尉,甘露年间为尚书。景元元年(260),因与高贵乡公曹髦等谋诛司马昭,为司马氏所诛。事见《三国志·魏书》。

④为蛇画足:比喻做事节外生枝,不但无益,反而坏事。典出《战国策·齐策二》:"楚有祠者,赐其舍人卮酒。舍人相谓曰:'数人饮之不足,一人饮之有余。请画地为蛇,先成者饮酒。'一人蛇先成,引酒且饮之,乃左手持卮,右手画蛇,曰:'吾能为之足。'未成,一人之蛇成,夺其卮曰:'蛇固无足,子安能为之足!'遂饮其酒。"

⑤锺题:县名。在今甘肃临洮西南。

【译文】

延熙十八年春天,卫将军姜维又提议出征,征西大将军张翼在朝廷上极力谏诤,认为弱小国家不应该穷兵黩武,姜维没有听从。夏天,姜维率领车骑将军夏侯霸和张翼出兵狄道,在洮西大败魏国雍州刺史王经,王经的人死了数万。王经退守狄道城。张翼说:"可以了,不应再进攻了。如果再进攻,可能就葬送了这次成功,那将是画蛇添足。"姜维坚持进攻。魏国征西将军陈泰援救狄道城,姜维退兵驻扎在锺题县。

十九年，魏甘露元年也①。春，进卫将军姜维为大将军。秋八月，维复出天水，至上邽②。镇西大将军胡济失期不至③，大为魏将邓艾所破，死者众。士庶由是怨维，而陇以西亦无宁岁④。冬，维还，谢过引负⑤，求自贬削⑥，于是以维为后将军，行大将军事。立子瓒为新平王⑦。大赦。

【注释】

①甘露：三国魏高贵乡公曹髦年号（256—260）。共五年。

②上邽：县名。战国秦改邽县置，属陇西郡。治所即今甘肃天水。东汉属汉阳郡。西晋为天水郡治。

③胡济：字伟度，义阳（今河南信阳北）人。见本卷前文注。失期：超过了限定的日期，误期。

④宁岁：安宁的日子。

⑤谢过：承认错误，表示歉意。引负：负荆请罪。

⑥贬削：指古代对官吏的职务、称号等降级或削除。

⑦瓒：刘瓒，刘禅之子。被封为新平王。

【译文】

延熙十九年，即魏国甘露元年。春天，晋升卫将军姜维为大将军。秋天八月，姜维再次出兵天水，到达上邽。镇西大将军胡济过期不到，姜维被魏国大将邓艾打得大败，伤亡的人很多。士兵因此怨恨姜维，而陇山以西的地方也没有安宁的日子。冬天，姜维还师，承认错误，负荆请罪，请求自贬官爵，于是后主任命姜维为后将军，暂时代理大将军事务。后主立儿子刘瓒为新平王。大赦天下。

二十年，春，大赦。魏征东大将军诸葛诞以淮南叛①，连吴，魏分关中兵东下。后将军姜维复从骆谷出长城②，军芒水③,与魏大将司马望、邓艾相持④。

【注释】

①诸葛诞(? —258):字公休,琅邪阳都(今山东沂南)人。诸葛丰后。初以尚书郎为荥阳令。魏明帝时,累迁御史中丞尚书,以浮华免官。与夏侯玄等友善,为"八达"之一。后起为征东大将军、都督扬州,预讨王凌、毌丘俭。见司马氏专权,夏侯玄等被杀,心不安。高贵乡公甘露二年(257),征为司空,不去任职,据寿春反魏,称臣于吴,为司马昭击败,被杀,夷三族。《三国志·魏书》有传。

②骆谷:在今陕西周至西南。谷长四百余里,为关中与汉中之间的交通要道。长城:在今陕西周至西南。

③芒水:水名。即今陕西周至南渭河支流之黑水。

④司马望(205—271):字子初,河内温县(今河南温县)人。司马孚之子。初仕魏为郡上计吏,历平阳太守、洛阳典农中郎将。从司马懿讨王凌,以功封永安亭侯。出为征西将军,都督雍凉二州军事,抵御蜀将姜维,累迁司徒。入晋,封义阳王,拜太尉。屡率师御吴。官至大司马。《晋书》有传。

【译文】

延熙二十年春天,大赦天下。魏国征东大将军诸葛诞在淮南叛变,联合吴国,魏国分关中兵向东进攻。后将军姜维又从骆谷出兵长城,驻军于芒水,和魏国大将司马望、邓艾对峙。

景耀元年①,维以诞破,退还成都,复拜大将军。史官言景星见②,大赦,改元。宦人黄皓与尚书令陈祇相表里③,始豫政④,皓自黄门丞至今年为奉车都尉、中常侍⑤。姜维虽班在衹右，权任不如^⑥，蜀人无不追思董允者。时兵车久驾，百姓疲弊，太中大夫谯周著《仇国论》^⑦，言"可为文王，难为汉祖"^⑧，人莫察焉。征北大将军宗预自永安征拜镇军将军，领兖州刺史；以襄阳罗宪为领军，督永安事。吴大臣废其主亮，立孙休^⑨，来告难^⑩，如同盟也。大将军维议，以为汉中错守诸围^⑪，适可御敌，不获大利，不若退据汉、乐二城，积谷坚壁^⑫，听敌入平，且重关镇守以御之。敌攻关不克，野无散谷，千里悬粮，自然疲退，此殄敌之术也^⑬。于是督汉中胡济却守汉寿，监军王含守乐城^⑭，护军蒋斌守汉城^⑮。又于西安、建威、武卫、石门、武城、建昌、临远皆立围守^⑯。

【注释】

①景耀元年：258年。景耀，三国蜀汉后主年号（258—263）。共六年。

②景星：星名。大星，德星，瑞星。相传常出于有道之国。《史记·天官书》："天精而见景星。景星者，德星也，其状无常，常出于有道之国。"蜀汉于此年改元"景耀"，即因史官说天空出现景星。

③相表里：即"互为表里"，谓内外互相配合，共为一体。此处用为贬义，意谓内外勾结。

④豫政：参与国家大事。此处用为贬义，意谓干预朝政。

⑤中常侍：官名。秦和西汉时为加官，有此加官，就能出入禁中。东汉时由宦者担任，掌侍从左右。三国曹魏黄初年间，与散骑合并，称散骑常侍，改用士人。吴称散骑中常侍，简称中常侍，也用士人。蜀仍用宦者，为近侍之职，干预朝政。

⑥权任：权力职责。

⑦《仇国论》：全文见《三国志·蜀书·谯周传》。《资治通鉴》卷七

十七:"是时,维数出兵,蜀人愁苦。中散大夫谯周作《仇国论》以讽之曰……"

⑧可为文王,难为汉祖:意谓蜀汉应该效法周文王息兵养民,而不能像汉高祖刘邦那样用兵不息。

⑨孙休(235—264):字子烈,孙权第六子。三国吴皇帝。初封琅邪王。孙亮被废后,权臣孙綝立其为皇帝,改元永安。后因孙綝专横,与张布等杀孙綝。诏令广开农田,轻赋税。好读书,亦喜射猎。较有政绩。卒后谥景帝。《三国志·吴书》有传。

⑩告难:犹告急,告知消息。

⑪错守:轮番守卫。

⑫积谷:储存谷物。坚壁:加固壁垒,并隐藏物资,不使落到敌人手里。

⑬殄(tiǎn)敌:消灭敌人。

⑭王含:蜀汉后期人物。魏将钟会进攻汉中,王含时任蜀监军,被魏将李辅围困于乐城。

⑮蒋斌(?—263):零陵湘乡(今湖南湘乡市)人。蒋琬之子。官至绥武将军、汉城护军。刘禅景耀末,魏军数道攻蜀,蒋斌守汉城。后降钟会,随至成都,为乱兵所杀。

⑯建威:在今甘肃成县西北。东汉末所置戍守处。《三国志·蜀书·诸葛亮传》:建兴七年(229),"亮遣陈式攻武都、阴平,……自出至建威,(郭)淮退还,遂平二郡"。武卫、石门:大致在今甘肃甘南藏族自治州一带(刘琳)。武城:在今甘肃武山县西南(刘琳)。西安、建昌、临远:三地不详。

【译文】

景耀元年,姜维因诸葛诞被打败,退兵还师成都,又被封为大将军。史官说景星出现在天上,后主大赦天下,改年号为景耀。宦官黄皓与尚书令陈祗内外勾结,开始干预朝政,这一年,黄皓从黄门丞被封为奉车都尉、中常侍。姜维虽然职位在陈祗之上,但权力职责不如陈祗,蜀人没有不想念董允的。当时连年出兵征战,百姓疲惫不堪,太中大夫谯周撰写《仇国论》,说"蜀汉可以效法周文王息兵养民,而不能像汉高祖刘邦那样用兵不止",但当时人没有察觉。征北大将军宗预自永安出征,被封为镇军将军,代理兖州刺史;任命襄阳人罗宪为领军,督管永安事务。吴国大臣废除其国君孙亮,改立孙休,派人来告知消息,一如对待同盟国的礼仪。大将军姜维提议,认为汉中轮番守卫各个营垒,只可以抵御敌人,不能获取更大利益,不如退兵据守汉城与乐城二城,囤积粮食,坚固城墙,听凭敌人进入平地,而在各个重要关口镇守以抵御敌人。如果敌人攻打关隘不能成功,而旷野又无散谷,千里之外转运粮谷,自然疲惫退兵,这是消灭敌人的战术。于是督令原先驻守汉中的胡济退守汉寿,监军王含退守乐城,护军蒋斌退守汉城。又在西安、建威、武卫、石门、武城、建昌、临远等地都修建防御设施,加以防守。

二年,夏六月,立子谌为北地王①,恂为新兴王②,虔为上党王③。以征西张翼为左车骑将军④,领冀州刺史;广武督廖化为右车骑将军,领并州刺史。时南郡阎宇为右大将军⑤。秋八月丙子,镇军将军陈祗卒,谥曰忠侯。祗在朝,上希主指,下接阉宦,后主甚善焉。以仆射南乡侯董厥为尚书令⑥。

【注释】

①子谌:刘禅之子刘谌(? —263)。被封为北地王。北地:郡名。战国秦置,治所在义渠县(今甘肃庆阳西南)。西汉移治马领县(今甘肃庆阳西北)。东汉移治富平县(今宁夏吴忠西南)。三国魏移治今陕西铜川耀州区东,北魏移治今陕西富平东北。西魏改为通川郡。

②恂:刘恂,刘禅之子。被封为新兴王。新兴:郡名。东汉建安二十

年（215）置，治所在九原县（今山西忻州）。西晋元康中改晋昌郡，后复改新兴郡。北魏永安中改永安郡，移治定襄县（今山西定襄）。

③虔：刘虔，刘禅之子。被封为上党王。上党：郡名。战国韩、赵各置郡，因上党地区而得名。地入秦后，合为一郡，治所在壶关县（今山西长治北）。西汉移治长子县（今山西长子西南）。东汉末移治壶关县。按：刘禅立子谌为北地王，恂为新兴王、虔为上党王，均属遥封、虚封。

④左车骑将军：官名。东汉末征战频繁，置二车骑将军，分左右，掌帅兵征伐。

⑤阎宇：字文平，南郡（治今湖北江陵）人。蜀汉将领。参看本书卷四《南中志》注。

⑥董厥：字龚袭，义阳（治今湖北枣阳）人。初为诸葛亮丞相府令史，后历官尚书仆射、尚书令、大将军等，封南乡侯。蜀亡，任晋相国参军、散骑常侍等。

【译文】

景耀二年，夏天六月，后主立儿子刘谌为北地王，刘恂为新兴王，刘虔为上党王。任命征西张翼为左车骑将军，代理冀州刺史；任命广武都督廖化为右车骑将军，代理并州刺史。当时又任命南郡人阎宇为右大将军。秋天八月丙子，镇军将军陈祗去世，谥号为忠侯。陈祗在朝时，在上迎合国君的旨意，在下接近宦官，后主非常喜欢他。后主任命仆射、南乡侯董厥为尚书令。

三年，魏景初元年也①。秋九月，追谥故前将军关羽曰壮缪侯，车骑将军张飞曰桓侯，骠骑将军马超曰威侯，军师庞统曰靖侯，后将军黄忠曰刚侯。是岁，魏帝高贵乡公卒，常道乡公即帝位②。

【注释】

①景初:三国魏明帝年号(237—239)。共三年。按:《华阳国志》本
　处所说有误。景耀三年,实为景元元年。

②常道乡公:曹奂(246—302),字景明,沛国谯(今安徽亳州)人。
　三国魏皇帝。曹操之孙,曹宇之子。初封安次县常道乡公。高
　贵乡公曹髦卒,公卿迎立为帝。在位期间,政事决于司马昭。咸
　熙二年(265),司马炎代魏称帝,曹奂被废为陈留王。在位六年。
　卒后谥元皇帝。《三国志·魏书》有传。

【译文】

　景耀三年,即魏国景初(景元)元年。秋天九月,追谥已故前将军关
羽为壮缪侯,车骑将军张飞为桓侯,骠骑将军马超为威侯,军师庞统为靖
侯,后将军黄忠为刚侯。这一年,魏帝高贵乡公曹髦去世,常道乡公曹奂
即位为帝。

　四年春三月,追谥故镇军将军赵云曰顺平侯。冬十月,
大赦。拜丞相亮子武乡侯瞻中都护、卫将军①;迁董厥辅国
大将军,与瞻辅政;以侍中义阳樊建守尚书令②。自瞻、厥用
事③,黄皓秉权,无能正矫者,惟建特不与皓和好往来。而秘
书令河南郤正与皓比屋周旋④,皓从微至著,既不憎正,又不
爱之,官不过六百石,常免于忧患⑤。

【注释】

①瞻:诸葛瞻(227—263),字思远,琅邪阳都(今山东沂南县)人。
　诸葛亮之子。夙慧,尚公主。初拜骑都尉,历官羽林中郎将、侍

中、尚书仆射、平尚书事等职。景耀六年（263），率军迎击魏将邓艾于绵竹，兵败被杀。《三国志·蜀书》有传。

②樊建：字长元，义阳（今河南新野）人。蜀汉后主时，官至侍中、守尚书令，封列侯。任职期间，对姜维兴师疲众、宦官黄皓专权无能为力。蜀亡后，任晋相国参军，兼散骑常侍，历给事中。

③用事：执政，当权。

④秘书令：官名。东汉献帝建安十八年（213）曹操为魏王时置，典尚书奏事，兼掌图书秘记，为亲近机要之职。魏文帝黄初（220—226）初罢，改设秘书监，掌艺文图籍，另置中书令典尚书奏事。三国蜀亦置，秩六百石，管理图书，参预起草诏令文书。郤正（？—278）：字令先，偃师（今河南偃师）人。少好学，广读古籍。弱冠即善写文章，为蜀汉朝廷征为秘书吏，官至秘书令。景耀六年（263），曹魏攻伐蜀汉，后主刘禅投降，郤正为之撰写投降书。后随刘禅前往洛阳，受封关内侯。又得到晋武帝司马炎赏识，任巴西郡太守。比屋：所居屋舍相邻。周旋：应酬，交际。《三国志·蜀书》有传。

⑤忧患：困苦患难。

【译文】

景耀四年春天三月，追谥已故镇军将军赵云为顺平侯。冬天十月，大赦天下。拜丞相诸葛亮的儿子武乡侯诸葛瞻为中都护、卫将军；升迁董厥为辅国大将军，与诸葛瞻共同辅佐朝政；任命侍中、义阳人樊建为尚书令。自从诸葛瞻、董厥执掌政事，黄皓把持权力，没有人能够予以矫正，只有樊建单单不和黄皓友好往来。秘书令、河南人郤正与黄皓比邻而居，互相往来，但黄皓从卑微到显赫，既不憎恨郤正，也不喜欢郤正，郤正的官俸不超过六百石，常常可以免于忧患。

五年春正月，西河王琮卒。大将军维恶皓之恣擅①，启后主欲杀之。后主曰："皓,趋走小臣耳^②。往者董允切齿,吾常恨之,君何足介意!"维本羁旅自托^③,而功效无称^④,见皓枝附叶连^⑤,惧于失言,逊辞而出^⑥。后主敕皓诣维陈谢,维说皓求沓中种麦^⑦,以避内逼^⑧。皓承白后主。秋,维出侯和^⑨,为魏将邓艾所破,还驻沓中。皓协比阎宇^⑩,欲废维树宇,故维惧,不敢还。

【注释】

①恣擅:放肆专擅,嚣张专权。

②趋走:谓奔走服役。

③羁旅自托:意谓通过率军在外征战,以建立功业,从而使自己有所依托。羁旅,寄居异乡。本处指率军在外征战。自托,自己有所依托。

④无称:无可称述或称赞。意谓没有建立值得称述的功业。按:所谓"维本羁旅自托,而功效无称",即《三国志•蜀书•姜维传》所说"维本羁旅托国,累年攻战,功绩不立"。

⑤枝附叶连:枝附于干,叶连于枝。比喻人们互相攀附,互相勾结。

⑥逊辞:言语恭谦,言辞谦逊。

⑦沓中:地名。在今甘肃迭部县境。其地东控陇蜀通道,为战略要地。

⑧内逼:朝廷的逼迫。此处指黄皓的逼迫。

⑨侯和:地名。在今甘肃临潭东南。

⑩协比:勾结,依附。阎宇:字文平,南郡(治今湖北江陵)人。蜀汉将领。参看本书卷四《南中志》注。

【译文】

景耀五年春天正月,西河王刘琮去世。大将军姜维痛恨黄皓放肆专权,启禀后主想杀掉黄皓。后主说:"黄皓不过是个奔走服役的小臣。以前董允对他咬牙切齿,我也常常痛恨他,阁下又何必介意呢!"姜维本来自以为可以通过率军在外征战,以建立功业,从而使自己有所依托,但并没有建立可以称述的功业,眼见黄皓上下关系错综复杂,担心自己失言获罪,于是言语谦恭地退出朝廷。后主敕令黄皓到姜维处谢罪,姜维向黄皓请求到沓中种植麦子,以避免被黄皓逼迫。黄皓将此转告后主。秋天,姜维出兵攻打侯和,被魏国大将邓艾打败,退兵驻扎在沓中。黄皓勾结阎宇,想废除姜维立阎宇,因此姜维感到恐惧,不敢回来。

六年春,魏相国晋文王命征西将军邓艾①、镇西将军锺会②、雍州刺史诸葛绪③、益州刺史师纂五道伐蜀④。大将军姜维表后主,求遣左、右车骑张翼、廖化督诸军分护阳安关口及阴平桥头⑤。黄皓信巫鬼,谓敌不来,启后主寝其事⑥,群臣不知。

【注释】

① 晋文王:司马昭(211—265),字子上,河内温县(今河南温县)人。司马懿之子,司马师同母弟。司马师死,继兄为大将军、都督中外诸军事、录尚书事,执掌曹魏国政。甘露五年(260),废杀曹髦,立曹奂为帝。景元四年(263),发兵灭蜀,封相国、晋公,加九锡。咸熙元年(264),进封晋王。翌年死。司马炎称帝,追尊为文皇帝,庙号太祖。《三国志·魏书》有传。

② 锺会(225—264):字士季,颍川长社(今河南长葛)人。锺繇之子。少聪慧。博学,有才艺。出身官宦世家。起家秘书郎,累迁黄门侍郎,封东武亭侯。为司马昭重要谋士。魏元帝景元中,任镇西将军、假节都督关中诸军事,与邓艾等攻蜀。后欲据蜀谋叛,兵败被杀。《三国志·魏书》有传。

③诸葛绪：琅邪阳都（今山东沂南）人。西晋官吏。门荫入仕曹魏，
　　历任泰山太守、太常卿、卫尉卿等官，封乐安亭侯。

④师纂（? —264）：三国时期曹魏将领，邓艾心腹部将。曾随邓艾
　　参与灭蜀战役。蜀亡，邓艾任其为益州刺史。后钟会之变，益州
　　大乱，师纂和邓艾一起被杀。

⑤阳安关：即今陕西宁强西北阳平关镇。为入蜀之咽喉。阴平桥：
　　在今甘肃文县南门外白水江上。

⑥寝其事：平息其事。寝，停止，平息。

【译文】

景耀六年春天，魏国相国、晋文王司马昭命征西将军邓艾、镇西将军
钟会、雍州刺史诸葛绪、益州刺史师纂分五路攻打蜀国。大将军姜维上
表后主，请求派遣左、右车骑将军张翼、廖化督管诸军，分别保护阳安关
口和阴平桥头。黄皓迷信巫祝，认为敌人不会前来，启禀后主不要理会
此事，群臣都不知道此事。

夏，艾将入沓中，会将向骆谷。蜀方闻之，遣张翼、董厥
为阳安关外助，廖化为维援继。大赦，改元炎兴①。比至阴
平，闻诸葛绪向建威②，故待月余。维为邓艾所摧，还阴平。

【注释】

①炎兴：三国蜀汉后主年号（263）。

②建威：建威城。在今甘肃成县西北。东汉末所置戍守处。

【译文】

夏天，邓艾率军进攻沓中，钟会率军进攻骆谷。蜀国这才听说此事，
派遣张翼、董厥为阳安关的外援，廖化为姜维的后继救援部队。同时大
赦天下，改年号为炎兴。等廖化到了阴平，听说诸葛绪进军建威，故而在
原地等待了一个多月。姜维被邓艾打败，退兵回到阴平。

　　锺会围乐城，遣别将攻关^①。守将蒋舒开门降^②，都督傅佥奋战而死^③。冬，会以乐城不下，径长驱而前。

【注释】

　　①别将：配合主力军作战的部队将领。关：即阳安关口，今阳平关。在今陕西宁强西北阳平关镇。

　　②蒋舒：蜀汉将领。阳安关守将，后出城投降魏军。

　　③傅佥（？—263）：南阳义阳（今河南信阳）人。初为左中郎，后拜关中都督。后主景耀末，魏军攻蜀，与蒋舒共守阳安关口，蒋舒开城出降，魏军乘虚袭城，傅佥格斗而死。

【译文】

　　锺会围攻乐城，派遣别将攻打阳平关。阳平关的守将蒋舒开门投降，都督傅佥奋力作战而死。冬天，锺会因为乐城久攻不下，听说已经拿下阳平关，径直由阳平关长驱直入，率军前行。

　　翼、厥之至汉寿也，维、化舍阴平还保剑阁拒会。会不能克，粮运悬远^①，议欲还。而邓艾由阴平景谷傍入。后主又遣都护诸葛瞻督诸军距艾，至涪，不进。尚书郎黄崇^②，权子也，劝瞻速行固险，无令敌得入坪，言至流涕。瞻不从。前锋已破，艾径至涪，瞻退保绵竹。艾书诱瞻曰："若降者，必表封琅邪王。"瞻怒，杀艾使。战于绵竹，瞻军败绩，瞻临阵死。崇及羽林督李球、尚书张遵皆必死没命^③。瞻长子尚叹曰^④："父子荷恩^⑤，不早斩黄皓，以致败国殄民，用生何为！"乃驱马赴魏军而死。

【注释】

①悬远：相距很远。

②黄崇（？—263）：巴西郡阆中（今四川阆中）人。黄权之子。为尚书郎，从诸葛瞻拒邓艾。力战而死。附见于《三国志·蜀书·黄崇传》。

③李球：建宁郡俞元（今云南澄江）人。李恢弟之子。任羽林右部督，随诸葛瞻拒邓艾，临阵受命，死于绵竹。张遵（？—263）：涿郡（治今河北涿州）人。张飞之孙，张苞之子。官至尚书。刘禅景耀末，邓艾伐蜀，随诸葛瞻拒守绵竹，战死。

④瞻长子尚：诸葛瞻之子诸葛尚（？—263），琅邪阳都（今山东沂南）人。刘禅景耀末，魏军攻蜀，与父守绵竹，力战而死。

⑤荷恩：蒙受恩惠。

【译文】

张翼、董厥到了汉寿，姜维、廖化放弃阴平，退师守护剑阁以抵御钟会。钟会不能攻克剑阁，又因粮食运输遥远，商议准备退兵。而邓艾由阴平关的景谷从斜道进入蜀国。后主又派遣都护诸葛瞻督管各路军马抵御邓艾，但诸葛瞻到了涪县，就不再前进。尚书郎黄崇，是黄权的儿子，力劝诸葛瞻快速行军、巩固险要，不要让敌人攻入平原，一直说到痛哭流涕。诸葛瞻没有听从。蜀军前锋已经被击破，邓艾径直到达涪县，诸葛瞻退兵保卫绵竹。邓艾写信诱降诸葛瞻说："如果阁下投降，我一定上表封你为琅邪王。"诸葛瞻大怒，杀了邓艾的使者。和邓艾在绵竹交战，诸葛瞻军队被打败，诸葛瞻临阵而亡。黄崇和羽林右部督李球、尚书张遵都誓死而战，尽皆战死。诸葛瞻的长子诸葛尚叹息道："我们父子蒙受皇上恩惠，可惜没有早早斩杀黄皓，以至于祸国殃民，活着又有什么用呢！"于是，诸葛尚驱马奔赴魏军阵营，力战而死。

百姓闻艾入坪，惊进山野①。后主会群臣议，欲南入七郡^②，或欲奔吴。光禄大夫谯周劝降魏^③，魏必裂土封后主^④。后主从之，遣侍中张绍、驸马都尉邓良赍玺绶奉笺诣艾降^⑤。北地王谌恚愤^⑥，杀妻子而后自杀。

【注释】

①惊迸：惊慌奔散。

②七郡：即庲降都督所辖的南中七郡——建宁、云南、兴古、永昌、牂柯、越巂、朱提。

③谯周劝降魏：谯周劝后主投降魏国的言论，见《三国志·蜀书·谯周传》。

④裂土：分封土地，分封诸侯。

⑤张绍：涿郡（治今河北涿州）人。张飞次子。官至侍中、尚书仆射。刘禅景耀末，魏军攻蜀，遣绍等奉印绶出降。入魏，封列侯。邓良：南阳新野（今河南新野）人。邓芝之子，袭邓芝侯爵。刘禅景耀中，为尚书左选郎、驸马都尉。入晋，为广汉太守。赍（jī）：携带，持。玺绶：古代印玺上所系的彩色丝制绶带。借指印玺。

⑥北地王谌：刘谌（？—263），刘禅之子。被封为北地王。恚（huì）愤：愤怒。

【译文】

百姓听说邓艾进入平原，惊慌奔散，逃往山野。后主召集群臣商议，准备向南进入南中七郡，有的打算投奔吴国。光禄大夫谯周劝后主投降魏国，认为魏国必定分割土地、分封后主。后主听从了谯周的建议，派遣侍中张绍、驸马都尉邓良携带印玺、手捧文书到邓艾处投降。北地王刘谌很愤怒，杀掉妻子儿女，然后自杀。

艾至成都，后主舆榇、面缚、衔璧迎之^①。艾亲释其缚，受其璧，焚其榇，承制拜骠骑将军^②，使止其宫。执黄皓，将杀之，受贿而赦之。诸围守皆奉后主敕令乃下。姜维未知后主降，谓且固城。素与执政者不平^③，欲使其知卫敌之难，而后逞志^④，乃回由巴西^⑤，出郪、五城^⑥。会被后主手令^⑦，乃投戈释甲^⑧，诣锺会降于涪。军士莫不奋激^⑨，以刃斫石。

【注释】

①舆榇（chèn）、面缚：谓车载空棺，双手反绑，表示投降并自请极刑。榇，棺材。面缚，双手反绑在背后而面向前。古代用以表示投降。衔璧：口含碧玉以示不生。古人用以表示投降请罪。《左传·僖公六年》："许男面缚衔璧，大夫衰绖，士舆榇。"

②承制：谓秉承皇帝的旨意行事。

③不平：不和，不睦。

④逞志：遂了心志，感到快意。

⑤巴西：郡名。东汉建安六年（201）刘璋改巴郡置，属益州。治所在阆中（今四川阆中）。三国蜀汉章武元年（221）改为巴郡，不久复为巴西郡。

⑥郪：县名。西汉置，属广汉郡。治所在今四川三台南九十里郪江镇。因郪江水为名。五城：县名。三国蜀汉置，属广汉郡。治所在今四川中江县东南。

⑦手令：亲手所下的告谕、指令等。

⑧投戈：放下武器。谓休战。释甲：脱下战衣。指罢兵。

⑨奋激：（情绪）激动。

【译文】

　　邓艾到了成都，后主用车载着棺材、双手反绑于背、嘴里含着璧玉迎接他。邓艾亲手解开后主的绳索，接受后主的璧玉，烧毁后主的棺材，秉承皇帝的旨意，封后主为骠骑将军，让他仍然居住在原先的宫殿。邓艾拘捕了黄皓,准备将他处死,但因接受了黄皓的贿赂而赦免了他。各个防御工事的守卫人员,都奉后主的诏令而撤出阵地。姜维不知道后主已经投降,以为还要加强城池的防御。姜维一向与执政者不和,想让他们知道抵御敌人的艰难,而后才能遂了心志,于是,姜维从巴西回师,出兵郪县、五城县。这时,姜维正好接到后主的手令,于是休战罢兵,赶到涪县向钟会投降。军队将士无不情绪激动,用刀砍击石头发泄。

明年春正月①,会构艾②,槛车见征③。会图异计④,奇维雄勇⑤,还其节盖本兵⑥,谓长史杜预曰⑦:"姜伯约比中州名士⑧,夏侯太初、诸葛公休不如也⑨。"邓艾亦谓蜀人曰:"姜维,雄儿也⑩!"会、维则出同车,坐同席。将至成都,自称益州牧以叛。恃维牙爪,欲遣维为前将军伐中国。维既失策⑪,又知会志广⑫,教会诛北诸将;诸将既死,徐欲杀会,尽坑魏兵,还复蜀祚。密书通后主曰:"愿陛下忍数日之辱,臣欲使社稷危而复安,日月幽而复明。"魏太后崩,会命诸将发丧,因欲诛之。诸将半入,而南安太守胡烈等知其谋⑬,烧成都东门以袭杀会及维、张翼、后主太子璿等⑭。军众抄掠⑮,数日乃定。

【注释】

①明年:即魏元帝咸熙元年(264)。

②构:诬陷,陷害。当时,钟会报告魏国朝廷,说邓艾造反。

③槛车:用栅栏封闭的车。用于囚禁犯人或装载猛兽。见征:被召回。《三国志·魏书·邓艾传》记载,邓艾行至绵竹西,被司马昭派人杀死。

④异计:不轨的图谋。本处指背叛魏国。

⑤雄勇:勇猛威武。

⑥节盖:古代持符节的大将所使用的车盖。本兵:本部军队。

⑦杜预(222—284):字元凯,京兆杜陵(今陕西西安)人。司马昭妹夫。初为魏尚书郎。贾充定律令,杜预为之注解。晋武帝立,为河南尹,迁度支尚书。在朝七年,损益万机,时号"杜武库"。晋武帝咸宁四年(278),拜镇南大将军,都督荆州诸军事,镇襄阳,作灭吴准备。次年请伐吴。太康初,遣将攻吴,累克城邑,招降南方州郡,功封当阳县侯。官至司隶校尉。功成之后,耽思经籍。博学多通,自谓有《左传》癖。著有《春秋左氏经传集解》《春秋长历》等。卒谥成。《晋书》有传。

⑧中州:古地区名。即中土、中原。狭义的中州指今河南一带,因其地在古九州之中得名。

⑨夏侯太初:夏侯玄(209—254):字太初,沛国谯(今安徽亳州)人。见本卷前文注。诸葛公休:诸葛诞(? —258):字公休,琅邪阳都(今山东沂南)人。见本卷前文注。

⑩雄儿:好男儿,好汉。

⑪失策:失算,策略上有错误。按:《华阳国志》说"维既失策",意指姜维因用兵不当,导致蜀汉灭亡。又,或理解为失势(汪启明、赵静),可参。

⑫志广:志向远大。按:本处说钟会"志广",意谓锺会有谋叛的意图。《三国志·蜀书·姜维传》裴松之注引《汉晋春秋》:"(锺)会阴怀异图,(姜)维见而知其心,谓可构成扰乱以图克复也。"

⑬胡烈(? —270):字玄武,安定临泾(今甘肃泾川北)人。胡奋之弟。魏末,为将领兵平蜀。锺会叛乱,与子胡世元杀锺会,迁秦州刺史。晋初,凉州羌戎叛乱,出兵平讨,被羌戎围杀。

⑭袭杀:乘人不备而杀害。

⑮抄掠:抢劫,掠夺。

【译文】

第二年春天正月，锺会诬陷邓艾，邓艾被关进囚车、押送京城。锺会图谋背叛魏国，惊奇于姜维的勇猛威武，归还他的符节车盖和本部军队，对长史杜预说："姜维和中原名士相比，夏侯玄、诸葛诞都比不上他。"邓艾也对蜀人说："姜维，是一条好汉！"锺会、姜维则出门同乘一辆车，同坐一张席。锺会快到成都之时，自称益州牧准备发动叛乱。锺会想依靠姜维为爪牙，打算派遣姜维为前将军，回师攻打中原。姜维知道既然计谋失误，又知道锺会志向远大，于是教唆锺会诛杀北边的各位将领；诸将被杀死之后，再慢慢图谋杀死锺会，将魏兵全部活埋杀死，恢复蜀国的血脉。姜维秘密写信禀告后主说："希望陛下再忍受几天的屈辱，下臣准备让社稷转危为安，让日月由暗而明。"魏太后驾崩，锺会命令各位将领发丧，想趁此诛杀他们。诸将有一半都进入了衙署，而南安太守胡烈等人知道了这个阴谋，烧毁成都城的东门并袭杀锺会和姜维、张翼、后主太子刘璿等人。军队在城中烧杀抢劫，几天后才平定下来。

三月，后主举家东迁洛阳。丁亥，封安乐县公，食邑万户，赐绢万匹，奴婢百人，他物称此。弟兄子孙为三都尉、侯者五十余人①。以谯周全国济民②，封城阳亭侯③。秘书令郤正舍妻子随侍后主，相导威仪④，封关内侯。于是尚书令樊建、殿中督张通、侍中张绍亦封侯⑤。刘氏凡得蜀五十年⑥，正称尊号四十三年⑦。

【注释】

①三都尉：指奉车都尉、骑都尉、驸马都尉。五十余人：《三国志·蜀书·后主传》："子孙为三都尉、封侯者五十余人。"

②全国：保全国家。济民：救助百姓。

③城阳亭侯:《三国志·蜀书·谯周传》作"阳城亭侯",《隋书·经籍志二》作"义阳亭侯"。

④相导:引导。威仪:古代祭享等典礼中的动作仪节及待人接物的礼仪。《三国志·蜀书·郤正传》:"后主赖(郤)正相导宜适,举动无阙,乃慨然叹息,恨知(郤)正之晚。"

⑤殿中督:官名。三国蜀置,为皇帝近臣,殿中武官。张通:汝南(治今河南平舆)人。蜀臣,后降魏,封为侯。

⑥刘氏凡得蜀五十年:建安十九年(214),刘备据蜀。炎兴元年(263),蜀汉亡。前后相计,刚好五十年。

⑦正称尊号四十三年:底本作"正称尊号四十二年",有误。章武元年(221)刘备称帝,至炎兴元年蜀汉亡,前后共计四十三年。尊号,古代尊崇皇帝的称号。

【译文】

　　三月,后主全家东迁至洛阳。丁亥,封为安乐县公,食邑万户,赐绢上万匹,奴婢上百人,以及与此相当的其他物品。弟兄子孙被封为三都尉、被封为侯的有五十多人。因为谯周保全国家、救助百姓,被封为城阳亭侯。秘书令郤正抛弃妻子儿女,跟随侍奉后主,又引导礼仪,被封为关内侯。于是尚书令樊建、殿中督张通、侍中张绍也被封为侯。刘氏共计得蜀五十年,正式称帝四十三年。

　　蜀郡太守王崇论后主曰①:"昔世祖内资神武之大才②,外拔四七之奇将③,犹勤而获济,然乃登天衢④,车不辍驾,坐不安席⑤。非渊明弘鉴⑥,则中兴之业何容易哉!后主庸常之君⑦,虽有一亮之经纬,内无胥附之谋⑧,外无爪牙之将,焉可包括天下也⑨!"又曰:"邓艾以疲兵二万溢出江油,姜维举十万之师案道南归,艾为成禽⑩;禽艾已讫,复还拒会,则蜀之存亡未可量也。乃回道之巴,远至五城,使艾轻进,径及成都。兵分家灭,已自招之。然以锺会之知略[11],称为子房[12],姜维陷之,莫至克捷[13]。筹筭相应[14],优劣惜哉!"愚以为维徒能谋一会[15],不虑穷兵十万,难为制御[16],美意播越矣[17]。

【注释】

①王崇:字幼远,广汉郡郪(今四川三台)人。王化之弟。性宽和,学业渊博。任蜀东观郎。举秀才,为尚书郎,官至上庸、蜀郡太守。著有《蜀书》及诗、赋数十篇。本书卷十一《后贤志》有传。

②世祖:汉光武帝刘秀。

③四七之奇将:指佐助光武帝刘秀建立东汉政权的"云台二十八将"(亦称"中兴二十八将"),为东汉开国功臣。汉明帝永平中,为追念开国功臣功绩,绘二十八将像于洛阳南宫云台,故称"云台二十八将"。以邓禹为首,次为马成、吴汉、王梁、贾复、陈俊、耿弇、杜茂、寇恂、傅俊、岑彭、坚镡、冯异、王霸、朱祐、任光、祭遵、李忠、景丹、万修、盖延、邳彤、铫期、刘植、耿纯、臧宫、马武、刘隆。见《后汉书·朱景王杜马刘傅坚马列传》的"论曰"。

④登天衢:指登上帝位。天衢,星名。《晋书·天文志上》:"房四星,为明堂,天子布政之宫也。……又为四表,中间为天衢,为天关,黄道之所经也。"

⑤坐不安席:形容焦急不安。

⑥渊明:深远明达。

⑦庸常:寻常,平庸。

⑧胥附:指亲附,或亲附的人,或泛指附庸。

⑨包括:囊括,统一。

⑩成禽:被擒,就擒。

⑪知略:智慧与谋略。

⑫称为子房:《三国志·魏书·锺会传》:"寿春之破,(锺)会谋居多,亲待日隆,时人谓之子房。"子房,张良(? —前186),字子房,相传为城父(今河南郏县东,一说今安徽亳州)人。祖与父相继为韩相。秦灭韩,良图复韩,募力士于博浪沙狙击秦始皇未中,遂更姓名。传说逃亡至下邳,遇黄石公,受《太公兵法》。秦二世元年(前209),聚众响应陈胜。后从刘邦,为主要谋士。高帝六年(前201),封留侯。晚好黄老,学辟谷之术。卒谥文成侯。《史记》《汉书》有传。

⑬克捷:克制,制胜。

⑭筹笇(suàn):古时刻有数字的竹筹。本处指谋划计算。笇,同"算"。

⑮愚以为:以下是常璩的评论。

⑯制御:控制,防备。

⑰美意播越:美好的愿望落空、破灭了。播越,落空,失败。

【译文】

蜀郡太守王崇评论后主说:"从前汉世祖刘秀内凭神明勇武的大才,外靠云台二十八奇将的辅佐,尚且通过勤勉而获得成功,然后才登上帝位,而且车马没有停息,坐卧也不能安于席垫。如果不是世祖英明弘鉴,中兴之业如何容易成就呢?后主刘禅是平庸的国君,虽然有一个诸葛亮为他治理国家,但内无亲附的谋臣,外无勇猛的武将,怎么能够一统天下呢!"又说:"邓艾率领疲惫的二万士兵出军江油,如果姜维统帅十万之师顺道南归、攻打邓艾,邓艾将会成为俘虏;在擒获邓艾之后,再回头抵御锺会,那么蜀国的存亡就不可估量了。但姜维却退兵回到巴县,又驱师远行到了五城县,使得邓艾轻易进军,直接到了成都。军队分裂,国家灭亡,是自己招致的。然而凭借锺会的智慧与谋略,他被人称为张良,却被姜维设计陷害,以至于不能掌控局势。同样的运筹帷幄,二人的高下与优劣立见分晓!"愚以为姜维只能谋算一个锺会,而没有考虑到魏国的十万穷兵难以控制,他的美好愿望最终破灭了。

　　撰曰:诸葛亮虽资英霸之能①,而主非中兴之器②,欲以区区之蜀,假已废之命③,北吞强魏,抗衡上国④,不亦难哉! 似宋襄求霸者乎⑤! 然亮政修民理⑥,威武外振。爰迄琬、祎,遵修弗革⑦,摄乎大国之间⑧,以弱为强,犹可自保。姜维才非亮匹,志继洪轨⑨,民嫌其劳,家国亦丧矣。

【注释】

①英霸:谓英雄豪杰。

②中兴:中途振兴,转衰为盛。

③已废之命:谓已被天命废弃的汉朝。

④抗衡:对抗,匹敌。上国:春秋时称中原各诸侯国为上国,与吴、楚诸国相对而言。这里指地处中原的魏国。

⑤宋襄:宋襄公,名兹甫,亦作兹父。宋桓公之子。春秋时宋国国君。前650—前637年在位。以庶兄目夷为相。齐桓公卒,企图成为霸主,与楚争霸。目夷多次谏阻,不听。襄公十三年(前638),亲自率军伐郑,楚伐宋而救郑,乃与楚成王战于泓水(今河南柘城西北)之上,宋师大败,伤股。次年伤重而卒,谥襄。

⑥政修:修明政教。民理:治理百姓。

⑦遵修弗革:意谓遵循诸葛亮的成规而不加革新。意即守成。

⑧摄乎大国之间:典出《论语·先进》:"千乘之国,摄乎大国之间。"摄,夹,箝。

⑨洪轨:宏大的规划,即诸葛亮兴复汉室的理想与计划。

【译文】

撰述者说：诸葛亮虽然有英雄豪杰的才能，然而后主却不是中兴汉室的人才，想以区区一个蜀国，凭借已经废弃的天命，北面吞并强大的魏国，与大国相对抗，这不是很难的吗！这很像当年宋襄公图谋霸业啊！然而诸葛亮修明政教、治理百姓，威武之名外传远扬。等到了蒋琬、费祎，遵循诸葛亮的成规而不加革新，蜀国被夹在大国之间，以弱为强，还可以自保。姜维的才能不能和诸葛亮相比，然而志向远大，力图兴复汉室，百姓对其劳师征战不满意，家国也因此灭亡了。

中华经典名著全本全注全译丛书

彭　华◎译注

华阳国志 下

中華書局

卷八　大同志

【题解】

本卷所说的"大同"，指的是国家统一，特指西晋王朝国家统一。因为相对于此前的三国、此后的东晋十六国而言，这时的中国尚属统一时期。

"大同者，纪汉、晋平蜀之后事也"（《四库全书总目提要》卷六十六）。本卷从"蜀破之明年"的咸熙元年（264）写起，一直写到梁州、益州、宁州"三州没为（李）雄矣"的建兴元年（313）。前后相加，刚好五十年（264—313）。在这五十年中，巴蜀之地的形势发生了较大变化，而危机也随即潜伏其中。具体来说，即由蜀汉时期的紧凑与统一，逐渐走向西晋时期的松散与涣散，最终酿成东晋十六国时期的流民入蜀与生灵涂炭。

这五十年中的巴蜀之地，可谓头绪纷繁而无主线，亦无中心人物可以串联其间事件。大致而言，有三个重要人物影响了这一时期巴蜀之地的发展形势。即：前期的王濬，业绩是治蜀与平吴；后期的赵廞与罗尚：赵廞居心叵测而图谋割据，厚待流民首领李特兄弟以为爪牙，结果引狼入室而落得身首异处；而罗尚入蜀平叛却又举措失当，终究无法掌控大局以致分崩离析，只好委城而遁。

蜀汉灭亡之后，西晋王朝中央政府在巴蜀之地的安排与举措，可谓措置失宜而又连连出错。诚如常璩"撰曰"所说："自大同后，能言之士无不以西土张旷为忧,求王皇宗,树贤建德。于时莫察,视险若夷,缺垣不防,任非其器,启戎长寇,遂覆三州。"

古者国无大小,必有记事之史①,表成著败②,以明惩劝③。稽之前式④,州部宜然。自刘氏祚替而金德当阳⑤,天下文明不及曩世⑥,逮以多故⑦。族祖武平府君、汉嘉杜府君并作《蜀后志》⑧,书其大同⑨,及其丧乱。然逮在李氏⑩,未相条贯,又其始末,有不详。第璩往在蜀⑪,栉沐艰难⑫,备谙诸事⑬,故更叙次,显挺年号⑭。上以彰明德,下以志违乱⑮,庶几万分有益国史之广识焉⑯。

【注释】

①记事之史:指记史事的史官。周代史官有左史、右史之分,分别记言、记事。记事,此指记录君主行为,军国大事。《汉书·艺文志》:"左史记言,右史记事,事为《春秋》,言为《尚书》。"

②表成著败:表著成败,即对成败进行记录。

③惩劝:奖惩,赏罚。

④前式:从前的法度和规范。

⑤祚(zuò):帝祚,即帝位、国运。替:废弃。金德:五德之一。谓以金而德王。古代阴阳学家以五行相生相克和终而复始的循环变化,说明王朝兴替的原因,称为"五德终始"说。依五行相生之序,汉为火德,火生土,故魏为土德;土生金,故晋为金德。《魏书·礼志一》:"晋承魏,土生金,故晋为金德。"当阳:古称天子南面向阳而治,亦指帝王登位。

⑥曩(nǎng)世:前代。

⑦多故:多变乱,多患难。

⑧族祖：即族祖父。武平府君：指常宽，字泰恭，蜀郡江原（今四川崇州）人。常璩族祖父。举秀才，为侍御史，除繁令，官至武平太守，有政绩。撰《蜀后志》及《后贤传》，又续陈寿《益部耆旧传》作《梁益篇》。本书卷十一《后贤志》有传。汉嘉杜府君：指杜龚，字敬修，蜀郡（治今四川成都）人。西晋末任汉嘉太守。参看本书卷十一《后贤志》。《蜀后志》：记载蜀汉灭亡后至李特时蜀中史事的图书。已佚。

⑨大同：指国家统一。本处特指西晋王朝国家统一时期。此即李𡐛《重刊华阳国志序》所说"晋太康之混一"。

⑩逮：到。李氏：指成汉。国名。十六国之一。巴氏族人李雄创建。西晋永宁元年（301），入蜀流民因拒晋强迫返乡，推李雄父李特为镇北大将军，攻据广汉（今属四川），建元建初。永兴元年（304），李雄攻占成都，自称成都王，改元建兴。建兴三年（306），李雄称帝，改元晏平，国号"大成"，建都成都（今属四川）。后李特侄李寿自立，改元汉兴，改国号为"汉"，史称"成汉"。统治区域为今四川东部、重庆和云南、贵州一部分。传位至李势时国衰。嘉宁二年（347），亡于东晋。历五主，凡四十四年（304—347）。

⑪第：但，只是。

⑫栉（zhì）沐："栉风沐雨"的缩写，风梳发，雨洗头。形容饱经风雨，奔波劳苦。语出《庄子·天下》："昔禹之湮洪水，……沐甚雨，栉疾风。"

⑬谙：熟悉。

⑭显挺年号：清楚明白地标明晋之年号。

⑮志：记载，记录。违乱：不遵守礼法，即违法乱纪。

⑯庶几：或许，也许。表示希望或推测。万分：万分之一。谓极少。

【译文】

古代的时候，国家无论大还是小，一定设有记载史事的史官，对成败进行记录,以便使人明白奖惩的缘由。考察从前的法度和规范,地方的州郡也是这样。自从刘氏的国运被晋朝取代,晋朝奉行的是金德,天下的文明却比不上前代,大概是遇上天下多变乱与患难。本族祖武平太守常宽、汉嘉太守杜龚,都作有《蜀后志》,书写这段大同时期的情况,以及丧乱的历史。但是在写到李特政权的时候,前后不能条理贯通,而且在记载事件的始末时,有的地方又不够详细。我以前居住在蜀地,经历过艰难与困苦,非常熟悉这段时间的历史,因此重新按照先后次序,清楚地标明晋代的年号。这样上可以彰显光明的德政,下可以记录违法乱纪之行,希望这样能够在丰富国史的记载方面能尽万分之一的力量。

魏咸熙元年,蜀破之明年也。以东郡袁邵为益州刺史[1],陇西太守安平牵弘为蜀郡[2],金城太守天水杨欣为犍为太守[3]。后主既东迁,内移蜀大臣宗预、廖化及诸葛显等并三万家于东及关中[4],复二十年田租[5]。董厥、樊建并为相国参军。冬,分州,置梁州[6]。遣厥、建兼散骑常侍,使蜀慰劳。

【注释】

①袁邵:东郡(治今河南濮阳)人。曹魏、西晋时任益州刺史,官至卫尉。

②牵弘(?—271):安平观津(今河北武邑)人。牵招之子。为人猛毅,有其父之风。任陇西太守。从邓艾伐蜀有功。魏元帝咸熙中,迁振威护军。入晋,为扬州刺史、凉州刺史,以果烈死于边事。《三国志·魏书》有传。蜀郡:依上文"益州刺史"、下文"犍为太守"例,此处当脱"太守"二字。

③杨欣(?—278):天水(治今陕西通渭西北)人。曹魏时,为天水太守,曾随邓艾与姜维多次大战,并参与灭蜀之战。入晋后,为凉

州刺史。咸宁四年（278），为鲜卑部帅若罗拔能所杀。

④诸葛显：琅邪阳都（今山东沂南）人。诸葛亮兄诸葛瑾之重孙，随其父诸葛攀在蜀。蜀国灭亡后，于咸熙元年（264）迁移到河东定居。

⑤复：免除（赋税、徭役等）。

⑥梁州：三国魏景元四年（263）分益州置，治所在沔阳（今陕西勉县东旧州铺）。西晋太康三年（282）移治南郑（今陕西汉中市东）。治所屡有迁徙，先后治西城（今安康西北）、苞中（今汉中市西北大钟寺）、城固（今城固东）等县。南朝宋元嘉十一年（434）还治南郑县。按：《三国志·魏书》、《资治通鉴》卷七十八谓分益州置梁州，在景元四年（263）十二月。本书卷八《大同志》谓分益州置梁州，在咸熙元年（264）。

【译文】

魏国咸熙元年，即蜀国破亡的第二年。朝廷任命东郡人袁邵为益州刺史，陇西太守、安平人牵弘为蜀郡太守，金城太守、天水人杨欣为犍为太守。后主已经东迁洛阳，同时内移的还有原蜀国大臣宗预、廖化以及诸葛显等官员，共有三万户人家迁徙到河东和关中地区，朝廷免除他们二十年的田租。董厥、樊建一起担任了相国参军。冬天，朝廷分割益州，设置梁州。派遣董厥、樊建兼任散骑常侍，出使蜀地慰问犒劳百姓。

　　晋泰始元年春①，刺史袁邵以治城将被征②。故蜀侍郎蜀郡常忌③，诣相国府陈邵抚恤有方，远国初附，当以渐导化，不宜改易州将，失遐外心④。相国听留，辟忌为舍人⑤。冬十二月⑥，晋武帝践祚⑦。

【注释】

①泰始元年：265年。泰始，晋武帝司马炎年号（265—274）。

②以治城将被征：因未按晋朝的规定修治城池，而将被征调。征，征调。

③常忌：字茂通，蜀郡江原（今四川崇州）人。常勖从弟。曾任河内县令。

④遐外：边远地区，蛮荒之地。

⑤舍人：官名。本官内人之意，后世以为亲近左右之官。秦汉有太子舍人，为太子属官；魏晋以后有中书通事舍人，掌传宣诏命、文檄之事。

⑥冬十二月：底本作"冬十月"。据《晋书·武帝纪》及《通鉴》，司马炎称帝当在晋泰始元年冬十二月。

⑦践祚：即位，登基。

【译文】

晋朝泰始元年春天，益州刺史袁邵因未按晋朝的规定修治城池，即将被征调。前蜀国侍郎、蜀郡人常忌，到相国府陈说袁邵安抚地方得法，而今远方的国家刚刚归附，应当逐渐进行引导和教化，不应该轻易地改换州郡的长官，从而失去边远地区的人心。相国听从了常忌的建议，留下袁邵，又征召常忌为舍人。冬天十二月，晋武帝司马炎登基。

　　二年春，武帝弘纳梁、益①，引援方彦②，用故黄金督蜀郡柳隐为西河③，巴郡文立为济阴太守④，常忌河内县令⑤。

【注释】

①弘纳：大力接纳。

②引援：举用提拔。方彦：地方的优秀人才。

③黄金：谷名，即今陕西阳县东金水河河谷。柳隐（189—268）：字休然，蜀郡成都（今四川成都）人。数从蜀大将姜维征伐，临事设计，当敌陷阵，勇略冠军。入晋，拜西河太守。以年老去官。卒于家。本书卷十一《后贤志》有传。西河：郡名。西汉元朔四年

（前125）置，治所在平定县（今内蒙古伊金霍洛旗东南境）。其下当脱"太守"二字。

④文立（？—279）：字广休，巴郡临江（今重庆忠县）人。参看本书卷一《巴志》注。济阴：郡名。西汉建元二年（前139）改济阴国置，治所在定陶县（今山东定陶西北）。东汉属兖州。北魏属西兖州，后移治左城（今山东曹县西北）。

⑤河内县令：其上当脱"为"字。按：河内县，隋开皇十六年（596）改野王县置，治所即今河南沁阳。隋时为怀州治，大业初为河内郡治。

【译文】

泰始二年春天，晋武帝大力接纳梁州、益州人士，举用提拔两地的优秀人才，比如任用前蜀黄金谷都督、蜀郡人柳隐为西河太守，巴郡人文立为济阴太守，常忌为河内县令。

四年，故中军士王富有罪逃匿①，密结亡命刑徒，得数百人，自称诸葛都护②，起临邛，转侵江原。江原方略吏李高、间术缚富送州③，刺史童策斩之④。初，诸葛瞻与邓艾战于绵竹也，时身死失丧⑤，或言生走深逃⑥。瞻亲兵言富貌似瞻，故富假之也⑦。

【注释】

①王富：生平不详，事仅见此。逃匿：逃跑藏匿。

②诸葛都护：因诸葛瞻曾任中都护，王富貌似诸葛瞻，故"自称诸葛都护"。都护，官名。即中都护。三国蜀置，统内外军事，为军事长官。李严、诸葛瞻曾任此职。本书卷七《刘后主志》："（景耀四年）冬十月，大赦。拜丞相亮子武乡侯瞻中都护、卫将军。"

③方略吏：官名。汉朝设立，为州县佐吏，掌参与谋划，任位特殊。
　　李高、间术：生平不详，事仅见此。
④童策：生平不详。他书或有作"董荣"者，或许是同一人。《三国
　　志·蜀书·谯周传》裴松之注引《益部耆旧传》："益州刺史董荣
　　图画周像于州学。"
⑤身死失丧：即死而未见其尸。
⑥生走：活着逃跑。
⑦假：冒充。

【译文】

　　泰始四年，前中军士王富因犯罪而逃跑藏匿，暗中勾结亡命天涯的
刑徒，聚集了数百人，王富自称诸葛都护，从临邛起兵，转而侵扰江原。
江原的方略吏李高、间术抓获了王富，并将他捆送至州府，益州刺史童策
斩杀了他。起初，诸葛瞻与邓艾在绵竹交战，当时就牺牲了，但未见其
尸，有人说诸葛瞻活着逃跑了，藏得很深。诸葛瞻的亲兵说王富的相貌
有点像诸葛瞻，所以王富就冒充诸葛瞻。

　　五年，散骑常侍文立表复假故蜀大臣名勋后五百家不
预厮剧①，皆依故官号为降②。

【注释】

①复：免除（赋税、徭役等）。假：授予，准予。名勋：名士。厮剧：犹
　　厮役，指卑贱、繁重的杂事劳役等。按：文立上表之文字，参看本
　　书卷十一《后贤志》。
②依故官号为降：即按照原先官号的不同，给予高低不同的优待。
　　降，依次递降。

【译文】

　　泰始五年，散骑常侍文立上表朝廷，请求免除前蜀国大臣、名士的后

人五百家的赋税,准予他们不服杂事劳役。朝廷都按照他们原先官号的不同,给予高低不同的优待。

六年^①,分益州南中建宁、云南、永昌、兴古四郡为宁州。

【注释】

①六年:据《晋书·武帝纪》《资治通鉴》卷七十九等书记载,西晋泰始七年(271)分益州置宁州,与《华阳国志》此处的记载不同。

【译文】

泰始六年,分割益州南中的建宁、云南、永昌、兴古四郡,合并为宁州。

七年,汶山守兵吕匡等杀其督将以叛^①,族灭之^②。初,蜀以汶山西五郡北逼阴平、武都,故于险要置守,自汶山、龙鹤、冉駹、白马、匡用五围^③,皆置修屯牙门^④。晋初以御夷徼^⑤,因仍其守。

【注释】

①吕臣:生平不详。

②族灭:谓一人犯罪,整个家族、亲属被诛灭。

③汶山:或以为当作"汶江"(刘琳)。汶江,县名。西汉元鼎六年(前111)置,为汶山郡治。治所在今四川茂县北三里。龙鹤:古又称"龙涸""龙鹄""龙格"。围子名,三国蜀汉置,属汶山郡。在今四川松潘。冉駹:当即冉駹聚居之地的汶山县。白马:当即白马羌聚居之地的白马县。白马县,县名。三国蜀汉置,属汶山郡。治所在今四川松潘西北。因白马岭为名。匡用:字当有误。具体地点不详。

④修屯牙门：刘琳认为，修屯即修置军屯之意，牙门即军营。

⑤夷徼：与夷人相邻的边界。

【译文】

泰始七年，汶山守兵吕匡等人杀死督将，发动叛乱，被处以灭族之刑。当初，蜀国因为汶山西五郡的北面逼近阴平、武都，故而在险要之地设置防守设施，在汶山、龙鹤、冉駹、白马、匡用五地建造了围子，都设有军营，修置军屯。晋朝初年，把它们作为与夷人相邻的边界来抵御夷人，仍然利用这些设施进行守卫。

八年，三蜀地生毛如白毫①，三夕长七八寸，生数里。

【注释】

①三蜀：地区名。指蜀郡、广汉郡、犍为郡三郡。白毫：白毛。古人认为，地生白毛是不祥之兆。《晋书·五行志中》："武帝泰始八年五月，蜀地雨白毛，此白祥也。时益州刺史皇甫晏伐汶山胡，从事何旅固谏，不从，牙门张弘等因众之怨，诬晏谋逆，害之。京房《易传》曰：'前乐后忧，厥妖天雨羽。'又曰：'邪人进，贤人逃，天雨毛。'其《易妖》曰：'天雨毛羽，贵人出走。'三占皆应。"今人推测，大概是因为地面有硝一类盐碱物质，遇水溶解后，结晶成纤维状，有如白毛（刘琳）。

【译文】

泰始八年，蜀郡、广汉郡、犍为郡三地长出了纤细的白毛。三个晚上，就生长了七八寸高，而且绵延数里之地。

十年①，汶山白马胡恣纵②，掠诸种。夏，刺史皇甫晏表出讨之③。别驾从事王绍等固谏④，不从。典学从事蜀郡何旅谏曰⑤："昔周宣王六月北伐者，猃狁孔炽，忧及诸夏故

也⑥。今胡夷相残，戎虏之常，未为大患；而盛夏出军，水潦
将降⑦，必有疾疫。宜须秋冬，图之未晚。"晏不听，遂西行。
军城比入⑧，麃入营中，军占以为不祥，晏不悟。胡康水子烧
香，言军出必败⑨，晏以为沮众，斩之。夏五月，军至都安⑩，
屯观坂上⑪。旅复谏曰："今所安营地名观坂，自上观下，反
上之象，其征不吉。昔汉祖悟柏人以免难⑫，岑彭恶彭亡而
不去⑬，遂陷于祸。宜移营他所。"晏不纳其言。夜，所将中
州兵蔡雄、宣班、张仪等以汶山道险⑭，心畏胡之强；晏愎谏
干时⑮，众庶所怨，遂引牙门张弘、督张衡等反⑯，杀晏。众
夜乱，不知所为。惟兵曹从事犍为杨仓弯弓力战⑰，射百余
发，且詈雄⑱。众击之，矢尽见杀。从事广汉王绍亦赴之死。

【注释】

①十年：《华阳国志》所记有误，当为泰始八年（272）。参看任乃强
　　《华阳国志校补图注》卷八和《资治通鉴》卷七十九。

②白马胡：由北方移居白马氐之地的胡人。参看本书卷三《蜀志》
　　"白马""白马羌"注。

③皇甫晏（？—272）：籍贯不详。曾任益州刺史。

④王绍：生平不详。固谏：坚决劝阻，坚决反对。

⑤典学从事：(三国蜀)州学教授之拟古官称。何旅：生平不详。

⑥"昔周宣王"几句：周宣王之所以在六月北伐，古人有过解释。
　　《诗经·小雅·六月》："六月栖栖，戎车既饬。四牡骙骙，载是常
　　服。猃狁孔炽，我是用急。王于出征，以匡王国。"郑玄笺："记六
　　月者，盛夏出兵，明其急也。"孔颖达疏："王所以六月简阅出兵
　　者，由猃狁之寇来侵甚炽，我王是用之故，须急行也。王于是出
　　行征伐，以匡正王之国也。"周宣王（？—前782），姬姓，名静，一

作靖。周厉王之子。西周国君。在位期间,不籍千亩(废除籍田的制度),又重整军旅,用尹吉甫击退猃狁进攻,命方叔、召虎等用兵荆楚、淮夷之地,获小胜。其后对西戎作战,迭遭失利,耗费大量人力物力。猃狁,又作"玁狁",古代北方的一个少数民族。孔炽:很猖獗,很嚣张。诸夏,周代分封的中原各诸侯国。泛指中原地区,亦称"中国"。在古书中,"诸夏""中国"往往与"四夷""夷狄"相对。《左传·僖公二十五年》:"德以柔中国,刑以威四夷。"《论语·八佾》:"子曰:'夷狄之有君,不如诸夏之亡也。'"

⑦水潦:大雨,雨水。

⑧军城比入:或作"军城比人",或作"军城比出"。以作"军城比入"为佳。

⑨"胡康水子烧香"二句:任乃强认为:"羌民尚巫法,以烧香迎神附身言休咎,汉民亦颇信之。近世尤有羌巫行术于内地者。康水子盖即当时行术内地之羌巫。"

⑩都安:县名。三国蜀汉置,属汶山郡。治所在今四川都江堰市东南。

⑪观坂:在今四川都江堰市西都江堰。

⑫汉祖悟柏人以免难:《汉书·高帝纪》:"八年(前199)冬,上东击韩信余寇于东垣。还过赵,赵相贯高等耻上不礼其王,阴谋欲弑上。上欲宿,心动,问:'县名何?'曰:'柏人。'上曰:'柏人者,迫于人也。'去弗宿。"东魏改名柏仁县。柏人,县名。战国赵置。后入秦,属邯郸郡。治所在今河北隆尧西北。

⑬岑彭恶彭亡而不去:《后汉书·岑彭传》:"(岑)彭所营地名彭亡,闻而恶之,欲徙,会日暮,蜀刺客诈为亡奴降,夜刺杀彭。"彭亡,即彭亡聚。在今四川眉山彭山区东北。

⑭蔡雄、宣班、张仪:三人生平不详。

⑮愎谏:坚持己见,不听规劝。干时:违背时势。

⑯张弘、张衡:二人生平不详。

⑰兵曹从事：官名。即兵曹从事史。东汉司隶校尉及州部属吏。司隶校尉下属有从事史十二人。其有军事，则置兵曹从事，主兵事，秩百石。杨仓：生平不详。

⑱詈（lì）：骂，责备。

【译文】

泰始十（八）年，汶山郡的白马胡恣意放纵，抢掠其他民族。夏天，益州刺史皇甫晏上表朝廷，请求出兵征讨白马胡。别驾从事王绍等坚决反对，皇甫晏没有听从。典学从事、蜀郡人何旅进谏说："以前周宣王在六月出兵北伐，是因为猃狁势力嚣张、形势危急，担心危及中原的安全。现在胡人和夷人互相残杀，这是少数民族之间经常出现的情况，并未成为国家大的祸患；况且盛夏出军作战，大雨即将来临，一旦形成水灾，必定发生瘟疫。应当等到秋天或者冬天再图谋此事，也为时不晚。"皇甫晏不听劝阻，于是率军西进。大军进入军营时，有一头麂子也闯入军营中，军中占卜者认为这是不祥的征兆，但皇甫晏仍然没有醒悟。胡巫康水子烧香判断吉凶，也说出军必定失败，皇甫晏认为康水子是败坏军心，处死了康水子。夏天五月，大军行至都安，驻扎在观坂上。何旅又进谏说："如今我们安营扎寨的地方名叫'观坂'，这是从上往下看，是反上的卦象，其征兆不吉利。以前汉高祖在柏人县醒悟而免于劫难，岑彭虽然厌恶'彭亡'之名而没有离开，于是遭遇祸难。我们应该移师他处，另外安营扎寨。"皇甫晏没有采纳他的建议。当天晚上，皇甫晏麾下的中州籍兵士蔡雄、宣班、张仪等人，因为汶山道路艰险，内心畏惧胡人的强大，而皇甫晏又刚愎自用、违背时势，众人怨恨在心，于是推举牙门张弘、督张衡等人为首造反，杀掉皇甫晏。军队当夜陷入混乱之中，不知道应该做什么。只有兵曹从事、犍为人杨仓持弓箭奋力作战，射了一百多支箭，而且痛骂蔡雄等人。蔡雄等人一起攻击杨仓，杨仓的箭射完了，随即被杀。从事、广汉人王绍也抵抗而死。

初，晏未出，蜀中传相告曰："井中有人。"学士靳普言①："客星入东井②。东井，益州之分野③，忧刺客入耳。又有猛风，是逆风。其日《观》卦用事④，若军西行，护观坂门，人向天井，益可虑也。"故旅勤谏云。卒如其言。弘等遂诬表晏欲率己共反，故杀之，求以免罪。其众抄掠百姓。广汉主簿李毅白太守弘农王濬⑤："宜急救益州祸乱，保晏无恶，必为弘等所枉害。"濬从之。而晏主簿蜀郡何攀以母丧在家⑥，闻乱，释缞经诣洛⑦，诉晏忠孝，而弘等恶逆⑧，事得分明⑨。诏书因以濬为益州刺史，加轻车将军⑩。濬斩弘等，益州平。

【注释】

①靳普：生平不详。长于天文、星占，以布衣终。

②客星：天空中突然出现的、没有固定轨道和周期而在后来又消失的星星，包括今人所称的新星和彗星等。东井：星宿名。即井宿，二十八宿之一。因在玉井之东，故称。东井是南方七宿之首。属于今日之双子座。

③益州之分野：关于益州的分野，古代有不同说法。本书卷一《巴志》说"其分野：舆鬼、东井"，是其中的说法之一。

④《观》卦用事：《观》卦，《周易》六十四卦之一。卦形是坤下巽上，坤为土，巽为风。以六十四卦进行占验，在汉代有《易》学的京房学派。京房的《易》学得之于焦延寿。焦延寿讲《易》，喜推灾异，以自然灾害解释卦象，推衍人事。《汉书·京房传》概括焦延寿之学："其说长于灾变，分六十卦，更直日用事，以风雨寒温为候，各有占验。房用之尤精。"

⑤李毅（？—306）：字允刚，广汉郡郪（今四川三台）人。参看本书

卷四《南中志》注。王濬（206—285）：字士治，弘农湖县（今河
南灵宝）人。恢廓有大志，为羊祜所知。除巴郡太守，两任益州
刺史，有惠政。力排众议，主张灭吴。自武帝泰始八年（272）起，
大造舟船，密作攻吴准备。咸宁五年（279），奉命率军攻吴。次
年，烧断吴人所置横江铁锁，直取建康，吴主孙皓出降。以功封
侯，升辅国大将军，累官至抚军大将军。卒谥武。《晋书》有传。

⑥何攀（244—301）：字惠兴，蜀郡郫（今四川成都郫都区）人。参
看本书卷二《汉中志》注。

⑦缞绖（cuī dié）：麻布做成的丧服。亦指服丧。

⑧恶逆：奸恶逆乱。

⑨分明：辨明。

⑩轻车将军：杂号将军名。汉武帝初置，掌帅军征伐或驻守。东汉
末一度地位较高，在九卿及卫将军之上。三国魏后地位稍降，为
将军名号。

【译文】

当初，皇甫晏还没有出兵时，蜀中就流传一句话："井中有人。"学士
靳普说："客星侵入东井。东井，是益州的分野，担心有刺客进入。又出
现猛烈的大风，却是逆向的风。出兵之日，是《观》卦更直用事之日，如
果军队向西行进，驻扎时守护观坂门，使军人向着天井，更加令人担忧。"
因此何旅竭力进谏。最终的结果诚如靳普所言。张弘等人于是上表朝
廷，诬陷皇甫晏想率领自己一同造反，所以就杀了他，请求朝廷赦免自己
的罪行。他们率领的大军抢掠百姓。广汉主簿李毅禀告太守、弘农人王
濬："应当紧急发兵，平定益州的祸乱，我可以担保皇甫晏没有干坏事，一
定是被张弘等人冤害的。"王濬听从了李毅的建议。而皇甫晏的主簿、
蜀郡人何攀因为母亲去世在家服丧，听说大军叛乱，脱下丧服赶到洛阳，
诉说皇甫晏尽忠尽孝，而张弘等人奸恶逆乱，事情的真相最终得以辨明。
皇帝下达诏书，任命王濬为益州刺史，加封轻车将军。王濬处死了张弘

等人，益州之乱得以平息。

咸宁三年春，刺史濬诛犍为民陈瑞①。瑞初以鬼道惑民。其道始用酒一斗、鱼一头，不奉他神，贵鲜洁。其死丧、产乳者，不百日不得至道治②。其为师者曰"祭酒"。父母、妻子之丧，不得抚殡、入吊及问乳病者。转奢靡，作朱衣、素带、朱帻、进贤冠③。瑞自称"天师"，徒众以千百数。濬闻，以为不孝，诛瑞及祭酒袁旌等④，焚其传舍⑤。益州民有奉瑞道者，见官二千石长吏、巴郡太守犍为唐定等⑥，皆免官或除名⑦。蜀中山川神祠皆种松柏，濬以为非礼，皆废坏烧除，取其松柏为舟船，惟不毁禹王祠及汉武帝祠⑧。又禁民作巫祀。于是蜀无淫祀之俗⑨，教化大行，有木连理、嘉禾、黄龙、甘露之祥⑩。

【注释】

①陈瑞（? —277）：蜀郡犍为（今四川眉山彭山区）人。西晋初益州天师道首领。效张鲁之法，以天师道发展组织，自称天师。建"传舍"，设"祭酒"，从者达千余人（一说数千人）。咸宁三年（277），为益州刺史王濬所杀。

②道治：犹如县治、教堂，为道门中人举行活动的公共场所。

③朱衣：红色的官服。素带：白绢缝制的大带。束于腰间，一端下垂。古代天子、诸侯、大夫用素带。朱帻：红色的头巾。进贤冠：古时朝见皇帝的一种礼帽。原为儒者所戴，唐时百官皆戴。

④袁旌：生平不详。天师道祭酒。

⑤传舍：古时供行人休息住宿的处所。本处指陈瑞为教徒所设的客舍，与当年张鲁所设"义舍"相似。

⑥唐定:蜀郡犍为(今四川眉山彭山区)人。曾任巴郡太守。

⑦除名:除去名籍,取消原有身份。

⑧禹王祠:在江州(今重庆)涂山。本书卷一《巴志》:"(江州县)涂山有禹王祠及涂后祠。"汉武帝祠:在都安县(今四川都江堰市)。《水经·江水注》:"江水又历都安县。县有桃关、汉武帝祠。"

⑨淫祀:不合礼制的祭祀。

⑩木连理:不同根的树,其上部枝干连生在一起。旧时视为祥瑞。嘉禾:生长奇异的禾,古人以之为吉祥的征兆。亦泛指生长茁壮的禾稻。黄龙:古代传说中的动物名。谶纬家以为是帝王之瑞征。甘露:甘美的露水。谶纬家以为是帝王之瑞征。

【译文】

咸宁三年春天,刺史王濬诛杀犍为人陈瑞。陈瑞当初用鬼神道术蛊惑百姓。陈瑞的道术,最初使用的祭品是一斗酒、一条鱼,不敬奉其他的神,看重的是祭品的新鲜、干净。如果家中有死人和办丧事者、有生小孩和哺乳者,不到一百天不能进入道治。道门中的师傅叫"祭酒"。在父母、妻子儿女死去的时候,信徒不能亲近死去的人,不能吊唁,也不能慰问产妇和病人。后来逐渐变得奢侈靡费,制作了红衣、白绢带、红色头巾、进贤冠。陈瑞自称"天师",道徒人数成百上千。王濬听说这些情况之后,认为这是不孝的表现,于是诛杀了陈瑞以及祭酒袁旌等人,并焚烧了教徒的客舍。益州百姓如有信奉陈瑞道术者,比如现任二千石长吏、巴郡太守犍为人唐定等,都被免除官职或者除去名籍。蜀中祭祀山川神祇的神祠都种植了松树、柏树,王濬认为这是不合礼数的做法,下令全部拆除、烧毁,取所种植的松、柏之木建造船只,只是没有毁弃禹王祠和汉武帝祠。王濬又禁止老百姓做巫术道场。于是蜀地再也没有滥祭鬼神的习俗了,文治教化得到大力推行,出现了木连理、嘉禾、黄龙、甘露等祥瑞。

　　三月，被诏罢屯田兵①，大作舟船，为伐吴调②。别驾何攀以为佃兵但五六百人③，无所辨④，宜召诸休兵⑤，借诸郡武吏⑥，并万余人造作，岁终可成。濬从之。攀又建议："裁船入山，动数百里，艰难。蜀民冢墓多种松柏，宜什四市取⑦，入山者少。"濬令攀典舟船器仗⑧。冬十月，遣攀使诣洛表可征伐状，因使至襄阳与征南将军羊祜、荆州刺史宗廷论进取计⑨。

【注释】

①被诏：接受诏令。屯田兵：军屯士兵，即就地耕种土地的驻屯军人。按：汉朝以后的历代政府，为了取得军饷和税粮，利用戍卒或农民、商人垦殖荒地，是为屯田。屯田有军屯、民屯、商屯之分。

②调：算度，计划。

③佃兵：魏晋时期国家土地上的佃农，按军事编制施行屯田（刘琳）。

④无所辨：意谓不能完成任务。辨，通"办"，成功，办成。

⑤休兵：轮休在家的士兵。

⑥武吏：古书所说"武吏"，多指军职官员。本处所说"武吏"实为兵，由世代为兵的"兵家"充任（刘琳）。《晋书·山涛传》："吴平之后，帝诏天下罢军役，示海内大安，州郡悉去兵，大郡置武吏百人，小郡五十人。"

⑦什四：十分之四。市取：意谓按市场价格收购。

⑧典：主持，主管。器仗：武器总称。

⑨羊祜（221—278）：字叔子，泰山南城（今山东费县西）人。蔡邕外孙。司马师之妻弟。初仕魏为上计吏。累迁中领军，统宿卫，执兵权。入晋，拜尚书左仆射。晋武帝泰始五年（269），迁都督

荆州诸军事。在州垦田地，储军粮，进据险要，做灭吴准备。又与吴将陆抗使命交通，各保分界。屡陈灭吴大计，请出兵灭吴。官至征南大将军，封南城侯。在官清俭。临终，举杜预自代。卒谥成。《晋书》有传。宗廷：或作"宋廷"。字元亮，籍贯不详。

【译文】

三月，接受诏令，罢除屯田的士兵，大力制造战船，为讨伐吴国做准备。别驾何攀认为佃兵只有五六百人，不能完成造船任务，应该召回那些轮休在家的士兵，借用各郡的武吏，聚集上万人造船，到年终即可竣工。王濬采纳了何攀的建议。何攀又建议："为造船入山采伐树木，动辄有数百里，运输非常艰难。蜀地老百姓的坟墓上大都种植松树和柏树，可以按照市场价格，收购其中的十分之四，这样，入山采伐的数量就小了。"王濬命令何攀掌管舟船和武器制造事务。冬十月，王濬派遣何攀出使洛阳，上表朝廷，说明可以征伐吴国等情况，顺便又出使到襄阳，与征南将军羊祜、荆州刺史宗廷商议进攻吴国的事宜。

　　四年春，汉中郡吏袭祚等谋杀太守姜宗以叛①。宗觉，坚守。祚等烧南郑市及平民屋②，族诛。刺史濬当迁大司农，至汉寿，重遣参军李毅诣洛，与何攀并表求伐吴。

【注释】

①郡吏：指郡太守的下属官吏。袭祚：生平不详。疑当作"龚祚"。
　姜宗：籍贯不详。曾任汉中太守。
②南郑：县名。战国秦置，为汉中郡治。治所在今陕西汉中市东二里。

【译文】

咸宁四年春天，汉中郡吏袭祚等人打算杀死太守姜宗发动叛乱。姜宗察觉了他们的阴谋，因而坚固防守。袭祚等人烧毁了南郑的集市和平民的房屋，后被处以灭族之刑。刺史王濬应当升迁大司农，到汉寿后，再次派遣参军李毅前往洛阳，与何攀一起上表朝廷，请求讨伐吴国。

　　五年，诏书拜濬龙骧将军，假节，监梁、益二州军事。除何攀郎中、参军事①。以典军从事张任、赵明、李高、徐兆为牙门②，姚显、郤坚为督③。冬当大举。秋，攀使在洛。安东将军王浑表孙皓欲北侵④，请兵。朝议征，却须六年⑤。攀因表可因今取之，策皓必不自送⑥。帝乃许焉。

【注释】

①参军事：官名。亦称"参军"。东汉末车骑将军幕府置为僚属，掌参谋军务。

②典军从事：官名。州分职吏名。晋代置于益州。为将兵之职，与建安中"督军从事"之职相近。掌断狱。牙门："牙门将""牙门将军"的省称。参看本书卷二《汉中志》注。张任、赵明、徐兆：三人生平不详。李高：巴西西充国（治今四川阆中）人。有武干。官至金城太守、雁门太守。本书卷十一《后贤志》有传。

③姚显、郤坚：二人生平不详。

④王浑（223—297）：字玄冲，太原郡晋阳（今山西太原）人。初仕魏，为大将军曹爽掾，后依附司马昭，官至散骑常侍。晋武帝时，迁安东将军，都督扬州军事，领兵平吴，以功升征东大将军，封京陵公。累迁司徒，加侍中，录尚书事。卒谥元。《晋书》有传。

⑤却：推迟，延后。须：等待。六年：此当指咸宁六年，也就是下一年。

⑥策：推测，料想。自送：自己前来送死。

【译文】

　　咸宁五年，皇帝下达诏书，任命王濬为龙骧将军，授予符节，监管梁州、益州的军事。任命何攀为郎中、参军事。任命典军从事张任、赵明、李高、徐兆为牙门将军，姚显、郤坚为督军。冬天，准备大举进攻吴国。秋天，何攀出使洛阳。安东将军王浑上表朝廷，说孙皓打算北上侵扰晋朝，请求出兵还击。朝廷议论可以出征吴国，推迟到下一年进行。何攀趁机上表朝廷，认为现在可以出兵攻打吴国，推测孙皓必定不会自己前来送死。晋武帝才同意了奏请。

　　冬，十有二月，濬因自成都帅水陆军及梁州三水胡七万人伐吴①。临发，斩牙门将李延，所爱侍将也，以争骑斩，众莫不肃②。至江州，诏书进濬平东将军③，都督二州，巴东监军唐彬及平南军皆受指授④。别遣参军李毅将军由涪陵入取武陵⑤，会巴陵⑥。

【注释】

①三水胡：居住在三水的胡人。三水，县名。西汉置，属安定郡。治所在今宁夏同心县东北下马关镇北红城水古城。东汉末废。按：三水胡有南迁至中原者，甚至有南迁至梁州者。

②肃：儆戒，敬畏。

③平东将军：杂号将军名。三国魏置，掌征伐。魏置平东将军、平西将军、平南将军、平北将军，号称四平将军。权任很重，多持节都督或监某一地区军事，有时亦作为刺史等地方官员兼理军务的加官。

④唐彬（235—294）：字儒宗，鲁国邹（今山东邹城南）人。参看本书卷一《巴志》注。指授：指示，指挥。

⑤涪陵：县名。西汉置，属巴郡。治所即今重庆彭水苗族土家族自治县。笔者按：在张家山汉简《二年律令·金布律》中，已有"涪陵"县名。武陵：县名。西汉置，属汉中郡。治所在今湖北竹山县

西北。笔者按：在张家山汉简《二年律令·金布律》中，已有"武
陵"县名。

⑥巴陵：县名。西晋太康元年（280）以下隽县巴丘城置，属长沙郡。
治所即今湖南岳阳。

【译文】

冬天十二月，王濬便从成都出发，率领水军、陆军和梁州三水胡兵七
万人，讨伐吴国。临出发时，王濬处死了牙门将李延，李延是王濬喜欢的
部将，因争夺坐骑被斩杀，众将领没有不敬畏的。到江州时，朝廷下达诏
书，进封王濬为平东将军，统管两个州，巴东监军唐彬和平南军都由王濬
指挥。朝廷另外派遣参军李毅将军由涪陵进军，攻取武陵，在巴陵与王
濬会合。

太康元年春三月，吴平。攀、毅以下功封各有差。以淮
南胡罴为益州刺史①，濬迁辅国将军。初，濬将征，问靳普：
"今行何如？"普对曰："客星伏南斗中②，而太白、岁星在西
方③。占曰：'东方之国破。'必如志矣④。"普学术⑤，不贪荣
华，卒于布衣⑥。

【注释】

①胡罴：字季象，九江郡寿春（今安徽寿县）人。胡质之子，胡威之弟。
有才干，官至益州刺史、安东将军。本书卷十一《后贤志》有传。

②南斗：星名。即斗宿。有星六颗。在北斗星以南，形似斗，故称。

③太白：星名。即金星。又名启明、长庚。岁星：星名。即木星。古
人认识到木星约十二年运行一周天，其轨道与黄道相近，因将周
天分为十二分，称十二次。木星每年行经一次，即以其所在星次
来纪年，故称岁星。

④如志：顺遂意愿，实现志愿。

⑤术：术数，如星占、卜筮、命相、拆字、堪舆、占候等。

⑥布衣：借指平民。古代平民不能衣锦绣，故称。

【译文】

太康元年春天三月，吴国被平定。何攀、李毅以下的将领，都因功受到等级不同的封赏。朝廷任命淮南人胡罴为益州刺史，王濬升迁为辅国将军。当初，王濬即将出征，询问靳普："今日的行动怎么样？"靳普回答说："客星隐伏在南斗之中，而金星、木星又在西方。占辞说：'东方的国家将破亡。'您一定会实现意愿。"靳普学习术数，不贪慕荣华富贵，到死仍是一个平民。

三年，更以益、梁州为轻州[①]，刺史乘传奏事[②]。以蜀多羌夷，置西夷府[③]，以平吴军司张牧为校尉[④]，持节统兵。州别立治，西夷治蜀[⑤]，各置长史、司马[⑥]。

【注释】

①轻州：与"重州"相对，地位不太重要的州。

②传（zhuàn）：驿站所备马车。奏事：向皇帝陈述事情，汇报情况。

③西夷府：即西夷校尉府。西夷校尉为官名。西晋太康三年（282）置，治宁州。宁州并入益州后，以益州刺史兼领。持节，领兵，掌益州少数民族事务。立府，置长史、司马，可举秀才、廉良。

④军司：官名。西晋因避司马师讳改军师置，东晋、南朝、北魏、北齐沿置。为诸军府主要僚属，佐主帅统带军队，负有匡正监察主帅之责，地位很高，常继任主帅。张牧：籍贯不详。曾任西夷校尉。

⑤州别立治，西夷治蜀：原先，益州刺史和蜀郡太守皆治成都少城。张牧由蜀郡太守升为西夷校尉，益州刺史乃别立新治于成都大城，而西夷校尉仍治成都少城，故曰"州别立治，西夷治蜀"。笔者按：

本处关于"州别立治，西夷治蜀"的理解，参考了任乃强的说法。

⑥司马：官名。州郡佐官。三国蜀于益州置前、后、左、右四部司马，非常制。主军务，武职。

【译文】

太康三年，朝廷将梁州、益州变更为不太重要的州，刺史要乘坐传车到京城奏事。因为蜀地羌人、夷人多，朝廷设置了西夷校尉府，任命平吴军司张牧为西夷校尉，持符节统领军队。益州刺史乃别立新治于成都大城而西夷校尉仍治成都少城，各自设立有长史、司马。

五年，罢宁州，诸郡还益州，置南夷校尉①，持节如西夷，皆举秀才、廉良②。

【注释】

①南夷校尉：官名。西晋太康五年（284）罢宁州置。以李毅为校尉，持节，统兵镇南中，统五十八部夷族都监行事。立府，设有长史、司马、参军等僚佐。可举秀才、廉良，职掌与刺史同。秩四品。东晋初，改称"镇蛮校尉"。《宋书·百官志下》："南夷校尉，晋武帝置，治宁州。江左改曰镇蛮校尉。四夷中郎校尉，皆有长史、司马、参军。"

②廉良：孝廉与贤良。自汉至隋选拔官吏的两种科目。

【译文】

太康五年，撤销宁州，所辖各郡又改归益州，朝廷设置了南夷校尉，南夷校尉持有符节，一如西夷校尉，都可以举荐秀才、孝廉和贤良。

八年，武帝子成都王颖受封①，以蜀郡、广汉、犍为、汶山十万户为王国，易蜀郡太守号为成都内史②。

【注释】

①成都王颖：司马颖（279—306），字章度，河内温县（今河南温县）人。晋武帝子。太康末，封成都王，加散骑常侍、车骑将军。后为镇北大将军，镇邺城。永康二年（301），与河间王司马颙等起兵攻入洛阳，杀赵王司马伦，进位大将军，都督中外诸军事、录尚书事。后还镇邺。继与河间王司马颙、长沙王司马乂联合杀司马冏，在邺遥控朝政，事无巨细，皆听其谘决。永安元年（304），为丞相，自立为皇太弟。后被东海王司马越攻败执杀。《晋书》有传。

②成都内史：参看本书卷三《蜀志》："蜀郡，太康初属王国，改号曰成都内史；王改封，乃复旧。"

【译文】

太康八年，晋武帝的儿子成都王司马颖接受分封，朝廷将蜀郡、广汉、犍为、汶山的十万户划入王国，而蜀郡太守则改称为成都内史。

元康六年①，复以梁、益州为重州②。迁益州刺史栗凯为梁州③，加材官将军④；扬烈将军赵廞为益州刺史⑤，加折冲将军⑥。关中氐及马兰羌反⑦，寇天水、略阳、扶风、始平、武都、阴平⑧。发梁州及东羌、镇西讨之⑨，不克。益州遣牙门马玄、尹方救援之⑩，以鹿车运成都米给军粮⑪。

【注释】

①元康六年：296年。元康，西晋惠帝司马衷年号（291—299）。

②重州：与"轻州"相对，地位重要的州。

③栗凯：籍贯不详。曾任益州刺史、梁州刺史，加封材官将军。

④材官将军：官名。汉朝为将军名号，领郡国材官士（预备兵员）出征，师还则省。东晋为材官校尉改称，设司马一员，掌工匠土木之

事,领营兵,隶中领军(领军将军)。

⑤扬烈将军:官名。三国魏明帝时拜占据辽东的公孙渊为之,兼辽东太守。五品。西晋、南朝宋沿置。赵廞(? —301):字和叔,巴西安汉(今四川南充)人。初为长安令,转任天门太守、武陵太守,后任益州刺史。时逢晋室衰乱之际,遂产生割据巴蜀之意。于是放粮赈济灾民,以收众心,并厚待流民首领李特兄弟以为爪牙。永康元年(300),据成都反晋,自称大都督、大将军、益州牧,建元太平。次年,李特等引军攻成都,赵廞为部下所杀。

⑥折冲将军:武官名号。西汉末年王莽置,掌征伐。为杂号将军中地位较高者。魏、晋、宋为五品。

⑦关中氐:居住在关中的氐人。马兰羌:居住在马兰山(在今陕西白水县西北六十里)一带的羌人。

⑧略阳:郡名。西晋泰始中改广魏郡置,属秦州。治所在临渭县(今甘肃天水东北渭水北岸秦安县境)。北魏移治陇城县(今甘肃秦安东北陇城镇)。扶风:郡名。三国魏改右扶风置,属雍州。治所在槐里县(今陕西兴平东南十里)。西晋泰始三年(267)迁治池阳县(今泾阳西北)。始平:郡名。西晋置,属雍州。治所在槐里县。

⑨东羌:即东羌校尉。官名。也称护东羌校尉,领兵。属官有东羌督、东羌猎将等。晋朝常以将军或西中郎将兼任,有时亦兼秦州刺史。四品。镇西:即镇西将军。官名。东汉末献帝初平三年(192)置。三国魏时,与镇东、镇南、镇北将军合称四镇将军。位在征西将军下,一般不与征西将军并置。

⑩马玄、尹方:生平不详。

⑪鹿车:古代人力推挽的小车。

【译文】

元康六年,朝廷又将梁州、益州作为重要的州。升任益州刺史栗凯为梁州刺史，加封材官将军；任命扬烈将军赵廞为益州刺史，加封折冲将军。关中氐和马兰羌造反，侵袭天水、略阳、扶风、始平、武都、阴平等地。朝廷征发梁州及东羌校尉、镇西将军的兵马进行讨伐，没有取胜。益州派遣牙门马玄、尹方救援他们，并用鹿车运输成都的米到前线作为军粮。

　　八年，廞至州，虽崇简约，而性实奢泰①。略阳、天水六郡民李特及弟庠、阎式、赵肃、何巨、李远等②，及氐叟、青叟数万家③，以郡土连年军荒，就谷入汉川④。诏书不听入蜀，益州敕关禁之。而户曹李苾开关放入蜀⑤，布散梁州及三蜀界⑥。

【注释】

①奢泰：奢侈。

②略阳、天水六郡：即略阳、天水、扶风、始平、武都、阴平六郡。李特（？—303）：字玄休，巴西郡宕渠（今四川渠县）人。汉末徙居略阳（今甘肃秦安），被称为巴氐人。睿智豁达，骁勇善骑射。少仕州郡。晋惠帝元康中，随流民从关右入蜀就食，依益州刺史赵廞。官府掠杀流民，并限期返回关右，李特等率流民于绵竹起兵反晋。永宁元年（301），攻灭赵廞。聚众二万余，又败益州刺史罗尚，占广汉，围成都。太安元年（302），自称益州牧，都督梁、益二州大将军、大都督。次年（303），取成都少城，改元建初。后为罗尚偷袭，兵败被杀。《晋书》有传。李庠（247—301）：字玄序，巴西郡宕渠（今四川渠县）人。李特之弟。性慷慨，有气节，善骑射，有文武之才。仕郡为督邮、主簿，历中军骑督。洛阳内乱，称病辞官，随流民入蜀。投附益州刺史赵廞，以讨叛羌有功，授威寇将军，封侯。后赵廞忌其才而杀之。《晋书》有传。阎式（？—

309):天水（治今陕西通渭西北）人。西晋末，任始昌令。后随李
特起兵，官至尚书令。尝杂采汉晋职官，为大成政权建立职官制
度。晏平四年（309），与太尉李离同为部将罗羡、訇琦所杀。赵
肃、何巨：生平不详。李特部将。李远：巴西郡宕渠（今四川渠
县）人。李特之兄。

③氐叟：氐族人。居住在今四川西北一带。青叟：即青羌。古代西
南地区羌族的一支。服饰尚青色，故称。

④就谷：谓荒年到有收成的地方去找饭吃。

⑤李苾：字叔平，天水（治今陕西通渭西北）人。李毅从弟。随李特
起兵，官至犍为太守。

【译文】

元康八年，赵廞到益州上任，他虽然口头宣称崇尚节俭，实则性喜奢
侈。当时略阳、天水等六郡的氐民李特和他的弟弟李庠、阎式、赵肃、何
巨、李远等，以及氐叟、青叟等几万户人家，因为其地连年战争和饥荒，纷
纷进入汉川找饭吃。朝廷下达诏书，不准这些流民进入蜀地，益州下令
关闭关卡禁止流民入关。但户曹李苾打开关卡，放流民进入蜀地，入蜀
后的流民分散在梁州和三蜀的地界。

汶山兴乐县黄石、北地卢水胡成豚坚、安角、成明石等
与广柔、平康文降、刘紫利羌有仇①，遂与蚌蛳羌邽逢等数千
骑劫县令②，求助讨紫利。太守杨邲挞杀豚坚③，而降其余
类，余类遂叛，杀长吏。冬，西夷校尉西平麹炳表出军④，遣
牙门将孙眺为督护⑤，万人征之。战于常安⑥，大为胡所破。

【注释】

①兴乐：县名。西晋太康元年（280）改白马县置，属汶山郡。治所

在今四川松潘西北。黄石：古代少数民族名。胡人的一支。《后汉书·循吏列传·任延》："（任）延到，选集武略之士千人，明其赏罚，令将杂种胡骑休屠、黄石，屯据要害。"李贤注："黄石，杂种号也。"北地：郡名。战国秦置，治所在义渠县（今甘肃庆阳西峰区东境）。西汉移治马岭县（今甘肃庆城西北）。东汉又移治富平县（今宁夏吴忠西南）。属凉州。东汉末地入羌胡。卢水胡：古族名。因世居卢水（今青海西宁西），故名。最初见于《后汉书·西羌列传》。已出土的建武六年（30）的居延汉简亦有相同记载。成豚坚、安角、成明石：胡人首领之名。广柔：县名。西汉元鼎六年（前111）置，属汶山郡。治所在今四川汶川西南。平康：县名。三国蜀汉置，属汶山郡。治所在今四川黑水县东北。文降、刘紫利羌：即文降、刘紫利所统领的羌人部落。文降、刘紫利，羌人首领之名。

② 蚌蛦（bàng tóng）：羌人的一种。原先居住在白兰山（今青海黄河源西北布尔汗布达山）一带，故又称"白兰蛦"或"白兰峒"。参看本书卷三《蜀志》注。

③ 杨邠（243—311）：字岐之，犍为郡武阳（今四川眉山彭山区）人。怀帝永嘉初，累迁汶山太守、衡阳内史。本书卷十一《后贤志》有传。

④ 麹炳：西平（治今青海西宁）人。曾任西夷校尉。

⑤ 孙眺：籍贯不详。麹炳部将，曾任牙门将。

⑥ 常安：三国蜀汉（一说东汉末）置，属巴郡。治所不详。或以为当在四川长寿县（今重庆长寿）境内（任乃强），或以为当在兴乐县（今四川松潘）境内（刘琳）。

【译文】

汶山郡兴乐县的黄石、北地郡卢水胡人成豚坚、安角、成明石等，与广柔、平康羌人文降、刘紫利所部有仇怨，于是和蚌蛦羌人郐逢等带领数千人马劫持了县令，要求帮助讨伐刘紫利等人。太守杨邠鞭挞残杀成豚坚，要求其他人都投降，其他人于是发动叛乱，并杀死了长吏。冬天，西夷校尉、西平人鞠炳上表奏请出军，派遣牙门将孙眺担任督护，率领一万人前往征讨。双方交战于常安，孙眺部被胡人打得大败。

九年，炳以败军征还。夏，用江夏太守陈总为代①。胡退散②。

【注释】

①陈总（？—300）：籍贯不详。武帝太康中为扬州刺史稽绍别驾，后任江夏太守、西夷校尉。元康元年（291），益州刺史赵廞叛乱，杀成都内史耿滕，并遣军迎击西夷校尉陈总。陈总不听主簿赵模苦谏，不做抵抗。军溃，藏匿于草中。赵模著陈总服，格战至死，陈总亦被搜到，随即被杀。

②退散：撤退溃散。

【译文】

元康九年，鞠炳因作战失败而撤退。夏天，朝廷安排江夏太守陈总取代鞠炳。胡人也撤退而去。

永康元年①，诏征刺史廞为大长秋②；迁成都内史中山耿滕为益州刺史③，折冲将军，因廞所服佩④。初，廞以晋政衰而赵星黄⑤，占曰"星黄者王"，阴怀异计⑥：蜀土四塞，可以自安。乃倾仓赈施流民，以收众心。以李特弟庠卫六郡人，勇壮，厚恤遇之。流民恃此，专为劫盗，蜀民患之。滕数密表："流民刚戾⑦，而蜀人懦弱，客主不能相饶⑧，宜移还其本土；不者，与东三郡隘地⑨。观其情态，渐不可长⑩，将移秦雍之祸于梁益矣。"又言:"仓库虚竭,无以应锋镝之急[11],必益圣朝西顾之忧[12]。"由是厥恶滕。州被诏书,已遣文武士千余人迎滕。滕以厥未出州,故在郡。厥募庠党罗安、王利等劫滕[13],大败于广汉宣化亭,杀传诏者[14]。滕议欲入州城,功曹陈恂谏曰[15]:"今州郡并治兵,怨构日深,入城必有大祸。不如安住少城[16],檄诸县合村保以备秦氏;陈西夷行至[17],且观其变。不尔,可退住犍为,西渡江原,以防非常。"滕不从。冬十有二月,滕入城[18],登西门[19]。厥遣亲近代茂取滕[20],茂告之而去。厥又遣兵讨滕。滕军败绩,自投少城上。吏左雄负滕子奇依民宋宁藏[21]。厥购千金,宁不出。厥寻败,得免。郡吏皆窜走,惟陈恂面缚诣厥,请滕死丧[22]。厥义而不杀也。恂与户曹掾常敞共备棺冢葬之[23]。

【注释】

①永康元年:300年。永康,西晋惠帝年号(300—301)。

②大长秋:官名。为皇后近侍官。秦称将行。汉景帝时改称大长秋,或用士人,或用宦官担任,东汉多为宦官担任,掌宣达皇后旨意,管理宫中事务。

③耿滕:中山(治今河北定州)人。曾任成都内史、益州刺史,封折冲将军。后为赵厥所杀。参看《晋书·李特载记》。

④因厥所服佩:意谓耿滕承用了赵厥的官服和印绶。服佩,服饰及佩戴的印绶。

⑤赵星:指二十八宿中的昴宿、毕宿。按照分野说,昴、毕是赵国的分野(参看《史记·天官书》《晋书·天文志》),故可称为"赵星"。

⑥异计:不轨的图谋。赵厥姓赵,又家于赵地,故而以为"赵星黄"应验于自己,因此"阴怀异计"。《晋书·李特载记》:"(赵)厥遂

谋叛,潜有刘氏割据之志,乃倾仓廪,振施流人,以收众心。"

⑦刚戆(gàng):刚直而鲁莽。

⑧客主不能相饶:《晋书·李特载记》谓"客主不能相制"。相饶,相互饶恕,宽容。

⑨东三郡:指魏兴、上庸、新城三郡。

⑩渐不可长:谓刚露头的不好事物不能容许其发展滋长。

⑪锋镝(dí):刀刃和箭镞。借指兵器或战争。

⑫圣朝:封建时代尊称本朝。亦作为皇帝的代称。本处指晋朝。

⑬罗安、王利:生平不详。李庠下属。

⑭"大败于广汉"二句:《资治通鉴》卷八十三引《华阳国志》作"战于广汉宣化亭,杀传诏"。"大败"二字,概系李㙦妄改。

⑮陈恂:颍川许(今河南许昌)人。陈群之孙,陈泰之子。

⑯少城:当时,益州刺史治大城,成都内史(即蜀郡太守)治少城。此即本书卷三《蜀志》所说"州治太城,郡治少城"。

⑰陈西夷:指西夷校尉陈总。

⑱入城:入大城。

⑲西门:大城西门,即少城东门。

⑳亲近:本处指亲信、心腹。代茂:籍贯、生平不详。赵廞亲信。

㉑左雄:籍贯、生平不详。耿滕下属。

㉒丧:尸体。

㉓常敞:籍贯、生平不详。耿滕下属。

【译文】

永康元年,朝廷下诏征调益州刺史赵廞回京担任大长秋;迁成都内史、中山人耿滕为益州刺史,加封折冲将军,承用赵廞的服饰和印绶。起初,赵廞因为晋朝政治衰败而赵地对应的昴宿、毕宿泛黄,占书说"星黄者称王",于是暗怀图谋天下的阴谋:蜀地四周闭塞,可以自我保全。于是赵廞倾尽粮仓的所有粮食用来赈济流民,以收买民心。赵廞因为李特之弟李庠护卫六郡流民，勇猛强壮，故而对他厚待有加。流民仗恃他的庇护，专门干盗窃抢劫的勾当，蜀地百姓深以为患。耿滕多次秘密上表朝廷："流民刚直鲁莽，而蜀地百姓懦弱，客主之间不能互相宽容，应该让流民迁回本土；不然的话，将流民迁入东三郡（魏兴、上庸、新城）的偏远狭隘之地。观察流民的发展态势，已经不能再容许其发展滋长了，否则将会把秦、雍之地的祸害扩展到梁州、益州。"耿滕又说："蜀中仓库空虚、粮食匮乏，没有办法应付突如其来的战争之急，一定会增加晋朝对西部地区的忧虑。"因此赵廞对耿滕怀恨在心。州里接到朝廷诏书，已经派遣文武官员和军士一千余人前往迎接耿滕。耿滕借口赵廞还没有离开州府，所以就留在郡府。赵廞招募李庠的党羽罗安、王利等人前去劫持耿滕，大败于广汉宣化亭，杀掉传诏书的使者。耿滕与手下商议打算进入州城，功曹陈恂劝谏说："现在州和郡都在厉兵秣马，双方结怨已经越来越深了，我们进入州城必定有大祸来临。我们不如安心驻扎在少城，发檄文通知各县，实行联村自保，以此抵御秦氏流民；西夷校尉陈总即将到来，我们姑且静观其变。实在不行，可以退到犍为，向西渡过江原，以此防范意外的事变。"耿滕没有听从建议。冬天十二月，耿滕进入州城，登上了西门。赵廞派遣亲信代茂刺杀耿滕，但代茂在告诉耿滕后就扬长而去。赵廞又派遣军队进攻耿滕。耿滕的军队被打败，自己从少城跳墙而死。官吏左雄背着耿滕的儿子耿奇，躲藏到百姓宋宁家中。赵廞悬赏千金捉拿，宋宁没有交出他们。不久，赵廞失败了，耿奇得以幸免。郡中官吏都纷纷外逃，只有陈恂反绑双手，前去面见赵廞，请求为耿滕安葬尸体。赵廞认为陈恂讲义气，因而没有杀他。陈恂和户曹掾常敞一起备办棺材、修筑坟墓，安葬了耿滕。

廞又遣军逆陈总①。总至江阳，闻廞有异志。主簿赵模进曰②："今州郡不协③，必生大变，惟当速行。府是兵要④，助顺讨逆，莫有动者也。"总更缘道迟留⑤，至南安鱼涪津⑥，以与廞军遇⑦。模白总："散财货,募士卒距战⑧,若克州军,则州可得;不克,顺流而退,必无害也。"总不能,更曰："赵益州忿耿侯⑨,故杀之,与吾无嫌,何为如此?"模曰："今州起事,必当立威,虽不战,无益也。"言至垂涕。总不听。众弛⑩,总逃草中,模衣总服格战⑪。廞兵杀模,见非总,乃搜求总,杀之。

【注释】

①逆:迎,迎接。

②赵模:籍贯不详。陈总下属,后为叛军所杀。

③不协:不和。

④府:指西夷校尉府。西夷校尉府在汶山。

⑤更:反而,还是。缘道:沿途。迟留:停留,逗留。

⑥鱼涪津:又作鱼符津。在今四川乐山市北岷江边,为岷江津渡。长数百步,临大江,岸边山岭相连,有道广四五尺。《续汉书·郡国志》犍为郡南安县(今四川乐山)"有鱼涪津"。刘昭注:"《蜀都赋》注曰:鱼符津数百步,在县北三十里。"

⑦以:通"已",已经。

⑧距战:抗击,抵御。距,通"拒"。

⑨赵益州:益州刺史赵廞。耿侯:成都内史耿滕。

⑩众弛:指士兵四散而逃。

⑪格战:格斗,搏斗。

【译文】

赵廞又派遣军队迎接陈总。陈总到达江阳,就听说赵廞怀有二心。主簿赵模进谏说:"现在州、郡不和,必定会发生大的变故,我们应当迅速离开这里。西夷校尉府所在地是用兵要地,在其地可以协助朝廷讨伐叛乱，没有谁敢轻易行动。"但陈总沿途逗留，待军队行至南安鱼涪津，已经遭遇赵廞军队。赵模告诉陈总："拿出钱财货物，招募士兵抗击赵军，如果打败了赵军，我们就可以夺取州城；如果不能取胜，我们就顺流而退军，必定不会有祸患。"陈总不愿意改变计划，反而说："赵廞愤恨的是滕耴，所以杀死了滕耴，他和我没有嫌隙，怎么会这样做呢？"赵模说："现在州城举兵叛乱，必定会树立威信，即使我们之间不开战，也不会有什么好处。"说到落泪流涕。但陈总不听从劝谏。士兵四散而逃，陈总逃跑到草丛中，赵模穿上陈总的衣服奋力格斗。赵廞的士兵杀死了赵模，发现他不是陈总，于是四处搜寻陈总，找到后也杀死了他。

廞自称大都督、大将军、益州牧。以武阳令蜀郡杜淑、别驾张粲、巴西张龟、西夷司马龚尼、江原令犍为费远等为左右长史、司马、参军[1]，徙犍为太守李庠为威寇将军[2]，召临邛令涪陵许弇为牙门将[3]。召诸王官[4]，莫敢不往。又以广汉太守张征、汶山太守杨邠、成都令费立为军祭酒[5]。时庠与兄特，弟流、骧[6]，妹婿李含[7]，天水任回、上官晶[8]，扶风李攀[9]，始平费他[10]，氐符成、隗伯、董胜等四千骑在北门[11]，廞使庠断北道。庠素东羌良将，晓军陈[12]，不用廞志[13]，举矛为行伍[14]。庠劝称大号汉[15]。庠部下放搅[16]，廞等忌之，遂于会所斩庠及其兄子弘等十余人。虑特等为变，又命为督将，安慰其军，还特庠丧。其夜，特、流彻众散归绵竹。廞遣故阴平令张衡、升迁费恕就绥纳[17]，皆为特所杀。许弇求为巴东监军，杜淑、张粲逆，不许。弇怒，于州阁下手刃杀淑、粲[18]，淑、粲左右即亦杀弇[19]。二子[20]，廞腹心也。

【注释】

①杜淑:蜀郡人。赵廞部下,曾任武阳令。张粲:籍贯不详。赵廞部
　下,曾任别驾。张龟:巴西(治今四川阆中)人。先后为赵廞、罗
　尚部下,曾任督护。龚尼:籍贯不详。赵廞部下,曾任西夷校尉
　府司马。费远:犍为人。赵廞部下,曾任江原令。

②威寇将军:官名。杂号将军名。东汉光武置,掌帅兵征伐。西晋
　时益州牧赵廞置。北魏沿置。

③许弇:涪陵人。赵廞部下,曾任临邛令、牙门将。后被杜淑、张粲
　手下所杀。

④王官:指藩王府里的属官。本处特指晋朝藩王成都王的属官。

⑤张征:籍贯不详。赵廞部下,曾任广汉太守。杨邠(243—311):
　字岐之,犍为郡武阳(今四川眉山彭山区)人。参看本书卷八
　《大同志》注。费立(?—312):字建熙,犍为郡南安(今四川乐
　山)人。性公允。为王国中尉,出为成都令,有政绩。除梁、益、
　宁三州都督,兼尚书,封关内侯。本书卷十一《后贤志》有传。军
　祭酒:即"军师祭酒"。晋朝避司马师讳改。官名。掌参谋军事。
　东汉末年曹操置,蜀亦置。

⑥流:李流(248—303),字玄通,巴西郡宕渠(今四川渠县)人。巴
　氐族。李特之弟。少好学,善骑射。兄李庠为赵廞所杀,乃从李
　特攻赵廞,以功拜奋威将军。西晋惠帝永宁元年(301),与李特
　起兵于绵竹,攻成都,与益州刺史罗尚相拒。李特死,与侄李雄等
　收遗众还赤祖,自称益州牧。再击罗尚,围成都,病死。追谥秦文
　王。《晋书》《魏书》有传。

⑦李含:西晋末益州流民起义军将领。李特妹夫。初为特部曲督,
　及特称大都督,署为西夷校尉。特及李荡战死,李流统领义军。
　时含为成都太守,惧于晋军声势,劝流降晋。流将从之,李雄与李
　骧迭谏,不纳。含子李离自梓潼驰还,劝雄弃叔侄之义而行大事,

于是雄集义军攻城，又得范长生资给军粮，义军复振。

⑧任回、上官晶：天水（治今陕西通渭西北）人。李特部将。

⑨李攀：扶风（今陕西兴平）人。李特部将。

⑩费他：始平（治今陕西兴平）人。李特部将。

⑪符成、隗伯、董胜：氐人。李特部将。

⑫军陈：指军队的阵法或军伍的行列。陈，同"阵"。

⑬麾志：用旌旗为作战标志。麾，古代指挥军队的旗子。

⑭行伍：军队的行列。古代兵制，五人为伍，五伍为行，因以指军队。

⑮庠劝称大号汉：意谓李庠劝赵廞称帝，立国号为汉。大号，国号，帝号。

⑯放搅：放肆扰乱。

⑰张衡：籍贯不详。曾任阴平令。升迁：县名。西晋置，属汶山郡。治所在今四川松潘西北。一说在今四川黑水县。费恕：汶山郡升迁（今四川松潘）人。生平不详。绥纳：安抚招纳。

⑱阁下：谓在屋门之下。

⑲本句底本为"即亦杀弅"，语意不明。据《通鉴》："淑、粲左右又杀弅。"增补。

⑳二子：指杜淑、张粲二人。

【译文】

赵廞自称大都督、大将军、益州牧。任命武阳令蜀郡杜淑、别驾张粲、巴西张龟、西夷校尉府司马龚尼、江原令犍为费远等为左右长史、司马、参军，改任犍为太守李庠为威寇将军，征召临邛令涪陵许弅为牙门将。召集成都王府的属官，没有人敢不前去报到。又任命广汉太守张征、汶山太守杨邠、成都令费立为军祭酒。当时李庠与其兄李特，其弟李流、李骧，妹婿李含，天水任回、上官晶，扶风李攀，始平费他，氐人符成、隗伯、董胜等四千骑兵抵达州城北门，赵廞派李庠等阻断北边的道路。李庠原本是东羌校尉手下的良将，通晓布阵打仗，而且打仗时不用旌旗，高举长矛指挥队伍。李庠劝赵廞称帝，立国号为汉。李庠的部下放肆扰乱，赵廞等人为此忌恨在心，于是在集会之所斩杀李庠及其兄之子李弘等十余人。赵廞担心李特等人叛变，又任命李特为督将，安慰他们的军队，给李特归还了李庠的尸体。当夜，李特、李流撤退兵马回到绵竹。赵廞派遣原阴平令张衡、升迁费恕前往安抚招纳，二人都被李特杀死。许弇曾经请求担任巴东监军，杜淑、张粲反对，不同意。许弇发怒了，在州阁下亲手用刀杀死了杜淑、张粲，而杜淑、张粲的随从也随即杀死了许弇。杜淑、张粲二人，是赵廞的心腹。

　　永宁元年春正月[1]，廞遣万余人断北道，次绵竹，以长史费远为继，前军宿石亭[2]。特等相合得七百余人[3]，夜袭之，因放火杀廞军略尽，进攻成都。城中恟惧[4]，中郎常美与费远、李苾、张征等夜斩关委廞走[5]，文武散尽。廞独与妻子乘小船顺水至广都，为下人朱竺所杀[6]。廞字和叔，本巴西安汉人也。祖世随张鲁内移，家赵[7]。赵王伦器之[8]。历长安令，天门、武陵太守[9]，来临州。长子昺在洛，亦见诛。特、流至成都，杀西夷护军姜发及龚尼、成都令袁洽[10]，因大抄掠。遣牙门王角、李基诣洛表状[11]。

【注释】

①永宁元年：301年。永宁，西晋惠帝年号（301—302）。

②石亭：地名。在今四川广元北石亭江边。石亭江在今四川成都平原东北，为沱江上游支流。

③七百余人：当作"七千余人"。《晋书·李特载记》："（李）特密收合得七千余人，夜袭（费）远军，（费）远大溃，因放火烧之，死者十八九。进攻成都。"

④恼惧:惊恐。

⑤常美:籍贯不详。赵廞部将。张征:字建兴,犍为郡武阳(今四川
眉山彭山区)人。张翼之子。笃志好学,官至广汉太守。斩关:
斩断关隘。委:丢弃,抛弃。

⑥朱竺:籍贯不详。

⑦赵:在今河北石家庄。这是赵王司马伦的封国。

⑧赵王伦:司马伦(?—301),字子彝,河内温县(今河南温县)人。
司马懿之子。晋武帝时封琅邪郡王,后改封赵王,为安北将军。
元康初,迁征西将军,镇关中。入朝为太子太傅,谄事贾后。贾后
杀太子司马遹,司马伦废杀贾后,并杀大臣张华、裴𬱟等。自任大
都督、相国,执朝政。永宁元年,篡取帝位。三月,齐王司马冏、河
间王司马颙、成都王司马颖等起兵讨之,兵败,被杀。《晋书》有传。

⑨天门:郡名。三国吴永安六年(263)置,属荆州。治所在溇中
县(今湖南慈利西三官寺乡)。西晋时治所在澧阳县(今湖南石
门)。南朝陈改为石门郡。

⑩姜发:籍贯不详。曾任西夷校尉府护军。袁洽:籍贯不详。曾任
成都令。

⑪王角、李基:籍贯不详。李特下属,任牙门将。

【译文】

永宁元年春天正月,赵廞派遣一万多人马切断北边道路,驻扎在绵
竹,以长史费远作为后续部队,其前锋住在石亭。李特等人聚合士兵七
百多人,夜里袭击赵廞,放火将赵廞的军队消灭殆尽,随后进攻成都。城
中官民都很惊恐,从事中郎常美和费远、李苾、张征等人连夜砍断关隘,
丢下赵廞逃亡而去,赵廞的文武官员都四散而逃。赵廞单独和他的妻子
儿女乘坐小船顺流而下,来到广都,被其仆人朱竺杀害。赵廞字和叔,
本来是巴西安汉人。祖世跟随张鲁内迁,安家于赵地。赵王司马伦器重
他。赵廞历任长安令,天门、武陵太守,后来到了益州。赵廞的长子赵𦬅

在洛阳，也被诛杀。李特、李流到达成都，杀死西夷护军姜发和龚尼、成都令袁洽，于是大肆抢掠。其后派遣牙门将王角、李基到洛阳上表，说明蜀地的实际情况。

初，梁州刺史罗尚闻廞反①，表廞非雄才，又蜀人不愿为乱，必无同者，事终无成，败亡可计日而俟。惠帝因拜尚平西将军，假节，领护西夷校尉、益州刺史，给卫节兵一千，梁州兵二千，又配上庸都尉义歆部千五百人②，合四千五百人。迁梓潼太守乐陵徐俭为蜀郡、扬烈将军③，陇西辛冉为广汉太守④。罗尚又表请牙门将王敦兵⑤，凡七千余人入蜀。

【注释】

①罗尚（？—303）：字敬之，一名仲，字敬真，襄阳（今湖北襄阳）人。少孤。晋武帝时为尚书郎，荆州刺史王戎以为参军。武帝咸宁五年（279），随王戎伐吴。惠帝永宁元年（301），赵廞反于蜀。罗尚为平西将军、益州刺史，赴蜀往讨。当时李特率流民起事，杀赵廞。不久罗尚以计袭杀李特。太安二年（303），李特之子李雄与李特之弟李流收余众攻益州，罗尚败，委城而遁，寻卒。《晋书》有传。

②义歆：人名。生平不详。

③乐陵：县名。战国秦置，属济北郡。治所在今山东乐陵东南二十五里花园镇城子后（魏王城）。徐俭：乐陵（今山东乐陵）人。历任梓潼太守、蜀郡太守。

④辛冉：籍贯不详。历任陇西太守、广汉太守。

⑤王敦：籍贯不详。罗尚下属，为牙门将。

【译文】

当初，梁州刺史罗尚听说赵廞反叛朝廷，上表说：赵廞不是一代雄才，而且蜀地百姓都不愿造反作乱，必定没有人响应赵廞，事情最终不会成功，其败亡是有日可待的。晋惠帝于是任命罗尚为平西将军，授以符节，兼任护西夷校尉、益州刺史，调拨给他仪仗队士兵一千人，梁州士兵二千人，又配置上庸都尉义歆部一千五百人，合计四千五百人。朝廷升迁梓潼太守、乐陵徐俭为蜀郡太守、扬烈将军，改任陇西辛冉为广汉太守。罗尚又上表朝廷，请求征调牙门将王敦部士兵，共计七千多人进入蜀地。

　　特等闻尚来，甚惧，使弟骧奉迎①。特厚进宝物，尚以骧为骑督②。特、流奉牛酒劳尚于绵竹③。王敦说尚曰："特等陇上塞盗劫贼，宜军无后患也，会所杀之。"辛冉本赵王伦所用，非资次④，召当还，欲讨廞以自新⑤，亦言之。尚不纳。又冉谓特曰："故人相逢，不吉当凶⑥。"特自猜惧⑦。

【注释】
①奉迎：迎接。
②骑督：官名。军中统帅骑兵的中级军官。魏晋以来，中央、地方诸军多置。
③牛酒：牛和酒。古代用作馈赠、犒劳、祭祀的物品。劳：慰劳。
④非资次：意谓不是按照资历、次第提拔的。
⑤自新：本处意谓辛冉想通过讨伐赵廞建立功绩，以此改变自己是因关系（赵王司马伦的关照）而提拔这一印象。
⑥"故人相逢"二句：《晋书·李特载记》："冉先与特有旧，因谓特曰：'故人相逢，不吉当凶矣。'"
⑦猜惧：疑惧，猜疑惧怕。

【译文】
李特等人听说罗尚领兵前来，非常害怕，派自己的弟弟李骧前往迎接。李特向罗尚进献很多珍宝财物,罗尚任命李骧为骑督。李特、李流带着牛和酒,到绵竹去慰劳罗尚的军队。王敦劝说罗尚道:"李特等人是陇上干打劫营生的盗贼,为了使大军没有后患,应该在相会时杀掉他们。"辛冉本来是赵王司马伦提拔任用的,不是按照资历任职的,按征召应当返回朝廷,但他想通过讨伐赵廞建功以改变别人对自己的印象,于是也这样向罗尚建议。罗尚没有采纳他们的建议。辛冉又对李特说:"故人相逢,不是吉应是凶。"李特自己感到疑惧。

三月,尚至州治[1]。汶山羌反于都安之天拭山[2],遣王敦讨之。杀数千人,大没女弱为生口[3]。敦单马驰,为羌所杀。

【注释】

[1]州治:州政府所在地。本处特指成都大城。

[2]都安:县名。三国蜀汉置,属汶山郡。治所在今四川都江堰市东南二十里导江铺。天拭山:未详。刘琳疑为唐以后所称之天国山。其说可从。天国山,亦名大坪山。在今四川都江堰市西南九十里,崇州西北二百余里。

[3]女弱:女性和弱小者。即妇女和儿童。生口:活口,俘虏。

【译文】

三月,罗尚到达州治。汶山羌人在都安县的天拭山造反,罗尚派遣王敦讨伐他们。汶山羌人杀死当地的几千人,又大量抄掠妇女、儿童作为俘虏。王敦单枪匹马飞驰入阵,被羌人杀死。

御史冯该、张昌摄秦、雍州从事[1],督移还流民,徙者万余家。而特兄辅素留乡里[2],托言迎家,即至蜀,因谓特曰:"中国乱,不足还。"遣天水阎式累诣尚,求弛领校[3],权停至秋④,并进货赂于尚、该,许之。及秋,又求至冬。辛冉、李苾以为不可,必欲移之。式为别驾杜弢说逼移利害⑤。弢亦欲宽迸民一年⑥。辛冉、李苾以为不可,尚从之。弢致秀才板出⑦,还家,知计谋不行故也。时有白虹,头在井里⑧,尾在东山,拖太城上。治中从事巴西马休问阎式曰⑨:"此何祥也?"式曰:"占言下有万尸气⑩,甚迫于城,非佳应。天孽可违乎⑪!平西若能宽迸民,灾自消矣。"冉、苾又白尚:"流民前厥乱际,多所枉没⑫,宜因移,设关以夺取。"秋七月,尚移书梓潼⑬,所在抱关⑭。八月,关皆城。阎式曰:"无寇而城,仇必保之⑮,蜀将乱矣!"九月,遣军军绵竹,扬言种麦,实备越逸⑯。冉又购特、流首百匹⑰。特、骧悉更其购云:"能送六郡大姓阎、赵、任、杨、李、上官及氏叟梁、窦、符、隗、董、费等首,百匹。"流民本无还意,大惊骇,趣特⑱。

【注释】

①摄:代理。

②辅:指李辅,字玄政,巴西郡宕渠(今四川渠县)人。巴氏族。李特之兄。锐勇有武干。李特为益州牧时,拜李辅为骠骑将军。李辅劝李特据有巴蜀,后为罗尚所败,被杀。参看本书卷九《李特雄期寿势志》。

③弛:延缓。

④权:暂且,姑且。

⑤杜弢(?—315):字景文,蜀郡成都(今四川成都)人。初以才学著称。怀帝永嘉五年(311),荆湘流民起事,推杜弢为首领,称梁、益二州牧、湘州刺史。攻破郡县,屡败官军。旋降于征南将军

山简，山简以为广汉太守。山简死，复起兵，南破零陵，东进武昌。愍帝建兴三年（315）复降，加巴东监军。晋将仍攻之不已，愤而再起。为陶侃所败，道死。一说不知所终。《晋书》有传。

⑥迸（bèng）民：流民，四散流动之民。迸，奔散，流散。

⑦致：送还。秀才板：指罗尚举荐杜弢为秀才的笏版。板，"版字通，即笏也"（任乃强）。

⑧井里：疑当作"锦里"（刘琳）。在四川成都西南郊南河（锦江）南岸。

⑨马休：巴西（治今四川阆中）人。曾任益州治中从事。

⑩占言：占书说。《晋书·天文志》："凡白虹者，百殃之本，众乱所基。……虹头尾至地，流血之象。"

⑪天孽可违乎：意谓天灾不可违背，无法逃避。天孽，天灾。《尚书·太甲中》："天作孽，犹可违；自作孽，不可逭。"孔传："孽，灾。逭，逃也。言天灾可避，自作灾不可逃。"

⑫枉没：非法侵占。

⑬移书：发送公文。

⑭抱关：闭关，封锁关口。

⑮仇必保之：意谓仇敌必定据城自保。保，自保。

⑯越逸：逃跑，逃窜。

⑰购：悬赏。百匹：指一百匹绢。

⑱趣：趋向，奔向。《晋书·李特载记》："流人既不乐移，咸往归特，骋马属鞬，同声云集，旬月间众过二万。"

【译文】

朝廷任命御史冯该、张昌分别代理秦州、雍州从事，监督迁移流民还乡事务，应当迁徙返乡者有一万多家。而李特之兄李辅一直留居乡里，这时借口迎接家人返乡，就来到蜀地，便对李特说："中原大乱，不能还乡。"李特派遣天水人阎式多次去见罗尚，请求暂缓督导流民还乡，姑且等到秋天再说，并进奉财宝货物给罗尚、冯该，罗尚、冯该同意了李特的请求。到了秋天,李特又请求延迟到冬天。辛冉、李苾认为这样不行,一定要迁移他们回乡。阎式对别驾杜弢说明了强行迁移流民返乡的利害关系。杜弢也想再宽限这些流民一年。辛冉、李苾认为不可以,罗尚听从了辛冉、李苾的建议。杜弢送还了秀才推荐书,回到家里,因为他知道自己的计划不能实现了。这时天上出现白虹,白虹的头部在井里,尾巴在东山,横跨成都大城上空。治中从事、巴西人马休问阎式说:"这是什么征兆?"阎式回答说:"占书说,白虹的下面有成千上万的尸体气息,而且迫近大城,不是什么好征兆。上天降灾,难道可以违背吗!平西将军如果能宽限流民还乡,灾祸自然就消除了。"辛冉、李苾又告诉罗尚:"流民在此前赵厷叛乱时,抢夺了不少财物,应该趁他们迁移的时候,设立关卡,夺回非法侵占的财物。"秋七月,罗尚给梓潼县发送公文,要求流民所经之地封锁关卡。八月,在有关隘的地方都筑建了城墙。阎式说:"没有敌寇而筑城,仇敌必定据城自保,蜀地行将大乱了!"九月,官府派遣军队驻扎在绵竹,对外宣称说是要种麦子,实际上是防备李特等人逃窜。辛冉又悬赏一百匹绢捉拿李特、李流的首级。李特、李骧知道后,将悬赏改为:"有能送来六郡大姓阎、赵、任、杨、李、上官及氏叟梁、窦、符、隗、董、费等人首级者,赏绢一百匹。"流民本来就没有还乡之意,得到消息后,大为惊慌害怕,纷纷奔向李特。

　　冬十月,特、流乃保赤祖①,为二营②。特称镇北、益州,流镇东,皆大将军。兄辅骠骑,弟骧骁骑,特长子荡镇军③,少子雄前军,李含西夷校尉,含子国、离及任回、上官晶、李攀、费他皆将军。以天水任臧、上官惇、杨褒、杨发、杨珪、王达、麹歆、阴平李远、武都李博、略阳夕斌等参佐,而阎式、何巨、赵肃亦为宾从,其余皆有官号。辛冉遣护军曾元攻之,为特所杀。尚遣督护田佐、牙门刘并助冉,复败。进围广汉④。尚复遣犍为太守李苾、长史费远助冉，不能克。冉托罪于绵竹令南郡岐苞⑤，斩之，而溃围走德阳⑥。特等得广汉，诈为表奏，称引梁统推举窦融故事以自贵⑦。尚书檄告喻阎式⑧，式答曰："辛冉倾巧⑨，杜景狂发⑩，曾元小竖⑪，田佐血气不治⑫，李叔平才经廊庙，无将帅之气⑬，讨赢之羌，谓可长尔⑭。式前为节下及杜景文论留徙之宜⑮。人怀桑梓⑯，孰不愿之？但往初至，随谷庸赁⑰，一室五分⑱；复值雨潦，乞须冬熟。而不见听⑲，必穷鹿抵虎⑳。但恐绳之太过㉑，迸民不肯延颈受刃㉒，其忧在后。即听式言，宽使治严㉓，不过去九月尽集㉔，十月坐进道㉕，令达乡里，何有如此也！雅听未察㉖，恤彼过言㉗。今辛冉奴亡，叔平长遁，支分势解㉘，事渐及己，所谓不寤曲突远薪㉙，而有焦烂之客也㉚。"尚率其民尽渡郫水以南㉛，尚阻长围，自都安至犍为七百里捍特㉜。特等保广汉。

【注释】

①赤祖：在今四川绵竹东北。《晋书·李流载记》：西晋太安二年（303），益州刺史罗尚袭杀李特，"（李）流与兄子荡、雄收遗众，还赤祖，流保东营，荡、雄保北营"。

②二营：即北营与东营。《晋书·李特载记》："物乃分为二营，特居北营，流居东营。"北营即赤祖，东营当在今四川广汉东（刘琳）。

③荡：李荡（？—303），字仲平，巴西郡宕渠（今四川渠县）人。巴氐族。李特长子。李特为益州牧，拜镇军将军。李特与李荡分为二营攻张征，李特为张征所扼，李荡持长矛大呼直前，遂大破之，追杀张征。后为叛将持长矛刺死。事见《晋书·李特李流载

记》,《十六国春秋》亦有传。

④广汉:指郡治雒县城,即今四川广汉。

⑤托罪:嫁罪,转移罪责。

⑥德阳:县名。东汉置,广汉郡属县,在今四川广汉。非今之德阳市
(刘琳)。

⑦梁统推举窦融故事:更始二年(24),梁统任酒泉太守。赤眉军攻
入长安,梁统与窦融等据境自保,众人推梁统为首领,梁统坚辞不
受。于是,众人公推窦融行河西五郡大将军事。梁统,字仲宁,安
定乌氏(今宁夏固原)人。性刚毅,好法律。初仕州郡。后从光
武帝刘秀讨隗嚣,拜太中大夫,封为成义侯。出为九江太守,封陵
乡侯。为政主严刑峻法。《后汉书》有传。窦融(前16—62),字
周公,扶风平陵(今陕西咸阳)人。出身贵族。光武即位,遂决策
归汉,授凉州牧,从破隗嚣,封安丰侯,历大司空、将作大匠,行卫
尉事,备受贵宠,子孙多居高位。卒谥戴侯。《后汉书》有传。

⑧书檄:书简与檄文。泛指文书。告喻:犹晓喻、告诉。

⑨倾巧:谓狡诈。

⑩狂发:狂心勃发,头脑发狂。

⑪小竖:詈词,犹言小子。对人的鄙称。

⑫田佐血气不治:意谓田佐很无能。这是骂人的话。《国语·周语
中》:“夫戎、狄,冒没轻儳,贪而不让。其血气不治,若禽兽焉。”

⑬才经廊庙,无将帅之气:意谓有治理国家的才能,但没有将帅的气
魄。廊庙,此指朝廷。

⑭“讨赢之羌”二句:意谓讨伐赢乏之羌,或可胜任此事,但不能对
付强悍的流民。

⑮节下:对将领的敬称。古代授节予将帅以加重职权,故敬称将领
为节下。罗尚官拜“平西将军,假节”,故称“节下”。留徙:意谓
是留下流民,还是迁徙流民。

⑯桑梓：桑树和梓树，借指故乡。古人常在屋宅旁栽种桑树以养蚕，种梓树以制作器具。后人用"桑梓"比喻故乡家园。

⑰庸赁：谓受雇于人。

⑱一室五分：谓一家人分居在五个地方。

⑲不见听：意谓意见没有被听取。

⑳穷鹿抵虎：穷途末路的鹿抵御老虎。比喻走投无路，被迫奋起反抗。

㉑绳：管束，约束。

㉒延颈受刃：伸长脖子，接受刀砍。意谓任人宰割。

㉓治严：整理行装。汉代避明帝刘庄讳，以"装"与"庄"同声，改"装"为"严"，后沿用。

㉔去九月：已经过去的九月份（刘琳）。

㉕坐：或作"生"，任乃强以为衍文，可从。进道：上路出发。

㉖雅听：即听雅，听到的雅言。雅言，指正确合理的言论。《三国志·蜀书·诸葛亮传》："陛下亦宜自谋，以谘诹善道，察纳雅言。"

㉗恤：顾念，考虑。过言：错误的言论。

㉘支分势解：指内部分崩离析。

㉙寤：通"悟"，觉悟，认识到。曲突远薪：又作"曲突徙薪"。将直的烟囱改成弯的，将灶旁的柴火搬远点。突，烟囱。本谓预防火灾。后用以比喻事先采取措施，防患于未然。《艺文类聚》卷八十引汉桓谭《新论》："淳于髡至邻家，见其灶突之直而积薪在傍，谓曰：'此且有火'，使为曲突而徙薪。邻家不听，后果焚其屋，邻家救火，乃灭。烹羊具酒谢救火者，不肯呼髡。智士讥之曰：'曲突徙薪无恩泽，焦头烂额为上客。'盖伤其贱本而贵末也。"

㉚焦烂之客：指因救火而受伤的人。焦烂，即"焦头烂额"，烧焦了头，灼伤了额。

㉛郫水：水名。又称郫江，即今四川金堂与简阳之间的沱江河段。

㉜捍：抵御。

【译文】

冬天十月，李特、李流固守赤祖，建立了北营、东营。李特称镇北大将军、益州牧，李流称镇东大将军，都自命为大将军。委任哥哥李辅为骠骑将军，弟弟李骧为骁骑将军，李特长子李荡为镇军将军，小儿子李雄为前军将军，李含为西夷校尉，李含之子李国、李离及任回、上官晶、李攀、费他等都称为将军。任命天水人任臧、上官惇、杨褒、杨发、杨珪、王达、麹歆、阴平人李远、武都人李博、略阳人夕斌等为参佐，而阎式、何巨、赵肃也被任命为宾从，其他的人都有官号。辛冉派遣护军曾元攻打李特流民，被李特杀死。罗尚派遣督护田佐、牙门将刘并援助辛冉，又被打败了。李特进军包围广汉。罗尚又派遣犍为太守李苾、长史费远援助辛冉，还是不能取胜。辛冉嫁罪于绵竹令、南郡人岐苞，斩杀了岐苞，而自己则突围逃往德阳。李特等人夺取了广汉，诈称上表奏事，援引梁统推举窦融行河西五郡大将军事的先例，以此自显尊贵。罗尚发布文书告喻阎式，阎式答复说："辛冉为人狡诈，杜景头脑发狂，曾元一介小子，田佐实在无能，李苾虽有治理国家的才能，但没有将帅的气魄，讨伐赢弱的羌人或可胜任，却不能对付强悍的流民。我此前跟殿下和杜景文讨论过流民的去留事宜。人人都怀念自己的故乡，谁不愿意回乡呢？只是当初流民到来之时，都是哪里有吃的就在哪里为人做工，以致一家人分居在五个地方；又恰逢大雨和水灾，只好等到冬天再迁移。而您没有听取我的意见，一定要驱赶穷途末路的鹿去抵御老虎。只怕管束过于严苛，流民不愿意伸长脖子任人宰割，忧虑还在后边。如果当时听取我的话，给流民宽延时间整理行装，流民不过就在过去的九月份全部集中，十月份就可上路出发，让他们到达故乡了，哪里有现在的问题呢！我的合理的话您没有觉察，反而顾虑我的言论过了头。如今辛冉已经败逃，李苾也逃得没有踪影，内部分崩离析，祸事逐渐狭及自身，正如俗话所说：'不懂得将直的烟囱改成弯的、将灶旁的柴火搬远点的道理，结果就会有被烧得焦头烂额的人。'"罗尚率领军民全部渡河到郫水以南，并筑起一道长长的防御线,从都安到犍为长达七百里,以抵御李特。李特等人据守广汉。

太安元年春①,尚牙门夏匡攻李特于立石②,失利。征西遣督护衙博西征讨特③,博次梓潼。晋复拜前广汉太守张征广汉太守,据德阳④。尚遣督护巴西张龟督四十牙门,军繁城⑤。博方遣参军蒙绍诱特降⑥,尚贻博书曰:"昔年得李流笺,降心款款⑦;由时威帖⑧,得还为寇。闻特委诚于下吏⑨,而流、骧七八千人来寇日至。奸凶之态,诡谲不测⑩,不可不重以持之也。"博不从,故为特所破于阳沔⑪。梓潼太守张演委仓库走巴西⑫,巴西郡丞毛植、五官襄班举郡降特⑬。衙博才兼文武,征西大将军河间王深器之。初为阴平太守,为从事巴郡毛扶所免⑭,怨梁州人。及西征,征西许以梁州。阳沔之役,寇尚未至,闻鹤鸣便退⑮。博欲委罪梁州⑯,托以自不供给⑰。梁州治中表之⑱,博以是得罪。晋乃更用许雄为梁州刺史⑲。

【注释】

①太安元年:302年。太安,晋惠帝司马衷年号(302—303)。

②夏匡:籍贯不详。罗尚部将,为牙门将。立石:地名。当在今四川广汉市境内(刘琳)。

③征西:指征西大将军、河间王司马颙。司马颙(?—306),字文载,河内温县(今河南温县)人。晋宗室。司马懿弟司马孚之孙。初袭父爵,咸宁三年(277)受封河间王。少有清名,轻财爱士。惠帝元康初,为北中郎将,监邺城,后任平西将军,镇关中。"八王之乱"中,参与讨伐赵王司马伦;又与成都王司马颖合谋攻

打齐王司马冏、长沙王司马乂,使混战规模不断扩大。永兴元年(304),遣部下张方劫惠帝至长安,与东海王司马越争权,败后,为南阳王司马模所杀。《晋书》有传。衡博:籍贯不详。西晋太安中为阴平太守,后官督护。

④ 德阳:县名。东汉置,属广汉郡。治所在今四川江油东北雁门坝一带。东汉末徙治今四川遂宁东南十八里龙凤场,改旧县为德阳亭。东晋属遂宁郡。

⑤ 繁城:县名。在今四川成都新都区西北新繁镇。

⑥ 蒙绍:籍贯不详。衡博部将,为参军。

⑦ 款款:忠诚恳切。

⑧ 威帖:意谓收敛兵威而表示顺从。威,兵威。帖,安定,顺从。

⑨ 委诚:投诚,归顺。下吏:属吏。本处指的是衡博。

⑩ 诡谲不测:做事变幻多端而不可预测。诡谲,怪诞,变幻多端。

⑪ 阳沔:地名。即今四川梓潼东北七十里。一说在梓潼北。

⑫ 张演:籍贯不详。曾任梓潼太守。委:放弃。

⑬ 毛植:籍贯不详。曾任巴西郡丞。五官:即五官掾。汉朝郡国属吏,地位仅次于功曹,祭祀居诸吏之首,无固定职掌,凡功曹及诸曹员吏出缺即代理其职务。襄班:或作"襄珍"。籍贯不详。曾任巴西郡五官掾。

⑭ 从事:官名。即"部郡国从事"。东汉置,为司隶校尉及州部属吏。由州自己任命,掌督促文书,察举非法等。秩百石。后世多沿置,或称部郡从事。毛扶:巴郡人。曾任梁州部从事。

⑮ 闻鹤鸣便退:意谓听闻风声鹤唳,便以为草木皆兵,于是闻风而逃。东晋时,秦主符坚率众南侵,号称百万,列阵淝水,谢玄等率精兵八千渡水击之。秦兵大败,符坚众人奔溃,自相蹈藉,投水死者不可胜计,淝水为之不流。余众弃甲宵遁,闻风声鹤唳,皆以为追兵已至。事见《晋书·谢玄传》。

⑯委罪:推脱罪责,把罪责推卸给别人。

⑰托:托言,借口。

⑱治中:官名。"治中从事""治中从事史"省称。汉置。汉朝为州
之佐吏。秩百石,主选署及文书案卷,有书佐。魏晋之世,治中身
份虽低,职权极重。

⑲许雄:籍贯不详。曾任梁州刺史。

【译文】

太安元年春天,罗尚的牙门将夏匡在立石向李特发起进攻,但失败
了。征西大将军司马颙派遣督护衙博西进征讨李特,衙博驻扎在梓潼。
晋朝又任命前广汉太守张征为广汉太守,据守德阳。罗尚派遣督护、巴
西人张龟督领四十个牙门,驻军于繁城。衙博正派遣参军蒙绍前往诱降
李特,罗尚致信衙博说:"往年收到李流的书信,诚恳表达投降的心意;当
时他们收敛兵威而表示顺从,不料又再次做了流寇。我听说李特向你表
达了投诚之意,但李流、李骧带来的流寇七八千人却一天天逼近。他们
怀有狡诈之心,做事变化多端不可预测,不可不慎重对待这件事啊。"衙
博没有听从意见,因此在阳沔被李特打败。梓潼太守张演放弃仓库逃往
巴西,巴西郡丞毛植、五官掾襄班率领全郡投降李特。衙博文武兼备,征
西大将军、河间王司马颙很器重他。衙博起初担任阴平太守,被梁州部
从事、巴郡毛扶上奏免官,于是怨恨梁州人。等到西征之时,征西大将军
司马颙将梁州刺史之位许诺给衙博。阳沔之役时,敌寇还没有到来,衙
博便闻风而退军。衙博想把罪责推卸给梁州官员,借口自己需要的物资
供应不上。梁州治中从事上表朝廷说明实情,衙博因此而获罪。晋朝于
是改任许雄为梁州刺史。

八月,特破德阳,流次成都北土①,李骧在毗桥②。尚遣
将张兴伪降于骧③,觇士众④,还,以告尚。尚遣叟兵袭骧⑤,
破之。流、骧并众攻尚军,尚军失利,丧其器甲。梁州刺史

许雄数遣军讨特,特备险⑥,不得进。征西乃遣监军刘沈将西征⑦,以中国有事,不果。而南夷校尉李毅遣叟兵助尚,军数挫,特势日盛。

【注释】

①北土:底本作"北上"。刘琳据文意改作"北土"。

②毗桥:在今四川成都新都区南十里毗河上,为通成都之要道。

③张兴:籍贯不详。罗尚部将。

④觇(chān):暗中侦察,窥视。

⑤叟兵:东汉、三国时叟人(汉代至六朝对今甘肃、四川、云南一些地方少数民族的泛称)被征募为兵者,作战英勇,称"叟兵"。

⑥备险:依仗地形险峻。

⑦监军:即监梁州、益州诸军事。刘沈(?—304):字道真,燕国蓟县(今属天津)人。家世为北方名族。少仕州郡,转领本邑大中正,有政声。齐王司马冏辅政,引为左长史,迁侍中。奉诏统益州刺史罗尚、梁州刺史许雄等入蜀镇压李流起事。行至长安,被河间王司马颙留为军司,领雍州刺史。不久,长沙王司马乂称诏发兵攻司马颙。次年率众渡渭,其前锋战至司马颙帐下,兵败被执,为司马颙所杀。《晋书》有传。

【译文】

八月,李特攻破德阳,李流驻扎在成都城北,李骧驻扎在毗桥。罗尚派遣部将张兴假装投降李骧,以暗中侦察李骧兵马的情况,回来之后,张兴向罗尚报告了所侦察的情况。罗尚派遣叟兵袭击李骧,打垮了李骧。李流、李骧合并人马进攻罗尚军队,罗尚的军队失败,丧失了武器盔甲。梁州刺史许雄多次派遣军队讨伐李特,李特依仗地势险峻,许雄的军队不能前进。征西大将军于是派遣监军刘沈带领军队西征,但因中原出现变故,西征没有进行。南夷校尉李毅派遣叟兵援助罗尚,但罗尚大军多次受挫战败,李特的势力一天天强大起来。

　　二年春正月朔,特攻尚水上军①。特从盎底渡、党徒从赤水渡入郫及水西南②。缘江守军皆散走,太守徐俭逼降③。尚保太城,特营少城,而流军江西之检上④。蜀民先已结村保⑤,特分人就主之。雄书谏特收质任⑥,无得分散猛锐⑦;流亦谏之。特怒曰:“大事以定,但当安民,何缘疑动而劫害不止⑧?”尚从事蜀郡任叡说尚曰⑨:“侵暴百姓⑩,又分人众,散在诸村,怠忽无备⑪,殆天亡特之秋也。可告诸村,密克战日⑫,内外击之,破特必矣。”尚从之,夜缒出叡⑬,使宣旨告诸村,期二月十日同时讨特⑭。手书隐语曰⑮:“在彼扬水⑯。”叡先诣特降,究观虚实⑰。特问城中,叡曰:“米谷已欲尽,但有货帛耳。”因求省家⑱,特与启信⑲。诸村悉从叡。叡还报尚。如期出军讨特,诸村亦起,大杀特众。特众破退。追及于繁之官桑⑳,斩特及兄辅、李远等㉑。李流敛余众还赤祖。尚乘胜,但施游军征荡㉒。传特首洛阳㉓,焚其尸。李雄以李离为梓潼太守㉔。众还赤祖,推流为大将军、大都督、益州牧。而荆州刺史宋岱水军三万助尚㉕,次垫江,前锋建平太守孙阜破特德阳守将骞硕、太守任臧㉖,径至涪。

【注释】

①水上军:即罗尚所统率的、驻扎在郫水上的晋军。

②盎底渡、赤水渡:当在四川成都北府河及油子河上(刘琳)。

③徐俭:乐陵(今山东乐陵)人。时任蜀郡太守。逼降:被迫投降。

④江西：指郫江以西，包括今四川郫都、双流、温江、崇州等地（刘琳）。检上：当在检江（今走马河）上（刘琳）。

⑤村保：四周有防御性墙垣的村寨。保，同"堡"。

⑥质任：人质和任子（作为人质的儿子）。本处指人质。

⑦猛锐：勇猛而富有锐气的人。本处指精兵。

⑧疑动：使其心生疑虑而骚动。

⑨任叡：古书或作"任明"（《晋书·李特载记》），或作"任锐"（《晋书·罗尚传》）。蜀郡人。罗尚部将，为益州兵曹从事。

⑩侵暴：侵犯暴掠。

⑪怠忨（wán）无备：指军队松懈、麻痹而没有防备。怠，懈怠，松懈。忨，苟安，苟且偷安。

⑫密克：暗中确定，暗中约定。

⑬缒（zhuì）：用绳索拴住人或物从上往下放。

⑭期：约期，约定日期。

⑮隐语：指不直说本意而借别的词语来暗示的话。本处实指暗号。

⑯在彼扬水：典出《诗经·王风·扬之水》："扬之水，白石粼粼。我闻有命，不敢以告人。"扬之水，郑玄笺："激扬之水，激流湍疾。"

⑰究观：仔细观察。

⑱省家：返家省视，回家探亲。

⑲启信：凭信，通行证。

⑳官桑：当在今四川新都或彭州境（刘琳）。

㉑李远：阴平（今甘肃文县）人。非李特之兄（刘琳）。

㉒游军：流动作战的军队。

㉓传（zhuàn）：传车，古代驿站的专用车辆。本处用作动词，指用车装载和运输。

㉔李离（？—309）：巴西郡宕渠（今四川渠县）人。巴氐族。李含之子，李特妹婿。初为梓潼太守。李雄即成都王位，李离为太尉。

　　后为叛将罗羡、訇琦所杀。

○25 宋岱：字处宗，沛国（治今安徽淮北）人。或作"宗岱"。历任襄
　　　阳太守、荆州刺史。精《周易》，善清谈。

○26 孙阜：籍贯不详。曾任建平太守。蹇硕：籍贯不详。李特部将。

【译文】

　　太安二年春天正月初一，李特攻打罗尚的水军。李特率众从盎底渡
河，其余党羽从赤水渡河，进入郫城和郫水西南面。沿江一带的晋朝守
军都四散而逃，太守徐俭被迫投降。罗尚的军队保卫着太城，李特的人
马守护着少城，而李流的人马驻扎在郫江以西的检江之上。蜀地百姓此
前已经联合起来修筑墙垣保护村子，李特分派人员前往村寨主持其事。
李雄致信劝谏李特注意收聚人员，而不要分散精兵；李流也劝阻李特。
李特发怒说："现在大事已定，我们只应当安抚百姓，为什么要使其心生
疑虑而不停止劫难和祸乱呢？"罗尚的兵曹从事、蜀郡人任叡劝说罗尚：
"李特等人侵犯暴掠百姓，又把他的军队分散在各个村落，松懈、麻痹而
没有防备，这大概是上天所赐灭亡李特的时机。可以通告各个村落，暗
中约定开战的日期，届时内外夹击，打败李特是必然的事情。"罗尚听从
了任叡的建议，夜里用绳索拴住任叡，把他放出城去，派他到各个村子宣
告罗尚的旨意，约定二月十日同时讨伐李特。任叡亲手写下暗号："在彼
扬水。"任叡先到李特营帐假装投降，以便仔细观察虚实。李特询问城
中的情况，任叡说："大米和稻谷都快吃光了，只有钱币和绢帛。"于是任
叡请求回家探亲，李特发给任叡通行证。各个村子都服从任叡。任叡回
来向罗尚做了汇报。罗尚按照约定的日期出兵攻打李特，各个村子也发
起进攻，杀了李特的很多人。李特率众破阵而退。晋军在繁地的官桑追
上了李特，斩杀了李特及其兄李辅、李远等人。李流收集残余部队，回到
老营赤祖。罗尚虽然乘胜追击，但只派了一些散兵攻打。晋军把李特的
首级运送到洛阳，而在蜀地焚烧了李特的尸体。李雄任命李离为梓潼太
守。众人回到赤祖后，推举李流为大将军、大都督、益州牧。而荆州刺史

宋岱又派遣三万水军援助罗尚，驻扎在垫江，前锋、建平太守孙阜打败了李特的德阳守将骞硕、太守任臧，直接进攻到涪城。

　　三月，尚遣督护张龟、何冲、左氾等军繁城；而绵竹降，涪陵民药绅、杜阿应尚①。尚又遣督护常深军毗桥，为流、骧御。荡、雄攻绅。深破骧，杀李攀，弟恭复为主②。左氾、黄阃逼攻北营③，营中氐、羌因符成、隗伯、石定叛，应氾、阃，攻荡、雄。荡母罗摆甲略陈④，伯手刃罗，伤目，壮气益烈。又时成、伯战于内，氾、阃攻其外，自晨至日中，营垂欲破。会流破深，荡、雄破绅还，适与氾、阃会，大破之，成、伯将其党突出诣尚⑤。荡策马追退军，为曳长矛所撞死⑥。罗、雄秘不发丧，以安众心。

【注释】

①药绅：一作"乐绅"。

②恭：李恭，扶风（今陕西兴平）人。李攀之弟。李雄部将。

③黄阃：籍贯不详。为李流部下，任牙门将。《晋书·李流载记》作"黄訇"。

④摆（huàn）甲：穿上甲胄。略陈：巡视阵地。陈，同"阵"。

⑤将：率领，统率。

⑥"荡策马"二句：《资治通鉴》卷八十五："（李）流等乘胜进抵成都，（罗）尚复闭城自守。（李）荡驰马逐北，中矛而死。"策马，驱马。撞（chōng），撞击，刺。

【译文】

　　三月，罗尚派遣督护张龟、何冲、左氾等驻扎在繁城；而绵竹的李特军队投降，涪陵百姓药绅、杜阿也出动人马响应罗尚。罗尚又派遣督护常深驻扎在毗桥，抵御李流、李骧。李荡、李雄攻打药绅。常深打败李骧，杀死李攀，李攀之弟李恭又继任为统帅。左氾、黄闰攻打北营，营中的氐人、羌人随着符成、隗伯、石定等反叛，响应左氾、黄闰，转而攻打李荡、李雄。李荡的母亲罗氏穿上甲胄巡视阵地，隗伯提刀砍击罗氏，砍伤了她的眼睛，罗氏豪气益发壮烈。这时符成、隗伯在流民营垒内部作战，左氾、黄闰从流民营垒外部向内攻打，从早晨打到中午，营垒即将被攻破。恰逢李流打败了常深，李荡、李雄打败药绅回营，正好与左氾、黄闰遭遇，大败左氾、黄闰，符成、隗伯率领他们的党羽突出包围投奔罗尚。李荡骑马追赶败退的军队，被叟兵的长矛刺中而死。罗氏、李雄秘不发丧，以便安定军心。

流以特、荡死，而岱、阜并至，恐惧。李含劝流降，流从之。雄与骧谏之，不纳，遣子世及含子胡质于阜。李离闻父、舅将降，自梓潼还，欲谏不及。雄与离谋袭阜，曰："若功成事济，当为人主，要三年一更①。"雄曰："与君计虽定，老子不从②，若何？"离曰："当制之。若不可，便行大事③。虽君叔④，势不得已；老父在君⑤，夫复何言？"雄乃说六郡人士，激以尚之自侵，惧以共残蜀民之祸，陈袭阜可富贵之利⑥。得以破阜，阜军死者甚众。而岱病亡，荆州军退，转攻尚。流惭其短，军事任雄⑦。雄数破尚军，尚保太城⑧。

【注释】

①要：约定。三年一更：意谓三年轮换做一回国君。更，改变，轮换。

②老子：对老年人的泛称。本处指李流、李含。

③行大事：指杀掉李流、李含。

④君叔：以叔叔为国君。本处指李流。李流为李雄之叔。

⑤老父在君：意谓我的父亲任凭你处置。

⑥利：底本作"秋"，刘琳据文意改为"利"，可从。

⑦任：听凭，任凭。

⑧尚：刘琳据文意补，可从。

【译文】

李流因为李特、李荡相继战死，而宋岱、孙阜又一起到达，非常害怕。李含劝李流投降，李流听从了。李雄和李骧劝阻此事，李流没有采纳，他派遣儿子李世和李含之子李胡到孙阜处做人质。李离听说父亲、舅舅即将投降，从梓潼返回老营，想劝阻但已经来不及了。李雄和李离合谋偷袭孙阜，李离说："如果大功告成、事情办成，应当做皇帝，我们约定三年轮流做一回皇帝。"李雄说："我和你虽然定下了计策，而李流、李含不听从，怎么办呢？"李离说："应当控制住他们。如果不同意，就杀掉他们。即使是叔叔做国君，形势的发展也由不得他们；我的父亲任凭你处置，还有什么可说呢？"李雄于是劝说六郡的流民，用罗尚侵犯杀害众人的事情激励大家，用蜀地百姓将被共同残害的担心以恐吓大家，又陈述偷袭孙阜可享富贵的好处以蛊惑大家。他们最终打败了孙阜，孙阜的军队战死者很多。而宋岱病死，荆州军队退回原地，流民大军转而进攻罗尚。李流惭愧自己因智谋短浅，行军作战之事任凭李雄处置。李雄多次打败罗尚军队，罗尚保住了太城。

夏四月，尚杀隐士刘敞[①]，故州牧刘璋曾孙也。隐居白鹿山[②]，高尚皓首[③]，未尝屈志[④]，亦不预世事[⑤]。尚信袄言杀之[⑥]。杀之日，雷震人，大雨，城中出水。

【注释】

①刘敞（？—303）：刘璋曾孙。隐居白鹿山。后为罗尚所杀。

②白鹿山：山名。在今四川彭州西北六十里白鹿、通济、思文三乡交

界处。《元和郡县志》卷三十一："白鹿山,在（九陇）县西北六十
一里。"

③皓首:白头,白发。意谓年老。

④屈志:屈服,折节。谓曲意迁就（世俗）。

⑤预:干预。

⑥祅（yāo）言:怪诞不经的邪说。祅,古人称反常怪异的事物。

【译文】

夏天四月,罗尚杀死隐士刘敞,刘敞是前益州牧刘璋的曾孙。隐居
在白鹿山,志行高洁一直到老,不曾曲意迁就世俗,也不干预世事。罗尚听
信邪说杀了刘敞。罗尚杀刘敞的那一天,天上雷霆震人,大雨倾盆,城中涌
出水来。

五月,李流降于孙阜,遣子为质。李雄以为不可①,乃
举兵与李离袭阜。阜军败绩。宋岱病卒垫江,州军退。雄
逼攻尚②,尚保太城中③。

【注释】

①李雄以为:四字原缺。刘琳据上下文补,可从。

②逼攻:犹强攻。

③按:本段文字与上文所记事重复,行文风格亦与前后文不类,疑非
　　《华阳国志》原文。《资治通鉴》亦载此事于五月,疑是李𣈆见此文
　　无五月事,遂约《通鉴》之文补于此,而不察上文已有此事（刘琳）。

【译文】

五月,李流投降孙阜,派遣儿子作为人质。李雄认为这样不行,于是
与李离发兵袭击孙阜。孙阜军队战败。宋岱病死于垫江,荆州军队退回
原地。李雄强攻罗尚,罗尚保据于太城之中。

六月，雄从帛羊颓渡①，攻杀汶山太守陈晋②，据郫城③。秋七月朔，雄入郫城，流尽移营据之④。三蜀民流迸⑤，南入东下⑥，野无烟火，卤掠无处⑦，亦寻饥饿；唯涪陵民千余家在江西⑧，依青城山处士范贤自守⑨。平西参军涪陵徐舆求为汶山太守⑩，抚帅江西民，与官掎角讨雄⑪。尚不许。舆怨之，求使江西，因叛，降雄。雄以为安西将军，说贤给其军粮，雄得以振。

【注释】

①帛羊颓：当在今四川成都郫都区东北郫江边。

②陈晋：底本作"陈图"，误。晋，古"时"字。

③据：当作"趋"（任乃强），趋向，进逼。

④营：指在广汉的北营、东营。

⑤流迸：流离，奔走。

⑥南入东下：向南进入宁州，向东进入荆州。《资治通鉴》卷八十五："秋，七月，李流徙屯郫。蜀民皆保险结坞，或南入宁州，或东下荆州。城邑皆空，野无烟火，流虏掠无所得，士众饥乏。"

⑦卤掠：掳掠。卤，通"虏"。

⑧江西：刘琳认为指大江（今金马河）以西。任乃强认为指岷江正流羊摩江以西。

⑨处士：本指有才德而隐居不仕的人，后亦泛指未做过官的士人。范贤（？—318）：本名长生，一名延久，涪陵丹兴（今重庆黔江）人。为天师道首领。出身土著豪族，率千余家移居青城山。李特、李雄起事时，长生曾资助粮草，深受信重。西晋惠帝永兴元年（304），李雄称成都王，任长生为丞相，尊称"范贤"。光熙元年（306），李雄称帝，封西山侯，尊为"四时八节天地太师"。成汉玉

衡八年（318）卒，年近百岁。著有《周易注》十卷，已佚。参看
《晋书·李雄载记》《十六国春秋》。

⑩徐舆：本涪陵（今重庆彭水）人，后迁居蜀地。罗尚部将，为平西
参军。后叛降李雄。

⑪掎（jǐ）角：分兵牵制或夹击敌人。

【译文】

六月，李雄从帛羊頟渡河，进攻并杀死了汶山太守陈昝，进逼郫城。秋天七月初一，李雄进入郫城，李流将全营迁入郫城。三蜀的老百姓流散逃命，有的南入宁州，有的东下荆州，田野上没有做饭的烟火，无处掳掠，也很快陷入饥饿之中；只有涪陵的一千多家百姓居住在大江以西，依靠青城山的处士范贤组织武装自守。平西参军、涪陵徐舆请求担任汶山太守，以安抚、统治江西的百姓，和官军成掎角之势以讨伐李雄。罗尚没有答应请求。徐舆为此怨恨在心，便请求出使江西，趁机反叛，投降李雄。李雄任命徐舆为安西将军，游说范贤供应流民武装军粮，李雄因此得到重振。

九月，流病死，雄复称大将军、都督、州牧。尚数攻郫，雄使武都朴泰谲尚曰①："李骧与雄以饥饿孤危，日斗争相咎。骧欲将民江西食谷。若潜军来，我为内应，可得也。"尚以为然，大与金宝。泰曰："今事故未立效②，后取不晚也。"又求遣人自随觇伺③，尚从之。泰要发火④，遣隗伯诸军攻郫。骧使道设伏，泰以长梯上伯军。伯军见火起，皆争缘梯⑤。雄因放兵击之，大破尚军。雄径追退军，夜至城下，称万岁，曰："已得郫城矣！"入少城，尚乃觉，保太城。骧别攻犍为，断尚运道，获太守武陵龚恢⑥。恢往为天水西县令，任回为吏。回问曰："识故吏不？"恢曰："识汝耳。"郡吏星

散⑦，惟功曹杨涣侍卫，回谓曰："卿义人也⑧，吾力恐不能救，龚君不能免也，卿宜早去。"涣曰："背主求生⑨，何如守义而死！"遂并见杀。以李溥为犍为太守⑩。雄生获伯⑪，知其伤，死创也⑫。伯女为梁双妻，为己用，故不杀。

【注释】

①谲（jué）：欺骗。

②立效：立功。

③觇伺：窥察侦伺。

④要：约定。

⑤缘：爬，登。

⑥龚恢：武陵（治今湖南溆浦）人。历任天水西县令、犍为太守。

⑦星散：四散，分散。

⑧义人：言行符合正义或道德标准的人。

⑨背主：背叛主人。

⑩李溥：籍贯不详。在龚恢被杀之后，被李雄任命为犍为太守。

⑪生获：活捉。

⑫死创：致命伤。

【译文】

九月，李流病死，李雄又自称大将军、都督、州牧。罗尚多次进攻郫城，李雄派武都人朴泰欺骗罗尚说："李骧和李雄因为陷于饥饿、孤军困守而天天争吵，互相责怪。李骧想带领流民到河西寻找粮食。如果您暗中派遣军队前来，我就做你们的内应，这样可以打败他们。"罗尚相信了他，于是送了许多金银财宝给朴泰。朴泰说："现在事情还没有成功，等立功后再取，也为时不晚。"朴泰又请求罗尚派人随同自己窥察侦伺，罗尚听从了他的意见。朴泰和罗尚约定以发火为信号，罗尚派遣隗伯所属各部队攻打郫城。李骧派人在半道设下埋伏，朴泰准备了长梯便于隗伯军队登城。隗伯的军队见城中火起,都争相爬上长梯。李雄趁机发兵进攻,大败罗尚的军队。李雄径直追击败退的军队,当晚赶至城下,口称"万岁",说:"我们已经夺取郫城了!"李雄的军队进入少城时,罗尚才察觉,只好退保太城。李骧又派遣另外的军队攻打犍为,切断罗尚的运粮通道,抓获犍为太守、武陵人龚恢。龚恢以前担任过天水郡西县令,任回是他的属吏。任回问龚恢说:"您认识以前的属吏吗?"龚恢说:"认识你啊。"犍为郡的官吏四散而去,只有功曹杨涣还在龚恢身边侍卫,任回对他说:"阁下是讲义气的人,我的力量恐怕不能解救龚君,龚君也不能免罪,阁下应该早点离去。"杨涣说:"背叛主人去谋求生路,还不如坚守道义而死!"于是这两个人都被杀死了。李雄任命李溥为犍为太守。李雄活捉了隗伯,知道他受了伤,而且是致命伤。隗伯的女儿是梁双的妻子,而梁双正在为自己效力,所以没有杀隗伯。

　　闰十二月,尚粮运不继,而被攻急,夜退,由牛鞞水东下①,留牙门张罗持城②。终夜,比雄觉,去以远。仓卒失节钺,罗持从后,得之,并获资应③。雄得成都。

【注释】

①牛鞞水:指今四川简阳一段之沱江。

②张罗:字景治,河南梁(今河南汝州)人。罗尚部将,为牙门将,后任折冲将军、巴郡太守、行三府事。事见本书卷八《大同志》、卷九《李特雄期寿势志》。持城:《资治通鉴》卷八十五作"守城"。

③资应:物资供应。

【译文】

　　闰十二月,罗尚因粮食运输供应不上,又被李雄军队急攻,便趁晚上撤退,由牛鞞水路乘船东下,只留下牙门将张罗守卫城池。一夜之后,等李雄发觉时,罗尚已经离开很远了。罗尚在匆忙之间丢失了节、钺等行使权力的物件，张罗带着这些东西从后面追上来，罗尚才重新得到了节、钺，并且获得物资供应。李雄占领了成都。

梁州刺史许雄以讨贼不进，槛车征诣诏狱①。惟护军与汉国太守杜孟治、都战帅赵汶、荆州太守梓潼守汉中②。

【注释】

① 诏狱：关押钦犯的牢狱。

② 护军：统兵武职。魏晋南北朝置。常随征伐目的置诸杂号，如讨蜀护军、征西护军、镇蛮护军等，职如将军，而地位稍逊同号将军，资历稍浅之统帅常授此。按："护军"下有缺文（为姓名）。任乃强补"张殷"。汉国：汉中。本书卷二《汉中志》："太康中，晋武帝孙汉王迪受封，更曰汉国。"杜孟治：籍贯不详。曾任汉中太守。《晋书·张光传》作"杜正冲"。都战帅：官名。晋置，征伐时所设，地位在牙门将之上。赵汶：生平不详。太守梓潼：下有缺文，疑当作"太守梓潼□□"。或疑此人即下文所云"梓潼荆子"之父（刘琳）。

【译文】

梁州刺史许雄因为讨伐流民不力，被皇帝下诏用槛车押送至京投入牢狱。只有护军某某和汉国太守杜孟治、都战帅赵汶、荆州太守梓潼人某某守护汉中。

永兴元年春正月，尚至江阳。军司辛宝诣洛表状①，诏书权统巴东、巴郡、涪陵三郡，供其军赋②。冬，尚移屯巴郡，遣军掠蜀中，斩雄从祖冉③，获骧妻昝、子寿兄弟④。十二月，雄太尉李离伐汉中，杀战帅赵汶⑤。

【注释】

①辛宝：籍贯不详。罗尚部将，任军司。

②军赋：旧时以军事需要征发的赋役。

③冉：李冉（？—304），略阳临渭（今甘肃秦安）人。李雄从祖。

④寿：李寿（300—343），字武考，巴西郡宕渠（今四川渠县）人。李特弟李骧之子。参看本书卷四《南中志》注。

⑤战帅：据上文，当作"都战帅"。

【译文】

永兴元年春天正月，罗尚到达江阳。派遣军司辛宝到洛阳上表奏明情况，朝廷下达诏书，令罗尚代理统辖巴东、巴郡、涪陵三郡，以三郡赋役供其军需。冬天，罗尚移师驻扎于巴郡，并派遣军队抢掠蜀中，斩杀李雄的堂祖李冉，抓到了李骧的妻子昝氏、儿子李寿兄弟。十二月，李雄的太尉李离讨伐汉中，杀死了都战帅赵汶。

永嘉元年春，尚施置关戍①，至汉安、僰道②。时益州民流移在荆、湘州及越嶲、牂柯③，尚表置郡县④，就民所在，又施置诸村参军⑤。

【注释】

①关戍：边界上的关隘、城堡。

②汉安：县名。东汉置，属犍为郡。治所在今四川内江市西二里。建安十八年（213）属江阳郡。僰道：县名。战国秦置，属蜀郡。治所在今四川宜宾。

③湘州：州名。西晋永嘉元年（307）分荆、广两州置。治所在临湘县（今湖南长沙）。以州治"以西临湘水为名"（《太平寰宇记》卷一百一十四潭州引郭仲产《湘州记》）。

④表：底本为"书"，顾广圻认为"书"当作"施"，刘琳认为改为

"表"更合适。

⑤施置诸村参军："盖于巴蜀民之诸村堡置参军以统之"（刘琳）。

【译文】

永嘉元年春天，罗尚设置关隘，一直延伸到汉安、僰道一带。当时益州的百姓流亡到荆州、湘州以及越嶲、牂柯等地，罗尚上表朝廷，建议在流民所在地设置郡县，又在各个村堡设置参军统管。

三月，关中流民邓定、訇氏等掠汉中①，据冬辰势以叛②。巴西太守张燕帅牙门武肇、汉国郡丞宣定遣兵围之③，氏求救于李雄。夏五月，雄遣李离、李云、李璜、李凤入汉中救定④。杜孟治闻离至，命燕释围保州城⑤。初，燕攻定，定众饥饿，伪降，送金一器与燕，燕纳之。居七日，氏至，定还冬辰势；燕进围之，不听孟治言。离至，先攻肇营，营破；次攻定，又破之。燕惧战，将百骑走，离等大破州军。牙门蔡松退告孟治曰⑥："州军已破，贼众，不可待也。"孟治怖。护军欲城守，谓孟治曰："贼来虽众，客气之常⑦。李区区有东南之逼⑧，必不分宿兵于外⑨，不过迎拔定、氏耳。"孟治曰："不然。雄冒称帝王，纵横天下，以遣重众⑩，必取汉中。虽有牢城，士民破胆，不可与待寇也。"乃开门退走。护军北还。孟治入大桑谷⑪，民数千家，车数千两⑫，一夜行才数十里。而梓潼荆子以父与孟治有隙⑬，合子弟追之，及于谷口。孟治弃子走，荆子获之⑭，及吏民千余家。惟汉国功曹毋建荷担杖曰⑮："吾虽不肖⑯，一国大夫⑰，国亡不能存，终不属贼也。"饿死谷中。积十余日，离等引还。汉中民句方、白落率吏民还守南郑。

【注释】

① 邓定：或疑即"登定"（刘琳）。《通志》卷二十五《氏族略》："登氏：后汉有左冯翊登道，又将作大匠登豹，《蜀录》有关中流人始平登定。望出始平，南阳。"訇（hōng）氏：人名。姓訇名氏。

② 冬辰势：地名。在成固（今陕西城固东）。《晋书·张光传》："先是，秦州人邓定等二千余家，饥饿流入汉中，保于成固，渐为抄盗，梁州刺史张殷遣巴西太守张燕讨之。"

③ 张燕：籍贯不详。曾任巴西太守。武肇：籍贯不详。张燕部将，为牙门将。宣定：籍贯不详。曾任汉中郡丞。

④ 李云：巴西郡宕渠（今四川渠县）人。李雄堂弟。时任司徒。李璜：巴西郡宕渠人。李雄堂弟。时任司空。李凤（？—318）：籍贯不详。后任平寇将军、梁州刺史。

⑤ 州城：梁州之城。梁州治所在南郑（今陕西汉中东二里）。

⑥ 蔡松：籍贯不详。杜孟治部将，为牙门将。

⑦ "贼来虽众"二句：意谓客军（外来兵马）初来，气势汹汹，这是常情。客气，与"主气"（主军的气势）相对，指客军的气势。常，常态，常情。

⑧ 区区：同"拘拘"，拘束不伸貌。东南之逼：指罗尚。

⑨ 宿兵：老兵。

⑩ 重众：重兵。

⑪ 大桑谷：具体地点不详。或当在今陕西洋县以东（刘琳）。《晋书·张光传》："太守杜正冲东奔魏兴，殷亦弃官而遁。"

⑫ 两：同"辆"。

⑬ 梓潼荆子：梓潼（今属四川）人。姓荆，名字不详。"荆子"下当有脱文。有隙：有嫌隙，有怨恨。

⑭ 获之：俘获杜孟治之子。

⑮ 毋建：《十六国春秋》卷七十七作"毌丘建"。担杖：扁担。

⑯不肖：谦辞。

⑰一国大夫：毋建为汉国功曹，相当于古代诸侯国的大夫。

【译文】

三月，关中流民邓定、訇氏等人抢掠汉中，占据冬辰势发动叛乱。巴西太守张燕率领牙门将武肇、汉国郡丞宣定等派遣军队包围叛军，訇氏向李雄求救。夏天五月，李雄派遣李离、李云、李璜、李凤入汉中解救邓定等人。杜孟治听说李离的人马到来，命令张燕等人撤除包围，回军保卫州城。起初，张燕攻打邓定，邓定的士兵陷入饥饿之境，假装投降，派人送了一个金器给张燕，张燕接受了。过了七天，訇氏到来，邓定便回到冬辰势；张燕不听杜孟治的劝阻，进军围攻他们。李离的队伍到来之后，先进攻武肇的营垒，攻破了营垒；接着进攻宣定的营垒，又攻破了营垒。张燕害怕战斗，率领一百多骑兵逃跑了，李离等大败州府官军。牙门将蔡松回来告诉杜孟治说："州府官军已经被打败了，流民的人马多，我们不能再待下去了。"杜孟治感到恐惧。护军想继续守城，对杜孟治说："流民反贼虽然人马多，但这是客军气势的常态。李雄政权拘谨自守，又有罗尚在东南压迫他们，他们一定不会分老兵向外进军，只不过呼应一下邓定、訇氏而已。"杜孟治说："不是这样。李雄假冒帝王称号，是想夺取天下，他已经派重兵，必定会夺取汉中。我们即使有牢固的城池防守，但士兵和百姓都吓破了胆，是不能与贼寇对抗的。"于是打开城门退兵而去。护军也回到北边去了。杜孟治的队伍进入大桑谷，同行的百姓有好几千家，车子也有好几千辆，一夜只能行走数十里路。而梓潼人荆子因为父亲与杜孟治有怨恨，纠合宗族子弟追赶杜孟治一行，在谷口追赶上了。杜孟治抛弃儿子逃亡，荆子俘获了杜孟治之子，以及同行的官民一千余家。只有汉国功曹毋建挑着扁担说："我虽然不成才，好歹是一国的大夫，国家破亡，我也不能独存，终究不能归属反贼。"毋建后来饿死在山谷中。过了十多日，李离等人率军退回蜀地。汉中民句方、白落率领官吏和百姓回去守卫南郑。

二年,诏书录尚讨特功,加散骑常侍,都督二州^①,进爵夷陵侯。长子宇以佩奉车都尉,拜次子延寿骑都尉^②。梁州以为雄所破坏,晋更以皇甫商为梁州^③。商不能之官^④,更用顺阳内史江夏张光为刺史^⑤,治新城^⑥。汉中民逼李凤寇掠,东走荆沔^⑦。

【注释】

①二州:指梁州、益州。

②骑都尉:官名。汉置,掌领骑兵,位次将军,与校尉同级,无固定人数。其后,三国、魏、晋皆置,为亲近武官,侍从宿卫。

③皇甫商(? —303):安定朝那(今宁夏固原东南)人。少恃豪族,欲结交陇西李含,李含不纳,因结怨。惠帝时为梁州刺史,依附赵王司马伦。司马伦败,辗转依附于河间王司马颙、齐王司马冏、长沙王司马乂之间。所在恃宠作祸,挑斗诸王争夺权力。后为河间王所杀。

④之官:上任,前往任所。

⑤张光(259—313):字景武,江夏钟武(今河南信阳)人。少为郡吏。伐吴有功,迁江夏西部都尉。氐羌反叛,张光以百人固守,擢新平太守。惠帝太安二年(303),雍州刺史刘沈奉长沙王司马乂命与河间王司马颙战,不用张光之谋,兵败,张光为司马颙所擒,司马颙用为右卫司马、顺阳太守。以功迁材官将军、梁州刺史,镇汉中。建兴初被王如流民军余部及氐王杨茂搜围攻,婴城固守,愤疾而卒,时年五十五。《晋书》有传。

⑥新城:郡名。三国魏黄初元年(220)改房陵郡置,属荆州。治所在房陵县(今湖北房县)。本处指新城郡治所房陵县。

⑦荆沔:沔水(汉水)自梁州流入荆州(今湖北境),这一带便称

荆沔。

【译文】

永嘉二年,朝廷下达诏书,记录罗尚讨伐李特之功,加官散骑常侍,都督梁州与益州,晋升爵位为夷陵侯。罗尚的长子罗宇被任命为奉车都尉,次子罗延寿被任命为骑都尉。因为梁州的行政机构已经被李雄破坏,晋朝另外任命皇甫商为梁州刺史。因皇甫商不能到任,朝廷转而任用顺阳内史、江夏张光为梁州刺史,治所在新城。汉中百姓迫于李凤的抢掠骚扰,向东逃往荆沔一带。

三年冬,天水訇琦、张金苟、略阳罗羕杀雄太尉李离^①,降尚。雄太傅骧、李云、李璜攻羕,为所破,杀云、璜,雄从弟也,为司徒、司空。十有二月,琦等送离母子于尚,尚斩之,分其室^②。

【注释】

①张金苟:疑当作"张铸"。因訇琦、罗羕等均为单名,此处误分"铸"字为"金苟"二字。

②分其室:瓜分了他们的家产(妻女、奴婢、财产等)。

【译文】

永嘉三年冬天,天水人訇琦、张金苟、略阳人罗羕杀死李雄的太尉李离,投降罗尚。李雄的太傅李骧、李云、李璜进攻罗羕,但被罗羕打败,李云、李璜也被杀死,他们是李雄的堂弟,分别担任司徒、司空。十二月,訇琦等人送李离的母亲和儿子给罗尚,罗尚杀了他们,并瓜分了他们的家产。

四年,天水文石杀雄太宰李国^①,以巴西降尚,梓潼、巴西还属。初，巴西谯登诣镇南请兵②，镇南无兵③，表为扬烈将军、梓潼内史，义募三巴、蜀、汉民为兵，克复州郡④。先征宕渠，杀雄巴西太守马脱，进住涪。折冲将军张罗进据犍为之合水⑤。巴蜀为语曰："谯登治涪城，文石在巴西，张罗守合水，巴氏那得前⑥！"

【注释】

①文石：本书卷九《李特雄期寿势志》《晋书·李雄载记》作"文硕"。石、硕古音同，可通用。

②谯登（？—311）：字顺明（一作慎明），巴西西充国（治今四川阆中）人。谯周之孙。少以义烈闻。郡命功曹，州辟主簿，为阴平太守。父为李雄所杀，募兵欲复仇。进据涪城，为李骧所围，粮尽援绝，固守不退。城破被俘，不屈而死。本书卷十一《后贤志》有传。

③镇南：指镇南大将军刘弘（236—306），字和季，沛国相（今安徽淮北市西北）人。镇北将军刘靖之子。初仕为太子门大夫，累迁宁朔将军，监幽州军事，领乌丸校尉，封宣城公。太安中，为荆州刺史，率陶侃等镇压张昌起义，迁侍中、镇南大将军。后依附东海王司马越，进授车骑将军。死于任上。《晋书》有传。

④克复：收复。

⑤合水：在今四川眉山彭山区东北府河注入岷江处。

⑥巴氏：指李特、李雄等领导的流民队伍。那得：怎得，怎能。

【译文】

永嘉四年，天水人文石杀死李雄的太宰李国，率领巴西郡投降罗尚，梓潼、巴西重新归属罗尚管辖。当初，巴西谯登到镇南将军刘弘处请求救兵，但镇南将军手中没有兵马，刘弘上表朝廷任命谯登为扬烈将军、梓潼内史，让他以此名义招募三巴、蜀地、汉中百姓为士兵，以便收复州郡。

谯登先征伐宕渠，杀死李雄的巴西太守马脱，然后进驻涪城。折冲将军张罗进攻并占据了犍为的合水一带。巴蜀大地流传着这样的话语："谯登进驻涪城，文石驻扎巴西，张罗守护合水，巴氏怎能前来！"

秋七月，尚薨于巴郡。尚字敬之，一名仲，字敬真，襄阳人也。历尚书丞、郎，武陵、汝南太守，徙梁州，临州①。诏书除长沙太守皮素为益州刺史②，兼西夷校尉、扬烈将军，领义募人及平西军③，当进治三关④。时李骧急攻谯登，素次巴东，敕平西将张顺、杨显救登。尚子宇恚恨登，粮运不给，素至涪，欲治执事⑤，执事怀惧。冬，十有二月，素至巴郡，降人天水赵攀、阎兰等夜杀素⑥。素字泰混，下邳人也。建平都尉暴重杀宇及攀⑦，巴郡乱，不果救登⑧。三府官属上巴东监军、冠军将军南阳韩松为刺史、校尉⑨，治巴东。

【注释】

①临州：临益州，谓自梁州刺史来作益州刺史（刘琳）。

②皮素：字泰混，下邳（今江苏睢宁）人。历任长沙太守、益州刺史、兼西夷校尉、扬烈将军。参见本书卷八《大同志》。

③义募人：招募的志愿兵。

④三关：即上文所说巴西、涪城、合水。

⑤执事：各部门的专职官吏、主管人员。本处指主管粮运的官员。

⑥夜杀素：据《资治通鉴》卷八十七记载，"十二月，（皮）素至巴郡，罗宇使人夜杀素"。

⑦暴重：籍贯不详。曾任建平都尉。

⑧不果：没有成为事实，终于没有实行。

⑨三府：即平西将军、益州刺史、西夷校尉，皆罗尚原领，各开府署、

置官署（刘琳）。韩松：字公治，南阳人。韩暨之孙。历任巴东监军、冠军将军、益州刺史、西夷校尉。刺史：指益州刺史。校尉：指西夷校尉。

【译文】

秋天七月，罗尚在巴郡去世。罗尚字敬之，一名仲，字敬真，是襄阳人。历任尚书丞、郎，武陵、汝南太守，转任梁州刺史，又任益州刺史。朝廷下达诏书，任命长沙太守皮素为益州刺史，兼任西夷校尉、扬烈将军，管理招募的志愿兵和平西军，应当治理巴西、涪城、合水三关。当时李骧紧急进攻谯登，皮素驻扎在巴东，下令平西将张顺、杨显前往援救谯登。罗尚之子罗宇怨恨谯登，谯登的粮食供给跟不上，皮素到涪城，打算惩治主管粮运的官员，主粮官心怀恐惧。冬天十二月，皮素到达巴郡，投降者、天水赵攀、阎兰等在夜里杀死了皮素。皮素字泰混，是下邳人。建平都尉暴重杀死了罗宇和赵攀，巴郡大乱，无人前往援救谯登。三府官属上表朝廷，推举巴东监军、冠军将军、南阳韩松为益州刺史、西夷校尉，治所设在巴东郡。

五年春正月，李骧破涪城，获登。巴西、梓潼复为雄有。荆、湘有乱，氐符成、隗文作乱宜都[①]，西上巴东。雄众攻僰道，走犍为太守魏纪[②]，杀江阳太守姚袭[③]。

【注释】

① 隗文：即隗伯。宜都：郡名。东汉建安十四年（209）刘备改临江郡置，属荆州。治所在夷陵县（今湖北宜昌东南长江北岸）。

② 魏纪：建宁（治今云南曲靖）人。曾任犍为太守。后被李雄俘虏。

③ 姚袭：籍贯不详。曾任江阳太守。

【译文】

永嘉五年春天正月，李骧攻下涪城，俘获谯登。巴西、梓潼又为李雄所有。荆、湘有乱,氐人符成、隗文在宜都作乱,并西上进入巴东郡。李雄的兵马攻打僰道,赶跑犍为太守魏纪,杀死江阳太守姚袭。

二月,氐隗文等反于巴东。暴重讨之,未下。重杀刺史韩松。松字公治,南阳人,魏大司徒暨孙也①。自领三府事。

【注释】

①暨:韩暨(?—238),字公至,南阳堵阳(今河南方城)人。初为刘表属官,任宜城长。先后封宜城亭侯、南乡亭侯。居官称职,任监冶谒者七年,器用充实,又制作水排鼓风冶铸,提高效率三倍,加司金都尉。诏封司徒。谥曰恭侯。《三国志·魏书》有传。

【译文】

二月,氐人隗文等在巴东造反。暴重出兵征讨,但久攻不下。暴重杀死了益州刺史韩松。韩松字公治,南阳人,是魏国大司徒韩暨的孙子。暴重亲自管理三府事务。

三月,三府文武与巴东太守、吏共囚重及妻子于宜都,杀之;共表巴郡太守张罗行三府事①。罗治枳。自讨隗文于宫圻②,破降之。旬月复叛,劫巴郡太守黄龛③,托以为主。龛穷急,欲自杀,主簿杨预谏曰④:“文之宿恶⑤,江川所知,拘劫明府⑥,谁不危心⑦?虚假之名,孰当信之?可使张将军知其丹诚⑧,何遽如此⑨?”龛曰:“贼已断道,何缘得令景治知之?”预乃作龛书,遣弟逃氐诣罗。罗曰:“子宣宣诚⑩,吾自明之耳。”隗文闻,怒,囚龛执预⑪,问遣信状⑫。龛曰:“不遣也。”文乃考预一日夜⑬,预不言。文欲杀龛,预死杖下,文义之,赦龛。罗遣军讨之,破还。罗自讨之,败绩,身死。

罗字景治,河南梁人也。文驱略吏民西上降雄⑭,巴中无复余种矣⑮。雄将任回获犍为太守魏纪。三府文武共表平西司马王异行三府事⑯,又领巴郡太守。梁州刺史张光复治汉中。

【注释】

①行三府事:亦称"行某州事"或"行某府事",还有"行某戍事"或"行某州军事"等。这是魏晋南北朝的官职制度,指以他官代行某官职权。

②官圻:巴东地名。具体地点待考。

③黄訇:巴西(治今四川阆中)人。曾任巴郡太守。后被李雄俘虏。

④杨预:籍贯不详。黄訇下属,为主簿。

⑤宿恶:大罪恶。

⑥拘劫:拘留劫持。

⑦危心:谓心存戒惧。

⑧丹诚:赤诚的心。

⑨何遽:表示反问,如何,怎么。

⑩子宣:当为黄訇之字。宣诚:表达忠诚。

⑪执:逮捕。

⑫信:信使,使者。

⑬考:拷问,刑讯。

⑭驱略:驱赶抢劫。

⑮巴中无复余种:意谓巴中没有了氐人的后代。余种,犹言绝后代。

⑯王异:字彦明,蜀郡成都(今四川成都)人。历任平西将军、西夷校尉、益州刺史。

【译文】

三月,三府的文武官员和巴东太守、官吏联手,将暴重及其妻子、儿女囚禁于宜都,处死了他们;并一起上表朝廷,举荐巴郡太守张罗代行三府事务。张罗的治所设在枳。亲自出马，在宫圻讨伐隗文，隗文兵败投降。但隗文在不到一个月的时间又发动叛乱，劫持了巴郡太守黄龛，推他为主君。黄龛非常着急，打算自杀，主簿杨预劝阻他说："隗文罪大恶极，沿江一带的老百姓都知道，他劫持和拘禁太守殿下，哪一个不心存戒惧？这种虚假的名头，谁又会相信呢？可以设法让张罗将军知道您对朝廷的赤胆忠心，怎么用得着这样呢？"黄龛说："反贼已经把道路截断了，有什么办法能让张罗知道呢？"杨预于是代黄龛写了一封书信，派遣自己的弟弟潜逃出去，把书信送给张罗。张罗说："黄龛表达了忠诚，我自然明白他的忠心。"隗文听说后怒了，囚禁了黄龛，逮捕了杨预，审问派人送信的情况。黄龛说："我没有派人送信。"隗文于是拷问杨预一天一夜，杨预就是不说。隗文打算杀掉黄龛，杨预已经死于乱棒之下，隗文认为杨预很讲义气，就赦免了黄龛。张罗派遣军队讨伐隗文，军队得胜而归。张罗又亲自前往征讨隗文，吃了败仗，自己也死于战场。张罗字景治，是河南梁人。隗文率领官民西进投降李雄，巴中再也没有氐人的后代。李雄的部将任回抓获了犍为太守魏纪。三府的文武官员一起上表朝廷，举荐平西司马王异管理三府事务，又兼任巴郡太守。梁州刺史张光又以汉中作为州府治所。

六年，龙骧将军、江阳太守张启与广汉罗琦共杀异[①]。异字彦明，蜀人也。启复行三府事，罗琦行巴郡太守。启病亡。启字进明，犍为人，蜀车骑将军张翼孙也。三府文武复共表涪陵太守义阳向沈行西夷校尉[②]，率吏民南入涪陵。

【注释】

①张启：字进明，犍为郡武阳（今四川眉山彭山区）人。车骑将军张翼之孙。曾任龙骧将军、江阳太守。罗琦：广汉人。曾代理巴郡

太守。

②向沈：义阳（今河南信阳）人。曾任涪陵太守，代理西夷校尉。

【译文】

永嘉六年，龙骧将军、江阳太守张启与广汉罗琦一起杀掉王异。王异字彦明，是蜀人。张启又代理三府事务，罗琦代理巴郡太守。这一年，张启病死。张启字进明，是犍为人，是原蜀国车骑将军张翼的孙子。三府的文武官员又一起上表朝廷，举荐涪陵太守、义阳人向沈代理西夷校尉，率领官吏百姓向南进入涪陵。

建兴元年春，沈卒。涪陵多疫疠①。蜀郡太守江阳程融、宜都太守犍为杨芬、西夷司马巴郡常歆、都安令蜀郡常仓弘等②，共推汶山太守涪陵兰维为西夷校尉③。时中原既乱，江东有事，救援无所顾望。融等共率吏民北出枳，欲下巴东，遂为雄将李恭、费黑所破获④。

【注释】

①疫疠：瘟疫。

②程融：江阳（今四川泸州）人。曾任蜀郡太守。杨芬：犍为人。曾任宜都太守。常歆：巴郡人。曾任西夷司马。常仓弘："常"，衍文。仓弘，蜀郡人。曾任都安令。

③兰维：涪陵人。曾任汶山太守、西夷校尉。

④李恭：扶风（今陕西兴平人）人。李攀之弟。李雄部将。费黑：李雄部将，为征南将军。

【译文】

建兴元年春天，向沈去世。涪陵多地流行瘟疫。蜀郡太守江阳程融、宜都太守犍为杨芬、西夷司马巴郡常歆、都安令蜀郡仓弘等，一起推荐汶山太守涪陵兰维为西夷校尉。这时中原已经大乱，江东也有战事，救援是没有指望的。程融等人一起率领官民向北走出枳县，打算东下巴东，结果被李雄的部将李恭、费黑俘获。

　　五月，梁州刺史张光讨王如党涪陵李运、巴西王建于盘蛇便作山[①]，疑其欲叛也。运、建走保枸山[②]，光遣军攻破，杀之。建女婿杨虎保黄金山以叛[③]，讨之。虎夜弃营还趋厄水[④]，去州城四十里住[⑤]。光遣其子孟苌讨之[⑥]，迭有胜负[⑦]。光求助于武都氐王杨茂搜[⑧]，虎亦求救于茂搜。初，茂搜子难敌遣养子适贾梁州[⑨]，私买良人子一人[⑩]，光怒，鞭杀之。难敌以是怨光，曰："使君初来，大荒之后，兵民之命，仰我氐活，氐有小罪，不能贳也[⑪]？"阴谋讨光。会光、虎求救。秋八月，茂搜遣难敌将骑入汉中，外言助光，内实应虎。至州城下，光以牛酒飨劳[⑫]，遣与孟苌共讨虎。孟苌自处前，难敌继后。与虎战久，难敌从后击孟苌，大破，生禽孟苌，杀之。

【注释】

①王如：京兆新丰（今陕西西安临潼区）人。初为州武吏。西晋末率流民攻下襄城，自号大将军，领司、雍二州牧。与石勒结为兄弟，大掠沔汉，进逼襄阳。后归王敦，被杀。《晋书》有传。盘蛇便作山：当在城固县境，即今陕西城固、洋县境（刘琳）。

②保枸山：当在城固县境，即今陕西城固、洋县境（刘琳）。

③黄金山：在今陕西洋县东，金水镇北（刘琳）。

④厄水：即厄水戍，在今陕西汉中或南郑县境。《读史方舆纪要》卷五十六汉中府南郑县："厄水戍在府境。晋建兴初，梁州贼杨虎击刺史张光，屯于厄水。盖其地临水为险云。"

⑤州城:即南郑,在今陕西汉中东二里。

⑥孟苌:张孟苌,江夏钟武(今河南信阳)人。张光之子。与叛军交战时阵亡。

⑦迭:交替,轮流。

⑧杨茂搜(?—317):西晋时略阳清水氐王。参看本书卷二《汉中志》注。

⑨贾(gǔ):做生意,做买卖。

⑩私买:《资治通鉴》卷八十八作"私卖"。良人子:即良家子,旧指出身清白人家的子女。按照当时的法律,禁止买卖良家子为奴婢。

⑪贳(shì):赦免,宽恕。

⑫飨(xiǎng)劳:以酒食慰劳,犒劳。

【译文】

五月,梁州刺史张光于盘蛇便作山讨伐王如的党羽涪陵人李运、巴西人王建,因为怀疑他们要发动叛乱。李运、王建逃往保枸山负隅顽抗,张光派遣军队攻破山寨,杀死了他们。王建的女婿杨虎依托黄金山发动叛乱,张光又派兵讨伐他。杨虎连夜放弃营寨,返回厄水戍,在距离州城四十里的地方驻扎下来。张光派遣儿子张孟苌前往讨伐,双方互有胜负。张光向武都氐王杨茂搜请求援助,杨虎也向杨茂搜请求援助。当初,杨茂搜的儿子杨难敌派他的养子到梁州去做买卖,私卖了一名良家子,张光发怒,将他鞭打而死。杨难敌因此怨恨张光,说:"使君初来乍到,又碰上大荒之年,士兵、百姓的生命,都靠我们这些氐人养活,氐人有一些小罪,难道不能赦免吗?"杨难敌暗中谋划讨伐张光。这时恰逢张光、杨虎同时求救。秋天八月,杨茂搜派遣杨难敌率领骑兵进入汉中,表面上宣称说是帮助张光,而实际上是支持杨虎。杨难敌到达州城之下时,张光以宰牛煮酒犒劳杨难敌的人马,又派遣他与张孟苌共同讨伐杨虎。张孟苌在前面,杨难敌的队伍在后面。张孟苌与杨虎交战了很久,杨难敌从后面攻击张孟苌,结果大败张孟苌,活捉了他,并将其杀死。

九月，光恚死，州人共推始平太守胡子序领州①。冬十月，虎与氐急攻州城，子序不能守，委城退走。氐、虎得州城，发光冢②，焚其尸丧③。难敌得光鼓吹妓乐④，自号刺史。虎领吏民入蜀。汉中民张咸等讨难敌，难敌退还，咸复入蜀。于是三州没为雄矣⑤。

【注释】

①胡子序：籍贯不详。曾任始平太守，曾兼理梁州事务。

②发：挖掘。

③尸丧：尸体，遗体。

④鼓吹：演奏乐曲的乐队。妓乐：歌舞女乐。

⑤三州：指梁州、益州、宁州。按：至咸和八年（333），成汉始占有宁州大部。本处说"三州没为雄"，是总提三州之没，非谓至建兴元年（313）李雄已经全有三州（刘琳）。

【译文】

九月，张光气愤而死，州里人共同推举始平太守胡子序兼管梁州事务。冬天十月，杨虎和氐人猛烈进攻州城，胡子序守不住，弃城逃跑。氐人、杨虎夺取了州城，他们挖掘开张光的坟墓，焚烧了张光的尸体。杨难敌接收了张光的鼓吹乐队和歌舞艺人，并自称刺史。杨虎带领官吏和百姓进入蜀地。汉中百姓张咸等人讨伐杨难敌，杨难敌撤退回营，后又全部进入蜀地。当时梁、益、宁三州都沦为李雄的地盘。

蜀自太康至于太安①，频怪异。成都北乡有人尝见女子僻入草中②，往视，物如人，有身形头目口，无手足，能动摇，不能言。广汉有马生角，长大各半寸；又有驴，无皮毛，袒肉，饮食数日死。繁、什邡、郫、江原生草，高七八尺，茎叶赤，子青如牛角。内史耿滕以为朱草③，表美于成都王。元康三年正月中，欻一夜，有火光④，地仍震⑤。童谣曰："郫城坚，盎底穿，郫中细子李特细⑥。"又曰："江桥头，阙下市⑦，成都北门十八子⑧。"及尚在巴郡也，又曰："巴郡葛⑨，当下美⑩。"皮素之西上也，又曰："有客有客，来侵门陌⑪，其气欲索⑫。"

【注释】

①太康：晋武帝司马炎年号（280—289）。太安：晋惠帝司马衷年号（302—303）。

②僻：躲藏。

③朱草：一种红色的草。古人以为祥瑞之物。

④欻（xū）一夜，有火光：任乃强认为这是陨星。欻，忽然。

⑤仍：频繁。笔者按："元康三年正月中"，即公元293年1月25日至2月22日。一般认为，《华阳国志·大同志》所说"欻一夜，有火光，地仍震"，记录的确实是一次地震。同治《成都县志》引此条作"有火光入地，地仍震"。如此看来，这次地震可能就是由陨星坠落而引发的。

⑥"童谣曰"几句：指的是李特自盎底渡入郫城事。但后句文义不明，而且"细"字亦不叶韵，疑有误（刘琳）。细子，小子。

⑦阙下市：指成都市桥南的州市。

⑧十八子：指李姓。李字拆开则为十、八、子三字，故称。本处指的是李势。《魏书·賨李势传》："建国十年，司马聃将桓温伐之，势降於温。先是频有怪异……童谣曰：'江桥头，阙下市，成都北门十八子。'"

⑨葛：葛布。按：指以葛为原料制成的布、衣、带等。这是对罗尚的嘲讽，嘲讽罗尚是"葛"而不是"罗"（丝织品）。

⑩当下美：意谓眼下似美而实不经用（刘琳）。

⑪门陌：门外的大路。

⑫索：空，尽。

【译文】

蜀地从太康到太安年间，频繁出现奇异反常的现象。在成都北乡，有人曾经看见一个女子躲进草丛中，走近一看，有个东西像人，有人的身体、头脑、眼睛、嘴巴，但没有手脚，能动，但不能说话。广汉有一匹马，头上长出两只角，长度和大小各有半寸；又有一头驴，浑身没有皮和毛，裸露出肌肉，吃了几天东西后就死了。繁、什邡、郫、江原等地生长出一种草，高达七八尺，茎干和叶子是红色的，结的籽是青色的，形状像牛角。内史耿滕认为是朱草，上表给成都王，称赞这是祥瑞。元康三年正月的一天，忽然整整一夜都有火光，接着发生了地震。童谣说："郫城坚，盎底穿，郫中细子李特细。"又说："江桥头，阙下市，成都北门十八子。"等罗尚在巴郡的时候，童谣又说："巴郡蒜，当下美。"皮素西上的时候，童谣又说："有客有客，来侵门陌，其气欲索。"

武平府君云①："谯周言：'已没三十年后，当有异人入蜀，蜀由之亡。'"②蜀亡之岁，去周三十三年③。又曰："宋岱不死，则孙阜不反④，帀三旬之间⑤，流、雄之首悬于辕门⑥。"愚以为宋岱方进，阜见得质，反更摧败；设岱生在，无所保据矣⑦。杜弢自湘中与柳监军书曰⑧："前诸人不能宽李特一年，又不以徐士权为汶山太守⑨，而屯故如此⑩。所谓'失之毫厘，差以万里'⑪。"斯言有似。然必以不杜渐为恨者⑫：流民初西，当承诏书闭关不入；其次易代赵廞，选宜内遣⑬；平西绵竹之会，听王敦之计⑭，少可以宁。毫厘之觉⑮，非彼之谓也⑯。

【注释】

①武平府君：指常宽。字泰恭，蜀郡江原（今四川崇州）人。常璩族祖父。参看本书卷八《大同志》注。

②"谯周言"几句：《魏书·賨李势传》："谯周云：'我死后三十年，当有异人入蜀，由之而亡。'"

③三十三年：谯周死于太始六年（270），至太安元年（302）李特自称大将军、大都督、益州牧，前后刚好三十三年。若取整数，中间刚好间隔三十二年。《魏书·賨李势传》："蜀亡之岁，去周亡三十二年。"

④孙皓不反：指孙皓不会返回荆州。反，同"返"，返回。

⑤帀（zā）：遍及，满。

⑥辕门：领兵将帅的营门。

⑦保据：占据。

⑧柳监军：柳纯，字伟叔，蜀郡成都（今四川成都）人。有名德干器，举秀才，历任巴郡、宜都、建平太守，西夷、长水校尉，巴东监军。本书卷十一《后贤志》有传。

⑨徐士权：徐舆，本涪陵（今重庆彭水）人，后迁居蜀地。

⑩屯：屯如，困难貌。《周易·屯》："六二，屯如邅如。"孔颖达疏："屯是屯难，邅是邅迴，如是语辞也。"故：多事。

⑪"失之毫厘"二句：只稍微差一点儿，就会造成很大差误。《大戴礼记·保傅》："《周易》曰：'正其本，万物理。失之毫厘，差之千里。'故君子慎始也。"

⑫杜渐：指防微杜渐，即在错误或坏事刚萌发时，就加以制止，不使其发展。恨：遗憾。

⑬易代赵廞，选宜内遣：意谓取代赵廞的人选应由朝内派出，不当委任耿滕（刘琳）。

⑭听王敦之计：即听从王敦的计策，在会面时杀死李特等人。

⑮觉：同"较"，相差，比较。

⑯彼：指杜弢。

【译文】

　　武平府君常宽说："谯周预言：'在我死三十年之后，一定有异人进入蜀地，蜀由此而亡。'"蜀亡的那一年，距离谯周的预言三十三年。常宽又说："如果宋岱不死，那么孙阜就不会返回荆州，这样在三十天内，李流、李雄的头颅就会悬挂在辕门上。"我以为宋岱正在进军之时，孙阜见到了李流的人质，反而被李流打败；假使宋岱还活着，也没有地盘可以占据。杜弢自湘中给柳纯写信说："以前的那些人不能宽限李特一年时间返乡，又不同意徐士权担任汶山太守的请求，从而导致蜀地如此艰难多事。这就是所谓'失之毫厘，差以万里'。"后来的情势仿佛一如此话所言。但是一定要说因为没有防微杜渐而遗憾，其节点在于：起初流民西行之时，应当尊奉诏书旨意，闭塞关口不让流民进入；其次取代赵廞的人选应由朝廷内派出，不当委任耿滕；当平西将军与李特在绵竹会面之时，如果听从王敦的计策，杀死李特等人，也稍稍可以使蜀地安宁一些。毫厘的差池，不只是杜弢所说的那些。

　　撰曰：先王规方万国①，必兼亲尊贤能而任宗盟者②，盖内藩王室、外御叛侮③。故元牧有连率之职④，奉贡无失职之愆⑤。爰及汉氏，部州必卿佐之才，郡守皆台鼎之望⑥。是以王尊、王襄著名前世⑦，第五伦、蔡茂径登三司⑧。斯作远之准格⑨，不凌之令范也⑩。自大同后，能言之士无不以西土张旷为忧⑪，求王皇宗，树贤建德。于时莫察，视险若夷⑫，缺垣不防，任非其器，启戎长寇，遂覆三州。《诗》所谓"四国无正，不用其良"也⑬。

【注释】

①规方：规划。《国语·周语中》："昔我先王之有天下也，规方千里以为甸服。"韦昭注："规，规画而有之也。"

②宗盟：宗室同盟。

③内藩王室、外御叛侮：指西周实行分封、拱卫王室。《左传·僖公二十四年》："昔周公吊二叔之不咸，故封建亲戚，以蕃屏周。……兄弟阋于墙，外御其侮。"

④元牧：诸侯之长，地方长官，即古书所说的方伯。连率：连帅，古代十国诸侯之长。《礼记·王制》："千里之外设方伯。五国以为属，属有长；十国以为连，连有帅。"

⑤奉贡：纳贡。愆（qiān）：过失。

⑥台鼎：古称三公为台鼎，如星之有三台、鼎之有三足。语本蔡邕《太尉汝南李公碑》："天垂三台，地建五岳，降生我哲，应鼎之足。"

⑦王尊：字子赣，涿郡高阳（今河北高阳东）人。汉元帝、成帝时，历任虢县令、安定太守、益州刺史、东平相、司隶校尉等。以廉洁奉公，诛恶不畏豪强，致多次被诬免官。《汉书》有传。王襄：西汉人。宣帝时，为益州刺史。

⑧第五伦、蔡茂径登三司：第五伦自蜀郡太守任司空，蔡茂自广汉太守任司徒。第五伦，字伯鱼，京兆长陵（今陕西咸阳）人。蔡茂（前24—47），字子礼，河内怀（今河南武陟）人。三司，也称"三公"。东汉称太尉、司空、司徒为"三司"。

⑨准格：标准，准则。

⑩凌：超过，超越。令范：良好的典范。

⑪张旷：荒凉而空旷。

⑫视险若夷：把危险看作平安。夷，平坦，平安。

⑬"四国无正"二句：语出《诗经·小雅·十月之交》："日月告凶，不用其行。四国无政，不用其良。"郑笺："四方之国无政治者，由

天子不用善人也。"

【译文】

撰述者说：先王规划万国，一定要兼顾亲者、尊者、贤者、能者而任用宗室同盟，这大概是为了于内可以藩卫王室，于外可以抵御侵侮。所以地方长官有统领连帅的职责，有向中央纳贡而不出现失职的过错。到了汉代，管理部、州的必定是可以胜任卿佐的重要人才，担任郡守的都是堪比三公的台鼎大臣。因此王尊、王襄在前代非常有名，而第五伦、蔡茂则直接荣升三司。这些都为后代立下了标准，是不可超越的好典范。自从大同以后，能言之士没有不为西蜀的荒凉、空旷而担忧的，请求把王室宗亲分派到蜀中，树立贤明建立功德。可惜当时没有察觉，反而把危险看作平安，墙垣坍塌而不加防备，担任其职者又非合适人选，以致戎狄长驱直入寇掠西土，最终倾覆了益、梁、宁三州。这就是《诗经》所说的"四国无正，不用其良"。

卷九　李特雄期寿势志

【题解】

本卷记述的是成汉政权时期的史事。成汉政权是东晋十六国时期由巴氐族人李雄创建的地方政权。最初的国号是"大成",后改国号为"汉",史称"成汉"。

《华阳国志》所记述的成汉政权,共历六主(李特、李雄、李班、李期、李寿、李势),共计四十七年(301—347)。因《华阳国志》传世本脱去李寿汉兴二年(晋成帝咸康五年)秋至汉兴六年(晋康帝建元元年)八月间事及《李势志》全部,故今本《李特雄期寿势志》详细记述的仅为李特、李雄、李班、李期、李寿五主之事。李氏六主时期的成汉,除李雄之世一度兴盛、繁荣、安宁外,余皆处于内忧外患之中,而且上层血腥残杀,不啻为一部"相斫书"。诚如常璩所说,"三州毁旷,悠然以荒"(卷十二),"历观前世伪僭之徒,纵毒虐刘,未有如兹"(卷九)。

成汉政权时期的历史,是《华阳国志》的"当代史",许多史事都是常璩所亲闻、亲见、亲历者,其可信度自然较后世诸书为高。惜因部分篇章亡佚,以致难窥全豹。在本卷中,常璩长篇转录龚壮规劝李寿投降晋朝的上书("草莽臣龚壮上封事曰"),亦不隐瞒自己劝李势投降之事("中书监王瑕、散骑常侍常璩劝势降"),所遵守的是古代史学的"实录"精神。裴松之《上〈三国志注〉表》说《三国志》"失在于略,时有所脱漏"，《李特雄期寿势志》亦难免"失在于略，时有所脱漏"。

　　李特字玄休，略阳临渭人也①。祖世本巴西宕渠賨民②。种党劲勇③，俗好鬼巫。汉末，张鲁居汉中，以鬼道教百姓，賨人敬信。值天下大乱，自巴西之宕渠移入汉中④。魏武定汉中，祖父虎与杜濩、朴胡、袁约、杨车、李黑等移于略阳⑤，北土复号曰"巴人"⑥。

【注释】

①略阳：郡名。西晋泰始中改广魏郡置，属秦州。治所在临渭县（今甘肃天水东北渭水北岸秦安县境）。北魏移治陇城县（后改名略阳县，今秦安东北陇城）。

②祖世：犹世代。賨（cóng）：古族名。巴人之分支。賨人勇悍，秦灭巴国后，其族分布于渝水及其支流流域（即嘉陵江流域）。一说賨人即板楯蛮（见《后汉书·南蛮列传》）。

③劲勇：顽强勇敢。本书卷一《巴志》："賨民多居水左右，天性劲勇。"《后汉书·南蛮列传》："世号为板楯蛮夷。阆中有渝水，其人多居水左右。天性劲勇，初为汉前锋，数陷阵。"

④自巴西之宕渠移入汉中：《晋书·李特载记》："值天下大乱，自巴西之宕渠迁于汉中杨车坂，抄掠行旅，百姓患之，号为杨车巴。"

⑤祖父虎：李虎，巴西郡宕渠（今四川渠县）人。李特祖父。

⑥巴人：当作"巴氏"。《晋书·李特载记》："魏武帝克汉中，特祖将五百余家归之，魏武帝拜为将军，迁于略阳，北土复号之为巴氏。"

【译文】

李特字玄休，是略阳临渭人。祖上世代本来是巴西宕渠的賨人。賨人顽强勇猛，其流俗喜好鬼神巫术。汉代末年，张鲁居住在汉中，用鬼道教导百姓，宾人敬佩信服他。适逢天下大乱，李特祖上从巴西宕渠迁移到汉中。魏武帝平定汉中，李特的祖父李虎与杜濩、朴胡、袁约、杨车、李黑等移居略阳，北地之人又称他们为"巴氏"。

特父慕为东羌猎将①。特兄弟五人：长兄辅，字玄政；次特；特弟庠，字玄序；庠弟流，字玄通；流弟骧，字玄龙，皆锐骁有武干②。特长子荡③，字仲平，好学，有容观。少子雄，字仲隽。初，特妻罗氏妊雄④，梦双虹自门升天，一虹中断。罗曰："吾二儿若有先亡，在者必大贵⑤。"雄少时，辛冉相当贵。有刘化者，道术士也⑥，言关陇民皆当南移，李氏子中，惟仲隽天姿奇异⑦，终为人主。乡里人多善之。与叔父庠并以烈气闻⑧，人多归之。

【注释】

①特父慕：李慕，巴西郡宕渠（今四川渠县）人。李特之父。曾任东羌猎将。东羌猎将，官名。西晋置，为领兵武职，属东羌校尉。

②锐骁：矫健，勇猛。

③特长子荡：指李荡。按：李特有三子：长子始，为庶妻所生；次子荡，少子雄，为正妻所生。《华阳国志》以荡为长子，因其嫡出。

④妊雄：底本缺，此据《初学记》卷二、《北堂书钞》卷一百五十一、《太平御览》卷十四引文补。

⑤在者：活下来的。

⑥道术士：即方士，专门从事星占、神仙、房中、巫医、占卜等术的人。

⑦天姿：天赋之资质，天然之材质。

⑧烈气：谓气性刚直。

【译文】

李特的父亲李慕,是东羌校尉属下的猎将。李特兄弟共五人:长兄李辅,字玄政;其次是李特;李特的弟弟李庠,字玄序;李庠的弟弟李流,字玄通;李流的弟弟李骧,字玄龙,兄弟五人,都矫健勇猛,有军事才干。李特的长子李荡,字仲平,好学,仪表可观。小儿子李雄,字仲隽。当初,李特的妻子罗氏在身怀李雄时,梦见两条彩虹从门口升天,一条彩虹中途断裂。罗氏说:"我的两个儿子如果有一个先死,活下来的必定大富大贵。"李雄年少之时,太守辛冉相面说,李雄未来要大富大贵。有个叫刘化的方士,说关陇的百姓应当向南迁移,而李氏诸子中,只有李雄天姿奇异,终将成为君主。乡里人都很喜欢李雄。李雄和叔父李庠都以气性刚直而闻名,很多人都归附李雄。

既克成都,众皆饥饿,骧乃将民入郫、五城食谷、芋[1]。雄遣信奉迎范贤[2],欲推戴之,贤不许,更劝雄自立。永兴元年冬十月,杨褒、杨珪共劝雄称王[3],雄遂称成都王。追尊曾祖虎曰巴郡公,祖父慕陇西王,父特景王,母曰太后。追谥世父辅齐烈王[4],仲父庠梁武王,仲父流秦文王[5],兄荡广汉壮文公。以叔父骧为太傅[6],庶兄始为太保[7],外兄李国为太宰[8],国弟离为太尉[9],从弟云为司徒,璜为司空,阎式为尚书令,褒为仆射,发为侍中,珪为尚书,洪为益州刺史,徐舆镇南,王达军师,具置百官。下赦[10],建元建兴[11]。迎范贤为丞相[12]。从弟置,流子也,以不陪列[13],诛之。贤既至,尊为四时八节天地太师[14],封西山侯[15],复其部曲[16],军征不预[17],租税皆入贤家。贤名长生,一名延久,又名九重,一曰支[18],字元[19],涪陵丹兴人也[20]。

【注释】

①郪:县名。治所在今四川三台南九十里郪江镇。五城:底本作"王城",误。五城,县名。三国蜀汉置,属广汉郡。治所在今四川中江县东南。

②信:使者。《晋书·李雄载记》:"(李)雄以西山范长生岩居穴处,求道养志,欲迎立为君而臣之。长生固辞。"

③杨褒(?—308):天水略阳(今甘肃秦安)人。仕李特为将兵都尉。李雄即位,累迁左仆射、尚书令,能直谏。卒谥庄。杨珪:天水(治今甘肃通渭)人。李特部将,为参佐。与杨褒一起劝李雄称王。

④世父:大伯父。后用为伯父的通称。

⑤仲父:古称父之大弟为仲父,仲父之弟为叔父,叔父之弟为季父。本处两"仲父",指的是中间的两个叔父。

⑥太傅:官名。辅佐国君的大臣,为三公之一,位在太师下而在太保上。周朝始设此官。相传周初与太师、太保并号"三公"。春秋战国沿置,辅导君王,执掌军政。西汉不常置。东汉不置太师、太保,上公唯太傅一人,秩万石。魏、晋沿置,位上公,在三司上,一品。两晋时常与太宰、太保并掌朝政,开府置僚属,为宰相之任。

⑦始:李始,字伯敬,巴西郡宕渠(今四川渠县)人。李雄庶兄。太保:官名。商周时即设此官,为王的辅佐,掌导王行德义。秦不置。西汉置,位次太师、太傅而居三公上。掌导天子,议朝政,无所不统而又无专职,为辅佐之官。东汉不置,魏末晋初置。南北朝时太保为三公之一,隋唐为三师之一,一品,为荣誉加官,无实权。后代多沿置。《太平御览》卷二百零六引崔鸿《十六国春秋·蜀李雄录》:"雄异母兄始,字伯敬,为太保,善抚士众,众多归之,时人为之语曰:'欲养老,属太保。'"

⑧外兄:表兄。太宰:官名。西晋置太师、太傅、太保三上公。因避司马师讳,改太师为太宰,居上公之首。常与太傅、太保并掌朝

政,为宰相之任,一品。东晋、南朝用作赠官,多用以安置元老勋旧大臣,名义尊荣,无职掌。

⑨太尉:官名。秦始置,两汉皆置,为全国最高军事长官,与管政务的丞相、管监察的御史大夫合称三公,共同负责国务。后代多设此官,但多为加官,没有实际职权。

⑩下赦:当作"大赦"。

⑪建元建兴:底本作"建元大武",误。建兴,十六国成(汉)李雄年号(304—306)。

⑫迎范贤为丞相:《晋书·李雄载记》:"范长生自西山乘素舆诣成都,(李)雄迎之于门,执版延坐,拜丞相,尊曰范贤。"

⑬不陪列:没有陪侍。指没有参加迎接范贤的队列。

⑭四时八节天地太师:原脱"四时八节"四字。称"四时八节天地太师",盖取调阴阳、奉天地之意(刘琳)。

⑮西山:青城山。在今四川都江堰市西南三十里。

⑯复:免除租税徭役。

⑰预:参与,参加。

⑱一日支:"支"字疑误,或当作"久"。

⑲字元:《十六国春秋》卷八十《范长生传》作"字元寿"。名"长生",字"元寿",名与字相应,可参。

⑳丹兴:县名。治所在今重庆黔江区。

【译文】

在成都被攻克之后,百姓都很饥饿,李骧于是带领百姓到郫县、五城县捡稻谷、芋头充饥。李雄派遣使者去迎请范贤,想拥戴他为首领,范贤没有答应,反而劝李雄自立为王。永兴元年冬天十月,杨褒、杨珪共同劝说李雄称王,李雄于是称成都王。李雄追尊曾祖父李虎为巴郡公,祖父李慕为陇西王,父亲李特为景王,母亲为太后。李雄追谥伯父李辅为齐烈王,仲父李庠为梁武王,仲父李流为秦文王,兄李荡为广汉壮文公。李雄任命叔父李骧为太傅,庶兄李始为太保,表兄李国为太宰,李国之弟李离为太尉,堂弟李云为司徒,李璜为司空,阎式为尚书令,李褒为仆射,李发为侍中,李珪为尚书,李洪为益州刺史,徐舆为镇南将军,王达为军师,详尽设置了百官。大赦天下,建年号为建兴。李雄迎请范贤为丞相。李雄的堂弟李置,是李流的儿子,因为没有参加迎接范贤的队列,被诛杀。范贤到来以后,被尊为四时八节天地太师,封为西山侯,并免除其部曲的租税徭役,军队征兵也不参与,租税都进入范贤之家。范贤名长生,一名延久,又名九重,一曰支,字元,是涪陵丹兴人。

光熙元年①,雄称皇帝,改元晏平②。

【注释】

①光熙元年:306年。光熙,晋惠帝年号(306)。

②晏平:十六国成(汉)李雄年号(306—310)。按:李雄国号"大成",建都成都。后李特侄李寿自立,改元汉兴,改国号为"汉",史称"成汉"。

【译文】

光熙元年,李雄称皇帝,改年号为晏平。

永嘉三年,罗羕、訇琦等杀李离于梓潼。时阎式去雄依离,并见杀。骧攻不克,时李云、李璜皆战死①。

【注释】

①按:此事可参看本书卷八《大同志》。永嘉三年,309年。永嘉,晋怀帝司马炽年号(307—312)。

【译文】

永嘉三年,罗羕、訇琦等人在梓潼杀死了李离。当时,阎式离开李雄而依附李离，也一并被杀。李骧前往攻讨，没有取胜，而李云、李璜都战死沙场。

明年，文硕杀李国[1]。以巴西、梓潼为晋[2]。平寇将军李凤在晋寿[3]。梁州先以为雄所破，不守。而谯登在涪，平西参军向奋屯汉安之宜福[4]，张罗屯平无逼雄[5]。雄将张宝弟全在荀琦中，雄遣宝反为奸，许以代离。宝素凶勇[6]，先杀人而后奔梓潼，密结心腹。会罗尚遣使慰劳琦，琦等出送其使，宝从后闭城门，琦等奔巴西。雄得梓潼，拜宝为太尉。雄自攻奋，奋走。遣骧攻登。登初将骧子寿，欲以诱骧，被攻急，救援不至，还骧寿[7]。

【注释】

[1] 文硕杀李国：事亦见本书卷八《大同志》，而人名作"文石"。按：石、硕古音同（禅纽、铎部），可以通假。

[2] 以巴西、梓潼为晋：意谓巴西、梓潼二郡复归晋。

[3] 晋寿：县名。西晋太康元年（280）改汉寿县置，属梓潼郡。治所在今四川广元西南昭化镇（旧昭化县）。东晋太元十五年（390）为晋寿郡治。北魏为西晋寿郡治。北周废。

[4] 汉安：县名。东汉置，属犍为郡。治所在今四川内江西二里。宜福：具体地点不详，当在今四川内江市境内沱江边。东汉建安十八年（213）属江阳郡。西晋永嘉后废。

[5] 平无：山名。即彭亡山，今四川眉山彭山区东北十里仙女山。

[6] 凶勇：凶暴强悍，犹言勇猛。

[7] 还骧寿：将李寿归还给李骧。

【译文】

　　第二年,文硕杀死李国。巴西郡、梓潼郡复归晋。平寇将军李凤驻扎在晋寿。梁州先前已经被李雄攻破,不再驻守。而谯登驻扎在涪,平西参军向奋屯兵在汉安县的宜福,张罗屯兵在平无,三面夹击李雄。李雄手下大将张宝的弟弟张全在訇琦军中,李雄派遣张宝返回訇琦军中为内奸,许诺让他将来代替李离的职位。张宝素来凶暴强悍,他先杀了人,而后投奔梓潼,并秘密结交心腹。恰逢罗尚派遣使者来慰劳訇琦,訇琦等人出城送别使者,张宝从后面关闭城门,訇琦等人投奔巴西。李雄得到梓潼后,任命张宝为太尉。李雄亲自率军攻打向奋,向奋逃跑了。李雄又派遣李骧攻打谯登。谯登当初带着李骧的儿子李寿,想用他来诱降李骧,但被急攻,而救援又迟迟不到,于是把李寿归还给了李骧。

　　五年春,骧获登,遣李始督李凤攻巴西,杀文硕。改元玉衡[1]。是岁,雄姨弟任小受张罗募[2],手刃雄头,雄几死。

【注释】

①玉衡:十六国成(汉)李雄年号(311—334)。据史书记载,改元玉衡的时间是永嘉五年(311)正月乙亥。《晋书·李雄载记》:"(李)雄大悦,赦其境内,改元曰玉衡。"《资治通鉴》卷八十七:"(正月)乙亥,成太傅骧拔涪城,获谯登。太保始拔巴西,杀文石。于是成主雄大赦,改元玉衡。"按:"改元玉衡"原在"雄几死"后,据《华阳国志新校注》刘琳说改。

②姨弟:姨表弟,母之姊妹之子。

【译文】

　　永嘉五年春,李骧抓获了谯登,派遣李始督导李凤攻打巴西,杀死了文硕。改年号为玉衡。这一年,李雄的姨表弟任小受张罗的招募,手执利刃砍击李雄头部,李雄差点被杀死。

是后,扶风邓定、杨虎等各率流民前后数千家入蜀[①]。以凤为征北、梁州,任回镇南、南夷、宁州,李恭征东、南蛮、荆州[②],皆大将军、校尉、刺史。雄、骧勤恤百姓于内,凤、回、恭招流民于外,称有功。氐符成、隗文既降复叛,手伤雄母,及其来也,咸释其罪,厚加待纳,皆以为将。天水陈安举陇右来降[③],武都氐王杨茂搜奉贡称臣,杜弢自湘州使使求援,晋凉州刺史张骏遣信交好,汉嘉夷王冲归遣子入质[④]。顷之,朱提雷炤率民归降[⑤],建宁爨量蒙险委诚[⑥]。其余附者日月而至。雄乃虚己受人,宽和政役,远至迩安,年丰谷登[⑦]。乃兴文教,立学官[⑧]。其赋民,男丁一岁谷三斛,女丁一斛五斗,疾病半之。户调绢不过数丈[⑨],绵不过数两。事少役稀,民多富实,乃至闾门不闭,路无拾遗,狱无滞囚,刑不滥及。但为国威仪无则,官无秩禄,职署委积[⑩],班序无别[⑪],君子小人服章不殊[⑫];货贿公行[⑬],惩劝不明;行军无号令,用兵无部伍[⑭]。其战,胜不相让,败不相救,攻城破邑,动以虏获为先[⑮]。故纲纪莫称[⑯]。

【注释】

①邓定:底本作"邓芝",误。邓定(？—349),秦州(治今甘肃天水)人。晋永嘉元年(307),与荀氏等率流民二千余家据成固(今陕西城固东),巴西太守张燕等率军围之,献金诈降使之缓兵。又密遣荀氏求救于李雄,李雄出师二万,大破燕军。随李雄军入蜀。李势时,官至镇东将军。晋安西将军桓温击降李势后,犹举兵反晋。温班师江南后,入据成都,旋立范贲为帝。永和五年(349),为晋益州刺史周抚等攻灭。

②南蛮：即南蛮校尉。官名。西晋武帝置，亦称"护南蛮校尉"。治襄阳，四品。东晋初省，后复置，改治江陵。十六国后赵、前燕、后燕亦置。掌荆州及江州少数民族事务，统兵。在东晋、南朝地位重要，多由地位较高之将军如车骑、安西、右将军等及南中郎将兼领，且多兼任荆州刺史或都督周围数州诸军事。立府，有长史、司马、参军等僚佐。

③陈安（？—323）：十六国时陇城（今甘肃秦安）人。初为南阳王司马模帐下都尉。模败，归南阳王司马保，甚受宠。晋愍帝蒙尘，陈安自称秦州刺史，降刘曜。晋元帝永昌元年（322）复叛，西州氐羌悉从之，在上邽自称凉王。明帝太宁元年（323），为刘曜所攻，突围走，被杀。陈安作战勇敢，善抚士卒，陇人为歌"陇上壮士有陈安"以颂之。

④夷王冲归："归"字原缺，此据《资治通鉴》卷八十九补。夷王，名冲归。

⑤雷炤（zhào）：朱提（治今云南昭通昭阳区）人。雷逢之子。曾任平夷太守。

⑥爨（cuàn）量：建宁（治今云南曲靖）人。曾任梁水太守。委诚：投诚，归顺。

⑦登：（谷物）成熟。

⑧学官：指学校。

⑨户调：按户征调的赋税。

⑩职署委积：意谓官职和衙署重复设置，叠床架屋。职署，官职和衙署。委积，聚积，堆积。

⑪班序：按官爵或年齿排列的次序。

⑫君子：对统治者和贵族男子的通称。小人：平民百姓。指被统治者。服章：古代表示官阶身份的服饰。不殊：没有区别，一样。《左传·宣公十二年》："君子小人，物有服章。"杜预注："尊卑

别也。"

⑬货贿：贿赂。公行：公然行动，公然进行。

⑭部伍：军队的编制单位。

⑮虏获：俘虏其人或斩获首级，亦指俘获之物。

⑯纲纪：法度，规章制度。莫称：没有值得称道的地方。

【译文】

其后，扶风的邓定、杨虎等各自率领流民数千家，先后进入蜀地。李雄任命李凤为征北将军、梁州刺史，任回为镇南将军、南夷校尉、宁州刺史，李恭为征东将军、南蛮校尉、荆州刺史，都是大将军、校尉、刺史。李雄、李骧在内体恤百姓，李凤、李回、李恭在外招抚流民，都有功劳。氐人符成、隗文已经投降后又反叛，还亲手刺伤了李雄的母亲，等到他们再次前来归附，李雄赦免了他们的全部罪行，盛情接待收纳他们，并且都任命为将军。天水的陈安以陇右前来归降，武都的氐王杨茂搜表示愿意纳贡称臣，杜弢自湘州派使者前来求援，晋朝的凉州刺史张骏派遣使者前来交好，汉嘉夷王冲归送儿子入蜀做人质。不久，朱提的雷炤率领百姓归降，建宁的爨量跋山涉水前来投诚。其余前来归附者，每日每月都有。李雄于是虚心待人，政治清明，劳役宽和，远方的人前来归附，近处的人生活安宁，年年五谷丰登。于是兴办文教，建立学校。对百姓所征收的赋税，男丁是一年交谷三斛，女丁是一年交谷一斛五斗，患有疾病者减半。所征收的户调，绢不过是数丈，绵不过是数两。因战事和劳役稀少，百姓大多富裕殷实，以至于闾门都不用关闭，路上遗物无人拾取，监狱没有滞留的囚犯，刑罚也不滥施于无辜。只是在治理国家时，没有纲纪准则，官员没有爵秩与俸禄，而官职和衙署重复设置，且在等级上也没有区别，统治者和被统治者的服饰也没有区别；贿赂公然进行，而惩罚和劝赏也不分明；行军没有号令，军队没有编制。行军作战，取胜后将领争功互不相让，战败时将领互不援救，攻破城池都邑，动不动就先进行掳掠抢劫。因此，国家纲纪败坏，没有值得称道的地方。

李凤在北,数有战降之功。时荡子稚屯晋寿,害其功[1]。大兴元年[2],凤以巴西叛,骧讨之,久驻梓潼不敢进。雄自至涪,骧遂斩凤,以寿代凤为梁州、知北事。

【注释】

①害:妒忌。

②大兴元年:318年。大兴,一作"太兴",晋元帝年号(318—321)。

【译文】

李凤在北方,多次建立作战与招降的功绩。当时,李荡之子李稚屯守晋寿,妒忌李凤的功劳。大兴元年,李凤在巴西发动叛乱,李骧出兵讨伐李凤,但长时间驻扎在梓潼不敢进军。李雄亲自到了涪城,李骧于是进军斩杀了李凤,任命李寿代替李凤为梁州刺史,主管北方军事。

二年,骧伐越巂,又分伐朱提。三年,获太守、西夷校尉李钊[1]。夏,进伐宁州,大败于螳蜋[2],还。

【注释】

①李钊:字世康,广汉郡郪(今四川三台)人。李毅之子。参看本书卷四《南中志》注。

②螳蜋:县名。即堂狼县,治所在今云南巧家县东七十里老店子。

【译文】

大兴二年,李骧讨伐越巂郡,又分兵讨伐朱提郡。大兴三年,抓获越巂太守、西夷校尉李钊。夏天,进兵讨伐宁州,大败于螳蜋县,退兵而回。

初,氐王杨茂搜子难敌、坚头为刘曜所破,奔晋寿。晋寿守将李稚,荡第二子也,受其赂遗[1],不送成都。曜既引还,稚遣难敌兄弟还武都,遂即叛稚。稚悔失计,连白雄,求伐氐。雄许之。群臣多谏,雄不从,遣稚兄玝以侍中、中领军统稚攻难敌,由白水入[2];遣寿与稚弟玝由阴平入[3],二道讨氐。难敌等先拒寿、玝,玝、寿不进;而玝、稚径至下辨[4]。以深入无继,大为氐所破,稚、玝皆死,死者千余人。雄深自咎责[5],以谢百姓。玝,荡之元子[6],有名望志尚[7],雄欲传以后嗣,甚痛惜之。

【注释】

①赂遗:赠送或买通他人的财物。

②白水:即今白水江。源出今四川九寨沟县岷山东麓,至甘肃文县注入白龙江。白龙江古称羌水,白水、羌水汇流后,亦称白水,又称羌水,至今四川广元西南注入嘉陵江。汉魏晋南北朝时,白水羌、邓至羌等聚居于此。

③玝:李玝(?—347),巴西郡宕渠(今四川渠县)人。巴氐族。李雄之子。雄死,李班嗣位,玝与弟期、越皆来奔丧。玝劝班遣越还镇,并出期代己为梁州刺史。班不许。期、越竟杀班于丧次。玝奔晋。在晋,历任巴郡、襄阳、宜都太守。从桓温征西,战死于山阳。参看《晋书·李雄载记》。阴平:县名。三国魏改阴平道置,为阴平郡治,治所在今甘肃文县西北五里。东晋末废。

④下辨:县名。治所在今甘肃成县西北三十里。

⑤咎责:责备。

⑥元子:天子和诸侯的嫡长子。泛指长子。

⑦志尚:志向,理想。

【译文】

当初,氐王杨茂搜的儿子杨难敌、杨坚头被刘曜打败,投奔到晋寿。

晋寿守将李稚,是李荡的第二子,接受了他们贿赂的财物,没有将他们押送到成都。刘曜带兵回来后,李稚派遣杨难敌兄弟回到武都,兄弟俩随即背叛了李稚。李稚后悔失算,连忙告诉李雄,请求李雄讨伐氐人。李雄同意了李稚的请求。群臣多数劝阻,但李雄不听,他派遣李稚之兄李玙以侍中、中领军的身份统率李稚部队攻打杨难敌,由白水进军;又派遣李寿和李稚之弟李玝由阴平进军,兵分两路讨伐氐人。杨难敌等先抵抗李寿、李玝,李玝、李寿不能前进;而李玙、李稚直接进军到了下辨。因为深入敌军没有后援,大部队被氐人打败,李稚、李玙都战死沙场,死亡一千多人。李雄深深自责,向百姓谢罪。李玙,是李荡的嫡长子,有名望,有志向,李雄本来打算让他做继承人,为其身亡而非常痛心惋惜。

　　雄妻任无子,养玙弟班为子[1],雄自有庶子十五人。群臣上立嗣[2],雄曰:"孙仲谋割有江东[3],伯符兆基[4],子止侯爵,《国志》耻之[5]。宣公舍子立弟[6],君子以为知人[7]。吾将弥缝《国志》之耻[8],以继宣公之美。"骧与司徒王达谏,以为不可,雄不从。永昌元年冬,立班为太子[9]。骧泣曰:"乱始于是矣!"

【注释】

①班:李班(288—334),字世文,巴西郡宕渠(今四川渠县)人。巴氐族。十六国时成汉国君。李荡之子(第四子),李玙之弟。被李雄收养为子。初署平南将军,后立为太子。谦虚博纳,敬儒爱贤。雄疾,班昼夜侍侧,恪尽孝道。咸和九年(334),雄死,嗣位。政事皆委李寿等,只顾守丧礼。未几,为雄子越杀于殡宫。李期谥为戾太子,李寿谥为哀皇帝。《晋书》有传。

②立嗣:确立王位继承人。

③孙仲谋：孙权（182—252），字仲谋，吴郡富春（今浙江富阳）人。
　参看本书卷二《汉中志》注。

④伯符：孙策（175—200），字伯符，吴郡富春（今浙江富阳）人。孙
　坚长子。少居寿春，广交江淮士族。坚死，就其舅丹阳太守吴景。
　汉献帝兴平初，依袁术，得坚残部千余人，乞率军助吴景。袁术表
　为折冲校尉，渡江转斗，击破刘繇。又渡浙江，击破严白虎等，自
　领会稽太守。后又夺庐江郡，在江东地区建立孙氏政权。曹操表
　为讨逆将军，封吴侯。后遇刺卒。弟孙权称帝，追谥长沙桓王。
　《三国志·吴书》有传。兆基：开国，创业。

⑤《国志》耻之：《国志》，指《三国志》。陈寿《三国志·吴书·孙
　破虏讨逆传》：“评曰：孙坚勇挚刚毅，孤微发迹，导温戮卓，山陵
　杜塞，有忠壮之烈。（孙）策英气杰济，猛锐冠世，览奇取异，志陵
　中夏。然皆轻佻果躁，陨身致败。且割据江东，策之基兆也，而权
　尊崇未至，子止侯爵，于义俭矣。”

⑥宣公：宋宣公（？—前729），名力，春秋时宋国国君。宋武公子。
　前748年即位，在位十九年。病重将死，以父死子继、兄死弟及为
　天下通义，不立太子与夷，嘱立其弟和。力死，和继位，是为宋穆
　公（？—前720）。宋穆公立九年，病死。死前，宋穆公嘱大司马
　孔父嘉，必传位于宣公之子与夷（即宋殇公），并使己子冯出居郑。

⑦君子以为知人：《左传·隐公三年》：君子曰：“宋宣公可谓知人矣。
　立穆公，其子飨之，命以义夫。《商颂》曰：‘殷受命咸宜，百禄是
　荷。’其是之谓乎！”

⑧弥缝：缝合，补救。

⑨立班为太子：《资治通鉴》卷九十三：太宁二年（324），“（李）雄立
　其兄（李）荡之子（李）班为太子”。

【译文】

李雄的妻子任氏没有生育儿子，收养李玱的弟弟李班为儿子，李雄

自己有庶子十五人。群臣上书李雄请求确立王位继承人，李雄说："孙权割据江东，而孙策是创业者，但孙策的儿子只被封为侯爵，《三国志》以此为耻。宋宣公舍弃儿子而立弟弟，君子以为这是知人之举。我将补救《三国志》所说的耻辱，而继承宋宣公的美德。"李骧和司徒王达进行劝谏，认为这样不行，但李雄没有听从。永昌元年冬天，李雄立李班为太子。李骧哭着说："祸乱自此开始了！"

泰宁元年[1]，越嶲斯叟反，攻围任回及太守李谦[2]。遣其征南费黑救之。

【注释】

[1]泰宁元年：323年。泰宁，即"太宁"，晋明帝年号（323—325）。

[2]李谦：籍贯不详。曾任越嶲太守。

【译文】

泰宁元年，越嶲郡的斯叟造反，围攻任回和太守李谦。李雄派遣征南将军费黑率军营救。

咸和元年夏[1]，斯叟破。二年，谦移郡民于蜀[2]。

【注释】

[1]咸和元年：326年。咸和，晋成帝年号（326—334）。

[2]谦移郡民于蜀：《晋书·成帝纪》："（咸和）二年春正月，宁州秀才庞遗起义兵，攻李雄将任回、李谦等，雄遣其将罗恒、费黑救之。宁州刺史尹奉遣裨将姚岳、朱提太守杨术援遗，战于台登，岳等败绩，术死之。"盖移郡民于蜀即在此战之后（刘琳）。

【译文】

咸和元年夏天，斯叟被打败。咸和二年，李谦迁移越嶲郡的汉民到蜀地。

三年冬，骧死，追赠相国[1]，谥曰汉献王。寿以丧还，拜
玝征北、梁州，代寿。以班行抚军将军[2]，修晋寿军屯。

【注释】

①追赠：死后赠官。

②行抚军将军：代行抚军将军职事。抚军将军，官名。三国蜀后主
建兴八年（230）置，蒋琬以丞相留府长史加此。吴孙权赤乌十年
（247），步协代其父步骘督西陵，亦加此。晋朝定为三品。十六
国成汉、前凉、北燕亦置。掌征伐等。

【译文】

咸和三年冬天，李骧去世，被追赠为相国，谥号为汉献王。李寿奔丧
回到成都，李雄任命李玝为征北将军、梁州刺史，代替李寿。李雄任命李
班代行抚军将军职事，修建晋寿县的军屯。

五年，拜寿都督中外诸军、大将军、中护军、西夷校尉，
录尚书事，总统如骧。冬，寿率征南费黑、征东任邵伐巴
东[1]，至建平[2]。监军毌丘奥退保宜都[3]。

【注释】

①巴东：郡名。东汉建安六年（201），益州牧刘璋改固陵郡置巴东
郡。属益州。治鱼复县（今重庆奉节东）。

②建平：郡名。三国吴永安三年（260）置，属荆州。治所在信陵县
（今湖北秭归西北）。魏灭蜀后，置建平郡都尉于巫县（今重庆巫
山）。西晋咸宁元年（275）改为建平郡。太康元年（280）灭吴，

将两建平郡合并,治所在巫县。

③毌(guàn)丘奥:河东闻喜(今山西闻喜)人。时为晋巴东监军、
益州刺史。

【译文】

咸和五年,李雄任命李寿为都督中外诸军、大将军、中护军、西夷校
尉,负责尚书府事务,总理国事,一如李骧。冬天,李寿率领征南将军费
黑、征东将军任邵讨伐巴东,攻打到了建平。监军毌丘奥退兵保据宜都。

六年春,寿还,遣任邵屯巴①。雄以子越为车骑②,住广
汉。秋,寿伐阴平③。冬,城涪县④。

【注释】

①屯巴:《十六国春秋》卷七十七《李雄传》作"屯巴东"。

②越:李越(? —338),巴西郡宕渠(今四川渠县)人。李雄之
子。初为车骑将军,屯江阳(今四川泸州)。成汉玉衡二十四
年(334),父卒,奔丧,杀李班于殡宫,奉李期为帝,任相国,封
建宁王,与李寿并录尚书事。玉恒四年(338),大都督李寿举兵
攻克成都,逼期自杀。仆射任颜造反,尽杀李雄诸子。参看《晋
书·李雄载记》。

③寿伐阴平:《晋书·成帝纪》:"(咸和六年)秋七月,李雄将李寿侵
阴平,武都氐帅杨难敌降之。"

④城涪县:底本作"城涪陵",据刘琳说改。

【译文】

咸和六年春天,李寿还师,派遣任邵屯守巴东。李雄任命儿子李越
为车骑将军,驻扎在广汉。秋天,李寿讨伐阴平。冬天,修筑涪县城。

七年秋,寿南征宁州,以费黑为司马,与邵攀等为前

军①,由南广入;又别遣任回子调由越嶲入。冬十月,寿、黑至朱提,朱提太守董炳固城②。宁州刺史尹奉遣建宁太守霍彪、大姓爨深等助炳③。时寿已围城,欲逆拒之④,黑曰:"料城中食少,霍彪等虽至,赍粮不多,宜令人入城共消其谷,犹嫌其少,何缘拒之?"彪等皆入城。城久不下,寿欲急攻之。黑谏曰:"南中道险,俗好反乱,宜必待其诈勇已困,但当日月制之,全军取胜⑤,以求有余。溷牢之物⑥,何足汲汲也⑦!"寿必欲战,果不利,乃悉以军事任黑。

【注释】

①邵攀:《晋书·李雄载记》作"印攀"。籍贯不详。曾任建宁太守。后为叛军所杀。

②董炳:籍贯不详。曾任朱提太守。

③尹奉:南阳(治今河南南阳)人。参看本书卷四《南中志》注。霍彪(274—339):字承嗣,南郡枝江(今湖北枝江)人。霍峻之曾孙,霍弋之孙。南中大族。东晋、成汉地方官员。曾任建宁太守、越嶲太守、兴古太守、宁州刺史、南夷校尉等。咸康五年(339),被成汉建宁太守孟彦执送于晋,卒。死葬蜀郡,后改葬朱提。1963年,其墓在云南昭通被发现,墓壁画、铭文可补正史之不足。爨深:建宁同乐(今云南陆良)人,一说兴古郡(治今云南砚山)人,一说牂柯郡(治今贵州黄平)人。南中大姓。永嘉中,为兴古太守。太宁元年(323),成汉李雄进攻宁州(今云南昆明晋宁区),奉刺史王逊命与姚岳率军拒战于堂狼(今云南巧家县)。咸和七年(332),李雄再次南下,军至朱提(今云南昭通昭阳区),太守董炳固守郡城。又奉宁州刺史尹奉命与霍彪率军助炳。八年春,与董炳、霍彪皆降于李雄。九年三月,李雄分宁州置交州,

以爨深为交州刺史。自后，大姓爨氏势力崛起。云南南宁南十余里有《兴古太守爨府君碑》，见正德《云南志》卷二十一，亦见李元阳《云南通志》卷十一。《滇略》有传。

④逆拒：迎击，抵御。

⑤全军：保全军队的实力。

⑥溷（hùn）：厕所。牢：养牲畜的圈。

⑦汲汲：心情急切貌。引申为急切追求。

【译文】

　　咸和七年秋天，李寿南征宁州，以费黑为司马，和邵攀等作为前军，由南广进军；又另外派遣任回的儿子任调由越嶲进军。冬天十月，李寿、费黑进军至朱提，朱提太守董炳固守城池。宁州刺史尹奉派遣建宁太守霍彪、大姓爨深等援助董炳。当时李寿已经包围了朱提城，他准备迎击前来救援的霍彪等人，费黑说："料想城中粮食很少，霍彪等人虽然到了，所带的粮食也不多，应当让救援的人进入城中，共同消耗他们的粮谷，只嫌来的人少，为什么要拒绝他们进城呢？"霍彪等人都进入了城中。朱提城久攻不下，李寿准备猛烈进攻。费黑劝阻说："南中道路艰险，而且流俗喜好叛乱，应当坚持到其勇气已经困顿的时候，我们只要待以日月，必定能制服他们，而且是保全军队、获取全胜，以求有余力攻打宁州。他们好比厕所、牲畜圈中的秽物，我们何必急切追求呢！"李寿坚持作战，果然战事不利，于是将全部军事指挥权交给了费黑。

　　八年春正月，炳、彪等出降，威震十三郡①。三月，刺史尹奉举州委质②，迁奉于蜀③。寿领宁州。南中初平，威禁甚肃④，后转凌掠民。秋，建宁州民毛诜、罗屯等反⑤，杀太守邵攀；牂柯太守谢恕举郡为晋⑥，寿破之。

【注释】

①十三郡：常璩所说有误，当云"十四郡"。据本书卷四《南中志》，宁州共有十四郡，即晋宁、建宁、平乐、平夷、朱提、南广、夜郎、河阳、梁水、西平、牂柯、永昌、云南、兴古。常璩以为南广郡已废，故云"十三郡"（刘琳）。

②委质：投诚，归顺。

③迁奉于蜀：李期时，以尹奉为右丞相、骠骑将军。

④威禁：法令，禁令。

⑤建宁州民：当为"建宁郡民"。

⑥谢恕：字茂理，牂柯郡毋敛（今贵州独山）人。东晋官员。参看本书卷四《南中志》注。

【译文】

咸和八年春天正月，董炳、霍彪等出城投降，此战威震宁州十三郡。三月，宁州刺史尹奉率领全州投降，李雄调尹奉到蜀地。李寿领宁州刺史。南中刚刚平定，军队法令非常严明，后来转而侵凌掠夺百姓。秋天，建宁郡民毛衍、罗屯等造反，杀死太守邵攀；牂柯太守谢恕率领全郡投降晋朝，李寿打败了他们。

九年春，分宁州置交州①，以霍彪为宁州、建宁爨深为交州刺史。封寿建宁王。张骏使参军傅颖、治中张淳遗雄书，劝去尊号，称藩于晋②。雄引见，谓曰："吾过为士大夫所推③，然本无心于帝王也。贵州将令行河沙④，常所希冀。进思共为晋室元功之臣⑤，退思共为守藩之将，扫除氛埃⑥，以康帝宇⑦。而晋室凌迟⑧，德声不振，引领东望⑨，有年月矣。会获来觌⑩，情钧暗至⑪，有何已已⑫！"颖、淳以为然，使聘相继⑬。巴郡尝告急，云有东军⑭。雄曰："吾常虑石勒跋扈⑮，侵逼琅琊⑯，以为耿耿⑰，不图乃能举军，使人欣然。"雄之雅谈多如此类⑱。三月，寿还。

【注释】

①分宁州置交州：《资治通鉴》卷九十五："三月，成主（李）雄分宁州置交州，以霍彪为宁州刺史，爨深为交州刺史。"胡三省注："成分宁州之兴古、永昌、牂柯、越嶲、夜郎等郡为交州。"刘琳认为，胡说可疑。

②称藩：向大国或宗主国承认自己的附庸地位。

③过：误，错误。

④州将：魏晋南北朝时，刺史当方面之任，总兵权，通称州将。本处特指凉州刺史张骏。河沙：指凉州。凉州辖今甘肃河西走廊及兰州一带，南有黄河，北有沙漠，故称"河沙"（刘琳）。

⑤元功：大功，首功，开创之功。

⑥氛埃：污浊之气，尘埃。

⑦帝宇：帝王的殿宇。

⑧凌迟：衰退，衰败。

⑨引领：伸颈远望。多以形容期望殷切。

⑩来贶（kuàng）：指张骏的来信。贶，赠，赐。

⑪情钧闇至：意谓心情与我深深相合（刘琳）。钧，等，同。闇，同"暗"。至，深切。

⑫有何：有什么。已已：已，休止。迭用以加重语气。

⑬使聘：指古代诸侯之间或国与国之间的遣使访问。

⑭东军：指晋军。

⑮跋扈：骄横，强暴。

⑯侵逼：侵犯逼迫。琅琊：指琅琊王司马睿，即后来的晋元帝。司马睿（276—322），字景文，河内温县（今河南温县）人。司马懿曾

孙。初袭封琅邪王。惠帝元康二年（292），拜员外散骑常侍。怀帝永嘉元年（307），任平东将军、都督扬州江南诸军事、假节，镇建邺。愍帝即位，加左丞相，进丞相、大都督中外军事。刘曜破长安，愍帝死，西晋亡。建兴五年（317），司马睿即位于建康，史称东晋。时中原大乱，偏安江东。永昌元年（322），大将军王敦以讨刘隗、刁协为名，起兵于武昌，攻至石头城。王敦挟制朝政，司马睿忧忿而卒。在位六年。庙号中宗。《晋书》有传。

⑰耿耿：烦躁不安，心事重重。

⑱雅谈：高雅的言谈。

【译文】

咸和九年春天，李雄分割宁州设置交州，任命霍彪为宁州刺史、建宁人爨深为交州刺史。李雄封李寿为建宁王。张骏派参军傅颍、治中张淳送书信给李雄，劝李雄去掉尊号，称藩于晋朝。李雄召见他们，对他们说："我被士大夫错误地推举为王，然而我本来是无意称王的。贵州刺史的政令畅行于黄河上下、大漠内外，这也是我常常希望得到的。前进则考虑共同成为晋室建功创业的大臣，后退则考虑共同成为守藩卫国的将领，扫除污浊尘埃，以使晋帝殿宇安宁。但是晋室衰败，声誉不振，我伸长脖子东望晋土，已经有好多年月了。鄙人恰好收到阁下的来信，而阁下的心情与我深深相合，如此情投意合，还有什么好说的呢？"傅颍、张淳都认为来信说得对，于是，李雄和张骏互派使节，继续来往。巴郡曾经告急，说有晋军前来。李雄说："我常常担心石勒骄横跋扈，会侵犯逼迫琅邪王，一直为此烦躁不安，不料晋军还进军讨伐石勒，不觉让人欣然自喜。"李雄高雅的言谈，大多都像这样。三月，李寿还军。

夏六月癸亥①，雄疾病卒②，时年六十一。伪谥曰武帝③，庙称太宗。凡自立三十年④。冬十二月丙寅，葬成都，墓号安都陵也⑤。

【注释】

①六月癸亥：此指晋咸和九年（334）、成汉玉衡二十四年（334）
六月二十一日。按：《晋书·李雄载记》说李雄死于咸和八年
（333），年份与此不同。又，《资治通鉴》卷九十五说李雄死于咸
和八年六月丁卯（六月二十五日），日期亦与此不同。

②雄疾病卒：《晋书·李雄载记》："咸和八年，（李）雄生疡于头，六日
死，时年六十一，在位三十年。"《资治通鉴》卷九十五："成主（李）
雄生疡于头。身素多金创，及病，旧痕皆脓溃，诸子皆恶而远之；独
太子（李）班昼夜侍侧，不脱衣冠，亲为吮脓。（李）雄召大将军建
宁王（李）寿受遗诏辅政。丁卯，（李）雄卒，太子（李）班即位。"

③伪谥：意谓"非法给予谥号"。按：在东晋王朝看来，成汉政权是
非"正统"的、僭伪的政权，故其谥号为"伪谥"。常璩是在东晋
时期写作《华阳国志》的，因迫不得已而如此称谓。

④三十年：当作"三十一年"。李雄即位于晋惠帝永兴元年（304），
去世于咸和九年（334），共计在位三十一年。

⑤安都陵：大成皇帝李雄的陵墓。在今四川成都北。明正德《四川
通志》卷十二、清《四川通志》卷二十九、《大清一统志》卷二百九
十三均谓李雄墓"在成都县北七里"，但具体方位不详。

【译文】

夏天六月癸亥，李雄疾病发作而去世，时年六十一岁。伪谥号是武
帝，庙号是太宗。李雄共计自立为王三十年。冬天十二月丙寅，李雄在
成都下葬，所葬陵墓号称安都陵。

班字世文，荡第四子也。少见养于雄①，年十六②，立为
太子。好学爱士。每观书传③，谓其师友天水文夔、陇西董
融等曰："吾见周灵王太子晋、魏太子丕、吴太子孙登文章鉴
识④，超然卓绝，未尝不有惭色，何古人之难及乎！"进止周

旋⑤,勤于咨问⑥。但性轻躁⑦,失在田猎⑧。

【注释】

①见养:被抚养,被收养。

②年十六:或谓当作"年二十六"(任乃强)。

③书传:著作,典籍。

④周灵王:底本误作"周景王"。周灵王(？—前545),姬姓,名泄心。周简王之子。春秋时东周国国君。传生即有髭。因爱子晋早卒,哀伤而死,葬于周山(在今河南洛阳西南),一说葬于灵山(在今河南宜阳西)。太子晋:又称王子晋、王子乔。姬姓,名晋。周灵王的太子。据《国语·周语下》记载,"灵王二十二年,谷、洛斗,将毁王宫。王欲壅之,太子晋谏曰:'不可。晋闻古之长民者,……'王卒壅之"。太子晋的谏辞长达千余字,渊博典雅,李班赞周灵王太子晋"文章鉴识"盖指此(刘琳)。魏太子丕:指曹丕(187—226),字子桓,沛国谯(今安徽亳州)人。曹丕性好文学,史书称其"天资文藻,下笔成章,博闻强识,才艺兼该"(《三国志·魏书·文帝纪》)。吴太子孙登(209—241):字子高,吴郡富春(今浙江富阳)人。孙权长子。权称吴王,立为王太子。权称帝,又立为皇太子。以诸葛恪为左辅,张休为右弼。权移都建业,孙登留镇武昌。临死时上疏一篇,颇有文采。《三国志·吴书》有传。鉴识:审察辨识的能力。

⑤进止:举止,行动。周旋:古代行礼时进退揖让的动作。

⑥咨问:咨询,请教。

⑦轻躁:轻率浮躁。

⑧田猎:打猎,狩猎。

【译文】

李班字世文,是李荡的第四子。年少时被李雄收养,十六岁时被立为太子。他勤奋好学,爱慕士人。李班每次阅读典籍时,就会对其师友天水人文夔、陇西人董融等说:"我看周灵王太子晋、魏太子曹丕、吴太子孙登的文章,明察深辨,超然卓绝,未尝不面露惭色,古人何其难及啊!"李班举止得体,勤于请教。但是他的性格轻率浮躁,过失在于喜欢田猎。

甲子,袭位①。祛来奔丧,劝遣雄子越还江阳,而欲令期代己知北事。班以未葬,不许,遣祛还涪。冬十月癸亥,期、越杀班于临次②,并杀班仲兄领军都③,弟祛奔晋④。期伪谥班曰戾太子⑤,寿追谥曰哀皇帝⑥。子幽、颙为期所杀⑦。班兄弟五人皆兵死⑧,四人无后⑨。祛在晋历巴郡、襄阳、宜都太守,龙骧将军。永和三年⑩,从征西于山阳战死也⑪。

【注释】

①甲子,袭位:李班继位于玉衡二十四年、咸和九年(334)六月二十二日(甲子日)。

②临次:哭丧之所,即殡宫。据《晋书·李班载记》载,"咸和九年,(李)班因夜哭,(李)越杀(李)班于殡宫,时年四十七"。

③仲兄:次兄,二哥。本处实指第三兄。按:李荡有五子,分别为李玱、李稚、李都、李班、李祛。李都实为李班三哥。

④弟祛奔晋:《晋书·明帝纪》载,"(咸和九年)冬十月,李雄子(李)期弑李班而自立,(李)班弟(李)祛与其将焦哙、罗凯等并来降"。

⑤伪谥班曰戾太子:这是对汉代戾太子故事的模仿。戾太子,即刘据(前128—前91)。汉武帝长子,卫皇后之子。元狩初,立为太子。武帝末年,卫后宠衰,江充用事。充与太子及卫后有隙。征和二年(前91)巫蛊之祸起,刘据为江充所诬,举兵斩充,与丞相刘屈氂等战于长安,兵败,自经死。后武帝知其冤,族灭江充家。

宣帝即位,追谥庆。《汉书》有传。

⑥追谥曰哀皇帝:李班在位仅四个月,而谥号曰哀,可谓差强人意。《逸周书·谥法解》:"恭仁短折曰哀。"孔晁注:"体恭质仁,功未施也。"

⑦子幽、颙为期所杀:下文云罗演等"立班子幽",则李幽此时未被杀。此文自杀李都以下文字,皆是总叙后事(刘琳)。

⑧兵死:死于兵刃。

⑨四人无后:李班兄弟五人,仅李玝有后,其余四人(李玲、李稚、李都、李班)无后。

⑩永和三年:347年。永和,东晋穆帝年号(345—356)。按:桓温于永和二年(346)冬十月出兵攻蜀,次年(347)春灭成汉。

⑪征西:指征西大将军桓温(312—373),字元子,谯国龙亢(今安徽怀远西北)人。桓彝之子。娶南康长公主,拜驸马都尉。都督荆州、梁州、司隶校尉等四州诸军事,除琅邪太守、安西将军,领护南蛮校尉。穆帝永和初,任荆州刺史。永和二年(346),率众伐蜀。永和三年冬(347),出兵灭成汉,晋升为征西大将军,封公。回朝,废殷浩,执朝政。永和十年(354),北伐关中,以军粮不继还。永和十二年(356),收复洛阳。屡请还都,朝廷不听。太和四年(369),率步骑五万北攻燕,初连胜,至枋头,粮道受阻,大败。太和六年(371),废晋帝司马奕为海西公,立简文帝,以大司马镇姑孰,专擅朝政。意欲受禅,未成。宁康元年(373),疾卒。《晋书》有传。山阳:在今四川成都双流区东南牧马山南。

【译文】

六月甲子,李班继位。李玝回来奔丧,劝谏李班派遣李雄之子李越返回江阳,而想让李期代替自己主管北方军事。李班因为李雄还没有下葬,不同意,而派李玝回到涪城驻防。冬天十月癸亥,李期、李越在殡宫杀死李班,并且杀了李班的二哥、领军将军李都,李班的弟弟李玝逃奔晋朝。李期伪谥李班为庶太子,李寿追谥李班为哀皇帝。李班的儿子李幽、李颢也被李期杀死。李班兄弟五人都死于兵刃,其中四人无后。李玙在晋朝历任巴郡太守、襄阳太守、宜都太守,封龙骧将军。永和三年,李玙跟从征西大将军桓温作战,在山阳战死。

　　期字世运①,雄第四子也。母冉贱,雄妻任养为子。少攻学问,有容观。雄时令诸子各募合部曲,多者才得数百人,而期独得千余人。为安东将军。雄亡,越自江阳来赴丧,兄弟怏怏②。既以班非雄所生,又虑玙不利己,与兄越密谋图班。太史令韩约上言③:"宫室有阴谋兵气④,戒在亲戚。"班不悟。遂因夜哭,越杀班,期自立⑤。以越为相国,与寿并录尚书事。进寿大都督,徙封汉王,使讨玙于涪。封越建宁王,以仲兄霸为中领军、镇南⑥,弟保镇西、西夷校尉、汶山太守,从父始征东⑦,代越,皆大将军。玙走,即拜寿梁州、知北事。

【注释】

①期字世运:李期(314—338),字世运,巴西郡宕渠(今四川渠县)人。李雄第四子。十六国时成汉国君。聪慧好学,虚心招纳。初为建威将军。晋成帝咸和九年(334),兄李越杀李班,被拥立为帝。既即位,改年号为玉恒。滥杀大臣,妄杀民人,人不自安。轻诸旧臣,任用奸宦,朝政紊乱。诸兄弟为争帝位,互相攻伐。咸康四年(338),叔父李寿攻破成都,李期自杀,谥幽公。《晋书》《魏书》有传。

②怏怏:不满意、不快乐的样子。

③太史令:官名。西周、春秋时有太史之官,掌起草文书,策命诸侯

卿大夫，记载史事、天文历法，兼管国家典籍。秦、汉置太史令，秩六百石，掌天时、星历、祭祀、撰史。其后历代多沿置，但不再掌编写史书，其职事多为天文、历法。韩约：《晋书·李班载记》作"韩豹"。按：史籍或谓韩豹其时为太傅，兼领太史令。《太平御览》卷九百七十一引《广五行记》曰："后蜀李雄玉衡十二年，扶风人韩豹为太史令。雄卒，子期立，以豹为太傅，犹领侯职。"

④兵气：战争的气氛。《太平御览》卷八百七十七引《蜀李书》曰："哀帝即位，有白气二道带天。望气者言：宫中有伏兵。果为邛都公所害也。"

⑤期自立：《晋书·李期载记》："既杀班，欲立（李）越为主，（李）越以（李）期（李）雄妻任氏所养，又多才艺，乃让位于（李）期。"

⑥中领军：官名。汉末曹操置，与中护军皆掌禁卫军。三国时蜀亦置。西晋武帝泰始七年（271）省并北军中候。惠帝时复置，一说怀帝永嘉（307—313）中始复。东晋元帝永昌元年（322）改为北军中候，寻复。成帝时，又改为北军中候，寻又复。东晋时无营兵，总统二卫、骁骑、材官诸营禁军，不再管中护军。十六国成、前凉、后燕皆置。

⑦从父：父亲的兄弟。即伯父或叔父。始：李始，字伯起，巴西郡宕渠（今四川渠县）人。李特之子，李雄异母兄。雄继李流即位，拜太保。善抚士，众多归之。及雄卒，李始从子李期即位。迁始为征东大将军，镇江阳。始与从弟寿共谋讨期，寿不敢发，始怒；又说期讨寿，期亦不许。后寿破成都，期自杀，始亦被诛。《十六国春秋》有传。

【译文】

李期字世运，是李雄的第四子。李期的母亲冉氏地位低贱，李雄的妻子任氏将李期收养为子。李期年少时攻读学问，仪表可观。当时，李雄命令几个儿子各自招募部曲，多的才招募到数百人，而李期却独自招慕到一千多人。李期被任命为安东将军。李雄去世后,李越从江阳赶回来奔丧,兄弟俩怏怏不乐。既因为李班不是李雄亲生的,又担心李玝会对自己不利,李期便与哥哥李越密谋陷害李班。太史令韩约上书李班说:"宫室中有阴谋兵气,要警戒亲戚。"李班不醒悟。于是,乘夜哭之时,李越杀死了李班,李期自立为君。李期任命李越为相国,与李寿一起总领尚书事务。李期晋封李寿为大都督,又改封为汉王,派遣他到涪城讨伐李玝。李期封李越为建宁王,任命仲兄李霸为中领军、镇南将军,弟弟李保为镇西将军、西夷校尉、汶山太守,从父李始为征东将军,代替李越,他们都是大将军。李玝逃走后,李期随即拜李寿为梁州刺史,主管北方军务。

　　咸康元年春正月①,立妻阎氏为后,下赦,改元玉恒②。秋,以司隶景骞为尚书令③,征南费黑为司隶,班舅罗演为仆射。罗演与汉王相天水上官澹谋袭期④,立班子幽。谋泄,杀演、澹,并诛班母罗、琀子砑、稚妻昝⑤。

【注释】

①咸康元年:335 年。咸康,晋成帝年号(335—342)。

②玉恒:十六国成(汉)李期年号(335—338)。

③司隶:司隶校尉。参看本书卷一《巴志》注。景骞:籍贯不详。仕成汉,为司隶校尉、尚书令。

④汉王:指李寿。

⑤砑:音 yán。昝:音 zǎn。

【译文】

　　咸康元年春天正月,李期立妻子阎氏为皇后,大赦天下,改年号为玉恒。秋天,李期任命司隶校尉景骞为尚书令,征南将军费黑为司隶校尉,李班的舅舅罗演为尚书仆射。罗演与汉王相、天水人上官澹图谋袭击李期，以立李班之子李幽。阴谋泄露，李期杀了罗演、上官澹，并诛杀李班之母罗氏、李玲之子李砳、李稚之妻昝氏。

二年，忌从子载多才艺①，托他事诛之②，而霸、保皆暴病死③。于是大臣自疑，骨肉不相亲。而期志益广，忽慢父时公卿④，政刑失错⑤。

【注释】

①从子：侄子。载：李载，李期侄子。时任尚书仆射，封武陵公。

②托他事诛之：《晋书·李期载记》："（李期）乃诬其尚书仆射、武陵公李载谋反，下狱死。"

③暴病：突然发病，亦指突然发作、来势很凶的病。

④忽慢：犹轻慢。

⑤政刑：政令和刑罚。失错：差错。《晋书·李期载记》："（李）期自以谋大事既果，轻诸旧臣，……国之刑政，希复关之卿相，庆赏威刑，皆决数人而已，于是纲维紊矣。"

【译文】

咸康二年，因为忌恨侄子李载多才多艺，李期借故他事诛杀了李载，而李霸、李保都暴病而死。于是朝中大臣自相猜疑，骨肉亲戚不相亲睦。而李期的志向更加宏大，轻慢父辈之时的公卿旧臣，政令和刑罚紊乱失措。

四年夏四月，寿自涪还袭期，假以诛越、骞为言。越请散财募民格战①，期谓寿不自薄②，不许。既诛越、骞，初废期为邛都县公；五月，乃杀期及诛李始等，杀兄弟十余人。期死时年二十四，谥曰幽公③。

五年,徙其妻子于越嶲,势又使人就越嶲诛其子④。

【注释】

①散财:分发财物。

②不自薄:待自己不薄。

③谥曰幽公:底本作"谥曰幽王",据《晋书·李斯载记》改。

④势:李势(?—361),字子仁,巴西郡宕渠(今四川渠县)人。巴氏族。十六国时成汉国君。李寿长子。初为翊军将军、汉王世子,后立为太子。建元元年(343),寿死,嗣位。骄吝荒淫,不恤国事,朝政紊乱。刑狱滥加,人怀畏惧。永和三年(347),降于桓温,被送至建康(今江苏南京),封归义侯。在位五年。升平五年(361),死于建康。《晋书》有传。

【译文】

咸康四年夏天四月,李寿从涪城还军袭击李期,借口诛杀李越、景骞。李越请求李期分发财物、招募百姓作战,李期认为李寿待自己不薄,故未同意。李寿在诛杀李越、景骞之后,最初废黜李期为邛都县公;五月,李寿杀死李期,同时诛杀李始等人,并诛杀兄弟十余人。李期死时年仅二十四岁,谥号为幽公。

咸康五年,李寿迁徙李期的妻儿到越嶲郡,李势又派人到越嶲郡诛杀了李期的儿子。

寿字武考,有干局①,爱尚学义②,志度少殊于诸子③,雄奇之。自代父为将,志在功名,故东征南伐,每有效事④。雄疾病,侍疾左右⑤。左右侍臣造雄顾命⑥,寄托于寿⑦。

【注释】

①干局:谓办事的才干器局。

②爱尚：喜爱崇尚。学义：犹学问，学识。

③志度：志向气度。

④效事：建功立业之事。

⑤侍疾：侍候、陪伴、护理患者。

⑥顾命：《尚书》的篇名。取临终遗命之意。后因称帝王临终前的
遗诏为"顾命"。

⑦寄托：托付，委托别人照料。之所以寄托于寿，"雄盖已虑诸子越、
期等不利于班，故远招于南中，寄以顾命也"（任乃强）。

【译文】

李寿字武考，有办事的才干器局，喜爱崇尚学识，志向气度自小便与
其他兄弟不一样，李雄感到惊奇。李寿自从代父为将，志向便在建立功
名，因此东征南伐，每每有建功立业之事。李雄患病期间，李寿侍奉在
其左右。李雄临终之时，命令左右侍臣拟作遗诏，将李班托付给李寿。

期之杀班也，李始初欲附寿，图共讨期，寿不敢。始怒，说
期取寿。惮李玝在北^①，欲藉寿讨之，故不许。寿既受汉封^②，
北伐玝，告以去就利害^③，假道^④，故玝得由巴顺水东下吴。

【注释】

①惮：忌惮，畏惧。

②受汉封：接受汉王的封号。

③去就：离去或留下。意谓留在成汉政权，还是离开成汉政权而投
靠晋朝。

④假道：借道，借路。

【译文】

在李期杀死李班之后，李始最初是想依附李寿，图谋共同讨伐李期，
但李寿不敢。李始发怒，便游说李期攻打李寿。李期忌惮李玝在北方有

咸胁，想借助李寿讨伐李玙，因此没有同意。李寿在接受汉王的封号后，率军北伐李玙，但又偷偷告诉李玙离去或留下的利害关系，并且借道给李玙，故而李玙得以由巴郡顺水东下到了吴地。

　　寿虽代玙镇涪，岁终当入朝觐①，常自危嫌②，辄造汉中守将张才急书，告方外寇警③。咸康二年冬，北入汉中，破走司马勋④。寿见期、越兄弟十余人年方壮大⑤，而手下有强兵，惧不自全，数聘命高士巴西龚壮⑥。壮虽不应，恐见害，不得已，数见寿。时岷山崩，江水竭，寿缘刘向之言而恶之⑦，每谋壮以自安之术。壮之父及叔皆为特所杀，欲假手报仇⑧，未有其由⑨，因说：“立事何如舍小从大，以危易安，开国裂土，长为诸侯，名高桓文⑩，勋流百代矣⑪。”寿从之，阴与长史略阳罗恒、巴西鲜思明共谋据成都⑫，为晋称藩。会养弟攸从成都病还，死道中，乃阳言越药杀之⑬。又诈造妹婿任调书⑭，言期、越当废寿，以惑群下，群下信之。乃誓文武⑮，许赏城中资财，得数千人，南攻成都。子势为开门内应，遂获期、越，诛其宗族十余人。兵入虏掠民家，奸淫雄公主及李氏诸妇，多所残害，数日乃定。

【注释】

①朝觐：谓臣子朝见君主。

②自危：自感处境危殆。

③方外：区域、范围之外。方位之外。本处指境外。寇警：敌军入侵的警报。

④司马勋（？—366）：字伟长，河内温县（今河南温县）人。司马遂

曾孙。晋愍帝建兴四年（316），长安陷，勋时年十余岁，为刘曜将令狐泥养为子。及壮，善骑，能左右射。成帝咸和六年（331），自关右还，自述身世，拜谒者仆射。以勇闻。迁梁州刺史。穆帝永和五年（349），石虎死，勋率众攻长安，无功而还。迁征虏将军，领西戎校尉。为政暴酷。哀帝兴宁末，举兵反，称成都王。桓温遣朱序讨之，兵败被杀。《晋书》有传。

⑤壮大：长大成人。

⑥聘命：指皇帝任用官吏的命令。龚壮：字子玮，巴西（治今四川阆中）人。父、叔均为李特流民军所害，壮积年不除丧，力弱不能复仇。及李寿戍汉中，乃说寿杀特孙李期，以雪私仇。寿袭成都，废期自立，即出壮谋。及改元汉兴，以厚礼聘壮为太师，壮固辞。上书说寿归晋，不纳。遂称聋，终身不复至成都。唯研精典籍，洁己自守，与乡人谯秀齐名。至李势时卒。著有《迈德论》等。《晋书》有传。

⑦刘向之言：《汉书·五行志下之上》："元延三年正月丙寅，蜀郡岷山崩，雍江，江水逆流，三日乃通。刘向以为周时岐山崩，三川竭，而幽王亡。岐山者，周所兴也。汉家本起于蜀汉，今所起之地山崩川竭，星孛又及摄提、大角，从参至辰，殆必亡矣。其后三世亡嗣，王莽篡位。"

⑧假手：借他人之手来达到自己的目的。

⑨由：机缘，机会。

⑩桓文：指齐桓公、晋文公。

⑪百代：指很长的岁月。按：这是龚壮劝李寿降晋，受封为诸侯。

⑫罗恒：天水略阳（今甘肃秦安）人。李寿部将，为长史。鲜思明：或作"解思明"，巴西（治今四川阆中）人。李寿时为广汉太守、司空，李势时为大将。

⑬阳言：假装。此指说谎话，用言语欺诈。药杀：用药杀死。意谓

毒死。

⑭诈造：伪造。任调：天水（治今陕西通渭西北）人。任回之子，李
　　寿妹婿。

⑮誓：表示决心的话。本处用为动词，指发誓、立誓。

【译文】

李寿虽然代替李玝镇守涪城，而岁末应当入朝觐见，常常自感处境危殆，便伪造汉中守将张才告急书信，报告境外有敌寇警情。咸康二年冬天，李寿向北攻入汉中，司马勋败逃。李寿眼见李期、李越兄弟十多人逐渐长大成人，而且手下又有强兵，担心不能自我保全，多次下令征聘高士、巴西人龚壮。龚壮虽然不应召，但也担心被害，不得已，屡次前去拜见李寿。当时岷山崩塌，江水枯竭，因为李寿厌恶刘向所说的山崩川竭国家会灭亡的话，每每向龚壮咨询自安之术。龚壮的父亲和叔叔都是被李特杀死的，本想借他人之手来报仇，但一直没有找到机会，因此对李寿说："做事不如舍小从大，以危易安，而建立自己的封国，长久成为一方诸侯，其名声超过齐桓公、晋文公，功勋流芳百世。"李寿听从了，因此暗地里和长史略阳人罗恒、巴西人鲜思明共同谋划占据成都，称藩于晋朝。恰逢养弟李攸从成都抱病回家，死于路中，于是李寿编造谎话，说是李越毒死了李攸。李寿又伪造妹婿任调的书信，说李期、李越要废除李寿，以此迷惑群臣，群臣都相信了。于是，李寿向文武百官发誓，许诺赏赐成都城中的资财，得到数千人，向南进攻成都。李寿的儿子李势为内应，打开城门，李寿于是捕获了李期、李越，诛杀其宗族十多人。军队入城后，抢掠百姓，奸淫李雄的公主和李氏的妃嫔，多被残害，数天后才得以平定。

恒与思明及李奕、王利等劝寿称镇西将军、益州牧、成都王①，以壮为长史，告下；又劝令送期于晋。任调与司马蔡兴、侍中李艳及张烈等劝寿自立。寿亦生心②，遂背思明所

陈之计，称汉皇帝③，尊父骧曰献帝，母昝氏曰太后，下赦，改元汉兴④。以恒为尚书令，思明为广汉太守，任调镇北、梁州、知北事、东羌校尉，李奕镇西、西夷校尉。更代诸郡及卿佐⑤，皆用宿人及己参佐⑥。省交州，以从子权为镇南、南夷、宁州⑦。于是成都诸李子弟无复秉兵马形势者⑧，雄时旧臣及六郡人皆斥废也⑨。

【注释】

①李奕：李寿部将，为镇西将军、西夷校尉。王利：李寿部将。

②生心：怀有异心而有所图谋。

③称汉皇帝：即改大成国号为"汉"，史称"成汉"。按：时为咸康四年（338）四月。

④汉兴：十六国成（汉）李寿年号（338—343）。按：汉兴年间所铸造的"汉兴钱"，是中国最早的年号钱。

⑤更代：替换。

⑥宿人：故人，故旧。参佐：部下，僚属。

⑦从子：侄子。权：李权，巴西郡宕渠（今四川渠县）人。李寿侄子。官镇南将军、南夷校尉、宁州刺史。

⑧形势：权势，权位。

⑨六郡：指天水、略阳、扶风、始平、武都、阴平六郡。斥废：屏斥废黜。

【译文】

罗恒和鲜思明及李奕、王利等人劝李寿自称镇西将军、益州牧、成都王，以龚壮为长史，宣告天下；又劝说李寿将李期送给晋朝。任调和司马蔡兴、侍中李艳及张烈等人劝李寿自立为王。李寿也怀有异心，于是违背鲜思明所陈述的计策，自称汉皇帝，尊称父亲李骧为献帝，尊称母亲昝氏为太后，大赦天下，改年号为汉兴。李寿任命罗恒为尚书令，鲜思明为广汉太守,任调为镇北将军、梁州刺史、知北事、东羌校尉,李奕为镇西将军、西夷校尉。李寿替换了诸郡的长官及其副官,任用的都是故旧和自己的僚属。李寿撤销了交州,任命侄子李权为镇南将军、南夷校尉、宁州刺史。于是,成都诸李的子弟不再有掌管兵马、占据权位的人,李雄时代的旧臣以及六郡人士都被屏斥废黜了。

　　秋七月,李奕从兄乾与大臣合谋①,欲废寿。寿惧,使子广与大臣盟,要为兄弟②。进李闳为征东、荆州③,移镇巴郡。

【注释】

①李奕从兄乾:即李乾,李奕堂兄。时任广汉太守。

②要:约。

③李闳:扶风(今陕西兴平)人。李恭之子,李寿属下。曾任征东将军、荆州刺史。

【译文】

　　秋天七月,李奕堂兄李乾与大臣合谋,想废除李寿。李寿感到恐惧,派儿子李广与大臣盟誓,约为兄弟。李寿晋升李闳为征东将军、荆州刺史,移师镇守巴郡。

　　八月,天连阴雨,禾稼伤损,百姓饥疫①。草莽臣龚壮上封事曰②:“臣闻阴德必有阳报③,故于公理狱,高门待封④。伏惟献皇帝宽仁厚惠⑤,宥罪甚众⑥,灵德洪洽⑦,诞钟陛下⑧。陛下天性忠笃⑨,受遗建节⑩,志齐周、霍⑪,诚贯神明⑫。而志绪违理,颠覆顾命⑬,管、蔡既兴⑭,谗谀滋蔓⑮。大义灭亲,拨乱济危,上指星辰,昭告天地,歃血盟众⑯,举国称藩。天应人悦,白鱼登舟⑰,霆震助威,烈风顺义,神诚允畅，日月光明。而论者未喻[18]，权时定制[19]。淫雨氾溃[20]，垂向百日[21]，禾稼伤损，加之饥疫，百姓愁望，或者天以监示陛下[22]。又前日之举[23]，止以救祸，陛下至心，本无大图，而今久不变，天下之人，谁复分明知陛下本心者哉！且玄宫之谶难知[24]，而盟誓顾违[25]。一旦疆场有急，内外骚动，不可不深思长久之策，永为子孙之计也。愚谓宜遵前盟誓，结援吴会[26]，以亲天子[27]，彼必崇重，封国历世。虽降阶一等[28]，永为灵德。宗庙相承，福祉无穷[29]。君臣铭勋于上[30]，生民宁息于下。通天下之高理，弘信慎之美义[31]。垂拱南面[32]，歌诗兴礼[33]。上与彭、韦争美[34]，下与齐、晋抗德[35]。岂不休哉[36]！论者或言二州人附晋必荣[37]，六郡人事之不便[38]。昔豫州入蜀，荆楚人贵[39]；公孙述时，流民康济[40]。及汉征蜀[41]，残民太半[42]；锺、邓之役[43]，放兵大掠，谁复别楚、蜀者乎！论者或不达安固之基[44]，惜其名位[45]。在昔诸侯，自有卿相、司徒、司空，宋、鲁皆然；及汉藩王，亦有丞相。今义归彼，但当崇重，岂当减削？昔刘氏郡守令长方仕州郡者[46]，国亡主易故也。今日义举[47]，主荣臣显，宁可同日而论也[48]！论者又谓臣当为法正[49]。陛下覆臣如天，养臣如地，恣臣所安；至于名荣[50]，汉、晋不处[51]，臣复何为当侔法正[52]？论者或言晋家必责质任[53]，及征兵伐胡[54]，何以应之？案晋不烦尺兵一国来附，威卷四海，广地万里，何任之责？胡之在北，亦此之忧。今平居有东、北之虞[55]，纵令征兵，但援汉川，犹差二门耳[56]。臣托附深重，忘疲病之秽[57]，实感殊遇[57]，冀以微言，少补明时[58]。常惧殒殁[59]，不写愚心[60]，辜负恩顾[61]。谨进恮恮[62]，伏愿罪戮[63]。"寿不悦，然拘前言，秘藏之。

【注释】

① 饥疫：饥饿无粮并患疫病。

② 草莽臣：犹贱臣。多为自谦之词。《孟子·万章下》："孟子曰：'在国曰市井之臣，在野曰草莽之臣，皆谓庶人。'"赵岐注："民会於市，故曰市井之臣；在野居之曰草莽之臣。"上封事：古代臣下上书言事时，将奏章用皂囊缄封呈进，以防泄漏，谓之"上封事"。封事，密封的奏章。

③ 臣闻阴德必有阳报：《淮南子·人间训》："夫有阴德者，必有阳报；有阴行者，必有昭名。"阴德，暗中做的有德于人的事。阳报，在人世间得到的报应。与"阴报"相对。

④ "故于公理狱"二句：于公，西汉东海郯县（今山东郯城）人。于定国之父。为县狱史，郡决曹，判案公正。犯法者对于公所决皆不恨。东海有孝妇，少寡无子，被太守冤杀。力争不得，托病辞去，郡中大为敬重，为之立生祠，号曰"于公祠"。事见《汉书·隽疏于薛平彭传》。理狱，审理案件。高门，指高大其门闾。比喻青云得志，光耀门庭。待封，等待册封。《汉书·于定国传》："始定国父于公，其闾门坏，父老方共治之。于公谓曰：'少高大闾门，令容驷马高盖车。我治狱多阴德，未尝有所冤，子孙必有兴者。'至定国为丞相，永为御史大夫，封侯传世云。"

⑤ 伏惟：亦作"伏维"。下对上的敬辞。多用于奏疏或信函。谓念及，想到。献皇帝：指李寿之父李骧。本卷上文说，李寿"尊父骧曰献帝"。

⑥ 宥（yòu）罪：赦免罪过。宥，宽恕，赦免。

⑦ 灵德：即"令德"，美德。洪治：洪大。

⑧ 诞：诞生。钟：集聚，汇集。

⑨忠笃:忠厚笃实。

⑩建节:执持符节。古代使臣受命,必建节以为凭信。

⑪周、霍:周公、霍光。周公,姬姓,名旦,亦称叔旦。霍光(?—前68),字子孟,河东平阳(今山西临汾西南)人。霍去病异母弟。武帝时,为奉车都尉,甚见亲信。后元二年(前87),为大司马、大将军。昭帝年幼即位,光与桑弘羊等同受武帝遗诏辅政,封博陆侯。昭帝即位,霍光与上官桀、桑弘羊等争权有隙,后以结交燕王旦谋反罪名,杀桀等,专朝政。昭帝死,迎立昌邑王刘贺,旋废之而迎立宣帝。前后秉政二十余年。卒谥宣成侯。《汉书》有传。

⑫神明:天地间一切神灵的总称。

⑬顾命:指李雄临终遗命。

⑭管、蔡:管叔、蔡叔。管叔,姬姓,名鲜。周文王第三子,周武王弟。武王灭商,封叔鲜于管。蔡叔,姬姓,名度。周文王第五子,周武王弟。封于蔡。武王死,成王继位。成王年幼,周公旦摄政。管叔与蔡叔、武庚联合东夷作乱。周公东征,管叔与武庚同被诛。参看《尚书·金縢》《史记·管蔡世家》。本处所说管、蔡,指的是李越等人。

⑮谗谀:谗毁和阿谀。滋蔓:生长蔓延。常喻祸患的滋长扩大。

⑯歃(shà)血:古代盟会中的一种仪式。盟约宣读后,参加者用口微吸所杀牲之血,以示信守誓言的诚意。一说以指蘸血,涂于口旁,表示守信不悔。本处指的是李寿与罗恒、鲜思明等人共谋称藩于晋,并且歃血为盟。

⑰白鱼登舟:古书亦作"白鱼入舟"。《尚书大传》卷三:"八百诸侯俱至孟津,白鱼入舟。"《史记·周本纪》:"武王渡河,中流,白鱼跃入王舟中,武王俯取以祭。"裴骃集解引马融曰:"鱼者,介鳞之物,兵象也。白者,殷家之正色,言殷之兵众与周之象也。"后遂以"白鱼入舟"为殷亡周兴之兆。

⑱论者：指反对降晋的人。未喻：不明白。

⑲权时定制：意谓李寿背弃盟誓而称帝。权时，审度时势。定制，拟定制度或法式。

⑳氾濆（fàn fén）：泛滥。氾，同"汎"。

㉑垂向：接近，快要。

㉒天以监示陛下：即上天垂示灾害，以使陛下警醒。按：此即董仲舒所说"天谴""谴告"。董仲舒《春秋繁露·必仁且智》："凡灾异之本，尽生于国家之失，国家之失乃始萌芽，而天出灾害以谴告之；谴告之而不知变，乃见怪异以惊骇之；惊骇之尚不知畏恐，其殃咎乃至。……圣主贤君尚乐受忠臣之谏，而况受天谴也？"

㉓前日之举：指李寿讨伐李期之事。

㉔玄官之谶：即本卷末"撰曰"所说"谯周谶"——"广汉城北有大贼，曰流曰特攻难得，岁在玄官自相贼"。

㉕顾：反而，却。

㉖结援：结交攀援。吴会：东汉分会稽郡为吴、会稽二郡，并称吴会。后亦泛称此两郡故地为吴会。三国及西晋初，又泛指孙吴政权所辖地区为吴会。本处指东晋政权。

㉗天子：指晋成帝司马衍（321—342），字世根，河内温县（今河南温县）人。明帝之子。东晋皇帝。五岁即位，由庾太后临朝称制，王导、庾亮辅政，事决于亮。咸和二年（327），苏峻、祖约以讨亮为名，起兵反叛。明年，峻攻陷建康，逼帝迁于石头城。咸和四年（329），由陶侃、温峤联军讨平苏峻。因国库空竭，无所兴革。庙号显宗。《晋书》有传。

㉘降阶一等：指由天子降为诸侯王。降阶，降低级别，降低官位。

㉙福祉（zhǐ）：幸福，福利。

㉚铭勋：铭功。

㉛信慎：诚信谨慎。

㉜垂拱南面：形容无为而治，天下太平。垂拱，垂衣拱手，不亲理事务。多指帝王的无为而治。南面，古代以坐北朝南为尊位，故天子、诸侯见群臣，或卿大夫见僚属，皆面南而坐。因用以指居帝王或诸侯、卿大夫之位。

㉝歌诗：咏唱诗篇。

㉞彭、韦：大彭和豕韦的并称。二人国衰犹得为伯。语出《国语·郑语》："佐制物于前代者，昆吾为夏伯矣，大彭、豕韦为商伯矣。"韦昭注："大彭，陆终第三子，曰篯，为彭姓，封于大彭，谓之彭祖，彭城是也。豕韦，彭姓之别封于豕韦者也。殷衰，二国相继为商伯。"

㉟齐、晋：指齐国和晋国。二国为春秋时期的大国，而齐桓公、晋文公是"春秋五霸"之首。

㊱休：美，美好。

㊲二州：指梁州、益州。

㊳六郡：指天水、略阳、扶风、始平、武都、阴平六郡。因六郡流民反叛，故担心降晋不利。不便：不利。

㊴"昔豫州入蜀"二句：豫州，指刘备。刘备入蜀，所带荆楚人士如庞统、黄忠、董和、刘巴、马良兄弟、吕乂、廖立、李严、杨仪、魏延、蒋琬、费祎、董允等，后皆显贵，故曰"荆楚人贵"。

㊵"公孙述时"二句：公孙述时，荆邯、王元、田戎、延岑等外地人入蜀任职用事，故曰"流民康济"。康济，安康得利。

㊶汉：吴汉（？—44），字子颜，南阳宛（今河南南阳）人。参看本书卷三《蜀志》。

㊷太半：大半。

㊸锺、邓之役：锺、邓，锺会、邓艾。事见本书卷七《刘后主志》。

㊹安固：安定巩固。

㊺名位：官职与品位，名誉与地位。

㊻郡守令长方仕州郡：意谓刺史、郡守、县令（或县长）等始由本州、

本郡人士出任。按：蜀汉之时，国家重用荆楚等外来人士，而益州本地人士则被压制。

㊼义举：正义的举动。意指归附晋朝。

㊽宁：岂，难道。

㊾法正（176—220）：字孝直，扶风郿（今陕西眉县）人。参看本书卷五《公孙述刘二牧志》注。按：法正因不为刘璋重用，故表面上侍奉刘璋，而暗地里结好刘备。龚壮表面上忠于李寿，实则心属晋朝，故论者谓龚壮"当为法正"。

㊿名荣：美名，荣誉。

(51)汉、晋不处：意谓不论是在成汉还是在晋朝，都不贪图名誉。不处，不据有，不居。

(52)侔（móu）：等同，相等。

(53)质任：人质和任子。

(54)伐胡：指讨伐后赵石虎。

(55)平居：平日，平素。

(56)"纵令征兵"几句：意谓北面有后赵、东面有东晋，成汉有两个门户的威胁。如果称藩于晋，即使应召出兵，也只是对付后赵而已。即仅有西北门户之忧，故曰"纵令征兵，但援汉川，犹差二门耳"。纵令，纵使，即使。犹差二门，还是胜过两个门户的警戒。差，胜过（采刘琳说）。

(57)殊遇：特别的知遇。多指帝王的恩宠、信任。

(58)明时：指政治清明的时代。古时常用以称颂本朝。

(59)殒殁（yǔn mò）：意指死去，丧失生命。

(60)写：倾吐，倾诉，抒发。

(61)恩顾：谓尊长所给予的关心照顾。

(62)悾悾（kōng kōng）：诚恳貌。

(63)罪戮：罪诛。

【译文】

八月，天连降阴雨，禾苗庄稼受损，百姓饥荒，疫病流行。草莽之臣龚壮上呈密封的奏章，奏章说："微臣听说，阴德必有阳报，西汉时期，于公审理案件公平无私，没有冤案，故可高大其门闾，等待子孙被册封。念及献皇帝宽厚、仁爱、慈惠，赦免了很多罪行，美德洪大，集聚而诞生了陛下。陛下天性忠厚笃实，接受遗诏，执持符节，志在向周公、霍光看齐，诚心可贯通神明。然而李雄子孙违反常理，颠覆李雄临终遗命，管叔、蔡叔这样的人已经兴起，谗毁和阿谀也随之生长蔓延。陛下大义灭亲，拨乱反正，拯救危难，上指星辰，昭告天地，歃血为盟，立下誓言，举国称藩于晋。上天应和，百姓喜悦，就会出现白鱼登身的吉兆，雷霆为之助威，烈风般顺从道义，使神灵欢畅，日月光明。而反对降晋者不明白天人之意，已而审度时势，劝说陛下背弃盟誓而称帝。近来淫雨泛滥将近百日，禾苗庄稼为此受损，加上饥荒瘟疫，百姓愁苦相望，这或许是上天垂示灾害，以使陛下警醒。再说前日讨伐李期的举动，只是为了消除灾祸，陛下内心至诚，本来没有大的图谋，如今称帝已久，而又没有改变以表明您的诚心，天下之人，谁又能明白、知晓陛下的本心呢？况且，玄宫之谶虽然难以知晓，而违背盟誓确是事实。一旦疆场出现紧急情况，内外出现骚动，这便不可不深思熟虑长久之策，为子孙作永久的考虑。愚臣以为，应该遵守以前的盟誓，结交东晋政权以亲近天子，晋成帝必定尊重陛下，分封郡国，使您历代为侯。虽然身份降低了一等，但永远都是美德。宗庙世代相承，福祉久远无穷。君臣的功勋被铭记于上，而百姓又安宁生息于下。这是贯通天下的高明道理，弘扬诚信谨慎的美妙义理啊。如此就可以做到无为而治，天下太平，咏唱诗篇，兴起礼乐。上可与大彭、豕韦争相媲美，下可与齐国、晋国抗衡功德。这难道不美好吗？反对降晋者或许会说，梁、益二州之人归附晋朝必定有荣华富贵，而陇西六郡之人侍奉晋朝则会不利。此前刘备入蜀，随从他的荆楚人士多富贵显达；公孙述据蜀之时，外地流民安康得利。等到吴汉征伐蜀国，残害百姓大半；钟会、邓艾的灭蜀战役，放纵士兵大肆掳掠，又有谁会区别楚人、蜀人呢？反对降晋者或许是担心不能安定巩固其基业，爱惜其官职与品位。此前的诸侯国，各自都有卿相、司徒、司空等，宋国、鲁国都是这样；及至汉代的藩王，也设有丞相。如今决定归附晋朝，只会得到推崇重用，难道还会减削名位吗？从前，原蜀汉的刺史、郡守、县令（或县长）等始由本州、本郡人士出任，这是因为刘氏亡国、江山易主的缘故。今日的义举，可使君主荣耀，臣子显达，难道可以同日而语吗？反对降晋者又说，微臣是法正一样的人物。陛下庇护微臣一如苍天，养育下臣一如大地，满足臣下安居乐业的愿望；至于名位与荣誉，不论是在成汉还是在晋朝，微臣都不贪图，怎么能够和卖主求荣的法正相提并论呢？反对降晋者或许会说，晋朝必定会要求有人质作为保证，还会要求出兵征伐胡人（后赵），用什么来应付呢？在微臣看来，如果晋朝不费一兵一卒，一国就前来归附，威震四海，拓地万里，何必索要人质？胡人在北，也是本国的担忧。如今，平时就有东面和北面的忧虑，纵使应召出兵，也只是援助汉川一路，还是胜过同时防守两个门户。微臣托付深重，忘记疲劳病矬，实在是感激皇上特别的知遇，希望能够以微弱的言语，稍微有补于本朝。我常担心一朝殒命，不能表达愚心，辜负了皇上的恩顾。兹谨诚恳进言，愿担罪责而被诛。"李寿不高兴，但受制于以前说过的话，便将书信秘藏起来。

九月，仆射任颜——雄妻弟也——谋反[1]，诛，并杀雄子豹等[2]。

【注释】

[1] 任颜（？—338）：李雄妻弟。李雄皇后任氏之弟。成汉仆射。汉兴元年（338）九月，因谋反而被李寿诛杀。

[2] 豹：李豹（？—338），巴西郡宕渠（今四川渠县）人。李雄之子。汉兴元年（338）九月，因任颜谋反而被李寿诛杀。

【译文】

九月,仆射任颜——李雄妻弟——图谋造反,被李寿诛杀,同时杀死了李雄之子李豹等人。

五年春二月,晋将伐巴郡①,获李闳②。闳,恭子也。初,寿许自牛鞞以东土断与闳③,执政者以为不可,乃止;复不益兵,故覆没④。闳弟艳以是怨,故与朝右有隙⑤。是时,寿疾病,恒、思明等复议奉晋计。寻巴郡破,寿以为附晋,晋当以兵威,故不能自断,遂辍计⑥。三月,拜李奕镇东,代闳。

【注释】

①晋将:据《资治通鉴》卷九十六,其人为参军李松。

②获李闳:《资治通鉴》卷九十六:"遣参军李松攻汉巴郡、江阳。夏,四月,执汉荆州刺史李闳、巴郡太守黄植送建康。"

③土断:即以土著为断,简称"土断"。两晋、南朝时重要措施之一。指以现居地为准,将侨寓人户著之于籍。西晋时由于战乱,中原地区豪族多迁居江南,仍称原来郡籍,形成诸侨郡县。晋室东迁后,政府为明考课、定税收,以扩大赋役和兵源,先后于成帝咸和(326—334)中、咸康七年(341)、哀帝兴宁二年(364)和安帝义熙九年(413)多次实行土断。其中,后两次土断分别由大司马桓温和太傅刘裕主持,史称"庚戌土断"及"义熙土断",一时"财阜国丰""豪强肃然"。南朝宋孝武帝大明元年(457)、宋后废帝元徽元年(473)、齐高帝建元三年(481)、梁武帝天监元年(502)和陈文帝天嘉元年(560),亦曾多次土断,但执行中巧伪甚多,或窃注黄籍,或却而复注,故成效甚微。

④覆没:覆灭,全部被消灭。

⑤朝右：位列朝班之右。指朝廷大官。

⑥辍计：放弃计划。

【译文】

咸康五年春天二月，东晋将领攻打巴郡，俘获了李闳。李闳，是李恭的儿子。当初，李寿许诺将自牛鞞以东的人户土断给李闳，但执政者认为不可行，因此没有实行；又不给李闳增加士兵，故而李闳全军覆灭。李闳的弟弟李艳因此心怀怨恨，故而与朝廷大官有了隔阂。当时，李寿身患疾病，罗恒、鲜思明等人又商议归附晋朝的计划。不久，巴郡被攻破，李寿认为归附晋朝，晋朝肯定会以军队威慑，因此不能决断，于是放弃了计划。三月，李寿封李奕为镇东将军，替代李闳。

夏，建宁太守孟彦率州人缚宁州刺史霍彪于晋①，举建宁为晋。遣右将军李位都讨之②。时权在越嶲③。秋，又遣尚书广汉李摅为御史④，入南中。摅祖毅，晋故宁州刺史，以向与南人有旧，故遣之。摅从兄演自越嶲上书劝寿归正返本⑤，释帝称王⑥。寿怒，杀之。

【注释】

①孟彦（？—340）：曾任建宁太守。在南中与霍氏家族火并。咸康六年（340），李寿征南中，孟彦与刘齐、李秋等皆战死。

②李位都：籍贯不详。曾任右将军、镇东将军。后降桓温。

③权：李权，巴西郡宕渠（今四川渠县）人。李寿侄子。

④李摅（shū）：广汉郡郪（今四川三台）人。李毅之孙，李寿下属。曾任尚书。

⑤演：李演，广汉郡郪（今四川三台）人。李摅堂兄，李寿下属。劝李寿去帝号，李寿怒而杀之。归正返本：指返归于根本之源。

⑥释帝称王:放弃帝号,改称诸侯王。

【译文】

　　夏天,建宁太守孟彦率领州人捆绑宁州刺史霍彪投奔晋朝,将建宁归附晋朝。李寿派遣右将军李位都讨伐孟彦。当时,李权在越嶲。秋天,李寿又派遣尚书、广汉人李撝为御史,进入南中。李撝的祖父是李毅,是晋朝前宁州刺史,因为一向和南中人士有旧交情,故而李寿派遣他到南中安抚百姓。李撝的从兄李演从越嶲上书,劝李寿返归于根本之源,放弃帝号,改称诸侯王。李寿发怒,杀了李演。

车骑将军王韬为参军①

【注释】

①车骑将军王韬为参军:自此以下,《华阳国志》传世本脱去李寿汉兴二年(晋成帝咸康五年)秋至汉兴六年(晋康帝建元元年)八月间事及《李势志》全部。任乃强、刘琳尝节录《资治通鉴》卷九十六、九十七有关记载,以补《李势志》阙佚部分。有兴趣的读者,不妨参阅。

【译文】

车骑将军王韬为参军

　　晋康帝建元元年①,寿卒。势立,改元太和②。太史令韩皓上言③:"荧惑守心④,乃宗庙不修之谴⑤。"势乃更命祀成始祖、太宗⑥,皆谓之汉。势之弟大将军广以势无子⑦,求为太弟⑧,势不许。马当、鲜思明固请许之⑨。势疑与广有谋,收当、思明斩之⑩。广自杀。思明被收,叹曰:"国之不亡,以我数人在也,今其殆矣!"思明有智略⑪,敢谏诤⑫,马当素得人心，及其死，士民无不哀之。

【注释】

①建元元年：343年。建元，晋康帝年号（343—344）。

②太和：十六国成（汉）李势年号（344—346）。

③韩皓：籍贯不详。成汉官员，曾任太史令。上言：进呈言辞。

④荧惑守心：古书又作"荧惑在心"。荧惑，古指火星。因隐现不定，令人迷惑，故名。在古人心目中，"荧惑守心"指火星进入心宿之内，久留而不去。是大凶之兆，可以直接影响天子的命运和国家的统治。守，天文学术语，谓某星进入某星区久而不去。心，星官名。二十八宿之一。苍龙七宿的第五宿，有星三颗。其主星亦称商星、鹑火、大火、大辰。马王堆汉墓帛书《五星占》记载："（火）与心星遇，则缟素麻衣，在其南、在其北，皆为死亡。"《吕氏春秋·制乐》："宋景公之时，荧惑在心。公惧，召子韦而问焉。"

⑤谴：天谴，上天的责罚。

⑥成始祖：指李特。李雄称帝后，追尊其父李特为景皇帝，庙号始祖。太宗：指李雄。李雄的谥号是武帝，庙号是太宗。

⑦广：李广（？—345），巴西郡宕渠（今四川渠县）人。巴氏族。李势之弟。官大将军，封汉王。李势嗣位，广以势无子，求为太弟，势弗许。被贬为临邛侯。广自杀。

⑧太弟：皇帝尊其弟之称。被选为太弟，便可继承帝位。

⑨马当：籍贯不详。成汉大臣。曾任尚书令、六军都督。

⑩收：逮捕。

⑪智略：才智与谋略。

⑫谏诤：直言规劝。

【译文】

晋康帝建元元年，李寿去世。李势继位，改年号为太和。太史令韩皓进言说:"火星进入心宿之内,久留而不去,这是上天对不修宗庙的责罚。"李势于是重新命令祭祀成汉的始祖李特、太宗李雄,并且都称之为汉。李势的弟弟、大将军李广因为李势没有儿子,请求成为太弟,李势不同意。马当、鲜思明再三请求李势同意。李势怀疑马当、鲜思明与李广有阴谋,逮捕了二人,斩杀了他们。李广自杀。鲜思明被逮捕之时叹息道:"国家之所以没有灭亡,是因为有我等数人存在,如今国家危险了!"鲜思明有才智与谋略,敢于直言规劝,马当则一向很得人心,他们被处死,将士和百姓无不为之哀惜。

冬,李奕自晋寿举兵反。单骑突门^①,门者射杀,众溃。势大赦境内,改年嘉宁^②。势骄淫不恤国事,中外离心^③。蜀土无獠^④,至是始从山出,自巴至犍为、梓潼,布满山谷,大为民患^⑤。加以饥馑,境内萧条。

【注释】

①单骑:一人一马,独自骑着马。突门:突破城门。

②嘉宁:十六国成(汉)李势年号(346—347)。

③中外:朝廷内外,中央和地方。

④獠:獠人(僚人)。古代岭南和西南地区一些少数民族的泛称。魏晋以来分布于今川、陕、黔、滇、桂、湘、粤等省。有蛮、夷、濮、葛、仡等僚名称,在岭南亦常与俚并称。《通典》卷一百八十七:"獠盖蛮之别种,往代初出自梁、益之间,自汉中达于邛笮,川谷之间,所在皆有。"

⑤大为民患:《通典》卷一百八十七:"蜀本无獠。李势时,诸獠始出巴西、渠川、广汉、阳安、资中、犍为、梓潼,布在山谷,十余万落,攻破郡县,为益州大患。自桓温破蜀之后,力不能制。又蜀人东

流,山险之地多空,獠遂夹山傍谷,与人参居。参居者颇输租赋,
在深山者仍为匪人。至梁武帝,梁、益二州,岁岁伐獠,以自神润,
公私颇藉为利。后魏宣武帝正始初,梁将夏侯道迁举汉中附魏,
宣武帝遣尚书邢峦为梁、益二州刺史以镇之。其后以梁、益二州
控摄险远,乃立巴州,以统诸獠。"按:学者研究认为,应该是"蜀
本有獠",而非"蜀本无獠",但这并不否认成汉时确有僚人入蜀
之事(蒙默)。

【译文】

　　冬天,李奕从晋寿举兵谋反。李奕单枪匹马突破城门,守卫城门的
人射杀了李奕,李奕的军队随之溃散。李势大赦境内,改年号为嘉宁。
李势骄奢淫逸,不关心国事,因此朝廷内外离心离德。蜀地本来没有獠
人,从这时始,獠人从山上迁出,从巴西到犍为、梓潼,布满山谷,成为百
姓大的祸患。加上又适逢饥馑,境内萧条。

　　三年春二月,桓温伐蜀,军至青衣①。势大发兵,遣昝
坚等将之②,自山阳趣合水③。诸将欲设伏江南以待晋兵④,
昝坚不从,引兵自江北鸳鸯碕渡向犍为⑤。温自将步卒直
指成都。昝坚至犍为,乃知与温异道,还自沙头津济⑥。比
至,温已军于成都之十里陌⑦,坚众自溃。势悉众出,战于笮
桥⑧。中书监王嘏、散骑常侍常璩劝势降⑨,乃夜开东门走。
至葭萌⑩,使散骑常侍王幼送降文于温⑪。势至建康⑫,封归
义侯⑬。

【注释】

　　①青衣:指今四川乐山市。永和三年(347)冬,桓温率军溯长江而
　　上,沿岷江而至青衣。

②遣昝坚等将之:《晋书·李势载记》:"大司马桓温率水军伐势。温次青衣,势大发军距守,又遣李福与昝坚等数千人从山阳趣合水距温。"

③山阳:在今四川成都双流区东南牧马山南,今牧马镇境内。合水:在今四川眉山彭山区东北府河注入岷江处。

④江南:指今四川眉山彭山区江口镇以北、府河以西之牧马山区。古人以大江(今府河)为东流,故以大江之西为"江南"(刘琳)。

⑤鸳鸯碛:在今四川眉山彭山区东北江口镇西北。犍为:指犍为郡城,在今四川眉山彭山区城西北,岷江之西(刘琳)。

⑥沙头津:在今四川眉山彭山区北。为岷江津渡。济:渡河。

⑦十里陌:在今四川成都南十里。或以为,十里陌当在今成都南石羊场附近(刘琳)。

⑧笮桥:在今四川成都西南南河上。或以为,笮桥在今成都城西南百花潭东锦江上(刘琳)。

⑨中书监:官名。魏文帝黄初初置,与中书令共掌机密,典尚书奏事,权任相当宰相,晋沿置;魏晋以来,中书监及令掌草拟诏令,处理机要。

⑩葭萌:葭萌城,即今四川广元西南昭化镇。

⑪降文:投降的表文。即投降书。

⑫建康:西晋建兴初改建业(邺)为建康,为东晋、南朝都城。即今江苏南京。

⑬归义侯:官爵名。东晋置,封授被征服政权的统治者。如灭十六国成汉后,封授其国主李势。十六国后秦亦置。

【译文】

永和三年春天二月,桓温率军伐蜀,行军至青衣。李势大举发兵,派遣昝坚等人统率大军,从山阳直奔合水。诸将建议在江南设下埋伏以等待晋兵,但昝坚没有听从,他带领军队从江北的鸳鸯碛渡河向犍为进发。

桓温亲自率领步兵直接进攻成都。昝坚到犍为之后，才知道和桓温不同道，于是掉转军队，从沙头津渡河。等昝坚到成都之时，桓温已经驻军在成都的十里陌了，昝坚的军队不战而溃。李势率领士众悉数出城，与桓温交战于笮桥。中书监王瑕、散骑常侍常璩劝李势投降，李势于是半夜打开东门落荒而逃。李势到了葭萌，派遣散骑常侍王幼将投降书送给桓温。李势后来到了建康，被封为归义侯。

　　李氏自起事至亡，六世①，四十七年②，正僭号四十二年③。

【注释】

①六世：指李特、李雄、李班、李期、李寿、李势。

②四十七年：自晋惠帝永宁元年（301）李特起事，至晋穆帝永和三年（347）灭亡，共计四十七年。

③正：正式。僭（jiàn）号：冒用尊号，冒用帝王的称号。四十二年：底本作“四十三年”，误。自晋惠帝光熙元年（306）李雄称帝，至晋穆帝永和三年（347）灭亡，共计四十二年。

【译文】

　　李氏自从起事到灭亡，经历了六世，共计四十七年，正式僭称帝号四十二年。

　　蜀中亦有怪异①。期时有狗豕交，木冬华②。势时，涪陵民乐氏妇头上生角，长二寸，凡三截之。又有民马氏妇妊身而胁下生③，其母无恙④，儿亦长育⑤。有马生驹，一头，二身相著⑥，六耳，一牡一牝。又有天雨血于江南数亩许。李汉家舂米，自臼中跳出；遽敛于箕中⑦，又跳出；写于簟中⑧，又跳出。有猿居鸟巢，至城下。地仍震，又连生毛⑨。其天谴不能详也^⑩。

【注释】

①怪异：奇怪而反常的现象。

②木冬华：树木冬季开花。

③妊身：怀孕。胁：从腋下到肋骨尽处的部分。按：古书有关于"胁下生"的记载。《世本》："陆终娶鬼方氏之妹，谓之女隤，是生六子，孕三年，启其左肋，三人出焉；破其右肋，三人出焉。"清华简《楚居》说，穴酓之妻妣烈生丽季，即为胁下生，"丽不从行，溃自胁出"。

④无恙：无疾，无忧，平安。

⑤长育：养育，使之长大。

⑥著：附着，相连。

⑦遽（jù）：立刻，马上。箕：簸箕。

⑧写：移置。簟（diàn）：竹席。按：结合后文所说"地仍震"，米自臼中、箕中、簟中跳出，应该因地震所致。

⑨地仍震，又连生毛：《华阳国志》所记录的这次地震，发生于晋康帝建元元年（343）至晋穆帝永和三年（347）。《太平御览》卷九百二十四引崔鸿《蜀录》："蜀连有灾，天雨血，地仍震，地生毛，鹧鸪集城下。"

⑩天谴：上天的责罚。

【译文】

　　蜀中也有怪异现象出现。李期之时，有狗和猪交配，树木冬季开花。李势之时，涪陵居民乐氏妇人的头上生长出角，长有二寸，共有三截。又有居民马氏妇人怀了孕，从胁下生出小孩，母亲平安，儿子也长大成人。有一匹马生了两头马驹，只有一头，两个身子相连在一起，有六只耳朵，马驹是一公一母。又有天降血雨，绵延江南大约数亩之地。李汉家春米，米从臼中跳出；立刻将米收集到簸箕中，米又从簸箕中跳出，移置于竹席中，米又从竹席中跳出。有猿猴居住在鸟巢中，坠落至城下。大地接连地震，又接连长毛。像这样的天谴，不能一一详述。

撰曰：特、流乘衅险害①，雄能推亡固存②，遭皇极不建③，遇其时与！期倡为祸阶④，而寿、势终之，《诗》所谓"乱离瘼矣，爰其适归"者也⑤。长老传谯周谶曰⑥："广汉城北有大贼，曰流曰特攻难得，岁在玄宫自相贼⑦。"终如其记。先识预睹⑧，何异古人乎⑨！历观前世伪僭之徒⑩，纵毒虐刘⑪，未有如兹。每惟殷人丘墟之叹⑫，贾生《过秦》之论⑬，亡国破家，其监不远矣⑭。

【注释】

①乘衅：利用机会，钻空子。险害：凶恶残忍。此处用为动词，作恶。

②推亡固存：推倒乱亡之国，巩固已存之邦。意谓"李雄能排去危亡之祸，建成安国之局"（任乃强）。

③遭：遭逢，遇见，碰到。皇极不建：意指西晋崩溃。皇极，帝王统治天下的准则。即所谓大中至正之道。典出《尚书·洪范》："次五曰建用皇极。"孔传："皇，大。极，中也。凡立事当用大中之道。"

④期倡为祸阶："此言李斯开始篡弑，屠杀宗人，为李寿、李势惨杀同宗开端，为祸之阶，至于亡国"（任乃强）。祸阶，谓祸之所从来。阶，阶梯，喻凭借或途径。

⑤"乱离瘼（mò）矣"二句：社会动乱，百姓流离，国家病了，往何处去啊！引文出自《诗经·小雅·四月》。毛传："离，忧。瘼，病。适，之也。"郑笺："爰，曰也。今政乱，国将有忧病者矣。"

⑥谯周谶：即本卷前文所说"玄宫之谶"。

⑦岁在玄宫自相贼:《魏书·赉李雄传》作"岁在玄宫自相克",其意盖谓成汉李氏政权内部的互相残杀。但是,李氏政权内部的互相残杀"皆非玄宫之年","说谶者诞妄无稽如此"(任乃强)。岁在玄宫,玄宫,北方的宫殿。《庄子·大宗师》:"颛顼得之,以处玄宫。"陆德明释文:"李云:颛顼,帝高阳氏。玄宫,北方宫也。"按照五行配对,北方对应的天干是壬癸,地支是亥子。任乃强说"'岁在玄宫',意指壬癸之年",可谓得之。因此,笔者将"岁在玄宫"译作"玄宫之年"。

⑧先识:先见远识,在事情发生前就预先料到的卓越见识。预睹:预见。

⑨何异:用反问的语气表示与某物某事没有两样。

⑩伪僭(jiàn):即"僭伪",旧指割据一方的非正统的王朝政权。

⑪纵毒:谓肆意残害。虔刘:劫掠与杀戮。《左传·成公十三年》:"芟夷我农功,虔刘我边垂。"

⑫殷人丘墟之叹:《史记·宋微子世家》:"箕子朝周,过故殷虚,感宫室毁坏,生禾黍,箕子伤之,欲哭则不可,欲泣为其近妇人,乃作《麦秀》之诗以歌咏之。其诗曰:'麦秀渐渐兮,禾黍油油。彼狡僮兮,不与我好兮!'所谓狡童者,纣也。殷民闻之,皆为流涕。"丘墟之叹,亡国之叹。丘墟,废墟,荒地。

⑬贾生《过秦》之论:即贾谊所作《过秦论》。"过秦"是指责秦政之失。作者论述秦王朝迅速覆灭的原因,归结为"仁义不施",失去民心,旨在作为汉兴之后接受历史教训、巩固统治的借鉴。贾生,贾谊(前200—前168),西汉洛阳(今河南洛阳)人。世称贾太傅,又称贾长沙,亦称贾生。年十八,即以文才出名。年二十余,文帝召为博士,迁太中大夫。数上疏言时弊,为大臣周勃、灌婴等所毁,贬为长沙王太傅,迁梁怀王太傅。曾多次上书,主张重农抑商,建议削弱诸侯王势力。以怀才不遇,忧郁而死。所著政

论《陈政事疏》《过秦论》等,为西汉鸿文。著有《新书》《贾长沙集》。《史记》《汉书》有传。

⑭其监不远:意同"殷鉴(监)不远"。本谓殷人子孙应以夏的灭亡为鉴戒,意谓前人失败的教训就在眼前,应该引以为戒。监,通"鉴",儆戒,教训。《孟子·离娄上》:"暴其民甚,则身弑国亡。……《诗》云:'殷鉴不远,在夏后之世。'此之谓也。"赵岐注:"《诗·大雅·荡》之篇也,殷之所鉴视,近在夏后之世耳。以前代善恶为明镜也,欲使周亦鉴于殷之所以亡也。"

【译文】

撰述者说:李特、李流乘乱世之机作恶,而李雄能够推倒乱亡之国、巩固已存之邦,是恰好遭逢西晋崩溃,遇上了一个好时机吧!李期首先引祸上身,而李寿、李势最终吞下苦果,这就是《诗经》所说的"社会动乱,百姓流离,国家病了,往何处去啊"!年长者口耳相传的谯周谶语说:"广汉城北出现了大贼,叫作李流、李特,确实棘手难攻。玄宫之年,他们自相残杀。"最终的结果,确实如传言所说。谯周谶语的先见远识,可谓预见结果,这与古人没有什么两样!纵观前代非法称帝、僭越礼制的人,即使肆意残害、劫掠,也没有像成汉这样的。每每回味殷人为宗庙变为废墟而发出的亡国之叹,重温贾谊《过秦论》关于秦政之失的鸿论,总能感知家破国亡,殷鉴不远啊。

卷十上　先贤士女总赞上

【题解】

诚如本书前面九卷的"题解"所说,《华阳国志》的卷一至卷四类似于"地理志",卷五至卷九类似于"编年史",而卷十至卷十二则类似于"人物志"。

本卷与卷十一《后贤志》相对应,故又称《先贤志》。因卷十的篇幅过长,故将其分为上、中、下三卷。而本处的"题解",实为上、中、下三卷的"总题解"。

诚如"撰曰"所说,本卷所记述的对象是"自汉至魏"的"二州人士"(即梁州、益州的人士)。在第十卷中,常璩以地域为单元,以时间先后为顺序,记述了蜀郡、广汉郡、犍为郡、汉中郡、梓潼郡诸多士女(人士与人女)的姓名、籍贯、事迹、著述等。所论赞、所记述的重要人物和知名人士,有严遵、李弘、扬雄、林闾公孺、何武、张宽、秦宓、李邈、张纲、费诗、杨王孙、李固、李燮、陈雅、尹默、李譔等人士(男性),以及司马敬、张叔纪、阳姬、杜泰姬、李文姬、张礼修、文季姜、杨敬等人女(女性)。常璩自述共计一百九十四人,而今本实存一百九十三人。

在蜀郡、广汉郡、犍为郡、汉中郡、梓潼郡士女部分,诸人传记前均有四言为句的赞语,起着提纲挈领、画龙点睛的作用。非常遗憾的是,"巴郡士女赞"及其士女五十四人的传记,已经亡佚。

常璩在"撰曰"说,对于"自汉至魏"的"二州人士",自己因"晚生长乱,故老以没,莫所咨质,不详其事。但依《汉书》《国志》、陈君所载(指陈寿所著《益部耆旧传》)"。这是常璩的自谦之语。客观而言,本卷实有保存人物史料、历史事实之功。

含和诞气①,人伦资生②。必有贤彦③,为人经纪,宣德达教④,博化笃俗⑤。故太上立德,其次立功,其次立言⑥。品物焕炳⑦,彝伦攸叙也⑧。益、梁爰在前代,则夏勋配天⑨,而彭祖体地⑩。及至周世,韩服将命⑪,蔓子忠坚⑫。然显者犹鲜。岂国史简阙⑬,亦将分以秦、楚⑭,希预华同⑮?自汉兴以来,迄乎魏、晋,多士克生⑯,髦俊盖世⑰。恺元之畴⑱,感于帝思。于是玺书交驰于斜谷之南,束帛戋戋于梁、益之乡⑲。或迺龙飞紫阁,允陟璇玑;亦有盘桓利居,经纶皓素⑳。其耽怀道术㉑,服膺六艺㉒。弓车之招㉓,旌旌之命㉔,征名聘德。忠臣孝子,烈士贤女,高劭足以振玄风㉕,贞淑可以方蘋蘩者㉖,奕世载美㉗。是以四方述作,来世志士,莫不仰高轨以咨咏,宪洪猷而仪则,擅名八区,为世师表矣㉘。故《耆旧》之篇㉙,较美《史》《汉》㉚。而今志州部区别㉛,未可总而言之㉜。用敢撰约其善,为之述赞㉝,因自注解㉞。甄其洪伐㉟,寻事释义㊱,略可以知其前言往行矣㊲。

【注释】

①含和:(天地)蕴藏祥和之气。诞气:(天地)产生和美之气。

②人伦:人类。资生:赖以生长,赖以为生。《易·坤》:"至哉坤元,万物资生,乃顺承天。"孔颖达疏:"万物资生者,言万物资地而

生。"《易纬·乾坤凿度》:"坤能德厚迷远,含和万灵,资育人伦。"

③贤彦:德才俱佳的人。

④达教:明哲的教诲。

⑤笃俗:使风俗朴实。

⑥"太上立德"几句:典出《左传·襄公二十四年》:"豹闻之,太上有立德,其次有立功,其次有立言,虽久不废,此之谓不朽。"太上,最上者。立德,树立德业。立功,建树功绩,建立功劳。立言,指著书立说。

⑦品物:犹万物。焕炳:明亮。

⑧彝伦攸叙:叙讲天地人之常道。《尚书·洪范》:"惟天阴骘下民,相协厥居,我不知其彝伦攸叙。"蔡沈集传:"彝,常也;伦,理也。"彝伦,常理,常道。攸,所。叙,通"序",秩序。

⑨夏:此指大禹,夏禹。夏代开国之主。配天:与天相比并,与天相等。

⑩彭祖:传说中的人物。姓篯,名铿。因封于彭,故称"彭祖"。传说他善养生,有导引之术,活到八百高龄。体地:与地相等。因彭祖长寿,故曰与地相等。

⑪韩服:巴国使者。曾受命出使楚国,"请与邓为好"。参看本书卷一《巴志》。将命:奉命。

⑫蔓子:又称巴蔓子。战国时巴国人。任将军。参看本书卷一《巴志》。忠坚:忠诚坚贞。

⑬简阙:疏略缺失。

⑭分以秦、楚:为秦、楚所分隔。

⑮希预华同:很少参加华夏(中原)的会盟。希,少。预,参与。同,会同,即古代诸侯朝见天子或互相聘问。

⑯多士:众多的贤士。

⑰髦(máo)俊:才智杰出之士。盖世:压倒当世,超过世人。谓才能、功绩等高出当代之上。

⑱恺元："八恺"（又称"八凯"）、"八元"的省称。传说，高辛氏有才子八人，称为"八元"；高阳氏有才子八人，称为"八恺"。此十六人之后裔，世济其美，不陨其名。舜举之于尧，皆以政教称美。见《左传·文公十八年》。《三国志·蜀书·郤正传》："济济伟彦，元凯之伦也。"后泛指贤臣、才士。畴：类。

⑲"于是玺书交驰于斜谷之南"二句：此二语又见于本书卷三《蜀志》。束帛，捆为一束的五匹帛。古代用为聘问、馈赠的礼物。戋戋（jiān jiān），堆积貌。《易·贲》："贲于丘园，束帛戋戋。"

⑳"或迺龙飞紫阁"几句：此数语又见于本书卷三《蜀志》："而西秀彦盛，或龙飞紫闼，允陟璇玑；或盘桓利居，经纶皓素。"紫阁，金碧辉煌的殿阁。多指帝居。

㉑耽怀：犹潜心。道术：道德学术。

㉒服膺：铭记在心，衷心信奉。六艺：指儒家的"六经"，即《礼》《乐》《书》《诗》《易》《春秋》。

㉓弓车之招：即以弓、车召唤、征聘贤士，又称"弓招"。弓车，延聘贤人的车子。语出《左传·昭公二十年》："弓以招士，皮冠以招虞人。"后遂以"弓招"为延聘之典。

㉔旃（zhān）旌之命：即以旃旌征召贤士，又称"旌招"。旃旌，泛指赤色旗帜。语本《孟子·万章下》："曰：'敢问招虞人何以？'曰：'以皮冠。庶人以旃，士以旂，大夫以旌。'"

㉕高劭（shào）：高尚美善。劭，美好。

㉖贞淑：贞洁贤淑。多指女子的德行之美。蘋蘩：蘋和蘩，即四叶草和白蒿。两种可供食用的水草，古代常用于祭祀。《诗经·召南》有《采蘋》和《采蘩》二诗，是赞美妇女采蘋、采蘩以供祭祀的诗。《诗序》说，"《采蘋》，大夫妻能循法度也"，"《采蘩》，夫人不失职也。夫人可以奉祭祀，则不失职矣"。后以"蘋蘩"借指能遵祭祀之仪或妇职等。

㉗奕世：累世，代代。

㉘"是以四方述作"几句：此数语，又见于本书卷三《蜀志》："是以四方述作。有志者莫不仰其高风，范其遗则，擅名八区，为世师表矣。"述作，著述。来世，后世，后代。高轨，高尚的行为规范。咨咏，赞叹歌咏。宪，效法。洪猷（yóu），宏大的计划。仪则，法则。八区，八方，天下。

㉙《耆旧》之篇：指陈术、陈寿所撰《益部耆旧传》。

㉚较美：比美，媲美。《史》《汉》：指《史记》和《汉书》。

㉛今志：指《华阳国志》。

㉜总而言之：总括起来说。

㉝述赞：文体名。史论的一种，全篇用韵。《文选》列有"史述赞"一类，选录《汉书》《后汉书》赞四篇。按：本书卷十《先贤士女总赞》的赞语为韵文，如下文的"严平恬泊，皓然沉冥""仲元抑抑，邦家仪形"等。

㉞注解：用文字来解释字句。按：本书卷十《先贤士女总赞》的注解，实为诸人的传略。刘知幾《史通·内篇·补注》："常璩之《华阳士女》，文言美辞列于章句，委曲叙事存于细书。"

㉟洪伐：大功。

㊱释义：解释义理，阐明意义。

㊲前言往行：指前代圣贤的言行。《易·大畜》："君子以多识前言往行，以畜其德。"孔颖达《〈尚书正义〉序》："斯乃前言往行，足以垂法将来者也。"

【译文】

天地祥和，产生和美之气，人类赖以生长。其中必定有德才俱佳的人，为人类制定纲纪，宣扬德治和教化，通过广泛教化，以使风俗朴实。所以说，最上等的事是树立德业，其次是建立功劳，其次是著书立说。万物焕然明亮，常理井然有序。益州、梁州在上古之时，就有夏禹的功勋与天相等,而彭祖的长寿与地相等。到周朝之时,韩服奉命出使,蔓子忠诚坚贞。但显赫的人和事还是很少。难道是国史疏略缺失,抑或是巴、蜀为秦、楚所分隔,很少参加华夏的会盟?从汉朝建立以来,一直到魏、晋,众多贤明之士纷纷诞生,才智杰出之士高出当代之上。"八恺""八元"一类贤才,有感于皇帝的眷顾。于是,皇帝征召士子的诏书来来往往穿梭于斜谷之南,朝廷征聘贤士的玉帛层层叠叠堆积于梁、益之乡。他们或者飞黄腾达,进入宫廷,位至宰相;或者徘徊故里,隐居不仕,修养高洁的品德与人格。他们潜心道德学术,信奉儒家六经。朝廷用弓车、旌旌等,征聘享有名望、德行高深之士。巴蜀之地的忠臣、孝子、烈士、贤女,他们的高尚美善足以振作民风、引领风尚,她们的贞洁贤淑可以当作遵守妇职的典范,世代流芳。因此,四方的撰述作品,后代的仁人志士,没有不仰慕他们高尚的行为而赞叹歌咏的,没有不效法他们宏大的谋略而以为法则的,他们的美名传遍了四面八方,成为历代效法的表率。所以,《益部耆旧传》的记载,可以媲美于《史记》《汉书》。我的《华阳国志》一书,因为区别了州部,所以不能总括起来记述。我斗胆将他们的美善约略归纳起来,为他们做了"述赞",我自己又为其做了"注解"。甄别他们的大功,摘寻他们的事迹,阐明事功的意义,读者大略可以了解前代圣贤的言行了。

蜀都士女

严平恬泊①,皓然沉冥②。

严遵,字君平,成都人也。雅性澹泊③,学业加妙,专精大《易》④,耽于《老》《庄》。常卜筮于市,假蓍龟以教⑤。与人子卜,教以孝⑥;与人弟卜,教以悌⑦;与人臣卜,教以忠⑧。于是风移俗易,上下兹和。日阅数人⑨,得百钱,则闭肆下帘，授《老》《庄》。著《指归》⑩，为道书之宗。杨雄少师之，称其德⑪。杜陵李强为益州刺史⑫，谓雄曰："吾真得君平矣。"雄曰："君但可见，不能屈也。"强以为不然。至州，修礼交遵，遵见之，强服其清高而不敢屈也。叹曰："杨子云真知人也！"年九十卒⑬。雄称之曰"不慕夷即由矣"⑭，"不作苟见⑮，不治苟得⑯，久幽而不改其操，虽随、和何以加诸⑰。"

【注释】

① 严平：严遵，字君平，蜀郡成都（今四川成都）人。参看本书卷三《蜀志》注。按：本书卷十《先贤士女总赞》之赞语，均以四字为句，为了整齐划一，故而本处省略了"君"字。恬泊：恬静淡泊。

② 皓然：洁白貌。沉冥：谓幽居匿迹。扬雄《法言·问明》："蜀庄沉冥，蜀庄之才之珍也，不作苟见，不治苟得，久幽而不改其操。"李轨注："沉冥，犹玄寂，泯然无迹之貌。"

③ 雅性：素性，本性。澹泊：恬淡寡欲，不追求名利。

④ 专精：专一求精，擅长。大《易》：即《周易》。

⑤ 著（shī）龟：古人以蓍草与龟甲占卜凶吉，因以指占卜。按：今四川成都青羊区、郫都区都有君平街，都是为了纪念严君平而冠名。

⑥ 孝：尽心奉养和服从父母。

⑦ 悌：敬爱兄长。

⑧ 忠：忠诚无私，尽心竭力。

⑨ 日阅数人：指给多人看相。底本作"日阅人"，据《汉书·王贡两龚鲍传》补。

⑩ 《指归》：即《老子指归》，又称《道德指归论》或《道德真经指归》。严遵撰。原本十四卷，今所传已不全。其要旨以自然无为为宗，认为道德而生神明、太和，进而化生天地万物。主张修身之

法与道德仁义相统一，强调为国养物生民之策，实为经世治国、君人南面之术。

⑪称其德：称颂他的德行。按：扬雄称颂严遵德行的文字，见于《法言·问明》："蜀庄沉冥，蜀庄之才之珍也，不作苟见，不治苟得，久幽而不改其操，虽随、和，何以加诸？举兹以旃，不亦珍乎！吾珍庄也，居难为也。不慕由即夷矣，何羹欲之有？"

⑫李强：杜陵（今陕西西安）人。曾任益州刺史。

⑬年九十卒：今四川成都郫都区新胜镇平乐村、邛崃市南君平乡都有严君平墓。

⑭夷：伯夷。墨胎氏，名允，字公信。商末人。孤竹国君长子。相传，其父遗命，欲立其弟叔齐为君。父死，叔齐让伯夷，伯夷遁去。叔齐亦不立，而相与往归西伯（周文王）。周武王伐纣，两人叩马苦谏，以为不仁。及周灭商，夷、齐耻食周粟而隐于首阳山，采薇而食，遂饿死。《史记》有传。即：靠近。本处意指学习，效法。由：许由。一作"许繇"。传说为远古时人，尧时隐士。相传，尧欲让天下于由，由遁于颍水北岸箕山之下隐居。后尧又欲召由为九州长。由不欲闻，乃洗耳于颍水之滨，以示其志行高洁。《高士传》有传。

⑮苟见：不当见而见。意即苟且相见。

⑯苟得：不当得而得。意即苟且相得。

⑰随、和：指随侯珠、和氏璧。随侯珠，传说中随侯所得的宝珠。《淮南子·览冥训》高诱注："隋侯，汉东之国，姬姓诸侯也。隋侯见大蛇伤断，以药傅之，后蛇于江中衔大珠以报之，因曰隋侯之珠，盖明月珠也。"和氏璧，楚人卞和（又称"和氏"）所得宝玉。加诸：凌驾于。

【译文】

严君平恬静淡泊，操行洁白，幽居匿迹。

严遵，字君平，是成都人。严遵本性恬淡寡欲，学业精妙，专精于《周易》，沉迷于《老子》和《庄子》。严遵常常在集市为人占卜，借用蓍草和龟甲以教化世人。严遵为世人之子占卜，就用孝道教导他；为世人之弟占卜，就用悌道教导他；为人君之臣占卜，就用忠道教导他。这样，便起到移风易俗的作用，以使上下关系和睦。严遵每天会为几个人看相，获得一百钱左右，便关门闭户，垂下帘子，教授《老子》和《庄子》。严遵著有《指归》一书，被推崇为"道书之宗"。杨雄年青之时以严遵为师，称颂严遵的德行。杜陵人李强被任命为益州刺史，对杨雄说："我真的得到严君平了。"杨雄说："阁下只能去拜见他，但不能委屈他。"李强不以为然。李强到益州之后，准备了礼物去结交严遵，严遵会见了李强，李强佩服严遵的清高，而不敢委屈他。李强叹息道："杨子云真能识人啊！"严遵享年九十而去世。杨雄评价严遵说"不羡慕伯夷，不学习许由"，"不会苟且相见，不会苟且相得，虽然长久幽居，也不会改变其节操，即使是随侯之珠、和氏之璧，也不能凌驾于严遵之上"。

仲元抑抑^①，邦家仪形^②。

李弘^③，字仲元，成都人。少读五经，不为章句^④。处陋巷，淬励金石之志^⑤。威仪容止^⑥，邦家师之。以德行为郡功曹，一月而去。子赘以见辱杀人^⑦，太守曰："贤者之子必不杀人。"放之。赘自以枉^⑧，语家人。弘遣亡命^⑨。太守怒，让弘^⑩。弘对曰："赘为杀人之贼，明府私弘枉法^⑪。君子不诱而诛也。石碏杀厚^⑫，《春秋》讥之^⑬；孔子称父子相隐，直在其中^⑭。弘实遣赘。"太守无以诘也^⑮。州命从事，常以公正谏争为志^⑯。杨子云称之曰^⑰：李仲元为人也，"不屈其志，不累其身"^⑱，"不夷不惠，可否之间"^⑲；"见其貌者肃如也^⑳，观其行者穆如也^㉑，闻其言者愀如也"^㉒；"非正不言，非正不行，非正不听㉓，吾先师之所畏"㉔。

【注释】

①抑抑：美好貌，轩昂貌。

②邦家：国家和家庭。仪形：典范，楷模。

③李弘：字仲元，蜀郡成都（今四川成都）人。参看本书卷三《蜀志》注。

④章句：剖章析句。经学家解说经义的一种方式。按：汉代有所谓"章句学"，所重在于辨析篇章字句，而不在阐发大义。

⑤淬励：磨砺，激励，鞭策。

⑥威仪容止：庄重的仪容举止。容止，仪容举止。

⑦见辱：被侮辱，被羞辱。

⑧枉：指太守枉法释放李赞。即下文所说"明府私弘枉法"。

⑨亡命：谓削除户籍而逃亡在外。《史记·张耳陈馀列传》："张耳尝亡命游外黄，……是时脱身游，女家厚奉给张耳。"司马贞索隐："晋灼曰：'命者，名也。谓脱名籍而逃。'崔浩曰：'亡，无也。命，名也。逃匿则削除名籍，故以逃为亡命。'"

⑩让：责备，责怪。

⑪私：徇私情。枉法：以私意歪曲、破坏法律。

⑫石碏（què）：春秋时卫国人。大夫。卫庄公庶子州吁有宠，好武。石碏进谏，庄公不听。卫桓公十六年（前719），州吁与碏子石厚谋杀桓公而自立为君。厚向碏问安定君位之法，因诱州吁及厚往陈，陈执二人，由卫使右宰醜杀州吁，使其家宰獳羊肩杀厚。时人称碏"大义灭亲"。事见《左传·隐公四年》。

⑬《春秋》讥之：《春秋》隐公四年："九月，卫人杀州吁于濮。"《左传·隐公四年》："君子曰：石碏，纯臣也，恶州吁而厚与焉。'大义灭亲'，其是之谓乎！"按：《春秋》未讥石碏，《左传》亦未讥石碏。

⑭"父子相隐"二句:典出《论语·子路》:"孔子曰:'吾党之直者异于是:父为子隐,子为父隐,直在其中矣。'"邢昺疏:"子苟有过,父为隐之,则慈也;父苟有过,子为隐之,则孝也。孝慈则忠,忠则直也,故曰直在其中矣。"

⑮无以:无从。诘:追问,责问。

⑯谏争:谏诤,直言规劝。争,通"诤",诤谏,规劝。

⑰称:称道。按:以下引文详见《法言·渊骞》。

⑱"不屈其志"二句:不委屈志向,不连累自身。《论语·微子》:"子曰:'不降其志,不辱其身,伯夷、叔齐与!'"

⑲"不夷不惠"二句:夷,伯夷。见本卷上文注。惠,柳下惠。指春秋鲁大夫展获,字季,又字禽,曾为士师官,食邑柳下,谥惠,故称其为展禽、柳下季、柳士师、柳下惠等。以柳下惠之名最为著称。《孟子》中多次把他与伯夷并列,誉为儒家的模范。可否,可以不可以,能不能。本处指做官(一如柳下惠)与不做官(一如伯夷)。

⑳肃如:犹肃然。恭敬整饬貌。

㉑穆如:和美貌。

㉒愀(qiǎo)如:恭谨貌。

㉓"非正不言"几句:《法言·渊骞》还有"非正不视"一语。"非正不",实出自《论语·颜渊》:"非礼勿视,非礼勿听,非礼勿言,非礼勿动。"

㉔先师:称孔子。

【译文】

李仲元气宇轩昂,是国家和家庭的楷模。

李弘,字仲元,是成都人。李弘自小就熟读五经,不拘泥于章句之学。李弘住在简陋的巷子,以磨砺自己坚强的意志。李弘庄重的仪容举止,国人和家人都予以师法。李弘因其德行被举荐为郡功曹,但他任职一个月就离开了。他的儿子李赘因为被人侮辱而杀死对方,太守说:"贤德君子的儿子一定不会杀人。"太守于是释放了李赘。李赘自以为太守枉法释放自己,并告诉了家人。李弘安排儿子逃亡。太守发怒,责备李弘。李弘回答说:"李赘是杀人的贼人,明府徇私情而枉法释放吾子。君子不诱导别人然后又诛杀他。当年石碏杀了儿子石厚,被《春秋》讥讽;孔子说父亲和儿子相互隐瞒,正直就在其中。我李弘确实安排李赘逃亡了。"太守无从责问李弘。州里任命李弘为从事,李弘常常以公正处事、直言规劝为志向。杨子云称道李弘说:李仲元的为人,"不委屈志向,不连累自身","既不做伯夷,也不做柳下惠,而是介于二者之间";"看他的外貌,恭敬整饬;观他的行为,和美肃穆;听他的说话,谦恭谨慎";"不正义的话语不说,不正义的事情不做,不正义的言语不听,这是我们的先师孔子所敬畏的地方"。

子云玄达①,焕乎弘圣②。

杨雄③,字子云,成都人也。少贫好道,家无担石之储、十金之费④,而晏如也⑤。好学,不为章句。初慕司马相如绮丽之文⑥,多作词赋。车骑将军王音⑦,成帝叔舅也,召为门下史,荐待诏⑧。上《甘泉》《羽猎赋》⑨,迁侍郎、给事黄门⑩。雄既升秘阁,以为辞赋可尚,则贾谊升堂,相如入室⑪,武帝读《大人赋》⑫,飘飘然有凌云之志,不足以讽谏⑬,乃辍其业。以经莫大于《易》,故则而作《太玄》⑭;传莫大于《论语》,故作《法言》⑮;史莫善于《苍颉》⑯,故作《训纂》⑰;箴谏莫美于《虞箴》⑱,故作《州箴》⑲;赋莫弘于《离骚》⑳,故反屈原而广之㉑;典莫正于《尔雅》,故作《方言》㉒。初与刘歆、王莽、董贤同官㉓,并至三公,雄历三帝,独不易官。年七十一卒。自刘向父子、桓谭等深敬服之^㉔。其玄渊源懿^㉕，后世大儒张衡、崔子玉、宋仲子、王子雍皆为注解^㉖。吴郡陆公纪尤善于《玄》^㉗，称雄圣人。雄子神童乌^㉘，七岁预雄《玄》文^㉙，年九岁而卒。

【注释】

①玄达：玄奥通达。

②弘圣：大圣。古谓道德最完善、智能最超绝、通晓万物之道的人。《荀子·哀公》："孔子曰：'人有五仪：有庸人，有士，有君子，有贤人，有大圣。……所谓大圣者，知通乎大道，应变而不穷，辨乎万物之情性者也。'"

③杨雄（前53—18）：后常作"扬雄"。字子云，蜀郡成都（今四川成都）人。参看本书卷三《蜀志》注。今四川成都郫都区友爱镇三元场子云村有扬雄墓。

④家无担石之储、十金之费：谓家中贫乏，存粮与钱极少。担石，一担一石之粮。比喻微小。

⑤晏如：悠闲安适的样子。

⑥绮丽之文：形容文章辞藻华丽。

⑦王音（？—前15）：魏郡元城（今河北大名）人。汉元帝皇后王政君从弟。成帝即位，其兄王凤以帝舅秉政，威福自行。亲附大将军王凤，官御史大夫。成帝阳朔三年（前22），王凤卒，因凤荐，为大司马、车骑将军，领尚书事。鸿嘉元年（前20），封安阳侯。因以从舅辅政，威权损于王凤。辅政八年死，谥敬。

⑧待诏：指应皇帝征召随时待命，以备咨询顾问。本处的"待诏"为官名。汉代征士，其未有正官者，均待诏公车。其特异者待诏金马门，备咨询顾问。后遂以"待诏"为官名。

⑨《甘泉》：扬雄所作赋名。记汉成帝祀于甘泉宫的威仪。《羽猎赋》：扬雄所作赋名。记汉成帝出猎的威仪。

⑩给事黄门：官名。简称"黄门"，亦称"黄门郎"，无员数。为中朝官员，给事于黄闼（宫门）之内，侍从皇帝、顾问应对，出则陪乘。与皇帝关系密切，多以重臣、外戚子弟、公主婿为之。

⑪"贾谊升堂"二句：《法言·吾子》："诗人之赋丽以则，辞人之赋丽以淫。如孔氏之门用赋也，则贾谊升堂、相如入室矣。"升堂，比喻学问或技艺已入门。入室，比喻学问或技艺已达到深奥的境界。古代宫室，前为堂，后为室。

⑫《大人赋》：司马相如作品。见本卷下文注。

⑬讽谏：以婉言隐语相劝谏。

⑭则：仿效，效法。《太玄》：书名。也称《扬子太玄经》，简称《太玄》《玄经》。汉扬雄撰。仿《易》而作，分八十一首，以拟六十四卦。吸收汉代哲学及天文学思想，以天、地、人三玄为本，重点阐述宇宙生成、天道人事变化规律，总括为三方、九州、二十七部、八十一首、七百二十九赞。

⑮《法言》：书名。汉扬雄撰。因文字、体例效法《论语》，故名。阐发儒家思想，以"尊经""宗圣"为指归。崇尚孔子，自比孟子，以尧舜文王之道为正道。

⑯《苍颉》：亦作《仓颉篇》《苍颉篇》。字书名。秦李斯撰。据许慎《说文解字叙》，秦并六国，为统一文字，命丞相李斯作《苍颉篇》、中车府令赵高作《爰历篇》、太史令胡母（一作"毋"）敬作《博学篇》。汉代亦将三书合称《苍颉篇》或《三仓》。书久佚，有辑本。

⑰《训纂》：书名。汉扬雄撰。《汉书·艺文志》："至元始中，征天下通小学者以百数，各令记字于庭中。扬雄取其有用者，以作《训纂篇》，顺续《苍颉》，又易《苍颉》中重复之字，凡八十九章。"已佚。

⑱箴（zhēn）谏：规戒劝谏的话。《虞箴》：古代虞人为戒田猎而作的

箴谏之辞。《左传·襄公四年》："昔周辛甲之为大史也，命百官，官箴王阙。于《虞人之箴》曰：'芒芒禹迹，画为九州，经启九道。民有寝庙，兽有茂草；各有攸处，德用不扰。在帝夷羿，冒于原兽，忘其国恤，而思其麀牡，武不可重，用不恢于夏家，兽臣司原，敢告仆夫。'《虞箴》如是，可不惩乎？"

⑲《州箴》：书名。汉扬雄撰。每州一篇，共十二篇。《州箴》之文，见严可均辑《全汉文》。

⑳《离骚》：或称《离骚经》《楚骚》。楚辞篇名。战国时屈原所作。屈原仕楚怀王，因谗言被疏，忧愁幽思而作《离骚》，以表明爱国心志。

㉑反屈原而广之：《汉书·扬雄传》载："（扬雄）乃作书，往往摭《离骚》文而反之，自岷山投诸江流以吊屈原，名曰《反离骚》；又旁《离骚》作重一篇，名曰《广骚》；又旁《惜诵》以下至《怀沙》一卷，名曰《畔牢愁》。"

㉒《方言》：书名。全称《輶轩使者绝代语释别国方言》，简称《扬子方言》《别国方言》《方言》。汉扬雄撰。原为十五卷，隋以后传本作十三卷。其体例模仿《尔雅》，分类编集各地方言同义词语，一名一物皆详其地域言语之异同。晋郭璞曾为之作注，今存。

㉓刘歆（？—23）：字子骏，后改名秀，字颖叔，沛县（今江苏沛县）人。刘向之子。少通《诗》《书》，善为文。著有《七略》《三统历谱》。《汉书》有传。董贤（前23—前1）：字圣卿，云阳（今陕西淳化西北）人。初为太子舍人。哀帝立，拜黄门郎。以貌美柔媚得宠，为驸马都尉侍中。出则参乘，入侍左右，与帝卧起，赏赐千万，贵震朝廷。封高安侯。元寿元年（前2）为大司马、卫将军，给事禁中，领尚书事。哀帝死，为王莽以太后诏罢官，自杀。《汉书》有传。

㉔刘向父子：指刘向与刘歆。桓谭（前23？—56？）：字君山，沛国相（今安徽淮北）人。好音律，善鼓琴，博学多才，遍习五经，能

文章,尤好古学。王莽时任掌乐大夫。刘玄时,拜太中大夫。光武帝征为议郎给事中。因反对谶纬神学,几遭处斩。著有赋、诔、书、奏凡二十六篇,并有《新论》二十九篇。《后汉书》有传。敬服:尊重佩服。

㉕ 玄渊:深渊。或指道德的深奥境地。懿:美。按:此处文字当有脱误,疑当作“其《玄》玄湛渊懿”(刘琳)。玄湛,玄远精湛。渊懿,渊深美好。汉扬雄《〈法言〉序》:“圣人聪明渊懿,继天测灵,冠乎群伦,经诸范。”

㉖ 张衡:疑当作“张平子”。因本处四人除张衡外,均称其字,张衡不当独称其名。张衡(78—139),字平子,南阳西鄂(今河南南阳)人。少善属文,通《五经》,贯六艺。精通天文、阴阳、历算,创制浑天仪和候风地动仪。又善文学和经学,著有《东京赋》《西京赋》《应间赋》《思玄赋》以及《周官训诂》《灵宪》等。有辑本《张河间集》。《后汉书》有传。《后汉书·张衡列传》:“(张衡)常耽好《玄经》,谓崔瑗曰:‘吾观《太玄》,方知子云妙极道数,乃与五经相拟,非徒传记之属。’”崔子玉:崔瑗(约77—约142),字子玉,涿郡安平(今河北安平)人。崔骃之子。少从贾逵学,精通天文、历数、京氏《易》等,与马融、张衡等为友。曾为郡吏、汲令、济北相等。善文辞,尤长于书、记、箴、铭。书法擅章草,曾拜杜操为师,并称“崔杜”。著有《南阳文学官志》《草书执(势)》等。《后汉书》有传。宋仲子:宋衷,或称“宋忠”,字仲子,南阳章陵(今湖北枣阳)人。刘表据荆州,辟为五业从事。后归魏,为曹操所杀。著有《周易注》十卷、《太玄经注》九卷、《法言注》十三卷。王子雍:王肃(195—256),字子雍,东海郯(今山东郯城)人。王朗之子。魏文帝时任散骑黄门侍郎,累迁侍中、太常、中领军,加散骑常侍。为政敢于谏议。善贾逵、马融之学,而不好郑玄。学识渊博,遍注群经,不分今古文。所注《书》《诗》《三礼》《左传》

《论语》《太玄》，均有清人辑本。旧云王肃伪造《孔子家语》并为之作注，今人始知为冤案。《三国志·魏书》有传。

㉗ 陆公纪：陆绩（188—219），字公纪，吴郡吴（今江苏苏州）人。孙权时，历为郡吏、郁林太守、偏将军。博学多识，通晓星历、算术。虽军务缠身，著述不废，作《浑天图》，注《周易》，释《太玄》，皆传于世。《三国志·吴书》有传。

㉘ 乌：扬乌，蜀郡成都（今四川成都）人。扬雄之子。称神童，九岁而夭。《法言·问神》："育而不苗者，吾家之童乌乎！九龄而与我《玄》文。"

㉙ 预：参与。

【译文】

扬雄玄奥通达，像大圣般焕发光彩。

扬雄，字子云，成都人。自幼家贫，喜欢儒家之道，家中没有多余的存粮，也没有多余的金钱，但他安然处之。扬雄勤奋好学，但钻研的不是章句之学。起初，扬雄美慕司马相如那种辞藻华丽的文章，也创作过许多词赋。车骑将军王音，是汉成帝的叔舅，招聘扬雄为门下史，并推荐扬雄为待诏。扬雄向汉成帝进献《甘泉赋》《羽猎赋》，升迁为侍郎、给事黄门。扬雄既已升迁到宫中秘阁之职，认为如果作辞赋的风气可以推崇的话，那么贾谊的赋已经入门，司马相如的赋算是炉火纯青了，但汉武帝在阅读司马相如的《大人赋》后，有飘飘然升入云霄、成为神仙的感觉，这说明赋不足以达到委婉劝谏的目的，于是就停止了辞赋的写作。扬雄以为经书没有比《易经》更重要的，故而模仿《易经》创作了《太玄》；传文没有比《论语》更重要的，故而创作了《法言》；史书没有比《苍颉》更好的，故而创作了《训纂》；箴谏没有比《虞箴》更美的，故而创作了《州箴》；辞赋没有比《离骚》更弘大的，故而反屈原之意而创作了《离骚》系列；辞典没有比《尔雅》更典雅的，故而创作了《方言》。扬雄最初和刘歆、王莽、董贤一同在朝中做官，其他人都官至"三公"，但扬雄一生经历了三个皇帝,唯独他没有得到升迁。七十一岁时,扬雄去世。从刘向刘歆父子、桓谭等人起,都尊重佩服扬雄。扬雄的《太玄》玄远精湛、渊深弘美,后世的大儒张衡、崔瑗、宋衷、王肃都为此书做过注解。吴郡人陆绩尤其精通《太玄》,称赞扬雄是"圣人"。扬雄的儿子扬乌是神童,七岁时就参与扬雄《太玄》文字的讨论,可惜只活到九岁就死了。

林生清寂①,莫得而名②。

林闾③,字公孺④,临邛人也。善古学⑤。古者,天子有輶车之使⑥。自汉兴以来,刘向之徒但闻其官⑦,不详其职,惟闾与严君平知之⑧,曰:"此使考八方之风雅⑨,通九州之异同,主海内之音韵⑩,使人主居高堂知天下风俗也⑪。"扬雄闻而师之,因此作《方言》。闾隐遁⑫,世莫闻也。

【注释】

①清寂:冷清寂静,冷清沉寂。

②莫得而名:无人能知其名。即下文所说"世莫闻也"。

③林闾:复姓。《元和姓纂》卷五:"林闾,嬴姓之后也。后汉蜀郡林闾翁孺,博学,善著书,见《文字志》。"

④公孺:扬雄《答刘歆书》作"翁孺"。按:西汉有以"翁孺"为字者,如汉武帝朝的绣衣御史王贺(《汉书·元后传》)。

⑤古学:研究古文经、古文字之学。

⑥輶(yóu)车之使:《风俗通义序》:"周、秦常以岁八月遣輶轩之使,求异代方言,还奏籍之,藏于秘室。"輶车,古代一种轻便的车。后常作使者的乘车。

⑦刘向(约前77—前6):本名更生,字子政,西汉沛县(今江苏沛县)人。参看本书卷三《蜀志》注。

⑧惟间与严君平知之：扬雄《答刘歆书》："尝闻先代辎轩之使，奏籍之书，皆藏于周秦之室。及其破也，遗弃无见之者。独蜀人有严君平、临邛林间翁孺者，深好训诂，犹见辎轩之使所奏言。翁孺与雄外家牵连之亲，又君平过误，有以私遇少而与雄也。君平财有千言耳，翁孺梗概之法略有。"（《全汉文》卷五十二）

⑨风雅：指《诗经》中的《国风》和《大雅》《小雅》，亦用以指代《诗经》。本处指地方的民风与民俗。

⑩音韵：汉字字音中声母、韵母、声调三要素的总称。本处指各地的方言与方音。

⑪高堂：高大的厅堂，大堂。借指朝廷。

⑫隐遁：隐居避世。

【译文】

林生冷清沉寂，无人能知其名。

林间，字公孺，是临邛人。他擅长古学。古时候，天子设有乘辎车采风的使者。从汉朝建立以来，刘向等人只听说过这个官职，不清楚其具体职守，只有林间与严君平知道其事，说："这是派遣使者考察四面八方的民风与民俗，通晓九州大地的不同与相同，注重了解海内各地的方言与方音，让君主居于高堂之上而又知道天下的风俗。"扬雄听说后，便师从林间，因此写作了《方言》。林间隐居避世，世人没有听说过他。

汜乡忠贞，社稷是经。进贤为国①，稽考典刑②。爱莫助之，身殒朝倾③。

何武④，字君公，郫人也。初以射策甲科为郎⑤，历扬、兖州刺史，司隶校尉，京兆尹，清河、楚、沛太守，廷尉，御史大夫。成帝初具三公，拜大司空，封汜乡侯。为人忠厚公正，推贤进士⑥，在楚致两龚⑦，在沛厚两唐⑧，临司隶致平陵何并⑨，居公位进辛庆忌⑩，皆世名贤。临州郡虽无赫赫之名，及去，民思之。才虽不及丞相薛宣、翟方进⑪，而正直过之。哀帝即位，以朱博、赵玄为公卿⑫，用事，免官。谏大夫鲍子都呕言讼之⑬，丞相王嘉亦以为慨⑭。帝复征武为御史大夫，徙前将军⑮。时大司马新都侯王莽避帝外家丁、傅氏⑯，逊位，亦以列侯见征。哀帝诏博举太常，莽从武求举，武以莽奸人之雄⑰，不许。哀帝崩，王太皇太后，莽姑也，即日引莽入，收大司马董贤印绶，诏举大司马。丞相孔光等逼王氏⑱，皆举莽。武与左将军公孙禄谋曰⑲：“莽四父世朝⑳，权倾人主，必危刘氏。”乃举禄，禄亦举武。太后不从，用莽为大司马。莽讽有司劾奏㉑，皆免。武就国后㉒，莽浸盛㉓，遂为宰衡、安汉公㉔。欲图篡汉，惮武与其叔红阳侯王立不从㉕。元始三年㉖，因吕宽、吴章事槛车征武㉗，武自杀。众咸冤之。莽欲厌众心㉘，谥武曰刺侯。子况嗣㉙。平帝崩，莽因居摄㉚，后僭帝位。

【注释】

①进贤：谓进荐贤能之士。

②稽考：查考，考核。典刑：同"典型"，典范。

③殒（yǔn）：死亡，丧身。倾：倾覆，倒塌。

④何武（？—3）：字君公，蜀郡郫（今四川成都郫都区）人。参看本书卷三《蜀志》注。

⑤射策甲科：底本作"对策甲科"，据《汉书·何武传》改。射策，汉代考试取士方法之一。《汉书·何武传》："（何）武诣博士受业，治《易》。以射策甲科为郎，与翟方进交志相友。"《汉书·萧望之

传》:"(萧)望之以射策甲科为郎。"颜师古注:"射策者,谓为难问
疑义书之於策,量其大小署为甲乙之科,列而置之,不使彰显。有
欲射者,随其所取得而释之,以知优劣。射之,言投射也。"甲科,
古代考试科目名。汉时课士分甲乙丙三科。《汉书·儒林传序》:
"平帝时王莽秉政,……岁课甲科四十人为郎中,乙科二十人为
太子舍人,丙科四十人补文学掌故云。"

⑥进士:荐举贤士。

⑦两龚:指龚胜、龚舍。龚胜(前68—11),字君实(宾),西汉彭城
(今江苏徐州)人。少好学,通《五经》,与龚舍并著名节。初为
郡吏,哀帝时,征为谏大夫。数上书批评刑罚严酷,赋敛苛重。后
迁光禄大夫、诸吏给事中。因不满哀帝宠幸董贤,出为渤海太守,
托病辞官。王莽秉政时,不愿为官,绝食卒。《汉书》有传。龚舍
(前60—7),字君倩,西汉楚国武原(今江苏邳县西北)人。通
《五经》,从薛广德学《鲁诗》,以《鲁诗》教授。以龚胜荐,征为
谏大夫,累拜太山太守、光禄大夫。上书辞官不受,乃遣归乡里。
《汉书》有传。

⑧两唐:指唐林、唐尊。唐林,字子高,沛郡(治今濉溪西北)人。长
安许商门人。以明经慎行显名,仕王莽,为九卿,封建德侯。数上
疏谏正。《汉书》有传。唐尊(? —23),字伯高,沛郡(治今濉溪
西北)人。从张无故学《小夏侯尚书》,以明经慎行显名。王莽
时,封平化侯。绿林军入长安,与王邑、苗诉、王盛等共护莽于渐
台,后被杀。《汉书》有传。

⑨何并:字子廉,平陵(今陕西咸阳西北)人。初为郡吏,升大司空
掾,何武高其志节,举为长陵令。打击豪强,不避权贵,治迹显著,
迁陇西太守,徙颍川太守。尚书令兼廷尉锺元专权用事,其弟为
郡掾,赃至千金;阳翟轻侠赵季、李款横暴郡中,他至官均遣吏捕
杀不贷,郡内清静。后卒于官。《汉书》有传。

⑩辛庆忌（？—前12）：字子真，西汉狄道（今甘肃临洮南）人。辛武贤之子。以父任为右校丞，屯田乌孙赤谷城，有战功。元帝初，补金城长史，累迁张掖、酒泉太守。成帝初，征为光禄大夫，执金吾。后拜左将军，为国虎臣，在匈奴、西域威信很高。年老，卒于官。《汉书》有传。

⑪薛宣：字赣君，东海郯县（今山东郯城）人。少为狱史，举茂材，为宛句令。大将军王凤闻其能，荐为长安令，有治称。成帝时，历任御史中丞、临淮太守、陈留太守、御史大夫、丞相等职。成帝时，封高阳侯。精通律法，颇为公正，由是知名。晚年，以其子薛况犯罪，免为庶人。卒于故郡。《汉书》有传。翟方进（？—前7）：字子威，汝南上蔡（今河南上蔡西南）人。家世微贱，为太守府小史。去而学经术，以射策甲科为郎。成帝河平中，转博士，迁朔方刺史，居官不烦苛，有威名，迁丞相司直。永始二年（前15），迁御史大夫。薛宣罢相，擢为丞相，封高陵侯。后因皇室内争，被迫自杀。谥恭。《汉书》有传。

⑫朱博（？—前5）：字子元，杜陵（今陕西西安东南）人。任侠好交，为督邮书掾。成帝初为大将军幕府属，历任栎阳、云阳、平陵、长安四县令，累迁冀、并二州刺史等。建平二年（前5），封阳乡侯。同年，以结信贵戚，倾乱政治罪下狱，自杀。《汉书》有传。赵玄：字少平，东郡（治今河南濮阳）人。从郑宽中受《夏侯尚书》。哀帝时，以少府为御史大夫。后坐为奸谋，下狱。公卿：指公和卿。在汉朝，公、卿都是官级名称。公，指太师、太傅、太保、太尉、司徒、司空等国家最高一级的官员；卿，指太常、光禄勋、卫尉、太仆、廷尉、大鸿胪、宗正、大司农、少府等次于公的第二级官员。

⑬鲍子都：鲍宣（？—3），字子都，勃海高城（今河北盐山东南）人。好学明经。哀帝初，两度为谏大夫。时外戚丁、傅多贵宠，董贤得幸，遂上书切谏，并抨击时政，指出“水旱为灾”“县官重责更赋租

税""民有七亡而无一得",后任司隶。平帝时,王莽秉政,鲍宣被陷下狱,自杀。《汉书》有传。

⑭王嘉(?—前2):字公仲,平陵(今陕西咸阳西北)人。以明经射策甲科为郎,后屡升迁。哀帝建平三年(前4)为丞相,封新甫侯。哀帝宠幸佞臣董贤,诏益封之。嘉封还诏书,极谏。召诣廷尉狱。系狱二十余日,不食,呕血死。追谥忠。《汉书》有传。

⑮前将军:官名。汉朝为重号将军之一,与后、左、右将军并位上卿,位次大将军及骠骑、车骑、卫将军。有兵事则典掌禁兵,戍卫京师,或任征伐。设长史、司马等僚属。平时无具体职务,一般兼任他官,常加诸吏、散骑、给事中等号,成为中朝官,宿卫皇帝左右,参与朝议。如加领尚书事衔则负责实际政务。不常置。

⑯外家丁、傅氏:指汉哀帝母亲丁氏家族、祖母傅氏家族。外家,后家,指外戚。

⑰奸人之雄:奸雄,有才智而狡诈欺世的人。

⑱孔光(前65—5):字子夏,鲁国(治今山东曲阜)人。孔子后裔,孔霸少子。明经学,举议郎。绥和二年(前7),累擢为丞相。后以毁谮免。哀帝元寿元年(前2),复为丞相。与师丹、何武等拟定限田、限奴婢方案,遭皇室大臣阻挠,未能实行。平帝时,王莽备礼事之,恐而称疾固辞。久居大位,弟子多为博士大夫者,终无所荐举。《汉书》有传。

⑲公孙禄:字中子,颍川(治今河南禹州)人。哀帝时,为左将军、后将军,与前将军何武相善。禄与武相谋,以为外戚掌权,几危社稷,遂互相称举,后遭弹劾免职。

⑳四父世朝:底本作"五父世朝",误。汉成帝时,汉元帝王皇后弟王凤、王音、王商、王根相继为大司马,专擅朝政。四人于王莽为伯父、叔父,故云"四父"。王莽后亦为大司马,是为"五司马"。此即《汉书·王莽传》所说"继四父而辅政"。

㉑劾奏：弹劾上奏，向皇帝检举官吏的过失或罪行。

㉒就国：到封国就职。

㉓浸：渐。

㉔宰衡：汉平帝给王莽的封号。西汉平帝元始四年（4）置。王莽因
　伊尹为阿衡，周公为太宰，故采此二人称号为宰衡，加于安汉公之
　上以自尊。宰衡位上公，在诸侯王上，掾史秩六百石。安汉公：汉
　平帝时王莽封号。元始元年（1）正月丙辰，王莽拜太傅，赐号安
　汉公，备四辅官。

㉕王立（？—3）：字子叔，魏郡元城（今河北大名东）人。汉元帝王
　皇后庶弟。以外戚受宠幸，成帝河平二年（前27）封红阳侯。平
　帝立，王莽秉政，忌惮立，迫令自杀。谥荒。事见《汉书》。

㉖元始三年：3年。元始，西汉平帝年号（1—5）。

㉗吕宽（？—3）：西汉末年人。王莽长子王宇妻兄。王宇以莽欲专
　朝政，隔绝平帝外家卫氏，恐日后受祸，指使吕宽夜持血洒莽第
　宅，诈为变怪而惊惧之。事发，王宇下狱饮药死，吕宽被诛。事
　见《汉书》。吴章：字伟君，平陵（治今陕西咸阳西北）人。以言
　语见长，为当世名儒。王莽时，为博士。徒众甚盛。后因莽长子
　王宇与吴章共谋，使人夜以血涂莽门，欲以惧莽，勿再隔离平帝母
　子，事发，被腰斩。事见《汉书》。

㉘厌众心：使众人心服。厌，饱，满足。后作"餍"。

㉙况：何况，何武之子。何武死，谥曰刺侯，况嗣为侯。莽篡位，免况
　为庶人。

㉚居摄：因皇帝年幼不能亲政，由大臣代居其位处理政务，谓"居
　摄"。按：所谓"居摄"，实即"摄政"。《汉书·食货志上》："平帝
　崩，王莽居摄，遂篡位。"

【译文】

汜乡侯是忠贞之士，社稷是他经营的事业。他为国家举贤荐能，重

视考核贤才的典型。他对君主爱莫能助,死后朝廷也倾覆了。

何武,字君公,是郫人。起初,何武参加射策,因名列甲科而被任命为郎,历官扬州、兖州刺史,司隶校尉,京兆尹,清河、楚地、沛郡太守,廷尉,御史大夫。汉成帝时,初次设置三公职位,何武官拜大司空,被封汜乡侯。何武为人忠厚,办事公正,荐举贤士,在楚地任职时推荐了龚胜和龚舍,在沛郡任职时厚待唐林和唐尊,担任司隶校尉时举荐平陵人何并,居三公之位时荐举辛庆忌,他们都是当时有名的贤人。何武在州郡任职时,虽然没有显赫的名声,但当他离开时,老百姓都怀念他。何武的才干虽然比不上丞相薛宣、翟方进,但在正直方面却超过他们。汉哀帝即位后,任命朱博、赵玄为公和卿,执掌了大权,何武被免官。谏大夫鲍子都急切进言为何武争辩,丞相王嘉也为此感到愤慨。汉哀帝于是又任命何武为御史大夫,后改任前将军。其时,大司马、新都侯王莽为躲避皇帝的外戚丁氏、傅氏,主动辞职,后来也被征召为列侯。汉哀帝下诏广泛推举太常人选,王莽请求何武推举自己,但何武认为王莽是奸雄,故而没有答应。汉哀帝驾崩后,王太皇太后是王莽的姑姑,当日即引王莽入宫,收缴了大司马董贤的印绶,下诏举荐大司马人选。丞相孔光等人为王氏淫威所逼,都举荐了王莽。何武与左将军公孙禄商议说:"王莽的四个父辈在朝廷主政,权势压倒了皇帝,如果用王莽,必定危及刘氏的政权。"于是,何武举荐公孙禄,公孙禄也举荐何武。太后没有听从,任用王莽为大司马。王莽示意有司上奏弹劾何武与公孙禄,二人都被免了官。何武到封国就职后,王莽的权势越来越大,不久成为宰衡,被封为安汉公。王莽图谋篡夺汉朝的天下,但又害怕何武及其叔叔、红阳侯王立不服从。元始三年,王莽以吕宽、吴章之事为借口,派囚车前去拘押何武,何武自杀。众人都认为何武很冤枉。王莽想使众人心服,上奏封何武谥号为刺侯。何武之子何况继承了爵位。汉平帝驾崩后,王莽因而摄政,后来又篡夺了帝位。

　　叔文播教，变《风》为《雅》①。道洽化迁②，我实西鲁。

　　张宽③，字叔文，成都人也。蜀承秦后，质文刻野④。太守文翁遣宽诣博士东受七经⑤，还以教授。于是蜀学比于齐、鲁⑥，巴、汉亦化之⑦。景帝嘉之⑧，命天下郡国皆立文学⑨，由翁唱其教⑩，蜀为之始也。宽从武帝郊甘泉泰畤⑪，过桥，见一女子裸浴川中，乳长七尺，曰："知我者，帝后七车。"适得宽车。对曰："天有星主祠祀⑫，不齐洁⑬，则作女令见。"帝感寤⑭，以为扬州刺史。复别蛇莽之妖⑮。世称云"七车张"。作《春秋章句》十五万言⑯。

【注释】

①《风》：指《诗经》中的《国风》，为民间之诗歌。《雅》：指《诗经》中的《大雅》和《小雅》，是宫廷宴享或朝会时的乐歌。

②道洽：某种学说和教义得到普及。化迁：改变，转变。

③张宽：字叔文，蜀郡成都（今四川成都）人。参看本书卷三《蜀志》注。

④质文：语本《论语·雍也》："质胜文则野。"意谓质朴而无文。刻：刻薄。野：粗鄙，鄙俗。

⑤七经：七部儒家经典。关于七经名目，历来说法不一。东汉《一字石经》作《易》《诗》《书》《仪礼》《春秋》《公羊》《论语》。参看本书卷三《蜀志》注。

⑥蜀学：蜀郡的学校。齐、鲁：山东的别称。以其地古时为齐、鲁二国所在地而得名。常指称"齐鲁大地"。

⑦巴、汉：巴郡、广汉郡。

⑧嘉：赞美，称道、颂扬事物的美好。

⑨文学：学校，习儒之所。

⑩唱：同"倡"，倡导。

⑪郊：郊祭，祭祀天地。甘泉：宫名。一名"云阳宫"。故址在今陕西淳化西北甘泉山。本为秦宫（林光宫）。汉武帝增筑扩建，建成甘泉宫。在此朝诸侯王，飨外国客。夏日，亦作避暑之处。今宫殿台基犹存。甘泉宫遗址为全国重点文物保护单位。泰畤（zhì）：古代天子祭天神之处。

⑫祠祀：祭祀，立祠祭神或祭祖。

⑬齐洁：古书亦作"齐絜"。犹斋戒。

⑭感寤：同"感悟"，心有所感而醒悟。

⑮蛇莽之妖：莽，通"蟒"，蟒蛇。典出《搜神记》卷十九："汉武帝时，张宽为扬州刺史。先是，有老翁二人争山地，诣州讼疆界，连年不决，宽视事，复来。宽窥二翁，形状非人，令卒持戟将入，问：'汝何等精？'翁欲走。宽呵格之，化为二蛇。"

⑯《春秋章句》：张宽作品，已佚。按：本卷所述张宽事迹等，可与卷三《蜀志》相参照。

【译文】

张叔文传播文治教化，其功犹如变《风》为《雅》。张宽普及教化改变风俗习气，使我蜀地实际上成为西部的鲁国。

张宽，字叔文，是成都人。蜀地承秦之后，质朴而无文，刻薄而粗鄙。太守文翁派遣张宽东进到京师长安，跟随博士学习七经，回来后教授蜀地士子。因此，蜀郡的学校比肩于齐、鲁之地，巴郡、广汉郡也受到了教化。汉景帝称道蜀郡此举，命令全国各郡、国都设立学校，这是由文翁倡导的教育，而且首先在蜀地进行。张宽跟从汉武帝到甘泉宫泰畤祭祀，在过桥时，看见一个女子在河中裸浴，乳房长达七尺，她说："知道我的人，在皇帝后面的第七辆车中。"她所说的恰好是张宽的车。张宽回答说："天上有星宿主管祭祀，如果不斋戒，就会让长乳女出现。"汉武帝心有所感而醒悟，任命张宽为扬州刺史。张宽又能辨别蛇莽之妖。世人称他为"七车张"。张宽创作了《春秋章句》,书有十五万字。

长卿彬彬[①],文为世矩[②]。

司马相如[③],字长卿,成都人也。游京师,善属文[④],著《子虚赋》而不自名[⑤]。武帝见而善之,曰:"吾独不得与此人同世[⑥]。"杨得意对曰[⑦]:"臣邑子司马相如所作也[⑧]。"召见相如。相如又作《上林赋》[⑨],帝悦,以为郎。又上《大人赋》以风谏[⑩],制《封禅书》[⑪]。为汉辞宗[⑫]。官至中郎将。世之作辞赋者,自杨雄之徒咸则之[⑬]。

【注释】

①彬彬:文质兼备貌,文雅、有教养的样子。

②矩:法度,法则。

③司马相如(前179—前117):字长卿,蜀郡成都(今四川成都)人。参看本书卷三《蜀志》注。

④属文:连缀字句而成文,指撰写文章。

⑤《子虚赋》:汉赋篇名。西汉司马相如作。赋中藉虚构的子虚、乌有先生、亡是公三个人的彼此问答,大肆铺陈汉天子上林苑的壮丽,以及天子田猎的盛况,藉以讽刺帝王的骄奢;篇末对天子贪恋游猎荒废政务提出讽谏。全篇结构宏大,辞采富丽,是汉大赋的代表作。说明:《文选》将前半部分题作《子虚赋》,后半部分题作《上林赋》。自名:自通名姓。本处指自署姓名。按:因《子虚赋》没有作者署名,故汉武帝读其文而不知其人。

⑥同世:同时,同一时代。

⑦杨得意:蜀郡成都(今四川成都)人。参看本书卷三《蜀志》注。

⑧邑子:同邑的人,同乡。

⑨《上林赋》：见前注。上林，古宫苑名。秦旧苑，秦都咸阳时置。汉初荒废。至汉武帝时重新扩建，周围扩至二百余里。故址在今陕西西安西及周至、西安鄠邑区界。

⑩《大人赋》：汉赋篇名。《汉书·司马相如传下》：“（司马）相如拜为孝文园令。上既美子虚之事，相如见上好仙，因曰：‘上林之事未足美也，尚有靡者。臣尝为《大人赋》，未就，请具而奏之。’相如以为列仙之儒居山泽间，形容甚臞，此非帝王之仙意也，乃遂奏《大人赋》。……相如既奏《大人赋》，天子大说，飘飘有陵云气游天地之间意。”风谏：用委婉曲折的语言规劝君主或长辈、上司。《史记·司马相如列传》：“其卒章归之于节俭，因以风谏。奏之天子，天子大说。”

⑪《封禅书》：司马相如的遗作散文。作者借此文劝汉武帝进行封禅，并在文章的末尾对天子加以讽谏。这篇文章在司马相如死后被交给汉武帝，并对汉武帝日后的多次封禅活动产生重要影响。参看《汉书·司马相如列传》。

⑫为汉辞宗：意谓司马相如是汉赋的宗师。《汉书·叙传下》：“文艳用寡，子虚乌有，寓言淫丽，托风终始，多识博物，有可观采，蔚为辞宗，赋颂之首。述《司马相如传》第二十七。”辞宗，辞赋作者中的宗师，为辞人所宗仰的人。亦泛指受人敬仰的文学家。

⑬则：仿效，效法。

【译文】

司马相如文质彬彬，所作文章是世人学习的典范。

司马相如，字长卿，是成都人。司马相如曾经游学于京师，善于撰写文章，著有《子虚赋》而不自署姓名。汉武帝读到《子虚赋》很喜欢，说：“我偏偏不能和这个人生活在同一个时代。”杨得意回答说：“这是下臣的同乡司马相如写的文章。”汉武帝召见了司马相如。司马相如又创作了《上林赋》，汉武帝很高兴，任命司马相如为郎。司马相如又上呈了

《大人赋》，以此委婉规劝汉武帝，并写了《封禅书》。司马相如是汉代辞赋的宗师。官至中郎将。后世写作辞赋的人，从扬雄以下都仿效司马相如。

　　王渊艳丽①，蔚若华圃②。

　　王褒③，字子渊，资中人也。以高才文藻侍宣帝④。初，为王襄作《乐职》《中和》颂⑤。宣帝时，又上《甘泉》《洞箫》赋⑥。帝善之，令宫人诵之⑦。为谏大夫，卒⑧。

【注释】

①王渊：即王子渊。因赞语四字为文，故省“子”字。艳丽：形容文辞华美。

②蔚：有文采，文采华丽。华圃：花圃。

③王褒：字子渊，蜀郡资中（今四川资阳）人。参看本书卷三《蜀志》注。

④文藻：文采、词藻。

⑤王襄：宣帝时，为益州刺史。参看本书卷三《蜀志》注。《乐职》《中和》：诗篇名。王褒《四子讲德论》：“浮游先生陈丘子曰：‘所谓《中和》《乐职》《宣布》之诗，益州刺史之所作也。刺史见太上圣明，股肱竭力，德泽洪茂，黎庶和睦，天人并应，屡降瑞福，故作三篇之诗，以歌咏之也。’”

⑥《洞箫》：即《洞箫赋》。赋篇名。西汉王褒作。取材受枚乘《七发》首段影响而加衍展，通篇描写乐器和音乐之美，兼及主观化和浪漫化的景色刻画，开后世咏物赋和音乐赋的先河。全篇以骚体句居多，间杂以骈偶，亦当时辞赋之独创。刘勰《文心雕龙·诠赋》：“子渊《洞箫》，穷变于声貌。”

⑦官人：妃嫔、宫女的通称。

⑧为谏大夫，卒：《汉书·王褒传》："后方士言益州有金马、碧鸡之宝，可祭祀致也。宣帝使褒往祀焉。褒于道病死，上闵惜之。"今四川资阳市雁江区昆仑乡墨池坝村有王褒墓。《元和郡县图志》卷三十一："王褒墓，在（资阳）县西北十五里。"《太平寰宇记》卷七十六："王褒墓，在（资阳）县北二十里，前有石碣，高一丈，字已磨灭。"

【译文】

王子渊文辞华美，其文采犹如花圃般华丽。

王褒，字子渊，是资中人。王褒以才干高、文采好而得以侍奉汉宣帝。起初，王褒为王襄创作了《乐职颂》《中和颂》。汉宣帝之时，王褒又献上《甘泉赋》《洞箫赋》。汉宣帝认为赋作得好，下令让宫女吟诵。王褒被任命为谏大夫，死于任上。

子山翰藻①，遗篇有序②。

杨终③，字子山，成都人也。年十三，已能作《雷赋》④，通屈原《七谏》章⑤。后坐太守徙边，作《孤愤》诗⑥。明帝时，与班固、贾逵并为校书郎⑦，删《太史公书》为十余万言⑧。作《生民》诗⑨，又上《符瑞》诗十五章⑩，制《封禅书》⑪，著《外传》十二卷⑫，《章句》十五万言⑬，皆传于世者。

【注释】

①翰藻：文采，辞藻。

②遗篇：前人遗留下来的诗文。有序：底本作"有厚序"，误。有序，有条理，有次序。

③杨终（？—100）：字子山，蜀郡成都（今四川成都）人。曾诣京师受业，习《春秋》。明帝时，拜校书郎。曾上书建议罢止边屯，被

章帝采纳。章帝建初四年（79），杨终建议论定《五经》，亦为章帝采纳。参与白虎观会议，论考《五经》同异。和帝时，征拜郎中，以病卒。著有《春秋外传》。《后汉书》有传。

④《雷赋》：赋篇名。东汉杨终作。《后汉书·杨终列传》李贤注引袁山松《后汉书》："时蜀郡有雷震决曹，终上白记，以为断狱烦苛所致，太守乃令终赋雷电之意，而奇之也。"

⑤《七谏》：《楚辞》篇名。汉东方朔作，为吊屈原之辞。分《初放》《沉江》《怨世》《怨思》《自悲》《哀命》《谬谏》七章。全篇用第一人称述屈原之志。按：本处说"屈原《七谏》"，误。译文从东方朔。

⑥《孤愤》：赋篇名。东汉杨终作。《后汉书·杨终列传》："（杨）终兄（杨）凤为郡吏，太守廉范为州所考，遣凤候终，终为范游说，坐徙北地。"李贤注引《益部耆旧传》曰"终徙于北地望松县，而母于蜀物故。终自伤被罪充边，乃作《晨风》之诗以舒其愤"也。按：《晨风》与《孤愤》，当为一诗二名。

⑦贾逵（30—101）：字景伯，扶风平陵（今陕西咸阳）人。有儒宗之称。曾任郎、卫士令、左中郎将、侍中等职。著有《春秋左氏传解诂》《国语解诂》等书。《后汉书》有传。校书郎：官名。东汉时，征召学士至兰台或东观官中藏书处校勘典籍，其职为郎中者，称校书郎中（亦省称校书郎）；其职为郎者，则称校书郎。三国魏始置校书郎官职，司校勘宫中所藏典籍诸事。唐以后历代因之，明以后不置。

⑧《太史公书》：即《史记》。或称《太史公记》。东汉桓、灵时代，始称《史记》。

⑨《生民》：《诗经·大雅》篇名。记叙周的始祖后稷的诞生及其经历的磨难和播种五谷的事迹。杨终所作《生民》诗，当为拟《诗经·大雅·生民》而作。

⑩《符瑞》：赋篇名。《后汉书·杨终列传》："帝东巡狩，凤皇黄龙并

集。(杨)终赞颂嘉瑞,上述祖宗鸿业,凡十五章。奏上,诏赍还故

郡。"杨终所作《符瑞》诗,即此。

⑪《封禅书》:文章名。其文未传,已佚。

⑫《外传》:即《春秋外传》。《后汉书·杨终列传》:"著《春秋外传》

十二篇,改定《章句》十五万言。"

⑬《章句》:即《春秋章句》。已佚。

【译文】

杨子山富有文采,遗著井然有序。

杨终,字子山,是成都人。杨终十三岁时,就已经能写作《雷赋》,精
通东方朔的《七谏》。后因在太守任上犯罪而被流放边疆,在其时创作
了《孤愤》诗。汉明帝时,杨终与班固、贾逵同为校书郎,删节《太史公
书》为十余万字。杨终创作了《生民》诗,又上奏《符瑞》诗十五章,还
创作了《封禅》,著有《春秋外传》十二卷,改定《春秋章句》十五万字,
都流传于世。

少迁猛毅①,垂勋三邦②。

陈立③,字少迁,临邛人也。成帝时,牂柯有乱,大将军
王凤荐立为太守,克平祸乱④。徙守巴郡,秩中二千石⑤,治
有尤异。又徙天水太守,为天下最⑥,天子赐黄金四十斤。
入为左曹、卫将军、护军都尉⑦。

【注释】

①猛毅:勇猛刚毅。

②垂勋:立功,垂留功勋。三邦:指牂柯、巴、天水三郡。

③陈立:字少迁,蜀郡临邛(今四川邛崃)人。参看本书卷三《蜀

志》注。

④克平祸乱：事见《汉书·西南夷两粤朝鲜传》。

⑤中二千石：汉官秩名。颜师古注："汉制，秩二千石者，一岁得一千四百四十石，实不满二千石也。其云中二千石者，一岁得二千一百六十石，举成数言之，故曰中二千石。中者，满也。"一般太守只有二千石，即月俸百二十斛。

⑥最：古代考核政绩或军功时划分的等级，以上等为最。跟"殿"相对。

⑦左曹、卫将军、护军都尉：底本作"左卫护军"，刘琳认为两汉无"左卫护军"的官职，当从《汉书·西南夷传》作"左曹、卫将军、护军都尉"，即卫将军属下的护军都尉。

【译文】

陈少迁勇猛刚毅，在牂柯、巴、天水三郡建立功勋。

陈立，字少迁，是临邛人。汉成帝时，牂柯郡出现叛乱，大将军王凤举荐陈立为牂柯太守，平定了祸乱。陈立转任巴郡太守，俸禄是中二千石，政绩优异。陈立又转任天水太守，政绩考核是全国之最，天子赏赐给他四十斤黄金。陈立回朝后，担任左曹、卫将军、护军都尉。

世公赋政①，祥瑞来同②。

王阜③，字世公，成都人也。太守第五伦察举孝廉④，为重泉令⑤，有鸾鸟集于文学十余日⑥。迁益州太守，神马出滇池河，甘露降，白乌见⑦，民怀之如父母。

【注释】

①赋政：颁布政令，处理政务。赋，通"敷"，颁布，推行。

②同：聚集。

③王阜：字世公，蜀郡成都（今四川成都）人。参看本书卷三《蜀

志》注。

④第五伦：字伯鱼，京兆长陵（今陕西咸阳）人。参看本书卷三《蜀志》注。

⑤重泉：县名。秦置，属内史。治所即今陕西蒲城东南五十里重泉村。西汉属左冯翊。三国魏属冯翊郡。西晋后废。

⑥鸾鸟：传说中的神鸟、瑞鸟。文学：学校。

⑦白乌：白羽之乌，白色的乌鸦。古时以为祥瑞之物。按：本处所说神马出滇池河、甘露降、白乌见，亦见于本书卷四《南中志》。

【译文】

王世公处理政务，祥瑞齐来聚集。

王阜，字世公，是成都人。太守第五伦察举王阜为孝廉，任命其为重泉县令，有鸾鸟聚集在学校，十多天都不散去。王阜升迁为益州太守，有神马出现在滇池河中，甘露降临大地，白色乌鸦出现，老百姓怀念王阜犹如怀念父母。

猗欤文父①，叡发幼童。德澹会稽②，道崇辟雍③。

张霸④，字伯饶，谥曰文父，成都人也。年数岁，以知礼义，诸生孙林、刘固、段著等宗之，移家其宇下⑤。启母求就师学，母怜其稚，对曰："饶能⑥。"故字伯饶也。为会稽太守，拨乱兴治⑦，立文学⑧，学徒以千数，风教大行⑨，道路但闻诵声，百姓歌咏之。致达名士顾奉、公孙松、毕海、胡母官、万虞先、王演、李根⑩，皆至大位。在郡十年，以有道征拜议郎，迁侍中。遂授霸五更⑪，尊礼于太学⑫。年老卒，葬河南。

【注释】

①猗欤：亦作"猗与"。叹词。表示赞美。《诗经·周颂·潜》："猗

与漆沮,潜有多鱼。"郑玄笺:"猗与,叹美之言也。"

②潓:水波摇动的样子。本处引申为流布。

③辟雍:本处指的是太学。太学注释,见下文。

④张霸:字伯饶,蜀郡成都(今四川成都)人。幼而知孝让,乡人号
"张曾子"。少通《春秋》,从樊儵受《严氏公羊春秋》。初举孝
廉,后官会稽太守,累迁侍中。在会稽时,从之习经者以千数,郡
界安宁。曾删定《严氏春秋》,更名《张氏学》,凡二十万言。私谥
曰宪文。《后汉书》有传。

⑤诸生孙林、刘固、段著等宗之,移家其宇下:宇下,屋内,家中。按:
《华阳国志》所说"诸生孙林、刘固、段著等宗之,移家其宇下",不
确切,其意当为比邻而居。《后汉书·张霸列传》:"诸生孙林、刘
固、段著等慕之,各市宅其傍,以就学焉。"又,"诸生孙林、刘固、
段著等宗之,移家其宇下"应系错简,原文当在"故字伯饶也"后
(任乃强、刘琳)。

⑥饶能:完全能做好,完全能学好。《太平御览》卷三百八十五引
《益部耆旧传》:"张霸字伯饶,蜀郡成都人也。年数岁,知礼义,
乡人号为张曾子。七岁通《春秋》,复欲进余经。父母曰:'汝小,
未能也。'霸曰:'我饶为之。'故字伯饶。"

⑦拨乱兴治:平定乱世,并着手治理。

⑧文学:(地方)学校。与"太学"相对。

⑨风教:风俗教化。

⑩顾奉:字季鸿,吴郡吴县(今江苏苏州)人。官至颍川太守。公孙
松:籍贯不详。官至司隶校尉。《后汉书·张霸列传》:"永元中为
会稽太守,表用郡人处士顾奉、公孙松等。奉后为颍川太守,松为
司隶校尉,并有名称。"毕海、胡母官、万虞先、王演、李根:事迹
不详。

⑪五更:古代乡官名。以年老致仕的官员充任,受朝廷礼遇。汉代

沿袭古制,有尊事三老五更之礼。东汉明帝时定为常制,养三老
五更于辟雍,选故太傅、三公中年老德劭者一人为三老,次一人为
五更(或言以卿大夫中老者为之)。《白虎通义·乡射》:"王者父
事三老,兄事五更者何? 欲陈孝悌之德,以示天下也。"

⑫尊礼:敬重而厚待。太学:古代设于京城的最高学府。西周已有
太学之名。汉武帝立五经博士,为西汉设太学之始。魏晋到明
清,或设太学,或设国子监,或两者同时设立,名称不一,制度也有
变化,但均为传授儒家经典的最高学府。

【译文】

赞美你啊,文父! 你自幼就很聪明。你的美德在会稽流布,你的道
德在太学被树为楷模。

张霸,字伯饶,谥号为文父,是成都人。张霸才几岁的时候,就已经
懂得礼义,孙林、刘固、段著等儒生都跟他学习,并移居到张霸附近,与之
比邻而居。张霸启告母亲,请求跟随老师学习,母亲怜惜他年龄太小,张
霸回答说:"我完全能学好。"因此取字为伯饶。张霸任会稽太守时,平
定乱世,着手治理,设立学校,入学者达到上千人,风俗教化大行其道,在
道路上只听到读书的声音,老百姓都在歌颂、赞美张霸。张霸吸引了名
士顾奉、公孙松、毕海、胡母官、万虞先、王演、李根等人,他们都官至高
位。张霸在会稽郡守任职十年,因道德高尚而被征拜为议郎,又升迁为
侍中。于是,朝廷决定授予张霸"五更"称号,在太学受到敬重与厚待。
张霸年老去世后,埋葬在河南。

少府委迟①,作卿作师。

赵典②,字仲经,成都人也。太尉戒子也③。与颍川李
膺等并号"八俊"④。三为侍中⑤,自乐禄俸施贫。方授国
师⑥,未拜,病卒。

【注释】

①少府：官署名，也是官名。秦汉皆置，王莽时改称共工。西汉时掌山海池泽之税，东汉时掌衣服宝货珍膳等。委迟：古书亦作"逶地""逶蛇"。曲折绵延貌。此处谓赵典历经高位（刘琳）。

②赵典：字仲经，蜀郡成都（今四川成都）人。参看本书卷三《蜀志》注。

③戒子：底本作"戒孙"，误。戒子，赵戒之子。

④李膺（110—169）：字元礼，颍川襄城（今河南襄城）人。出身官宦世家。桓帝时，任司隶校尉。反对宦官专权，受到太学生拥戴，被称为"天下楷模"，为名士"八俊"之一。《后汉书》有传。八俊：东汉末八名士之美称，即指李膺、荀翌、杜密、王畅、刘祐、魏朗、赵典、朱寓等八人。《后汉书·党锢列传》："俊者，言人之英也。"桓、灵时，八人均被列为党人而遭禁锢。

⑤侍中：职官名。秦始置，两汉沿置，为正规官职外的加官之一。因侍从皇帝左右，出入宫廷，与闻朝政，逐渐变为亲信贵重之职。晋以后，曾相当于宰相。隋因避讳改称纳言，又称侍内。唐复称，为门下省长官，乃宰相之职。北宋犹存其名，南宋废。

⑥国师：太师的别称。《后汉书·赵典列传》："公卿复表典笃学博闻，宜备国师。"李贤注引徐坚云："国师，即太师也。"

【译文】

赵典历经高位，做了公卿与国师。

赵典，字仲经，是成都人。赵典是太尉赵戒之子。赵典与颍川人李膺等齐名，号为"八俊"。赵典三次担任侍中，喜欢把禄俸施舍给贫穷的人。朝廷准备授予赵典国师之职，但还没有正式任命，他就因病去世了。

何、杨研神①，贯奥入微②。

何英③，字叔俊，郫人也。杨由④，字哀侯，成都人也。

二子学通经纬⑤。英著《汉德春秋》十五卷。孙汶⑥,字景由,亦深学。初征,上日食,盗贼起,有效,为谒者⑦。京师旱,请雨,即澍⑧。迁犍为属国⑨。著《世务论》三十篇,卒。杨由为太守廉范文学⑩,范称能治。由言当有贼发。顷之,广柔羌反,寇杀长姚超⑪。乡人冷丰赍酒候之,值客,未内⑫,由为知其多少。又言,人当致果,其色赤黄,果有送甘橘者。大将军窦宪从太守索《云气图》⑬,由谏莫与,寻宪受诛。其明如此。著书十篇而卒⑭。

【注释】

①研神:意谓“研几入神”,与“贯奥入微”相对为文。研几,穷究精微之理。《易·系辞上》:“夫易,圣人之所以极深而研几也。”韩康伯注:“极未形之理则曰深,适动微之会则曰几。”入神,《易·系辞下》:“精义入神,以致用也。”孔颖达疏:“言圣人用精粹微妙之义,入于神化,寂然不动,乃能致其所用。”后多用以指一种技艺达到神妙之境。

②贯奥:贯通奥义。入微:深入到细微之处。常用于形容精妙或细致。

③何英:字叔俊,蜀郡郫(今四川成都郫都区)人。学问渊博。著有《汉德春秋》十五卷。参看本书卷十二《序志并士女目录》。

④杨由:字哀侯,蜀郡成都(今四川成都)人。为郡文学掾。通晓《易》占,善风云、占候,能预知兵灾,其言多验。著有《云气图》及《其平》十余篇。《后汉书》有传。

⑤经纬:经书、纬书。

⑥孙汶:即何汶,字景由,蜀郡郫(今四川成都郫都区)人。何英之孙。

⑦谒者:官名。始置于春秋、战国时,秦汉因之。掌接待引见宾客,

朝会时负责保卫,亦奉命出使。

⑧澍(shù):降(雨)。

⑨犍为属国:东汉永初元年(107)析犍为郡南部置,治所在朱提县(今云南昭通昭阳区)。建安十九年(214)刘备定蜀,改为朱提郡。

⑩廉范:字叔度,京兆杜陵(今陕西西安)人。参看本书卷三《蜀志》注。文学:文学掾的省称。汉朝州郡、王国职司教育的学官。

⑪姚超:籍贯不详。曾任广柔县长,为寇所杀。

⑫内:同"纳",送入。

⑬窦宪(?—92):字伯度,扶风平陵(今陕西咸阳)人。窦融曾孙。以妹为章帝皇后,拜侍中、虎贲中郎将。和帝即位,太后临朝,宪内主机密,出宣诰命。后以罪自求击匈奴,拜车骑将军,大破北单于,登燕然山,刻石纪功而还,拜大将军,封武阳侯,权倾天下。和帝永元四年(92),帝乃收窦宪大将军印绶,更封冠军侯,遣就国,迫令自杀。《后汉书》有传。《云气图》:又名《兵云图》。术数书名,讲风云、占候。《北堂书钞》卷九十六引《益部耆旧传》:"杨由有《兵云图》。时窦宪将兵在外,太守高安遣工从由写图以进宪,由口授以成图。"

⑭著书十篇而卒:《后汉书·杨由列传》:"著书十余篇,名曰《其平》。终于家。"

【译文】

何英、杨由穷究精微之理,最终贯通奥义达到神妙之境。

何英,字叔俊,是郫人。杨由,字哀侯,是成都人。两人学问广博,精通经书与纬书。何英著有《汉德春秋》十五卷。何英之孙何汶,字景由,学问也很精深。何英当初被征召之时,天上出现日食,盗贼四起,因治理有成效,被任命为谒者。某年京师干旱,何英向天求雨,天即降雨。于是升迁何英到犍为属国任职。何英著有《世务论》三十篇,后来去世。杨由是蜀郡太守廉范的文学掾,廉范称道杨由的才能与治功。杨由曾经预言,说有贼人要造反。不久,广柔县的羌人造反,贼寇杀死了县长姚超。同乡人冷丰带着酒等候他,因杨由正在会客,未能将酒送入,但杨由却知道酒的多少。杨由又预言,说有人送水果来,水果的颜色是赤黄色的,果然就有送柑橘的。大将军窦宪向太守索要《云气图》,杨由劝太守不要给他,不久窦宪因罪被诛杀。杨由的英明就是这样。杨由著书十篇,后来去世。

司农明允①,国宪是维②。

任昉③,字文始,成都人也。初为叶令④,治奸贼七十余人。迁梁相、尚书令⑤,清身检下⑥。大将军梁冀惮之⑦。出为魏郡⑧,徙平原,岁出租税百万。冀诛,复入为尚书令、司隶校尉,迁大司农⑨,卒。弟恺⑩,徐州刺史,亦有治名⑪。昉父循⑫,字伯度,为长沙太守。得其父,时为五官⑬,事在精通也⑭。

【注释】

①司农:即大司农。见下文注。明允:清明公正。

②国宪:国家的法制或礼仪。

③任昉:字文始,蜀郡成都(今四川成都)人。任循之子。为官清正,为尚书令时,为大将军梁冀所惮。与梁冀不和,出为平原太守。梁冀伏诛后,复为尚书令,迁司隶校尉、大司农。《北堂书钞》卷第三十七引《益部耆旧传》:"任昉,字文始。迁司隶校尉,闭门自守,不与豪右交通,循法正身云云,由是贵戚敛手。"

④叶:县名。战国楚置,后入秦,属南阳郡。治所在今河南叶县南二十八里旧县。西晋属南阳国。东晋属南阳郡。

⑤梁:梁国,西汉高帝五年(前202)改砀郡为梁国,都定陶(今山东

定陶西北）。文帝时，移都睢阳县（今河南商丘南）。王莽始建国初，改为梁郡。东汉建初四年（79），复为梁国。三国魏黄初中，改为梁郡。西晋复为梁国。南朝宋改为梁郡。

⑥清身：谓清廉公正，以身作则。

⑦梁冀（？—159）：字伯卓，安定乌氏（今宁夏固原）人。梁商之子。两妹为顺帝、桓帝之后。顺帝时，拜大将军。及冲帝卒，冀立质帝。帝称冀为"跋扈将军"。冀乃恶而鸩帝，复立桓帝。梁冀一门三后、六贵人、七侯、二大将军，尚公主者三人，其余卿将尹校五十七人。在位二十余年，骄奢横暴，穷极满盛，大兴土木，多建苑囿，又掠良为贱，强迫人民数千为奴婢。后桓帝与中常侍单超等诛灭梁氏，冀及妻孙寿皆自杀。《后汉书》有传。

⑧魏郡：郡名。西汉高帝十二年（前195）置，治所在邺县（今河北临漳西南邺镇）。

⑨大司农：官名。在秦朝和西汉初称治粟都尉，掌钱谷货币。汉景帝后元年改称大农令，武帝太初元年又改称大司农。王莽时又称羲和，后来又改称纳言。在东汉，大司农掌钱谷、金帛、货币及边郡诸官的钱粮调度等。三国曹魏改称司农。

⑩恺：任恺，蜀郡成都（今四川成都）人。任昉之弟。官至徐州刺史，有治绩。

⑪治名：为政有成绩而获得的好名声。

⑫循：任循，字伯度，蜀郡成都（今四川成都）人。任昉之父。官至长沙太守。

⑬五官：即五官掾。汉朝郡国属吏，地位仅次于功曹，祭祀居诸吏之首，无固定职掌，凡功曹及诸曹员吏出缺即代理其职务。

⑭精通：精诚所至，心灵感应。本书卷十二《序志并士女目录》："（任循）少失父，后为长沙，父流离远届长沙，为郡五官，父母识知，是事在精通也。"按：本句意谓任循与其父母失联而复聚，犹

如神明相助,可谓精诚所至、心灵感应。

【译文】

任司农清明公正,维系着国家的法制礼仪。

任昉,字文始,是成都人。任昉最初担任叶县令,惩治奸贼七十多人。任昉后升迁为梁国的相国、尚书令,清廉公正,以身作则,并以此要求部属。大将军梁冀也很忌惮任昉。任昉后出任魏郡太守,又转任平原太守,每年给朝廷上缴租税上百万。梁冀被诛杀后,任昉又担任尚书令、司隶校尉,升迁为大司农,后来去世。任昉之弟任恺,任徐州刺史,也有治绩与好名声。任昉之父任循,字伯度,曾任长沙太守。任昉寻访到他的父亲之时,父亲正担任五官掾,父子之相会,可谓精诚所至、心灵感应。

翁君美秀①,牧后寤机②。

何霸③,字翁君,司空武兄也。为郡户曹④。刺史王尊将之官⑤,移诸郡不得遣迎⑥,唯霸白太守宜往⑦,太守遣霸。尊大怒。霸对曰:"太守遣霸,非修敬也⑧,以去京师久,迟知朝廷起居耳⑨。"尊遽下车,持节对之。因奇霸容止,辟为别驾,举秀才,为属国、中郎将⑩。弟显⑪,颍川太守⑫。兄弟五人皆有名。

【注释】

①美秀:貌美才秀。

②牧后:指刺史。寤:理解,明白。机:事物变化之所由,事情的缘由。

③何霸:字翁君,蜀郡郫(今四川成都郫都区)人。参看本书卷四《南中志》注。

④郡户曹:郡分职诸曹之一。汉代公府"户曹主民户、祠祭、农桑",郡府户曹亦以主民户为主,兼及狱讼、礼俗和祠祀等事。

⑤王尊：字子赣，涿郡高阳（今河北高阳东）人。参看本书卷八《大同志》注。之官：上任，前往任所。

⑥移：旧时公文的一种，与牒相类，多用于不相统属的官署间。遣迎：派人迎接。

⑦唯霸白太守宜往：底本作"太守唯霸白宜往"，此据刘琳说改。

⑧修敬：表示敬意。此处有讨好意。

⑨朝廷：此指皇帝。起居：举动，行动。本处指皇帝的有关信息。

⑩属国：即属国都尉。官名。管理属国事务的行政长官。汉武帝元狩三年（前120）置。俸比二千石，掌蛮夷降者，稍有分县，治民比郡，属官有丞、长史、主簿等。三国蜀亦置，后废。

⑪显：何显，蜀郡郫（今四川成都郫都区）人。何霸之弟。官至颍川太守。

⑫颍川：郡名。秦王政十七年（前230）置，治所在阳翟县（今河南禹州）。西汉高帝五年（前202）改为韩国。六年（前201）复为颍川郡。

【译文】

何翁君貌美才秀，刺史明白了事情的缘由。

何霸，字翁君，是司空何武的哥哥。何霸担任郡户曹。益州刺史王尊即将上任，发文给诸郡不得派人迎接，唯独何霸给太守说应该派人前往迎接，太守于是派遣何霸前往。王尊大怒。何霸对王尊说："太守派遣我来迎接您，不是为了讨好您，是因为您离开京城太久，不知道皇帝的有关信息罢了。"王尊马上下车，手持节杖对待他。王尊惊异于何霸的容貌、举止，于是征辟他为别驾，举荐为秀才，任命为属国都尉、中郎将。何霸之弟何显，任颍川太守。他们兄弟五人，都有功名。

伯骞推贤，求善如饥。

柳宗①，字伯骞，成都人也。初结九友共学，号"九子"。

及为州郡右职②，务在进贤③。拔致求次方、张叔辽、王仲曾、殷智孙等④，终至牧守。州里为谚曰："得黄金一笥⑤，不如为伯骞所识。"举茂才，为美阳令⑥。

【注释】

①柳宗：或作"柳琮"。《太平御览》卷二百六十三引《益部耆旧传》："柳琮，字伯骞。为治中，与人交结，久而益亲，其所拔进，皆世所称，致位牧守。乡里为之语曰：'得黄金一笥，不如柳伯骞所识。'"

②右职：重要的职位。如州之治中、别驾，郡之五官、督邮等。

③务在：致力于。进贤：谓进荐贤能之士。

④拔致：选拔引致。求次方、张叔辽、王仲曾、殷智孙：四人事迹不详。本书卷十二《序志并士女目录》说，四人"并蜀人，伯骞所拔，皆至牧守，失其官名"。

⑤笥（sì）：盛饭或衣物的方形竹器。

⑥美阳令：底本作"阳夏太守"，误。美阳，县名。战国秦孝公置，治所在今陕西扶风北二十里法门镇。秦属内史。西汉属右扶风。以在美水之阳得名。晋属扶风郡。

【译文】

柳伯骞喜欢推荐贤才，寻求贤德之人如饥似渴。

柳宗，字伯骞，是成都人。起初，柳宗结交九友共同学习，号称"九子"。等到他在州郡担任要职时，致力于进荐贤才。柳宗选拔引致的求次方、张叔辽、王仲曾、殷智孙等人，最终都官至州郡长官。州里流传的谚语说："得到一筐黄金，还不如被柳伯骞赏识。"柳宗后被举荐为茂才，担任美阳令。

文侯颙印①，极位台衡②。

文侯赵戒③,字志伯,少府典父也④。父定⑤,以游侠称。戒,顺、桓帝之世历司徒、太尉,登特进⑥。屡居公辅⑦,免忧患于无妄之世⑧。告归于蜀⑨,薨家。

【注释】

①颙卬(yóng áng):肃敬轩昂。形容气度不凡。《诗经·大雅·卷阿》:"颙颙卬卬,如圭如璋。"毛传:"颙颙,温貌。卬卬,盛貌。"郑玄笺:"王有贤臣,与之以礼义相切瑳,体貌则颙颙然敬顺,志气则卬卬然高朗,如玉之圭璋也。"

②极位:最高位置。指最高官位。

③赵戒:字志伯,蜀郡成都(今四川成都)人。赵典之父。参看本书卷三《蜀志》注。

④典父:底本作"典祖",误。典,赵典,字仲经,蜀郡成都(今四川成都)人。赵戒第二子。参看本书卷三《蜀志》注。

⑤定:赵定,蜀郡成都(今四川成都)人。赵戒之父。仗义疏财,有侠士之风。

⑥特进:官名。始设于西汉末。授予列侯中有特殊地位的人,位在三公下。东汉至南北朝仅为加官,无实职。汉桓帝时,赵戒为太尉,被免,后加特进。

⑦公辅:古代三公、四辅,均为天子之佐。借指宰相一类的大臣。

⑧无妄之世:指多横祸之世。无妄,本指《易》卦"无妄"。《易·无妄》:"六三,无妄之灾。或系之牛,行人之得,邑人之灾。"谓行人得牛,而邑人受诬遭灾。后称平白无故受害为"无妄之灾",或指意外的灾祸。

⑨告归:旧时官吏告老回乡或请假回家。本处指前者。

【译文】

赵文侯肃敬轩昂,位至三公。

文侯赵戒,字志伯,是少府赵典的父亲。他的父亲赵定,以游侠著称于世。赵戒在汉顺帝、汉桓帝时期,历官司徒、太尉,加官特进。赵戒多次担任宰辅之官,在多横祸之世而免于忧患、保全自己。赵戒告老还乡回到蜀地,在家去世。

太尉颉颃①,志振颓纲②。

赵谦③,字彦信,戒孙也。历位卿尹④,初平元年为太尉。时董卓秉政⑤,欲迁天子长安。谦与司空荀爽固谏⑥,卓不听。以为车骑将军,奉大驾西幸⑦。封洛亭侯,拜司隶校尉。忤卓指⑧,免。讨白波贼有功⑨,封郫侯⑩,进司徒,免。拜尚书令、太仆。三年,薨,谥曰忠侯。

【注释】

①颉颃(xié háng):刚直不屈貌。

②颓纲:衰败的纲纪。

③赵谦(?—192):字彦信,蜀郡成都(今四川成都)人。参看本书卷三《蜀志》注。

④卿尹:指高级官吏。

⑤秉政:执政,掌握政权。

⑥荀爽(128—190):字慈明,一名谞,颍川颍阴(今河南许昌)人。荀淑之子。于兄弟八人中最有才华,时称“荀氏八龙,慈明无双”。桓帝延熹九年(166),拜郎中,对策痛陈时弊,旋弃官去。后遭党锢,亡命十余年,以著述为事。献帝即位,征拜平原相,迁司空。著有《礼》《易传》《诗传》等。《后汉书》有传。

⑦大驾:古代天子的乘舆。亦为天子的代称。本处特指汉献帝。

⑧忤(wǔ):逆,不顺从。指:意旨,旨意。

⑨白波贼：即白波军。中平五年（188），黄巾军余部郭太（一作"郭
　大"）等在西河白波谷（今河南孟州西南）起义，队伍发展到十余
　万人，曾给董卓以很大打击。后白波军杨奉归附董卓部将李傕，
　继又反对李傕，并招引原白波军胡才、李乐、韩暹等人，进攻李傕、
　郭汜，援救汉献帝。

⑩郫侯："郫"字原缺，据《后汉书·赵谦列传》补。

【译文】

赵太尉刚直不屈，志在振作衰败的纲纪。

赵谦，字彦信，是赵戒之孙。赵谦历任卿尹高官，初平元年任太尉。
当时，董卓把持朝政，打算挟持天子汉献帝迁都长安。赵谦与司空荀爽
坚决劝阻，董卓不听。赵谦被任命为车骑将军，保护皇帝向西而行。被
封为洛亭侯，官拜司隶校尉。赵谦不顺从董卓的意旨，被免了官。赵谦
因讨伐白波贼立有战功，被封为郫侯，进官司徒，后被免官。后来，赵谦
官拜尚书令、太仆。初平三年去世，谥号为忠侯。

司徒继踵①，僶俛权横②。

赵温③，字子柔，谦弟。以侍中同舆辇西迁④，封江南亭
侯。兄亡，初平四年拜司空，未期⑤，进司徒，当世荣之。时
车骑将军李傕与董承、张济等争权⑥，数迁移天子，温以书切
责于傕⑦。天子闻，为寒心⑧。寻曹公入⑨，徙天子都许，政
出诸侯⑩，礼待温⑪。居公位十五年。建安十三年薨。

【注释】

①继踵：接踵，前后相接。

②僶俛（mǐn miǎn）：勤勉，努力。权横：谓依恃权势专横跋扈。本处
　指董卓、李傕（jué）等人专横跋扈。

③赵温（137—208）：字子柔，蜀郡成都（今四川成都）人。参看本书卷一《巴志》注。

④舆辇：舆，底本作"与"，误。舆辇，多指天子所乘，亦代指皇帝。西迁：指董卓逼迫汉献帝由洛阳迁都长安。参看《三国志·魏书·董卓传》《后汉书·董卓列传》。

⑤未期（jī）：不到一周年。

⑥李傕（？—198）：字稚然，北地（治今宁夏吴忠西南）人。为董卓部校尉。献帝初平三年（192），董卓被杀，李傕等引兵陷长安，纵兵劫略。李傕为车骑将军，领司隶校尉，与郭汜、樊稠共专朝政。后献帝令段煨等讨杀之。事见《后汉书·董卓列传》等。董承（？—200）：冀州河间（今河北献县）人。参看本书卷六《刘先主志》注。张济：字元江，汝南细阳（治今安徽太和东南）人。灵帝初，得杨赐荐，为侍讲。光和中，位司空。病卒。事见《后汉书》。

⑦切责：严厉责备，严词斥责。

⑧寒心：戒惧，担心。《后汉纪》卷二十八："（赵）温闻傕欲移乘舆黄白城，与傕书曰……（李）傕大怒，欲遣人害之。其弟应，温故吏也，谏之数日，乃止。帝闻温与傕书，问侍中常洽曰：'傕不知臧否，温言大切，可为寒心。'"

⑨曹公：指曹操。

⑩政出诸侯：典出《论语·季氏》："天下有道，则礼乐征伐自天子出；天下无道，则礼乐征伐自诸侯出。"本处的"诸侯"，指的是曹操。

⑪礼待：以礼相待。

【译文】

赵司徒继承了父兄的风范，在奸臣当道时仍然勤勉努力。

赵温，字子柔，是赵谦之弟。赵温以侍中身份随从皇帝西迁长安，被封为江南亭侯。在哥哥赵谦死后，赵温于初平四年官拜司空，不到一年，晋升为司徒，当世之人以其为荣。当时，车骑将军李傕与董承、张济等争夺权力,多次胁迫天子迁移,赵温写信给李傕,进行严厉谴责。天子听说此事,非常担心赵温。不久,曹操入宫主政,胁迫天子迁都许,虽然政令出自诸侯,但曹操对赵温还是以礼相待。赵温身居三公之位十五年。建安十三年去世。

　　犹操道柄,董、李是让①。

　　让,责也。董卓、李傕凶擅②,谦、温干之③。初,文侯与李固、胡广议立清河王蒜④,而冀欲立蠡吾侯⑤,赵戒胁而从之⑥,使李固枉死⑦。君子以为卓、傕之恶甚于梁冀,谦摩卓之牙,温弄傕之爪⑧,虽逼权势,以道陈训⑨,贤其祖远矣。

【注释】

①犹操道柄,董、李是让:继续前文"太尉颀颃,志振颓纲"与"司徒继踵,俛俛权横",这是对赵谦、赵温的总结与评价。操,操纵,掌握,控制。道柄,犹道统。本处实指权柄。董、李,指董卓、李傕。让,责备,谴责。

②凶擅:凶恶擅权。

③干:触犯,冒犯,冲犯。

④李固(94—147):字子坚,汉中郡南郑(今陕西汉中)人。参看本书卷二《汉中志》注。胡广(91—172):字伯始,南郡华容(今湖北潜江)人。出身官宦世家。官至太傅,历安、顺、冲、质、桓、灵六帝。谦恭练达,处宦官外戚交互专政之时,为官如故,时谚讥为"万事不理问伯始,天下中庸有胡公"。以附和梁冀定策立桓帝,封安乐乡侯。卒谥文恭侯。《后汉书》有传。清河王蒜:刘蒜(?—147),东汉宗室。汉章帝曾孙。顺帝末,嗣清河王。冲帝卒,被征至京,将议继帝位。梁冀与太后立质帝,乃罢归国。桓帝

时，刘文、刘鲔谋共立蒜，事觉，贬为尉氏侯。徙桂阳，自杀。事见
《后汉书》。

⑤蠡吾侯：即刘志（132—167），东汉皇帝。章帝曾孙，蠡吾侯刘翼
　子。初由梁太后临朝，梁冀秉政。延熹二年（159），与宦官单超
　等合谋诛冀，封单超等五人为列侯，朝政又为宦官所专擅。延熹
　九年（166），世家大族与太学生联合反对宦官，逮捕李膺等二百
　余人，是为党锢之祸。死后谥桓帝，庙号威宗。《后汉书》有传。

⑥胁而从：胁从，被迫相从。

⑦使李固枉死：李固因议立清河王刘蒜为帝，而遭权臣梁冀忌恨，后
　被诬陷下狱死。参看《后汉书·李杜列传》。

⑧"谦摩卓之牙"二句：赵谦敢于玩弄董卓的利牙，赵温敢于戏弄李
　傕的恶爪。摩、弄，此处相对为文，意为玩弄，戏弄。

⑨陈训：陈说教诲。

【译文】

还是奸臣执掌了权柄，而赵氏父子责备的就是董卓、李傕。

让，意为责备。董卓、李傕凶恶而且擅权，赵谦、赵温也敢于冲犯他
们。起初，赵文侯与李固、胡广等人商议立清河王刘蒜为帝，而梁冀想立
蠡吾侯刘志为帝，赵戒被胁迫而服从梁冀，使得李固被冤枉而死。君子
认为，董卓、李傕的恶行超过梁冀，而赵谦敢于玩弄董卓的利牙，赵温敢
于戏弄李傕的恶爪，即使被权势所逼迫，还是要用道理陈说教诲，他们的
贤明高出其祖很多。

侍中授命①，分节亦彰②。

常洽③，字茂尼，江原人也。自荆州刺史迁京兆尹、侍
中、长水校尉，以兵卫大驾西幸。傕等作难，常侍卫天子左
右，为傕所杀。

【注释】

①授命：献出生命。

②分节：名分与气节。

③常洽：字茂尼，蜀郡江原（今四川崇州）人。参看本书卷三《蜀
　　志》注。

【译文】

常侍中献出了生命，他的名分与气节也得到了彰显。

　　常洽，字茂尼，是江原人。常洽从荆州刺史升迁为京兆尹、侍中、长
水校尉，带领军队保卫皇帝西迁长安。李傕等人作乱，常洽侍卫于天子
左右，后为李傕杀死。

　　蛮夷猾扰①，倡乱南疆②。子恭要传③，丑秽于攘④。

　　杨竦⑤，字子恭，成都人也。元初中⑥，越巂、永昌夷反，
残破郡县，众十万余。刺史张乔以竦勇猛⑦，授从事⑧，任平
南中。竦先以诏书告喻，不服，乃加诛。煞虏三万余人，获
生口千五百人，财物四千万，降夷三十六种；举正奸浊长吏
九十人⑨，黄绶六十人⑩。南中清平⑪。会被伤卒。乔举州
吊赠⑫，列画东观⑬。

【注释】

①猾扰：叛乱侵扰。按：疑"蛮夷猾扰"当作"蛮夷猾夏"。典出《尚
　　书·舜典》："蛮夷猾夏，寇贼奸宄。"孔传："猾，乱也。夏，华夏。"

②倡乱：造反，带头作乱。

③要传（zhuàn）：意谓整理行装，乘坐传车上任。要，约束，整理。
　　传，驿站所备马车。

④丑秽于攘：即下文所说"举正奸浊长吏九十人，黄绶六十人"。丑

秽,丑恶污秽之行,丑恶污秽之事。攘,排除。

⑤杨竦(?—119):字子恭,蜀郡成都(今四川成都)人。参看本书卷四《南中志》注。

⑥元初:汉安帝刘祜年号(114—120)。

⑦张乔:南阳(治今河南南阳人)。参看本书卷一《巴志》注。

⑧授从事:即授予杨竦便宜从事的权力。意谓可斟酌情势,不拘规制条文,不须请示,自行处理。

⑨举正:列举其罪而正之以法。奸浊长吏:即贪官污吏。按:本处所说"举正奸浊长吏九十人",即本书卷四《南中志》所说"举劾奸贪长吏九十人"。

⑩黄绶:古代官员系官印的黄色丝带。此指小官。

⑪清平:太平。

⑫吊赠:谓吊唁并赠送财物。

⑬东观:东汉时皇家藏书楼,在洛阳南宫,也是宫中著述和修史的地方。东观壁上有功臣、烈士、学者的画像,以为表彰和学习。或以为,本处"东观"指的是益州州学(刘琳)。

【译文】

蛮夷叛乱侵扰,在南疆带头作乱。杨子恭整理行装乘坐传车上任,丑恶污秽于是排除。

杨竦,字子恭,是成都人。元初年间,越巂、永昌的夷人造反,叛乱者毁坏郡县,人数达到十余万。益州刺史张乔因为杨竦作战勇猛,授予其便宜从事的权力,以平定南中叛乱。杨竦首先以诏书晓喻各地,如果不服从,才加以诛灭。杨竦杀死叛乱者三万余人,擒获俘虏一千五百人,缴获财物四千万,招降夷人三十六个部落;纠举贪官污吏九十人,黄绶六十人,并将其正之以法。南中于是太平。杨竦因受伤去世。张乔率领全州吊唁,并赠送财物,又在益州州学绘画杨竦的图像。

伯春、孟元,匡正时君①。

张充字伯春②,李尢字孟元③,江原人也。充为治中从事。时刺史恃豪,每见从事,布席地坐④,已自安高床上⑤。充入阁⑥,不肯进。刺史寤,乃更礼从事。刺史辟公孙特、大姓犍为李威、桥稚充曹⑦。时有水灾,伦受刺史指⑧,以江中斗平⑨,不足表闻,尢固争之。后刺史至,与伦不平,求郡短⑩,劝伦不言水灾。尢对以诏书:"上灾异不得由州⑪。"伦迁司空,辟尢掾⑫。

【注释】

①匡正:扶正,纠正。时君:当时或当代的君主。

②张充:字伯春,蜀郡江原(今四川崇州)人。任治中从事。

③李尢:尢,同"幾"。字孟元,蜀郡江原(今四川崇州)人。据本书卷十二《序志并士女目录》,李尢曾为"司空辟士"。

④席地:古人铺席于地以为座,后泛指坐在地上。

⑤高床:高大的坐具。

⑥入阁(gé):进入房室。本处指进入官署。阁,古代官署的门。亦借指官署。

⑦公孙特、李威、桥稚:三人事迹不详。曹:古代分科办事的官署或部门。

⑧伦:从下文"伦迁司空"来看,"伦"指的是汉明帝时蜀郡太守第五伦。字伯鱼,京兆长陵(今陕西咸阳)人。参看本书卷三《蜀志》注。

⑨江中斗平:意谓江中水不大,故"不足表闻",因而第五伦未上报。江,底本作"汉",此处言蜀郡水灾,与汉中无关。斗,斗门,堤堰中泄水的闸门。

⑩短：过失。

⑪灾异：指自然灾害或某些异常的自然现象，如地震、日食等。古人认为，灾异是上天对人类的惩警。

⑫辟掾掾：征辟李祝为司空掾。司空掾，官名。公府诸曹的正长官称掾，副长官称属。司空掾即司空府正长官。

【译文】

张伯春、李孟元，能够匡正当时君主。

张充字伯春，李祝字孟元，是江原人。张充担任的是治中从事。其时，益州刺史仗恃位高望重，每次接见州部从事，让从事席地而坐，而自己则安然坐于高大椅具之上。张充进入官署，不肯进去拜见刺史。刺史醒悟，于是转而礼待从事。刺史征辟公孙特、大姓犍为人李威、桥稚到各部门任职。当时有水灾，第五伦接受刺史的旨意，认为江中水不大，不足以上表奏闻，但李祝认为应该上报，并坚持争辩。后任刺史来到蜀地，与第五伦关系不和，搜求郡守的过失，弹劾第五伦有水灾而不上报。李祝用诏书所说回答道："上报灾异，不可由州里决定。"第五伦升迁为司空，征辟李祝为司空掾。

杨罗为令，遗爱在民。

杨班①，字仲桓，成都人也。罗衡②，字仲伯，郫人也。俱师征士何幼正③。班为不韦、茂陵令④，治化浃洽⑤。徙西城、阆中令⑥，号时名宰⑦。衡为万年令⑧，路不拾遗⑨，人家牛马皆系道边，曰："属罗公⑩。"三府争辟⑪，拜广汉长，二县皆为立祠。

【注释】

①杨班：字仲桓，蜀郡成都（今四川成都）人。师事何苌。历任不韦、茂陵、西城、郎中令。有治绩。

②罗衡：字仲伯，蜀郡郫（今四川成都郫都区）人。师事何苌。历任
　　万年令、广汉长。有治绩。

③征士：指不接受朝廷征聘的隐士。何幼正：何苌，字幼正，蜀郡人。
　　隐士。幼正，底本作"初山"，误。

④不韦：县名。西汉元封二年（前109）置，属益州郡。治所在今云
　　南保山东北二十里金鸡村。茂陵：县名。西汉宣帝时改茂陵邑
　　置，属右扶风。治所在今陕西兴平东北。西晋省入始平县。

⑤浃（jiā）洽：和谐，融洽。

⑥西城：县名。战国秦置，属汉中郡。治所在今陕西安康西北四里
　　汉水之北。阆中：县名。战国秦惠文王于巴国别都阆中置，属巴
　　郡。治所即今四川阆中。东汉建安六年（201）为巴西郡治。

⑦名宰：名相。按：此处实谓名县宰。县宰，县令。

⑧万年：县名。西汉高帝分栎阳县置，与栎阳县（今陕西西安临潼
　　区北）同城而治，属内史。治所在今陕西西安东北阎良区。为汉
　　太上皇奉陵邑。后历属左冯翊、京兆郡、冯翊郡。

⑨路不拾遗：谓东西掉在路上，人们不会捡起据为己有。形容社会
　　风尚好。

⑩属罗公：上当有"以"字。《太平御览》卷二百六十八引《益部耆
　　旧传》："罗衡，字仲伯。为万年令。诛除奸党，县界肃然。民夜不
　　闭门，系牛马于道傍曰：'以属罗公。'"

⑪三府：三公府的省称，指三公的官署，即太尉府、司徒府、司空府。

【译文】

杨班、罗衡做县令，遗留仁爱于百姓。

杨班，字仲桓，是成都人。罗衡，字仲伯，是郫人。二人都师事隐士
何幼正。杨班任不韦县、茂陵县令，治理和教化和谐融洽。后转任西城
县、阆中县令，号称当时著名县宰。罗衡任万年县令，老百姓路不拾遗，
乡村人家的牛马都拴在道路边，说："这是属于罗公的。"太尉、司徒、司

空三府争相征辟罗衡,任命他为广汉县长,万年、广汉二县都为罗衡设立了祠堂。

小伯温恭^①,预图息纷^②。

陈湛,字小伯,成都人也。历数县令,民皆怀服^③。州辟治中从事。广汉太守遣子诣州修欢交^④,使君欲纳。湛谏不可失《羔羊》义^⑤,使君从之。后有言州郡私交者^⑥,考之无得,乃明也。

【注释】

①温恭:温和恭敬。

②预图:事先考虑。息纷:平息纷争。

③怀服:内心顺服。

④修欢交:义近"修好",即建立友好关系。欢交,欢悦之交。

⑤《羔羊》:《诗经·召南》的篇名。共三章。《诗序》:"《羔羊》,《鹊巢》之功致也。召南之国,化文王之政,在位皆节俭正直,德如羔羊也。"故后用以称美士大夫操行洁白、进退有节。或亦指称美官吏安适之诗。

⑥私交:私自交接。亦指私人之间的交谊。

【译文】

陈小伯温和恭敬,凡事预先考虑从而平息纷争。

陈湛,字小伯,是成都人。陈湛先后任数县之令,老百姓都内心顺服。州里征辟他为治中从事。广汉太守派遣自己的儿子到州府,想与之建立友好关系,太守准备接纳而交往。陈湛规劝太守不要失去《羔羊》之诗的节俭正直之义,太守听从了。后来,有人说州和郡的官员私下有交往,但调查后没有结果,由此可见陈湛的高明。

　　孟由至孝①，遐叶晞风②。

　　禽坚③，字孟由，成都人也。父信为县吏，使越嶲，为夷所得，传卖历十一种④。去时，坚方妊六月。生，母更嫁。坚壮，乃知父湮没⑤，鬻力佣赁⑥，求碧珠以求父⑦。一至汉嘉，三出徼外⑧，周旋万里⑨，经六年四月，突瘴毒狼虎，乃至夷中得父。父相见悲感，夷徼哀之⑩。即将父归，迎母致养。州郡嘉其孝，召功曹，辟从事，列上东观⑪。太守王商追赠孝廉，令李苾为立碑铭⑫，迄今祠之。

【注释】

①至孝：极孝顺。

②遐叶：久远的年月。遐，远，久远。叶，世，时期。晞（xī）：仰慕。风：风范。

③禽坚：字孟由，蜀郡成都（今四川成都）人。参看本书卷三《蜀志》注。

④传卖：转卖。

⑤湮没：埋没。本处意谓失去联系，没有消息。

⑥鬻（yù）力：卖力。佣赁：谓受雇于人。

⑦以求父：《蜀中广记》卷四十一引此文作"以赎父"，于义为胜。

⑧徼（jiào）外：域外，塞外。本处指南中边界之外。

⑨周旋：盘桓，辗转，反复。

⑩夷徼：与夷人相邻的边界。

⑪列上东观：谓将禽坚事迹书写、图画于益州州学。

⑫李苾：字叔平，蜀郡广汉（今四川射洪）人。晋惠帝时任成都令，后迁犍为太守。本书卷十一《后贤志》有传。

【译文】

禽孟由极其孝顺，是后人长久仰慕的风范。

　　禽坚，字孟由，是成都人。禽坚的父亲禽信，是县府的官吏，受命出使越巂，被夷人抓获，先后转卖给十一个部落。禽信离开之时，禽坚母亲正怀孕六个月。禽坚出生之后，母亲便改嫁了。禽坚长大之后，才知道父亲失联的情况，于是出卖劳力，受雇于人，得到一颗碧珠，以此搜求、赎买父亲。禽坚到过汉嘉一次，到过域外三次，远近辗转万里，先后经历六年又四月，冲破瘴毒狼虎等危险，一直到达夷人地区，最终才找到父亲。父子相见时悲感交集，他们在夷人边界哀叹不已。禽坚随即带着父亲回到故里，又迎回母亲，一起供养。州郡嘉奖禽坚的孝顺，征召他为功曹，又征辟为从事，并把他的事迹书写、图画于益州州学。蜀郡太守王商追赠禽坚为孝廉，又下令李苾为禽坚树碑立传，直至今日，世人仍在祠堂祭祀禽坚。

　　仲垦免师[1]。

　　仲垦，成都人也。少受学于严季后[2]。季后为汶江尉[3]，书呼仲垦。仲垦许十月往。会夷反断道，仲垦期于往[4]。经度六七[5]，几死。数年，卒得至汶江，为季后陈策[6]，俱得免难，远近叹之。

【注释】

①仲垦（niè）：蜀郡成都（今四川成都）人。事迹仅见于此。免师：由下文"俱得免难"可知，"免师"意为"免师于难"。

②严季后：籍贯不详。仲垦之师。曾任汶江县尉。

③汶江尉：汶江县尉。汶江，县名。西汉元鼎六年（前111）置，为汶山郡治。治所在今四川茂县北三里。地节三年（前67）属蜀郡，为北部都尉治。东汉改为汶江道。

④期：约期，按期。

⑤经度：经历。

⑥陈策：陈献策谋。

【译文】

仲昰免师于难。

仲昰，是成都人。仲昰小时候求学于严季后。严季后任汶江县尉时，写信召唤仲昰前去。仲昰答应十月前往汶江。恰逢夷人反叛，截断道路，但仲昰还是按期前往。仲昰经历六七次尝试均未成功，几乎送死。几年后，仲昰终于到达汶江，为严季后进献策谋，使师徒均免于难，远近之人叹服。

　　叔本慕仁。

　　任末①，字叔本，繁人也②。与董奉德俱学京师，奉德病死，推鹿车送其丧③。师亡身病，赍棺赴之，道死④。遗令敕子载丧至师门⑤，叙平生之志也。

【注释】

①任末：字叔本，蜀郡繁（今四川彭州）人。少习《齐诗》，游京师，教授十余年。以经营友人董奉德丧葬知名。为郡功曹，辞以病免。后奔师丧，中道病死。《后汉书》有传。

②繁人：底本作"新繁人"，"新"字衍。《后汉书·儒林列传·任末传》："任末，字叔本，蜀郡繁人也。"

③鹿车：古代的一种小车。

④道死：死于路上。

⑤遗令：临终前的告诫、嘱咐。丧：尸体。

【译文】

任叔本向往仁义。

任末，字叔本，是繁人。任末和董奉德都在京城洛阳学习，董奉德因病而死，任末推着鹿车将董奉德的尸体送归本乡。任末的老师去世了，任末又身患疾病，但他还是带着棺材去奔丧，不幸死于路上。任末留下遗言，让自己的儿子车载遗体，赶赴老师家门，表达自己平生的志向。

伯禽证将①。

朱普②，字伯禽，广都人也。为郡功曹。太守与刺史王冀有隙③，枉见劾④。普诣新都狱，掠笞连月⑤，肌肉腐臭，恶同死人，证太守无事。敕其子曰："我死，载丧诣阙⑥，使天子知我心。"事得清理⑦，普以烈闻。

【注释】

①证将：即为太守作证。证，证明。将，本处指太守。按：汉时吏民谓刺史为州将，太守为郡将（刘琳）。因刺史当方面之任，总兵领权，故通称"州将"。因郡守兼领武事，故称"郡将"。

②朱普：字伯禽，蜀郡广都（今四川成都双流区）人。事迹仅见于此。

③王冀：生平不详。事迹仅见于此。

④见劾（hé）：被弹劾。

⑤掠笞（chī）：拷打，笞击。

⑥诣阙：谓赴朝堂。

⑦清理：彻底整理或处理。清理，底本作"情理"，依刘琳说改。

【译文】

朱伯禽证明太守无罪。

朱普，字伯禽，是广都人。朱普是蜀郡功曹。蜀郡太守与益州刺史王冀关系不和，被冤枉遭弹劾下狱。朱普赶到新都监狱，被连续拷打数月之久，以致肌肉腐烂发臭，其恶臭形状一如死人，但朱普坚持证明太守无罪。朱普告诫儿子说:"我死之后,载着我的遗体到朝堂,让天子知道我的忠心。"事情后来得到彻底处理,朱普以壮烈而闻名天下。

文寺代君。

李磬①,字文寺,严道人也②。为长章表主簿③。旄牛夷叛④,入攻县,表仓卒走,锋刃交至。磬倾身捍表,谓虏曰:"乞煞我,活我君⑤。"虏乃煞之,表得免。太守嘉之,图象府庭⑥。

【注释】

①李磬:字文寺,蜀郡严道(今四川荣经)人。本书卷十《先贤士女总赞》有传。

②严道:县名。秦置,属蜀郡。治所在今四川荣经严道镇。《太平寰宇记》卷七十七严道县:"秦始皇二十五年灭楚,徙严王之族以实于此地,故曰严道。"辖今四川雅安、名山、天全、河源等地。西晋属汉嘉郡。永嘉后废。按:考古证实,汉代严道古城位于四川荣经县城西1.5公里的古城坪,其地出土过大量珍贵文物。

③长:县长。章表:籍贯不详。曾任严道县长。

④旄牛夷:古族名。或称旄牛羌。西南少数民族之一。在今四川汉源大渡河南北。《三国志·蜀书·张嶷传》:"汉嘉郡界旄牛夷种类四千余户……(张)嶷厚加赏待,遣还。旄牛由是辄不为患。"

⑤活我君:使我君活。即释放我君(严道县长)。

⑥府庭:衙门,公堂。

【译文】

李文寺代替县长受罪。

李磬,字文寺,是蜀郡严道人。李磬是严道县长章表的主簿。旄牛夷造反,攻入县城,章表仓猝逃窜,夷人兵刃交相而至。李磬挺身而出捍卫章表，对寇虏说："请你们杀了我，放了我的主君。"寇虏于是杀了李磬，章表得以幸免。蜀郡太守表彰李磬的行为，把他的图像挂在官府衙门。

在三义敦[①]，终始可称。

人生于三，事若一[②]，君、父、师也。言人"靡不有初，鲜克有终"[③]，普、磬可谓能终始也[④]。

【注释】

①三义：三个方面的大义。即下文所说的君、父、师。敦：诚朴宽厚，诚心诚意。

②人生于三，事若一：典出《国语·晋语一》："民生于三，事之如一。父生之，师教之，君食之。非父不生，非食不长，非教不知。生之族也，故一事之。"

③"靡不有初"二句：典出《诗经·大雅·荡》："天生烝民，其命匪谌。靡不有初，鲜克有终。"靡，无。鲜，少。

④终始：从开头到结局，事物发生演变的全过程。

【译文】

在君、父、师三个方面诚朴宽厚，自始至终值得称赞。

人生在三个方面应该自始至终，坚持如一，这三个方面即君王、父亲、老师。俗话说"人人无不有开头，但很少有坚持到底的"，朱普、李磬可称得上是终始如一的人。

炎光中微[①]，巨、述僭乱[②]。

炎，火光也。汉以火德王[③]。自高祖至平帝十二世，国嗣三绝[④]。平帝早崩，安汉公王莽字巨君遂篡天子位，称新室皇帝[⑤]。而茂陵公孙述字子阳，为莽导江卒正，遂僭号于蜀。

【注释】

①炎光:指汉德,汉王朝。因汉朝以火德而称王,故称。中微:中道衰微。

②巨、述:指王莽、公孙述。僭(jiàn)乱:犯上作乱。

③火德:五德之一。古代以五行附会王朝的运祚,以火而王者称为"火德"。历史上,周朝、汉朝均为火德。

④国嗣三绝:因汉成帝、汉哀帝、汉平帝无子,以致出现绝嗣的情况,所以说"国嗣三绝"。国嗣,皇位继承人。

⑤新室:王莽代汉称帝,国号曰"新",后因称其王朝为"新室"。《汉书·律历志下》:"王莽居摄,盗袭帝位,窃号曰新室。"

【译文】

汉王朝中道衰微,王莽、公孙述犯上作乱。

炎,意思是火光。汉朝以火德而称王。自汉高祖到汉平帝,经历了十二世,其中有三个皇帝没有皇位继承人。汉平帝早早过世,安汉公王莽(字巨君)于是篡夺了天子之位,自称新室皇帝。而茂陵人公孙述(字子阳),在王莽时任导江卒正,于是在蜀地僭号而称帝。

　　章、王刎首①。

　　章明②,字公孺,新繁人也。王皓③,字子离,江原人也。明为太中大夫④。莽篡位,叹曰:"不以一身事二主。"遂自煞。皓为美阳令,去莽归蜀。公孙僭号,使使聘之。皓乃自刎,以头付使者。述惭怒,诛其妻子。

【注释】

①章、王:指章明、王皓。刎首:刎颈而死。

②章明(?—9):字公孺,蜀郡繁(今四川彭州)人。官至太中大夫。王莽即位,章明以一身不能事二主,遂自杀。新繁,当为"繁"。

③王皓：字子离，蜀郡江原（今四川崇州）人。参看本书卷三《蜀志》注。

【译文】

章明、王皓刎颈而死。

　　章明，字公孺，是繁人。王皓，字子离，是江原人。章明担任的是太中大夫。王莽篡位，章明叹息说："我不能以一身而事二主。"于是自杀。王皓担任美阳县令，离开王莽新朝回到蜀地。公孙述僭号称帝，派遣使者来聘请王皓。王皓于是自刎而死，让人将头交付给使者。公孙述羞惭恼怒，诛杀了王皓的妻子和儿女。

　　侯刚哭汉。

　　刚字直孟，繁人也，为郎[1]。见莽篡位，佯狂[2]，负木斗守阙号哭[3]。莽使人问之。对曰："汉祚无穷，吾宁死之，不忍事非主也。"莽追煞之。

【注释】

①郎：据《华阳国志·序志》，侯刚为尚书郎。尚书郎，官名。东汉尚书分曹办事，担任曹务的称尚书郎。初上台称守尚书郎，中岁满称尚书郎，三年称侍郎。其后，魏晋南北朝、隋皆沿置，职事不尽相同。

②佯狂：装疯，假装疯狂。

③负木斗守阙号哭：木斗，木做的酌水器。此处疑是隐喻负木主（木制作的神主，灵牌）而哭汉帝之灵的意思（刘琳）。守阙，守候于官门。

【译文】

侯刚为汉朝而哭。

　　侯刚字直盂,是繁人,担任尚书郎。侯刚见王莽篡夺了汉帝之位,便假装疯狂,身背木斗,守着宫门号啕痛哭。王莽派人问他怎么回事。侯刚回答说:"汉朝的国运没有穷尽,我宁愿为汉朝而死,也不愿意侍奉非正统的君主。"王莽派人追杀了侯刚。

　　公卿绝脰①,亦蹈节贯②。

　　王嘉,字公卿,江原人也。为郎③,去莽还蜀。公孙述先闭其妻子④,使人征之。嘉闻王皓死,叹曰:"吾后之哉!"亦自煞⑤。述惭,贳其妻子⑥。

【注释】

①绝脰(dòu):断颈。脰,颈项。

②蹈:实行,践行。节贯:一贯坚守的气节(刘琳)。

③为郎:据《华阳国志·序志》,王嘉为尚书郎。

④闭:关押,幽禁。

⑤"嘉闻王皓死"几句:《后汉书·独行列传》载,"(王嘉)乃对使者伏剑而死"。

⑥贳(shì):赦免,宽恕。

【译文】

　　王公卿断颈而死,也要坚持自己的一贯气节。

　　王嘉,字公卿,是江原人。王嘉担任尚书郎,离开王莽回到蜀地。公孙述先拘押了王嘉的妻子和子女,再派人征召他出仕。王嘉听说王皓自杀而死,叹了口气说:"我跟随其后!"于是,王嘉也自杀了。公孙述感到惭愧,赦免了王嘉的妻子和子女。

　　罗生美至①,思济艰难②。述方遂非③,残彼贞干④。

罗衍，字伯纪，成都人也。为述郎，说述尚书解文卿、郑文伯使谏述降汉，为子孙福。解、郑从之。述怒，闭二子于薄室六年⑤。二子守志不回⑥，遂幽死⑦。衍卒察孝廉，征博士。

【注释】

①美至：使美至，即力求完美。

②济：渡过。

③述：公孙述。遂非：达到胡作非为的目的，即肆意胡作非为。

④贞干：支柱，骨干。亦指能负重任、成大事的贤才。

⑤薄室：即暴室。汉官署名，属掖庭令，主织造染练等，亦为囚禁宫人的监狱。以其需暴晒，故称为"暴室"。后亦作为囚禁宫女或后妃的场所。《汉书·宣帝纪》："既壮，为取暴室啬夫许广汉女。"颜师古注："应劭曰：'暴室，宫人狱也，今曰薄室。'……暴室者，掖庭主织作染练之署，故谓之暴室，取暴晒为名耳。或云薄室者，薄亦暴也。今俗语亦云薄晒。盖暴室职务既多，因为置狱主治其罪人，故往往云暴室狱耳。"

⑥守志：坚守自己的志向。不回：不改变，不屈从。

⑦幽死：囚禁而死。

【译文】

罗生力求完美，思考的是如何度过艰难。公孙述在其可以肆意胡作非为之后，便残杀栋梁之材。

罗衍，字伯纪，是成都人。罗衍是公孙述的郎官，他劝说尚书解文卿、郑文伯，让他们向公孙述进谏投降汉朝，以为子孙谋福利。解文卿、郑文伯听从了。公孙述大怒，将解文卿、郑文伯幽闭于薄室六年。但二人坚守自己的志向而不屈从，于是被囚禁而死。罗衍最终被察举为孝廉,征召为博士。

　　刘主割据①,资我英俊②。鸿胪渊通③,与道推运④。

　　何宗,字彦若,郫县人也。通经纬、天官、推步、图谶⑤,知刘备应汉九世之运⑥,赞立先主。为大鸿胪,方授公辅⑦,会卒。

【注释】

①刘主:指先主刘备。割据:分割占据。谓占据一方领土,成立政权。

②英俊:才智出众的人。

③渊通:渊博通达。

④与道推运:根据天道运行推算天命。

⑤经纬:经书、纬书。天官:天文,天象。推步:推算天象历法。古人谓日月转运于天,犹如人之行步,可推算而知。图谶:古代方士或儒生编造的关于帝王受命征验一类的书,多为隐语、预言。始于秦,盛于东汉。

⑥九世之运:这是谶纬的说法。《三国志•蜀书•先主传》:“(何宗)等上言:‘臣闻河图、洛书,五经谶、纬,孔子所甄,验应自远。谨案《洛书甄曜度》曰:赤三日德昌,九世会备,合为帝际。’”

⑦公辅:古代三公、四辅,均为天子之佐。借指宰相一类的大臣。

【译文】

　　刘先主割据称雄,凭借的是我们蜀郡的英俊之才。何鸿胪渊博通达,可以根据天道运行推算天命。

　　何宗,字彦若,是郫县人。何宗精通经纬、天官、推步、图谶,知道刘备符合汉九世之运的符箓,故赞同立先主为帝。何宗被任命为大鸿胪,在他刚被授予为公辅之位时,恰好去世了。

君肃矫矫^①,颖类倬群^②。

何祗,字君肃,宗族人也^③。初,犍为杨洪为太守李严功曹,去郡数年,以为蜀郡^④,严犹在官。祗为洪门下书佐,去郡数年,以为广汉,洪犹在官。是以西土咸服诸葛亮之能揽拔秀异也^⑤。祗徙犍为太守,卒^⑥。

【注释】

①矫矫:卓然不群貌。

②颖类倬(zhuō)群:意同出类拔萃。倬,高大,显著。

③宗:何宗。族人:同宗族的人,同家族的人。

④以:通"已",已经。

⑤秀异:指优异特出的人才。

⑥按:本段的事实记载与文字表述,可与本书卷三《蜀志》对读。

【译文】

何君肃卓然不群,出类拔萃。

何祗,字君肃,是何宗的族人。当初,犍为人杨洪是犍为太守李严的功曹,杨洪离开犍为郡多年,已经担任蜀郡太守,而李严还在犍为太守任上。何祗是杨洪门下的书佐,离开蜀郡多年,已经担任广汉郡太守,而杨洪还在蜀郡太守任上。因此,西部地区的人都佩服诸葛亮能够延揽、选拔优异特出的人才。何祗后转任犍为太守,死于任上。

辅汉朗捷^①,服时之勤。

张裔^②,字君嗣,成都人也。汝南许文休称其才"锺元常辈也"^③。为辅汉将军,丞相长史^④。丞相北征,居府统事,足食足兵。

【注释】

①朗捷：明快，敏捷。

②张裔（？—230）：字君嗣，蜀郡成都（今四川成都）人。参看本书卷四《南中志》注。

③许文休：许靖（？—222），字文休，汝南平舆（今河南平舆北）人。参看本书卷三《蜀志》注。锺元常：锺繇（151—230），字元常，颍川长社（今河南长葛东北）人。参看本书卷五《公孙述刘二牧志》注。

④丞相：指诸葛亮。

【译文】

张裔明朗敏捷，做事尽心尽力。

张裔，字君嗣，是成都人。汝南人许文休称赞他的才能，认为他是"锺元常一流的人物"。张裔担任辅汉将军，丞相长史。丞相诸葛亮北征之时，张裔留居丞相府统管事务，做到了粮食、兵器供应充足。

太常清密①，邃远钩深②。

杜琼③，字伯瑜，成都人也。师事任定祖④，通经纬、术艺⑤，为太常。沉默慎密⑥，称诸生之淳⑦。

【注释】

①清密：清静、周密。

②邃远：深远。钩深：探索深奥的意义。《易·系辞上》："探赜索隐，钩深致远。"孔颖达疏："物在深处，能钩取之；物在远方，能招致之。"

③杜琼（？—250）：字伯瑜，蜀郡成都（今四川成都）人。参看本书卷六《刘先主志》注。

④任定祖：任安（124—202），字定祖，广汉郡绵竹（今四川德阳北）人。参看本书卷三《蜀志》注。

⑤术艺:历数、方伎、卜筮之术。

⑥沉默:沉静,深沉闲静。慎密:谨慎周密。

⑦淳:敦厚,质朴,朴实。

【译文】

杜太常为人清静周密,思想深邃能探索奥义。

　　杜琼,字伯瑜,是成都人。杜琼师事任定祖,精通经书、纬书、历数、方伎、卜筮,担任太常之职。杜琼为人深沉闲静,谨慎周密,以敦厚、朴实而著称于诸生。

　　休休众彦①,殊涂同臻②。金声玉振③,蜀之球琳④。

　　休休,美也。众彦,言此四十三人也⑤。《易》曰:“殊涂同归,百行齐致⑥。”贵于流光显称,扬名垂世⑦。此四十三人者,虽立行不同,俱以垂美⑧,如金玉之音器,为世名宝。

　　述蜀郡人士。

【注释】

①休休:喜乐正道。理解为美,意思亦通。《诗经·唐风·蟋蟀》:“好乐无荒,良士休休。”郑玄笺:“休休,乐道之心。”彦:才德出众的人。

②殊涂同臻(zhēn):犹殊途同归、殊涂同致。通过不同的道路,达到同一个目的地。比喻采取不同的方法,得到相同的结果。涂,道路。臻,至,到达。

③金声玉振:谓以钟发声,以磬收韵,奏乐从始至终。比喻声名昭著远扬。后用以比喻才德兼备,学识渊博。语出《孟子·万章下》:“孔子之谓集大成。集大成也者,金声而玉振之也。金声也者,始条理也;玉振之也者,终条理也。始条理者,智之事也;终条理者,

圣之事也。"

④球琳:球、琳皆美玉名。亦泛指美玉。本处比喻贤才。

⑤四十三人:以上所记,实仅四十二人。

⑥"殊涂同归"二句:语出《易·系辞下》:"天下何思何虑?天下同归而殊涂,一致而百虑。"孔颖达疏:"言天下万事终则同归于一,但初时殊异其涂路也。……言虑虽百种,必归于一致也;涂虽殊异,亦同归于至真也。"百行齐致,谓趋向虽然相同,却有各种考虑。常指虑虽百端,理归于一。

⑦扬名垂世:留传美名于后世。

⑧垂美:留传美名。

【译文】

喜乐正道的众多俊彦涌现,他们殊途同归。声名昭著远扬,皆为蜀地的贤才。

休休,是美的意思。众彦,说的是以上四十三人。《周易》说:"道路虽然不同,但目的地则相同;考虑虽然百端,理则归于一。"他们胜过流星的光芒,留传美名于后世。这四十三个人,虽然立身行事各自不同,但都能留传美名,犹如金玉所制造的乐器,是世上的名贵宝物。

以上记述的是蜀郡的人士。

敬司穆穆①,畅始玄终②。

敬,司马氏女,五更张伯饶妻也③。霸前妻有三男一女,敬司产一男。抚教五子,恩爱若一。霸卒,葬河南④,敬司与诸子还蜀。疾病,遗令告诸子曰:"舜葬苍梧⑤,二妃不从⑥。汝父在梁⑦,吾自在蜀,亦各其志,勿违吾敕也。"遂葬蜀。子光超禀母教⑧,为聘士也⑨。

【注释】

①敬司：姓司马，名敬。刘琳指出，《华阳国志》一书称妇女姓名，如为单名，每称名在前，称姓在后。如本处的敬司，以及下文的助陈。穆穆：行止端庄恭敬，仪容或言语和美。

②畅始玄终：犹言善始善终。

③五更：古代乡官名。用以安置年老致仕的官员。张伯饶：张霸，字伯饶，蜀郡成都（今四川成都）人。见本卷前文注。

④河南：郡名。汉高帝二年（前205）改河南国置，治所在洛阳县（今河南洛阳东北汉魏故城）。东汉、三国魏、西晋、北魏建都于洛阳，置河南尹。

⑤苍梧：山名。即今湖南宁远南九疑山。

⑥二妃：即娥皇、女英。尧女，舜妃。长曰娥皇，次曰女英。舜巡视南方，死于苍梧。二女追之不及，溺死湘水，出入潇湘之浦，遂为湘水之神。世传二妃将沉湘江，望苍梧而啼。泪洒竹上尽成斑，世称"斑竹"，或"湘妃竹"。

⑦梁：县名。战国时周置。后入秦，属三川郡。治所在今河南汝州西四十里汝水南岸石台村。西汉属河南郡。东汉、三国魏属河南尹。

⑧光超：张光超，张霸后妻司马敬所生。本书卷十二《序志并士女目录》有名录。

⑨聘士：犹征士。指不应朝廷以礼征聘的隐士。

【译文】

司马敬言行端庄恭敬，做事善始善终。

司马敬，是司马氏之女，是五更张霸之妻。张霸的前妻生有三男一女，司马敬生有一男。司马敬抚养、教育五个子女，对他们的恩爱都是一样的。张霸死后，埋葬在河南，司马敬和几个子女回到蜀地。司马敬生病的时候立下遗嘱，告诉几个子女说："虞舜埋葬在苍梧，两个妃子没有和他葬在一起。你们的父亲葬在梁县，我自葬在蜀地，也是各有其志，不要违背我的嘱咐。"于是，司马敬就葬在蜀地。司马敬的儿子张光超禀承母亲的教诲，一辈子都是隐士。

　　叔纪婉娩^①，十媛仰风^②。

　　叔纪，霸女孙也^③，适广汉王遵^④。至有贤训，事姑以礼^⑤。生子商^⑥，海内名士。广汉周干、古朴、彭勰、汉中祝龟为作颂^⑦，曰："少则为家之孝女，长则为家之贤妇，老则为子之慈亲。终温且惠^⑧，秉心塞渊^⑨，宜谥曰孝明惠母。"

【注释】

①婉娩（miǎn）：柔顺貌。指妇女言语、容貌温婉柔顺的样子。

②十媛：所指当为下文所说十位女性。若理解为众多女性，亦可通。

③女孙：孙女。

④适：出嫁，嫁给。

⑤姑：丈夫的母亲，婆婆。

⑥商：王商，字文表，广汉郡郪（今四川三台）人。参看本书卷三《蜀志》注。

⑦周干、古朴、彭勰：三人均为广汉人。其姓名见本书卷十二《序志并士女目录》。祝龟：字元灵，汉中郡南郑（今陕西汉中）人。能属文。州牧刘焉辟之，授葭萌长。撰有《汉中耆旧传》，以著述终。本书卷十《先贤士女总赞》有传。

⑧终温且惠：语出《诗经·邶风·燕燕》："终温且惠，淑慎其身。"终……且……，意为既……又……。温、惠，温和仁慈。

⑨秉心塞渊：语出《诗经·鄘风·定之方中》："匪直也人，秉心塞渊。"秉心，持心。塞渊，谓笃厚诚实，见识深远。

【译文】

张叔纪温婉柔顺，是众多女性仰慕的风范。

　　张叔纪，是张霸的孙女，嫁给广汉人王遵。张叔纪特别贤惠，而且很有教养，她侍奉婆婆，以礼相待。张叔纪所生儿子王商，是海内的名士。广汉人周干、古朴、彭勰和汉中人祝龟为她作颂词说："小时候是家里的孝女，长大后是夫家的贤妻，年老后是子女的慈母。既温和又仁慈，而且内心诚实，见识深远，她的谥号应该是'孝明惠母'。"

　　公乘氏张①，两髦义崇②。

　　公乘会妻，广都张氏女也③。夫早亡，无子，姑及兄弟欲改嫁之，张誓不许，而言之不止。乃断发割耳，养会族子④，事姑终身。

【注释】

①公乘：复姓。本爵位名。为二十等爵的第八级。久居此爵位者，子孙以为氏。

②两髦（máo）义崇：典出《诗经·鄘风·柏舟》："泛彼柏舟，在彼中河。髧彼两髦，实维我仪。之死矢靡它。"《诗序》："《柏舟》，共姜自誓也。卫世子共伯蚤死，其妻守义，父母欲夺而嫁之，誓而弗许，故作是诗以绝之。"后因以谓丧夫或夫死矢志不嫁。两髦，古代一种儿童发式，发分垂两边至眉，谓之"两髦"。毛传："髦者，发至眉，子事父母之饰。"

③广都：县名。西汉元朔二年（前127）置，属蜀都。治所在今四川成都双流区东中和镇。西晋移治今成都双流区东南文星镇附近。东晋永和中又移治今成都双流区，属宁蜀郡，梁、齐为郡治。

④族子：同族兄弟之子。

【译文】

公乘会的妻子张氏，守义不改嫁，为世人所尊崇。

　　公乘会的妻子,是广都人张氏家的女儿。张氏的丈夫早亡,自己也没有儿子,婆婆和婆家兄弟想让她改嫁,但张氏誓不答应,而婆家又劝说不止。于是张氏剪断头发,割下耳朵,张氏抚养公乘会的同族侄子,侍奉婆婆终身。

　　助陈抚孩,节笃分充①。

　　助陈,临邛陈氏女,犍为杨凤珪妻也。凤珪亡,养遗生子守节②。兄弟必欲改嫁,乃引刀割咽,几死③。宗族骇之,遂全其义。

【注释】

①节笃分充:意谓陈助保全了节操与名分,可谓名副其实。节笃,节操笃厚,意谓坚守节操。分充,名分充实,意谓保全名分。

②遗生子:犹遗腹子。守节:旧指寡妇守寡,不再改嫁。

③几死:底本"几死"二字在"宗族骇之"下,误。《太平御览》卷四百四十一引《益部耆旧传》:"姬闻,仰天叹息,引刀割咽,几死。于是九族惊愕,遂敬从其节。"据改。

【译文】

陈助抚养孩子,坚守节操保全了名分。

　　陈助,是临邛人陈氏家的女儿,是犍为人杨凤珪的妻子。杨凤珪死后,陈助抚养遗腹子,遵守妇节。杨家兄弟一定要让她改嫁,陈助于是拿刀切割咽喉,几乎死去。杨氏宗族之人惊骇不已,于是成全了她的节义。

　　二常茕茕①,颓构再隆②。

　　元常、靡常,江原人也。元常,广都令常良女,适广汉便敬宾,早亡。元常无子,养宾族子。父母欲嫁,乃祝刀誓志而死③。靡常，仲山女，适成都殷仲孙。家遭疫气死亡④，惟靡常在。十八，收葬诸丧⑤，养遗生子，立美成家⑥。

【注释】

①茕茕（qióng）：孤零貌，孤独无依的样子。

②颓构：本指颓败的房屋，此处指衰败的家庭。再隆：再次兴隆，犹如中兴。

③祝：祝告，祷告。誓志：发誓立志。任乃强认为，"祝刀誓志"句下当有脱文。

④疫气：疫病，流行性传染病。

⑤收葬：收殓埋葬。丧：尸体。

⑥成家：兴家，持家。

【译文】

常元、常靡孤独无依，终使衰败的家庭再次兴隆。

常元、常靡，是江原人。常元，是广都令常良的女儿，嫁给广汉人便敬宾，而便敬宾早亡。常元没有儿子，抚养便敬宾同族的侄子。父母想让她改嫁，常元于是拿着刀子祷告，并发下誓言，随即自杀而死。常靡，是常仲山的女儿，嫁给成都人殷仲孙。丈夫家人因感染疫病而死亡，只有常靡还活着。常靡时年十八岁，收殓埋葬了各位家人的遗体，抚养遗腹子，树立风范，兴盛家庭。

纪常哀哀①，精感昭融②。

纪常，常侍常洽女③，赵侯夫人也④。父遇害长安，其二兄皆先没，遣父门生翟登、张顺迎丧⑤。时寇贼蜂起⑥，昼夜悲哀，顺、登得将丧无恙还，时人皆以纪常精诚所感⑦。

【注释】

①哀哀:悲伤不已貌。

②昭融:谓光大发扬。语出《诗经·大雅·既醉》:"昭明有融,高朗令终。"毛传:"融,长。朗,明也。"

③常洽:字茂尼,蜀郡江原(今四川崇州)人。参看本书卷三《蜀志》注。

④赵侯:赵谦(?—192),字彦信,蜀郡成都(今四川成都)人。参看本卷前文注。

⑤门生:汉人称亲受业者为弟子,相传受业者为门生。后世门生与弟子无别,甚至依附名势者,也自称门生。

⑥蜂起:形容人或事物如群蜂飞舞,纷然并起。

⑦精诚:真诚,至诚。

【译文】

常纪哀伤不已,她的精诚感动了上苍。

常纪,是常侍常洽的女儿,是赵侯的夫人。常纪的父亲在长安被害,而她的两位兄长都在此前已经过世,常纪派遣父亲的门生翟登、张顺前往长安迎回遗体。当时,寇贼蜂拥而起,常纪日夜悲鸣哀泣,最终,张顺、翟登将遗体安然无恙地运送了回来,当时人都以为是常纪的精诚感动了天地。

贡罗誓志。

贡罗,郫罗倩女①,景奇妻也。奇早亡,无子。父愍其年壮②,以许同郡何诗③。贡罗白书誓父不还家④。父乃使诗白州,州告县逼遣之。罗乃诉州,刺史高而许之。

【注释】

①罗倩:倩,《太平御览》卷四百四十引《列女传》作"青"。又,《太

平御览》卷四百四十引《列女传》云罗倩女"字贡罗",实误。

②愍(mǐn):怜悯,哀怜。

③何诗:《太平御览》卷四百四十引《列女传》作"宰诗"。

④白书:禀告,陈述。

【译文】

罗贡发誓立志。

罗贡,是郫人罗倩的女儿,是景奇的妻子。景奇早亡,也没有儿子。父亲怜悯她正当青春年华,把她许嫁给同郡的何诗。罗贡禀告父亲,发誓不回娘家。父亲于是让何诗禀告州里,州里禀告县里,逼迫景家将罗贡遣送回娘家。罗贡于是到州里申诉,刺史赞美她的高义,并答应了她的请求。

玹何忘生①。

玹何,郫何氏女,成都赵宪妻也。宪早亡,无子,父母欲改嫁。何恚愤自幽②,乃不食,旬日而死③。郡县为立石表④。

【注释】

①忘生:舍生。

②自幽:自我幽闭,闭门不见人。

③旬日:十天。

④石表:指石碑、石柱等,用于纪念与表彰。

【译文】

何玹舍生忘死。

何玹,是郫人何氏家的女儿,是成都人赵宪的妻子。赵宪早亡,没有儿子,父母想让何玹改嫁。何玹恚恨不已,于是自我幽闭,拒绝进食,过了十天就死了。郡、县都为她立碑表彰。

昭仪殉身①。

昭仪，繁张氏女，广汉朱叔贤妻也②。贤为郡督邮③。建安十九年，刘主围刘璋于成都，贤坐谋外降④。璋以昭仪配兵将⑤，见逼⑥，昭仪自杀。三军莫不哀叹。

【注释】

①殉身：牺牲生命，为达到某种目的而献出生命。

②朱叔贤（？—214）：蜀郡广汉（今四川射洪）人。曾任郡督邮。

③郡督邮：官名。汉置，为郡太守的佐吏，掌监督诸县。因其分为五部，故又称五部督邮。

④外降：投降外人。本处指投降刘备。按《太平御览》卷四百四十一引《列女传》："贤兄弟谋逾城出，事泄伏诛。"

⑤配兵将：指发配给将士为妻。

⑥见逼：被逼迫。

【译文】

张昭仪为节义而献出生命。

张昭仪，是繁人张氏家的女儿，是广汉人朱叔贤的妻子。朱叔贤是蜀郡的督邮。建安十九年，刘先主将刘璋包围在成都，朱叔贤因为预谋投降刘备而获罪。刘璋将张昭仪发配给将士为妻，并强迫她服从，张昭仪自杀而死。三军将士无不为之哀叹。

二姚见灵①。

广柔长郫姚超二女姚妣、饶，未许嫁，随父在官②。值九种夷反③，杀超，获二女，欲使牧羊。二女誓不辱，乃以衣连腰自沉水中死。见梦告兄慰曰④："姊妹之丧当以某日至溉下。"慰瘄，哀愕⑤，如梦日得丧。郡县图象府庭⑥。

【注释】

① 见灵：现灵，显灵。

② 在官：居住在官署。

③ 九种夷：即本书卷三《蜀志》所说"九种之戎"，居住于青海、川北的羌人。

④ 见梦：犹托梦。

⑤ 哀愕：悲伤而惊愕。

⑥ 府庭：衙门，公堂。

【译文】

姚妣、姚饶显灵。

广柔县长、郫人姚超的两个女儿姚妣、姚饶，还没有许配人家，跟随父亲居住在官署。适逢九种夷造反，杀死了姚超，俘获了他的两个女儿，打算让她们去放牧羊群。两个女儿发誓不受侮辱，于是用衣服将二人连腰拴在一起，自沉到水中而死。二人托梦给兄长姚慰说："我们两姊妹的尸体，应当在某天到达河边洗涤衣服之处。"姚慰梦醒后悲伤惊愕，果然在梦中所说日期于河边找到二人的尸体。郡、县将二人的画像悬挂在衙门。

峨峨淑媛①，表图铭旌②。

淑，善；媛，婉娩也。言此十二女皆图象列传。

述蜀郡列女。

右《蜀郡士女赞》第一③。

凡五十五人④。四十三人士，十二人女⑤。

【注释】

① 峨峨：美好貌，高尚貌。淑媛：美好的女子。

②铭旌：竖在灵柩前标志死者官职和姓名的旗幡。此指载入史册。

③右：即以上。因古书竖排、左行，故称上文为"右"。

④凡五十五人：今本实仅五十四人。

⑤四十三人士，十二人女：此小字为原注。下同此。人士，指的是男性。人女，指的是女性。

【译文】

高尚、美好的女子啊，把她们画入图像，载入史册。

淑，意思是善与好；媛，意思是温婉与柔顺。说的是这十二位女性，她们都被画入图像，写入列传。

以上所述的是蜀郡的列位女性。

以上是《蜀郡士女赞》第一。

共五十五人。四十三位男性，十二位女性。

巴郡士女阙①

【注释】

①按：各本以下均阙，脱去"《巴郡士女赞》第二"。顾广圻校语云，此下脱去"巴郡士女凡五十四人"，其中四十七位男性，七位女性。

卷十中　先贤士女总赞中

广汉士女

讲学冲邃^①，洙泗是睎^②。胤帝绍圣^③，庶熙畴咨^④。

杨宣^⑤，字君纬，什邡人也。少受学于楚国王子张，天文、图纬于河内郑子侯，师杨公叔^⑥，能畅鸟言^⑦。长于灾异，教授弟子以百数。成帝征拜谏大夫。帝无嗣，宣上封事^⑧，劝宜以定陶恭王子为太子^⑨，帝从之，出宣为交州牧。太子即位，为哀帝。拜河内太守，征太仓令^⑩。上言宜封周公、孔子后，帝从之，封周公后公孙相如为褒鲁侯，孔子后孔均为褒成侯^⑪。又荐辽东王纲、琅琊徐吉、太原郭越、楚国龚胜等宜赞隆时雍^⑫。平帝时，命持节为讲学大夫^⑬，与刘歆共校书。居摄中卒^⑭。门生河南李吉、广汉严象、赵翘等皆作大儒^⑮。

【注释】

①讲学：即下文所说"讲学大夫"。本处指讲学大夫杨宣。冲邃：精深，深厚。

②洙泗：洙水和泗水。古时二水自今山东泗水县北合流而下，至曲

阜北，又分为二水，洙水在北，泗水在南。春秋时属鲁国地。孔子在洙泗之间聚徒讲学。后世因以"洙泗"代称孔子及儒家。睎（xī）：仰慕。

③胤帝：指劝汉成帝立太子。绍圣：指建议封周公、孔子后人（刘琳）。胤、绍，继嗣。

④庶熙：即"庶绩咸熙"，意谓各种事业都兴盛。语出《尚书·尧典》："允釐百工，庶绩咸熙。"孔传："绩，功。熙，广也。言众功皆广。"畴咨：语出《尚书·尧典》："帝曰：'畴咨若时登庸。'"孔传："畴，谁。庸，用也。谁能咸熙庶绩，顺是事者，将登用之。"后以"畴咨"为访问、访求之意。

⑤杨宣：字君纬，广汉郡什邡（今四川什邡）人。通解鸟语，明天文图纬，善说灾异。初为太仓令，后迁谏大夫，出为交州牧，拜河内太守，征太仓令。曾上言议封周公、孔子后裔，诏从之。并推荐龚胜等四人。哀帝即位，封外戚六人为列侯，杨宣以爵土过制谏。教授生徒以百数，门生李吉、严象、赵翘等皆当时大儒。事见《汉书》。

⑥杨公叔："公"，当作"翁"。《论衡·实知篇》："广汉杨翁仲能听鸟兽之音。"《艺文类聚》卷九十三、《太平御览》卷八百九十七、《太平广记》卷四百三十五引"翁仲"并作"翁伟"。

⑦鸟言：犹鸟语。鸟鸣声。古人认为，能懂鸟语者为神人。

⑧封事：密封的奏章。古时臣下上书奏事，防有泄漏，用皂囊封缄，故称。

⑨定陶恭王：即刘康（？—前22），汉元帝之子。永光三年（前41）立为济阳王。永光八年（前36），徙为山阳王。又八年，徙定陶。立十九年卒，其子刘欣嗣位。此处定陶恭王子，指刘欣（前26—前1），刘康之子。因汉成帝无子，征欣入为皇太子，后即位为哀帝。《汉书》有传。定陶，国名，郡名。西汉甘露二年（前52）改济阴郡置，治所在定陶县（今山东定陶西北四里）。黄龙元年（前49）复为济阴郡。

河平四年（前25）复置定陶国，建平二年（前5）又改为济阴郡。

⑩太仓令：官名。秦朝属治粟内史。西汉初隶大农令，武帝太初元年（前104）以后隶大司农。东汉置一员，六百石。主管郡国漕谷，管理国家粮仓。

⑪"上言宜封周公、孔子后"几句：此事见《汉书·平帝纪》："（元始元年）封周公后公孙相如为褒鲁侯，孔子后孔均为褒成侯，奉其祀。追谥孔子曰褒成宣尼公。"

⑫龚胜（前68—11）：字君宾，西汉彭城（今江苏徐州）人。少好学，通《五经》，与龚舍并著名节。赞：辅助。隆：高。时雍：语出《尚书·尧典》："百姓昭明，协和万邦，黎民于变时雍。"孔传："时，是；雍，和也。"指天下太平的景象。

⑬讲学大夫：官名。西汉末年王莽置，掌讲授经学。《后汉书·徐防列传》："（徐防）祖父宣，为讲学大夫，以《易》教授王莽。"

⑭居摄：王莽摄政年号。元始五年（5）十二月平帝卒，太后诏令安汉公王莽为"摄皇帝"。次年，改元居摄，凡三年（6—8）。居摄三年（8）十一月，王莽称假皇帝，改元初始。十二月，王莽建立新朝，年号始建国，以本月为正月。

⑮李吉：河南（治今河南洛阳）人。杨宣弟子。严象、赵翘：广汉郡广汉（今四川射洪）人。杨宣弟子。本书卷十二《序志并士女目录》有名录。

【译文】

讲学大夫杨宣学养深厚，仰慕儒家思想学说。杨宣劝汉成帝立太子，建议封周公、孔子后人，国家事业兴旺，朝廷遇事都向他咨询。

杨宣，字君纬，是什邡人。杨宣小时候求学于楚国王子张门下，后来向河内人郑子侯学习天文、图谶和纬书，又师事杨翁叔，能听懂鸟语。杨宣长于灾异的预言和解释，教授的弟子有上百人。汉成帝时，杨宣被征拜为谏大夫。汉成帝没有后代，杨宣上了一封密奏，劝汉成帝应当册立定陶恭王的儿子为太子，汉成帝听从了，委派杨宣出任交州牧。太子后来即位，就是汉哀帝。汉哀帝任命杨宣为河内太守，征召为太仓令。杨宣上书说，应该加封周公、孔子的后人，汉哀帝听从了，加封周公后人公孙相如为褒鲁侯，加封孔子后人孔均为褒成侯。杨宣又推荐了辽东人王纲、琅琊人徐吉、太原人郭越、楚国人龚胜等辅佐朝廷，天下太平。汉平帝时，加授杨宣持节，任命为讲学大夫，与刘歆一起校理图书。居摄年间，杨宣去世。杨宣的门生河南李吉、广汉严象、赵翘等，都是大儒。

　　长伯抚遐①，声畅中畿②。析虎命邦③，绰有余徽④。

　　郑纯，字长伯，郪人也。为益州西部都尉⑤。处地金银、琥珀、犀象、翠羽出，作此官者皆富及十世。纯独清廉，毫毛不犯，夷汉歌叹。表闻⑥，三司及京师贵重多荐美之⑦。明帝嘉之，乃改西部为永昌郡⑧，以纯为太守。在官十年卒，列画颂东观。

【注释】

①抚遐：安抚远地。

②中畿（jī）：京都管辖的地区。也泛指中原地区。

③虎：虎符。古代军中印信。铜质虎形，左、右两半，朝廷存右半，统帅持左半，作调动军队时用。

④余徽：遗留下来的美德。

⑤益州西部都尉：官名。掌地方驻军，主治安，防侵略。永平十年（67）置，永平十二年（69）废。

⑥表闻：上表申闻于上。

⑦三司：官名合称。指三公或三公的官署。汉代称太尉、司徒、司空为三公。贵重：指位高任重的大臣。

⑧永昌郡：郡名。东汉永平十二年（69），因哀牢内属，以其地并析益州郡西部六县合置。治所在嶲唐县（今云南云龙西南七十里漕涧镇）。建初元年（76）后，治所在不韦县（今云南保山东北二十二里金鸡村）。三国蜀属庲降都督。西晋泰始七年（271）属宁州。元康九年（299）迁治永寿县（今云南耿马傣族佤族自治县境）。

【译文】

郑长伯安抚远地，他的声名在中原传播。郑纯手执符节治理地方，遗留下诸多美德。

郑纯，字长伯，是郫人。郑纯担任益州西部都尉。其所处之地出产金银、琥珀、犀角、象牙、翠羽等，在此地做官的人都富于十世。唯独郑纯为官清廉，不犯百姓毫毛，夷人、汉人歌颂赞叹他。有人上表申闻于上，三司官署和京师的位高任重者都屡次举荐和赞美他。汉明帝嘉奖郑纯，于是将益州西部都尉改为永昌郡，任命郑纯为永昌郡太守。郑纯任太守十年去世，其人其事被图画在东观。

三老泱泱①，实作父师②。

杨统③，字仲通，新都人也。事华里先生炎高④，高戒统曰："汉九世王，出图书⑤，与卿适应之。"建武初，天下求通《内谶》二卷者不得⑥。永平中，刺史张志举统方正⑦。司徒鲁恭辟掾⑧，与恭共定音律，上家法《章句》及二卷解说⑨。迁侍中、光禄大夫。以年老道深，养于辟雍，授几杖为三老⑩，卒。《内谶》二卷竟未详⑪。

【注释】

①三老：指国三老，多以致仕三公任之。本处特指杨统。泱泱：气

势、气魄宏大。

②父师:太子的师傅,掌国学之教。

③杨统:字仲通,广汉郡新都(今四川成都新都区)人。章帝建初中为彭城令。后位至光禄大夫,为国三老。研习天文、推步之术。每有灾异,朝廷多访之。年九十卒。参看《后汉书·杨厚列传》。

④华里先生炎高:疑即郑伯山。《后汉书·杨厚列传》:"(杨)统感父遗言,服阕,辞家从犍为周循学习先法,又就同郡郑伯山受河洛书及天文推步之术。"

⑤图书:指《河图》《洛书》。

⑥天下:古时多指中国范围内的全部土地,全国。《内谶》:谶书之一。或疑即《孔子内谶》。《后汉书·郡国志五》李贤注引《巴汉志》:"(阆中)有彭池大泽、名山灵台,见《孔子内谶》。"

⑦方正:古代制科之一。汉文帝时始诏举"贤良方正能直言极谏者",多为举荐。后成为制科之一。以德行方正为取士的主要标准。

⑧鲁恭(32—112):字仲康,扶风平陵(今陕西咸阳)人。少居太学,习《鲁诗》,为诸儒所称道。章帝集诸儒于白虎观,恭以经明召,与其议。初为新丰教授,后拜中牟令。以德化为理,不任刑罚。历官侍中、议郎、光禄勋,累迁司徒。选辟高第,至列卿郡守者数十人。性谦退,奏议依经,无所隐讳。永初六年(112)卒于家。《后汉书》有传。

⑨二卷解说:即《内谶解说》二卷。《后汉书·杨厚列传》:"(杨)统作家法《章句》及《内谶》二卷解说。"

⑩几杖:凭几与手杖,古代用以孝敬老者的礼物。

⑪《内谶》二卷:当作"《内谶解说》二卷"。

【译文】

杨统气魄宏大,实际上被当作父师来礼遇。

杨统,字仲通,是新都人。杨统侍奉华里先生炎高,炎高告诫他说:

"汉家九世而王,将有《河图》《洛书》出现,你恰好与此世运相应。"建武初年,朝廷在全国征求精通《内谶》二卷的人,但没有找到。永平年间,刺史张志举荐杨统为方正。司徒鲁恭征辟杨统为掾,二人一起审定音律,杨统献上家法《章句》和《内谶》二卷解说。杨统后来升迁为侍中、光禄大夫。杨统因年龄大、道行深,被奉养于辟雍,授予凭几、手杖,成为三老,后来去世。所著《内谶》二卷,因未流传而内容不详。

平仲淑道①,殆乎庶几②。

王祐,字平仲,郪人也。少与雒高士张浮齐名,不应州郡辟命③。司隶校尉陈纪山④,名知人⑤,称祐天下高士。年四十二卒。弟获志其遗言⑥,撰《王子》五篇⑦。东观郎李胜⑧,文章士也⑨,作诔⑩,方之颜子⑪。列画学官。

【注释】

①淑:善,美。

②殆乎庶几:本意为大概差不多。语出《易·系辞下》:"子曰:'颜氏之子,其殆庶几乎!'"后以"殆庶"借指贤德者。

③辟命:征召,任命。

④陈纪山:陈禅(?—127),字纪山,巴郡安汉(今四川南充)人。参看本书卷一《巴志》注。

⑤名知人:以善于鉴察人的品行、才能而知名。

⑥获:本书卷十二《序志并士女目录》作"灌"。

⑦《王子》五篇:此书已经亡佚。

⑧李胜:字茂通,广汉郡雒(今四川广汉)人。本卷后文有传。

⑨文章士:善于写文章的人。

⑩诔(lěi):哀悼死者的文章。

⑪方：比拟。颜子：颜回（前521—前490），字子渊，春秋末鲁国人。孔子弟子。贫而好学，居住陋巷，箪食瓢饮，而不改其乐。以德行著称，列"孔门四科"之德行科。孔子称其"好学"而"贤哉"，"不迁怒，不贰过""其心三月不违仁"（《论语·雍也》）。早死，孔子哭之恸。后世尊为"复圣"。

【译文】

王平仲善良乐道，是贤德之人。

王祐，字平仲，是郫人。王祐早年与雒地高士张浮齐名，但不接受州、郡的征召与任命。司隶校尉陈纪山，以善于鉴察人品、才能而知名，称赞王祐是天下的高士。王祐四十二岁时去世。王祐的弟弟王获记录王祐的遗言，撰成《王子》五篇。东观郎李胜，善于写文章，他为王祐写作诔文，将之比拟为颜回。王祐被图画在学官。

文父明洞①，探赜索微②。

杨厚③，字仲桓，统仲子也。道业侔父④，三司及公车连征辟⑤，拜侍中。上言西方及荆、扬、交州当兵起，人民疫蝗，洛阳大水，宫殿当灾，三府当免⑥，近戚谋变⑦，皆效验⑧。大将军梁冀秉权，自退。授门徒三千人。本初元年及建和中⑨，特征聘⑩，不行。年八十三卒。天子痛惜，诏谥曰文父。弟子雒昭约节宰、绵竹寇欢文仪、蜀郡何苌幼正、侯祈升伯、巴郡周舒叔布及任安、董扶等皆征聘辟举⑪，驰名当世。

【注释】

①明洞：洞察，观察清楚，了解透彻。

②探赜（zé）：探索奥秘。索微：研求微义。

③杨厚（72—153）：字仲桓，广汉郡新都（今四川成都新都区）人。

　　参看本书卷三《蜀志》注。厚,底本作"序",误。

④道业:谓善行、美德。因其可以化导他人,故称。侔(móu):齐等,
　　相当。

⑤三司:东汉称太尉、司空、司徒为"三司"。征辟:谓征召布衣出
　　仕。朝廷召之称"征",三公以下召之称"辟"。

⑥三府:谓太尉、司徒、司空府。

⑦近戚:犹近亲。谋变:图谋变乱。

⑧效验:效果,成效。意谓出现如所预期的效果,即应验了。

⑨本初:东汉质帝年号,仅一年(146)。建和:汉桓帝年号(147—
　　149)。

⑩特征聘:特别征召。别于平常的乡举里选。

⑪昭约:字节宰,广汉郡雒(今四川广汉)人。本书卷十二《序志并
　　士女目录》有名录。寇欢:字文仪,广汉郡绵竹(今四川德阳北)
　　人。本书卷十二《序志并士女目录》有名录。何芨:字幼正,蜀
　　郡(治今四川成都)人。侯祈:字升伯,蜀郡繁(今四川彭州)人。
　　周舒:字叔布,巴西郡阆中(今四川阆中)人。周群之父。少从杨
　　厚学,善占验之术,有盛名。朝廷屡征不就。任安(124—202):
　　字定祖,广汉郡绵竹(今四川德阳北)人。参看本书卷三《蜀志》
　　注。董扶:字茂安,广汉郡绵竹(今四川德阳北)人。参看本书卷
　　三《蜀志》注。辟举:征召及选举。

【译文】

杨文父洞察事理,探奥研微。

　　杨厚,字仲桓,是杨统的二儿子。杨厚道业堪比其父,太尉、司空、司
徒三司及政府公车都接连征召他,被拜为侍中。杨厚上书,说西方和荆
州、扬州、交州将会有战争,老百姓遭遇瘟疫、蝗灾,洛阳将发大水,宫殿
也会受灾,太尉、司徒、司空三府要免官,近亲图谋变乱,这些都应验了。
大将军梁冀执掌政权,杨厚自动隐退。杨厚教授的门徒有三千人。本初

元年和建和年间，朝廷特别征召杨厚，他没有应召。杨厚享年八十三而卒。天子痛惜，下诏赐谥文父。杨厚的弟子雒人昭约（字节宰）、绵竹人寇欢（字文仪）、蜀郡人何苌（字幼正）、侯祈（字升伯）、巴郡人周舒（字叔布），以及任安、董扶等人，都被征召选举，驰名于当世。

元章玄泊①，韬光匿辉②。

段翳③，字元章，新都人也。明经术，妙占未来。尝告大渡津吏曰④："某日当有诸生二人荷担问翳舍处者⑤，幸为告之。"后竟如其言。又有人从冀州来学积年⑥，自以精究翳术⑦，辞去。翳为筒作书⑧，封头与之，告曰："有急，发之。"至葭萌争津，吏挝从者头⑨。诸生发筒，筒中有书曰："到葭萌争津破头，以膏裹之。"生乃喟然知不及翳⑩，还更精学⑪。翳常隐匿，不使人知。门人皆号夫子。

【注释】

①玄泊：幽远恬淡。

②韬光、匿辉：相对为文。意为敛藏光采、光辉。比喻隐藏声名才华。辉，底本作"耀"，误。

③段翳（yì）：字元章，广汉郡新都（今四川成都新都区）人。习《易》，明风角。史称，能预知来人姓名及吉凶。后隐居匿迹，终于家。《后汉书》有传。

④尝：底本作"常"，误。吏：底本作"口"，误。《后汉书·方术列传》："（段翳）尝告守津吏曰……"

⑤舍处：房舍所在之处。即住处。

⑥积年：多年，累年。

⑦精究：精心研究，精通。

⑧作书：写信。

⑨挝（zhuā）：打，击。

⑩喟然：叹气的样子。

⑪精学：精进求学。《后汉书·方术列传》："生叹服，乃还卒业。"

【译文】

段元章幽远恬淡，敛藏光采。

段翳，字元章，是新都人。段翳通晓经学，能巧妙预测未来。段翳曾经告诉管理大渡津的官吏说："某天将会有两个学生挑着担子询问我的住处，敬请告诉他们。"后来的事情竟然如其所言。又有一人，从冀州来向段翳学习多年，自以为已经精通段翳之术，准备告辞而去。段翳做了个竹筒，将写的信装入竹筒，封了竹筒口交与此人，告诉他说："如果遇见紧急情况，就打开它。"此人到达葭萌渡口，因与人争渡，被官吏打破了头。此人打开竹筒，筒中有封书信，上面说："到葭萌争津口被人打破头，用膏药包裹头颅。"此人喟然而叹，知道自己不如段翳，回到段翳处进一步学习。段翳经常隐匿行踪，不使人知道自己。段翳的门人都称之为夫子。

稚子奕奕①，古之畏爱②。

王涣③，字稚子，郿人也。初为河内温令④，路不拾遗，卧不闭门。民歌之曰："王稚子，世未有，平徭役，百姓喜。"迁兖州刺史，部中肃清⑤。征拜侍御史、洛阳令。聪明惠断，公平廉正，抑强扶弱，化行不犯⑥，发奸擿伏⑦，忽若有神，京华密静⑧，权豪畏敬。元兴元年卒⑨。百姓痛哭，二县吊丧⑩，行人商旅，莫不祭之。贾胡左威⑪，遭其清理⑫，制服三年⑬。洛阳弦歌之⑭，为立祠。天子悼惜⑮，每下诏书德令⑯，必赐后嗣，与卓茂等为伍⑰。

【注释】

① 奕奕：美好貌。

② 畏爱：敬佩爱戴。语出《礼记·曲礼上》："贤者狎而敬之，畏而爱之。"

③ 王涣（？—105）：字稚子，广汉郡郪（今四川三台）人。参看本书卷三《蜀志》注。

④ 温：县名。春秋时晋置，治所在今河南温县西南三十里古温城（今上苑村北）。西汉属河内郡。魏晋因之。北齐废。

⑤ 肃清：清平，太平。

⑥ 化行：教化施行。

⑦ 发奸：揭发坏人坏事。擿（tī）伏：举发隐匿的坏人坏事。

⑧ 京华：京城之美称。因京城是文物、人才汇集之地，故称。密静：犹安定。

⑨ 元兴元年：105年。元兴，汉和帝年号（105）。按：王涣死后葬于四川成都新都区，墓前有石阙一对。右阙题"汉故先灵侍御史河内县令王君稚子阙"，左阙题"汉故兖州刺史雒阳令王君稚子阙"，皆为隶书，书法古朴雄健。

⑩ 二县：指王涣曾经任过县令的温县与洛阳县。吊丧：慰问丧家，祭奠死者。

⑪ 贾胡左咸：胡商人名。事迹不详。贾胡，胡人商贾。

⑫ 清理：彻底整理或处理。本处意谓公正审理、裁断冤案。

⑬ 制服：指丧服，特指在父母丧期中穿的丧服。三年：即服丧三年。古代丧服中最重的一种。臣为君、子为父、妻为夫等要服丧三年。

⑭ 弦歌：依琴瑟而咏歌。按：《乐府诗集》卷三十九录有《雁门太守行》。《古今乐录》："王僧虔《技录》云：'《雁门太守行》歌古洛阳令一篇。'"所说"古洛阳令"，即王涣。

⑮ 悼惜：哀伤惋惜。多用以对死者。

⑯德令：施恩德的政令。

⑰卓茂：字子康，南阳宛（今河南南阳）人。西汉末为密县令，东汉初为太傅，著名当世。《后汉书》有传。

【译文】

王稚子美好啊，是古人所敬佩爱戴的人。

王涣，字稚子，是郪人。王涣起初担任河内郡温县县令，县内路不拾遗，夜不闭户。老百姓歌颂王涣说："王稚子，世未有，平徭役，百姓喜。"王涣后升迁为兖州刺史，州内清静太平。王涣后被征拜为侍御史、洛阳令。王涣为人聪明，办事果断，公平廉正，抑制豪强，扶助弱小，施行教化，秋毫不犯，揭发、惩治坏人坏事，忽忽有如神明相助，京城秩序安定，权贵豪强敬畏。元兴元年，王涣去世。百姓痛哭不已，温县和洛阳县百姓纷纷前来吊唁，行人与商人没有不去祭奠的。胡商左咸的冤案，得到王涣审理与平反，他为王涣服丧三年。洛阳百姓作诗歌颂王涣，并为他建立祠堂。天子也为王涣哀伤惋惜，每次下达诏书与施恩政令时，必定赐予王涣后人，并将王涣与卓茂等人相提并论。

敬伯恺悌①，树德播惠②。

王堂③，字敬伯，郪人也。初临巴郡，进贤达士，举孝子严永、隐士黄错及张璠、陈髦④，民为立祠。徙任右扶风⑤，政教严明⑥。帝舅车骑将军阎显、大将军窦宪⑦，中常侍江京等嘱托⑧，辄拒之。白鹿见象⑨，不以为祥。徙鲁相，又徙汝南守。举陈蕃为功曹⑩，应嗣司隶校尉⑪，号知人之鉴。

【注释】

①恺悌：和乐平易，平易近人。

②树德：施行德政。播惠：传播仁惠。

③王堂：字敬伯，广汉郡郪（今四川三台）人。参看本书卷一《巴志》注。

④严永、黄错、张璜、陈髦：四人姓名见本书卷十二《序志并士女目录》。又，本书卷一《巴志》说四人"皆至大位"。

⑤右扶风：别称右辅。汉三辅之一。西汉太初元年（前104）改主爵都尉置。治长安县（今陕西西安西北）。职掌相当于郡太守，辖区相当于一郡，因地属畿辅，故不称郡。东汉移治槐里（今陕西兴平东南）。属司隶校尉部。三国魏改置扶风郡。

⑥政教：刑赏与教化。

⑦阎显（？—125）：河南荥阳（今河南荥阳东北）人。汉安帝阎皇后兄。嗣爵为北宜春侯。建光元年（121）帝亲政，显及诸弟并为显要，典禁兵。延光元年（122）封长社侯，干预朝政。与宦官江京等谮废太子刘保为济阴王。安帝卒，与太后定策迎立北乡侯刘懿为少帝。任车骑将军。寻少帝死，中黄门孙程等拥立刘保为顺帝，阎显弟兄皆被杀。事见《后汉书》。窦宪（？—92）：字伯度，扶风平陵（今陕西咸阳）人。参看本书卷十《先贤士女总赞》注。

⑧江京（？—125）：籍贯不详。以迎立安帝封都乡侯，迁中常侍，兼大长秋。后任长乐太仆。与安帝乳母王圣、外戚耿宝、阎显等结为私党，扰乱朝政，合谋废皇太子刘保为济阴王，枉杀太尉杨震。安帝死，又与阎显等定策立北乡侯刘懿为帝（即少帝）。少帝病死，宦官孙程等十九人拥立刘保为顺帝。遂被杀。事见《后汉书》。

⑨白鹿：白色的鹿。古时以为祥瑞。见象：现其形象，出现。见，同"现"。

⑩陈蕃（？—168）：字仲举，汝南平舆（今河南平舆北）人。东汉时期名臣，与窦武、刘淑合称"三君"。桓帝时任太尉，与李膺等反对宦官专权，被太学生称为"不畏强御"。灵帝时，为太傅、录尚书

事，与大将军窦武共同谋划剪除宦官，事败而死。《后汉书》有传。

⑪应嗣：籍贯不详。历任主簿、司隶校尉。

【译文】

王敬伯平易近人，施行德政，传播仁惠。

王堂，字敬伯，是郪人。王堂起初治理巴郡，举荐贤达之士，所举荐的孝子严永、隐士黄错及张璃、陈髦都官至高位，老百姓为他建立了祠堂。王堂转任右扶风，刑赏与教化严明。皇帝的舅舅车骑将军阎显、大将军窦宪以及中常侍江京等人都托他办事，都被拒绝了。白鹿出现，王堂也没有把它当作祥瑞。王堂转任鲁国国相，又转任汝南太守。王堂举荐陈蕃为功曹，举荐应嗣为司隶校尉，在当时以"知人"而著名。

叔宰济济①，以礼进退②。

冯颢③，字叔宰，郪人也。少师事杨仲桓及蜀郡张光超④，后又事东平虞叔雅⑤。初为谒者，威仪济济；为成都令，迁越嶲太守，所在著称。为梁冀所不善⑥，冀风州追之⑦，隐居。作《易章句》及《刺奢说》⑧，修黄老⑨，恬然终日⑩。

【注释】

①济济：庄敬貌，有威仪的样子。

②进退：举止行动。

③冯颢：字叔宰，广汉郡郪（今四川三台）人。参看本书卷三《蜀志》注。

④杨仲桓：杨厚（72—153），字仲桓，广汉郡新都（今四川成都新都区）人。参看本书卷三《蜀志》注。张光超：蜀郡成都（今四川成都）人。参看本书卷十《先贤士女总赞》注。

⑤东平：封国名。西汉甘露二年（前52）改大河郡置，治无盐县（今

山东东平东南)。三国魏移治寿张县(今梁山东北)。西晋移治
须昌县(今山东东平西北)。虞叔雅:东平(治今山东东平)人。
事迹不详。

⑥梁冀(? —159):字伯卓,安定乌氏(今宁夏固原)人。参看本书
卷十《先贤士女总赞》注。

⑦风:通"讽",暗示。

⑧《易章句》《刺奢说》:皆已经亡佚。

⑨修黄老:指的是修行道家清静无为的治身之术,故而下文说"恬
然终日"。黄老,黄帝和老子的合称。后世道家奉以为始祖。也
用以代称道家。

⑩恬然:安然自得的样子。

【译文】

冯叔宰庄敬肃穆有威仪,举止行动讲礼仪。

冯颢,字叔宰,是郪人。冯颢早年师事杨仲桓和蜀郡人张光超,后
又师事东平人虞叔雅。冯颢起初担任谒者,威仪举止庄敬肃穆;后来担
任成都令,升迁为越巂太守,所在之地均以治绩而出名。冯颢不为权臣
梁冀所喜,梁冀暗示州里逼迫冯颢辞职,冯颢于是退而隐居。冯颢著有
《易章句》和《刺奢说》,修行黄老之术,终日安然自得。

大匠奇畅①,妙监玄察②。尽言规世③,祇以陨越④。

翟酺,字子超,雒人也。少事段翳,以明天官为侍中、
尚书⑤。常见太史令孙懿⑥,歔欷涕泣曰⑦:"图书有贼臣孙
登⑧,将以才智为黄门所害⑨,君表相应之,是以凄怆⑩。"后
为京兆尹、光禄大夫、将作大匠,上言汉四百年当有弱主闭
门听政⑪,数在三百年之间。荐故太尉庞参、故司徒李郃明
通三才⑫,忠正可以辅世。所言每指利疾⑬,权贵诬醅及尚书

令高堂芝交构⑭,免死⑮。著《援神契经说》⑯,卒家。

【注释】

①大匠:官名。"将作大匠"的省称。秦称将作少府,掌治宫室,有两丞、左右中候。景帝中元六年(前144)改称将作大匠。属官有石库、东园主章、左右前后中校七令丞。东汉沿置,俸二千石,掌修作宗庙、路寝、宫室、陵园土木工程,并种植桐梓之类于道侧。有丞一人,六百石。属官有左校令、右校令等。

②妙监玄察:意谓监察玄妙。监、察,监督视察。妙、玄,幽深微妙的境界。

③规世:规劝当世。

④陨越:比喻失职。

⑤天官:天文,天象。《后汉书·翟酺列传》:"(翟酺)尤善图纬、天文、历算。"

⑥太史令:官名。两汉均置,西汉景帝中元六年(前144)隶太常,掌天文、历法、撰史;东汉置一员,六百石,不再撰史,专掌天时、星历,岁终奏新年历,国祭、丧、娶奏良日及时节禁忌,有瑞应、灾异则记之。孙懿:籍贯不详。曾任太史令。据《后汉书·翟酺列传》载,"(孙)懿忧惧,移病不试。由是(翟)酺对第一,拜尚书"。

⑦歔欷(xū xī):悲泣,抽噎。涕泣,哭泣,流泪。

⑧图书:指《河图》《洛书》等纬书。

⑨黄门:官名。泛指黄门官。后汉少府属官有黄门侍郎,掌侍从左右,给事中,关通中外;小黄门,掌侍左右,受尚书奏事;黄门令,掌省中诸宦者;中黄门冗从仆射,掌中黄门冗从;中黄门,掌给事禁中等。

⑩凄怆:凄惨悲伤。按:《后汉书·翟酺列传》李贤注引《春秋保乾图》:"汉贼臣,名孙登,大形小口,长七尺九寸,巧用法,多技方,

《诗》《书》不用，贤人杜口也。"

⑪弱主：年幼庸懦的君主。按：《后汉书·翟酺列传》李贤注引《益部耆旧传》："时诏问（翟）酺阴阳失序，水旱隔并，其设销复兴济之本。（翟）酺上奏陈图书之意曰：'汉四百年将有弱主闭门听难之祸，数在三百年之间。斗历改宪，〔宜〕行先王至德要道，奉率时禁，抑损奢侈，宣明质朴，以延四百年之难。'帝从之。"

⑫庞参（？—136）：字仲达，河南缑氏（今河南偃师）人。举孝廉，拜左校令，坐法下狱。安帝永初二年（108），车骑将军邓骘征先零羌，庞参于狱中上书，请暂罢兵，休徭役，重农耕，蓄精锐，然后出其不意，攻其不备。邓太后纳其言，又得樊准荐，拜谒者，使督三辅诸军屯。迁汉阳太守，抑强助弱，以惠政得民。顺帝时位至太尉、录尚书事，以久病罢。《后汉书》有传。李郃：字孟节，汉中郡南郑（今陕西汉中）人。参看本书卷二《汉中志》注。明通：明白，通晓。

⑬利疾：犹利害，利益与损害。

⑭高堂芝：籍贯不详。曾任尚书令。交构：勾结。按：此即《后汉书·翟酺列传》所说"交通属托"。

⑮免死：据《后汉书·翟酺列传》，翟酺"坐减死归家"。

⑯《援神契经说》：解释纬书的著作。《后汉书·翟酺列传》："（翟酺）著《援神》《钩命解诂》十二篇。"李贤注："《援神契》《钩命决》，皆《孝经纬》篇名也。"按：《援神契》《钩命决》是《孝经纬》的两篇。

【译文】

将作大匠翟酺奇妙畅达，玄妙监察。翟酺尽心尽言规劝世人，只是因为有人失职。

翟酺，字子超，是雒人。翟酺早年师事段翳，因通晓天文而担任侍中、尚书。翟酺曾经见到太史令孙懿，便悲泣抽噎着说："纬书上说有个贼臣叫孙登，将会因其才智而被黄门官陷害，阁下的外表与孙登相应，我因此为你感到悲伤。"翟酺后来担任京兆尹、光禄大夫、将作大匠，上书说：汉朝在经过四百年后，将会有年幼庸懦的君主关门听政，其运数在三百年之间。于是，翟酺推荐了前太尉庞参、前司徒李郃，因二人通晓三才之道，且为人忠诚正直，可以辅佐当世。翟酺所言，每每指明利害，权贵们诬陷翟酺与尚书令高堂芝勾结，后被免死。翟酺著有《援神契经说》，在家中去世。

司隶聪敏，奋名后叶[①]。

郭贺[②]，字乔卿，雒人也。初为太守黄幸户曹[③]。幸有事，与汉中太守李荣俱被征[④]。贺劝幸星行诣诏狱自归[⑤]，得免；荣稽留[⑥]，诏杀之。由是显名。太守蔡茂命为主簿[⑦]。茂梦坐大殿，极上得嘉禾三穗[⑧]，以问贺，对曰："明府位当至三公。"旬月，茂迁司徒。表贺明律令，稍迁侍中、尚书仆射、司隶校尉、荆州刺史[⑨]。百姓歌之曰："厥德仁明郭乔卿[⑩]。"明帝南巡狩[⑪]，善其治，赐三公服，去襜露冕[⑫]，使百姓见之，以彰有德。征河南尹[⑬]，卒。天子痛惜，赐钱三十万。

【注释】

①后叶：后世。

②郭贺（？—63）：字乔卿，广汉郡雒（今四川广汉）人。郭坚之孙。初为广汉户曹，后为主簿。光武帝建武中为尚书令，晓习故事，多所匡益。拜荆州刺史，有殊政，百姓称便而歌之。明帝巡狩南阳，赐以三公之服。永平四年（61）拜河南尹，卒于官。《后汉书》有传。

③黄幸：籍贯不详。曾任广汉太守。户曹：官名。地方州县官府诸曹之一。汉朝郡县始置，长官为掾或史，职掌同公府户曹。

④李荣：籍贯不详。曾任汉中太守。

⑤星行：犹言星夜急行。或谓连夜急行。诏狱：关押钦犯的牢狱。
自归：自行投案，投案自首。

⑥稽留：耽搁，停留。

⑦蔡茂（前24—47）：字子礼，河内怀（今河南武陟）人。以儒学知
名。西汉哀帝、平帝年间征试博士，以高等拜议郎，迁侍中。王
莽居摄，以病自免，不仕新莽。光武帝建武初征拜议郎，迁广汉
太守，在职清谨不懈。上书乞禁制贵戚，无所顾忌。建武二十年
（44）为司徒，居官清俭。《后汉书》有传。

⑧茂梦坐大殿，极上得嘉禾三穗：“大殿，极”，底本作“太极殿”，误。
《后汉书·蔡茂列传》：“（蔡）茂初在广汉，梦坐大殿，极上有三穗
禾，茂跳取之，得其中穗，辄复失之。以问主簿郭贺，贺离席庆曰：
‘大殿者，官府之形象也。极而有禾，人臣之上禄也。取中穗，是
中台之位也。於字禾失为秩，虽曰失之，乃所以得禄秩也。衮职
有阙，君其补之。’”极，屋脊的栋梁。

⑨稍迁：意谓渐次升迁。稍，逐渐。

⑩“百姓歌之曰”两句：据《后汉书·郭贺列传》载，百姓所歌为：
“厥德仁明郭乔卿，忠正朝廷上下平。”仁明，仁爱明察。

⑪明帝：汉明帝刘庄（28—75）。初名阳。光武帝第四子。在位期
间，省减租徭，修治汴河，民生比较安定。史载永平末，岁比丰稔，
百姓殷富。后世史家将其与章帝统治时期并称为“明章之治”。
死后谥为明帝，庙号显宗。《后汉书》有传。巡狩：旧称天子巡行
诸国、州郡。据《后汉书·明帝纪》载，永平十年（67），汉明帝南
巡狩至南阳。

⑫襜（chān）：车帷，古时马车四周的布帘。冕：古代帝王、诸侯及卿
大夫所戴的礼帽。《后汉书·郭贺列传》：“显宗巡狩到南阳，特见
嗟叹，赐以三公之服，黼黻冕旒。敕行部去襜帷，使百姓见其容
服，以章有德。”其后，“露冕”遂成为官员治政有方、皇帝恩宠有

加的典故。

⑬河南尹：官名。东汉光武帝建武十五年（39）置，为京都雒阳所在河南郡长官，设一员，二千石；有丞一员，为其副贰。主掌京都事务，春行属县，劝农桑，振乏绝；秋冬案讯囚徒，平其罪法；岁终遣吏上计；并举孝廉，典禁兵。

【译文】

郭贺聪敏，美名流传后世。

郭贺，字乔卿，是雒人。郭贺起初担任太守黄幸的户曹。黄幸因为有事，与汉中太守李荣一起被征召至京。郭贺劝黄幸连夜急行，赶往诏狱投案自首，结果黄幸得以免除死罪；而李荣因为耽搁时辰，被下诏判处死刑。郭贺因此名声显扬。太守蔡茂任命郭贺为主簿。蔡茂梦见自己坐在大殿上，在屋梁上得到有三穗的嘉禾，询问郭贺，郭贺回答说："明府当升迁至三公之位。"在一个月之间，蔡茂就升迁为司徒。蔡茂上表称赞郭贺明习律令，郭贺渐次升迁为侍中、尚书仆射、司隶校尉、荆州刺史。百姓歌颂郭贺："郭乔卿仁爱明察有美德。"汉明帝巡狩南方，赞许郭贺的治绩，赐给郭贺三公之服，并特意揭开车帷、露出冠冕，让百姓目睹郭贺的真容，以此表彰其为有德之人。郭贺后被征拜为河南尹，死于任上。天子痛惜，赏赐郭贺家人三十万钱。

　　镡、蔡翩翩①，交友惟贤。

　　镡显②，字子诵，郪人也。蔡弓③，字子謇，雒人也。俱携手共学，冬则侍亲，春行受业④。与张霸、李郃、张皓、陈禅为友⑤，共师司徒鲁恭⑥。显又与王稚子同见察孝于太守陈司空⑦，历豫州刺史、光禄大夫、侍中、卫尉⑧。弓为庐江太守，征拜议郎。而霸、郃、皓、禅皆至公卿。

【注释】

①翩翩：形容风度或文采的优美。

②镡（xín）显：字子诵，广汉郡郪（今四川三台）人。安帝时为豫州刺史，时天下饥荒，起事者众，显愍其困穷，辄擅赦之。自劾奏，有诏勿理。后任光禄大夫、侍中，官至长乐卫尉。《后汉书》有传。

③蔡弓：字子骞，广汉郡雒（今四川广汉）人。历官庐江太守，征拜议郎。

④受业：追随老师接受学业。

⑤张霸：字伯饶，蜀郡成都（今四川成都）人。参看本书卷十《先贤士女总赞》注。李郃：字孟节，汉中郡南郑（今陕西汉中）人。参看本书卷二《汉中志》注。张皓（50—132）：字叔明，犍为郡武阳（今四川眉山彭山区）人。参看本书卷三《蜀志》注。陈禅（？—127）：字纪山，巴郡安汉（今四川南充）人。参看本书卷一《巴志》注。

⑥鲁恭（32—112）：字仲康，扶风平陵（今陕西咸阳）人。参看本卷前文注。

⑦王稚子：王涣（？—105），字稚子，广汉郡郪（今四川三台）人。参看本书卷三《蜀志》注。见：被。察孝：察举孝廉。陈司空：陈宠（？—106），字昭公，沛国洨（今安徽固镇）人。参看本书卷三《蜀志》注。

⑧卫尉：长乐卫尉。官名。西汉置，为太后属官，掌长乐宫卫士守卫宫门和宫中巡逻。属官有长乐司马、长乐屯卫司马等。东汉沿置，秩二千石。

【译文】

镡显、蔡弓风度翩翩，交结朋友只选贤者。

镡显，字子诵，是郪人。蔡弓，字子骞，是雒人。二人携手共同学习，冬天在家侍奉双亲，春天外出从师学习。二人与张霸、李郃、张皓、陈禅等人是朋友,共同师事司徒鲁恭。镡显又与王稚子一起,同时被太守陈宠举荐为孝廉,历任豫州刺史、光禄大夫、侍中、卫尉。蔡弓担任庐江太守,后被征拜为议郎。而张霸、李郃、张皓、陈禅都官至公卿。

　　两李丽采①,文藻可观②。

　　李尤字伯仁③,李胜字茂通④,雒人也。侍中贾逵荐尤有相如、杨雄之才⑤,明帝召作东观、辟雍、德阳诸观赋铭、《怀戎颂》⑥,百二十铭,著《政事论》七篇,帝善之。拜谏大夫、乐安相⑦。后与刘珍共撰《汉记》⑧。孙充⑨,有文才。胜为东观郎,著赋、诔、论、颂数十篇⑩。

【注释】

①两李:指李尤、李胜。丽采:文采华丽。

②文藻:文采、词藻。

③李尤:字伯仁,广汉郡雒(今四川广汉)人。少以文章显。和帝时,拜兰台令史。安帝时迁谏议大夫,受诏与刘珍等撰《汉记》。顺帝立,迁乐安相。《后汉书》有传。

④李胜:字茂通,广汉郡雒(今四川广汉)人。有文才,为东观郎,著赋、诔、颂、论数十篇。附见于《后汉书·李尤列传》。

⑤贾逵(30—101):字景伯,扶风平陵(今陕西咸阳)人。参看本书卷十《先贤士女总赞》注。

⑥德阳:殿名。东汉雒阳北宫的正殿。在今河南洛阳东北汉魏故城内。

⑦乐安:侯国名。东汉永元七年(95)改千乘郡置,治所在临济县(今山东高青县高城镇西二里)。本初元年(146)改为郡,移治高苑县(今山东邹平东北苑城镇)。三国魏复改乐安国。南朝宋又改为郡。

⑧刘珍（？—126）：字秋孙，一名宝，南阳蔡阳（今湖北枣阳）人。历任谒者仆射、越骑校尉，延光年间官至卫尉。邓太后诏使参与校定东观诸书，又诏作建武以来名臣传。著有《东观汉记》（合著）。《后汉书》有传。《汉记》：即《东观汉记》。书名。东汉官修本朝纪传体史书。汉明帝时开始编写，以后累朝增修，到桓灵时共修一百四十三卷，尚未最后定稿。参加撰述者先后有班固、刘珍、李尤等多人。东观为洛阳宫中殿名，即当时修史之处。

⑨充：李充，广汉郡雒（今四川广汉）人。李尤之孙。曾任尚书郎。有文才。附见于本书卷十《先贤士女总赞》的李尤传。

⑩诔：底本作"谏"，误。《后汉书·李尤列传》："（李）尤同郡李胜，亦有文才，为东观郎，著赋、诔、颂、论数十篇。"

【译文】

李尤、李胜文采华丽，词藻可观。

李尤字伯仁，李胜字茂通，是雒人。侍中贾逵荐举李尤有司马相如、杨雄的才华，汉明帝召见令他创作东观、辟雍、德阳诸宫观的赋铭以及《怀戎颂》等一百二十铭，李尤又著有《政事论》七篇，汉明帝都认为写得好。李尤官拜谏大夫、乐安相。李尤后与刘珍共同撰写《汉记》。李尤之孙李充，有文才。李胜任东观郎，著有赋、诔、论、颂数十篇。

宪父悬车①。

王稚②，字叔起，堂幼子也。屡拒孝廉，公府十五辟③，公车征，及授二千石，征以太常，终不诣。年八十一卒。门人录其本行④，谥曰宪父。癸未⑤，诏书以安车聘请⑥，会已亡。

【注释】

①悬车：指隐居不仕。

②王稚（约122—约202）：字叔起，广汉郡郪（今四川三台）人。王

堂幼子。王堂,字敬伯,广汉郡郪(今四川三台)人。参看本书卷
一《巴志》注。

③公府:官署名。三公(太尉、司徒、司空)的官署,属中央一级的
机构。

④本行:指作为立身之本的德行。

⑤癸未:汉献帝建安八年(203)。按:这是下诏书之年。据此可知,
王稚约去世于建安七年(202)。王稚年八十一卒,则其生年约为
汉安帝延光元年(122)。

⑥安车:古代可以坐乘的小车。古车立乘,此为坐乘,故称安车。供
年老的高级官员及贵妇人乘用。高官告老还乡或征召有众望的
人,往往赐乘安车。安车多用一马,礼尊者则用四马。聘请:原指
公府征辟,后泛指请人任职。

【译文】

王稚隐居不仕。

王稚,字叔起,是王堂的幼子。王稚多次拒绝被举荐为孝廉,公府十
五次征辟,公车征召,以及授予二千石官位,征拜为太常,他始终不到任。
八十一岁时去世。门人记录他一生的德行,私谥为宪父。癸未年,朝廷
下达诏书,用安车聘请他出仕,恰好他已经去世了。

征君肥遁①。

冯信②,字季诚,郪人也。郡三察孝廉,州举茂才,公
府十辟,公车再征,不诣。公孙述时,托目青盲③,侍婢奸其
前,阳不觉④。述卒,以年老不出。

【注释】

①征君:征士的尊称。朝廷征聘而不肯受职的隐士。肥遁:语出

《易·遁》:"上九,肥遁,无不利。"孔颖达疏:"子夏传曰:'肥,饶裕也。'……上九最在外极,无应於内,心无疑顾,是遁之最优,故曰肥遁。"后因称退隐为"肥遁"。

②冯信:字季诚,广汉郡郪(今四川三台)人。参看本书卷五《公孙述刘二牧志》注。

③青盲:眼科病症名。俗称青光眼。症状为视力逐渐减退,渐至失明,但眼的外观没有异常,亦无明显不适感。

④阳:假装。《后汉书·独行列传》载,"(任)永妻淫于前,匿情无言;见子入井,忍而不救。(冯)信侍婢亦对(冯)信奸通。及闻述诛,皆盥洗更视曰:'世适平,目即清。'淫者自杀"。

【译文】

冯信隐居不仕。

冯信,字季诚,是郪人。郡里三次察举他为孝廉,州里荐举他为茂才,公府十次征辟,公车两次征召,他都不出仕。公孙述当政时,冯信以患青光眼推脱不出,侍女在他面前奸淫,冯信假装看不见。公孙述死后,冯信因年老而不出仕。

董、任循志①,束帛戋戋②。

董扶字茂安③,任安字定祖④,绵竹人也。家居教授,弟子自远而至。扶初应贤良方正⑤,诣京师。宰府十辟⑥,公车三征,再举有道⑦,为侍中。观汉将乱,求为属国⑧,还蜀。安察孝及茂才⑨,公府辟,公车征,皆不诣,卒布衣。弟子杜微、何宗、杜琼皆名士⑩,至卿佐。

【注释】

①循志:遵循志向。本处意谓不为外物而改变志向。

②束帛：捆为一束的五匹帛。古代用为聘问、馈赠的礼物。戋戋（jiān）：形容堆积得很多的样子。《易·贲》："贲于丘园，束帛戋戋。"后因以"戋帛"指敦聘贤者的礼物。

③董扶：字茂安，广汉郡绵竹（今四川德阳北）人。参看本书卷三《蜀志》注。

④任安（124—202）：字定祖，广汉郡绵竹（今四川德阳北）人。参看本书卷三《蜀志》注。

⑤贤良方正：全称"举贤良方正能直言极谏科"。选举科目。常与"贤良文学"并称。始于汉文帝，汉武帝时复诏举贤良或贤良文学，遂成为一种举荐官吏后备人员的制度与科目。魏、晋、唐、宋沿用，设贤良方正科。贤良，才能、德行好。方正，正直。

⑥宰府：宰相办公之所。

⑦有道：汉代选举科目之一。即有道术之士。《后汉书·董扶列传》："（董扶）前后宰府十辟，公车三征，再举贤良方正、博士、有道，皆称疾不就。"

⑧属国：即属国都尉。官名。管理属国事务的行政长官。

⑨察孝："察举孝廉"的省称。茂才：秀才。

⑩杜微：字国辅，梓潼郡涪（今四川绵阳）人。参看本书卷七《刘后主志》注。何宗：字彦英，蜀郡郫（今四川成都郫都区）人。参看本书卷六《刘先主志》注。杜琼（？—250）：字伯瑜，蜀郡成都（今四川成都）人。参看本书卷六《刘先主志》注。

【译文】

董扶、任安遵循自己的志向，纵使敦聘礼物堆积如山。

董扶字茂安，任安字定祖，是绵竹人。董扶居家教徒授业，弟子有自远而来者。董扶起初应试贤良方正科，到了京城。相府十次征辟，公车三次征调，两次被举荐为有道，后来出任侍中。董扶看到汉家天下即将大乱，请求担任属国都尉，于是回到蜀地。任安察举孝廉、茂才，官府征辟，公车征召，他都不去，以布衣身份而终。任安弟子杜微、何宗、杜琼，都是名士，官至卿佐。

文表氾博①，提携士彦②。

王商③，字文表，郪人也。博学多闻。州牧刘璋辟为治中，试守蜀郡太守④。荆州牧刘表、大儒南阳宋仲子远慕其名⑤，皆与交好。许文休称商"中夏王景兴辈也"⑥。商劝璋揽奇拔隽，甚善匡救⑦。荐致名士安汉赵韪及陈实盛先、垫江龚扬、赵敏、黎景、阆中王澹、江州孟彪⑧，皆至州右职、郡守。又为严、李立祠⑨，正诸祀典⑩。在官十年而卒。

【注释】

①氾（fàn）博：广大，广博。

②士彦：即彦士，贤士。

③王商：字文表，广汉郡郪（今四川三台）人。参看本书卷三《蜀志》注。

④试守：正式任命前试行代理某一职务。

⑤宋仲子：宋衷，字仲子，南阳章陵（今湖北枣阳）人。参看本书卷十《先贤士女总赞》注。

⑥许文休（？—222）：许靖，字文休，汝南平舆（今河南平舆北）人。参看本书卷三《蜀志》注。中夏：指中原地区。王景兴（？—228）：王朗，字景兴，东海郯（今山东郯城）人。王肃之父。初以通经拜郎中。徐州刺史陶谦举为茂才，为谦之治中。后归曹操，拜谏议大夫，参司空军事。魏国建，累迁大理，治狱宽恕。魏文帝即位，任司空，封乐平乡侯。魏明帝时封兰陵侯，迁司徒。尝为《易》《春秋》《孝经》《周礼》作传。卒谥成侯。《三国志·魏书》

有传。

⑦匡救：匡正补救。

⑧赵题（？—200）：巴郡安汉（今四川南充）人。参看本书卷一《巴志》注。陈实：字盛先，巴郡安汉（今四川南充）人。陈澄之孙。官至别驾从事。龚扬：巴郡垫江（今重庆合川）人。官至巴郡太守。参看本书卷一《巴志》注。赵敏：巴郡垫江（今重庆合川）人。官至巴郡太守。参看本书卷一《巴志》注。黎景：字阙，巴郡垫江（今重庆合川）人。官至日南太守。本书卷十二《序志并士女目录》有名录。王澹：巴郡阆中（今四川阆中）人。举茂才。本书卷十二《序志并士女目录》有名录。孟彪：江州（今重庆）人。举茂才。本书卷十二《序志并士女目录》有名录。

⑨严、李：指严遵、李弘。

⑩祀典：祭祀的典礼。

【译文】

王文表学识广博，乐于提携人才。

王商，字文表，是郫人。王商博学而多闻。州牧刘璋征辟他为治中，代理蜀郡太守。荆州牧刘表和大儒、南阳人宋仲子在远方仰慕他的名声，都与王商结交为好友。许文休称赞王商是"中原地区王景兴一流的人物"。王商劝说刘璋延揽、提拔优秀人才，很有利于时世的匡正与补救。王商推荐、招致的知名人士，有安汉人赵题、陈实（字盛先），垫江人龚扬、赵敏、黎景，阆中人王澹，江州人孟彪，他们都官至州部要职、郡太守。王商又为严遵、李弘修建了祠堂，并厘正了祭祀的典礼。王商在任十年去世。

超类拔萃①，实惟世信。

刘宠②，字世信，绵竹人也。出自孤微③。以明《公羊春秋》，上计阙下④。见除成都令⑤，政教明肃⑥。时诸县多难治,乃换宠为郫令,又换郪、安汉,皆垂绩⑦。还在成都,迁牂柯太守。初乘一马之官,布衣疏食⑧,俭以为教。居郡九年,乘之而还,吏人为之立铭。王商、陈实,当世贵士⑨,皆与为友。

【注释】

①超类拔萃:犹言出类拔萃。形容超越寻常,杰出。类,同类。拔,超出。萃,原为草丛生的样子,引申指同类丛聚。

②刘宠:字世信,广汉郡绵竹(今四川德阳北)人。参看本书卷三《蜀志》注。

③孤微:谓低微贫贱。

④上计:汉制,每届年终,郡国遣吏至京上计簿,将境内全年户口、钱粮、盗贼、狱讼等事项,向朝廷报告,借资考绩,称为"上计"。阙下:宫阙之下。借指帝王所居的宫廷,亦借指京城。本处指的是京城。

⑤见除:被任命为。

⑥明肃:清明严格。

⑦垂绩:留下政绩。

⑧布衣疏食:穿布衣,吃粗粮。形容生活俭朴。疏,通"蔬",泛指蔬菜。

⑨贵士:贵族高门之士。

【译文】

出类拔萃的人,实在是刘世信。

刘宠,字世信,是绵竹人。刘宠出身低微贫贱。因为通晓《公羊春秋》,被安排到京城上计。后被任命为成都令,政教清明严格。当时各县都很难治理,刘宠被调任为郫县令,又转任郪、安汉县令,都留下了政绩。

后又还任成都令,升迁为牂柯太守。当初,刘宠乘一马上任,穿的是布衣,吃的是粗粮,以俭朴教化地方。刘宠在牂柯郡任职九年,仍然乘一马而归,当地官吏、百姓为刘宠立了碑铭。王商、陈实,是当时的高门之士,都与刘宠结为好友。

　　节英亢烈①,仰诉鼎臣②。
　　段恭,字节英,雒人也③。少周流七十余郡④,求师受学,经三十年。兄事冯翊骆异孙、泰山彦之章、渤海纪叔阳⑤,遂明《天文》二卷。东平虞叔雅学绝高当世,遂游于蜀,恭以朋友礼待之。后为上计掾⑥,会有司劾太尉庞参兼举茂才、孝廉⑦。参性忠正亮直⑧,为贵戚所摈⑨,以恚发病⑩,远近称冤。恭不能耐其枉,亢疏表参忠直⑪,不当以谗佞伤毁忠正⑫。帝悟⑬,即日召西曹掾问疾⑭,寻羊酒慰劳参忠⑮。

【注释】

①亢烈:刚毅。

②鼎臣:重臣,大臣。

③雒人:本书卷十二《序志并士女目录》作"新都人"。

④周流:周游。

⑤冯翊:即"左冯翊"。郡名。别称左辅。汉三辅之一。西汉太初元年(前104)改左内史置。因在京兆尹之左(东),故称。后世通称京东之地为"左辅"。职掌相当于郡太守,辖区相当于一郡,因地属畿辅,故不称郡。治长安县(今西安西北)。辖区约当今陕西渭河以北、泾河以东的洛河中、下游地区。东汉移治高陵县(今陕西高陵西南)。属司隶校尉部。三国魏复置冯翊郡,移治临晋(今陕西大荔)。泰山:郡名。楚汉之际刘邦以博阳郡改置。

治所在博县（今山东泰安东南），后移治奉高县（今泰安东北）。因境内泰山得名。渤海：郡名。治所在临济城（今山东高青高苑）。骆异孙、彦之章、纪叔阳：三人事迹不详。

⑥上计掾：官名。也简称计掾。汉置，魏晋沿置。掌从主计吏到京师汇报本郡本国的人口、钱粮、赋税、垦田、盗贼、狱讼等。

⑦庞参（？—136）：字仲达，河南缑氏（今河南偃师）人。参看本卷前文注。兼举茂才、孝廉：东汉之制，三公岁举茂才一人；而孝廉则为郡国察举。庞参时为太尉，依例可举茂才。"有司劾太尉庞参兼举茂才、孝廉"，大概是弹劾庞参不当举孝廉（刘琳）。

⑧忠正：忠诚正直。亮直：诚实正直。

⑨摈：排斥，排挤。

⑩恚（huì）：愤怒，怨恨。

⑪亢疏：上书直陈。

⑫谗佞（nìng）：谗邪奸佞之人。

⑬帝：皇帝。本处特指汉顺帝。汉顺帝，即刘保（115—144），东汉皇帝。汉安帝长子。永宁元年（120）立为皇太子，延光三年（124）废为济阴王。安帝死后，宦官孙程等迎帝即位，年十一。封孙程等十九人为列侯。在位十九年。

⑭即日：当天，当日。西曹掾：官名。汉置，为太尉属官，掌府吏署用。问疾：探问疾病。

⑮羊酒：羊和酒。亦泛指赏赐或馈赠的物品。

【译文】

段节英为人刚毅，敢于向在上位的重臣申诉冤情。

段恭，字节英，是雒人。段恭早年周游七十多个郡，寻访老师，接受学习，如此历经三十年。段恭像对待兄长一样侍奉冯翊人骆异孙、泰山人彦之章、渤海人纪叔阳，于是通晓了《天文》二卷。东平人虞叔雅的学问称绝于当世，到蜀地游学时，段恭以朋友之礼对待他。后来，段恭担任了上计掾，恰逢有司弹劾太尉庞参兼举茂才、孝廉不当。庞参本性忠诚正直，被贵戚排挤而愤怒发病，远近之人都为他喊冤。段恭不能忍受庞参被人冤枉，于是上书，直陈庞参忠诚正直，不应当让谗邪奸佞之人诋毁忠诚正直之士。皇帝醒悟，当天即令西曹掾前往探问疾病，不久又送去羊和酒以慰劳庞参的忠诚。

　　士游孝淳①，感物悟神②。

　　姜诗③，字士游，雒人也。事母至孝。母欲江水及鲤鱼脍④，又不能独食，须邻母共之，诗常供备。子汲江溺死，秘言遣学，不使母知。于是有涌泉出于舍侧，有江水之香，朝朝出鲤鱼二头⑤，供二母之膳。其泉灌田六顷，施及比邻。公孙述平后，东精为贼⑥，掠害，不敢入诗里。时大荒饥，精致米肉与诗，诗埋之。永平三年⑦，察孝廉。明帝诏曰："大孝入朝，孝廉一切皆平之⑧。"除江阳、符长⑨，所居乡皆为之立祠。

【注释】

①孝淳：犹言淳孝，至孝。

②感物悟神：意即本书卷三《蜀志》所说姜诗"感物寤灵"，感动外物，唤醒神灵。

③姜诗：字士游，广汉郡雒（今四川广汉）人。参看本书卷三《蜀志》注。

④鲤鱼脍：鲤鱼肉片。

⑤朝朝：天天，每天。

⑥东精：人名。赤眉军余部首领。《后汉书·列女传》："赤眉散贼经（姜）诗里，弛兵而过。"

⑦永平三年：60年。永平，汉明帝年号（58—75）。

⑧一切：一概，一律。《后汉书·列女传》："永平三年，察孝廉，显宗诏曰：'大孝入朝，凡诸举者一听平之。'由是皆拜郎中。"

⑨江阳：县名。西汉置，属犍为郡。治所即今四川泸州。以县在大江（长江）之阳（水之北），故名。东汉为枝江都尉治。建安十八年（213）为江阳郡治。符：县名。西汉元鼎二年（前115）置，属犍为郡。治所即今四川合江县。东汉改为符节县。建安中属江阳郡。西晋复改符县。永嘉以后废。

【译文】

姜士游至孝，感动外物唤醒神灵。

姜诗，字士游，是雒人。姜诗侍奉母亲非常孝顺。母亲想喝江中水、吃鲤鱼片，又不能一个人独自进食，必须与邻居的母亲共同进食，姜诗经常供给齐备。姜诗的儿子到江边打水，不幸溺水身亡，她保守秘密，说儿子外出求学去了，不让自己的母亲知道。于是有一股涌泉出在屋舍边上，有与江水一样的香味，而且每天都会涌出两尾鲤鱼，供应两位母亲的膳食。这眼涌泉能灌溉六顷田地，其恩惠施及于邻居。公孙述被平定后，东精成为贼寇，掠夺残害百姓，但不敢进入姜诗的乡里。当时，正逢大饥荒，东精送米、肉给姜诗，姜诗将其埋入地下。永平三年，姜诗察举孝廉。汉明帝下诏说："大孝之人进入朝廷，察举孝廉者一概予以评定。"姜诗被任命为江阳、符县长，姜诗所居住的地方，乡里都为他修建了祠堂。

少林阴德①，阳报是甄②。

王忳③，字少林，新都人也。游学京师，见客舍有一书生困病④，忳隐视⑤，奄忽便绝⑥。有金十斤，忳以一斤买棺木，九斤还要下葬埋之。后为大渡亭长⑦，大马一匹来入亭中，又有绣被一领飞堕其前，人莫识者，郡县以畀忳⑧。后乘马到雒县,马牵忳入他舍。主人问忳所由得马,忳具说其状⑨,并及绣被。主人怅然曰:"卿何阴德而致此?"忳说昔埋书生事。主人惊曰:"是我子也,姓金名彦,卿乃葬之,不报,天彰卿德。"辟举茂才,除郿令。宿蒌亭中⑩,数有人为鬼所杀。忳上楼,夜半有女子称冤,曰:"妾,涪令妻也,当之官,宿此,枉为亭长所杀,大小二十口埋在楼下,夺取财物。"忳曰:"汝何故以恒杀人?"女子曰:"妾不得白日,惟依夜愬⑪,人眠不肯应,恚,故杀之。"初来时,言无衣,忳以衣衣之,言讫投衣而去。旦召游徼诘问⑫,具服⑬。即收同谋十余人杀之,送涪令丧还乡里。当世称之。

【注释】

①阴德:暗中做的有德于人的事。

②阳报:显明的报应。甄:昭显,表彰。

③王忳(zhūn):字少林,广汉郡新都(今四川成都新都区)人。举茂才,除郿令。理狱有能名。《后汉书·独行列传》有传。按:王忳阴德、阳报事,出自陈寿《益部耆旧传》,《太平御览》卷四百六十五、卷四百七十九、卷五百五十四、卷七百七、卷八百一十一均有节引。

④困病:犹言病笃,病势沉重。

⑤隐视:暗中观察。

⑥奄忽:倏忽,忽然。

⑦大渡亭:地名。属新都,即今四川金堂县赵镇。亭,秦汉时,城乡都置亭。在乡,称乡亭,又称野亭,十里一亭,亭设亭长,下有亭佐、求盗等吏卒,掌治安、诉讼和捕盗贼等事。城市里也置亭,称都亭,其职与乡亭同。

⑧畁（bì）：给予，付与。

⑨具说：详说，备述。

⑩斄（tái）：古同"邰"（tái）。县名。秦置，在今陕西武功西南。秦属内史。西汉属右扶风。东汉废。

⑪愬（sù）：告发，诉说。

⑫游徼（jiào）：官名。秦置，汉朝沿置，后废。为乡官，掌巡逻禁捕奸人盗贼。诘问：盘问，质问。

⑬具服：完全服罪。《后汉书·独行列传》："明旦召游徼诘问，具服罪。"

【译文】

王少林积有阴德，因其彰显而得到显明的报应。

王忳，字少林，是新都人。在京城游学时，看见客舍中有一位书生病势沉重，王忳暗中观察，书生倏忽之间便气绝身亡。书生有十斤黄金，王忳用其中的一斤为书生买了棺材，剩下九斤放回书生腰下，与其一起埋葬。后来王忳担任大渡亭长，有一匹高头大马进入亭中，又有一床绣花被子从天飞堕而下，落在王忳的前面，众人都不知道这是怎么回事，郡县将大马和被子给了王忳。后来，王忳乘马到了雒县，马牵着王忳进入了他人房舍。主人询问王忳得到马的来由，王忳详细说明了实际情况，并且说了绣花被子的事。主人失意地说："阁下有何阴德，而能得到这些？"王忳便陈述了当年埋葬书生的事情。主人惊讶地说："他是我的儿子啊，姓金，名彦，原来是阁下埋葬了他，我没有报答阁下，是上天彰显了阁下的德行。"王忳被征辟为茂才，任命为郿县令。王忳住宿在斄亭之中，亭中有多人被鬼杀死。王忳登上亭楼，夜半时分有女子喊冤道："贱妾是涪县令的妻子，在上任的途中，我们借宿在此亭，结果被亭长杀死，大大小小二十口人都被埋在楼下，他们夺取了我们的财物。"王忳问："你为何常常在此杀人？"女子说："贱妾不能白天出来，只能在夜晚诉说，而这些人都睡着了不肯回应我，我怨恨，故而杀了他们。"女子初来之时说自己没有衣服,王忳把自己的衣服给她穿,女子说完话放下衣服就走了。第二天早上,王忳召集游徼盘问,都完全服罪。王忳随即收捕同谋十余人,一并将其处死,又将涪县令尸体送还乡里。王忳此举受到了当时人的称赞。

仲鱼谦冲①。

羊期,字仲鱼,郪人也。父为交州刺史②,卒官。期迎丧③,不敢取官舍一物。郡三察孝廉,公府辟,州别驾,皆不应。太守尹奉弃刑名④,行礼乐⑤,请为功曹。刺史必欲借期自佐⑥,不得已,为别驾。后为太守孙宝、蔡茂、役讽功曹⑦。当欲渡津,津吏滞,停车待之三日;将宿中亭,中有县吏,引车避之。为野王令⑧。

【注释】

①谦冲:谦虚和顺。

②父:据本书卷十二《序志并士女目录》,羊期之父名甚。

③迎丧:把客死外乡者的灵柩或尸骨迎归家乡。

④尹奉:南阳(治今河南南阳)人。参看本书卷四《南中志》注。刑名:指法家的学说及其治术,如循名责实、慎赏明罚等。

⑤礼乐:指儒家所主政的礼乐教化。

⑥自佐:辅佐自己。

⑦孙宝:字子严,颍川鄢陵(今河南鄢陵北)人。成帝鸿嘉中,历任益州、冀州刺史,拜广汉太守。不畏权势,颇有政绩,吏民称颂。哀帝时,征为谏大夫,迁司隶校尉。因上书为郑崇申冤,被免为庶人。平帝时,起为大司农。廷臣称王莽功德,宝独非之。后免官。《汉书》有传。蔡茂(前25—47):字子礼,河内怀(今河南武陟)

人。西汉哀帝、平帝年间,拜议郎,迁侍中。新莽时,免官不仕。光武建武初征拜议郎,迁广汉太守,在职清谨不懈。役(duì)讽:籍贯不详。汉安帝时为广汉太守、尚书令、光禄勋。参看本书卷三《蜀志》注。按:三人任广汉太守时间相距甚远,常璩不当错谬如此。三太守姓名,或为妄人所增。

⑧野王:县名。战国韩置。后入秦,属河内郡。治所在今河南沁阳。东汉、晋、北朝曾是河内郡和怀州治所,三国魏曾为野王郡治所。

【译文】

羊仲鱼谦虚和顺。

羊期,字仲鱼,是郫人。他的父亲是交州刺史,后死于任上。羊期去迎接父亲的遗体,不敢拿官府中的一件物品。郡里三次察举他为孝廉,公府征辟,任命他为州别驾,他都没有答应。太守尹奉抛弃刑名法术,推行礼乐教化,聘请他为功曹。刺史一定要借重羊期来辅佐自己,不得已,羊期只好出任别驾。后来,太守孙宝、蔡茂、役讽聘请羊期为功曹。有一次,羊期打算渡河,被渡口官吏阻止,停车等待了三天;将要留宿中亭时,因亭中有县吏,被要求引车回避。羊期担任过野王县令。

云卿安贫①。

朱仓,字云卿,什邡人也。受学于蜀郡张宁②,餐豆屑饮水以讽诵③。同业怜其贫④,资给米肉,终不受。著《河洛解》⑤。家贫,恒以步行。为郡功曹。每察孝廉,羞碌碌诣公府试⑥,不就⑦。州辟治中从事,以讽咏自终⑧。

【注释】

①安贫:自甘于贫穷。

②张宁:蜀郡人。处士。《太平御览》卷四百二十六、卷六百一十一、

卷八百四十一引《益部耆旧传》，朱仓"从处士张宁受《春秋》"。

③豆屑：豆粉。"屑"字底本原缺，据《太平御览》卷二百六十四引《华阳国志》补。讽诵：朗读，诵读。

④同业：同学，同窗。

⑤《河洛解》：朱仓著作。解说《河图》《洛书》。

⑥碌碌：随众附和貌，平庸无能貌。

⑦不就：不就职，谓不接受任命。

⑧讽咏：讽诵吟咏。

【译文】

朱云卿自甘于贫穷。

朱仓，字云卿，是什邡人。朱仓求学于蜀郡张宁门下，吃的是豆粉，喝的是白水，坚持诵读课业。同学可怜他贫穷，资助他米、肉，但朱仓始终不肯接受。朱仓著有《河洛解》。朱仓因为家贫，常常是步行来回。原来担任郡功曹。每次察举孝廉，朱仓都羞于跟随众人到公府去应试，也不去应聘。州里征辟他为治中从事，但朱仓还是以讽诵吟咏终其一生。

伯式玄照①。

折像，字伯式，雒人也。其先张江为武威太守②，封南阳折侯，因氏焉。父国为郁林太守③。家赀二亿④，故奴婢八百人，尽散以施宗族，恤赡亲旧⑤，葬死吊丧⑥。事东平虞叔雅，以道教授门人⑦，朋友自远而至。时人为谚曰："折氏客谁？朱云卿、段节英，中有佃子赵仲平⑧，但说天文论五经。"

【注释】

①玄照：谓微妙地鉴照（事理）。

②张江：广汉郡雒（今四川广汉）人。曾任武威太守。后被封为南

阳折侯，因此改姓折氏。本书卷十二《序志并士女目录》有名录。

③国：折国，广汉郡雒（今四川广汉）人。折像之父。曾任郁林太守。本书卷十二《序志并士女目录》有名录。

④家赀（zī）：家产，家中资产。赀，通"资"。

⑤恤赡：救济，抚恤。亲旧：犹亲故，亲戚和故交旧友。

⑥吊丧：到丧家吊唁。

⑦道：黄老之道，讲究清静无为。《后汉书·方术列传》："（折像）能通京氏《易》，好黄老言。"

⑧赵仲平：或当即赵晏。本书卷十二《序志并士女目录》："忠贞：魏郡太守赵晏，字平仲。安汉人也。"

【译文】

折伯式微妙鉴照事理。

折像，字伯式，是雒人。折像的祖先张江担任过武威太守，后被册封为南阳折侯，因而以折为氏。折像的父亲折国担任过郁林太守。折氏家产二亿，原有奴婢八百人，但折像散尽全部家产以施舍同宗族之人，救济亲人，抚恤故旧，为死人送葬，为丧者吊唁。折像师事东平人虞叔雅，用黄老之道教授门人，而朋友自远而来受教。当时人有谚语说："折氏的客人是谁？是朱云卿、段节英，其中还有佃子赵仲平，他们只谈论天文，论说五经。"

孟宗当仁①。

杜真②，字孟宗，绵竹人③。诵书百万言。兄事翟酺。酺免后，尚书令与司隶校尉枉劾之，复征诣狱。真上章救之，受掠笞六百④，狱中明酺无事，京师壮之⑤。以汉道微⑥，散财施宗族，不应公府辟命。及辟，长吏候迎，每交于门，乃断发以自绝。

【注释】

①当仁：谓勇为不辞，即当仁不让。

②杜真：字孟宗，广汉郡绵竹（今四川德阳北）人。少有孝行，性慷
慨，散财施宗族。习《易》《春秋》，不应辟命。事见《后汉书·翟
酺列传》李贤注引《益部耆旧传》。

③绵竹人：依全书文例，"人"下当有"也"字。

④掠笞（chī）：拷打，笞击。

⑤壮：壮烈，认为壮烈。按：翟酺事，见本卷上文。

⑥汉道：汉代的道统、国祚。

【译文】

杜孟宗当仁不让。

杜真，字孟宗，是绵竹人。杜真诵读的书有上百万字。杜真以兄辈
之礼事奉翟酺。翟酺被免职后，尚书令和司隶校尉捏造事实、弹劾翟酺，
又将翟酺投入大狱。杜真呈上奏章营救翟酺，接受了六百大板的拷打，
在狱中申明翟酺无罪，京师之人认为杜真行为壮烈。杜真见汉朝国祚
衰微，便散尽家财施舍族人，自己也不接受公府的征辟和任命。等到被
征辟之时，杜真每每让长吏在门口等候，自己则剪断头发，表示与官府
断交。

味道好施①，清风迈伦②。
赞仲鱼以下也③。

【注释】

①味道：体味道的哲理，体察道理。

②清风：高洁的品格。迈伦：超过一般人。

③仲鱼：羊期，字仲鱼，广汉郡郪（今四川三台）人。本书卷十《先
贤士女总赞》有传。

【译文】

体察道理,喜好施舍,品格高洁,超过常人。

这些话赞扬的是羊仲鱼以下的人。

汉儒请雨,精感庆云①。

谅辅②,字汉儒,新都人③。为郡五官掾④。时天大旱,请雨不降,辅出祷祈⑤,乃积薪祝神曰:"不雨则欲自焚,为贪叨吏谢罪百姓⑥。"言终暴雨⑦。

【注释】

①庆云:五色云。古人以为喜庆、吉祥之气。

②谅辅:字汉儒,广汉郡新都(今四川成都新都区)人。仕郡为五官掾。时夏大旱,太守出祷山川,连日无应。辅乃自暴庭中,积薪将自焚,须臾降雨,世称其至诚。《后汉书·独行列传》有传。

③新都人:依全书文例,"人"下当有"也"字。

④五官掾:官名。省称"五官"。汉置,为郡国属官,掌管功曹及诸曹事,主祠祀。其监属县,有五部督邮,曹掾一人。在郡国,称五官掾;在县,称廷掾,监乡五部。春夏为劝农掾,秋冬为制度掾。

⑤祷祈:祈祷,祷告而祈求。

⑥贪叨:贪婪,贪图。

⑦言终暴雨:《后汉书·独行列传》:"于是积薪柴聚茭茅以自环,构火其傍,将自焚焉。未及日中时,而天云晦合,须臾澍雨,一郡沾润。世以此称其至诚。"

【译文】

谅汉儒祈求降雨,他的精诚感动上天。

谅辅,字汉儒,是新都人。谅辅是郡里的五官掾。当时,天下大旱,众人求雨未成,谅辅亲自去祈祷,他堆积柴草,祈祝神灵说:"如果不降雨,我就要自焚,替贪官污吏向百姓谢罪。"谅辅语毕,天降暴雨。

韩揆义烈①。

韩揆,字伯彦,绵竹人也。为令锜裒主簿②。值黄巾贼入界,扶裒走入草中。裒遣求隐翳处③,未还,裒为贼所得,见害④。揆殡殓葬讫⑤,诣从事贾龙求兵讨贼⑥。贼破,曰:"本报令君⑦,而苟自活,非忠。"乃自杀。

【注释】

①韩揆(kuí):字伯彦,广汉郡绵竹(今四川德阳北)人。为县主簿。黄巾军入县界,扶县令走入草中,自隐翳处,归,令已被杀。殡葬讫。黄巾他去,揆以为本欲报令知遇恩,今被杀,不忠,乃自杀。义烈:忠义节烈。

②锜裒(qí póu):籍贯不详。曾任绵竹令。

③隐翳(yì):掩蔽,遮蔽。

④见害:被害。本书卷五《公孙述刘二牧志》:"中平五年(188),益州黄巾逆贼马相、赵祇等聚众绵竹,杀县令李升,募疲役之民,一二日中得数千人。"上文所说"锜裒",或当为"李升"之误。

⑤殡殓:入殓和出殡。即为死者更衣下棺,准备埋葬。

⑥贾龙:蜀郡(治今四川成都)人。参看本书卷五《公孙述刘二牧志》注。

⑦令君:对县令的尊称。

【译文】

韩揆忠义节烈。

韩揆,字伯彦,是绵竹人。韩揆是绵竹县令锜裒的主簿。当时适逢黄巾贼攻入县界,韩揆搀扶锜裒逃入草丛之中。锜裒派遣韩揆去寻找一个可以藏身的地方,在韩揆还没有回来前,锜衰就被黄巾贼抓住杀害了。韩揆将锜衰入殓、出殡、埋葬后,前去拜见从事贾龙,请求他出兵讨伐贼人。贼人被打败后,韩揆说:"我本来是为县令报仇,现在大仇已报,而我苟活着,这不是忠诚的表现。"于是,韩揆自杀了。

　　乔云勇震①。

　　左乔云,绵竹人也。少为左通所养为子。通坐任徒②,徒逃,吏欲破通膑③。通无壮子④,故为吏所侵。乔云时年十三,喟然愤怒,以锐刀杀吏,解通走。将令出追⑤。初闻,以为壮士⑥,及知是小儿,为之流涕。

【注释】

①勇震:以勇敢而震动。

②坐:因……犯罪,由……而获罪。任:担保。徒:刑徒。

③膑:古代一种剔掉膝盖骨的酷刑。

④壮子:成年的儿子。

⑤将:刺史或太守之称。刺史称"州将",太守称"郡将"(刘琳)。

⑥壮士:体健力大者。本处所说"壮士",还带有"成年"意。由后文"及知是小儿",即可知此意。

【译文】

左乔云以勇敢而震动天下。

左乔云,是绵竹人。左乔云年少之时被左通领养,将他作为儿子。左通因为替刑徒担保,而刑徒逃跑了,故由此获罪,狱吏准备剔去左通的膝盖骨。左通没有成年的儿子,故而被狱吏处刑。左乔云当时十三岁,极为愤怒,用利刃杀死了狱吏,救出左通逃走。州郡下令追赶二人。世人起初听说此事,以为是成年壮士所为,当得知是小儿所为,不禁为之流涕。

杨宽证将①,烈播友人。

宽字叔仲,新都人也。父斌证令万世②,太守祋讽以忠义状闻③。宽为郡吏,乡人马闰章言太守五方④,宽与兄皆诣狱证之⑤,得理⑥。后方当迁南郡,闰复章之。宽乃发闰赃私事⑦,闰伏罪⑧。友人汝锟为张明所杀,宽怒,缚明送锟家,使自谢之也。

【注释】

①证:为……作证,证明……无罪。将:郡将,太守之称。本处指广汉太守祋讽。

②令万世:新都县令万世。县令姓万,名世。

③状闻:以奏状上闻。

④章言:上奏章弹劾。本处意为上奏章诬告。五方:人名。姓五,名方。广汉太守。

⑤兄:据本书卷十二《序志并士女目录》,杨宽之兄名混。

⑥得理:得以申理。意谓所持的理由受到支持,而得以伸张。

⑦发:揭发。赃私:贪污营私。

⑧伏罪:服罪,认罪。

【译文】

杨宽证明郡守无罪,其刚烈名声在友人中传播。

杨宽,字叔仲,是新都人。杨宽的父亲杨斌证明县令万世无罪,太守祋讽以忠义之名上奏朝廷。杨宽为郡吏时,乡人马闰上奏章诬告太守五方,杨宽与哥哥杨混都到监狱证明五方无罪,申诉得以伸张。后来,五方要升迁为南郡太守,马闰又上奏章诬告。杨宽于是揭发马闰贪污营私之事,马闰认罪伏法。友人汝锟被张明杀死,杨宽很愤怒,捆绑了张明,将其送往汝锟家里,让他亲自谢罪。

宁叔执仇①。

宁叔,字茂泰,广汉人②。与友人张昌共受业太学③。昌为河南大豪吕条所杀④,叔杀条,自拘河南狱⑤。顺帝义而赦之。

【注释】

①执仇:意谓抓住仇人并将其杀死。

②广汉:县名。西汉高帝六年(前201)置,属广汉郡。治所在今四川射洪南六十里柳树镇。三国蜀为东广汉郡治。西晋为广汉郡治。

③张昌:据本书卷十《先贤士女总赞》,张昌为广汉人。

④大豪:豪强。

⑤自拘:拘囚自己。按:以上所记之事,又见本书卷十《先贤士女总赞》。

【译文】

宁叔为朋友杀死仇人。

宁叔,字茂泰,是广汉人。宁叔与友人张昌一起在太学学习。张昌被河南豪强吕条杀死,宁叔杀死了吕条,自我拘囚到河南监狱自首。汉顺帝认为他有义气,赦免了他。

张复师雠①。

张钳,字子安,广汉人也。师事犍为谢哀②。哀死,负土成坟,三年③。哀子为人所杀。钳复其雠,自拘武阳狱。会赦,免。当世义之。

【注释】

①复师雠:为老师复仇。

②谢袁：当作"谢褒"。本书卷十二《序志并士女目录》："学士：谢
　　褒。南安人。"南安属犍为郡，此谢褒即谢袁。

③三年：指服丧三年。服丧三年为古代丧服中最重要的一种。臣为
　　君、子为父、妻为夫等要服丧三年。为封建社会的基本丧制。

【译文】

张钳为老师复仇。

张钳，字子安，是广汉人。张钳师事犍为人谢袁。谢袁死后，张钳
亲自背土垒成坟墓，并为老师服丧三年。谢袁的儿子被人杀死。张钳为
其复仇之后，自我拘囚到武阳监狱自首。适逢大赦天下，张钳免于死罪。
当时人都认为他有义气。

贾为士死，分侔虞、朱①。

贾栩，字元集，什邡人也。雒孟伯元为父复仇，闻栩
名，往投之。雒县追伯元踪，栩叹曰："士以义遇我，岂可倍
哉②！杀雒县③，必移什邡④，负我君⑤。"乃自杀。李胜诔
之⑥，以方虞卿、鲁之朱家⑦。

【注释】

①侔：相等，齐等，媲美。虞：虞卿，或作"虞庆""吴庆"。战国时
　　人。虞氏，名失传。游说之士。因游说赵孝成王，为赵上卿，故号
　　虞卿。主张以赵为主，合纵抗秦。后因救魏相魏齐，弃相印与魏
　　齐逃亡，困于梁。魏齐自尽，虞卿穷愁著书。著有《虞氏春秋》，
　　今佚。《史记》有传。朱：朱家，秦汉之际鲁（治今山东曲阜）人。
　　以任侠闻。所藏匿亡者，得活以百数，然不夸耀其能。刘邦称帝，
　　追捕原项羽部将、楚地游侠季布，赖朱家通过汝阴侯滕公说服刘
　　邦而获赦。及季布尊贵，终身不见。自关以东，莫不延颈愿交。

《史记》有传。

②倍:通"背",背弃。

③杀雒县:有脱文,当作"杀雒县吏"。

④移:移文,古时官府文书的一种。与牒相类,多用于不相统属的官署之间。

⑤负:对不起。我君:指什邡县令。

⑥李胜:字茂通,广汉郡雒(今四川广汉)人。参看本卷前文注。

⑦方:比拟。

【译文】

贾栩为志士而死,其情可以与虞卿、朱家相媲美。

贾栩,字元集,是什邡人。雒人孟伯元为父亲复仇,听说了贾栩的名气,前来投奔他。雒县派人追踪孟伯元,贾栩感叹说:"士人因我义气而来找我,我难道可以背弃他吗?如果我杀掉雒县吏人,他们必定会移文什邡,这是对不起什邡县令。"贾栩于是自杀了。李胜为贾栩写了诔文,把贾栩比拟为虞卿、鲁国的朱家。

郭玉通术^①,盖亦所修。

郭玉,字通直,新都人也。明方术^②,伎妙用针^③,作《经方颂说》^④。官至太医丞、校尉^⑤。

【注释】

①郭玉:字通直,广汉郡新都(今四川成都新都区)人。一说广汉郡雒(今四川广汉)人(《后汉书·方术列传》)。初有老父号涪翁,善以针石治病,著《针经》《诊脉法》,传弟子程高。郭玉少师事程高,传其术。和帝时,为太医丞。其医术高深,治病多有效应。玉仁爱不矜,虽贫贱下人,必尽其心力。年老卒官。著有《经方颂说》。《后汉书》《东观汉记》有传。通术:精通医术。底本作"通

直"，误。

②方术：泛指天文、医学、卜筮、堪舆等术。本处指的是医术。

③伎：技艺，本领。

④《经方颂说》：郭玉著作。已经失传。

⑥太医丞：官名。秦、西汉太医令副贰，少府、太常皆置。东汉唯少府置。三国曹魏、孙吴皆置。员二人，方丞一人，掌治疗；药丞一人，掌药剂。有的属少府，掌给宫中治病；有的属太常，掌给百官治病。校尉：官名。秦汉为统兵武官，略次于将军，高于都尉。出征时临时任命，领一校（营）兵，有司马、候等属官。按：《后汉书・方术列传》仅云郭玉为太医丞，未言其为校尉。疑"校尉"二字为衍文。

【译文】

郭玉精通医术，这大概也是他修行所致。

郭玉，字通直，是新都人。郭玉通晓方术，善用针灸，著有《经方颂说》。官至太医丞、校尉。

爱迄刘氏，司农含章①。爽朗翠粲②，观国之光③。

秦宓④，字子敕，绵竹人也。初，隐遁不应州郡之命⑤，丞相亮领益州牧，选为别驾、中郎将。吴使张温将反命⑥，亮率百官饯之。温与宓语，答问若响应声⑦，辞义雅美⑧。温大敬服，以为蜀之有宓，犹鲁有仲尼也⑨。迁长水校尉、司农。宓甚有通理⑩，弟子谯周具传其业⑪。

【注释】

①司农：官名。汉武帝改大农令为大司农，掌钱谷、仓储、盐铁、均输等。其后，历代沿置。含章：包含美质，内怀美质。

②爽朗:清朗通达的样子。翠粲:色彩鲜明貌。

③观国之光:指观察国情。引申为从政。典出《周易·观》:"观国之光,利用宾于王。"

④秦宓(?—226):字子敕,广汉郡绵竹(今四川德阳北)人。参看本书卷三《蜀志》注。

⑤隐遁:隐居避世。

⑥张温(193—230):字惠恕,吴郡吴(今江苏苏州)人。参看本书卷七《刘后主志》注。反命:复命。本处指返回吴国复命。

⑦响应:回声相应。比喻应答敏捷。即《三国志·蜀书·秦宓传》所说"答问如响,应声而出"。

⑧辞义:辞采和文义。雅美:典雅优美。按:秦宓与张温的问答,详见《三国志·蜀书·秦宓传》和本书卷七《刘后主志》。

⑨仲尼:孔子(前551—前479),名丘,字仲尼,鲁国陬邑(今山东曲阜东南)人。

⑩甚有通理:意谓特别通晓事理。通理,共通的道理,通达的道理。

⑪弟子谯周具传其业:《三国志·蜀书·秦宓传》:"谯允南少时数往咨访,纪录其言于《春秋然否论》。"谯周(201—270),字允南,巴西郡西充国县(今四川阆中)人。参看本书卷一《巴志》注。

【译文】

等到了刘氏夺取天下,内怀美质的秦司农才出仕。为人通达耀眼,积极从政。

秦宓,字子敕,是绵竹人。起初,秦宓隐居避世,不答应州郡的任命,到丞相诸葛亮自领益州牧时,秦宓被选拔为别驾、中郎将。吴国使者张温即将返回吴国复命,诸葛亮率领百官为其饯行。张温与秦宓的对话,一问一答好比回声相应,辞采和文义典雅优美。张温大为敬重佩服,认为蜀国之有秦宓,犹如鲁国之有孔子。秦宓后升迁为长水校尉、司农。秦宓特别通晓事理,弟子谯周全部传承了他的学问。

李、王四子^①，并作琳琅^②。

李朝字伟南^③，弟邵字永南^④，郪人也。王士字义强^⑤，从弟甫字国山^⑥，文表诸弟也^⑦。先主领牧，朝为别驾。群下上先主为汉中王^⑧，其文朝所造也^⑨。后丞相亮府辟西曹掾。亦有文才，兄弟三人号"三龙"^⑩。士历宕渠、犍为、益州太守。甫善言议人流^⑪，有美称，自绵竹令为州右职^⑫。

【注释】

①李、王四子：指李朝、李邵、王士、王甫。

②琳琅：精美的玉石。借指美好的事物。此指优秀人才。

③李朝（？—222）：字伟南，广汉郡郪（今四川三台）人。李毅祖父。汉末曾任郡功曹，举孝廉，为临邛令。入蜀为别驾从事。随刘备征吴，卒于永安（今重庆奉节）。《三国志·蜀书》有传。

④邵：李邵（？—225），字永南，广汉郡郪（今四川三台）人。李朝之弟。刘备入蜀，为州书佐部从事。刘禅建兴元年（223），诸葛亮辟为丞相府西曹掾。诸葛亮南征，留李邵为治中从事。《三国志·蜀书》有传。

⑤王士：字义强，广汉郡郪（今四川三台）人。王甫从兄。从刘备入蜀，举孝廉，为符节长，迁牙门将，出为宕渠太守，徙犍为太守。诸葛亮南征，转益州太守，将南行，为蛮夷所害。《三国志·蜀书》有传。

⑥甫：王甫（？—222），字国山，广汉郡郪（今四川三台）人。王士从弟。初仕刘璋为州书佐。刘备定蜀，为绵竹令，迁荆州议曹从事。随刘备征吴，军败秭归，遇害。《三国志·蜀书》有传。

⑦文表：王商，字文表，广汉郡郪（今四川三台）人。参看本书卷三《蜀志》注。诸弟：同宗之弟。

⑧上：上表拥戴。

⑨造：撰写。

⑩三龙：《三国志·邓张宗杨传》裴松之注引《益部耆旧杂记》：
　　"（李）朝又有一弟，早亡，各有才望，时人号之李氏三龙。"

⑪言议：议论，言论。人流：谓评论人物。

⑫右职：古人尚右，以右职为重要的职位。

【译文】

李、王四位士子，都是优秀人才。

李朝字伟南，其弟李邵字永南，是郪人。王士字义强，其从弟王甫字国山，是王文表族弟。刘先主领益州牧，任命李朝为别驾。群臣上表拥戴先主为汉中王，这篇奏表的文字就是李朝撰写的。后来，丞相诸葛亮开府，征辟李邵为西曹掾。李邵也有文才，兄弟三人号称"三龙"。王士历任宕渠、犍为、益州太守。王甫善于评论人物，有美好的声誉，从绵竹令升为州里的右职。

优游容与①，特进太常。

镡承②，字公文，郪人也。历郡守、州右职，为少府、太常。时费、姜秉政③，孟光、来敏皆栖迟④，承以和独立⑤，特进之也⑥。

【注释】

①优游：悠闲自得。容与：从容闲舒貌。

②镡承：字公文，广汉郡郪（今四川三台）人。参看本书卷七《刘后主志》注。

③费、姜：指费祎、姜维。费祎（？—253），字文伟，江夏鄳（今河南信阳）人。参看本书卷二《汉中志》注。姜维（202—264），字伯约，天水冀（今甘肃甘谷）人。参看本书卷二《汉中志》注。

④孟光：字孝裕，河南洛阳（今属河南）人。参看本书卷六《刘先主志》注。来敏：字敬达，义阳新野（今河南新野）人。参看本书卷七《刘后主志》注。栖迟：滞留。本处指久任原职而不得升迁。

⑤以和独立：意谓与人相处和谐而又能自立。独立，不依靠他人而自立。

⑥特进：官名。西汉置，凡诸侯功德优盛、朝廷敬异者赐特进，位在三公下，得自辟僚属。东汉为加官，从本官车服，无吏卒，唯食其禄赐、列其班位。三国两晋南北朝成为正式加官名号，用以安置闲退大臣。《三国志·蜀书·杜周杜许孟来尹李谯郤传》：“（孟）光之指摘痛痒，多如是类，故执政重臣，心不能悦，爵位不登；每直言无所回避，为代所嫌。太常广汉镡承、光禄勋河东裴隽等，年资皆在（孟）光后，而登据上列，处（孟）光之右，盖以此也。”

【译文】

悠闲从容，镡承特进为太常。

镡承，字公文，是郫人。历任郡守、州右职，担任少府、太常。当时费祎、姜维执政，孟光、来敏都久任原职而不得升迁，而镡承因与人相处和谐而又能自立，故而特进为太常。

从事烈至，谏君刭首①。

王累②，新都人也。州牧璋从别驾张松计③，遣法正迎先主④，主簿黄权谏⑤，不纳。累为从事，以谏不入，乃自刭州门⑥，以明不可。

【注释】

①刭首：刭颈，割首。

②王累：蜀郡新都（今四川成都新都区）人。参看本书卷三《蜀志》注。

③州牧璋：刘璋（？—219）：字季玉，江夏郡竟陵（今湖北潜江）人。参看本书卷二《汉中志》注。张松（？—212）：字子乔，蜀郡（治今四川成都）人。参看本书卷五《公孙述刘二牧志》注。

④法正（176—220）：字孝直，扶风郿（今陕西眉县）人。参看本书卷五《公孙述刘二牧志》注。

⑤黄权（？—240）：字公衡，巴西郡阆中（今四川阆中）人。参看本书卷一《巴志》注。

⑥自刎州门：本书卷三《蜀志》说"王累悬颈州门"，本书卷五《公孙述刘二牧志》说"从事广汉王累倒悬于州门"，与此不同。

【译文】

王从事刚烈至极，为劝谏君主而自杀。

王累，是新都人。益州牧刘璋听从别驾张松的计谋，派遣法正去迎接先主刘备，主簿黄权劝阻，没有被刘璋采纳。王累是从事，因为刘璋不听劝谏而不入州府，于是在州门自杀，以此表明不可迎先主入蜀。

郑度进规①，忠谋莫受。虽云天时，抑由人咎②。

度③，绵竹人也。先主自葭萌南攻，说牧璋曰："左将军悬军袭我④，野谷是资⑤。急驱巴西、梓潼民内涪水以南，一切烧除野谷，固垒待之⑥。彼请战不许，久无所资，不过百日，必当面缚⑦。"先主闻而恶之。璋不纳。言虽在天，亦由璋之愚。

【注释】

①进规：进谏、规劝。

②人咎：人的过失、过错。本处指人为的谋划错误。即本段下文所说"由璋之愚"。

③度：郑度，广汉郡绵竹（今四川德阳北）人。参看本书卷五《公孙

述刘二牧志》注。

④左将军:指刘备。悬军:深入敌方阵地、孤立无援的军队。

⑤野谷:田野中未及收割的稻谷。或说野菜杂粮,亦通。

⑥固垒:加固营垒。指坚守。

⑦面缚:双手反绑在背后而面向前。古代用以表示投降。

【译文】

郑度进谏和规劝刘璋,但其忠诚的谋划没有被采纳。虽然说这与天时有关,但也是人谋的过错。

郑度,是绵竹人。先主刘备从葭萌向南进攻,郑度劝说州牧刘璋:"左将军刘备孤军深入而来袭击我们,军队依靠的是野谷。我们应该急速将巴西、梓潼的百姓迁移到涪水以南,烧除原地的一切野谷,并加固营垒以待敌军。如果对方请战,我们绝不迎战,长久以往,敌军没有粮草物资,他们要不了一百天,必定反绑双手前来投降。"先主刘备听说了此事,心中憎恶郑度。刘璋没有采纳郑度的建议。虽然说成败在天,但也是由刘璋的愚蠢所致。

永年负才,自丧世主①。

彭羕②,字永年,广汉人。有俊才。刘璋时,坐事为徒③。及先主入,自托庞统④,为州右职。失先主意,左迁江阳太守⑤,羕望⑥。诸葛亮以为心大志广,难可保,劝先主因事诛之。

【注释】

①世主:国君。

②彭羕(yàng):字永年,广汉郡广汉(今四川射洪)人。参看本书卷三《蜀志》注。

③坐事:因事获罪。

④自托庞统：即把自己托付给庞统。自托，自己有所依托。

⑤左迁：降官，贬职。

⑥望：怨恨，责怪。

【译文】

彭永年仗恃才学，将自己葬送于国君。

彭羕，字永年，是广汉人。有卓越的才能。刘璋当政时，彭羕因事获罪，沦为囚徒。等到先主刘备入蜀时，彭羕托身于庞统，担任州里的右职。彭羕因不合先主心意，降官担任江阳太守，因此内心怨恨。诸葛亮认为彭羕心大志广，难保可用，劝先主找个借口杀了他。

汉南哽哽①，天夺其守。

李邈②，字汉南，邵兄也。牧璋时为牛鞞长。先主领牧，为从事。正旦命行酒③，得进见，让先主曰④："振威以将军宗室肺腑⑤，委以讨贼，元功未效，先寇而灭。邈以将军之取鄙州，甚为不宜也。"先主曰："知其不宜，何以不助之？"邈曰："匪不敢也，力不足耳。"有司将杀之，诸葛亮为请，得免。久之，为犍为太守、丞相参军、安汉将军。建兴六年，亮西征，马谡在前，败绩，亮将杀之。邈谏以"秦赦孟明，用霸西戎⑥；楚诛子玉，二世不竞"⑦，失亮意，还蜀。十二年⑧，亮卒，后主素服发哀三日⑨。邈上疏曰："吕禄、霍禹未必怀反叛之心⑩，孝宣不好为杀臣之君，直以臣惧其逼，主畏其威，故奸萌生⑪。亮身杖强兵，狼顾虎视⑫，'五大不在边'⑬，臣常危之。今亮殒殁⑭，盖宗族得全，西戎静息⑮，大小为庆。"后主怒，下狱诛之。

【注释】

①哽哽:形容悲痛而声气堵塞貌。

②李邈(? —约234):字汉南,广汉郡郪(今四川三台)人。李邵之兄。

③正旦:农历正月初一。行酒:依次斟酒。

④让:责备,责怪。

⑤振威:指振威将军刘璋。将军:指刘备。宗室:同宗族之人。肺腑:同"肺附"。比喻帝王的宗室近亲。按:刘备是汉景帝子中山靖王刘胜之后,刘璋是汉王朝宗室,故本处说刘璋与刘备是"宗室肺腑"。

⑥"秦赦孟明"二句:孟明,名视,字孟明,亦称百里孟明视。百里奚之子。春秋时秦国人。秦穆公三十二年(前628),与西乞术、白乙丙奉命袭郑。大败于殽(在今河南三门峡东),三人为晋所俘。后被释归,继为秦将。后再攻晋,复败,仍被穆公重用。穆公三十六年(前624),终于大败晋军。后助秦穆公称霸西戎。事见《左传》。西戎,古代西北戎族的总称。

⑦"楚诛子玉"二句:子玉(? —前632),又名成得臣。楚国贵族,若敖后裔。楚成王三十五年(前637)因伐陈有功,代子文为令尹。楚成王四十年(前632),楚伐宋,晋救宋,子玉请求和晋交战,结果大败于城濮(今山东鄄城西南,一说在今河南开封祥符区东南),惧被治罪,自杀。事见《左传》。不竟,不强,不振。

⑧十二年:底本作"十三年",误。按:诸葛亮病逝于建兴十二年(234)。

⑨素服:本色或白色的衣服。居丧或遭遇凶事时所穿。

⑩吕禄(? —前180):单父(今山东单县)人。吕后之侄。吕后临朝称制,吕禄被任为将。吕后七年(前181),封赵王。为上将军,居北军,卫宫。吕后卒,欲为乱,为周勃、陈平等所诛。事见《史记》《汉书》。霍禹(? —前66):河东平阳(今山西临汾西南)

人。霍光之子。昭帝时为中郎将,宣帝时拜右将军。光卒,嗣博
陆侯。广治宅第,走马驰逐。其母毒杀许后事泄,更为大司马,
而罢其屯兵官属。其兄弟亲党逐渐调任外官,日见削黜。后坐谋
反,被捕,腰斩。事见《汉书》。

⑪奸萌:奸邪的苗子,图谋作奸违法。

⑫狼顾虎视:如狼虎视物。形容威严而凶狠。

⑬五大不在边:典出《左传·昭公十一年》:"臣闻五大不在边,五细
不在庭。"五大,指太子、母弟、贵宠公子、公孙、累世正卿等五种
人。因这五类人有权有势,居边容易反叛,最好不要派往边陲,故
曰"五大不在边"。

⑭殒殁(yǔn mò):殒没,指死亡。

⑮静息:静止,平息。

【译文】

李汉南哽咽悲泣,是上天夺了他的操守。

李邈,字汉南,是李邵的哥哥。益州牧刘璋当政时,李邈担任的是牛
鞞县长。先主刘备领益州牧时,李邈担任的是从事。正月初一,君臣聚
会,刘备下令依次斟酒,李邈得以进见刘备,他责备先主说:"振威将军视
将军为宗室近亲,委派您去讨伐贼寇,而大功尚未建立,振威将军却先于
贼寇被灭。鄙人李邈认为将军之夺取益州,很不合时宜。"先主说:"你
既然知道不合时宜,为什么不帮助他呢?"李邈说:"不是微臣不敢帮他,
而是力量不足。"有官员要杀李邈,诸葛亮为之求情,才得以幸免。很久
之后,李邈担任犍为太守、丞相参军、安汉将军。建兴六年,诸葛亮率军
西征,马谡是前锋,结果大败,诸葛亮要处死马谡。李邈以"秦国赦免了
孟明视,用之而称霸西戎;楚国诛杀子玉,致使其后二代都不能振作"来
劝谏诸葛亮,因不合诸葛亮心意,回到了蜀地。建兴十二年,诸葛亮去
世,后主刘禅身穿白衣哀悼三天。李邈上书说:"吕禄、霍禹不一定怀有
反叛之心,而汉宣帝也不是喜欢屠杀臣下的国君,只不过是臣下害怕国

君的威严,国君担心臣子的威信,故而有作奸违法之图谋。诸葛亮亲率强兵,犹如狼虎视物般威严凶狠,俗话说'五类人不要放在边陲',微臣经常担忧此事。现在,诸葛亮去世了,刘氏宗族大概会因此得以保全,西戎的边患也将得以平息,大小臣民可以拍手称庆的。"后主大怒,将李邈投入监狱,并诛杀了他。

诜诜彦造^①,或哲或友^②。昭德音芳^③,垂名厥后。

总赞此四十六人也。

述广汉人士。

【注释】

①诜诜(shēn shēn):众多貌。彦:彦士,贤士。造:造士,学业有成的士子。

②哲:哲人,智慧卓越的人。友:交友有道的人。

③昭德:彰明、宣扬美德。音芳:声音美妙。意即口碑美好。

【译文】

数量众多的彦士与造士,他们有的是智慧卓越的哲人,有的是交往有道的友人。宣扬他们的美德,让其口碑与美名流传后世。

所赞颂的总计有这四十六人。

以上叙述的是广汉人士。

任母治内^①,子成名贤。

任安母^②,姚氏也。雍穆闺门^③,早寡,立义资安^④,遂事大儒^⑤。安教授,每为赈恤其弟子^⑥,以慰勉其志^⑦,于是安之门生益盈门^⑧。

【注释】

①治内：治家。

②任安（124—202）：字定祖，广汉郡绵竹（今四川德阳北）人。参看本书卷三《蜀志》注。

③雍穆：和谐，和睦。

④立义：奉行大义。

⑤大儒：泛指学问渊博的人。本处特指杨厚。任安为杨厚弟子。杨厚（72—153），字仲桓，广汉郡新都（今四川成都新都区）人。参看本书卷三《蜀志》注。

⑥赈恤：救济抚恤。

⑦慰勉：抚慰勉励。

⑧盈门：满门，充满门庭。形容人数很多。按：成都杜琼、梓潼杜微、郫县何宗等，皆出任安门下。

【译文】

任安的母亲善于治家，儿子成为有名的贤人。

任安的母亲，是姚氏。任母以和睦治家，很早就成了寡妇，立志守节，抚育任安，使任安跟从大儒杨厚求学。任安教书授徒，任母常救济抚恤他的弟子，并勉励他们立志，因此，任安的学生更多了，充满了门庭。

庞行养姑①，妇师之先②。

庞行，姜诗妻也。事姑，昼夜纺绩③，以给供养。子汲江溺水死，秘言遣诣学。常作冬夏衣投水中，托言寄与子。诗呼妻，使为姑舂④，应命迟，见遣⑤。不敢远去，游于外供给，因邻母致姑。姑敕还⑥。

【注释】

①庞行：广汉郡雒（今四川广汉）人。庞盛之女，姜诗之妻。《后汉书·列女传》有传。按：姜诗及其妻庞行故事，被列为"二十四孝"之一。今四川德阳旌阳区孝泉镇有姜诗祠、墓等。

②妇师：妇女的师表。

③纺绩：把丝麻等纤维纺成纱或线。古代纺指纺丝，绩指绩麻。

④舂（chōng）：舂米。

⑤见遣：被驱逐。

⑥敕：告诫，嘱咐。

【译文】

庞行奉养婆婆，是妇女的师表。

庞行，是姜诗的妻子。庞行侍奉婆婆，白天、黑夜都在纺丝、绩麻，以此供养婆婆。儿子到江边汲水溺死，庞行保守秘密，说是让儿子上学去了。庞行经常缝制冬衣和夏衣投入水中，说是寄给儿子的。姜诗呼叫妻子，让她为婆婆舂米，因应答迟了一些，就被驱逐出了家门。庞行不敢走得太远，游走在家门之外供给婆婆，即通过邻居家的母亲把物资送给婆婆。后来，婆婆把庞行叫回家了。

依依义旧①，抗疏邦庭②。诚感世主③，徙女辍刑④。

义旧，狄道长姜穆女，绵竹司马雅妻也。既许婚⑤，父坐事徙朔方⑥。雅就婚，死，雇人送其丧。寻父母死朔方⑦，义旧独与弟孤居十年。士大夫求，终不肯。乃上疏自讼⑧，求还乡里。天子愍悼⑨，下朔方使送。遂下诏书，定律令⑩：女子许嫁，不得从父母徙。

【注释】

①依依：想念，思慕。本处指思念故乡。义旧：姜嫔之字。本书卷十

二《序志并士女目录》："姜嫔，字义旧。绵竹人也。"

②抗疏：谓向皇帝上书直言。邦庭：底本作"拜庭"，误。指朝廷。

③世主：国君，皇帝。

④辍：中止，废止。

⑤许婚：女方应允男方的求亲而订立婚约。

⑥朔方：郡名。西汉元朔二年（前127）置，治所在朔方县（今内蒙古杭锦旗北什拉召一带）。东汉时移治临戎县（今内蒙古磴口县东北布隆淖乡河拐子村古城）。永和五年（140）徙治五原县（今乌拉特前旗东南）。建安二十年（215）废。

⑦寻：不久。

⑧自讼：替自己申诉。

⑨愍悼：哀悼，哀怜，怜悯。

⑩律令：法令，法律条令。

【译文】

姜义旧思念故乡，向朝廷上书直言。她的精诚感动了皇帝，命她返回故乡，并废止了刑罚。

姜义旧，是狄道县令姜穆的女儿，是绵竹人司马雅的妻子。姜义旧已经订婚了，因父亲犯法而被流放到朔方。司马雅前往朔方完婚，死于途中，雇人给姜家送去遗体。不久，父母都死于朔方，姜义旧孤独地与弟弟在朔方住了十年。士大夫来求婚，姜义旧始终不肯答应。姜义旧上疏朝廷替自己申诉，请求返回故乡。天子怜悯她，下诏让朔方郡派人送她还乡。于是，皇帝又下达诏书，颁布法令：凡是女子已经许配人家，不得跟从父母流放。

纪配断指，以章厥贞①。

纪配，广汉殷氏女，廖伯妻也。年十六，适伯。伯早亡，以己有美色，虑人求己，作诗三章自誓心②，而求者犹众。父母将许,乃断指明情,养子猛终义③。太守薛鸿图象府庭。

【注释】

①章:彰明,表明。

②自誓心:自己发誓,表明决心。

③养子:抚养儿子。终义:终究得以守义。意谓成就了节义。

【译文】

殷纪配切断手指,以此表明自己的忠贞。

殷纪配,是广汉殷家的女儿,是廖伯的妻子。殷纪配十六岁时,嫁给了廖伯。廖伯很早就过世了,殷纪配因自己容颜美丽,担心有人来向她求婚,便作诗三章,以此发誓和表明决心,而前来求婚的人还是很多。父母打算把她许配出去,殷纪配于是切断手指表明决心,抚养儿子殷猛,最终成就了她的节义。太守薛鸿把她的图像挂在官府衙门。

彭、王、进娥,残体令诚①。

彭非,广汉王辅妻也。王和,新都人,便敬妻也。李进娥,郪人,冯季宰妻也。辅早亡,叔父欲改嫁,非乃诣太守五方,截发自誓。敬亦早亡,和养孤守义②。蜀郡何玉因媒介求之③,兄晓喻以"公族可凭"④。和恚,割其一耳。季宰亦早亡,父母欲改嫁,进娥亦剪发自誓。各养子终义。

【注释】

①残体:残害肢体。

②守义:坚守节义。按:所谓"义",即"一女不嫁二夫"、誓不改嫁之"义"。

③何玉:蜀郡郫(今四川成都郫都区)人。由下文"公族可凭"一语

可知,何玉与何武当为同一宗族之人。媒介:媒人,说合婚姻的人。

④公族:本指诸侯或君王的同族。本处意谓何家是大族、望族。可凭:可以依靠。

【译文】

彭非、王和、李进娥,不惜残害肢体以成就诚心。

彭非,是广汉人王辅的妻子。王和,新都人,是便敬的妻子。李进娥,郪人,是冯季宰的妻子。王辅死得很早,叔父打算让彭非改嫁,彭非于是去见太守五方,并剪断自己的头发誓不改嫁。便敬也死得很早,王和抚养孤儿,坚守节义。蜀郡人何玉通过媒人向王和求婚,哥哥劝导王和,说何玉是"名门望族,可以依靠"。王和非常愤怒,割掉了自己的一只耳朵。冯季宰死得也很早,父母打算让李进娥改嫁,她也剪断自己的头发誓不改嫁。她们各自都抚养儿子,成就了节义。

正流自沉,玉洁冰清①。

正流,广汉李元女、杨文妻也。适文,有一男一女,而文没,以织履为业②。父欲改嫁,乃自沉水中,宗族救之,几死,得免。太守五方为之图象。

【注释】

①玉洁冰清:像玉和冰一样纯洁清白。比喻节操高洁。

②织履:编织鞋子。

【译文】

李正流投水自杀,像玉和冰一样纯洁清白。

李正流,是广汉人李元的女儿、杨文的妻子。李正流嫁给杨文,生有一男一女,在杨文去世后,李正流以编织鞋子维持生计。父亲打算让她改嫁,李正流于是自沉于水中,同宗族的人去救她,她几乎要被淹死了,最终得以幸免。太守五方为她画了图像。

相乌、袁福，义不存生^①。

相乌，德阳人，袁稚妻也。十五适稚，二十稚亡，无子。父母欲改嫁之，便自杀。袁福，亦德阳人，王上妻也。有二子。上以丧亲过哀死^②，福哀感终身。父母欲改嫁，乃自杀。

【注释】

①义：坚守节义。存生：保存、维系生命。

②过哀：过度哀伤。

【译文】

相乌、袁福，坚守节义，不惜生命。

相乌，德阳人，是袁稚的妻子。相乌十五岁时嫁给袁稚，二十岁时袁稚去世，二人没有子女。父母打算让她改嫁，相乌就自杀了。袁福，也是德阳人，是王上的妻子。生有二子。王上因为亲人丧亡，过度哀伤而死，袁福也哀愁终身。父母打算让她改嫁，袁福于是自杀。

汝氏世胄^①，由妇谦柔^②。

汝敦妻某^③。敦兄弟共居，有父母时财，嫂心欲得，妻劝送与兄。敦尽让田宅、奴婢与兄，自出居^④。后敦耕，得金一器，妻复劝送与兄，夫妻共往。嫂性吝啬^⑤，谓欲借贷，甚不悦；及见金，踊跃^⑥。兄感悟^⑦，即出妻^⑧，让财还弟；弟不受，相让积年^⑨。后并察孝廉，世为冠族^⑩。

【注释】

①世胄：世家子弟，贵族后裔。

②谦柔：谦虚平和。

③汝敦：蜀郡新都（今四川成都新都区）人。曾察举孝廉。本书卷十二《序志并士女目录》："孝廉：汝敦。新都人。"

④出居：迁居，移居。

⑤吝啬：小气。此指过分爱惜自己的财物，当用而不用。

⑥踊跃：欢欣鼓舞貌。

⑦感悟：受感动而醒悟。

⑧出妻：休弃妻子。

⑨积年：多年，累年。

⑩冠族：显贵的豪门世族。

【译文】

汝氏世家贵族，是因为妇人谦虚平和。

汝敦之妻是某氏。汝敦兄弟共同居住，享有父母留下的财产，但嫂嫂想独自得到财产，妻子劝汝敦将财产送给哥哥。于是，汝敦将全部田地、住宅、奴婢让给哥哥，自己搬到外面居住。后来，汝敦在耕地之时，得到一个金器，妻子又劝汝敦将金器送给哥哥，夫妻一同前去送金器。嫂嫂生性吝啬，以为是弟弟想来借贷，很不高兴；等她见到金器，立刻欢欣鼓舞。哥哥由此醒悟，随即休弃妻子，将财产还给弟弟；弟弟不肯接受，双方互相谦让好多年。后来，兄弟俩都被察举为孝廉，成为豪门世族。

思媚列媛①，美称惟休②。

总赞十一人也。

述广汉列女。

右《广汉郡士女赞》第三。

凡五十七人。四十六人士，十一人女。

【注释】

①思媚:语出《诗经·大雅·思齐》:"思媚周姜,京室之妇。"毛传:"媚,爱也。周姜,大姜也。京室,王室也。"郑笺:"又常思爱大姜之配大王之礼,故能为京室之妇。"

②美称:美好的声誉。休:美,善。

【译文】

思爱列位名媛,其美名惟有美善。

总赞此十一人。

记述广汉列女。

以上是《广汉郡士女赞》第三。

共计五十七人。四十六位男性,十一位女性。

犍为士女

王延河平,纂禹之功①。

王延世②,字长叔,资中人也。建始五年③,河决东郡④,泛滥兖、豫四郡三十二县⑤,没官民屋舍四万所⑥。御史大夫尹忠以不忧职致河决⑦,自杀。汉史案图纬⑧,当有能循禹之功⑨,在犍柯之资阳⑩,求之正得延世。征拜河堤谒者⑪,治河。以竹落长四丈⑫,大九围,夹小船,载小石治之⑬。三十六日堤防成。帝嘉之,改年曰河平⑭,封延世关内侯,拜光禄大夫,仍赠黄金百斤⑮。

【注释】

①纂:继承。禹之功:指夏禹治水的功绩。《左传·昭公元年》:"美哉禹功,明德远矣。微禹,吾其鱼乎!"

②王延世：字长叔，犍为郡资中（今四川资阳）人。成帝初年，黄河决口于馆陶及东郡金堤，王延世被任为河堤使者，征调民工以大竹笼盛石用两船夹载投于决口，历时三十六日，塞决成堤，因功升光禄大夫，封关内侯。后二岁，黄河决口平原郡，王延世与杨焉、许商等再次治河，六月即成。事见《汉书》。

③建始五年：前28年。建始，西汉成帝年号（前32—前28）。

④东郡：郡名。战国秦王政五年（前242）置，治所在濮阳县（今河南濮阳东南二十里高城村）。三国以后，废置无常。北魏移治滑台城（今河南滑县东南城关镇）。

⑤四郡：此指东郡、平原、济南、千乘四郡。

⑥四万所：《汉书·沟洫志》："后三岁，河果决于馆陶及东郡金堤，泛溢兖、豫，入平原、千乘、济南，凡灌四郡三十二县，水居地十五万余顷，深者三丈，坏败官亭室庐且四万所。"

⑦尹忠：籍贯不详。汉成帝时，任御史大夫。因黄河决口，引咎自杀。

⑧图纬：图谶和纬书。

⑨循：遵循，继承。

⑩犍柯：指犍为郡、牂柯郡。资阳：当作"资中"。资中，县名。因地处古资江（今沱江）中段，故名。西汉置，属犍为郡。治所即今四川资阳。南朝梁废。

⑪河堤谒者：《汉书·沟洫志》作"河堤使者"。河堤谒者，即"河堤使者"。官名。汉朝设此官，掌治理、保护河堤等事。不常置。东汉有时亦置，以三府掾属为谒者领之。按：陕西西安汉城出土有"河堤谒者"官印。

⑫竹落：亦称"竹络"，竹笼。

⑬载小石治之：本句《汉书·沟洫志》作"以竹落长四丈，大九围，盛以小石，两船夹载而下之"。

⑭河平：汉成帝年号（前28—前25）。

⑮黄金百斤:《汉书·沟洫志》:"其以延世为光禄大夫,秩中二千石,赐爵关内侯,黄金百斤。"

【译文】

王延世平定黄河水患,继承大禹治水的功绩。

王延世,字长叔,是资中人。建始五年,黄河在东郡决口,河水泛滥,淹没了兖州、豫州的四郡三十二县,冲毁官房、民宅四万间。御史大夫尹忠因为事先没有采取预防措施,以致黄河决口,于是自杀。汉朝史官察看图谶和纬书,书中说应当有能够继承大禹治水之功的人出现,其人在犍为郡、牂柯郡之间的资中县,官府依据图纬寻找,正好找到了王延世。朝廷征拜王延世为河堤谒者,任命他治理黄河。王延世用长四丈、大九围的竹笼装载石子,将其夹在小船之间,运往目的地治理河水。三十六天后,堤防筑造而成。汉成帝嘉奖王延世,改年号为河平,封王延世为关内侯,拜官光禄大夫,又赠予黄金百斤。

　

文伯习礼①,继武孙通②。

董钧,字文伯,资中人也。少受业于鸿胪王临③。永平初④,议天地宗庙郊祀仪礼,钧与太常定其制;又定诸侯王丧礼。历城门校尉、五官中郎将⑤,以儒学贵,称继叔孙通⑥。

　

【注释】

①文伯:董钧,字文伯,犍为郡资中(今四川资阳)人。参看本书卷三《蜀志》注。

②继武:谓足迹相接。比喻继续前人的事业,亦比喻事物相继而至。武,足迹。孙通:叔孙通。注见下文。

③王临(?—21):济南东平陵(今山东章丘西)人。王莽之子。平帝元始四年(4),以莽功封赏都侯。王莽居摄时,进封褒新公。

王莽始建国元年（9），立为皇太子。以久病，改为统义阳王。后谋杀王莽，事发，自杀。谥缪。事见《汉书》。

④永平：汉明帝年号（58—75）。

⑤城门校尉：官名。西汉武帝征和二年（前91）始置，秩二千石。掌京城长安诸城门警卫，领城门屯兵，属官有司马一员及十二城门候。东汉掌洛阳十一所城门，惟北宫门属卫尉。位在北军五校尉之上，多以外戚重臣领之。五官中郎将：官名。秦置。西汉隶光禄勋，主中郎，秩比二千石。东汉时，部分侍郎、郎中亦归其统率。职掌宿卫殿门，出充车骑。东汉初年或参与战事；又协助光禄勋典领郎官选举，有大臣丧事，则奉命持节策赠印绶或东园秘器。

⑥叔孙通：薛（今山东滕州南）人。秦末为博士。初从项梁、项羽，后归刘邦，任博士，号稷嗣君。刘邦称帝，叔孙通说帝征鲁诸生与弟子共立朝仪。高祖七年（前200），长乐宫成，诸侯群臣朝贺如仪，莫不震恐肃敬。拜太常。高祖九年（前198），徙太子太傅，谏止刘邦易太子。惠帝即位，复为奉常，定宗庙仪法。《史记》《汉书》有传。

【译文】

董文伯学习礼仪，继承叔孙通的事业。

董钧，字文伯，是资中人。董钧早年受业于鸿胪王临。永平初年，朝廷讨论天地、宗庙、郊祀的礼仪，董钧与太常一起制定其礼制；又制定了诸侯王的丧礼礼制。董钧历任城门校尉、五官中郎将，依靠儒学而显贵，世人说，董钧继承了叔孙通的事业。

张公执宪①，克智克聪②。极位青紫③，实作司空。

张皓④，字叔明，武阳人也。以文聪明⑤，辟大将军掾，迁尚书仆射、彭城相，进隐士闾丘迁等⑥，征拜廷尉。延光三年⑦，安帝将废太子为济阴王⑧。皓与太常桓焉、太仆来历争之^⑨，安帝不许。及安帝崩，济阴得立，为顺帝^⑩，以皓为司空。久之，免，复征为廷尉。清河赵腾坐谤讪当诛^⑪，所引八十余人^⑫。皓以圣贤明义争之^⑬，咸称平当^⑭。

【注释】

①执宪：司法，执行法令。

②克：能。

③青紫：本为古时公卿绶带之色，因借指高官显爵。王先谦《汉书补注》引叶梦得曰："汉丞相太尉，皆金印紫绶，御史大夫，银印青绶。此三府官之极崇者。"

④张皓（50—132）：字叔明，犍为郡武阳（今四川眉山彭山区）人。参看本书卷三《蜀志》注。

⑤以文聪明："文"下当脱一字（刘琳）。

⑥闾丘迁：《三国志·蜀书·张翼传》裴松之注引《益部耆旧传》作"闾丘邈"。

⑦延光三年：124年。延光，汉安帝年号（122—125）。

⑧太子：指皇太子刘保。见下文注。济阴：王国名。西汉景帝中元六年（前144），分梁国置。封梁孝王子刘不识为济阴王，都定陶县（今山东定陶西北）。建元二年（前139），国除为郡。宣帝甘露二年（前52），改置定陶国。哀帝建平二年（前5），复改济阴郡。东汉明帝永平十五年（72），又置济阴国，辖境扩大。章帝元和元年（84），国除为郡。

⑨桓焉（？—143）：字叔元，沛郡龙亢（今安徽怀远）人。桓郁之子。明经笃行，有名于时。少以父任为郎。安帝永初元年（107），授帝经书。三迁为侍中，为太子少傅。顺帝即位，拜太傅，录尚书事，复授经官中。官至太尉。弟子传业者数百人。《后汉书》有传。来历（？—133）：字伯珍，南阳新野（今河南新野）

人。来歙之孙。嗣征羌侯爵。母为明帝之女武安公主。安帝时，累迁太仆。谏不可废太子，被免官。顺帝即位，拜车骑将军，官至大鸿胪。《后汉书》有传。

⑩ 顺帝：刘保（115—144），汉安帝长子，东汉皇帝。永宁元年（120）立为皇太子。延光三年（124）被诬，废为济阴王。安帝死后，宦官孙程等迎帝即位，年十一。在位期间宦官专权，朝政腐败。死后谥顺帝，庙号敬宗。《后汉书》有传。

⑪ 清河：郡名。西汉高帝置，治所在清阳县（今河北清河东南）。东汉桓帝时改为清河国，移治甘陵县（今山东临清东北）。三国魏复为清河郡。谤讪：毁谤讥刺。

⑫ 引：牵连，牵涉。

⑬ 明义：圣明的道义。

⑭ 平当：公平允当。按：以上所说赵腾牵连案，发生于东汉顺帝永建元年（126）。《后汉书·张皓列传》："及顺帝即位，拜皓司空，在事多所荐达，天下称其推士。时清河赵腾上言灾变，讥刺朝政，章下有司，收腾系考，所引党辈八十余人，皆以诽谤当伏重法。（张）皓上疏谏曰：'臣闻尧舜立敢谏之鼓，三王树诽谤之木，《春秋》采善书恶，圣主不罪刍荛。（赵）腾等虽干上犯法，所言本欲尽忠正谏。如当诛戮，天下杜口，塞谏争之源，非所以昭德示后也。'帝乃悟，减腾死罪一等，余皆司寇。"

【译文】

张皓执行法令，不但有智慧，而且够聪明。位极人臣，实际上做的是司空。

张皓，字叔明，是武阳人。因为文章写得高明，被征辟为大将军掾，升迁为尚书仆射、彭城相，举荐隐士闾丘迁等人，后征拜为廷尉。延光三年，汉安帝打算废弃太子，将之贬斥为济阴王。张皓与太常桓焉、太仆来历为太子力争，汉安帝还是不同意。等到汉安帝驾崩，济阴王得以即位，是为汉顺帝,任命张皓为司空。很久之后,汉顺帝免掉张皓的司空职务,又任命他为廷尉。清河人赵腾因为毁谤讥刺朝廷,罪当处死,受牵连的有八十多人。张皓拿圣贤所说道义据理力争,世人都称赞张皓做事公平允当。

子鸾司京^①,桴鼓不鸣^②。

赵旃,字子鸾,资中人也。初临甘陵、弘农郡^③,甚善治民;征尚书,迁司隶校尉。时梁冀子弟放恣^④,旃以法绳之,不敢为非。京师肃清^⑤,桴鼓不鸣。

【注释】

①司京:掌管京师。本处指赵旃任司隶校尉,负责掌管京师治安。

②桴(fú)鼓:鼓槌与鼓。本处指警鼓。用于报警告急。

③甘陵:王国名。东汉建和二年(148)改清河国置,治所在甘陵县(今山东临清东北)。三国魏改为清河郡。弘农郡:西汉元鼎四年(前113)置,治所在弘农县(今河南灵宝北故函谷关城)。灵帝刘宏避讳改为恒农郡。西晋复为弘农郡。

④放恣:骄傲放纵,任意胡为。

⑤肃清:犹清平。多指国家、社会安定太平,法纪严明。

【译文】

赵子鸾掌管京师,治安良好,警鼓不鸣。

赵旃,字子鸾,是资中人。赵旃起初任职于甘陵国、弘农郡,很善于治理百姓;后征拜为尚书,升迁为司隶校尉。当时,梁冀家族的子弟放纵胡为,赵旃将他们绳之以法,他们再也不敢胡作非为。京师社会安定太平,警鼓不鸣。

孟文翘翘^①，丕显有成^②。

杨涣^③，字孟文，武阳人也。以清秀博雅^④，历台郎、相^⑤，稍迁尚书、中郎、司隶校尉^⑥。甚有嘉声美称^⑦。

【注释】

①翘翘：出群貌。

②丕显：大显。丕，底本作"不"，误。

③杨涣：字孟文，犍为郡武阳（今四川眉山彭山区）人。汉安帝时，羌人起义，破坏汉中褒斜谷通道。汉顺帝时，杨涣奏请重开石门，于褒水东南凿石通水道，以利运溉。桓帝建和二年（148），汉中太守王升琢石颂其功德，是为《石门颂》。

④博雅：谓学识渊博，品行端正。

⑤台郎：尚书郎别称。尚书郎，官名。东汉尚书分曹办事，担任曹务的称尚书郎。初上台称守尚书郎，中岁满称尚书郎，三年称侍郎。其后，魏晋南北朝、隋皆沿置，职事不尽相同。相：官名。西汉初，诸侯王自治其国，丞相统众官。景帝中五年（前145），令诸侯王不得自治其国，天子为置吏，改丞相曰相。成帝绥和元年（前8），更令相治民，职如郡太守。东汉与西汉同。

⑥尚书：官名。始于战国，或称掌书，尚即执掌之意。秦时为少府属官，掌殿内文书；汉承秦制。尚书原来职位很低，汉武帝加强皇权，尚书在皇帝左右办事，地位逐渐提高。汉成帝时设尚书五人，开始分曹办事，群臣章奏都经尚书；到东汉，尚书成为协助皇帝处理政务的官员。中郎：官名。秦、汉皆置，属郎中令（光禄勋），秩比六百石。掌守卫官殿门户，出充车骑，参议政事。东汉分属五官、左、右中郎将三署，名义上仍职宿卫，实际上成为后备官员，无固定职掌，或给事于诸中央机构。

⑦嘉声美称：指美好的声誉。

【译文】

杨孟文超然出群，声名大显，卓有成就。

杨涣，字孟文，是武阳人。他清秀渊博，品行端正，历任台郎、相，不久升迁尚书、中郎、司隶校尉。拥有非常美好的声誉。

伯邳正直，耀祖扬声①。

杨淮②，字伯邳，涣之孙也③。初为郡守，太尉李固荐淮累世忠直④，拜尚书。太傅陈蕃表为河东⑤，入为尚书令。奏书治南阳太守曹麻、颍川太守曹腾、济南太守孙训等子弟依托形势⑥，淫纵⑦，征廷尉治罪⑧。训，梁冀妇家子也⑨，于是权贵惮之。又荐朱禹、盛精、滕延为尚书⑩，陆稠为郡守，皆名士也。桓帝即位，拜河南尹，迁司隶校尉。冀叔父梁忠为执金吾⑪，不朝正初⑫，劾奏之，朝士服其公亮⑬。徙将作大匠⑭。

【注释】

①耀祖：使祖先显耀。扬声：扬名，传播声誉。

②杨淮：底本作"准"，误。

③涣之孙：底本作"汉安县人"，误。此据刘琳说改。

④李固（94—147）：字子坚，汉中郡南郑（今陕西汉中）人。参看本书卷二《汉中志》注。累世：历代，接连几代。

⑤陈蕃（？—168）：字仲举，汝南平舆（今河南平舆北）人。见本卷前文注。河东：郡名。战国魏置，后属秦。治所在安邑县（今山西夏县西北十五里禹王城）。

⑥奏书：奏章。依托：倚傍，依靠，依仗。形势：权势，权位。引申指权贵。

⑦淫纵：邪恶放纵。

⑧廷尉：官名。亦称廷尉卿。战国秦始置，秦、西汉沿置。为诸卿之
　一，掌刑狱。景帝中六年（前144）改名大理，武帝建元四年（前
　137）复旧。秩中二千石。东汉因之。治罪：依据法律给犯罪人
　以应得的惩处。

⑨梁冀（？—159）：字伯卓，安定乌氏（今宁夏固原）人。参看本书
　卷十《先贤士女总赞》注。妇家：妻子的娘家。

⑩滕延：字伯行，北海（治今山东昌乐西）人。桓帝时为济北相。时
　宦官侯览、段珪之仆从宾客仗势侵民，劫掠行旅，滕延捕杀数十
　人，被免官。后为京兆尹，有治理名。

⑪执金吾：官名。秦和汉初称中尉，武帝太初元年（前104）更名执
　金吾，王莽始建国元年（9），改执金吾为奋武。东汉仍称执金吾，
　俸中二千石，掌宫外巡逻、擒奸讨猾，以戒非常。三国沿置，西晋
　罢。北魏初复置，寻罢。

⑫正初：又称"正旦"，即正月初一的群臣大会，朝贺皇帝。

⑬朝士：朝廷之士。泛称中央官员。公亮：公正诚信。

⑭将作大匠：官名。秦称将作少府，掌治宫室。景帝中六年（前
　144）改称将作大匠。东汉沿置，俸二千石，掌修作宗庙、路寝、宫
　室、陵园土木工程，并种植桐梓之类于道侧。

【译文】

杨伯邳为人正直，光宗耀祖，传播声誉。

杨淮，字伯邳，是杨涣的孙子。杨淮当初担任郡守，太尉李固举荐杨淮，说他家世世代代都是忠直之臣，因而被拜为尚书。太傅陈蕃上表推荐杨淮出任河东太守，后入朝担任尚书令。杨淮上奏章检举南阳太守曹麻、颍川太守曹腾、济南太守孙训等人的子弟依仗权势，邪恶放纵，朝廷征拜杨淮为廷尉，依法惩处诸人的子弟。孙训，是梁冀妻子娘家的人，因此权贵都害怕杨淮。杨淮又推荐朱禹、盛精、滕延为尚书，推荐陆稠为郡守，他们都是有名之士。汉桓帝即位后，任命杨淮为河南尹，后升迁为司

隶校尉。梁冀的叔父梁忠担任的是执金吾，正月初一不参加群臣大会，杨淮为此弹劾了梁忠，朝廷官员都佩服杨淮办事公正诚信。后来，杨淮转任将作大匠。

翁君将命①，乃播其名。

杨莽，字翁君，武阳人。为功曹。刺史王尊当之州②，移书诸郡不得遣迎③。惟犍为遣莽，蜀郡遣何霸，巴郡遣严尊④。尊大怒。莽前对曰："使君不使奉迎⑤，谦也；太守承迎⑥，敬也；谦敬⑦，上下之节，不可废也。"尊乃欣然。请辟别驾，举茂才，官至扬州刺史。

【注释】

①将命：奉命。

②王尊：字子赣，涿郡高阳（今河北高阳东）人。参看本书卷八《大同志》注。

③移书：发送公文。遣迎：派人迎接。

④巴郡遣：三字原缺。

⑤奉迎：迎接。

⑥承迎：欢迎，接待。

⑦谦敬：谦逊恭敬。

【译文】

杨翁君奉命行事，于是美名传播。

杨莽，字翁君，是武阳人。杨莽是郡里的功曹。刺史王尊来益州上任时，给各郡发送公文，不准派人迎接。只有犍为郡派遣了杨莽，蜀郡派遣了何霸，巴郡派遣了严尊，前去迎接王尊。王尊见状大怒。杨莽上前回答说："使君不让迎接，这是谦逊；太守派人迎接，这是恭敬；谦逊和恭敬,是上级与下级交往的礼节,是不能废弃的。"王尊于是由怒转喜。杨萍后来被征辟为别驾,被察举为茂才,官至扬州刺史。

奉君遁世①。

费贻②,字奉君,南安人也。公孙述时,漆身为厉③,佯狂避世。述破,为合浦守。蜀中歌之曰:"节义至仁费奉君,不仕乱世避恶君。"修身于蜀,纪名交趾④,后世为大族。

【注释】

①遁世:避世隐居。

②费贻:字奉君,犍为郡南安(今四川乐山)人。参看本书卷三《蜀志》注。

③漆身:以漆涂身。厉:古同"疠""癞"(lài),恶疮。

④交趾:底本作"亦足",误。此从刘琳说改。交趾,古书又作"交阯"。西汉武帝所置十三刺史部之一。西汉平南越后置交趾刺史部于岭南,又在今越南北部置交趾郡。无定治。一说治苍梧郡广信县(今广西梧州)。东汉改为交州。按:合浦郡属交趾刺史部,故曰"纪名交趾"。

【译文】

费奉君避世隐居。

费贻,字奉君,是南安人。公孙述时,费贻以漆涂身,遍体恶疮,假装癫狂逃避乱世。公孙述败亡后,费贻出任合浦太守。蜀中之人歌颂费贻道:"费奉君讲究节义最有仁德,不在乱世做官以躲避邪恶之君。"费贻在蜀地修身养性,在交趾留下好名声,他的后代成为大族。

任公开明①。

任永②，字君业，僰道人也。长历数③。王莽时，托青盲；公孙述时，累征不诣。子溺井中死，见而不言；妻淫于前，面而不怪④。述平，乃曰："世适平，目即清。"妻自杀。光武征之，以年老不诣，卒。

【注释】

①开明：眼开复明。

②任永：字君业，犍为郡僰道（今四川宜宾）人。参看本书卷三《蜀志》注。

③历数：历法，数术。

④不怪：不责备。

【译文】

任永眼开复明。

任永，字君业，是僰道人。长于历法、数术。王莽篡政时，借口患青光眼而不出仕；公孙述当政时，多次征召，他都不出山。儿子溺死于井中，任永看见了却不说；妻子在他面前与别人淫乱，任永碰到并不责备。公孙述被平定后，任永才说："世界太平了，眼睛就复明了。"妻子羞愧自杀。光武帝征召任永，他以年老而不应召，后来就死了。

叔和顺终①。

杜抚②，字叔和，资中人也。少师事薛汉③，治五经。教授门生千人。太守王卿召为功曹，司徒辟，不诣④。及闻公免，必往承问⑤。东平宪王为骠骑将军⑥，辟西曹掾；后罢，为王师，在骠骑府者遣之，数年乃去⑦。数应三公征，抚侍送故公。作《诗通议说》⑧。弟子南阳冯良⑨，亦以道学征聘⑩。

【注释】

①顺终:义同"慎始慎终"或"慎终如始",如同开始时一样。指始
终要谨慎从事。顺,通"慎",谨慎。

②杜抚:字叔和,犍为郡武阳(今四川眉山彭山区)人,一作犍为郡
资中(今四川资阳)。少有高才,受业于薛汉,治五经,改定《韩
诗章句》。后归乡里教授,弟子千余人。后为骠骑将军、东平王
刘苍所辟,为西曹掾。章帝建初中为公车令,数月卒官。所作
《诗题约义通》,学者传之,曰"杜君法"。《后汉书》和本书卷十
《先贤士女总赞》有传。按:关于杜抚的籍贯,《后汉书·儒林列
传》作"犍为武阳人",本书卷十《先贤士女总赞》作"资中人"。
又,《后汉书·儒林列传》:"(赵晔)到犍为资中,诣杜抚受《韩
诗》,究竟其术。"准此,杜抚的籍贯当为犍为郡资中。

③薛汉:字公子,淮阳(治今河南淮阳)人。世习《韩诗》,善说灾异
谶纬。光武建武初,为博士,受诏校定图谶。明帝永平中,迁千乘
太守。后受楚王刘英谋反事牵连,下狱死。《后汉书》有传。

④诣:底本缺,此从刘琳说补。

⑤承问:承恤问候。

⑥东平宪王:即刘苍(? —83),东汉宗室。光武帝子。母阴后。建
武十五年(39)封东平公,建武十七年(41)封东平王。少好经
书。明帝即位,拜骠骑将军,位在三公之上。曾上奏谏明帝勿春
猎妨农事,帝从之。后自以至亲辅政,声望日重,意不自安,乞退
就国。章帝即位,刘苍受尊重恩礼,逾于前世,诸王莫与为比。朝
廷每有疑政,辄遣使咨询,苍悉心以对,多被采纳。作有《光武受
命中兴颂》,文辞典雅。卒谥宪王。《后汉书》有传。

⑦数年乃去:此处所说之事,见《后汉书·儒林列传》:"(杜抚)后为
骠骑将军东平王苍所辟,及苍就国,掾史悉补王官属,未满岁,皆
自劾归。时抚为大夫,不忍去,苍闻,赐车马财物,遣之。"

⑧《诗通议说》：杜抚著作，已佚。按：《诗通议说》当即《诗题约义通》。《后汉书·儒林列传》："（杜抚）其所作《诗题约义通》，学者传之，曰杜君法云。"

⑨冯良：字君郎，南阳（治今河南南阳）人。出身孤微，少作县吏。年三十，始为县尉从佐。耻在厮役，遂遁至犍为，从杜抚问学，十余年后还乡里。志行高洁，为乡人所称道。安帝延光二年（123），征聘，不就。《后汉书》有传。

⑩道学：此指儒家的道德学问。

【译文】

杜叔和谨慎从事，慎终如始。

杜抚，字叔和，是资中人。杜抚早年师事薛汉，研习五经。杜抚教授的门生上千人。太守王卿征召杜抚为功曹，司徒也征辟杜抚，但杜抚没有应召。等到后来听说司徒被免职，杜抚必定前往承恤问候司徒。东平宪王刘苍担任骠骑将军，征辟杜抚为西曹掾；后来，刘苍罢官就国，杜抚担任东平王之师，以前在骠骑府任职的人都被遣散，而杜抚多年后才离开刘苍。杜抚多次应三公的聘请，侍奉、欢送退职的三公。杜抚著有《诗通议说》。杜抚的弟子有南阳人冯良，也以精通儒家的道德学问而被征聘。

君桥密精①。

赵松，字君桥②，武阳人。为童子，数资问费贻③；及知其避世④，密与周旋⑤，终不露之也。述平，举茂才，为上党太守。

【注释】

①密精：缜密精明。

②字君桥：本书卷十二《序志并士女目录》作"字君乔"。

③资问:咨询,请教。资,通"咨"。

④避世:逃避尘世,离世隐居。

⑤周旋:应酬,交际,交往。

【译文】

赵君桥缜密精明。

赵松,字君桥,是武阳人。赵松还是童子之时,就多次向费贻请教;等到他得知费贻意在隐居避世时,便隐秘地与费贻交往,终究没有暴露费贻的行踪。公孙述被平定后,赵松被察举为茂才,担任上党太守。

英英四子①,利于居贞②。

赞费贻以下。

【注释】

①英英:奇伟,杰出。四子:指费贻、任永、杜抚、赵松四人。

②居贞:犹隐居。《易·屯》初九:"盘桓,利居贞,利建侯。"

【译文】

四人奇伟杰出,利于隐居。

赞扬费贻以下的人士。

皇汉弛纲①,官人失纪。文纪謇谔②,表明臧否③。

张纲④,字文纪,司空皓子也。在汉朝公平廉正,权宦侧目惮之⑤。汉安元年⑥,以光禄大夫持节与侍中杜乔循行州郡⑦,考察风俗。出宫埋车⑧,先奏太尉桓焉、司徒刘寿尸禄素餐⑨,不堪其职;出城,又奏司隶校尉赵峻、河南尹梁不疑、汝南太守梁乾等赃污浊乱⑩,槛车送廷尉治罪。天子以乾梁冀叔父,贬秩,免峻等。又奏鲁相寇仪,仪自杀。威风大行，郡县莫不肃惧⑪。还，冀恨之，出为广陵太守⑫。承叛乱后，怀集抚恤⑬，甚有治化⑭。在官一年卒⑮。子续，尚书。续弟方，为豫州牧。子孙数世至大官。

【注释】

①皇汉：犹大汉。称汉朝。弛纲：纲纪松弛。

②謇谔（jiǎn è）：正直敢言。

③臧否（zāng pǐ）：本指善恶或好坏。本处指褒贬。

④张纲：字文纪，犍为郡武阳（今四川眉山彭山区）人。参看本书卷三《蜀志》注。

⑤权宦：有权势的官宦。侧目：不敢正视，形容畏惧。

⑥汉安元年：142年。汉安，东汉顺帝年号（142—144）。

⑦杜乔（？—147）：字叔荣，河内林虑（今河南林州）人。初举孝廉，辟司徒杨震府。后任南郡太守、东海相，入为侍中。顺帝汉安元年（142）为光禄大夫，按察兖州，表奏泰山太守李固为政第一，举劾大将军梁冀季父及党羽赃罪。历任大司农、大鸿胪。质帝卒，与李固力主拥立年长之清河王刘蒜。桓帝立，为太尉。卒为冀所谮，死狱中。《后汉书》有传。

⑧埋车：即"埋轮"，埋车轮于地，以示坚守。意谓鞍马不出都城，首先上奏弹劾京师的权贵。东汉顺帝时，大将军梁冀专权，朝政腐败。汉安元年（142），选派张纲、杜乔等八人巡视全国，纠察吏治。余人皆受命之部，而张纲独埋其车轮于洛阳都亭，曰："豺狼当路，安问狐狸！"遂上书弹劾梁冀，揭露其罪恶，京都为之震动。事见《后汉书·张纲列传》。后以"埋轮"为不畏权贵，直言正谏之典。

⑨桓焉（？—143）：字叔元，沛郡龙亢（今安徽怀远）人。见本卷前文注。刘寿：字伯长，长沙郡临湘（今湖南长沙）人。历官光禄

勋、司徒等。汉安元年(142),被免官。尸禄素餐:谓空食俸禄而不尽其职,无所事事。

⑩赵峻(?—145):字伯师,下邳徐(今江苏泗洪)人。以才器称。顺帝末,以司隶校尉迁太尉。冲帝即位,迁太傅,掌朝政。梁不疑:安定乌氏(今宁夏固原)人。梁冀之弟。好经书,善待士,冀暗嫉之。为光禄勋,自耻兄弟有隙,遂让位归第,闭门自守。先冀卒。梁乾:安定乌氏(今宁夏固原)人。梁冀叔父。曾任汝南太守等职。赃污浊乱:贪赃枉法。

⑪肃惧:整肃畏惧。

⑫广陵:郡名。西汉元狩二年(前121)置,治所在广陵县(今江苏扬州西北蜀冈上)。六年分置广陵国、临淮郡。东汉建武十八年(42)又改广陵国置郡。东汉末曾迁治射阳县(今江苏宝应东)。三国魏移治淮阴县(今江苏淮安淮阴区西南)。

⑬怀集:怀柔安集。

⑭治化:治理教化。按:本处所说"承叛乱后",指的是张纲平定广陵人张婴聚众起义之事。

⑮一年:底本作"十一年",误。《后汉书·张纲列传》:"(张)纲在郡一年,年四十六卒。"

【译文】

汉朝纲纪松弛,官员不守法纪。张文纪正直敢言,表明褒贬态度。

张纲,字文纪,是司空张皓的儿子。张纲在汉家朝廷做官,办事公平、廉洁、正直,权贵对他不敢正视,心存畏惧。汉安元年,张纲以光禄大夫的身份,手持符节,与侍中杜乔巡视各地州郡,考察民风民俗。张纲出了宫门,就埋车轮于地,首先上奏弹劾太尉桓焉、司徒刘寿空食俸禄而不尽其职,不能胜任其职责;出城之后,张纲又上奏弹劾司隶校尉赵峻、河南尹梁不疑、汝南太守梁乾等人贪赃枉法,这些人被装进囚车,送往廷尉处治罪。天子因为梁乾是梁冀的叔父,便将其降级处理,而罢免了赵峻等人的职务。张纲又上奏弹劾鲁相寇仪,寇仪自杀了。张纲等人的威风大行天下,各郡县无不整肃畏惧。张纲回到京城后,梁冀怀恨在心,将张纲外放为广陵太守。当时正值广陵叛乱之后,张纲怀柔抚恤,治理教化做得很好。张纲在广陵为官一年就死了。张纲之子张续,担任过尚书。张续之弟张方,担任过豫州牧。子孙好几代人都做了大官。

白虏狂僭①,乱离斯圮②。孝仲絷马③,社稷是死④。

朱遵⑤,字孝仲,武阳人也。公孙僭号。遵为犍为郡功曹,领军拒战于六水门⑥。众少不敌,乃埋车轮,绊马必死,为述所杀。光武嘉之,追赠复汉将军⑦。郡县为立祠⑧。

【注释】

①白虏:指公孙述。公孙述自以为在"五行"上应"金行",故而服色"尚白",并且自称"金帝"。参看本书卷五《公孙述刘二牧志》。狂僭(jiàn):狂妄僭越。指公孙述冒用帝王称号,僭越称帝。

②乱离:政治混乱,给国家带来忧患。圮(pǐ):毁坏,倾覆。

③絷(zhí)马:即下文所说"绊马",用绳索拴住马脚。

④社稷是死:即为江山社稷而死。

⑤朱遵:字孝仲,蜀郡武阳(今四川眉山彭山区)人。参看本书卷三《蜀志》注。

⑥六水门:地名。在今四川成都新津区南四里邓双镇老邓公场,其旁即通济堰口。《水经·江水注》:"又东南过犍为武阳县,青衣水、沫水从西南来,合而注之。……此县藉江为大堰,开六水门,用灌郡下。"

⑦复汉将军:武官名。东汉置,掌征伐。邓晔曾任此职。

⑧立祠:修建祠堂。按:据新津县旧志,朱遵祠在今四川成都新津区。

【译文】

公孙述狂妄僭越称帝,致使政治混乱纲纪毁坏。朱孝仲用绳索拴住马脚,为江山社稷而死。

朱遵,字孝仲,是武阳人。公孙僭号称帝。朱遵是犍为郡的功曹,他率领军队在六水门与公孙述的人马交战。由于人马少不足以抵御敌人,朱遵于是掩埋车轮,绊住马脚,怀抱必死决心,结果被公孙述杀死。光武帝嘉奖朱遵,追赠他为复汉将军。郡县都为朱遵建立了祠堂。

建侯吊梁①,效志知己。

赵敦,字建侯,武阳人也。初为新都令,德礼宣流②。三司及大将军梁冀累辟,终不诣,冀辟书不绝。后冀自杀,使者监守③,不使人吊问④。敦独往,吊祭讫⑤,自拘有司⑥。天子赦之。

【注释】

①吊梁:吊唁梁冀。

②德礼:道德与礼教。语本《论语·为政》:"道之以德,齐之以礼。"

宣流:宣扬。

③监守:监督看守。

④吊问:吊祭死者,慰问其家属。

⑤吊祭:祭奠、吊唁。

⑥自拘:自我拘囚。本处意为自首。

【译文】

赵建侯吊唁梁冀,报效于知己。

赵敦,字建侯,是武阳人。赵敦起初担任新都县令,宣扬道德与礼教。三司及大将军梁冀多次征辟,赵敦最终都没有应召,而梁冀征辟他的聘书仍然络绎不绝。后来，梁冀自杀了，朝廷安排使者监督看守，不准人前去吊祭和慰问。赵敦独自一人前去吊唁，吊祭完毕后，自我拘囚，到有司处自首。天子赦免了赵敦。

　　叔通敦孝①，石生江汜②。
　　隗相③，字叔通，僰道人也。养母至孝。母食欲江中正流水，相冬夏汲之，一朝有横石生正流中。哀帝世为孝廉，平帝时为郎。

【注释】

①敦孝：诚心尽孝。

②江汜（sì）：江边。汜，水边。

③隗相：字叔通，犍为郡僰道（今四川宜宾）人。参看本书卷三《蜀志》注。

【译文】

隗叔通诚心尽孝，石头出现在江边。

隗相，字叔通，是僰道人。隗相奉养母亲极其孝顺。母亲想吃用江中心正流之水做成的饭，隗相冬天和夏天都到江心取水，一天早晨，有块石头横生在江心正流处。隗相在汉哀帝时被察举为孝廉，在平帝时被任命为郎。

　　吴生致养①，亦感灵祉②。
　　吴顺③，字叔和，僰道人也。事母至孝，赤乌巢其门④，甘露降其户。察孝廉，永昌太守。

【注释】

①致养：奉养亲老。

②灵祉（zhǐ）：神灵降赐的福祉。

③吴顺：字叔和，犍为郡僰道（今四川宜宾）人。参看本书卷三《蜀志》注。

④巢：筑巢。

【译文】

吴顺奉养母亲，也感动神灵而降福。

吴顺，字叔和，是僰道人。吴顺侍奉母亲极其孝顺，有赤乌在他的门前筑巢，有甘露降落在他家。吴顺后被察举为孝廉，担任永昌太守。

刘后初载①，实多良才。季休忠亮②，经事能治③。

杨洪④，字季休，武阳人也。先主领牧，为部蜀从事⑤。及征汉中，丞相亮表为蜀郡太守。先主疾病永安，召亮东行。汉嘉太守黄元反⑥，后主用其计，克元，封关内侯。后为忠节将军、越骑校尉⑦。忠清公亮⑧，亮甚信任之。

【注释】

①初载：初年，初期，早期阶段。

②忠亮：忠诚坚贞。

③经事：治理世务。

④杨洪（？—228）：字季休，犍为郡武阳（今四川眉山彭山区）人。参看本书卷三《蜀志》注。

⑤部蜀从事：底本作"部属从事"，误。部蜀从事，即益州刺史部下蜀郡从事。部从事，官名。汉置，又名州从事，即州刺史的从事。每郡国一人，掌督促文书，察举非法，皆州自辟除。另外，还有治

中从事（功曹从事）掌州选署及众事；簿曹从事，掌财谷薄书；兵
曹从事，掌兵事。

⑥汉嘉太守黄元反：事见《三国志·蜀书·先主传》《杨洪传》和本
书卷六《刘先主志》。

⑦忠节将军：底本作"中郎将"，误。《三国志·蜀书·杨洪传》：
"（杨）洪建兴元年赐爵关内侯，复为蜀郡太守、忠节将军，后为越
骑校尉，领郡如故。"

⑧忠清：忠诚廉正。公亮：公正诚信。

【译文】

刘后主初期，实际上有很多杰出的人才。杨季休忠诚坚贞，能够治
理国家事务。

杨洪，字季休，是武阳人。刘先主领益州牧时，杨洪是益州刺史部下
蜀郡从事。等到刘先主征伐汉中时，丞相诸葛亮上表推荐杨洪担任蜀郡
太守。刘先主在永安宫身患重病，召唤诸葛亮东行白帝城。汉嘉太守黄
元反叛，后主刘禅采用杨洪的计谋，打败了黄元，封杨洪为关内侯。杨洪
后来担任忠节将军、越骑校尉。杨洪忠诚、廉洁、公正、诚信，诸葛亮很信
任他。

德山耽学①，道以光时。

伍梁②，字德山，南安人也。儒学雅尚③，州牧诸葛亮选
迎为功曹④，迁五官中郎将。

【注释】

①耽学：谓特别好学。

②伍梁：《三国志·蜀书·杜微传》、本书卷七《刘后主志》作"五
梁"。伍梁，字德山，犍为郡南安（今四川乐山）人。参看本书卷
七《刘后主志》注。

③雅尚：极其崇尚。

④州牧诸葛亮选迎为功曹：底本作"州选迎牧诸葛亮为功曹"，今从
刘琳说调整。《三国志·蜀书·杜微传》："建兴二年，丞相亮领益
州牧，选迎皆妙简旧德，以秦宓为别驾，五梁为功曹，微为主簿。"

【译文】

伍德山特别好学，所学之道光照一时。

伍梁，字德山，是南安人。伍梁极其崇尚儒学，州牧诸葛亮选拔伍梁
为功曹，后升迁为五官中郎将。

　　烈武作合①，度旷涂夷②。惜哉公举，帅直陵迟③。

　　费诗④，字公举，南安人也。先主领牧，为前部司马。
群臣劝先主称尊号，诗上疏曰⑤："殿下以曹操父子逼主篡
盗，故乃羁旅万里⑥，纠合士众，将以讨贼。今大敌未克而
先自立，恐人心疑惑。昔高祖获子婴，犹尚推让；况未出门，
便欲自立耶！"以是左迁部永昌从事。建兴三年⑦，从丞相
亮南征。魏将李鸿来降，说魏新城太守孟达欲背魏向蜀。
亮方北图⑧，欲招达为外援，欲与书。诗进曰："孟达小子，
昔事振威不忠⑨，后事先帝背叛，反覆之人，何足与书也！"
亮嘿然。诗终刘氏之世，官位不尽其才。君子以昭烈之弘
旷⑩，武侯之明达⑪，诗吐直言，犹尚陵迟⑫，况庸主昏世⑬，率
意直言而望肆效者哉⑭！

【注释】

①烈武："烈"指昭烈帝刘备，"武"指忠武侯诸葛亮。作合：合作
共事。

②度旷：气度宽宏。涂夷：本指道路平坦，本处指仕途平坦。涂，道
　　路。夷，平。

③帅直：坦率爽直。本处指率意直言。即下文所说"吐直言"和
　　"率意直言"。帅，通"率"，直率。陵迟：衰微。本处指不得志。

④费诗：字公举，犍为郡南安（今四川乐山）人。参看本书卷四《南
　　中志》注。

⑤诗上疏曰：费诗上疏，又见本书卷六《刘先主志》，且较此为详。

⑥羁旅：寄居异乡。

⑦建兴三年：225年。

⑧北图：底本作"北面"，从刘琳说改。

⑨振威：指振威将军刘璋。

⑩弘旷：谓心胸宽阔。

⑪明达：明理通达。

⑫犹尚：尚且。陵迟：一本作"凌迟"。

⑬庸主：昏庸的君主。昏世：黑暗腐败的时代。

⑭肆：尽心。效：效力。

【译文】

　　昭烈帝刘备与忠武侯诸葛亮合作共事，气度宽宏，仕途平坦。可惜
啊费公举，因为率意直言，以致仕途衰微而不得志。

　　费诗，字公举，是南安人。先主自领益州牧时，任命费诗为前部司
马。群臣都劝先主称帝，而费诗上疏说："殿下因为曹操父子威逼汉主、
篡位盗号，故而不惜行程万里，聚集众多将士，打算讨伐逆贼。现今，大
敌尚未消灭而殿下就先自立为帝，恐怕世人内心会有疑惑。往年，汉高
祖擒获了秦王子婴，都还要推让一番才称帝；更何况殿下的大军还没有
出门，怎么就打算自立为帝呢？"因此费诗被左迁为部永昌从事。建兴
三年，费诗跟从丞相诸葛亮南征。魏国将领李鸿前来投降，说魏国新城
太守孟达打算背叛魏国，向蜀国投降。诸葛亮正准备北伐，打算招降孟

达为外援,并准备写信给孟达。费诗进谏说:"孟达这个小人,从前侍奉振威将军刘璋就不忠心,后来侍奉先帝,结果又背叛了,这种反复无常的小人,哪里值得给他写信!"诸葛亮沉默不语。在整个刘氏蜀汉时代,费诗的官位都没有与其才能相匹配。天下的君子,即使如昭烈帝那样心胸宽阔,如忠武侯那样明理通达,费诗也因口吐直言,仕途尚且不得志,何况遇上昏庸的君主和黑暗的时代,还能指望率意直言而又尽心效力吗?

文然简略①,言不诡随②。

杨羲③,字文然,武阳人也。辅汉将军张裔荐为丞相亮主簿④,大司马蒋琬辟东曹掾⑤,历二郡太守⑥,为射声校尉⑦。性简略,未曾以甘言加人⑧,酒后言笑多慢词⑨。失大将军姜维意⑩,为维所废。延熙四年作《季汉辅臣赞》⑪,在《蜀书》⑫。

【注释】

①简略:疏阔。

②诡随:谓不顾是非而妄随人意。

③杨羲(? —261):即杨戏、杨义,字文然,犍为郡武阳(今四川眉山彭山区)人。

④张裔(? —230):字君嗣,蜀郡成都(今四川成都)人。

⑤蒋琬(? —246):字公琰,零陵湘乡(今湖南湘乡市)人。

⑥二郡:指建宁郡、梓潼郡。

⑦射声校尉:官名。西汉武帝始置,为北军八校尉之一,位次列卿,属官有丞、司马等。领待诏射声士,所掌为常备精兵,屯戍京师,兼任征伐。东汉光武帝建武七年(31)省,十五年(39)复置,

为五校尉之一，隶北军中候。掌宿卫兵，属官有司马一员。三国
沿置。

⑧甘言：好听的话，甜美的语言。

⑨慢词：不恭敬的言辞。

⑩姜维（202—264）：字伯约，天水冀（今甘肃甘谷）人。参看本书
卷二《汉中志》注。

⑪延熙四年：241年。《季汉辅臣赞》：杨羲作品，载《三国志·蜀
书·杨戏传》。

⑫在《蜀书》：即在《三国志·蜀书》中。

【译文】

杨文然性格疏阔，说话不会妄随人意。

杨羲，字文然，是武阳人。杨羲是辅汉将军张裔推荐的，担任丞相诸葛亮的主簿，后被大司马蒋琬征辟为东曹掾，又先后担任过建宁、梓潼二郡的太守，转任射声校尉。杨羲性格疏阔，没有对人说过好听的话，而在酒后的言笑间有许多不恭敬的言辞。杨羲因不合大将军姜维的心意，被姜维免了职务。延熙四年，杨羲创作了《季汉辅臣赞》，收录在《三国志·蜀书》中。

车骑快快①，与国安危。

张翼②，字伯恭，文纪曾孙也③。以文武才干，历征西、镇南大将军，封亭侯。延熙十八年与卫将军姜维西征④，大破魏雍州刺史王经于狄道⑤，经众死洮水者数万人。维欲进，翼谏不可，必进无功，为蛇画足⑥。时维屡出陇西，翼常廷争⑦，以为国小，不宜黩武⑧，不听。不得已，每快快从行。景耀二年迁左车骑将军⑨，领冀州刺史。蜀平后死⑩。

【注释】

①怏怏:不服气或闷闷不乐的神情。

②张翼(? —264):字伯恭,犍为郡武阳(今四川眉山彭山区)人。参看本书卷四《南中志》注。

③文纪:张纲,字文纪,犍为郡武阳(今四川眉山彭山区)人。参看本书卷三《蜀志》注。

④延熙十八年:255年。

⑤王经(? —260):字彦纬,冀州清河(治今山东临清)人。参看本书卷七《刘后主志》注。

⑥为蛇画足:比喻做事节外生枝,不但无益,反而害事。

⑦廷争:在朝廷上据理力争。

⑧黩(dú)武:滥用武力,好战。

⑨景耀二年:259年。

⑩蜀平后死:《三国志·蜀书·张翼传》:"(景耀)六年,(张翼)与维咸在剑阁,共诣降锺会于涪。明年正月,随会至成都,为乱兵所杀。"

【译文】

车骑将军张翼闷闷不乐,担心的是国家的安危。

张翼,字伯恭,是张文纪的曾孙。张翼因为文武才干,历官征西大将军、镇南大将军,被封为亭侯。延熙十八年,张翼与卫将军姜维西征,在狄道大败魏国雍州刺史王经,王经人马死于洮水的有数万人。姜维打算继续进军,张翼进谏说不可,认为继续进军必然无功,徒然画蛇添足。当时,姜维多次出兵陇西,张翼经常在朝廷上据理力争,认为国家实力小,不应该滥用武力,但没有被采纳。张翼迫不得已,每每闷闷不乐地跟从姜维出征。景耀二年,张翼升迁为左车骑将军,兼领冀州刺史。蜀国被平定后,张翼死了。

猗猗众伟①,芳烈名垂②。方德绎勋③,犍之琼瑰④。

总赞此二十一人也。

述犍为人士。

【注释】

①猗猗（yī yī）：美盛貌。

②芳烈：功业盛美。名垂：声名流传。

③方德：犹常德。遵循正道之德。绎（yì）：连续不断。

④琼瑰：美石，美玉。本处指像美玉一样的人物。

【译文】

美盛啊，众多伟大的人士！他们的功业盛美，他们的声名流传。他们的德行方正，他们的功勋连续不断，他们是犍为郡美玉一般的人物。

总赞这二十一人。

叙述犍为郡的男性。

进杨穆穆①，先姑是宪②。

进，武阳杨氏女，大匠广汉王堂长子博妻也③。博后母文有母仪之德④，进杨则其教为行⑤，闺门雍穆⑥。牂柯太守李祎家亦假系⑦，每不和，叹恨徒富贵⑧，学问不及博家也。

【注释】

①穆穆：仪容、言语美好，行止端庄、恭敬。

②先姑：丈夫的亡母，已过世的婆婆。宪：典范，榜样。

③王堂：字敬伯，广汉郡郪（今四川三台）人。参看本书卷一《巴志》注。博：王博，广汉郡郪（今四川三台）人。王堂长子。

④母仪：指做母亲的仪范。

⑤则：仿效，效法。

⑥雍穆:和睦,融洽。

⑦李祎:东莱(治今山东莱州)人。曾任牂柯太守。假系:同"假继",后母,继母。

⑧叹恨:叹息抱恨。

【译文】

杨进端庄恭敬,以婆婆为榜样。

杨进,是武阳杨氏家的女儿,是将作大匠、广汉人王堂长子王博的妻子。王博的后母文氏有做母亲的品德,杨进效法文氏,遵照其教导而行,家庭和睦融洽。牂柯太守李祎家也有后母,每当家中不和时,李祎叹息抱恨只有富贵,而学问赶不上王博家。

阳姬请父①,厥族蒙援②。克谐内爱,训及秀彦③。

姬,武阳人也。生自寒微。父坐事闭狱④。杨涣始为尚书郎⑤,告归,郡县敬重之。姬为处女,乃邀道扣涣马⑥,讼父罪⑦,言辞慷慨,涕泣摧感。涣愍之,告郡县,为出其父。因奇其才,为子文方聘之。结婚大族,二弟得仕宦,遂世为宦门⑧。后文方为汉中太守,以赵宣为贤⑨,将察孝廉,函封未定,病卒。姬秘不发,先遣孝廉上道乃发丧。宣得进用⑩,姬之力也。后文方兄子伯邳为司隶校尉⑪,时姬长子颖伯冀州刺史,仲子颎二千石⑫。伯邳以禀叔母教,迎在官舍,每教伯邳政治。伯邳欲举茂才,选有二人。伯邳欲用老者,嫌以其耄⑬;欲举五方,而其年幼,以咨叔母。劝举方。后赵宣为犍为,五方为广汉,姬尚在。故吏敬之,四时承问不绝。

【注释】

①请父:为父请命。

②厥：其，她的。蒙：蒙受。

③秀彦：犹俊彦，出众的人才。

④坐事：因事获罪。闭狱：关闭在监狱。

⑤杨涣：字孟文，犍为郡武阳（今四川眉山彭山区）人。见本卷上文注。

⑥邀道：阻道。扣涣马：拉住杨涣的马不使行进。

⑦讼父罪：为父亲罪过辩冤。

⑧宦门：做官的人家。

⑨赵宣：字子雅，汉中郡南郑（今陕西汉中）人。出自寒微，以温良博雅，太守犍为杨文方深器异之，遂察孝廉。官至犍为太守。本书卷十《先贤士女总赞》有传。

⑩进用：选拔任用。

⑪伯邳：杨淮，字伯邳，犍为郡武阳（今四川眉山彭山区）人。杨涣之孙。见本卷前文注。

⑫仲子：第二子。颊（kuǐ）：一本作"颒"。

⑬耄（mào）：年老，高龄。

【译文】

阳姬为父请命，她的家族蒙受荐举。阳姬能让家族和谐恩爱，教导延及其他俊彦。

阳姬，是武阳人。阳姬出身贫寒，家世低微。阳姬的父亲因犯罪而被关押在监狱。杨涣刚刚担任尚书郎，请假回家，郡、县都很敬重他。阳姬虽然是未出嫁的女子，仍在道路上拦住杨涣并拉住马，为父亲之罪辩冤，言辞激烈慷慨，流泪悲摧。杨涣怜悯她，告诉郡县，把她的父亲放了出来。杨涣惊奇于阳姬的才能，于是为儿子杨文方下了聘书。因为与高门大族联姻，阳姬的两个弟弟得以进入仕途，于是世世代代都是官宦人家。后来，杨文方担任汉中太守，他认为赵宣是贤才，准备将他察举为孝廉，但推荐信函已经密封还没有发出，杨文方就病死了。阳姬秘不发丧,先派遣人员携带推荐孝廉的信函上路,然后才发丧。赵宣因此得以进用,全赖阳姬之力。后来,杨文方哥哥的儿子杨伯邳担任司隶校尉,其时阳姬的长子杨颖伯担任冀州刺史,次子杨颉也是二千石官员。杨伯邳因要亲禀叔母教诲,将叔母接来住在官舍中,叔母常常教导杨伯邳如何治理国家。杨伯邳准备举荐茂才,有两个人入选。杨伯邳想用年老的那个,又嫌他年龄大;想举荐五方,但他还小,于是就咨询叔母。叔母劝杨伯邳举荐五方。后来,赵宣任犍为太守,五方任广汉太守,这时阳姬还健在。原来的属吏都敬重阳姬,一年四季问候不断。

周度割体,贞节是全[1]。

周度,僰道人也,相登妻。十九,登亡。中牟令吴厚因人求之[2],断发以誓志;后人犹欲求之,乃割其鼻[3]。养子早亡,其妻左亦年十九,遂俱守义。世咸叹妇姑之贞专其节操也[4]。

【注释】

[1]贞节:封建礼教指女子不失身、不改嫁的道德行为。

[2]中牟:县名。战国赵置,后入秦,属三川郡。治所在今河南中牟东。西汉属河南郡。西晋属荥阳郡。

[3]乃割其鼻:《太平御览》卷四百四十引皇甫谧《列女传》:"犍为相登妻者,周氏之女,名度。适登一年而寡,守令吴厚因人问度,度心执匪石,引刀截发。县长史复遣媒欲娉,度曰:'前已断发,谓足表心,何误复有斯言哉?'取刀欲割鼻,左右救止,表其闾。"

[4]贞专:坚贞专一。

【译文】

周度切割身体,保全了贞节。

周度,是僰道人,是相登的妻子。周度十九岁的时候,相登就死了。中牟县令吴厚托人向她求婚,周度剪断头发,以此表达志向;后来又有人向她求婚,周度于是割掉了自己的鼻子。周度的养子死得也很早,养子之妻左氏也年方十九岁,于是一起恪守不嫁的节义。世人都感叹婆婆、媳妇坚贞专一的节操。

敬姬沉渊①,诚烈邈然②。

曹敬姬③,南安人也,周纪之妻。十七出适④,十九纪亡,遗生子元余。服阕⑤,父母以许孙宾⑥,绐母病⑦,迎还。知之,自投水。人赴之,气已绝,一日一夜乃苏息⑧。送依纪弟居,训导元余,号为学士。年九十卒。

【注释】

①沉渊:沉没于渊。意谓沉水自尽。

②邈然:高远貌。

③曹敬姬:本书卷十二《序志并士女目录》:"曹敬,字敬姬。南安人,周纪妻也。"

④出适:出嫁。

⑤服阕:守丧期满除服。

⑥孙宾:《太平御览》卷四百四十一引《益部耆旧传》作"狐宾",盖因形近而误。

⑦绐(dài):欺骗,哄骗。

⑧苏息:复活,苏醒。

【译文】

曹敬姬沉水自尽,确实壮烈高远。

曹敬姬,南安人,是周纪的妻子。曹敬姬十七岁出嫁,十九岁时周纪身亡,留有遗腹子周元余。守丧期满除服后,父母把她许配给孙宾,欺骗她说,母亲病了,迎接她回娘家。曹敬姬知道后,自己投水自尽。人们赶来时,她已经气绝,经过一天一夜后才苏醒过来。于是,把她送到周纪的弟弟家居住,曹敬姬教导周元余,人们称她为学士。曹敬姬享年九十而卒。

贞珙玉操①,弥久不刊②。

贞珙,字琼玉,牛鞞程氏女,张惟妻也③。十九适惟,未期④,惟亡。无子,养兄子悦。供养舅姑⑤,夙夜不怠⑥。资中王冲欲娶珙,珙叔父胘答以女志不可夺。冲为太守李严督邮⑦,严记县⑧,遣孝义掾奉羔雁⑨,宣太守命聘之。珙乃自投水,救援,不死。后太守苏高为立表,太守蜀郡□□遣仁恕掾论曰"贞珙"⑩,太守章陵刘威又为作颂⑪,故称述也⑫。

【注释】

①玉操:像美玉一样的节操。

②不刊:古代文书书于竹简,有误,即削除,谓之刊。不刊谓不容更动和改变。引申为不可磨灭。

③张惟:据本书卷十二《序志并士女目录》,张惟是犍为郡资中(今四川资阳)人。

④未期(jī):不到一周年。

⑤舅姑:称夫之父母。俗称公婆。

⑥夙夜不怠:从早到晚从不懈怠。形容非常勤奋。

⑦李严(? —234):后改名平,字正方,南阳(治今河南南阳)人。参看本书卷一《巴志》注。

⑧严记县:即太守李严向下属县下达公文。记,古时的一种公文。

⑨孝义掾:官名。三国蜀置,为郡县佐吏。汉朝郡县设立学校,置掾、史、经师等官,而蜀又增置孝义掾,掌教化,与教化史、行义掾

都是教导民众行仁孝礼义的官吏。羔雁：小羊和雁。用作征召、
婚聘、晋谒的礼物。

⑩太守蜀郡：下脱人名，故以"□□"示之。仁恕掾：官名。东汉置，
属河南尹，掌狱。本处指蜀郡属吏。

⑪章陵：县名。东汉建武六年（30）改舂陵侯国置，属南阳郡。治所
在今湖北枣阳南三十里。三国魏黄初二年（221）改为安昌县。

⑫称述：称扬述说。

【译文】

贞珙有像美玉一样的节操，历时越久而又不可磨灭。

贞珙，字琼玉，是牛鞞县程氏家的女儿，是张惟的妻子。程贞珙十九
岁时嫁给张惟，还不到一年，张惟就去世了。程贞珙没有子女，收养了哥
哥的儿子张悦。程贞珙供养公公、婆婆，从早到晚从不懈怠。资中人王
冲打算娶程贞珙，程贞珙叔父程肮回答说任女守节的志向不可侵夺。王
冲是太守李严的督邮，李严向下属县下达公文，派遣孝义掾带上聘礼羊
和雁，宣称是太守命令的下聘之礼。程贞珙于是投水自杀，经人抢救，幸
而不死。后来，太守苏高为她立了表，太守蜀郡□□派遣仁恕掾赠予谥
号"贞珙"，太守、章陵人刘威又为她作了颂，因此，本书在此称扬述说。

韩姜自财①，后旌其冤②。

韩姜，僰道人，尹仲让妻也。二十，让亡。服除③，资中
董台因从事王为表弟求姜，不许。台门生左习、王苏以为
姜可夺④，教姜家言母病，迎还韩氏，因逼成婚。姜闻故，自
杀。太守巴郡龚扬哀之⑤，杀习、苏以报姜死。

【注释】

①自财：自杀。财，通"裁"。

②后：君。本处特指太守龚扬。旌：表彰，表明。

③服除：守丧期满。

④姜可夺：意谓韩姜守节不改嫁的志向可以改变。夺，改变。

⑤龚扬：巴郡垫江（今重庆合川）人。官至巴郡太守。参看本书卷一《巴志》注。

【译文】

韩姜自杀，太守为她申明冤屈。

韩姜，樊道人，是尹仲让的妻子。韩姜二十岁时，尹仲让去世。韩姜守丧期满后，资中人董台通过从事王为的表弟向韩姜求婚，韩姜没有答应。董台的门生左习、王苏认为韩姜守节不改嫁的志向是可以改变的，于是教唆姜家人诈言母亲生病，迎接韩姜回到韩氏家族，趁机逼迫她成婚。韩姜知道了事情的原委，便自杀了。太守、巴郡人龚扬为韩姜而哀伤，杀了左习、王苏，以此报答韩姜。

谢姬引决①，同穴齐穿②。

姬，南安人，武阳仪成妻也。成死，以己年壮无子，将葬，乃预作殡殓具、毒药③。须夫棺入墓④，拊棺吞药而死，遂同葬。县以表郡，郡言州，州上尚书。天子咨嗟⑤，下诏书：每大赦，赐家帛四匹、蜀谷二石⑥。

【注释】

①引决：自杀。

②同穴、齐穿：皆指夫妻合葬。穿，墓穴。底本作"定"，误。

③殡殓（liàn）：入殓和出殡。

④须：等待。

⑤咨嗟（jiē）：叹息。

⑥蜀谷：当即蜀黍，亦即今高粱（刘琳）。明李时珍《本草纲目·谷
　二·蜀黍》："蜀黍……米性坚实，黄赤色，有二种，黏者可和糯秫
　酿酒作饵，不黏者可以作糕煮粥，可以济荒，可以养畜。"

【译文】

谢姬自杀，与丈夫合葬。

谢姬，南安人，是武阳人仪成的妻子。仪成死后，谢姬因自己还是壮
年，并且没有孩子，在将要埋葬丈夫的时候，提前为自己准备好入殓和出
殡的器具和毒药。等到丈夫的棺材入墓的那一天，谢姬拍打着棺材，吞
下毒药而死，于是与丈夫同葬。县里上表郡里，郡里汇报州里，州里上报
尚书。天子为之叹息，下达诏书：每遇天下大赦，赏赐她家帛四匹、蜀黍
二石。

　　媛姜匹妇①，勉夫济子。授命囹圄②，义逾国士③。

　　赵媛姜④，资中人，盛道妻也。建安五年，道坐过⑤，夫
妇闭狱。子翔方年五岁。姜谓道曰："官有常刑⑥，君不得已
矣。妾在，复何益君门户⑦？君可同翔亡命，妾代君死，可得
继君宗庙⑧。"道依违数日⑨，姜苦言劝之⑩，遂解脱⑪。给衣
粮，使去，代为应对。度走远，乃告吏，杀之。后遇赦，父子
得还。道虽仕宦当世⑫，痛感，终不更娶，翔亦不仕耳。

【注释】

①匹妇：古代指平民妇女。

②授命：献出生命。囹圄（líng yǔ）：监狱。

③逾：超过。国士：一国中才能最优秀的人物。

④赵媛姜：犍为郡资中（今四川资阳）人。《后汉书·列女传》："犍
　为盛道妻者，同郡赵氏之女也，字媛姜。"

⑤坐过:因过失而获罪。《后汉书·列女传》:"建安五年,益部乱,（盛）道聚众起兵,事败,夫妻执系,当死。"

⑥常刑:一定的刑法。

⑦门户:家庭。

⑧宗庙:奉祀祖先的官室。

⑨依违:顺从和违背,指犹豫不决。

⑩苦言:苦口相劝,逆耳之言。

⑪解脱:开脱。意谓想通了。

⑫仕宦:出仕,为官。

【译文】

赵媛姜是平民妇女,她鼓励丈夫、解救儿子。在监狱献出生命,她的节义超过国士。

赵媛姜,资中人,是盛道的妻子。建安五年,盛道因触犯法律,夫妇都被禁闭起来。儿子盛翔年方五岁。赵媛姜对盛道说:"官府有一定的刑法,夫君是不得已而犯法。贱妾活着,对于你的家庭又有什么作用呢?夫君可同盛翔一起逃命,贱妾替代夫君去受死,这样可以继续盛家的香火。"盛道犹豫不决了好几天,赵媛姜苦口相劝,盛道才想通了。赵媛姜准备了衣服和粮食,让父子俩离开,自己代为应付官府。赵媛姜估计父子俩已经走远了,才告诉官吏,官吏杀了她。后来,遇到大赦,父子俩得以返家。盛道虽然当时也做了官,但因为哀痛赵媛姜,故而终生不再娶妻,而盛翔也终身不做官。

黄帛求丧①,沉身中流。灵精相感②,携夫共浮。

黄帛,僰道人,张贞妻也。贞受《易》于韩子方③,去家三十里,船覆,死。贞弟求丧,经月不得④。帛乃自往没处躬访⑤,不得,遂自投水中。大小惊睨⑥。积十四日,持夫手浮出。时人为语曰：“符有先络煚道帛⑦，求其夫，天下无有其偶⑧。”县长韩子冉嘉之，召帛子，幸之，为县股肱⑨。

【注释】

①丧：尸体，遗体。

②灵精：灵魂。

③韩子方：本书卷十二《序志并士女目录》：“学士：韩子方。煚道人，张贞之师。”

④经月：指太阴历月亮经历一次朔望的标准时间。即整月，一个月。

⑤躬：亲自。

⑥惊眖：惊视，惊讶地看着。

⑦先络：江阳郡符县（今四川合江）人。

⑧天下无有其偶：又见本书卷三《蜀志》：“符有先络，煚道张帛求其夫，天下无有其偶者矣。”

⑨股肱（gōng）：大腿和胳膊。比喻左右辅助得力的人。

【译文】

黄帛寻找丈夫的遗体，自沉江中。灵魂感动上天，让她手拉着丈夫一起浮出水面。

黄帛，煚道人，是张贞的妻子。张贞向韩子方学习《易》，离家三十里处，船翻了，张贞被淹死。张贞的弟弟去寻找遗体，一个月都没有找到。于是，黄帛亲自前往沉没处寻找遗体，也没有找到，于是自投水中。大人和小孩都惊讶地看着她。过了十四天，黄帛握着丈夫的手浮出水面。当时人有句话说：“符县有先络，煚道有黄帛，二人都为寻找丈夫遗体而自沉，天下没有第二个了。”县长韩子冉表彰她的行为，征召黄帛的儿子到官府，宠幸他，使他成为县里的骨干人才。

烈哉诸媛，节称义遒①。

赞此九女也。

【注释】

①称：相称，相符，相配。道：坚固。

【译文】

伟烈啊，诸位女子！她们与其节义相配，而且道义坚固。

赞美这九位女性。

述犍为列女。

右《犍为士女赞》第四。

凡三十人。二十一人士，九人女。

【译文】

叙述的是犍为的列位女性。

以上是《犍为士女赞》第四。

总共三十人。其中男性二十一人，女性九人。

卷十下　先贤士女总赞下

汉中士女

郑真岳峙^①，确乎其清。

郑子真^②，褒中人也。玄静守道^③，履至德之行^④。乃其人也^⑤，教曰："忠孝爱敬，天下之至行也^⑥；神中五征^⑦，帝王之要道也^⑧。"成帝元舅大将军王凤备礼聘之^⑨，不应。家谷口^⑩，世号"谷口子真"。亡，汉中为立祠。

【注释】

①岳峙：谓如高山耸立。喻人品德如高山耸立。

②郑子真：名朴，字子真，汉中郡褒中（今陕西勉县）人。参看本书卷二《汉中志》注。

③玄静：谓清静无为的思想境界。守道：坚守某种道德规范。

④至德：最美好的道德，最高的道德。

⑤其人：同道，志趣相投的人。司马迁《报任少卿书》（《文选》卷四十一）："仆诚以著此书，藏诸名山，传之其人。"李善注："其人，谓与己同志者。"

⑥至行：卓绝的品行，最好的德行。

⑦五征：古人以雨、晹、燠、寒、风五者是否适时作为吉凶的征验，称为"五征"。《尚书·洪范》："庶征：曰雨，曰晹，曰燠，曰寒，曰风。"孔传："雨以润物，晹以干物，燠以长物，寒以成物，风以动物。五者各以其时，所以为众验。"

⑧要道：重要的道理，切要的道理。

⑨元舅：长舅，大舅。王凤（？—前22）：字孝卿，西汉东平陵（今山东章丘西）人。参看本书卷四《南中志》注。

⑩谷口：即褒谷，亦称南谷，在今陕西汉中市西北。

【译文】

郑子真的品德如高山耸立，确实展示的是其清静无为的思想境界。

郑子真，褒中人。清静无为，坚守道德规范，践行的是最高的道德。对志趣相投的人，郑子真才教导他说："忠孝爱敬，这是天下最好的德行；冥冥之中符合五征，这是帝王统治的重要道理。"汉成帝的大舅、大将军王凤备办了礼物去聘请郑子真，郑子真没有答应。郑子真居家在谷口，世人称之为"谷口子真"。郑子真死后，汉中为他建立了祠堂。

卫梁泥盘①，玄湛渊亭②。

卫衡，字伯梁，南郑人也。少师事隐士同郡樊志张③，以高行闻。郡九察孝廉，公府、州十辟，公车三征，不应。董扶、任安从洛还④，过见之，曰："京师，天下之市朝也⑤，足下犹之人耳⑥。幸其在远，以虚名屡动征书；若至中国，则价尽矣。"衡笑曰："时有险易，道有污隆⑦。若樊季齐、杨仲桓虽应征聘⑧，何益于时乎？苟无所⑨，则尼、轲栖栖⑩。是以君平、子真不屈其志⑪，岂子之徒也哉！吾何虚假之有⑫？"安、扶服之，敬其言也。

【注释】

①泥盘：盘桓于泥途之中，意谓隐居不仕。

②玄湛渊亭：形容道德与修养深远、沉静。玄，玄奥。湛，深沉。渊，深，深远，渊博。亭，通"渟"（tíng），（水）深。

③樊志张：汉中郡南郑（今陕西汉中）人。博学多通，隐居不仕。尝游陇西，破羌将军段颎请见之，其夕颎军为羌所围，因留军中。夜说颎由东南角乘虚引出，还师攻之，可全胜。颎从之，果破羌。以状表闻，有诏特征，会病终。《后汉书·方术列传》有传，事又见《后汉书·段颎列传》。樊志张，底本作"樊季齐"，误。

④董扶：字茂安，广汉郡绵竹（今四川德阳北）人。参看本书卷三《蜀志》注。任安（124—202）：字定祖，广汉郡绵竹（今四川德阳北）人。参看本书卷三《蜀志》注。

⑤市朝：市场和朝廷。指人物聚集之地。

⑥犹之人：意谓犹如一般人，与一般人一样。犹，犹如。之人，此人，是人。

⑦污隆：降与升。常指世道的盛衰或政治的兴替。

⑧樊季齐：樊英，字季齐，南阳鲁阳（今河南鲁山）人。习《京氏易》，善风角、星算、《河洛》七纬等，推步灾异。受业者四方而至，世称"樊氏学"。汉安帝时，公卿举荐，皆不就。汉顺帝永建四年（129）备礼征之，拜五官中郎将，旋称病笃，诏以为光禄大夫，赐告归。著有《易章句》。《后汉书·方术列传》有传。杨仲桓：杨厚（72—153），字仲桓，广汉郡新都（今四川成都新都区）人。参看本书卷三《蜀志》注。

⑨无所：不得其所。

⑩尼、轲：指孔子（仲尼）、孟子（孟轲）。栖栖：四处奔走、忙碌不安的样子。

⑪君平、子真：指严君平、郑子真。不屈其志：不委屈自己的心志

意愿。

⑫虚假：本处特指董扶、任安所说"以虚名屡动征书"。

【译文】

卫伯梁隐居不仕，道德修养深远、沉静。

卫衡，字伯梁，是南郑人。卫衡早年师事隐士、同郡人樊志张，以品行高尚而闻名。郡里九次察举他为孝廉，公府、州里十次征辟他，公车三次征召他，他都没有答应。董扶、任安从洛阳还乡，路过南郑时去拜见卫衡，说："京师，是天下人物聚集之地，足下与一般人也一样。足下有幸身处边远之地，因虚名而屡次惊动官府，送来聘书；如果到中原，足下就不值钱了。"卫衡笑着说："人所处时局有险阻与平坦，道路有上升与下降。像樊季齐、杨仲桓这样的人，虽然也接受了征聘，但对时局有什么益处呢？如果不得其所，像孔子、孟子也得四处奔走、忙碌不安。因此，严君平、郑子真不委屈自己的心志意愿，难道是你们这样的人吗？我有什么虚假的呢？"任安、董扶佩服他，敬重他的言语。

邓公亢对①，忠枉原情②。

邓公，成固人也。景帝时，御史大夫晁错患诸侯强大③，建议减削。会吴、楚七国谋反，假言诛错④，故吴相袁盎谮帝杀之⑤。拜盎太常，使赦七国，七国遂叛。邓公为谒者，入言军事，帝问曰："七国闻晁错死，罢兵不？"对曰："吴王即山铸钱⑥，煮海为盐⑦，谋反积数十年。错患之，故欲削弱，为万世策⑧，诸侯忧之。计画始行⑨，身死东市⑩，诸侯莫惮⑪。内杜忠臣之口⑫，外为诸侯报怨，臣窃为陛下不取也。"帝叹息曰："吾亦恨之。"武帝初，为九卿。

【注释】

①邓公：《汉书》一作"邓先"，汉中郡成固（今陕西城固）人。参看本书卷二《汉中志》注。亢：刚直。

②忠枉：忠臣被冤枉。原情：推究情由。

③晁错（前200—前154）：一作"朝错"，颍川（治今河南禹州）人。习申不害、商鞅刑名之术。景帝立，任内史，迁御史大夫。景帝采纳其意见，更定法令，削诸侯枝郡。景帝前三年（前154），吴楚七国以"诛晁错""清君侧"为名，起兵反。为袁盎所谗，被朝衣斩于市。《史记》《汉书》有传。

④假言：借口。

⑤袁盎（？—前148）：姓或作"爰"。字丝，西汉楚人，后徙安陵（今陕西咸阳东北）。以数直谏，名重朝廷。素与晁错交恶。及景帝即位，错为御史大夫，使人告发袁盎接受吴王财物之事，盎获罪被废为庶人。吴楚七国之乱时，借此向景帝建议诛错以谢吴。及吴楚破，为楚相，不见用，病免家居。后因谏止立梁孝王为帝嗣，为梁王刺客所杀。《史记》《汉书》有传。谮（zèn）：谗毁，诬陷。

⑥即山铸钱：开采山中铜矿以铸造钱币。《史记·吴王濞列传》："吴有豫章郡铜山，濞则招致天下亡命者盗铸钱，煮海水为盐。"

⑦煮海为盐：烧煮海水而获得食盐。参见上注。

⑧万世：很多世代。形容时代久远。

⑨计画：计虑，谋划。古人计事必用手指画，使其事易见，故称。

⑩东市：汉时长安道东西均有市场，处决犯人都在东市，后世遂用以称刑场。

⑪惮：畏惧，害怕。

⑫杜：堵塞。

【译文】

邓公刚直对答，推究忠臣被冤枉的情由。

邓公,是成固人。汉景帝时,御史大夫晁错担心诸侯过于强大,建议削减诸侯封地。适逢吴、楚七国合谋造反,并以诛杀晁错作为借口,因此,前吴国的相国袁盎进谗言,劝说汉景帝杀了晁错。汉景帝任命袁盎为太常,让他去赦免七国,于是七国叛乱。邓公是谒者,入宫汇报军事,汉景帝问袁盎:"七国听说晁错已经死了,是否退兵呢?"邓公回答说:"吴王开采山中铜矿以铸造钱币,烧煮海水而获得食盐,预谋造反已经数十年了。晁错为此而担忧,故而打算削弱诸侯,以为万世平安的计策,诸侯为削藩而担忧。削藩计划刚刚推行,晁错就身死东市,诸侯也就不害怕了。如此一来,对内堵塞了忠臣的嘴,对外则为诸侯报了仇怨,微臣私下认为,陛下这样做不可取。"汉景帝叹息说:"我也为此抱恨。"汉武帝初年,邓公位列九卿。

博望致远①,西南来庭②。

张骞③,成固人也。为人强力有谋④,能涉远,为武帝开西域五十三国⑤,穷河源⑥,南至绝远之国⑦。拜校尉,从讨匈奴有功,迁卫尉、博望侯⑧。于是广汉缘边之地⑨,通西南之塞,丰绝远之货,令帝无求不得,无思不服。至今方外开通,骞之功也。

【注释】

①博望:指博望侯张骞。致远:招致远处之物,使远方来归附。

②来庭:来王庭。犹来朝。谓朝觐天子。

③张骞(? —前114):汉中郡成固(今陕西城固)人。参看本书卷二《汉中志》注。

④强力:坚忍有毅力。底本作"强大",《史记·大宛列传》《汉书·张骞传》均说"(张)骞为人强力,宽大信人"。《汉书》颜师古注:

"强力,言坚忍于事。"据改。

⑤五十三国:《汉书·西域传》:"西域以孝武时始通,本三十六国,其后稍分至五十余。"颜师古注:"司马彪《续汉书》云至于哀、平,有五十五国也。"

⑥河源:河流的源头。古代特指黄河的源头。按:张骞并未到达黄河的源头。

⑦南至绝远之国:《史记》《汉书》都说张骞到南方"绝远之国"身毒国。《汉书·张骞传》:(张)骞曰:"臣在大夏时,见邛竹杖、蜀布,问安得此,大夏国人曰:'吾贾人往市之身毒国。身毒国在大夏东南可数千里。'"绝远,极其遥远。

⑧博望:古人说法不一。《汉书·张骞传》颜师古注:"取其能广博瞻望。"一说为地名。按:博望当为地名,即博望县。西汉元朔六年(前123)置,属南阳郡。治所在今河南方城县西南五十六里博望镇。汉武帝封张骞为博望侯。西晋属南阳国。南朝宋永初后废。

⑨广:开拓,扩展。缘边:沿边,指边境。

【译文】

博望侯招致远处之物,西南边陲也来朝觐天子。

张骞,是成固人。为人坚忍有毅力,而且有谋略,能走远路,为汉武帝开拓了与西域的五十三个国家的交通,走到了黄河的源头,在南面到达极其遥远的国度。张骞被拜为校尉,又因随从讨伐匈奴有功,升迁为卫尉,封为博望侯。于是,拓展了汉朝沿边的地盘,开通了西南的边塞,丰富了自极远之处而来的货物,让皇帝没有什么东西求取不得,没有什么想法实现不了。直至今日,域内与域外的开通,这都是张骞的功劳。

子游师生①,谗巧所倾②。

张猛,字子游,骞孙也。师事光禄勋周堪③,以光禄大夫、给事中,侍元帝。帝当庙祭④,济渭,欲御楼船⑤。御史大夫薛广德当车免冠[6]，"乞颈血污车轮[7]，陛下不得庙祭矣"。帝色不悦[8]。猛进曰："主圣则臣直。今乘船危，就桥安；圣主不乘危[9]，故大夫言之。"帝曰："晓人不当如是也[10]？"后与周堪俱以忠正为幸臣弘恭、石显所谮毁[11]，乍出乍征[12]。堪平和[13]，猛卒自杀。

【注释】

①子游：张猛，字子游，汉中郡成固（今陕西城固）人。张骞之孙。有俊才。元帝时为光禄大夫，出使匈奴，返，迁给事中。后为宦官石显等所谮害，自杀。《汉书·张骞传》有附传。

②谗巧：谗邪巧佞。倾：倾轧。

③周堪（？—约前40）：字少卿，齐郡（治今山东淄博东北）人。从夏侯胜受今文《尚书》。宣帝时，参与石渠阁议论定五经，因学识优异，为太子少傅。元帝即位，为光禄大夫，与太傅萧望之并领尚书事，同心辅政。为中书令石显等所谮，免官。后又为光禄勋，左迁河东太守，后复拜为光禄大夫，领尚书事。以受制于石显，含恨而死。《汉书·儒林传》有传。

④庙祭：在太庙祭祀。

⑤楼船：有楼的大船。古代多用作战船。

⑥薛广德：字长卿，沛郡相县（今安徽濉溪西北）人。治《鲁诗》，教授楚龚胜、龚舍等人。曾参与石渠阁议，历任谏大夫、长信少府、御史大夫等职。及为三公，直言谏争，元帝心忌之。后辞官归乡里。《汉书》有传。免冠：脱帽。古人用以表示谢罪。

⑦颈血：意谓自刎而死。《汉书·薛广德传》："（薛）广德曰：'陛下不听臣，臣自刎，以血污车轮，陛下不得入庙矣！'"

⑧色不悦：神色不愉悦。

⑨乘危：登上或踏上危险之地，犹言冒险。

⑩晓人：谓以言语说服人。晓，晓谕，劝喻。也：同"耶"。文言疑问词，相当于"呢"或"吗"。《汉书·薛广德传》作"邪"。按：以上事，见《汉书·薛广德传》。

⑪弘恭（？—前47）：沛（治今安徽濉溪西北）人。少坐法，受腐刑，为中黄门。不久选为中尚书。宣帝时，任中书令。明习法令故事，善为请奏，因得信任。元帝即位，与石显并得宠信，曾谮杀前将军萧望之等。元帝时病卒。《汉书》有传。石显（？—前32）：字君房，济南（治今山东章丘西）人。少坐法腐刑，为中黄门。宣帝时，为中书仆射。元帝时为中书令，事无大小，由显决断，贵幸倾朝。谮害萧望之、贾捐之、京房、张猛等大臣，结党营私。成帝即位，迁长信中太仆，失势。后免官，徙归故郡，不食，途中病死。《汉书》有传。谮（zèn）毁：谗间毁谤，诽谤诬蔑。

⑫乍：忽然。出：指免职。征：指任职。

⑬平和：性情温和。

【译文】

张子游生二人，被谗邪巧佞倾轧。

张猛，字子游，是张骞的孙子。张猛师事光禄勋周堪，担任的是光禄大夫、给事中，侍奉汉元帝。汉元帝到太庙祭祀，要渡过渭河，打算乘坐楼船前往。御史大夫薛广德挡住汉元帝的车子，脱下帽子，说："请求用我的颈项之血玷污陛下的车轮，使陛下不能去太庙祭祀。"汉元帝神色不悦。张猛进谏说："主上圣明，则臣下正直。现今乘船有危险，走桥上安全；圣主不冒险行事，故而御史大夫这样说。"汉元帝说："劝喻人，不应当像这样吗？"后来，张猛与周堪都因为忠正而被皇帝宠幸的臣子弘恭、石显进谗言诽谤，忽而被免职，忽而被任职。周堪性情温和，而张猛则最终自杀。

王孙养性①，矫葬厉生②。

杨王孙③，成固人也。治黄老。家累千金，厚自奉养。

临终,告其子曰:"我死,裸葬,以复吾真。但为布囊盛尸,入地七尺,既下,从足脱之,以身亲土。"其子不忍,见王孙友人祁侯④。祁侯谏之。王孙曰:"厚葬无益死者也。夫僤财送死⑤,今日入,明日发,此真无异暴骸中原⑥。裹以币帛⑦,隔以棺椁,含以珠玉⑧,后腐朽乃得归土,不可,故吾欲早就真宅⑨。"祁侯无以易,卒裸葬如其言。

【注释】

①养性:即清静无为,修身养性。

②矫葬厉生:即矫正厚葬之风,以此劝勉生者。

③杨王孙:汉中郡成固(今陕西城固)人。参看本书卷二《汉中志》注。

④祁侯:底本作"祈侯",误。祁侯,姓缯,名它。缯贺之孙。《汉书·杨王孙传》颜师古注:"祁侯缯贺之孙承嗣者,名它。"

⑤僤:通"殚",竭尽。

⑥中原:原野之中。

⑦币帛:缯帛。

⑧含以珠玉:此即古代的饭含习俗("含"亦作"琀""唅")。所谓"饭含",即以珠、玉、贝、米等物纳于死者之口。《说文解字·玉部》:"琀,送死口中玉也。"《周礼·天官·太宰》:"大丧,赞赠玉、含玉。"刘玄注:"含玉,死者口实。天子以玉。"《荀子·礼论》:"始卒,沐浴、鬠体、饭唅,象生执也。"《白虎通义·崩薨》:"天子饭以玉,诸侯以珠,大夫以璧,士以贝也。"珠玉,珍珠和美玉。泛指珠宝。

⑨真宅:谓人死后的真正归宿。

【译文】

杨王孙修身养性,矫正厚葬之风以劝勉生者。

杨王孙，是成固人。研习黄老之学。杨王孙家中积累有千金财产，优厚地用于自我奉养。临终前，他告诉儿子说："我死之后，实行裸葬，以恢复我的本真之性。只用布袋盛装尸体，放入七尺深的地下，放下去后，从双足之处脱掉布袋，以便身体亲近土地。"他的儿子不忍心这样做，去见杨王孙的友人祁侯。祁侯劝谏杨王孙不要裸葬。杨王孙说："厚葬，其实无益于死者。竭尽家财送别死者，今天埋入地下，明天就被盗掘，这真是无异于把尸骸暴露于原野。用缯帛包裹尸体，再用棺椁隔离，口含珍珠和美玉，在尸体腐朽后才得以回归泥土，这样做不好，所以我才打算早点回归真宅。"祁侯无法改变杨王孙的主意，最终按照杨王孙的嘱咐实行了裸葬。

司徒监使①，术畅思精。屡登上司②，七政是经③。

李郃④，字孟节，南郑人也。少明经术⑤，为郡候吏⑥。和帝遣使者二人微行至蜀⑦，宿郃候舍⑧。郃为出酒夜饮，露坐。郃问曰："君来时，宁知二使何日发来耶？"二人怪，问之，郃指星言曰："有二使星入益部⑨。"后一人为汉中太守，命为功曹，察孝，遂驰名。为尚书郎，徙左丞⑩，稍迁至尚书仆射、尚书令，拜司空，又进司徒。清公直亮⑪，当世称名。顺帝世薨。

【注释】

①监使：监察到使者的到来。

②上司：汉时对三公的称呼。

③七政：古人以日、月和金、木、水、火、土五星为七政。古人认为，宰相之辅翼天子，"以齐七政"，一如五星与月亮之辅翼太阳。

④李郃：字孟节，汉中郡南郑（今陕西汉中）人。参看本书卷二《汉

中志》注。

⑤经术：经学与数术。《后汉书·李郃列传》："（李郃）通五经，善河洛风星。"

⑥候吏：官名。又称候人，或称幕门候吏。掌迎送宾客及道路治安。《后汉书·李郃列传》："县召（李郃）署幕门候吏。"

⑦微行：旧时谓帝王或有权势者隐匿身份，易服出行或私访。

⑧候舍：接待过往官员或其他宾客的馆舍。

⑨使星：朝廷使者。《后汉书·李郃列传》："和帝继位，分遣使者，皆微服单行，各至州县，观采风谣。使者二人当到益部，投郃候舍。时夏夕露坐，郃因仰观，问曰：'二君发京师时，宁知朝廷遣二使邪？'二人默然，惊相视曰：'不闻也。'问何以知之。郃指星示云：'有二使星向益州分野，故知之耳。'"按：经此事之后，后世因称使者为"使星"。

⑩左丞：即尚书左丞。官名。东汉始置，为尚书台佐贰官，居尚书右丞上，秩四百石。总领尚书台庶务，主管吏民章奏及台内小吏。

⑪清公：清廉公正。直亮：正直诚实。

【译文】

司徒李郃监察到使者的到来，他精通数术，思想敏锐。屡次位登三公，辅翼天子治理政务。

李郃，字孟节，是南郑人。李郃很早就精通经学与数术，是郡里的候吏。汉和帝派遣两位使者微服出行来到蜀地，留宿在李郃管理的候舍。晚上，李郃拿出酒来共饮，三人露天而坐。李郃问两位使者："阁下来的时候，知不知道两位使者何时出发、何时到达？"二人感到奇怪，问李郃何以知之，李郃指着天上的星星说："有两个使星进入益州了。"后来，其中一人出任汉中太守，任命李郃为功曹，察举孝廉，于是一时驰名。李郃担任尚书郎，转任尚书左丞，不久升迁为尚书仆射、尚书令，拜官司空，又进官司徒。李郃清廉公正，正直诚实，在当时享有盛名。汉顺帝时，李郃去世。

炎精下颓，朱明不扬[①]。太尉謇谔[②]，任国救荒。濯日
旸谷，将升扶桑[③]。恶直丑正[④]，汉道遂丧。

李固[⑤]，字子坚，郃子也。阳嘉三年，以对策忠亢[⑥]，拜
议郎。大将军梁商[⑦]，后父也，表为从事中郎，授荆州刺史。
直州部有乱，至州，先友其贤者南阳郑叔躬、宋孝节、零陵支
宜雅，表荐长沙、桂阳太守赵历、栾巴[⑧]，奏免江夏、南阳、南
郡太守孔畴、高赐、为昆等，州土自然安静[⑨]。徙太山太守，
克宁盗贼。入为将作大匠。多致海内名士南阳樊英、江夏
黄琼、广汉杨厚、会稽贺纯、光禄周举、侍中杜乔、陈留杨伦、
河南尹存、东平王恽、陈国何临、清河房植等[⑩]，皆蒙征聘。
转大司农。顺帝崩，太后临朝，拜太尉，与后兄大将军梁冀、
太傅赵峻并录尚书事[⑪]。冲帝崩，时徐、扬有盗贼，太后欲不
发丧，须召诸王至。固争不可，言"国家多难，宜立长君"。
太后欲专权，乃立乐安王孙[⑫]，为质帝。质帝崩，太后复与梁
冀谋所立。固与司徒南郡胡广、司空蜀郡赵戒书与冀[⑬]，引
周勃、霍光立文、宣以安汉之荣[⑭]，阎、邓废立之祸[⑮]；言国统
三绝[⑯]，期运厄会[⑰]，兴崩之渐，在斯一举，宜求贤王亲近，不
可寝嘿也[⑱]。冀得书，召公卿列侯议所立。三公及鸿胪杜乔
佥举清河王蒜[⑲]，冀然之，奏御太后。中常侍曹腾私恨蒜[⑳]，
说冀明日更议。广、戒从冀，固与乔必争蒜宜立："中兴才
也，且年长识义，必有厚将军。"冀不听，策免固、乔[㉑]。岁
余，取下狱。以无事，出之，京师市邑皆称千万岁。冀恶其
为人所善，更奏系之[㉒]。固书与二公曰[㉓]："吾欲扶持汉室，
使之比隆文、宣，何图梁将军迷谬[㉔]，诸子曲从[㉕]，以吉物为

凶,成事为败。汉家衰微,从是始矣;将军亦有不利。吾虽死,上不惭于天,下不愧于人,求义得义,死复何恨?"遂自杀。二公得书,惟自流涕㉖,士民咸哀哭之。桓帝无道,冀寻受诛,汉家遂微,政在阉宦㉗,无不思固也。

【注释】

①炎精下颓,朱明不扬:意谓汉朝国运衰颓,国势不振。炎精,指火德,或指应火运而兴的王朝。本处指汉朝。按照五行学说,汉自称以火德王,故称"炎汉"或"炎精"。朱明,太阳。本处指汉朝。

②謇谔(jiǎn è):正直敢言。

③濯日旸(yáng)谷,将升扶桑:意谓扶持汉室,使之重振。一如浴日于旸谷,使之喷薄东升。旸谷,古书也作"汤谷""阳谷"。古称日出之处。扶桑,古书也作"榑桑",又称"扶木"。神话中的树名。后为太阳的代称。《山海经·海外东经》:"汤谷上有扶桑,十日所浴,在黑齿北。"郭璞注:"扶桑,木也。"《山海经·大荒东经》:"汤谷上有扶木。一日方至,一日方出,皆载于乌。"《淮南子·墬形训》:"旸谷、榑桑在东方。"

④恶直丑正:正直之人被丑恶化,意谓是非颠倒。

⑤李固(94—147):字子坚,汉中郡南郑(今陕西汉中)人。李郃之子。参看本书卷二《汉中志》注。

⑥忠亢:忠诚而刚正。

⑦梁商(?—141):字伯夏,安定乌氏(今宁夏固原)人。梁雍之子,梁冀之父。少为黄门侍郎。顺帝阳嘉元年(132),女立为皇后,妹为贵人。商拜执金吾。阳嘉三年(134),为大将军。商自以外戚居大位,每存谦柔,虚己进贤,时称良辅。卒谥忠侯。《后汉书》有传。

⑧栾巴：底本作"卒巴"，误。栾巴（？—168），字叔元，魏郡内黄（今河南内黄西北）人，一说蜀郡人。好读书，博涉经典。顺帝时为黄门令，迁桂阳、豫章太守，定礼兴学，多有政绩，累迁为尚书。灵帝即位，任议郎。党锢之祸起，陈蕃、窦武被诛，栾巴上书极谏，为陈、窦辩冤。帝怒，下诏切责，收付廷尉，遂自杀。《后汉书》有传。

⑨安静：安定，平静。

⑩樊英：字季齐，南阳鲁阳（今河南鲁山）人。见本卷前文注。黄琼（86—164）：字世英，江夏安陆（今湖北云梦）人。早年屡征不就，顺帝时始应征为议郎。黄琼不阿附梁冀。后拜太尉，奏劾贪污，海内称颂。官至司空。卒谥忠侯。《后汉书》有传。杨厚（72—153）：字仲桓，广汉郡新都（今四川成都新都区）人。参看本书卷三《蜀志》注。贺纯：字仲真，会稽山阴（今浙江绍兴）人。少为诸生，博习群艺。屡受征辟，皆不就。后征拜议郎，数陈灾异，上书言事，多见采纳。迁江夏太守。《后汉书·李固列传》李贤注引谢承《后汉书》有传。周举（？—149）：字宣光，汝南汝阳（今河南商水）人。周防之子。博学洽闻，为儒者所宗，有"五经纵横周宣光"之誉。阳嘉三年（134），征拜尚书，与仆射黄琼同心辅政，名重朝廷。后为侍中，奉诏巡行风俗，于是劾奏贪猾，表荐公清。后拜光禄勋。《后汉书》有传。杜乔（？—147）：字叔荣，河内林虑（今河南林州）人。参看本卷上文注。杨伦：字仲理，陈留东昏（今河南兰考）人。少拜丁鸿为师，习《古文尚书》，为郡文学掾。前后三征，皆以直谏不合去。《后汉书》有传。尹存、王悝：事迹不详。何临：字子陵，陈国（治今河南淮阳）人。为李固所荐举，仕至平原太守。有政声。《后汉书·何熙列传》有附传。房植：字伯武，清河甘陵（今山东临清）人。桓帝时为河南尹，有名当朝。同郡周福为尚书，二家宾客互相攻讦，各树朋徒，由是甘陵有南北部，

⑪后兄：底本作"后弟"，实当作"后兄"（刘琳）。赵峻（？—145）：字伯师，下邳徐（今江苏泗洪）人。参看本卷上文注。

⑫乐安王孙："孙"原脱，兹补。指的是刘缵（138—146），汉章帝玄孙，乐安王刘宠孙。汉冲帝死，梁太后与梁冀定策迎入即帝位，年八岁。梁冀以大将军专朝政，帝于朝会目冀曰："此跋扈将军也。"冀使左右置毒于煮饼以进，帝中毒死。在位一年。谥质帝。《后汉书》有传。

⑬胡广（91—172）：字伯始，南郡华容（今湖北监利）人。参看本卷上文注。赵戒：字志伯，蜀郡成都（今四川成都）人。参看本书卷三《蜀志》注。

⑭周勃（？—前169）：泗水沛（今江苏沛县）人。秦时以织薄曲（蚕具）为生。又常为人吹箫给丧事。后以中涓（秦汉时皇帝亲近的侍从官）从刘邦起于沛，屡破秦军。从击项羽，定天下。高祖六年（前201），封绛侯。吕后死，诸吕欲危刘氏，周勃与陈平定计诛诸吕，汉室以安。文帝立，拜右丞相。周勃惧功高招祸，又不谙政事，称病辞职。陈平死，复相，旋免。卒谥武侯。《史记》《汉书》有传。霍光（？—前68）：字子孟，河东平阳（今山西临汾西南）人。参看本书卷五《公孙述刘二牧志》注。文、宣：指汉文帝、汉宣帝。

⑮阎、邓废立之祸：指邓后与阎后之废立汉帝。汉和帝死，邓后立殇帝；殇帝死，邓后立安帝。安帝死，阎后与兄阎显等谋立北乡后为帝，数月而死。宦官孙程等杀阎氏党而立济阴王为帝，是为顺帝。

⑯国统三绝：即《后汉书·李固列传》所说"国祚三绝"。李贤注："顺帝崩，冲帝立一年崩，质帝一年崩。"

⑰期运：犹气运，气数。厄会：众灾会合。犹言厄运。

⑱寝嘿：止而不言，沉默。嘿，同"默"，沉默。

⑲佥（qiān）：全，都。清河王蒜（？—147）：刘蒜，东汉宗室。汉章帝曾孙。参看本卷上文注。

⑳曹腾：字季兴，沛国谯（今安徽亳州）人。宦官。安帝时为黄门从官，顺帝时为中常侍。以与太仆州辅等定策迎立桓帝，封费亭侯，迁大长秋。在宫廷三十余年，历侍四帝，以谨慎著称。养子曹嵩，为曹操父亲。魏明帝太和中，追尊高帝。《后汉书》有传。私恨：私下怀恨或结怨。

㉑策免：帝王以策书免官。

㉒系：拘系，拘囚。

㉓二公：指司徒、司空。东汉以太尉、司徒、司空为三公，而李固是太尉，故本处的"二公"指的是司徒、司空。

㉔迷谬：迷惑谬误。

㉕曲从：委曲顺从。

㉖惟自：一本作"叹息"。

㉗阉宦：宦官。

【译文】

汉朝国运衰颓，国势不振。李太尉正直敢言，担当国家重任，救济灾民，使其度过饥荒。李固扶持汉室使之重振，一如浴日于旸谷，使之喷薄东升。可惜是非颠倒，正直之人被丑恶化，汉家道统于是衰微。

李固，字子坚，是李郃的儿子。阳嘉三年，李固因对策忠诚刚正，被拜为议郎。大将军梁商，是皇后的父亲，上表推荐李固为从事中郎，授官荆州刺史。其时，正逢荆州发生动乱，李固到荆州后，首先和当地的贤人，如南阳人郑叔躬、宋孝节、零陵人支宜雅交好为朋友，又上表推荐长沙太守赵历、桂阳太守栾巴，并上奏免去江夏太守孔畴、南阳太守高赐、南郡太守为昆等，州里自然安定、平静了。李固转任太山太守，平定了境内的盗贼之患。李固后入朝担任将作大匠。他广泛延揽海内的知名人士，如南阳人樊英、江夏人黄琼、广汉人杨厚、会稽人贺纯以及光禄周举、侍中杜乔、陈留人杨伦、河南人尹存、东平人王恽、陈国人何临、清河人房植等，都蒙受推荐与征聘。李固转任大司农。汉顺帝驾崩后，太后临朝主政，拜李固为太尉，让他与皇后的哥哥、大将军梁冀以及太傅赵峻一起负责录尚书事。汉冲帝驾崩后，因当时徐州、扬州有盗贼出现，太后打算不发丧，等到召集诸王公来商议。李固争执说不可，认为"国家多灾多难，应该立年长的皇子为君王"。太后想专权，于是立乐安王孙为质帝。汉质帝驾崩后，太后又与梁冀谋划册立何人为君。李固与司徒南郡人胡广、司空蜀郡人赵戒联名写信给梁冀，信中援引周勃、霍光立汉文帝、汉宣帝以安定汉家的荣耀，阎后、邓后废立国君带来的灾祸；信中说，汉朝国统三次断绝后嗣，时运不济，众灾会合，而兴盛与崩溃的机遇，就在此一举，因此，应该征求贤明之王、亲近之人，不可保持沉默而不行动。梁冀得到书信后，召集公卿、列侯来商议立何人为帝。三公及鸿胪杜乔都推举了清河王刘蒜，梁冀也同意了，便上奏太后。中常侍曹腾私下怀恨刘蒜，便游说梁冀明天再商议。胡广、赵戒赞成梁冀的意见，而李固与杜乔据理力争，认为应该立刘蒜为帝，二人说："刘蒜是中兴之才，而且年龄为长，又深明大义，他一定会厚待将军的。"梁冀没有听从，反而策免了李固、杜乔的职务。一年以后，又将李固收捕下狱。因为李固没有罪状，便被释放了出来，京师内外都欢呼"千万岁"。梁冀忌恨李固为世人所称道，又上奏朝廷，再次拘系了李固。李固写信给司徒、司空说："我本想扶持汉室，使国家像文帝、宣帝时代一样兴隆，哪里想到梁将军迷惑谬误，其他臣子委曲顺从，把吉祥之物当作凶险之物，把成功之事当作失败之事。汉家的衰微，从此开始了；而梁将军也将有不利之事。我虽然死了，但我对上无愧于天，对下无愧于人，求义得义，死了又有什么可抱恨的呢？"于是就自杀了。司徒、司空得到书信，只有独自落泪，士民都为李固哀号哭泣。汉桓帝是无道之君，梁冀不久也被诛杀了，汉朝由此衰败，宦官掌握了大权，世人没有不思念李固的。

元修敦重^①,威惠实亮^②。

张亮则^③,字元修,南郑人也。为牂柯太守,威著南土。永昌、越嶲夷谋欲反,畏则,换临其郡,相谏而止。号曰"卧虎"。以伐狄勋^④,迁护羌校尉^⑤,征拜扶风,又换临桂阳,皆平盗贼。巴郡板楯反,拜降集校尉^⑥,镇汉中。徙梁州刺史,又为魏郡太守,所在称治。灵帝崩后,大将军袁绍表为长史,不就。丞相曹公拜度辽将军^⑦。

【注释】

①敦重:敦厚庄重。

②威惠:犹威恩。声威和恩泽。亮:诚信,忠诚。

③张亮则:一本作"张则"。张亮则,字元修,汉中郡南郑(今陕西汉中)人。任牂柯太守时威著南疆,民受其惠。累迁梁州刺史、魏郡太守。建安中,丞相曹操拜为度辽将军。

④伐狄:底本作"戍狄",不通。此从刘琳说改。

⑤护羌校尉:官名。西汉武帝置,持节统领羌族事务。东汉初罢。光武建武九年(33),复置。后或省或置。章帝以后遂为常制。多以边郡太守、都尉转任。除监护内附羌人各部落外,亦常将羌兵协同作战,戍卫边塞。魏、晋及北魏沿置。

⑥降集校尉:当为临时设置的职官,事罢即撤。降集,降伏并收容。降集,底本作"隆集",误。

⑦曹公:指曹操。度辽将军:官名。西汉置。昭帝元凤三年(前78),辽东乌桓起事,以中郎将范明友为此,率骑击之,因须度辽水,故以为官号。事罢而废。东汉亦置此将,屯五原以防匈奴。明帝后变为常置。东汉末,曾分置左、右度辽将军。三国魏沿置,亦称渡辽将军。

【译文】

张元修敦厚庄重,有声威和恩泽,而且确实忠诚。

张亮则,字元修,是南郑人。在担任牂柯太守时,恩威昭著于南中。永昌、越嶲的夷人预谋造反,因畏惧张亮则,准备等张亮则换任至其他郡时再行动,各部落互相劝谏而停止了计划。张亮则号称"卧虎"。因讨伐狄人有功,升迁为护羌校尉,征拜为扶风太守,又换任桂阳太守,在任期间都能平定盗贼。巴郡的板楯蛮造反,张亮则被拜为降集校尉,镇守汉中。张亮则后来转任梁州刺史,又任魏郡太守,所在之地治理得都很好。汉灵帝驾崩后,大将军袁绍上表推荐张亮则为长史,张亮则没有就任。丞相曹操拜张亮则为度辽将军。

子雅温恭,见察文方①。

赵宣,字子雅,南郑人也。出自寒微,以温良博雅②,太守犍为杨文方深器异之③,遂察孝廉。官至犍为太守。

【注释】

①见察:被察举。见,被。

②温良:温和善良。博雅:谓学识渊博,品行端正。

③杨文方:犍为郡武阳(今四川眉山彭山区)人。杨涣之子。官至汉中太守。妻阳姬。本卷有传。器异:犹器重,看重。

【译文】

赵子雅温和恭敬,被杨文方察举为孝廉。

赵宣,字子雅,是南郑人。赵宣出身贫寒低微之家,为人温良,学识渊博,品行端正,汉中太守、犍为人杨文方很器重他,于是察举他为孝廉。赵宣官至犍为太守。

二珪琬琰①,三辰悬望②。

赵瑶字元珪③，琰字稚珪。凡七兄弟，宣子也，皆以令德著闻④。瑶少有公望⑤，始为缑氏⑥，袁、赵二公相与书曰⑦："赵瑶在缑氏，猛虎归迹。百里均尔⑧，升平何难⑨？"迁扶风太守，徙蜀郡。司空张温谓之曰⑩："昔第五伯鱼从蜀郡为司空⑪，扫吾第以俟足下矣。"瑶曰："诺。"寻换广汉，卒。琰始为青州刺史⑫，部下清肃⑬。徙梁相，征拜尚书，不就，卒。

【注释】

①琬琰：琬圭、琰圭。泛指美玉。《尚书·顾命》："弘璧、琬琰在西序。"孔传："大璧、琬琰之圭为二重。"按：赵瑶字元珪，赵琰字稚珪。此云"二珪"，固然无误。而云"琬琰"，意谓赵瑶、赵琰二人玉洁冰清，都是美玉一样的人物。

②三辰悬望：三辰，指日、月、星。按：本处"三辰"（日、月、星），指代的是东汉"三公"（太尉、司徒、司空）。悬望，盼望，挂念。三辰悬望，意谓赵瑶、赵琰二人被三公（如司马张温）挂念。

③赵瑶：字元珪，汉中郡南郑（今陕西汉中）人。参看本书卷三《蜀志》注。

④令德：美德。著闻：著名，闻名。

⑤公望：公众中的声望。

⑥缑氏：县名。战国时周置，后入秦，属三川郡。治所在今河南偃师东南府店镇北二里。因缑氏山为名。西汉属河南郡。东汉建武元年（25）改属河南尹。西晋属河南郡。

⑦袁、赵二公：指袁汤、赵戒。袁汤，字仲河，汝南汝阳（今河南商水）人。少传家学，习《孟氏易》，为诸儒所称。桓帝初为司空，封安国亭侯。累迁司徒、太尉，以灾异策免。谥康侯。《后汉书》有传。赵戒，字志伯，蜀郡成都（今四川成都）人。参看本书卷三

《蜀志》注。

⑧百里：古时一县所辖之地约百里，因以"百里"为县的代称。

⑨升平：太平。

⑩张温（？—191）：字伯慎，南阳穰（今河南邓州）人。参看本书卷三《蜀志》注。

⑪第五伯鱼：第五伦，字伯鱼，京兆长陵（今陕西咸阳）人。参看本书卷三《蜀志》注。

⑫青州：西汉武帝置，为十三刺史部之一。东汉治所在临菑县（今山东淄博临淄北）。

⑬部下：部属，下级。清肃：清正严明。

【译文】

赵瑶、赵琰都是玉洁冰清的美玉人物，被朝中三公挂念。

赵瑶字元珪，赵琰字稚珪。共有兄弟七人，他们是赵宣的儿子，都以美德闻名于世。赵瑶很早就有声望，他起初担任缑氏县令，袁汤、赵戒二公在来往书信中说："赵瑶在缑氏任职，猛虎都收敛了足迹。百里之县治理得都一样好，地方太平有什么困难呢？"赵瑶后升迁为扶风太守，转任蜀郡太守。司空张温对他说："往年第五伯鱼从蜀郡太守升为司空，我已经打扫我的宅第，等待足下的到来。"赵瑶说："好。"不久，赵瑶调任广汉太守，死于任上。赵琰起初担任青州刺史时，赵琰的下属清正严明。后转任梁相，又征拜为尚书，但他没有赴任，去世。

仲卿报友①，行义以理。

陈纲，字仲卿，成固人也。少与同郡张宗受学南阳，以母丧归。宗为安众刘元所杀②。纲免丧③，往复之④。值元醉卧，还，须醒乃杀之⑤，自拘有司。会赦，免。三府并辟⑥，举茂才，拜弘农太守。初至，有兄弟自相责引退⑦，是后无讼者。在官九年卒。天子痛惜,赐家钱四十万。

【注释】

①报友:为友报仇。

②安众:县名。西汉置,属南阳郡。治所在今河南邓州东北。东汉、三国魏不改。西晋废。

③免丧:谓守孝期满,除去丧服。

④复:复仇。

⑤须:等待,等到。

⑥三府:谓太尉、司徒、司空府。

⑦自相责:自己检讨自己的过错。引退:意谓撤诉而回家。

【译文】

陈仲卿为友报仇,依理而行大义。

陈纲,字仲卿,是成固人。陈纲早年与同郡的张宗在南阳求学,因母亲去世而返家守丧。张宗被安众人刘元杀害。陈纲守孝期满后,前往南阳为朋友复仇。正好碰上刘元醉酒卧床,陈纲便离开了,等到刘元酒醒后,陈纲才杀死刘元,然后把自己绑上到官府自首。适逢大赦天下,陈纲被免刑。太尉、司徒、司空三府一起征辟陈纲,举荐陈纲为茂才,拜官弘农太守。陈纲初至弘农,有兄弟俩对簿公堂,陈纲让他们检讨自己的过错,二人撤诉回家,此后,弘农无讼事。陈纲在任九年去世。天子为陈纲痛惜,赏赐陈纲家人四十万钱。

伯度玄镜①,荣辱屑己②。

李法③,字伯度,南郑人也。桓帝时为侍中、光禄大夫。数亢表宦官太盛④,椒房太重⑤;史官记事,无实录之才,虚相褒述⑥,必为后笑。帝怒,免为庶人,恬然以咎失为己责⑦。

久之,征拜汝南太守,迁司隶校尉,湛然无自得之容^⑧。

【注释】

①玄镜:犹明镜。

②荣辱屑己:意谓不介意自己的荣与辱。屑,顾惜,介意。

③李法:字伯度,汉中郡南郑(今陕西汉中)人。博通群书,性刚而
有节。汉和帝永元九年(97)应贤良方正对策,除博士,迁光禄大
夫。上疏直谏失旨,免为庶人。在家八年,征拜谏议大夫,正言极
辞,无改于旧。出为汝南太守,有政声。《后汉书》有传。

④亢表:上表直言。

⑤椒房:椒房殿。汉皇后所居的宫殿。殿内以花椒子和泥涂壁,取
温暖、芬芳、多子之义。本处是后妃的代称。

⑥褒述:谓记述其功德予以表彰。

⑦恬然:安然,不在意貌。咎失:追究过失。

⑧湛然:安然貌。

【译文】

李伯度犹如明镜,不介意自己的荣与辱。

李法,字伯度,是南郑人。汉桓帝时,李法担任侍中、光禄大夫。李
法多次上表直言宦官势力太盛,后妃干政太重;史官记录史事,没有如实
记录的才能,只是虚假地歌功颂德,这一定会被后人耻笑。皇帝发怒了,
将李法免为庶人,李法并不在意,以追究过失作为自己的责任。过了好
久,李法被征拜为汝南太守,又升迁为司隶校尉,李法安然待之,没有洋
洋自得的表现。

德公在林^①,悬象垂昬^②。既冲云清^③,荀、张仪准^④。

李燮^⑤,字德公,太尉固子也。父死时,二兄亦死。燮
为姊所遣,随父门生王成亡命徐州^⑥,佣酒家。酒家知非常

人，以女妻之。延熹二年，梁冀诛后，月经阳道⑦，晕五车⑧。史官上书："昔有大星升汉而西⑨，卷舌扬芒迫月⑩，荧惑犯帝座⑪，则有大臣枉诛。星在西方，太尉固应之。今晕如之，宜有赦命，录其遗嗣⑫，以除此异⑬。"于是下赦，燮得返旧。四府并辟⑭，公车征议郎。与赵元珪、颍川贾伟节、荀慈明、南阳张伯慎为友⑮。伯慎为颍川太守，与慈明交相论言⑯，伟节与焉，京师以为臧否⑰。伯慎问赵元珪曰："德公所言何？"元珪曰："无言也。"伯慎追叹曰⑱："当如德公，儿辈徒靡沸耳⑲！"慈明亦瘩而心变。拜安平相。王为黄巾所没⑳，得出，天子复封之。燮以为不可，果败。迁京兆尹。时人为之语曰："李德公，父不欲立帝，子不欲立王。"

【注释】

①在林：在野，未在朝做官。

②悬象：出现天象，显示征兆。古人迷信，把某些自然现象附会人事，认为是预示人间祸福吉凶的迹象。垂晷（guǐ）：义近悬象，指上天的垂示与征兆。晷，日影。本处泛指天象。

③冲云清：犹言冲云霄，指征为议郎（刘琳）。

④荀、张：指荀慈明、张伯慎。见下文注。仪准：法度标准。

⑤李燮（134—？）：字德公，汉中郡南郑（今陕西汉中）人。李固少子。年十三，父遇害，姊文姬托父门生王成带燮至徐州，变名姓为酒家佣十余年。梁冀既诛，征拜议郎。灵帝时拜安平相，迁河南尹。时以货赂为官，燮上书切谏。在职二年卒。《后汉书》有传。

⑥王成：籍贯不详，西汉时人。宣帝时为胶东相，为政有令声。帝褒之，赐爵关内侯。事见《后汉书》。

⑦月经阳道：指月亮越位运行至太阳所经轨道。古人认为，这是灾异。阳道，古人称太阳运行的轨道为"阳道"，月亮运行的轨道为"阴道"（又称"白道"）。

⑧晕五车：意谓月亮运行到五车处形成的光圈。晕，太阳或月亮周围形成的光圈。本处指后者。五车，星名。亦称五潢，属毕宿，共有五星。

⑨大星：星宿中大而亮者。汉：天汉，银河。

⑩卷舌：星名。

⑪荧惑：古指火星。帝座：亦作"帝坐"。古星名。属天市垣。即武仙座α星。

⑫遗嗣：指死后留下的子孙。亦泛指后裔，后代。

⑬异：灾异。本处指异常的天象。

⑭四府：西汉以丞相、御史、车骑将军、前将军府为四府。东汉以太尉、司徒、司空、大将军（或太傅）府为四府。本处指后者。

⑮赵元珪：赵瑶，字元珪，汉中郡南郑（今陕西汉中）人。见本卷前文注。贾伟节：贾彪，字伟节，颍川定陵（今河南舞阳北）人。东汉名士，与荀爽齐名。初仕州郡，后举孝廉，补新息长。民贫困，生子多不养，彪严禁之。桓帝延熹九年（166），党事起，彪入洛阳说窦武等讼之，桓帝遂赦党人。后以党锢之祸被禁，卒于家。《后汉书》有传。荀慈明：荀爽（128—190），字慈明，颍川颍阴（今河南许昌）人。荀淑之子。于兄弟八人中最有才华，时称"荀氏八龙，慈明无双"。年十二能通《春秋》《论语》，耽思经书。桓帝延熹九年（166），拜郎中，对策痛陈时弊，旋弃官去。后遭党锢，以著述为事。献帝即位，征拜平原相，迁司空。与王允等欲共除董卓，会病卒。著《礼》《易传》《诗传》《尚书正经》《春秋条例》等。《后汉书》有传。张伯慎：张温（？—191），字伯慎，南阳穰（今河南邓州）人。参看本书卷三《蜀志》注。

⑯论言：论述，谈论。

⑰京师以为臧否：意谓京师人士以赵瑶等人的看法作为评判善恶得失的标准（刘琳）。臧否，褒贬，评论。

⑱追叹：谓追溯往事而感叹。

⑲徒：徒然，白白地。靡沸：比喻世事混乱之甚，如糜粥之沸于釜中。本处所说"靡沸"，与前所说"无言"相对，意谓喧嚷、吵嚷。靡，同"糜"。

⑳黄巾：东汉末年张角所领导的农民起义军，因头包黄巾而得名。

【译文】

李德公没有在朝做官，而上苍出现天象、显示征兆。李燮被征拜为议郎，荀慈明、张伯慎以他为法度标准。

李燮，字德公，是太尉李固的儿子。李燮的父亲去世之时，两个哥哥也死了。李燮接受姐姐的派遣，跟随父亲的门生王成逃命到徐州，在一个酒家做佣工。酒家知道李燮是不平常的人，把女儿嫁给了他。延熹二年，在梁冀被诛杀后，月亮越位运行至太阳所经轨道，而月亮运行到五车处时形成光圈。史官上书皇帝说："以前有大星自银河升起而向西运行，卷舌星发出光芒而压迫月光，荧惑星侵犯帝座星，这说明有大臣被冤枉诛杀。星位在西方，太尉李固与此天象对应。现今出现的月晕与之相同，应该发布赦命，录用他们的后裔，以消除这个异常的天象。"于是，皇帝下达赦令，李燮因此得以返回故乡。丞相、御史、车骑将军、前将军四府一起征辟李燮，而公车也征拜李燮为议郎。李燮与赵元珪、颍川人贾伟节、荀慈明、南阳人张伯慎是好朋友。张伯慎担任颍川太守，与荀慈明互相来往讨论，贾伟节也参与进来，京师之人以他们的褒贬作为评论的标准。张伯慎问赵元珪："李德公说的是什么？"赵元珪说："他没有说什么。"张伯慎感叹说："应当像李德公，儿辈们徒然闹嚷嚷！"荀慈明也领悟而改变自己。李燮被拜为安平相。安平王被黄巾军俘虏，在逃出之后，又被天子封为安平王。李燮认为不可行，而安平王果然败亡。李燮升迁为京兆尹。当时人评论李燮说："李德公,父亲不愿意立帝,儿子不愿意立王。"

伯台处谏,帅言亢尽[1]。末命防萌[2],妙睹玄揆[3]。

陈雅[4],字伯台,成固人也。灵帝时为谏大夫。阉宦用事,上疏曰："昔孝和帝与中常侍郑众谋诛大将军窦宪[5],由是宦官秉权。安帝幼冲[6],和熹太后兄大将军邓骘辅政[7]。太后适崩,中常侍江京等杀骘[8]。安帝登遐[9],黄门孙程又杀车骑将军阎显[10]。孝桓帝又与中常侍单超等共诛大将军梁冀[11]。陛下即祚,太傅陈蕃、大将军窦武、尚书令尹勋等欲诛宦官[12],绝其奸擅,尽忠王室,建万世策。机事不密,为中常侍朱瑀等所杀[13]。此即陛下所见。今宦官强盛,威倾人主,天下钳口[14],莫敢言者,海内怨望,妖孽并作,四方兵起,万姓辛苦。陛下尚可以安,奈后嗣何?"帝不省纳[15],出为巴郡太守,年七十五卒。临终,戒其子曰:"期运推之[16],天下将大乱,雄夫力争。无以货财为意。吾亡,依山薄葬[17]。"亡岁余,灵帝崩,大将军何进复为黄门所杀[18],海内果乱,终成三国也[19]。

【注释】

①帅:底本作"师",误。帅,同"率",直率。亢尽:刚直无所隐讳(刘琳)。

②末命:泛指临终时的遗教。防萌:谓消弭错误、祸患于萌芽状态。

③玄揆(kuí):意谓预测神奇。揆,度(duó),揣测。

④陈雅:字伯台,汉中郡成固(今陕西城固)人。参看本书卷二《汉中志》注。

⑤孝和帝：刘肇（79—105），东汉皇帝。汉章帝第四子。建初七年（82），立为皇太子。年十岁即帝位（88），窦太后临朝，窦宪等擅威权。永元四年（92），与宦官郑众定议，收窦宪大将军印绶，旋迫令自杀。永元十四年（102），封郑众为鄛乡侯，东汉宦官封侯自此始。死后谥和帝，庙号穆宗。《后汉书》有传。郑众（？—114）：字季产，南阳犨（今河南鲁山）人。宦官。为人谨敏有心计。汉章帝时，为中常侍。和帝初，窦太后秉政，外戚大将军窦宪兄弟谋不轨，乃首谋诛窦宪，以功迁大长秋，封鄛乡侯。受和帝信任，常参与议政。东汉宦官用权，自郑众始。《后汉书》有传。

⑥幼冲：谓年龄幼小。

⑦邓骘（？—121）：字昭伯，南阳新野（今河南新野）人。邓训之子。延平元年（106），迁车骑将军，仪同三司。与邓太后定策立安帝，拜大将军，专朝政。崇节俭，罢力役。鉴于外戚窦氏之倾覆，约束家人宾客，推进贤士杨震等。封上蔡侯。及太后卒，安帝亲政，被陷害，徙罗侯，不食而死。《后汉书》有传。

⑧江京：籍贯不详。

⑨登遐：谓死者升天而去。后因以“登遐”为对人死讳称。或特指帝王之死。

⑩孙程（？—132）：字稚卿，涿郡新城（今河北徐水）人。安帝时为中黄门，给事长乐宫。以首迎立顺帝，诛外戚阎氏、宦官江京等，封浮阳侯，拜骑都尉。因事免官，徙封宜城侯。阳嘉元年（132）拜奉车都尉，位特进。卒后养子寿袭封，开宦官养子袭爵之例。谥刚侯。《后汉书》有传。

⑪单超（？—160）：河南（治今河南洛阳）人。宦官。桓帝初，为中常侍。梁冀专权，帝怀不平，与单超等密谋，诏收冀及宗亲党羽悉诛之。封超新丰侯。恃宠骄纵，多行不法。后拜车骑将军，卒。事见《后汉书》。

⑫窦武（？—168）：字游平，扶风平陵（今陕西咸阳）人。窦融玄孙。少以经行著称，名显关西。以长女为桓帝皇后，封槐里侯，拜城门校尉。桓帝卒，武立灵帝，更封闻喜侯，拜大将军，辅朝政。与陈蕃等谋诛宦官曹节、王甫等，事泄自杀，被族诛。《后汉书》有传。尹勋（？—168）：字伯元，河南巩（今河南巩义）人。宗族多居贵位，勋独持清操。察孝廉，迁邯郸令，后举高第，拜尚书令。桓帝时参与诛梁冀，封都乡侯，迁汝南太守。位至大司农。灵帝初因窦武等谋诛宦官事牵连下狱，自杀。《后汉书》有传。

⑬朱瑀：东汉人。汉灵帝时宦官，任长乐宫五官史。参与曹节等矫诏诛窦武、陈蕃等，封华容侯。事见《后汉书》。

⑭钳口：闭口。

⑮省纳：省察采纳。

⑯期运：犹气运、气数。

⑰薄葬：葬具及丧礼简单、节俭。与"厚葬"相对。

⑱何进（？—189）：字遂高，南阳宛（今河南南阳）人。参看本书卷六《刘先主志》注。

⑲三国：指魏、蜀汉、吴三国。

【译文】

陈伯台处于谏官之位，直言进谏无所隐讳。临终遗言防患于未然，预测神奇。

陈雅，字伯台，是成固人。汉灵帝时担任谏大夫。当时，宦官掌权，陈雅上疏说："以前，汉和帝与中常侍郑众谋划诛杀大将军窦宪，自此以后宦官专权。汉安帝年龄幼小，和熹太后的哥哥、大将军邓骘辅佐朝政。适逢太后驾崩，中常侍江京等杀死了邓骘。汉安帝驾崩，黄门孙程又杀死了车骑将军阎显。汉桓帝又与中常侍单超等一起诛杀了大将军梁冀。陛下登基之后，太傅陈蕃、大将军窦武、尚书令尹勋等打算诛杀宦官，杜绝他们作奸擅权，尽力效忠王室，建立万世安全之策。但是，因谋事不够机密,他们反而被中常侍朱瑀等人杀害。这些都是陛下亲眼所见的。现今,宦官势力强盛,威风压倒了国君,天下之人闭上嘴巴,没有人敢说话,海内之人心怀怨恨,而妖孽现象同时出现,四方战事不断,老百姓倍受辛苦。陛下这一代还可以安稳,而下一代又怎么办呢?"皇帝没有省察采纳,将陈雅外放为巴郡太守,陈雅七十五岁时去世。陈雅临终之时,告诫他的儿子说:"按照气数推算,天下行将大乱,有奸雄以力相争。你不要留意财产。我死之后,入藏于山而且薄葬。"陈雅去世后一年,汉灵帝驾崩,大将军何进又被黄门杀死,海内果然大乱,最终成为三国鼎立的形势。

孟度邵允①。

阎宪,字孟度,成固人也。名知人②。为绵竹令,以礼让为化③,民莫敢犯。男子杜成夜行,得遗物一囊,中有锦二十五匹,求其主还之,曰:"县有明君,何敢负其化。"童谣歌曰:"阎尹赋政④,既明且昶⑤。去苛去辟⑥,动以礼让。"迁蜀郡,吏民涕泣,送之以千数。

【注释】

①邵:通"劭",高尚,美好。允:诚信。

②名知人:以知人而著名。意谓阎宪善于鉴察人才。

③礼让:守礼谦让。

④尹:县尹,一县的长官。赋政:分配或处理政务。

⑤昶(chǎng):舒畅,通达。

⑥苛:苛政。指繁重的赋税、苛刻的法令。辟:法,刑。指严刑峻法。

【译文】

阎孟度高尚诚信。

阎宪,字孟度,是成固人。以善于鉴察人才而著名。阎宪在担任绵竹县令时,以守礼谦让教化百姓,老百姓都没有敢犯法的。有个叫杜成的男子在夜晚走路时,捡到别人丢失的一个袋子,袋子里面有二十五匹锦缎,于是寻找到失主,将失物归还,并说:"县里有贤明的县官,怎么敢对不起他的教化呢!"当地的童谣歌颂阎宪:"阆县尹主理政务,既英明又通达。去除了苛政和严刑峻法,百姓都守礼谦让。"阎宪升迁为蜀郡太守时,官吏和百姓都哭泣流泪,送别他的有上千人。

季子英玮①。

李历②,字季子,太尉固从弟也。少修文学,性行清白③,与郑康成、陈元方齐名④。弱冠⑤,拜新城令⑥。朝请都督⑦。

【注释】

①英玮:意指英才,杰出的人才。玮,美玉名。

②李历:字季子,汉中郡南郑(今陕西汉中)人。参看本书卷二《汉中志》注。

③性行:本性与行为。

④郑康成:郑玄(127—200),字康成,北海高密(今山东高密)人。参看本书卷七《刘后主志》注。陈元方:陈纪,字元方,颍川许(今河南许昌)人。参看本书卷六《刘先主志》注。

⑤弱冠:古时以男子二十岁为成人,初加冠,因体犹未壮,故称弱冠。

⑥新城:县名。又作"新成县"。战国秦置,治所在今河南伊川西南。汉属河南郡。东汉属河南尹,西晋属河南郡。

⑦朝请都督:误,当作"官至奉车都尉"(刘琳)。《后汉书·方术列传》:"(李历)为新城长,政贵无为。亦好方术。时天下旱,县界特雨。官至奉车都尉。"本书卷十二《序志并士女目录》:"奉车都尉李历,字季子。固从弟也。"译文从之。

【译文】

李季子是杰出的人才。

李历，字季子，是太尉李固的堂弟。李历从小就学习儒家学说，品行清白，与郑康成、陈元方齐名。李历二十岁时任新城县令。官至奉车都尉。

计君经算①。

程苞②，字元道，南郑人也。光和二年上计吏③。时巴郡板楯反，军旅数起，征伐频年④。天子患之，访问益州计曹，考以方略。苞对言："板楯忠勇，立功先汉，为帝义民。羌入汉中，辄蒙其力，东征南战，世有功劳。由不料恤⑤，以致叛乱，非有僭盗⑥，能相群杀。大兵临之，未必卒得⑦；不如但选明能太守⑧，恩信怀服⑨，自然安定矣。"天子从之，卒如其言。后在道卒。

【注释】

①计君：即计吏、上计吏。古代州郡掌簿籍并负责上计的官员。本处指的是上计吏程苞。经算：筹划谋算。

②程苞：字元道，汉中郡南郑（今陕西汉中）人。参看本书卷一《巴志》注。

③光和二年：179年。

④频年：连年，多年。

⑤料恤：照料和关心。

⑥僭盗：非分窃据。

⑦卒：同"猝"，突然。

⑧明能：精明能干。

⑨恩信：恩德信义。怀服：怀柔之使顺服。

【译文】

程计君善于筹划谋算。

程苞，字元道，是南郑人。光和二年，担任上计吏。当时，巴郡板楯造反，多次挑起战争，朝廷也多年征伐。天子为此担忧，于是访问益州计曹，询问谋略。程苞回答说："板楯人忠义勇敢，曾经立功于前汉，是忠义的皇帝子民。羌人进入汉中，朝廷依靠的还是板楯人的力量，板楯人东征南战，世代都立有功劳。因为没有照料与抚恤他们，所以才导致叛乱，他们本来没有非分的窃据之心，他们确定勇敢而能群起拼杀。纵使大军兵临其地，也未必能短时间取胜；倒不如选派精明能干的太守，以恩德信义予以怀柔，使之顺服，这样自然就安定了。"天子采纳了他的建议，果然如程苞所言。程苞后来死在路上。

元灵斐斐①。

祝龟②，字元灵，南郑人也。年十五，远学汝、颍及太学③，通博荡达④，能属文。太守张府君奇之⑤，曰："吾见海内士多矣，无如祝龟者也。"州牧刘焉辟之，不得已，行，授葭萌长⑥。撰《汉中耆旧传》⑦，以著述终。

【注释】

①斐斐：文采华美的样子。

②祝龟：字元灵，汉中郡南郑（今陕西汉中）人。参看本卷上文注。

③汝：汝南郡。郡名。西汉高帝四年（前203）置，治所在上蔡县（今河南上蔡西南）。东汉徙治平舆县（今河南平舆北）。三国魏徙治新息县（即今河南息县）。东晋移治悬瓠城（即今河南汝南）。颍：颍川郡。郡名。战国秦王政十七年（前230）置，治所在阳翟县（今河南禹州）。西汉高帝五年（前202）改为韩国。六年（前201）复为颍川郡。三国魏黄初二年（221）徙治许昌县

（今河南许昌东三十六里古城）。太学：古代设于京城的最高学
府。这里指设于洛阳的太学。

④通博：通达渊博。荡达：坦荡达观。

⑤府君：汉代对郡相、太守的尊称。后仍沿用。按：本处称"张府
君"，阙失太守之名。

⑥葭萌：县名。战国末秦于葭萌城置，属蜀郡。治所在今四川广元
西南昭化镇。西汉属广汉郡。东汉建安二十二年（217）刘备改
为汉寿县。

⑦《汉中耆旧传》：祝龟著，已佚。

【译文】

祝元灵文采华美。

祝龟，字元灵，是南郑人。十五岁时，远道求学于汝南、颍川和太学，
学问通达渊博，为人坦荡达观，善写文章。太守张府君为此感到惊奇，
说："我见过的海内之士很多，没有比得上祝龟的。"州牧刘焉征辟他，不
得已，祝龟只好答应，被任命为葭萌县长。祝龟撰有《汉中耆旧传》，终
身从事著述。

礼高殉名①。

段崇②，字礼高，南郑人也。太守河间郑廑命为主簿③。
永初四年，凉州羌反，溢入汉中④，从廑屯褒中。虏东攻，廑
欲战，崇谏不可，愿固垒待之⑤。廑不听，出战，败绩。崇与
门下史王宗、原展及子勃、兄子伯生推锋死战⑥，众寡不敌，
崇等皆死。羌遂得廑，杀之。

【注释】

①殉名：为维护名誉而死，为名捐躯。

②段崇（？—110）：字礼高，汉中郡南郑（今陕西汉中）人。参看本
　书卷二《汉中志》注。

③郑廑（qín）：河间（今河北献县）人。参看本书卷二《汉中志》注。

④溢：充满而流出来。本处意指羌人由凉州而进入汉中。

⑤固垒：加固营垒。指坚守。

⑥门下史：底本作"门下吏"，误。门下史，官名。郡县佐官，助掾
　录门下众事。位高于记室史。推锋：摧挫敌人的兵刃。推，通
　"摧"，谓冲锋。死战：拼死战斗。

【译文】

段礼高为名捐躯。

段崇，字礼高，是南郑人。汉中太守、河间人郑廑任命段崇为主簿。永初四年，凉州的羌人造反，进入汉中，段崇跟从郑廑屯驻褒中。羌人向东进攻，郑廑打算迎战，段崇进谏说不行，希望能坚守不出，以等待时机。郑廑没有听从，率众出战，结果大败。段崇与门下史王宗、原展以及郑廑之子郑勃、郑廑哥哥的儿子郑伯生英勇冲锋、拼死战斗，但因寡不敌众，段崇等人都战死沙场。羌人于是抓获了郑廑，并将他杀死。

伯义死节①。

程信②，字伯义，南郑人也。时为功曹，居守③，驰来赴难。殡殓廑丧，送还乡里讫，乃结故吏冠盖子弟二十五人，誓共报羌，各募敢死士以待时④。太守邓成命信为五官⑤。元初二年⑥，虏复来。信等将其同志⑦，率先奋讨，大破之，信被八创死⑧。天子咨嗟⑨，元初五年，下诏书赐信、崇家谷各千斛。

【注释】

①死节：为保全节操而死。

②程信（？—115）：字伯义，汉中郡南郑（今陕西汉中）人。参看本书卷二《汉中志》注。

③居守：留置守护。

④待时：等待时机。

⑤五官：即五官掾。汉朝郡国属吏，地位仅次于功曹，祭祀居诸吏之首，无固定职掌，凡功曹及诸曹员吏出缺即代理其职务。

⑥元初二年：115年。

⑦同志：指志趣相同的人，志同道合的人。

⑧创：创伤。

⑨咨嗟：叹息。

【译文】

程伯义为保全节操而死。

程信，字伯义，是南郑人。凉州羌人造反之时，程信是汉中郡的功曹，留置守护郡府，也赶来解救危难。他收殓了郑廑的尸体，并将其送回郑廑家乡后，于是结拜原先的下属、冠盖子弟二十五人，誓死一起向羌人报仇，各自招募敢死队以等待时机。太守邓成任命程信为五官掾。元初二年，羌人又来侵犯汉中。程信等人率领所招募的敢死队，首先奋起进攻，大破羌人，程信身上八处受伤，英勇战死。天子为之叹息，于元初五年下达诏书，赏赐程信、段崇家人各千斛稻谷。

四行齐致①，在兹六子②。

赞阎宪已下也。又有王宗、原展及严掔、李容、姜济、陈巳、曹廉、勾矩、刘旌九人③，皆以令义为郑廑所命④。王宗、原展与廑同死，掔、容等七人与信共并命⑤。诏书既赐崇、信家,又赐九子家谷各五百斛,给死事复⑥。

【注释】

①四行:指仁、义、礼、智四种德行。

②六子:指阎宪、李历、程苞、祝龟、段崇、程信六人。

③陈巳:据本书卷二《汉中志》,当作"陈巴"。

④令义:美好的德义。

⑤并命:共命运,同死。

⑥复:免除租税徭役。

【译文】

仁、义、礼、智四行全部具备,就是这六个人。

赞颂阎宪以下的人士。又有王宗、原展和严孳、李容、姜济、陈巴、曹廉、勾矩、刘雄九人,都是因为美好的德义而被郑廑任用。王宗、原展与郑廑一起捐躯沙场,而严孳、李容等七人与程信一起力战而死。皇帝下达诏书,既赏赐段崇、程信的家人,又赏赐王宗等九人的家属各五百斛谷,并免除死者家属的租税徭役。

元侯、赵、陈,盖亦烈士。

燕邠①,字元侯;赵嵩②,字伯高,南郑人也。陈调③,字元化,仲卿孙也④。邠为刺史郗俭从事⑤,使在葭萌,与从事董馥、张胤同行。俭为黄巾贼王饶、赵播等所杀,邠闻故哀恸⑥,说馥、胤赴难,二子不可。邠叹曰:"使君已死,用生何为!"独死之。牧刘焉嘉之⑦,为图象学官,诛馥等。嵩事太守苏固⑧,固为米贼张修所疾杀⑨。嵩痛之,杖剑直入修营,杀十余人,几获修,死⑩。陈调少尚游侠,闻固死,聚宾客百余人攻修,大破之;进攻修营,乃与战,以伤死⑪。

【注释】

①燕邠（？—188）：字元侯，汉中郡南郑（今陕西汉中）人。益州从事。益州刺史郤俭被黄巾军马相部下王饶、赵播杀害，燕邠听闻后，独自赴难而死。

②赵嵩：字伯高，汉中郡南郑（今陕西汉中）人。参看本书卷二《汉中志》注。

③陈调：字元化，汉中郡成固（今陕西城固）人。参看本书卷二《汉中志》注。

④仲卿：陈纲，字仲卿，汉中郡成固（今陕西城固）人。本卷前文有传。

⑤郤俭（？—188）：河南偃师（治今河南偃师）人。参看本书卷五《公孙述刘二牧志》注。

⑥哀恸（tòng）：悲痛至极。

⑦刘焉（？—194）：字君郎，江夏郡竟陵（今湖北潜江）人。参看本书卷二《汉中志》注。

⑧苏固（？—191）：扶风（今陕西兴平）人。参看本书卷二《汉中志》注。

⑨张修（？—200）：巴郡（一说汉中）人。参看本书卷二《汉中志》注。

⑩"嵩痛之"几句：以上所述赵嵩事，参看本书卷二《汉中志》。

⑪"陈调少尚游侠"几句：以上所述陈调事，参看本书卷二《汉中志》。

【译文】

燕元侯、赵嵩、陈调，大概也是烈士。

燕邠，字元侯；赵嵩，字伯高，都是南郑人。陈调，字元化，是陈仲卿的孙子。燕邠是益州刺史郤俭的从事，出使葭萌，与从事董馥、张胤同行。郤俭被黄巾军王饶、赵播等人杀死，燕邠听说后，悲痛万分，劝说董馥、张胤前往解救危难，二人认为不行。燕邠叹气道："刺史已经战死，我还活着干什么呢？"燕邠于是单独赴死。州牧刘焉嘉奖他的行为，在学官为他画像，并诛杀董馥等人。赵嵩跟随汉中太守苏固，苏固被五斗米道张修杀死。赵嵩悲痛不已，手执宝剑直接闯入张修营帐，杀死了十多个人，几乎抓获了张修，最终战死。陈调从小就崇尚游侠，听说苏固被杀死，便聚集宾客一百多人前去进攻张修，大破张修部队；又进攻张修的营帐，并与张修部下拼死力战，因伤而死。

　　涣涣龙宗[1]，振振麟趾[2]。文炳彬蔚[3]，汉之表轨[4]。
　　总赞二十五人也。
　　述汉中人士。

【注释】

①涣涣：光亮的样子。龙宗：意谓贤士众多。

②振振：美盛的样子。麟趾：《诗经·周南·麟之趾》："麟之趾，振振公子。"郑玄笺："喻今公子亦信厚，与礼相应，有似於麟。"后以"麟趾"作喻，比喻有仁德、有才智的贤人，或比喻子孙昌盛。本处指前者。

③文炳：文采焕发。彬蔚：文采美盛貌。

④表轨：表仪、轨范。

【译文】

焕然美盛，贤士云集。文采焕发，汉代典范。

总赞这二十五人。

述汉中人士。

　　其陈术[1]，字申伯，作《耆旧传》者也[2]，失其行事[3]，历新城、魏兴、上庸三郡太守[4]。及锡光等不列也[5]。

【注释】

①陈术：字申伯，汉中（治今陕西汉中）人。参看本书卷二《汉中志》注。

②《耆旧传》：陈术作品。《三国志·蜀书·李譔传》："时又有汉中陈术，字申伯，亦博学多闻，著《释问》七篇、《益部耆旧传》及《志》。"

③行事：事迹。

④三郡太守：《三国志·蜀书·李譔传》："时又有汉中陈术，……位历三郡太守。"

⑤锡光：字长冲，汉中（治今陕西汉中）人。参看本书卷二《汉中志》注。

【译文】

其中还有陈术，字申伯，是《耆旧传》的作者，其事迹阙失而不详，仅知道他曾经担任新城、魏兴、上庸三郡太守。以及锡光等人，在此不罗列。

穆姜温仁①，化继为亲②。

穆姜③，安众令程祇妻④，司隶校尉李法姊也⑤。祇前妻有四子：兴、敦、觊、豫。穆姜生二子：淮、基。祇亡，兴等憎恶姜，姜视之愈厚。其资给六子，以长幼为差⑥，衣服饮食，凡百如之。久，兴等感寤⑦，自知失子道⑧，诣南郑狱受不爱亲罪。太守嘉之，复除门户⑨，常以二月、八月社⑩，致肉三十斤⑪，酒、米各二斛六斗。六子相化，皆作令士⑫：五人州郡察举；基字稚业，特隽逸⑬，为南郡太守。

【注释】

①温仁：温厚仁爱。

②继:指前妻之子。亲:指亲生之子。

③穆姜:李穆姜,汉中郡南郑(今陕西汉中)人。《后汉书·列女传》
　有传。

④程祇妻:《后汉书·列女传》作"程文矩妻"。按:文矩,或为程祇
　之字。

⑤李法:字伯度,汉中郡南郑(今陕西汉中)人。见本卷前文注。

⑥差:区别。

⑦感痌:受感动而醒悟。

⑧子道:为子之道,子女对父母应遵循的道德规范。

⑨复除:谓免除赋役。即《后汉书·列女传》所说"蠲除家徭"。

⑩社:祭土地神的典礼,即社祭。按:二月社即"春社",八月社即
　"秋社"。

⑪肉:谓社肉,即社日祭神之牲肉。

⑫令士:才学美盛之士。即《后汉书·列女传》所说"良士"。

⑬隽逸:才智俊秀不凡、超群拔俗。

【译文】

李穆姜温厚仁爱,视继子为亲子。

李穆姜,是安众县令程祇的妻子,司隶校尉李法的姐姐。程祇前妻
有四子:程兴、程敦、程觊、程豫。穆姜生有二子:程准、程基。程祇死后,
程兴等人憎恶李穆姜,而李穆姜却待他们更好。李穆姜供养六个孩子,
按照年龄大小来区别,凡是衣服、饮食等百般都如此处理。久而久之,程
兴等人受感动而醒悟,自知有失为子之道,便到南郑监狱主动接受"不
爱亲罪"的处罚。太守嘉奖了他们,免除了李家的赋役,并常常在二月、
八月社祭时,送给李家三十斤肉,酒、米各二斛六斗。六个孩子都受到感
化,成为才学美盛之士:五人被州郡察举;而程基字稚业,特别超群拔俗,
担任南郡太守。

泰瑛严明,世范厥训①。

泰瑛,南郑杨矩妻②,大鸿胪刘巨公女也③。有四男二女。矩亡,教训六子④,动有法矩⑤。长子元珍出行,醉,母十日不见之,曰:"我在,汝尚如此;我亡,何以帅群弟子⑥?"元珍叩头谢过。次子仲珍白母请客,既至,无贤者,母怒责之。仲珍乃革行⑦,交友贤人,兄弟为名士。泰瑛之教,流于三世;四子才官⑧,隆于先人。故时人为语曰:"三苗□止⑨,四珍复起⑩。"

【注释】

①世范:世人的典范。

②杨矩:或作"杨拒""杨相""杨子拒"。

③刘巨公:据本书卷十二《序志并士女目录》,刘巨公为汉中郡南郑(今陕西汉中)人。

④教训:教导训诫。

⑤法矩:法式,规矩。

⑥弟子:本处意指弟弟与妹妹。

⑦革行:谓改正错误行为。

⑧才官:有才干的官员。

⑨三苗:三个后人(汪启明、赵静)。按:本段仅云刘泰瑛纠正长子元珍、次子仲珍的行为,疑有缺文。□:缺字。或补"乱"(汪启明、赵静),可参。

⑩四珍:四个优秀的儿子。按:本处所说"四珍"是双关语,既指杨家四子(以"珍"为名),又指四个优秀的人才。

【译文】

刘泰瑛教育子女严明,她的家训是世人的典范。

　　刘泰瑛,是南郑人杨矩的妻子,是大鸿胪刘巨公的女儿。刘泰瑛生育有四男二女。杨矩去世后,刘泰瑛教导训诫六个子女,行为有规有矩。长子杨元珍出门时喝醉了,母亲十天不见他,说:"我还活着,你尚且如此;我死之后,你拿什么来带领弟弟和妹妹?"杨元珍叩头谢罪。次子杨仲珍告诉母亲,要请朋友来做客,但所请朋友来到后,没有一个是贤人,母亲怒责杨仲珍。杨仲珍于是改正了自己的错误行为,所结交的朋友都是贤人,兄弟们都成为名士。刘泰瑛的家教,流传了三代;四个孩子都是有才干的官员,超过了杨家的祖先。因此,时人有话评价说:"三个孩子的错误行为得到了纠正,四个孩子成为优秀的人才。"

　　杜氏之教,父母是遵。

　　杜泰姬,南郑人,赵宣妻也①。生七男七女,若元珪、稚珪有望②,五人皆令德③。其教男也,曰:"中人情性④,可上下也,在其检耳⑤;若放而不检,则入恶也。昔西门豹佩韦以自宽⑥,宓子贱带弦以自急⑦,故能改身之恒⑧,为天下名士。"戒诸女及妇曰:"吾之妊身⑨,在乎正顺⑩。及其生也,恩存于抚爱。其长之也,威仪以先后之⑪,礼貌以左右之⑫,恭敬以监临之⑬,勤恪以劝之⑭,孝顺以内之,忠信以发之。是以皆成,而无不善。汝曹庶几勿忘吾法也⑮。"后七子皆辟命察举⑯,牧州守郡⑰。而汉中太守、南郑令多与七子同岁季孝、上计⑱,无不修敬泰姬⑲,执子侄礼⑳。

【注释】

①赵宣:字子雅,汉中郡南郑(今陕西汉中)人。曾任犍为太守。参看本卷上文注。

②元珪:赵瑶,字元珪,汉中郡南郑(今陕西汉中)人。参看本书卷

三《蜀志》注。稚珪:赵琰,字稚珪,汉中郡南郑(今陕西汉中)人。本卷有传。

③令德:美德。

④中人:中等的人,常人。情性:本性,品性。

⑤检:约束。

⑥西门豹:战国初魏国人。性急,常佩韦以自诫。魏文侯时为邺(今河北临漳西南邺镇)令。到任后,革除当地"为河伯娶妇"陋习。兴建水利,开凿十二支渠,引漳河水灌田,改良土壤,发展生产。佩韦:韦,熟牛皮。韦皮性柔韧,性急者佩之以自警戒。《韩非子·观行》:"西门豹之性急,故佩韦以自缓;董安于之性缓,故佩弦以自急。"

⑦宓子贱(前521—?):宓不齐,字子贱,春秋时鲁国人。孔子弟子。尝为单父宰,鸣琴不下堂,能任人而治。孔子称之曰君子。相传著有《宓子》一书,已佚。带弦:佩带弓弦。弓弦常紧绷,故性缓者佩以自警。按:本处说"宓子贱带弦以自急",当属误记。"带弦以自急"者,实为董安于。董安于(?—前496),春秋时晋国人。赵孟家臣。晋定公十五年(前497),荀寅、范吉射将作乱攻孟。安于以告孟,劝先发难。次年(前496),梁婴父欲以先发难罪讨赵氏。安于为使赵氏免祸,自缢死。

⑧恒:常,指常性、本性。

⑨妊身:怀孕。

⑩正顺:此指胎位是不是正,生产是不是顺。

⑪先后:辅导,辅助。

⑫礼貌:或作"体貌"。左右:帮助,辅佐。

⑬监临:监督。

⑭勤恪:勤勉恭谨。

⑮汝曹:你们。庶几:表示希望的语气词,或许可以。

⑯辟命：征召，任命。

⑰牧州守郡：意谓成为州牧、郡守。

⑱同岁：汉时称同一年被荐举为孝廉者。犹科举时代的"同年"。

　　季孝：或以为当作"秀孝"，指秀才、孝廉（刘琳）。

⑲修敬：表示敬意。

⑳执子侄礼：以子侄之礼对待杜泰姬。子侄，底本作"子孙"，误。子侄，儿子与侄子辈的统称。

【译文】

杜氏的家教，做父母的都应当遵循。

杜泰姬，南郑人，是赵宣的妻子。杜泰姬生育了七男七女，像赵元珪、赵稚珪都有声望，五个人都有美德。杜泰姬教育男儿，说："常人的品性，既可以上又可以下，关键在于自我约束；如果放纵而不约束，便堕入恶道。从前，西门豹佩带牛皮带子以警诫自己不要急性子，宓子贱佩带弓弦以警诫自己不要慢性子，故而能够改掉自身的常性，成为天下的名士。"杜泰姬教育女儿和媳妇说："我们女人怀孕，关键在于胎位正不正，生产顺不顺。等到孩子生下来后，对孩子的恩情就在于照顾与爱护。等到孩子长大后，用威仪来辅导他，用礼貌来帮助他，用恭敬来监督他，用勤勉恭谨来劝导他，用孝顺来培养他的内心，用忠信来塑造他的性格。因此，孩子都能顺利成人，而且没有不好的品性。希望你们不要忘记我的家法。"后来，她的七个儿子都被朝廷征召和察举，被任命为州牧、郡守。而汉中太守、南郑县令大多和她的七个儿子同一年成为秀才、察举孝廉、赴京上计，他们无不对杜泰姬表示敬意，以子侄之礼对待杜泰姬。

　　礼珪肃穆①，言存典韵。

　　礼珪，成固陈省妻也，杨元珍之女。生二男，长娶张度辽女惠英②，少娶苟氏，皆贵家豪富，从婢七八，资财自富。礼珪敕二妇曰③："吾先姑④，母师也，常言：圣贤必劳民者，使之思善。不劳则逸，逸则不才。吾家不为贫也，所以粗食急务者⑤，使知苦难，备独居时⑥。"二妇再拜奉教。从孙奉上微慢⑦，珪抑绝之⑧，感悟革行⑨。遭乱流行⑩，宗表欲见之⑪，必自严饰⑫，从子孙侍婢，乃引见之，曰："此先姑法也。"四时祭祀，自亲养牲酿酒，曰："夫祭，礼之尊也。"年八十九卒。惠英亦有淑训母师之行者也⑬。

【注释】

①肃穆：严肃恭敬。

②张度辽：张亮则，字元修，汉中郡南郑（今陕西汉中）人。见本卷上文传、注。

③敕：告诫。

④先姑：丈夫的亡母，已过世的婆婆。

⑤粗食：粗劣的食物。急务：意谓劳作、劳动。

⑥独居：单独居住。意谓孤立无援，自力更生。

⑦微慢：略微有些怠慢。

⑧抑绝：贬抑并绝交。

⑨感悟：受触动而醒悟。革行：谓改正错误行为。

⑩遭乱：遭遇动乱。流行：移动，流动，流徙。

⑪宗表：同族远房兄弟互称宗表。本处泛指同宗族之人。

⑫严饰：严格装束。

⑬淑训：指对女子的教育。母师：母亲的典范。

【译文】

杨礼珪严肃恭敬，训导之语犹存古典韵味。

杨礼珪，是成固人陈省的妻子，杨元珍的女儿。杨礼珪生育了两个男孩，大儿子娶的是张度辽的女儿张惠英，小儿子娶的是苟氏，都出身于贵族富豪之家，随从和侍婢有七八个，资财自然富足。杨礼珪告诫两个媳妇说："我的婆婆，是母亲的典范，她常常说：圣贤之所以一定要让老百姓劳作，是想让他们一门心思向善。不劳作就会放纵，放纵就不会成才。我们家不算贫穷，之所以还要吃粗劣的食物、做体力劳动，是要让你们知道人生的苦痛和灾难，为将来独居时做准备。"两个媳妇再次下拜，接受教诲。侄孙对待长辈略微有些怠慢，杨礼珪就会贬抑他，并与之绝交，侄孙受触动而醒悟，改正了自己的错误行为。后遭遇动乱而流离失所，族人想见她，杨礼珪一定严格装束自己，在子孙侍婢伴随下，这才引见客人，杨礼珪说："这是过世的婆婆教导的家法。"一年四季的祭祀，所用的都是她亲自饲养的牲畜、亲自酿的酒，她说："祭祀，是最尊贵的礼节。"享年八十九岁而去世。张惠英也有对女子的教育，是母亲的典范。

文姬叡敏①，宗祀获歆②。

文姬，南郑赵伯英妻，太尉李固女也。父为梁冀所免，兄宪公、季公罢官归③。文姬叹曰："李氏灭矣！"乃与二兄议，匿弟燮④，随父门生王成亡命徐州。涕泣送之，谓成曰："托君以六尺之孤⑤，若李氏得嗣，君之名义参于程、杵矣⑥。"久之，遇赦，燮得还。行丧，服阕，敕之曰："先公为汉忠臣，虽死之日，犹生之年。梁冀以族⑦，弟幸济，岂非天乎！慎勿有一言加梁氏⑧，加梁氏则连主上⑨，是又掇祸也⑩。"奉行之。从成在徐州，各异处佣赁⑪，而私相往来。成病亡，燮四时祭之⑫。

【注释】

①叡（ruì）敏：聪敏。

②宗祀获歆（xīn）：谓对祖宗的祭祀香火不断。宗祀，谓对祖宗的祭

祀。歆，古指祭祀时鬼神享受祭品的香气。

③宪公、季公：指李基、李慈。李基（？—147），字宪公，汉中郡南郑（今陕西汉中）人。李固之子。与弟兹并为长史。闻固被诬策免，并弃官亡归。固遇害，诏下郡杀其二子。乃托服药死，具棺器，欲因出逃，验实，皆被杀。李慈，《后汉书·李固列传》作"李兹"，字季公，汉中郡南郑（今陕西汉中）人。李固之子。二人事见《后汉书·李固列传》。

④燮：李燮（134—？），字德公，汉中郡南郑（今陕西汉中）人。李固少子。参看本卷上文传、注。

⑤六尺之孤：指未成年的孤儿。

⑥名义：名声与道义。程、杵：指程婴、公孙杵臼。程婴，春秋时晋国人。晋大臣赵朔之友。公孙杵臼，春秋晋国太原人。赵朔门客。晋景公三年（前597），大夫屠岸贾杀赵朔，灭其族。朔客公孙杵臼与之谋，杵臼携他人婴儿冒充赵朔遗腹子，藏匿于山中，程婴告发之，令诸将杀杵臼及婴儿。程婴乃抱赵氏真孤匿养山中。后景公听韩厥言，迎归，立赵氏后，杀屠岸贾。程婴则自杀以报杵臼。参看《史记·赵世家》。

⑦以：通"已"，已经。族：族诛，被处以族诛之刑。

⑧加：施加。

⑨主上：古代臣子对君主的称呼。本处特指汉桓帝刘志。

⑩掇：拾取。

⑪佣赁：谓受雇于人。

⑫四时：指春、夏、秋、冬四季。《后汉书·李固列传》："后王成卒，（李）燮以礼葬之，感伤旧恩，每四节为设上宾之位而祠焉。"四节，同"四时"。

【译文】

李文姬聪敏，李家香火不断。

　　李文姬，是南郑人赵伯英的妻子，太尉李固的女儿。李文姬的父亲被梁冀免职，哥哥李宪公、李季公也被罢官回家。李文姬叹气说："李氏将有灭门之灾！"于是，李文姬与两个哥哥商议，把弟弟李燮藏匿起来，让他跟随父亲的门生王成逃命到徐州。三人哭泣着送别李燮，对王成说："我们把这个未成年的孤儿托付给你，如果李家得以延续香火，你的名声与道义便堪比程婴、公孙杵臼。"很久后，遇到大赦，李燮得以返回故乡。在补办完丧事并服丧期满后，李文姬告诫弟弟说："先父是汉室的忠臣，虽然已经故世很久，还是如同活着一样。梁冀已经被族诛，弟弟侥幸活了下来，这难道不是天意吗？千万不要有一句话说梁氏的不是，说梁氏，就牵涉皇帝，这是又要闯祸了。"李燮听从了姐姐的话。李燮跟从王成在徐州，各自在不同的地方为人干活，而私下互相有往来。王成病故之后，李燮一年四季都祭祀王成。

　　陈氏二谦，或智或仁。

　　陈顺谦、妹惠谦①，成固人也。顺谦适邓令曹宁②，十九寡居，长育遗孤③，八十余卒。兄子陈规著书叹述之。惠谦适张亮则，在扶风官。下吏白，欲重禁严防以肃非④，元修访于惠谦⑤。惠谦曰："恢弘德教⑥，养廉免耻⑦，五刑三千⑧，盖亦多矣，又何加也？"兄子伯思学仙道⑨，惠谦戒之曰："君子疾没世而不称⑩，不患年不长也。且夫神仙愚惑⑪，如系风捕影⑫，非可得也。"伯思乃止。陈伯台称云⑬："女尚书之俊耳⑭。"

【注释】

①妹惠谦：三字底本无，刘琳据卷十二《序志并士女目录》补，可从。

②邓：县名。春秋楚置，秦昭襄王二十八年（前279）入秦，属南阳

郡。治所在今湖北襄阳襄城区西北邓城。汉为南阳郡都尉治。
西晋属义阳郡。

③遗孤：死者遗留下来的孤儿。本处指遗腹子。

④重禁：严峻禁令。严防：严密防范。肃非：整肃非法行为。

⑤元修：张亮则，字元修，汉中郡南郑（今陕西汉中）人。

⑥恢弘：发扬，扩大。德教：道德教化。

⑦养廉：培养并保持廉洁的美德。免耻：不做耻辱的事情。

⑧五刑三千：典出《尚书·吕刑》："墨罚之属千，劓罚之属千，剕罚
之属五百，宫罚之属三百，大辟之罚其属二百，五刑之属三千。"
五刑，五种轻重不等的刑法。秦以前为墨、劓、剕（刖）、宫、大辟
（杀）。秦汉时为黥、劓、斩左右趾、枭首、菹其骨肉。隋唐以后为
死、流、徒、杖、笞。

⑨仙道：谓成仙之道。

⑩君子疾没世而不称：典出《论语·卫灵公》："子曰：'君子疾没世
而名不称焉。'"没世，死。

⑪愚惑：愚昧而迷乱。

⑫系风捕影：拴住风，捉住影子。比喻事情虚妄无据或难以办到。

⑬陈伯台：陈雅，字伯台，汉中郡成固（今陕西城固）人。参看本书
卷二《汉中志》注。

⑭女尚书：宫中女官名。东汉置，掌批阅奏章和文书。三国魏亦置，
职掌略同中书。

【译文】

陈氏两姐妹，或智慧，或仁义。

姐姐陈顺谦、妹妹陈惠谦，是成固人。陈顺谦嫁给邓县令曹宁，十九
岁时丧夫独居，养育遗腹子，八十多岁时去世。陈顺谦哥哥的儿子陈规
为之感叹，著书记述其事。陈惠谦嫁给张亮则，他在扶风做官。手下官
吏禀告说，想通过严峻禁令、严密防范来整肃非法行为，张亮则为此咨询

于陈惠谦。陈惠谦说:"发扬道德教化,培养廉洁的美德,不做耻辱的事情,五刑的三千条文,大概也算是多的了,还要增加什么呢?"陈惠谦哥哥的儿子陈伯思学习仙道,陈惠谦告诫他说:"君子痛恨的是死了之后没有好的名声,而不担心寿命不长。更何况,神仙之说愚昧而迷乱,犹如系风捕影,是不可能办到的。"陈伯思于是停止学习仙道。陈伯台称赞陈惠谦说:"你是女尚书中的俊杰。"

礼修顺姑,恩爱温润①。

礼修,赵嵩妻②,张氏女也。姑酷恶无道③,遇之不以礼,修终无愠色④。及宁父母⑤,父母问之,但引咎⑥,不道姑。卒感悟⑦,更慈爱之⑧。乡人相训曰:"作妇不当如赵伯高妇乎?使恶姑知变,可谓妇师矣⑨。"后姑病,女来省疾⑩,姑却之,曰:"我死,固当绝于贤妇手中。"后遭米贼⑪,嵩死,乃碧涂面,乱首⑫,怀刀,托言病⑬,贼不逼也。养遗生女⑭,依叔父立义终身者也⑮。

【注释】

①温润:本指玉色,后用以形容人或事物的品性温和柔润。此指感化。
②赵嵩:字伯高,汉中郡南郑(今陕西汉中)人。参看本书卷二《汉中志》注。
③无道:泛指违反常理或不近情理。
④愠(yùn)色:怨怒的神色。
⑤宁:已嫁女子回娘家探望父母。
⑥引咎:归过失于自己。
⑦感悟:受感动而醒悟。
⑧慈爱:仁慈爱人。多指上对下或父母对子女的爱怜。

⑨妇师：妇女的师表。

⑩省疾：探病。

⑪米贼：旧时对五斗米道的贬称。《三国志·魏书·张鲁传》："（张鲁）祖父陵，客蜀，学道鹄鸣山中，造作道书以惑百姓，从受道者出五斗米，故世号'米贼'。"

⑫乱首：头发散乱。

⑬托言：借口。

⑭遗生女：遗腹女，怀孕妇人于丈夫死后所生的女儿。

⑮叔父：底本作"父叔"，误。《艺文类聚》卷十八引《列女传》："叔父矜其年壮，欲更嫁之，礼修慷慨，至死为誓。"

【译文】

张礼修孝顺婆婆，用恩爱感化婆婆。

张礼修，是赵嵩的妻子，是张姓人家的女儿。婆婆残酷凶恶，不近情理，对张礼修不以礼相待，而张礼修始终没有怨怒的神色。张礼修回娘家探望父母，父母问她，她只把过失归于自己，不说婆婆的不是。婆婆最终受感动而醒悟，对张礼修慈爱待之。乡里人互相训导说："当媳妇的不应该像赵伯高媳妇那样吗？她能使凶恶的婆婆知道改变，可以说是妇女的师表。"后来婆婆生病了，女儿来探病，婆婆推辞了，说："我如果死，应当死在贤惠的媳妇手中。"后来，遇到五斗米道教徒起义，赵嵩死于战乱，于是张礼修用碧绿颜料涂抹面部，散乱头发，怀揣刀子，借口生病，而贼人没有逼迫她。张礼修抚养遗腹女，依靠叔父，终身守义而不改嫁。

树南悼夫，轻死重信①。

韩树南，南郑人，赵子贱妻也。子贱初为郡功曹。李固之诛②，诏书下郡杀固二子宪公、季公，太守知其枉，遇之甚宽。二子托服药死③，具棺器，欲因出逃。子贱畏法，敕更验实,就杀之。及固小子燮得还,子贱虑燮报仇,赁人刺之④。燮觉,告郡杀子贱。初,树南谏子贱,子贱不从。及临死,许共并命⑤。兄、弟、嫂、侍婢视守之⑥。经百余日,乃怠。白兄嫂:"念一死万不得生,不敢复图死也。"上下以为信然。无几时⑦,于幕下自杀。

【注释】

①轻死:以死事为轻,不怕死。

②李固(94—147):字子坚,汉中郡南郑(今陕西汉中)人。参看本书卷二《汉中志》注。

③服药:服食药物。本处指服食毒药。

④赁:雇佣。

⑤并命:共命运,同死。

⑥视守:看护,守卫。

⑦无几时:没有过多久。几时,多少时候。

【译文】

韩树南悼念丈夫,轻视生命,重视信义。

韩树南,南郑人,是赵子贱的妻子。起初,赵子贱担任郡功曹。李固被杀后,朝廷下达诏书到郡里,下令诛杀李固的两个儿子李宪公、李季公,太守知道这是冤枉,对待李宪公、李季公很宽容。李固的两个儿子借口服药自杀,并且准备了棺材,准备趁机出逃。赵子贱惧怕犯法,下令检查核实,结果就近斩杀了李固的两个儿子。等到李固的小儿子李燮返回故乡,赵子贱担心李燮会报仇,便雇佣杀手刺杀李燮。李燮觉察了,报告郡府,郡府杀了赵子贱。当初,韩树南劝谏赵子贱,但他没有听从。到赵子贱临死之时,韩树南答应与其同死。哥哥、弟弟、嫂嫂、侍婢日夜看守着她。经过一百多天的看守后,众人都倦怠了。韩树南对嫂嫂说:"想到一旦死了，就万万不能复生，我不敢再想死了。"上上下下都相信了她的话。没有过多久，韩树南在帘幕下自杀了。

祈祈令姬①，如玉如金。允矣淑媛②，齐德姜、任③。

总赞此九人也。

述汉中列女。

右《汉中士女赞》第五

凡三十四人。二十五人士，九人女。

【注释】

①祈祈：同"祁祁"，众多貌，盛貌。

②淑媛：美好的女子，闲雅贞静的女子。

③齐德：谓与某人的德行齐等。姜、任：指太姜、太任。太姜，亦作"大姜"。周太王古公亶父（周文王祖父）之妃。太王曾与其一起察看土地，率领周人自邠地迁至岐山之南的周原定居。与太任、太姒共称为周室三贤母。参看《列女传》卷一。太任，亦作"大任"。商代挚国任氏之中女。周人国君季历之妃，周文王之母。品性端淑，有贤行。怀孕时修身行德，古称为能胎教者。参看《列女传》卷一。

【译文】

这么多美好的女子，她们如玉如金。她们确实是闲雅贞静的女子，她们的德行与太姜、太任齐等。

在此总赞这九人。

叙述汉中的列位女性。

以上是《汉中士女赞》第五

共计三十四人。其中男性二十五人，女性九人。

梓潼士女①

镇远敦壮②,立勋南濒③。

文齐④,字子奇,梓潼人也。孝平帝末,以城门校尉为犍为属国⑤,迁益州太守。造开稻田⑥,民咸赖之。公孙述时,据郡不服⑦。述拘其妻子,许以公侯,招之,不应,乃遣使由交趾贡献河北⑧。述平,世祖嘉之,征拜镇远将军,封成义侯,南中咸为立祠⑨。子忱,有令德⑩,为北海太守。

【注释】

①梓潼士女:或作"梓潼人士",误。

②敦壮:结实强壮。本处意指文齐立场坚定,不为外侮与名利所动(如公孙述"拘其妻子"与"许以公侯")。

③南濒:南部滨海之地。本处指交趾,因其濒临南海。

④文齐:字子奇,广汉郡梓潼(今四川梓潼)人。参看本书卷四《南中志》注。

⑤犍为属国:即犍为属国都尉。

⑥造开稻田:《后汉书·南蛮西南夷列传》:"以广汉文齐为太守,造起陂池,开通溉灌,垦田二千余顷。"

⑦不服:不臣服,不顺服,不归附。

⑧河北:地区名。泛指今黄河以北地区。本处特指光武帝刘秀,因刘秀其时在河北。

⑨立祠:修建祠堂。《后汉书·南蛮西南夷列传》:"(文齐)于道卒,诏为起祠堂,郡人立庙祀之。"

⑩令德:美德。

【译文】

镇远将军文齐立场坚定,在南部滨海之地建立功勋。

文齐，字子奇，是梓潼人。汉平帝末年，文齐由城门校尉转任犍为属国都尉，升迁为益州太守。文齐在益州开垦稻田，百姓都赖此为生。公孙述当政时，文齐据守本郡而不归附公孙述。公孙述拘捕了文齐的妻儿，许诺封文齐为公侯，以此招降文齐，文齐没有答应，而是派遣使者转道交趾北上河北，归顺于刘秀。公孙述被平定后，汉世祖嘉奖文齐，征拜他为镇远将军，封为成义侯，南中地区都为文齐修建了祠堂。文齐之子文恑，有美好的德行，被任命为北海太守。

巨游玉碎①，高风金振②。

李业③，字巨游，梓潼人也。少执志清白，太守刘咸慕其名，召为功曹，十命不诣④。咸怒，欲杀之。业径入狱，咸释之。公孙述累聘不应，述怒，遣鸿胪尹融持毒药酒逼之。业笑曰："名可成⑤，不可毁；身可杀，不可辱也。"遂饮药死⑥。述耻杀善士，赐钱百万。子翚逃匿不受。建武中，察孝廉，为遂久令⑦。

【注释】

①玉碎：美玉碎裂。谓为理想、正义而死。

②高风：高尚的风操。金振：即金声玉振，比喻声名远扬。

③李业：字巨游，广汉郡梓潼（今四川梓潼）人。参看本书卷五《公孙述刘二牧志》注。

④十命："十命"二字底本无，顾观光据《北堂书钞》卷七十七、《太平御览》卷二百六十四、卷四百三十八引《华阳国志》补，可从。

⑤可成："可成"二字底本无，顾观光据《太平御览》卷四百三十八引《华阳国志》补，可从。

⑥遂饮药死：《舆地碑记目》卷四《隆庆府碑记》、《全蜀艺文志》卷

五十二：“李业阙，在梓潼县西五里。《旧经》云：前汉侍御史李业葬此，遭赤眉毁，破二阙。”按：李业阙今在四川梓潼县西南长卿镇南桥村，俗名马家坝。

⑦遂久：县名。西汉元鼎六年（前111）置，属越巂郡。治所在今云南丽江玉龙纳西族自治县境。三国蜀建兴三年（225）属云南郡。南朝宋初改遂段县。

【译文】

李巨游甘愿殒身玉碎，他的高尚风操远扬四方。

李业，字巨游，是梓潼人。李业自幼即立志做清白之人，广汉太守刘咸倾慕他的美名，征召他为功曹，但十次征召，李业都不应召。刘咸发怒，想杀了他。李业径直投案入狱，刘咸释放了他。公孙述多次征聘，李业都不答应，公孙述发怒，派遣鸿胪尹融手持有毒的药酒，去逼迫李业。李业笑着说：“名声可以成就，而不可以毁坏；身躯可以被杀，而不可以侮辱。”于是饮药而死。公孙述因屠杀善士而引以为耻，赏赐李家百万钱。李业之子李翚逃匿不接受赏赐。建武年间，李翚被察举为孝廉，担任遂久县令。

文坚巫哉①，南面怀民②。

景毅③，字文坚，梓潼人也。太守丁羽察举孝廉，司徒举治剧④，为沇阳侯相、高陵令⑤。立文学，以礼让化民。迁侍御史⑥，上计吏守阙请之⑦，三年不绝。以子顾师事少府李膺⑧，膺诛，自免⑨。久之，拜武都令⑩，迁益州太守。上事吏民涕泣送之，至沮者七百人⑪，白水县者三百人⑫。值益州乱后，米斗千钱。毅至，恩化畅洽⑬，比去，米斗八钱。鸠鸟巢其听事⑭，孕育而去。三府表荐，征拜议郎，自免归。州牧刘焉表拜都尉。为人廉正，疾淫祠⑮，敕子孙惟修善为祷⑯，仁义为福。年八十一而卒。

【注释】

①亟：仁爱。本处指爱民。《方言》卷一："亟，爱也。"

②南面：古代以坐北朝南为尊位，故帝王诸侯见群臣，或卿大夫见僚属，皆面向南而坐，因用以指居帝王或诸侯、卿大夫之位。本处指居尊位或官位。怀民：安抚人民。

③景毅：字文坚，广汉郡梓潼（今四川梓潼）人。参看本书卷四《南中志》注。

④治剧：亦称"案剧""理剧"。汉代察举科目之一。谓能处理繁重难办的事务。按：汉代，因郡县治理的难易而有剧、平之分。后成为选用考察地方官吏的标准之一。选廉洁有能力的官吏，调往难治之地任官，以其才能胜任该地治理之事，故名。

⑤高陵：县名。战国时秦孝公置，治所在今陕西西安高陵区西南一里。秦属内史。西汉属左冯翊，左辅都尉驻此。东汉为左冯翊治。三国魏黄初元年（220）改名高陆县。北魏迁治于今西安高陵区，为冯翊郡治。

⑥迁侍御史：底本作"迁太守"，误。《太平御览》卷二六八引作"迁侍御史，吏民守阙请之"。

⑦守阙：守候于官门。

⑧李膺（110—169）：字元礼，颍川襄城（今河南襄城）人。参看本卷上文注。

⑨自免：自请免职。《后汉书·党锢列传》："（李膺）考死，妻子徙边，门生、故吏及其父兄，并被禁锢。时侍御史蜀郡景毅子顾为膺门徒，而未有录牒，故不及于谴。毅乃慨然曰：'本谓膺贤，遣子师之，岂可以漏夺名籍，苟安而已！'遂自表免归，时人义之。"

⑩武都：县名。战国秦置，属陇西郡。治所在今甘肃西和南仇池山

东麓。西汉为武都郡治。东汉改为武都道。东汉末氐族杨驹徙居于此。三国时复为武都县。西晋后废。

⑪沮：县名。西汉置，属武都郡。治所在今陕西略阳东黑河东侧。县以沮水为名。西晋永嘉后废。

⑫白水：县名。西汉置，属广汉郡。治所在今四川青川东北沙州镇。三国蜀属梓潼郡。东晋属晋寿郡。

⑬恩化：恩惠教化。畅洽：通达周遍。

⑭听事：厅堂。官府治事之所。

⑮淫祠：不合礼义而设置的祠庙，邪祠。

⑯祷：祈祷，祈神求福。按：本处的"修善为祷"，与下文"仁义为福"相对为文，祷之意亦为福。

【译文】

景文坚有仁爱之心，身居尊位而能安抚人民。

景毅，字文坚，是梓潼人。太守丁羽察举他为孝廉，司徒举荐他参加治剧考试，景毅相继担任沈阳侯相、高陵令。景毅设立学校，用礼让教化百姓。升迁为侍御史后，上计吏守候于宫门请求景毅回到地方，三年之中没有断绝请求。景毅让儿子景顾拜少府李膺为师，李膺被诛杀后，景毅自请免职。很久之后，景毅担任武都县令，后升迁为益州太守。离任之时，官吏和百姓哭泣着为他送行，送到沮县的有七百人，送到白水县的有三百人。时逢益州大乱之后，一斗米高达一千钱。景毅到任后，对百姓进行恩惠教化，无不通达周遍，到景毅离任之时，一斗米仅值八钱。鸠鸟在厅堂筑巢，生儿育女后才离去。三府上表推荐景毅，被征拜为议郎，但景毅辞职回到了故乡。益州牧刘焉上表推荐景毅为都尉。景毅为人廉洁正直，痛恨淫祠，他告诫子孙要以修善行为福，要以行仁义为福。享年八十一去世。

盛国好学，研赜圣真①。

　　杨充，字盛国，梓潼人也。少好学，求师遂业②，受古学于扶风马季长、吕叔公、南阳朱明叔、颍川白仲职③，精究七经④。其朋友则颍川荀慈明、李元礼、京兆罗叔景、汉阳孙子夏、山阳王叔茂⑤，皆海内名士。还以教授州里。常言图纬空说⑥，去事希略⑦，疑非圣，不以为教。察孝廉，为郎，卒。

【注释】

①研赜（zé）：研究精深。圣真：谓儒学的真谛。

②遂业：完成学业。

③古学：古文经学，经学中研究古文经的一个流派。马季长：马融（79—166），字季长，扶风茂陵（今陕西兴平）人。东汉著名经学家和文学家。安帝时任校书郎中，后历议郎、武都太守、南阳太守等职。精通经学和文学，曾注《周易》《尚书》《毛诗》《三礼》等。门徒多至千人，郑玄、卢植皆出其门。著有《广成颂》《西第颂》等各体文二十一篇。《后汉书》有传。吕叔公：字叔公，扶风（今陕西兴平）人。事迹不详。朱明叔：字明叔，南阳（治今河南南阳）人。事迹不详。白仲职：字仲职，颍川（治今河南禹州）人。事迹不详。

④精：精心研究。七经：七部儒家经典。指《易》《诗》《书》《仪礼》《春秋》《公羊》《论语》。

⑤荀慈明：荀爽（128—190），字慈明，颍川颍阴（今河南许昌）人。见本卷前文注。李元礼：李膺（110—169），字元礼，颍川襄城（今河南襄城）人。参看本卷上文注。王叔茂：王畅（？—169），字叔茂，山阳高平（今山东邹城）人。王龚之子。举茂才，拜司隶校尉，坐事免官。太尉陈蕃荐荐之，拜南阳太守。郡中豪族奢靡相尚，王畅常布衣皮褥，以矫其弊。灵帝初位至司空。《后汉书》有传。

⑥图纬:图谶和纬书。空说:空泛无用之说。

⑦去事希略:意谓与事实不符而且文字简略。

【译文】

杨盛国喜好学习,研究儒学真谛,造诣精深。

杨充,字盛国,是梓潼人。杨充从小就喜好学习,拜求名师,完成学业,他向扶风人马季长、吕叔公、南阳人朱明叔、颍川人白仲职学习古文经学,精心研究七经。杨充的朋友有颍川人荀慈明、李元礼、京兆人罗叔景、汉阳人孙子夏、山阳人王叔茂,都是海内的名士。杨充学成后,回到乡里教授弟子。杨充经常说图谶和纬书空泛无用,与事实不符,而且文字简略,恐怕不是圣人所作,因此不教授弟子此类图书。杨充后被察举为孝廉,担任郎官,后来去世。

汉伯肄业①,诸生之纯。

景鸾②,字汉伯,梓潼人也。少与广汉郝伯宗、蜀郡任叔本、颍川李仲□、渤海孟元叔游学七州③,遂明经术。还,乃撰《礼略》《河洛交集》《风角杂书》《月令章句》④,凡五十万言⑤。太守□觌命为功曹⑥,察孝廉,举有道⑦,博士征,不诣。然上陈时政,言经得失。又戒子孙人纪之礼⑧,及遗令⑨,期死葬不设衣衿⑩,务在节俭,甚有法度⑪。卒终布衣。

【注释】

①肄业:修习课业。古人书所学之文字于方版谓之业,师授生曰授业,生受之于师曰受业,习之曰肄业。

②景鸾:字汉伯,广汉郡梓潼(今四川梓潼)人。少随师学经,涉七州之地。精通《齐诗》《施氏易》,兼明《河洛》图纬。州郡辟命,皆不就。后还乡著书。著有《易说》《诗解》《礼略》《月令章句》

等，凡五十余万言。《后汉书》有传。

③任叔本：任末，字叔本，蜀郡繁（今四川彭州）人。参看本卷上文注。李仲：下当脱一字，故补入□。

④风角：古代占卜之法。以五音占四方之风而定吉凶。

⑤凡五十万言：《后汉书·儒林列传》："（景鸾）能理《齐诗》《施氏易》，兼受《河》《洛》图纬，作《易说》及《诗解》，文句兼取《河》《洛》，以类相从，名为《交集》。又撰《礼内外记》，号曰《礼略》。又抄《风角杂书》，列其占验，作《兴道》一篇。及作《月令章句》。凡所著述五十余万言。"

⑥太守□觊："觊"上有脱字，即脱去太守之姓，故补入□。

⑦有道：汉代察举科目之一。始于汉安帝。道指道术，两汉时道术的内容除治道之外，还包括占卜、星相、谶纬和神仙术。东汉诏令察举贤良方正时，常连言道术。《后汉书·安帝纪》：永初元年（107），"诏公卿内外众官、郡国守相，举贤良方正、有道术之士，明政术、达古今、能直言极谏者，各一人"。后诏拜有道高第士沛国施延为侍中。《后汉书·桓荣列传》："后举孝廉、有道、方正、茂才，三公并辟，皆不应。"《后汉书·申屠蟠列传》："申屠蟠再举有道不就。"

⑧人纪：人之纲纪，指立身处世的道德规范。

⑨遗令：临终前的告诫、嘱咐。

⑩衣衿：古代指交领或衣下掩裳际处。后亦指上衣的前幅。

⑪法度：规范，规矩。

【译文】

景汉伯修习课业，是诸生中的纯粹者。

景鸾，字汉伯，是梓潼人。景鸾早年与广汉人郝伯宗、蜀郡人任叔本、颍川人李仲□、渤海人孟元叔一道游学七个州，于是精通了经学。回乡后，景鸾撰写了《礼略》《河洛交集》《风角杂书》《月令章句》等书，共计五十万字。太守□觊任命景鸾为功曹，察举他为孝廉，举荐他为有道，朝廷征召他为博士,景鸾没有答应征聘。然而,景鸾还是上疏陈述时事政治,讨论经学上的得与失。景鸾又告诫子孙,要遵守立身处世的道德规范,景鸾临终前嘱咐在死后安葬时,孝衣不做上衣的前幅,办丧事务必节俭,一切都很有规范。去世之时,景鸾还是布衣。

伯僖效志①。

张寿,字伯僖,涪人也。少给县丞杨放为佐。放为梁贼所得②,寿求之,积六年③,始知其生存。乃卖家盐井得三十万,市马五匹往赎放④。道为羌所劫掠尽。凡往三年,计道远不可得数,乃单身诣虏,涕泣自说。虏哀其屡来,遣放随还。郡召为中候⑤,诏书除巫尉。以身佩印,尽让所有财物与三弟。复为郡掾⑥。章平赋役⑦,岁出三百五十万⑧。迁功曹史⑨,徙五官掾⑩,卒。

【注释】

①效志:尽其心志,指尽心尽力寻求杨放(刘琳)。

②梁贼:不通,疑当作"凉州贼"(刘琳)。

③积:累计。

④市:买。

⑤中候:当是主管郡署守卫的官吏(刘琳)。

⑥郡掾:官名。即郡吏。汉置,为太守的下属官吏,其职不同,所掌亦异。如五官掾,掌功曹及诸曹事;其监属县,有五部督邮等。

⑦章:彰明。平:平均。

⑧岁出:国家、单位等一年财政支出的总和。

⑨功曹史:底本作"功曹吏",误。功曹史,官名。汉朝郡县官府所属功曹之长,亦称功曹、主吏。主选署功劳、职掌吏员赏罚任免事

宜。由守、相委任，职统诸曹，在诸曹掾史中地位最高，甚至权逾
郡丞、长史。

⑩五官掾：汉朝郡国属吏，地位仅次于功曹。凡功曹及诸曹员吏出
缺，即代理其职务。

【译文】

张伯僖尽心尽力寻求杨放。

张寿，字伯禧，是涪人。年轻时，张寿跟随县丞杨放担任佐官。杨
放被凉州贼人抓走，张寿前往寻求杨放，历经六年，方知杨放还活着。于
是，张寿卖掉了家中的盐井，得到三十万钱，买了五匹马，前去赎回杨放。
在路上，张寿被羌人抢劫，财物被抢掠一空。张寿在路上总共走了三年，
如果计算道路，其里程数不清，结果，张寿单身一人到贼虏之处，一边哭
泣，一边诉说。贼虏哀怜他多次来此，就放了杨放，让他随张寿回去。郡
里征召张寿为中候，朝廷下达诏书，任命张寿为巫县县尉。因为身上佩
带有印信，张寿便把所有财物让给了三个弟弟。后来，张寿又担任郡掾。
张寿平均了赋税和徭役，每年支出三百五十万钱。后来，张寿升迁为功
曹史，转任五官掾，之后去世。

李余残身①。

李余，涪人。父早世，兄夷杀人亡命，母慎当死②。余
年十三，问人曰："兄弟相代，能免母不？"人曰："趣得一人
耳③。"余乃诣吏乞代母死。吏以余年小，不许，余因自刎
死④。吏以白令，令哀伤，言郡，郡上书⑤，出慎⑥。太守与令
以家财葬余，图画府庭⑦。

【注释】

①残身：杀身，舍生。

②慎：慎氏，李余母亲的姓氏。

③趣：急奔，速往。

④刿：原缺，此据《太平御览》卷三百八十五引《华阳国志》补。

⑤郡上书：底本作"郡上尚书"，"尚"字衍。此据《太平御览》卷三
百八十五引《华阳国志》删。

⑥出慎：底本原缺，此据《太平御览》卷三百八十五引《华阳国志》补。

⑦府庭：衙门，公堂。

【译文】

李余杀身救母。

李余，是涪人。李余的父亲去世得早，他的哥哥李夷杀了人，逃亡在外，母亲慎氏依法应当处死。李余时年十三岁，他问别人："如果兄弟互相代替去死，能不能免除母亲的死罪？"别人回答说："那得赶紧有一个人去啊！"李余于是到了官府，请求代替母亲去死。官吏因为李余年龄太小，不同意他的请求，李余于是自刿而死。官吏将此事告诉了县令，县令很哀伤，报告了郡府，郡府上书朝廷，朝廷下令释放慎氏。太守与县令出资，以个人家财埋葬了李余，并把他的图像挂在官府。

寇、王二子，行勇以仁。

寇祺，字宰朝，梓潼人也。与邑子侯蔓俱学凉州①。蔓后为渤海王象所杀。祺杖剑至象家，值象病，象谢曰："君子不掩人无备②，安有为友报雠，煞病人也？"祺乃还。久之，复往煞象。由是察孝廉，为霸陵令、济阴相③。王晏，字叔博，涪人也。与广汉张昌、宁叔受业太学。昌为河南吕条所煞，晏、叔煞条。事在叔解④。

【注释】

①邑子：同邑的人，同乡。凉州：西汉元封五年（前106）置，为十

三州刺史部之一。东汉时治所在陇县（今甘肃张家川回族自治
县）。三国魏黄初中移治姑臧县（今甘肃武威）。

②掩人无备：意谓乘人没有防备时进行袭击。掩，掩袭，袭击。备，
防备。

③霸陵：县名。西汉文帝九年（前171）改芷阳县置，属京兆尹。治
所在今陕西西安东新市村附近。因其地有汉文帝刘恒霸陵，故
名。三国魏改名霸城县。济阴相：济阴国相。济阴，侯国名。西
汉景帝中六年（前144）分梁国置，治所在定陶县（今山东定陶西
北四里）。封孝王子不识为济阴王。建元二年（前139）改为济
阴郡。甘露二年（前52）改置定陶国，建平二年（前5）复改济阴
郡。东汉永平十五年（72）复改为国，后又改为郡。

④事在叔解：意谓以上所说王晏、宁叔杀吕条之事，在上文所记宁叔
一条中。按：其事参看本卷上文。

【译文】

寇祺、王晏二人，以仁义行壮勇之事。

寇祺，字宰朝，是梓潼人。寇祺与同乡人侯蔓一起在凉州求学。侯
蔓后来被渤海人王象杀死。寇祺手执宝剑到王象家里，适逢王象生病，
王象请罪说："君子不会乘人没有防备时进行袭击，哪里有为友人报仇而
杀死病人的呢？"寇祺于是返身而回。隔了好久之后，寇祺又再次前往，
并杀死了王象。寇祺因此被察举为孝廉，担任霸陵县令、济阴国相。王
晏，字叔博，是涪人。王晏与广汉人张昌、宁叔都在太学读书。张昌被河
南人吕条杀死，王晏、宁叔杀死了吕条。其事在上文所记宁叔一条中。

李助多方①，以兹立称②。

助字翁君，涪人也。通名方③，校医术④，作《经方颂说》⑤，
名齐郭玉⑥。

【注释】

①方：药方。

②称：名声，名誉。

③名方：著名的药方，名家的医方。

④医术：医疗技术。按：本处实指医书。

⑤《经方颂说》：李助所著医书。按：郭玉亦著有《经方颂说》。本处说李助"作《经方颂说》"，或许有误。

⑥郭玉：字通直，广汉郡新都（今四川成都新都区）人。一说广汉郡雒（今四川广汉）人。参看本卷前注。

【译文】

李助有很多药方，并以此知名。

李助，字翁君，是涪人。李助精通名家医方，校正诸家医书，著有《经方颂说》，名声与郭玉相当。

　　章武之兴①，亦迪才伦②。德贤好古，澹心艺文③。

　　李仁④，字德贤，涪人也。益部多贵今文⑤，而不崇章句⑥。仁知其不博，乃游学荆州，从司马德操、宋仲子受古学⑦，以修文自终也⑧。

【注释】

①章武：蜀汉昭烈帝刘备年号（221—223）。

②迪：进用，任用。才伦：有才之辈，即人才。

③澹心：尽心。艺文：六艺群书之概称，即儒家群经。泛指各种典籍、图书。

④李仁：字德贤，梓潼郡涪（今四川绵阳）人。李譔之父。参看《三国志·蜀书·李譔传》。

⑤益部："益州刺史部"的简称,指益州。今文:指今文经学。汉代经学派别之一。战国以来,儒家经典多口耳相传。西汉初,始以当时通行文字(隶书)写定,称为"今文经"。汉代的今文经,《诗》有鲁、齐、韩三家,《书》有欧阳氏、大夏侯(夏侯胜)、小夏侯(夏侯建)三家,《礼》有大戴(戴德)、小戴(戴圣)、庆普三家,《易》有施氏(施雠)、孟氏(施喜)、梁丘氏(梁丘贺)、京氏(京房)四家,《春秋》有《公羊传》和《穀梁传》,《公羊》有严氏(严彭祖)、颜氏(颜安乐)二家。今文经的经师注重阐发"大义""通经致用"。西汉晚期,今文经渐与谶纬合流。东汉光武帝力倡谶纬,今文经学者的解释更加谶纬化。至东汉晚期,一些著名经学家如马融、郑玄等多兼习今、古文经,今文经与古文经遂趋于混合。

⑥章句:指章句之学,即古文经学。为汉儒所创的一种研究儒家经典的学问,所重在于解释篇章字句,而不在阐发大义。古文经学是兴于西汉末年的儒学流派,与"今文经学"相对。相传鲁恭王坏孔子宅,得古文经于壁中,民间亦传古文《易》《诗》诸经,因系先秦古文字书写,故称"古文经"。平帝时,王莽执政,立古文经于学官,自是古文经学始盛。《诗》用《毛诗》,《春秋》用《左传》,特重《周官》。释经不事微言大义而注重文字辨解训诂,探求经文本义。在识辨和解释古文过程中,逐渐形成一套训诂方法。东汉许慎、贾逵、服虔、马融、郑玄为其大师。郑玄兼采今古文遍注诸经,而以古文为主。自东汉末以迄隋唐,为经学正统。

⑦司马德操:司马徽,字德操,颍川(治今河南禹州)人。清雅善知人。刘备访世事于徽,因荐诸葛亮、庞统。时庞德公亦善品藻,称徽为水镜。参看《三国志·蜀书·诸葛亮传》等。宋仲子:宋衷,或称宋忠,字仲子,南阳章陵(今湖北枣阳)人。参看本卷前注。古学:古文经学,研究古文经、古文字之学。

⑧修文:研修经文。

【译文】

章武年间的兴盛,也是由于进用人才。李德贤喜好古学,尽心研究群经。

李仁,字德贤,是涪人。益州人多看重今文经学,而不崇尚章句之学。李仁知道这种学问不会渊博,于是游学于荆州,师从司马德操、宋仲子学习古文经学,以研修经文来度过其一生。

国辅皓然①,形动神沉。

杜微②,字国辅,涪人也。任安弟子③。先主定蜀,常称聋,阖门不出④。建兴二年⑤,丞相亮领州牧,选为主簿,舆而致之⑥。亮引见,与书诱劝,欲使以德辅时,微固辞疾笃⑦。亮表拜谏大夫,从其所志。

【注释】

①皓然:高洁貌。

②杜微:字国辅,梓潼郡涪(今四川绵阳)人。参看本书卷七《刘后主志》注。

③任安(124—202):字定祖,广汉郡绵竹(今四川德阳北)人。参看本书卷三《蜀志》注。

④阖(hé)门:关闭门户。

⑤建兴二年:224年。

⑥舆:车辆。本处用为动词,指用车辆。

⑦固辞:坚决辞谢。疾笃:病势沉重。

【译文】

杜国辅人品高洁,形动而心沉静。

杜微,字国辅,是涪人。杜微是任安的弟子。先主刘备平定蜀地,杜微常常借口耳聋闭门不出。建兴二年，丞相诸葛亮代理益州牧，选任杜微为主簿，并用车辆去接他。诸葛亮接见了杜微，又用书信诱导勉励杜微，想让他用德来辅助时局，杜微以病势沉重为借口坚决辞谢。诸葛亮上表推荐杜微为谏大夫，顺从了杜微的志向。

思潜游学，休志素林①。

尹默②，字思潜，涪人也。少与李仁俱受学司马徽、宋忠等③，博通五经④。专精《左氏春秋》，自刘歆《条例》、郑众、贾逵父子、陈元、服虔注说⑤，略皆诵述⑥，希复案本⑦。以《左传》授后主⑧。后主立，拜谏议大夫、丞相军祭酒⑨。子宗亦为博士耳⑩。

【注释】

①休志素林：谓潜心于素臣之林（刘琳）。孔子据鲁史修《春秋》，汉儒称之为"素王"。左丘明作《左传》，述孔子之道，阐明《春秋》之法，后人尊之为"素臣"。晋杜预《〈春秋经传集解〉序》："说者以为仲尼自卫反鲁，修《春秋》，立素王，丘明为素臣。"

②尹默：字思潜，梓潼郡涪（今四川绵阳）人。参看本书卷六《刘先主志》注。

③李仁、司马徽、宋忠：见本卷上文注。

④五经：五部儒家经典，即《诗》《书》《易》《礼》《春秋》。

⑤刘歆（？—23）：字子骏，后改名秀，字颖叔，沛县（今江苏沛县）人。参看本卷上文注。《条例》：指《春秋左氏传条例》。《旧唐书·经籍志》："《春秋左氏传条例》二十卷。刘歆撰。"郑众（？—83）：字仲师，河南开封人。郑兴之子。经学家称"先郑"，以别于"后郑"郑玄。又称"郑司农"，以别于宦官郑众。从父受

《左氏春秋》，作《春秋难记条例》，兼通《易》《诗》，知名于世。明帝时为给事中，持节使匈奴，不拜，单于怒，围守闭之。众拔刀自誓，坚执不屈。章帝时为大司农，以清正称。《后汉书》有传。贾逵父子：指贾徽、贾逵。贾徽，扶风平陵（今陕西咸阳）人。贾逵之父。从刘歆受《左氏春秋》，兼习《国语》《周官》。又受古文《尚书》于涂恽，学《毛诗》于谢曼卿。作《左氏条例》二十一篇。《后汉书·贾逵列传》有附传。贾逵（30—101），字景伯，扶风平陵（今陕西咸阳）人。参看本卷上文注。陈元：字长孙，苍梧广信（今广西梧州）人。陈钦之子。少传父业，习《左氏春秋》。以父任为郎。光武帝建武初，与桓谭、杜林、郑兴俱为学者所宗。上疏请立《左氏传》博士。《后汉书》有传。服虔：字子慎，河南荥阳（今河南荥阳）人。少入太学受业。灵帝时举孝廉，后迁九江太守。通经学，善作文，著有《春秋左氏传解》等。《后汉书》有传。注说：注解和说明。

⑥诵述：诵读传述，讲述。

⑦希复案本：很少复核、查阅原书。

⑧后主：指蜀汉后主刘禅。参看本书卷二《汉中志》注。

⑨丞相军祭酒：官名。东汉建安三年（198）曹操为汉丞相时始置军师祭酒，第五品。后因避晋司马师讳但称军祭酒，或称军谋祭酒。蜀亦置。为丞相府属官，掌参谋军事。

⑩子宗：尹宗，梓潼郡涪（今四川绵阳）人。尹默之子。能传父业，博通经史，为博士。

【译文】

尹思潜游学各地，潜心于素臣之林。

尹默，字思潜，是涪人。尹默早年与李仁一起，求学于司马徽、宋忠等人，博通五经之学。尹默尤其擅长《左氏春秋》，举凡刘歆《条例》、郑众、贾逵父子、陈元、服虔等人的注解和说明，基本上都能诵读传述，很少复核、查阅原书。尹默用《左传》教授后主刘禅。后主即位后，任命尹默为谏议大夫、丞相军祭酒。尹默之子尹宗，也是博士。

钦仲朗博[1]，训诂典坟[2]。

李譔，字钦仲，仁子也。少受父业[3]，又讲问尹默[4]，自五经、四部、百家诸子、伎艺、算计、卜数、医术、弓弩、机械之巧[5]，皆致思焉[6]。为太子中庶子、右中郎将。著古文《周易》《尚书》《毛诗》《三礼》《左氏》注解、《太玄指归》[7]，依则贾、马[8]，异于郑玄[9]。与王肃初不相见[10]，而意归多同[11]。

【注释】

①朗博：明朗而且博学。

②典坟：三坟、五典的并称，后转为古代典籍的通称。

③少受父业：意谓早年受业于父亲，并且接受了父亲的学问。

④讲问：讲说讨论。

⑤四部：历代说法不一。或以为，四部是"五经"以外的四种"传"，如《论语》《孝经》之类（刘琳）。伎艺：技艺，指手艺或艺术表演等。算计：计算。卜数：占卜等类术数。机械：利用力学原理构成的装置。泛指各种机器、器械。

⑥致思：谓集中心思于某一方面，用心思考。

⑦《太玄指归》："归"字原缺，据《三国志·蜀书·李譔传》补。

⑧依则：师法。贾、马：指贾逵、马融。

⑨郑玄（127—200）：字康成，北海高密（今山东高密）人。参看本书卷七《刘后主志》注。

⑩王肃（195—256）：字子雍，东海郯（今山东郯城）人。参看本卷上文注。

⑪意归：意之所在。

【译文】

李钦仲明朗而且博学，为古代典籍做训诂。

李𫗰，字钦仲，是李仁之子。李𫗰早年接受了父亲的学问，又与尹默讲说讨论，自五经、四部、百家诸子、伎艺、算计、卜数、医术、弓弩、机械的巧妙之处，都用心思考。李𫗰任太子中庶子、右中郎将。著有古文《周易》《尚书》《毛诗》《三礼》《左氏》注解、《太玄指归》，师法贾逵、马融，而与郑玄不同。李𫗰与王肃没有见过面，但意见大多是相同的。

孙德果锐①，作刘干臣②。

李福③，字孙德，涪人也。先主初，为成都令。建兴元年④，迁巴西太守，后为江州都督、扬武将军⑤，入为尚书仆射，封平阳亭侯。延熙初，以前监军领大将军司马⑥。福同郡梓潼文恭仲宝，亦以才干为牧亮治中从事、丞相参军⑦。

【注释】

①果锐：果断敏锐。《三国志·蜀书·杨戏传》裴松之注引《益部耆旧杂记》：“（李）福为人精识果锐，敏于从政。”

②干臣：精明强干之臣。

③李福（？—约238）：字孙德，梓潼郡涪（今四川绵阳）人。诸葛亮病笃于武功时，尝奉刘禅命谘亮以国家大计，并问亮后继之人。延熙初，蒋琬出征汉中，李福以前监军领大将军司马。《季汉辅臣赞注》有传。

④建兴元年：223年。底本作“建兴九年”，误。李福在建兴元年徙巴西太守。

⑤扬武将军：一作“扬威将军”。

⑥领大将军：四字原脱，据《季汉辅臣赞注》补。

⑦牧亮：益州牧诸葛亮。

【译文】

李孙德果断敏锐，是刘氏蜀汉的精明强干之臣。

李福，字孙德，是涪人。先主刘备初年，李福担任成都令。建兴元年，李福升迁为巴西太守，后转任江州都督、扬武将军，入朝担任尚书仆射，封平阳亭侯。延熙初年，李福以前监军身份兼领大将军司马。李福的同乡、梓潼人文恭（字仲宝），也因为有才干而担任益州牧诸葛亮的治中从事、丞相参军。

衎衎祎彦①，玉润兰芬。劭名表器②，江汉之俊。

总赞十五人也。

述梓潼人士。

【注释】

①衎衎（kàn kàn）：和乐貌。祎（yī）：美好。彦：俊彦，贤才。

②劭（shào）：美好。器：器具。本处指钟、鼎等青铜器。

【译文】

和乐美好的俊彦，像美玉一样温润，像兰花一样芬芳。他们美好的名声铸造在青铜器上，他们是江汉的才俊之士。

总赞这十五人。

以上叙述的是梓潼男性。

季姜雍穆①，化播二妇。王氏世兴，实由贤母。

季姜，梓潼文氏女，将作大匠广汉王敬伯夫人也②。少读《诗》《礼》。敬伯前夫人有子博，女纪、流二人，季姜生康、稚、芝，女始、示③，凡前后八子。抚育恩爱，亲继若一④。堂祖母性严，子孙虽见官二千石⑤，犹杖之，妇跪受罚。堂历五郡，祖母随之官。后以年老，不愿远乡里，姜亦常侍养左右。纪、流出适，分己侍婢给之。博好写书，姜手为作帙⑥。于是内门相化，动行推让。博妻犍为杨进及博子遵妇蜀郡张叔纪服姑之教⑦，皆有贤训，号之"三母"。堂亡，姜敕康、稚、芝妇事杨进如姑，中外则之⑧，皆成令德。季姜年八十一卒。四男弃官行服⑨，四女亦从官舍交赴，内外冠冕百有余人，当时荣之。王氏遂世兴。

【注释】

①季姜：据本书卷十二《序志并士女目录》：季姜名极，字季姜。雍穆：和睦，融洽。

②王敬伯：王堂，字敬伯，广汉郡郪（今四川三台）人。参看本书卷一《巴志》注。

③季姜生康：依上下文例，"生"后当脱"子"字。

④亲继：指亲生子女与继养子女。

⑤见官：现官。见，同"现"。

⑥帙（zhì）：书衣，包书的布套。

⑦杨进：犍为郡武阳（今四川眉山彭山区）人。杨氏女儿，将作大匠、广汉人王堂长子王博妻子。本卷有传。张叔纪：蜀郡成都（今四川成都）人。张霸孙女，王遵之妻。本卷有传。

⑧中外：家庭内外，家人和外人。本处指王氏本家及其外家。

⑨行服：谓穿孝服居丧。

【译文】

文季姜使家庭和睦、融洽，教化传播于两代妇人。王氏世代兴盛，确实是由于贤良的文季姜。

文季姜，是梓潼文氏家的女儿，将作大匠、广汉人王敬伯的夫人。文季姜自小就阅读《诗》《礼》。王敬伯的前妻生育有儿子王博和女儿王纪、王流二人，文季姜生育有儿子王康、王稚、王芝和女儿王始、王示，前后共计八个子女。文季姜抚育他们恩爱有加，亲生子女与继养子女一视同仁。王堂的祖母性格严苛，子孙即使担任了二千石官员，她还是会用棍棒打他们，而妇媳则会接受跪罚。王堂历官五郡，祖母都跟随他为官。祖母后来因为年纪大了，不愿意远离乡里，文季姜也常常侍养在祖母左右。王纪、王流出嫁，文季姜分送自己的侍婢给她们。王博喜好写书，文季姜亲手为他制作书套。因此，王家内部互相感化，行动时互相谦让。王博的妻子、犍为人杨进以及王博儿子王遵的媳妇、蜀郡人张叔纪，服从婆婆的教化，都有良好的家教，时人称之为"三母"。王堂死后，文季姜告诫王康、王稚、王芝的媳妇，要像侍奉婆婆一样侍奉杨进，王氏本家及其外家都依之而行，都成就了美德。文季姜享年八十一岁而去世。文季姜的四个儿子都放弃官职，为文季姜穿孝服居丧；文季姜的四个女儿也从官舍回来服丧，家庭内外为文季姜服丧的官绅人家共计有一百多人，时人称扬。于是，王氏世代兴盛。

杜慈专专[1]，父不谅只[2]。

慈，涪杜季女，巴郡虞显妻也。十八适显。显亡，无子，季欲改嫁与同县杨上。慈曰："受命虞氏。虞氏早亡，妾之不幸。当生事贤姑，死就养成室[3]，存亡等[4]。但欲在终供养，亡不有恨，愿不易图。"季知不可言而夺也，乃密谋与杨逼迫之[5]，慈缢而死。

【注释】

①专专：用心专一。本处指从一而终，不改嫁。

②谅：体谅，体察。只：语气词。用于句末，表示终结或感叹。《诗
　　经·鄘风·柏舟》："母也天只，不谅人只！"

③死就养成室：意谓与虞氏合葬。养成，疑当作"虞氏"（刘琳），可
　　参。室，墓穴。《诗经·唐风·葛生》："百岁之后，归于其室。"

④等：相等。

⑤杨：底本作"强"，误。此从刘琳校改。

【译文】

杜慈用情专一，父亲却不体谅她啊。

杜慈，是涪人杜季的女儿，是巴郡人虞显的妻子。杜慈十八岁时嫁给虞显。虞显去世，没有孩子，杜季打算将女儿改嫁给同县人杨上。杜慈说："我接受父母之命，嫁给虞氏。虞氏死得早，这是我的不幸。我活着就侍奉贤惠的婆婆，死了就和丈夫合葬，活着和死去，应该是一样的。我只希望供养婆婆至其善终，我不希望死而有憾，唯愿父亲不要改变我的志向。"杜季知道不能通过劝说而改变女儿的志向，于是与杨上密谋，准备逼迫杜慈就范，杜慈自缢而死。

敬杨雪雠①，壮逾烈士②。

敬杨，涪郭孟妻，杨文之女也。始生失母。八岁，父为□盛所杀③，无宗亲，依外祖郑。行年十七④，适孟。孟与盛有旧，盛数往来孟家。敬杨涕泣谓孟曰："盛凶恶。薄命为女，无男昆⑤，恶雠未报，未尝一日忘也。虽妇人拘制⑥，然父子恩深，恐卒狂惑⑦，益君祸患，君宜疏之。"孟以告盛，盛不纳。汉安元年⑧，盛至孟家，敬杨以大杖打杀盛，将自杀。孟止之，与俱逃。涪令双胜出追，闻其故而止，安慰二门。会赦得免。中平四年⑨，涪令向遵为立图表之。

【注释】

①雪雠：同"雪仇"，洗除仇怨，报仇。

②烈士：有气节、有壮志的人。一般指的是男士。

③□盛：人名。姓某名盛。宛委山堂本《说郛》卷五十八下引《梓潼士女志》作"梁盛"，张澍《蜀典》卷二作"李盛"，均不知所本。

④行年：指将到的年龄。

⑤昆：哥哥，胞兄。

⑥拘制：拘守于礼制。

⑦狂惑：精神错乱，疯癫。

⑧汉安元年：142年。汉安，汉顺帝年号（142—144）。

⑨中平四年：187年。中平，汉灵帝年号（184—189）。

【译文】

杨敬报仇雪恨，其悲壮超过烈士。

杨敬，是涪人郭孟的妻子，杨文的女儿。杨敬刚出生时，母亲就去世了。八岁之时，杨敬的父亲被□盛杀害，她没有同宗亲属，就依靠外祖父郑氏为生。杨敬十七岁时，嫁给了郭孟。郭孟与□盛有旧交情，□盛多次来往于孟家。杨敬哭泣着对郭孟说："□盛是凶恶之人。我命薄而为女性，家中没有兄弟，恶仇虽然没有报，但没有一日忘记。我虽然作为妇人，拘守于礼制而受到限制，但是父女之间恩重如山，我担心一朝精神错乱，会给夫君增加祸患，夫君最好还是疏远他。"郭孟把杨敬的这番话转告了□盛，但□盛没有采纳。汉安元年，□盛到了孟家，杨敬用大杖打死了□盛，并且准备自杀。郭孟阻止了杨敬，和她一起逃跑。涪县县令双胜派人追赶，但在听说事情的缘故之后就停止了追赶，并且安慰郭、□两家人。适逢天下大赦，杨敬得以免罪。中平四年，涪县县令向遵为杨敬立了画像，并且予以表彰。

惟兹三媛①，仁畅义理。邦有斯嫔，以驰遐纪②。

总赞三人。

述梓潼列女。

右《梓潼郡士女赞》第六。

凡士女十八人。十五人士，三人女。

【注释】

①三媛：指文季姜、杜慈、杨敬三位女性。

②遐纪：高龄，高寿。本处指的是久远的年代。

【译文】

文季姜、杜慈、杨敬三位女性，有仁有义，精通事理。邦域之中有这样的女性，可以流芳百代。

总赞此三人。

叙述的是梓潼的诸位女性。

以上是《梓潼郡士女赞》第六。

共计士女十八人。其中男性十五人，女性三人。

二州人士自汉及魏二百四十八人而已①。一百九十七人士，五十一人女。后贤二十人②，合二百六十八人，以示来世之君子焉。如其遗脱③，及后世可书者，愿贻后隽④。又，《春秋穀梁传》首叙曰："成帝时，议立三传博士⑤，巴郡胥君安独驳《左传》不祖圣人⑥。"后汉时，魏郡太守王牧荐尹方为三公⑦，天子诏尚书郎蜀郡张俊策之⑧。然不详其行事⑨。

【注释】

①二州：指梁州、益州。

②后贤：后世的贤人。本处特指晋朝人士。所说"后贤二十人"，见本书卷十一《后贤志》。

③遗脱：遗漏。

④贻（yí）：遗留，留待。后隽：同"后俊"，后起之秀。

⑤三传：指解释《春秋》的《左传》《公羊传》《穀梁传》。

⑥胥君安：巴郡人。汉成帝时博士，以博学儒雅著称。《左传》不祖圣人：意谓《左传》没有祖述圣人孔子所作《春秋》之意，即经学史上所谓"《左传》不传经"。祖，祖述。按："巴郡胥君安独驳《左传》不祖圣人"，此论颇重要，惜乎不知其详。

⑦王牧、尹方：二人生平不详。

⑧张俊：蜀郡人。有才能，任尚书郎。参看本书卷三《蜀志》注。策：策问，策试。

⑨行事：事迹。

【译文】

这两个州的贤明人士，从汉代到魏朝，共计有二百四十八人。其中，男性一百九十七人，女性五十一人。加上晋朝人士二十人，合计二百六十八人，他们是可以垂范后世的君子。本书如果有遗漏，以及后世可以写入书中的人物，我愿意留待后起之秀。又，《春秋穀梁传》首叙说："汉成帝时，讨论设立三传博士，巴郡人胥君安独自批驳《左传》没有祖述圣人孔子所作《春秋》之意。"后汉之时，魏郡太守王牧推荐尹方担任三公，天子下诏让尚书郎、蜀郡人张俊策试他。但其事迹不详。

撰曰：二州人士，自汉及魏，可谓众矣。何者？世宗多事①，则相如麟游②，伯司凤翔③，洛下云翳④，叔文龙骧⑤。在孝宣⑥，则王褒蔚炳⑦，《中和》作咏⑧，属文甘泉⑨，范为世镜⑩。在元、成⑪，则君公謇謇⑫，心思国病，虑经刘危⑬，直忓王听⑭。其高者则严君味道⑮，易俗移风；仲元端委⑯，居为人宗⑰。若夫秉心塞渊⑱，与物盈冲⑲，则杨子云也⑳；名重泰山，华夏仰崇㉑，则郑子真也㉒；不屈其身，志高青云㉓，则谯玄也㉔；不耻恶君，混道推运，则杨宣也㉕。降及建武、明、章以来㉖，出者则能内贯朝揆㉗，外播五教㉘，赞和鼎味㉙，经纶治要㉚，上答太阶㉛，下允民照㉜。处者则利居槃桓㉝，皓然玄蹈㉞，天爵玩之㉟，人爵则笑㊱，悬车门肆㊲，夷、惠齐绍㊳。若斯之伦㊴，海内服其英名，洙、泗方其焕耀矣㊵。故曰：汉征八士，蜀出其四㊶。又曰：汉具四义，蜀选其二㊷。可谓不众乎？然巴郡胥君安㊸，以儒学典雅称于孝成；蜀郡张俊策问尹方㊹，不出五经常议㊺；犍为吕孟有托孤之节㊻。若兹之类，郡邑往往垂象刊铭㊼，见有苗裔㊽。璩晚生长乱，故老以没㊾，莫所咨质㊿，不详其事。但依《汉书》《国志》、陈君所载(51)，凡士女二百四十八人而已，后贤二十人，合二百六十八人，以示来世之好事者。如能详其遗脱，及有可书，愿附于左。其传志父祖子孙及有名失事失官位者不列，宁州人士亦不列。别为目录(52)，至晋元康末，凡三百九十二人也。

【注释】

①世宗：汉武帝庙号。多事：不安定。

②相如：司马相如（前179—前117），字长卿，蜀郡成都（今四川成都）人。参看本书卷三《蜀志》注。

③伯司：谯隆，字伯司，巴郡阆中（今四川阆中）人。初为上林令，以忠谏拜为侍中。尝荐落下闳于汉武帝，与邓平、唐都等创制《太初历》。麟游、凤翔：典出《淮南子·览冥训》："昔者，黄帝治天

下，……凤皇翔于庭，麒麟游于郊，青龙进驾，飞黄伏皂，诸北、儋耳之国莫不献其贡职。"

④ 洛下：落下闳（约前156—前87），复姓落下（或作"洛下"），名闳，字长公，巴郡阆中（今四川阆中）人。明天文，善历数，本为巴郡隐士。武帝时征为待诏太史，与司马迁、邓平、唐都等改《颛顼历》，作《太初历》。拜侍中，不受。参看《史记·历书》。云翳（yì）：谓高翔遮云。曹植《七启》："落翳云之翔鸟，援九渊之灵龟。"

⑤ 叔文：张宽，字叔文，蜀郡成都（今四川成都）人。参看本书卷三《蜀志》注。龙骧（xiāng）：昂举腾跃貌。《汉书·叙传下》："云起龙骧，化为侯王，割有齐楚，跨制淮梁。"颜师古注："骧，举也。"

⑥ 孝宣：汉宣帝。

⑦ 王褒：字子渊，蜀郡资中（今四川资阳）人。参看本书卷三《蜀志》注。蔚炳：文采鲜明华美。

⑧ 《中和》作咏：王褒曾经受命作《中和颂》。

⑨ 甘泉：宫名。故址在今陕西淳化西北甘泉山。

⑩ 葩：华丽，华美。世镜：照世的镜子。言能借以照察世相，知所鉴戒。

⑪ 元、成：汉元帝、汉成帝。

⑫ 君公：何武（？—3），字君公，蜀郡郫（今四川成都郫都区）人。参看本书卷三《蜀志》注。謇謇（jiǎn jiǎn）：忠贞，正直。

⑬ 刘危：指刘汉王朝的安危。

⑭ 王听：帝王的听闻。

⑮ 严君：严遵，字君平，蜀郡成都（今四川成都）人。参看本书卷三《蜀志》注。味道：体味道的哲理，体察道理。

⑯ 仲元：李弘，字仲元，蜀郡成都（今四川成都）人。参看本书卷三《蜀志》注。端委：指朝臣所穿的端正而宽大的礼服。本处谓有威仪。

⑰人宗：众人的楷模。谓受人尊崇的人。

⑱秉心：持心。塞渊：谓笃厚诚实，见识深远。典出《诗经·鄘风·定之方中》："匪直也人，秉心塞渊。"又《诗经·邶风·燕燕》："仲氏任只，其心塞渊。"

⑲与物盈冲：意谓与世推移，顺时而为。物，外物，事物。本处指世道。盈冲，犹盈虚。盈满与虚空。语本《老子》第四十五章："大盈若冲，其用不穷。"

⑳杨子云：杨雄（前53—18），字子云，蜀郡成都（今四川成都）人。参看本书卷三《蜀志》注。

㉑仰崇：仰慕崇敬。

㉒郑子真：名朴，字子真，汉中郡褒中（今陕西勉县）人。参看本书卷二《汉中志》注。

㉓青云：指高空的云。喻远大的抱负和志向。

㉔谯玄（？—35）：字君黄，巴郡阆中（今四川阆中）人。参看本书卷一《巴志》注。

㉕杨宣：字君纬，广汉郡什邡（今四川什邡）人。参看本卷上文注。

㉖建武、明、章：指汉光武帝、汉明帝、汉章帝。

㉗出者：指出仕者，做官者。朝揆（kuí）：指朝政。

㉘五教：五常之教。指父义、母慈、兄友、弟恭、子孝五种伦理道德的教育。

㉙赞和：襄助，调和。本处指辅佐。鼎味：相传，商王武丁问傅说如何治理国家，傅说以如何调鼎中之味对答。后以"鼎味"指国政。《晋书·裴秀传》："孝友著于乡党，高声闻于远近。诚宜弼佐谟明，助和鼎味，毗赞大府，光昭盛化。"

㉚经纶：治理。治要：施政之要领。

㉛太阶：古星名。即三台。上台、中台、下台各二星，相比而斜上，如阶级然，故名。《文选·扬雄〈长杨赋〉》："是以玉衡正而太阶平

也。"李善注："泰阶者，天之三阶也。上阶上星为天子，下星为女主；中阶上星为诸侯三公，下星为卿大夫；下阶上星为元士，下星为庶人。三阶平则阴阳和，风雨时，岁大登，民人息，天下平，是谓太平。"本处指天子。

㉜照：借鉴，榜样。

㉝处者：指隐者，未做官者。利居：宜于居家。意谓隐居不仕。槃桓：徘徊。

㉞玄蹈：志行高远。

㉟天爵：天然的爵位。指高尚的道德修养。因德高则受人尊敬，胜于有爵位，故称。

㊱人爵：爵禄，指人所授予的爵位。《孟子·告子上》："孟子曰：有天爵者，有人爵者。仁义忠信，乐善不倦，此天爵也。公卿大夫，此人爵也。古之人，修其天爵，而人爵从之。今之人，修其天爵，以要人爵。既得人爵而弃其天爵。则惑之甚者也。"赵岐注："天爵以德，人爵以禄。"

㊲悬车：指隐居不仕。门肆：家门与市肆。

㊳夷、惠：伯夷、柳下惠。伯夷，墨胎氏，名允，字公信。商末人。孤竹国君长子。参看本卷上文注。柳下惠，展获，字季，又字禽，食邑柳下，谥惠，故称柳下惠。参看本卷上文注。绍：继承。

㊴伦：辈，类。

㊵焕耀：光彩耀眼。

㊶汉征八士，蜀出其四：按：汉代多次征士，本处所说"汉征八士"，不详确切所指。又，所谓"蜀出其四"，亦不详确切所指。八士，相传周代八个有才能的人。《论语·微子》："周有八士：伯达、伯适、仲突、仲忽、叔夜、叔夏、季随、季骟。"

㊷汉具四义，蜀选其二：四义，四种义行。所指不一。《管子·幼官》："八会诸侯，令曰：立四义而毋议者，尚之于玄官，听于三

公。”尹知章注:“四义者,谓无障谷,无贮粟,无易树子,无以妾为妻。”《淮南子·兵略训》:“将者必有三隧、四义、五行、十守……所谓四义者,便国不负兵,为主不顾身,见难不畏死,决疑不辟罪。”此处不详确切所指。任乃强认为,“四义”指的是汉朝的四种用人之法——征、聘、辟、举。“蜀选其二”谓蜀士就聘辟者多,就征举者少。可备一说。

㊸胥君安:见本卷上文注。

㊹张俊:蜀郡人。参看本书卷三《蜀志》注。

㊺常议:常理,通常的道理。

㊻吕孟:犍为郡南安(治今四川乐山)人,不详其事。托孤:谓以遗孤相托。

㊼垂象:显示征兆。按:“垂象”当作“画象”,义犹本卷所说“列画学官”“图画府庭”。刊铭:刊刻于碑铭,意即树碑立传。

㊽见:同“现”,现在。苗裔:子孙后代。

㊾故老:年高而见识多的人。以:同“已”,已经。没:通“殁”,去世。

㊿咨质:问难质疑。

(51)《国志》:指《三国志》。陈君所载:指陈寿所著《益部耆旧传》。

(52)别为目录:即本书卷十二《序志并士女目录》。

【译文】

撰述者说:梁州、益州两个州的贤明人士,从汉代到曹魏,可以说是很多的。为什么会这样呢?汉武帝时,国家多事,就有司马相如犹如麒麟遨游,谯隆犹如凤凰翱翔,洛下闳高翔遮云,张宽昂举腾跃。在汉宣帝时,王褒文采华美,先创作了《中和颂》,又撰文于甘泉宫,文辞华丽,足可鉴戒。在汉元帝、汉成帝时,何武忠贞正直,一心考虑国家的利病,忧虑刘汉王朝的安危,他的直言触忤了圣听。其中的高人,还有严遵体察道理,移风易俗;李弘身着礼服,成为众人学习的楷模。持心笃厚诚实、见识深远,而与世推移、顺时而为的,则有杨雄;名望重于泰山,华夏之人仰慕崇敬的，则有郑朴；不委屈己身，志向高远如青云的，则有谯玄；不以侍奉恶君为耻，与道相混、与世推移的，则有杨宣。之后，自汉光武帝、汉明帝、汉章帝以来，出仕做官的人，在内能执掌朝政，在外能传播五常之教，襄助国政，治理施政，对上报答天子，对下成为百姓的楷模。隐居不仕的人，徘徊家居，志行高远，道德高尚，光明磊落，玩赏天爵，笑对人爵，他们或隐居家门，或隐居市肆，继承伯夷、柳下惠的风尚。像这一类的人，海内之人佩服他们的美名，其光彩耀眼堪与洙、泗媲美。因此有人说：汉朝征聘八士，蜀地就出了四个。又有人说：汉朝推崇四种义行，在蜀地就遴选了两种。难道可以说不多吗？当然，巴郡人胥君安，以儒学典雅著称于汉成帝之世；蜀郡人张俊策问尹方，所问不出五经常理；犍为人吕孟，有托孤之节义。诸如此类的人，郡县往往为他们绘画图像、树碑立传，现在他们的子孙后代还在。本人常璩生得晚，又成长于乱世，年高而识多者都已经去世了，无处问难质疑，故其事迹不详。我只是依据《汉书》《三国志》、陈寿所著《益部耆旧传》的记载，钩稽所得士女二百四十八人，后贤二十人，合计二百六十八人，以此展示给后世喜欢研究者。后世君子如能将本书遗漏之处详细叙述，并补充可以入书者，唯愿其附录于书后。那些记述了父祖、子孙以及有姓名而没有事迹、缺失官位者，本书未能载列，而宁州人士也未能载列。我另外写作了《目录》，下限直至晋朝元康末年，共计有三百九十二人。

卷十一　后贤志

【题解】

　　如果说《华阳国志》前十卷是常璩写作的"前代史"，本卷则是常璩写作的"当代史"。按照常璩自己的说法（详见本卷卷首"闻之"段），他之所以要写作"当代史"，所师法的是《史记》"详于秦、汉"、《汉书》"备乎哀、平"的立意与体例。

　　本卷专门列传、重点记述的人物，共计有二十位（文立、柳隐、司马胜之、常勗、何随、王化、陈寿、李宓、杜轸、任熙、王长文、寿良、何攀、李毅、杨邠、费立、常骞、常宽、谯登、侯馥）。常璩认为，他们是当地、当代的俊彦，"实西土之珍彦，圣晋之多士也"。常璩在专门记述这二十位人物之时，又连带记述了这二十位人物的祖、父及其兄弟、子女和同时代、同地区的相关人物，从而大大拓展了记述的范围，为后人了解这段历史和人物提供了宝贵的资料。

　　在为二十位人物正式立传前，常璩先列举了一份清单。这份清单的内容，包括二十位人物的官职、姓与名字，以及为他们所写的四言八字赞语（遗憾的是谯登、侯馥的赞语已经阙失）。可以说，这一份清单起着开门见山、提纲挈领的作用。

　　常璩有浓厚的桑梓情怀，对笔下人物往往抱之以"了解之同情"（借用陈寅恪语），或褒扬，或同情，或惋惜，或鞭挞，而又以同情与惋惜为主。

"了解之同情"的典型,以卷末"撰曰"为代表。

　　闻之:善志者述而不作①,序事者实而不华②。是以史迁之记③,详于秦、汉;班生之书④,备乎哀、平⑤。皆以世及事迩⑥,可得而言也。西州自奉圣晋后,俊伟倜傥之士⑦,或修德敷让⑧,行止从时;或播功立事,羽仪上京⑨,策勋王府⑩。甄名史录⑪,侔于先贤。会遇丧乱轧构⑫,华夏颠坠⑬,典籍多缺。族祖武平府君愍其若斯⑭,乃操简援翰⑮,拾其遗阙。然但言三蜀⑯,巴、汉未列⑰;又务在举善⑱,不必珍异。揆之《耆旧》⑲,竹素宜阐⑳。今更撰次损益㉑,足铭后观者凡二十人,缀之斯篇。虽行故坠没,大较举其一隅㉒。

【注释】

①善志:善于记述。《左传·昭公三十一年》:"是以《春秋》书齐豹曰'盗',三叛人名,以惩不义,数恶无礼,其善志也。"杜预注:"记事之善者也。"述而不作:只阐述前人成说,自己并不创新。《论语·述而》:"述而不作,信而好古。"朱熹集注:"述,传旧而已;作,则创始也。"

②序事:叙述事情。司马光《述〈国语〉》:"乃先采集列国之史,国别分之。……故其辞语繁重,序事过详,不若《春秋传》之简直精明,浑厚遒峻也。"

③史迁之记:指《史记》。按:《史记》叙事"详近略远",故曰"详于秦、汉"。史迁,司马迁(约前145—约前87),字子长,左冯翊夏阳(今陕西韩城南)人。参看本书卷一《巴志》注。

④班生之书:指《汉书》。班生,班固(32—92),字孟坚,扶风安陵(今陕西咸阳东北)人。参看本书卷一《巴志》注。

⑤哀、平:汉哀帝、汉平帝。

⑥世及事迩:意谓时代离得近,事情发生于不久前。世,时代。及,赶上。迩,近。

⑦俊伟:卓异壮美。倜傥:卓异,不同寻常。

⑧修德敷让:诸本或脱"敷"字。按:"修德敷让"与"播功立事"相对,当有"敷"字。敷,布。

⑨羽仪:比喻居高位而有才德,被人尊重或堪称楷模。典出《周易·渐》:"鸿渐于陆,其羽可用为仪,吉。"孔颖达疏:"处高而能不以位自累,则其羽可用为物之仪表,可贵可法也。"

⑩策勋:记功勋于策书之上。《左传·桓公二年》:"凡公行,告于宗庙;反行,饮至、舍爵、策勋焉,礼也。"杜预注:"既饮置爵,则书勋劳于策,言速纪有功也。"

⑪甄:选择,选拔。史录:历史的文字记录。意指史册。

⑫轧:倾轧。构:构兵,交兵,交战。

⑬颠坠:谓倒塌、毁坏。

⑭武平府君:指常宽。字泰恭,蜀郡江原(今四川崇州)人。常璩从祖父。参看本书卷八《大同志》注。本卷下文有传。

⑮操:拿着,手持。简:简册。援:执,持。翰:长而坚硬的羽毛。借指毛笔。

⑯三蜀:地区名。蜀地三郡的合称。指蜀郡、广汉郡、犍为郡三郡。

⑰巴、汉:古巴郡、汉中地区。在今四川东部、陕西西南、湖北西北一带。

⑱举善:列举善事。

⑲揆:衡量,比较。《耆旧》:《益部耆旧传杂记》之省称。

⑳竹素:犹竹简素帛。多指史册、书籍。阐:或作"关",误。此处指阐发,扩充。

㉑撰次:编集,编纂。损益:增减。

㉒大较：大略，大致。

【译文】

　　我听说：善于记述的人是阐述前人成说而自己并不创新，善于叙事的人是文字朴实而不华丽。因此，司马迁的《史记》，记述秦、汉的史事很详细；班固的《汉书》，叙述汉哀帝、汉平帝的事迹很完备。这都是因为时代离得近，事情发生于不久前，故而可以记叙得很清楚。巴蜀地区自从归奉圣明的晋朝以后，卓越优秀的巴蜀人才，有的修养德行，躬行谦让，言行举止随顺时势；有的建功立业，居高位又有才德，被满朝文武奉为楷模，功勋被记在朝廷的策书上。他们被选中记录在史书之上，可以和前代的贤人相媲美。适逢国家遇到战乱，上下倾轧，内外交兵，中原地区崩溃毁坏，典籍大多损毁残缺。本族先祖、武平府君常宽，为这样的情况而担忧，于是手持毛笔、简册，采录遗逸，补充缺漏。然而他只记述了三蜀（蜀郡、广汉郡、犍为郡），而巴地、汉中则没有记载；另外，他写作的目的是为了列举善事，珍贵而奇异之事则不一定被记录。与《益部耆旧传杂记》相比较，他所著史书还应该进一步扩充。现在我对史事重新进行编排，又对内容进行增减，将其中足以让后世之人铭记的共二十个人物，附之于后。虽然他们过去的事迹已经隐入尘烟，但其大略情况还是可以概举一端。

　　　卫尉、散骑常侍文立广休①
　　散骑穆穆②，诚感圣君。

【注释】

①文立（？—279）：字广休，巴郡临江（今重庆忠县）人。参看本书
　　卷一《巴志》注。本卷下文有传。

②穆穆：端庄恭敬。

【译文】

卫尉、散骑常侍文立字广休

散骑常侍端庄恭敬,他的忠诚感动圣主。

西河太守柳隐休然①
西河烈烈②,秉义居贞③。

【注释】

①柳隐(189—268):字休然,蜀郡成都(今四川成都)人。参看本
　书卷八《大同志》注。本卷下文有传。

②烈烈:威武勇猛。

③秉义:坚持正义。居贞:遵守正道。贞,通"正"。

【译文】

西河太守柳隐字休然

西河太守威武勇猛,坚持正义遵守正道。

汉嘉太守司马胜之兴先①
汉嘉克让②,谦德之伦③。

【注释】

①司马胜之:字兴先,广汉郡绵竹(今四川德阳北)人。本卷下文有传。

②克让:能谦让。

③谦德:谦虚、俭约之德。

【译文】

汉嘉太守司马胜之字兴先

汉嘉太守能够谦让,是拥有谦虚俭约美德的一类人。

郫令、州主簿常勖修业①

郫君謇谔②,自固厎身③。

【注释】

①常勖:字修业,蜀郡江原(今四川崇州)人。本卷下文有传。

②謇谔(qiān è):正直耿介。

③厎(dǐ)身:犹言砥节砺行。厎,同"砥",砥砺。

【译文】

郫县令、州主簿常勖字修业

郫君正直耿介,坚持自己的操守,砥节砺行。

江阳太守何随季业①

江阳皎皎②,命世清淳③。

【注释】

①何随:字季业,蜀郡郫(今四川成都郫都区)人。本卷下文有传。

②皎皎:洁白,清白貌。

③命世:著称于当世。多用以称誉有治国之才者。清淳:品德高洁纯朴。

【译文】

江阳太守何随字季业

江阳太守为人光明磊落,品德高洁纯朴,著称于当世。

梓潼太守王化伯远①

梓潼矜矜②,在险能平。

【注释】

①王化:字伯远,广汉郡郪(今四川三台)人。本卷下文有传。

②矜矜：戒惧，小心谨慎。

【译文】

梓潼太守王化字伯远

梓潼太守小心谨慎，能化险为夷。

太子中庶子陈寿承祚[1]

庶子稽古[2]，迁固并声[3]。

【注释】

[1]陈寿（233—297）：字承祚，巴西郡安汉（今四川南充）人。参看本书卷一《巴志》注。本卷下文有传。

[2]庶子：官名。太子中庶子，为太子属官。秦以前就有，秦汉、三国皆沿置，掌侍从、奏事、谏议等。稽古：考察古事。

[3]迁固：司马迁、班固。并声：齐名，名声相当。

【译文】

太子中庶子陈寿字承祚

太子中庶子考察古事，与司马迁、班固齐名。

汉中太守李宓令伯[1]

汉中晔晔[2]，才盖群生[3]。

【注释】

[1]李宓：或作李密，一名虔，字令伯，犍为郡武阳（今四川眉山彭山区）人。本卷下文有传，《晋书》有传。

[2]晔晔（wěi yè）：光彩照人貌。《文选·左思〈吴都赋〉》："崇临海之崔嵬，饰赤乌之晔晔。"吕向注："晔晔，光盛貌。"

[3]盖：超过。

【译文】

汉中太守李宓字令伯

汉中太守光彩照人，才气超群。

犍为太守杜轸超宗①

犍为印印②，友于寔令③。

【注释】

①杜轸：字超宗，蜀郡成都（今四川成都）人。本卷下文有传，《晋书》有传。

②印印（áng áng）：高昂貌。

③友于寔令：指杜轸与其弟烈、良并有名。友于，兄弟。典出《尚书·君陈》："惟孝友于兄弟。"本指兄弟相处弥笃。后以"友于"为兄弟友爱之义，代指"兄弟"。寔，通"实"，确实。令，善，美。

【译文】

犍为太守杜轸字超宗

犍为太守义气高昂，兄弟都有美名。

给事中任熙伯远①

给事温恭②，尚德蔑荣。

【注释】

①给事中：官名。秦始置。西汉因之，为加官，无定员。所加或大夫、博士、议郎，御史大夫、三公、将军、九卿等亦有加者。加此号，常在官禁中侍从皇帝左右，备顾问应对，为中朝要职，多以名儒国亲充任。任熙：字伯远，蜀郡成都（今四川成都）人。本卷下文有传。

②温恭：温和恭敬。

【译文】

给事中任熙字伯远

给事中温和恭敬，崇尚德行，蔑视名利。

中书郎王长文德俊①

中书渊识②，宝道韬明③。

【注释】

①王长文：字德俊，广汉郡郪（今四川三台）人。本卷下文和《晋书》
　有传。

②渊识：识见深远。

③宝道：视道如宝。此指崇尚道德。韬明：韬光养晦。

【译文】

中书郎王长文字德俊

中书郎识见深远，崇尚道德，韬光养晦。

大长秋寿良文淑①

长秋忠肃②，明允笃诚③。

【注释】

①寿良：字文淑，蜀郡成都（今四川成都）人。本卷下文有传。

②忠肃：忠诚恭敬。

③明允：明察公正。笃诚：厚道实诚。

【译文】

大长秋寿良字文淑

大长秋忠诚恭敬，明察公正，厚道实诚。

大司农、西城公何攀惠兴^①
司农运筹^②，思侔良、平^③。

【注释】

①何攀：字惠兴，蜀郡郫（今四川成都郫都区）人。参看本书卷二《汉中志》注。本卷下文有传。

②运筹：筹划，制定策略。

③思：思虑，思谋。侔：相等，齐等。良、平：张良、陈平。张良（？—前186）：字子房，相传为城父（今河南郏县东，一说今安徽亳州）人。参看本书卷七《刘后主志》注。陈平（？—前178）：河南阳武（今河南原阳）人。参看本书卷六《刘先主志》注。

【译文】

大司农、西城公何攀字惠兴

大司农运筹谋划，思谋与张良、陈平齐等。

少府、成都威侯李毅允刚^①
少府果壮^②，文武是经^③。

【注释】

①李毅（？—306）：字允刚，广汉郡郪（今四川三台）人。本卷下文和《十六国春秋》有传。

②果壮：果敢勇猛。

③文武是经：谓文事武功都很出色。

【译文】

少府、成都威侯李毅字允刚

少府果敢勇猛，能文能武。

衡阳内史杨邠岐之[①]

衡阳固节[②]，隐然不倾[③]。

【注释】

①杨邠（243—311）：字岐之，犍为郡武阳（今四川眉山彭山区）人。本卷下文有传。

②固节：固守气节。

③隐然：安然。不倾：不倾覆。本处指不投降。

【译文】

衡阳内史杨邠字岐之

衡阳内史固守气节，安然受死而不投降。

尚书、三州都费立建熙[①]

尚书准绳[②]，古之遗直[③]。

【注释】

①费立（？—312）：字建熙，犍为郡南安（今四川乐山）人。参看本书卷八《大同志》注。本卷下文有传。

②准绳：标准，准则。

③古之遗直：有古人遗风的正直的人。《左传·昭公十四年》："叔向，古之遗直也。治国制刑，不隐于亲。三数叔鱼之罪，不为末减，曰义也夫，可谓直矣。"杜预注："言叔向之直，有古人遗风。"

【译文】

尚书、梁、益、宁三州都督费立字建熙

尚书遴选人才有标准，秉持公心，有古人遗风。

湘东太守常骞季慎[①]

湘东泛爱^②,仁以接物^③。

【注释】

①湘东:郡名。三国吴太平二年(257)置,治所在酃县(今湖南衡阳东)。以在湘水之东而命名。常骞:字季慎,蜀郡江原(今四川崇州)人。参看本书卷三《蜀志》注。本卷下文有传。

②泛爱:博爱。《庄子•天下》:"泛爱万物,天地一体也。"

③接物:谓与人交往。

【译文】

湘东太守常骞字季慎

湘东太守博爱万物,以仁义之道与人交往。

武平太守常宽泰恭^①

武平亹亹^②,冰清玉嶷^③。

【注释】

①常宽:字泰恭,蜀郡江原(今四川崇州)人。常璩族祖父。参看本书卷八《大同志》注。本卷下文有传。

②亹亹(wěi wěi):勤勉不倦貌。

③冰清玉嶷(nì):像冰一样清纯,像玉一样高洁。比喻人品、德行高洁。嶷,高尚,杰出。

【译文】

武平太守常宽字泰恭

武平太守勤勉好学,德行高洁。

扬烈将军、梓潼内史谯登慎明^①

阙^②

【注释】

①谯登（？—311）：字顺明（一作慎明），巴西西充国（治今四川阆中）人。参看本书卷八《大同志》注。本卷下文有传。

②阙：指缺赞词。

【译文】

扬烈将军、梓潼内史谯登字慎明

缺赞词。

江阳太守侯馥世明①
阙

【注释】

①侯馥：字世明，江阳（今四川泸州）人。本卷下文有传。

【译文】

江阳太守侯馥字世明

缺赞词。

文立，字广休，巴郡临江人也。少游蜀太学，治《毛诗》《三礼》，兼通群书。州刺史费祎命为从事，入为尚书郎，复辟祎大将军东曹掾，稍迁尚书。蜀并于魏，梁州建①，首为别驾从事。咸熙元年②，举秀才，除郎中。晋武帝方欲怀纳梁、益，引致俊彦，泰始二年③，拜立济阴太守。武帝立太子④，以司徒李胤为太傅⑤，齐王骠骑为少傅⑥，选立为中庶子⑦。立上疏曰："伏惟皇太子春秋美茂⑧，盛德日新，始违幼志⑨，诞陟大繇⑩，犹朝日初晖，良宝耀璞。侍从之臣，宜简俊乂，妙选贤彦，使视观则睹礼容棣棣之则⑪，听纳当受嘉话骇耳之言^⑫，静应道轨，动有所采，佐清初阳，缉熙天光^⑬。其任至重，圣王详择，诚非粪朽能可堪任^⑭。臣闻之，人臣之道，量力受命。其所不谐，得以诚闻。"帝报曰："古人称与田苏游^⑮，非旧德乎^⑯？"立上："故蜀大官及尽忠死事者子孙，虽仕郡国，或有不才，同之齐民，为剧^⑰。"又上："诸葛亮、蒋琬、费祎等子孙流徙中畿^⑱，宜见叙用^⑲。一则以慰巴、蜀民之心，其次倾东吴士人之望。"事皆施行。

【注释】

① 梁州：三国魏景元四年（263）分益州置，治所在沔阳县（今陕西勉县东）。西晋太康三年（282）移治南郑县（今陕西汉中东）。其后屡有迁徙，先后治西城县（今陕西安康西北）、苞中县（今陕西汉中西北）、城固县（今陕西城固东）等。南朝宋元嘉十一年（434）仍还治南郑县。隋大业三年（607）废。

② 咸熙元年：264年。

③ 泰始二年：266年。

④ 太子：指司马衷，后为晋惠帝。司马衷（259—306），字正度，河内温县（今河南温县）人。晋武帝之子。性痴呆。天下荒乱，百姓多饿死，他说："何不食肉糜？"即位初，不理政事，由贾后专权。引发八王之乱，纲纪大坏，货赂公行。光熙元年（306）被东海王司马越杀死。在位十七年。《晋书》有传。

⑤ 李胤（？—282）：字宣伯，辽东襄平（今辽宁辽阳）人。幼孤，以孝闻。初仕魏郡上计掾。累迁御史中丞。后为河南尹，封广陆伯，迁尚书令。官至司徒。虽历职内外，而自奉甚俭，家无余财。卒谥成。《晋书》有传。按：据《晋书·武帝纪》《李憙传》《李胤传》载，任太子太傅的是李憙（字季和，上党铜鞮人），李胤是太子

少傅。

⑥齐王:指司马攸。司马攸(248—283),字大猷,小字桃符,河内温县(今河南温县)人。司马昭之子,晋武帝司马炎之弟。仕魏为散骑常侍、步兵校尉。入晋,封齐王,总统军事,抚宁内外。后迁骠骑将军;开府仪同三司。参与朝政大议。转镇军大将军,加侍中,后授太子太傅。咸宁二年(276),迁司空。后被逼而卒。谥称献王。《晋书》有传。

⑦中庶子:官名。"太子中庶子"省称,秦置,为太子侍从。东汉属太子少傅,秩六百石,职掌如侍中。

⑧春秋:年纪,岁数。美茂:犹"茂美",美好。

⑨违:意同"弃"。幼志:幼年时的想法。《仪礼·士冠礼》:"始加元服,弃尔幼志。"

⑩诞:发语词。陟:登。大猷(yóu):大道。古代多谓治国大道。猷,通"猷",道。

⑪礼容:礼制仪容。棣棣(dài):雍容闲雅貌。

⑫嘉话:善言,有教益的话。骇耳:使人听后感到震惊。

⑬缉熙:光明。天光:晨光。

⑭粪朽:指粪土、腐朽之人。

⑮田苏:晋国贤人。《左传·襄公七年》:"冬,十月,晋韩献子告老。公族穆子有废疾,将立之。辞曰:'《诗》曰:"岂不夙夜?谓行多露。"又曰:"弗躬弗亲,庶民弗信。"无忌不才,让其可乎?请立起也。与田苏游,而曰"好仁"。'"杜预注:"田苏,晋贤人。苏言起好仁。"后借指贤德长者。

⑯旧德:指德高望重的老臣。

⑰"同之齐民"二句:意谓将"故蜀大官及尽忠死事者子孙"与平民一视同仁,还是显得过于严重、处置不当。言下之意,应该对他们予以优待,故下文有"宜见叙用"诸语。齐民,犹平民。为剧,或

谓"从事艰苦的劳动"（刘琳、汪启明、赵静）此说不确。剧，甚，厉害，严重。

⑱流徙：辗转迁徙。中畿：泛指中原地区。

⑲叙用：分等级进用。

【译文】

文立，字广休，是巴郡临江人。年轻时游学于蜀地的太学，研究《毛诗》《三礼》，并且通晓群书。益州刺史费祎任命他为从事，文立入朝担任尚书郎，又被征辟为费祎大将军府的东曹掾，不久升迁为尚书。蜀国并于魏国，建立了梁州，文立第一个被任命为梁州的别驾从事。咸熙元年，文立被荐举为秀才，被授官为郎中。晋武帝正打算安抚笼络梁州、益州，招纳贤俊之才，泰始二年，拜文立为济阴太守。晋武帝册立太子，任命司徒李胤为太傅，齐王骠骑将军司马攸为少傅，遴选文立为中庶子。文立上疏说："皇太子正值青春美好年华，崇高的品德日日更新，并且开始抛弃幼年的想法，努力攀登治国大道，犹如早晨的太阳初放光芒，优良的璞玉闪耀光辉。侍从太子的臣子，应该选拔才德出众的人，精选德才俱佳的人，使太子目睹的是雍容闲雅的仪容，耳闻的是使人听后感到震惊的嘉言，安静的时候合乎规范，行动的时候有所选择，以此辅佐初升的太阳，使得晨光更有光辉。这个责任非常重大，圣明的君王要仔细选择，这确实不是腐朽之人能够承担的重任。下臣听说，做人臣的道理，就是要量度自己的能力而接受任命。如果所说有什么不对的地方，微臣愿意诚心诚意洗耳恭听。"皇帝回答说："古人称道与贤德长者田苏交游，文立不就是这样德高望重的老臣吗？"文立上表说："原蜀国大官和那些尽忠而死者的子孙，虽然在郡国做官，有些人并没有什么才能，但如果将他们与普通百姓一视同仁，还是显得处置不当。"文立又上疏说："诸葛亮、蒋琬、费祎等人的子孙，辗转迁徙到中原地区，他们应该分等级进用。这样一则可以安慰巴、蜀百姓的心，其次也可以让东吴士人怀有仰慕之意。"文立所建议之事都得以实施。

十年，诏曰："太子中庶子立忠贞清实①，有思理器干②。前在济阴，政事修明③；后事东宫，尽辅导之节④。昔光武平陇、蜀，皆收其才秀⑤，所以援济殊方⑥，伸叙幽滞也⑦。其以立为散骑常侍。"累辞，不许。上疏曰："臣子之心，愿从疏以求昵⑧；凡在人情，贪从幽以致明。斯实物性⑨，贤愚所同。臣者何人，能无此怀？诚自审量⑩，边荒遗烬⑪，犬马老甚⑫，非左右机纳之器⑬。臣虽至愚⑭，处之何颜！"诏曰："常伯之职⑮，简才而授⑯，何谦虚也？"

【注释】

①清实：为人清正朴实。

②思理：清晰的思路。器干：犹才干。

③修明：谓整饬昭明。

④辅导：辅佐引导。

⑤才秀：犹才俊。

⑥援济：接援救济。殊方：远方，异域。

⑦伸叙：提拔叙用。幽滞：指隐沦而未被擢用之士。

⑧昵：亲近。

⑨物性：事物的本性。按：本处实指人的本性。

⑩审量：考察衡量，估量。

⑪边荒：边远，荒远。也指边远荒凉地区。遗烬：指燃烧后剩下的灰烬。比喻残存之人。

⑫犬马：狗和马。旧时臣子对君上的自卑之称。

⑬机纳：魏、晋散骑常侍之官侍从天子，并典章奏诏令，参与机要，出纳王命，故云"机纳"（刘琳）。

⑭虽：通"唯"。语首助词。

⑮常伯：泛指帝王左右的近臣。如侍中、散骑常侍等。

⑯简才：选择贤才。

【译文】

泰始十年，皇帝下诏书说："太子中庶子文立对国家忠贞，为人朴实，有思路有才干。先前在济阴太守任上，处理政事整饬昭明；后来侍奉东宫太子，能尽到辅佐引导的职责。从前光武帝平定陇、蜀，将其才俊尽皆收罗，是为了帮助远方异域之地，提拔隐沦未被任用之人。兹任命文立为散骑常侍。"文立推辞了几次，皇帝不答应。文立上疏说："臣子的心愿，都希望从疏远求得亲近；凡是人情，都贪求从幽暗获取光明。这确实是人的本性，无论是贤者还是愚者都是一样的。微臣是什么人啊，怎么能没有这种想法呢？微臣私下考量，自己不过是边远荒凉地区的残存之人，老朽的犬马之臣，不具有在左右参与机要、出纳王命的才干。微臣愚笨至极，有何颜面担任这个职务呢！"皇帝下诏说："常伯的职位，是选择贤才而授予的，阁下何必谦虚呢？"

立自内侍①，献可替否②，多所补纳③。甄致二州人士④，铨衡平当⑤，为士彦所宗⑥。故蜀尚书犍为程琼雅有德望⑦，素与立至厚。武帝闻其名，以问立。立对曰："臣至知其人，但年垂八十⑧，禀性谦退⑨，无复当时之望，不以上闻耳。"琼闻之，曰："广休可谓不党矣⑩，故吾善夫人也⑪。"西界献马，帝问立："马何如？"对曰："乞问太仆⑫。"帝每善其恭慎⑬。迁卫尉，犹兼都职⑭。中朝服其贤雅⑮，为时名卿。连上表年老，乞求解替还桑梓，帝不听。咸宁末卒。帝缘立有怀旧性⑯，乃送葬于蜀，使者护丧事⑰，郡县修坟茔。当时荣之。

【注释】

① 内侍：指内侍之官，如散骑常侍等。

② 献可替否：进献可行者，废弃不可行者。谓对君主进谏，劝善规过。亦泛指议论国事兴革。献，提出，进献。替，替换，废弃。语出《左传·昭公二十年》："君所谓可而有否焉，臣献其否以成其可。君所谓否而有可焉，臣献其可以去其否。"《后汉书·胡广传》："君以兼览博照为德，臣以献可替否为忠。"

③ 补纳：补阙献纳。

④ 甄致：甄别招纳。二州：指梁州、益州。

⑤ 铨衡：考核、选拔人才。平当：公平允当。

⑥ 士彦：彦士，贤人，才士。宗：宗主，领袖。

⑦ 程琼：蜀郡犍为（今四川眉山彭山区）人。曾任蜀汉尚书。德望：德行与声望。

⑧ 垂：将至，快要到。

⑨ 禀性：犹天性。指天赋的品性资质。

⑩ 不党：不阿附，不偏私。

⑪ 夫人：此人。

⑫ 太仆：官名。九卿之一，为天子执御，专掌舆马畜牧之事。所以文立让皇帝问太仆。

⑬ 恭慎：谦恭谨慎。

⑭ 兼都职：盖谓文立兼职梁州、益州二州的大中正（刘琳）。按：此说实可从。都职，官名。晋州都省称，大中正别称。掌管地方选拔官吏事宜。隋时避讳，改大中正为州都，常以重臣兼任，如隋炀帝为晋王时，即曾任州都。

⑮ 中朝：朝廷，朝中。贤雅：贤能雅正。

⑯ 缘：因为。

⑰ 护：总理，管理。

【译文】

文立自从担任内侍之官后，进献可行者，废去不可行者，多有补阙献纳。文立又甄别招纳梁、益二州的人士，进行考核、选拔，而且公平允当，被贤人才士视为领袖。前蜀汉尚书、犍为人程琼素有品德和威望，一向与文立交往十分深厚。晋武帝听到程琼的名字，便问文立。文立回答说："微臣很了解这个人，但是他的年龄接近八十岁了，品性谦让，不再有当年的威望，故而没有向皇上汇报。"程琼听说此事后，说："文广休可谓不阿附、不偏私，所以我喜欢这个人。"西部边疆献来马，皇帝问文立："马怎么样？"文立回答说："乞请陛下询问太仆。"皇帝常常赞许文立的谦恭谨慎。文立升迁为卫尉，仍然兼任梁州、益州二州的大中正。朝中人都佩服文立的贤能雅正，文立成为当时有名的大臣。文立连年上表，陈述自己年老，乞求解除职务回故乡，皇帝没有准许。咸宁末年文立去世。皇帝因为文立有怀念故地之心，于是恩准送其归蜀地安葬，并由朝廷派遣使者总管办理丧事，地方郡县为他修建了坟墓。当时地方以此为荣。

初，安乐思公世子早没①，次子宜嗣②，而思公立所爱者③。立亟谏之，不纳。及爱子立，骄暴④，二州人士皆欲表废。立止之曰："彼自暴其一门，不及百姓，当以先公，故得尔也。"后安乐公淫乱无道⑤，何攀与上庸太守王崇、涪陵太守张寅为书谏责⑥，称"当思立言"。

凡立章奏集为十篇，诗、赋、论、颂亦数十篇。

同郡毛楚、杨宗皆有德美⑦，楚牂柯，宗武陵太守。

【注释】

①安乐思公世子：指刘禅原太子刘璿。刘璿（224—264），字文衡，延熙元年（238）立为太子。蜀亡，钟会作乱，为乱兵所杀。安乐

思公,指刘禅（207—271）。三国蜀后主。小字阿斗。蜀亡,入洛
阳,封安乐公。参看本书卷二《汉中志》注。世子,古代天子、诸
侯的嫡长子。

②次子:家中排行第二的儿子。本处特指刘禅次子刘瑶。蜀亡,内
徙中原。

③所爱者:本处特指刘禅第六子刘恂。蜀亡,内徙中原。

④骄暴:骄横暴戾。

⑤安乐公:指的是刘恂。

⑥何攀（244—301）:西晋官吏。字惠兴,蜀郡郫（今四川成都郫都
区）人。参看本书卷二《汉中志》注。王崇:字幼远,广汉郡郪
（今四川三台）人。王化之弟。参看本书卷七《刘后主志》注。
张寅:生平事迹不详。

⑦毛楚:巴郡枳（今重庆涪陵区）人。曾任牂柯太守。见本书卷十
二《序志并士女目录》。杨宗:或作"杨崇"。巴郡临江（今重庆
忠县）人。曾任武陵太守。参看本书卷一《巴志》注。

【译文】

当初,安乐思公刘禅的长子刘璿早亡,次子刘瑶应该继位,但刘禅却
册立了所宠爱的儿子刘恂。文立为此屡次进谏,但刘禅没有采纳。等到
刘禅宠爱的儿子刘恂被册立为世子,骄横暴戾,梁、益二州人士都想上表
要求废黜世子。文立劝阻大家说:"他自己只是施暴于其一姓之门,并没
有伤及百姓,我们应当看在他祖先的份上,就由他这样吧。"后来安乐公
刘恂淫乱而没有品行,何攀与上庸太守王崇、涪陵太守张寅写信进谏谴
责他,说"应当想想文立的话"。

文立的奏章总共编集为十篇,所作诗、赋、论、颂也有几十篇。

同郡人毛楚、杨宗都有美德,毛楚任牂柯太守,杨宗任武陵太守。

柳隐①,字休然,蜀郡成都人也。少与同郡杜祯、柳伸

并知名。隐直诚笃亮②，交友居厚，达于从政。数从大将军姜维征伐，临事设计③，当敌陷阵④，勇略冠军⑤。为牙门将、巴郡太守、骑都尉，迁汉中黄金围督⑥。景耀六年⑦，魏镇西将军锺会伐蜀，入汉川，围戍多下，惟隐坚壁不动。会别将攻之⑧，不能克。后主既降，以手令敕隐，乃诣会。晋文帝闻而义之。咸熙元年⑨，内移河东，拜议郎。武帝践祚，以为西河太守。在官三年，以年老去官，乞骸还蜀⑩。卒于家，时年八十。长子充，连道令⑪。次子初，举秀才。

【注释】

①柳隐（189—268）：字休然，蜀郡成都（今四川成都）人。参看本书卷八《大同志》注。

②直诚：谓正直、真诚。笃亮：笃实坦荡。

③临事：谓遇事或处事。

④当敌：面对敌人。

⑤冠军：谓列于诸军之首。

⑥黄金围：即黄金戍，在今陕西洋县东八十五里。《水经·沔水注》："有黄金戍傍山依峭，险折七里。氐掠汉中，阻此为戍，与铁城相对。一城在山上，容百余人；一城在山下，可置百许人。言其险峻，故以金、铁制名。"

⑦景耀六年：263年。

⑧别将：配合主力军作战的部队将领。

⑨咸熙元年：264年。

⑩乞骸："乞骸骨"的简称。旧称大臣自请辞职，意谓使骸骨得以归葬乡土。

⑪连道：古县名。西汉置，属长沙国。治所在今湖南涟源东。东汉

属长沙郡。三国吴改属衡阳郡。南朝宋并入湘乡县。

【译文】

柳隐,字休然,是蜀郡成都人。早年与同郡人杜祯、柳伸都名声很大。柳隐正直真诚,笃实坦荡,结交朋友讲究仁义忠厚,擅长处理政事。柳隐多次跟从大将军姜维征伐,处事有计谋,面对敌人敢于冲锋陷阵,勇敢和谋略位列诸军之首。柳隐历任牙门将、巴郡太守、骑都尉,升迁为汉中黄金围督。景耀六年,魏国镇西将军钟会征伐蜀汉,进入汉川,所到之处,围戍多被攻克,唯独柳隐坚守壁垒、不为所动。钟会派遣别将攻打黄金围,但没有攻克。后主刘禅投降魏国后,用手令告谕柳隐投降,柳隐才去面见钟会。晋文帝听说此事后,认为柳隐很忠义。咸熙元年,柳隐内迁河东,拜官议郎。晋武帝登基后,任命柳隐为西河太守。柳隐在西河为官三年,因年老而辞职,请求归葬西蜀故土。柳隐在家中去世,时年八十岁。柳隐的长子柳充,任连道县令。柳隐的次子柳初,被荐举为秀才。

杜祯,字文然[1];柳伸,字雅厚[2]。州牧诸葛亮辟为从事。祯,符节令、梁益二州都[3]。伸,度支,汉嘉、巴东太守[4]。祯子眕[5],字伯重,略阳护军。大同后[6],并举秀才。眕子𢳅,字景文。伸子纯,字伟叔,有名德干器,举秀才,巴郡、宜都、建平太守,西夷、长水校尉,巴东监军。

【注释】

①杜祯:字文然,蜀郡成都(今四川成都)人。见本书卷十二《序志并士女目录》。按:《晋书·杜弢传》:"杜弢字景文,蜀郡成都人也。祖植,有名蜀土,武帝时为符节令。父眕,略阳护军。"刘琳疑《华阳国志》"杜祯"有误,当为"杜植"。

②柳伸:字雅厚,蜀郡成都(今四川成都)人。见本书卷十二《序志

并士女目录》。

③州都：底本作"州都督"，"督"字衍（采刘琳说），故删。所谓"梁益二州都"，即梁、益二州的大中正。

④度支：指度支尚书。官名。掌管全国贡税租赋的统计、调支等事。

⑤眕（zhěn）：或作"珍"。按：以作"眕"为是。《尔雅·释言》："眕，重也。"名与字（"字伯重"）同义。《晋书·杜弢传》亦作"眕"。

⑥大同：指国家统一。本处特指西晋统一天下。

【译文】

杜祯，字文然；柳伸，字雅厚。益州牧诸葛亮征辟二人担任从事。杜祯，任符节县令、梁益二州的大中正。柳伸，任度支，汉嘉、巴东太守。杜祯之子杜眕，字伯重，任略阳护军。国家统一后，他们都被举荐为秀才。杜眕之子杜弢，字景文。柳伸之子柳纯，字伟叔，有名望有才干，被举荐为秀才，任巴郡、宜都、建平太守，西夷、长水校尉，巴东监军。

司马胜之，字兴先，广汉绵竹人也。学通《毛诗》，治《三礼》。清尚虚素①，性澹不事荣利②。初为郡功曹③，甚善纪纲之体④。州辟从事，进尚书左选郎⑤，徙秘书郎⑥。时蜀国州书佐望与郡功曹参选⑦，而从事侔台郎⑧；特重察举⑨，虽位经朝要⑩，还为秀孝⑪，亦为郡端右⑫。景耀末，郡请察孝廉。大同后，梁州辟别驾从事，举秀才，历广都、新繁令，政理尤异⑬。以清秀征为散骑侍郎，以宗室礼之。终以疾辞去职。即家拜汉嘉太守，候迎盈门⑭。固让，不之官。闲居清静，谦卑自牧⑮，常言："世人不务求道德，而汲汲于爵禄⑯。若吾者，可少以为有余荣矣⑰。"训化乡闾⑱，以恭敬为先。年六十五卒于家。子尊、贤、佐，皆有令德。

【注释】

①清尚:清正高尚。虚素:虚静淡泊。

②不事:不追求。

③郡功曹:官署名。汉朝指郡府所置功曹。也省称功曹,秩百石,总揽众务,职统诸曹,又掌群吏升迁黜免之权,在郡守自辟属吏中地位最为尊显。

④纪纲:典章法度。

⑤尚书左选郎:官名。三国时蜀置,掌选举。

⑥秘书郎:官名。东汉始置,掌东观校书。后世沿袭。

⑦州书佐:州门下吏名。两汉郡县各曹均有书佐,职掌起草和缮写文书。三国、南朝宋置此职于州。参选:官制用语。参与选拔官吏。

⑧台郎:"尚书郎"别称。尚书省所属各曹之尚书郎。各朝职事不尽相同。

⑨察举:选官制度。汉朝规定由百官向朝廷推举人才,朝廷考核后任以官职。

⑩朝要:朝廷显要。

⑪秀孝:秀才与孝廉的并称。为汉以来、隋唐以前荐举人才的两种科目。州举秀才,郡举孝廉。

⑫郡端右:郡中的高级掾属。

⑬政理:谓有卓越的政绩。尤异:封建时代对官吏的考语,指政绩突出、卓异。

⑭候迎:迎候,到某一地方等候迎接。盈门:充满门庭,形容人多。

⑮自牧:自我修养。语出《周易·谦》:"谦谦君子,卑以自牧也。"王弼注:"牧,养也。"孔颖达疏:"恒以谦卑自养其德也。"

⑯汲汲:心情急切貌。引申为急切追求。

⑰少:稍稍。余荣:此指荣誉。

⑱训化:教化,训诲。乡间:乡亲,同乡。

【译文】

司马胜之，字兴先，是广汉郡绵竹人。精通《毛诗》，研究《三礼》。节操高尚，从容淡泊；性格恬淡，不追求功名利禄。司马胜之起初任郡功曹，对典章法度很熟悉。州里征辟他为从事，晋升他为尚书左选郎，又转任秘书郎。当时蜀国州府书佐的职位品阶与郡府的功曹相当，而州府的从事则与尚书台的郎官相当；又特别重视察举，即使身为朝廷显要，还要回乡参加秀才与孝廉的荐举，而被荐举者也成为郡中的高级掾属。景耀末年，郡里请求察举司马胜之为孝廉。国家统一后，梁州征辟司马胜之任别驾从事，举荐他为秀才，历任广都、新繁县令，政绩尤其突出。司马胜之因清异秀出被征拜为散骑侍郎，而且被按照宗室的礼节对待。最终司马胜之以疾病为由辞去职务。回家后，司马胜之被拜为汉嘉太守，来迎接他的人很多。司马胜之坚决推辞，不到官府任职。司马胜之闲居在家，清静无为，谦虚自守，他经常说："世上之人不注重追求道德修养，而是急切追求官爵和俸禄。像我这样的人，可以说还稍稍有一些荣誉。"司马胜之之教诲乡亲，首先要对人谦恭有礼。六十五岁时，在家中去世。儿子司马尊、司马贤、司马佐，都有美德。

常勖，字修业，蜀郡江原人也。祖父原[①]，牂柯、永昌太守。父高，庙令[②]。从父闳，汉中、广汉太守。勖少与闳子忌齐名[③]，安贫乐道[④]，志笃坟典[⑤]。治《毛诗》《尚书》，涉洽群籍，多所通览。州命辟从事，入为光禄郎中、主事[⑥]，又为尚书左选郎，郡请迎为功曹。时州将董军政[⑦]，置从事，职典刑狱[⑧]。以勖清亮[⑨]，复为督军，治讼平当[⑩]。还察孝廉，除郫令，为政简而不烦[⑪]。魏征西将军邓艾伐蜀，破诸葛瞻于绵竹，威振西土。诸县长吏或望风降下[⑫]，或委官奔走[⑬]，勖独率吏民固城拒守。后主檄令[⑭]，乃诣艾，故郫谷帛全完。

刺史袁邵嘉勖志节⑮,辟为主簿。勖善仪容翔集⑯,动为表观⑰,言论壮烈,州里重之。然交友惟贤,不交下己者⑱,泛爱之恩犹不足。邵征,还,道卒⑲。

【注释】

①原:或作"员"。

②父高,庙令:或断句作"父,高庙令"(刘琳),或断句作"父高,庙令"(任乃强、汪启明)。又,任乃强以为"庙"字系"广"之误,其说可从。广:古县名。西汉置,属齐郡。治所在今山东青州西南。

③忌:常忌,字茂通,蜀郡江原(今四川崇州)人。曾任河内县令。本书卷八《大同志》有传。

④安贫乐道:谓安于清贫,以追求圣贤之道为乐,为儒家所提倡的立身处世的态度。语本《论语·雍也》:"贤哉回也!一箪食,一瓢饮,在陋巷。人不堪其忧,回也不改其乐。"何晏集解引孔安国曰:"颜渊乐道,虽箪食在陋巷,不改其所乐也。"

⑤笃:专一。坟典:三坟、五典的并称,后转为古代典籍的通称。

⑥主事:官名。掌案牍文书并管辖吏员。

⑦董:监督管理。

⑧职典:主管。刑狱:犹刑罚。

⑨清亮:高洁坦诚。

⑩治讼:本处指审理案件。平当:公平允当。

⑪简:简约。烦:烦琐。本处指扰民。

⑫长吏:指郡县长官。望风:听到风声。降下:降服归顺。

⑬委官:弃官。

⑭檄令:命令。

⑮袁邵:东郡(治今河南濮阳)人。曹魏、西晋时任益州刺史,官至卫尉。

⑯仪容：仪表容貌。翔集：众鸟飞翔而后群集于一处。语出《论语·乡党》：“色斯举矣，翔而后集。”本处指言行、举止。

⑰动为表观：比喻常勖举止有风度，其言行堪为典范。

⑱下己者：指不如自己的人。

⑲邵征：指袁邵因修城池而被征召还朝。本书卷八《大同志》：“晋泰始元年（265）春，刺史袁邵以治城将被征。”本卷下文亦云，“大同后，刺史邵坐治城被征”。

【译文】

常勖，字修业，是蜀郡江原人。祖父常原，曾任牂柯、永昌太守。父亲常高，曾任广县县令。从父常闳，曾任汉中、广汉太守。常勖早年与常闳之子常忌齐名，安贫乐道，专心致志于古代典籍。常勖研究《毛诗》《尚书》，广泛涉猎群书，全面阅览书籍。州里任命常勖为从事，入朝担任光禄郎中、主事，又担任尚书左选郎，郡里请求迎聘常勖为功曹。当时州将督管军政事务，下设有从事，主管刑罚。州将因为常勖高洁坦诚，再次任命他为督军，审理案件公平允当。常勖回到地方后，被察举为孝廉，委任为郫县县令，为政简约不烦琐扰民。魏国征西将军邓艾征伐蜀国，在绵竹打败诸葛瞻，一时威震蜀国。各县的长官，有的望风而降，有的弃官逃跑，唯独常勖率领官吏和百姓固守城池、据险坚守。后来得到后主刘禅的命令，常勖才去面见邓艾，故而郫县的粮食、布帛等财物得以保全。刺史袁邵嘉奖常勖的志气节操，征辟他为主簿。常勖仪表堂堂，风度优雅，举止堪为典范，言论壮怀激烈，州里很看重他。但是常勖在结交朋友时，只与贤人来往，不与不如自己的人交往，博爱的思想还是有所不足。常勖跟随袁邵被征召还朝，在回来时，死于路上。

忌字茂通，蜀谒者、黄门侍郎①。丧亲，以至孝闻②。察孝廉为郎，使吴称职③。历长水参军、什邡、雒令④。大同后，刺史邵坐治城被征⑤。忌诣洛陈诉⑥：“远国初附⑦，君民始结,不宜改易。"又表:"修治城池,居安思危,边将常职。"事皆中情⑧。晋文帝时为相国⑨,辟忌舍人⑩。武帝践阼,拜骑都尉,除河内令。州名为难治,忌挫折豪势,风教大兴。县有奸嫂杀兄者,群党蔽匿⑪,前令莫得,忌皆穷治⑫。入为州都⑬。方议为郡守,会卒。忌为人信道任数⑭,不从下人,故为贵势所不善。是以作诗著论,先攻己短⑮;临丧与乐⑯,欢哀俱至,为士类所称⑰。

【注释】

①黄门侍郎:官名。"给事黄门侍郎"之省称。掌侍皇帝左右。出入禁中,省尚书事。炀帝时改称门下侍郎。

②至孝:谓极尽孝道。

③称职:德才和职位相称,能胜任所担当的职务。

④长水参军:即长水校尉的参军。长水校尉为汉武帝所置八校尉之一,掌宿卫,领长水胡骑,秩二千石。三国沿置。

⑤坐:因……犯罪,由……而获罪。

⑥陈诉:陈述诉说,直陈申诉。

⑦远国:远方的属国。本处特指蜀国。初附:刚刚归附。

⑧中情:切合情理。

⑨相国:官名。即宰相、丞相。战国时赵武灵王设此官。秦汉沿置。魏晋南北朝不常置,位尊于丞相。按:景元四年(263),司马昭(后被追尊为晋文帝)发兵灭蜀,封相国、晋公,加九锡。

⑩舍人:官名。王公贵人左右亲近之人,掌文檄之事。

⑪蔽匿:隐藏,隐瞒。

⑫穷治:彻底查办。

⑬州都:官名。"大中正"的别称。负责评定士族内部品第,职似

"中正"。

⑭"忌为人信道任数"几句：谓常忌坚持圣贤之道，顺应天数，不为流俗转移，故为当时贵族权势所不喜。信道，信奉正道。任数，顺从命运，顺应天数。

⑮攻：指责。

⑯"临丧与乐"二句：指亲临丧礼与乐事时，应悲哀时悲哀，应快乐时快乐。《论语·八佾》："居上不宽，为礼不敬，临丧不哀，吾何以观之哉？"

⑰士类：士林，文人、士大夫的总称。

【译文】

常忌字茂通，担任蜀国的谒者、黄门侍郎。父母去世，常忌因极尽孝道而闻名。常忌被察举为孝廉，做了郎官，出使吴国很称职。先后担任长水参军、什邡县令、雒县县令。国家统一后，刺史袁邵因修治城池而获罪，被征召回朝。常忌到洛阳陈诉："远方的属国刚刚归附，君主和百姓刚刚熟悉，不应该马上更换地方官。"又上表说："修治城池，这是居安思危，也是守边将领的日常职责。"常忌所说之事都很切合情理。晋文帝当时做相国，征辟常忌为舍人。晋武帝登基后，委任常忌为骑都尉，后来担任河内县令。河内州以难于治理而出名，常忌挫败境内豪强，风俗教化大为振兴。县里有个人奸污了嫂子、杀害了哥哥，同伙把他隐藏起来，前任县令没能捕获罪犯，常忌把这样积压的案子都彻底查办了。常忌后入州城，担任大中正。朝廷正在讨论任命常忌为郡守，适逢其去世。常忌为人，信奉正道，顺应天数，不随便顺从并屈服他人，所以不为贵势所喜。因此常忌写诗、撰文，都先指责自我的缺点；在亲临丧礼或乐事时，做到该欢乐就欢乐，该悲哀就悲哀，为士林所称道。

忌友人广汉段宗仲亦有学行①，蜀时官与忌比。袁邵辟为主簿，与忌共理郡事，文帝善之。梁州辟别驾从事，举秀才。稍迁,官至云南、建宁太守^②。

【注释】

①段宗仲:段容,字宗仲,广汉郡广汉(今四川射洪)人。曾任云南、
建宁太守。见本书卷十二《序志并士女目录》。据《舆地纪胜》
卷一百五十四记载,段宗仲墓在通泉县(治所在今四川射洪县东
南洋溪镇)北十里,"有太康二年德政碑,碑阴题名四十六人"。
学行:学问、品行。

②云南:郡、县名。西汉置云南县,治所在今云南祥云县南云南驿。
南朝齐废为云南城。大理国改为云南州。三国蜀置云南郡,治所
在今云南姚安县北。唐武德七年(624)置云南州,治所在勃弄县
(今云南弥渡县境)。后废。

【译文】

常忌的朋友、广汉人段宗仲也有学问品行,蜀汉时,段宗仲的官阶
与常忌差不多。袁邵征辟段宗仲为主簿,与常忌一起处理郡里的事务,
晋文帝认为他们做得很好。梁州征辟段宗仲担任别驾从事,举荐他为秀
才。段宗仲不久升迁,官至云南、建宁太守。

何随,字季业,蜀郡郫人也。汉司空武后^①。世有名
德,征聘入官。随治《韩诗》欧阳《尚书》^②,研精文纬^③,通
星历^④。郡命功曹,州辟从事,光禄郎中、主事,除安汉令。
蜀亡,去官。时巴土饥荒,所在无谷,送吏行乏^⑤,辄取道侧
民芋。随以绵系其处,使足所取直^⑥。民视芋见绵,相语曰:
"闻何安汉清廉,行过,从者无粮,必能尔耳。"将绵追还之,
终不受。因为语曰:"安汉吏取粮,令为之偿。"察孝廉。大
同后,台召^⑦,不诣;除河间王郎中令,不就。居贫固俭,衣

弊蔬食，昼躬耕耨⑧，夕修讲讽⑨。乡族馈及礼厚皆不纳，目不视色，口不语利。著《谭言》十篇，论道德仁让。尝有屠牵猪过随门，猪索断，失之，强认溷中猪⑩。随便牵猪与之。屠人出门，寻得其所失猪⑪，谢随，还猪，遂以乞之⑫。随家养竹园，人盗其笋。随偶行见之，恐盗者觉怖，走竹中伤其手足，挈屦徐步而归⑬。其仁如此。太康中，即家拜江阳太守，民思其政。年七十一卒官。后州乡人言议平当者，皆相谓"何江阳"⑭；至于汶山夷有正直廉让者，亦号"夷中何江阳"。杜景文、何兴仁皆为作传⑮。

【注释】

①司空武：指西汉时期的大司空何武（？—3），字君公，蜀郡郫（今四川成都郫都区）人。参看本书卷三《蜀志》注。

②《韩诗》：书名。《诗》今文学派之一。指汉初燕人韩婴所传授的《诗经》。西汉初，传《诗》者有鲁、齐、韩、毛四家。"韩诗"创立者韩婴，汉文帝时为博士官，"推诗人之意"而作《内外传》数万言。西晋时，"韩诗"虽存，无传者；南宋以后，《内传》亡失，仅存《外传》。今本《韩诗外传》已非原书，有一部分已经后人修改。欧阳《尚书》：书名。汉代今文《尚书》学派之一。因欧阳氏传授，故名。西汉初，千乘（今山东高青）人欧阳生学《尚书》于伏生，世代相传，至曾孙欧阳高，高孙欧阳地余，八世孙欧阳歙，皆为博士。东汉初，欧阳《尚书》传授颇盛，父兄子弟相继为帝师，受业者多至卿相，贵显当世。东汉末，古文《尚书》大行于世，欧阳《尚书》逐渐衰微，后亡于晋永嘉之乱。

③研精：犹精研，精心研习。文纬：指经纬之书。

④星历：天文历法。

⑤送吏：指为离任长官送行的属吏。汉代长官离任，多有属吏随送。

⑥直：通"值"，价值。

⑦台：尚书台。官署名，设在宫中。名义上属少府，实际上直属皇帝，掌总理奏章、宣布诏令，参与决策，实为总理国事的中枢。

⑧耕耨：耕田除草。亦泛指耕种。

⑨讲讽：讲读讽谏。代指讲学。

⑩溷（hùn）：猪圈。

⑪寻：不久。

⑫乞：给，给予。

⑬挈（qiè）：用手提着。

⑭相谓：交谈，互相告语。

⑮杜景文：杜弢，字景文，蜀郡成都（今四川成都）人。参看本书卷八《大同志》注。何兴仁：事迹不详。

【译文】

何随，字季业，蜀郡郫人。是西汉大司空何武的后人。因世代有名望有德行，何随被征聘入官府。何随学习《韩诗》和欧阳《尚书》，精心研习经纬之书，精通天文和历法。郡里任命何随为功曹，州里征召何随为从事，担任光禄郎中、主事，任安汉县令。蜀国灭亡，何随辞去官职。当时巴地出现饥荒，何随所在的地方没有粮食，送何随的属吏走路困乏了，就挖取道路边老百姓的芋头来充饥。何随把丝绵系在被挖芋头处，使丝绵能够与所取芋头的价值相当。老百姓察看芋头时看见了丝绵，相互交谈说："听说安汉何县令为官清廉，路过之处，随从人员没有粮食吃，一定是他才能这样做。"老百姓拿着丝绵追上何随还给他，但何随终究没有接受。百姓们于是说："安汉的官吏挖取芋头作为粮食，安汉县令为他们来补偿。"何随被察举为孝廉。国家统一后，尚书台征召何随，他没有前往应召；又被任命为河间王的郎中令，也没有前往就职。何随安于清贫，生活节俭，穿的是破旧的衣服，吃的是粗粝的饭食，白天亲自耕种,夜晚给学生讲学。乡族人馈赠的礼物贵重了,何随都不收取,双眼不看五色,口中不言财利。何随著有《谭言》十篇,论述的是道德、仁义、谦让。曾经有个屠夫牵着猪经过何随的家门,拴猪的绳索断了,猪丢失了,屠夫强横地认为何随家猪圈中的一头猪是自己的。何随便把那头猪牵给屠夫。屠夫出门后,不久就找到了那头丢失的猪,于是向何随谢罪,并归还了猪,何随顺便把猪送给了屠夫。何随家养有一片竹园,有人偷盗竹园里的笋。何随偶然路过看见了,担心偷盗者在被发觉后受到惊吓,逃跑到竹林中伤到其手足,于是用手提着鞋子慢步回到家中。何随的仁义就是这样。太康年间,何随被任命为江阳太守,老百姓都怀念他的政绩。何随活了七十一岁,卒于太守任上。后来,州里的百姓在谈及做官公平允当时,相互间都称说"何江阳";至于汶山夷中有为官正直、廉洁、谦让者,也称之为"夷中何江阳"。杜景文、何兴仁都为何随写过传。

　　长子观,字巨忠,清公淑慎①,知名州里。察孝廉,西都、南安令②,平西长史③。张昌作乱荆州④,从党西上,郡守无不望风降下,至江阳。平西将军罗尚表为安远护军⑤,讨贼,平殄⑥。除巴郡太守。朝议欲以为宁州刺史,会病卒。次子游,治中从事。

　　随时同郡繁令张崇,清廉推让⑦,见称当时⑧。

【注释】

①清公:清廉公正。淑慎:贤良谨慎。

②西都:县名。东汉末置,治所即今青海西宁。南安:县名。治所即今四川乐山。

③平西长史:即平西将军(罗尚)的长史。

④张昌(?—304):西晋时流民起义首领。义阳(治今河南新野南)

人,蛮族。尝为县吏,勇力过人。晋惠帝永宁初,与御史冯该等奉命督入蜀流民还本土。太安二年(303),因荆州奉诏征兵入蜀镇压李流起义军,百姓群起反抗,于是发动流民及被征发戍役者,于江夏(今湖北安陆)举行起义。易名李辰,又改县吏丘沈姓名为刘尼,称为汉朝后裔而立之为帝,建元神凤,自为相国。旬月之间,众至三万,连克诸郡县,围宛,攻襄阳。又遣别帅石冰东破江、扬二州,遣陈贞等南下长沙、湘东、零陵诸郡,一时跨带五州。不久为南蛮校尉刘弘司马陶侃等攻败,退至下俊山(今湖南沅陵东北)。次年秋被俘死。

⑤安远护军:官名。三国魏设。掌川鄂一带少数民族事务。第六品。两晋、南朝因之。

⑥平殄:平定殄灭。

⑦张崇:事迹不详。清廉:清介廉洁。推让:推辞,逊让。

⑧见称:受人称誉,为人称道。

【译文】

何随的长子何观,字巨忠,清廉公正,贤良谨慎,在州里颇有知名度。何观被察举为孝廉,历任西都、南安县令和平西长史。张昌在荆州发动叛乱,随从党羽沿江西上,所到之处,郡守无不望风投降,张昌的人马到了江阳。平西将军罗尚上表朝廷,推荐何观为安远护军,出兵讨伐叛贼。何观平定了叛乱,消灭了叛军。后来何观被委任为巴郡太守。朝廷打算让他任宁州刺史,恰逢何观病故了。何观的次子何游,曾任治中从事。

与何随同时的同郡人、新繁县令张崇,清介廉洁,谦和逊让,在当时受人称誉。

王化,字伯远,广汉郪人也。汉将作大匠王堂后也①。祖父商②,字文表,州牧刘璋时为蜀太守,有懿德高名③,在《耆旧传》。父彭,字仲④,巴郡太守。化兄弟四人,少有令望⑤。化治《毛诗》《三礼》《春秋公羊传》。郡命功曹,州辟从事,光禄郎中、主事、尚书郎,除阆中令。为政清静⑥。察孝廉。大同后,端右⑦,郡察孝廉。为乐涫令⑧,县近边塞,值胡虏反⑨,化率吏民积谷坚守。虏断道重围,孤绝七年⑩。伺虏怠惰⑪,出军讨之,民得野掠⑫。大军至,虏退。以功封关内侯,迁朱提太守。抚和殊俗,得夷、晋心⑬。转任梓潼,复有称绩⑭。为人严重⑮,言论方雅⑯,臧否允衷⑰,州里服其诚亮⑱。年七十二卒官。

【注释】

①将作大匠:官名。两汉时,掌宫室、宗庙、陵墓之土木营建。及晋朝,有事则置,无事则省。王堂:字敬伯,广汉郡郪(今四川三台)人。参看本书卷一《巴志》注。也:衍文。

②商:王商,字文表,广汉郡郪人。参看本书卷三《蜀志》注。

③懿德:美德。高名:盛名,名声大。

④字仲:"仲"下有脱文。

⑤令望:美好的名声。

⑥清静:不烦扰。多指为政清简,无为而治。

⑦端右:谓为州或郡重臣。

⑧乐涫(guàn):县名。西汉置,属酒泉郡。治所在今甘肃酒泉东南。十六国前凉属建康郡。北魏灭北凉,降县为戍,后复为县。隋改为镇。

⑨值:正逢。胡虏:秦汉时称匈奴为胡虏,后世用为与中原敌对的北方部族之通称。

⑩孤绝:谓孤立无助。

⑪怠惰:懈怠,懒惰。

⑫野掠:谓在郊外掠夺。本处指在野外寻找食物。

⑬晋:晋人。指中国人,中原人。按:此处实指汉人。

⑭称绩:可称颂的政绩。

⑮严重:严肃稳重。

⑯方雅:雅正。

⑰允衷:公平恰当。

⑱诚亮:忠诚正直。

【译文】

王化,字伯远,广汉郡郪人。是汉朝将作大匠王堂的后人。祖父王商,字文表,在刘璋担任州牧时,被任为蜀郡太守,有美德和盛名,记载在《耆旧传》中。父亲王彭,字仲某,曾任巴郡太守。王化兄弟四人,年轻时都有美好的名声。王化学习《毛诗》《三礼》《春秋公羊传》。郡里任命他为功曹,州里征召他为从事,担任光禄郎中、主事、尚书郎,被委任为阆中县令。王化为政清简,无为而治。被察举为孝廉。国家统一后,王化任郡里的重臣,又被郡里察举为孝廉。担任乐涫县令,这个县临近边塞,适逢胡人造反,王化率领官吏和百姓储存粮食坚壁固守。胡人截断道路,把他们重重包围,导致乐涫县孤立无助七年。王化等到胡人懈怠之机,出动人马讨伐,百姓才能够在郊外寻找食物。朝廷大军来到之后,胡人就撤退了。王化因功被封为关内侯。升迁为朱提太守。他安抚团结风俗不同的远方人民,得到夷人、汉人的欢心。王化后来转任梓潼太守,又有可称颂的政绩。王化为人严肃稳重,言论雅正,奖惩公平,州里都佩服他的忠诚正直。七十二岁时,王化卒于任上。

弟振,字仲远,亦有德望①。广都令,巴东太守。叔弟岱②,字季远。恪居官次③,历广阳、作唐令④,早亡。少弟崇⑤,字幼远。学业渊博,雅性洪粹⑥。蜀时东观郎。大同后,梁州辟别驾,别举秀才,尚书郎。与寿良、李宓、陈寿、李骧、杜烈同入京洛⑦,为二州标俊⑧。五子情好未必能终⑨,惟崇独以宽和无所彼此⑩。著《蜀书》及诗、赋之属数十篇⑪。其书与陈寿颇不同。官至上庸、蜀郡太守。

【注释】

①德望:德行与声望。

②叔弟:堂弟。

③恪居官次:谓恭谨为官、敬慎治事。语出《左传·襄公二十三年》:"敬共朝夕,恪居官次。"恪居,谓居官治事恭谨而行。官次,职守,官位。

④广阳:县名。西晋改汶江道置,属汶山郡。治所在今四川茂县北。东晋后废。作唐:县名。东汉置,属武陵郡。治所在今湖南安乡县北。

⑤少弟:最小之弟。

⑥洪粹:高雅,纯美。

⑦杜烈:字仲武,蜀郡成都(今四川成都)人。杜轸之弟。本书卷十一《后贤志》有传。

⑧标俊:指出类拔萃。标,榜样。俊,卓越。

⑨五子:指寿良、李宓、陈寿、李骧、杜烈五人。情好:交谊,友情。能终:能够善始善终。

⑩宽和:宽厚谦和。无所彼此:意谓不分彼此。形容关系密切,交情深厚。

⑪《蜀书》:王崇所著《蜀书》,已经亡佚。

【译文】

王化的弟弟王振,字仲远,也有德行与声望。曾任广都县令,巴东太守。王化的堂弟王岱,字季远。恭谨为官、敬慎治事,历任广阳、作唐县令,去世得早。王化的小弟弟王崇,字幼远。学识渊博,本性高雅、纯美。

蜀汉时任东观郎。国家统一后，梁州征辟王崇为别驾，另外举荐他为秀才，担任尚书郎。王崇与寿良、李宓、陈寿、李骧、杜烈等人一起进入京都洛阳，他们是梁、益二州出类拔萃的人物。五人的交谊未必能够善始善终，唯独王崇因为宽厚谦和能够与他们不分彼此、交情深厚。王崇著有《蜀书》以及诗、赋之类的作品几十篇。他的书与陈寿的书颇有不同。王崇官至上庸、蜀郡太守。

　　陈寿，字承祚，巴西安汉人也①。少受学于散骑常侍谯周②，治《尚书》《三传》，锐精《史》《汉》③。聪警敏识④，属文富艳⑤。初应州命，卫将军主簿，东观秘书郎，散骑、黄门侍郎。大同后，察孝廉，为本郡中正⑥。

【注释】

①陈寿（233—297）：字承祚，巴西郡安汉（今四川南充）人。参看本书卷一《巴志》注。

②谯侯：谯周（201—270），字允南，巴西西充国（治今四川阆中）人。参看本书卷一《巴志》注。

③锐精：特别精通熟悉。《史》《汉》：指《史记》《汉书》。

④聪警：聪明机警。敏识：敏捷博识。

⑤富艳：美盛、华丽。多形容华丽的文辞、出众的才华。

⑥中正：官名。魏晋立九品中正制，在各州郡设中正官，考察品评本地区人才，以为朝廷选任官吏的依据。《三国志·蜀书·陈寿传》："五年，予尝为本郡中正。"《晋书·陈寿传》："（陈寿）除著作郎，领本郡中正。"

【译文】

　　陈寿，字承祚，是巴西安汉人。早年问学于散骑常侍谯周，研究《尚书》《春秋》三传，特别熟悉《史记》《汉书》。陈寿聪明机警，敏捷博识，写文章文采华丽。陈寿最初接应州里的任命,担任卫将军主簿,东观秘书郎,散骑、黄门侍郎。国家统一后,陈寿被察举为孝廉,担任本郡中正。

　　益部自建武后,蜀郡郑伯邑、太尉赵彦信及汉中陈申伯、祝元灵、广汉王文表皆以博学洽闻[1],作《巴蜀耆旧传》。寿以为不足经远,乃并巴、汉,撰为《益部耆旧传》十篇。散骑常侍文立表呈其传,武帝善之。再为著作郎[2]。吴平后,寿乃鸠合三国史[3],著魏、吴、蜀三书六十五篇,号《三国志》。又著《古国志》五十篇,品藻典雅[4]。中书监荀勖、令张华深爱之[5],以班固、史迁不足方也[6]。出为平阳侯相。华又表令次定诸葛亮故事,集为二十四篇。时寿良亦集[7],故颇不同。复入为著作[8]。镇南将军杜预表为散骑侍郎[9],诏曰:"昨适用蜀人寿良具员[10],且可以为侍御史。"上《官司论》七篇,依据典故[11],议所因革[12]。又上《释讳》《广国论》。华表令兼中书郎[13],而寿《魏志》有失勖意,勖不欲其处内,表为长广太守[14]。继母遗令,不附葬,以是见讥[15]。数岁,除太子中庶子。太子转徙后[16],再兼散骑常侍。惠帝谓司空张华曰[17]:"寿才宜真[18],不足久兼也[19]。"华表欲登九卿,会受诛,忠贤排摈[20],寿遂卒洛下[21]。位望不充其才[22],当时冤之。

【注释】

①郑伯邑:郑廑,字伯邑,蜀郡临邛(今四川邛崃)人。曾任汉中太守。赵彦信:赵谦(? —192),字彦信,蜀郡成都(今四川成都)人。著有《耆旧传》。陈申伯:陈术,字申伯,汉中(治今陕西汉中)人。祝元灵:祝龟,字元灵,汉中郡南郑(今陕西汉中)人。

王文表：王商，字文表，广汉郡郪（今四川三台）人。博学洽闻：学
问广博，见识丰富。

②著作郎：官名。魏明帝太和中始置，属中书省，掌国史修撰；其属
有佐著作郎等。晋改属秘书省，后省并中书省。

③鸠合：搜集，编集。

④品藻：品评，鉴定。典雅：谓文章、言辞有典据，高雅而不浅俗。

⑤中书监：官名。魏晋南北朝为中书省长官之一。魏文帝黄初初年
始置，与中书令共掌机密，典尚书奏事，权任相当宰相，晋及南朝
沿置。荀勖（？—289）：字公曾，颍川颍阴（今河南许昌）人。出
身世族。早慧而博学。初仕魏为曹爽掾属，历官安阳令，迁廷尉
正。后依附司马昭，为从事中郎。入晋，拜中书监，加侍中，迁光
禄大夫，转秘书监，整理经籍。官至尚书令。令：指中书令。官
名。在汉朝为“中书谒者令”的简称，魏晋为中书省长官之一。
三国魏文帝改秘书令为中书令，与中书监同掌机密、诏命、记会时
事，起草文书。晋时中书监、令并第三品，秩千石。张华（232—
300）：字茂先，范阳方城（今河北固安）人。魏太守张平子。初仕
魏为佐著作郎，官至中书郎。司马炎代魏，官至中书令。惠帝即
位，谋诛楚王玮有功，加侍中、中书监。治国有方，博学善文。著
有《鹪鹩赋》《女史箴》《博物志》等。永康元年，被赵王伦所杀。
《晋书》有传。

⑥班固（32—92）：字孟坚，扶风安陵（今陕西咸阳东北）人。本书
卷一《巴志》注。史迁：司马迁，字子长，左冯翊夏阳（今陕西韩
城南）人。参看本书卷一《巴志》注。方：等同，相当。

⑦寿良：字文淑，蜀郡成都（今四川成都）人。参看本书卷十一《后
贤志》注。

⑧著作：指著作郎。

⑨杜预（222—284）：字元凯，京兆杜陵（今陕西西安北）人。参看

本书卷七《刘后主志》注。散骑侍郎：官名。三国时魏始置，员额四人，六百名，秩第五品，掌侍从左右，顾问应对、规劝得失，与侍中、黄门侍郎共平尚书奏事。蜀无，吴所置同。晋代扩大员额，有散骑侍郎，秩五品；又有通直散骑侍郎、员外散骑侍郎，品秩均未详。南北朝时属集书省（唯宋不置）。隋代复属门下省，隋炀帝时罢。

⑩具员：凑足员数。

⑪典故：典制和成例。故，故事，成例。

⑫因革：犹沿革。包括因袭与变革。

⑬中书郎：官名。汉置，属中书令。三国吴沿置，仍属中书令，掌诏令机密。魏、晋及南北朝时亦作为中书通事郎、中书侍郎的省称。

⑭"而寿《魏志》有失勖意"三句：《晋书·陈寿传》："张华将举（陈）寿为中书郎，荀勖忌（张）华而疾（陈）寿，遂讽吏部迁（陈）寿为长广太守。"长广，郡名。东汉建安初置，治所在长广县（今山东莱阳东）。不久废。西晋咸宁三年（277）复置。隋开皇初废。

⑮"继母遗令"三句：《晋书·陈寿传》："母遗言令葬洛阳，（陈）寿遵其志。又坐不以母归葬，竟被贬议。"遗令，临终前的告诫、嘱咐。附葬，合葬。见讥，被讥笑。

⑯太子：指愍怀太子司马遹（278—300）。晋惠帝长子。幼聪慧，晋武帝爱之，初封广陵王。惠帝即位，立为皇太子。后被贾后废为庶人。谥愍怀。《晋书》有传。转徙：辗转迁移。本处意谓太子被废黜。

⑰惠帝：指晋惠帝司马衷（259—306），字正度。晋武帝子。性痴呆。天下荒乱，百姓多饿死，竟曰："何不食肉糜？"即位初，由贾后专权。诸王相争，演成八王之乱，纲纪大坏，货赂公行。后被东海王司马越毒死。《晋书》有传。

⑱真：官制用语，指真除实授。汉朝官吏有真、守之分。官吏由

"守"（代理）转正曰"真"。"行""兼""领"某职的官员得到正式
除授（任命）也称"真"。

⑲兼：官制用语。即以本官兼任、兼行或兼领其他官职。两汉常行
其制，如张安世为车骑将军兼光禄勋，王莽以右将军而兼卫尉。

⑳排摈：排斥摈弃。

㉑洛下：指洛阳城。

㉒位望：官位和声望。

【译文】

益州自从建武以后，蜀郡人郑伯邑、太尉赵彦信以及汉中人陈申伯、
祝元灵、广汉人王文表都以学问广博、见识丰富而闻名，著有《巴蜀耆旧
传》。陈寿认为这部《巴蜀耆旧传》不能长远地流传后世，于是合并巴
和汉的有关内容，撰写了《益部耆旧传》十篇。散骑常侍文立上表朝廷，
进献了《益部耆旧传》，晋武帝认为写得好。陈寿再次被任命为著作郎。
吴国被平定后，陈寿于是搜集三国的历史，写了魏、吴、蜀三书共计六十
五篇，称《三国志》。又著有《古国志》五十篇，品评典雅。中书监荀勖、
中书令张华非常喜欢陈寿，认为班固、司马迁都不足以与他相比。陈寿
出任平阳侯相。张华又上表朝廷，请求让陈寿编纂《诸葛亮故事》，结集
为二十四篇。当时，寿良也在编纂《诸葛亮集》，故而与陈寿所编很有些
不同。陈寿又入朝担任著作郎。镇南将军杜预上表朝廷，推荐陈寿为散
骑侍郎，皇帝下诏书说："昨天刚好起用蜀人寿良，已经凑足员数。可暂
且任命陈寿为侍御史。"陈寿向朝廷献上《官司论》七篇，依据的是典制
和成例，议论的是因袭与变革。陈寿又向朝廷献上《释讳》《广国论》。
张华上表朝廷，请求让陈寿兼任中书郎，但因陈寿的《魏志》不合荀勖的
心意，荀勖不愿让陈寿在朝廷内做官，便上表朝廷推荐陈寿为长广太守。
陈寿遵从继母的遗嘱，未将继母与父亲合葬，因此被讥笑。几年后，陈寿
被委任为太子中庶子。太子被废黜后，陈寿再次兼任散骑常侍。晋惠帝
对司空张华说："按照陈寿的才干，应该实授官职，不适合长久兼任散骑

常侍。"张华上表朝廷,打算推荐陈寿晋升为九卿,适逢张华被诛杀,忠臣贤人被排斥摈弃,陈寿也最终死于洛阳。陈寿的官位和声望,都没有充分尽其才干,当时人为他感到冤屈。

兄子符,字长信,亦有文才,继寿著作佐郎^①,上廉令^②。符弟莅,字叔度,梁州别驾,骠骑将军齐王辟掾,卒洛下。莅从弟阶,字达之,州主簿,察孝廉,褒中令^③,永昌西部都尉^④,建宁、兴古太守。皆辞章粲丽^⑤,驰名当世。凡寿所述作二百余篇,符、莅、阶各数十篇。二州先达及华夏文士多为作传^⑥,大较如此^⑦。

【注释】

①著作佐郎:官名。三国魏明帝置,掌协助著作郎修国史和起居注等。

②上廉:县名。西晋置,属上庸郡。治所在今陕西平利县西北。取上廉水为名。

③褒中:县名。西汉置,属汉中郡。治今陕西勉县东北褒城东。

④西部都尉:官名。佐助太守分管军事,维持境内治安。

⑤辞章:诗文的总称。粲丽:指文采华丽。

⑥先达:有德行、学问的前辈。文士:知书能文之士。

⑦大较:大略,大致。

【译文】

陈寿哥哥的儿子陈符,字长信,也有文才,继陈寿之后担任著作佐郎,后任上廉县令。陈符的弟弟陈莅,字叔度,任梁州别驾,骠骑将军、齐王征辟他为掾吏,后死于洛阳。陈莅的堂弟陈阶,字达之,任州里的主簿,被察举为孝廉,后任褒中县令,永昌西部都尉,又任建宁、兴古太守。他们的文章都写得文采华丽,在当时声名远扬。陈寿所记述、创作的文

章共有二百多篇,陈符、陈莅、陈阶的文章也各有数十篇。益、梁二州的
先贤和中原的文人,大都为陈寿等人作有传记,大致情况如此。

时梓潼李骧叔龙亦隽逸器①,知名当世。举秀才,尚书
郎,拜建平太守,以疾辞不就。意在州里,除广汉太守。初
与寿齐望②,又相昵友③。后与寿情好携隙④,还相诬攻⑤,有
识以是短之。亦有别传⑥。

【注释】

①李骧:字叔龙,广汉郡梓潼(今四川梓潼)人。李福之子。曾任尚
　书郎、广汉太守。隽逸器:才智俊秀的不凡之士。

②齐望:声望相当。

③昵友:亲密的朋友。

④情好:感情,交情。携隙:犹嫌隙。

⑤诬攻:诬陷攻讦。

⑥别传:底本作"列传"。一般记载人物的逸闻轶事,可补本传。

【译文】

当时梓潼人李骧(字叔龙)也是才智俊秀的不凡之士,在当时很知
名。被举荐为秀才,担任尚书郎,拜官建平太守,因疾病而不去上任。李
骧意在为州里做事,后来被任命为广汉太守。起初李骧与陈寿声望相当,
又是关系亲密的朋友。后来他与陈寿的感情出现了嫌隙,还诬陷攻讦陈
寿,有识之士因此认为这是李骧的污点。李骧也有别传。

李宓,字令伯,犍为武阳人也①。祖父光,朱提太守。
父早亡,母何更行②,见养祖母。治《春秋左传》,博览五经,
多所通涉③。机警辨捷④,辞义响起。事祖母以孝闻。其侍

疾则泣涕侧息⑤，日夜不解带⑥。膳饮汤药⑦，必自口尝⑧。本郡礼命⑨，不应。州辟从事、尚书郎、大将军主簿、太子洗马⑩。奉使聘吴。吴主问蜀马多少，对曰："官用有余，民间自足。"吴主与群臣泛论道义，谓"宁为人弟"。宓曰："愿为人兄。"吴主曰："何以为兄？"宓曰："为兄供养之日长。"吴主及群臣称之。

【注释】

①李宓：或作李密，一名虔，字令伯，犍为郡武阳（今四川眉山彭山区）人。参看本卷前文注。

②更行：改嫁。《诗经·鄘风·蝃蝀》："女子有行，远父母兄弟。"郑玄笺："行，道也，妇人生而有适人之道。"后因以"更行"指改嫁。

③通涉：广泛涉猎。

④辨捷：能言善辩，才思敏捷。

⑤侧息：侧体呼吸。谓不敢大口出气，表示恐惧不安。

⑥不解带：即衣不解带。形容辛勤侍奉，致使不能脱衣安睡。

⑦膳饮：犹饮食。

⑧自口尝：旧作"目尝口"，今据《三国志》注引改。

⑨礼命：指礼聘与任命。

⑩太子洗（xiǎn）马：官名。为太子属官，太子外出，则为前驱。秦称洗马，汉或称先马。洗，亦作先。先马，即前驱。后汉置十六人，比六百石，职如谒者，掌宾赞受事。历代沿置。

【译文】

李宓，字令伯，是犍为武阳人。祖父李光，曾任朱提太守。李宓的父亲去世得早，母亲何氏改嫁了，他由祖母抚养。李宓学习《春秋左传》，博览五经，其他典籍也广泛涉猎。机智警觉，才思敏捷，长于辞采和文义。李宓侍奉祖母以孝顺闻名。祖母生病时，他辛勤侍奉，涕泪交加，不敢大口出气，白天和黑夜都衣不解带。凡是饮食、汤药，必定亲自品尝。犍为郡礼聘李宓，李宓没有答应。州里征辟李宓任从事、尚书郎、大将军主簿、太子洗马。他奉命出使吴国。吴国君主问蜀国有多少匹马，李宓回答说："官用马匹绰绰有余，民间可以自足。"吴国君主与群臣广泛讨论道德义理，称"宁愿做弟弟"。李宓说："宁愿做哥哥。"吴国君主问："为什么愿意做哥哥？"李宓回答说："当哥哥的，赡养父母的时间长。"吴国君主和群臣都称赞李宓说得好。

大同后，征西将军邓艾闻其名①，请为主簿，及书招，欲与相见，皆不往。以祖母年老，心在色养②，拒州郡之命。独讲学，立旌授生③。武帝立太子，征为洗马。诏书累下，郡县相逼。于是宓上疏曰④：

【注释】

① 邓艾（197—264）：三国魏将领。字士载，义阳棘阳（今河南南阳）人。参看本书卷二《汉中志》注。

② 色养：和颜悦色地奉养。《论语·为政》："子游问孝。子曰：'今之孝者，是谓能养。'……子夏问孝。子曰：'色难。'"朱熹集注："色难，谓事亲之际，惟色为难也。"一说，谓承顺父母颜色。何晏集解引包咸曰："色难，谓承顺父母颜色乃为难也。"后因称人子和颜悦色奉养父母或承顺父母颜色为"色养"。

③ 立旌：树立旌旗，打出招牌。

④ 于是宓上疏曰：今本《华阳国志》只有"宓上疏"三字，无疏文。注云"疏在本传"，意谓疏文在《晋书·李密传》。《三国志·蜀书·杨戏传》裴松之注作"于是密上书曰"，并全文引录疏文。由此可知，《华阳国志》原有李密疏文，故据此补充疏文。

【译文】

国家统一后，征西将军邓艾听说了李宓的名声，请他担任主簿，并且写信相招，想和他见面，但李宓都没有前往。他借口祖母年纪大了，意在和颜悦色地奉养祖母，拒绝了州里和郡里的任命。李宓独自讲学，打出招牌招收学生。晋武帝册立太子，征聘李宓为太子洗马。诏书下达了多次，郡县也来逼迫。于是李宓上疏皇帝说：

"臣以险衅①，夙遭闵凶②。生孩六月③，慈父见背④。行年四岁，舅夺母志⑤。祖母刘愍臣孤弱⑥，躬见抚养。臣少多疾病，九岁不行⑦，零丁孤苦⑧，至于成立⑨。既无伯叔，终鲜兄弟⑩，门衰祚薄⑪，晚有儿息⑫。外无期功强近之亲⑬，内无应门五尺之童⑭。茕茕孑立⑮，形影相吊⑯。而刘夙婴疾病⑰，常在床蓐⑱。臣侍汤药，未曾废离⑲。逮奉圣朝⑳，沐浴清化㉑。前太守臣逵察臣孝廉㉒，后刺史臣荣举臣秀才㉓。臣以供养无主，辞不赴命。诏书特下，拜臣郎中；寻蒙国恩，除臣洗马。猥以微贱㉔，当侍东宫，非臣陨首所能上报㉕。臣具表闻㉖，辞不就职。诏书切峻㉗，责臣逋慢㉘；郡县逼迫，催臣上道㉙；州司临门㉚，急于星火㉛。臣欲奉诏奔驰㉜，则刘病日笃㉝；苟顺私情㉞，则告诉不许㉟。臣之进退，实为狼狈。伏惟圣朝以孝治天下，凡在故老㊱，犹蒙矜愍㊲，况臣孤苦，特为尤甚。且臣少仕伪朝㊳，历职郎署㊴，本图宦达㊵，不矜名节。今臣亡国贱俘㊶，至微至陋，猥蒙拔擢㊷，宠命优渥㊸，岂敢盘桓㊹，有所希冀？但以刘日薄西山㊺，气息奄奄㊻，人命危浅㊼，朝不虑夕㊽。臣无祖母，无以至今日；祖母无臣，亦无以终余年。母孙二人，更相为命，是以区区不敢废远㊾。

臣今年四十有四,祖母刘今年九十有六。是臣尽节于陛下之日长^⑤,报养刘之日短也。乌鸟私情^⑤,愿乞终养^⑤。臣之辛苦,非徒蜀之人士及二州牧伯所见明知,皇天后土^⑤,实所共鉴。愿陛下矜愍愚诚,听臣微志,庶刘侥幸,保卒余年。臣生当陨首,死当结草^⑤。臣不胜犬马怖惧之情^⑤!"

【注释】

①险衅:艰难祸患。

②闵凶:忧患凶丧之事。

③生孩:谓刚生下他。

④见背:(婉辞)谓父母或长辈去世。本处指父亲去世。背,离开。

⑤舅夺母志:意谓舅舅迫使母亲改嫁。

⑥孤弱:谓年幼而丧失父母。

⑦不行:不行进,不前进。本处意谓行走困难。

⑧零丁孤苦:谓无依无靠,孤独困苦。

⑨成立:成人,长大成人。

⑩鲜:少。

⑪门衰祚薄:门庭衰微,福祚浅薄。

⑫儿息:子嗣。

⑬期功:古代丧服的名称。期,服丧一年。功,按关系亲疏分大功和小功,大功服丧九月,小功服丧五月。亦用以指五服之内的宗亲。强近:谓较为亲近。

⑭应门:指守候和应接叩门的人。五尺之童:指尚未成年的儿童。古尺短,故称。

⑮茕茕孑立:形容孤苦伶仃,无依无靠。

⑯形影相吊:只有与影子相伴,相互慰问。形容无依无靠,非常孤单。

⑰婴疾病：意谓身患疾病，疾病缠绵。婴，遭受，罹患。

⑱常在床蓐：意谓常年患病在床。床蓐，床席。泛指卧具。

⑲未曾废离：意谓侍奉祖母，未曾须臾相离。废离，荒废离弃。

⑳圣朝：封建时代尊称本朝。本处特指晋朝。

㉑沐浴：蒙受，受润泽。清化：清明的教化。

㉒前太守臣逵：其人不详。

㉓后刺史臣荣：指董荣。按：本书卷八《大同志》作"刺史童策"。董荣与童策，必有一误，未知孰是。

㉔猥：谦辞，等于说"辱"。微贱：卑微，低贱。亦指卑微低贱之人。

㉕陨首：犹言肝脑涂地。

㉖表闻：上表申闻于君上。

㉗切峻：严厉，严峻。

㉘逋慢：怠慢不敬，不遵法令。

㉙上道：出发上路，启程。

㉚州司：犹州官。临门：到达家门。

㉛急于星火：比一闪而过的流星还快。形容非常急迫。星火，流星。形容急速。

㉜奔驰：车马疾行。泛指飞速前往。

㉝刘病日笃：指祖母刘氏的病情一天比一天重。笃，病重。

㉞私情：私人的情感或情谊。

㉟告诉：向上申诉。

㊱故老：元老，旧臣。

㊲矜愍：同"矜悯"，哀怜，怜悯。

㊳伪朝：指僭伪、非正统的王朝。本处特指蜀汉政权。

㊴郎署：汉唐时宿卫侍从官的公署。代称皇帝的宿卫、侍从官。

㊵宦达：官位显达，仕途亨通。

㊶贱俘：降臣对自己的谦称。

㊷拔擢：选拔提升。

㊸宠命：加恩特赐的任命。封建社会中对上司任命的敬辞。优渥：
优厚。指待遇好。

㊹盘桓：徘徊，逗留。

㊺日薄西山：太阳快要落山了。比喻衰老的人或腐朽的事物临近死
亡。薄，迫近。

㊻气息奄奄：呼吸微弱、快要断气的样子。奄奄，气息微弱貌。

㊼人命危浅：形容寿命不长，即将死亡。浅，时间短。

㊽朝不虑夕：谓早晨不能为晚上考虑，打算。形容形势危急或境况
窘迫。

㊾区区：自称的谦辞。

㊿尽节：尽心竭力。

(51)乌鸟私情：谓乌鸦反哺的情感。比喻人子奉养长辈的孝思。

(52)终养：奉养父母，以终其天年。

(53)皇天后土：古人对天地的尊称。旧时迷信天地能主持公道，主宰
万物。

(54)结草：编结茅草，报答恩德。据《左传·宣公十五年》，春秋时期，
晋大夫魏武子有一个爱妾，一直没有生育。魏武子晚年生病，对
儿子魏颗说："一定要让她改嫁。"等到病重，又说："一定要让她
殉葬。"魏武子去世后，魏颗说："病重的时候，思维就会混乱，我
还是听从父亲理智清醒时的话。"就把这个妾改嫁了出去。后来
魏颗与秦国交战时，魏颗看见一个老人把草打成结，绊倒了秦国
的力士杜回，导致晋军将其俘获。当夜，魏颗梦见老人说："我就
是你让改嫁的那个女子的父亲，我是来报恩的。"后来"结草"就
用作受恩深重，虽死犹报的典故。后来"结草"就用作受恩深重、
虽死犹报的典故。

㊼犬马：旧时臣子对君上的自卑之称。怖惧：恐惧，惶恐。

【译文】

"微臣因为艰难祸患，很早就遭遇忧患凶丧。微臣刚刚出生六个月，父亲就去世了。在微臣四岁时，舅舅就迫使母亲改嫁。祖母刘氏怜悯微臣孤苦弱小，便亲自抚养微臣。微臣小时候就经常生病，九岁时还不能走路，一直到长大成人，都孤苦伶仃。微臣既没有伯伯、叔叔，又缺少兄弟，门庭衰微，福祚浅薄，很晚才有子嗣。在外面没有较为亲近的亲戚，在家里没有照应门户的僮仆。孤苦无依靠，形影相吊。而祖母刘氏早就身患疾病，常年卧病在床。微臣侍奉祖母汤药，未曾须臾相离。到晋朝建立后，微臣蒙受着清明的教化。先前有个名叫逵的太守察举微臣为孝廉，后来有个名叫董荣的刺史举荐微臣为秀才。微臣因为祖母无人供养，于是辞谢而未接受任命。朝廷又特地下达诏书，拜微臣为郎中；不久又蒙受国家恩泽，任命微臣为洗马。下臣以卑微低贱的身份，担当侍奉太子的职务，这不是微臣肝脑涂地能报答朝廷的。微臣将苦衷写入奏表，以闻于君上，请求辞谢不就职。但是诏书严厉，责备微臣怠慢不敬；郡县长官也来逼迫，催促微臣赶紧上路；州府官员上门督促，比流星还要急迫。微臣本想奉诏飞速前来效命，但祖母刘氏的病情一天比一天重；如果苟且顺从自己的私情，则向上申诉不被允许。微臣进退两难，实在狼狈。圣朝以孝治天下，凡是元老旧臣，都还蒙受怜悯，何况微臣孤苦，情形尤为严重。况且微臣早年在伪朝任职，在郎署担任过职务，本来就贪图能够官位显达，并不顾惜名节。现在微臣是低贱的亡国俘虏，十分卑微浅陋，辱没朝廷而蒙受选拔，恩宠优厚，怎么敢徘徊犹豫，而有非分的希求？只是因为刘氏日薄西山，奄奄一息，行将不久于人世，可谓朝不保夕。微臣如果没有祖母，无法活到今天；祖母没有微臣，也无法度过余年。祖孙二人，相依为命，因此臣不敢停止侍养祖母而远离她。微臣今年四十四岁，祖母刘氏今年九十六岁。这样看来，微臣尽忠节于陛下的时间长，而报答奉养刘氏的时间短。我怀揣乌鸦反哺的情感，乞求能够准许我奉养祖母以终其天年。微臣的辛酸苦楚，并非仅仅蜀地的人士以及梁、益二州的长官知晓,实际上是天地明察的。但愿陛下能怜悯微臣的愚昧诚意,听由微臣满足微小的心愿,希望刘氏能够侥幸保全她的余年。微臣活着一定肝脑涂地报效朝廷,死了也定当结草衔环报答陛下。犬马之臣,内心不胜惶恐之情!”

武帝览之,曰:“宓不空有名也!”嘉其诚款^①,赐奴婢二人,下郡县供其祖母奉膳。

【注释】

①诚款:忠诚,真诚。

【译文】

晋武帝看了李宓的上疏,说:“李宓不是徒有空名的人!”嘉奖了李宓的忠诚,赏赐给他两名奴婢,并下达诏书到郡县,供给李宓赡养祖母的费用。

及祖母卒,服终^①,徙尚书郎,为河内温令。敷德陈教^②,政化严明。太傅钜平侯羊公薨^③,无子,帝令宗子为世子嗣之^④,不时赴丧。宓遣户曹赍移推毂遣之^⑤。中山诸王每过温县,必责求供给,吏民患之。宓至,中山王过县^⑥,征刍茭薪蒸^⑦。宓笺引“高祖过沛,宾礼老幼^⑧,桑梓之供,一无烦费^⑨。伏惟明王孝思惟则^⑩,动识先戒。本国望风,式歌且舞^⑪,诛求烦碎^⑫,所未闻命。”后诸王过,不敢烦温县。盗贼发河内余县,不敢近温,追贼者不敢经界^⑬。陇西王司马子舒深敬友之^⑭,而贵势之家惮其公直^⑮。宓去官,为州大中正^⑯。性方亮^⑰,不曲意势位者^⑱。失荀、张指^⑲,左迁汉中太守^⑳。诸王多以为冤。一年,去官。年六十四卒。

【注释】

①服终：终服，终丧。谓服满父母去世后的三年之丧。祖母刘氏抚养李宓长大成人，故李宓为祖母服丧三年。

②敷德陈教：即敷陈德教，推广德政。

③羊公：指羊祜（221—278），字叔子，泰山南城（今山东费县西）人。参看本书卷八《大同志》注。

④宗子：古代宗法制度称大宗的嫡长子。本处指羊祜同宗子弟。世子：太子，古代帝王和诸侯的嫡长子。因羊祜封侯，故称其继承人为世子。《晋书·羊祜传》：“（晋武）帝以（羊）祜兄子（羊）暨为嗣，（羊）暨以父没不得为人后。帝又令（羊）暨弟（羊）伊为（羊）祜后，又不奉诏。帝怒，并收免之。太康二年（281），以（羊）伊弟（羊）篇为钜平侯，奉（羊）祜嗣。”

⑤赍（jī）：携带，持。移：移文，古时官府文书的一种。多用于不相统属的官署之间。推毂（gǔ）：推车前进。古代帝王任命将帅时的隆重礼遇，后因以称任命将帅之礼。本处表示郑重其事。

⑥中山王：指司马耽（？—277），河内温县（今河南温县）人。晋武帝从兄弟。咸宁三年（277）被封为中山王。是年薨。

⑦刍茭：干草。牛马的饲料。薪蒸：薪柴。

⑧宾礼：谓以上宾之礼相待。

⑨烦费：烦扰而耗费。

⑩孝思惟则：孝亲之思，可为法则。语出《诗经·大雅·下武》：“永言孝思，孝思维则。”毛传：“则其先人也。”郑玄笺：“长我孝心之所思。所思者，其维则三后之所行。子孙以顺祖考为孝。”

⑪式歌且舞：意谓载歌载舞，即边唱歌边舞蹈。语出《诗经·小雅·车舝》：“虽无德与女，式歌且舞。”郑玄笺：“虽无其德，我与女用是歌舞相乐。喜之至也。”

⑫诛求：索求，强制征收。

⑬经界：土地、疆域的分界。本处用为动词，指经过温县的地界。

⑭司马子舒（？—299）：司马泰，字子舒，河内温县（今河南温县）人。司马懿从子。三国魏时封阳亭侯，迁扶风太守。晋武帝即位，封陇西王，出为兖州刺史。太康初，入为散骑常侍、前将军，以疾去官。晋惠帝时，为司空，录尚书事，迁太尉，封高密王。不近声色，任真简率，虚己下士，为宗室仪表。卒谥文献。《晋书》有传。敬友：敬重友爱。

⑮贵势：指居高位、有权势的人。公直：公正耿直。

⑯大中正：官名。魏晋时期负责评定士族内部品第的官员。晋代称州中正为"大中正"，称郡中正为"小中正"。

⑰方亮：正直而诚实。

⑱曲意：委曲己意而奉承别人。

⑲失荀、张指：不合荀勖、张华的心意。荀、张，指荀勖、张华。指，古同"旨"，旨意。

⑳左迁：降官，贬职。

【译文】

等到祖母去世，李宓为祖母服丧三年期满，转任尚书郎，出任河内温县令。李宓在任上推广德教，政化严明。太傅、钜平侯羊祜去世，没有儿子，皇帝下令让羊祜同族子弟作为他的儿子，继承其爵位，随时赴丧。李宓派遣户曹携带文书、推着车子前去办理。中山诸王每次路过温县时，必定要求地方供给物品，官吏和百姓都引以为患。李宓到任后，中山王又路过温县，又征求干草、薪柴。李宓致信引述："当年汉高祖路过沛县时，对当地老幼之人都以上宾礼相待，故乡供给物品，他们一点也不烦扰百姓。诚心希望圣明的侯王以孝思为法则，一举一动都不忘先贤的劝诫。本地封国的百姓望风而迎，载歌载舞，而侯王强制征收、繁杂琐碎，并未听到朝廷的命令。"其后，诸王路过时，再也不敢烦扰温县百姓了。盗贼骚扰河内的其余县份，但不敢靠近温县，而追赶贼寇者也不敢经过温县地界。陇西王司马子舒十分敬重李宓，和他结交了朋友，而居高位、有权势者则忌惮李宓公正耿直。李宓离任温县令之后，担任州大中正。李宓本性正直诚实，从不委曲己意奉承有权势、有地位者。因不合荀勖、张华的心意，被贬职担任汉中太守。诸王多为李宓感到冤屈。一年之后，李宓离任汉中太守。六十四岁时去世。

　　著《述理论》①，论中和仁义、儒学道化之事，凡十篇。安东将军胡罴与皇甫士安深善之②。又与士安论夷、齐③，及司马文中、杜超宗、郐令先、文广休等议论往返④。言经训诂，众人服其理趣⑤。释河内赵子声诔、诗、赋之属二十余篇⑥。寿良、李骧与陈承祚相长短⑦，宓公议其得失而切责之⑧。常言："吾独立于世，顾景为畴⑨，而不惧者，心无彼此于人故也⑩。"

【注释】

①《述理论》：本有十篇，已失传。

②胡罴：字季象，九江郡寿春（今安徽寿县）人。参看本书卷八《大同志》注。皇甫士安：皇甫谧（215—282），字士安，幼名静，自号玄晏先生，安定朝那（今甘肃灵台）人。沉静寡欲，笃爱书籍，以著述为务，终老不息，时人谓之"书淫"。著有《帝王世纪》《高士传》等。《晋书》有传。

③夷、齐：指伯夷、叔齐。伯夷为孤竹君长子，叔齐为孤竹君次子。相传，其父遗命要立次子叔齐为继承人。叔齐让位伯夷，伯夷不受，叔齐也不愿即位，都逃到周国。周武王伐纣，二人叩马谏阻。及殷亡，耻食周粟，隐于首阳山，采薇而食，遂饿死。参见《史记·伯夷列传》。

④司马文中：生平不详。疑为晋宗室。杜超宗：杜轸，字超宗，蜀郡
　成都（今四川成都）人。参看本卷上文注。郤令先：郤正（？—
　278），字令先，偃师（今河南偃师）人。参看本书卷七《刘后主
　志》注。文广休：文立（？—279），字广休，巴郡临江（今重庆忠
　县）人。参看本书卷一《巴志》注。

⑤理趣：义理情趣。

⑥赵子声：赵商，字子声，河内人。经学家郑玄弟子。参看《后汉
　书·郑玄传》。

⑦长短：是非，优劣，高下。本处指议论是非，互相攻讦。

⑧切责：严厉责备，严词斥责。

⑨顾景：自顾其影。有自矜、自负之意。景，同"影"。畴：古同
　"俦"，伴侣。

⑩心无彼此：即不分彼此，平等对待。彼此，指不一致。本处有厚此
　薄彼之意。

【译文】

李宓著有《述理论》，论述中和仁义之道、儒学教化之事，一共有十
篇。安东将军胡黑与皇甫士安都很喜欢《述理论》。李宓又与皇甫士安
讨论伯夷、叔齐，和司马文中、杜轸、郤正、文立等人互相议论，反复辩难。
李宓讲说经学、训诂，大家都信服其义理情趣。李宓曾为河内人赵子声
的二十余篇诔、诗、赋之类作注。寿良、李骧与陈承祚互相攻讦，李宓公
正地评议他们的得失，并严厉责备他们。李宓常常说："我卓然独立于
世，自顾已影与其为伴，而之所以无所忧惧，是我的内心对人一律平等对
待的缘故。"

　　宓六子，皆英挺秀逸①，号曰"六龙"。长子赐，字宗
硕②，州别驾，举秀才，汶山太守③。少与东海王司马元超友
昵④，每书诗往返，雅有新声⑤。少子兴，字隽硕⑥，太傅参

军。幼子盛硕⑦,宁浦太守⑧。

【注释】

①英挺:英俊挺拔。秀逸:隽秀洒脱,不同凡俗。

②宗硕:《晋书·李密传》作"宗石"。石、硕,古音同,可通用。《说文解字·页部》:"硕,头大也。从页,石声。"

③汶山:郡名。西汉元鼎六年(前111)置,治所在汶江县(今四川茂县北)。地节三年(前67)并入蜀郡。东汉建安末刘备复置,治所在绵虒县(今四川汶川西南绵虒镇)。西晋移治汶山县。

④司马元超(?—311):司马越,字元超,河内温县(今河南温县)人。高密王司马泰之子。初为骑都尉。惠帝永平初,讨杨骏有功,封五千侯,迁辅国将军,尚书右仆射,别封东海王。惠帝太安二年(303),杀长沙王司马乂。次年(304),挟惠帝攻邺征司马颖,兵败。后惠帝中毒死,传为其所害。怀帝立,仍执权柄,为丞相。怀帝永嘉三年(309),勒兵入宫,于帝侧收杀近臣等十余人,专擅威权,上下离心。永嘉五年(311),石勒来攻,率众出许昌,忧惧而卒。谥孝献。《晋书》有传。友昵:友好亲昵。

⑤新声:新颖美妙的乐音。《晋书·李密传》:"(李)赐字宗石,少能属文,尝为《玄鸟赋》,词甚美。"

⑥隽硕:《晋书·李密传》作"隽石"。《晋书·李密传》:"(李)兴之在弘府,弘立诸葛孔明、羊叔子碣,使兴俱为之文,甚有辞理。"

⑦盛硕:《晋书·李密传》无此人。

⑧宁浦:郡名。西晋太康七年(286),改合浦属国都尉置,治所在宁浦县(今广西横县西南)。辖境相当今广西横县地。

【译文】

李宓有六个儿子,都英俊挺拔、秀美洒脱,时人称之为"六龙"。长子李赐,字宗硕,任州别驾,被举荐为秀才,后任汶山太守。李赐小时候与东海王司马元超关系友好,常常书信来往、交流诗作,往往新颖美妙。小儿子李兴,字隽硕,任太傅参军。最小的儿子李盛硕,任宁浦太守。

　　宓同时蜀郡高玩①,字伯珍,少受学于太常杜琼②,术艺微妙③,博闻强识,清尚简素④。少与宓齐名,官位相比⑤。大同后,察孝廉,除曲阳令⑥。单车之县⑦,移檄县纲纪⑧,不使遣迎⑨。以明三才⑩,征为太史令⑪。送者亦不出界,朝廷称之。方论大用⑫,会卒。

【注释】

①高玩:字伯珍,蜀郡江原(今四川崇州)人。

②杜琼(?—250):字伯瑜,蜀郡成都(今四川成都)人。参看本书卷六《刘先主志》注。

③术艺:历数、方伎、卜筮之术。微妙:精微深奥。

④清尚:指节操高尚。简素:简约朴素。

⑤相比:相近,差不多。

⑥曲阳:县名。西汉置。治所在今河北曲阳县西南隅。东汉改名为上曲阳县。

⑦单车:谓驾一辆车。形容轻车简从。之:到。

⑧移檄:发布文告晓示。纲纪:古代公府及州郡主簿。本处指县主簿。

⑨遣迎:派人迎接。

⑩三才:指天、地、人。

⑪太史令:官名。掌管天文、历法等。

⑫大用:重用,委以重任。

【译文】

　　与李宓同时的蜀郡人高玩,字伯珍,早年受学于太常杜琼,精通历数、方伎、卜筮之术,博闻强记,节操高尚,简约朴素。高玩年轻时与李宓齐名,官位也差不多。国家统一后,高玩被察举为孝廉,任曲阳县令。高玩乘坐一辆车到县上任,发布文告给县主簿等人,不让他们派人迎接。高玩因了解天地人三才之道,被征拜为太史令。为高玩送行的人也不允许跨出县界,朝廷很赞赏高玩。刚刚讨论要重用高玩,恰逢高玩去世了。

杜轸,字超宗,蜀郡成都人也。父雄,字伯休,安汉、雒令。轸少师谯周,发明高经于谯氏之门①。郡命为功曹。邓艾既破蜀②,被征。锺会进成都③。时太守南阳张府君不肯出官,轸进曰:"征西囚执④,镇西在近⑤,必有所遣。军乱之际,交害无常,宜避正殿⑥。"府君即出住下舍⑦。会果遣参军牵弘为太守⑧,数百骑擐甲驰马入郡⑨。前驱问侯所在⑩,云:"已出。"善之。弘复召为功曹。察孝廉,除建宁令⑪,徙任山阳、新城、池阳⑫,所在有治。入为尚书郎。每升降趋翔廊阁之下⑬,威容可观⑭,中朝伟之⑮。迁犍为太守,惠爱在民。还为州大中正。轸既才学兼该⑯,而气量倜傥⑰,武帝雅识之⑱。方用内侍,会卒,时年五十八⑲。

【注释】

①发明:阐述,阐发。

②邓艾(197—264):三国魏将领。字士载,义阳棘阳(治今河南南阳)人。初为司马懿掾属,后因功任长水校尉,安西、征西、镇西将军。景元四年(263),与镇西将军锺会率兵分道伐蜀,迫使蜀后主刘禅投降。参看本书卷二《汉中志》注。

③锺会(225—264):三国魏将领。字士季,颍川长社(今河南长葛)人。钟繇子。以智计才干为司马昭重要谋士,时人比之张良。参看本书卷七《刘后主志》注。

④征西囚执:指征西将军邓艾遭锺会诬陷,被押送回洛阳。

⑤镇西:指镇西将军锺会。

⑥正殿:前殿。代指官府。

⑦下舍:家,私宅。

⑧牵弘:三国魏、西晋官吏。安平观津(今河北武邑)人。牵招之
　子。魏元帝景元年间,任陇西太守。从邓艾伐蜀有功。魏元帝咸
　熙中,为振威护军。入晋,为扬州、凉州刺史,以果烈死于边事。
　参看《晋书·杜轸传》。

⑨摆(huàn)甲:穿上甲胄,铠甲。

⑩侯:当时人对太守的称呼(刘琳)。

⑪建宁:县名。三国吴置,属长沙郡。治所即今湖南株洲。西晋泰
　始中移治今株洲县南淦田镇西南。

⑫山阳:县名。西汉置,属河内郡。治所在今河南焦作市。以在太
　行山之南(阳)而得名。新城:县名。东汉改新成县置,属河南
　尹。治所在今河南伊川县西南。西晋属河南郡。池阳:县名。西
　汉惠帝四年(前191)置。治所在今陕西泾阳县西北,俗名迎冬
　城。因在池水之阳而得名。汉建池阳宫于此。西晋属扶风国。

⑬升降:上前与后退。此指前往。趋翔:犹趋跄。形容朝拜时快步
　前往。

⑭威容:指庄重的仪容。

⑮中朝:朝廷,朝中。

⑯兼该:兼备,包括各个方面。该,通"赅"。

⑰倜傥:卓异,不同寻常。

⑱雅识:高明的识见。本处意为欣赏。

⑲年五十八:《晋书·杜轸传》作"年五十一"。

【译文】

杜轸,字超宗,是蜀郡成都人。父亲杜雄,字伯休,曾任安汉、雒县县

令。杜轸早年师从谯周，能够在谯氏之门中阐发高深的经义。郡府任命杜轸为功曹。在邓艾攻破蜀国之后，杜轸被征召。后来锺会进入成都。当时太守南阳人张府君不肯出来做官，杜轸劝谏说："征西将军已经被押送，而镇西将军就在近旁，必定对你有所调遣。现在是兵荒马乱之际，交相陷害，变化不定，阁下应该避离官府。"张府君便搬出官府，居住在私宅。锺会果然派遣参军牵弘担任太守，率领数百骑兵穿着甲胄飞驰进入郡府。前导人员询问太守在哪里，回答说："已经搬出府邸。"于是善待张府君。牵弘又征召杜轸为功曹。杜轸被察举为孝廉，担任建宁县令，又转任山阳、新城、池阳等处，所任职之地均有治绩。杜轸入朝担任尚书郎。每次前往殿下进谒时，都小步疾行，仪容庄重可观，朝中之人都很看重他。杜轸后升迁为犍为太守，对老百姓很仁爱。后回朝担任州大中正。杜轸可谓才学兼备，而且气量不同寻常，晋武帝很欣赏他。正准备提拔他为内侍大臣，适逢杜轸去世，享年五十八岁。

弟烈，字仲武。贞干敏识[1]，平坦和粹[2]，名誉侔轸[3]。察孝廉，历平康、牛鞞、南郑、安阳令[4]。王国建，首选为郎中令[5]，迁衡阳太守。兄轸丧，自上求去官，以兄子幼弱，轸丧飘飖，欲扶将灵柩葬旧坟[6]。武帝叹惜轸能用未尽，而嘉烈弟意，转拜，徙官犍为太守，又转湘东[7]。少弟良，字幼伦，亦有当世局分[8]。举秀才，茶陵、新都令[9]，王国郎中令，迁涪陵、建宁太守[10]。兄弟并兴[11]，州里以为美谭[12]。

【注释】

①贞干：忠贞干练，贤能。敏识：聪明博识。

②平坦：公平，直率。和粹：平和纯朴，纯粹。

③侔：等同，相等，比得上。

④平康:县名。三国蜀汉置,属汶山郡。治所在今四川黑水县东北。牛鞞:县名。西汉元鼎二年(前115)置,属犍为郡。治所在今四川简阳市西北。南郑:县名。战国秦置,为汉中郡治。治所在今陕西汉中市东。安阳:县名。西汉置,属汉中郡。治所在今陕西洋县北。三国魏移治今陕西石泉县东南。西晋太康元年(280)改名安康县。

⑤郎中令:《晋书·杜轸传》附杜烈传:"(杜)轸弟(杜)烈,……为成都王(司马)颖郎中令。"

⑥扶将:搀扶,扶持。

⑦湘东:郡名。三国吴置,治所在酃县(今湖南衡阳东)。以在湘水之东而命名。辖境相当今湖南衡阳、攸县、茶陵、安仁、常宁等市县地。

⑧当世:用世,治世。局分:器局,器量,才分。

⑨茶陵:县名。西汉置,属长沙国。治所在今湖南茶陵东。东汉属长沙郡。三国吴属湘东郡。新都:县名。本战国时蜀国之新都。西汉置县,属广汉郡。治所在今四川成都新都区。

⑩涪陵:郡名。东汉末刘备置。治所在涪陵县(今重庆彭水)。西晋移治汉复县(今贵州沿河西北洪渡)。南朝齐复置,治所在汉平县(今重庆武隆西北)。建宁:郡名。三国蜀建兴三年(225)改益州郡置。治所在味县(今云南曲靖西北)。西晋属宁州。

⑪并兴:底本作"并典"。

⑫美谭:令人赞扬称道的好事。谭,同"谈"。

【译文】

杜轸的弟弟杜烈,字仲武。忠贞干练,聪明博识,为人公正直率,平和纯朴,名望与声誉比得上杜轸。杜烈被察举为孝廉,历任平康、牛鞞、南郑、安阳县令。成都王国建立后,杜烈首先被选为郎中令,后升迁为衡阳太守。哥哥杜轸去世时,杜烈自己主动上表朝廷,请求辞去官职,因为哥哥的儿子年幼弱小，哥哥的尸体流落在外，他打算扶持哥哥的灵柩回到故乡的旧坟安葬。晋武帝为杜轸的才能未得到充分发挥而叹惜，又嘉奖其弟杜烈的诚意，转而拜官杜烈，先转任犍为太守，又转任湘东太守。杜轸的小弟弟杜良，字幼伦，也有治世的才分。被举荐为秀才，曾任茶陵、新都县令，成都王国的郎中令，后升迁为涪陵、建宁太守。兄弟三人都事业兴盛，州里以此为美谈。

　　轸二子：长子毗，字长基；少子秀，字彦颖。珪璋琬琰①，世号"二凤"。毗举秀才，大将军辟掾，太傅参军，平东长史②，尚书郎，稍迁镇南军司、益州刺史③。秀，州主簿，早卒。

【注释】

①珪璋：玉制的礼器。古代用于朝聘、祭祀。这里比喻杰出的人才。

　琬琰：泛指美玉。

②长史：官名。总掌各机构中事务，统领幕僚。

③军司：官名。三国时置。即军师，掌军中刑狱法制、用兵作战之事。西晋避司马师讳，改为"军司"。晋各军皆置军司。梁武帝以羊侃为大军司。后代不复置。

【译文】

　　杜轸有两个儿子：大儿子杜毗，字长基；小儿子杜秀，字彦颖。兄弟二人都是美玉一样的优秀人才，世人称为"二凤"。杜毗被举荐为秀才，被大将军征辟为掾吏，后任太傅参军，平东将军长史，尚书郎等职务，不久升迁为镇南军司、益州刺史。杜秀，担任州府的主簿，去世得早。

　　任熙，字伯远，蜀郡成都人也，汉大司农任昉后也①。世有德彦②。父元，字秀明，犍为太守，执金吾。熙治《毛诗》《京易》③,博通五经。事亲至孝,居丧毁瘠④,为州乡所称。察孝廉,除南郑令,以病去官。复授南郑,不就。转梓潼令,为政清净⑤。辞疾告归,勤农力稼⑥,居室致给⑦。循训闺门⑧,内则可法⑨。博爱,以谦恭接物⑩,开门待宾,倾怀下士⑪。客无长幼,必有供膳。清谈游讲⑫,不妄失言,祗慎著闻⑬。太康中,除越嶲护军⑭,非其雅好⑮,不往。征给事中。熙以侍臣日月左右⑯,赞晖扬光,不可苟私,终以病辞。而蜀郡令每至官,为之修谒⑰,岁致羊酒⑱。即家拜朱提太守,固让不之官。好述作,诗、诔、论、难皆粲艳⑲。年六十九,卒于家。

【注释】

①任昉:字文始,蜀郡成都(今四川成都)人。参看本书卷十《先贤士女总赞》注。

②德彦:德行美好。

③《京易》:指西汉京房所著《京氏易传》三卷。

④毁瘠:因居丧过哀而导致身体极度瘦弱。

⑤清净:简明不繁。即古人所说"清静无为"。

⑥力稼:努力耕作。

⑦居室:居家过日子。致给:犹如"自给",意谓依靠自己生产,满足自己的需要。

⑧闺门:内室的门。借指家中。

⑨内则:家庭内的规范和准则,意即家规。

⑩接物:指待人接物。

⑪倾怀:尽情吐露情怀。下士:屈身交接贤士。

⑫清谈:本指魏晋间一些士大夫崇尚虚无,不务实际,空谈哲理。后

　　世亦泛指不切实际的谈论。

⑬祇慎：敬慎。

⑭护军：统兵武职。职掌监护诸军及武官选拔考核。

⑮雅好：平素爱好。

⑯日月：喻指帝、后。语本《礼记·昏义》："故天子之与后，犹日之与月"。本处偏指皇帝。

⑰修谒：进见（地位或辈分高的人）。

⑱羊酒：羊和酒。亦泛指赏赐或馈赠的物品。

⑲粲艳：指文采华丽。

【译文】

　　任熙，字伯远，蜀郡成都人，是汉代大司农任昉的后人。任家世代德行美好。任熙的父亲任元，字秀明，曾任犍为太守，执金吾。任熙研究《毛诗》《京易》，博通五经。侍奉亲人很孝顺，因居丧过哀而导致身体极度瘦弱，为州里和乡里的人所称道。任熙被察举为孝廉，担任南郑县令，后因病辞去官职。又被授予南郑县令，但没有赴任。转任梓潼县令，为政简明不繁。因病辞官回到故里，勤勉农事，努力耕作，居家自给自足。在家中遵循前人的家训，其家规可以被效法。任熙有博爱之心，以谦恭心态待人接物，打开大门接待宾客，敞开胸怀礼贤下士。宾客无论长幼，前来者必定有膳食款待。任熙在闲谈游讲时，不会妄自失言，以言行敬慎闻名于当地。太康年间，被任命为越巂护军，因为不是他平常向往的，故而没有到任。后来，被征拜为给事中。任熙以侍臣服侍皇帝左右，辅佐皇帝正大光明，不可苟且徇私，最终以疾病为由而辞职。蜀郡太守、县令只要上任，都会登门拜见任熙，并且每年都会赠送羊、酒等物品。朝廷又派人到他家拜任熙为朱提太守，任熙坚决推辞而不去上任。任熙喜好撰述写作，所作诗、诔、论、难都文采华丽。六十九岁时，任熙在家中去世。

子蕃,字宪祖,察孝廉,新都令、西夷司马、涪陵太守①。蕃子迪,字叔孤,少与巴西龚壮俱知名②,而学业优之,早殁。

【注释】

①西夷司马:西夷校尉属官。两晋之时,西夷校尉可立府,置长史、司马。

②龚壮:字子玮,巴西(治今四川阆中)人。参看本书卷九《李特雄期寿势志》注。

【译文】

任熙的儿子任蕃,字宪祖,被察举为孝廉,曾任新都县令、西夷司马、涪陵太守。任蕃的儿子任迪,字叔孤,年轻时与巴西人龚壮都很有名,而学业又比龚壮更好,可惜英年早逝。

熙同时犍为杨彭敬宗、弟遾训宗,各以德行称,同察孝廉。彭,比苏令①,甘露降其县;遾,滇池令②,殊俗怀其德③。

【注释】

①比苏:县名。西汉置,属益州郡。治所在今云南云龙。东汉属永昌郡。

②滇池:县名。西汉置,为益州郡治。治所即今云南昆明晋宁区东。《汉书・地理志上》益州郡滇池县:"大泽在西,滇池泽在西北。"因湖名为县名。

③殊俗:指风俗不同的边远地区。

【译文】

任熙的同时代人,还有犍为人杨彭(字敬宗)、其弟杨遾(字训宗),各自以德行著称于世,同时被察举为孝廉。杨彭,曾任比苏县令,甘露降在这个县;杨遾,曾任滇池县令,边远之地的人都怀念他的德政。

王长文,字德俊,广汉郪人也。父颙,字伯元,犍为太守。长文天姿聪警,高畅敏识^①,治五经,博综群籍。弱冠,州三辟书佐^②。丁时兴衰^③,托疾归家。大同后,郡功曹,察孝廉,不就,遂阳愚^④。尝着绛衣绛帽,牵猪过市中乞^⑤。人与语,伪不闻。常骑牛周旋^⑥。郡守初至,诣门修敬^⑦,至闾^⑧,走出,请,终不还。刺史淮南胡罴辟从事祭酒^⑨,卧在治。罴出板举秀才^⑩,长文阳发狂疾^⑪,步担走出门^⑫。罴累遣教请还^⑬,终不顾。还家养母,独讲学。著《无名子》十二篇^⑭,依则《论语》。又著《通经》四篇^⑮,亦有卦名,拟《易》《玄》^⑯。以为《春秋》三传传经不同^⑰,每生讼议^⑱,乃据经摭传^⑲,著《春秋三传》十三篇^⑳。又撰《约礼记》,除烦举要^㉑,凡十篇,皆行于时。

【注释】

①高畅敏识:意谓王长文学识渊博,见识高明。敏识,聪明博识。

②书佐:指州书佐。州门下吏名。两汉郡县各曹均有书佐,职主起草和缮写文书。

③丁时:适逢其时,正当其时。兴衰:兴盛和衰落。本处偏指衰落,意指蜀汉衰落时期。

④阳:古同"佯",假装。

⑤乞:底作"讫",误。

⑥周旋:盘桓。即今人所说"转圈子"或"遛弯儿"。

⑦修敬:表示敬意。

⑧闾:里巷的大门。

⑨胡罴:字季象,九江郡寿春(今安徽寿县)人。参看本书卷八《大

同志》注。

⑩出板:发布告示。

⑪狂疾:疯癫病。

⑫步担:徒步挑担。

⑬教:长官训示下级的一种文书(刘琳)。

⑭十二篇:底本作"十三篇"。

⑮《通经》:史书或作"《通玄经》"。《晋书·王长文传》:"(王长文)著书四卷,拟《易》,名曰《通玄经》,有《文言》《卦象》,可用卜筮,时人比之扬雄《太玄》。"

⑯拟:模仿,仿效。《玄》:指扬雄《太玄》。参看本书卷十《先贤士女总赞》注。

⑰《春秋》三传:指解释《春秋》的《左传》《公羊传》《穀梁传》。

⑱讼议:争论。

⑲摭(zhí):选取,摘取。

⑳十三篇:底本作"十二篇"。

㉑除烦:删除繁杂。举要:举其大要,陈其主旨大略。

【译文】

王长文,字德俊,是广汉郪人。父亲王颙,字伯元,曾任犍为太守。王长文天姿聪明机警,学识渊博,见识高明,研究五经,博览群籍。二十岁时,州府三次征辟他为书佐。适逢蜀汉衰落,王长文借口有病回家。国家统一后,王长文做了郡府的功曹,被察举为孝廉,但没有去报到,于是假装愚昧。曾经身着红衣,头戴红帽,牵着一头猪经过闹市,沿街乞讨。有人跟他说话,他假装没有听到。还经常骑着牛转圈子。郡守刚刚上任时,登门拜访王长文以表示敬意。郡守到达里巷大门时,王长文就跑出家门,郡守请他,他最终没回家。刺史、淮南人胡黑征辟他为从事祭酒,王长文假装卧床治病。胡黑发布告示举荐他为秀才,王长文假装癫疯病发作,徒步挑担跑出家门。胡黑多次派人聘请他,王长文终究没回来做官。王长文回到家乡奉养母亲，独自讲学。著有《无名子》十二篇，是效法《论语》创作的。又著《通经》四篇，书中也有卦名，仿效的是《周易》《太玄》。王长文认为，《左传》《公羊传》《穀梁传》对《春秋》的解释不同，常常产生争论，于是根据《春秋》的经文摘取三传的传文，写了《春秋三传》十三篇。又撰写了《约礼记》，删除烦琐，举其主旨大略，共有十篇，在当时都很流行。

长文才鉴清妙，泛爱广纳，放荡阔达①，不以细宜廉介为意②，亦不好臧否人物③，故时人爱而敬之。以母欲禄养④，咸宁中⑤，领蜀郡太守⑥。郫有孝子罗偶，事亲至孝。二亲将亡时，病，不能食肉，终身不食肉。郡察孝廉。长文追为立表以旌之。宰府辟⑦，三司及抚军大将军王濬累辟⑧，不诣。濬薨，以故州将军，吊祭。元康初，试守江原令⑨。县收得盗贼，长文引见诱慰⑩。时适腊晦⑪，皆遣归家。狱先有系囚⑫，亦遣之，谓曰："教化不厚，使汝等如此，长吏之过也。蜡节庆祈⑬，归就汝上下⑭，善相欢乐；过节来还，当为思他理⑮。"群吏惶遽⑯，争请，不许。寻有赦令，无不感恩，所宥人辍不为恶，曰："不敢负王君。"将丧去官，民思其政。大将军梁王肜及诸府并辟⑰，长文曰："吾从其先命者。"遂应肜招，为从事中书郎。诸王公卿慕其名，咸与之交。贾氏之诛⑱，从肜有功，封关内侯，再为中书郎。愍怀太子死于许下⑲，博士、中书论虞祔之礼⑳。长文议："虞祭宜还东宫㉑，以继太子者为主；配食于颍川府君㉒。"皆施行。除洛阳令。长文见肜曰："主者不庶几㉓，奏长文为洛阳令。"肜笑答曰："卿乃不庶几，非主者也。"固辞不拜。闻益州乱㉔,以《通经》筮,得"老蚕缘枯桑"之卦,叹曰:"桑无叶,蚕以卒也。吾蜀人殄于是矣㉕。"拜蜀郡太守,暴疾卒㉖。时年六十四。

【注释】

①放荡:放纵,不受约束。阔达:犹豁达。气量大,性格开朗。

②细宜:小义,小事之宜(任乃强)。廉介:清廉耿介。按:廉介,或作"廉分",意为小廉(任乃强)。《晋书·王长文传》:"太康中,蜀土荒馑,开仓振贷。长文居贫,贷多,后无以偿。郡县切责,送长文到州。刺史徐幹舍之,不谢而去。"《晋书》所记,或即王长文"不以细宜廉介为意"之一事。

③臧否人物:评论人物好坏。臧否,褒贬。

④禄养:以官俸养亲。古人认为,官俸本为养亲之资。《魏书·辛雄传》:"(辛雄)又为《禄养论》,称仲尼陈五孝,自天子至庶人无致仕之文。……以为宜听禄养,不约其年。"

⑤咸宁:275—280年。

⑥领蜀郡太守:《华阳国志》所记此事当有误。王长文以布衣之身,不可能骤升为郡太守,而《晋书·王长文传》亦不载此事。下文云王长文"元康初,试守江原令",亦仅县令也(本注参考自刘琳)。

⑦宰府:宰相办公之所。

⑧王濬(206—285):字士治,弘农湖县(今河南灵宝)人。参看本书卷八《大同志》注。

⑨试守:正式任命前试行代理某一职务。

⑩引见:接见。诱慰:劝导抚慰。

⑪腊晦:腊月三十。指除夕。晦,阴历每月的最后一天。

⑫系囚：在押的囚犯。

⑬蜡节：古代蜡祭会饮的节日。庆祈：或作"庆祚""庆赏"，以作"庆祈"为佳。指庆典。

⑭上下：辈分上较高的和较低的人。意指全家上下。

⑮思他理：想其他办法（为他们开脱）。

⑯惶遽（jù）：恐惧慌张。

⑰梁王肜（róng）：指梁王司马肜。字子徽，河内温县（今河南温县）人。司马懿之子。因无甚才能，不历职。晋武帝即位，封梁王。元康时，任征西将军，督关中军事。后司马伦篡位，任其为太宰、尚书令。《晋书》有传。

⑱贾氏：指晋惠帝皇后贾氏（257—300）。名南风，平阳襄陵（今山西襄汾东北）人。大臣贾充女。惠帝即位，立为皇后。太后父杨骏辅政。永平元年（291），贾后使楚王司马玮诛骏。以汝南王司马亮为太宰辅政，又矫诏使司马玮杀汝南王司马亮。旋以"擅杀"罪杀司马玮。荒淫放恣，酷虐暴戾。擅政十年，又杀愍怀太子司马遹，遂绝众望。卒为赵王司马伦所杀。《晋书》有传。

⑲愍怀太子：指晋惠帝太子司马遹（278—300），字熙祖，河内温县人。参看本卷上文注。许下：指许（今河南许昌）。

⑳虞祔（yú fù）：指虞祭与祔祭。虞祭为葬后之祭，祔祭指在祠庙中配享、附祭。

㉑虞祭：古祭名。葬后的祭祀。

㉒配食：祔祭，配享。颍川府君：指司马懿祖父司马俊。东汉末官吏。字元异，河内温县人。博学好古，仪状魁伟，官至颍川太守。晋武帝泰始初，设七庙之制以追祭之，称颍川府君。

㉓主者：主管人。本处指主管荐举官员的人，暗指司马肜。不庶几：犹言"不贤"或"不好"。

㉔益州乱：指永康元年（300）益州刺史赵廞叛乱。

㉕殄（tiǎn）：尽，绝。本处指死亡。

㉖暴疾：突然发病。

【译文】

　　王长文有清高美好的才干与品行，博爱众生，广纳善言，心胸豁达，但又放荡不羁，不介意小恩小义、小廉小惠，也不喜好评论人物，故而当时人喜欢而且敬重他。因为母亲需要一份俸禄来供养，咸宁年间，王长文任蜀郡太守。郫县有个孝子叫罗偶，侍奉父母十分孝顺。父母将要去世时，因为病重而不能吃肉，故而罗偶终身不再吃肉。郡府察举他为孝廉。王长文追念罗偶，为他树立了牌坊表彰他。宰府征召王长文，三司以及抚军大将军王濬也多次征召王长文，王长文都没有应召前往。王濬去世后，王长文以前州将军的身份，前往祭吊。元康初年，王长文代理江原县令。江原县捕获了盗贼，王长文接见了他们，并进行劝导抚慰。当时正逢除夕，王长文都将他们遣送回家。监狱中先前关押的囚犯，也将他们遣送回家，对他们说："地方教化不深厚，才让你们变成这样，这是长官的过错。蜡祭会饮的庆典就要到了，你们回去见你们的一家老小，好好过一个欢乐年；过完节后再回到这儿，我会想其他办法为你们开脱。"下属官吏恐惧慌张，争相阻止，但王长文不听。不久遇到朝廷发布大赦令，这些囚犯没有不感恩王长文的，这些被宽宥的人也不再作恶，说："不敢辜负王君！"王长文因将奔丧辞去官职，百姓都怀念他的政绩。大将军、梁王司马肜和诸府都来征召王长文，王长文说："我跟从先来征召我的一方。"于是王长文应司马肜之召，担任从事中书郎。诸王公卿倾慕他的名望，都和他交往。贾氏被诛灭后，王长文因跟从司马肜起事有功，被封为关内侯，后又再度出任中书郎。愍怀太子在许昌去世，博士、中书讨论虞祭与祔祭之礼。王长文提议："虞祭应该留给东宫太子，以继承太子之位者为主祭；愍怀太子应该祔祭于颍川府君。"王长文的提议都被施行了。后被任命为洛阳令。王长文进见司马肜说："主管人不贤，奏请我长文为洛阳令。"司马肜笑着回答说："是阁下不贤，不是主管人不贤。"王长文坚决推辞而不接受任命。王长文听说益州有叛乱，便用《通经》卜筮，得到的是"老蚕缘枯桑"卦，叹息道："桑树没有叶子，蚕儿就要死去。我是蜀人，将死于此。"王长文被拜为蜀郡太守，突然发病而死。享年六十四岁。

　　长文时人蜀郡柳竺、任兴，亦博学著闻，俱为州别驾。竺在右职①，公亮謇謇②。刺史盛怒，欲杀人，群下请，不听。竺乃怀缚径入③，顿几上④，乃极陈其刑理⑤。刺史从谢还缚。皆早亡。

【注释】

①右职：高职，要职。

②公亮：公正诚信。謇謇（jiǎn jiǎn）：忠直，刚正不阿貌。謇，通"蹇"。

③缚：绳索，捆绑的绳子。

④顿：放置。此处有用力抛掷的意思。

⑤刑理：刑法、法律的道理。

【译文】

王长文同时代的蜀郡人柳竺、任兴，也以博学闻名于世，都担任州府别驾。柳竺身居要职，公正诚信，刚正不阿。有一次，刺史大怒，想要杀人，群下请求，他都不听从。柳竺于是怀揣一根绳子，径直进入厅堂，把绳子抛在几案上，才极力陈述刑法之理。刺史听从了，道歉，将绳子还给柳竺。柳竺和任兴都死得早。

　　寿良，字文淑，蜀郡成都人也。父、祖二世，犍为太守。良少与犍为张征、费缉并知名①。治《春秋》三传，贯通五经。澡身贞素②。州从事,散骑、黄门侍郎。大同③,郡主簿,上计吏。察孝不就。州辟主簿、治中、别驾,举才行。刺史皇甫晏贡之三司④,遂辟太宰⑤。除霸城令、始平太守⑥,治政著称⑦。从扶风转秦国内史⑧。文立卒后,温令李宓表武帝言:"二州人士零颓⑨,才彦凌迟⑩,无复厕豫纲纪后进、慰宁退外者⑪。良公朝在时⑫,二州之望,宜见超予⑬,绍继立后⑭。"帝征为黄门侍郎,兼二州都、给事中、梁州刺史⑮。迁散骑常侍、大长秋。卒,葬洛北芒山⑯。

【注释】

①张征、费缉:本卷下文有小传。

②澡身:洗身使洁净,引申为修持操行。谓修养身心,使之高洁。《礼记·儒行》:"儒有澡身而浴德。"孔颖达疏:"澡身,谓能澡洁其身不染浊也;浴德,谓沐浴于德以德自清也。"贞素:贞纯素朴。

③大同:下当脱"后"字。《华阳国志》全书所记人物事迹,凡是由蜀汉而入两晋者,均作"大同后"。

④皇甫晏(?—272):籍贯不详。曾任益州刺史,后被部将牙门张弘等所杀。

⑤辟太宰:意谓被太宰府征召为掾属(属吏)。

⑥霸城:县名。三国魏以霸陵县改置,属京兆郡。治所在今陕西西安东北。始平:郡名。西晋置,属雍州。治所槐里(今陕西兴平东南)。辖境相当今陕西咸阳、户县以西,宝鸡、兴平二市以南,秦岭以北地。

⑦治政:意谓治理有政绩。

⑧扶风:王国名。西晋改扶风郡置,治池阳县(今陕西泾阳西北)。按:本处所说"扶风",指的是扶风国内史。

⑨二州：指梁州、益州。零颓：零落颓败。

⑩才彦：才子贤士。凌迟：衰退，衰败。

⑪厕豫：列入，参与。豫，通"与"。纲纪：治理，管理。后进：后辈。亦指学识或资历较浅的人。按：本处所说"纲纪后进"，有提携后人的意思。慰宁：安慰抚平。遐外：蛮荒之地（的人）。

⑫公朝：或作"公幹"。古代官吏在朝廷的治事之所，借指朝廷。

⑬超予：或作"超子"，误。言破格给予高位（刘琳）。

⑭绍继：继承。立：指文立。字广休，巴郡临江（今重庆忠县）人。参看本书卷一《巴志》注。

⑮州都：官名。州大中正的别称。魏晋时实行九品中正制，依品第选任官吏。郡置中正，州置大中正，掌管地方选拔官吏事宜。

⑯北芒山：亦作北山、郏山、芒山，即邙山东段。在今河南洛阳北。东汉及北魏之王侯公卿多葬于此。

【译文】

寿良，字文淑，是蜀郡成都人。父亲、祖父两代，都曾任犍为太守。寿良年轻时与犍为人张征、费缉都是当地的知名人士。寿良研究《春秋》三传，贯通五经。修养身心，纯贞素朴。任州从事，散骑、黄门侍郎。国家统一后，任郡主簿，上计吏。被察举为孝廉，但他没有接受。州府征召寿良为主簿、治中、别驾，向上举荐他的才智和德行。刺史皇甫晏向三司推荐寿良，征召他为太宰。寿良后任霸城县令、始平太守，以治理有政绩而著名。后从扶风国内史转为秦国内史。文立去世后，温县县令李宓上表给晋武帝说："梁、益二州人才零落，才俊衰微，不再有能够参与提携后人、安抚边远地区事务的人。寿良在朝廷的时候，是梁、益二州众望所归的人物，应该破格给予提拔，继承文立的事业。"晋武帝征拜寿良为黄门侍郎，兼任二州大中正，给事中、梁州刺史。寿良后升迁为散骑常侍、大长秋。寿良去世后，埋葬在洛阳北芒山。

征字建兴，张翼子也①。笃志好学②，官至广汉太守。缉字文平，清检有治干③，举秀才，历城令、涪陵太守④，迁谯内史⑤。

【注释】

①张翼（？—264）：字伯恭，犍为郡武阳（今四川眉山彭山区）人。参看本书卷四《南中志》注。

②笃志：专心致志，立志不变。

③清检：清廉俭朴。检，通"俭"。治干：处理政务的干才。

④历城：县名。秦置，属济北郡。治所在今山东济南。因城南历山（今名千佛山）而得名。

⑤谯：谯国。封国名。三国魏黄初元年（220）改谯郡置，治所在谯县（今安徽亳州）。内史：此指王国内史。官名。西汉初置，各诸侯王国皆置内史，负责政务。

【译文】

张征字建兴，是张翼的儿子。张征志趣专一，爱好学问，官至广汉太守。费缉字文平，清廉俭朴，有处理政务的干才，被举荐为秀才，曾任历城县令、涪陵太守，后升迁为谯国内史。

何攀，字惠兴，蜀郡郫人，汉司空氾乡侯武弟颍川太守显后也①。父包，字休杨②，察举秀孝③，皆不行；除琅琊王中尉④，不就。攀兄弟五人皆知名。攀少夙成⑤，奇姿卓逸⑥。弱冠，郡主簿、上计吏，州辟从事。刺史皇甫晏称攀"王佐才也"⑦，以为主簿。泰始十年⑧，丧母归家。晏为牙门张弘等所害，攀操表径诣洛讼释，事得清。刺史王濬复辟主簿、别驾⑨。

【注释】

①武:何武(？—3),字君公,蜀郡郫(今四川成都郫都区)人。参看本书卷三《蜀志》注。显:何显,蜀郡郫人。何武之弟。曾任颍川太守。

②休杨:或作"休扬"。以作"休扬"为佳。

③秀孝:秀才与孝廉的并称。为汉以来,隋唐以前荐举人才的两种科目。州举秀才,郡举孝廉。

④中尉:统兵武官。秦汉时为武职,俸中二千石,掌京城治安、巡逻捕盗。汉武帝太初元年改称执金吾。王莽时又改中尉为军中。东汉仍称中尉。

⑤夙成:早成,早熟。

⑥卓逸:卓越超绝。

⑦王佐才:辅佐帝王创业治国的人才。

⑧泰始十年:274年。

⑨王濬(206—285):字士治,弘农湖县(今河南灵宝)人。参看本书卷八《大同志》注。

【译文】

何攀,字惠兴,蜀郡郫人,是汉朝司空、氾乡侯何武的弟弟、颍川太守何显的后人。父亲何包,字休杨,被察举为秀才、孝廉,都没有应召;被任命为琅琊王的中尉,也没有到任。何攀兄弟五人都知名于世。何攀从小就早熟,天姿奇逸,卓越超绝。二十岁时,何攀担任郡主簿、上计吏,州府又征召何攀为从事。刺史皇甫晏称赞何攀是"王佐之才",任命他为主簿。泰始十年,何攀因母丧回到家中。皇甫晏被牙门张弘等人杀害,何攀带着奏章,径直到洛阳为皇甫晏辩解,事情最终得以澄清。刺史王濬又征召何攀为主簿、别驾。

咸宁三年①,濬被诏罢屯田兵,作船,为伐吴调。攀进曰："今见佃兵但六百人,计作船六七年,财可胜万人^②。后者未成,前者已腐,无以辅成国意^③。宜辄召回守休兵及诸武吏,并万余人造作,岁终可辨^④。"濬及纲纪疑辄召万兵^⑤,欲先上须报^⑥。攀曰："官家虽欲伐吴^⑦,疑者尚多,卒闻召万兵,必不见听;以佃兵作船,船不时成。当辄召,以速为机,设当见却^⑧,功夫已成,势不得止。"濬善之。议欲入山裁船^⑨,动数百里,艰难。攀曰："今冢墓多种松柏,当什四市取^⑩,以速为机。"濬悦之,任攀典舟船器杖^⑪。

【注释】

①咸宁三年:277年。

②财:通"才",仅仅。

③辅成国意:帮助完成国家统一的意愿,意谓讨伐吴国而完成统一。

④辨:通"办",办理,做成。

⑤纲纪:代指古代公府及州郡主簿。

⑥须:等待。报:批复。

⑦官家:对皇帝的称呼。

⑧见:被。却:拒绝,取消。

⑨裁船:为造船准备材料。裁,通"材",木材,材料。

⑩什四:十分之四。市取:意谓按市场价格收购。

⑪典:主持,主管。器杖:武器总称。

【译文】

　　咸宁三年,王濬得到诏书,停止军队屯田,制造船舰,为征伐吴国做准备。何攀进谏说:"现在看造船的佃兵只有六百人,估计造船六七年,才可以超过一万人。后面的船只还没有造好,前面的船只已经腐烂了,这样是无法实现国家统一意愿的。应该立刻召回轮休的士兵和各郡武吏,加起来有一万余人造船,到岁末便可完成。"王濬和各州郡主簿则怀疑能否召集一万士兵,打算先上奏朝廷,等待批复后再做决定。何攀说:"皇帝虽然打算讨伐东吴,但对此表示怀疑的人很多,突然听说要召集一万士兵,奏章必定不会被采纳;使用佃兵制造船只,船只随时可以造成。应当马上召集人员,以迅速为关键,假设计划被取消,而大功已经告成,其势便不可阻止了。"王濬认为何攀说得对。在讨论造船之事时,有人提议进山采集造船材料,来回动不动就几百里,很艰难。何攀说:"现在坟墓旁大都种植松树和柏树,应当按市场价收购其中的十分之四,关键是要快。"王濬很高兴,任命何攀主管舟船及武器制造事务。

冬,遣攀使洛。攀曰:"圣人之功可成,使人信之不可必也[①]。夫高祖之大略[②],犹未察于韩信、娄敬[③],因萧何、子房而后用之[④]。今建非常之功,或莫之信。羊公[⑤],使君同盟[⑥],国家所重,加曩日失策西陵[⑦],思有凤驾[⑧]。宜与相闻,此一助也。"濬曰:"何但羊叔子,亦宗元亮之忧[⑨]。君至洛,官家未有举意[⑩],便前至襄阳与羊、宗论之。"攀既至洛,拜表献策,因至荆州与刺史宗廷论,宗未许。乃见羊祜,累日共画用兵之要。攀曰:"若令青、徐循海以趣京下[⑪],寿春、扬州直指秣陵[⑫],兖、豫逾淮并据桑浦[⑬],则武昌以东、会稽以西必然骇困[⑭]。荆州、平南径造夏口[⑮],巴东诸军固守西陵,益、梁之众浮江东下,封乐乡[⑯],要巴丘[⑰],则武陵、零、桂、长沙、湘东从风而靡矣[⑱]。但明信赏[⑲],首尾俱会,旌旗耀天,四面云合,乘胜席卷,传檄南极[⑳],吴会不尽平者[㉑],未之有也。"羊祜大悦,遂表请伐吴。寻征濬大司农,至晋寿[㉒],诏以濬为龙骧将军,除攀郎中,参濬军事[㉓]。攀频奉使诣洛,时未婚。司空裴公奇其才^㉔,以女妻之。

【注释】

①可必:谓可以预料其必然如此。

②高祖:指汉高祖刘邦。字季,沛县人。参看本书卷一《巴志》注。

③韩信(? —前196):淮阴(治今江苏淮安市淮阴区)人。参看本书卷六《刘先主志》注。娄敬:即刘敬。西汉齐人。本姓娄。刘邦定天下,娄敬因献定都关中之策有功,赐姓刘氏,号为奉春君。后封关内侯,号建信侯。刘邦在白登之围败于匈奴后,苦于北方边患,娄敬建议用和亲政策,因出使匈奴,与之结约。后又建议迁徙六国贵族后裔及豪强大族约十余万人充实关中,以削弱旧贵族势力。《史记》《汉书》有传。

④萧何(? —前193):沛县人。参看本书卷二《汉中志》注。子房:张良(? —前186),字子房,相传为城父(今河南郏县东)人。参看本书卷七《刘后主志》注。

⑤羊公:指羊祜(221—278):字叔子,泰山南城(今山东费县)人。参看本书卷八《大同志》注。

⑥使君:尊称州郡长官。

⑦曩(nǎng)日:往日,以前。失策西陵:指晋泰始八年(272),吴西陵督步阐据城降晋。吴派遣陆抗围攻西陵,破晋援兵。西陵陷落,步阐被擒斩。失策,计谋失误,谋划不当。西陵,都邑名,在今湖北宜昌市西北。

⑧凤驾:早起驾车行驶。本处意谓早日行动。凤,早。

⑨宗元亮:或作“宋元亮”。名廷,字元亮,籍贯不详。

⑩举意:决定。本处意谓举兵征伐东吴的决定。

⑪趣:通“趋”,趋向,奔向。京下:即京口。古城名。在今江苏镇江。

⑫秣陵:县名。秦始皇三十七年(前210)置,治今江苏南京市江宁

区南秣陵镇。属会稽郡。东汉建安十七年（212）改名建业，移治今南京市。西晋太康元年（280）灭吴，复名秣陵县；太康三年（282）以淮水（今秦淮河）为界，北为建业县，南为秣陵县。

⑬桑浦：又称大桑浦。在今江苏南京西南。

⑭骇困：惊骇困守。意近"困兽犹斗"。

⑮荆州、平南：指荆州军、平南军。夏口：又称沔口。为夏水（汉水）入长江之口。三国吴黄武二年（223），在大江东岸今湖北武汉黄鹄山（俗称蛇山）东北筑城，因名夏口。

⑯乐乡：城戍名。在今湖北松滋县东北。

⑰要：占领。巴丘：城戍名。即今湖南岳阳市。相传孙吴所筑。

⑱零、桂：指零陵郡、桂阳郡。从风而靡：谓如风之吹草，草随风倾倒。比喻强弱悬殊，弱者不堪一击，即告瓦解。

⑲信赏：有功必赏。

⑳传檄：传布檄文。南极：南方极远之地。代指东吴。

㉑吴会：地名。本为两汉时吴、会稽二郡的合称。后虽分郡渐多，仍通称这两郡的故地为吴会。本处指三国及西晋初孙吴所辖地区。

㉒晋寿：县名。西晋太康元年（280）改汉寿县置，属梓潼郡。治所在今四川广元西南。

㉓参军事：官名。王府、公府、军府、州府的佐吏。掌参谋议。

㉔裴公：裴秀（224—271），西晋大臣、地理学家。字季彦，河东闻喜（治今山西闻喜）人。少好学，有声名。魏末迁散骑常侍、尚书仆射。司马昭时参与改革官制，议五等之爵。入晋，加光禄大夫，官至司空。作《禹贡地域图》，为后世地图绘制学奠定了基础。《晋书》有传。

【译文】

冬天，王濬遣何攀出使洛阳。何攀说："圣人的大功是可以成就的，但要让人相信这一点，则未必办得到。当年汉高祖有远大的谋略，还尚未察觉韩信、娄敬的大才，后因有萧何、张良的荐举而重用韩信、娄敬。现今要建立不同寻常的功业，有的人是不会相信的。羊祜，是阁下可靠的同盟，是国家倚重的栋梁，加上他以前曾经兵败西陵，心里想着早点有行动与建树。因此应该让他知道此事，这也是一大助力。"王濬说："岂止是羊叔子的事，这也是宗元亮的忧虑。你到洛阳之后，如果朝廷没有举兵征伐东吴的想法，你就前往襄阳，与羊祜、宗元亮商议此事。"何攀到达洛阳之后，便上了奏表和计策，又趁机到荆州与刺史宗廷商议，宗廷没有同意。于是何攀去拜见羊祜，二人围绕用兵的关键，共同讨论了好多天。何攀说："如果命令青州、徐州的军队沿海奔向京口，寿春、扬州直接攻打秣陵，兖州、豫州的军队越过淮河并占据桑浦，那么武昌以东、会稽以西的地区必然惊骇困守。荆州军、平南军直接到夏口，巴东的各路军马固守西陵，益州、梁州的军队顺长江东下，封锁乐乡，占领巴丘，那么武陵、零陵、桂阳、长沙、湘东就会望风投降了。只要能明确有功必赏，船队首尾相接，大军旌旗耀天，四面人马云集会合，乘胜前进，席卷州县，传布檄文到东吴，孙吴之地不能全部平定，那是不可能的。"羊祜十分高兴，于是上表朝廷请求讨伐东吴。不久朝廷征拜王濬为大司农，王濬到达晋寿，皇帝又下诏任命王濬为龙骧将军，任命何攀为郎中，参与王濬的军事。何攀频频奉命出使到洛阳，当时他还没有结婚。司空裴秀为何攀的才能感到惊奇，把自己的女儿嫁给了何攀。

五年秋，攀使在洛。安东将军王浑表孙皓欲北上[1]，边戍警戒，朝议征却须六年。攀上疏："策皓必不敢出[2]，宜因今戒严[3]，掩取甚易[4]。"中书令张华命宿下舍[5]，设诸难[6]，攀皆通之。又言[7]："濬性在忠烈，受命必果，宜重其位号。"诏书迁濬平东将军，督二州事。吴平，封关内侯。

【注释】

①王浑（223—297）：字玄冲，太原晋阳（今山西太原）人。参看本书卷八《大同志》注。孙皓（242—284）：三国吴皇帝。吴郡富春（今浙江富阳）人。参看本书卷四《南中志》注。

②策：度量，揣度。

③因今戒严：指利用孙皓北伐的信息作为掩护，趁机起兵攻吴。因，趁机。

④掩取：乘其不意而夺取或捕捉。

⑤下舍：家，私宅。

⑥设难：谓设辞诘难。

⑦又言："言"字原缺，据上下文及文意补。

【译文】

咸宁五年秋，何攀出使到了洛阳。安东将军王浑上表朝廷，说孙皓打算北上进兵，边境加强了警戒，而朝廷商议征伐吴国，却需要等待六年。何攀上疏说："下臣估计孙皓必定不敢出兵，现在应该趁其戒严之时，乘其不意而夺取吴地，这是很容易办到的事情。"中书令张华让何攀住在自己家里，设辞诘难何攀，何攀都能一一疏通。何攀又说："王濬性情忠义刚烈，一旦接受命令便一定会办到，应该加重他的爵位与名号。"皇帝下达诏书，升迁王濬为平东将军，都督梁、益二州的事务。吴国平定后，何攀被封为关内侯。

濬入拜辅国①，攀为司马②。上《论时务》五篇。除荥阳令③，进廷尉平④。有盗开城门下关者⑤，法据大辟⑥。攀驳之曰："上关，执信之主⑦；下关，储备之物。设有开上关，何以加刑？"遂减死。多所议谳⑧。迁散骑侍郎⑨。太傅杨骏谋逆⑩，请众官。攀与侍中傅祗、侍郎王恺等往⑪。惠帝从楚王玮、殿中中郎孟观策^⑫，戒严，诛骏。骏外已匆匆^⑬，攀与祗逾墙得出侍天子。天子以为翊军校尉^⑭，领熊渠兵^⑮，一战斩骏，社稷用安。封西城公，邑万户。

【注释】

① 辅国：为辅国大将军、辅国将军的省称。官名。王濬任职后，"诏依征镇给五百大车，增兵五百人为辅国营，给亲骑百人、官骑十人，置司马。"（《晋书·王濬传》）

② 司马：军府高级幕僚。掌参赞军务，管理府内武职，位仅次于长史。

③ 荥阳：县名。秦置，属三川郡。治所在今河南郑州西北古荥镇。西汉属河南郡。三国魏正始三年（242）为荥阳郡治。

④ 廷尉平：官名。简称廷平，亦称廷评、廷尉评。汉时为廷尉属官。西汉宣帝地节三年（前67），初置廷尉平四人，秩六百石。或说置左、右平二员。东汉唯置左平。魏晋南北朝去"左"字，置一员。掌平决诏狱之事。

⑤ 关：门闩，闩门的横木。按：城门的门闩有上下两重，在上者为"上关"，在下者为"下关"。

⑥ 大辟：古五刑之一，谓死刑。

⑦ 执信之主：控制大门的关键（汪启明）。

⑧ 议谳（yàn）：谓议罪量刑。

⑨ 散骑侍郎：官名。曹魏始置，秩六百石，员额四人，五品。与散骑常侍等共平尚书奏事。掌侍从左右，献纳得失。

⑩ 杨骏（？—291）：字文长，弘农华阴（今陕西华阴）人。其女为晋武帝皇后，以此迁车骑将军，封临晋侯。与弟杨珧、杨济势倾天下，时称"三杨"。惠帝立，为太傅、大都督。总揽朝政，遍树亲党，为政苛碎，刚愎自用。贾后欲干预政事，遂密旨诛杨骏，夷三族。《晋书》有传。谋逆：图谋叛逆，阴谋造反。

⑪傅祇（243—311）：字子庄，北地泥阳（今陕西铜川耀州）人。魏太常傅嘏之子，傅咸族弟。起家太子舍人，累迁荥阳太守。河、济泛溢，修沈莱堰以治水患。百姓感恩，表迁常侍、左军将军。惠帝即位，入为侍中。讨杨骏有功，封灵川县公。历事赵王伦、成都王颖、东海王越。怀帝立，受推崇，累迁中书监。洛阳城破，议建行台，推为盟主。以司徒、持节、大都督诸军事传檄四方，征义兵。寻以疾暴卒。《晋书》有传。王恺：西晋官吏。字君夫，东海郯县（今山东郯城）人。王肃之子，王恂之弟，司马昭妻弟。少有才力而无检行。以讨杨骏功，封山都县公。累官龙骧将军，加散骑常侍。性豪侈，尝与石崇斗富。以外戚故，肆意妄为。《晋书》有传。

⑫楚王玮：司马玮（271—291），晋宗室。字彦度，河内温县（今河南温县）人。司马炎之子。初封始平王，后徙封楚王，都督荆州诸军事。晋武帝死，入为卫将军，加侍中。助贾后诛杀辅政外戚杨骏，后为贾后以擅杀朝臣罪斩之。《晋书》有传。殿中中郎：官名。西晋置。位在殿中将军之下，负责宫殿内之宿卫。孟观：西晋官吏。字叔时，渤海东光（今河北东光）人。少好读书。惠帝时，为殿中中郎。助贾后诬诛杨骏。后迁积弩将军，封上谷郡公，拜右将军。赵王司马伦篡，不听众议而从司马伦，为安南将军、监河北军事。及司马伦败死，惠帝复位，被诛。《晋书》有传。

⑬匆匆：或作"忽忽"。

⑭翊军校尉：武官名。西晋置。地位与北军五校尉同，大驾出行时，与五校并行护驾。

⑮熊渠兵：为宫廷卫队。《晋书·职官志》："及文王纂业，初启晋台，始置二卫，有前驱养由之弩；及设三部，有熊渠、伎飞之众。"

【译文】

王濬入朝被拜为辅国大将军，何攀被任命为司马。何攀上奏《论时务》五篇。后被任命为荥阳县令，进升廷尉平。有个盗贼打开了城门下边的一道门闩，依据法律应判处大辟之刑。何攀反驳说："上关，是控制大门的关键；下关，是备用的门闩。假设有人打开了上关，那又如何加刑呢？"于是减免了盗贼的死刑。何攀多次议罪量刑。后升迁为散骑侍郎。太傅杨骏阴谋造反，邀请了众多官员商量。何攀与侍中傅祗、侍郎王恺等人亦前往参会。晋惠帝采纳了楚王司马玮、殿中郎孟观的计策，宣布全城戒严，准备诛杀杨骏。杨骏门外都是行色匆匆的士兵，何攀与傅祗翻墙而出，前去侍卫皇帝。皇帝任命何攀为翊军校尉，率领熊渠兵，一次激战就斩杀了杨骏，国家因此得以安定。何攀被封为西城公，食邑一万户。

　　策曰[①]："於戏[②]！在昔先王光济厥世，罔不开国列土、建德表功也[③]。故逆臣杨骏谋危社稷，构兵[④]，飞矢集于殿庭[⑤]，白刃交于宫闱[⑥]。攀受命奋讨，凶逆速殄，忠烈果毅，朕甚嘉焉。今以魏兴之西城为攀封国[⑦]，锡兹玄社[⑧]，苴以白茅[⑨]，永为晋藩辅[⑩]。往钦哉！敬乃有土[⑪]，惠康黎元[⑫]，无或以隳尔显烈[⑬]。"又赏绢万匹，攀固辞，受五千匹。又锡拜弟逢平乡侯[⑭]，兄子夔关内侯。迁宣城内史[⑮]，不就，转东羌校尉[⑯]。西虏寇边，遣长史杨威讨之。违攀指授[⑰]，失利。征还，领越骑校尉。武库灾[⑱]，百官皆救火，攀独以兵卫宫，复赏绢五百匹。领河南尹，迁扬州刺史，假节[⑲]。在职数年，德教敷宣[⑳]。征虏将军石崇表东南有兵气[㉑]，不宜用远人[㉒]。征拜大司农，兼三州都。自表以被疾错忘[㉓]，不堪铨量人物[㉔]，让都职于任熙、费缉，不听。迁兖州刺史，锡宝剑、赤舄[㉕]，固辞不之官。时帝室政衰，多害忠直，又诸王迭起，好结党徒。攀阖门治疾，不与世务。朝议欲以为公，会薨，时年五十七。天子愍悼,追赠司农印绶,谥曰桓公。遗令敕世子务行恭俭,引荀公曾、诸葛德林为模范㉖。子璋嗣。

【注释】

①策:策书。古代君主对臣下封土授爵、免官或发布其他敕令的文件。

②於戏(wū hū):犹於乎,呜呼。感叹词。

③列土:同"裂土",分封土地。

④构兵:交兵,交战。

⑤飞矢:飞驰的箭。

⑥白刃:锋利的刀。宫闱:宫廷。

⑦魏兴:郡名。三国魏改西城郡置,属荆州。治所在西城县(今陕西安康西北)。辖境相当今陕西石泉、湖北郧西二县间汉水流域一带。

⑧玄社:黑土,即北方的土地。古代天子用五色(青、赤、白、黑、黄)土封五方诸侯。封于东方者取青土,南方者取赤土,西方者取白土,北方者取黑土,上方者取黄土。各取其色物,裹以白茅,封以为社。

⑨白茅:植物名。多年生草本,花穗上密生白色柔毛,故名。古代常用以包裹祭品分封诸侯,象征土地所在方位之土。

⑩藩辅:藩王,诸侯。

⑪有土:指有土地之君或有封地之臣。

⑫惠康:加恩使之安乐。黎元:即黎民。

⑬隳(huī):毁坏,崩毁。显烈:昭著的功业。

⑭锡:通"赐",赏赐。

⑮宣城:郡名。西晋太康二年(281)置。治所在宛陵县(今安徽宣州)。辖境相当今安徽长江东南部。

⑯东羌校尉:官名。安抚护卫监领东羌军政的武散官。

⑰指授:犹指令和授意。

⑱武库:储藏兵器的仓库。

⑲假节:假以符节,暂授以符节。节代表皇帝给予的一种权力。故授官加使持节、持节或假节时,权力就比一般官员大。

⑳敷宣:传播,宣扬。

㉑石崇(249—300):小名齐奴,字季伦,渤海南皮(今河北南皮)人。石苞之子。初仕晋为修武令,迁阳城太守。以伐吴有功,封安阳乡侯,升侍中。晋惠帝元康初,出为南中郎将、荆州刺史。贪财无厌,性奢华无度,尝与贵戚王恺斗富。晋惠帝时,为争夺歌妓绿珠,被赵王司马伦所杀。《晋书》有传。兵气:战争的气氛。

㉒远人:本处意指何攀。

㉓被疾:犹被病,患病。错忘:健忘。

㉔铨量:衡量。

㉕赤舃(xì):古代天子、诸侯所穿的鞋。赤色,重底。

㉖荀公曾:指荀勖(?—289),字公曾,颍川颍阴(今河南许昌)人。参看本卷前文注。诸葛德林:诸葛铨(?—311),西晋官吏。字德林,琅琊阳都(今山东临沂)人。诸葛绪之孙,诸葛冲之子。少时知名,入选“金谷二十四友”。累迁散骑常侍、廷尉、兖州刺史。永嘉五年(311),随从太尉王衍大军护送太傅司马越丧返还封国,途中为石勒军队所害。参看《晋书·后妃传上》。

【译文】

　　策书说:“呜呼!以前的君王,为了光大祖上的荣耀,没有不开疆拓土、建德显功的。原逆臣杨骏图谋危害国家,发动战争,以致飞箭会于殿庭,锋利的刀刃交于宫廷。何攀接受命令奋力讨伐,迅速消灭叛臣,忠义勇猛,果敢坚毅,朕十分高兴。现在将魏兴郡的西城作为何攀的封国,将北方的土地赏赐给他,并以白茅包裹,永远作为晋朝的藩王。恭敬地去吧!敬重那里的臣子,恩待那里的百姓,不要毁坏显赫的功业。”朝廷又赏赐了一万匹绢，何攀坚决推辞，只接受了五千匹。朝廷又赏赐何攀之弟何逢平乡侯爵位，何攀哥哥的儿子何虁关内侯爵位。升迁何攀为宣城内史，但他没有赴任，又转任东羌校尉。西边的胡虏侵犯边界，何攀派遣长史杨威讨伐他们。杨威违背何攀的指令和授意，结果被打败。何攀出征回朝，担任越骑校尉。有一次，武库发生火灾，百官都忙着救火，唯独何攀带领士兵保卫皇宫，朝廷又赏赐给他五百匹绢。何攀后又担任河南尹，升为扬州刺史，并被暂时授予符节。何攀任职多年，推行道德教化，美名广为传播。征虏将军石崇上表朝廷，说东南有兵气，不应任用远方来的人。朝廷征拜何攀为大司农，兼任三州都。何攀自己上表说因为身患疾病又健忘，不能胜任衡量人物的职责，请求将三州都之职让给任熙、费缉，但是没有被批准。何攀后升为兖州刺史，朝廷赏赐给他宝剑、赤舄，但何攀坚决推辞，没有赴任。当时皇室政权衰微，忠良正直的大臣多被陷害，又加上各地的诸侯王交替兴兵作乱，官场喜好结党营私。何攀闭门治病养病，不再参与朝廷的事务。朝廷商议打算授予何攀公侯爵位，恰好何攀去世，时年五十七岁。皇帝深感悲痛，追赠何攀为司农印绶，赐谥号桓公。何攀在遗嘱中告诫大儿子，务必要践行恭敬节俭，以荀勖、诸葛铨作为榜样。何攀的儿子何璋继承了他的爵位。

　　李毅，字允刚，广汉郪人也。祖父朝[1]，字伟南，州别驾从事。父旦，字钦宗，光禄郎中、主事。毅少散达[2]，不治素检[3]。年二十余，乃诣郡文学受业[4]，通《诗》《礼》训诂，为学主事[5]。太守弘农王濬临学讲试[6]，问祭酒姬艳曰[7]："学中有可成进几百人？"艳对曰："可有百人。"濬怒曰："童冠八百[8]，而成者百人，教少何为？"毅对曰："如艳之言，明府之教[9]，盛于孔氏，不为少也。"濬奇之，命为主簿。濬尝梦得三口刀，云人以禾益之，手持不得。以问郡丞与掾吏[10]，莫能知。毅对曰："吉祥也。三刀者'州'字[11]；而益之'禾'，持不得，'禾'旁'失'者'秩'字。明府秩当至益州[12]。"濬笑曰："如卿言，当相以为秀才。"

【注释】

①朝：李朝（？—222），字伟南，广汉郡郪（今四川三台）人。参看本书卷十《先贤士女总赞》注。

②散达：散漫放达。

③不治：不讲究。素检：犹素俭，朴素俭约。

④郡文学：官名。汉制，郡国设学校，置学官管理其事，称郡文学或郡文学掾。

⑤主事：官名。本处实指郡学（学校）的行政人员。

⑥讲试：讲学考察。

⑦祭酒：官名。汉代有博士祭酒，为博士之首。西晋改设国子祭酒，隋唐以后称国子监祭酒，为国子监的主管官。按：本处实指郡学（学校）的主持者（相当于校长）。

⑧童冠：指青少年。语出《论语·先进》："莫春者，春服既成，冠者五六人，童子六七人，浴乎沂，风乎舞雩，咏而归。"

⑨明府：汉魏以来对郡守、牧尹的尊称。本处指巴郡太守王濬。

⑩郡丞：官名。秦汉郡置，为郡守（太守）副职，协助郡守掌郡务。掾吏：官名。官府中属吏的通称。

⑪三刀者"州"字："州"字，隶书作 **ᐣᐣᐣ**。"刀"字，隶书作 **ᐟ**。从字形上看，"州"字似乎是三个"刀"字。

⑫秩：官吏的职位或品级。按：《晋书·王濬传》所载与此略异，"（王）濬夜梦悬三刀于卧屋梁上，须臾又益一刀，濬惊觉，意甚恶之。主簿李毅再拜贺曰：'三刀为州字，又益一者，明府其临益州乎？'"。

【译文】

李毅，字允刚，是广汉郪县人。祖父李朝，字伟南，曾任州别驾从事。父亲李旦，字钦宗，曾任光禄郎中、主事。李毅从小就散漫放达，不讲究朴素俭约。二十多岁时，李毅才到郡文学处读书，通晓《诗》《礼》训诂，后担任郡学主事。巴郡太守、弘农人王濬来学校讲学考察，并问祭酒姬艳说："学生中可以成才的有几百人吧？"姬艳回答说："大约有一百人。"王濬发怒道："学生有八百人，而成才的仅有一百人。教育成才者如此之少，是什么原因？"李毅回答说："如果真的像姬艳所说，太守殿下所办的教育，其实强于孔子，并不算少。"王濬认为他是奇才，便任命李毅为主簿。王濬曾经梦见得到三把刀，有人又把禾苗加到上面，他用手去拿却拿不到。他问郡丞和掾吏这个梦是什么寓意，没有谁能知道。李毅回答说："这是吉祥之兆。三把刀是一个'州'字；而加上'禾'，您拿不到，'禾'旁加个'失'，这是'秩'字。太守殿下的官职应能到益州刺史。"王濬笑着说："如果真像阁下所说，我应该趁机举荐阁下为秀才。"

张弘杀益州刺史皇甫晏，诬表晏反①。毅白濬曰："皇甫侯起自诸生②，位极方州③，又当何求？且广汉与成都密迩④，而统梁州者，衿益州之领⑤，须防若今日也⑥。益州有祸，乃此郡之忧。加张弘小竖⑦，众所不与，宜时赴讨。"濬欲先上后行，毅曰："大夫出疆⑧，苟利社稷，专之为贤⑨，何况杀主贼！急，当不拘常宜⑩。"濬从之，发兵与牙门满泰等共讨弘，斩之。诏书迁濬益州刺史，复为州主簿、别驾，举秀才。

【注释】

① 诬表晏反：张弘杀皇甫晏而诬告皇甫晏谋反，可参看本书卷八《大同志》。

②诸生：生员。

③位极方州：谓官位达于州郡的最高一级。方州，指州郡。

④密迩：贴近，靠近。

⑤衿（jīn）：古代衣服的交领。本处用为动词，意为系结，结住。

⑥防：防备。按：广汉郡原属益州，蜀亡后割属新建的梁州。晋朝分益州置梁州的目的之一即控制益州。广汉郡之新都县距益州的中心成都仅四十里，而新都属梁州，其意甚明（刘琳）。

⑦小竖：詈词，犹言小子。

⑧出疆：犹出境。古代指离开某一封国疆土，前往他国。

⑨"苟利社稷"二句：《春秋公羊传·庄公十九年》："聘礼，大夫受命不受辞。出竟（境）有可以安社稷、利国家者，则专之可也。"专，专断，独自决断。

⑩常宜：常规。

【译文】

张弘杀了益州刺史皇甫晏，并上表朝廷诬告皇甫晏谋反。李毅对王濬说："皇甫侯起身于生员，官位达到州郡最高一级了，又当求什么呢？况且广汉与成都离得很近，而之所以统管于梁州，是让广汉作为益州的门户，防备出现今天这样的情况。益州一旦出现祸乱，也是广汉郡的忧患。再加上张弘这个小子的所作所为，是众人不赞成的，应该立刻出兵征讨。"王濬打算先上奏朝廷，然后再征讨张弘，李毅说："大夫出境任职，只要有利于国家，独自决断也是贤德，更何况这是讨杀主人的贼人！事情紧急，应当不拘泥于常规。"王濬听从了李毅的建议，与牙门满泰等一起发兵征讨张弘，并斩杀了他。朝廷下达诏书，升迁王濬为益州刺史，李毅再度担任州主簿、别驾，被举荐为秀才。

及濬伐吴，与何攀并为参军。吴平，封关内侯，除陇西护军。以疾去官，徙繁令。迁云南太守。濬临薨，上表。后武帝思濬勋，问毅所在。徙犍为，使持节、南夷校尉^①。

【注释】

①南夷校尉：官名。西晋置。治理南夷少数民族的将领。

【译文】

　　到王濬讨伐吴国时，李毅与何攀同为参军。吴国被平定后，李毅被封为关内侯，又被任命为陇西护军。李毅后来因病辞去陇西护军之职，转任繁县令。又升迁为云南太守。王濬快去世时，上表朝廷，说明李毅与何攀的功劳。后来晋武帝思念王濬的功勋，询问李毅任职的地方。让李毅转到犍为任职，加使持节的权力，任南夷校尉。

　　久之，建宁民毛诜、李叡与朱提民李猛共逐太守杜俊、雍约以叛，众数万。毅讨破之，斩诜、猛首。叡走依五茶夷，夷亦叛。晋朝复置宁州，以毅为刺史，加龙骧将军，封成都县侯。夷遂大反，破没郡县，攻围州城。中原乱而李雄寇蜀，救援不至，疾病，薨于穷城^①。怀帝嘉其忠节^②，追赠少府，谥曰威侯。毅性通博^③，居情雅厚^④，赈恤寒贫^⑤，笃于故旧^⑥，人咸爱归之。但好谈调^⑦，德重犹少^⑧。

【注释】

①穷城：边城，危城。按：以上所述之事，可参看本书卷四《南中志》。

②忠节：忠贞而有节操。

③通博：通达开阔。

④雅厚：纯正宽厚。

⑤赈恤：以钱物救济贫苦或受灾的人。

⑥故旧：旧交，旧友。

⑦谈调：调侃，开玩笑。本处所说"谈调"，带有轻佻意。

⑧德重：威信。本处带有稳重意。

【译文】

很久之后，建宁百姓毛诜、李叡与朱提百姓李猛一起驱逐了太守杜俊、雍约，并发动叛乱，叛乱者有数万人。李毅率兵讨伐，击败叛军，斩杀了毛诜、李猛。李叡逃跑，投靠了五茶夷，五茶夷也叛乱了。晋朝又设置宁州，任命李毅为刺史，加授龙骧将军，封为成都县侯。夷人于是大规模造反，攻破郡县，围攻州城。时逢中原大乱，而李雄又侵略蜀地，以致没有援军到来，加上李毅又身患疾病，最终在边城去世。晋怀帝嘉奖了李毅的忠节，追赠他为少府，赐予他谥号为威侯。李毅性情通达，心胸开阔，为人纯正宽厚，赈济抚恤寒贫之人，对旧交故友很真诚，大家都喜欢归附他。但李毅喜欢开玩笑，不够稳重，威信还是少了些。

从弟苾，字叔平，修身砥砺名行①，数谏毅宜矜严②。毅笑应之曰："吾小来不治名素③，终杖旄节④，故可至九卿。卿清检履道⑤，卒不失成都令也⑥。"时毅始受南夷，而苾为历城令。果作成都，迁犍为太守，位官不及毅⑦。

【注释】

①砥砺名行：磨炼自己的名望和品行。

②矜严：矜持严肃。

③名素：名望与素养。

④旄节：镇守一方的长官所拥有的符节。

⑤清检：清廉检束。履道：躬行正道。

⑥卒：终于，终究。

⑦位官：官位，官阶。

【译文】

李毅的堂弟李苾，字叔平，注意磨炼名望和品行，多次劝谏李毅应该注意矜持严肃。李毅笑着回答他说："我从小就不注重名望与素养，但终究还是持节一方，故而可以位至九卿。阁下清廉检束，躬行正道，但最终不过一介成都县令而已。"当时李毅刚接受南夷校尉的职位，而李苾是历城县令。后来，李苾果然做了成都县令，又升迁为犍为太守，但其官位赶不上李毅。

毅子钊，世秉儒学，有格望①。以父任为谒者②，除寿林侯相，不就。为尚书外兵郎③。自表赴难。至牂柯，夷断道，不得进，经年。以宁州城中无谷，父疾病，未知吉凶，不食谷，惟茹草④，迄至奔丧。至朱提、越嶲太守、西夷校尉。毅女秀，适汉嘉太守新都王载，有才智。父亡后，州文武推领州三年⑤。

【注释】

①有格望：意谓有声望，而且是名副其实的声望。格，有正确、精当、方正之意。

②以父任：谓以父荫而任官职。

③尚书外兵郎：官名。尚书省外兵曹长官通称，亦称外兵郎中。三国魏始置，属五兵尚书，掌管京畿外军队。西晋分设左、右外兵郎。

④茹草：吃草。

⑤州文武推领州三年：按：此即本书卷四《南中志》所说"文武以毅女秀明达有父才，遂奉领州事"。领，兼任，管理。

【译文】

李毅的儿子李钊，世代秉持儒学传统，有很高的声望。李钊以父荫而担任谒者，又被任命为寿林侯相，但他没有赴任。后来，李钊做了尚书外兵郎。自己上表朝廷，愿意远赴危难。李钊到牂柯时，夷人阻断道路，不能继续前进，在此滞留了好多年。因为宁州城中没有粮谷，父亲又身患疾病，而且不知吉凶，所以李钊就不吃粮谷，只吃草，一直坚持到奔丧之时。李钊官至朱提、越巂太守、西夷校尉。李毅的女儿李秀，嫁给汉嘉太守、新都人王载，有才能智谋。父亲去世后，宁州的文武百官推举她管理州务三年。

　　二州当元康中位至方州节将者①：寿良、何攀及毅。永嘉中，巴张奕希祖为荆州刺史、南蛮、长水校尉②；蜀郡张峻绍茂为监南中八郡事、西夷校尉、持节③。

【注释】

①元康：底本作"太清"，误。西晋无"太清"年号，而寿良为扬州刺史在太康末或元康中，何攀为东羌校尉、扬州刺史、兖州刺史在元康中，李毅为南夷校尉亦在元康中，故可知本处的"太清"当作"元康"（刘琳）。方州：指州郡长官。节将：持节的大将。

②张奕希祖：张奕，字希祖，巴郡南充国（今四川南部县）人。张嶷之孙。曾任梁州刺史。

③张峻绍茂：张峻，字绍茂，蜀郡成都（今四川成都）人。南中八郡：指建宁、云南、永昌、兴古、牂柯、朱提、越巂、晋宁八郡。

【译文】

　　梁、益二州在元康年间官位达到持节一方的州郡长官的大将：寿良、何攀和李毅。永嘉年间，巴郡人张奕（字希祖）担任荆州刺史、南蛮校尉、长水校尉；蜀郡人张峻（字绍茂）担任监南中八郡事、西夷校尉、持节。

　　杨邠，字岐之，犍为武阳人也。少好学志古^①，藻励名行^②。州辟主簿、别驾，刺史王濬举秀才，安汉、雒令、王国中尉^③。以选为尚书郎，迁汶山太守。值夷复仇，失殊俗和^④，徙授巴东，转广汉。永嘉初，进衡阳内史。遇流民叛乱^⑤，攻没长沙、湘东，邠辄救助。贼众浸盛^⑥，遂破郡城，获邠。欲以为主，邠不许。贼昼夜持守^⑦。邠候其小怠，夜急走，比觉^⑧，已去远。收余众，军重安^⑨。欲投湘州刺史荀眺^⑩，共图进取。会眺降贼，邠孤军固城。贼围之，誓死不移，遂卒城中^⑪。时年六十九。帝为镇东大将军^⑫，嘉其忠节死义^⑬，遣使吊赠^⑭。策曰："惟永嘉七年四月己未，使持节、都督扬、江、湘、交、广五州诸军事、镇东大将军琅琊王睿谨遣板命前衡阳内史杨君^⑮：忠肃贞固^⑯，守正不移，虽危逼^⑰，节义可嘉。不幸殒卒孤城，甚悼之。今列上尚书，赠君淮南内史。魂而有灵，嘉兹宠荣。呜呼哀哉！"

【注释】

①志古：谓笃信古道。

②藻励：整饰与磨炼。指人砥砺名节。励，通"厉"。

③王国中尉：官名。武职。秦置，掌京城治安禁盗贼。武帝太初元年（前104）更名为执金吾。晋及南朝沿置。

④失殊俗和：边地不能和睦相处。殊俗，指风俗不同的边远地区。本处指的是汶山一带。

⑤流民叛乱：指以杜弢为首的流民起义。

⑥浸：渐渐，逐渐。

⑦持守：看守，监守。或作"执守"。

⑧比：及，等到。

⑨军:驻扎,驻军。重安:县名。东汉永建三年(128)改钟武县置,治今湖南衡阳西北。后置重安侯国。三国吴复为县,属衡阳郡。

⑩荀眺:籍贯不详。曾任湘州刺史。

⑪遂卒城中:《晋书·怀帝纪》:"(永嘉五年)五月,益州流人汝班、梁州流人塞抚作乱于湘州,虏刺史荀(苟)眺,南破零、桂诸郡,东掠武昌,安城太守郭察、邵陵太守郑融、衡阳内史滕育并遇害。"《晋书》所说"滕育",当即《华阳国志》所说"杨邲"(参考刘琳说)。

⑫帝:指晋元帝司马睿(276—322)。参看本书卷九《李特雄期寿势志》注。在即位前,司马睿曾任安东将军、镇东大将军。

⑬死义:为义而死。谓恪守大义。

⑭吊赠:谓吊唁并赠送财物。

⑮板:本处意同"策书"。

⑯忠肃:忠诚恭敬。贞固:守持正道,坚定不移。

⑰危逼:危迫,危急。

【译文】

杨邲,字岐之,是犍为武阳人。从小就好学信道,砥砺名节。州府征召他为主簿、别驾,刺史王濬举荐他为秀才,杨邲历任安汉县令、雒县县令、王国中尉。杨邲后来被遴选为尚书郎,迁为汶山太守。这时正逢夷人起兵复仇,边地不能和睦相处,杨邲调往巴东任职,又转任广汉。永嘉初年,杨邲晋升为衡阳内史。在任上遇到流民造反,流民攻占了长沙、湘东,杨邲就发兵救援。流民队伍日渐强盛,攻破了郡城,俘获了杨邲。流民想让杨邲做队伍的首领,杨邲不答应。流民派人日夜看守着杨邲。杨邲趁看守的人略有懈怠,连夜急忙逃跑,等流民发觉之时,杨邲已经离开很远了。杨邲收拾残余部队,驻扎在重安。本打算投奔湘州刺史荀眺,共同谋划进一步的行动。恰好碰上荀眺投降了流民,杨邲便孤军固守城池。流民围攻城池,杨邲誓死不投降,最终死于城中。时年六十九岁。

晋元帝当时为镇东大将军,嘉奖杨邠忠贞守节、恪守大义,派遣使节前往吊唁。策书说:"时在永嘉七年(313)四月己未日,使持节、都督扬州、江州、湘州、交州、广州五州诸军事、镇东大将军琅琊王司马睿,派遣使节,手持策书,表彰前衡阳内史杨君:忠诚恭敬,守持正道,即使危难相逼,亦誓死不移,其节义可嘉可奖。杨君不幸殒命于孤城,我甚为悲悼。现在杨君列入上尚书官位,追赠你为淮南内史。人去世后如有魂灵,也会为这一尊荣感到高兴。呜呼哀哉!"

邠同郡杨稷文曹①,泰始初为交阯太守,平九真、郁林、日南四郡②,斩吴交州刺史刘峻、大将军修则③。武帝方授交州,会孙皓遣大将薛珝、陶璜十万人攻稷④。被攻八月,救援不至,众寡不敌,遂为珝、璜所获。囚稷,欲以送皓,稷殴血死⑤。帝嘉其忠烈殁命⑥,赠交州刺史也。

【注释】

①杨稷(? —271):字文曹,犍为(治今四川眉山彭山区)人。参看本书卷四《南中志》注。

②九真:郡名。西汉元鼎六年(前111)平南越后置,治所在胥浦(今越南清化省东山县阳舍村)。辖境相当今越南清化、河静两省及义安县东部地区。

③大将军修则:《华阳国志》本处所记有误,当作"前部督修则"。《三国志·吴书·三嗣主传》:"初,毛炅与吴军战,杀前部督修则。"本书卷四《南中志》:"吴交州刺史刘峻、前部督修则领军三攻稷,皆为稷所败。"

④薛珝:三国吴将领。沛郡竹邑(今安徽宿州)人。参看本书卷四《南中志》注。陶璜:三国吴及晋官吏、将领。字世英,丹杨秣陵

（今江苏南京）人。参看本书卷四《南中志》注。

⑤殴血：吐血。殴，或作"欧"。

⑥殁命：殒命，牺牲。

【译文】

杨邠同郡人杨稷（字文曹），泰始初年任交阯太守，平定九真、郁林、日南等四个郡，斩杀吴国交州刺史刘峻、大将军修则。晋武帝刚授命杨稷治理交州，恰逢孙皓派遣大将薛珝、陶璜率十万人进攻杨稷。交州城被围攻了八个月，而救援队伍不能前来，由于众寡不敌，杨稷最终被薛珝、陶璜擒获。他们把杨稷装入囚车，打算把他送交孙皓，杨稷吐血而死。晋武帝嘉奖杨稷忠烈而牺牲，追赠他为交州刺史。

费立，字建熙，犍为南安人也。父揖，字君让，巴西太守。立学义冲邃①，玄静沈嘿②。察孝廉，王国中尉。王年少，好轻行游观③。立常正色匡谏④，及上疏风喻⑤。辞义劘切⑥，合箴规之体⑦。出为成都令。县名难治，立莅之垂绩⑧。以性公亮⑨，入为州大中正。除巴西太守，不就，转梁、益、宁三州都督，兼尚书。值大驾西幸长安⑩，常与大臣居守在洛。加员外散骑常侍⑪，封关内侯。每准正三州人物⑫，品格褒贬，帅意方规⑬，无复疏亲，莫不畏敬；然委曲者多恨其绳墨⑭。数辞诸郡，意在河、泰、汝、颖⑮。久之，朝议欲以为荆州。永嘉六年，与子并没于胡寇⑯。

【注释】

①学义：犹学问，学识。冲邃：精深，深厚。

②玄静：谓清静无为的思想境界。沈嘿：同"沉默"，犹沉静。

③轻行：轻装疾行。游观：犹游览。

④正色:谓神色庄重、态度严肃。匡谏:匡正谏诤。

⑤风喻:同"风谕",以委婉的言辞劝告开导。

⑥辞义:辞采和文义。指文章的形式和内容两方面。劘(mó)切:
恳切。

⑦箴规:劝诫规谏。

⑧垂绩:留下政绩。

⑨公亮:公正诚信。

⑩大驾:皇帝出行,仪仗队之规模最大者为大驾。代指皇帝。本处
特指晋惠帝。永兴元年(304)十一月,张方逼晋惠帝迁长安,太
弟司马颖、豫章王司马炽从,复改元永安。光熙元年(306)六月,
晋惠帝至洛阳,改元光熙。

⑪员外散骑常侍:官名。为正员之外的散骑常侍,无定员。掌侍从
顾问。

⑫准正:据一定标准查对、评判。

⑬帅意:谓循其意志。本处意谓秉持公意。方规:方圆规矩,标准。

⑭委曲:邪曲不正。绳墨:木工画直线用的工具。比喻规矩、准则。

⑮河:黄河。泰:泰山。本处所说河、泰,指的是山东地区。汝:汝
水。淮河支流。上游即今河南北汝河,下游为南汝河。颍:颍水。
淮河支流。今颍河源出河南登封嵩山西南,东南流到周口市商水
县纳沙河、贾鲁河,至安徽寿县正阳关入淮河。本处所说汝、颍,
指的是河南地区。

⑯没:同"殁",死。胡寇:本处特指前赵刘聪(匈奴族)。永嘉五年
(311),刘聪攻陷晋都洛阳,俘虏晋怀帝司马炽,后又鸩杀之。

【译文】

费立,字建熙,是犍为南安人。父亲费揖,字君让,曾任巴西太守。
费立学问深厚,为人淡泊而深沉。费立被察举为孝廉,任王国中尉。封
王青春年少,喜好轻装疾行外出游览。费立经常态度严肃地匡正劝谏,

并上疏婉言劝告。他的上疏很有文辞,内容恳切,合乎箴规的文体要求。费立出任成都县令,成都县号称难治之县,费立到任治理留下了政绩。费立因秉性公正诚信,入朝担任州大中正。后被任命为巴西太守,但他没有赴任,转任梁、益、宁三州都督,兼领尚书。时逢晋惠帝西行到了长安,费立常年与大臣们留守在洛阳。加任员外散骑常侍,被封为关内侯。费立每每在评判梁、益、宁三州人物时,都按照品格的高下进行评论,秉持公意,有其标准。因此,不论亲疏,没有不对他表示敬畏的;但是邪曲不正的人大多憎恨他坚持准则。费立多次推辞到州郡任职,想在河、泰、汝、颍一带尽职。很久之后,朝廷商议打算让他去荆州。永嘉六年,费立与儿子一起死于胡人之手。

立时,汉国吕淑字伟德①,以清彦辟别驾②,举秀才,尚书郎、秦国内史、长水校尉、员外常侍、梁州都督③。与立同没胡寇。

【注释】

①汉国:即汉中。

②清彦:犹美彦,才德出众之士。

③员外常侍:官名。"员外散骑常侍"的省称。见前注。

【译文】

与费立同时的人物,有汉国人吕淑(字伟德),他以才德出众被征召为别驾,被举荐为秀才,担任尚书郎、秦国内史、长水校尉、员外常侍、梁州都督。与费立一样,吕淑也死于胡人之手。

常骞,字季慎,蜀郡江原人也。祖父竺,字代文,南广太守、侍中。父伟,字公然,阆中令。骞治《毛诗》《三礼》,

以清尚知名①。州辟部从事、主簿,郡请功曹。察孝廉,萍乡令②。以选为王国侍郎③,出为绵竹令;国王归之④,复入为郎中令。从王起义有功⑤,封关内侯。迁魏郡太守,加材官将军。以晋政衰,睹中原不静,固辞去官。拜新都内史⑥。时蜀乱,民皆流在荆、湘,徙湘东太守,疾病,未拜,卒,年六十八。骞性泛爱,敦友宗族⑦,当官修理,恕以抚物⑧,好咨问⑨,动必谦让,州乡以为仪范⑩。

【注释】

①清尚:清白高尚。亦谓高尚的节操。

②萍乡:县名。三国吴宝鼎二年(267)析宜春县置,属安成郡。治所在今江西萍乡市东。

③王国:底本作"国王",误。

④国王:指成都王司马颖(刘琳)。司马颖(279—306),字章度,河内温县(今河南温县)人。参看本书卷八《大同志》注。

⑤从王起义:大概指的是晋惠帝永宁元年(301),成都王司马颖响应齐王司马冏,起兵讨灭赵王司马伦事(刘琳)。

⑥新都:指新都王司马衍(321—342),字世根,河内温县(今河南温县)人。参看本书卷九《李特雄期寿势志》注。晋惠帝后期,司马衍被封为新都王。

⑦敦友:敦睦友爱。

⑧抚物:体恤部属。

⑨咨问:咨询,请教。

⑩仪范:典范,表率。

【译文】

常骞,字季慎,是蜀郡江原人。祖父常竺,字代文,曾任南广太守、侍中。父亲常伟，字公然，曾任阆中县令。常骞研究《毛诗》《三礼》，以节操高尚出名。州府征召他为部从事、主簿，郡府聘请他为功曹。常骞被察举为孝廉，任萍乡县令。被遴选为王国侍郎，后出任绵竹县令；成都王将常骞调了回来，常骞又入朝担任郎中令。跟从成都王起义有功，被封为关内侯。升迁为魏郡太守，加授材官将军。因晋朝政权衰落，常骞目睹中原动荡不安，便坚决辞去官职。后来，常骞出任新都王内史。时值蜀地动乱，老百姓都纷纷逃难，流浪到荆、湘之地，常骞转任湘东太守，而因身患疾病，还没有赴任就去世了，享年六十八岁。常骞本性博爱，爱睦宗族之人，为官治理事务，对下宽恕，体恤部属，爱向人请教，做事往往谦让，州、乡官民以他为表率。

　　二州清官见述者①，先有宜都太守犍为唐定义业、陇西太守巴西冯仚休翊②，而后骞云。

【注释】

①见述：被记述。

②唐定：字义业，犍为（治今四川眉山彭山区）人。曾任宜都、巴郡太守，因信奉陈瑞之道而被王濬免官。本书卷八《大同志》："益州民有奉瑞道者，见官二千石长吏巴郡太守犍为唐定等，皆免官除名。"冯仚（xiān）：字休翊，巴西（治今四川阆中）人。曾任陇西太守。仚，古同"仙"。轻举貌。

【译文】

　　梁、益二州被记述的清官，先前有宜都太守犍为唐定（字义业）、陇西太守巴西冯仚（字休翊），而后便有常骞。

　　常宽，字泰恭，骞族弟，郫令勖弟子也①。父廓，字敬业，以明经著称②，早亡。阖门广学，治《毛诗》《三礼》《春秋》《尚书》，尤耽意大《易》③，博涉《史》《汉》，强识多闻。而谦虚清素④，与俗殊务⑤。郡命功曹，及察孝廉，不就。州辟主簿、别驾，举刺史罗尚秀才⑥。为侍御史，除繁令，随民县零陵⑦。以举将丧去官⑧。湘州叛乱，乃南入交州。交州刺史陶咸表为长史⑨，固辞不之职。虽流离交城，衣敝褞袍⑩，冠皮冠，乘牛往来，独鸠合经籍，研精著述。依孟阳宗、卢师矩著《典言》五篇⑪，撰《蜀后志》及《后贤传》，续陈寿《耆旧》作《梁益篇》⑫。元帝践祚⑬，嘉其德行洁白，拜武平太守⑭，民悦其政。以荣贵非志，在官三年，去职。寻梁硕作乱⑮，得免难。卒于交州。凡所著述诗、赋、论、议二十余篇。

【注释】

①勖：常勖，字修业，蜀郡江原（今四川崇州）人。本卷上文有传。

②明经：通晓经术。

③耽意：专心，专注。

④清素：清正廉洁。

⑤殊务：志趣不同。

⑥罗尚（？—303）：字敬之，一名仲，字敬真，襄阳（今湖北襄阳）人。参看本书卷八《大同志》注。

⑦随民县零陵：当时繁县百姓多流入零陵，故晋王朝在零陵郡侨置繁县，仍以常宽为繁县令。县，侨县，侨置的县邑。

⑧举将：犹举主。对被荐举者而言，荐举人为举主。本处特指荐举者罗尚。太安二年（303），李雄与李流收余众攻益州，罗尚败，委城而遁，寻卒。

⑨陶咸：《晋书·王谅传》亦作"陶咸"，而《晋书·陶璜传》作"陶

威"。丹阳秣陵（今江苏南京）人。陶璜之子。曾任苍梧太守、交州刺史。

⑩緼（wēn）袍：以乱麻衬于其中的袍子。古为贫者所服。緼，通"缊"。《论语·子罕》："衣敝缊袍，与衣狐貉者立，而不耻者，其由也与？"朱熹集注："缊，枲著也；袍，衣有著者也，盖衣之贱者。"

⑪孟阳宗、卢师矩：二人当为晋初之人（任乃强）。事迹不详。

⑫续陈寿《耆旧》作《梁益篇》：指常宽所作《续益部耆旧传》。续陈寿《益部耆旧传》而作，记梁州、益州历史人物的事迹。久佚。按：《隋书·经籍志》著录有《蜀志》一卷，自注云"东京武平太守常宽撰"。又，《隋书·经籍志》著录有《续益部耆旧传》二卷，章宗源、姚振宗《〈隋书·经籍志〉考证》亦以为此乃常宽作品。

⑬践祚：比喻皇帝登上皇位，登基。祚，通"阼"，皇帝御座前的台阶。

⑭武平：郡名。三国吴建衡三年（271）置，治所在武定县（今越南永富省永福县东南平州）。

⑮梁硕：（？—323）两晋之际交州地方官吏。初为刺史顾寿帐下督，因顾寿欲杀之，逃跑得免，遂起兵杀顾寿，迎故刺史陶璜之子陶威领州。此后相继立陶威之弟陶淑、陶淑之子陶绥为刺史，自为新昌太守专州事，境内安堵。建兴末绥卒，王敦以其不能制，遣长沙人王机为刺史，为其所败。于是梁硕自领交阯太守，又迎故吴将修则之子修湛行州事。及永昌元年（322）王敦作乱，又遣王谅为刺史，交州遂乱。以王谅到境即诱杀修湛，王谅又屡遣客刺之，梁硕因于次年五月率众围龙编（在今越南河内东），攻杀王谅。不久为陶侃部将高宝所攻，兵败被杀。

【译文】

常宽，字泰恭，是常骞同族的弟弟，郫城县令常勖弟弟的儿子。父亲常廓，字敬业，因通晓经术知名于世，死得早。常宽闭门博学，研究《毛诗》《三礼》《春秋》《尚书》等，而对《周易》的研究尤为专注，又广泛涉猎《史记》《汉书》，博闻强识。常宽为人谦虚，清正廉洁，其志趣与世俗不同。郡府任命常宽为功曹，又察举他为孝廉，但常宽没有接受。州府征召常宽为主簿、别驾，刺史罗尚举荐常宽为秀才。后来做了侍御史，担任繁县县令，后随当地百姓到了零陵郡，仍担任侨置的繁县县令。因举主罗尚的离世而辞去官职。湘州发生叛乱，常宽于是南下进入交州。交州刺史陶咸上表朝廷，推荐常宽为长史，但常宽坚决推辞不到任。即使流离失所于交州城，穿破旧的袍子，戴皮帽，乘坐牛车往来，但他还是汇集经籍，精研学问，奋笔著述。常宽依照孟阳宗、卢师矩所著《典言》五篇的体例，撰写了《蜀后志》和《后贤传》，又接续陈寿的《益部耆旧传》而作《梁益篇》。晋元帝登基后，嘉奖常宽德行高洁，任命他为武平太守，武平百姓也为其政绩而欣喜。因荣华富贵不是他的志向，常宽为官三年，便辞去官职。不久梁硕叛乱，常宽幸运地逃过灾难。死于交州。他所著述的诗、赋、论、议等共有二十多篇。

　　子长生，字彭祖，亦有学行。州主簿、资中令、治中从事。早亡。

【译文】

　　儿子常长生，字彭祖，也有学问品行。曾任州主簿、资中县令、治中从事。死得很早。

　　时蜀郡太守巴西黄容[①]，亦好述作，著《家训》《梁州巴纪》《姓族》《左传钞》凡数十篇。汉嘉太守蜀郡杜龚敬修亦著《蜀后志》[②]，及志赵廞、李特叛乱之事，及丧纪礼式，后生有取焉[③]。

【注释】

①黄容:巴西(治今四川阆中)人。曾任蜀郡太守。其名仅见于《华阳国志》,其生平不详。

②杜袭:蜀郡(治今四川成都)人。曾任汉嘉太守。著有《蜀后志》。其名仅见于《华阳国志》,其生平不详。

③后生:年轻人,晚辈。按:本处所说"后生",可理解为常璩本人。

【译文】

当时蜀郡太守、巴西人黄容,也爱好著述,著有《家训》《梁州巴纪》《姓族》《左传钞》等共几十篇。汉嘉太守、蜀郡人杜袭(字敬修)也著有《蜀后志》,并记述赵廞、李特叛乱之事,以及丧纪礼仪。晚辈在写作时,曾取材于其书。

谯登①,字慎明,巴西西充国人,谯周孙也。伯父熙②,察孝廉,本部大中正、沔阳令③。叔父同,字彦绍,少知名,拒州郡之命,梁州刺史寿良与东羌校尉何攀④,贡之三司及大将军幕府,为尚书郎,除锡令⑤,亦有为作传者。

【注释】

①谯登(? —311):字顺明(一作慎明),巴西西充国(治今四川阆中)人。参看本书卷八《大同志》注。

②伯父熙:底本作"仲父熙",误。《三国志·蜀书·谯周传》:"(谯)周三子,熙、贤、同。"裴松之注:"(谯)周长子(谯)熙。"

③大中正:官名。魏晋时期,负责评定士族品第,作为朝廷选任官吏的依据。晋代称州中正为"大中正",称郡中正为"小中正"。沔阳:县名。西汉置,属汉中郡。治所在今陕西勉县东。以在沔水之阳(北)得名。

④寿良：字文淑，蜀郡成都（今四川成都）人。参看本书卷十一《后贤志》注。何攀：字惠兴，蜀郡郫（今四川成都郫都区）人。参看本书卷二《汉中志》注。

⑤锡：县名。西汉置，属汉中郡。治所在今陕西白河东南。

【译文】

谯登，字慎明，巴西西充国人，是谯周的孙子。伯父谯熙，被察举为孝廉，曾任本州大中正、沔阳县令。叔父谯同，字彦绍，年轻时就很有名气，拒绝了州府和郡府的任命，梁州刺史寿良与东羌校尉何攀，把谯同推荐给三司以及大将军幕府，担任尚书郎，转任锡县令，也有为谯同作传的人。

登少以公亮义烈闻，郡命功曹，州辟主簿，别驾从事，领阴平太守。郡五官素大姓豪擅①，侵凌羌、晋，登诛之，郡中皆肃。后以李特作乱②，本郡没寇，父为李雄巴西太守马脱所杀③，乃东诣镇南刘公请兵④。时中原乱，守公三年，不能得兵，表拜扬烈将军、梓潼内史，使合义募⑤。登凡募巴、蜀流士得二千人。平西罗尚以退住巴郡，登从尚索益军讨雄，不得。乃往攻宕渠，斩脱，食其肝。巴西贼破，复诣尚求军。尚参佐多以必无利⑥。登愤恚⑦，数凌折之⑧，又加责于尚，尚但下之而已。会罗羕杀雄太尉李离⑨，举梓潼来降，登径进涪城。雄自攻登，为登所破。而尚将张罗进屯犍为之合水⑩；文硕杀雄太宰李国，以巴西降。罗遣军掠广汉，破雄叔父骧⑪，虏其妻子，募人斫雄头。贼以向困，而尚卒。参佐恨登之见矜侮⑫，不供其军食。益州刺史皮素至巴东⑬，敕平西送故遣将张顺、杨显救登。至垫江，素遇害，顺、显还。雄知登乏食，遣骧致攻。兵穷士饿，誓死不退，众亦饿死而无去者。永嘉五年⑭，为骧所生得⑮，舆登致雄。言辞慷慨，涕泣歔欷，无服降臣折情。雄乃杀之，囚其军士，皆以为奴虏，畀兵士⑯。而连阴雨百余日，雄中以登为枉，而所领无辜，怒气感天。下赦，出登军士湮没者⑰。

【注释】

①郡五官：五官掾，州郡的属官。擅：独揽。

②李特（？—303）：西晋末益州流民起义首领。字玄休，巴西郡宕渠（今四川渠县）人。参看本书卷八《大同志》注。

③李雄（274—334）：巴西郡宕渠人，后徙居略阳临渭（今甘肃秦安县）。李特第三子。参看本书卷一《巴志》注。

④镇南刘公：即镇南大将军、荆州刺史刘弘。刘弘（236—306），西晋官吏。字和季，沛国相（今安徽淮北西北）人。参看本书卷八《大同志》注。

⑤使合义募：让他募集义务兵。

⑥参佐：部下，僚属。

⑦愤恚（huì）：愤恨，怨恨。

⑧凌折：折辱。

⑨李离：巴西郡宕渠人。参看本书卷八《大同志》注。

⑩张罗：字景治，河南梁（今河南汝州）人。参看本书卷七《刘后主志》注。合水：在今四川眉山彭山区东北府河注入岷江处。

⑪骧：李骧，字玄龙，巴西郡宕渠人。李特弟。参看本书卷四《南中志》注。

⑫矜侮：矜夸，侮辱他人。按：本处偏指侮辱。

⑬皮素：字泰混，下邳（今江苏睢宁）人。参看本书卷八《大同志》注。

⑭永嘉五年：底本作"永嘉三年"，误。

⑮生得：生擒，活捉。

⑯畀（bì）：给予。

⑰湮没：淹没。按：本处意指士兵沦落为奴隶。

【译文】

谯登年轻时以公正诚信、忠义节烈而闻名，郡府任命他为功曹，州府征召他为主簿，后担任别驾从事，代理阴平太守。阴平郡的五官掾等属官，向来就被当地的大姓豪强所独揽，他们欺凌羌人、汉人，谯登诛杀了他们，郡中上下肃穆。后来因李特率流民叛乱，阴平郡被流寇占领，谯登的父亲也被李雄手下、巴西太守马脱杀死，谯登于是东下到镇南大将军刘弘处请求救兵。当时中原大乱，谯登留守在刘弘处三年，都不能获得救兵，刘弘上表朝廷，请求委任谯登为扬烈将军、梓潼内史，让他募集义务兵。谯登招募巴、蜀流民，共计有两千人。平西将军罗尚已经退守巴郡，谯登到了罗尚那里，请求增派军队讨伐李雄，但没有得到救兵。于是谯登率部进攻宕渠，斩杀了马脱，并吃了他的肝。巴西流民队伍被击破后，谯登又到罗尚处请求援军。罗尚的僚属大都认为出兵一定无利可图。谯登愤恨不已，多次折辱他们，又去责备罗尚，罗尚只是低声下气安慰而已。恰逢罗羡杀了李雄的太尉李离，以梓潼来投降，谯登便径直进入涪城。李雄亲自攻打谯登，被谯登打败了。而罗尚的部将张罗进军屯住于犍为的合水；文硕杀了李雄的太宰李国，以巴西来投降。张罗派遣军队攻掠广汉，打败了李雄的叔父李骧，掳掠了他的妻子儿女，悬赏招募人员要割取李雄的人头。流民的人马已经很困顿了，而罗尚恰好也死了。罗尚的僚属痛恨谯登曾经侮辱他们，不供应给他军粮。益州刺史皮素来到巴东，敕令平西将军府派遣前任将军张顺、杨显去救援谯登。到达垫江时，皮素遇害了，张顺、杨显便返回了。李雄知道谯登的队伍缺乏粮草，便派遣李骧发动进攻。谯登的士兵穷困饥饿，但誓死不撤退，众人宁愿饿死，也没有离开的。永嘉五年，谯登被李骧活捉，李骧把谯登装入囚车送交李雄。谯登言辞慷慨，观者哭泣叹息，而谯登没有一点投降屈服的意思。于是李雄处死了谯登，并囚禁了他的军士，把他们都作为奴隶,送给了自己的兵士。当时连日阴雨一百多天,李雄心中认为谯登是被冤枉的,而他所带领的士兵是无辜的,他们的怨怒气感动了上天。李雄下达了赦令,将沦落为奴隶的谯登的军士解救了出来。

　　初,尚之在成都也,与雄攻战。郫令犍为张昕钦明每摧破雄①,雄众惮之;而救助不能并心,为雄所杀。雄常言:"罗尚将均如张昕辈,吾族早无遗矣。"时牙门左汜亦有战功②,尚不能益其兵谷。汜恚恨,以母丧归。尚累召不往。尚怒曰:"微左汜③,当不灭贼乎?"遂杀之。雄闻汜死,大小相贺。

　　登同郡县李高亦有武干④。平吴时,与牙门将处前,获孙皓,封县侯。官至金城、雁门太守⑤。

【注释】

①张昕:字钦明,犍为(治今四川眉山彭山区)人。或"疑亦张翼之族"(任乃强)。时任郫县县令。后为李雄所杀。摧破:摧陷攻克。

②牙门:"牙门将"的省称。牙门将,将军名号,也称牙门将军,三国时魏、蜀、吴皆置,冠服与将军同。左汜:罗尚牙门将。按:左汜"有战功",参看本书卷八《大同志》。

③微:无,没有。

④李高:巴西西充国(治今四川阆中)人。武干:军事才干。

⑤金城:郡名。西汉始元六年(前81)置,治所在允吾县(今青海民和县南古鄯镇北古城)。辖境约当今甘肃兰州以西,青海省青海湖以东的河、湟二水流域和大通河下游地区。西晋初迁治榆中县(今甘肃兰州榆中)。

【译文】

当初,罗尚在成都时,和李雄的队伍作战。郫县县令、犍为人张昕

（字钦明）常常攻陷李雄的营垒，李雄一众人都很害怕张昕；但是救援队伍不能齐心协力，张昕最终被李雄杀死。李雄经常说："如果罗尚的将领都像张昕那样，我们这些人早就被消灭了。"当时牙门将左汜也有战功，但罗尚不能给他补给兵员和粮草。左汜心怀怨恨，借口母亲去世回到了老家。罗尚多次召唤，左汜也不归队。罗尚发怒说："没有左汜，我们就不能消灭贼寇吗？"于是处死了左汜。李雄听说左汜被处死，大小官员都互相庆贺。

谯登同郡同县的李高也有军事才干。平定吴国时，李高与牙门将冲锋在前，抓获了孙皓，被封为县侯。李高官至金城、雁门太守。

侯馥①，字世明，江阳人也。察孝廉，平西参军。平西罗尚薨后，巴郡乱，辟地入牂柯②。宁州刺史王逊领平西将军③，复取为参军。逊议欲迁牂柯太守谢恕为涪陵太守④，出屯巴郡之把口⑤；表馥为江阳太守，往江阳之泚源⑥，抚恤蛮獠，克复江阳⑦，清通长江⑧。雄征东大将军李恭已在江阳⑨。馥招降夷獠⑩，修缮舟舰，为进取调⑪。预白逊请军⑫，移恕俱出涪陵⑬，不能自前。恭举众攻馥，众寡不敌，为恭所破。生虏馥，送雄。雄下廷尉责，馥曰："事君有死无贰，其次破家与国⑭。今纵不死，又无益国，灰没其分⑮，守心而已，无他愿望。"雄必欲屈之，使馥同郡人张迎晓之⑯。馥怒骂迎曰："吾等国亡不能存⑰，大难不能死，低眉海内⑱，何面目相见也！且王宁州，治乱才也。以吾有桑梓之耻⑲，故远上尚书，遣吾讨贼。受命之日，实忘寝食。但裁船未辨⑳，请军未至，牵揣不及㉑，为他所先。当灭身陨碎㉒，以谢不及，冀上不负日月，下不愧王侯㉓。吾岂苟生如卿儿女之人乎^㉔！"迎还白雄，雄义而赦之。时雄众寇所获犍为太守建宁魏纪^㉕，汉国太守梓潼文琰^㉖，巴郡太守巴西黄龛^㉗，涪陵太守巴西赵弼，永昌谢俊，牂柯文猛^㉘，皆区区稽颡^㉙，无如馥者。数年卒。

【注释】

①侯馥：字世明，江阳（今四川泸州）人。参看本卷上文注。

②辟地：旧谓迁地以避祸患。《论语·宪问》："贤者辟世，其次辟地。"何晏集解引马融曰："去乱国，适治邦。"

③王逊（？—323）：西晋官吏。字邵伯，魏兴（今湖北郧西西）人。参看本书卷四《南中志》注。

④谢恕：东晋官吏。字茂理，牂柯郡毋敛（今贵州独山）人。参看本书卷四《南中志》注。

⑤把口：当即今重庆西南大渡口区之冬笋坝。中华人民共和国成立后，在此设有铜罐驿站。冬笋坝在綦江入长江处。南北朝称綦江为僰溪，冬笋坝为僰溪口。又称僰口（刘琳）。

⑥泚（bǐ）源：或作"沘源"。泚当是水名，疑即今四川泸州南的纳溪河，而泚源或在今四川叙永县附近（刘琳）。

⑦克复江阳：底本作"克复江陵"，误。当作"克复江阳"（任乃强、刘琳）。

⑧清通：清理打通。

⑨李恭：十六国成汉将领。扶风（今陕西兴平）人。初从李特率流民起义，屡败晋兵。李雄部将。

⑩夷獠：古代对西南少数民族之称。

⑪调：计划，谋划，打算。

⑫预：事先。白：告诉。

⑬移：古代官府间相互问事的一种公文。

⑭无贰:犹言无他念、无贰心,即没有其他想法。与:为。

⑮灰没:犹灰灭,如灰烬之消散泯灭。《文选·陆机〈谢平原内史表〉》:"施重山岳,义足灰没。"李善注:"言君之义,我身如灰之灭,不足报也。"

⑯张迎:江阳(今四川泸州)人。李雄部将。晓:明白劝导。本处意为劝降。

⑰吾等:犹我们。

⑱低眉:向下垂着眉。谦卑顺服貌。

⑲桑梓之耻:为故乡陷于动乱而感到羞愧。桑梓,桑树和梓树,借指故乡。本处指益州。

⑳未辨:未办。辨,通"办"。

㉑牵揣:牵制。

㉒灭身:丧身,毁灭自身。陨碎:犹言粉身碎骨。

㉓日月:本处指皇帝。王侯:本处指王逊。

㉔儿女:妇人,女子。

㉕魏纪:建宁(治今云南曲靖)人。曾任犍为太守。后被李雄俘虏。

㉖文琰:梓潼(治今四川梓潼)人。曾任汉国太守。后被李雄俘虏。

㉗黄隽:巴西(治今四川阆中)人。曾任巴郡太守。后被李雄俘虏。

㉘赵弼:巴西人。曾任涪陵太守。后被李雄俘虏。谢俊:永昌(治今云南保山)人。曾任涪陵太守。后被李雄俘虏。文猛:牂柯(治今贵州黄平)人。曾任涪陵太守。后被李雄俘虏。

㉙区区:匆忙,急忙。区,通"驱"。稽颡(qǐ sǎng):古代一种跪拜礼,屈膝下拜,以额触地,表示极度的虔诚。本处表示投降。

【译文】

侯馥,字世明,是江阳人。被察举为孝廉,担任平西将军参军。平西将军罗尚去世后,巴郡陷入混乱,侯馥便避祸进入牂柯。宁州刺史王逊代理平西将军,又任命侯馥为参军。王逊打算让牂柯太守谢恕任涪陵太守,带兵驻防于巴郡的扞口;又上表朝廷,推荐侯馥担任江阳太守,前往江阳的沺源,抚恤当地的蛮獠,希望能够收复江阳,打通长江水道。李雄的征东大将军李恭已经驻扎在江阳。侯馥招降了当地的夷獠,修缮了船舰,为计划夺取吴国做准备。事先告诉王逊,请求派遣援军。王逊移文地方,要求一起出兵涪陵,不能自行前进,孤军行动。李恭率领兵马攻打侯馥,侯馥寡不敌众,被李恭打败。李恭活捉了侯馥,将侯馥送交李雄。李雄让手下廷尉斥责侯馥。侯馥说:“侍奉主人,宁死也没有二心。其次,为了国而不惜破家。现在纵使不死,又无益于国家,死是我的分内之事,也只是为国忠心而已,没有其他的愿望。”李雄一定要使侯馥屈服,便派遣与侯馥同郡的张迎前往劝降。侯馥怒骂张迎说:“我们这些人在国家灭亡时不能保卫,在大难时不能为气节而死,在海内低垂眉目苟活,有什么颜面相见呢!更何况王逊是宁州刺史,是治理乱世的雄才。因为我为家乡陷于动乱而感到羞愧,所以他上表给朝廷尚书,请求派遣我来讨伐你们这些贼人。在我受命之日,我就废寝忘食备战。只是船只未能办好,援军没有到达,没有及时牵制你们,被他人抢了先机。我应当马革裹尸粉身碎骨,为自己没有及时行动而谢罪,希望上不辜负皇帝,下不愧对王侯。我难道会像你们这样的小人苟且偷生吗!”张迎回去后向李雄汇报,李雄因为侯馥有义气而释放了他。当时李雄一众流民所俘获的有犍为太守、建宁人魏纪,汉国太守、梓潼人文琰,巴郡太守、巴西人黄龛,涪陵太守、巴西人赵弼,永昌人谢俊,牂柯人文猛,他们都匆匆忙忙投降,没有谁比得上侯馥。几年后,侯馥去世。

撰曰:文王多士①,才不同用;孔门七十②,科不一揆③;百行殊涂,贵于一致④。若斯诸子,或挺珪璋之质⑤,或苞瑚琏之器⑥,或耽儒墨之业,或韬王佐之略⑦。潜则泥蟠⑧,跃则龙飞,挥翮扬芳⑨,流光遐纪⑩。实西土之珍彦⑪,圣晋之多士也。徒以生处限外⑫，服膺日浅⑬，负荷荣显⑭，未充其能⑮。假使植干华宇⑯，振条神区⑰，德行自有长短，然三赵、两李、张、何之轨⑱，其有及之者乎！谯登、侯馥忠规奋烈⑲，美志不遂⑳，哀哉！

【注释】

①多士：古指众多的贤士。典出《诗经·大雅·文王》："思皇多士，生此王国。王国克生，维周之桢。济济多士，文王以宁。"

②孔门七十：指孔子门下七十二高足。七十，举其成数。《史记·孔子世家》："孔子以诗书礼乐教，弟子盖三千焉，身通六艺者七十有二人。"

③科不一揆：意谓各人的品类不同，专长也不相同，不能以一种标准衡量。"科不一揆"中的"不一"原脱，刘琳以意增补，可从。科，品类。揆，度量，考察。《孟子·离娄下》："先圣后圣，其揆一也。"按：孔门向有"四科"之说。四科指德行、言语、政事、文学。《论语·先进》："德行：颜渊、闵子骞、冉伯牛、仲弓。言语：宰我、子贡。政事：冉有、季路。文学：子游、子夏。"常璩所说"科不一揆"，即本此。

④"百行殊涂"二句：意即"殊途同归"。百行，意指不同的道路，与"殊涂"同义。

⑤珪璋：玉制的礼器。古代用于朝聘、祭祀。

⑥苞：通"包"，怀抱。瑚琏之器：比喻人特别有才能，可以担当治国安邦大任。瑚琏，古代祭祀时盛黍稷的尊贵器皿。夏朝叫"瑚"，殷朝叫"琏"。《论语·公冶长》："子贡问曰：'赐也何如？'子曰：'女，器也。'曰：'何器也？'曰：'瑚琏也。'"

⑦韬：包容，蕴含。王佐：王者的辅佐，辅佐君王成就大业的人。

⑧潜则泥蟠：有"泥蟠不滓"之意，即盘绕在泥里而没有被污染。比

喻人不得志,但不丧失节操。泥蟠,(龙)蟠屈在泥污中。比喻处在困厄之中。扬雄《法言·问神》:"龙蟠于泥,蚖其肆矣。"李轨注:"圣道未彰,群愚玩矣;龙蟠未升,蚖其肆矣。"

⑨挥翮(hé):振翅飞翔。翮,鸟的翅膀。扬芳:传播芳香。比喻传播美名。

⑩流光:谓光辉流传至远方。

⑪珍彦:难得的贤士。

⑫限外:指边地。

⑬服膺日浅:意谓接受晋朝教化的时间短。服膺,指信服,归心。

⑭负荷:背负肩担。荣显:荣华显贵。

⑮未充其能:意谓未能尽其才能。充,扩充。

⑯华宇:本处指中原地区。

⑰神区:神明的地域。本处指中原地区。

⑱三赵:赵戒、赵谦、赵温。两李:李郃、李固。张:张皓。何:何武。按:常璩举此数人为例,确实有微言大义。借用刘琳的话说,"这几句话的言外之意是晋朝未能如汉朝之重用二州人士,以致'未充其能';若使生长内地,未必不及三赵、两李、张、何"。轨:车轮的痕迹,车辙。本处指三赵、两李、张、何诸人建立的丰功伟绩。

⑲忠规:忠心谋划。奋烈:壮烈。

⑳不遂:不成功,实现不了。

【译文】

撰述者说:周文王时人才济济,其才能不是同一种用途;孔门七十二高足,其专长也不相同;这些人走的道路各自不同,重要的是结果是相同的。像上述诸位士子,有的人手握珪璋,有为官之才;有的人怀抱瑚琏,堪当治国大任;有的人潜心于儒家、墨家的学问;有的人胸怀辅佐君王成就大业的谋略。他们身处困厄,不得志时不失节操,腾跃得志时则犹如神龙飞天,振翅飞翔传播美名,让光辉撒播至远方。他们是西部难得的贤士，是圣明晋朝的众多人才。只是因为他们出生在偏远边地，接受晋朝教化的时间很短，背负重担求取荣华显贵，未能充分发挥其才能。假使他们能够在中原成为干才，在内地发挥作用，那么他们的德行自然会得到各有长短的发挥。然而三赵（赵戒、赵谦、赵温）、两李（李邰、李固）、张皓、何武诸人建立的丰功伟绩，难道有赶得上的吗！谯登、侯馥忠心谋划，壮烈殉身，但美好的志向不能实现，悲哀啊！

　　五公：司空何武　　司空赵戒　　太尉赵谦　　司徒赵温司空张皓①

【注释】

①按：此处列举的"五公"之名，各本皆有。它们应当是后人为前文所说"三赵、两李、张、何"所加的旁批，并非《华阳国志》原文。

【译文】

五公：司空何武　　司空赵戒　　太尉赵谦　　司徒赵温　　司空张皓

卷十二　序志并士女目录

【题解】

本卷的内容，实际上是由两部分组成的，其一是《序志》，其二是《益梁宁三州先汉以来士女目录》和《益梁宁三州三国两晋以来人士目录》。

《序志》所师法的对象，明显就是《史记》的《太史公自序》。在《序志》中，常璩表述了自己写作《华阳国志》的缘由和目的，以及自己对历史和著述的看法；并以四言为句，精练概括十二卷的内容与主旨。在《序志》的"撰曰"，常璩表达的观点是"选贤与能，人远乎哉"，个中暗寓自己未受重用的牢骚。

继《序志》之后的《益梁宁三州先汉以来士女目录》和《益梁宁三州三国两晋以来人士目录》，实际上就是全书的两份"人名录"或"花名册"。在这两份"目录"中，常璩以地域为单元，以时间先后为顺序，胪列了自两汉至东晋的益、梁、宁三州的四百零一位"士女"——分为"人士"（男性）与"人女"（女性）。

对于列入"目录"中的每一位"人士"，所载录的基本元素包括官职、姓名、表字、籍贯，部分"人士"还包括其血缘关系（如某人为"某子"或"某孙"）、人际关系（如某人"与某为友"）、来源出处（如某人"见某某书"或"见某人传"）。在每一位"人士"前面，有诸如"德行""文学""政事""高尚""美秀""节士""忠亮""述作"等字眼，这是常璩对该人物的品题。

　　对于列入"目录"中的每一位"人女",所载录的基本元素包括丈夫姓名(作"某某妻"或"某某妇")、个人姓名(部分包括表字)、个人籍贯、血缘关系(作"某某女"),基本上没有带品题性质的字眼。

　　常璩在"撰曰"中交代,写作这两份"目录",所恪守的原则有二:一是突出重点,"并取秀异,表之斯篇";二是实事求是,"以副直文,为实录矣"。

序志

　　巴、蜀厥初开国①,载在书籍。或因文纬②,或见史记③。久远隐没,实多疏略④。及周之世,侯伯擅威⑤。虽与牧野之师⑥,希同盟要之会⑦。而秦资其富,用兼天下;汉祖阶之⑧,奄有四海⑨。梁、益及晋,分益为宁⑩。司马相如、严君平、杨子云、阳成子玄、郑伯邑、尹彭城、谯常侍、任给事等各集传记⑪,以作《本纪》⑫,略举其隅⑬。其次圣称贤,仁人志士,言为世范,行为表则者⑭,名注史录⑮。而陈君承祚别为《耆旧》⑯,始汉及魏,焕乎可观。然三州土地,不复悉载。《地理志》颇言山水⑰,历代转久,郡县分建,地名改易。于以居然辨物知方⑱,犹未详备。于时汉、晋方隆,官司星列⑲,提封图簿⑳,岁集司空㉑;故人君学士㉒,荫高堂㉓,翳帷幕㉔,足综物土,不必待《本纪》矣。

【注释】

　　①开国:古代指建立诸侯国。

　　②文纬:指经书和纬书。与下文所说"史记"有别。或以为"文纬"

指的是谶纬书（任乃强、刘琳），本注不取此说。

③史记：记载历史的书。古时史书的通称。

④疏略：粗疏简略。

⑤侯伯擅威：意谓诸侯争霸。侯伯，侯爵与伯爵。可泛指诸侯。或说"伯"与"霸"通，故谓本处特指春秋称霸者，如齐桓公、晋文公、秦穆公、楚庄王、吴王夫差、越王勾践等（任乃强）。擅威，独揽，称霸。

⑥与牧野之师：古书记载，巴蜀军队曾经参加牧野之战。《尚书·牧誓》："王曰：'嗟！我友邦冢君，……及庸、蜀、羌、髳、微、卢、彭、濮人。'"与（yù），参加。牧野，古代地名。殷都朝歌近郊，在今河南淇县西南。商朝末年，周武王与反殷诸侯会师，大败纣王军队于此。

⑦希同盟要之会：意谓巴、蜀很少参加诸侯之间的盟会。希，稀少，罕见。同，会合，聚集。盟要，犹盟约。

⑧阶之：以之为凭借。

⑨奄有：全部占有。多用于疆土。

⑩分益为宁：即从益州分出宁州。宁州，州名。西晋泰始七年（271）分益州置，治所在滇池县（今云南昆明晋宁区东北三十二里晋城）。太康三年（282）废入益州，立南夷校尉以护之。太安二年（303）复置。

⑪司马相如（前179—前117）：字长卿，蜀郡成都（今四川成都）人。参看本书卷三《蜀志》注。按：《华阳国志》说司马相如"作《（蜀王）本纪》"，不见他书记载，或许是因其失传过早。严君平：严遵，字君平，蜀郡成都人。参看本书卷三《蜀志》注。按：《华阳国志》说严遵"作《（蜀王）本纪》"，不见他书记载，或许是因其失传过早。杨子云：杨雄（前53—18），也作"扬雄"，字子云，蜀郡成都人。参看本书卷三《蜀志》注。按：《华阳国志》说扬雄"作

《（蜀王）本纪》”，最早见于《文选·左思〈蜀都赋〉》刘逵注。惜乎过早失传，佚文见诸唐宋人之辑佚。按：今人或以为，后人所辑佚的扬雄《（蜀王）本纪》为伪作（朱希祖、徐中舒、刘琳）。阳成子玄：今人刘琳认为，阳成子玄当即西汉末的阳成子张。《太平御览》卷八百一十五引桓谭《新论》："阳城子张名衡，蜀郡人，王翁与吾俱为讲乐祭酒。及寝疾，预买棺椁，多下锦绣，立被发冢。"阳成子张，《论衡·超奇》作"阳成子长"。《论衡·对作》："阳成子张作《乐》，杨子云造《玄》。"阳成子玄曾补《史记》，作《乐经》，惜皆佚失。按：《华阳国志》说阳成子张"作《（蜀王）本纪》"，不可考。郑伯邑：郑廑，字伯邑，蜀郡临邛（今四川邛崃）人。曾任汉中太守。本书卷十二《序志并士女目录》："（郑廑）作《耆旧传》。"按：《华阳国志》说郑廑"作《（蜀王）本纪》"，不可考。尹彭城：尹贡，夜郎人。官至彭城相。参看本书卷四《南中志》注。按：《华阳国志》说尹贡"作《（蜀王）本纪》"，亦不可考。谯常侍：谯周（201—270），字允南，巴西西充国（治今四川阆中）人。参看本书卷一《巴志》注。按：《华阳国志》说谯周"作《（蜀王）本纪》"，见于《三国志·蜀书·秦宓传》裴松之注。任给事：任熙，字伯远，蜀郡成都（今四川成都）人。参看本书卷十一《后贤志》注。

⑫《本纪》：中国古代纪传体史书中的帝王传记。《史记·太史公自序》："作《五帝本纪》第一。"张守节《史记正义·五帝本纪》："裴松之《史目》云：'天子称本纪，诸侯曰世家。'本者，系其本系，故曰本；纪者，理也，统理众事，系之年月，名之曰纪。"按：本处所说的《本纪》，特指《（蜀王）本纪》。

⑬举其隅：举一端为例。意在使人由此一端而推知其他。语出《论语·述而》："举一隅，不以三隅反，则不复也。"

⑭表则：表率，准则。

⑮名注史录:谓姓名著录于史书。

⑯陈君承祚别为《耆旧》:谓陈寿(字承祚)所撰写的《益部耆旧传》。

⑰《地理志》:指《汉书·地理志》。颇:略微,稍稍。

⑱于以:犹是以,因此。辨物知方:意犹"辨物居方"。即辨别众物
　　的性质、条件等因素,使之各得其所。辨物,分辨事物的种类。
　　本处的"方"与"物"相应,指"方物",即本地风物、土产。《周
　　易·未济》:"君子以慎辨物居方。"孔颖达疏:"辨别众物,各居其
　　方,使皆得安其所。"

⑲官司:普通官吏,百官。星列:如天星罗列,言密布。按:本处指各
　　官署下列的部门。

⑳提封:通共,大凡。《汉书·地理志下》:"提封田一万万四千五百
　　一十三万六千四百五顷。"颜师古注:"提封者,大举其封疆也。"
　　图簿:图籍,指地图、户籍等簿册。

㉑岁:每年。司空:官名。相传少昊时所置,周为六卿之一,即冬官
　　大司空,掌管工程。汉改御史大夫为大司空,与大司马、大司徒并
　　列为三公,后去"大"字为司空。历代因之,明废。清时别称工部
　　尚书为大司空,侍郎为少司空。

㉒人君:国君,君主。学士:有学问的人。也泛指读书人。

㉓荫:荫翳,遮蔽。高堂:高大的厅堂,大堂。

㉔翳:荫翳,遮蔽。

【译文】

　　巴、蜀开国之初的事迹,记载在书籍上。有的依靠经书和纬书而留
存,有的见于史书。其事迹因年代久远而散失,而书籍所载实际上大多
粗疏简略。到了周朝之时,出现诸侯争霸。巴、蜀虽然参加了牧野之战,
但很少参加诸侯之间的盟会。而秦国凭借巴、蜀的富庶,兼并统一了天
下;汉高祖接着凭借巴、蜀,最终占有了四海之境。梁州、益州到晋朝之
时,从益州分出了宁州。司马相如、严君平、杨子云、阳成子玄、郑伯邑、

尹彭城、谯常侍、任给事等人,各自采集传记资料,创作了《(蜀王)本纪》,巴、蜀史事大略可见其一端。它们依次称赞的圣贤之人和仁人志士,其言论堪为世人的典范,其行为堪作世人的表率,其姓名被著录于史书。而陈寿(字承祚)另外撰写的《益部耆旧传》,其记事始于汉代,下迄曹魏,焕然可观。但其书对梁、益、宁三州的土地,不再详细记载。《汉书·地理志》大略记载了山水,但因历经年代久远,而郡、县有分合、有新建,且地名也有改变。因此要辨别各地的风物、土产种类,使之各归其地,《汉书·地理志》的记载还是不够周详完备。到了汉、晋兴盛之日,各官署星罗棋布,大凡地图、户籍等簿册,每年都集中到司空;因而从君主到学士,虽然隐于高堂之上,蔽于帷幕之下,仍然可以综合考察各地的物产,不一定非得依靠《本纪》不可。

曩遭厄运①,函夏滔堙②。李氏据蜀③,兵连战结。三州倾坠④,生民歼尽⑤。府庭化为狐狸之窟⑥,城郭蔚为熊罴之宿⑦。宅游雉鹿,田栖虎豹。平原鲜麦黍之苗,千里蔑鸡狗之响⑧。丘城芜邑⑨,莫有名者。嗟乎三州,近为荒裔⑩。桑梓之域⑪,旷为长野。反侧惟之⑫,心若焚灼⑬。惧益遐弃⑭,城陴靡闻⑮。乃考诸旧纪、先宿所传并南裔志⑯,验以《汉书》,取其近是⑰,及自所闻,以著斯篇⑱。又略言公孙述、《蜀书》、咸熙以来丧乱之事,约取《耆旧》士女英彦⑲。又肇自开辟⑳,终乎永和三年㉑,凡十篇㉒,号曰《华阳国记》㉓。

【注释】

①曩(nǎng):以往,从前。厄运:不幸的遭遇,苦难的时运。

②函夏:华夏。扬雄《河东赋》:"遵逝虖归来,以函夏之大汉兮,彼曾何足与比功?"(《汉书·扬雄传上》)颜师古注引服虔曰:"函

夏，函诸夏也。"颜师古注："函，包容也。彼谓尧、舜、殷、周也。函，读与含同。"后以"函夏"指全国。滔堙：谓为胡虏陷没（任乃强）。

③李氏据蜀：指巴氐族人李雄率领流民占领蜀地，创建成汉政权。

④三州：指益州、梁州、宁州。倾坠：陷落，倒塌。

⑤生民：人民。歼尽：被歼灭殆尽，死亡殆尽。

⑥府庭：衙门，公堂。

⑦熊罴：熊和罴。皆为猛兽。

⑧蔑：无，没有。

⑨丘城：空城，城池空虚。芜邑：居邑荒芜。

⑩荒裔：指边远地区。或谓即"荒服四裔"（任乃强），亦通。

⑪桑梓：桑树和梓树，借指故乡。

⑫反侧：（身体）翻来覆去，形容睡卧不安。惟：想，思考。

⑬焚灼：烧，焚烧。形容内心像火烧般愁苦。

⑭遐弃：远相离弃。

⑮城陴（pī）：亦作"城埤"，犹城堞（dié）。泛指城郭。陴，城上的矮墙。亦称"女墙"，俗称"城垛子"。靡闻：不能听到。

⑯旧纪：旧时记载巴蜀史事的文献（刘琳），即上文所说八家《本纪》（任乃强）。先宿：前代故老（刘琳）。南裔志：指南中方志，如东汉杨终《哀牢传》、西晋魏宏《南中八郡志》等（刘琳）。

⑰近是：对某种情况、某种事物作接近肯定的判断。按：本处所说"近是"，具有接近真实之意。

⑱斯篇：此篇。任乃强以为，"斯篇"特指《华阳国志》的前四卷《巴志》《汉中志》《蜀志》《南中志》。又，从"乃考"至此，交代的是本书第一卷至第四卷的材料来源，即：《汉书》，旧纪、先宿所传，南裔志，常璩自己的见闻（刘琳）。

⑲英彦：英俊之士，才智卓越的人。按：从"又略言"至此，交代的是

本书第五卷至第十一卷的材料来源,即分别来源于《汉书》《东观汉记》《三国志·蜀书》《蜀后志》《益部耆旧传》等(任乃强、刘琳)。

⑳开辟:指宇宙的开始。按照古代神话的说法,是盘古氏开天辟地。

㉑永和三年:347年。

㉒凡十篇:共计十篇。按:关于《华阳国志》的卷(篇)数,古书的记载不相统一。《隋书·经籍志》作十二卷,《旧唐书·经籍志》作三卷(笔者按:"三"前当脱"十"字),《新唐书·艺文志》作十三卷,《通志》《文献通考》并作十二卷,《宋史·艺文志》或作十卷(别史类)、或作十二卷(霸史类)。从本卷下文"其序曰"看,当以十二卷为正。当然,也不排除删削、割分的可能性。

㉓《华阳国记》:《华阳国志》盖原名《华阳国记》,后改名为《华阳国志》,故《水经注》所引或作《华阳国记》,或作《华阳国志》。

【译文】

从前华夏惨遭厄运,为胡虏陷没。李雄占据蜀中,征战连年,战火不断。益州、梁州、宁州相继陷落,百姓死亡殆尽。衙堂变化成为狐狸的洞窟,城郭蔚然而为熊黑的住所。宅院中游荡着野鸡和鹿,田野上栖息着虎和豹。平原大地很少有麦黍的禾苗,沃野千里没有鸡狗的声响。空城荒邑,没有可以记述的。嗟叹益、梁、宁三州,快要成为荒僻之地。故乡一带的土地,已经成为空旷的原野。辗转反侧,思念故土,心如火焚。我害怕这里被华夏远远抛弃,原来的城郭将再也见不到了。于是,我考查以前的巴蜀史志、前代故老的传闻以及南中的方志,又与《汉书》进行验证,选取接近真实的记载,以及自己的所见所闻,写作了《巴志》《汉中志》《蜀志》《南中志》四篇。我又简略记述了公孙述据蜀、《蜀书》所载蜀事、咸熙以来的丧乱之事,并简约选取《益部耆旧传》中的士女与英彦。本书所记述的范围开始于开天辟地,终结于永和三年,全书共计十篇,名曰《华阳国记》。

夫书契有五善①：达道义②，章法式③，通古今，表功勋，而后旌贤能④。恨璩才短，少无远及，不早援翰执素⑤，广访博咨，流离困瘵⑥，方资腐帛于颠墙之下，求余光于灰尘之中，劘灭者多⑦。故虽有所阙，犹愈于遗忘焉。

【注释】

①书契：指文字。本处指用文字书写的典籍。按：《华阳国志》所说"书契有五善"，实则援引的是荀悦的说法。荀悦《汉纪》卷一："夫立典有五志焉，一曰达道义，二曰彰法式，三曰通古今，四曰著功勋，五曰表贤能。"

②道义：道德义理。

③法式：法度。或作"法戒"。

④旌：表彰，表扬。贤能：有德行、有才能的人。

⑤援翰：执笔。翰，长而坚硬的羽毛。借指毛笔。素：洁白的绢。代指用作写字的丝绸或纸张。

⑥瘵（zhài）：病。

⑦劘（mó）灭：磨灭，消失。

【译文】

著书有五种目的：表达道德义理，记录法规戒条，通晓古今，表彰有功之人，而后表扬贤能之士。遗憾我本人才识短浅，年少时也没有长远的眼光，没有早点执笔记录，广泛地访求、咨询，以致在流离失所、困顿衰病之时，才在行将倒塌的危墙之下，用快要腐烂的布帛，仰仗于灰尘中的余光，开始进行写作，而消失的已经很多了。所以我的记载虽然有所阙失，但还是胜过被人遗忘。

《蜀纪》言①："三皇乘祇车出谷口②。"秦宓曰③："今之斜谷也。”及武王伐纣，蜀亦从行④。《史记》：周贞王之十六年⑤，秦厉公城南郑⑥。此谷道之通久矣。而说者以为蜀王因石牛始通⑦，不然也。《本纪》既以炳明⑧，而世俗间横有为蜀传者⑨，言蜀王蚕丛之间周回三千岁⑩。又云荆人鳖灵死⑪，尸化西上，后为蜀帝；周苌弘之血变成碧珠⑫；杜宇之魄化为子鹃⑬。又言蜀椎髻左衽⑭，未知书⑮，文翁始知书学⑯。案《蜀纪》：“帝居房心⑰，决事参伐⑱。”参伐则蜀分野⑲，言蜀在帝议政之方。帝不议政则王气流于西⑳，故周失纪纲㉑，而蜀先王；七国皆王，蜀又称帝㉒。此则蚕丛自王，杜宇自帝，皆周之叔世㉓，安得三千岁？且太素资始㉔，有生必死；死，终物也。自古以来，未闻死者能更生当世㉕；或遇有之，则为怪异，子所不言㉖，况能为帝王乎？碧珠出不一处，地之相距动数千里，一人之血，岂能致此？子鹃鸟今云是巂，或曰巂周㉗，四海有之，何必在蜀？昔唐帝万国时雍㉘，虞舜光宅八表㉙，大禹功济九州㉚，后稷封殖天下㉛。井田之制㉜，庠序之教㉝，由来远矣㉞。孔子“述而不作，信而好古，窃比于我老彭㉟”，则彭祖本生蜀㊱，为殷太史㊲。夫人为国史㊳，作为圣则㊴，仙自上世㊵，见称在昔㊶。及周之末㊷，服事于秦㊸，首为郡县㊹。虽滨戎夷㊺，亦有冠冕㊻，故《蜀纪》曰“大人之乡，方大之国”也。至于汉兴，反当荒服㊼，而无书学乎？《汉书》曰：“郡国之有文学㊽，因文翁始。”若然㊾，翁以前齐、鲁当无文学哉㊿？汉末时，汉中祝元灵性滑稽㊿，用州牧刘焉谈调之末，与蜀士燕胥，聊著翰墨。当时以为极欢，后人有以为惑。恐此之类，必起于元灵之由也。

惟智者辨其不然,幸也。

【注释】

① 《蜀纪》:一般认为,本处的《蜀纪》指的是扬雄的《蜀王本纪》。

② 三皇:传说中上古时代的三帝王。说法不一。一般指伏羲、神农、黄帝。祇车:车名。具体不详。谷口:斜谷口,即褒斜道之东口。在今陕西眉县西南三十里。

③ 秦宓(? —226):字子敕,广汉郡绵竹(今四川德阳北)人。参看本书卷三《蜀志》注。按:秦宓语见《三国志·蜀书·秦宓传》:"(秦)宓以簿击颊曰:'三皇乘祇车出谷口,今之斜谷是也。'"裴松之注引《蜀纪》曰:"三皇乘祇车出谷口。未详(秦)宓所由知为斜谷也。"

④ "及武王伐纣"二句:本处意谓蜀国也参加了周武王的伐纣行动。从行,随行。按:蜀之从武王伐纣,详见《尚书·牧誓》。另可参看本书卷一《巴志》:"周武王伐纣,实得巴、蜀之师,著乎《尚书》。"本书卷三《蜀志》:"武王伐纣,蜀与焉。"

⑤ 周贞王之十六年:前453年。晋国魏、韩、赵三卿灭智氏,三分其地。自此,逐渐形成三家分晋之势。卒后诸子争立,王室益衰微。周贞王,即周贞定王(? —前441),名介。战国周国君。周元王之子。在位二十八年。

⑥ 秦厉公:即秦厉共公(? —前443)。秦哀公玄孙,秦悼公子。南郑:县名。战国秦置,为汉中郡治。治所在今陕西汉中市东二里。

⑦ 说者以为蜀王因石牛始通:相传,战国秦惠文王欲伐蜀,患山道险阻,作五石牛,言皆能粪金,以欺蜀王,蜀王令五丁开道导引,秦军随而灭蜀,故以"石牛""金牛"为名。元、明以来通称南栈,又名蜀栈。参看本书卷三《蜀志》的记载。说者以为,意谓有的人认为。石牛,指石牛道。又名金牛道。自今陕西勉县西南,越七

盘岭入四川,经朝天驿至剑门关。为关中经汉中入巴蜀的主要
通道。

⑧炳明:显著,清楚。

⑨横:确实。

⑩周回:环绕,回环。本处指的是时间,意为历时。三千岁:《太平御
览》卷一百六十六引扬雄《蜀王本纪》:"从开明已上至蚕丛,凡四
千岁。"按:对于世俗所说"蜀王蚕丛之间周回三千岁",常璩实持
怀疑态度,并不相信此说(见本段后文)。

⑪鳖灵:亦作"鳖令""鳖泠"。传说中古代蜀国帝名。参看本书卷
三《蜀志》注。

⑫苌弘(?—前492):亦作"苌宏"(当与避讳有关)。人名。又称
苌叔。春秋时人。传为今四川资中人。周敬王大夫。孔子曾从
苌弘学乐。周敬王二十八年(前492),晋大夫范吉射、中行寅作
难,苌弘参与其中,晋人因以责周王室,周敬王杀苌弘。一说为周
灵王时人,善天文,明鬼神事。又传说以幸媚为周人所杀,流血成
石(或言成碧玉),不见其尸。《汉书·艺文志》著录有《苌弘》十
五篇,已佚。碧珠:青绿色珠玉。《庄子·外物》:"人主莫不欲其
臣之忠,而忠未必信,故伍员流于江,苌弘死于蜀,藏其血三年而
化为碧。"晋左思《蜀都赋》:"碧出苌弘之血,鸟生杜宇之魄。"

⑬杜宇:传说中的古代蜀国国王。一作杜主。相传自天而降,称望
帝。好稼穑,教民务农,使蜀地大治。后死,其魂化为鸟,名杜鹃。
本书卷三《蜀志》:"杜宇称帝,号曰望帝。……禅位于开明,帝升
西山隐焉。时适二月,子鹃鸟鸣,故蜀人悲子鹃鸟鸣也。"

⑭椎髻:发髻撮尖,其形如椎。左衽:前襟向左掩。这是古代一些少
数民族的服装,异于中原一带的右衽。

⑮未知书:一般认为是蜀国没有文字。

⑯文翁始知书学:《汉书·循吏传·文翁》:"景帝末,(文翁)为蜀郡

守,仁爱好教化。见蜀地辟陋有蛮夷风,文翁欲诱进之,乃选郡县小吏开敏有材者张叔等十余人亲自饬厉,遣诣京师,受业博士,或学律令。"文翁,庐江舒县(今安徽庐江西南)人。景帝末,为蜀郡守。参看本书卷三《蜀志》注。始,才。

⑰房心:二十八宿中房宿和心宿的并称。旧时以房心象征明堂。《晋书·天文志》:"房四星,为明堂,天子布政之宫也,亦四辅也。……心三星,天王正位也。中星曰明堂,天子位,为大辰,主天下之赏罚。"

⑱决事:决断事情,处理公务。参伐:参、伐皆星名。伐星属于参宿。古人谓主斩伐之事。《晋书·天文志》:"参十星,一曰参伐,一曰大辰,一曰天市,一曰铁钺,主斩刈。又为天狱,主杀伐。"

⑲分野:大地与星宿相对应的地域。古人将天上的星宿分别指配于地上的州国,使其互相对应,以便指称位置与预测吉凶。在天称分星,在地称分野。古人认为,益州(即《禹贡》梁州)的分野是参伐。

⑳王气:旧指象征帝王运数的祥瑞之气。

㉑纪纲:法度,纲纪。

㉒蜀又称帝:指杜宇称帝。即本段下文所说的"杜宇自帝"。另请参看本书卷三《蜀志》:"七国称王,杜宇称帝,号曰望帝,更名蒲卑。"

㉓叔世:犹末世。衰乱的时代。

㉔太素:古代谓最原始的物质。古人认为,在天地万物形成之前,经历了太易、太初、太始、太素诸分化演变阶段。在太素阶段,万物素质基本形成,为天地出现前的最后阶段。《列子·天瑞》:"有太易,有太初,有太始,有太素。太易者,未见气也;太初者,气之始也;太始者,形之始也;太素者,质之始也。气形质具而未相离,故曰浑沦。"资始:借以发生、开始。《周易·乾》:"大哉乾元,万物

资始,乃统天。"孔颖达疏:"以万象之物,皆资取'乾元',而各得始生,不失其宜,所以称'大'也。"

㉕更生:死而复生,重新获得生命。

㉖子所不言:典出《论语·述而》:"子不语怪、力、乱、神。"后因以"子不语"指怪异的事物。子,指孔子。

㉗巂(guī)周:本为燕的别名,亦用以称子规鸟。《尔雅·释鸟》:"巂周,燕。"郭璞注:"子巂鸟,出蜀中。"

㉘唐帝:指唐尧。上古帝王名。姓伊祁(亦作"伊耆"),名放勋。帝喾之子。初封于陶,又封于唐,号陶唐氏。因为儿子丹朱不肖,传位于舜。参阅《史记·五帝本纪》。万国时雍:天下太平的景象。时雍,犹和熙。《尚书·尧典》:"平章百姓,百姓昭明。协和万邦,黎民于变时雍。"孔传:"时,是;雍,和也。"

㉙虞舜:上古帝王名。姚姓,一作妫姓,号有虞氏,名重华,史称虞舜。传说中的远古帝王。继尧之后为帝王,为五帝之一。参阅《史记·五帝本纪》。光宅八表:形容盛德善行远播四方。八表,八方之外,指极远的地方。

㉚大禹:上古帝王名。姓姒,名文命。鲧之子。鲧治水无功,大禹奉舜命继续治理洪水,最终治水成功。详见《尚书》之《舜典》《禹贡》和《史记·五帝本纪》等。功济九州:意谓大禹治水,功在九州。

㉛后稷:姓姬,名弃。周族始祖。相传,有邰氏女姜嫄踏巨人足迹,怀孕而生,以为不祥,一度被弃,因名弃。好农耕,善于稼穑。舜时封于邰,教民耕稼,号曰后稷。十五传至周武王,遂有天下。《诗经·大雅·生民》:"厥初生民,时维姜嫄。……载生载育,时维后稷。"

㉜井田之制:指井田制。以方九百亩为一里,划为九区,形如"井"字,故名。其中为公田,外八区为私田,八家均私百亩,同养公田。公事毕,然后治私事。从春秋时起,井田制日趋崩溃,逐渐被封建

生产关系所取代。《孟子·滕文公上》:"方里而井,井九百亩,其中为公田。八家皆私百亩,同养公田。公事毕,然后敢治私事。"

㉝庠序之教:古代的学校教育。《孟子·梁惠王上》:"谨庠序之教,申之以孝悌之义,颁白者不负戴于道路矣。"赵岐注:"庠序者,教化之宫也,殷曰序,周曰庠。"汉代乡校曰庠,聚校曰序。

㉞由来:自始以来,历来。

㉟"述而不作"几句:出自《论语·述而》:"述而不作,信而好古,窃比于我老彭。"述而不作,只阐述前人成说,自己并不创新。朱熹《论语集注》:"述,传旧而已;作,则创始也。"信而好古,相信并爱好古代的东西。老彭,有两说,一说是商代的贤人,一说为老聃、彭祖的并称。刘宝楠《论语正义》引郑玄曰:"老,老聃;彭,彭祖。"后泛指传说中长寿的彭祖。

㊱彭祖:传说中远古时人。姓篯,名铿。陆终氏第三子。因封于彭城,故称"彭祖"。相传尧时举用,历夏至殷末,约八百余岁。在商为守藏史,在周为柱下史。一说,彭祖为武阳县(今四川眉山彭山区)彭亡聚人。参看刘向《列仙传》和本书卷三《蜀志》。

㊲太史:官名。西周、春秋、战国时,太史掌起草文书、策命诸侯卿大夫,记载史事,编写史书,兼管国家典籍、天文历法、祭祀诸事。按:常璩似乎以守藏史为太史。

㊳国史:国之史官,掌记国史的史官。

㊴圣则:圣人所定的法则。

㊵上世:远古时代。

㊶见称:受人称誉,为人称道。

㊷周之末:周朝末年。本处指的是东周时期的战国。

㊸服事:臣服听命。

㊹首为郡县:即首先在蜀地设置郡县。按:周慎王五年(前316),秦灭蜀,置蜀郡。

㊺滨：靠近，接近。戎夷：戎和夷。古民族名。泛指少数民族。

㊻冠冕：冠族，仕宦之家。

㊼荒服：古“五服”（侯服、甸服、绥服、要服、荒服）之一。称离京师二千到二千五百里的边远地方。亦泛指边远地区。《尚书·禹贡》：“五百里荒服。”孔传：“要服外之五百里，言荒又简略。”《史记·周本纪》：“夷蛮要服，戎翟荒服。”

㊽文学：学校。按：本处所说“郡国之有文学，因文翁始”，出自《汉书·循吏传·文翁》：“至武帝时，乃令天下郡国皆立学校官，自文翁为之始云。”又，本书卷三《蜀志》云：“蜀学比于齐、鲁。巴、汉亦立文学。孝景帝嘉之，令天下郡国皆立文学，因（文）翁倡其教，蜀为之始也。”

㊾若然：如果这样。

㊿齐、鲁：山东省的别称。以其地古时为齐、鲁二国所在地而得名。常指称“齐鲁大地”。

(51)祝元灵：祝龟，字元灵，汉中郡南郑（今陕西汉中）人。参看本书卷十《先贤士女总赞》注。滑稽：谓能言善辩，言辞流利。后指言语、动作或事态令人发笑。

(52)刘焉（？—194）：字君郎，江夏郡竟陵（今湖北潜江）人。参看本书卷二《汉中志》注。谈调：调侃，开玩笑。

(53)燕胥：共宴。

(54)翰墨：笔墨。借指文章、书画。

(55)后人有以为惑：意谓有的后来人会不理解祝龟的滑稽，因而感到迷惑。

(56)元灵：指祝龟。

【译文】

《蜀王本纪》说：“三皇乘坐祇车从谷口出去。”秦宓说：“谷口就是今天的斜谷。”到周武王讨伐商纣王时，蜀国也跟着参加了。《史记》说：周贞王十六年，秦厉公在南郑修筑城池。这说明谷道已经开通很久了。而有的人认为道路是因为蜀王迎接石牛才开通的，其实不是这样的。《本纪》已经说得很清楚了，而民间确实又有关于蜀国的传说，认为从蜀王蚕丛开始的历史历时三千年。又有人说荆人鳖灵死后，其尸体化解而顺水西上，后来成为蜀帝；周人苌弘的血变成了碧玉，杜宇的魂魄变成了杜鹃。又有人说，蜀人是椎形发髻，衣襟左掩，不懂文字，到文翁教化时才知书识字。案，《蜀王本纪》说："天子居住在房宿、心宿，在参星、伐星处理公务。"参星、伐星是蜀地的分野，说明蜀地是天子讨论政事的地方。天子不讨论政事，王气就要流散到西方，故而周朝失去纲纪，而蜀国便率先称王；到七国都称王时，蜀国便又称帝。这说明蚕丛当王，而杜宇当帝，当时都在周朝末年，历时怎么会有三千年呢？况且太素产生万物，有生必然有死；死，是万物的终结。自古以来，就没有听说过死者还能复生于当世；如果有人遇到这样的事，那一定认为是怪异之事，这是孔子所不谈论的事情，更何况还能在复生后成为帝王呢？碧玉出现的地方不止一处，而各地相距动辄数千里，一个人的血，难道能达到这种地步？子鹃鸟现在叫"是篱"，有的叫"篱周"，四海都有此鸟，为何一定在蜀地呢？从前唐尧统治万国而天下太平，虞舜统治天下而盛德远播四方，大禹治水而功在九州，后稷分封天下种植作物。井田制度，学校教育，自古以来已经很久远了。孔子说"我只阐述前人的成说而自己并不创新，我相信而且爱好古代的东西，我私下自比于老彭"，彭祖本来就出生在蜀地，担任的是殷朝的太史。彭祖本人是记述国史的史官，其言行被作为圣人的法则，其成仙在远古时代，从前就为人称道。到周朝末年，蜀地臣服听命于秦国，而秦国首先在蜀地设置郡县。蜀地虽然靠近戎和夷，但也有仕宦之家，所以《蜀王本纪》说这里是"圣人之乡，辽阔之国"。而到汉朝兴起时，蜀地反而被当作边远之地，而没有书籍学问吗？《汉书》说："郡国之所以有学校，是由于文翁的创始。"如果真是这样，在文翁以前，齐、鲁就没有学校吗？汉朝末年，汉中人祝元灵生性滑稽，能言善辩，他将与州牧刘焉调侃谈笑的细节，以及和蜀地人士的共宴欢笑，诉诸笔墨，写入文章。当时人以为其文极尽欢乐之情，但有的后来人感到迷惑。恐怕诸如此类的情况，一定是起源于祝元灵的缘故吧。只有智者能分辨出实际情况并非如此，那就很庆幸了。

綜其理数①，或以为西土险固②，襟带易守③，世乱先违，道治后服④，若吴、楚然。固逋逃必萃⑤，奸雄窥觎⑥。盖帝王者统天理物⑦，必居土中⑧，德膺命运⑨，非可资能恃险⑩，以干常乱纪⑪；虽饕窃名号⑫，终于绝宗殄祀⑬。何者？天命不可以诈诡而邀⑭，神器不可以侥幸而取也⑮。是以四岳、三涂、阳城、太室九州之险⑯，而不一姓⑰；冀之北土，马之所产，古无兴国。夫恃险凭危，不阶历数，而能传国垂世，所未有也⑱。故公孙、刘氏以败于前⑲，而诸李踵之⑳，覆亡于后。天人之际，存亡之术，可以为永鉴也㉑；干运犯历㉒，破家丧国，可以为京观也㉓。今齐之《国志》㉔，贯之一揆㉕，同见不臣㉖，所以防狂狡㉗，杜奸萌㉘，以崇《春秋》贬绝之道也㉙；而显贤能，著治乱，亦以为奖劝也。

【注释】

①理数：道理，事理。

②险固：险阻坚固。

③襟带：衣襟和腰带。谓山川屏障环绕，如襟似带。比喻险要的地理形势。

④"世乱先违"二句：意即后世所谓"天下未乱蜀先乱，天下已治蜀未治"。此语最早见于明末清初人欧阳直的《蜀警录》。道治，天下太平。后服，较迟降服。

⑤逋（bū）逃：逃亡的罪人。

⑥奸雄：弄权欺世、窃取高位的人。窥觎（yú）：伺隙图谋。

⑦统天理物：统辖天下，治理万物。

⑧土中：四方的中心地区。《尚书·召诰》："王来绍上帝，自服于土中。"孔传："言王今来居洛邑，继天为治，躬自服行教化於地势正中。"（《尚书正义》卷十五）孙星衍疏："土中，谓王城，于天下为中也。"（《尚书今古文注疏》卷十八）按："盖帝王者统天理物，必居土中"，与古代中国的正统论有关。

⑨膺：担当，接受。

⑩资能：凭借才能。恃险：倚仗险要，负险。

⑪干常：干犯纲常。乱纪：败坏或违反法纪。

⑫饕（tāo）窃名号：指僭号称王称帝。饕窃，贪得而窃取。

⑬绝宗殄祀：即"绝殄宗祀"，灭绝了对祖宗的祭祀，指灭门之祸。绝，断绝。殄，断绝。

⑭诈诡：诡诈，狡诈。邀：求取，取得。

⑮神器：代表国家政权的实物，如玉玺、宝鼎之类。借指帝位、政权。

⑯四岳：中国东南西北四座大山的总称，即东岳泰山、南岳衡山、西岳华山、北岳恒山。三涂：山名。亦称崖口，又称水门。在河南嵩县西南，伊水之北。阳城：山名。俗名车岭山。在今河南登封东北，为嵩山东支。洧水发源于此。山南麓地势险要，称阳城关（今石羊关），为古战场。太室：山名。又作"大室"。在河南登封北。嵩山之东峰。古时，称嵩山为太室山。

⑰不一姓：意谓改朝换代。一姓，一个朝代。葛洪《抱朴子·外篇·君道》："四岳三涂，实不一姓；金城汤池，未若人和。守在海外，匪山河也。"

⑱"冀之北土"几句：《左传·昭公四年》："冀之北土，马之所生，无兴国焉。恃险与马，不可以为固也，从古以然。"冀，冀州。兴国，

兴盛的国家。不阶,不凭借。历数,天运,气数。传国,古谓帝王传位给子孙或让位给他人。垂世,留传于世。

⑲公孙:指公孙述。刘氏:指刘焉、刘璋。

⑳诸李:指李特、李雄等人。

㉑永鉴:长久鉴戒。

㉒干运犯历:干扰了运数。干、犯,冒犯,触犯,干扰。运、历,运数,命运。

㉓京观:古代战争中,胜者为了炫耀武功,收集敌人尸首,封土而成的高冢。"京"有"大"意,本处所说"京观"带有"大鉴戒"意。

㉔《国志》:指《三国志》。

㉕一揆:同一道理。

㉖不臣:不守臣节,不合臣道。

㉗狂狡:狂妄狡诈。

㉘奸萌:奸邪的苗子。

㉙贬绝:指贬抑至极点,也指贬低。《公羊传·昭公元年》:"《春秋》不待贬绝而罪恶见者,不贬绝以见罪恶也。贬绝然后罪恶见者,贬绝以见罪恶也。"

【译文】

综合审视其事理,有人认为西南一带险阻坚固,如襟似带,易于固守,故而天下未乱而蜀地先乱,天下已治而蜀地随后才平定,像吴地、楚地一样。蜀地必定成为逃亡罪人的萃集之地,成为奸雄弄权欺世、窃取高位之所。大概是因为帝王统辖天下、治理万物,一定居于天下的中心,接受上天命运的安排,而不能凭借才能、倚仗险要,来干犯纲常、违反法纪;否则即使僭号称王称帝,终将有灭门之祸。为什么呢? 因为天命是不可以用诡诈的手段获取的,国家政权是不可以用侥幸的方式取得的。因此虽然有四岳、三涂、阳城、太室这样国家的险要之地,而终究不能避免改朝换代;冀州的北面,盛产良马,但自古以来其地没有兴盛的国家。

倚仗山河的险峻，而不凭借天命，又希望能够将王位留传于后世，这是前所未有的。因此有公孙述、刘氏失败在前，而李特、李雄等人继承他们的足迹，又覆亡在后。它们所昭示的天人关系、存亡之道，可以成为永久的借鉴；冒犯天命，导致破家亡国，死者尸首可以垒成高冢了。现在以《三国志》为标准，贯通同一准则，对不守臣节的人一视同仁，目的便在于防范狂妄狡诈，杜绝奸邪之心萌生，以此尊崇《春秋》的贬抑笔法；而能凸显贤能之士，彰明如何治理乱世，也是为了奖励劝勉。

其序曰：

先王经略①，万国剖分②。厥甸巴、梁③，式象县辰④。九牧述职⑤，贡赋以均⑥。佐周毙纣⑦，相汉亡秦⑧。实繁其民，世载其俊⑨。

——述《巴志》第一。

【注释】

①经略：经营治理。

②万国剖分：意谓将天下分封为众多诸侯国。万国，万邦，天下。剖分，平分，分开。

③厥：助词，无实义。甸：甸服。为"九服"之一，指王畿外方圆五百里至千里之间的地区。《周礼·夏官·职方氏》："方千里曰王畿，其外五百里曰侯服，又其外五百里曰甸服。"

④式：取法。象：天象。县：同"悬"。辰：星辰。按：本处所说"式象县辰"，与分野说有关。犹如本书卷一《巴志》所说"仰禀参伐"与"其分野：舆鬼、东井"。

⑤九牧：九州之长。《礼记·曲礼下》："九州之长，入天子之国曰'牧'。"郑玄注："每一州之中，天子选诸侯之贤者以为之牧也。"

述职：诸侯向天子陈述职守。

⑥贡赋：或作"赋贡"。土贡和赋税。均：均匀，公平。

⑦佐周毙纣：即辅助周武王伐灭商纣王。佐，辅佐，辅助。

⑧相汉亡秦：即帮助汉朝灭亡秦朝。相，辅佐，帮助。

⑨俊：才智出众的人。

【译文】

序文说：

先王经营治理天下，分封了众多诸侯国。在巴、梁实行的是甸服，这是取法天象与星辰而设置的。九州之长向天子陈述职守，土贡和赋税都是均等的。巴人辅助周武王伐灭商纣王，帮助汉朝灭亡秦朝。历代子民在此繁衍生息，世代都有俊杰被记载。

——叙述《巴志》第一。

维天有汉，鉴亦有光①。实司群望②，表我华阳③。炎刘是应④，洪祚攸长⑤。

——述《汉中志》第二。

【注释】

①"维天有汉"二句：意谓地上的汉水对应的是天上的银河，故而犹如镜子反射天光。汉，天河，即银河。《诗经·小雅·大东》："维天有汉，监亦有光。"毛传："汉，天河也。"鉴，镜子。

②司：主管，职掌。望：望祭。即遥望而祭，或特称对名山大川的祭祀。《尚书·舜典》："望于山川，遍于群神。"孔传："九州名山、大川、五岳、四渎之属，皆一时望祭之。"

③表：标记。华阳：华山之南。古地区名。因在华山之阳而得名。相当今陕西秦岭以南及四川、云南、贵州一带。

④炎刘：指汉朝。古代术数家用"五德"之说，以金、木、水、火、土的

互相生克来解释历代王朝的交替。汉朝皇帝姓刘,自称因火德而
兴起,故称"炎刘",亦称"炎汉"。赵岐《孟子题辞》:"遭苍姬之
讫录,值炎刘之未奋。"孙奭疏:"云炎刘者,汉以火德王,故号为
炎刘。"

⑤洪祚:隆盛的国运。攸长:长远,久长。

【译文】

天上有天河,地上有汉水;犹如镜子反射天光,汉水也有了光明。这
里主管着对名山大川的祭祀,标志就是本地处于华山之南。兴起于本
地、以火德而王的汉朝,与天道相应,故而国运昌盛、流传久长。

——叙述《汉中志》第二。

井络启耀①,文昌契符②。芒芒禹迹,画为九州③。功冒
普天,率土以休④。光灵遐照⑤,庆祚爽流⑥。邦家济济⑦,世
德球球⑧。

——述《蜀志》第三。

【注释】

①井络:星宿名。井宿区域。晋左思《蜀都赋》:"岷山之精,上为井
络。"刘逵注:"《河图括地象》曰:'岷山之地,上为井络。帝以会
昌,神以建福。'上为天井,言岷山之地,上为东井维络;岷山之
精,上为天之井星也。"古书或以为井宿的分野。专指岷山。按
照分野说,井络对应的是蜀地。本书卷三《蜀志》:"地称天府,原
曰华阳。故其精灵则井络垂耀,江汉遵流。"

②文昌:星座名。共六星,在斗魁之前,形成半月形状。《史记·天
官书》:"斗魁戴匡六星,曰文昌宫:一曰上将,二曰次将,三曰贵
相,四曰司命,五曰司中,六曰司禄。"按:文昌又特指文昌宫六星

的第四星,即大熊星座中的 f 星。指斗魁戴匡六星之一。旧时传说主文运,故又俗称文曲星或文星。契符:符契,符合。

③ "芒芒禹迹"二句:典出《左传·襄公四年》:"于虞人之箴曰:'芒芒禹迹,画为九州,经启九道。'"杜预注:"芒芒,远貌。画,分也。"芒芒,悠远,广阔貌。禹迹,相传夏禹治水,足迹遍于九州,后因称中国的疆域为"禹迹"。九州,古代分中国为九州,后以"九州"泛指天下,全中国。

④ "功冒普天"二句:本处所说"普天""率土",谓整个天下、四海之内。语本《诗经·小雅·北山》:"普天之下,莫非王土;率土之滨,莫非王臣。"冒,覆盖。普天,整个天下。率土,指四海之内,指全中国。休,美好,美善。

⑤ 光灵:德化,恩泽。遐照:远照,普照。

⑥ 庆祚爽流:意谓福祚在后代流传很顺畅。庆祚,幸福,福祚。爽流,畅流。

⑦ 邦家:国家。济济:形容人才众多。

⑧ 世德球球:意谓历代人士的美德如玉磬之声传扬(刘琳)。世德,累世的功德。《诗经·大雅·下武》:"王配于京,世德作求。"郑玄笺:"以其世世积德,庶为终成其大功也。"球球,本义为兽角弯曲貌。本处指玉磬之声。

【译文】

井络之星在蜀地上空闪闪发光,文昌之星降在蜀地。远古大禹足迹遍于天下,他把中国疆域划分为九州。他的功劳覆盖整个天下,四海之内都享受着大禹治水后的福泽。恩泽普照,福祚畅流。国家人才济济,历代人士的美德如玉磬之声传扬。

——叙述《蜀志》第三。

蠢尔南域①,在彼要荒②。汉武德振③,蛮貊是攘④。开州列郡，幽裔来王⑤。柔远能迩⑥，实须才良⑦。甄德表失⑧，以明纪纲⑨。

  ——述《南中志》第四。

【注释】

① 蠢尔：无知蠢动貌。《诗经·小雅·采芑》：“蠢尔蛮荆，大邦为仇。”朱熹集传：“蠢者，动而无知之貌。”南域：南部地区。本处指南中地区。

② 要荒：古代“五服”之二，即要服与荒服。古称王畿外极远之地，亦泛指远方之国。《国语·周语上》：“夫先王之制：邦内甸服，邦外侯服，侯、卫宾服，蛮、夷要服，戎、狄荒服。”

③ 汉武德振：指汉武帝派遣唐蒙、司马相如出使西南夷，在西南地区设立犍为、牂柯、越嶲、沈黎、汶山、武都、益州等七郡。汉武，指汉武帝。

④ 蛮貊：古代称南方和北方少数民族。亦泛指四方少数民族。攘：驱除，排斥。

⑤ 幽裔：远僻之地。来王：指古代诸侯定期朝觐天子。《尚书·大禹谟》：“无怠无荒，四夷来王。”孔传：“言天子常戒慎，无怠惰荒废，则四夷归往之。”

⑥ 柔远能迩：怀柔远方，优抚近地。谓安抚笼络远近之人使之归附。《尚书·舜典》：“柔远能迩，惇德允元。”

⑦ 才良：指才士贤人。

⑧ 甄：表彰。表：表明。

⑨ 纪纲：法纪，朝纲。

【译文】

  无知又蠢蠢欲动的南中地区，处在那偏远的要荒之地。汉武帝威德振起，驱除蛮貊。建立州郡，远人前来归顺。怀柔远方，优抚近地，确实需要才士贤人。表彰功德，表明过失，让他们明白法纪和朝纲。

　　——叙述《南中志》第四。

　　赤德中微^①，巨猾干篡^②。白虏乘衅^③，致民涂炭^④。爰迄灵、献^⑤，皇极不建^⑥。牧后失图^⑦，英雄迭进^⑧。覆车齐轨^⑨，蒙此艰难^⑩。

　　——述《公孙述刘二牧志》第五^⑪。

【注释】

①赤德：指汉朝的气运。谶纬家谓汉以火德王，故称"火德"或"赤德"。中微：中道衰微。

②巨猾：大奸，极奸猾的人。按：本处特指王莽。王莽（前45—23），字巨君，魏郡元城（今河北大名）人。参看本书卷一《巴志》注。干篡：干政篡位。《汉书·王莽传中》："（莽）曰：'予前在大麓，至于摄假，深惟汉氏三七之厄，赤德气尽，思索广求，所以辅刘延期之术，靡所不用。'"

③白虏：指公孙述。公孙述自以为得"金德"之瑞，故而服色"尚白"，自称"金帝""白帝"，又以"白帝城"（在今重庆奉节县城东）为都。乘衅：利用机会，趁空子。

④涂炭：烂泥和炭火。比喻极困苦的境遇。

⑤灵、献：指汉灵帝、汉献帝。

⑥皇极：帝王统治天下的准则，即所谓大中至正之道。

⑦牧后：州牧，地方长官。按：本处指刘焉、刘璋。

⑧英雄：本处指刘备等。迭进：犹连续进击。

⑨覆车齐轨：与"覆车继轨"相近，指前面的车翻倒了，后面的车继续按旧车辙行进。犹言重蹈覆辙。覆车，翻车。齐轨，循着前人的轨迹。比喻效法，看齐。本处带有贬义。

⑩蒙：蒙受，承受。

⑪公孙述：原文无"述"字，此据卷五标题补充。

【译文】

　　汉朝的气运中道衰微，大奸巨猾王莽干政篡位。公孙述趁机作乱，以致生灵涂炭。到汉灵帝、汉献帝时，皇室统治之道不能建立。刘焉、刘璋父子丢掉扶持汉室的图谋，而刘备等英雄连续进击蜀地。刘焉、刘璋重蹈公孙述的覆辙，蜀地蒙受艰难。

　　——叙述《公孙述刘二牧志》第五。

　　政去王室，权流三杰①。瓜分天壤②，宰割民物③。舍彼信顺④，任此智计⑤。大道既隐⑥，诡诈竞设。并以豪特⑦，力争当世。居正虑明，名号绝替⑧。身兼万乘⑨，籍同列国⑩。

　　——述《刘先主志》第六。

【注释】

①三杰：三位杰出的人物。指曹操、刘备、孙权。

②天壤：天地，天地之间。

③宰割：支配，分割。民物：泛指百姓、万物。按：本处说的是魏、蜀、吴三国瓜分天下民物，可谓"三国鼎立"。

④信顺：谓诚信不欺，顺应物理。即忠信顺从。

⑤智计：计谋，智谋。

⑥大道：正道，常理。指最高的治世原则，包括伦理纲常等。

⑦豪特：杰出的人。

⑧"居正虑明"二句：本处是说刘备为汉朝皇室后裔，故可谓"居正"，但汉朝的名号已经废绝。居正，谓遵循正道，循常道以处事。《公羊传·隐公三年》："故君子大居正。宋之祸，宣公为之也。"

虑明,谋虑英明。绝替,废绝。

⑨万乘:指天子。周制,天子地方千里,能出兵车万乘,后世因称天子为"万乘"。

⑩籍:图籍,地图和户籍。常指疆土、百姓。列国:指春秋战国时的诸侯国。

【译文】

政权已经远离汉朝王室,权力流入曹操、刘备、孙权三人手中。三人瓜分天下,分割民物。抛弃了那些忠信顺从,使用的是这些智谋诡计。大道已经退隐而去,诡诈竞相大行于世。再加上杰出之人纷纷涌现,力争称雄于当世。刘备身居汉室正统,而且谋虑英明,但是汉朝的名号已经废绝。刘备后来虽然称帝,但其领土、百姓仅仅相当于春秋战国时的诸侯国。

——叙述《刘先主志》第六。

乾坤混始①,树君立王②。天工人代③,万邦是望。明不二日,地不重皇④。苟非其器⑤,穷高必亢⑥。濛濛后主⑦,弗虑弗臧⑧。负乘致寇⑨,世业以丧⑩。

——述《刘后主志》第七。

【注释】

①乾坤:天地。

②树君立王:树立君王。《晋书·阮种传》:"臣闻天生蒸庶,树君以司牧之。"

③天工人代:谓天的职司由人代替执行。语出《尚书·皋陶谟》:"无旷庶官,天工人其代之。"

④"明不二日"二句:天上不能有两个太阳,地上不能有两个君王。

明,白昼,白天。按:"明"与"地"对,指的是天。重皇,两个皇帝,两个君王。语出《礼记·曾子问》:"孔子曰:'天无二日,土无二王。尝、禘、郊、社,尊无二上。'"

⑤器:才能,才干。

⑥穷高必亢:意谓人君居位至于极盛必衰且有灾。穷高,极高。亢,过甚,极。语出《周易·乾》:"上九:亢龙有悔。"《周易·乾·象》:"亢龙有悔,盈不可久也。"

⑦濛濛:迷茫不清,昏暗不明。后主:指刘禅。

⑧弗虑弗臧:无谋略,无善行(刘琳)。

⑨负乘致寇:谓居非其位,才不称职,就会招致祸患。典出《周易·解》:"六三:负且乘,致寇至,贞吝。"《象》曰:"负且乘,亦可丑也。自我致戎,又谁咎也。"孔颖达疏:"乘者,君子之器也。负者,小人之事也。施之于人,即在车骑之上而负于物也,故寇盗知其非己所有,于是竞欲夺之。"意思是卑贱者背着别人家的财物,又坐上大马车炫耀,就会招致强盗来抢。

⑩世业:世代相传的事业,先人的事业。

【译文】

乾坤天地,始于混沌;自其厥始,树立君王。天之职司,由人代行;天下万民,便有希望。天上不能有两个太阳,地上不能有两个君王。如果不具有才干而又居于高位,必定衰落而且有灾祸。后主昏昧不明,没有谋略善行。居非其位,才不称职,由此招致祸患,以致断送了先人的事业。

——叙述《刘后主志》第七。

阳升三九①,品物始亨②。帝纮失振③,任非其良④。赵倡祸阶⑤,乱是用长⑥。罗州播荡⑦,朱旌莫亢⑧。皮、张不造⑨,戎丑攸行⑩。哀哀黎元⑪,顾瞻靡望⑫。

——述《大同志》第八。

【注释】

①阳升三九：意指司马炎升入三公九卿之位，又代魏而为晋武帝。参看本书卷一《巴志》"晋武帝"注。阳，太阳。按照《周易》的说法，其象为君位。三九，指三公九卿。《后汉书·郎𫖮列传》："陛下践祚以来，勤心庶政，而三九之位，未见其人。"李贤注："三公九卿也。"

②品物始亨：万物始得亨通。意谓天下太平。品物，犹万物。亨，通达，亨通。《周易·坤·象》："含弘光大，品物咸亨。"

③帝纮（hóng）：王道，帝王治国的纲纪。纮，网绳。

④任非其良：所任用的不是贤才。任良，任用贤才。《左传·昭公十四年》："礼新叙旧，禄勋合亲，任良物官。"孔颖达疏："任良，谓选贤而任之也。"

⑤赵：指益州刺史赵廞。字和叔，巴西郡安汉（今四川南充）人。参看本书卷八《大同志》注。祸阶：谓祸之所从来。阶，阶梯，比喻凭借或途径。

⑥是用：用是，因此。

⑦罗州：指益州刺史罗尚。字敬之，一名仲，字敬真，襄阳（今湖北襄阳）人。参看本书卷八《大同志》注。播荡：流离动荡。

⑧朱旌：朱色的旗帜。按照典制，刺史车上树立的是朱旌。亢：举。

⑨皮、张：指皮素、张罗。皮素，字泰混，下邳（今江苏睢宁）人。曾任益州刺史。参看本书卷八《大同志》注。张罗，字景治，河南梁（今河南汝州）人。罗尚部将。参看本书卷八《大同志》注。造：成就，成功。

⑩戎丑：本义为大众。旧亦为对少数民族的蔑称。本处指的是巴氐族等少数民族，即李特等人所率领的流民队伍。攸行：本处带有"大行其道""横行霸道"的意思。

⑪哀哀：悲伤不已貌。黎元：即黎民百姓。

⑫顾瞻:回视,环视。靡望:无望,没有希望。

【译文】

　　司马炎升入三公九卿之位,万物始得亨通,天下因而太平。后来王道大纲颓废不振,所任用的不是贤才。赵廞首倡祸端,叛乱因此滋长。罗尚任职益州,百姓流离动荡,红色的旗帜不能高举。皮素、张罗无所成就,戎蛮横行霸道。黎民百姓悲伤不已,环顾四周却毫无希望。

　　——叙述《大同志》第八。

　　素精南飘①,天维弛纲②。薨薨特、流③,肆其豺狼④。荡、雄篡承⑤,歼我益、梁。牧守颠摧⑥,黔首辛尝⑦。三州毁旷⑧,悠然以荒⑨。络结王网⑩,民亦流亡。

　　——述《李特雄期寿势志》第九。

【注释】

①素精:白精,指陇西六郡流民。素,白色。按照五行学说,白色对应的方位是西方,而陇西六郡在蜀地之西,故曰"素精"。南飘:指陇西六郡流民向南迁移进入蜀地。

②天维:国家的纲纪。

③薨薨特、流:指李特、李流率领的流民队伍人马众多,而且声音嘈杂,发出众虫齐飞的嗡嗡声。薨薨,象声词。众虫齐飞声。《诗经·周南·螽斯》:"螽斯羽,薨薨兮。"郑玄笺:"薨薨,群飞声。"特、流,指李特、李流。李特(? —303),字玄休,巴西郡宕渠(今四川渠县)人。参看本书卷八《大同志》注。李流(267—303),字玄通,巴西郡宕渠人。李特之弟。参看本书卷八《大同志》注。

④豺狼:皆凶兽。比喻凶残的恶人。

⑤荡、雄:指李荡、李雄。李荡,字仲平,巴西郡宕渠人。李特长子。

参看本书卷一《巴志》注。李雄（274—334），字仲隽，巴西郡宕
渠人。李特第三子。参看本书卷一《巴志》注。纂承：继承。

⑥牧守：州郡的长官。州官称牧，郡官称守。颠摧：意谓被砍头。
颠，本义为头顶。引申义为头颅、脑袋。摧，折断。

⑦黔首：古代称平民，老百姓。辛尝：意谓艰辛备尝。一作"卒尝"。

⑧三州：指益州、宁州、梁州。毁旷：因被毁坏而变得空旷。

⑨悠然以荒：意谓辽阔的三州大地变得很荒凉。悠然，辽阔貌。

⑩络结王网：意谓桓温平定蜀乱，恢复了晋朝在蜀地的统治，犹如破
裂的罗网又重新连接成大网。络结，联络交结。王网，王纲，天子
的纲纪。

【译文】

陇西六郡流民南迁进入蜀地，国家的纲纪松弛了。李特、李流率领
的流民队伍人马嘈杂，凶残如豺狼。李荡、李雄继承余绪，歼灭我们益
州、梁州。州郡长官被砍了头，平民百姓备尝艰辛。益州、宁州、梁州因
被毁坏而变得空旷，辽阔的三州大地变得很荒凉。桓温平定蜀乱，恢复
了晋朝在蜀地的统治，而老百姓也大批流亡。

——叙述《李特雄期寿势志》第九。

华岳降精，江汉吐灵①。济济多士②，命世克生③。德为世
俊，干为时贞④。略举士女，表诸贤明。世济其美，不陨其名⑤。
——述《先贤士女总赞论》第十。

【注释】

①"华岳降精"二句："降精"与"吐灵"互文见义，意为产生精英、人
才。华岳，西岳华山的别名。江汉，长江（古称江水）和汉水。

②济济多士：众多威仪堂堂才能出众的贤士。

③命世：著称于当世。多用以称誉有治国之才者。

④"德为世俊"二句:"世俊"与"时贞"互文见义,意为时代俊才、干才。贞,古同"桢",桢干。

⑤"世济其美"二句:意谓其美名世代流传。济,成,成就。陨,毁坏。诚如《史通·外篇·疑古》所说,"案《春秋传》云:高阳、高辛二氏各有才子八人,谓之元、凯。此十六族也。世济其美,不陨其名"。

【译文】

华山降下精英,江汉涌现英灵。贤士众多,应时而生,闻名于世。论德行堪为当世俊才,论才能堪为时代干才。大略列举男子与妇女,表彰他们的贤明。以使世代流传其美名,不埋没他们的姓名。

——叙述《先贤士女总赞论》第十。

皇皇大晋①,下土是覆②。化赡教洽③,诞兹彦茂④。峨峨俊乂⑤,亹亹英秀⑥。如岳之崇⑦,如兰之臭⑧。经德秉哲⑨,绰然有裕⑩。

——述《后贤志》第十一。

【注释】

①皇皇:美盛,庄肃,威武貌。

②下土:大地。《诗经·小雅·小明》:"明明上天,照临下土。"覆:覆盖。本处有庇护之意。

③化赡教洽:谓教化充足而且广博。赡,充足,富裕。洽,广博。

④彦茂:俊彦,优异之士。

⑤峨峨:盛壮、盛美,卓然特立之意。俊乂(yì):才德出众的人。

⑥亹亹(wěi wěi):美好、美盛貌。英秀:才能卓越的人。

⑦崇:本处指山大而高。

⑧臭:本义为闻气味。本处意为香气。《周易·系辞上》:"同心之

言,其臭如兰。"

⑨经德:保持德行。秉哲:秉持才智。

⑩绰然有裕:形容宽裕、富足。《尚书·酒诰》:"我闻惟曰:在昔殷先
哲王,迪畏天显小民,经德秉哲。"

【译文】

大晋威武,庇护大地。教化充足广博,优异之士在此诞生。俊才盛
美,卓越美好。有如山岳之高耸,有如兰花之芬芳。保持德行,秉持才
智,绰绰有余。

——叙述《后贤志》第十一。

博考行故①,总厥旧闻②。班序州部③,区别山川。宪章
成败④,旌昭仁贤⑤。抑绌虚妄⑥,纠正谬言。显善惩恶,以
杜未然⑦。

——述《序志》第十二。

【注释】

①博考:普遍广泛地查考,考证。行故:历代史事,往事。

②总:聚合,汇集。旧闻:指往昔的典籍和传闻。《史记·太史公自
序》:"罔罗天下放失旧闻。"

③班序:依次排列。州部:指古代基层地方行政单位。

④宪章:彰显,表明。宪,通"显"。章,通"彰"。

⑤旌昭:旌表,表彰。

⑥抑绌:贬废,排斥。虚妄:荒诞无稽。

⑦杜:杜绝,阻止。未然:还没有成为事实。在(事故或灾害)未发
生之前。

【译文】

广泛考证史事,汇集各种旧闻。依次排列各州各部,区分辨别山川

风物。彰显历代成败,表彰仁人贤者。贬废虚妄之文,纠正荒谬之言。表彰善人惩治恶人,以杜绝于未然。

——叙述《序志》第十二。

　　撰曰①:驷牡骙骙②,万马龙飞③。陶然斯犹,阜会京畿④。麟获西狩⑤,鹿从东麋⑥。郇伯劳之⑦,旬不接辰⑧。尝兹珍嘉,甘心庶几⑨。中为令德⑩,一行可师⑪。瑰玮俶傥⑫,贵韬光晖⑬。据冲体正,平揖宣尼⑭。道以礼乐⑮,教洽化齐⑯。木讷刚毅⑰,有威有怀⑱。锵锵宫县⑲,磬筦谐谐⑳。金奏石拊㉑,降福孔皆㉒。综括道检㉓,总览幽微㉔。选贤与能,人远乎哉㉕?

【注释】

①撰曰:有的本子脱"撰曰"二字。刘咸炘指出,本段"撰曰"是"离合姓名"的"离合诗"(《推十书·史学述林》)。杨岱欣、刘复生认为,"离合诗"隐含的是"蜀郡常璩道将撰"七字。

②驷牡骙骙(kuí kuí):典出《诗经·小雅·采薇》:"驾彼四牡,四牡骙骙。"驷牡,指驾一车的四匹牡马。骙骙,马行雄壮貌。

③龙飞:像神龙一样飞腾。古人以为,神马如龙,亦可飞腾。《周易·乾》:"飞龙在天,利见大人。"

④"陶然斯犹"二句:刘琳认为,此两句描绘的是建康人物之荟萃及其喜悦的心情,这是常璩随李势降晋到建康看到的情景。陶然,喜悦,快乐貌。犹,通"摇",指人因高兴而摇动身体。典出《礼记·檀弓下》:"人喜则斯陶,陶斯咏,咏斯犹,犹斯舞。"郑玄注:"犹当为摇,声之误也。摇,谓身动摇也。秦人犹、摇声相近。"任乃强以为,"阜会京畿"指的是四方物资荟萃之义,可备一说。

阜,盛大,众多。京畿,国都及其行政官署所辖地区。本处具体指东晋的首都建康(今江苏南京)。

⑤麟获西狩:即"西狩获麟"。相传,鲁哀公十四年(前481)在大野狩猎获麒麟。孔子作《春秋》,至此而绝笔。《春秋左传·哀公十四年》:"春,西狩获麟。"杜预注:"麟者,仁兽,圣王之嘉瑞也。时无明王,出而遇获。仲尼伤周道之不兴,感嘉瑞之无应,故因《鲁春秋》而修中兴之教,绝笔于'获麟'之一句,所感而作,固所以为终也。"按:本处所说"麟获西狩",指的是桓温西征灭亡李氏政权。

⑥鹿从东麓:意谓李氏政权降服于东晋王朝。鹿,指帝位、政权。《史记·淮阴侯列传》:"秦失其鹿,天下共逐之。"或谓鹿喻巴蜀,麓谓晋室(汪启明、赵静)。刘琳指出,"麓"字似误,疑当作"縻"。"鹿从东麓"与"麟获西狩"相对,与"狩"相对者应该为动词,而"縻"意为系。笔者按:刘说可从。"縻"意为系縻、羁縻,而"縻"与"麓"因形近而误。

⑦郇伯劳之:意谓四方诸侯来朝见周王,郇伯慰劳四方诸侯。本处郇伯指郇侯,郇国国君。郇,西周时文王十七子封国。姬姓。原在今山西临猗西南,后徙至今山西新绛西。《诗经·曹风·下泉》:"四国有王,郇伯劳之。"毛传:"郇伯,郇侯也。诸侯有事,二伯述职。"郑笺:"有王,谓朝聘于天子也。郇侯,文王之子,为州伯,有治诸侯之功。"

⑧旬不接辰:义不可通。刘琳疑"接辰"当作"挩衣"。《说文解字·手部》:"挩,解挩也。从手,兑声。""旬不挩衣",言郇伯礼贤下士之殷勤辛劳。

⑨"尝兹珍嘉"二句:说的是常璩参加晋朝招待的宴会,尝到了珍味佳肴,心满意足,庶几能为晋朝所重用,得以施展其才(刘琳)。珍嘉,珍美的佳肴。甘心,愿意。《诗经·卫风·伯兮》:"愿言思伯,甘心首疾。"郑笺:"我念思伯,心不能已,如人心嗜欲所贪口味

不能绝也,我忧思以生首疾。"庶几,或许,也许。表示希望。

⑩中:中庸。指儒家的政治、哲学思想。主张待人、处事不偏不倚,无过无不及。《论语·雍也》:"中庸之为德也,其至矣乎。"何晏集解:"庸,常也,中和可常行之道。"令德:美德。

⑪一行可师:意谓只要守中庸之道,有一种善行的人即可为师(刘琳)。一行,一种善行。

⑫瑰玮:珍贵奇异。或作"瑰玮"。俶傥:卓异不凡。或作"倜傥"。

⑬韬:隐藏,隐蔽。光晖:光明,锋芒。或作"光辉"。

⑭"据冲体正"二句:意谓据中和之德,体中正之道,则可与孔子平起平坐(参考刘琳的说法)。冲,中和。正,中正,雅正。平揖,本谓双方地位相等,各拱手而不拜。引申为平等、相平。宣尼,汉平帝元始元年(1)追谥孔子为襃成宣尼公,后因称孔子为"宣尼"。见《汉书·平帝纪》。

⑮道以礼乐:语出《论语·为政》:"道之以政,齐之以刑,民免而无耻;道之以德,齐之以礼,有耻且格。"道,同"导",引导。

⑯洽:周遍,广博。

⑰木讷:质朴迟钝。指人质朴而不善辞令。刚毅:刚强果决。语出《论语·子路》:"子曰:刚毅、木讷,近仁。"

⑱有威有怀:意谓威德并用。有威,有威可畏。有怀,有德可怀。《国语·晋语八》:"民畏其威而怀其德,莫能勿从。"《管子·形势》:"且怀且威,则君道备矣。"

⑲锵锵(qiāng qiāng):古书又作"将将"(qiāng qiāng)。象声词。形容金石撞击发出的洪亮清越的声音。《诗经·大雅·烝民》:"四牡彭彭,八鸾锵锵。"宫县(xuán):古代钟磬等乐器悬挂在架上,成四面形,帝王悬挂四面,象征宫室四面的墙壁,故名"宫县"。县,"悬"的古字。

⑳磬筦(qìng guǎn):两种古乐器名。磬,古代打击乐器,形状像

曲尺，用玉、石制成，可悬挂。筊，一种类似于笛的管乐器。《诗经·周颂·执竞》："钟鼓喤喤，磬筊将将。"谐谐：同"喈喈"（jiē jiē）。象声词。钟、铃等所发出的和谐悦耳的声音。《诗经·小雅·鼓钟》："鼓钟喈喈，淮水湝湝。"

㉑金奏：敲击钟镈以奏乐。常用以指庙堂音乐。《周礼·春官·钟师》："钟师掌金奏。"郑玄注："金奏，击金以为奏乐之节。金谓钟及镈。"石拊：敲击石磬。《尚书·益稷》："予击石拊石，百兽率舞。"孔传："石，磬也；拊，亦击也。"

㉒孔：很。皆：普遍。《诗经·周颂·丰年》："为酒为醴，烝畀祖妣，以洽百礼，降福孔皆。"毛传："皆，遍也。"

㉓综括：总括，概括。

㉔总览：犹综观。幽微：隐微，深奥精微。

㉕"选贤与能"二句：意谓天子若欲选贤举能，贤人并不在远处，暗寓自己（常璩）未受重用的牢骚（刘琳）。选贤与能，选拔任用贤能的人。与，举。语出《礼记·礼运》："大道之行也，天下为公，选贤与能，讲信修睦。"王引之《经义述闻·礼记中》："与，当读为举。《大戴礼记·王言篇》：'选贤举能。'是也。举、与古字通。"

【译文】

撰述者说：四匹牡马拉着车子雄赳赳奔驰，千万神马像神龙一样飞腾。四方人物内心喜悦，手舞足蹈，荟萃京师。桓温西征灭掉李氏政权，李氏政权降服于东晋王朝。郇伯慰劳朝见周王的四方诸侯，礼贤下士殷勤而辛劳。我参加招待宴会，尝到珍味佳肴，心满意足，希望能被重用，得以施展才华。只要谨守中庸之道的美德，一善之行即可为师。卓异不凡，韬光养晦。据中和之德，体中正之道，可与孔子平起平坐。以礼乐相引导，教化遍及边远之地。边地之民质朴不善言辞，性格刚强果决；朝廷有威可畏，有德可怀。宫悬四面，其声洪亮清越；磬筊相配，其声和谐悦耳。敲击钟镈石磬；广降恩福，传遍天下。把这本书的思想综合起来，把精微之处概括出来。若欲选贤举能,贤人会在远处吗?

益梁宁三州先汉以来士女目录①

〇高尚②:逸民严遵③,字君平,成都人也。

〇高尚:逸民林闾④,字公孺,临邛人。杨雄师之。见《方言》⑤。

〇德行⑥:治中从事李弘⑦,字仲元,成都人也。

〇德行:给事黄门侍郎杨雄⑧,字子云,成都人也。

△文学⑨:神童杨乌⑩,雄子也。七岁预父《玄》文⑪,九岁卒。

〇文学:侍中、扬州刺史张宽⑫,字叔文,成都人。始受文翁遣东受七经⑬,还以教授者。

〇文学:中郎将司马相如⑭,字长卿,成都人也。

〇文学:谏议大夫王褒⑮,字子渊,资中人也。

尚书郎杨壮⑯,成都人也。见杨子《方言》⑰。

【注释】

①目录:《华阳国志》之《目录》的次序,各本不尽相同。《华阳国志新校注》一律依廖本,本注译本从之。又,凡是该《目录》所列人物,见于卷十、卷十一且有小传者,加"〇"号;凡是该《目录》所列人物,附见于别人之传者,加"△"号;凡是该《目录》所列人物,既无小传亦未附见于别人之传者,不加符号。所谓"德行""文学""政事""高尚""美秀""节士""述作"等语,是常璩对该人物的品题。而诸如"成都人也""见《方言》"等语,是常璩的自注之文。

②高尚：志行、节操高洁。《晋书·隐逸传·陶潜》：“潜少怀高尚，博学善属文，颖脱不羁，任真自得，为乡邻之所贵。”

③逸民：古代称节行超俗、遁世隐居的人。《论语·微子》：“逸民：伯夷、叔齐、虞仲、夷逸、朱张、柳下惠、少连。”何晏集解：“逸民者，节行超逸也。”严遵：字君平，蜀郡成都（今四川成都）人。参看本书卷三《蜀志》注。

④林闾：字公孺，蜀郡临邛（今四川邛崃）人。参看本书卷三《蜀志》注。

⑤《方言》：书名。汉杨雄（亦作“扬雄”）撰。参看本书卷十《先贤士女总赞》注。按：本处说“杨雄师之。见《方言》”，有误。其实，见于扬雄《答刘歆书》：“尝闻先代輶轩之使，奏籍之书，皆藏于周秦之室。及其破也，遗弃无见之者。独蜀人有严君平、临邛林闾翁孺者，深好训诂，犹见輶轩之使所奏言。翁孺与雄外家牵连之亲，又君平过误，有以私遇少而与雄也。君平财有千言耳，翁孺梗概之法略有。”（《全汉文》卷五十二）四库全书本《方言》附录有扬雄《答刘歆书》。

⑥德行：道德品行。孔门“四科”（德行、言语、政事、文学）之一。《论语·先进》：“德行：颜渊、闵子骞、冉伯牛、仲弓。言语：宰我、子贡。政事：冉有、季路。文学：子游、子夏。”

⑦李弘：字仲元，蜀郡成都人。参看本书卷三《蜀志》注。

⑧杨雄（前53—18）：字子云，蜀郡成都人。参看本书卷三《蜀志》注。

⑨文学：文才。

⑩杨乌：蜀郡成都人。杨雄之子。人称神童，九岁而夭。

⑪预：参与。《玄》：指《太玄》。也称《扬子太玄经》。汉杨雄著。《法言·问神》：“育而不苗者，吾家之童乌乎！九龄而与我《玄》文。”《太平御览》卷三百八十五引《刘向别传》：“杨信字子乌，雄第二子，幼而明慧。雄笔《玄经》不会，子乌令作《九数》而得之。雄又疑

《易》‘羝羊触藩’，弥日不就。子乌曰：‘大人何不云荷戟入榛？’”

⑫张宽：字叔文，蜀郡成都（今四川成都）人。参看本书卷三《蜀志》注。

⑬七经：七部儒家经典。指《易》《诗》《书》《仪礼》《春秋》《公羊》《论语》。

⑭司马相如（前179—前117）：字长卿，蜀郡成都人。参看本书卷三《蜀志》注。

⑮王褒：字子渊，蜀郡资中（今四川资阳）人。参看本书卷三《蜀志》注。

⑯杨壮：《法言》作杨庄。蜀郡成都人。参看本书卷三《蜀志》注。

⑰见杨子《方言》：按：实则见于《方言》附录的扬雄《答刘歆书》：“而（扬）雄始能草文，先作《县邸铭》《玉佴颂》《阶闼铭》及《成都城四隅铭》。蜀人有杨庄者，为郎，诵之于成帝。成帝好之，以为似（司马）相如。（扬）雄遂以此得外见。”

【译文】

○高尚：逸民严遵，字君平，是成都人。

○高尚：逸民林间，字公孺，是临邛人。杨雄以他为师。见于《方言》。

○德行：治中从事李弘，字仲元，是成都人。

○德行：给事黄门侍郎杨雄，字子云，是成都人。

△文学：神童杨乌，是杨雄的儿子。杨乌七岁时参与父亲《太玄》的创作，不幸九岁而亡。

○文学：侍中、扬州刺史张宽，字叔文，是成都人。张宽起初接受文翁的派遣，往东到京城学习七经，后回到蜀地教授。

○文学：中郎将司马相如，字长卿，是成都人。

○文学：谏议大夫王褒，字子渊，是资中人。

尚书郎杨壮，是成都人。见于杨子《方言》。

○美秀①：中郎将何霸②，字翁君，郫人也。

○执正③：大司空氾乡侯何武④，字君公，霸弟，以忠正为三公。王莽欲篡位，惮而杀之⑤。

△颍川太守何显⑥，武弟也。兄弟五人，皆在《汉书》⑦。武子况嗣武侯⑧，王莽时废。

黄门侍郎邓通⑨，蜀人。孝文帝时为侍郎，甚有宠⑩。

卓王孙⑪，临邛人。见《食货志》⑫。姑仍旧列于"执正"目下⑬。

○政事⑭：左曹、卫将军护军都尉陈立⑮，字少迁，临邛人。历牂柯、巴郡、天水三郡太守，治为天下最⑯。

○节士⑰：太中大夫章明⑱，字公孺，新繁人也。

○节士：尚书郎侯刚⑲，字直孟，新繁人也。

○节士：尚书郎王嘉⑳，字公卿，江原人也。

○节士：美阳令王皓㉑，字子离，江原人也。

右十九人在前汉㉒。其侍郎田仪、杨德意无善事㉓，在中也。

【注释】

①美秀：美好杰出。

②何霸：字翁君，蜀郡郫（今四川成都郫都区）人。参看本书卷四《南中志》注。

③执正：主持公道。

④何武（？—3）：字君公，蜀郡郫人。参看本书卷三《蜀志》注。

⑤惮而杀之：《汉书·何武传》："（何）武在见诬中，大理正槛车征（何）武，（何）武自杀。众人多冤（何）武者，（王）莽欲厌众意，令（何）武子（何）况嗣为侯，谥武曰刺侯。"

⑥何显:蜀郡郫人。附见于本书卷十《先贤士女总赞》何霸传。

⑦皆在《汉书》:常璩所记有误。《汉书》提到了何氏兄弟五人,但仅有何武一人之传。《汉书》卷八十六:"(何)武兄弟五人,皆为郡吏,郡县敬惮之。"

⑧武子况:何武之子何况,蜀郡郫人。《汉书·何武传》:"(王莽)令(何)武子(何)况嗣为侯,谥武曰刺侯。(王)莽篡位,免(何)况为庶人。"

⑨邓通:蜀郡南安(今四川乐山)人。参看本书卷三《蜀志》注。

⑩甚有宠:邓通之受宠,事见《汉书·佞幸传·邓通传》。又,《汉书·申屠嘉传》:"是时,太中大夫邓通方爱幸,赏赐累巨万。文帝常燕饮通家,其见宠如是。"

⑪卓王孙:蜀郡临邛(今四川邛崃)人。参看本书卷三《蜀志》注。

⑫见《食货志》:意谓卓王孙事迹见于《汉书·食货志》。按:《华阳国志》所说有误。卓王孙事迹,实见于《史记·货殖列传》。

⑬姑仍旧列于"执正"目下:此九字颇为奇特,疑为常璩自注之文。盖常璩初编此目录之时,因邓通、卓王孙不便品题,未能列于适当位置,暂且置于"执正:大司空氾乡侯何武"之后,而改稿时也只好一仍其旧,故批注此九字(刘琳)。

⑭政事:政治事务。孔门"四科"(德行、言语、政事、文学)之一。《论语·先进》:"德行:颜渊、闵子骞、冉伯牛、仲弓。言语:宰我、子贡。政事:冉有、季路。文学:子游、子夏。"

⑮陈立:字少迁,蜀郡临邛人。参看本书卷三《蜀志》注。

⑯最:古代考核政绩或军功时划分的等级,以上等为最。跟"殿"相对。

⑰节士:有节操的人。

⑱章明(?—9):字公孺,蜀郡新繁(今四川彭州)人。官至太中大夫。王莽即位,章明以一身不能事二主,遂自杀。本书卷十《先

贤士女总赞》有传。

⑲侯刚：字直孟，蜀郡新繁人。仕为郎。王莽即位，侯刚假装疯狂，肩负木斗，守着宫门号哭，言汉朝国运没有穷尽，不愿侍奉非正统的君主。遂为王莽所杀。本书卷十《先贤士女总赞》有传。

⑳王嘉：字公卿，蜀郡江原（今四川崇州）人。本书卷十《先贤士女总赞》有传。

㉑王皓：字子离，蜀郡江原人。本书卷十《先贤士女总赞》有传。

㉒前汉：即西汉。与"后汉"（东汉）相对。

㉓田仪：蜀郡成都人。王莽时为五官郎中。扬雄《答刘歆书》："田仪与雄同乡里，幼稚为邻，长艾相更，视觊动精采，似不为非者，故举至日雄之任也。不意淫迹暴于官朝，令举者怀赧而低眉，任者含声而宛舌。"杨德意：《史记·司马相如列传》和《汉书·司马相如传》作"杨得意"。蜀郡成都人。汉武帝时为狗监。因汉武帝读《子虚赋》曰"吾独不得与此人同世"，杨得意遂向汉武帝推荐《子虚赋》作者司马相如。无善事：意谓没有可记载的特别好的事迹，并非指二人不做好事。

【译文】

○美秀：中郎将何霸，字翁君，是郫人。

○执正：大司空氾乡侯何武，字君公，是何霸的弟弟，以忠诚正直而位列三公。王莽想篡位，因忌惮何武而杀了他。

△颍川太守何显，是何武的弟弟。何家兄弟五人，都名列《汉书》。何武的儿子何况继承了何武的侯爵位，在王莽时被废。

黄门侍郎邓通，是蜀人。孝文帝时为侍郎，很受宠。

卓王孙，是临邛人。其事迹见于《汉书·食货志》。姑且一仍其旧，将邓通、卓王孙列于"执正"目下。

○政事：左曹、卫将军都护都尉陈立，字少迁，是临邛人。历任牂柯、巴郡、天水三郡太守，其治绩为天下之最。

○节士:太中大夫章明,字公孺,是新繁人。

○节士:尚书郎侯刚,字直孟,是新繁人。

○节士:尚书郎王嘉,字公卿,是江原人。

○节士:美阳令王皓,字子离,是江原人。

以上十九人,其时代在西汉。其中侍郎田仪、杨德意没有特别好的事迹可以记载,故将其融合在本书卷十《先贤士女总赞》中。

○知士[1]:博士罗衍[2],字伯纪,成都人也。

○德政[3]:益州太守王阜[4],字世公,成都人也。

△长沙太守任循[5],字伯度,成都人也。少失父,后为长沙,父流离远届长沙[6],为郡五官,父母识知[7],是事在精通也[8]。

○公亮[9]:大司农、司隶校尉任昉[10],字文始,循子也。

△徐州刺史任恺[11],字文悌,昉弟也。

○文学:校书郎杨终[12],字子山,成都人也。

○文学:侍中、汉五更张霸[13],字伯饶,谥曰文父[14],成都人也。

聘士[15]:张楷[16],字公超,文父子也。

△聘士:张光超[17],公超弟也。

尚书张陵[18],字处冲,公超子也。自陵之后,世有大官。

【注释】

①知士:才智之士。

②罗衍:字伯纪,蜀郡成都(今四川成都)人。公孙述据蜀,罗衍为其郎官。罗衍劝说尚书解文卿、郑文伯,让他们向公孙述进谏投降汉朝,为子孙谋福。文卿、文伯进谏而触公孙述大怒,二人被幽

于薄室,以忧死。罗衍后被察举为孝廉,征召为博士。本书卷十《先贤士女总赞》有传。

③德政:旧指有仁德的政治措施或政绩。

④王阜:字世公,蜀郡成都人。官至益州太守。有政绩。本书卷十《先贤士女总赞》有传。

⑤任循:字伯度,蜀郡成都人。任昉之父。官至长沙太守。附见于本书卷十《先贤士女总赞》任昉传。

⑥届:到。

⑦识知:识察,认识。

⑧精通:精诚所至,心灵感应相通。

⑨公亮:公正诚信。

⑩任昉:字文始,蜀郡成都人。本书卷十《先贤士女总赞》有传。

⑪任恺:蜀郡成都人。任昉之弟。官至徐州刺史,有治绩。附见于本书卷十《先贤士女总赞》任昉传。

⑫杨终(? —100):字子山,蜀郡成都人。《后汉书》和本书卷十《先贤士女总赞》有传。

⑬张霸:字伯饶,蜀郡成都人。本书卷十《先贤士女总赞》有传。

⑭谥曰文父:张霸私谥曰宪文,谥曰文父。《后汉书·张霸列传》:"将作大匠翟酺等与诸儒门人追录本行,谥曰宪文。"本书卷十《先贤士女总赞》:"张霸,字伯饶,谥曰文父,成都人也。"

⑮聘士:犹征士。指不应朝廷以礼征聘的隐士。

⑯张楷:字公超,蜀郡成都人。张霸之子。通《严氏春秋》《古文尚书》。隐居弘农山中,学者随之,所居成市,名曰公超市。五府屡次征召,皆不就。又好道术。年七十,卒于家。《后汉书》有传。

⑰张光超:蜀郡成都人。参看本书卷十《先贤士女总赞》注。

⑱张陵:字处冲,蜀郡成都人。张公超之子,张霸之孙。汉桓帝时为尚书。元嘉中朝贺,大将军梁冀带剑入省,张陵敕羽林、虎贲夺梁

冀剑,当即劾奏,请廷尉论罪,百官为之肃然。《后汉书》有传。

【译文】

〇知士:博士罗衍,字伯纪,是成都人。

〇德政:益州太守王阜,字世公,是成都人。

△长沙太守任循,字伯度,是成都人。任循年轻时与父亲走失,后任长沙太守,父亲流离失所而远赴长沙,担任郡五官,因父母认出任循而得以团聚,此事是精诚所至金石为开的心灵感应。

〇公亮:大司农、司隶校尉任昉,字文始,是任循的儿子。

△徐州刺史任恺,字文悌,是任昉的弟弟。

〇文学:校书郎杨终,字子山,是成都人。

〇文学:侍中、汉五更张霸,字伯饶,谥号是"文父",是成都人。

聘士:张楷,字公超,是张霸的儿子。

△聘士:张光超,是张公超的弟弟。

尚书张陵,字处冲,是张公超的儿子。自从张陵之后,张家世代都有大官。

△义士[①]:赵定[②],成都人,以延仁赴义、济穷恤乏为业[③]。

〇保贵[④]:太尉、司徒、司空、特进、厨亭文侯赵戒[⑤],字志伯,定子。

〇文学:国师、太常赵典[⑥],字仲经,戒第二子也。

〇忠亮[⑦]:太尉、司徒、郫忠侯赵谦[⑧],字彦信,戒孙也。其子孙袭厨亭侯,不显。

〇道德[⑨]:司徒、司空赵温[⑩],字子柔,谦弟。自是后世有二千石。

〇义烈[⑪]:侍中、长水校尉常洽[⑫],字茂尼,江原人也。见《赵温传》[⑬]。

道德：侍御史常朔，字孟元[14]，江原人。在赵太尉公《耆旧传》[15]。

○述作[16]：谒者仆射何英[17]，字叔俊，郫人也。作《汉德春秋》。

△经治[18]：犍为属国何汶[19]，字景由，英孙也。

○高士[20]：杨由[21]，字哀侯，成都人也。见《后汉方术传》[22]。

【注释】

①义士：仗义疏财、慷慨乐助的人。

②赵定：蜀郡成都（今四川成都）人。赵戒之父。仗义疏财，有侠士之风。

③延仁：意谓广施仁德，有博爱之心。赴义：犹仗义。济穷恤乏：救助贫困之人。济、恤，周济，救助。本书卷十《先贤士女总赞》："父定，以游侠称。"

④保贵：意谓保全显贵而安然存活下来。此即本书卷十《先贤士女总赞》所说"屡居公辅，免忧患于无妄之世"。

⑤赵戒：字志伯，蜀郡成都人。赵定之子。本书卷十《先贤士女总赞》有传。

⑥赵典：字仲经，蜀郡成都人。赵戒之子。本书卷十《先贤士女总赞》有传。

⑦忠亮：忠诚坚贞。

⑧赵谦：字彦信，蜀郡成都人。赵戒之孙。本书卷十《先贤士女总赞》有传。

⑨道德：此即本书卷一《巴志》所说"德操仁义"："其德操仁义、文学政干若洛下闳、任文公、冯鸿卿、庞宣孟、玄文和、赵温柔、龚升侯、杨文义等，播名立事、言行表世者，不胜次载者也。"

⑩赵温（137—208）：字子柔，蜀郡成都人。赵谦之弟。本书卷十《先贤士女总赞》有传。

⑪义烈：忠义节烈。

⑫常洽：字茂尼，蜀郡江原（今四川崇州）人。本书卷十《先贤士女总赞》有传。

⑬《赵温传》：或以为当是指陈寿《益部耆旧传》的《赵温传》（刘琳）。

⑭常翊：字孟元，蜀郡江原人。曾任侍御史。

⑮赵太尉公《耆旧传》：指赵谦所撰《巴蜀耆旧传》。本书卷十一《后贤志》："益部自建武后，蜀郡郑伯邑、太尉赵彦信及汉中陈申伯、祝元灵、广汉王文表皆以博学洽闻，作《巴蜀耆旧传》。"

⑯述作：撰写著作，记载事迹。

⑰何英：字叔俊，蜀郡郫（今四川成都郫都区）人。学问渊博。著有《汉德春秋》十五卷。

⑱经治：筹划治理。

⑲何汶：字景由，蜀郡郫人。何英之孙。附见于本书卷十《先贤士女总赞》何英传。

⑳高士：志行高洁之士。

㉑杨由：字哀侯，蜀郡成都人。参看本书卷十《先贤士女总赞》注。

㉒《后汉方术传》：指《后汉书·方术列传》。其中有杨由传。

【译文】

△义士：赵定，是成都人，以广施仁德、仗义疏财、周济穷人、救助困乏为业。

○保贵：太尉、司徒、司空、特进、厨亭文侯赵戒，字志伯，是赵定之子。

○文学：国师、太常赵典，字仲经，是赵戒的第二子。

○忠亮：太尉、司徒、郫忠侯赵谦，字彦信，是赵戒之孙。他的子孙世袭厨亭侯,但是不显达。

　　○道德:司徒、司空赵温,字子柔,是赵谦之弟。从此何家后世有二千石大官。

　　○义烈:侍中、长水校尉常洽,字茂尼,是江原人。参见陈寿《益部耆旧传》的《赵温传》。

　　道德:侍御史常翊,字孟元,是江原人。其人事迹记载在赵谦《巴蜀耆旧传》中。

　　○述作:谒者仆射何英,字叔俊,是郫人。著有《汉德春秋》。

　　△经治:犍为属国何汶,字景由,是何英之孙。

　　○高士:杨由,字哀侯,是成都人。见于《后汉书·方术列传》。

　　△笃爱①:高士侯祈②,字升伯,繁人,文父杨厚弟子③。

　　○笃爱:博士杨班④,字仲桓,成都人也,何茛弟子⑤。

　　○公府辟士罗衡⑥,字仲伯,郫人,亦茛弟子也。

　　○至孝⑦:孝廉禽坚⑧,字孟由,成都人也。

　　○推贤⑨:美阳令柳宗⑩,字伯骞,成都人也。

　　△求次方⑪。

　　△王仲曾⑫。

　　△张叔辽⑬。

　　△殷知孙⑭。并蜀人,伯骞所拔,皆至牧守,失其官名。

　　○匡正⑮:治中从事张充,字伯春⑯,江原人也。

　　○匡正:司空辟士李髧⑰,字孟元,江原人也。

【注释】

①笃爱:厚爱,深切地爱。

②侯祈:字升伯,蜀郡繁(今四川彭州)人。

③杨厚：谥曰"文父"，广汉郡新都（今四川成都新都区）人。杨博
　之弟。

④杨班：字仲桓，蜀郡成都（今四川成都）人。师事何苌。本书卷十
　《先贤士女总赞》有传。

⑤何苌，字幼正，蜀郡人。隐士。

⑥罗衡：字仲伯，蜀郡郫（今四川成都郫都区）人。师事何苌。本书
　卷十《先贤士女总赞》有传。

⑦至孝：极孝顺。

⑧禽坚：字孟由，蜀郡成都人。本书卷十《先贤士女总赞》有传。

⑨推贤：推荐贤人。

⑩柳宗：字伯骞，蜀郡成都人。本书卷十《先贤士女总赞》有传。

⑪求次方：其人事迹不详。附见于本书卷十《先贤士女总赞》柳宗传。

⑫王仲曾：其人事迹不详。附见于本书卷十《先贤士女总赞》柳宗传。

⑬张叔辽：其人事迹不详。附见于本书卷十《先贤士女总赞》柳宗传。

⑭殷知孙：前文为"殷智孙"。其人事迹不详。附见于本书卷十
　《先贤士女总赞》柳宗传。

⑮匡正：扶正，纠正。

⑯张充：字伯春，蜀郡江原（今四川崇州）人。本书卷十《先贤士女
　总赞》有传。

⑰司空辟士：当为官名。按：史上无此官职。李尕：字孟元，蜀郡江
　原人。所谓"司空辟士李尕"，当即本书卷十《先贤士女总赞》所
　说"伦迁司空，辟尕掾"。意谓李尕被征召为司空掾。

【译文】

△笃爱：高士侯祈，字升伯，是繁人，是文父杨厚的弟子。

○笃爱：博士杨班，字仲桓，是成都人，是何苌的弟子。

○公府辟士罗衡，字仲伯，是郫人，也是何苌的弟子。

○至孝：孝廉禽坚，字孟由，是成都人。

○推贤：美阳令柳宗，字伯骞，是成都人。

△求次方。

△王仲曾。

△张叔辽。

△殷知孙。以上四人都是蜀人，是柳伯骞所提拔的，都官至牧守，佚失其官名。

○匡正：治中从事张充，字伯春，是江原人。

○匡正：司空辟士李绲，字孟元，是江原人。

○猛略①：部从事杨竦②，字子恭，成都人也。子统为二千石③，失其官。

○守宪④：治中从事陈湛⑤，字子伯，成都人也。

○节士：仲呈⑥，成都人也。

高士：王广⑦，皓子也⑧。父为公孙述所聘，自刎⑨。广逃匿。述破后，郡及州命、察举，皆不往，曰："吾不能复仇，敢慕当世荣利也？"

○仁义⑩：志士任末⑪，字叔本，繁人也。

○烈士⑫：严道主簿李磬⑬，字文寺，严道人也。

○义烈⑭：郡功曹史朱普⑮，字伯禽，广都人也。

巴郡太守朱辰⑯，字元燕，广都人也。

述作：汉中太守郑廑⑰，字伯邑，临邛人也。作《耆旧传》⑱。

右四十人驰名后汉。尚书郎张俊⑲，失其行事⑳，不载。学士张宁㉑，见《朱仓传》。

【注释】

①猛略：勇猛有谋略。

②杨竦（？—119）：字子恭，蜀郡成都（今四川成都）人。本书卷十《先贤士女总赞》有传。

③统：杨统，字仲通，广汉郡新都（今四川成都新都区）人。本书卷十《先贤士女总赞》有传。

④守宪：谨守法令。

⑤陈湛：字子伯，蜀郡成都人。本书卷十《先贤士女总赞》有传。

⑥仲呈（niè）：蜀郡成都人。本书卷十《先贤士女总赞》有传。

⑦王广：蜀郡成都人。王皓之子。

⑧皓：王皓，字子离，蜀郡江原（今四川崇州）人。本书卷十《先贤士女总赞》有传。

⑨自刎（wěn）：自杀。本书卷十《先贤士女总赞》："（王）皓为美阳令，去（王）莽归蜀。公孙僭号，使使聘之。（王）皓乃自刎，以头付使者。（公孙）述惭怒，诛其妻子。"

⑩仁义：仁爱正义，宽惠正直。

⑪任末：字叔本，蜀郡繁（今四川彭州）人。本书卷十《先贤士女总赞》有传。

⑫烈士：有气节、有壮志的人。

⑬李磬：字文寺，蜀郡严道（今四川荥经）人。本书卷十《先贤士女总赞》有传。

⑭义烈：忠义节烈。

⑮朱普：字伯禽，蜀郡广都（今四川成都双流区）人。本书卷十《先贤士女总赞》有传。

⑯朱辰：字元燕，蜀郡广都人。事迹见本书卷三《蜀志》"广都县"条。

⑰郑廑：字伯邑，蜀郡临邛（今四川邛崃）人。曾任汉中太守。

⑱《耆旧传》：指《巴蜀耆旧传》。

⑲张俊：蜀郡人。有才能，任尚书郎。参看本书卷三《蜀志》注。

⑳行事：事迹。

㉑张宁：蜀郡人。处士。参看本书卷十《先贤士女总赞》注。

【译文】

〇猛略：部从事杨竦，字子恭，是成都人。儿子杨统为二千石大官，失其官名。

〇守宪：治中从事陈湛，字子伯，是成都人。

〇节士：仲呈，是成都人。

高士：王广，是王皓之子。父亲为公孙述所征聘，后自刭而死。王广逃匿而去。公孙述破亡后，郡及州任命、察举王广，王广都没有前往接受，他说："我不能复仇，岂敢贪慕当世的功名利禄？"

〇仁义：志士任末，字叔本，是繁人。

〇烈士：严道主簿李磬，字文寺，是严道人。

〇义烈：郡功曹史朱普，字伯禽，是广都人。

巴郡太守朱辰，字元燕，是广都人。

述作：汉中太守郑廑，字伯邑，是临邛人。著有《耆旧传》。

以上四十人都驰名于后汉。尚书郎张俊，失其事迹，故不记载。学士张宁，见于《先贤士女总赞》的《朱仓传》。

〇大鸿胪何宗①，字彦英，郫人也。

双柏长何双②，字汉偶，宗子。

〇颖逸③：广汉、犍为太守何祗④，字君肃，郫人也。

〇忠勤⑤：辅汉将军张裔⑥，字君嗣，成都人也。

〇玄寂⑦：太常杜琼⑧，字伯瑜，成都人也。

侍中常竺⑨，字代文，江原人也。在《耆旧传》⑩。

安南将军张表⑪，字伯达，成都人也。伯父肃⑫，广汉太守。父松⑬,字子乔,州牧刘璋别驾从事。

　永昌太守王伉⑭,成都人。见《蜀书》⑮。

　右八人在刘氏世⑯。

【注释】

①何宗:字彦英,蜀郡郫(今四川成都郫都区)人。本书卷十《先贤士女总赞》有传。

②双柏:县名。西汉元封二年(前109)置,属益州郡。治所在今云南双柏县境。何双:字汉偶,蜀郡郫人。何宗之子。为人滑稽,有淳于髡、东方朔之风。曾为双柏长。早卒。参看杨戏《季汉辅臣赞》(载《三国志·蜀书·杨戏传》)。

③颖逸:秀丽超逸。

④何祗:字君肃,蜀郡郫人。何宗族人。本书卷十《先贤士女总赞》有传。

⑤忠勤:忠诚勤劳。

⑥张裔(?—230):字君嗣,蜀郡成都(今四川成都)人。本书卷十《先贤士女总赞》有传。

⑦玄寂:玄虚寂静。形容守道无为。

⑧杜琼(?—250):字伯瑜,蜀郡成都人。本书卷十《先贤士女总赞》有传。

⑨常竺:字代文,蜀郡江原(今四川崇州)人。常骞祖父。参看本书卷四《南中志》注。

⑩《耆旧传》:指陈寿《益部耆旧传》。

⑪张表:字伯达,蜀郡成都人。张松之子。参看本书卷四《南中志》注。

⑫肃:张肃,字君矫,蜀郡成都人。参看本书卷五《公孙述刘二牧志》注。

⑬松:张松(?—212),字子乔,蜀郡成都人。参看本书卷五《公孙

述刘二牧志》注。

⑭王伉：蜀郡成都人。后主建兴中为永昌郡府丞，与吕凯力拒雍闿。封亭侯，为永昌太守。

⑮见《蜀书》：即见于《三国志·蜀书·吕凯传》。

⑯刘氏世：即刘氏蜀汉时期。

【译文】

○大鸿胪何宗，字彦英，是郫人。

双柏长何双，字汉偶，是何宗之子。

○颖逸：广汉、犍为太守何祗，字君肃，是郫人。

○忠勤：辅汉将军张裔，字君嗣，是成都人。

○玄寂：太常杜琼，字伯瑜，是成都人。

侍中常竺，字代文，是江原人。事见陈寿《益部耆旧传》。

安南将军张表，字伯达，是成都人。伯父张肃，曾任广汉太守。父亲张松，字子乔，曾任州牧刘璋的别驾从事。

永昌太守王伉，是成都人。事见《三国志·蜀书》。

以上八人生活在刘氏蜀汉时期。

○五更张霸夫人司马敬①，成都人也。

○公乘会妇张氏②，广都人也。

○犍为杨凤珪妻陈助③，临邛人也。

○广汉便敬宾妇常元④，江原人，广都令常良女也。

○殷氏妇常靡⑤，江原人，常仲山女也。

○赵侯夫人常纪⑥，江原人，常常侍女⑦。

○景奇妻罗贡⑧，郫人罗倩女也。

○赵宪妻何玹⑨，郫人也。

○朱叔贤妻张昭仪⑩，繁人也。

○广柔长姚超二女姚妣、饶[11]，郫人也。

○广汉王遵妻张叔纪[12]，霸女孙也[13]。

右十二人列女[14]。

右蜀郡士女七十九人。六十七人士，十二人女[15]。

【注释】

①司马敬：蜀郡成都（今四川成都）人。司马氏之女，张霸之后妻。本书卷十《先贤士女总赞》有传。

②张氏：蜀郡广都（今四川成都双流区）人。张氏之女，公乘会之妻。本书卷十《先贤士女总赞》有传。

③陈助：蜀郡临邛（今四川邛崃）人。陈氏之女，杨凤珪之妻。本书卷十《先贤士女总赞》有传。

④常元：蜀郡江原（今四川崇州）人。常良之女，便敬宾之妻。本书卷十《先贤士女总赞》有传。

⑤常靡：蜀郡江原人。常仲山之女，殷仲孙之妻。本书卷十《先贤士女总赞》有传。

⑥赵侯：赵谦（？—192），字彦信，蜀郡成都人。常纪：蜀郡江原（今四川崇州）人。常洽之女，赵谦之妻。本书卷十《先贤士女总赞》有传。

⑦常常侍：散骑常侍常洽。

⑧罗贡：蜀郡郫（今四川成都郫都区）人。罗倩之女，景奇之妻。本书卷十《先贤士女总赞》有传。

⑨何玹：蜀郡郫人。何氏之女，赵宪之妻。本书卷十《先贤士女总赞》有传。

⑩张昭仪：蜀郡繁（今四川彭州）人。张氏之女，朱叔贤之妻。本书卷十《先贤士女总赞》有传。

⑪姚妣、饶:蜀郡郫人。姚超之女。本书卷十《先贤士女总赞》有传。

⑫张叔纪:蜀郡成都人。张霸孙女,王遵之妻。本书卷十《先贤士女总赞》有传。

⑬女孙:孙女。

⑭十二:底本作"十一",误。

⑮"右蜀郡士女七十九人"几句:七十九,底本作"七十四",误。六十七,底本作"六十三",误。十二,底本作"十一",误。

【译文】

○五更张霸夫人司马敬,是成都人。

○公乘会之妇张氏,是广都人。

○犍为杨凤珪之妻陈助,是临邛人。

○广汉便敬宾之妇常元,是江原人,是广都令常良的女儿。

○殷氏之妇常靡,是江原人,是常仲山的女儿。

○赵谦夫人常纪,是江原人,是常洽的女儿。

○景奇之妻罗贡,是郫人罗倩的女儿。

○赵宪之妻何玹,是郫人。

○朱叔贤之妻张昭仪,是繁人。

○广柔长姚超二女姚妣、姚饶,是郫人。

○广汉王遵之妻张叔纪,是张霸的孙女。

以上十二人为列女。

以上蜀郡士女七十九人。六十七位人士,十二位人女。

明略①:渡沔侯范目②,阆中人也。

文学:聘士洛下闳③,字长公,阆中人也。

玄始④:侍御史任文孙⑤,阆中人也。

文学:司空掾任文公⑥,文孙弟也⑦。

先生胥君安⑧，见《春秋传》首⑨。

京兆尹徐诵⑩，字子产，阆中人也。

忠正：侍中谯隆⑪，字伯司，阆中人也。

高清⑫：太中大夫谯玄⑬，字君黄，阆中人也。

洁白：尚书郎谯瑛⑭，玄子也，以《易》授孝明帝⑮。

公车令赵珥⑯，字孙明，阆中人也。

公府掾赵毅⑰，字仲都，珥子也。

公车令臧太伯⑱，宕渠人也，见珥传⑲。

俊才⑳：凉州刺史赵宏㉑，字温柔，阆中人也。

右十三人前汉。

【注释】

①明略：高明的智谋。本书卷一《巴志》："阆中人范目有恩信方略，知帝必定天下，说帝，为募发賨民，要与共定秦。"按：因本书卷十《先贤士女总赞》"巴郡士女"全文脱漏，不知以下所列巴郡士女何人有传、何人无传，故无法加○△符号。

②范目：巴郡阆中（今四川阆中）人。参看本书卷一《巴志》注。

③洛下闳：姓或作落下。字长公，巴郡阆中人。明天文，善历数。武帝时征为待诏太史，与邓平、司马迁等改《颛顼历》作《太初历》，具体负责"运算转历"。拜侍中，不受。参看《史记·历书》《汉书·律历志》。另据《法言》记载，落下闳曾参与制造浑天仪。《法言·重黎》："或问浑天。曰：落下闳营之，鲜于妄人度之，耿中丞象之，几乎，几乎！莫之能违也。"

④玄：玄妙，玄奥。之所以称为"玄始"，大概是因为任文孙"明晓天官风角秘要"，而其子任文公又"少修父术"（《后汉书·方术列传》），可谓"玄妙"秘术"始于"任文孙。

⑤任文孙：巴郡阆中人。任文公之父。《后汉书·方术列传》："（任）文孙明晓天官风角秘要（奥旨精义）。"

⑥任文公：西汉末方士。巴郡阆中人。任文孙之子。少传父业，以占术著名。屡次预言灾祸，史称多有应验。州辟从事，后为治中从事，又辟司空掾。平帝即位，称疾还家。王莽篡位，知当大乱，率家人避入山中。卒于公孙述割据巴蜀时期。《后汉书·方术列传》有传。

⑦文孙弟：当作"文孙子"。参看《后汉书·方术列传》。

⑧胥君安：巴郡人。事迹不详。

⑨《春秋传》：指《春秋穀梁传》。本书卷十《先贤士女总赞》："《春秋穀梁传》首叙曰：'成帝时，议立三传博士，巴郡胥君安独驳《左传》不祖圣人。'"

⑩徐诵：《太平御览》卷六百一十六引《华阳国志》："徐诵字子产。少读书，日不过五十字，诵千遍乃得，终成儒学。"

⑪谯隆：字伯司，巴郡阆中人。初为上林令，以忠谏拜为侍中。《艺文类聚》卷四十八、《太平御览》卷二百一十九引《华阳国志》："谯隆为上林令，武帝欲广上林苑。隆言：'尧舜至治广德，不务林苑。'帝后思其言，征为侍中。"

⑫高清：高尚纯洁。本书卷十《先贤士女总赞》："不屈其身，志高青云，则谯玄也。"

⑬谯玄（？—35）：字君黄，巴郡阆中人。参看本书卷一《巴志》注。

⑭谯瑛：巴郡阆中人。谯玄之子。曾以《易》传授汉明帝。参看本书卷一《巴志》注。

⑮孝明帝：汉明帝刘庄（28—75）。光武帝第四子。东汉皇帝。死后谥为明帝，庙号显宗。《后汉书》有传。《后汉书·谯玄列传》："（谯）瑛善说《易》，以授显宗，为北宫卫士令。"

⑯公车令：官名。为"公车司马令"的省称。属卫尉，秩六百石。主宫中巡逻。掌受吏民奏章四方贡献等。三国沿置。赵琠

(yáng)：字孙明，巴郡阆中（今四川阆中）人。为公车令。王莽篡政，乃弃官而归。《太平御览》卷二百六十八引《益部耆旧传》："赵琰，字孙明。少好游侠，行部，带剑过亭长，亭长谴之。乃叹曰：'无大志，故为竖吏所轻耳。'于是解剑挂壁曰：'琰不乘辎车、佩绶，不复带剑。'因之京师，诣大学受业，治《春秋》，变行厉操，名德遂称。除野王令，乃解剑带之官。治官清约，以身率下，烟火不举，常食干粮。"

⑰赵毅：字仲都，巴郡阆中（今四川阆中）人。赵琰之子。曾任公府掾。仅见于此。

⑱臧太伯：巴郡宕渠（今四川渠县）人。曾任公车令。

⑲见琰传：当指见于本书卷十《先贤士女总赞》"巴郡士女"的赵琰传。

⑳俊才：才智卓越。

㉑赵宏：或作赵闳。字温柔，巴郡阆中人。《初学记》卷十七引陈寿《益部耆旧传》："赵闳，字温柔，幼时读《尚书》，默识其音句。"

【译文】

明略：渡沔侯范目，是阆中人。

文学：聘士洛下闳，字长公，是阆中人。

玄始：侍御史任文孙，是阆中人。

文学：司空掾任文公，是任文孙之子。

先生胥君安，见《春秋传》首叙。

京兆尹徐诵，字子产，是阆中人。

忠正：侍中谯隆，字伯司，是阆中人。

高清：太中大夫谯玄，字君黄，是阆中人。

洁白：尚书郎谯瑛，是谯玄之子，以《易》传授汉明帝。

公车令赵琰，字孙明，是阆中人。

公府掾赵毅，字仲都，是赵琰之子。

公车令臧太伯,是宕渠人,见赵珒传。

俊才:凉州刺史赵宏,字温柔,是阆中人。

以上十三人生活在西汉。

政事:扬州刺史严遵①,字王思,阆中人也。

徐州牧严羽②,字子翼,王思子也。

长安令王伟卿③,王思友,见王思传。

政事:大司农玄贺④,字文和,宕渠人也。

将略⑤:大鸿胪庞雄⑥,字宣孟,宕渠人也。

政事:幽州刺史冯焕⑦,宕渠人也。

明略:使持节、车骑将军冯绲⑧,字鸿卿,焕子。

降虏校尉冯允⑨,字公信,绲弟。

尚书郎冯遵⑩,字文衡,允子。

政事:司隶校尉陈禅⑪,字纪山,安汉人也。

汉中太守陈澄⑫,禅子。

别驾从事陈实⑬,字盛先,澄孙也,与王文表为友⑭。

【注释】

① 严遵:字王思,巴郡阆中(今四川阆中)人。初为长安令,后迁扬州刺史。在官有政绩,以"惠爱在民"闻名。居官十八年,卒,百姓如丧考妣,自愿送其灵柩还乡,并赍钱百万,以赡养其家,严遵家属拒不接受。参看本书卷一《巴志》。

② 严羽:字子翼,巴郡阆中人。严遵之子。《初学记》卷二十引陈寿《益部耆旧传》:"严羽,字子翼,仕郡功曹,刺史辟为从事。郡举孝廉,曰:'大士贡名,下士贡身。赍函贡身,非高士也。'辞孝廉,取吏部,除无锡长。"

③王伟卿：籍贯不详。严遵之友。曾任长安令。

④玄贺：字文和，巴郡宕渠（今四川渠县）人。魏明帝时为乡佐，后为九江、沛郡守，以清谨著闻，所在化行。累迁大司农，为时明卿。

⑤将略：用兵的谋略。

⑥庞雄：字宣孟，巴郡宕渠人。有勇略，称名将。安帝永初（107—113）初任中郎将，与梁慬等大破南单于，位至大鸿胪。

⑦冯焕（？—122）：巴郡宕渠人。安帝时为幽州刺史。为人疾忌奸恶，怨者诈作玺书谴责，冯焕欲自杀。后听其子冯绲言，上书自讼，得以洗白，而冯焕已病死于狱中。参看《后汉书·冯绲列传》。

⑧冯绲（？—168）：字鸿卿，巴郡宕渠人。冯焕之子。官至车骑将军。参看本书卷一《巴志》注。

⑨冯允：底本作“冯元”，误。字公信，巴郡宕渠人。冯绲之弟。官至降虏校尉。《后汉书·冯绲列传》：“（冯）绲弟（冯）允，清白有孝行，能理《尚书》，善推步之术。拜降虏校尉，终于家。”

⑩冯遵：字文衡，巴郡宕渠人。冯允之子。官至尚书郎。冯遵事迹，仅见于此。

⑪陈禅（？—127）：字纪山，巴郡安汉（今四川南充）人。参看本书卷一《巴志》注。

⑫陈澄：巴郡安汉人。陈禅之子。有清名。官至汉中太守。参看《后汉书·冯绲列传》。

⑬陈实：字盛先，巴郡安汉人。陈澄之孙。官至别驾从事。《后汉书·冯绲列传》：“（陈）禅曾孙（陈）宝（实），亦刚壮有禅风，为州别驾从事，显名州里。”按：《后汉书》作“宝”，误。

⑭王文表：名商，广汉郡郪（今四川三台）人。参看本书卷三《蜀志》注。

【译文】

政事：扬州刺史严遵，字王思，是阆中人。

徐州牧严羽，字子翼，是严遵之子。

长安令王伟卿，是严遵之友，见严遵传。

政事：大司农玄贺，字文和，是宕渠人。

将略：大鸿胪庞雄，字宣孟，是宕渠人。

政事：幽州刺史冯焕，是宕渠人。

明略：使持节、车骑将军冯绲，字鸿卿，是冯焕之子。

降虏校尉冯允，字公信，是冯绲之弟。

尚书郎冯遵，字文衡，是冯允之子。

政事：司隶校尉陈禅，字纪山，是安汉人。

汉中太守陈澄，是陈禅之子。

别驾从事陈实，字盛先，是陈澄之孙，与王文表是朋友。

思防①：治中从事杨仁②，字文义，阆中人也。

志士：荆州刺史龚调③，字叔侯，安汉人也。

忠贞：魏郡太守赵晏④，字平仲，安汉人也。

筹画⑤：益州太守李颙⑥，字德印，垫江人也。见《汉书》及《巴耆旧传》⑦。

汝南太守谒焕⑧，字阙，江州人也。见《汝南记》⑨。

度辽将军、桂阳太守然温⑩，字阙，江州人，见《巴耆旧传》。

美化⑪：越嶲太守张翕⑫，字叔阳，安汉人也。

越嶲太守张璊⑬，翕子也。太守王堂察举孝廉⑭。

至孝：上蔡令赵邵⑮，字泰伯，阆中人也。

孝子严永⑯。

名儒陈髦⑰。

隐士黄错⑱。右三人，巴郡太守王堂所进，失其官位，见堂传⑲。

【注释】

①思防：意谓专心严守官门。

②杨仁：字文义，巴郡阆中（今四川阆中）人。习《韩诗》，举孝廉。明帝时补北官卫士令，以宽和任贤、抑黜骄戚论时政，帝嘉之。明帝卒，马氏贵盛，争欲入宫。杨仁披甲持戟，严勒门卫，莫敢轻进。章帝立，拜什邡令。宽惠为政，重用明经者，政绩显著。后为阆中令，卒于官。《后汉书》有传。

③龚调：字叔侯，巴郡安汉（今四川南充）人。曾任持书侍御史、荆州刺史。据《后汉书·李王邓来列传》载，汉安帝延光三年（124），宦官江京、樊丰等诬告皇太子，龚调等"俱诣鸿都门证太子无过"，"龚调据法律明之，以为（太子乳母王）男、（厨监邴）吉犯罪，皇太子不当坐"。

④赵晏：字平仲，巴郡安汉人。事迹不详。

⑤筹画：谋划。

⑥李颙（yóng）：字德卬，巴郡垫江（今重庆合川）人。汉灵帝时为太尉掾。益州郡蛮夷反叛，李颙建策讨伐，拜益州太守。事见《后汉书·南蛮西南夷列传》和本书卷一《巴志》《南中志》。

⑦《汉书》：误，当作《后汉书》。见上注。《巴耆旧传》：指郑廑、赵谦、王商所作《益部耆旧传》的一种。其中，尤以王商的可能性较大，因王商引荐的"名士"皆巴郡人，对巴郡情况最为熟悉（刘琳）。

⑧谒焕：巴郡江州（今重庆）人。曾任汝南太守。《后汉书·方术列传》："太守谒焕，先为诸生，从（廖）扶学，后临郡，未到，先遣吏修门人之礼，又欲擢扶子弟，固不肯，当时人因号为北郭先生。"

⑨《汝南记》：杜预著作。已经亡佚。《初学记》卷十七、《太平御览》

卷四百一十六引文作"杜预《汝南记》曰"。

⑩然温：巴郡江州人。曾任度辽将军。后守桂阳，长于吏治，甚得民心。

⑪美化：美好的教化。

⑫张翕：巴郡安汉（今四川南充）人。任越巂太守，政化清平，甚得民心。在郡十七年，卒于官。当地长者二百余人护丧至安汉，为起坟祭祀。《太平御览》卷二百六十二引《华阳国志》："张翕，字子阳，巴郡人。为平阴郡守，布衣蔬食，俭以化民。自乘二马之官，……夷、汉甚安其惠爱，在官十九年卒，百姓号慕，送葬者以千数。天子嗟叹，赐钱十万，为立祠堂。后太守数烦扰，夷人叛乱，翕子端方察孝廉，天子起家拜越巂太守，迎者如云。"

⑬张瑞（mén）：瑞，《后汉书·南蛮西南夷列传》作"湍"。巴郡安汉人。张翕之子。曾任越巂太守。《后汉书·南蛮西南夷列传》："天子以张翕有遗爱，乃拜其子（张）湍为太守。夷人欢喜，奉迎道路。"

⑭王堂：字敬伯，广汉郡郪（今四川三台）人。本书卷十《先贤士女总赞》有传。

⑮赵邵：字泰伯，巴郡阆中（今四川阆中）人。曾任上蔡令。

⑯严永：孝子。事迹不详。据本书卷一《巴志》记载，汉安帝时，王堂任巴郡太守，"拨乱致治，进贤达士，贡孝子严永、隐士黄错、名儒陈髦、俊士张瑞，皆至大位"。本书卷十《先贤士女总赞》记载，"（王堂）初临巴郡，进贤达士，举孝子严永、隐士黄错及张瑞、陈髦，民为立祠"。

⑰陈髦：名儒。事迹不详。参看上注。

⑱黄错：隐士。事迹不详。参看上注。

⑲堂传：指本书卷十《先贤士女总赞》的王堂传。

【译文】

思防：治中从事杨仁，字文义，是阆中人。

志士：荆州刺史龚调，字叔侯，是安汉人。

忠贞：魏郡太守赵晏，字平仲，是安汉人。

筹画：益州太守李颙，字德印，是垫江人。见《（后）汉书》及《巴耆旧传》。

汝南太守调焕，字阙失，是江州人。见《汝南记》。

度辽将军、桂阳太守然温，字阙失，是江州人。见《巴耆旧传》。

美化：越巂太守张翕，字叔阳，是安汉人。

越巂太守张璘，是张翕之子。太守王堂察举他为孝廉。

至孝：上蔡令赵邵，字泰伯，是阆中人。

孝子严永。

名儒陈髦。

隐士黄错。以上三人，是巴郡太守王堂所举荐的贤才，其官位佚失，见本书卷十《先贤士女总赞》的王堂传。

巴郡太守龚杨[①]，字阙，垫江人。

茂才孟彪[②]，江州人。右并王文表荐。

日南太守黎景[③]，字阙，垫江人。

茂才王澹[④]，阆中人也。见文表传。

文学掾龚荣[⑤]，垫江人。

桂阳太守李温[⑥]，宕渠人。

户曹掾赵芬[⑦]，宕渠人。

上谷太守陈宏[⑧]，安汉人。见《巴纪》[⑨]。

忠义[⑩]：宕渠主簿曲庾[⑪]，宕渠人也。

忠义：宕渠主簿冯湛[⑫]，宕渠人也。

烈士：郝伯都[⑬]，阆中人也。

右三十五人后汉[⑭]。司隶校尉程乌等失其事[⑮]，不录。

【注释】

①龚杨:《华阳国志》的《巴志》和《先贤士女总赞中》均作"龚扬",疑此亦当作"龚扬"。巴郡垫江（今重庆合川）人。为王商所荐,官至巴郡太守。

②孟彪:江州（今重庆）人。举茂才。为王商所荐。

③黎景:巴郡垫江人。官至日南太守。

④王澹:巴郡阆中人。举茂才。

⑤龚荣:底本为"龚策",误。巴郡垫江人。官至荆州刺史。

⑥李温:巴郡宕渠（今四川渠县）人。曾任桂阳太守。

⑦赵芬:巴郡宕渠人。曾任巴郡户曹掾。

⑧上谷:底本作"上庸",误。陈宏:本书卷一《巴志》作"陈弘"。因不知其字,故无法判断其本名。巴郡安汉（今四川南充）人。曾任上谷太守。

⑨《巴纪》:当为谯周《三巴记》。《隋书·经籍志二》:"《三巴记》一卷。谯周撰。"《旧唐书·经籍志上》:"《三巴记》一卷。谯周撰。"

⑩忠义:忠贞义烈。

⑪曲庚（yǔ）:巴郡宕渠人。曾任宕渠主簿。《舆地纪胜》卷一百六十二:"曲庚、冯湛,皆宕渠人,为县主簿,黄巾贼入县,死之。"

⑫冯湛:巴郡宕渠人。曾任宕渠主簿。参看上注。

⑬郝伯都:巴郡阆中人。《北堂书钞》卷一百三十九引《华阳国志》:"郝伯都,阆中人。为郡吏,太守每见之垂泣。伯都请白其故,太守曰:'亡男为人所杀,汝身似之,故悲感。'伯都问其仇所在,太守曰:'台阁,不可得也。'伯都乃交游,与甘春卿为友,共伺仇。杀之于车府而亡命。春卿为吏所得,伯都乃还首。二人争死。会赦得免。"

⑭三十五:底本作"三十九",误。后汉:朝代名。即东汉。

⑮程乌:巴郡人。公孙述下属。后仕东汉,官至司隶校尉。有才干。

参看《后汉书·公孙述列传》。

【译文】

巴郡太守龚扬,字阙失,是垫江人。

茂才孟彪,是江州人。以上二人均为王文表所荐举。

日南太守黎景,字阙失,是垫江人。

茂才王澹,是阆中人。见文表传。

文学掾龚荣,是垫江人。

桂阳太守李温,是宕渠人。

户曹掾赵芬,是宕渠人。

上谷太守陈宏,是安汉人。见《巴纪》。

忠义:宕渠主簿曲庚,是宕渠人。

忠义:宕渠主簿冯湛,是宕渠人。

烈士:郝伯都,是阆中人。

以上三十五人都是东汉人。司隶校尉程乌等人,因事迹佚失,故未载录。

义烈:江阳太守程畿[①],字季默,阆中人也。

程祁[②],字公弘,畿子也。

杨汰[③],字季儒,巴郡人。

韩俨[④],巴西人。

黎韬[⑤],巴西人。三人见《杨文然传》[⑥]。

壮烈[⑦]:将军严颜[⑧],临江人。见《张飞传》[⑨]。

玄贞[⑩]:征士周舒[⑪],字叔布,阆中人也。

文学:儒林校尉周群,字仲直[⑫],舒子也。

博士周巨[⑬],群子也。

雅重[⑭]:车骑将军、育阳景侯黄权[⑮],字公衡,阆中人。

在魏仪同三司⑯。

尚书郎黄崇⑰，权子也。

勇壮：折冲将军、西陵太守甘宁⑱，字兴霸，临江人。
仕吴。

【注释】

①程畿（? —222）：字季默，巴西郡阆中（今四川阆中）人。参看本
书卷五《公孙述刘二牧志》注。按：程畿之字，《季汉辅臣赞注》
作"字季然"。古人名、字意义相关，程畿之字以作"季默"为佳。

②程祁：字公弘，巴西郡阆中人。程畿之子。参看本书卷一《巴志》注。

③杨汰：字季儒，巴郡人。少与杨戏、程祁、张表并知名。

④韩俨：巴西人。事迹不详。

⑤黎韬：巴西人。事迹不详。

⑥《杨文然传》：指《三国志·蜀书·杨戏传》："杨戏字文然，犍为武
阳人也。少与巴西程祁公弘、巴郡杨汰季儒、蜀郡张表伯达并知
名。（杨）戏每推（程）祁以为冠首，丞相（诸葛）亮深识之。……
（程）祁、（杨）汰各早死。"

⑦壮烈：豪壮激越。

⑧严颜：蜀郡临江（今重庆忠县）人。参看本书卷五《公孙述刘二
牧志》注。

⑨《张飞传》：指《三国志·蜀书·张飞传》。

⑩玄贞：占卜玄妙。

⑪周舒：字叔布，巴西郡阆中人。周群之父。参看本书卷一《巴志》注。

⑫周群：字仲直，巴西郡阆中人。参看本书卷一《巴志》注。

⑬周巨：巴西郡阆中人。周群之子。

⑭雅重：雅正持重。

⑮黄权（? —240）：字公衡，巴西郡阆中人。参看本书卷一《巴志》注。

⑯仪同三司：散官名。三司即三公。汉称太尉、司徒、司空为三司。谓非三公而仪制与三公相同。东汉殇帝延平元年，邓骘为车骑将军，仪同三司。"仪同三司"之名自此始。魏晋时期，授予开府位从三公之文武官。南北朝授予范围不断扩大，逐渐成为官号。《三国志·蜀书·黄权传》："景初三年，蜀延熙二年，（黄）权迁车骑将军、仪同三司。"

⑰黄崇（？—263）：巴西郡阆中人。黄权之子。参看本书卷七《刘后主志》注。

⑱甘宁：字兴霸，巴郡临江人。参看本书卷一《巴志》注。

【译文】

义烈：江阳太守程畿，字季默，是阆中人。

程祁，字公弘，是程畿之子。

杨汰，字季儒，是巴郡人。

韩俨，是巴西人。

黎韬，是巴西人。三人见于《杨文然传》。

壮烈：将军严颜，是临江人。见于《张飞传》。

玄贞：征士周舒，字叔布，是阆中人。

文学：儒林校尉周群，字仲直，是周舒之子。

博士周巨，是周群之子。

雅重：车骑将军、育阳景侯黄权，字公衡，是阆中人。在魏任仪同三司。

尚书郎黄崇，是黄权之子。

勇壮：折冲将军、西陵太守甘宁，字兴霸，是临江人。仕宦于吴。

政事：镇南大将军、彭乡亭侯马忠①，字德信，阆中人也。

将略：镇北大将军、安汉侯王平②，字子均，宕渠人。

果壮③：左将军、宕渠侯句扶④，字孝兴，汉昌人也。见

《王平传》⑤。

　　将略：荡寇将军、关内侯张嶷⑥，字伯岐，南充国人也。

　　尚书仆射姚伷⑦，字子绪，阆中人。见《杨羲传》《诸葛亮故事》也⑧。

　　别驾从事马勋⑨，字盛衡，阆中人。见《季汉辅臣传》⑩。

　　尚书马齐⑪，字承伯，阆中人。见《蜀书》。

　　越嶲太守龚禄⑫，字德绪，安汉人。父谌⑬，犍为太守，见《巴纪》。

　　镇军将军龚皪⑭，字德光，禄弟也。

　　征士谯岍⑮，字荣始，西充国人也，周父。

　　渊通⑯：散骑常侍、城阳亭侯谯周⑰，字允南，岍子，在刘氏光禄大夫。

　　右二十三人在刘氏三国之世。

【注释】

①马忠（？—249）：字德信，巴西郡阆中（今四川阆中）人。参看本书卷一《巴志》注。

②王平（？—248）：字子均，巴西郡宕渠（今四川渠县）人。参看本书卷一《巴志》注。

③果壮：果敢勇猛。

④勾扶：字孝兴，巴西汉昌（今四川巴中）人。参看本书卷一《巴志》注。

⑤《王平传》：指《三国志·蜀书·王平传》。

⑥张嶷（？—254）：字伯岐，巴郡南充国（治今四川南部县）人。参看本书卷一《巴志》注。

⑦姚伷（？—242）：字子绪，巴西郡阆中人。参看本书卷七《刘后主

志》注。

⑧《杨羲传》：指《三国志·蜀书·杨羲传》。《诸葛亮故事》：或作"《诸葛故事》"，指陈寿所编《诸葛亮集》。陈寿《上诸葛亮集表》："使臣定故蜀丞相诸葛亮故事。"

⑨马勋：字盛衡，巴西郡阆中人。参看本书卷一《巴志》注。

⑩《季汉辅臣传》：即陈寿《季汉辅臣传注》。

⑪马齐：字承伯，巴西郡阆中人。参看本书卷一《巴志》注。

⑫龚禄（195—225）：字德绪，巴西郡安汉（今四川南充）人。参看本书卷三《蜀志》注。

⑬谌：龚谌，巴西郡安汉人。参看本书卷五《公孙述刘二牧志》注。

⑭龚𣈀（jiǎo）：字德光，巴西郡安汉人。龚禄之弟。

⑮谯㟩：字荣始，巴西郡西充国（治今四川阆中）人。谯周之父。

⑯渊通：渊博通达。

⑰城阳亭侯：《三国志·蜀书·谯周传》作"阳城亭侯"。《隋书·经籍志二》作"义阳亭侯"，"《古史考》二十五卷，晋义阳亭侯谯周撰"。谯周（201—270）：字允南，巴西西充国人。参看本书卷一《巴志》注。

【译文】

政事：镇南大将军、彭乡亭侯马忠，字德信，是阆中人。

将略：镇北大将军、安汉侯王平，字子均，是宕渠人。

果壮：左将军、宕渠侯勾扶，字孝兴，是汉昌人。见于《王平传》。

将略：荡寇将军、关内侯张嶷，字伯岐，是南充国人。

尚书仆射姚伷，字子绪，是阆中人。见于《杨羲传》《诸葛亮故事》。

别驾从事马勋，字盛衡，是阆中人。见于《季汉辅臣传》。

尚书马齐，字承伯，是阆中人。见于《蜀书》。

越巂太守龚禄，字德绪，是安汉人。父亲龚谌，曾任犍为太守，见于《巴纪》。

镇军将军龚皦,字德光,是龚禄之弟。

征士谯岍,字荣始,是西充国人,谯周之父。

渊通:散骑常侍、城阳亭侯谯周,字允南,谯岍之子,在刘氏政权任光禄大夫。

以上二十三人在刘氏三国时期。

马妙祈妻义^①,贞烈^②。

赵蔓君妻华^③,贞烈。

王元愦妻姬^④,贞烈。以上皆阆中人。

赵瓒妻姬^⑤,节烈^⑥。宕渠人。

童女赵英^⑦,瓒女。

赵万妻娥^⑧,宕渠人。

耿秉妾行^⑨,安汉人。

鲜尼母姜^⑩,安汉人。

右八人列女。

右巴郡凡士女七十九人。七十一人士,八人女^⑪。

【注释】

①义:人名。姓氏不详,巴西郡阆中(今四川阆中)人。马妙祈之妻。本书卷一《巴志》:"永初中,广汉、汉中羌反,虐及巴郡。有马妙祈妻义、王元愦妻姬、赵蔓君妻华,凤丧夫,执共姜之节,守一醮之礼,号曰'三贞'。遭乱兵迫匿,惧见拘辱,三人同时自沉于西汉水而没死。"

②贞烈:谓刚正有志节。常用以赞美守节不辱的刚强女子。此当为常璩对马妙祈妻义的品题。按:以下三人之后的"贞烈"以及赵瓒妻姬之后的"节烈",仅见于巴郡此四人。

③赵蔓君:底本作"云君",当误。华:人名。姓氏不详,巴西郡阆中人。赵蔓君之妻。

④姬:人名。姓氏不详,巴西郡阆中人。王元愦之妻。

⑤姬:人名。姓氏不详,巴西郡宕渠(今四川渠县)人。赵瑨之妻。《舆地纪胜》卷一百六十二引《华阳国志》:"赵姬,县吏赵瑨妻,名姬。夜,黄巾贼至,瑨入侍令。邻人呼姬曰:'贼已至矣,可急走!'姬曰:'妇人之义,不夜下堂,况今男女无别乎?'乃与女英自杀舍中。时英方年十三岁,郡邑叹之。"根据本书卷五《公孙述刘二牧志》的记载,此当为黄巾军马相、赵祇等人起义时发生之事。

⑥节烈:贞节刚烈。

⑦赵英:巴西郡宕渠人。赵瑨之女。为免羞辱,与母自杀舍中,年仅十三岁。

⑧娥:人名。姓氏不详,巴西郡宕渠人。赵万之妻。《太平御览》卷三百五十三引《列女传》曰:"巴赵娥者,赵万之妻。郡县遭乱,万得足疾不能行,为贼所杀。贼欲将娥,娥守丧不去。贼举矛指娥,欲以怖之。娥知贼必劫略,乃以身赴矛,贯心达背而死。"(参看《太平御览》卷四百四十一引《列女传》)

⑨行:人名。姓氏不详,巴西郡安汉(今四川南充)人。耿秉之妾。事迹不详。

⑩姜:人名。姓氏不详,巴西郡安汉人。鲜尼之母。事迹不详。

⑪七十九:底本作"七十八",与实数不符。七十一:底本作"七十",与实数不符。

【译文】

马妙祈之妻义,刚正有志节。

赵曼君之妻华,刚正有志节。

王元愦之妻姬,刚正有志节。以上三人都是阆中人。

赵瑨之妻姬,贞节刚烈,是宕渠人。

童女赵英,是赵瑨之女。

赵万之妻娥,是宕渠人。

耿秉之妾行,是安汉人。

鲜尼之母姜,是安汉人。

以上八人是列女。

以上巴郡士女共计七十九人。其中七十一位人士,八位人女。

〇道德:三老杨统①,字仲通,新都人也。曾祖仲续②,祁令;父春卿③,为公孙述将。

光禄大夫杨博④,字伯达,统长子。

〇文学:侍中杨厚⑤,字仲桓,谥曰文父。博弟。

△高士:寇懂⑥,字文仪,绵竹人,厚弟子也。

△高士:昭约⑦,字节宰,雒人也,厚弟子。二人见厚传⑧。

〇术艺:使持节、交州牧杨宣⑨,字君纬,什邡人。

△学士:严象⑩,广汉人。宣弟子也。

△大儒:赵翘⑪,广汉人。宣弟子也。

乌丸校尉郭坚⑫,字阙,雒人也。

〇善绩⑬:司隶校尉郭贺⑭,字乔卿,坚孙⑮。

〇光禄大夫、侍中、卫尉镡显⑯,字子诵,郪人。

〇庐江太守蔡弓⑰,字子骞,雒人。

〇永昌太守郑纯⑱,字长伯,郪人也。

【注释】

①三老:古代掌管教化的官。杨统:字仲通,广汉郡新都(今四川成都新都区)人。杨春卿之子,杨厚之父。本书卷十《先贤士女总

赞》有传。参看《后汉书·杨厚列传》。

②仲续：杨仲续，广汉郡新都人。杨统曾祖父。曾任祁县令。《后汉书·杨厚列传》注引《益部耆旧传》："（杨）统字仲通。曾祖父（杨）仲续举河东方正，拜祁令，甚有德惠，人为立祠。乐益部风俗，因留家新都，代修儒学，以《夏侯尚书》相传。"

③春卿：杨春卿，广汉郡新都人。杨统之父。善图谶学，为公孙述将。汉兵平蜀，春卿自杀。参看《后汉书·杨厚列传》。

④杨博：字伯达，广汉郡新都人。杨统长子。

⑤杨厚（72—153）：字仲桓，广汉郡新都人。杨统之子，杨博之弟。死后，乡民私谥文父。本书卷十《先贤士女总赞》和《后汉书》有传。

⑥寇懽：字文仪，广汉郡绵竹（今四川德阳北）人。杨厚弟子。附见于本书卷十《先贤士女总赞》的杨厚传。

⑦昭约：字节宰，广汉郡雒（今四川广汉）人。杨厚弟子。附见于本书卷十《先贤士女总赞》的杨厚传。

⑧厚传：指本书卷十《先贤士女总赞》的杨厚传。

⑨杨宣：字君纬，广汉郡什邡（今四川什邡）人。本书卷十《先贤士女总赞》有传。

⑩严象：广汉郡广汉（今四川射洪）人。杨宣弟子。附见于本书卷十《先贤士女总赞》的杨宣传。

⑪赵翘：广汉郡广汉人。杨宣弟子。附见于本书卷十《先贤士女总赞》的杨宣传。

⑫乌丸校尉：官名。全称护乌丸校尉。主管乌桓事务。乌丸即乌桓。郭坚：广汉郡雒人。曾任乌丸校尉。事迹不详。

⑬善绩：良好政绩。

⑭郭贺（？—63）：字乔卿，广汉郡雒人。本书卷十《先贤士女总赞》有传。郭坚之孙。

⑮坚：郭坚，广汉郡雒人。郭贺祖父。《后汉书·蔡茂列传》："（郭

贺）祖父坚,伯父游君,并修清节,不仕王莽。"

⑯镡显:字子诵,广汉郡郪（今四川三台）人。本书卷十《先贤士女
总赞》有传。

⑰蔡弓:字子骞,广汉郡雒人。本书卷十《先贤士女总赞》有传。

⑱郑纯:字长伯,广汉郡郪人。本书卷十《先贤士女总赞》有传。

【译文】

○道德:教化官杨统,字仲通,是新都人。曾祖父杨仲续,曾任祁县
令;父亲杨春卿,是公孙述的部将。

光禄大夫杨博,字伯达,是杨统长子。

○文学:侍中杨厚,字仲桓,谥号为"文父"。杨博之弟。

△高士:寇懽,字文仪,是绵竹人,杨厚弟子。

△高士:昭约,字节宰,是雒人,杨厚弟子。二人见杨厚传。

○术艺:使持节、交州牧杨宣,字君纬,是什邡人。

△学士:严象,是广汉人。杨宣弟子。

△大儒:赵翘,是广汉人。杨宣弟子。

乌丸校尉郭坚,字阙失,是雒人。

○善绩:司隶校尉郭贺,字乔卿,是郭坚之孙。

○光禄大夫、侍中、卫尉镡显,字子诵,是郪人。

○庐江太守蔡弓,字子骞,是雒人。

○永昌太守郑纯,字长伯,是郪人。

○文学:高士王祐①,字平仲,郪人也。弟灌有文才②,
而不悉行事也③。

○文才:乐安相李尤④,字伯仁,雒人也。

△尚书郎李充⑤,尤孙也。

○文才:东观郎李胜⑥,字茂通,雒人也。见尤传⑦。

○公亮：将作大匠翟酺[8]，字子超，雒人。

○明廉[9]：侍御史、洛阳令王涣[10]，字稚子，郪人。

○司隶校尉王堂[11]，字敬伯，郪人。

○聘士：王稚[12]，字叔起，谥曰"宪文"，堂少子。

△堂长子博[13]。失官位。

△博子遵[14]。亦失官位。

○善绩：蜀郡太守王商[15]，字文表，遵子也。

○亢烈[16]：辟士段恭[17]，字节英，新都人也。

○隐士：夫子段翳[18]，字元章，新都人也。

【注释】

①王祐：字平仲，广汉郡郪（今四川三台）人。隐居不仕。本书《先贤士女总赞》有传。

②灌：王灌，广汉郡郪人。王祐之弟。有文才。

③不悉：不详，不了解。行事：事迹。

④李尤：字伯仁，广汉郡雒（今四川广汉）人。少以文章显。本书卷十《先贤士女总赞》有传。

⑤李充：广汉郡雒人。李尤之孙。曾任尚书郎。有文才。附见于本书卷十《先贤士女总赞》的李尤传。

⑥李胜：字茂通，广汉郡雒人。本书卷十《先贤士女总赞》有传。

⑦尤传：指本书卷十《先贤士女总赞》的李尤传。

⑧翟酺：字子超，广汉郡雒人。《后汉书》、本书卷十《先贤士女总赞》有传。

⑨明廉：清廉明察。

⑩王涣（？—105）：字稚子，广汉郡郪人。本书卷十《先贤士女总赞》有传。

⑪王堂：字敬伯，广汉郡郪人。本书卷十《先贤士女总赞》有传。

⑫王稚（约122—约202）：字叔起，广汉郡郪人。王堂幼子。本书卷十《先贤士女总赞》有传。

⑬博：王博，广汉郡郪人。附见于本书卷十《先贤士女总赞》的文季姜传。

⑭遵：王遵，广汉郡郪人。附见于本书卷十《先贤士女总赞》的文季姜传。

⑮王商：字文表，广汉郡郪人。王遵之子。本书卷十《先贤士女总赞》有传。

⑯亢烈：刚毅。

⑰段恭：字节英，广汉郡新都（今四川成都新都区）人。本书卷十《先贤士女总赞》有传。

⑱段翳：字元章，广汉郡新都人。本书卷十《先贤士女总赞》有传。

【译文】

○文学：高士王祐，字平仲，是郪人。弟弟王灌有文才，但事迹不详。

○文才：乐安国相李尤，字伯仁，是雒人。

△尚书郎李充，是李尤之孙。

○文才：东观郎李胜，字茂通，是雒人。见李尤传。

○公亮：将作大匠翟酺，字子超，是雒人。

○明廉：侍御史、洛阳令王涣，字稚子，是郪人。

○司隶校尉王堂，字敬伯，是郪人。

○聘士：王稚，字叔起，谥号为"宪文"，是王堂少子。

△王堂长子王博。其官位失载。

△王博之子王遵。其官位也失载。

○善绩：蜀郡太守王商，字文表，是王遵之子。

○亢烈：辟士段恭，字节英，是新都人。

○隐士：夫子段翳，字元章，是新都人。

○隐士：冯信①，字季诚，郪人。

○越嶲太守冯颢②，字叔宰，郪人。

△武威太守、南阳折侯张江③，雒人。

△郁林太守折国④，江四世孙，因封国改姓折⑤。

○高士：折象⑥，字伯式，国之子也。

○治中祭酒朱仓⑦，字云卿，什邡人。

○政事：牂柯太守刘宠⑧，字世信，绵竹人。

○孝子：江阳、符长姜诗⑨，字士游，雒人。

○阴德⑩：郫令王忳⑪，字少林，新都人也。

△交州牧羊甚⑫，郪人也。

○推让：野王令羊期⑬，字仲鱼，甚子。

○文学：侍中董扶⑭，字茂安，绵竹人，杨厚弟子也。

○文学：聘士任安⑮，字定祖，绵竹人，亦厚弟子。

【注释】

①冯信：字季诚，广汉郡郪（今四川三台）人。本书卷十《先贤士女总赞》有传。

②冯颢：字叔宰，广汉郡郪人。本书卷十《先贤士女总赞》有传。

③张江：广汉郡雒（今四川广汉）人。附见于本书卷十《先贤士女总赞》的折像传。

④折国：广汉郡雒人。折像之父。附见于本书卷十《先贤士女总赞》的折像传。

⑤因封国改姓折：谓张氏祖上因被封为折侯而改姓折。本书卷十《先贤士女总赞》："折像，字伯式，雒人也。其先张江为武威太守，封南阳折侯，因氏焉。"

⑥折象：本书卷十《先贤士女总赞》和《后汉书·方术列传》均作"折像"。字伯式，广汉郡雒人。折国之子。本书卷十《先贤士女总赞》有传。

⑦朱仓：字云卿，广汉郡什邡（今四川什邡）人。本书卷十《先贤士女总赞》有传。

⑧刘宠：字世信，广汉郡绵竹（今四川德阳北）人。本书卷十《先贤士女总赞》有传。

⑨姜诗：字士游，广汉郡雒人。本书卷十《先贤士女总赞》有传。

⑩阴德：暗中做的有德于人的事。

⑪王忳（zhūn）：字少林，广汉郡新都（今四川成都新都区）人。本书卷十《先贤士女总赞》有传。

⑫羊甚：广汉郡郪人。羊期之父。曾任交州刺史。附见于本书卷十《先贤士女总赞》的羊期传。

⑬羊期：字仲鱼，广汉郡郪人。本书卷十《先贤士女总赞》有传。

⑭董扶：字茂安，广汉郡绵竹人。本书卷十《先贤士女总赞》有传。

⑮聘士：征士。指不应朝廷以礼征聘的隐士。任安（124—202）：字定祖，广汉郡绵竹人。本书卷十《先贤士女总赞》有传。

【译文】

〇隐士：冯信，字季诚，是郪人。

〇越嶲太守冯颢，字叔宰，是郪人。

△武威太守、南阳折侯张江，是雒人。

△郁林太守折国，是张江四世孙，因封国而改姓折。

〇高士：折象，字伯式，是折国之子。

〇治中祭酒朱仓，字云卿，是什邡人。

〇政事：牂柯太守刘宠，字世信，是绵竹人。

〇孝子：江阳、符长姜诗，字士游，是雒人。

〇阴德：郿令王忳，字少林，是新都人。

△交州牧羊甚,是郪人。

○推让:野王令羊期,字仲鱼,是羊甚之子。

○文学:侍中董扶,字茂安,是绵竹人,杨厚弟子。

○文学:征士任安,字定祖,是绵竹人,也是杨厚弟子。

○高让^①:义士杜真^②,字孟宗,绵竹人。

○精诚^③:五官谅辅^④,字汉儒,新都人。

○义士:杨宽^⑤,字叔仲,新都人。父斌、兄混皆有证明君事^⑥,失其官位。

○义士:张钳^⑦,字子安,广汉人也。

○烈士:贾栩^⑧,字元集,什邡人也。

○节士:宁叔^⑨,字茂泰,广汉人也。

○忠义:绵竹主簿韩揆^⑩,字伯彦,绵竹人。

○壮童^⑪:左乔云^⑫,绵竹人。

△孝廉^⑬:汝敦^⑭,新都人。

△周干^⑮,广汉人。

△彭飔^⑯,广汉人。

△古朴^⑰,广汉人。右三人儒学文才,见《蜀志》。

○方术:太医丞郭玉^⑱,字通直,新都人。

右五十二人驰名汉世。

【注释】

①高让:本处指推让财物与官爵。即本书卷十《先贤士女总赞》所说“(杜真)散财施宗族,不应公府辟命”。

②杜真:字孟宗,广汉郡绵竹(今四川德阳北)人。本书卷十《先贤

士女总赞》有传。

③精诚：情意真挚。本处意谓谅辅的精诚感动上天，求雨而得暴雨。
参看本书卷十《先贤士女总赞》的谅辅传。

④谅辅：字汉儒，广汉郡新都（今四川成都新都区）人。本书卷十
《先贤士女总赞》有传。

⑤杨宽：字叔仲，广汉郡新都人。本书卷十《先贤士女总赞》有传。

⑥斌：杨斌，广汉郡新都人。杨宽之父。混：杨混，广汉郡新都人。
杨宽之兄。证：为某人作证，证明某人无罪。明君：本处指县令和
太守。本书卷十《先贤士女总赞》："（杨）宽字叔仲，新都人也。
父（杨）斌证令万世，太守役讽以忠义状闻。（杨）宽为郡吏，乡人
马闰章言太守五方，（杨）宽与兄皆诣狱证之，得理。"

⑦张钳：字子安，广汉郡广汉（今四川射洪）人。本书卷十《先贤士
女总赞》有传。

⑧贾栩：字元集，广汉郡什邡（今四川什邡）人。本书卷十《先贤士
女总赞》有传。

⑨宁叔：字茂泰，广汉郡广汉人。本书卷十《先贤士女总赞》有传。

⑩韩揆：字伯彦，广汉郡绵竹人。本书卷十《先贤士女总赞》有传。

⑪壮童：强壮的儿童。左乔云为左通报仇时，年仅十三岁。参看本
书卷十《先贤士女总赞》。

⑫左乔云：广汉郡绵竹人。本书卷十《先贤士女总赞》有传。

⑬孝廉：古代举荐人才的科目名。孝，孝悌。廉，廉洁。据本书卷十
《先贤士女总赞》载，汝敦兄弟"后并察孝廉"。

⑭汝敦：蜀郡新都（今四川成都新都区）人。本书卷十《先贤士女
总赞》有传。

⑮周干：广汉郡广汉人。附见于本书卷十《先贤士女总赞》的张叔
纪传。

⑯彭勰：广汉郡广汉人。附见于本书卷十《先贤士女总赞》的张叔

　　纪传。

⑰古朴：广汉郡广汉人。附见于本书卷十《先贤士女总赞》的张叔
　　纪传。

⑱郭玉：字通直，广汉郡新都（今四川成都新都区）人。本书卷十
　　《先贤士女总赞》有传。

【译文】

○高让：义士杜真，字孟宗，是绵竹人。

○精诚：五官谅辅，字汉儒，是新都人。

○义士：杨宽，字叔仲，是新都人。父亲杨斌、兄长杨混都有为县令、
太守作证的壮举，其官位失载。

○义士：张钳，字子安，是广汉人。

○烈士：贾栩，字元集，是什邡人。

○节士：宁叔，字茂泰，是广汉人。

○忠义：绵竹主簿韩揆，字伯彦，是绵竹人。

○壮童：左乔云，是绵竹人。

△孝廉：汝敦，是新都人。

△周干，是广汉人。

△彭勰，是广汉人。

△古朴，是广汉人。以上三人都通晓儒学而且有写作才能，见于
《蜀志》。

○方术：太医丞郭玉，字通直，是新都人。

以上五十二人驰名于汉朝。

　　○别驾从事李朝①，字伟南，郪人也。

　　○丞相西曹掾李邵②，字永南，朝弟也。

　　○文才：大司农秦宓③，字子敕，绵竹人。

　　○益州太守王士④，字义强，郪人也。

○别驾从事王甫⑤，字国山，士从弟也。子祐⑥。

○优游：特进、太常、关内侯镡承⑦，字公文，郪人。

○才俊：江阳太守彭羕⑧，字永年，广汉人。

○忠谋：从事郑度⑨，绵竹人也。见《刘璋传》⑩。

○忠烈：从事王累⑪，新都人也。见《刘璋传》。

右九人在刘氏世及二牧时⑫。

【注释】

①李朝（？—222）：字伟南，广汉郡郪（今四川三台）人。李毅祖父。本书卷十《先贤士女总赞》有传。

②李邵（？—225）：字永南，广汉郡郪人。李朝之弟。本书卷十《先贤士女总赞》有传。

③秦宓（？—226）：字子敕，广汉郡绵竹（今四川德阳北）人。本书卷十《先贤士女总赞》有传。

④王士：字义强，广汉郡郪人。王甫从兄。本书卷十《先贤士女总赞》有传。

⑤王甫（？—222）：字国山，广汉郡郪人。王士从弟。本书卷十《先贤士女总赞》有传。

⑥祐：王祐，字平仲，广汉郡郪人。王甫之子。本书卷十《先贤士女总赞》有传。

⑦镡承：字公文，广汉郡郪人。本书卷十《先贤士女总赞》有传。

⑧彭羕：字永年，广汉郡广汉（今四川射洪）人。本书卷十《先贤士女总赞》有传。

⑨郑度：广汉郡绵竹人。本书卷十《先贤士女总赞》有传。

⑩《刘璋传》：指《三国志·蜀书·刘璋传》。

⑪王累：蜀郡新都（今四川成都新都区）人。本书卷十《先贤士女

总赞》有传。

⑫二牧：指刘焉、刘璋。因父子二人曾任益州牧。

【译文】

○别驾从事李朝，字伟南，是郫人。

○丞相西曹掾李邵，字永南，是李朝之弟。

○文才：大司农秦宓，字子敕，是绵竹人。

○益州太守王士，字义强，是郫人。

○别驾从事王甫，字国山，是王士的从弟。其子为王祐。

○优游：特进、太常、关内侯镡承，字公文，是郫人。

○才俊：江阳太守彭羕，字永年，是广汉人。

○忠谋：从事郑度，是绵竹人。见《刘璋传》。

○忠烈：从事王累，是新都人。见《刘璋传》。

以上九人生活在刘氏蜀汉及刘焉、刘璋时期。

○聘士任安母姚①，绵竹人也。

○姜诗妻庞行②，雒人也。

○姜嫄③，字义旧，绵竹人也。狄道长姜穆女，司马雅妻。

○廖伯妻殷纪配④，广汉人也。

○便敬妻王和⑤，新都人也。

○李珥⑥，字进娥，郫人。李氏女，冯季宰妻也。

○王辅妻彭非⑦，广汉人也。

○李平⑧，字正流。广汉李元女，杨文妻。

○袁稚妻相乌⑨，德阳人也。

○王上妻袁福⑩，德阳人也。

○汝敦妻⑪，失姓，不知何县人也。

右十一人列女。

右广汉郡凡士女七十二人。六十一人士，十一人女。

【注释】

①姚：姚氏，广汉郡绵竹（今四川德阳北）人。任安之母。本书卷十《先贤士女总赞》有传。

②庞行：广汉郡雒（今四川广汉）人。庞盛之女，姜诗之妻。本书卷十《先贤士女总赞》有传。

③姜嫔：字义旧，广汉郡雒人。姜穆之女，司马雅之妻。本书卷十《先贤士女总赞》有传。

④殷纪配：广汉郡广汉（今四川射洪）人。殷氏之女，廖伯之妻。本书卷十《先贤士女总赞》有传。殷，或作"阴"，误。本书卷十《先贤士女总赞》："纪配，广汉殷氏女，廖伯妻也。"

⑤王和：广汉郡新都（今四川成都新都区）人。便敬之妻。本书卷十《先贤士女总赞》有传。

⑥李珥：字进娥，广汉郡郪（今四川三台）人。冯季宰之妻。本书卷十《先贤士女总赞》有传。

⑦彭非：广汉郡广汉人。王辅之妻。本书卷十《先贤士女总赞》有传。

⑧李平：字正流，广汉郡广汉人。李元之女，杨文之妻。本书卷十《先贤士女总赞》有传。

⑨相乌：德阳（今四川江油）人。袁稚之妻。本书卷十《先贤士女总赞》有传。

⑩袁福：德阳人。王上之妻。本书卷十《先贤士女总赞》有传。

⑪汝敦妻：姓氏不详，籍贯不详。本书卷十《先贤士女总赞》有传。

【译文】

○聘士任安之母姚氏，是绵竹人。

○姜诗之妻庞行，是雒人。

○姜嫔，字义旧，是绵竹人。狄道长姜穆之女，司马雅之妻。

○廖伯之妻殷纪配,是广汉人。

○便敬之妻王和,是新都人。

○李珥,字进娥,是郪人。李氏之女,冯季宰之妻。

○王辅之妻彭非,是广汉人。

○李平,字正流。广汉李元之女,杨文之妻。

○袁稚之妻相乌,是德阳人。

○王上之妻袁福,是德阳人。

○汝敦之妻,姓氏佚失,不知道何县人。

以上十一人是列女。

以上广汉郡士女共计七十二人。其中六十一位人士,十一位人女。

○知术①:光禄大夫、关内侯王延世②,字长叔,资中人。

○扬州刺史杨莽③,字翁君,武阳人。见《何霸传》④。

○忠壮⑤:复汉将军朱遵⑥,字孝仲,武阳人也。

○隐遁⑦:合浦太守费贻⑧,字奉君,南安人也。

○隐知⑨:征士任永⑩,字君业,僰道人也。

○精密⑪:上党太守赵松⑫,字君乔,武阳人也。

○文学:城门校尉董钧⑬,字文伯,资中人。

○秀颖⑭:司隶校尉杨涣⑮,字孟文,武阳人。见《犍为耆旧传》⑯。

△汉中太守杨文方⑰,涣子。文方子颖伯⑱,冀州刺史;仲颖⑲,二千石。失其行事。

○政事:司隶校尉杨淮⑳,字伯邳。文方兄子,太守。太尉李固举之㉑。

【注释】

①知术：才智方略。

②王延世：字长叔，犍为郡资中（今四川资阳）人。本书卷十《先贤士女总赞》有传。

③杨莽：字翁君，犍为郡武阳（今四川眉山彭山区）人。本书卷十《先贤士女总赞》有传。

④《何霸传》：本书卷十《先贤士女总赞》何霸传无杨莽事，《汉书》无何霸传。今人推测，此所谓《何霸传》当指《益部耆旧传》的何霸传（刘琳）。

⑤忠壮：忠义勇武。

⑥朱遵：字孝仲，犍为郡武阳人。本书卷十《先贤士女总赞》有传。

⑦隐遁：隐居避世。本书卷十《先贤士女总赞》："公孙述时，（费贻）漆身为厉，佯狂避世。"本书卷三《蜀志》："而任君业闭户，费贻素隐。"

⑧费贻：字奉君，犍为郡南安（今四川乐山）人。本书卷十《先贤士女总赞》有传。

⑨隐知：谓隐藏其智。知，通"智"。

⑩任永：字君业，犍为郡僰道（今四川宜宾）人。本书卷十《先贤士女总赞》有传。

⑪精密：精致细密。

⑫赵松：字君乔，犍为郡武阳人。本书卷十《先贤士女总赞》有传。

⑬董钧：字文伯，犍为郡资中人。本书卷十《先贤士女总赞》有传。

⑭秀颖：优异聪颖。

⑮杨涣：字孟文，犍为郡武阳人。本书卷十《先贤士女总赞》有传。

⑯《犍为耆旧传》：书名。其书已佚，内容不详。

⑰杨文方：犍为郡武阳人。杨涣之子。曾任汉中太守。附见于本书卷十《先贤士女总赞》的阳姬传。

⑱颖伯：杨颖伯，犍为郡武阳人。杨文方之子。曾任冀州刺史。附
　见于本书卷十《先贤士女总赞》的阳姬传。按："颖伯"，疑当作
　"伯颖"，因其弟名仲颖。

⑲仲颖：犍为郡武阳人。杨文方之子，杨颖伯之弟。曾任二千石大
　官。附见于本书卷十《先贤士女总赞》的阳姬传。

⑳杨淮：字伯邳，犍为郡武阳人。杨文方兄之子，曾任某郡太守、司
　隶校尉。本书卷十《先贤士女总赞》有传。

㉑李固（94—147）：字子坚，汉中郡南郑（今陕西汉中）人。李郃之
　子。本书卷十《先贤士女总赞》有传。

【译文】

○知术：光禄大夫、关内侯王延世，字长叔，是资中人。

○扬州刺史杨莽，字翁君，是武阳人。见于《何霸传》。

○忠壮：复汉将军朱遵，字孝仲，是武阳人。

○隐遁：合浦太守费贻，字奉君，是南安人。

○隐知：征士任永，字君业，是僰道人。

○精密：上党太守赵松，字君乔，是武阳人。

○文学：城门校尉董钧，字文伯，是资中人。

○秀颖：司隶校尉杨涣，字孟文，是武阳人。见于《犍为耆旧传》。

△汉中太守杨文方，是杨涣之子。杨文方之子杨颖伯，曾任冀州刺
史；杨仲颖，官至二千石。其事迹失载。

○政事：司隶校尉杨淮，字伯邳。杨文方兄之子，曾任太守。太尉李
固举荐了杨淮。

○清秀①：大司空张皓②，字叔明，武阳人也。

○正直③：光禄大夫、广陵太守张纲④，字文纪，皓子也。
郎中张植⑤，纲子也。

△尚书张续⑥，植弟也。

△豫州牧张方⑦，字公始，续弟也。

○正直：司隶校尉赵旐⑧，字子鸾，资中人也。

别驾从事王元⑨，武阳人，刺史张乔时⑩。见《杨统传》⑪。

○义士：公车令杜抚⑫，字叔和，资中人也。

○义士：新都令赵敦⑬，字建侯，武阳人也。

○孝士：尚书郎隗相⑭，字叔通，僰道人也。

吕孟⑮，南安人，不详其事。

○吴顺⑯，字叔和，僰道人也。

△学士：韩子方⑰，僰道人，张贞之师⑱。

△学士：谢褒⑲，南安人。

右二十四人在汉世。

【注释】

①清秀：清异秀出，美好不俗。

②张皓（50—132）：字叔明，犍为郡武阳（今四川眉山彭山区）人。本书卷十《先贤士女总赞》有传。

③正直：公正无私，刚直坦率。

④张纲：字文纪，犍为郡武阳人。张皓之子。本书卷十《先贤士女总赞》有传。

⑤郎中：官名。东汉尚书台置三十六郎，称郎中，秩四百石。协助诸曹尚书处理政务。张植：犍为郡武阳人。张纲之子。曾任尚书台郎中。

⑥尚书：官名。东汉尚书台分六曹，各置尚书，秩六百石，位在令、仆射下，在丞、郎上。张续：犍为郡武阳人。张植之弟。曾任尚书台尚书。附见于本书卷十《先贤士女总赞》的张纲传。

⑦张方：字公始，犍为郡武阳人。张续之弟。曾任豫州牧。附见于

本书卷十《先贤士女总赞》的张纲传。

⑧赵旐：字子鸾，犍为郡资中（今四川资阳）人。本书卷十《先贤士女总赞》有传。

⑨王元：犍为郡武阳人。曾任别驾从事。

⑩张乔：南阳（治今河南南阳人）人。汉安帝时任益州刺史。当时蜀郡夷人起事，张乔破降之。汉顺帝永和三年（138）拜交阯刺史，诱日南蛮降。永和六年（141）以执金吾行车骑将军事，率兵五万屯三辅。

⑪《杨统传》：本书卷十《先贤士女总赞》的杨统传未见王元，故当为《益部耆旧传》的杨统传。

⑫杜抚：字叔和，犍为郡资中人。本书卷十《先贤士女总赞》有传。

⑬赵敦：字建侯，犍为郡武阳人。本书卷十《先贤士女总赞》有传。

⑭隗相：字叔通，犍为郡僰道（今四川宜宾）人。本书卷十《先贤士女总赞》有传。

⑮吕孟：犍为郡南安（今四川乐山）人。事迹不详。本书卷三《蜀志》："又有信士吕孟，莫纪至行也。"本书卷十《先贤士女总赞》："犍为吕孟有托孤之节。"

⑯吴顺：字叔和，犍为郡僰道人。本书卷十《先贤士女总赞》有传。

⑰韩子方：犍为郡僰道人。张贞之师。附见于本书卷十《先贤士女总赞》的黄帛传。

⑱张贞：犍为郡僰道人。授《周易》于韩子方。附见于本书卷十《先贤士女总赞》的黄帛传。

⑲谢襃：犍为郡南安人。附见于本书卷十《先贤士女总赞》的张钳传。

【译文】

〇清秀：大司空张皓，字叔明，是武阳人。

〇正直：光禄大夫、广陵太守张纲，字文纪，是张皓之子。

郎中张植，是张纲之子。

△尚书张续,是张植之弟。

△豫州牧张方,字公始,是张续之弟。

○正直:司隶校尉赵旂,字子鸢,是资中人。

别驾从事王元,是武阳人,就任于张乔任益州刺史时。见于《杨统传》。

○义士:公车令杜抚,字叔和,是资中人。

○义士:新都令赵敦,字建侯,是武阳人。

○孝士:尚书郎隗相,字叔通,是僰道人。

吕孟,南安人,事迹不详。

○吴顺,字叔和,是僰道人。

△学士:韩子方,是僰道人,张贞之师。

△学士:谢褒,是南安人。

以上二十四人生活在汉朝。

○政事:蜀郡太守、关内侯杨洪[1],字季休,武阳人。

○固率[2]:谏议大夫费诗[3],字公举,南安人。

○忠正:车骑将军、都亭侯张翼[4],字伯恭,武阳人,纲后也。

○文学:五官中郎将伍梁[5],字德山,南安人。

○文才:射声校尉杨羲[6],字文然,武阳人。

右五人在刘氏世。从事贾龙[7],不悉其事,不录。

【注释】

①杨洪（？—228）:字季休,犍为郡武阳（今四川眉山彭山区）人。本书卷十《先贤士女总赞》有传。

②固率:固执又直率。

③费诗：字公举，犍为郡南安（今四川乐山）人。本书卷十《先贤士
女总赞》有传。

④张翼（? —264）：字伯恭，犍为郡武阳人。张纲后人。本书卷十
《先贤士女总赞》有传。

⑤伍梁：字德山，犍为郡南安人。本书卷十《先贤士女总赞》有传。

⑥杨羲（? —261）：字文然，犍为郡武阳人。本书卷十《先贤士女总
赞》有传。

⑦贾龙：蜀郡（治今四川成都）人。历官益州从事、校尉。参看本书
卷五《公孙述刘二牧志》注。

【译文】

○政事：蜀郡太守、关内侯杨洪，字季休，是武阳人。

○固率：谏议大夫费诗，字公举，是南安人。

○忠正：车骑将军、都亭侯张翼，字伯恭，是武阳人，张纲的后人。

○文学：五官中郎将伍梁，字德山，是南安人。

○文才：射声校尉杨羲，字文然，是武阳人。

以上五人生活在刘氏蜀汉时期。从事贾龙，因事迹不详，在此不录。

○汉中太守杨文方妻阳姬①，武阳人也。

○相登妻周度②，僰道人也。

○曹敬③，字敬姬，南安人，周纪妻也。

○程贞珙④，字琼玉，牛鞞人，资中张惟妻也。

○尹仲让妻韩姜⑤，僰道人也。

○仪成妻谢姬⑥，南安人也。

○赵媛姜⑦，资中人，盛道妻也。

○张贞妻黄帛⑧，僰道人也。

○杨进⑨，武阳人，广汉王博妻⑩。

右九人列女。

右犍为郡士女凡三十八人。二十九人士，九人女。

【注释】

①阳姬：犍为郡武阳（今四川眉山彭山区）人。杨文方之妻。本书
卷十《先贤士女总赞》有传。

②周度：犍为郡僰道（今四川宜宾）人。相登之妻。本书卷十《先
贤士女总赞》有传。

③曹敬：字敬姬，犍为郡南安（今四川乐山）人。周纪之妻。本书
十《先贤士女总赞》有传。

④程贞玦：字琼玉，犍为郡牛鞞（今四川简阳）人。张惟之妻。本书
卷十《先贤士女总赞》有传。

⑤韩姜：犍为郡僰道人。尹仲让之妻。本书卷十《先贤士女总赞》
有传。

⑥谢姬：犍为郡南安人。仪成之妻。本书卷十《先贤士女总赞》有传。

⑦赵媛姜：犍为郡资中（今四川资阳）人。盛道之妻。本书卷十
《先贤士女总赞》有传。

⑧黄帛：犍为郡僰道人。张贞之妻。本书卷十《先贤士女总赞》有传。

⑨杨进：犍为郡武阳人。王博之妻。本书卷十《先贤士女总赞》有传。

⑩王博：广汉郡郪（今四川三台）人。王堂长子。附见于本书卷十
《先贤士女总赞》的文季姜传。

【译文】

○汉中太守杨文方之妻阳姬，是武阳人。

○相登之妻周度，是僰道人。

○曹敬，字敬姬，是南安人，周纪之妻。

○程贞玦，字琼玉，是牛鞞人，资中张惟之妻。

○尹仲让之妻韩姜，是僰道人。

○仪成之妻谢姬，是南安人。

○赵媛姜，是资中人，赵盛道之妻。

○张贞之妻黄帛，是僰道人。

○杨进，是武阳人，广汉王博之妻。

以上九人是列女。

以上犍为郡士女共计三十八人。其中二十九位人士，九位人女。

○忠正：城阳中尉邓先①，成固人也。景帝时。

○杨王孙②，成固人。

○致远③：卫尉、博望侯张骞④，成固人。武帝时。

○爽朗⑤：给事中张猛⑥，骞孙。元帝时。

○高尚：逸民郑子真⑦，褒中人。成帝时。

右五人在前汉⑧。

【注释】

①邓先：《汉书》一作"邓先"，一作"邓公"。汉中郡成固（今陕西城固）人。参看本书卷二《汉中志》注。

②杨王孙：汉中郡成固人。本书卷十《先贤士女总赞》有传。

③致远：到达远方。本书卷十《先贤士女总赞》："博望致远，西南来庭。"

④张骞（？—前114）：汉中郡成固人。本书卷十《先贤士女总赞》有传。

⑤爽朗：清朗通达的样子。

⑥张猛：字子游，汉中郡成固人。张骞之孙。本书卷十《先贤士女总赞》有传。

⑦郑子真：名朴，字子真，汉中郡褒中（今陕西勉县）人。本书卷十

《先贤士女总赞》有传。

⑧按：廖本仅存"右"字，下注"阙"。据本卷前后体例，"右"下当有"五人在前汉"诸字。此从任乃强、刘琳说补。

【译文】

〇忠正：城阳中尉邓先，是成固人。生活在汉景帝时。

〇杨王孙，是成固人。

〇致远：卫尉、博望侯张骞，是成固人。生活在汉武帝时。

〇爽朗：给事中张猛，是张骞之孙。生活在汉元帝时。

〇高尚：逸民郑子真，是褒中人。生活在汉成帝时。

以上五人生活在西汉。

大儒：李颉①，南郑人。

〇文学：司徒李郃②，字孟节，颉子。

〇执正：太尉李固③，字子坚，郃子。

〇雅望④：京兆尹李燮⑤，字德公，固少子。

〇奉车都尉李历⑥，字季子，固从弟也。

〇善绩：司隶校尉李法⑦，字伯度，南郑人也。

〇犍为太守赵宣⑧，字子雅，南郑人也。

〇德望⑨：广汉太守赵瑶⑩，字元珪，宣子。

〇温雅⑪：尚书赵琰⑫，字稚珪，瑶弟。

〇义壮⑬：弘农太守陈纲⑭，字仲卿，成固人也。

〇义烈：从事陈调⑮，字元化，纲孙。

〇知思⑯：巴郡太守陈雅⑰，字伯台，成固人。

△南郡太守程基⑱，字稚业，南郑人也。

△大鸿胪刘巨公⑲，南郑人也。见《列女传》⑳。

广汉属国张泰^㉑，字伯强，南郑人也。

○政事：度辽将军张亮则^㉒，字元修，泰从弟。

○恺悌^㉓：绵竹令阎宪^㉔，字孟度，成固人也。

【注释】

① 李颉：汉中郡南郑（今陕西汉中）人。李郃之父。《后汉书·方术列传》："李郃字孟节，汉中南郑人也。父颉，以儒学称，官至博士。"

② 李郃：字孟节，汉中郡南郑人。李颉之子。参看本书卷二《汉中志》注。

③ 李固：字子坚，汉中郡南郑人。李郃之子。参看本书卷二《汉中志》注。

④ 雅望：清高的名望。

⑤ 李燮（134—?）：字德公，汉中郡南郑人。李固少子。本书卷十《先贤士女总赞》有传。

⑥ 李历：字季子，汉中郡南郑人。李郃从子，李固从弟。本书卷十《先贤士女总赞》有传。

⑦ 李法：字伯度，汉中郡南郑人。本书卷十《先贤士女总赞》有传。

⑧ 赵宣：字子雅，汉中郡南郑人。本书卷十《先贤士女总赞》有传。

⑨ 德望：德行与声望。

⑩ 赵瑶：字元珪，汉中郡南郑人。赵宣之子。本书卷十《先贤士女总赞》有传。

⑪ 温雅：温和文雅。

⑫ 赵琰：字稚珪，汉中郡南郑人。赵瑶之弟。本书卷十《先贤士女总赞》有传。

⑬ 义壮：忠义豪壮。

⑭ 陈纲：字仲卿，汉中郡成固（今陕西城固）人。本书卷十《先贤士女总赞》有传。

⑮陈调:字元化,汉中郡成固人。陈纲之孙。本书卷十《先贤士女总赞》有传。

⑯知思:有智慧,有远见。

⑰陈雅:字伯台,汉中郡成固人。本书卷十《先贤士女总赞》有传。

⑱程基:字稚业,汉中郡南郑人。附见于本书卷十《先贤士女总赞》的李穆姜传。

⑲刘巨公:汉中郡南郑人。曾任大鸿胪。附见于本书卷十《先贤士女总赞》的刘泰瑛传。

⑳《列女传》:或指本书卷十《先贤士女总赞》的刘泰瑛传(刘琳)。

㉑广汉属国:指的是广汉属国都尉。属国都尉为官名。即管理属国事务的行政长官。秩比二千石。张泰:字伯强,汉中郡南郑人。事迹不详。

㉒张亮则:字元修,汉中郡南郑人。张泰从弟。本书卷十《先贤士女总赞》有传。

㉓恺悌:和乐简易。

㉔阎宪:字孟度,汉中郡成固人。本书卷十《先贤士女总赞》有传。

【译文】

大儒:李颉,是南郑人。

○文学:司徒李郃,字孟节,是李颉之子。

○执正:太尉李固,字子坚,是李郃之子。

○雅望:京兆尹李燮,字德公,是李固少子。

○奉车都尉李历,字季子,是李固从弟。

○善绩:司隶校尉李法,字伯度,是南郑人。

○犍为太守赵宣,字子雅,是南郑人。

○德望:广汉太守赵瑶,字元珪,是赵宣之子。

○温雅:尚书赵琰,字稚珪,是赵瑶之弟。

○义壮:弘农太守陈纲,字仲卿,是成固人。

○义烈：从事陈调，字元化，是陈纲之孙。

○知思：巴郡太守陈雅，字伯台，是成固人。

△南郡太守程基，字稚业，是南郑人。

△大鸿胪刘巨公，是南郑人。见于《列女传》。

广汉属国张泰，字伯强，是南郑人。

○政事：度辽将军张亮则，字元修，是张泰从弟。

○恺悌：绵竹令阎宪，字孟度，是成固人。

△隐士：樊志张[①]，南郑人。见征西将军《段颎传》[②]。

○尚志[③]：聘士卫衡[④]，字伯梁，南郑人，樊志张弟子也。

○筹画：计曹史程苞[⑤]，字元道，南郑人也。

○文才：葭萌长祝龟[⑥]，字元灵，南郑人也。

○义烈：郡主簿段崇[⑦]，字礼高，南郑人也。

○义烈：功曹程信[⑧]，字伯义，南郑人也。

△严孳[⑨]。

△李容[⑩]。

△陈巳[⑪]。

△王宗[⑫]。

△姜济[⑬]。

△曹廉[⑭]。

△勾矩[⑮]。

△刘旌[⑯]。

△原展[⑰]。

○义烈：从事燕邠[⑱]，字元侯，南郑人也。

○义烈：主簿赵嵩[⑲]，字伯高，南郑人也。

右三十四人后汉[20]。

【注释】

①樊志张：汉中郡南郑（今陕西汉中）人。附见于本书卷十《先贤士女总赞》的卫衡传。

②《段颎传》：指《后汉书·段颎列传》。

③尚志：崇尚志节。

④卫衡：字伯梁，汉中郡南郑人。樊志张弟子。本书卷十《先贤士女总赞》有传。

⑤程苞：字元道，汉中郡南郑人。本书卷十《先贤士女总赞》有传。

⑥祝龟：字元灵，汉中郡南郑人。本书卷十《先贤士女总赞》有传。

⑦段崇：字礼高，汉中郡南郑人。本书卷十《先贤士女总赞》有传。

⑧程信：字伯义，汉中郡南郑人。本书卷十《先贤士女总赞》有传。

⑨严孳：汉中郡南郑人。太汉中守郑廑属吏。附见于本书卷十《先贤士女总赞》的段崇、程信传。

⑩李容：汉中郡南郑人。太汉中守郑廑属吏。附见于本书卷十《先贤士女总赞》的段崇、程信传。

⑪陈巳：或作"陈巴"，误。汉中郡南郑人。太汉中守郑廑属吏。附见于本书卷十《先贤士女总赞》的段崇、程信传。

⑫王宗：汉中郡南郑人。太汉中守郑廑属吏。附见于本书卷十《先贤士女总赞》的段崇、程信传。

⑬姜济：汉中郡南郑人。太汉中守郑廑属吏。附见于本书卷十《先贤士女总赞》的段崇、程信传。

⑭曹廉：汉中郡南郑人。太汉中守郑廑属吏。附见于本书卷十《先贤士女总赞》的段崇、程信传。

⑮勾矩：汉中郡南郑人。太汉中守郑廑属吏。附见于本书卷十《先贤士女总赞》的段崇、程信传。

⑯刘旌:汉中郡南郑人。太汉中守郑廑属吏。附见于本书卷十《先贤士女总赞》的段崇、程信传。

⑰原展:汉中郡南郑人。太汉中守郑廑属吏。附见于本书卷十《先贤士女总赞》的段崇、程信传。

⑱燕邠:字元侯,汉中郡南郑人。本书卷十《先贤士女总赞》有传。

⑲赵嵩:字伯高,汉中郡南郑人。本书卷十《先贤士女总赞》有传。

⑳三十四人:或作"三十八人",或作"三十九人",误。

【译文】

△隐士:樊志张,是南郑人。见征西将军《段颎传》。

○尚志:聘士卫衡,字伯梁,是南郑人,樊志张弟子。

○筹画:计曹史程苞,字元道,是南郑人。

○文才:葭萌长祝龟,字元灵,是南郑人。

○义烈:郡主簿段崇,字礼高,是南郑人。

○义烈:功曹程信,字伯义,是南郑人。

△严孳。

△李容。

△陈巳。

△王宗。

△姜济。

△曹廉。

△勾矩。

△刘旌。

△原展。

○义烈:从事燕邠,字元侯,是南郑人。

○义烈:主簿赵嵩,字伯高,是南郑人。

以上三十四人生活在东汉。

　　陈术^①,字申伯。历三郡太守^②,见《蜀书》^③,撰《益部耆旧传》者^④。

　　右一人刘氏之世。

【注释】

①陈术:字申伯,汉中(治今陕西汉中)人。参看本书卷二《汉中志》注。

②三郡太守:指新城、魏兴、上庸三郡太守。本书卷十《先贤士女总赞》:"其陈术,……失其行事,历新城、魏兴、上庸三郡太守。"三郡,底本作"二郡",误。

③《蜀书》:指《三国志·蜀书》。《三国志·蜀书·李谲传》:"时又有汉中陈术,字申伯,亦博学多闻,著《释问》七篇、《益部耆旧传》及《志》。"

④《益部耆旧传》:陈术作。本书卷十《先贤士女总赞》:"其陈术,字申伯,作《耆旧传》者也。"

【译文】

陈术,字申伯。历任新城、魏兴、上庸三郡太守,事见《三国志·蜀书》,撰写《益部耆旧传》的人。

以上一人生活在刘氏蜀汉时期。

　　○李穆姜^①,安众令程祗妻,李法姊也^②,子基^③。

　　○刘泰瑛^④,巨公女^⑤,杨矩妻。

　　○杜泰姬^⑥,南郑人。犍为太守赵宣妻^⑦。

　　○杨礼珪^⑧,成固杨元珍女,陈省妻。

　　○李文姬^⑨,太尉固女^⑩,赵瑛妻。

　　○陈顺谦^⑪,邓令曹宁妻,陈伯台从女也^⑫。兄子陈规著书称之。

　　○陈惠谦[13]，顺谦妹，度辽将军张亮则夫人[14]。

　　○张礼修[15]，南郑人，赵嵩妻[16]。

　　○韩树南[17]，南郑人，赵子贱妻也。

　　右九人列女。

　　右汉中郡士女凡五十人。四十一人士，九人女。

【注释】

①李穆姜：汉中郡南郑（今陕西汉中）人。程祇之妻，李法之姐姐。本书卷十《先贤士女总赞》有传。

②李法：字伯度，汉中郡南郑人。本书卷十《先贤士女总赞》有传。

③基：程基，字稚业，汉中郡南郑人。曾任南郡太守。本书卷十《先贤士女总赞》："基字稚业，特隽逸，为南郡太守。"

④刘泰瑛：汉中郡南郑人。刘巨公之女，杨矩之妻。本书卷十《先贤士女总赞》有传。

⑤巨公：刘巨公，汉中郡南郑人。曾任大鸿胪。附见于本书卷十《先贤士女总赞》的刘泰瑛传。

⑥杜泰姬：汉中郡南郑人。赵宣之妻。本书卷十《先贤士女总赞》有传。

⑦赵宣：字子雅，汉中郡南郑人。参看本书卷十《先贤士女总赞》注。

⑧杨礼珪：汉中郡成固（今陕西城固）人。杨元珍之女，陈省之妻。本书卷十《先贤士女总赞》有传。

⑨李文姬：汉中郡南郑人。李固之女，赵瑛之妻。本书卷十《先贤士女总赞》有传。

⑩固：李固，字子坚，汉中郡南郑人。李郃之子。参看本书卷二《汉中志》注。

⑪陈顺谦：汉中郡成固人。曹宁之妻。本书卷十《先贤士女总赞》有传。

⑫陈伯台：陈雅，字伯台，汉中郡成固人。本书卷十《先贤士女总赞》有传。从女：侄女。

⑬陈惠谦：汉中郡成固人。陈顺谦之妹，张亮则夫人。本书卷十《先贤士女总赞》有传。

⑭张亮则：字元修，汉中郡南郑人。本书卷十《先贤士女总赞》有传。

⑮张礼修：汉中郡南郑人。赵嵩之妻。本书卷十《先贤士女总赞》有传。

⑯赵嵩：字伯高，汉中郡南郑人。本书卷十《先贤士女总赞》有传。

⑰韩树南：汉中郡南郑人。本书卷十《先贤士女总赞》有传。

【译文】

○李穆姜，是安众令程祗之妻，李法之姐姐，儿子名程基。

○刘泰瑛，是刘巨公之女，杨矩之妻。

○杜泰姬，是南郑人，犍为太守赵宣之妻。

○杨礼珪，是成固杨元珍之女，陈省之妻。

○李文姬，是太尉固之女，赵瑛之妻。

○陈顺谦，是邓令曹宁之妻，陈伯台的侄女。兄子陈规著书称赞她。

○陈惠谦，是顺谦之妹，度辽将军张亮则的夫人。

○张礼修，是南郑人，赵嵩之妻。

○韩树南，是南郑人，赵子贱之妻。

以上九人是列女。

以上汉中郡士女共计五十人。其中四十一位人士，九位人女。

○忠义：镇远将军、成义侯文齐①，字子奇，梓潼人也。平帝用为益州太守，遂不服王莽、公孙述，光武嘉之。

△北海太守文忱②，齐子也。

○节士:李业[3],字巨游,梓潼人也。

△遂久令李翚[4],业子。

○政事:益州太守景毅[5],字文坚,梓潼人也。

○有道景鸾[6],字汉伯,梓潼人也。

○文学:孝廉杨充[7],字盛国,梓潼人也。

○壮烈:济阴相寇祺[8],字宰朝,梓潼人也。

○壮烈:童人李余[9],涪人也。

○义士:功曹张寿[10],字伯僖,涪人也。

○义士:王晏[11],字叔博,涪人也。

○方士[12]:李助[13],字翁君,涪人也。

右十二人汉世。

【注释】

①文齐:字子奇,广汉郡梓潼(今四川梓潼)人。本书卷十《先贤士女总赞》有传。事见《后汉书·南蛮西南夷列传》。

②文忱:广汉郡梓潼人。文齐之子。曾任北海太守。附见于本书卷十《先贤士女总赞》的文齐传。

③李业:字巨游,广汉郡梓潼人。本书卷十《先贤士女总赞》有传。

④李翚:广汉郡梓潼人。李业之子。附见于本书卷十《先贤士女总赞》的李业传。

⑤景毅:字文坚,广汉郡梓潼人。本书卷十《先贤士女总赞》有传。

⑥景鸾:字汉伯,广汉郡梓潼人。本书卷十《先贤士女总赞》有传。

⑦杨充:字盛国,广汉郡梓潼人。本书卷十《先贤士女总赞》有传。

⑧寇祺:字宰朝,广汉郡梓潼人。本书卷十《先贤士女总赞》有传。

⑨李余:梓潼郡涪(今四川绵阳)人。本书卷十《先贤士女总赞》有传。

⑩张寿:字伯僖,梓潼郡涪人。本书卷十《先贤士女总赞》有传。

⑪王晏：字叔博，梓潼郡涪人。本书卷十《先贤士女总赞》有传。

⑫方士：方术之士。泛指从事医、卜、星、相类职业的人。本处指长于医术之士。

⑬李助：字翁君，梓潼郡涪人。本书卷十《先贤士女总赞》有传。

【译文】

○忠义：镇远将军、成义侯文齐，字子奇，是梓潼人。汉平帝任命他为益州太守，于是不服从王莽、公孙述，汉光武帝嘉奖了他。

△北海太守文忱，是文齐之子。

○节士：李业，字巨游，是梓潼人。

△遂久令李翬，是李业之子。

○政事：益州太守景毅，字文坚，是梓潼人。

○有道景鸾，字汉伯，是梓潼人。

○文学：孝廉杨充，字盛国，是梓潼人。

○壮烈：济阴相寇祺，字宰朝，是梓潼人。

○壮烈：童人李余，是涪人。

○义士：功曹张寿，字伯僖，是涪人。

○义士：王晏，字叔博，是涪人。

○方士：李助，字翁君，是涪人。

以上十二人生活在汉朝时期。

○尚玄①：谏议大夫杜微②，字国辅，涪人也。

○李仁③，字德贤，涪人也。

○太子仆射李譔④，字钦仲，仁子。

○太子家令尹默⑤，字思潜，涪人也。

△丞相参军文恭⑥，字仲宝，梓潼人也。

○果锐⑦：前监军、大将军司马李福⑧，字孙德，涪人也。

见《诸葛故事》《蜀书》⑨。

　　右六人刘氏世。

【注释】

①尚玄:本处指崇尚道家清静无为的学说。

②杜微:字国辅,梓潼郡涪(今四川绵阳)人。本书卷十《先贤士女总赞》有传。

③李仁:字德贤,梓潼郡涪人。李譔之父。本书卷十《先贤士女总赞》有传。

④李譔:字钦仲,梓潼郡涪人。李仁之子。本书卷十《先贤士女总赞》有传。

⑤尹默:字思潜,梓潼郡涪人。本书卷十《先贤士女总赞》有传。

⑥文恭:字仲宝,梓潼郡梓潼(今四川梓潼)人。附见于本书卷十《先贤士女总赞》的李福传。

⑦果锐:果断敏锐。

⑧李福(? —约238):字孙德,梓潼郡涪人。本书卷十《先贤士女总赞》有传。

⑨《诸葛故事》:指陈寿所编《诸葛亮集》。陈寿《上诸葛亮集表》:"使臣定故蜀丞相诸葛亮故事。"《蜀书》:指《三国志·蜀书》。

【译文】

○尚玄:谏议大夫杜微,字国辅,是涪人。

○李仁,字德贤,是涪人。

○太子仆射李譔,字钦仲,是李仁之子。

○太子家令尹默,字思潜,是涪人。

△丞相参军文恭,字仲宝,是梓潼人。

○果锐:前监军、大将军司马李福,字孙德,是涪人。事见《诸葛故事》《蜀书》。

以上六人生活在刘氏蜀汉时期。

○文极^①，字季姜，梓潼人，将作大匠王堂夫人也^②。

○巴郡虞显妻杜慈^③，涪杜季女也。

○郭孟妻杨敬^④，涪杨文女也。

右列女三人。

右梓潼郡士女二十一人。十八人士，三人女。

【注释】

①文极：字季姜，梓潼郡梓潼（今四川梓潼）人。

②王堂：字敬伯，广汉郡郪（今四川三台）人。本书卷十《先贤士女总赞》有传。

③杜慈：梓潼郡涪（今四川绵阳）人。杜季之女，虞显之妻。本书卷十《先贤士女总赞》有传。

④杨敬：梓潼郡涪人。杨文之女，郭孟之妻。本书卷十《先贤士女总赞》有传。

【译文】

○文极，字季姜，是梓潼人，将作大匠王堂的夫人。

○巴郡虞显之妻杜慈，是涪人杜季之女。

○郭孟之妻杨敬，是涪人杨文之女。

以上列女三人。

以上梓潼郡士女二十一人。其中十八位人士，三位人女。

修慎^①：少府、太常、关内侯王谋^②，字元泰，汉嘉人也。

云南太守张休^③。

右二人汉嘉人士，在刘氏世。

【注释】

①修慎：谓注重修养，处世谨慎。

②王谋：字元泰，汉嘉郡汉嘉（治今四川芦山）人。《季汉辅臣赞注》
　有传。参看本书卷六《刘先主志》注。

③张休：汉嘉郡汉嘉人。曾任云南太守。

【译文】

修慎：少府、太常、关内侯王谋，字元泰，是汉嘉人。

云南太守张休。

以上二人是汉嘉人士，生活在刘氏蜀汉时期。

文学：荆州刺史尹珍①，字道真，毋敛人也。

巴郡太守傅宝②，字纪图，平夷人也。

忠义：冠军将军、宁州刺史谢恕③，字茂理，毋敛人也。

右三人牂柯人士。

【注释】

①尹珍：字道真，牂柯郡毋敛（今贵州独山）人。参看《后汉书·南
　蛮西南夷列传》和本书卷四《南中志》。

②傅宝：字纪图，牂柯郡平夷（今贵州毕节）人。

③谢恕：字茂理，牂柯郡毋敛人。参看本书卷四《南中志》注。

【译文】

文学：荆州刺史尹珍，字道真，是毋敛人。

巴郡太守傅宝，字纪图，是平夷人。

忠义：冠军将军、宁州刺史谢恕，字茂理，是毋敛人。

以上三人是牂柯人士。

忠义：大将军、朝侯祭酒锡光①，字长冲，西城人也。

右一人西城人士。

【注释】

①锡光：字长冲，汉中郡西城（治今陕西安康）人。参看本书卷二《汉中志》注。

【译文】

忠义：大将军、朝侯祭酒锡光，字长冲，是西城人。

以上一人是西城人士。

忠义：云南太守、阳迁亭侯吕凯①，字季平，不韦人也。

右一人永昌人士。

【注释】

①吕凯：字季平，永昌郡不韦（今云南保山）人。参看本书卷四《南中志》注。

【译文】

忠义：云南太守、阳迁亭侯吕凯，字季平，是不韦人。

以上一人是永昌人士。

义正①：安汉将军、建宁太守李恢②，字德昂，〔俞元人也③。〕

领军爨习④。

御史中丞孟获⑤。

右三人建宁人士。

【注释】

①义正:犹正义、道义。

②李恢(?—231):字德昂,建宁郡俞元(今云南澄江)人。参看本书卷四《南中志》注。

③俞元人也:四字原缺,兹据《三国志·蜀书·李恢传》补。

④爨(cuàn)习:三国蜀建宁(治今云南曲靖)人。李恢之姑夫。参看本书卷四《南中志》注。

⑤孟获:三国蜀建宁人。当地豪强。参看本书卷四《南中志》注。

【译文】

义正:安汉将军、建宁太守李恢,字德昂,是俞元人。

领军爨习。

御史中丞孟获。

以上三人是建宁人士。

辅汉将军孟琰①,字休明。

右一人朱提人士。

【注释】

①孟琰:字休明,朱提(治今云南昭通)人。孟获族人。后归顺蜀汉,官至辅汉将军。

【译文】

辅汉将军孟琰,字休明。

以上一人是朱提人士。

先泥和女络①,符人也②。

右一人列女,江阳人③。

【注释】

①先泥和：本书卷三《蜀志》作"先尼和"。其女先络为寻找父亲尸体，自沉于河。

②符：县名。西汉元鼎二年（前115）置，属犍为郡。治所即今四川合江县。东汉改为符节县。建安中属江阳郡。西晋复改符县。永嘉以后废。

③江阳：郡名。东汉建安十八年（213）改枝江都尉置，属益州。治所在江阳县（今四川泸州）。

【译文】

先泥和之女先络，是符县人。

以上一人是列女，是江阳郡人。

大凡三州十三郡①，自汉兴至三国之终，士女载传记者三百五十人②。二百九十七人士，五十三人女。

【注释】

①大凡：总计，共计。三州：指益州、宁州、梁州。

②传记：记载人物事迹的文字。三百五十人：底本作"三百四十人"，与后文所说人士、人女总数不合，误。

【译文】

自从汉朝兴起到三国终结，三州十三郡共计被载入传记的士女有三百五十人。其中二百九十七位男性，五十三位女性。

公七人

大将二十二人

侯二十人

卿佐十四人

侍中七人

尚书五人

司隶校尉六人

州刺史十三人

郡守四十八人

国师三人

光禄大夫四人

尚书郎十二人

中书郎、将、御史六人

公车令、谏议、太中十一人[1]

公府辟士八人

高士一人

聘士七人

征士四人

节士四人

列女四十七人[2]

【注释】

[1]谏议：即谏议大夫。参看本书卷一《巴志》注。太中：即太中大夫。参看本书卷四《南中志》注。

[2]以上分类人数，共计249人，与目录总数相差甚远。此表疑为后人所添（刘琳）。

【译文】

公七人。

大将二十二人。

侯二十人。

卿佐十四人。

侍中七人。

尚书五人。

司隶校尉六人。

州刺史十三人。

郡守四十八人。

国师三人。

光禄大夫四人。

尚书郎十二人。

中书郎、将、御史六人。

公车令、谏议、太中十一人。

公府辟士八人。

高士一人。

聘士七人。

征士四人。

节士四人。

列女四十七人。

益梁宁三州三国两晋以来人士目录

○明略①：大司农、西城公何攀②，字惠兴，郫人。

○清秀：大长秋寿良③，字文淑，成都人也。

○果烈④：西河太守柳隐⑤，字休然，成都人也。

△梁、益二州都督杜祯⑥，字文然，成都人也。

△度支、巴东太守柳伸⑦，字雅厚，成都人也。

○德行：江阳太守何随⑧，字季业，郫人。

○令德⑨：犍为太守杜轸⑩，字超宗，成都人也。

△犍为太守杜烈⑪，字仲武，轸弟。

△建宁太守杜良⑫，字幼伦，轸少弟。

△益州刺史杜毗⑬，字长基，轸子。

【注释】

①明略：高明的智谋。

②何攀（244—301）：字惠兴，蜀郡郫（今四川成都郫都区）人。本书卷十一《后贤志》有传。

③寿良：字文淑，蜀郡成都（今四川成都）人。本书卷十一《后贤志》有传。

④果烈：果敢刚毅。

⑤柳隐（189—268）：字休然，蜀郡成都人。本书卷十一《后贤志》有传。

⑥杜祯：字文然，蜀郡成都人。附见于本书卷十一《后贤志》的柳隐传。

⑦柳伸：字雅厚，蜀郡成都人。附见于本书卷十一《后贤志》的柳隐传。

⑧何随：字季业，蜀郡郫人。本书卷十一《后贤志》有传。

⑨令德：美好的德行。

⑩杜轸：字超宗，蜀郡成都人。杜雄之子。本书卷十一《后贤志》有传。

⑪杜烈：字仲武，蜀郡成都人。杜轸之弟。附见于本书卷十一《后贤志》的杜轸传。

⑫杜良：字幼伦，蜀郡成都人。杜轸之小弟。附见于本书卷十一《后贤志》的杜轸传。

⑬杜毗：字长基，蜀郡成都人。杜轸之子。附见于本书卷十一《后

贤志》的杜轸传。

【译文】

○明略：大司农、西城公何攀，字惠兴，是郫人。

○清秀：大长秋寿良，字文淑，是成都人。

○果烈：西河太守柳隐，字休然，是成都人。

△梁、益二州都督杜祯，字文然，是成都人。

△度支、巴东太守柳伸，字雅厚，是成都人。

○德行：江阳太守何随，字季业，是郫人。

○令德：犍为太守杜轸，字超宗，是成都人。

△犍为太守杜烈，字仲武，是杜轸之弟。

△建宁太守杜良，字幼伦，是杜轸小弟。

△益州刺史杜毗，字长基，是杜轸之子。

○德行：给事中任熙①，字伯远，成都人也。

△涪陵太守任蕃②，字宪祖，熙子。

○义正：郫令常勖③，字修业，江原人也。

△州都常忌④，字茂通，勖从弟也。

△令才⑤：太史令高玩⑥，字伯珍，江原人也。

○闳才⑦：湘东太守常骞⑧，字季慎，江原人也。

○述作：武平太守常宽⑨，字泰恭，骞从弟也。

△使持节、西夷校尉张峻⑩，字绍茂，成都人也。

征西将军、西夷校尉、益州刺史王异⑪，字彦明，成都人也。

勇略：雍州刺史、南中郎将、重安开国侯李阳⑫，字叔文，郫人。

征虏将军、广汉、梓潼太守杨谦^⑬，字令志，成都人也。

右二十一人蜀郡人，在晋世。

【注释】

①任熙：字伯远，蜀郡成都（今四川成都）人。本书卷十一《后贤志》有传。

②任蕃：字宪祖，蜀郡成都人。任熙之子。附见于本书卷十一《后贤志》的任熙传。

③常勖：字修业，蜀郡江原（今四川崇州）人。本书卷十一《后贤志》有传。

④常忌：字茂通，蜀郡江原人。常闳之子，常勖从弟。附见于本书卷十一《后贤志》的常勖传。

⑤令才：出众的才华。

⑥高玩：字伯珍，蜀郡江原人。附见于本书卷十一《后贤志》的李宓传。

⑦闳才：大才。闳，通"宏"。

⑧常骞：字季慎，蜀郡江原人。本书卷十一《后贤志》有传。

⑨常宽：字泰恭，蜀郡江原人。常骞从弟。常璩从祖父。著有《蜀后志》《后贤传》《梁益篇》。本书卷十一《后贤志》有传。

⑩张峻：字绍茂，蜀郡成都人。附见于本书卷十一《后贤志》的李毅传。

⑪王异：字彦明，蜀郡成都人。事见本书卷八《大同志》。

⑫重安：县名。东汉永建三年（128）改钟武县置，属衡阳郡。治所在今湖南衡阳西北。后置侯国。三国吴复为县。李阳：字叔文，蜀郡郫（今四川成都郫都区）人。曾任雍州刺史、南中郎将，封开国侯。

⑬杨谦：字令志，蜀郡成都人。曾任征虏将军、广汉太守、梓潼太守。

【译文】

〇德行：给事中任熙，字伯远，是成都人。

△涪陵太守任蕃,字宪祖,是任熙之子。

○义正:郫令常勖,字修业,是江原人。

△州都常忌,字茂通,是常勖从弟。

△令才:太史令高玩,字伯珍,是江原人。

○闿才:湘东太守常骞,字季慎,是江原人。

○述作:武平太守常宽,字泰恭,是常骞从弟。

△使持节、西夷校尉张峻,字绍茂,是成都人。

平西将军、西夷校尉、益州刺史王异,字彦明,是成都人。

勇略:雍州刺史、南中郎将、重安开国侯李阳,字叔文,是郫人。

征虏将军、广汉、梓潼太守杨谦,字令志,是成都人。

以上二十一人是蜀郡人,生活在晋朝时期。

○强济①:少府、成都威侯李毅②,字允刚,郫人。

△西夷校尉李钊③,字世康,毅子。

○仁让④:汉嘉太守司马胜之⑤,字兴先,绵竹人。

○德义⑥:梓潼太守王化⑦,字伯远,郫人,文表孙⑧。

△巴东太守王振⑨,字仲远,化弟也。

△作唐令王岱⑩,字季远,振弟也。

△述作:蜀郡太守王崇⑪,字幼远,岱弟也。

○素隐⑫:中书郎王长文⑬,字德俊,郫人也。

△建宁太守段容⑭,字宗仲,广汉人也。

右九人广汉人,在晋世。

【注释】

①强济:精明干练。

②李毅(? —306):字允刚,广汉郡郫(今四川三台)人。本书卷十

一《后贤志》有传。

③李钊：字世康，广汉郡郪人。李毅之子。附见于本书卷十一《后贤志》的李毅传。

④仁让：仁爱谦让。本书卷十一《后贤志》说司马胜之"闲居清静，谦卑自牧"。

⑤司马胜之：字兴先，广汉郡绵竹（今四川德阳北）人。本书卷十一《后贤志》有传。

⑥德义：道德信义。

⑦王化：字伯远，广汉郡郪人。王商之孙。本书卷十一《后贤志》有传。

⑧文表：王商，字文表，广汉郡郪人。本书卷十《先贤士女总赞》有传。

⑨王振：字仲远，广汉郡郪人。王化之弟。曾任广都县令、巴东太守。附见于本书卷十一《后贤志》的王化传。

⑩王岱：字季远，广汉郡郪人。王振之弟。曾任广阳、作唐县令。附见于本书卷十一《后贤志》的王化传。

⑪王崇：字幼远，广汉郡郪人。王岱之弟。附见于本书卷十一《后贤志》的王化传。

⑫素隐：指隐居不仕。

⑬王长文：字德俊，广汉郡郪人。本书卷十一《后贤志》有传。

⑭段容：字宗仲，广汉郡广汉（今四川射洪）人。附见于本书卷十一《后贤志》的常勖传。

【译文】

〇强济：少府、成都威侯李毅，字允刚，是郪人。

△西夷校尉李钊，字世康，是李毅之子。

〇仁让：汉嘉太守司马胜之，字兴先，是绵竹人。

〇德义：梓潼太守王化，字伯远，是郪人，王商之孙。

△巴东太守王振，字仲远，是王化之弟。

△作唐县令王岱,字季远,是王振之弟。

△述作:蜀郡太守王崇,字幼远,是王岱之弟。

○素隐:中书郎王长文,字德俊,是郪人。

△建宁太守段容,字宗仲,是广汉人。

以上九人是广汉人,生活在晋朝时期。

○汉中太守李宓①,字令伯,武阳人也。

△汶山太守李赐②,字宗硕,宓子也。

△太傅参军李兴③,字隽硕,赐弟也。

△广汉太守张征④,字建兴,翼子也⑤。

△谯国内史费缉⑥,字文平,南安人。二子见《寿良传》⑦。

○执义⑧:衡阳内史杨邠⑨,字岐之,武阳人。

○清正⑩:尚书费立⑪,字建熙,南安人。

右七人犍为人士,在晋世。

【注释】

①李宓:或作李密,一名虔,字令伯,犍为郡武阳(今四川眉山彭山区)人。本书卷十一《后贤志》有传。

②李赐:字宗硕,犍为郡武阳人。李宓之子。附见于本书卷十一《后贤志》的李宓传。

③李兴:字隽硕,犍为郡武阳人。李赐之弟。附见于本书卷十一《后贤志》的李宓传。

④张征:字建兴,犍为郡武阳人。附见于本书卷十一《后贤志》的寿良传。

⑤翼:张翼(?—264),字伯恭,犍为郡武阳人。本书卷十《先贤士女总赞》有传。

⑥费缉:字文平,犍为郡南安(今四川乐山)人。附见于本书卷十一《后贤志》的寿良传。

⑦二子:指张征、费缉。《寿良传》:指本书卷十一《后贤志》的寿良传。

⑧执义:坚持合理的该做的事。

⑨杨邠(243—311):字岐之,犍为郡武阳人。本书卷十一《后贤志》有传。

⑩清正:廉洁公正,清白正直。

⑪费立(?—312):字建熙,犍为郡南安人。本书卷十一《后贤志》有传。

【译文】

○汉中太守李宓,字令伯,是武阳人。

△汶山太守李赐,字宗硕,是李宓之子。

△太傅参军李兴,字隽硕,是李赐之弟。

△广汉太守张征,字建兴,是张翼之子。

△谯国内史费缉,字文平,是南安人。张征、费缉二人见《寿良传》。

○执义:衡阳内史杨邠,字岐之,是武阳人。

○清正:尚书费立,字建熙,是南安人。

以上七人是犍为人士,生活在晋朝时期。

○卫尉文立①,字广休,临江人也。

△武陵太守杨宗②,临江人也。

△牂柯太守毛楚③,枳人。

右三人巴郡人,在晋世。

【注释】

①文立(?—279):字广休,巴郡临江(今重庆忠县)人。本书卷十一《后贤志》有传。

②杨宗：巴郡临江人。附见于本书卷十一《后贤志》的文立传。

③毛楚：巴郡枳（今重庆涪陵）人。附见于本书卷十一《后贤志》的
文立传。

【译文】

○卫尉文立，字广休，是临江人。

△武陵太守杨宗，是临江人。

△牂柯太守毛楚，是枳人。

以上三人是巴郡人，生活在晋朝时期。

○述作：太子中庶子陈寿①，字承祚，安汉人。

△骠骑府掾陈苣②，字叔度，寿兄子。

△上廉令陈符③，字长信，寿兄子。

△建宁太守陈阶④，字达之，苣从弟。

正直：汉中太守阎缵⑤，字续伯，安汉人。

△卓略⑥：长水校尉、荆州刺史张奕⑦，字希祖，南充国人。

△令德：锡令谯同⑧，字彦绍，周子⑨。见周传⑩。

○义烈：扬烈将军、梓潼内史谯登⑪，字顺明，周孙。

右八人巴西人士，在晋世。

【注释】

①陈寿（233—297）：字承祚，巴西郡安汉（今四川南充）人。本书
卷十一《后贤志》有传。

②陈苣：字叔度，巴西郡安汉人。任梁州别驾，骠骑将军、齐王辟为
掾，后客死洛阳。附见于本书卷十一《后贤志》的陈寿传。

③陈符：字长信，巴西郡安汉人。继陈寿之后担任著作佐郎，后任上
廉县令。附见于本书卷十一《后贤志》的陈寿传。

④陈阶：字达之，巴西郡安汉人。任州主簿，褒中县令、永昌西部都尉，又任建宁、兴古太守。附见于本书卷十一《后贤志》的陈寿传。

⑤阎缵：字续伯，巴西郡安汉人。少时交结英豪，博览典籍。为太傅杨骏舍人，转安复令。杨骏被诛，阎缵弃官葬杨骏。河间王司马颙引为西戎校尉司马，有功，封平乐乡侯。愍怀太子被废，上书为之申冤。皇太孙立，屡次上书直言。官至汉中太守。卒年五十九。《晋书》有传。

⑥卓略：高明的谋略。

⑦张奕：字希祖，巴郡南充国（今四川南部县）。永嘉中（307—313），任荆州刺史、南蛮校尉、长水校尉。附见于本书卷十一《后贤志》的李毅传。

⑧谯同：字彦绍，巴西西充国（治今四川阆中）人。

⑨周：谯周（201—270），字允南，巴西西充国人。《三国志·蜀书》有传。

⑩周传：指《三国志·蜀书·谯周传》。

⑪谯登（？—311）：字顺明（一作慎明），巴西西充国人。谯周之孙。本书卷十一《后贤志》有传。

【译文】

○述作：太子中庶子陈寿，字承祚，是安汉人。

△骠骑府掾陈苃，字叔度，是陈寿兄之子。

△上廉县令陈符，字长信，是陈寿兄之子。

△建宁太守陈阶，字达之，是陈苃从弟。

正直：汉中太守阎缵，字续伯，是安汉人。

△卓略：长水校尉、荆州刺史张奕，字希祖，是南充国人。

△令德：锡令谯同，字彦绍，是谯周之子。见《三国志·谯周传》。

○义烈：扬烈将军、梓潼内史谯登，字顺明，是谯周之孙。

以上八人是巴西人士，生活在晋朝时期。

△清重①：长水校尉吕淑②，字伟德。

右一人，汉中人。

【注释】

①清重：清高庄重。按："清重"似有误，疑当作"清彦"。本书卷十一《后贤志》："（费）立时，汉国吕淑以清彦辟别驾，举秀才。"

②吕淑：字伟德，汉中（治今陕西汉中）人。曾任尚书郎、秦国内史、长水校尉、员外常侍、梁州都督。后死于胡人之手。附见于本书卷十一《后贤志》的费立传。

【译文】

△清重：长水校尉吕淑，字伟德。

以上一人，是汉中人。

△广汉太守李骧①，字叔龙，福子②。

右一人，梓潼人。

【注释】

①李骧：字叔龙，梓潼郡涪（今四川绵阳）人。李福之子。曾任广汉太守。附见于本书卷十一《后贤志》的陈寿传。

②福：李福（？—约238），字孙德，梓潼郡涪人。参看本书卷一《巴志》注。

【译文】

△广汉太守李骧，字叔龙，是李福之子。

以上一人，是梓潼人。

忠义：江阳太守侯馥①，字世明。

右一人，江阳人。

三州后贤五十一人，并前贤四百一人②。

【注释】

①侯馥：字世明，江阳（今四川泸州）人。本书卷十一《后贤志》
有传。

②四百一：底本作"三百九十一"。盖常璩在写作《华阳国志》时，
所列人物前后有增删，而未遄改易数字。此据实数改。

【译文】

忠义：江阳太守侯馥，字世明。

以上一人，是江阳人。

三州后贤五十一人，并前贤四百一人。

撰曰：凡此人士①，或见《汉书》，或载《耆旧》②，或见郡
记③，或在《三国书》④，并取秀异⑤，表之斯篇。其洪伐弘显
者，并附载者，齐之⑥；其但见名字而不详其行故⑦，或以有
传无珍善⑧，阙之。以副直文⑨，为实录矣⑩。

【注释】

①凡此：所有这些。

②《耆旧》：指陈术、陈寿、常宽等人所撰写的数种《益部耆旧传》。

③郡记：指《三巴记》《汉中记》等地方志。郡记，底本作"郡纪"，误。

④《三国书》：指陈寿所撰《三国志》。

⑤秀异：指优异特出的人才。

⑥洪：大。伐：功绩。齐：本处指编次。其意一如司马迁《史记·太
史公自序》所说"整齐百家杂语"。

⑦行故：即生平事迹。

⑧以：通"已"，已经。珍善：珍美之物。本处指珍奇美好的事迹。

⑨副：符合。直文：犹直辞，据实陈述的言辞。

⑩实录：符合实际的记载，据实的记载。班固评价《史记》："其文直，其事核，不虚美，不隐恶，故谓之实录。"（《汉书·司马迁传》"赞曰"）。

【译文】

撰述者说：所有这些人士，有的见于《汉书》，有的载于《耆旧》，有的见于郡记，有的记录在《三国志》，我一并选取其中的优异特出者，在这一篇中予以表彰。其中有大功绩、大声名者，以及附载于他人之后者，我一并选取，编次成文；其中只见名字而不详事迹者，或者已有传记而无美好事迹者，阙而不录。如此而为，目的在于符合"直文"，可以称之为"实录"。

吕大防《华阳国志序》

先王之制，自二十五家之间，书其恭敏任恤，等而上之，或月书其学行，或岁考其道德，故民之贤能邪恶，其吏无不与知之者焉。汉魏以还，井地废而王政缺①，然犹时有所考察旌劝，而州都中正之职尚修于郡国，乡闾士女之行多见于史官。隋唐急事缓政，此制遂废而不举。潜德隐行，非野史纪述，则悉无见于时。民日益敖②，俗日益卑，此有志之士所为叹息也。

晋常璩作《华阳国志》，于地方人物③，丁宁反复，如恐有遗。虽蛮髦之民，井臼之妇，苟有可纪，皆著于书。自云得之陈寿所为《耆旧传》。按寿尝为郡中正，故能著述若此之详。自先汉至晋初逾四百岁，士女可书者四百人，亦可谓众矣。复自晋初至于周显德，仅七百岁，而史所纪者无几人。忠魂义骨与尘埃野马同没于丘原者，盖亦多矣，岂不重

① 缺：一作"阙"。
② 敖：一作"滴"。
③ 地方：一作"一方"。

可叹惜哉！此书虽繁富，不及承祚之精微，然议论忠笃，乐道人之善。蜀记之可观，未有过于此者。镂行诸世①，庶有益于风教云。

宋元丰戊午秋日②，吕大防微仲撰。

——选自《全蜀艺文志》卷三十

---

① 诸：一作"于"。
② 戊午：一作"戊申"，误。元丰戊午，即元丰元年（1078）。

李垕《重刊华阳国志序》

　　古者封建五等，诸侯国皆有史以记事。后世罢封建为郡县①，然亦必有图志以具述。盖以疆域既殊，风俗各异，山川有险要厄塞之当备，郡邑有废置割鬐之不常②。至于一士之行，一民之善，皆有不可没者，顾非笔之于书则不能也。《周官》职方氏掌天下之地图，辨其邦国都鄙、夷蛮闽貊、五戎六狄之人民，与其财用之数目③，至于九谷之所宜，六畜之所产，亦未尝不占毕而纪其详。况夫环数千里之隍④，分城置邑，殆逾数十，中间时异事变，往往裂为偏方霸国，其理乱得失，盖有系天下大数，安可使放绝而无闻乎！此晋常璩《华阳国志》之作，所以有补于史家者流也。

　　予尝考其书，部分区别，各有条理。其指归有三焉：首述巴、蜀、汉中、南中之风土；次列公孙述、刘二牧，蜀二主之

---

① 郡县：一作"县"。
② 鬐：一作"隶"。
③ 数目：一作"数要"。
④ 隍：一作"墜"，误。

兴废，及晋太康之混一，以迄于特、雄、寿、势之僭窃；继之以两汉以来先后贤人、梁益宁三州士女总赞，《序志》终焉。就其三者之间，于一方人物，尤致深意。虽侏离之氓，贱俚之妇，苟有可取，在所不弃。此尤足以弘宣风教，使善恶知所惩劝，岂但屑屑于山川物产以资广见异闻而已乎！

本朝元丰间，吕汲公守成都，尝刊是书，以广其传。而载祀荒忽，刓缺愈多，观者莫晓所谓，予每患此久矣。假守临邛，官居有暇，盖尝博访善本，以证其误，而莫之或得。因摭两汉史、陈寿《蜀书》《益部耆旧传》，互相参订，以决所从①。凡一事而先后失序、本末舛逆者，则考而正之；一意而词旨重复、句读错杂者，则刊而去之；设或字误而文理明白者，则因而全之。其他旁搜远取、求通文义者，又非一端。凡此皆有明验，可信不诬者；若其无所考据，则亦不敢臆决，姑阙之以俟能者焉。较以旧本之讹谬，大略十得五六矣。锓木既具，辄叙所以，冠于篇首。好古博雅与我同志者，愿无以夏五、郭公之义而律之。

嘉泰甲子季夏朔，眉丹棱李壁叔廑甫谨序。

——选自《全蜀艺文志》卷三十

---

① 所从：一作"所疑"。

题襟馆本廖寅序

　　唐已前方志存者甚少，惟《三辅黄图》及晋常璩《华阳国志》最古。《三辅黄图》为宋人增乱。《华阳国志》明刻本俱缺卷十之上中两卷，近时始有补完本，而皆舛误不可读。予家益土，念搜讨古迹，莫先于此《志》。求善本不得。前十余年，由中州叶令擢守京江，唐刺史仲冕告予，谓阳湖孙观察星衍有季氏振宜家所录宋嘉泰四年李𡊨刻本。拟即借刊。后以右迁观察至豫章，未遂其愿。及再来江淮，司转运之事，官阁余暇，披阅此书，因借数本合校之，又参以书传所引旧文，订定讹错。按李𡊨序称："凡一事而先后失序、本末舛逆者，则考而正之。一意而词旨重复、句读错杂者，则刊而去之。设或字误而文理明白，则因而全之。"是其本已经𡊨删改。故《蜀志》汶山郡与越巂郡误连，而少汶山属县及汉嘉郡。《士女赞》少巴郡第二。又《三国志》注引此书有李宓《陈情表》，而今本无之。此类悉加补正。或附按语，以谂学者。虽元丰间吕汲公大防所刻本不可得见，无以全复常氏旧观，其视𡊨本，则固有过之无不及矣。元和顾茂才广圻，是正诸书，最称审密，竭半岁之力，为予督工开雕，故能精致古雅，不减宋元佳刻。孙观察雅好流传古书，又见近世修志者空无故实，慨古地理书多放佚，尝欲刊行旧本以备一方掌故，先校刊《三辅黄图》《长安志》于关中；又刊《建康志》于江左；每惜浙中未将乾道、咸淳临安两志付梓；又因修志松江，先刊杨潜《云闲志》。今此书成于晋、魏之间，古字古义，尤足证佐经史，后有修滇蜀方志者，据以为典则，诚艺林之盛事也。其书称"华阳"者，晋代梁、益、宁三州，故《禹贡》梁州之域，为今四川省及云南，并陕西、汉中迤南之境。按《禹贡》"华阳黑水惟梁州"，《注疏》以华为华岳。恐此华在迤东，阳为荆州，非梁州。《秦本纪》武公元年："伐彭戏氏，至于华山下，居平阳封宫。"《正义》曰："封宫，在岐州平阳城内也"。则此华山在岐州之北，其南正值梁、益，与太华不同。黑水，据《括地志》云："源出梁州成固县西北太山"，亦与三危之黑水殊异。说经者误以此为滇池之黑水；又谓泸水，皆误。然常氏书以此为名，而未记载、辨析。惟《蜀志》云："五岳则华山表其阳。"特用补其义云。

嘉庆十九年，岁在甲戌清明节，前两淮都转盐运司使、邻水廖寅序。

四库全书总目提要

　　△《华阳国志》十二卷、《附录》一卷（浙江汪启淑家藏本）

　　晋常璩撰。璩字道将，江原人。李势时官至散骑常侍。《晋书》载劝势降桓温者即璩，盖亦谯周之流也。《隋书·经籍志》霸史类中，载璩撰《汉之书》十卷，《华阳国志》十二卷。《汉之书》，《唐志》尚著录，今已久佚。惟《华阳国志》存，卷数与《隋志》《旧唐志》相合。盖犹旧本。《新唐志》作十三卷，疑传写误也。其书所述，始于开辟，终于永和三年。首为《巴志》，次《汉中志》，次《蜀志》，次《南中志》，次《公孙刘二牧志》，次《刘先主志》，次《刘后主志》，次《大同志》。大同者，纪汉、晋平蜀以后之事也。次《李特雄期寿势志》。次《先贤士女总赞论》，次《后贤志》，次《序志》，次《三州士女目录》。宋元丰中，吕大防尝刻于成都，大防自为之序。又有嘉泰甲子李𡊮序，称吕刻刓阙，观者莫晓，所谓尝博访善本以证其误，而莫之或得。因摭《两汉史》、陈寿《蜀书》《益部耆旧传》，互相参订，以决所疑。凡一事而前后失序、本末舛迕者,则考正之;一意而词旨重复、句读错杂者,则刊而去之。又第九卷末有玺附记,称"李势志传写脱漏",续成以补其阙。则是书又于残阙之余,李玺为之补缀窜易,非尽璩之旧矣。玺刻本世亦不传,今所传者惟影写本。又有何镗《汉魏丛书》,吴琯《古今逸史》及明何宇度所刊三本。镗、琯之本,多张佳胤所补江原常氏《士女志》一卷,而佚去《蜀中士女》以下至《犍为士女》共二卷。盖玺本第十卷分上中下,镗等仅刻其下卷也。又惟《后贤志》中二十人有赞,其余并阙。玺本则蜀郡、广汉、犍为、汉中、梓潼士女一百九十四人各有赞。宇度本亦同。盖明人刻书,好以意为刊削。新本既行,旧本渐泯,原书既不可睹。宇度之本从玺本录出,此二卷偶存,亦天幸也。惟玺本以序志置于末,而宇度本弁于简端。考玺序,称首述巴中、南中之风土;次列公孙述、刘二牧、蜀二主之兴废,及晋太康之混一,以迄于特、雄、寿、势之僭窃;以西汉以来先后贤人,梁、益、宁三州士女总赞,序志终焉。则序志本在后,宇度不知古例,始误移之。又《总赞》相续成文,玺序亦与序志并称,互别为一篇,而玺本亦割冠各传之首,殊不可解。殆如毛公之移《诗序》、李鼎祚之分《序卦传》乎?今姑从玺本录之,而附著其改窜之非如右。其张佳胤所续常氏士女十九人,亦并从何镗、吴琯二本录入,以补璩之遗焉。

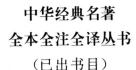

中华经典名著
全本全注全译丛书
（已出书目）

老子	说苑
道德经	列仙传
鹖冠子	盐铁论
黄帝四经·关尹子·尸子	法言
孙子兵法	方言
墨子	潜夫论
管子	政论·昌言
孔子家语	风俗通义
吴子·司马法	申鉴·中论
商君书	太平经
慎子·太白阴经	伤寒论
列子	周易参同契
鬼谷子	人物志
庄子	博物志
公孙龙子(外三种)	抱朴子内篇
荀子	抱朴子外篇
六韬	西京杂记
吕氏春秋	神仙传
韩非子	搜神记
山海经	拾遗记
黄帝内经	世说新语
素书	弘明集
新书	齐民要术
淮南子	刘子
九章算术(附海岛算经)	颜氏家训
新序	中说